Volume Único

Polícia Rodoviária Federal

Doutrina

Volume Único

ORGANIZADORES

FLÁVIA CRISTINA

LUCAS PAVIONE

Polícia Rodoviária Federal

Doutrina

INCLUI

- Linguagem objetiva e abordagem didática dos temas
- Quadros de atenção ao longo do texto
- Perguntas e respostas para fixação do assunto
- Seção "fique por dentro" trazendo temas polêmicos e atuais
- Quadros-resumo
- Dicas importantes espalhadas por toda a obra
- Destaques em outra cor nas partes mais importantes
- Questões de concursos anteriores comentadas

DISCIPLINAS

- Língua Portuguesa
- Raciocínio Lógico-Matemático
- Informática
- Física
- Ética e Cidadania
- Geopolítica
- Legislação de Trânsito
- Direito Administrativo
- Direito Constitucional
- Direito Penal
- Direito Processual Penal
- Legislação Penal
- Direitos Humanos

2021

EDITORA JusPODIVM

www.editorajuspodivm.com.br

EDITORA *Jus*PODIVM
www.editorajuspodivm.com.br

Rua Território Rio Branco, 87 – Pituba – CEP: 41830-530 – Salvador – Bahia
Tel: (71) 3045.9051
• Contato: https://www.editorajuspodivm.com.br/sac

Diagramação: SBNigri Artes e Textos Ltda. *(sbnigri@centroin.com.br)*

Capa: Ana Caquetti

ISBN: 978-65-5680-504-7

SOBRE A ORGANIZAÇÃO E AUTORIA

ORGANIZADORA

FLÁVIA CRISTINA MOURA DE ANDRADE

- Procuradora Federal. Professora exclusiva do Damásio Educacional, ministrando aulas de Direito Admi-nistrativo e Direito Previdenciário nos Cursos Preparatórios para Concursos Públicos e Exames da OAB. Coordenadora e autora de diversos livros jurídicos. Palestrante.

ORGANIZADOR – DIREITO CONSTITUCIONAL

JÚLIO CÉSAR FRANCESCHET

- Juiz de Direito do Tribunal de Justiça do Estado de São Paulo. Graduado em Direito pela Universidade Federal de Viçosa/UFV. Mestre em Direito pela Universidade do Estado do Rio de Janeiro/UERJ. Doutor em Direito pela Universidade de São Paulo/USP. Professor da Universidade de Araraquara/UNIARA. Autor e coordenador de diversas obras jurídicas.

ORGANIZADOR – DIREITO ADMINISTRATIVO

LUCAS DOS SANTOS PAVIONE

- Procurador Federal. Pós-Graduado. Coordenador e coautor de diversas obras jurídicas voltadas a preparação para concursos públicos.

COLABORAÇÃO – DIREITO ADMINISTRATIVO

RENATA DOS SANTOS RODRIGUES

- Advogada. Pós-graduada em Direito Privado.

LÍNGUA PORTUGUESA

PAULA BARBOSA

- Mestranda em Criminologia pela UCES – Universidad de Ciencias Empresariales Y Sociales, Buenos Aires, Argentina. Especialista na area de Gramatica Normativa, Literatura Brasileira e Linguística pela Universidade Federal da Bahia. Licenciada em Letras Vernaculas pela Universidade Católica do Salvador. Licenciada em Pedagogia pela UNICOC. Professora de Língua Portuguesa da Rede LFG-Anhanguera e do curso Juspodivm. Professora e Coordenadora de Língua Portuguesa do Colegio SartreCOC – Salvador. Professora do Curso Preparatório para Concursos Letrados. Coautora da coleção Carreiras Especificas Analista dos Tribunais Regionais do Trabalho, Técnico dos Tribunais Regionais Eleitorais, Técnico dos Tribunais Regionais do Trabalho, Policia Federal, Analista de Técnico do MPU, Receita Federal.

RACIOCÍNIO LÓGICO MATEMÁTICO

DAMARES PAVIONE

- Formada em engenharia civil pela Universidade Federal de Viçosa (UFV). Mestre em engenharia civil pela Universidade Federal de Viçosa. Trabalhou como engenheira civil da Companhia de Saneamento Básico do Estado de São Paulo (SABESP). Engenheira civil do Departamento de Ciência e Tecnologia Aeroespacial (DCTA)

INFORMÁTICA

TALES FERREIRA DA COSTA

- Administrador de Redes pelo SERPRO - Serviço Federal de Processamento de Dados. Formação e diversos cursos relacionados à Tecnologia da Informação. Foi Analista de Suporte e telecom-pu-ting pela CPM-Braxis. Agente de Registro ICP-Brasil – AC SERPRO/RFB. Atuando há mais de 15 anos nas áreas da Tecnologia da Informação e Telecomunicações.

FÍSICA

DIEGO GUEDES SOARES

- Formado em Engenharia Elétrica pela Universidade Estadual Paulista – UNESP. 1° Tenente Engenheiro da Força Aérea Brasileira. Atua em projetos de instalações elétricas e fiscalizações de obras públicas federais. Concursos convocados: Oficial Engenheiro da Força Aérea Brasileira - FAB (2018); Analista Judiciário Especializado em Engenharia Elétrica no Tribunal Regional Federal da Terceira Região TRF3 (2016) e Engenheiro na Companhia Paulista de Obras e Serviços - CPOS (2014)

ÉTICA E CIDADANIA

BRUNO VERONEZE

- Graduado em Gestão de Recursos Humanos pela Universidade Paulista, Graduando em Administração Pública pela Universidade Estadual UNIVESP, Servidor Público Federal há 12 anos no INSS, há 8 anos Gestor Público.

GEOPOLÍTICA

RODOLFO GRACIOLI

- Professor de Sociologia, Filosofia, Atualidades e Temas de Redação de preparatórios para concursos públicos e cursos pré-vestibulares (presencial e Ead). Autor da Editora Juspodivm. www.rodolfogracioli.com.br. rodolfogracioli@uol.com.br. Instagram: rodolfogracioli. Facebook: Prof. Rodolfo Gracioli

LEI DE TRÂNSITO

JÚLIO PONTE

- Formado pela Escola Naval, Pós-Graduado em Gestão de Segurança Pública e em Gestão de Normatização de Trânsito e Transporte. Policial do Senado Federal. 1º colocado (prova objetiva) no concurso da Polícia Rodoviária Federal em 2008. Ex-Analista de Gestão e Trânsito do DETRAN/RJ. Professor de Legislação de Trânsito do site Ponto dos Concursos. Facebook: www.facebook.com/professorjulioponte

DIREITO PENAL

ROGÉRIO SANCHES CUNHA

- Promotor de Justiça no Estado de São Paulo. Professor de Direito Penal da Escola Superior do Ministério Público de São Paulo, da Fundação Escola Superior do Ministério Público do Mato Grosso e do CERS (Complexo de Ensino Renato Saraiva).

DIREITO PROCESSUAL PENAL

MARÍLIA DE MORAIS CAVALCANTI

- Graduada em Direito pela Universidade Católica de Pernambuco. Pós-Graduada em Direito Público.

LEGISLAÇÃO ESPECIAL

RICARDO SILVARES

- Promotor de Justiça do Ministério Público do Estado de São Paulo desde 1994. Professor em cursos de preparação para concursos (CERS), em pós-graduação (CERS/Estácio) e graduação (FACAMP), ministrando matérias relacionadas a Direito Penal, Processo Penal e Legislação do Ministério Público. Mestre em Direito Processual Penal pela Faculdade de Direito da Universidade de São Paulo. Especialista em Direito Penal Econômico e Europeu pela Universidade de Coimbra, em convênio com o Instituto Brasileiro de Ciências Criminais – IBCCrim. Especialista em Direito Constitucional e Processo Constitucional pela EDB.

DIREITOS HUMANOS

LUCAS LEHFELD

- Pós-Doutor em Direito pela Universidade de Coimbra (POR). Doutor em Direito pela PUC/SP. Docente do Mestrado em Direito da Universidade de Ribeirão Preto – UNAERP. Avaliador de Cursos de Direito pelo INEP/MEC. Advogado (Lehfeld Rossi Advogados).

APRESENTAÇÃO

É com enorme satisfação que apresentamos este livro que reúne, com clareza e objetividade, o conteúdo exigido nos concursos públicos para o cargo de **POLÍCIA RODOVIÁRIA FEDERAL**.

Sabemos que o estudo do Direito, especialmente para aqueles que não possuem formação específica, costuma revelar-se desafiador e, muitas vezes, complexo. No caso do concurso para o cargo de **POLÍCIA RODOVIÁRIA FEDERAL**, normalmente são exigidas matérias muito diversificadas, pertencentes a áreas distintas do conhecimento.

O candidato, nestes casos, muitas vezes não sabe por onde começar seus estudos e sente-se, verdadeiramente, 'perdido' diante de todo o conteúdo apresentado no Edital, encontrando grande dificuldade para sistematizar todas as matérias e otimizar seu tempo.

Pensando nestas e noutras dificuldades e, ainda, valendo-nos da experiência anterior com a obra **Exame OAB – Doutrina volume único**, também publicada pela **EDITORA JUSPODIVM**, conhecida nacional e internacionalmente por seu compromisso com a qualidade, apresentamos **POLÍCIA RODOVIÁRIA FEDERAL – Doutrina**, uma obra completa, sistematicamente elaborada por especialistas, verdadeiros estrategistas em concursos públicos.

O principal objetivo da obra foi reunir, de forma clara, concisa e didática, as disciplinas presentes no concurso público para o cargo de **POLÍCIA RODOVIÁRIA FEDERAL**, aliado a um método bastante didático de apresentação dos diversos temas.

Não se trata de um mero resumo, mas sim de uma obra cuidadosamente pensada, a fim de permitir o máximo aproveitamento, por meio de um estudo estratégico, e, por consequência, o melhor resultado.

Os autores, após criteriosa análise de concursos públicos anteriores para o cargo de **POLÍCIA RODOVIÁRIA FEDERAL**, exploraram questões, permitindo, assim, que o leitor possa conhecer da técnica empregada pelos examinadores. Além disso, foram usados diversos recursos didáticos, favorecendo-se a rápida absorção da matéria e potencialização dos estudos.

Tivemos por objetivo, portanto, reunir o conteúdo necessário ao estudo em uma única obra, valendo-nos de técnica diferenciada capaz de otimizar o tempo do candidato, maximizando os resultados.

Além disso, focamos, com fundamento na análise de provas anteriores, naquilo que se revela fundamental ao resultado desejado, proporcionando, ainda, uma leitura direta, concisa e clara a fim de possibilitar toda a compreensão necessária, especialmente no que diz respeito às matérias jurídicas, mesmo para aqueles que não possuem formação específica.

Trata-se, pois, de uma obra diferenciada que, além dos pontos acima ressaltados, reúne vários tópicos de suma importância na preparação de nossos leitores, quais sejam:

MUITA ATENÇÃO!

MUITA ATENÇÃO!

O servidor público estável só perderá o cargo:

1. Em virtude de sentença judicial transitada em julgado;
2. Mediante processo administrativo em que lhe seja assegurada ampla defesa;
3. Mediante procedimento de avaliação periódica de desempenho, na forma de lei complementar, assegurada ampla defesa.

Há determinados pontos em cada matéria que são frequentemente abordados em concursos públicos, tornando-se repetitiva sua incidência. E, muitas vezes, estes pontos são abordados de maneira bastante sutil, de modo que os candidatos mais desatentos acabam cometendo erros que levam à perda de pontos importantes. Por isso, nesta seção os autores destacaram os tópicos que demandam maior cuidado e atenção, alertando o leitor acerca de sua manifesta importância.

QUESTÃO

? QUESTÃO: Quais são as diferenças entre plebiscito e referendo?

RESPOSTA: *O referendo e o plebiscito decorrem do direito de sufrágio e são expressão da soberania popular, conforme destacado acima. O plebiscito tem caráter consultivo prévio, podendo se referir a uma medida administrativa ou lei em sentido estrito. A decisão do plebiscito poderá ser ou não vinculante ao legislador. O referendo não tem natureza consultiva, mas sim decisória acerca de certa medida legislativa ou administrativa já tomada pelo Poder Público. O referendo presta-se a dar vigência ou eficácia à norma. A autorização para realização de referendo e convocação para plebiscito é de competência exclusiva do Congresso Nacional (art. 49, XV, CF/88), mediante decreto legislativo.*

A fim de se alcançar um diálogo mais claro e dinâmico com o leitor, foram inseridas algumas perguntas e respostas ao longo do texto. Esta metodologia auxilia o leitor na compreensão de temas mais complexos e, sobretudo, na fixação de pontos chave, imprescindíveis ao estudo de certos tópicos.

FIQUE POR DENTRO!

FIQUE POR DENTRO:

"Prisão do depositário infiel"

Não haverá prisão civil por dívida, salvo a do responsável pelo inadimplemento voluntário e inescusável de obrigação alimentícia (art. 5º, inc. LXVII da CF). **O STF não mais admite a prisão do depositário infiel em razão do Pacto de São José da Costa Rica e da prevalência dos direitos humanos.**

Neste sentido, a fim de espancar qualquer divergência doutrinária e jurisprudencial, o STF editou a Súmula Vinculante de nº 25 com a seguinte redação: "é ilícita a prisão civil do depositário infiel, qualquer que seja a modalidade do depósito".

Para saber mais: cf. CUNHA JUNIOR, Dirley da. **Curso de Direito Constitucional**. 5. ed., Salvador: Editora Jus Podivm, 2015.

Certos temas polêmicos são também apresentados aos leitores de forma rápida e precisa, alertando-os, assim, para a sua existência. O objetivo não é fornecer todos os elementos que cercam alguns temas controvertidos, mas sim permitir que o leitor deles tenha conhecimento a fim de que possa se precaver, evitando surpresas desagraváveis no concurso público.

EM RESUMO

EM RESUMO: Direitos Políticos	
Direitos Políticos	Participação do cidadão nos negócios políticos do Estado.
Espécies de direitos políticos	Direito de votar (capacidade eleitoral ativa) e direito de ser votado (capacidade eleitoral passiva). A iniciativa popular, o referendo, o plebiscito e a ação popular são também formas de manifestação dos direitos políticos.
Sufrágio	Direito público subjetivo, de natureza política, que tem a pessoa humana de participar ativa ou passivamente da organização do Estado.

A utilização de palavras-chave contribui para a absorção dos pontos principais, auxiliando na fixação da matéria. Assim, visando otimizar os estudos, proporcionando o máximo aproveitamento, foram elaborados "quadros resumo" com o objetivo principal de condensar os principais tópicos expostos, contribuindo para a compreensão e absorção dos temas apresentados.

DICA IMPORTANTE

DICA IMPORTANTE

A leitura dos artigos 12 e 13 da Constituição Federal revela-se imprescindível, especialmente o §3º do art. 12 que trata dos cargos que só poderão ser ocupados por **brasileiros natos.**

O objetivo desses quadros, denominados **DICA IMPORTANTE,** é chamar a atenção do candidato para aqueles pontos que merecem especial cuidado. A experiência tem demonstrado que alguns temas são exigidos com maior frequência. Assim, os autores, atentos aos concursos anteriores, apontaram aquilo cuja leitura deve ser reforçada.

BIBLIOGRAFIA RECOMENDADA

Bibliografia recomendada

LEITURA BÁSICA

- ALEXANDRINO, Marcelo e PAULO, Vicente. **Direito Constitucional Descomplicado.** Rio de Janeiro: método.

OBRAS PARA APROFUNDAMENTO

- CUNHA JUNIOR, Dirley da. **Curso de Direito Constitucional**. Salvador: Juspodivm.
- FERREIRA FILHO, Roberval Rocha. **Principais Julgamentos do STF**. Salvador: Juspodivm.

Embora completa, diferenciada e estrategicamente elaborada, não deixamos de indicar outras referências a fim de que o candidato, caso deseje, possa buscar outras fontes de conhecimento, sempre com vistas a alcançar o resultado desejado, qual seja, a **APROVAÇÃO!!!**

Por fim, queremos ressaltar que o candidato a concurso público deve ser um bom estrategista! O estudo deve ser estratégico a fim de otimizar o tempo e alcançar bons resultados. Foi pensando nisso tudo que elaboramos a presente obra, valendo-nos, como já dissemos, de exitosa experiência anterior com o **Exame OAB – Doutrina volume único.**

Por tudo isso, estamos certos de que esta obra contribuirá com os estudos daqueles que tanto desejam a aprovação no concurso público para o cargo de **POLÍCIA RODOVIÁRIA FEDERAL. Bons estudos!!!! Sucesso!!!**

E, é claro: sugestões e críticas são sempre bem-vindas!

Bons estudos!

FLÁVIA CRISTINA MOURA DE ANDRADE	LUCAS DOS SANTOS PAVIONE	JÚLIO CÉSAR FRANCESCHET
Twitter e instagram: @profaflavia	Twitter: @lucaspavione	

SUMÁRIO

LÍNGUA PORTUGUESA
Paula Barbosa

RACIOCÍNIO LÓGICO MATEMÁTICO

Damares Pavione

INFORMÁTICA

Tales Costa

FÍSICA

Diego Guedes

ÉTICA E CIDADANIA

Bruno Veroneze

GEOPOLÍTICA
Rodolfo Gracioli

LEGISLAÇÃO DE TRÂNSITO
Júlio Ponte

DIREITO PENAL

Rogério Sanches Cunha

CAPÍTULO II

CAPÍTULO III

CAPÍTULO IX

Da fase preliminar

Procedimento sumaríssimo

Execução

Disposições finais

CAPÍTULO XI

CAPÍTULO XII

CAPÍTULO XIII

DIREITOS HUMANOS
Lucas de Souza Lehfeld

LÍNGUA PORTUGUESA

Paula Barbosa

CAPÍTULO I

MORFOLOGIA: SUBSTANTIVO E SEUS MODIFICADORES

1. NOÇÕES GERAIS

A morfologia estuda os aspectos físicos das palavras (variável ou invariável) e suas classes gramaticais. O substantivo é o núcleo nominal, ou seja, é o centro da sentença nominal. As classes que se relacionam com ele são **artigo**, **adjetivo**, **numeral** e **pronome adjetivo**. São chamadas de **modificadores nominais ou adjuntos adnominais**.

Resumindo:

O grupo nominal é formado pelo **substantivo** (núcleo da sentença nominal) e pelos seus modificadores: o **adjetivo, artigo, numeral** e **pronome adjetivo**. Isso significa que estas quatro classes existem, de modo geral, para modificar o sentido do substantivo. São, portanto, chamadas de **modificadores nominais**.

Observe:

Sentença a: **Malas** sumiram.

Sentença b: **As minhas duas** malas **novas** sumiram.

Os termos "as", "minhas", "duas" e "novas" modificam o sentido do substantivo "malas". Poderíamos dizer que já não são quaisquer malas, e sim "as minhas duas" e "novas". Vale ressaltar, inclusive, que essas classes concordam, em gênero e número, com o substantivo a que se referem e que são dispensáveis à estrutura sintática do período. Como são dispensáveis, tais termos são considerados **acessórios**.

Observe o esquema abaixo:

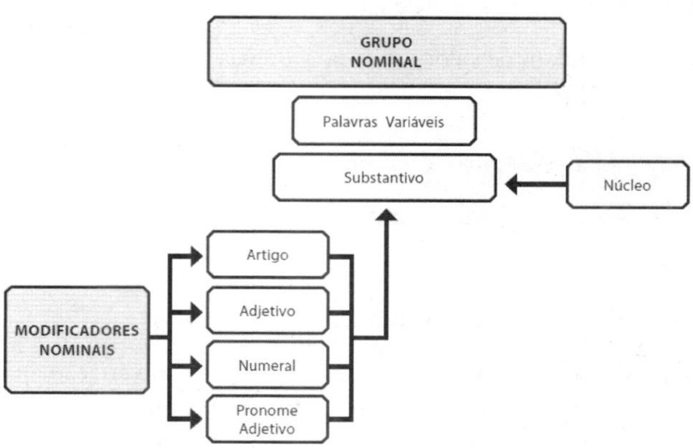

DICA IMPORTANTE

Quando o enunciado faz referência à questão morfológica, refere-se à classe gramatical à qual a palavra pertence. Quando o enunciado faz referência à questão sintática, refere-se à função que a palavra desemprenha dentro da sentença. Na sentença, "O homem idoso adoeceu", morfologicamente os vocábulos são classificados, respectivamente, como **artigo, substantivo, adjetivo e verbo.** Do ponto de vista sintático, os termos são classificados como **adjunto adnominal, núcleo do sujeito, adjunto adnominal e verbo intransitivo.**

2. GRUPO NOMINAL

A **Substantivo**: dá nome aos seres. É a classe de palavras que exerce o maior número de funções sintáticas. Varia em gênero (masculino/feminino) e em número (singular e plural). Normalmente as palavras precedidas de artigo tornam-se substantivo.

Há uma classificação para os substantivos:

- **Simples** – possuem apenas um elemento. Ex.: casa, dinheiro, amor.
- **Compostos** - possuem mais de um elemento. Ex.: beija-flor, pé-de-moleque, girassol.
- **Concretos** – possuem existência independente. Ex.: mesa, ar, carteira, som.
- **Abstratos** – possuem existência dependente, ou seja, precisam de outros substantivos para que existam. Ex.: tristeza, amor, desejo, ambição.
- **Comuns** – nomeiam seres da mesma espécie. Ex.: cachorro, criança, animal.
- **Próprios** – nomeiam um elemento específico entre todos de mesma espécie. Ex.: Carlos, Brasília, Europa.
- **Primitivos** – não possuem origem em outra palavra, ou seja, não provêm de outro termo. Ex.: casa, fruta, menino.
- **Derivados** – possuem origem em outra palavra, ou seja, provêm de outro termo. Ex.: casebre, fruteira, meninice.
- **Coletivos** – designam conjunto de seres de mesma espécie. Embora apareçam no singular, indicam pluralidade de elementos.

Alguns substantivos mudam de valor semântico, ou seja, de sentido quando mudam de gênero.

Observe:

O cabeça (líder) / a cabeça (parte do corpo)

O moral (ânimo) / a moral (código ético)

O capital (dinheiro) / a capital (cidade)

O rádio (aparelho, elemento químico) / a rádio (emissora)

O substantivo pode variar em número: singular e plural. Tal variação aparece frequentemente em provas. Em uma das provas, por exemplo, exigiu-se o plural do substantivo "corrimão". Essa cobrança muitas vezes gera dúvida porque palavras terminadas em "ão" têm variação de número que não segue uma regra específica. Por exemplo, "anão" forma "anões"; "cidadão" forma "cidadãos", como "corrimão".

MUITA ATENÇÃO!

Qualquer palavra pode ser substantivo. Para tanto, basta aparecer **precedida de artigo ou outro modificador. Ex.: O amar** deixa o ser humano realizado.

Os substantivos podem aparecer no diminutivo ou no aumentativo, considerados, muitas vezes, palavras formadas por sufixo. É comum as provas cobrarem esse item misturado à questão semântica, ou seja, o sentido do diminutivo na sentença. Na prova de 2014, por exemplo, cobrou-se a expressividade do termo diminutivo "canteirinho". Vale ficar atento, portanto, quanto ao valor semântico que o diminutivo pode atribuir ao texto. O diminutivo e o aumentativo podem também aparecer isoladamente. Já apareceu em prova a cobrança do referido item relacionado à palavra "roça", para que o candidato apontasse "roçona" e "rocinha" como aumentativo e diminutivo, respectivamente.

Normalmente são masculinos os substantivos que admitem a anteposição do artigo "o": o sapo; o dia; o cão; o amor. São femininos os substantivos que admitem a anteposição do artigo "a": a mesa; a semana; a mulher; a proposta.

Os substantivos **biformes** apresentam uma forma para o masculino e outra para o feminino: pai / mãe; mulher / homem; embaixador / embaixatriz.

Os substantivos **uniformes** apresentam a mesma forma para os dois gêneros: cobra, criança, estudante, criatura. Nessa categoria, há uma subdivisão:

	CONCEITO	EXEMPLOS
Epicenos	Distinção é feita com as palavras "macho" e "fêmea".	Onça Borboleta
Comuns de dois	Distinção é feita pelo emprego do artigo.	o pianista / a pianista o cliente / a cliente
Sobrecomuns	Distinção é feita pelo contexto, pois o determinante não varia.	A vítima A criatura

DICA IMPORTANTE

Os substantivos compostos variam de acordo com sua composição.

Observe:

1. Os substantivos compostos sem a presença do hífen variam como os substantivos simples. Ex.: planalto – planaltos; girassol – girassóis; rodapé – rodapés.
2. Em substantivos compostos formados por duas palavras variáveis, as duas são pluralizadas: Ex.: amor-perfeito / amores-perfeitos; guarda-civil / guardas-civis / primeira-dama / primeiras-damas.
3. Ficarão invariáveis os verbos, os advérbios e os prefixos que façam parte do substantivo composto. Ex.: guarda-chuva / guarda-chuvas; sempre-viva / sempre-vivas; vice-diretora / vice-diretoras.
4. Somente variará o primeiro elemento quando o substantivo composto possuir preposição. Ex.: pé-de-moleque / pés-de-moleque; pimenta-do-reino / pimentas-do-reino.
5. Se o segundo elemento indicar a finalidade do primeiro, apenas o primeiro varia. Ex.: navio-escola / navios-escola; decreto-lei / decretos-lei.

B **Adjetivo:** termo que qualifica ou caracteriza o substantivo. Normalmente, concorda, em gênero e número, com o substantivo ao qual se refere.

Observe:

Os alunos **jovens** mais **exaltados** criticaram muito a atitude do professor **exigente.**

Os termos "jovens" e "exaltados" caracterizam o substantivo "alunos"; o termo "exigente" caracteriza o substantivo "professor". São classificados, portanto, como adjetivos.

> **MUITA ATENÇÃO!**
>
> **A posição que o adjetivo ocupa em relação ao substantivo pode determinar seu valor semântico, ou seja, o seu sentido.**
>
> Ex.: Um país **grande** nem sempre é um **grande** país.
>
> Na 1ª ocorrência, "grande" faz referência a extensão; na 2ª, faz referência a importância e desenvolvimento.
>
> Nas provas, há frequente cobrança no que diz respeito à diferença entre **adjetivo** e **advérbio**. Esses conceitos são bastante importantes. Os **adjetivos** referem-se sempre ao **substantivo**; os **advérbios** referem-se ao **verbo**, ao **adjetivo** e ao **próprio advérbio**. Em 2015, foi cobrada tal diferença, inclusive exigindo que o candidato apontasse o advérbio modificando o adjetivo.

> **DICA IMPORTANTE**
>
> Os adjetivos podem aparecer em forma de **locução adjetiva,** ou seja, é possível atribuir uma característica ao substantivo através de uma expressão preposicionada (preposição + substantivo). Vejamos:
>
> Cadeira **de madeira**
>
> Lata **de leite**
>
> Café **com leite**
>
> Em alguns casos, é possível transformar a locução adjetiva em um adjetivo. **Observe:**
>
> Dia **de chuva** = dia **chuvoso**
>
> Amor **de mãe** = amor **materno**
>
> Luz **do sol** = luz **solar**

Além da **locução adjetiva**, o adjetivo pode aparecer sob a forma de uma **oração adjetiva** (estrutura verbal que qualifica o substantivo). Vejamos:

O jovem **que estuda** tende a ser bem sucedido = O jovem **estudioso** tende a ser bem sucedido.

Encontrei os homens **que criaram a máquina** = Encontramos os homens **criadores da máquina.**

? **QUESTÃO:** Toda expressão preposicionada que se refere ao substantivo é locução adjetiva?

↳ ***RESPOSTA: Não.*** *É possível haver uma expressão preposicionada que se refira ao substantivo e que não o modifique, ou seja, que não seja uma locução adjetiva (**adjunto adnominal**). Algumas expressões preposicionadas **completam** o substantivo, e funcionam como **complemento nominal**. Esse caso só ocorre quando o substantivo é abstrato, pois, quando o substantivo é concreto, a **expressão preposicionada é sempre modificadora, ou seja, adjunto adnominal**.*

Quando os adjetivos assumem a condição de substantivos, eles são classificados como adjetivos substantivados, ou simplesmente são chamados de palavras substantivadas, afinal passaram pelo processo de substantivação. De igual modo, um substantivo pode aparecer caracterizando, sendo classificado como adjetivo.

Observe:

1) "... não sou propriamente um **autor defunto**, mas um **defunto autor**..." (M. de Assis)

Na expressão "autor defunto", o termo "autor" é o substantivo; "defunto" equivale a "morto" ou "que morreu", possui **função adjetiva**. Na expressão "defunto autor", o termo "defunto" é o substantivo, o ser de quem se fala; "autor" equivale a "escritor" ou "que escreve". É o adjetivo.

Explicando: ... não sou um autor **que morreu**, mas um morto **que escreve**...

2) No título "o velho e o mar", o termo "velho" **não é adjetivo**; é um **substantivo**, pois substitui o substantivo. No verso "um velho calção de banho" (Vinícius de Moraes), o mesmo vocábulo funciona como adjetivo, pois caracteriza "calção".

O adjetivo pode variar em gênero, número. **Observe:**

1) O adjetivo concorda com o substantivo, em gênero (masculino /feminino) e em número (singular /plural). Há, entretanto, **alguns adjetivos que são invariáveis** como **simples**, **piegas**.

2) Os adjetivos podem ser simples (belo), compostos (socioeconômico), primitivos (fácil) e derivados (bondoso).

3) Quando se pluraliza **um adjetivo composto, apenas o último elemento é flexionado**: seminários **luso-franco-brasileiros;** blusas **verde-claras.**

4) **Não há variação em cores que remetam a substantivos**: calças **rosa**, blusas **laranja**.

5) Quando, nos adjetivos compostos, o segundo elemento de uma cor for um substantivo, não haverá variação: camisas **amarelo-ouro**; meias **verde-limão.**

6) No adjetivo composto "surdo-mudo", os dois elementos são pluralizados: **surdos--mudos**.

7) Os **adjetivos que fazem referência a continentes, países, cidades ou regiões são chamados de pátrios: europeu**, **brasileiro**, **baiano**, **nordestino**.

C **Artigo:** classe gramatical variável, que modifica o substantivo, determinando-o ou indeterminando-o. O artigo concorda com o substantivo em gênero e em número.

Os artigos podem ser **definidos (o, a, os, as)** ou **indefinidos (um, uma, uns, umas)**.

Observe:

O homem encontrou **uma** criança sozinha em **um** ônibus.

MUITA ATENÇÃO!

O artigo **tem o poder de substantivar um vocábulo** que não é substantivo.

Ex.: O **como** possui diferentes funções na gramática.

Através do artigo, **é possível determinar se o substantivo invariável** está no singular ou no plural; se é masculino ou feminino.

Ex.: **A jornalista** fotografou **os ônibus** na avenida central.

MUITA ATENÇÃO!

Em determinadas construções, o **artigo adquire um caráter de adjetivo**, pois atribui característica e importância ao substantivo.

Ex.: "Ele se sente **o professor**!" – A ideia trazida pela presença do artigo é de "professor diferente", "único".

Após os **pronomes relativos "cujos, cujas, cujos, cujas", não se utiliza artigo**.

Ex.: O homem **cujo** sonho é ser feliz precisa lutar muito.

O artigo indefinido **"um" não deve ser confundido com o numeral "um".** Quando for um numeral, ele virá determinado pelo vocábulo "único", "apenas", "somente".

Ex.: Apenas **um** aluno faltou à aula. (numeral)

D **Numeral:** Classe de palavras que indica quantidade exata de seres ou a posição que esses seres ocupam em uma série. Os numerais **cardinais** indicam quantidade; **os ordinais** indicam a ordem dos seres; os **multiplicativos** indicam o aumento proporcional da quantidade; os **fracionários** indicam a diminuição proporcional da quantidade.

Observe:

Dez alunos da turma ocuparam as **primeiras** posições na lista de aprovados no concurso.

DICA IMPORTANTE

A palavra "meio", quando equivale a "metade", é numeral fracionário e é variável.

Ex.: São quatro horas e **meia**; preciso comer **meio** mamão.

O numeral **ambos** pode ser colocado anteposto ou posposto ao substantivo.

Os vocábulos **últimos**, **penúltimos**, **anterior**, **posterior**, **derradeiro**, embora exprimam posição, são considerados **adjetivos**.

? **QUESTÃO:** Está correto construir expressões como "meia cansada" ou "meia triste"?

➥ ***RESPOSTA: Não.*** *Nesses casos o termo "meio" funciona como* **advérbio**. *Como o advérbio é uma palavra invariável, quando aparece, não sofre mudança de gênero ou de número. Vale lembrar que o advérbio se refere ao verbo, ao adjetivo e ao próprio advérbio. Quando o termo "meio" é pronome ou é substantivo, varia. Ex.: Não empregue* **meias** *palavras.*

E **Pronome adjetivo:** *O pronome é uma* **palavra variável que acompanha (PRONOME ADJETIVO) ou substitui (PRONOME SUBSTANTIVO) o substantivo**. *Os pronomes que funcionam como* **adjunto adnominal**, *ou seja, que* **modificam o substantivo** *são os pronomes adjetivos. Os demais* **assumem as funções do substantivo, ou seja, são o próprio substantivo**.

Observe:

Alguns profissionais da vila encontraram motivos para produzirem um discurso mais agressivo, entretanto **eles** não conseguiram o apoio dos moradores.

Perceba que foram destacados dois pronomes. Enquanto o pronome "**alguns**" acompanha o substantivo "profissionais", o pronome "**eles**" substitui o mesmo termo. Desse modo, o primeiro exerce a função de modificar o substantivo enquanto o segundo exerce a função que o substantivo exerceria se estivesse ali.

MUITA ATENÇÃO! Os pronomes oblíquos "me, te, lhe, nos, vos", **quando podem ser substituídos por um pronome possessivo,** exercem função modificadora, ou seja, de **adjuntos adnominal.** Vejamos: "Sem um porquê, os marginais tiraram-**lhe** a vida". A sentença apresentada equivale a "Sem um porquê, os marginais tiraram a **sua** vida". Nesse caso, diz-se que o **oblíquo possui função possessiva.**

Os pronomes adjetivos demonstrativos localizam os seres no espaço e no tempo, utilizando como referência as próprias pessoas do discurso.

E.1 **Este(s), esta(s), isto** – indicam seres próximos a quem fala. Comumente são empregados atrelados ao advérbio "aqui". Quanto à questão temporal, referem-se ao presente. Na escrita, referem-se ao que ainda será dito (recurso catafórico).

Observe:

Este livro **aqui** é muito bom.

Este momento é muito importante para mim.

A questão complicada é **esta**: você não resolve as pendências do escritório.

E.2 **Esse(s), essa(s), isso** - indicam seres próximos ao receptor, ao interlocutor. Comumente são empregados atrelados ao advérbio "aí". Quanto à questão temporal, referem-se ao passado. Na escrita, referem-se ao que foi dito (recurso anafórico).

Observe:

Esse livro **aí** é muito bom.

No ano passado, entrei na faculdade. **Esse** momento marcou minha vida.

Eu não gosto de ler; **isso** é muito ruim.

E.3 **Aquele (s), aquela (s), aquilo** - indicam seres distantes de locutor e interlocutor. Comumente são empregados atrelados ao advérbio "lá". Quanto à questão temporal, referem-se a um passado distante e indefinido. Na escrita, pode ser utilizado com "este": **Este** indica o ser mais próximo; **aquele** indica o ser mais distante.

A cobrança dos pronomes é muito frequente. Dificilmente uma prova de Polícia Federal deixa de cobrar o referido tópico. Nas provas, os enunciados deixam claro que o candidato deve ter domínio do assunto pronome: assinale a alternativa em que o pronome destacado está empregado de acordo com a norma-padrão. Isso significa que o candidato deve saber não apenas reconhecer o pronome, mas também saber usá-lo corretamente.

? **QUESTÕES: 1)** O que são recursos anafóricos?

➥ ***RESPOSTA:*** *São recursos de retomada de ideia ou de termos dentro dos textos. Quando se cita uma ideia e depois se faz referência a ela através de um pronome, utiliza-se um recurso anafórico.* **Observe:** *"O homem é um ser racional.* ***Isso*** *faz dele um ser diferenciado".*

? **2)** E os recursos catafóricos?

➥ ***RESPOSTA:*** *São recursos de antecipação do que ainda será dito.* **Observe:** *O problema do Brasil é* ***este****: corrupção.*

FIQUE POR DENTRO:

"MODIFICADORES NOMINAIS"

São os termos que atribuem um detalhe dispensável ao nome (substantivo). Nas questões aparecem como modificador do nome, especificador do nome ou, ainda, adjunto adnominal. Podem aparecer preposicionados ou não. Confundem quando aparecem preposicionados. Nesse caso, é necessário observar se tal termo faz referência ao substantivo concreto ou ao substantivo abstrato. Caso a expressão regida de preposição se refira ao substantivo abstrato, será **adjunto adnominal (modificador nominal)** se funcionar como **agente da ação nominal. Observe:** O ataque **da polícia** deixou a população indignada. O termo "**da polícia" funciona como agente do "ataque"; modifica, portanto, o sentido do substantivo "ataque"**. Caso a expressão funcione como **paciente da ação** nominal, funcionará como **complemento nominal**. Se o substantivo for concreto, toda **expressão preposicionada será adjunto adnominal**.

Para saber mais: cf. Almeida, Nilson Teixeira de. **Gramática da Língua Portuguesa para concursos, vestibulares, ENEM, colégios técnicos e militares.** 8 ed. São Paulo: Saraiva, 2012.

EM RESUMO: Substantivo e seus modificadores	
O que são	O núcleo nominal (substantivo) e seus adjuntos adnominais (artigo, adjetivo, numeral e pronome adjetivo).
Funções	O substantivo exerce muitas funções sintáticas; os modificadores do substantivo são acessórios e podem ser retirados.
Características	Normalmente, variam em gênero (masculino e feminino) e em número (singular e plural).
Semântica	Os modificadores do substantivo produzem detalhes semânticos à estrutura textual (valor de posse, quantidade, atributo, estado, generalização).
Morfossintaxe	A classe gramatical é a função morfológica; modificadores do nome ou adjunto adnominal é função sintática.

CAPÍTULO II

MORFOLOGIA: VERBO E SEUS MODIFICADORES

1. NOÇÕES GERAIS

O verbo constitui o núcleo oracional, haja vista que toda oração se constrói a partir da presença do verbo. A classe gramatical que **modifica o sentido do verbo é o advérbio**. Os advérbios são chamados de **modificadores verbais ou adjuntos adverbiais**. Assim como os modificadores do nome, os modificadores do verbo também são **termos acessórios**.

Observe:

Sentença a: **Chegaram**.

Sentença b: Chegaram **cedo, tranquilamente, aqui.**

Os termos "cedo", "tranquilamente", "aqui" modificam o sentido da forma verbal "Chegaram". Poderíamos dizer que tais termos modificam o sentido do verbo, indicando tempo, modo e lugar, respectivamente. Vale lembrar que os advérbios indicam circunstância.

DICA IMPORTANTE

Além de se relacionar com os verbos, o advérbio ainda modifica os adjetivos e o próprio advérbio. Nesse aspecto, ele é diferente dos adjetivos, já que os adjetivos só se relacionam com o substantivo; já os advérbios têm como referencial, além do verbo, o adjetivo e o advérbio.

O navegador partiu **muito cedo**. – o termo "muito" intensifica o advérbio "cedo"; é um advérbio.

O navegador partir **muito** apressado. – o termo "muito" intensifica o adjetivo "apressado"; é um advérbio.

Observe o esquema abaixo:

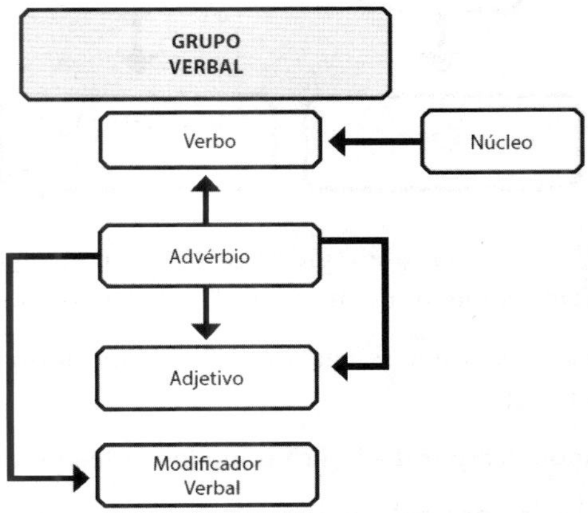

? **QUESTÃO:** Modificador do verbo significa complemento do verbo?

➥ ***RESPOSTA: Não.*** *Os modificadores do verbo são termos que indicam circunstância, ou seja, trazem implícitas ideias como* ***tempo, lugar, modo, intensidade, causa, condição, concessão e outras****. Os complementos verbais nunca indicam circunstância e são necessários para que o verbo possua sentido completo. Sem os complementos, os verbos ficam incompletos.*

As circunstâncias, ou seja, os sentidos que os advérbios trazem às sentenças são muito cobrados.

2. VERBO

Palavra variável que exprime **ações, estados** ou **fenômenos naturais.**

Observe:

As pessoas **estão** desanimadas. (estado)

As pessoas **leem** pouco no Brasil. (ação)

Trovejou ontem, na capital paulista. (fenômeno)

Quanto à estrutura sintática, os verbos podem ser transitivos (sentido incompleto), intransitivos (sentido completo) ou de ligação (indicam estado).

As provas podem cobrar tanto a parte morfológica quanto a parte sintática. Quando a parte morfológica aparece, pode estar ligada à concordância verbal, haja vista que o verbo mantém relação direta com o sujeito.

No quadro abaixo, consta a estrutura verbal, ou seja, os morfemas verbais:

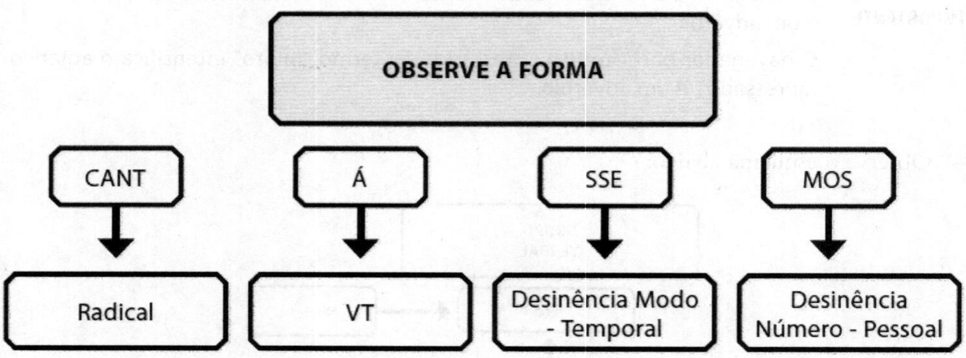

A **Radical** - indica se o verbo é regular ou irregular: cantar é diferente de caber, o primeiro mantém sempre o mesmo radical; o segundo modifica o radical;

B **Vogal temática** - vogal que se liga ao radical como forma de indicar a conjugação verbal (1ª, 2ª ou 3ª);

C **Desinência modo-temporal** - indica o modo e o tempo do verbo;

D **Desinência número-pessoal** - indica o número e a pessoa do discurso.

DICA IMPORTANTE

O verbo se flexiona em pessoa, número, tempo e modo.

Observe:

O **número** do verbo é determinado pelo sujeito: singular ou plural.

A **pessoa** indica se o verbo pertence à 1ª, 2ª ou 3ª pessoa.

O **modo** indica se o fato exprime certeza (**indicativo**), se exprime dúvida (**subjuntivo**) ou se exprime ordem (**imperativo**).

O **tempo** indica a ideia expressa pelo verbo em relação a determinado momento.

» FIQUE ATENTO ÀS CLASSIFICAÇÕES DOS VERBOS

CLASSIFICAÇÃO DOS VERBOS	CONCEITO
Regulares	Não apresentam alteração no radical
Irregulares	Apresentam alteração no radical
Anômalos	Apresentam profundas alterações no radical
Defectivos	Não apresentam conjugação completa
Abundantes	Possuem mais de uma forma no particípio: aceso/acendido; benzido/bento; morrido/morto.
Auxiliares	Combinam-se com outro verbo, chamado de principal, para formação de locução verbal ou tempo composto.
Pronominais	Aparecem acompanhados de pronomes oblíquos da mesma pessoa do sujeito.

2.1 Tempos e modos verbais simples

A TEMPOS DO INDICATIVO

A.1 Presente: indica um fato que ocorre no momento da fala, que ocorre habitualmente ou um fato atemporal.

Os alunos **estudam** todos os dias.

Marcos **está escrevendo** uma carta.

Cabral **chega** ao Brasil, em 1500.

A corrupção **vive**, há tempos, no Brasil.

MUITA ATENÇÃO

O presente do indicativo também pode ser utilizado para indicar um passado histórico, exprimir uma verdade científica ou indicar um fato que certamente ocorrerá no futuro. Ex.: "Ele **leva** o material na próxima semana".

A.2 Pretérito perfeito: exprime uma ação totalmente concluída antes do momento da fala.

A ciência **evoluiu** muito nos últimos anos.

Cabral **chegou** ao Brasil, em 1500.

A.3 Pretérito imperfeito: exprime um fato passado, mas não concluído; exprime, ainda, uma ação em desenvolvimento no passado.

Ele **caminhava** muito quando **morava** no interior do Estado.

A.4 Pretérito mais-que-perfeito: exprime um fato ocorrido num tempo distante; exprime, ainda, uma ação concluída antes de outra ação também concluída.

Quando o aluno entrou na sala, o professor já **fizera** a chamada.

A 1ª guerra **ocorrera** em 1914.

A.5 Futuro do presente: expressa um fato certo no futuro e posterior ao momento da fala.

As aulas começarão no mês de fevereiro.

A.6 Futuro do pretérito: exprime uma ação que é posterior a um fato passado. Pode, ainda, indicar um fato dependente de outro fato.

Você disse que nada **faria** para transformar a estrutura da empresa neste ano.

Se eu tivesse mais dinheiro, **viajaria** mais.

> **MUITA ATENÇÃO**
>
> **Na linguagem informal/coloquial, é comum o falante confundir o uso do futuro do pretérito com o pretérito imperfeito do indicativo.**
>
> Se eu **fosse** você, eu não **ia** à festa de formatura. (F)
>
> Se eu **fosse** você, eu não **iria** à festa de formatura. (V)

B TEMPOS SIMPLES DO SUBJUNTIVO

B.1 Presente: indica um fato que pode ocorrer no presente.

É fundamental que você **corrija** o erro cometido.

B.2 Imperfeito: expressa uma hipótese, uma condição.

Se eu **ganhasse** o prêmio, não teria mais dívidas.

B.3 Futuro: expressa o que pode ocorrer no futuro.

Quando ele chegar, diga-lhe o que aconteceu.

C MODO IMPERATIVO

Indica ordem, pedido, conselho, desejo, súplica.

C.1 Imperativo afirmativo: expressa pedido ou ordens afirmativas.

Fuja daqui antes que digas qualquer bobagem.

C.2 Imperativo negativo: expressa proibições.

Não fujas daqui para que possas dizer a verdade.

Os referidos tempos e modos podem aparecer nas provas das mais diversas maneiras. A mais comum cobrança diz respeito ao emprego dentro da sentença.

DICA IMPORTANTE

O imperativo é formado a partir do presente do indicativo e do presente do subjuntivo. A regra é a seguinte: **o imperativo negativo deriva totalmente do presente do subjuntivo. O imperativo afirmativo também, exceto a 2ª pessoa, que deriva do presente do indicativo, sem o "S".**

Observe:

PES.	PRES. INDIC.	IMP. AFIRMAT.	PRES. SUBJUNT.	IMP. NEGATIVO
EU	**AMO**	–	QUE EU AME	–
TU	**AMAS**	**AMA TU**	QUE TU AMES	NÃO AMES TU
ELE	**AMA**	AME VOCÊ	QUE ELE AME	NÃO AME VOCÊ
NÓS	**AMAMOS**	AMEMOS NÓS	QUE NÓS AMEMOS	NÃO AMEMOS NÓS
VÓS	**AMAIS**	**AMAI VÓS**	QUE VÓS AMEIS	NÃO AMEIS VÓS
ELES	**AMAM**	AMEM VOCÊS	QUE ELES AMEM	NÃO AMEM VOCÊS

D TEMPOS E MODOS VERBAIS COMPOSTOS

São formados por locuções verbais que têm como auxiliares os verbos **ter** e **haver** e como principal, qualquer verbo no **particípio**.

D.1 Pretérito Perfeito Composto do Indicativo:

Formado com o auxiliar **ter** ou **haver** no Presente do Indicativo e o principal no particípio, indicando fato que tem ocorrido com frequência ultimamente.

Eu tenho comido pouco nesta semana.

D.2 Pretérito Perfeito Composto do Subjuntivo:

Formado com o auxiliar **ter** ou **haver** no **Presente do Subjuntivo** e o principal no particípio, indicando desejo de que algo já tenha ocorrido.

Entendo que você tenha caminhado o suficiente, para emagrecer assim.

D.3 Pretérito Mais-que-perfeito Composto do Indicativo:

Formado com o auxiliar **ter** ou **haver** no **Pretérito Imperfeito do Indicativo** e o principal no particípio, tendo o mesmo valor que o Pretérito Mais-que-perfeito do Indicativo simples.

Eu já tinha caminhado ontem, por isso descansei hoje.

D.4 Pretérito Mais-que-perfeito Composto do Subjuntivo:

Formado com o auxiliar **ter** ou **haver** no **Pretérito Imperfeito do Subjuntivo** e o principal no particípio, tendo o mesmo valor que o Pretérito Imperfeito do Subjuntivo simples.

Eu teria caminhado ontem, se não tivesse contraído uma gripe.

D.5 **Futuro do Presente Composto do Indicativo:**

Formado com o auxiliar **ter** ou **haver** no **Futuro do Presente simples do Indicativo** e o principal no particípio, tendo o mesmo valor que o Futuro do Presente simples do Indicativo.

Na semana que vem, quando ele vier me cobrar, já terei recebido o salário.

D.6 **Futuro do Pretérito Composto do Indicativo:**

Formado com o auxiliar **ter** ou **haver** no **Futuro do Pretérito simples do Indicativo** e o principal no particípio, tendo o mesmo valor que o Futuro do Pretérito simples do Indicativo.

Eu teria comprado o carro, se não tivesse perdido o emprego.

D.7 **Futuro Composto do Subjuntivo:**

Formado com o auxiliar **ter** ou **haver** no **Futuro do Subjuntivo simples** e o principal no particípio, tendo o mesmo valor que o Futuro do Subjuntivo simples. Por exemplo:

Quando você tiver comprado o carro, eu passearei com minha mãe.

2.2. Considerações

Os verbos **DERIVADOS** são conjugados como os verbos **PRIMITIVOS,** que lhes deram origem:

- Derivados do verbo **VER: prever, antever, rever e entrever.**

  Ex.: eu vi / previ; se eu visse/ se eu previsse; quando eu vir / quando eu previr.

MUITA ATENÇÃO! **O verbo "PROVER" não deriva do verbo "ver". Ele possui conjugação própria.**

- Derivados do verbo **VIR: advir, intervir, convir, provir, desavir-se.**

  Ex.: eu vim / eu provim; se eu viesse / se eu proviesse; quando eu vier/ quando eu provier.

DICA IMPORTANTE O **verbo "intervir" aparece muito em provas e é conjugado como o verbo "vir".** Normalmente, ele é utilizado de modo muito equivocado pelos falantes. **Observe:** eu vim / eu intervim; se eu viesse / se eu interviesse; quando eu vier / quando eu intervier.

- Derivados do verbo **PÔR: compor, depor, repor, recompor, interpor, supor, propor, expor, transpor...**

  Ex.: eu pus / eu supus; se eu pusesse/ se eu supusesse; quando eu puser/ quando eu supuser.

- Derivados de **TER: deter, conter, entreter, obter, ater, abster...**

  Ex.: eu tenho/ eu entretenho; se eu tivesse/ se eu entretivesse; quando eu tiver/ quando eu entretiver.

MUITA ATENÇÃO! A forma verbal "requerer" não deriva de querer e possui conjugação própria. Ele segue a conjugação regular (mantém o radical), exceto na primeira pessoa do presente do indicativo e na primeira pessoa do presente do subjuntivo: **eu requeiro; que eu requeira**.

? QUESTÃO: O que são formas nominais do verbo?

RESPOSTA: *São formas que podem funcionar ora como verbo, ora como adjetivo, advérbio ou substantivo. Isso quer dizer que tais formas podem indicar ação, estado, fenômeno ou podem trazer ideia de "nome", qualificando, indicando circunstância ou dando nome aos seres.*

Quando determinado verbo possui mais de um particípio, é chamado de **verbo abundante**. *Esse é o caso de verbos como* **benzer (benzido e bento), imprimir (imprimido e impresso), acender (acendido e aceso), pagar (pagado e pago), morrer (matado e morrido)**. *Quando o particípio tem terminação –ido ou –ado, é* **particípio regular**.

- Verbos terminados em – **EAR** ganham "I", no presente (indicativo ou subjuntivo), exceto na 1ª e na 2ª pessoas do plural.

  Ex.: FREAR – freio, freias, freia, **freamos**, **freais**, freiam.

  PENTEAR – penteio, penteias, penteia, **penteamos**, **penteais**, penteiam.

- Os verbos terminados em IAR seguem suas conjugações de modo natural, *exceto MEDIAR (e intermediar), ANSIAR, REMEDIAR, INCENDIAR e ODIAR, que "ganham" E no presente do indicativo e do subjetivo, exceto na 1ª e 2ª pessoas do plural.*

  MEDIAR – medeio, medeias, medeia, mediamos, mediais, medeiam.

  INTERMEDIAR – intermedeio, intermedeias, intermedeia, intermediamos, intermediais, intermedeiam.

3. ADVÉRBIO

Classe gramatical que modifica o verbo, o adjetivo e o próprio advérbio. O advérbio é uma palavra **invariável**, ou seja, ele não varia em gênero nem em número.

Vejamos:

Verificaram o ocorrido **agora**. – **O termo em destaque modifica o verbo "verificar", atribuindo-lhe circunstância de tempo.**

Encontraram o homem **extremamente** ferido. – **O termo em destaque modifica o adjetivo "ferido", atribuindo-lhe circunstância de intensidade.**

Chegarei **bem** tarde à casa dos meus pais. – **O termo em destaque modifica o advérbio "tarde", atribuindo-lhe circunstância de intensidade.**

MUITA ATENÇÃO!

Não se pode confundir o adjetivo com o advérbio nem a locução adjetiva com a locução adverbial. Não esqueça que o adjetivo tem como referencial o substantivo; o advérbio tem como referencial o verbo.

Observe:

Falem **alto**. (advérbio) Moro em prédio **alto**. (adjetivo)

O homem saiu **da farmácia**. (locução adverbial) O dono **da farmácia** saiu. (locução adjetiva)

DICA IMPORTANTE

Quando o valor do advérbio vem expresso por um conjunto de palavras, recebe o nome de **locução adverbial**.

Observe:

Os donativos foram arrecadados **ontem**, **nas cidades do interior**.

O termo "ontem" se refere à forma verbal "foram arrecadados", indicando circunstância tempo; é, portanto, um advérbio de tempo. A expressão "nas cidades do interior" modifica a mesma forma verbal, indicando circunstância de lugar; é, portanto, uma locução adverbial.

? **QUESTÃO:** Toda expressão preposicionada que se relaciona com o verbo é uma locução adverbial?

➥ ***RESPOSTA: Não.*** *Pode haver expressão preposicionada que se relacione com o verbo, mas não tenha função adverbial porque não indica circunstância. Isso ocorre quando tal expressão funciona como* ***objeto indireto****, ou seja, termo preposicionado que* ***completa o sentido do verbo****. Ex.: Preciso* ***de roupas limpas pela manhã.*** *Observe que o termo "de roupas limpas" funciona como complemento do verbo e não indica circunstância; já a expressão "pela manhã" indica circunstância de tempo, e funciona como* ***adjunto adverbial ou modificador verbal****.*

Os vocábulos **onde, quando, como, por que** *são advérbios interrogativos quando introduzem perguntas diretas ou indiretas. Indicam, respectivamente, circunstância de lugar, tempo, modo e causa.*

Observe:

Onde você este hoje à tarde?

Quando você retornará à Bahia?

Quero saber **como** você conseguirá o dinheiro do investimento.

Por que sua empresa está passando por dificuldades?

Observe algumas circunstâncias indicadas pelos advérbios:

CIRCUNSTÂNCIA	ADVÉRBIOS E LOCUÇÕES ADVERBIAIS
Afirmação	Sim, certamente, realmente, deveras, efetivamente, de fato etc.
Dúvida	Acaso, porventura, possivelmente, provavelmente, quiçá, talvez etc.
Intensidade	Assaz, bastante, bem, demais, mais, menos, muito, pouco, tão, quase, demais, meio, todo, apenas, demasiadamente, em demasia etc.
Lugar	Abaixo, acima, adiante, aqui, aí, ali, lá além, atrás, fora, dentro, acolá, através, por dentro, por fora, à direita, à esquerda, ao lado etc.

Modo	Assim, bem, depressa, devagar, mal, bem, melhor, pior, alerta, à toa, às claras, às pressas, ao léu, frente a frente etc.
Negação	Não, de modo algum, de forma alguma, etc.
Tempo	Agora, ainda, amanhã, anteontem, breve, cedo, tarde, depois, hoje, jamais, logo, sempre, outrora, de repente, de súbito etc.

As provas cobram a classe dos advérbios tanto no valor semântico, ou seja, na ideia traz à sentença quanto na própria classificação. Cobra-se do candidato, inclusive, que ele indique o vocábulo que substitua "certos advérbios, pelas ideias (tempo, modo, lugar...).

? **QUESTÃO:** Qual a diferença entre pronomes interrogativos e advérbios interrogativos?

RESPOSTA: *A diferença é que os pronomes interrogativos (que, quem, qual e quanto) não indicam circunstância.*

FIQUE POR DENTRO:

"MODIFICADORES VERBAIS"

São termos que se relacionam com os verbos, mas que se relacionam também com os adjetivos ou advérbios. Os modificadores verbais podem aparecer em forma de orações. Nesse caso, as orações serão chamadas de **subordinadas adverbiais acrescidas da circunstância que indicam. As circunstâncias que as orações adverbiais indicam produzem muitas questões de concurso.** Exemplo: Se a oração é **adverbial temporal**, a circunstância que ela indica é de tempo. Se a oração for **adverbial causal**, a circunstância que ela indica é de **causa**.

Para saber mais: cf. AZEREDO, José Carlos de. **Gramática Houaiss da Língua portuguesa**. São Paulo: Publifolha, 2008.

EM RESUMO: Verbo e seus modificadores	
O que são	O núcleo verbal (Verbo) e seus adjuntos adverbiais (advérbio).
Funções	Os advérbios funcionam como adjuntos adverbiais.
Características	Os advérbios são palavras invariáveis; referem-se ao verbo, ao adjetivo e ao próprio advérbio.
Semântica	Os modificadores do verbo sempre trazem à sentença uma ideia implícita a que se dá o nome de circunstância.

CAPÍTULO III

MORFOLOGIA: PRONOME E COLOCAÇÃO PRONOMINAL

1. NOÇÕES GERAIS

Conforme dissemos no capítulo referente ao substantivo e seus modificadores, os **pronomes acompanham (pronome adjetivo) ou substituem (pronome substantivo) o substantivo.** Faremos referência neste capítulo aos pronomes que substituem o substantivo, substituindo-o. Nesse caso, tais pronomes passam a exercer as funções sintáticas do próprio substantivo (sujeito, objeto direto, objeto indireto, complemento nominal, aposto, predicativo, agente da passiva).

Resumindo:

Se os pronomes acompanham o substantivo, exercem função sintática de **adjunto adnominal**. Se os pronomes substituem o substantivo, **exercem as funções do substantivo.**

Observe:

Sentença a: Maria não veio à reunião, mas **ela** saberá toda a pauta.

Sentença b: **Meus** livros ficaram no quarto.

Os termos "ela" e "meus" são pronomes. Na primeira sentença, o pronome substitui o substantivo "Maria"; na segunda sentença, o pronome acompanha o substantivo "livros". Assim sendo, o primeiro é um pronome substantivo com função sintática de sujeito da forma verbal "saberá", e o segundo funciona como adjunto adnominal do substantivo "livros".

A importância do assunto "pronomes" é percebida nas provas de maneira evidente. É muito difícil haver prova de português em concursos públicos sem a cobrança deste tópico. Dedique-se muito a ele, incluindo as colocações pronominais.

DICA IMPORTANTE

Os pronomes indicam as pessoas gramaticais do discurso: a 1ª pessoa é quem fala; a 2ª pessoa é com quem se fala; a 3ª pessoa é de quem (ou do que) se fala.

Em determinadas situações, os pronomes podem substituir um enunciado, uma sentença. Perceba o fragmento a seguir:

O homem é um ser racional. **Isso** faz com que ele pense antes de agir.

O pronome em destaque não substitui o substantivo "homem"; ele substitui a sentença "o homem é um ser racional". Nesse caso, dizemos que é **um recurso anafórico**, pois retoma uma ideia.

Os pronomes relativos constituem uma categoria de **relação**, pois funcionam como **conectivo oracional**, introduzindo as **orações adjetivas**.

2. PRONOMES PESSOAIS

Representam ou substituem as pessoas do discurso, de acordo com a função sintática que exercem na oração.

2.1 Pronomes Pessoais RETOS e OBLÍQUOS:

PESSOA/NÚMERO	RETO	OBLÍQUO ÁTONO	OBLÍQUOS TÔNICOS
1ª SING	Eu	me	mim, comigo
2ª SING	Tu	te	ti, contigo
3ª SING	Ele (a)	se, o, a, lhe	si, consigo
1ª PLURAL	nós	nos	conosco
2ª PLURAL	vós	vos	convosco
3ª PLURAL	eles(as)	se, os, as, lhes	si, consigo

2.1.1 Características Gerais:

A Os pronomes pessoais do caso reto exercem, geralmente, função de **SUJEITO** ou de **PREDICATIVO DO SUJEITO** da oração.

B Os pronomes do caso oblíquo exercem, geralmente, função de **COMPLEMENTO VERBAL,** ou seja, **OBJETO DIRETO ou OBJETO INDIRETO.**

Observe:

Nós encontramos os documentos necessários à construção do prédio.

O pronome destacado é RETO; funciona, portanto, como ***sujeito*** da sentença.

Nós vimos **ela** no elevador, mas **ela** não **nos** viu.

O primeiro pronome está corretamente empregado, pois é **RETO** e funciona como sujeito da 1ª oração. O segundo, entretanto, está equivocadamente empregado, pois é **RETO** e está empregado como objeto direto da forma verbal **"vimos"**. Deveria ter sido empregado o pronome oblíquo.

MUITA ATENÇÃO!

É comum, na construção dos discursos orais e/ou escritos, os enunciadores misturarem a 3ª pessoa com a 2ª na utilização dos pronomes retos, oblíquos e de tratamento.

Observe o trecho retirado de uma canção "Oceano", de Djavan:

"Vem me fazer feliz porque eu **te** amo

Você deságua em mim..."

Observe que o pronome "te" é de 2ª pessoa; o pronome "Você", embora represente a 2ª pessoa, deve concordar com a 3ª. Desse modo, o gramaticalmente correto seria o "te" com o "tu" (pronomes de 2ª pessoa).

2.1.2 Considerações sobre os pronomes retos e oblíquos

A Os pronomes oblíquos "**o, a, os, as**" exercem função sintática de OBJETO DIRETO, ou seja, eles substituem o complemento verbal referente à 3ª pessoa do singular ou do plural, sem preposição obrigatória.

Observe:

Não conquistaram **o prêmio ambicionado** = não **o** conquistaram.

Como na sentença a forma verbal "conquistaram" exige objeto direto de 3ª pessoa, na substituição do termo destacado pelo pronome oblíquo deve ser usada uma forma "o", que equivale ao pronome reto e "ele". Vale lembrar que não se pode substituir pelo pronome "ele" porque tal pronome é reto e deve exercer função de sujeito.

B Os oblíquos "**lhe, lhes**" funcionam, normalmente, como OBJETO INDIRETO, pois representam o complemento verbal com preposição obrigatória. Quando, entretanto, o pronome "lhe" equivale aos possessivos SEU, SUA, SEUS, SUAS, funciona sintaticamente como ADJUNTO ADNOMINAL, e possui função possessiva em relação ao substantivo.

Deram **aos presentes** uma nova chance de resolver o problema.

Como o termo destacado exerce função sintática de objeto indireto, na substituição por um pronome oblíquo adequado, a sentença ficaria assim: Deram-**lhes** uma nova chance de resolver o problema.

Sem um porquê, os marginais tiraram-**lhe** a vida.

Sem um porquê, os marginais tiraram a **sua** vida.

Nesse caso, o pronome "**lhe**" possui valor possessivo e exerce função e adjunto adnominal.

C Os pronomes retos EU e TU não podem aparecer PREPOSICIONADOS, exceto quando seguidos de uma forma verbal no INFINITIVO. Neste caso, funcionarão como SUJEITO das referidas formas verbais.

Observe:

Não vá **sem mim**.

Como o vocábulo "sem" é uma preposição, não é correto utilizar o pronome reto "eu".

Nada há entre **mim** e **ti** que impeça nossa sociedade de crescer.

Como "entre" é uma preposição, não é correto utilizar os pronomes retos "eu" e "tu".

AGORA OBSERVE:

Por favor, traga toda a documentação para **eu** analisar.

O pronome "eu" está corretamente empregado porque funciona como **sujeito** da forma verbal "analisar". Perceba que, se desenvolvermos a oração "para eu analisar", teremos a forma "para que eu analise". Isso significa que o pronome "eu" conjuga a forma verbal.

D **Os OBLÍQUOS "O, A, OS, AS" VARIAM para "LO, LA, LOS, LAS" quando são colocados após formas verbais terminadas em R, S e Z** Vale lembrar que essas letras são retiradas do verbo.

Observe:

Fiz **as alterações no contrato**. = Fi-**las**.

Encontrarei **a falha do sistema**. = Encontrá-**la**-ei.

Quero mostrar **o projeto** a você. = Quero mostrá-**lo** a você.

E **Os OBLÍQUOS "O, A, OS, AS" VARIAM para "NO, NA, NOS, NAS" quando são colocados após formas verbais terminadas em AM, EM, ÕE e ÃO** à Vale lembrar que não há alteração no verbo.

Repõe **as mercadorias** na prateleira. = Repõe-**nas** na prateleira.

Suspendam a gravação do DVD. = Suspendam-**na**.

Dão **muito crédito** a pessoas sem escrúpulos. = Dão-**no** a pessoas sem escrúpulos.

F **Os OBLÍQUOS "O, A, OS, AS" VARIAM para "LO, LA, LOS, LAS" quando são colocados após formas verbais terminadas em "NS"** à Vale lembrar que o verbo perde o "S", o N torna-se M.

Tens **razão**. = Tem-**la**.

Reténs **todas as chances de crescer**. = Retém-las.

2.2 Colocação Pronominal

Os pronomes oblíquos átonos **me, te, se, o, a, lhe, os, as, lhes, nos e vos** podem ocupar três posições na frase:

A Antes do verbo – próclise.

"Não me venha falar da malícia de toda mulher..." (Caetano Veloso)

B No meio do verbo – mesóclise.

Entregar-lhe-ei o documento assim que eu regressar.

C Depois do verbo – ênclise.

Proteja-me, meu Deus, de todo o mal!

MUITA ATENÇÃO!

Na linguagem informal ou coloquial, são aceitas muitas inadequações na utilização do pronome oblíquo na frase. É comum, por exemplo, a preferência pela próclise, já que a sentença fica mais simples e, portanto, mais fácil de ser compreendida. Aqui, indicaremos como utilizar corretamente os pronomes oblíquos e quais os casos nos quais a colocação é facultativa.

Vale frisar que, de acordo com a gramática normativa, a posição natural dos pronomes oblíquos é depois do verbo, desde que não seja obrigatória a próclise ou a mesóclise.

2.2.1 Próclise obrigatória

A Quando há partículas atrativas: palavras ou expressões negativas, pronomes relativos, indefinidos, demonstrativos, interrogativos, advérbios, conjunções subordinativas.

Quando **se** for, não fará falta alguma.

Nunca **me** diga uma coisa dessas.

Espero que **se** recupere rapidamente.

B Em sentenças exclamativas e optativas com sujeito anteposto ao verbo.

Deus **te proteja**, meu filho!

Como **lhe quero** bem!

C Com verbos no gerúndio precedido da preposição **em.**

Em **se** tratando de fatos passados, não **se** deve fazer qualquer possibilidade de mudança.

D Sentenças interrogativas diretas ou indiretas.

Quantos **lhe** disseram mentiras descabidas?

Diga-me quem **a** machucou assim?

E Em orações coordenadas alternativas.

Ou **se** diz a verdade, ou **nos** tornaremos indignos da confiança dessa família.

DICA IMPORTANTE

É muito frequente a colocação do pronome oblíquo em início de frase, oração, período. Cabe, entretanto, confirmar que é proibido utilizar oblíquos em início de sentença por mais que tal construção torne a comunicação mais acessível.

Observe:

Me diga a verdade. (ERRADO)

Diga-**me** a verdade (CORRETO)

2.2.2. Ênclise Obrigatória

A **Em início de sentença**, desde que o verbo não esteja no futuro do presente ou no futuro do pretérito.

Percebeu-**se** a quantidade de pessoas que queriam a absolvição do réu.

Observe-**o** à distância; diga-**me** o que faz.

B Em verbos **no imperativo afirmativo.**

Retire-**se** da minha sala agora.

Encontre-**se** e transforme-**se** em alguém melhor.

C Em verbo no **infinitivo impessoal** regido da preposição **a.**

Ficou estático a culpar-**se** por tudo o que havia ocorrido naquela manhã.

Estou disposto a compreendê-**lo** desde que você mereça.

D Em **orações interrogativas** com verbo no **infinitivo impessoal**.

Por que quer deixá-**la**?

Como posso ajudá-**lo** neste momento tão complicado?

2.2.3. Mesóclise Obrigatória

A Somente poderá ocorrer com verbos no **futuro do presente** ou no **futuro do pretérito**, desde que não exista possibilidade para o emprego da próclise.

Falar-**te**-ei tudo que sei amanhã.

Ajudá-**la**-ia se eu tivesse condições.

3. PRONOMES RELATIVOS

São pronomes que retomam o termo antecedente (substantivo ou com função de substantivo) e o projetam na oração consequente. Tal oração é sempre ADJETIVA. Desse modo, vale ressaltar que todo pronome relativo introduz uma oração adjetiva (restritiva ou explicativa).

Perceba:

As propostas **que** os candidatos fizeram não serão benéficas aos funcionários públicos.

O período está constituído por duas orações:

1ª **As propostas** não serão benéficas aos funcionários públicos.

2ª Os candidatos fizeram **as propostas**.

O pronome destacado refere-se ao substantivo antecedente "propostas" e o projeta na oração consequente. Vale frisar que a ocorrência do pronome relativo impede uma repetição, portanto ele funciona como elemento de COESÃO TEXTUAL.

DICA IMPORTANTE

O pronome relativo, ao substituir o substantivo antecedente, assume a função sintática que este teria se viesse expresso na oração a que pertence.

3.1 Principais Pronomes Relativos

A **Que, quem, o qual, a qual, os quais, as quais, onde, quanto** (precedido de "tudo") – referem-se ao substantivo antecedente.

B **Cujo, cuja, cujos, cujas** - relaciona o substantivo antecedente e o substantivo consequente, concordando em gênero e o número com o consequente. Funciona como relativo e possessivo ao mesmo tempo.

3.2 Emprego dos Pronomes Relativos

A QUE – **pode se referir a pessoas, coisas ou situações**. Pode aparecer preposicionado, a depender da regência da oração a que pertença.

"Quando eu ouço as canções **que** você fez pra mim..." (R. Carlos)

A casa **em que** moro fica no centro da cidade.

As teses **a que** fiz alusão não são compatíveis com a ideologia do deputado.

B **O QUAL (e variações) – refere-se ao substantivo antecedente** e deve ser usado, de preferência, após preposições ou locuções prepositivas.

"Tinha havido alguns minutos de silêncio, **durante os quais** refleti muito..."(M. de Assis)

C **QUEM** – utilizado somente quando o referencial for pessoa; exige presença obrigatória de preposição. No caso dos verbos transitivos diretos, deverá ser utilizada a preposição "a".

Ninguém quer receber do gerente **de quem** eu lhe falei?

Sempre tive como referência profissionais **a quem** eu admiro.

D **ONDE – equivale a "em que" ou "no qual" e aparece empregado para indicar LUGAR.**

O estádio **onde** ocorrerá o jogo de estreia é afastado do centro da cidade.

Esta é a praia **onde** passamos nossas férias.

Atenção! Quando o referencial não indicar LUGAR, o pronome **"onde"** não pode ser usado; deve-se, então, utilizar **"em que"** ou **"no qual".**

Observe: Deu para notar o momento **em que** não era mais possível admitir agressões.

A sociedade **na qual** todos se agridem necessita de reflexões urgentes.

E CUJO – **relaciona o substantivo antecedente com o substantivo consequente.** Concorda com o substantivo consequente, em gênero e em número. Não admite presença de artigo posposto.

Observe: Foi julgado o réu **cujos** crimes ferem a conduta moral.

Os jovens **de cujo** professor sou amiga estiveram na escola.

Os escritores **a cujos** livros fiz alusão visitaram a Bahia no mês passado.

MUITA ATENÇÃO!

Os vocábulos **"o", "a", "os", "as"** podem ser considerados demonstrativos. Nesse caso, equivalerão a **"aquilo", "isso", "aquele", "aquela".** Nas sentenças, aparecerão seguidos do pronome relativo e, consequentemente, da oração adjetiva.

Observe:

Somos **o que** podemos ser. = Somos **aquilo que** podemos ser.

Chegou apenas **a que** você pediu ontem. = Chegou **aquela que** você pediu ontem.

? **QUESTÃO:** Os pronomes são conectivos porque introduzem orações adjetivas?

➥ ***RESPOSTA: Sim.*** *Sempre que um vocábulo é empregado para introduzir uma oração, é considerado* **conectivo** *oracional. Nesse caso,* **o pronome relativo e as conjunções** *fazem papel de conectivo, ou seja, introduzem orações.*

4. PRONOMES DE TRATAMENTO

Os pronomes de tratamento também são pronomes pessoais que designam pessoas por atributos, funções ou posições que ocupam. Embora designem a 2ª pessoa, tais pronomes conduzem o verbo para a 3ª pessoa.

É possível empregar, por exemplo, "Vossa Excelência" ou "Sua Excelência". A **primeira forma** deve ser utilizada quando o pronome está sendo empregado para **designar a pessoa com quem se fala**. A **segunda forma** deve ser utilizada quando o pronome está sendo empregado para **designar a pessoa de quem se fala**.

Vossa Excelência deverá comparecer à reunião que ocorrerá amanhã.

Sua Excelência deverá comparecer à reunião que ocorrerá amanhã.

Na primeira sentença, "Vossa excelência" é o interlocutor; na segunda, "Sua Excelência" é o assunto da conversa.

? **QUESTÃO:** Pode-se, em alguma situação, empregar a 2ª pessoa quando se utiliza o pronome de tratamento?

➥ ***RESPOSTA: Não.*** *Pronomes de tratamento exigem a 3ª pessoa de modo obrigatório, sem possibilidade de ser aceito o emprego da 2ª pessoa.*

FIQUE POR DENTRO:

"PRONOMES NA ESCRITA E NA ORALIDADE"

Muitas são as questões que envolvem os pronomes e a colocação pronominal. Em um momento em que se valoriza excessivamente a Linguística e os falares, muitas vezes o emprego dos pronomes é questionado. O certo e o errado no dia-a-dia das pessoas passaram a ser muito relativizados. Por conta disso, nas proposições das provas se emprega muito o **"informal"** e o **"formal"**. A formalidade atende as regras impostas pela gramática normativa; a informalidade premia o cotidiano e a fala mais simplificada. Admitem-se na informalidade expressões condenadas pela gramática.

Para saber mais: cf. AZEREDO, José Carlos de. **Gramática Houaiss da Língua portuguesa**. São Paulo: Publifolha, 2008.

EM RESUMO: Pronome e colocação pronominal	
O que são	Pronomes são termos que dão coesão textual, pois acompanham ou substituem o substantivo.
Funções	Os pronomes substantivos exercem todas as funções do substantivo.
Características	Podem ser pessoais, possessivos, demonstrativos, relativos.
Semântica	Os pronomes podem ser empregados como conectivos, de modo que interferem, inclusive, nos sentidos atribuídos às sentenças.
Morfossintaxe	Se substituem o substantivo, os pronomes têm importante papel sintático.

CAPÍTULO IV
MORFOLOGIA: PREPOSIÇÕES E CONJUNÇÕES

1. NOÇÕES GERAIS

As **preposições** e as **conjunções** são palavras de conexão na linguagem. Sem elas, as sentenças ficariam fragmentadas e soltas, ou seja, o papel dessas duas classes é o de dar unidade à sentença. O termo unidade aí quer dizer coesão. Além das preposições e das conjunções, outro grupo de palavras serve para criar conexão: **os verbos de ligação**.

Observe:

Sentença a: O copo **de** vidro está no carro **de** Pedro.

Sentença b: Ele estudou muito, **porém** não obteve boa nota.

Sentença c: Os estudantes **estão** preocupados com a prova.

Os termos "de", "porém" e "estão" são palavras de ligação. Na primeira sentença, os dois termos destacados ligam termos; na segunda sentença, o termo destacado liga duas orações; na terceira sentença, o termo destacado é um verbo e indica estado.

Alguns candidatos costumam decorar essas três categorias. Tal atitude não traz muitos benefícios, haja vista que as bancas gostam de cobrar o valor semântico que essas classes de palavras trazem ao texto.

> **DICA IMPORTANTE**
>
> Acabou a época de decorar, inclusive em ordem alfabética. Agora a ideia é entender, com clareza e coerência, a função de cada termo dentro das sentenças. De nada adiante saber quais são as preposições e as conjunções, sem saber que sentido elas agregam ao período. **Observe:** Vim **de** casa (origem); vim **de** carro (meio); carro **de** Pedro (posse).

Perceba o quadro a seguir:

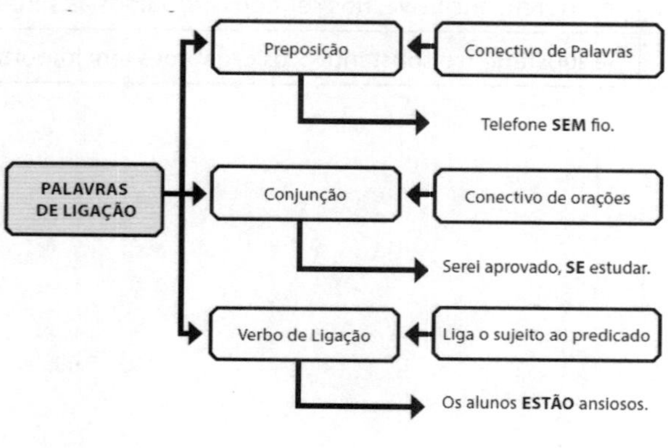

2. PREPOSIÇÃO

A preposição é a palavra invariável que liga termos independentes, criando dependência ou subordinação. Embora não tenham função sintática, elas têm grande importância dentro do texto, já que possuem valor semântico, ou seja, são ricas em sentidos.

Observe:

O copo **de** vidro está na casa **de** Marcos. – as duas preposições destacadas são exatamente as mesmas, mas trazem ao enunciado dois sentidos diferentes. A primeira traz ideia de **matéria** (o vidro é a matéria de que é feita o copo); a segunda traz ideia de **posse** (Marcos é possuidor da casa).

Existem preposições **essenciais** (funcionam basicamente como preposição) e preposições **acidentais** (passam a exercer o papel de preposição).

MUITA ATENÇÃO!

Assim como existem locuções verbais, locuções adjetivas, locuções adverbiais, existem as **locuções prepositivas**. É o grupo de palavras com valor de preposição: junto a, a fim de, atrás de, antes de, depois de, através de, de encontro, a respeito de etc.

As preposições podem se unir a outras classes gramaticais, resultando em **combinação** (sem mudança fonética) ou em **contração** (com alteração fonética).

Observe:

A + os = aos (combinação)

De + os = dos (contração)

Não se deve confundir a preposição "a" com o artigo "a". A preposição é invariável e exigida pelo antecedente. O artigo é variável e acompanha o substantivo feminino. Quando os dois ocorrem ao mesmo tempo, há a necessidade do emprego do sinal indicativo da crase.

Ele vai **a** Salvador. (preposição)

Conheço **a** família do prefeito. (artigo)

Fiz referência **à** família do prefeito. (preposição e artigo)

3. CONJUNÇÃO

Palavra invariável que **liga termos independentes entre si** ou **liga orações**. Vale salientar que **orações** são estruturas que possuem verbo.

Observe:

Eu comprei livros **e** revistas. – O conectivo destacado ligou dois termos independentes, mantendo tal independência.

Eu comprei livros **e** os li rapidamente. – O conectivo destacado ligou duas sentenças verbais, ou seja, duas orações, entretanto tais orações são independentes sintaticamente: uma não exerce função sintática em relação à outra.

Eu desejo **que** você compre livros. – O conectivo destacado ligou duas orações, sendo que, entre elas, há uma dependência sintática, pois a segunda oração completa a primeira.

DICA IMPORTANTE

Quando a conjunção liga termos ou orações independentes, recebe o nome de **COORDENATIVA**, e as orações interligadas por elas são chamadas de orações coordenadas. Quando a conjunção liga orações dependentes, recebe o nome de **SUBORDINATIVA**, e a oração que exerce função sintática é chamada de oração subordinada.

? **QUESTÃO:** Conhecer o conectivo é suficiente para classificar as orações?

↳ ***RESPOSTA: Não.*** *As orações* (**coordenadas ou subordinadas**) *são classificadas a partir da relação que possuem com as demais orações dentro do período, ou seja, decorar os conectivos e dar-lhes uma classificação não é suficiente para saber se o período é coordenado ou subordinado.*

A **Conjunções Coordenativas:** As conjunções e locuções coordenativas podem ser classificadas em cinco tipos, entretanto o que interessa mesmo é o valor semântico que elas incorporam ao contexto.

A.1 **Aditivas** – introduzem ideia de adição, inclusão, acréscimo, soma. Os principais conectivos são: e, nem, mas também, como também etc.

Todos discutem **e** saem chateados da reunião.

A.2 **Adversativas** - introduzem ideia de contraste, ressalva, oposição, compensação, restrição. Os principais conectivos são: mas, entretanto, todavia, no entanto, porém, contudo etc.

Todos discutem, **entretanto** encontram soluções para os problemas.

A.3 **Alternativas** – relacionam ideias que se excluem ou se alternam. Os principais conectivos são: ou...ou, ora...ora, já...já, quer...quer, seja...seja etc.

O prefeito aceitará a proposta **ou** terá o mandato cassado.

A.4 **Conclusivas** – introduzem uma conclusão em relação à primeira oração. Os principais conectivos são: logo, portanto, por conseguinte, pois etc.

O time fez boas contratações, **portanto** lutará pelo título.

A.5 **Explicativas** – introduzem uma justificativa em relação à primeira oração. Os principais conectivos são: pois, porque, que etc.

Traga todo o material disponível, **pois** o prazo está expirando.

MUITA ATENÇÃO!

Há conectivos que podem indicar mais de uma ideia. Nesse caso, é o período que definirá. **Observe:**

Ele estudou **e** passou. O conectivo em destaque indica adição.

Ele estudou, **e** perdeu. O conectivo em destaque indica oposição.

Ele estudou, **pois** queria passar. O conectivo em destaque indica explicação.

Ele queria passar; estudou, **pois.** O conectivo em destaque indica conclusão.

B **Conjunções subordinativas:**

As conjunções subordinativas introduzem orações sintaticamente dependentes. Isso quer dizer que uma **oração exerce função sintática** em relação à outra chamada de **oração prin-**

cipal. Existe um bloco de conjunções subordinativas que possui valor semântico e introduz as orações que indicam circunstância (orações adverbiais). Há, entretanto, uma categoria formada por conjunções sem valor semântico e que introduz as orações substantivas. São as conjunções integrantes.

Observe:

O governo deseja **que os eleitores votem nas próximas eleições.**

A oração "que os eleitores votem nas próximas eleições" exerce função de objeto direto da oração principal. Como o objeto direto é função do substantivo, a oração é substantiva objetiva direta, e o conectivo "**que**" é conjunção integrante.

Quadro de classificação das subordinativas com valor circunstancial

CLASSIFICAÇÃO	CONJUNÇÕES E LOCUÇÕES CONJUNTIVAS	EXEMPLOS
Causais	Porque, visto que, como, já que, sendo que, devido a, em face de etc.	**Como** ninguém reclamou, cortaremos o abono salarial.
Concessivas	Embora, mesmo que, apesar de que, não obstante, ainda que, por mais que etc.	**Ainda que** estejamos tristes, faremos a festa.
Consecutivas	Que (antecedido de tal, tão, tanto, tamanho), de modo que, etc.	Dormiu tanto **que** perdeu o horário.
Condicionais	Se, caso, contanto que, desde que, uma vez que (essas últimas devem apresentar verbo no subjuntivo).	**Se** todos desempenharem suas funções, não haverá problema de produção.
Comparativas	Como, tal qual, mais... que, menos...que etc.	Aquele jovem age **como** um selvagem.
Conformativas	Como, conforme, segundo, consoante, assim como etc.	**Conforme** ficou decidido, não haverá expediente amanhã.
Finais	Para que, a fim de que, que = para que.	Parei aqui **para que** resolvamos as pendências.
Proporcionais	À medida que, à proporção que, quanto mais, quanto menos etc.	**À medida que** eu estudo, fico mais preparado para a prova.
Temporais	Quando, assim que, logo que, sempre que, mal etc.	**Logo que** eu cheguei, fui convidado a sair.

DICA IMPORTANTE

Todas as conjunções subordinativas introduzem as **orações subordinadas adverbiais**, exceto as conjunções **integrantes**. Estas últimas introduzem as **orações subordinadas substantivas**.

⇨ QUE e SE

Os vocábulos "que" e "se" possuem uma série de funções morfológicas e sintáticas. É preciso analisá-las cuidadosamente.

» **Morfossintaxe do vocábulo QUE**

Organizaremos a seguir as funções do vocábulo "que".

MORFOLOGIA	SINTAXE	OBSERVAÇÕES	EXEMPLOS
SUBSTANTIVO	Várias funções	Acentua-se graficamente.	Esse jovem tem um quê de beleza.
PRONOME INTERROGATIVO	Várias funções	Acentuado no final da frase; Não modifica o substantivo.	Que ocorreu com seu rosto? Confias em quê?
PRONOME INDEFINIDO	Várias funções	Acentua-se graficamente. Traz à sentença um sentido vago.	Parou e anunciou não sei bem o quê.
PRONOME INDEFINIDO ADJETIVO	Adj. Adnominal	Equivale a quanto (s), quanta (s)	Que dia difícil!
PRONOME RELATIVO	Várias funções	Para descobrir a função sintática, basta colocar no lugar do pronome relativo o substantivo que está sendo substituído.	Ela comprou o carro que queria. Eu vi o carro que quebrou.
ADVÉRBIO	Adj. Adverbial	Indica intensidade	Que lindo!!!
PREPOSIÇÃO	Não possui	Equivale a DE	Tenho que sair agora.
INTERJEIÇÃO	Não possui		Quê?! Não acredito.
CONJUNÇÃO COORDENATIVA	Não possui	Aditiva (=e)	Estuda que estuda, esse rapaz.
CONJUNÇÃO COORDENATIVA	Não possui	Adversativa (=mas)	Outro que não Pedro será premiado!
CONJUNÇÃO COORDENATIVA	Não possui	Alternativa (=ou)	Que fique, que vá, não mudarei de ideia.
CONJUNÇÃO COORDENATIVA	Não possui	Explicativa (=porque) – 1ª oração com verbo indicando ORDEM.	Pare, que você não vai me convencer.
CONJUNÇÃO SUBORDINATIVA	Não possui	Integrante	Eu desejo que você seja feliz.
CONJUNÇÃO SUBORDINATIVA	Não possui	Causal (= porque)	Não vou chorar, que tudo vai passar.
CONJUNÇÃO SUBORDINATIVA	Não possui	Consecutiva	Comeu tanto que passou mal.
CONJUNÇÃO SUBORDINATIVA	Não possui	Condicional	Que fizesse diferente, mudaria algo?

CONJUNÇÃO SUBORDINATIVA	**Não possui**	**Comparativa**	**O meu desejo foi maior que meu esforço.**
	Não possui	**Conformativa**	**Que tenham me dito, nada houve.**
	Não possui	**Concessiva**	**Chovendo que esteja, irei à praia.**
	Não possui	**Final**	**Rezo que você consiga vencer.**
	Não possui	**Temporal**	**Passou uma semana que ele partiu.**
Partícula expletiva ou de realce	**Não possui**	**Pode ser retirado sem qualquer implicação sintática ou semântica.**	**Que Deus te acompanhe, meu filho!**

» **Morfossintaxe do vocábulo "se"**

Organizaremos a seguir as funções do vocábulo "se".

MORFOLOGIA	SINTAXE	OBSERVAÇÕES	EXEMPLOS
SUBSTANTIVO	**Várias funções**	**Precedido de um modificador.**	O **se** possui várias classificações.
PRONOME PESSOAL OBLÍQUO	**Sujeito do infinitivo**	**Sujeito da oração subordinada substantiva objetiva direta**	**O jovem deixou-se cair no sofá.**
	Objeto direto reflexivo	**Voz reflexiva**	**Ela se machucou na brincadeira.**
	Objeto direto recíproco	**Voz recíproca.**	**Os lutadores agrediram-se desafiadores.**
	Objeto indireto reflexivo	**Voz reflexiva.**	**Ele se dá muito valor.**
	Objeto indireto recíproco	**Voz recíproca**	**Mãe e filha nunca se deram bem.**
	Pronome apassivador	**Voz passiva pronominal (VTD ou VTDI).**	**Assinaram-se todos os contratos.**
	Índice de indeterminação do sujeito	**Com verbo de ligação, intransitivo ou transitivo indireto na 3ª pessoa do singular.**	**Necessita-se de pessoas honestas.**
	Termo integrante do verbo	**Com verbos pronominais: arrepender-se, queixar-se, ajoelhar-se, lembrar-se, voltar-se etc.**	**Ela se queixa muito da vida.**

PRONOME PESSOAL OBLÍQUO	**Partícula expletiva ou de realce.**	**Não exerce função sintática e pode ser retirado da frase.**	**Passaram-se muitas semanas.**
CONJUNÇÃO SUBORDINATIVA	**Não possui**	**Integrante (introduz orações subordinadas substantivas subjetivas e objetivas diretas).**	**Não sabemos se conseguiremos as vagas.**
	Não possui	**Causal (= já que)**	**Se já não me querem aqui, estou partindo neste momento.**
	Não possui	**Condicional**	**Se você quiser ser feliz, não cultive o medo.**

? **QUESTÃO:** O que diferencia uma oração subordinada adverbial de uma oração subordinada substantiva?

➥ ***RESPOSTA:*** *As orações subordinadas adverbiais indicam circunstância, como, aliás, é papel do advérbio. Por isso, inclusive, que são chamadas* ***adverbiais****. As orações subordinadas substantivas exercem as funções do substantivo.*

Observe: *Viajei* **porque queria descanso**. *A oração destacada indica* **causa**, *portanto é uma* **adverbial causal.**

Ele disse **que queria viajar**. *A oração destacada funciona como* **objeto direto** *da oração anterior. Como* **objeto direto é função do substantivo**, *a oração é substantiva objetiva direta.*

4. VERBOS DE LIGAÇÃO

São aqueles que indicam estado. O nome advém do fato de eles ligarem o **sujeito** da oração ao **predicativo do sujeito (estado, característica, aspecto)**. Vale frisar que, por indicarem estado, os verbos de ligação são chamados por alguns de **verbos não-significativos**.

MUITA ATENÇÃO!

Há um valor semântico nos verbos de ligação sempre atrelado ao estado. Em si, eles não trazem uma ação, entretanto, em relação ao predicativo, indicam **um estado permanente, transitório, uma mudança de estado, uma permanência de estado. Observe:**

As alunas **estão** nervosas. (estado transitório)

As alunas **são** nervosas. (estado permanente)

Os empresários mais jovens **ficaram** entusiasmados. (mudança de estado)

Os empresários **pareciam** entusiasmados. (estado aparente)

Todos os exemplos evidenciam a mesma estrutura sintática formada por **sujeito + verbo de ligação + predicativo do sujeito.** Isso é importante enfatizar: **a função do verbo de ligação é criar uma ponte entre o sujeito e o predicativo do sujeito**, ou seja, se uma sentença não possuir **predicativo do sujeito**, um verbo nunca poderá ser considerado **de ligação.**

DICA IMPORTANTE

Decorar os verbos de ligação é uma perda de tempo: o mais importante é entender em qual estrutura tal verbo aparece.

FIQUE POR DENTRO:

"PALAVRAS DENOTATIVAS"

A NGB criou uma classificação à parte para as PALAVRAS DENOTATIVAS, antes classificadas como advérbios. Tais vocábulos são analisados a partir da ideia que indicam.

Observe:

Inclusão: até, inclusive, mesmo, também etc.

Mesmo Carlos reclamou do professor.

Realce: é que, lá, ora, só.

Ela **é que** costuma reclamar.

Retificação: aliás, ou melhor, quer dizer etc.

Domingo, **ou melhor**, o final de semana foi legal.

Exclusão: apenas, menos, salvo, somente, só, senão etc.

Interessa-me **somente** um assunto: genética.

Para saber mais: cf. ALMEIDA, Nilson Teixeira de. **Gramática da Língua Portuguesa para concursos, vestibulares, ENEM, colégios técnicos e militares.** 8 ed. São Paulo: Saraiva, 2012.

EM RESUMO: Preposição, conjunção e verbo de ligação	
O que são	Palavras de conexão. A missão delas é ligar termos e orações nas sentenças e nos textos.
Funções	As preposições e as conjunções não exercem função sintática.
Características	As conjunções são invariáveis e podem ser coordenativas ou subordinativas.
Semântica	Introduzem sentidos nas sentenças em que aparecem.
Morfossintaxe	Os verbos de ligação aparecem em estruturas nominais formadas por **sujeito + verbo de ligação + predicativo do sujeito**.

CAPÍTULO V
SINTAXE: SUJEITO E ORAÇÃO SEM SUJEITO

1. NOÇÕES GERAIS

A sintaxe **estuda as relações existentes entre as palavras numa frase ou entre as orações num período**. Não esqueça que a **oração é uma estrutura construída a partir de um verbo e que o período composto é construído a partir do encontro de mais de uma oração.**

Do ponto de vista sintático, a oração é constituída por **termos**. Há os **termos essenciais** (sujeito e predicado)**;** há os **termos integrantes** (complementos verbais, complemento nominal e agente da passiva); e há os **termos acessórios** (adjunto adverbial, adjunto adnominal, aposto). O **vocativo** é considerado um termo que não mantém relação de dependência com os demais da sentença.

Observe o quadro abaixo contendo os termos da oração:

Essenciais	Sujeito
	Predicado
Integrantes	Complementos verbais (objeto direito e objeto indireto)
	Complemento nominal
	Agente da passiva
Acessórios	Adjunto adnominal
	Adjunto adverbial
	Aposto
	Vocativo

2. ESTUDO DO SUJEITO

O **sujeito** é o termo sobre o qual se declara alguma coisa. Tal termo é considerado essencial porque **normalmente está presente na oração**. É possível, entretanto, haver verbos que não admitam a presença do sujeito. São os verbos **impessoais** sobre os quais falaremos posteriormente.

DICA IMPORTANTE

Para identificar o sujeito, é necessário fazer a(s) seguinte(s) pergunta(s) antes verbo: **"o que é que"** ou "**quem é que".** A **resposta obtida** será classificada como **sujeito da oração**. Vale ressaltar que, **embora o sujeito costume aparecer no início da sentença, pode haver inversões.** Dessa forma, é necessário ficar atento para não confundir sujeito e objeto direto. **Observe:**

Ocorreram, durante o final de semana, **vários acidentes**. O termo destacado, mesmo estando no final da sentença, funciona como **sujeito**. Para ter a certeza, faça a pergunta ao verbo: "o que é que ocorreu durante o final de semana?". Resposta: "vários acidentes".

O sujeito é uma função de base **substantiva**, ou seja, o núcleo do sujeito é representado pelo substantivo ou por qualquer termo substantivado ou por uma oração substantiva.

Observe:

A cada ano, as **pessoas** ficam mais preocupadas com a crise. ("pessoas" = núcleo do sujeito)

Vigora, no Brasil, a **lei** da impunidade. ("lei" = núcleo do sujeito)

Ficou decidido **que ele será o líder**. ("que ele será o líder" = sujeito oracional, não há um núcleo)

MUITA ATENÇÃO!

O s**ubstantivo é a palavra que exerce o maior número de funções sintáticas.** Ele pode ser o **núcleo do sujeito, do objeto direto, do objeto indireto, do complemento nominal, do aposto, do predicativo, do agente da passiva.**

Observe, nos exemplos, as funções sintáticas exercidas pelo mesmo substantivo:

A **flor** caiu. – núcleo do sujeito

Eu quero a **flor**. – núcleo do objeto direto (o verbo "querer" é transitivo direto)

Eu preciso da **flor**. – núcleo do objeto indireto (o verbo "precisar" é transitivo indireto)

Eu tenho necessidade da **flor**. – núcleo do complemento nominal (o substantivo "necessidade" exige complemento)

Só queria uma coisa: uma **flor**. – núcleo do aposto enumerativo.

Você é uma **flor**. – núcleo do predicativo (o verbo "ser" é verbo de ligação)

O cravo foi ferido pela **flor**. – núcleo do agente da passiva.

O núcleo do sujeito não pode aparecer regido de preposição. Observe o período a seguir:

A maioria dos alunos faltou à aula hoje.

O sujeito é o termo destacado, entretanto o núcleo é a palavra "**maioria**". Se você tiver dúvida, basta perceber que, **se a expressão "dos alunos" for retirada, o sentido permanece, pois tal expressão é um adjunto adnominal**, termo acessório. Se você retirar, entretanto, o termo "maioria", a sentença ficará sem sentido.

Eles partiram antes **do sol** nascer. (errado)

Observe que o sujeito da forma verbal "nascer" é "o sol". Desse modo, ele não pode estar preposicionado. Teremos, então, de desfazer a contração (de + o). O correto será redigir:

Eles partiram antes de **o sol** nascer.

? **QUESTÃO:** Quando coloco "Eles partiram antes de o sol nascer", o sujeito não continua preposicionado?

➥ ***RESPOSTA: Não.*** *Observe que a preposição "de" pertence à locução "antes de", indicativa de tempo. O sujeito "o sol" é um termo independente. O mesmo ocorre na seguinte sentença: "Eu tenho medo* **de as mulheres se revoltarem diante do preconceito".** *O termo* **"as mulheres"** *é sujeito da forma verbal "se revoltarem". A preposição "de" é obrigatoriamente empregada por conta da palavra "medo". O sujeito, portanto, não está regido de preposição.*

A **Classificação do sujeito:** Quanto à classificação, o sujeito pode ser **determinado, indeterminado, oracional**.

A.1 O **sujeito determinado** tem presença física explícita ou implícita na oração. Quando possui apenas **um núcleo,** é chamado sujeito **simples**; quando possui **mais de um núcleo,** é chamado sujeito **composto**; quando possui o núcleo determinado pelo contexto ou pela desinência verbal, é chamado **implícito, oculto, desinencial ou elíptico.**

Vejamos:

A turma de formandos deste ano fará a festa no maior clube da cidade.

⇓

NÚCLEO

A turma de formandos e os professores participarão da festa no clube da cidade.

⇓ ⇓

NÚCLEO NÚCLEO

Faremos a festa no clube da cidade. O núcleo do sujeito está implícito: o pronome reto "nós".

> **DICA IMPORTANTE**
>
> **O verbo mantém relação de concordância com o verbo.** Isso implica que o verbo concorda com o sujeito: sujeito singular = verbo no singular; sujeito plural = verbo plural. Muitas vezes, para acertar a questão de concordância, é necessário conhecer o sujeito da oração, ou seja, passa a ser uma questão de análise sintática.

A.2 O **sujeito indeterminado** ocorre quando há um elemento sobre o qual se declara algo, mas não é possível identificá-lo. Pode-se dizer que o sujeito indeterminado existe, mas não condições no contexto para a identificação dele.

Sentença: Comentaram ontem que as eleições serão anuladas.

O **sujeito** da forma verbal **"comentaram"** existe, entretanto não é possível identificá-lo. Considera-se, portanto, **sujeito indeterminado.**

Existem duas formas de o sujeito ser indeterminado:

1) Presença do **verbo na 3ª pessoa do plural**, sem que o agente esteja explícito na sentença ou no texto.

Levaram os suspeitos para a cadeia.

Assaltaram uma agência bancária no centro da cidade.

Neste ano, **construíram** uma ponte no Rio de Janeiro.

2) **Presença de verbo na 3ª pessoa do singular + "SE"** - índice de indeterminação do sujeito.

> **MUITA ATENÇÃO!**
>
> O **índice de indeterminação do sujeito** aparece ligado a **verbos intransitivos,** a **verbos transitivos indiretos** e a **verbos de ligação (indicam estado).** Tais verbos ficam na 3ª pessoa do singular – caso importante de concordância verbal.

Confia-se na ação da polícia na contenção da criminalidade. → VTI

Precisa-se de bons prestadores de serviços. → VI

Não **se é** feliz na região da seca. → VL

Observe que, nos três exemplos, os verbos ficaram na 3ª pessoa do singular, pois **não se pode atrelar o índice de indeterminação do sujeito (SE) a verbo no plural.**

> **DICA IMPORTANTE**
>
> Quando a partícula "SE" aparecer atrelada ao **verbo transitivo direto VTD** ou ao **verbo transitivo direto e indireto VTDI**, será classificada como **PARTÍCULA APASSIVADORA.** Sua presença na sentença fará com que o **sujeito** seja o **paciente da ação verbal**, ou seja, tal partícula **caracteriza a voz passiva. Esses verbos devem obrigatoriamente concordar com o sujeito da sentença.**
>
> Sentença:
>
> Exige-se **comprometimento** do grupo. (VTD)
>
> **SUJEITO**
>
> Numa sociedade tão carente, exigem-se **ações solidárias.** (VTD)
>
> **SUJEITO**
>
> Ofereceu-se **um grande prêmio** ao vencedor. (VTDI)
>
> **SUJEITO**

ESQUEMATIZANDO A TEORIA

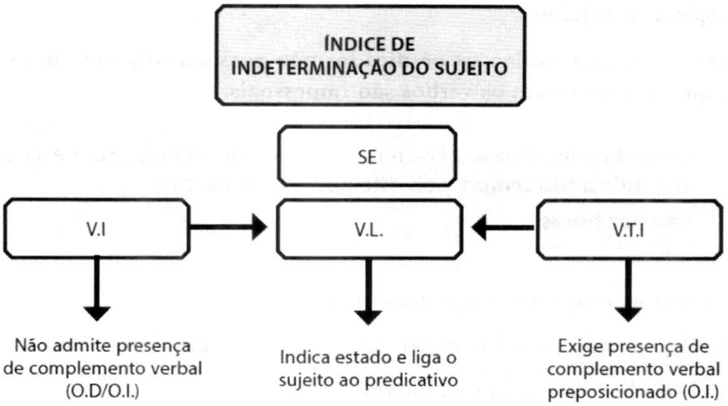

Concordância verbal: 3ª pessoa do singular

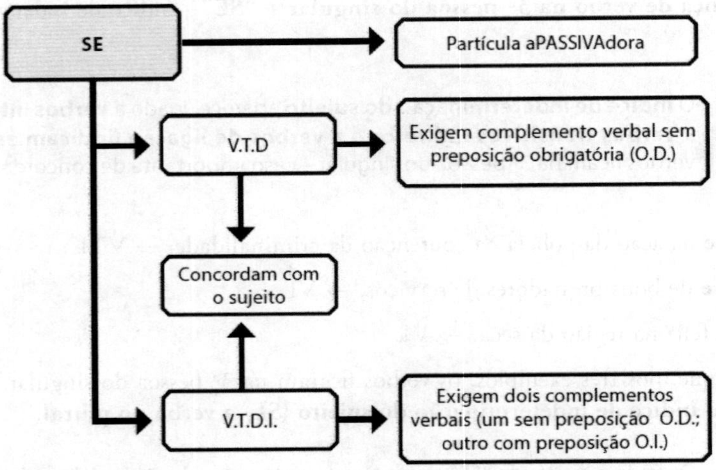

O sujeito oracional é representado por uma oração e não possui núcleo. Uma oração passa a ser sujeito de outra oração, por isso, para haver esse tipo de sujeito, **o período é obrigatoriamente composto.** A oração que exerce função sintática de sujeito é classificada como **oração subordinada substantiva subjetiva**.

Vejamos:

Sentença: É fundamental que todos participem da discussão proposta pelo governo. (Período composto)

Oração 01: É fundamental

Oração 02: que todos participem da discussão proposta pelo governo

Para encontrar o sujeito, pergunte "o que é que é fundamental?".

Resposta: "que todos participem da discussão proposta pelo governo". **Essa resposta é o sujeito oracional.**

B Oração sem sujeito:

Em determinados enunciados, **os predicados não possuem sujeito: são as orações sem sujeito. Para que isso aconteça, os verbos são impessoais.**

> **MUITA ATENÇÃO!**
>
> Os **verbos impessoais** ficam na 3ª pessoa do singular, com exceção do verbo **ser, indicando tempo**, pois este pode ser pluralizado.
>
> **São dez horas.**

Ocorre oração sem sujeito nas seguintes situações:

B.1 Verbos indicando fenômenos naturais, no sentido denotativo.

Está chovendo muito no interior de São Paulo.

Vale observar que, quando são utilizados no sentido figurado, tais verbos passam a ser pessoais, ou seja, passam a ter sujeito.

Choveram objetos no campo, com a derrota do time.

SUJEITO

B.2 Verbo **haver** com sentido de **existir, ocorrer** ou **indicando tempo passado.**

No seminário, houve sérios conflitos entre os participantes.

Há três anos encontrei meus colegas de faculdade.

Haverá aulas complementares no curso profissionalizantes?

DICA IMPORTANTE

O verbo "haver" com sentido de "existir" não possui sujeito, mas é **transitivo direto.** Isso implica dizer que aparece o **objeto direto** atrelado a ele. Se substituirmos "haver" por "existir", o sentido, ou seja, o valor semântico, permanecerá, mas ocorrerá uma mudança sintática. **Observe:**

Sentença 01: **Haverá** duas grandes festas esportivas no Brasil. – **Oração sem sujeito.**

VTD OBJETO DIRETO

Sentença 02: **Existirão** duas grandes festas esportivas no Brasil.

VTD SUJEITO

Se esses verbos formarem locuções verbais, os **auxiliares** incorporarão as características dos verbos principais, ou seja, o **auxiliar do verbo haver** também **ficará no singular**; o **auxiliar do verbo existir, concordará com o sujeito.**

Sentença 01: **Poderá haver** duas grandes festas esportivas no Brasil.

Sentença 02: **Poderão existir** duas grandes festas esportivas no Brasil.

? **QUESTÃO:** Quando "haver" possui sentido de "existir" a estrutura sintática e semântica mudam?

RESPOSTA: Não. *A estrutura sintática muda porque "existir" possui sujeito e "haver" não possui. A estrutura semântica* **permanece a mesma, pois as sentenças dirão a mesma coisa.**

B.3 Verbos **fazer** e **estar** indicando tempo ou clima.

Faz dez anos que viajei para a Europa.

Está fazendo muito calor agora.

Está frio nesta sala.

B.4 Verbo **ser** indicando horário, data ou distância.

São 15 horas de viagem.

Devem ser dez horas.

Hoje **é** dia 18 de maio.

B.5 Verbos **chegar** e **bastar** seguidos da preposição "de".

Chega de tentar mudar o imutável.

Basta de tantos problemas.

MUITA ATENÇÃO!

As orações sem sujeito não possuem voz, pois, para que haja uma voz, é necessário haver um **sujeito agente, paciente ou agente/paciente**. Desse modo, como os verbos impessoais não admitem sujeito, não admitem voz.

? **QUESTÃO:** Por que os verbos que indicam tempo caracterizam oração sem sujeito?

➥ ***RESPOSTA:*** *O tempo possui uma característica peculiar: ele é inexorável. Isso significa que ninguém pode detê-lo ou apressá-lo. Assim sendo, os verbos que indicam tempo não podem possuir um sujeito que "pratique" ou "sofra" a ação verbal.*

FIQUE POR DENTRO:

"FUNÇÃO SUBJETIVA"

É comum aparecer a expressão **função subjetiva** para fazer alusão ao **sujeito**. Mesmo quando o sujeito é representado por uma oração, tal nomenclatura é bastante utilizada e aceita por todos os gramáticos (**oração subordinada substantiva subjetiva**). Na ausência de um termo cuja função seja subjetiva, toda a estrutura será considerada **predicado. Nas orações sem sujeito, por exemplo, não há o termo com função subjetiva.**

Para saber mais: cf. KOCH, Ingedore Villaça. **O texto e a construção dos sentidos.** 9 ed. São Paulo: Contexto, 2008.

EM RESUMO: Sintaxe do sujeito	
O que é	O termo sintático de quem se declara algo.
Representação	São representados pelo substantivo e não aparecem regidos de preposição.
Características	Aparecem ligados ao verbo, relacionando-se com ele em uma relação de concordância.
Semântica	Pode ser agente da ação verbal, paciente da ação verbal ou agente e paciente da ação verbal. As orações sem sujeito partem de verbos impessoais.
Morfossintaxe	Na estrutura sintática, podem aparecer antes ou depois do verbo. Quando aparecem depois do verbo estão "pospostos".

CAPÍTULO VI

SINTAXE: VOZES DO VERBO

1. NOÇÕES GERAIS

As vozes do verbo estão atreladas ao comportamento do sujeito diante de uma ação verbal. O sujeito pode aparecer de três maneiras diferentes: ele pode praticar a ação verbal; pode sofrer a ação, ou seja, ser o alvo da ação verbal; e pode praticar e sofrer a ação ao mesmo tempo. A depender desse comportamento, a voz poderá ser **ativa, passiva** ou **reflexiva**.

DICA IMPORTANTE

Para haver uma voz, o verbo obrigatoriamente deve indicar **ação e possuir sujeito**, ou seja, **não é possível haver uma voz quando o verbo é de ligação ou quando o verbo é impessoal** (não possui sujeito).

Observe:

Choveu muito na região litorânea do Rio de Janeiro.

A forma verbal "choveu" indica fenômeno natural, portanto não possui sujeito. Não há uma voz verbal.

Houve uma queda de energia na cidade inteira.

A forma verbal "houve" está empregada com sentido de "existiu"; caracteriza, portanto, uma oração sem sujeito.

As celebridades **ficaram** entusiasmadas com o anúncio da novela.

A forma verbal "ficaram" indica mudança de estado; é, portanto, um verbo de ligação. Tais verbos indicam estado, não ação. Desse modo também não possuem voz verbal.

2. VOZ ATIVA

Caracterizada pelo fato de **o sujeito ser agente da ação verbal**, isto é, ele pratica a ação expressa pelo verbo.

Observe:

Os operários	construíram	o edifício.
sujeito agente	**ação**	**Objeto direto (paciente)**

3. VOZ PASSIVA

Caracterizada pelo fato de **o sujeito ser paciente da ação verbal**, isto é, ele sofre a ação expressa pelo verbo. Costuma-se dizer que o sujeito é o alvo da ação, ou seja, a ação recai sobre o sujeito.

Observe:

O edifício	foi construído	pelos operários.
sujeito paciente	**ação**	**agente da passiva**

3.1 Tipos de voz passiva

3.1.1 Formação da Voz Passiva

A voz passiva pode ser classificada de duas maneiras: **analítica** e **sintética**.

A **Voz Passiva Analítica: Formada pela presença do verbo auxiliar "SER" + particípio do verbo principal**. Vale lembrar que o verbo auxiliar assume o tempo e o modo do verbo.

Observe:

A rua **foi invadida** por menores revoltados.

O time **deverá ser preparado** pela comissão técnica.

O sujeito da primeira sentença é o termo "**a rua**"; o da segunda é "**o time**". Em ambas, o sujeito é paciente da ação verbal. Observe que os termos "**por menores revoltados**" e "**pela comissão técnica**" funcionam como agente da passiva.

É a forma do verbo SER que indica a variação de tempo e de modo, já que o particípio não varia. Observe a transformação das frases seguintes:

Ele **administra** os bens da família. (presente do indicativo)

Os bens da família **são** administrados por ele. (presente do indicativo)

O funcionário **discutiu** todos os assuntos da pauta. (pretérito perfeito do indicativo)

Todos os assuntos da pauta **foram discutidos** pelo funcionário. (pretérito perfeito do indicativo)

O líder trará novidades à reunião. (futuro do presente)

Novidades **serão** trazidas à reunião pelo líder. (futuro do presente)

Quando houver locuções verbais, o verbo ser assumirá o mesmo tempo e o mesmo modo do verbo principal na ativa. Observe as sentenças a seguir:

O professor ia **conduzindo** a explicação com cuidado. (gerúndio)

A explicação ia **sendo** conduzida pelo professor com cuidado. (gerúndio)

MUITA ATENÇÃO!

O **agente da passiva** é o termo preposicionado que pratica a ação na voz passiva e corresponde ao objeto direto da voz ativa. Ele aparece preposicionado e não tem presença obrigatória na sentença. Isso quer dizer que é possível construir uma passiva analítica sem agente da passiva.

Ex.: A terra foi invadida **por selvagens.**

A terra estava povoada **de selvagens.**

Os dois termos destacados funcionam como agente da passiva. Poderiam ser, inclusive, retirados.

B **Voz Passiva Sintética:** Para **construir a passiva sintética ou pronominal, é necessária a presença obrigatória da partícula apassivadora SE**. O verbo, obrigatoriamente, concordará com o sujeito paciente da ação.

Observe:

Exige-se dos candidatos boa formação.

Construíram-se grandes prédios na cidade.

DICA IMPORTANTE

Na voz passiva sintética, o agente da passiva não aparece expresso.

É comum os falantes cometerem erros de concordância quando utilizam a partícula apassivadora. **Observe:** Conserta-se roupas (E). **Consertam-se roupas. (V)**

4. VOZ REFLEXIVA

Caracterizada pelo fato de o sujeito ser, ao mesmo tempo, agente e paciente da ação verbal. Isso quer dizer que ele pratica e sofre a ação.

Observe:

Ela **se amava** tanto que nada a atingia. (a si mesma)

Os lutadores **feriram-se**. (um ao outro)

Vale destacar que, embora nos dois exemplos, o sujeito seja agente e paciente da ação verbal, na primeira ação a ideia é de reflexividade, pois o "ela" (sujeito) "ama" e "é amada" por si mesma; na segunda, "os lutadores" (sujeito) "ferem" e "são feridos", mas a ideia é de reciprocidade. Desse modo, o "se" da primeira sentença é um pronome reflexivo; o "se" da segunda sentença é um pronome recíproco.

5. TRANSFORMAÇÃO DE VOZES

Para transformar voz ativa em voz passiva, **sem modificar o sentido da frase**, é preciso agir da seguinte forma: o **objeto direto** da voz ativa torna-se **sujeito** da voz passiva; o **sujeito** da voz ativa torna-se **agente da passiva**.

Por exemplo:

O povo	elegeu	o prefeito.	(Voz Ativa)
Sujeito da Ativa		Objeto Direto	
O prefeito	foi eleito	pelo povo.	(Voz Passiva)
Sujeito da Passiva		Agente da Passiva	

Observe que o **objeto direto** será **o sujeito da passiva**, o **sujeito da ativa** passará a **agente da passiva** e o **verbo ativo** assumirá a **forma passiva**, conservando o mesmo tempo.

Observe novamente:

Os assaltantes **têm** constantemente **agredido** cidadãos de bem.

Cidadãos de bem **têm sido** constantemente **agredidos** por assaltantes.

Meus amigos me **presentearam.**

Fui presenteado por meus amigos.

MUITA ATENÇÃO!

Quando o sujeito da ativa for um pronome reto, na transformação para a passiva, ele se tornará um pronome oblíquo, pois, conforme vimos no capítulo dos pronomes, os retos não podem ser objeto. De igual modo, se o objeto for um pronome oblíquo, na transformação, como o objeto da ativa torna-se sujeito da passiva, tal pronome se tornará reto.

Observe:

Eu a amo. (voz ativa)

Ela é amada por mim. (voz passiva).

? **QUESTÃO:** Um pronome reto pode funcionar como agente da passiva?

➥ ***RESPOSTA: Não.*** *Como o agente da passiva é regido de preposição e os pronomes retos não aparecem preposicionados, quando um pronome reto é preposicionado, ele se torna um oblíquo tônico. Na transformação de vozes, esse oblíquo tônico volta à condição de sujeito.*

Quando a voz ativa apresenta sujeito indeterminado, o agente da passiva também ficará indeterminado.

Observe:

Destruíram as ruas da cidade. (voz ativa com sujeito indeterminado)

As ruas da cidade **foram destruídas**. (voz passiva com agente da passiva indeterminado)

MUITA ATENÇÃO!

Se houver na sentença **partícula apassivadora**, a voz será passiva. Quando há **índice de indeterminação do sujeito**, a voz é ativa (exceto se o índice de indeterminação estiver ligado a **verbo de ligação**). Se houver **pronome reflexivo ou recíproco**, a voz será reflexiva.

? **QUESTÃO:** Pode-se resolver uma questão de transformação de vozes apenas contando verbos?

➥ ***RESPOSTA: Sim.*** *Como a voz passiva analítica é formada com a presença do verbo "ser", se for solicitada a transformação de* **voz ativa para voz passiva**, *a estrutura na passiva analítica terá um verbo a mais (***verbo ser***). Se for solicitada a transformação de* **voz passiva para voz ativa**, *a estrutura na ativa terá um verbo a menos (***verbo ser***).*

FIQUE POR DENTRO:

"TRANSFORMAÇÃO COM VERBOS TRANSITIVOS INDIRETOS"

A regra coloca que **só há transformação de voz ativa para voz passiva quando a ativa possui objeto direto**. Ocorre, entretanto, que alguns falantes empregam verbos transitivos indiretos como se fossem transitivos diretos, proporcionando, consequentemente, a mudança de voz. Por exemplo: o verbo "assistir" (com sentido de "presenciar") é transitivo indireto, mas os falantes frequentemente constroem "eu assisti o filme". Nessa construção, seria possível construir: "o filme foi assistido por mim". Ocorre que, como o verbo é transitivo indireto, não admite voz passiva.

Para saber mais: cf. ROSENTHAL, Marcelo. **Gramática para Concursos: teoria e mais de 1.000 questões**. 4 ed. Rio de Janeiro: Elsevier, 2009.

EM RESUMO: Vozes do Verbo	
O que é	Classificação da sentença quanto ao comportamento do sujeito.
Classificação	Ativa, passiva e reflexiva.
Características	Voz ativa: sujeito agente; voz passiva: sujeito paciente; voz reflexiva: sujeito agente e paciente.
Semântica	Para haver uma voz verbal, é obrigatório que o verbo indique ação. Verbos de ligação e verbos impessoais não possuem voz.
Morfossintaxe	Só há transformação de voz ativa em voz passiva quando a voz ativa possui objeto direto.

CAPÍTULO VII
SINTAXE: PREDICAÇÃO VERBAL / TRANSITIVIDADE VERBAL

1. NOÇÕES GERAIS

Conforme vimos no capítulo anterior, os termos essenciais são **sujeito** e **predicado**. Já lançamos um olhar sobre o sujeito. Para entendermos o predicado, entretanto, **é necessária a compreensão da transitividade verbal, que é o estudo das relações que se estabelecem entre o verbo e os seus complementos. Há verbos de ação e há verbos de ligação**. Entre os verbos de ação, **alguns têm sentido completo, outros têm sentido incompleto.**

2. TRANSITIVIDADE VERBAL

Quanto à predicação, encontram-se os **verbos de ligação, intransitivos e transitivos.** Alguns gramáticos trabalham com uma nomenclatura diferente. Para estes, há **verbo significativo/nocional (transitivos e intransitivos)** e **verbo não-significativo/não-nocional (verbo de ligação).** A seguir, haverá explicações acerca de tais verbos.

A Verbos de ligação

São aqueles que indicam estado. O nome advém do fato de eles ligarem o **sujeito** da oração ao **predicativo do sujeito (estado, característica, aspecto, atributo)**. Vale frisar que, por indicarem estado, os verbos de ligação são chamados por alguns de **verbos não-significativos.**

Há um valor semântico nos verbos de ligação sempre atrelado ao estado. Em si, eles não trazem uma ação, entretanto, em relação ao predicativo, indicam **um estado permanente, transitório, uma mudança de estado, uma permanência de estado...**

Observe:

Os empresários mais jovens **estavam** entusiasmados. (estado transitório)

Os empresários mais jovens **ficaram** entusiasmados. (mudança de estado)

Os empresários mais jovens **pareciam** entusiasmados. (estado aparente)

Os empresários mais jovens **são** entusiasmados. (estado permanente)

Os empresários mais jovens **permaneceram** entusiasmados. (permanência de estado)

Os empresários mais jovens **continuaram** entusiasmados. (permanência de estado)

MUITA ATENÇÃO!

Quando há verbo de ligação, os períodos sempre possuem a mesma estrutura sintática formada por **sujeito (implícito ou explícito) + verbo de ligação + predicativo do sujeito**. Isso é importante enfatizar: ***a função do verbo de ligação é criar uma ponte entre o sujeito e o predicativo do sujeito***, ou seja, se uma sentença não possuir **predicativo do sujeito**, um verbo nunca poderá ser considerado **de ligação.**

Aconselho, portanto, a não repetir o hábito antigo: **decorar os verbos de ligação.**

Vejamos:

Sentença 01: Os alunos **estavam preocupados.** (o verbo utilizado indica **estado, e o adjetivo "preocupados" é um predicativo do sujeito, uma característica do sujeito**).

Sentença 02: Os alunos **estavam** na sala de aula. (o verbo utilizado indica **ação, e o termo "na sala de aula" indica uma circunstância de lugar**).

Quando se faz referência aos verbos de ligação, obrigatoriamente se torna necessário fazer alusão aos predicativos. Embora os verbos de ligação tragam obrigatoriamente a presença dos predicativos, pode ocorrer presença de predicativos sem verbos de ligação.

Os **predicativos são termos que expressam um estado, uma característica ou uma qualidade.** Quando o predicativo está fazendo referência ao sujeito, ele é chamado de **predicativo do sujeito;** quando está fazendo referência ao objeto, ele é chamado de **predicativo do objeto.** Vale lembrar que o predicativo está sempre no predicado.

A.1 Predicativo do sujeito: é uma característica atribuída ao sujeito, através de um verbo de ligação ou de um verbo significativo (transitivo ou intransitivo).

Observe:

Os produtores de soja estão **esperançosos.** ("esperançosos" é um predicativo do sujeito, introduzido através de verbo de ligação)

Os produtores de soja chegaram **esperançosos** à reunião. ("esperançosos" é um predicativo do sujeito, introduzido através de verbo intransitivo)

Os produtores de soja receberam, **esperançosos,** o financiamento. ("esperançosos" é predicativo do sujeito, introduzido através de verbo transitivo)

Os produtores de soja responderam, **esperançosos,** às perguntas do patrão. ("esperançosos" é predicativo do sujeito, introduzido através de verbo transitivo indireto).

A.2 Predicativo do objeto: é uma característica, um estado ou um aspecto atribuído ao objeto da sentença. É muito importante perceber que tal característica é atribuída; não é uma característica própria do objeto; é, inclusive, possível dissociar/separar **o objeto** do **predicativo do objeto.**

Observe:

O juiz considerou o réu **inocente.**

O professor chamou o aluno **de irresponsável.**

Eu encontrei minhas amigas **chateadas** no quarto.

Os termos "inocente", "irresponsável", "chateadas" são características atribuídas ao objeto. Se tentarmos colocar na voz passiva, veremos que a característica se separa do substantivo a que se refere. Vejamos: O **aluno** foi chamado **de irresponsável** pelo professor.

B Verbos intransitivos

São aqueles que possuem sentido completo, ou seja, a essência desses verbos está neles mesmos. Não há necessidade de nenhum outro termo que **transite** por eles. Por isso o nome **intransitivo**.

Observe:

Os democratas **venceram**.

A reunião **aconteceu** hoje, cedo, na vila.

Nasceram duas crianças doentes na Santa Casa.

Naquela manhã, os turistas **comeram** pouco.

MUITA ATENÇÃO!

As circunstâncias que se relacionam com verbos intransitivos são **adjuntos adverbiais.** No caso de haver alguma circunstância obrigatória, ela não terá função adverbial: ela será considerada um **complemento circunstancial**.

Vejamos:

Ele **foi ao cinema**.

Embora a expressão "ao cinema" indique circunstância de lugar, ela não é considerada **adjunto adverbial** porque o adjunto adverbial é um termo acessório, portanto dispensável. Como não é possível dispensar esse termo da sentença apresentada, diz-se que há um **complemento circunstancial**, isto é, um termo necessário, mas que não é classificado como **objeto** porque objeto não indica circunstância. Assim sendo, o verbo não é considerado **intransitivo.** A forma verbal "**foi**" é considerada **transitiva circunstancial**.

? **QUESTÃO:** Um mesmo verbo pode ser classificado de modo diferente quanto à transitividade?

➥ ***RESPOSTA: Sim.*** *Quem determina a transitividade verbal é o contexto. Desse modo, um verbo em que em uma frase é intransitivo em outra pode aparecer como transitivo. Isso ocorre com certa frequência, inclusive. Os que decoram a transitividade têm dificuldade de lidar com essa variação, mas não é difícil.* **Observe:**

O jovem ***comeu*** *muito, no restaurante. A forma verbal não exige complemento, portanto é um verbo intransitivo.*

O jovem ***comeu*** *uma macarronada ontem. A forma verbal se relaciona com o complemento "uma macarronada", portanto é um verbo transitivo.*

C Verbos transitivos

São verbos que precisam de um complemento, pois não têm sentido completo. Tais verbos transferem a sua essência para outro termo, chamado **complemento verbal** ou **objeto**. Esse complemento pode aparecer **sem preposição obrigatória** ou **obrigatoriamente preposicionado**. A partir dessa análise, os verbos transitivos podem ser **diretos, indiretos ou diretos e indiretos**. Vejamos:

C.1 **Verbo transitivo direto:** exige complemento sem preposição obrigatória.

C.2 **Verbo transitivo indireto:** exige complemento com preposição obrigatória.

C.3 **Verbo transitivo direto e indireto:** exige dois complementos: um preposicionado e outro sem preposição.

Observe:

Exemplo 1: Os estudantes **ouviram** as propostas do diretor.

Os ministros **defenderam** a adoção de penas mais brandas.

Exemplo 2: Os estudantes **concordaram** com as propostas do diretor.

Ninguém **desconfiou** da funcionária recém-contratada.

Exemplo 3: Os estudantes **entregaram** um presente ao professor.

Todos **enviarão** pedidos ao governador.

No 1º exemplo, os verbos são **transitivos diretos,** pois exigem complemento sem preposição (**objeto direto**); no 2º exemplo, os verbos são **transitivos indiretos,** pois exigem complementos preposicionados (**objeto indireto**); no 3º exemplo, os verbos são **transitivos diretos e indiretos,** pois exigem dois complementos (**objeto direto e objeto indireto**).

DICA IMPORTANTE

O que determina a transitividade do verbo é o contexto no qual ele está inserido. Uma mesma forma verbal pode ser transitiva em um contexto e intransitiva em outra. É necessário, portanto, um olhar bastante cuidadoso para as sentenças, para as orações nas quais tais verbos estão inseridos.

Observe:

Nós **oferecemos** ajuda.

Nós **oferecemos** ajuda ao menino carente.

3. PREDICADO

Declaração atribuída ao sujeito; é a informação transmitida a respeito do sujeito. Para ser classificado, é preciso reconhecer se o núcleo do predicado está centrado num verbo significativo ou num nome (predicativo).

A **Predicado nominal: formado pelo verbo de ligação + predicativo do sujeito. O predicativo é o núcleo do predicado nominal.** Não há verbo significativo, pois o VL indica estado.

Observe:

A prova **ficou muito complicada.** NÚCLEO = complicada (predicativo)

Aquele jovem **é um amor de pessoa.** NÚCLEO = amor (predicativo)

B **Predicado verbal: formado por um verbo significativo (transitivo ou intransitivo). Esse VERBO é o núcleo do predicado.** No predicado verbal, não pode existir predicativo.

Observe:

Eles **tiveram problemas muito sérios com a Receita Federal**. NÚCLEO = "tiveram" (verbo transitivo direto)

Na reunião de condomínio, vizinhos **discutiram exaustivamente**. NÚCLEO = "discutiram" (verbo intransitivo)

> **MUITA ATENÇÃO!** Se o verbo de ação for retirado, os predicados perderão completamente o sentido. Por causa disso, o predicado é verbal, e o núcleo é o verbo.

C **Predicado verbo-nominal:** Predicado verbo-nominal: formado por dois núcleos porque possui duas declarações. Um núcleo é o VERBO SIGNIFICATIVO (transitivo ou intransitivo); o outro núcleo é o PREDICATIVO (do sujeito ou do objeto).

Observe:

A mulher **acordou exausta**.

Todos **dormiram felizes**.

As funcionárias da loja **solicitaram um aumento salarial descrentes**.

Os advogados **obedeceram ao delegado insatisfeitos**.

Nos exemplos relacionados acima, os predicados possuem duas informações: a 1ª sempre é uma ação (acordar, dormir, solicitar, obedecer); a 2ª é um estado - o predicativo do sujeito nas duas primeiras ocorrências e do objeto nas duas últimas (exausta, felizes, descrentes, insatisfeitos).

> **MUITA ATENÇÃO!** O **índice de indeterminação do sujeito** aparece ligado a **verbos intransitivos**, a **verbos transitivos indiretos** e a **verbos de ligação (indicam estado)**. Tais verbos ficam na 3ª pessoa do singular – caso importante de concordância verbal.

? QUESTÃO: É possível confundir um predicativo do objeto com um adjunto adnominal (modificador do substantivo)?

➥ ***RESPOSTA: Sim.*** *Frequentemente, aparece a dúvida no que diz respeito a diferença entre o adjunto adnominal e o predicativo do objeto. Ocorre, entretanto, que o adjunto adnominal é um termo preso ao substantivo, ou seja, não é possível dissociá-lo do substantivo. O predicativo do objeto, entretanto, é facilmente desconectado do nome.*

Observe:

"Eu comprei um **bom** *livro" – O termo "bom" funciona como modificador de livro; é, portanto,* **adjunto adnominal**.

"Eu considero esse livro **bom**" *- O termo "bom" está sendo atribuído ao termo "livro". Mais claramente é o seguinte: O sujeito "eu" considera o livro; e na visão desse sujeito "o livro é bom". Alguém pode julgá-lo de modo diferente.*

FIQUE POR DENTRO:

"VERBOS TRANSITIVOS CIRCUNSTANCIAIS"

Aprender língua portuguesa à base do "decorar" não é algo novo. Ocorre, entretanto, que os estudos linguísticos evoluem. Quando os verbos não eram de ligação e não exigiam objeto direto ou indireto, eram chamados de **verbos intransitivos**. Estudos contemporâneos mostraram a existência de verbos que exigem um complemento, mas tal complemento indica circunstância. Imediatamente, surgiu o questionamento: verbos que se relacionam com circunstância não são intransitivos? A resposta veio com outra pergunta: os verbos intransitivos não têm sentido completo? A solução foi criar a nomenclatura **verbos transitivos circunstanciais: não têm sentido completo, mas são complementados por uma circunstância (normalmente de lugar).**

Para saber mais: cf. CUNHA, Celso & CINTRA, Lindley. **Nova gramática do português contemporâneo**. 4 ed. Rio de Janeiro: Lexikon Editora Digital, 2007.

EM RESUMO: Transitividade verbal	
O que é	Classificação do verbo quanto à sua função no contexto.
Classificação	Os verbos podem ser de ligação, transitivos ou intransitivos.
Características	Os de ligação indicam sempre estado; os de ação têm valor significativo.
Semântica	Os verbos de ligação expressam diferentes ideias, a partir da construção na qual eles estão inseridos.
Morfossintaxe	Verbos de ligação se relacionam com predicativo do sujeito; verbos de ação podem ser intransitivos e não se relacionarem com termo algum; os transitivos se relacionam com objeto (direto ou indireto).

CAPÍTULO VIII
SINTAXE: TERMOS LIGADOS AO VERBO: COMPLEMENTOS VERBAIS, ADJUNTO ADVERBIAL, AGENTE DA PASSIVA

1. NOÇÕES GERAIS

Os verbos são extremamente importantes dentro da estrutura sintática. Em torno deles, alguns outros termos se colocam ora completando-os, ora modificando-os. Tais termos são os **complementos verbais (objeto direto e indireto), adjunto adverbial e agente da passiva. Há verbos de ação e há verbos de ligação.** Entre os verbos de ação, **alguns têm sentido completo, outros têm sentido incompleto.**

2. COMPLEMENTOS VERBAIS: COMPLETAM O SENTIDO DO VERBO

Os **complementos verbais** se relacionam com os verbos transitivos, formando unidades significativas. Tais complementos, chamados **objeto,** podem se ligar aos verbos **através de uma preposição ou sem elas**. O funcionamento é o seguinte:

A o **objeto direto** é o complemento que se liga **diretamente ao verbo**, portanto não exige preposição obrigatória;

B o **objeto indireto** é o complemento que se liga **indiretamente ao verbo, ou seja, através de uma preposição obrigatória.**

Vejamos:

A *As pessoas de bem conseguem* ***a felicidade;***

B Os profissionais inexperientes **desejam** *oportunidades* no mercado de trabalho;

C *Nós* ***encontramos*** *alguns documentos no arquivo morto.*

D *Haverá* ***muitas aulas extras*** *no novo espaço da escola;*

E *Meninos e meninos fizeram* ***questionamentos****.*

F *Quero escrever* ***uma nova história;***

G *Peço* ***apoio*** *nessa nova empreitada;*

Todos os termos destacados nas sentenças acima completam o sentido do verbo. Vale frisar que os respectivos verbos não exigem a preposição ligando-os aos termos que os completam. Desse modo, tais termos exercem função sintática de **objeto direto**.

> **MUITA ATENÇÃO!**
>
> É possível aparecer um objeto direto regido de preposição, **o objeto direto preposicionado**. Tal preposição não é obrigatória, mas pode contribuir para deixar o enunciado mais claro, evitar ambiguidades ou pode ser utilizado por questão estilística.
>
> Devemos amar **ao próximo**.
>
> Ofendeu **ao líder** a grevista.
>
> As apresentações não impressionaram **a ninguém**.

Agora observe:

A Os melhores itens do programa se referem **aos pais**.

B Ninguém obedeceu **ao comando do chefe**.

C As mulheres independentes não gostam **de homens machistas**.

D A professora concordou **com a opinião do diretor**.

E Não **me** interessa as suas insatisfações.

Os termos destacados nas sentenças acima também completam o sentido do verbo. Ocorre, entretanto, que eles exigem preposição obrigatória, ligando-os aos seus respectivos verbos. Tais termos exercem função sintática de **objeto indireto**.

> **MUITA ATENÇÃO!**
>
> Quando o complemento se refere a um nome (adjetivo, advérbio ou substantivo abstrato), será completado pelo **complemento nominal**. Nós os estudaremos no capítulo "termos ligados ao nome", mas vale a pena observar a diferença existente entre tais complementos e os complementos verbais.
>
> Eu confio **na ação da polícia**. (objeto indireto, pois completa o sentido da forma verbal "confio" – VTI)
>
> Eu tenho confiança **na ação da polícia**. (complemento nominal, pois completa o sentido do substantivo "confiança").
>
> É imprescindível, para perceber a diferença, descobrir o referencial da expressão preposicionada – nome ou verbo.

? **QUESTÃO:** Se o objeto direto pode aparecer regido de preposição, é possível confundi-lo com o objeto indireto?

➥ ***RESPOSTA: Não.*** *Quando o objeto direto aparece regido de preposição, tal preposição não é obrigatória: é por estilo ou para deixar o enunciado mais claro.* **Observe:** *Deus amo* **ao** *homem. O emprego da preposição é para deixar a sentença sem possibilidade de ambiguidade. É possível, inclusive, construir a voz passiva: o homem é amado por Deus. Observe que a preposição desaparece.*

C Tanto o **objeto direto** quanto o **objeto indireto** podem ser representados por um pronome ou por termos de base substantiva.

As agentes de saúde **me** trouxeram notícias. (objeto indireto)

Eu **o** admiro pela capacidade de administrar. (objeto direto)

Não **lhe** darei explicações. (objeto indireto)

D Os objetos podem ser pleonásticos, ou seja, repetidos enfaticamente.

Os livros, eu ainda não **os** li.

A você, não **lhe** devo nada.

DICA IMPORTANTE

Os oblíquos "o, a, os, as" exercem função de **objeto direto**; os oblíquos "**lhe, lhes**" funcionam como **objeto indireto**.

Observe:

Nós **os** encontramos no teatro. (pronome destacado = objeto direto)

Nós **lhe** rendemos homenagem. (pronome destacado = objeto indireto)

3. ADJUNTOS ADVERBIAIS (MODIFICAM O SENTIDO DO VERBO)

Os **adjuntos adverbiais**, de modo geral, são termos que modificam o sentido do verbo, indicando circunstância. Do ponto de vista morfológico, os advérbios, as locuções adverbiais e as orações adverbiais exercem função sintática de adjunto adverbial. Embora exista uma infinidade de circunstâncias, há algumas que aparecem com frequência e são muito utilizadas no discurso oral: tempo, lugar, causa, modo, finalidade, condição.

DICA IMPORTANTE

Para identificar circunstância de causa, pergunta-se "**por que?**"; para identificar circunstância de lugar, pergunta-se "**onde**"; para identificar circunstância de tempo, pergunta-se "**quando**"; para identificar circunstância de modo, pergunta-se **"como"**.

Observe:

Partiu **às pressas**. (como?)

Fez as provas **na sala de aula**. (onde?)

Viajou **ontem**. (quando?)

Adoeceu **por tomar chuva**. (por quê?)

Vale lembrar que, como o advérbio modifica também o adjetivo e o próprio advérbio, nessas condições também aparece o **adjunto adverbial**.

Na sentença "os alunos chegaram **muito** nervosos", o termo destacado é adjunto adverbial de intensidade, pois modifica o sentido do adjetivo. De igual modo, na oração "ele acordou **muito** tarde", o termo em negrito também é adjunto adverbial porque modifica o próprio advérbio.

As **orações subordinadas adverbiais** também exercem função de adjunto adverbial e serão classificadas a partir das circunstâncias que indicam, no entanto serão estudadas no capítulo "período composto".

MUITA ATENÇÃO!

O ADJUNTO ADVERBIAL e o COMPLEMENTO VERBAL são termos fáceis de serem diferenciados.

Não se pode confundir adjunto adverbial e complemento verbal. O **adjunto adverbial** é termo circunstancial e acessório. Embora possua um valor semântico, indicando circunstância, é termo **acessório**, ou seja, tem um papel sintático que é dispensável. De modo simples, podemos dizer que é um detalhe que é acrescentado na roupa de uma pessoa, mas que pode ser retirado. É função do advérbio.

O **complemento verbal** (objeto) é um termo **integrante**. É um complemento. Percebe-se, portanto, que é um termo necessário à estrutura sintática, pois tem função completiva. Os **objetos** não podem indicar circunstância. É função do substantivo.

Vejamos:

Ela comprou **frutas doces** na feira. O termo "frutas doces" completa o sentido da forma verbal "comprei". O termo "na feira" indica o lugar, a circunstância da compra. O primeiro é integrante; o segundo é acessório.

O desembargador comentou **o fato** neste final de semana. Os termos "o fato" e "neste final de semana" se referem à forma verbal "comentou". O primeiro completa o verbo, sendo necessário para que a sentença tenha sentido: é **objeto**; o segundo modifica o verbo, é acessório e indica tempo: é **adjunto adverbial.**

4. AGENTE DA PASSIVA

O agente da passiva é o termo **preposicionado** que pratica a ação verbal na voz passiva. Na transformação de voz ativa para voz passiva, o agente da corresponde ao sujeito da ativa.

Observe:

O encontro está sendo promovido **pela prefeitura da cidade.**

O termo "pela prefeitura da cidade" exerce função de agente da passiva. Vale lembrar que é preciso analisar a sentença como um todo para compreender o agente da passiva. O sujeito é o termo "o encontro" e sofre a ação de "ser promovido", portanto a voz é passiva, já que o sujeito é paciente; "a prefeitura da cidade" age promovendo tal encontro. Desse modo, "a prefeitura da cidade" é agente da passiva. Raciocínio completado.

A carreta foi alcançada **por várias pedra**s.

O termo "por várias pedras" funciona como agente da passiva porque pratica a ação de "atingir", numa estrutura sintática na qual o sujeito "a carreta" é o sujeito passivo.

MUITA ATENÇÃO!

Só há agente da passiva na voz passiva analítica.

? **QUESTÃO:** O agente da passiva aparece em outra voz do verbo?

➥ ***RESPOSTA: Não.*** *O agente da passiva corresponde ao sujeito da voz ativa. Isso quer dizer que, na transformação de vozes, o sujeito da ativa torna-se agente da passiva. Conclusão: só existe agente da passiva quando a voz é passiva.*

FIQUE POR DENTRO:

"O AGENTE DA PASSIVA NÃO É OBRIGATÓRIO"

Embora o **agente da passiva** seja um termo integrante, sua obrigatoriedade na sentença não existe. Só há agente da passiva quando o sujeito da voz ativa está determinado. Esse fato vai de encontro ao conceito de **termos integrantes: aqueles que são obrigatórios em determinada sentença**. Por conta disso, é possível **existir voz passiva analítica sem a presença do agente da passiva.**

Para saber mais: cf. ALMEIDA, Nilson Teixeira de. **Gramática da Língua Portuguesa para concursos, vestibulares, ENEM, colégios técnicos e militares.** 8 ed. São Paulo: Saraiva, 2012.

EM RESUMO: Termos ligados ao verbo	
O que são	Termos ou expressões que se relacionam com o verbo, completando-o (objeto) ou modificando-o (adjunto).
Classificação	Os complementos verbais podem ser objeto direto e objeto indireto.
Características	o agente da passiva e o objeto indireto são **sempre** preposicionados. O objeto direto aparece, normalmente, sem preposição.
Semântica	O objeto direto é paciente da ação verbal; o agente da passiva é agente da ação verbal.
Morfossintaxe	Os complementos verbais completam os verbos transitivos; os adjuntos adverbiais modificam qualquer verbo; o agente da passiva pratica a ação na voz passiva.

CAPÍTULO IX
SINTAXE: TERMOS LIGADOS AO NOME: COMPLEMENTO NOMINAL, ADJUNTO ADNOMINAL, APOSTO

1. NOÇÕES GERAIS

São considerados nomes os **substantivos**, os **adjetivos**, os **advérbios**. Os termos que se referem aos nomes são o **complemento nominal**, o **adjunto adnominal** e o **aposto**.

2. COMPLEMENTOS NOMINAIS: COMPLETAM O SENTIDO DO NOME

Os complementos nominais são termos sempre preposicionados que completam o sentido de nomes transitivos, ou seja, nomes cujo sentido se completa em outro termo. Normalmente se relacionam com complemento nominal o adjetivo, do advérbio e do substantivo abstrato.

Observe:

Sentimos muita saudade **de você.**

Ele se mostrou fiel **às promessas de campanha.**

Moro longe **da praia**.

Os três termos destacados completam, respectivamente, "saudade", "fiel" e "longe" (substantivo abstrato, adjetivo e advérbio, pela ordem). São, portanto, complementos nominais.

MUITA ATENÇÃO!

Não se deve confundir ação nominal com ação verbal. A ação verbal é expressa pelo verbo; a ação nominal é expressa pelo substantivo.

Observe:

Ele tem muito amor **à mãe**. Em relação ao "amor" (substantivo abstrato), a mãe é amada, portanto é paciente do amor. Desse modo a expressão "à mãe" é complemento nominal de "amor".

Nós carecemos **de amor**. O termo destacado também funciona como complemento. Ocorre que ela completa o sentido do verbo; é, portanto, um **complemento** verbal.

Quando se refere ao adjetivo e ao advérbio, a expressão preposicionada será, sem dúvida, complemento nominal.

O jornalista foi favorável **à suspensão da matéria**.

Tenho sido contrário **aos conchavos partidários**.

Os jogadores se pronunciaram relativamente **à perda do jogo**.

Estivemos perto **da prisão do marginal**.

Nas duas primeiras sentenças, as expressões preposicionadas completam o sentido dos adjetivos "favorável" e "contrário"; nas duas últimas sentenças, as expressões destacadas completam o sentido dos advérbios "relativamente" e "perto".

MUITA ATENÇÃO!

O pronome pode exercer função de complemento nominal. A análise será feita da mesma maneira, observando o referencial.

*Tenho-**lhe** imenso amor.* O pronome "lhe" equivale à expressão "a você", "por você", "por ele". A sentença, então, ficaria "Tenho imenso amor a você". Desse modo "a você" seria complemento nominal de "amor". Como tal expressão está substituída pelo pronome "lhe", este exerce a mesma função sintática.

? **QUESTÃO:** É possível confundir complemento nominal com adjunto adverbial?

➥ ***RESPOSTA: Não.*** *O adjunto adverbial indica circunstância e modifica o verbo. O complemento nominal é sempre preposicionado e completa o adjetivo, o advérbio ou substantivo abstrato.*

O complemento nominal também se refere ao substantivo abstrato. Há, entretanto, que se prestar atenção no fato de que, para ser complemento nominal, o termo tem de ser **paciente da ação nominal**, ou seja, sofre a ação nominal. **Observe:**

A construção **do prédio** custou aos cofres públicos milhões de reais. O termo em destaque é complemento nominal porque, em relação à construção, o prédio "**foi construído**". Desse modo, o termo é paciente da ação nominal, portanto é complemento nominal.

3. ADJUNTO ADNOMINAL

Os adjuntos adnominais são termos que **modificam**, determinando ou caracterizando, o **substantivo**. Funcionam, normalmente, como adjunto adnominal o artigo, o numeral, o pronome adjetivo e o adjetivo.

Observe:

Os seus dois funcionários **honestos** resolveram **meu** problema.

Os elementos "os", "seus", "dois" e "honestos" modificam o substantivo "funcionários"; o termo "meu" modifica o substantivo "problema". Exercem a função sintática de adjunto adnominal. Vale frisar que são termos acessórios e, portanto, podem ser dispensados sem que interfiram na estrutura sintática, mas interferem no sentido, pois, ao serem utilizados, agregam uma ideia de qualificação, modificação, quantidade, posse.

DICA IMPORTANTE

O adjetivo também **pode ainda exercer função sintática de predicativo do sujeito e do objeto**, conforme foi visto anteriormente. Por isso, é possível confundir predicativo do objeto com adjunto adnominal.

Hora de relembrar...

O **adjunto adnominal** é característica própria do substantivo e, portanto, se liga diretamente a ele, sem necessidade de verbo.

O **predicativo do objeto** se liga ao objeto por meio de um verbo.

*O professor fez uma prova **dificílima**.*

O professor a fez.

*O professor achou a prova **dificílima**.*

*O professor achou-a **dificílima**.*

No primeiro exemplo, o termo "dificílima" é característica indissociável da prova feita pelo professor; é, portanto, adjunto adnominal. No segundo exemplo, o mesmo termo é característica que o professor atribuiu à prova; é, portanto, predicativo do objeto.)

O adjunto adnominal também pode ser representado por **uma locução adjetiva**, ou seja, uma expressão preposicionada que modifica o sentido do substantivo. Nesse caso específico, é necessário considerar alguns detalhes.

- Quando a expressão preposicionada se referir ao **substantivo concreto**, funcionará como **adjunto adnominal**.

  Os alunos **do interior** fizeram exercícios **de fixação** hoje. - como as expressões "do interior" e "de fixação" modificam os substantivos concretos "alunos" e "exercícios" funcionam como adjuntos adnominais.

- É necessário diferenciar adjunto adnominal de complemento nominal, pois os dois podem aparecer se referindo ao **substantivo abstrato.**

TEORIZANDO...

A Se o termo preposicionado se referir ao **SUBSTANTIVO ABSTRATO**, será **ADJUNTO ADNOMINAL** se funcionar como **AGENTE DA AÇÃO NOMINAL**; será **COMPLEMENTO NOMINAL** se funcionar como **PACIENTE DA AÇÃO NOMINAL.**

Observe o esquema:

SUBST. ABSTRATO	EXPRESSÃO PREPOSICIONADA	AGENTE ou PACIENTE?
Amor	de mãe	Agente – A .ADN.
Amor	à mãe	Paciente – C.N.
Ataque	da polícia	Agente – A. ADN.
Ataque	à polícia	Paciente – C.N.
Julgamento	do juiz	Agente – A.ADN.
Julgamento	do réu	Paciente – C.N.

O agente é sempre o detentor da ação, ou seja, traz ideia de **posse**; o paciente é o alvo da ação, ou seja, a ação recai sobre ele. Então vamos entender:

Amor **de mãe – A MÃE AMA – ela é a possuidora do amor.** A expressão, portanto, é adjunto adnominal.

Amor **à mãe – A MÃE É AMADA – ela é o alvo do amor.** A expressão, portanto, é complemento nominal.

Outros exemplos...

"Fiquei chocado com a declaração **do aluno"** – o aluno declara; a declaração é dele; a relação é de **posse**. A expressão funciona como ADJUNTO ADNOMINAL.

"Em algumas regiões, houve a descoberta **de muitos fósseis**" – muitos fósseis foram descobertos; a relação é passiva; muitos fósseis são o alvo da ação. A expressão funciona como **complemento nominal**.

"A distribuição **de alimentos pelo governo** só é feita depois de muita burocracia." Nesse período, há duas expressões destacadas, fazendo referência ao substantivo abstrato "distribuição". A primeira, "de alimentos", funciona como complemento nominal, pois é paciente da ação nominal (os alimentos foram distribuídos); a segunda, "pelo governo", funciona como adjunto adnominal, pois é agente da ação nominal (o governo distribui).

DICA IMPORTANTE

Os adjuntos adnominais modificam o substantivo e, normalmente, podem ser dispensados, pois são acessórios. Os complementos nominais completam o adjetivo, o advérbio e o substantivo abstrato e são sempre preposicionados.

4. APOSTO

O **aposto** é um termo acessório amplia, explica, desenvolve ou resume outro termo, geralmente de valor substantivo. Existem alguns tipos de aposto, entretanto o que mais aparece no estudo normativo é o aposto explicativo.

A carreta foi alcançada por várias pedras.

O termo "por várias pedras" funciona como agente da passiva porque pratica a ação de "atingir", numa estrutura sintática na qual o sujeito "a carreta" é o sujeito passivo.

MUITA ATENÇÃO!

O aposto é uma função sintática muito atrelada ao assunto **pontuação.** O aposto explicativo aparece entre vírgulas, travessões ou parênteses. O aposto enumerativo costuma aparecer após a utilização de dois pontos.

Observe:

*Amanhã, **quinta-feira**, eu irei a Brasília.*

*Castro Alves, **o poeta dos escravos,** nasceu em Salvador.*

O termo **"quinta-feira" é aposto explicativo** do adjunto adverbial "amanhã" de tempo. Costuma-se dizer que o **aposto explicativo é um termo de caráter substitutivo**, ou seja, é possível substituir o termo ao qual o aposto se refere pelo próprio aposto.

Quinta-feira, eu irei a Brasília.

O poeta dos escravos nasceu na Bahia.

O aposto pode ser classificado, de acordo com seu valor na oração, em:

A explicativo: Lula, **presidente da República por duas vezes**, poderá candidatar-se novamente.

B enumerativo: As pessoas desejam basicamente duas coisas: **felicidade e amor**.

C resumitivo ou recapitulativo: Planos, emendas, decretos, **nada** melhora o Brasil.

D especificativo: **especifica normalmente um substantivo geral**. Ocorre frequentemente com nomes próprios que seguem os comuns.

Na avenida **Sete de Setembro** fica o colégio **Antônio Vieira**.

O rio **Amazonas** é importantíssimo para o Brasil.

DICA IMPORTANTE

O aposto pode aparecer em forma de oração: oração subordinada substantiva apositiva. Os dois pontos são a pontuação obrigatória quando tal oração aparece.

Ficou decidido uma coisa: **você será o líder**.

Todos desejam o seguinte: **que a situação mude**.

Só me interessa um objetivo: **passar no concurso**.

5. VOCATIVO

Termo que independe do restante da estrutura sintática da frase, pois **não mantém relação sintática com outros termos dentro da oração**. Por causa disso, ele não é classificado como **essencial, integrante** ou **acessório**. Seu papel é indicar chamamento, interpelação de alguém real ou imaginário, presente ou ausente. Pode aparecer em qualquer ponto da sentença e deve sempre ser isolado por vírgulas ou, a depender do tom que se queira imprimir na escrita, exclamação.

A prova de 2008, inclusive, trouxe uma questão cuja cobrança era exatamente análise sintática e explorava o **vocativo**.

Observe:

"Pai, afasta de mim este cálice" (Chico Buarque)

Vinícius, saia daí, **meu filho**!

"Espelho, espelho meu! Há, no mundo, alguém mais bela do que eu?"

A função de vocativo é, normalmente, do substantivo.

MUITA ATENÇÃO!

A pontuação é fundamental para determinar a função sintática de determinados termos dentro da oração e evitar confusões.

Observe:

Maria, a funcionária da secretaria, faltou hoje.

Maria, a funcionária da secretaria faltou hoje.

Na 1ª sentença, "Maria" e "a funcionária da secretaria" são a mesma pessoa. A expressão entre vírgulas funciona como **aposto explicativo**. Na 2ª sentença, "Maria" é a interlocutora; "a funcionária da secretaria" é o sujeito da sentença. São, portanto, duas pessoas diferentes.

? **QUESTÃO:** Por que se confunde tanto aposto e vocativo?

↳ ***RESPOSTA:*** *O aposto e o vocativo são termos que não mantêm entre si relação de qualquer ordem. Os dois termos são comumente confundidos porque aparecem juntos nas teorias das gramáticas. Perceba que o aposto explica, enumera, especifica o substantivo; o vocativo indica apelo ou chamamento.*

FIQUE POR DENTRO:

"VOCATIVO E FUNÇÕES DA LINGUAGEM"

Quando a ideia do texto é influenciar no comportamento do receptor, a função apelativa é amplamente empregada. O texto publicitário utiliza muito esse tipo de recurso. Nesse caso, é constante o emprego de vocativos, muitas vezes no sentido figurado. Quando o vocativo é figurado, recebe o nome de **apóstrofe.** Na sentença "Pai, afasta de mim este cálice", do compositor Chico Buarque, o vocativo "Pai" é considerado **apóstrofe.**

Para saber mais: cf. MARCUSCHI, Luiz Antônio. **Produção textual, análise de gêneros e compreensão.** São Paulo: Parábola Editorial, 2008.

EM RESUMO: Termos ligados ao nome	
O que são	Termos ou expressões que se relacionam com o substantivo, o adjetivo ou o advérbio.
Classificação	Complementos nominais, adjuntos adnominais e aposto.
Características	O complemento nominal é sempre preposicionado; o adjunto adnominal pode ou não ser preposicionado; o aposto explica, enumera ou especifica o substantivo.
Semântica	O complemento nominal é paciente da ação nominal; o adjunto adnominal é agente da ação nominal, quando se referem ao substantivo abstrato.
Morfossintaxe	Os complementos nominais se referem a nomes incompletos; os adjuntos adnominais se referem a qualquer substantivo.

CAPÍTULO X

SINTAXE: PERÍODO COMPOSTO POR COORDENAÇÃO

1. NOÇÕES GERAIS

O período simples é uma estrutura, com sentido completo, constituída por uma **única oração**.

Ex.: Na atual realidade, não se **pode confiar** tanto nas pessoas (período simples). A estrutura "pode confiar" possui dois verbos, mas é uma **locução verbal**.

Quando se trata de um **período composto**, temos uma estrutura, com sentido completo, constituída por **mais de uma oração**.

Ex.: Mencionei o seu nome, entretanto não houve reação (período composto constituído por duas orações).

No período composto, é necessário observar as relações existentes entre as orações. Dessa observação e análise, surgirá a conceito de dependência e independência sintática (**subordinação e coordenação**).

Observe o quadro a seguir:

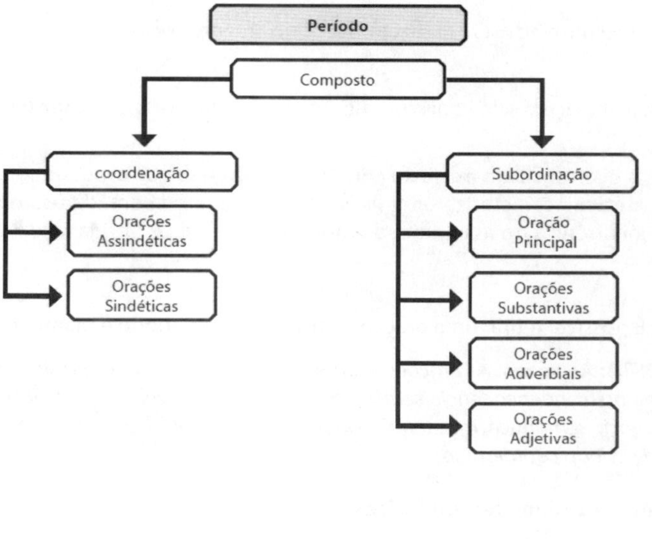

2. PERÍODO COMPOSTO POR COORDENAÇÃO

O período é composto por coordenação quando é constituído por orações sintaticamente independentes, ou seja, **uma oração não exerce função sintática em relação à outra**. A ausência de dependência sintática não implica ausência de dependência semântica. Isso quer dizer que entre as orações existe dependência de sentido.

Observe:

Os servidores públicos organizaram o movimento grevista, pois não acreditavam no cumprimento das promessas de campanha.

Oração 01: os servidores públicos organizaram o movimento grevista.

Oração 02: pois não acreditavam no cumprimento das promessas de campanha.

A *É evidente que a primeira oração não exerce função sintática em relação à segunda e vice-versa, mas, do ponto de vista semântico, as orações possuem uma relação de sentido indissociável. A 2 ª oração só tem sentido se estiver ligada à 1ª.*

MUITA ATENÇÃO! Quando o período é composto por coordenação, **as orações serão classificadas como assindéticas ou sindéticas**.

2.1 Orações coordenadas assindéticas

As orações coordenadas assindéticas são aquelas que não possuem conectivo. Para existir uma oração assindética, não se faz necessária a presença da oração sindética. Como as orações são independentes, uma não impõe a presença da outra. É possível haver, inclusive, períodos constituídos apenas por orações coordenadas assindéticas.

Observe o período:

Os atletas chegaram ao estádio, fizeram o aquecimento, vestiram os uniformes, começaram o jogo.

Existem quatro orações sem conectivo algum. Todas são, portanto, **coordenadas assindéticas**.

MUITA ATENÇÃO! A ocorrência do **período constituído apenas por orações coordenadas assindéticas** caracteriza uma figura de linguagem chamada **assíndeto**. Quando há ocorrência do assíndeto, o emprego da vírgula é obrigatório.

? **QUESTÃO:** É possível retirar uma oração coordenada do período e manter o sentido completo?

↳ ***RESPOSTA:* Às vezes.** *As orações coordenadas têm independência sintática, entretanto nem sempre possui independência semântica, ou seja, é possível que as orações mantenham uma dependência semântica, mas tenham independência sintática. É a independência sintática que torna o período coordenado.*

2.2 Orações coordenadas sindéticas

As orações coordenadas sindéticas são caracterizadas pela presença das conjunções coordenativas. São esses conectivos, inclusive, que classificam essas orações.

Elas podem ser:

A **Aditivas: orações que expressam inclusão, adição, acréscimo em relação à outra.** Expressam também fatos sucessivos ou simultâneos. São introduzidas por conectivos como e, nem, mas também, como também etc.

As alunas discutiram com o professor **e** saíram irritadas da aula.

Não conseguiram vencer a partida **nem** agradar ao torcedor.

A mãe cuida dos filhos, **mas também** cuida de si mesma.

B **Alternativas: orações que expressam ideias que se excluem. Como o próprio nome já diz, tais orações indicam também alternância.** São introduzidas por conectivos como ou, ou...ou, quer...quer, ora...ora, seja...seja etc.

Começarei uma vida nova **ou** me perderei para sempre.

Aquele aluno **ora** participa da aula **ora** conversa com os colegas.

C **Adversativas: orações que expressam ideia de oposição, contraste, ressalva em relação à oração anterior.** São introduzidas por conectivos como mas, porém, todavia, entretanto, no entanto, contudo, senão, e (equivalendo a mas) etc.

Os agricultores fizeram o plantio, **entretanto** as chuvas destruíram tudo.

Gostaram muito das novidades, **no entanto** nada compraram.

Fizeram muitas festas, **porém** não se divertiam.

D **Conclusivas: orações que expressam uma conclusão lógica acerca do que foi expresso na oração anterior.** São introduzidas por conectivos como portanto, logo, por conseguinte, então, pois (posposto ao verbo) etc.

Segunda-feira é feriado, **portanto** não trabalharei.

Estou muito irritado; conversaremos, **pois**, em outro momento.

Estudamos durante todo o ano, **então** temos muitas chances de vitória.

E **Explicativas: orações que expressam uma explicação ou justificativa para o que foi colocado na oração anterior.** É comum a ocorrência de verbos indicando **ordem** na 1ª oração. São introduzidas por conectivos como porque, que, porquanto, pois (anteposto ao verbo) etc.

Fique calmo **que** tudo se resolverá.

Estão em silêncio, **pois** têm medo de falar.

Vá agora **porque** já está muito atrasado.

Tanto é possível que sejam cobradas as classificações das orações como os conectivos que as introduzem.

DICA IMPORTANTE

Alguns sinais de pontuação funcionam como elemento de coesão e substituem determinados conectivos.

Observe:

Esforce-se mais: você poderá vencer a corrida.

DICA IMPORTANTE

Você poderá vencer a corrida: esforce-se mais.

No 1º exemplo, os dois pontos introduzem uma explicação e equivalem ao conectivo "pois"; no 2º exemplo, os dois pontos introduzem uma conclusão e equivalem ao conectivo "portanto".

MUITA ATENÇÃO!

As conjunções coordenativas aparecem introduzindo nas sentenças uma função semântica, ou seja, incorporando determinado sentido ao período. O conectivo "pois", por exemplo, pode indicar explicação ou conclusão. O ideal é observar a estrutura dentro do texto.

? **QUESTÃO:** Por que o conectivo "e" pode introduzir uma oração coordenada sindética adversativa?

RESPOSTA: *Normalmente os conectivos e as orações coordenadas eram assimilados sem entendimento, ou seja, os alunos decoravam. Passou-se, então, a cobrar em provas os sentidos das orações e dos conectivos. A partir daí, ficou claro que decorar não iria resolver.* **O conectivo "e" pode indicar adição ou oposição**. *Quando equivale a "mas", o conectivo "e" indica oposição.*

Observe:

"O time jogou muito bem, **e perdeu o** *jogo" – o conectivo destacado equivale a "mas" e indica oposição.*

FIQUE POR DENTRO:

"O CONECTIVO PORQUE"

As orações **coordenadas sindéticas explicativas** costumam se confundir com as **orações subordinadas adverbiais causais**. Quando uma oração indica causa, a outra oração indica a consequência, ou seja, a oração será sindética explicativa quando a outra oração não indicar consequência. Isso tem gerado polêmica. **Observe:**

Sairei cedo **porque viajarei. – a oração destacada é adverbial causal, pois a consequência é a oração "sairei cedo".**

Pare de falar **porque não ouvirei mais. – a oração destacada é sindética explicativa porque não há consequência; há uma ordem.**

Lembre-se, entretanto, que, se o conectivo for "pois", a oração será sindética explicativa, e não adverbial causal.

Para saber mais: cf. BECHARA, Evanildo. **Gramática Escolar da Língua Portuguesa**. 1 ed. Rio de Janeiro: Lucerna, 2001.

EM RESUMO: Período composto por coordenação	
O que é	Sentença constituída por orações independentes sintaticamente.
Classificação	Podem ser sindéticas ou assindéticas.
Características	Possuem independência sintática, mas podem possuir dependência semântica.
Semântica	As orações coordenadas sindéticas indicam sempre alguma ideia em relação à oração assindética (adição, oposição, conclusão, explicação, possibilidade.
Morfossintaxe	As orações coordenadas não exercem função sintática uma em relação à outra.

CAPÍTULO XI
SINTAXE: PERÍODO COMPOSTO POR SUBORDINAÇÃO

1. NOÇÕES GERAIS

Quando **o período é composto por subordinação, ele é constituído por orações sintaticamente dependentes, ou seja, uma oração exerce função sintática em relação à outra**. A oração que exerce função sintática é chamada de **oração principal**; a oração que serve de base para que outra oração exerça função sintática é chamada de **oração subordinada**.

A oração subordinada pode aparecer com conectivo ou sem conectivo. Quando a oração aparece com conectivo, diz-se que ela está **desenvolvida**; quando ela aparece sem conectivo, diz-se que ela está **reduzida**.

Observe:

Todos desejam **que o povo brasileiro alcance a igualdade social.**		
SUJ.	VTD	OR. 02 = OD da OR. 01

Oração 01: todos desejam

Oração 02: que o povo brasileiro alcance a igualdade social.

Perceba que, na análise do período, a segunda oração funciona sintaticamente como **objeto direto** da primeira oração. Desse modo, a primeira oração é **principal**, e a segunda oração é **subordinada.** Como a oração subordinada está introduzida pelo conectivo – nesse caso a conjunção integrante "que" - ela está **desenvolvida**.

Agora observe:

Todos desejam **ver o Brasil crescendo.**		
SUJ.	VTD	OR. 02 = OD da OR. 01

Como a oração subordinada não está introduzida por conectivo, ela está **reduzida**.

MUITA ATENÇÃO!

As orações subordinadas são classificadas a partir da função sintática que exercem. Se exercerem as funções do substantivo, serão chamadas de **orações subordinadas substantivas**; se exercerem as funções do adjetivo, serão chamadas de **orações subordinadas adjetivas**; se exercerem as funções do advérbio, serão chamadas de **orações subordinadas adverbiais**. Desse modo, para ter maior facilidade no estudo do período composto, aconselha-se uma boa base no estudo do período simples.

A relação entre a oração subordinada e a oração principal é indissociável, isto é, para existir uma oração subordinada, é necessária a existência da oração principal e vice-versa.

- O que caracteriza a oração subordinada é a função sintática que ela exerce. Durante muito tempo, o aluno se preocupou em decorar o conectivo para classificar a oração subordinada. Perda de tempo. É necessário compreender a função sintática que a oração exerce para conseguir classificá-la.

2. ORAÇÕES SUBORDINADAS SUBSTANTIVAS

As orações subordinadas substantivas são assim chamadas porque **exercem as mesmas que o substantivo pode exercer**. Na verdade, muda apenas a estrutura sintática. No período simples, o substantivo era, por exemplo, o sujeito. No período composto, esse sujeito aparecerá em forma de oração.

Observe:

1) **O fim da greve** foi decretado.

2) Foi decretado **que a greve acabará amanhã**.

No 1º exemplo, o sujeito é o termo "o fim da greve", e o núcleo é representado pelo substantivo "fim" (lembre-se de que o núcleo do sujeito não admite preposição, por isso o núcleo não pode ser o termo "greve").

No 2º exemplo, o sujeito é a oração "que a greve acabará amanhã". Ora, como o substantivo é o representante do sujeito, a oração que exerce a função do substantivo será uma ***oração substantiva***.

Informações Importantes!!

- Quando as orações substantivas estão desenvolvidas, são introduzidas pelas **conjunções integrantes (que** e **se)**;
- As orações substantivas possuem algumas **características inconfundíveis**: a oração principal, normalmente, tem sentido incompleto; é possível transformar toda a oração substantiva em um pronome demonstrativo (**isso, disso, nisso**...); sua classificação depende da estrutura sintática da oração principal;
- A classificação das orações substantivas será consequência da função sintática que ela exercer dentro do período.

Quadro da classificação das orações substantivas

Função sintática	Classificação da oração
Sujeito	substantiva subjetiva
Objeto direto	substantiva objetiva direta
Objeto indireto	substantiva objetiva indireta
Complemento nominal	substantiva completiva nominal
Aposto	substantiva apositiva
Predicativo	substantiva predicativa

A **Orações substantivas subjetivas** – exercem função sintática de **sujeito** da oração principal. Normalmente aparecem após a oração principal, o que leva muitas pessoas a confundirem esta oração com a oração objetiva direta.

É necessário **que os candidatos cumpram suas promessas de campanha.**

MUITA ATENÇÃO!

Nos períodos que aparece a partícula apassivadora (se) não pode haver objeto direto, pois, na voz passiva, não existe objeto direto. Vamos sempre lembrar que o **objeto direto da voz ativa torna-se sujeito da voz passiva**. Desse modo, quando a oração principal vem com partícula apassivadora, a oração subordinada não pode exercer papel de objeto direto.

Determinou-se **que o líder do movimento será demitido.**

Oração principal: determinou-se (o "se" é apassivador)

Oração subordinada substantiva subjetiva: que o líder do movimento será demitido.

Se houver dúvida, passe para a voz passiva analítica: Foi determinado **que o líder do movimento será demitido**.

O conectivo destacado nas sentenças é a conjunção integrante. Observe também que é possível transformar as orações destacadas no pronome "**isso**".

B **Orações substantivas objetivas diretas** – exercem função de **objeto direto** da oração principal. Para que isso ocorra, a oração principal deve conter um verbo transitivo direto ou transitivo direto e indireto. Caso haja outro tipo de verbo, a oração subordinada jamais poderá ser objetiva direta.

A criança desejou **que a mãe voltasse para casa.**

Observe que o verbo da oração principal exige objeto direto.

No caso do período "o presidente do senado quer **pedir apoio ao governo**", a oração destacada é substantiva objetiva direta, mas está sem a conjunção integrante, portanto está reduzida.

C **Orações substantivas objetivas indiretas** – exercem a função de objeto indireto da oração principal. Para que haja a oração objetiva indireta, o verbo da oração principal deve ser transitivo indireto ou transitivo direto e indireto. Não se deve esquecer de que **toda oração objetiva indireta possui preposição obrigatória**.

Eu gostaria muito **de ajudar esses alunos carentes.**

D **Orações substantivas completivas nominais** – exercem a função de complemento nominal da oração principal. Para que haja a oração completiva nominal, a oração principal deve possuir um **nome** transitivo, ou seja, que exija complemento. Essas orações também são **obrigatoriamente preposicionadas.**

Tivemos medo **de encontrar pessoas insatisfeitas com a empresa**.

Estamos certos **de que seremos vencedores.**

A primeira sentença está reduzida, pois não possui o conectivo integrante; a segunda está desenvolvida.

DICA IMPORTANTE

Não se pode confundir a oração completiva nominal com a oração objetiva indireta. Embora as duas sejam preposicionadas, cada uma tem o seu referencial. No caso da completiva nominal, o referencial é um substantivo, adjetivo ou, mais raramente, um advérbio; no caso das objetivas indiretas, o referencial é um verbo.

Observe:

Nós precisamos **de que o dinheiro seja liberado hoje**.

Nós temos precisão **de que o dinheiro seja liberado hoje.**

Na 1ª ocorrência, a oração é substantiva objetiva indireta; na 2ª ocorrência, a oração é substantiva completiva nominal.

E **Orações substantivas predicativas** – exercem a função de predicativo da oração principal. Para que a oração seja um predicativo, a oração principal deverá conter um **verbo de ligação**. Aliás, isso serve como uma **dica**: quando a oração é substantiva predicativa, no final da oração principal, há um **verbo de ligação.**

Meu mais sincero desejo é **que você seja muito feliz.**

A esperança do presidente era **vencer a eleição no 1º turno**.

F **Orações substantivas apositivas** – exercem função de aposto da oração principal. Geralmente aparecem após o sinal de **dois pontos.** É a única oração substantiva que exerce função sintática de termo acessório.

Neste momento, só me interessa uma coisa: **concluir este projeto.**

Estou invadido por um único medo: **perder o seu amor.**

Tenho um imenso desejo: **que vocês seja muito feliz.**

DICA IMPORTANTE

É comum uma cobrança a respeito da função sintática do vocábulo "que". Quando tal elemento for uma **conjunção integrante, ele não exerce função sintática; funciona apenas como um conectivo, isto é, liga orações e introduz a oração substantiva**, mas não pode ser sujeito, objeto ou adjunto.

3. ORAÇÕES SUBORDINADAS ADVERBIAIS

As orações subordinadas adverbiais exercem a função sintática do advérbio, ou seja, de **adjunto adverbial**. Isso implica dizer que todas as orações adverbiais **indicam circunstância** e modificam o sentido do verbo da oração principal.

3.1 Quando as orações adverbiais estão desenvolvidas, são introduzidas pelas conjunções subordinativas (exceto as integrantes). Lembre-se, entretanto, de que elas também podem aparecer reduzidas, ou seja, sem a conjunção.

> **Observe:**
>
> 1. Nós traremos os equipamentos amanhã.
> 2. Nós traremos os equipamentos quando chegarem à cidade.
>
> O vocábulo "amanhã" é um advérbio de tempo; a oração "quando chegarem à cidade" é uma oração adverbial de tempo. Ambas têm o mesmo papel sintático: são adjuntos adverbiais de tempo.

Quando as orações adverbiais estão desenvolvidas, são introduzidas pelas conjunções subordinativas (exceto as integrantes). Lembre-se, entretanto, de que elas também podem aparecer reduzidas, ou seja, sem a conjunção.

> **Observe:**
>
> Ela foi para casa **porque está preocupada com o filho.**
>
> Ela foi para casa **por estar preocupada com o filho.**
>
> A oração "porque está preocupada com o filho" está desenvolvida, pois é introduzida pela conjunção causal "porque"; a oração "por estar preocupada com o filho" está reduzida, pois não está introduzido por uma conjunção.

Tais orações são classificadas a partir das circunstâncias que vêm expressas na sua estrutura. Se a circunstância é de causa, por exemplo, você terá uma adverbial causal; se for de condição, a oração passa a ser classificada como adverbial condicional.

Quadro da classificação das orações adverbiais

Circunstância	Classificação da oração
Causa	adverbial causal
Comparação	adverbial comparativa
Concessão	adverbial concessiva
Condição	adverbial condicional
Conformidade	adverbial conformativa
Consequência	adverbial consecutiva
Finalidade	adverbial final
Proporção	adverbial proporcional
Tempo	adverbial temporal

A **Orações adverbiais causais – expressam causa, motivo em relação à oração principal.** Quando estão desenvolvidas são introduzidas por conectivos como **porque, já que, como, visto que** etc.

Como estamos muito apressados, não esperaremos pela sobremesa.

B **Orações adverbiais comparativas – expressam uma comparação em relação à oração principal.** Tal comparação pode ser de igualdade, superioridade ou inferioridade. Quando estão desenvolvidas, são introduzidas por conectivos como **como, assim como, tal qual, tão...como, tanto...como, menos ... do que** etc.

Você age **como uma criança mimada e tola.**

C **Orações adverbiais concessivas – expressam uma concessão, um obstáculo ao fato expresso na oração principal.** Na verdade, pode-se dizer que a **concessão** é uma situação que não impede o fato da oração principal. Quando estão desenvolvidas, são introduzidas por conectivos como **embora, não obstante, apesar de, mesmo que, conquanto** etc.

Não entraremos no conflito **embora achemos a causa justa.**

D **Orações adverbiais condicionais – expressão uma condição, uma hipótese, uma suposição em relação ao fato contido na oração principal.** Quando estão desenvolvidas, são introduzidas por conjunções como **se, caso, contanto que, desde que, salvo se** etc.

Se tudo estiver arrumado, partiremos daqui a duas horas.

E **Orações adverbiais conformativas – expressam conformidade em relação à oração principal. Ideias em conformidade são ideias harmônicas; equivalem a "de acordo com".** Quando estão desenvolvidas, são introduzidas, normalmente, pelos conectivos **conforme, segundo, como, consoante.**

Conforme lemos nos jornais de circulação nacional, a violência no Brasil cresce a cada ano.

F **Orações adverbiais consecutivas – expressam uma consequência ou um efeito em relação ao fato enunciado pela oração principal.** Quando estão desenvolvidas, são introduzidas por conectivos como **de sorte que, de modo que, que** (precedido de **tão, tanto, tal, tamanho)** etc.

Estava tão cansado **que mal conseguia abrir os olhos.**

G **Orações adverbiais finais – expressam finalidade, objetivo, intenção em relação ao que está proposto na oração principal.** Quando estão desenvolvidas, são introduzidas por conectivos como **para que, a fim de que, que (= para que).**

Estudei muito **para que não faça prova final.**

Observe que o último período poderia trazer uma oração adverbial final reduzida: em lugar de "para que", poderia ser utilizado apenas "para".

H **Orações adverbiais temporais – Expressam tempo, momento em relação à oração principal.** Quando estão desenvolvidas, são introduzidas por conectivos como **quando, assim que, logo que, mal, apenas, agora que** etc.

Mal entrei na sala, fui convidada a depor.

I **Orações adverbiais proporcionais – expressam proporcionalidade em relação à oração principal. Observe que, nesse tipo de período, as ações são concomitantes, simultâneas, paralelas.** Quando estão desenvolvidas, são introduzidas por conectivos como **à medida que, à proporção que, quanto mais, quanto menos** etc.

À medida que o tempo passa, me convenço de minha ignorância.

MUITA ATENÇÃO!

A conjunção condicional "se" é facilmente identificada, sem que se crie qualquer dificuldade para diferenciá-la dos pronomes reflexivo, recíproco, apassivador e índice de indeterminação do sujeito.

Observe:

Se você quiser, iremos à festa. (conjunção condicional)

Vende-**se** um lote = um lote é vendido. (partícula apassivadora)

Come-**se** bem, em restaurantes italianos. (índice de indeterminação do sujeito)

Os amigos abraçaram-**se**. (pronome recíproco – equivale a "uns aos outros")

O jovem **se** barbeou como homem. (pronome reflexivo – equivale a "a si mesmo")

4. ORAÇÕES SUBORDINADAS ADJETIVAS

As orações subordinadas adjetivas referem-se ao substantivo, caracterizando-o, ou seja, exercem a função que é do adjetivo. Normalmente exercem a função de **adjunto adnominal.**

Observe:

Os empresários **que agem com justiça** crescem.

Os empresários **justos** crescem.

Os termos destacados caracterizam o substantivo antecedente, "empresários". O 1º é uma oração adjetiva; o 2º adjetivo.

As orações adjetivas são introduzidas pelos pronomes relativos. Vamos relembrá-los: **que, quem, o qual, a qual, os quais, as quais, cujo, cuja, cujos, cujas**.

MUITA ATENÇÃO!

As orações adjetivas têm o poder de atribuir ao substantivo uma ideia de **ampliação** ou **restrição.** Disso deriva a sua classificação.

Observe:

Os pneus **que não resistem a grande peso** são perigosos.

Os pneus**, que não resistem a grande peso,** são perigosos.

Na primeira sentença, a oração **limita/restringe** o sentido do substantivo antecedente "pneus"; ela se refere **apenas** aos "que não resistem a grande peso". Na segunda sentença, a oração explica/amplia o sentido do substantivo "pneus"; ela se refere a **todos** os pneus. Segundo a sentença "todos os pneus não resistem a grande peso". Perceba, inclusive, a utilização das vírgulas.

? **QUESTÃO:** É possível confundir a conjunção integrante e o pronome relativo?

↳ ***RESPOSTA: Sim.*** *Embora sejam constantemente confundidos, os pronomes relativos e as conjunções integrantes possuem funções muito diferentes.* **Os pronomes relativos sempre substituem o substantivo antecedente e introduzem orações que caracterizam o substantivo. A conjunção integrante apenas serve de ponte, liga**. *Introduz as orações substantivas e não têm valor substitutivo. Se um conectivo "que" possui antecedente verbo, nunca será pronome relativo.*

4.1 Quadro da classificação das orações adjetivas

Orações adjetivas	Competência semântica
Restritivas	Limitam/restringem o sentido do substantivo antecedente.
Explicativas	Explicam/ampliam o sentido do substantivo antecedente.

A **Orações adjetivas restritivas** – particularizam, limitam ou especificam o sentido do substantivo antecedente, presente na oração principal. Caso se suprima tal oração do contexto, haverá um prejuízo semântico, pois haverá uma mudança de sentido.

Observe:

Os policiais **que participaram da ação contra o tráfico** foram homenageados ontem.

Conhecemos todos os atletas **que treinaram para os jogos de inverno.**

Todas as orações em destaque limitam o substantivo, atribuindo-lhes uma particularidade. Na primeira sentença, por exemplo, fica claro que somente os policiais que participaram da ação contra o tráfico foram homenageados. Fica, portanto, a ideia de que "há outros policiais" – que não foram homenageados.

B **Orações adjetivas explicativas** – acrescentam ao substantivo antecedente, presente na oração principal, uma explicação. Por causa disso se diz que tais orações ampliam o sentido do substantivo. Podem ser suprimidas sem provocar prejuízo ao sentido da sentença. Aparecem isoladas por pontuação (vírgulas, travessões ou parênteses).

Observe:

Os dois irmãos, **que estão morando na Europa**, tornaram-se artistas.

O caçador acertou o leão, **que estava atrás da árvore.**

Fica claro que a oração "que estava atrás da árvore" explica o substantivo "leão", produzindo a ideia de que existe apenas este leão.

MUITA ATENÇÃO!

Ao transformar uma oração adjetiva restritiva em uma oração adjetiva explicativa, ou vice-versa, estaremos produzindo uma mudança de sentido.

Observe:

Encontrei meu irmão **que mora no interior.**

Encontrei meu irmão, **que mora no interior**.

Na primeira sentença, a oração é adjetiva restritiva, deixando clara a ideia de que o sujeito "eu" possui outro(s) irmão(s). Na segunda sentença, a oração é adjetiva explicativa, deixando clara a ideia de que não há outro irmão, apenas este, "que mora no interior".

Percebe-se, então, que a **mudança de pontuação gera uma importante mudança de sentido**. Caso se retirem as vírgulas que isolam a oração adjetiva explicativa, esta se tornará uma oração adjetiva restritiva, e ocorrerá a mudança de sentido.

5. ORAÇÕES SUBORDINADAS REDUZIDAS

Ao longo do estudo das orações subordinadas, ficou claro que a classificação de tais orações está vinculada à função sintática que elas exercem dentro do período. Portanto elas podem aparecer com conectivo (conjunções subordinativas ou pronomes relativos) ou sem conectivo. Ficou determinado que, quando as orações aparecem com conectivo, elas são consideradas **desenvolvidas**. Quando elas aparecem sem conectivos, elas são chamadas de **orações reduzidas**. Esse é um tópico com presença constante em provas. As bancas costumam produzir enunciados direcionados a este item.

Diante disso, pode-se dizer que são características das orações reduzidas:

- São orações que aparecem sem conectivo;
- Podem ser substantivas, adverbiais ou adjetivas;
- Exercem função sintática;
- O verbo assume uma forma nominal: **infinitivo (estudar), gerúndio (estudando)** ou **particípio (estudado).**
- São classificadas a partir da forma nominal do verbo em **reduzidas de infinitivo, reduzidas de gerúndio e reduzidas de particípio.**
- As reduzidas de infinitivo podem aparecer nas substantivas e nas adverbiais; as reduzidas de gerúndio podem aparecer nas adjetivas e nas adverbiais; e as reduzidas de particípio podem aparecer nas adjetivas e nas adverbiais.

Observe:

Período 1: Ele queria viajar para conhecer pessoas.

O período acima é constituído por três orações. Elas serão classificadas da seguinte forma:

Or. 01: Ele queria – oração principal.

Or. 02: viajar – oração subordinada substantiva objetiva direta reduzida.

Or. 03: para conhecer pessoas – oração subordinada adverbial final reduzida de infinitivo.

Período 2: Terminada a corrida, todos perceberam o talento de Felipe Massa.

O período é constituído por duas orações. Elas serão classificadas da seguinte forma:

Or. 01: terminada a corrida – oração subordinada adverbial temporal reduzida de particípio, equivale a "quando terminou a corrida".

Or. 02: todos perceberam o talento de Felipe Massa – oração principal.

Período 3: Chegando cedo, dará tempo de você fazer tudo.

O período é constituído por duas orações. Elas serão classificadas da seguinte forma:

Or. 01: chegando cedo – oração subordinada adverbial condicional ou temporal reduzida de gerúndio, equivale a "se chegar cedo" ou "quando chegar cedo".

Or. 02: dará tempo de você fazer tudo – oração principal.

? **QUESTÃO:** Para entender bem o período composto, é necessário ter bom conhecimento do período simples?

↳ ***RESPOSTA: Sim. O conhecimento do período simples e dos termos da oração é fundamental para saber lidar com o período composto.*** *As mesmas deficiências na análise do período simples se reproduzirão na análise do período composto.*

FIQUE POR DENTRO:

"ORAÇÕES SUBORDINADAS REDUZIDAS"

Como muitos alunos foram encorajados a decorar as características das orações subordinadas partindo do conectivo que as introduz, não desenvolveram a habilidade de investigar a função sintática que elas exercem. Desse modo, quando as orações reduzidas aparecem, não costumam ser reconhecidas e trazem muitas dificuldades e discussões sobre as proposições verdadeiras. As reduzidas são tão subordinadas quanto as desenvolvidas, pois exercem as mesmas funções sintáticas.

Para saber mais: cf. CUNHA, Celso & CINTRA, Lindley. **Nova gramática do português contemporâneo.** 4 ed. Rio de Janeiro: Lexikon Editora Digital, 2007.

EM RESUMO: Período composto por subordinação	
O que são	Período cujas orações exercem função sintática uma em relação à outra.
Classificação	Substantivas, adverbiais e adjetivas.
Características	Exercem função sintática em relação à oração principal; podem aparecer com ou sem conectivo.
Semântica	As orações subordinadas adverbiais introduzem determinadas ideias em relação à oração principal; as adjetivas limitam ou explicam o substantivo da oração principal.
Morfossintaxe	Todas as subordinadas exercem papel sintático.

CAPÍTULO XII
SINTAXE: CONCORDÂNCIA NOMINAL E VERBAL

1. NOÇÕES GERAIS

As classes gramaticais se relacionam dentro das sentenças: frase, oração, período. Já vimos que algumas classes se relacionam com as outras em termos de flexão (substantivo determina o número do artigo, por exemplo). Já nas estruturas sintáticas, há termos que "obrigam" outros a ficarem no singular ou no plural. Todas essas situações são determinadas a partir da relação de concordância. Quando a concordância se dá entre os nomes, chamamos de **concordância nominal;** quando ela é feita considerando os verbos, chamamos de **concordância verbal.**

2. CONCORDÂNCIA NOMINAL

A concordância nominal estuda a relação do substantivo com os seus modificadores (artigo, adjetivo, numeral e pronome). Ocorre que muitas regras são empregadas de modo equivocado no cotidiano, dificultando a feitura de questões.

2.1 Regra Geral

De modo geral, os artigos, os adjetivos, os pronomes e os numerais concordam com o substantivo, em gênero e em número.

Suas vidas **desmotivadas** incentivavam **aqueles** jovens **magros** a perderem **a insistente** esperança.

A empresa **nova** ofertou **grande** número de **bons** empregos.

2.2 Casos Importantes

A Quando o adjetivo posposto se refere a dois ou mais substantivos, concorda com o último ou vai facultativamente:

- para o plural, no masculino, se pelo menos um deles for masculino;
- para o plural, no feminino, se todos eles estiverem no feminino.

Exemplos:

Aquele adolescente possui pai e mãe **honestos**.

Aquele adolescente possui pai e mãe **honesta**.

Aquele adolescente possui mãe e pai **honesto**.

B Quando o adjetivo anteposto se refere a dois ou mais substantivos, concorda com o mais próximo.

Exemplos:

Aquele adolescente possui **honesta** mãe e pai.

Aquele adolescente possui **honesto** pai e mãe.

C Quando dois ou mais adjetivos se referem a um substantivo no plural, este vai para o singular ou plural.

Exemplos:

Gosto das **línguas** inglesa e portuguesa.

Gosto da **língua** inglesa e (a) portuguesa.

D O **adjetivo** deve concordar com todos os elementos do sujeito quando funcionar como **predicativo do sujeito**.

Exemplos:

O aluno e o professor estão preocupados.

Mãe e filha chegaram **exaustas**.

E Quando dois ou mais numerais ordinais aparecem antes de um substantivo, determinando-o, este concorda com o mais próximo ou vai para o plural.

Exemplos:

A primeira e a segunda série.

A primeira e a segunda séries.

F Quando dois ou mais ordinais aparecem após um substantivo, determinando-o, este vai para o plural.

Exemplo:

Fiz referência aos artigos sexto, sétimo e oitavo.

G Como a forma do particípio funciona também como adjetivo, concorda com o substantivo a que se refere.

Exemplos:

Feitos os cálculos, descobrimos que estávamos endividados.

Estruturada a empresa, começamos a trabalhar.

H Termos como **mesmo, próprio, anexo, incluso, quite, leso, obrigado** concordam com o substantivo a que se referem.

Exemplos:

Seguem **anexas** as contas de luz.

Ele **mesmo** trouxe a documentação necessária.

As alunas **mesmas** resolveram a situação.

Muito obrigada, disse a senhora agradecida.

I Os termos **bastante**, **meio**, **caro**, **barato** e só variam quando se referem ao substantivo.

Exemplos:

Havia **bastantes** frutas na casa.

Tomamos **meia** garrafa de suco.

Você só gosta de coisas **baratas**.

Ele usa roupas muito **caras**.

MUITA ATENÇÃO!

Quando esses vocábulos funcionam como advérbios, ficam INVARIÁVEIS.

Isso custa muito **caro**.

Ele está **bastante** irritado.

Acordei **meio** triste.

Na expressão meio-dia e meia, a palavra "meia" faz referência ao substantivo implícito "hora". É muito comum, na oralidade, as pessoas pronunciarem "meio-dia e meio" pela influência da palavra "dia".

J Quando o sujeito não aparece determinado, o **adjetivo** fica invariável. Isso ocorre em expressões como "é bom", "é necessário", "é proibido" etc.

Exemplos:

Água mineral é bom.

Essa água mineral é boa.

Entrada é proibido.

É proibida a entrada de pessoas estranhas.

K Os vocábulos **pseudo, alerta, monstro, menos** são invariáveis.

Exemplos:

Esse país vive uma **pseudodemocracia**.

Ganharam **menos** prêmios neste ano.

3. CONCORDÂNCIA VERBAL

Estuda as formas de o verbo se relacionar com o sujeito. Essas relações costumam estar nas provas. A concordância verbal aparece frequentemente nas provas de concurso. Portanto, que é um tópico que não pode faltar no estudo de quem deseja realmente ser aprovado.

Regra geral:

O verbo concorda em número e em pessoa com o núcleo do sujeito ao qual ele se refere.

A **presença** do líder **deixou** os eleitores mais tranquilos. (presença é o núcleo do sujeito)

Os **atentados** ao país **trouxeram** sérios prejuízos à população menos favorecida.

Ninguém compareceu ao evento ocorrido neste final de ano, na empresa.

DICA IMPORTANTE

Muitas vezes, a concordância é dificultada pelo deslocamento do **sujeito**. Espera-se comumente que o sujeito esteja posicionado no início da sentença, de modo que, quando isso não ocorre, erros frequentes de concordância são cometidos.

Observe:

Durante as comemorações referentes ao dia do trabalho, ocorreram **muitas manifestações** no centro da cidade.

Apareceram, depois de retirados todos os destroços do acidente, **os corpos carbonizados das vítimas**.

? **QUESTÃO:** Objeto direto e sujeito podem ser a mesma coisa?

RESPOSTA: Não. *O sujeito e o objeto direto são sempre termos diferentes. O sujeito é o termo que responde às perguntas "o que é que" ou "quem é que" feitas antes do verbo. É a primeira função sintática que se busca. O objeto direto é o complemento do verbo transitivo direto. Quando o sujeito aparece depois do verbo, é comum que haja alguns equívocos. A dica é sempre buscar o sujeito em primeiro lugar.* **Observe:** *"No Brasil, vigora a impunidade". Pergunta-se "o que é que vigora no Brasil?" Resposta: "a impunidade". Esse termo é sujeito. Por conta disso, o verbo ficou no singular.*

3.1 Casos Importantes

Quando a matéria faz referência à concordância verbal, alguns casos são especialmente importantes.

A **Verbos Impessoais** – são aqueles que não possuem sujeito e, por causa disso, ficam na 3ª pessoa do singular. Fizemos comentário a esse respeito no capítulo dedicado ao estudo do sujeito. Vale, entretanto, lembrar.

São considerados verbos impessoais: "haver" com sentido de existir; fenômenos naturais; "ser", "estar", "fazer" indicando tempo climático ou decorrido.

Exemplos:

Haverá muitas festas no mês de dezembro.

Fez cinco anos que ele partiu.

Está quente dentro dessa sala.

DICA IMPORTANTE

Todos os auxiliares de verbos impessoais ficam na 3ª pessoa do singular, pois assimilam as características do verbo principal.

Deve haver muitas pessoas neste local.

O verbo "ser" indicando tempo é o único impessoal que admite ser pluralizado.

São vinte horas e ninguém apareceu.

B **Verbo com a partícula apassivadora SE** – quando o verbo aparece com a partícula apassivadora, é preciso buscar o sujeito da sentença para identificar se o verbo deverá ficar no singular ou no plural. Lembre-se de que só há partículas apassivadoras ligadas a **verbos transitivos diretos** e a **verbos transitivos diretos e indiretos**. Conclui-se, portanto, que o verbo deverá concordar com o sujeito paciente da ação, haja vista que a voz será sempre passiva quando essa partícula "se" aparece.

Observe:

Aluga-**se apartamento** na região litorânea do Rio de Janeiro.

Alugam-**se apartamentos** na região litorânea do Rio de Janeiro.

No início do semestre, produziram-**se sacas de soja**.

Nas duas primeiras sentenças, a partícula "se" é apassivadora, mas observe que, na 1ª oração, o verbo está no singular, pois o sujeito "apartamento" está no singular; na 2ª oração, o verbo está no plural, pois o sujeito "apartamentos" está no plural. Na 3ª sentença, o verbo está no plural, concordando com o sujeito "sacas de soja".

MUITA ATENÇÃO!

Constantemente, **encontramos falhas de concordância em sentenças nas quais aparece a partícula apassivadora.** Placas de venda e anúncios são campeões.

Vende-se casas. (ERRADO)

Quando houver alguma dúvida, basta passar o enunciado para a passiva analítica e logo a dúvida se desfaz.

Casas **são vendidas**.

Percebe-se que o verbo deveria estar no plural. O correto seria "vendem-se casas".

C **Verbo com índice de indeterminação do sujeito - Quando o verbo aparece ligado ao índice de indeterminação do sujeito (se), ele fica na 3ª pessoa do singular**. Vale lembrar que o índice de indeterminação parece ligado a verbo de ligação, verbo transitivo indireto ou verbo intransitivo.

Observe:

Precisa-**se** de pedreiros.

Trabalha-**se** muito, em Brasília.

D **Sujeito representado por uma oração** - Quando o sujeito for representado por uma oração, ou seja, por uma estrutura verbal, **o verbo da oração principal fica, obrigatoriamente, na 3ª pessoa do singular.**

LEMBRETE: SUJEITO ORACIONAL: o sujeito de um verbo é uma oração (outra estrutura verbal).

Observe:

Comer frutas e verduras *faz bem à saúde.*

Não adianta **vocês ficarem parados na fila**.

Não ficou definido **quem fará as compras**.

As estruturas destacadas são os sujeitos oracionais. Observe que as estruturas verbais das orações principais estão no singular: "faz", "adianta" e "ficou definido".

E **Sujeito com núcleos ligados por OU:**

Indicando EXCLUSÃO – verbo no singular.

Sérgio ou Carlos será o novo líder do grupo.

Indicando INCLUSÃO – verbo no plural.

Brasil ou Chile **ficam** na América do Sul.

F **Sujeito simples representado por substantivo COLETIVO – verbo na 3ª do singular (a não ser que o termo coletivo esteja no plural).**

O cardume **nadou** para longe da praia.

G **COLETIVO + EXPRESSÃO PLURAL – o verbo pode concordar com o núcleo ou com a expressão plural.**

O cardume de golfinhos **nadou/nadaram** para longe da praia.

H **Representado por expressões partitivas – o verbo fica no singular.**

A maioria **teve** boa participação no congresso.

I **Representado por expressões partitivas seguidas de expressão plural – o verbo pode concordar com o núcleo ou com a expressão plural.**

A maioria dos participantes **teve/tiveram** boa participação.

DICA IMPORTANTE

Quando, no caso de dupla possibilidade de concordância verbal, aparecer um predicativo, é preciso muita atenção, pois o predicativo sofrerá influência da concordância escolhida.

Observe:

A **maioria** dos participantes **dormiu exausta**.

A maioria dos **participantes dormiram exaustos**.

J **Representado por dois pronomes no PLURAL – o verbo pode concordar com o 1º ou com o 2º.**

Quais de nós **irão/iremos** ao cinema, amanhã?

K **Representado pela palavra QUE – o verbo concorda com o antecedente do vocábulo "que".**

Aqui sou **eu** que **consigo** os adiantamentos.

L **Representado pelo pronome QUEM – o verbo ficará na terceira pessoa do singular ou concordará com o antecedente. A gramática orienta a fazer a concordância com o pronome "quem".**

Fomos nós **quem disse** a bobagem na aula.

Fomos **nós** quem **dissemos** a bobagem na aula.

M **Representado por PRONOMES DE TRATAMENTO - o verbo deve ser empregado 3ª pessoa do singular ou do plural (os pronomes também assumem a 3ª pessoa).**

Vossa Senhoria e **sua** família **gostaram** muito da festa.

Sua Excelência se queixou do tratamento dado ao seu filho.

N **Representado por substantivo próprio no plural.**

– **Sem artigo – verbo no SINGULAR.**

Estados Unidos **tenta superar** a ameaça de ataques terroristas.

– **Com artigo – verbo no PLURAL.**

Os Estados Unidos **tentam superar** a ameaça de ataques terroristas.

MUITA ATENÇÃO!

Quando o sujeito for representado por **infinitivos sem determinante, o verbo ficará no singular, mas, se houver determinante, o verbo ficará no plural**.

Sorrir e amar contribui para uma vida mais feliz.

O sorrir e o amar contribuem para uma vida mais feliz.

Se os infinitivos indicarem ações contrárias, o verbo ficará no plural.

Sorrir e chorar fazem parte natural da vida.

? **QUESTÃO:** O correto é "um dos que vai" ou "um dos que vão"?

RESPOSTA: *As duas concordâncias estão corretas. É possível concordar com "um" ou com "dos" (que equivale a "daqueles").*

FIQUE POR DENTRO:

"CONCORDÂNCIA DOS PRONOMES DE TRATAMENTO"

Chama atenção a concordância exigida pelos pronomes de tratamento. Embora muitas vezes se trate do interlocutor, a concordância sempre será feita com a 3ª pessoa do singular ou do plural. Nesse caso não interessa o fato de o pronome de tratamento ser constituído normalmente pelo pronome "vosso" e "vossa". Tal conhecimento é muito importante inclusive para as correspondências oficiais, pois todo documento oficial é dirigido a uma autoridade e, portanto, exige o emprego de pronomes de tratamento.

Para saber mais: cf. ROSENTHAL, Marcelo. **Gramática para Concursos: teoria e mais de 1.000 questões**. 4 ed. Rio de Janeiro: Elsevier, 2009.

EM RESUMO: Concordância nominal e verbal	
O que são	Estudo da relação de concordância do substantivo com seus modificadores e do sujeito com o verbo.
Identificação	Os modificadores do substantivo concordam em gênero e número com o substantivo; o verbo concorda com o sujeito.
Casos especiais	Os verbos impessoais ficam no singular; os advérbios são invariáveis.
Detalhes	Quando o sujeito aparece deslocado, a concordância parece mais difícil, por isso localizar o sujeito é fundamental.
Morfossintaxe	Tantos os modificadores do substantivo quanto o verbo mantêm relação sintática, respectivamente, com o substantivo e com o sujeito.

CAPÍTULO XIII

SINTAXE: REGÊNCIA NOMINAL E VERBAL

1. NOÇÕES GERAIS

A regência estuda as relações que se estabelecem entre os **termos regentes (substantivo, adjetivo, advérbio, verbo)** e os **termos regidos (complementos verbais, complementos nominais, adjuntos adverbiais)**. Quando a regência está atrelada ao substantivo, adjetivo e advérbio, chama-se **regência nominal**; quando está atrelada ao verbo, chama-se **regência verbal**. Constantemente, o item aparece em provas e aquele que domina as regras de regência acerta questões que a maioria erra. O tópico aparece muito relacionado aos pronomes relativos e, nas provas, a regência verbal tem maior incidência do que a regência nominal.

2. CASOS IMPORTANTES

A Os pronomes oblíquos **o**, **a**, **os**, **as** funcionam somente como **objeto direto** e são aceitos pelos verbos transitivos diretos e transitivos diretos e indiretos.

Exemplo:

Descobri	seu segredo.	Descobri	-o.
VTD	OD.	VTD	OD

B Na função de objeto, os pronomes oblíquos **lhe**, **lhes** são sempre **objeto indireto**, entretanto existem alguns verbos transitivos indiretos que não admitem **lhe** e **lhes** como objeto.

Exemplos:

O filho	obedeceu	aos pais.	⇒	O filme	agradou	-lhes.
	VTI	OI			VTI	OI

Ninguém	precisa	de você.	(não admite **lhe**).
	VTI	OI	

C Somente verbos **transitivos diretos** admitem voz passiva. Por isso, observe os exemplos abaixo:

No caso A:

A madrinha agradava o afilhado. (sujeito agente -voz ativa)

O afilhado era agradado pela madrinha. (voz passiva)

A transposição para a voz passiva só foi possível porque o verbo **agradar** está empregado como transitivo direto.

No caso B:

A vitória do time agradou ao técnico. (voz ativa)

O referido período não admite voz passiva, porque o verbo é transitivo indireto. Por isso, o enunciado *"O técnico foi agradado pela vitória do time"* é considerado incorreto pela norma culta da língua portuguesa.

Isso porque o verbo "agradar", no sentido de "fazer carinho" é transitivo direto; e no sentido de "satisfazer" é transitivo indireto.

D Quando o complemento de um verbo é representado por **pronome relativo** (que, qual, quem, cujo, onde), a preposição exigida pelo verbo deve ser colocada antes do pronome relativo. Vale lembrar que a estrutura sintática da oração adjetiva determina a regência do pronome relativo.

Observe:

Essa é a autora	a quem	nossas	palavras não agradam.
	OI *de agradar*		VTI

prep. exigida por *agradar*

Logicamente, quando o pronome relativo exercer a função de **objeto direto**, não haverá preposição antes dele.

Observe:

Esse é o pássaro que a menina	pegou.
	VTD

MUITA ATENÇÃO!

Alguns verbos mudam de sentido quando mudam de regência. Isso ocorre, por exemplo, com os verbos "aspirar", "assistir" e "visar'. O verbo "assistir", quando empregado com sentido de "ver", é transitivo indireto e exige a preposição "a"; quando ele é empregado com o sentido de "ajudar", é transitivo direto e não exige preposição.

Observe:

Ele assistiu **ao filme** ontem.

O médico **assiste** o paciente.

E O núcleo do sujeito não admite presença de preposição, pois ele é sempre regente, ou seja, não mantém relação de dependência com outros termos.

Não tenho receio de **o meu filho** morar fora do país. – o termo destacado funciona como sujeito do verbo "morar", portanto não deve ser feira a contração da preposição "de" com o artigo "o".

MUITA ATENÇÃO!

Erros de regência são frequentes no dia a dia. Por conta disso, nas provas há uma tendência a repetir os mesmos equívocos do cotidiano. Vale lembrar que o verbo "ir" exige a preposição "a", quando indica destino. O verbo "preferir" é transitivo direto e indireto: Prefiro ir **a** ficar aqui. O verbo "chegar" também exige o emprego da preposição "a", quando indica destino: Chegou à sala de aula.

? QUESTÃO: Está correto dizer "prefiro mais ir do que ficar aqui"?

RESPOSTA:* *Não. *O verbo preferir sempre exige "a" para introduzir o objeto indireto. Estão equivocadas, inclusive, estruturas como "prefiro mais ir do que ficar" e "prefiro muito mais ir do que ficar".*

F Verbos transitivos diretos e indiretos não podem se relacionar com dois complementos iguais, ou seja, se o primeiro complemento for direto (sem preposição), o segundo complemento é indireto (com preposição). Caracteriza um erro colocar dois complementos com preposição ou dois complementos sem preposição.

Observe:

Avisei **a João do dia da aula** – Os termos "a João" e "do dia da aula" são dois objetos indiretos.

Avisei **João do dia da aula** ou **Avisei a João o dia da aula.**

DICA IMPORTANTE

Os verbos "pagar" e "perdoar" são transitivos diretos quando o objeto é representado por "coisa" e são transitivos indiretos quando o objeto é representado por "pessoa". **Observe:**

"Perdoei **o débito**" / "Perdoei **ao meu amigo**"

No primeiro caso, o termo destacado é objeto direto, pois é uma "coisa"; no segundo caso, o termo destacado é objeto indireto, pois é uma "pessoa".

Os verbos "**esquecer**" **e** "**lembrar**" **n**ão mudam de sentido, mas podem ser transitivos diretos ou indiretos.

F.1 São **transitivos diretos** quando não são pronominais, isto é, quando não estão acompanhados de pronome oblíquos (me, nos, te, se, etc.).

Observe:

Lembrei	sua situação econômica.
VTD	OD

Nós não	esqueceremos	esse acordo.
	VTD	OD

Essa é uma	situação que	nós já esquecemos.
	OD	VTD

Ele	esquece	que nós o ajudamos.
	VTD	OD

F.2 São **transitivos indiretos** (exigem preposição **de**) quando acompanhados de pronome oblíquo. Nesse caso são considerados verbos pronominais.

Observe:

Eu	me	lembrei	de suas aventuras.
	pron. obl.	VTI	OI

Jamais	nos	Esqueceremos	daquela vitória.
pron. obl.	VTI	OI	

Esses são	fatos de que	ela já	se	esqueceu.
	OI		pron.	VTI

Ele	se	esqueceu	de que nós o amamos.
	pron. obl.	VTI	OI

Os verbos **"obedecer"** e **"desobedecer"** são sempre **transitivos indiretos** (exigem objeto indireto com a preposição **a**).

Observe:

Ninguém obedeceu	ao	pedido do chefe.
VTI	prep.	OI

Os funcionários	desobedecerão	ao seu pedido.
	VTI prep.	OI

Ele já informou as leis	a que	Devemos	obedecer.
	OI		VTI

DICA IMPORTANTE

Com esses dois verbos, ocorre um caso raro em que, embora sejam transitivos indiretos, podem, mesmo na língua culta, ser usados na voz passiva.

Observe:

Todos obedeceram ao regulamento. (voz ativa)

O regulamento foi obedecido por todos. (voz passiva)

MUITA ATENÇÃO!

A normatividade considera incorretas construções em que um mesmo termo funciona como complemento de verbos que exigem regências diferentes.

Observe:

Kelly **aspirava** ao emprego e **sonhava** com ele. (registro formal)

Vamos perceber que **aspirar** (= pretender) exige preposição **a** e **sonhar** exige preposição **com**.

Kelly **sonhava** com o emprego e **aspirava** a ele. (registro formal)

Construção indevida: Kelly aspirava e sonhava com o emprego. (**um só complemento para verbos de regências diferentes**).

Perceba novamente:

Os meninos **provaram** o chocolate e **gostavam** dele. (registro formal).

Construção indevida: Os meninos **experimentaram** e **gostaram** do chocolate. (linguagem coloquial)

Observe que **provar** não exige preposição (VTD) e **gostar** exige a preposição de (VTI).

? **QUESTÃO:** Ao se cometer um erro de regência pode-se comprometer o sentido da sentença?

RESPOSTA: Sim*. Em alguns casos, como mudar a regência de um verbo pode provocar a mudança de seu significado, um erro pode representar uma total mudança do teor da mensagem. Na maioria das vezes, as pessoas empregam os verbos com falhas no emprego da preposição, mas isso não implica um comprometimento dos sentidos do texto. Em uma redação, entretanto, é melhor evitar erros.*

FIQUE POR DENTRO:

"REGÊNCIA DO VERBO NAMORAR"

O verbo "namorar" é um exemplo claro de como a regência é mal empregada há muito tempo. Reza a regra gramatical que o referido verbo é transitivo direto, ou seja, não deve ser empregado com a preposição "com". Basta um "bate-papo" formal ou informal para percebermos que o tal verbo não aparece com a regência correta. Parece que, para as pessoas, é mais sensato "namorar com" do que "namorar alguém".

Para saber mais: cf. FERNANDES, Francisco. **Dicionários de verbos e regimes**. 39 ed. São Paulo: Globo, 1993.

EM RESUMO: Regência nominal e verbal	
O que é	O estudo da relação existente entre o substantivo, o adjetivo e o advérbios e seus complementos, e entre o verbo e seus complementos.
Classificação	A regência pode ser verbal ou nominal.

Características	Alguns verbos têm seu sentido modificado por conta da mudança da regência. Outros têm a regência empregada equivocadamente.
Semântica	A mudança da preposição empregada em relação a certos verbos e substantivos pode comprometer o sentido da sentença.
Morfossintaxe	Os termos regidos de preposição podem ser complementos verbais, complementos nominais, adjuntos adverbiais ou adjuntos adnominais.

CAPÍTULO XIV
SINAL INDICATIVO DE CRASE

1. NOÇÕES GERAIS

O **termo "crase" advém do grego e significa "fusão"**. Isso implica dizer que colocar o sinal indicativo de crase é informar ao leitor que houve **o encontro da preposição "a", exigida pelo antecedente, com o artigo definido "a" (as), que acompanha o substantivo feminino consequente**. O sinal, ainda, é **produto do encontro da preposição "a" com os pronomes demonstrativos "aquele", "aquela", "aquilo"**.

Resumindo:

Existem três situações de fusão que resultam em sinal indicativo de crase:

A **Preposição "a" + artigo definido "a" ou "as".**

Observe:

O direito **a a** defesa todo ser humano possui.

O direito **à** defesa todo ser humano possui.

B **Preposição "a" +pronome demonstrativo "a" ou "as"**

Ele fez referência **a a (=aquela)** que chegou atrasada.

Ele fez referência **à** que chegou atrasada.

C **Preposição "a" + pronomes demonstrativos aquele(s), aquela(s), aquilo.**

Chegou **a aquela** cidade de que você falou.

Chegou **àquela** cidade de que você falou.

Dei um belo presente **àquele professor**.

Nós fizemos duras críticas **àquilo** que foi mostrado.

MUITA ATENÇÃO!

A preposição é uma exigência do termo antecedente, ou seja, **quando aparece o sinal indicativo de crase é porque, inevitavelmente, o termo antecedente (substantivo, adjetivo, advérbio ou verbo) exigiu a preposição "a"**. O outro elemento (artigo ou pronome demonstrativo) se soma a essa preposição. **Se o termo antecedente não exigir a preposição "a", não poderá haver sinal indicativo de crase.**

Observe:

Eu conheci **a** mulher do prefeito.

Eu me referi **à** mulher do prefeito.

Fiz alusão **àquele** dia do nascimento do meu filho.

> **MUITA ATENÇÃO!**
>
> Na 1ª sentença, não há sinal de crase porque a forma verbal "conheci" não exige preposição "**a**", pois é **transitivo direto**. Na frase destacada o "a" é artigo que modifica o substantivo "mulher". Na 2ª sentença, há o sinal indicativo de crase porque a preposição "a", exigida pela forma verbal "me referi", encontra o artigo feminino "a" que acompanha o substantivo "mulher". Na 3ª ocorrência, há sinal indicativo de crase porque a preposição "a", exigida pela estrutura "fiz alusão", funde com o pronome demonstrativo "aquele".

2. CASOS DE USO OBRIGATÓRIO DO SINAL DE CRASE

A O termo regente (nome ou verbo) deve exigir preposição "a", e o substantivo feminino deve admitir o artigo **a (s)**.

Não cabe **à** delegada resolver este problema.

Iríamos **à** capital paulista neste final de semana.

Perceba que os termos antecedentes "cabe" e "iríamos" exigem a preposição "**a**"; os termos consequentes "delegada" e "capital" admitem o artigo "a". Dessa fusão, ocorre o sinal indicativo de crase.

Os jogadores se pronunciaram relativamente **à perda do jogo**.

> **DICA IMPORTANTE**
>
> **É possível utilizar alguns mecanismos para verificar se há ou não necessidade do sinal de crase:**
>
> **Troca-se a palavra feminina por uma masculina equivalente. Se antes da palavra masculina aparecer ao(s), haverá sinal de crase antes da palavra feminina.**
>
> **Observe:**
>
> Entreguei **as mercadorias à dona do estabelecimento**.
>
> Entreguei **os materiais ao dono do estabelecimento**.
>
> No mesmo exemplo, podemos constatar que o termo "as mercadorias" foi substituído por "os materiais", portanto não precisa do sinal indicativo de crase porque o **"as"** é apenas um artigo; já na expressão "à dona", houve a substituição por "ao dono", de modo que o sinal indicativo de crase é obrigatório.

B Em caso de nomes próprios de locais, haverá sinal de crase se o nome próprio **admitir a presença do artigo**, e o verbo da sentença exigir a preposição "**a**".

Observe:

A **Europa** é um belo continente. = admite artigo.

Roma é uma bela cidade. = não admite artigo.

Conclusão:

Irei **à Europa (para a Europa)** em julho.

Irei **a Roma** (para Roma) em julho.

Ele se referiu **à Europa**.

Ele se referir **a Roma.**

Caso a localidade esteja especificada, haverá sinal indicativo de crase:

Ele se referiu à Europa **dos belos castelos.**

Ele se referiu à Roma **dos gladiadores.**

C **No caso dos pronomes demonstrativos, basta observar a regência determinada pelo verbo ou pelo nome antecedente.**

Observe:

Sua festa foi semelhante **àquela** que eu fiz no final do ano.

Fomos **àquele** local da guerra.

Oferecemos alimentos **àqueles** mendigos.

D Haverá sinal indicativo de crase nas locuções femininas (adverbiais, adjetivas, prepositivas): **às vezes, à noite, à tarde, às pressas, à direita, à esquerda, à vontade, à francesa, às claras, à francesa, à espera de, à procura de, à medida que, à proporção que.**

Observe:

Ele chegará **à noite** e fará reunião **às pressas.**

E Haverá sinal indicativo de crase nas locuções **"à moda de"** e **"à maneira de"** ainda que os termos "moda" e "maneira" estiverem implícitos.

Observe:

Gosto de comer bife **à milanesa.**

3. NÃO SE USA CRASE

Tanto as regras para empregar o sinal de crase quanto as regras para não empregar a crase são exigidas. Por conta disso, é fundamental reconhecer o uso e o não uso dela.

A Antes de palavras masculinas;

Observe:

Aquele material pertence **a** papai.

Os adolescentes dessa cidade gostam de andar **a** cavalo.

B Antes de verbos no infinitivo;

Observe:

Comece **a** falar logo, meu filho.

Ele vive **a** reclamar da vida.

C Antes de numeral, exceto indicando horas;

Observe:

O número de cadastrados chegou a 50.

D Entre termos idênticos;

Observe:

Fiquei face **a** face com o assaltante.

Gosto de conversar cara **a** cara.

E Antes de pronomes indefinidos;

Observe:

Não dei satisfações **a** ninguém.

Seu comportamento não levará **a** nada.

F Antes de pronomes pessoais;

Observe:

Entreguei as fotos **a** ela.

Diga a verdade **a** nós todos.

G Antes de demonstrativos;

Observe:

Os alunos fizeram referência **a** essa casa.

Não me presto **a** tal atitude.

H Antes de pronomes de tratamento.

Observe:

Os decretos pertencem **a** Vossa Alteza.

Eu disse **a** Vossa Senhoria que o gerente não está no momento.

MUITA ATENÇÃO

Antes dos pronomes senhora, senhorita, madame, dona, o sinal indicativo de crase pode existir: aplica-se a regra.

Os decretos pertencem **à senhora**.

Eu disse **à senhorita** que o gerente não está no momento.

? QUESTÃO: Antes de nomes próprios femininos, há sinal indicativo de crase?

➥ ***RESPOSTA: É possível.*** *Alguns lugares no Brasil utilizam o artigo antes de nomes de pessoas: a Paula ou o Pedro. Quando isso ocorre, há possibilidade de haver sinal de crase, se a estrutura possuir uma forma verbal que exija a presença da preposição "a". A gramática normativa coloca que os substantivos femininos próprios (nomes de mulheres) podem ou não ser modificados pelo artigo.* **Observe:** *Entregue o livro* **a (à) Maria**.

I Se o "a" estiver no singular e a palavra feminina estiver no plural.

Observe:

Gosto de ir **a** praias e a museus.

Fez restrições **a** mulheres e a crianças.

J Antes da palavra "casa" caso não esteja especificada, determinada.

Observe:

Retornei a casa logo depois da festa.

DICA IMPORTANTE

A palavra "que" não admite sinal indicativo de crase, pois é neutra. Há de se observar, entretanto, que, em algumas situações, a palavra feminina está implícita.

Assisti a essa novela que começou ontem e não **à** (**novela**) que começou semana passada.

Deram uma sugestão anterior **à** (**sugestão**) que o líder deu.

Enviei uma flor **à** mulher de preto; não **à** (**mulher**) de azul.

Os pronomes relativos "a qual" e "as quais" podem aparecer com sinal indicativo de crase se houver a fusão com a preposição "a".

Esta é a cidade **à qual** o governador se referiu durante o comício.

Estas são as camadas **às quais** se destina o projeto.

? **QUESTÃO:** O sinal de crase é obrigatório ou facultativo?

RESPOSTA: *O sinal de crase é obrigatório. Muitos difundem boatos acerca da extinção desse sinal gráfico, mas essa possibilidade é impossível. Do mesmo modo que "em + o = no" e "de + a = da", "a + a = à". Tal situação não pode ser modificada ou substituída.*

FIQUE POR DENTRO:

"MUDANÇA DE SENTIDO ATRAVÉS DO SINAL DE CRASE"

O sinal de crase, presença ou ausência, pode modificar o sentido da sentença. **Observe:** "bater à porta" é diferente de "bater a porta" ou "bater na porta". Vale muito a pena considerar as regras para não haver problema ou polêmica no momento de resolver as questões.

Para saber mais: cf. ALMEIDA, Nilson Teixeira de. **Gramática da Língua Portuguesa para concursos, vestibulares, ENEM, colégios técnicos e militares.** 8 ed. São Paulo: Saraiva, 2012.

EM RESUMO: Sinal indicativo de crase	
O que é	Produto do encontro simultâneo da preposição "a" com o artigo feminino "a".
Uso	Usa-se antes de palavras femininas que admitam preposição e artigo feminino ao mesmo tempo.
Características	Somente utilizado antes de palavras femininas, pois, caso mude o gênero, o artigo não estará presente.
Extrapola a regra	Os demonstrativos "aquele", "aquela", "aquilo" antecedidos da preposição "a" também recebem sinal indicativo de crase.

CAPÍTULO XV
PONTUAÇÃO

1. NOÇÕES GERAIS

Os sinais de pontuação são sinais gráficos que marcam **pausas** e tentam também **transcrever ritmo e melodia** da língua.

1.1 Fundamentalmente, servem para marcar **PAUSAS** sintáticas:

A **Ponto (pausa longa)**

B **Vírgula (pausa curta)**

C **Ponto-e-vírgula (pausa intermediária)**

> **DICA IMPORTANTE**
>
> Muitos aprendem que o uso da vírgula está atrelado a uma pausa para respirar. Saliente-se que a vírgula é justificada por uma pausa sintática. Respirar ou não é um procedimento desvinculado da colocação do sinal de pontuação. Cabe, portanto, construir um bom conhecimento sintático para saber usar os sinais de pontuação.

1.2 Possuem a função essencial de marcar a **MELODIA** e **TOM de voz**:

A dois- pontos

B ponto de interrogação

C ponto de exclamação

D reticências

E aspas

F parênteses

G travessões

> **MUITA ATENÇÃO!**
>
> **Uma vírgula no contexto pode provocar significativas mudanças semânticas.**
>
> **Observe:**
>
> **Voz do pessimista: "Não vou passar no concurso!"**
>
> **Voz do otimista: "Não, vou passar no concurso!"**
>
> Observe, a seguir, uma situação em que podem ser aceitas duas pontuações diferentes.
>
> A mudança gerará uma interpretação completamente diferente e produzirá uma nova sintaxe no período.
>
> "Se o homem soubesse o valor que tem, a mulher andaria se rastejando à sua procura."
>
> "Se o homem soubesse o valor que tem a mulher, andaria se rastejando à sua procura."

MUITA ATENÇÃO!

Observe a pontuação: no 1º período, a vírgula colocada demonstra que o sujeito da forma verbal "tem" é o termo "o homem", enquanto o sujeito da forma verbal "andaria" é "a mulher". No 2º período, a vírgula colocada demonstra que "a mulher" é sujeito da forma verbal "tem", enquanto o "o homem" é sujeito da forma verbal "andaria".

O assunto tem presença frequente nas provas, inclusive misturado a outros itens do programa.

2. NÃO SE USA PONTUAÇÃO

A **Entre sujeito e predicado;**

B **Entre verbo e complementos verbais (objetos);**

C **Entre nomes e complementos nominais;**

D **Nas locuções verbais, separando verbo auxiliar e principal;**

E **Entre o substantivo e o adjunto adnominal.**

Conclusão:

– **NÃO SE USA PONTUAÇÃO ENTRE TERMOS QUE ESTIVEREM EM SUA ORDEM DIRETA:**

SUJ. + Verbo + C.V. + ADJ.ADV.

DICA IMPORTANTE

Em termos intercalados ou explicativos, as vírgulas podem ser substituídas por travessões ou parênteses, sem alteração de ordem sintática ou de ordem semântica.

Observe a oração intercalada:

A vida, **disse o homem sentado à mesa**, é bela!

A vida – **disse o homem sentado à mesa** – é bela!

A vida **(disse o homem sentado à mesa)** é bela!

Observe o termo explicativo:

Aqueles políticos, **frequentadores assíduos dos grandes eventos sociais**, não se preocupam com os interesses do povo.

Aqueles políticos - **frequentadores assíduos dos grandes eventos sociais** - não se preocupam com os interesses do povo.

Aqueles políticos (**frequentadores assíduos dos grandes eventos sociais**) não se preocupam com os interesses do povo.

Colocando a teoria em prática...

Observe com atenção o período a seguir:

O fato de as pessoas não demonstrarem muito interesse pelo sofrimento alheio é um sinal de que a sociedade está cada vez mais fria e egoísta.

É fundamental observar a estrutura sintática da sentença acima.

Sujeito: o fato de as pessoas não demonstrarem muito interesse pelo sofrimento alheio.

Verbo de ligação: é.

Predicativo do sujeito: um sinal de que a sociedade está cada vez mais fria e egoísta.

A maioria dos candidatos sentirá a necessidade de usar uma vírgula após o termo "alheio", mas cometeria um erro bastante valorizado, inclusive em provas de concurso: separaria o sujeito do verbo.

2.1 Emprego do ponto-e-vírgula

A O ponto-e-vírgula marca uma **pausa mais longa do que a vírgula e mais breve do que o ponto.**

B Não determina final de período.

C Normalmente, é utilizado nos períodos compostos por coordenação quando já existirem vírgulas internas;

D Separa orações coordenadas, quando as conjunções conclusivas e adversativas estão inseridas na oração sindética.

E Separar os pensamentos independentes, coordenados entre si mesmos.

Observe:

Estou precisando descansar; pedirei, portanto, as minhas férias.

Carlos mora na Espanha; João, na Holanda.

Estamos à beira de um grande conflito; fiquem atentos e não cometam desatinos.

Todos querem justiça; estão, portanto, ansiosos pelo resultado do julgamento.

Eles foram assaltados várias vezes; continuam, entretanto, indo à escola caminhando.

Mateus, filho mais velho, mora na Argentina; Carlos, formado em Direito, mora em Brasília.

2.2 Emprego da vírgula

A vírgula é o sinal de pontuação com o maior número de atribuições. Faremos uma relação das principais funções da vírgula.

2.2.1. No interior da oração, serve para:

A Separar elementos de mesma função sintática, independentes entre si.

Ele comprou casas, carros, roupas e viagens.

Chegarei amanhã, às 10 horas, ao aeroporto de Guarulhos.

B Isolar o aposto explicativo

Daniel, o melhor jogador do campeonato da escola, será contratado por um time profissional.

Criaremos uma empresa de eventos, um negócio difícil de dar errado.

C Isolar o vocativo.

Acordem, crianças... hora da aula.

Venci o campeonato de xadrez, meu filho.

D Deslocar o adjunto adverbial que, na ordem direta deve se posicionar no final da sentença.

No final do próximo mês, eu viajarei para o interior da Bahia.

Ele encomendou, por causa do frio, duas camisas de lã.

E Isolar **objeto pleonástico** antecipado ao verbo.

Os livros, eu já **os** li durante a semana.

F Isolar expressões explicativas, retificadoras, continuativas como **ou melhor, isto é, por exemplo, ou seja, aliás etc**.

Aquela aluna, ou melhor, toda a turma deveria ser punida.

O Brasil, por exemplo, precisa melhor a qualidade de vida de seu povo.

2.2.2. Entre orações, serve para:

A Separar orações coordenadas assindéticas, ou seja, as coordenadas que não possuem conectivo.

Mateus saiu de casa, entrou no táxi, foi à escola, retornou em seguida.

B Separar orações coordenadas que possuam sujeitos diferentes.

Os árbitros entraram no campo, os jogadores aparecem meia hora depois.

A criança saiu correndo, e a mãe não a acompanhou.

C Isolar orações intercaladas no período.

Os seres humanos precisam, resmungou a senhora no final da fila, respeitar os mais velhos.

Você, falou a mãe calmamente, reclama de tudo.

D Isolar orações subordinadas adjetivas explicativas.

Esses times, que estão participando do Brasileirão, são os melhores do país.

Finalmente, conheci Vinícius, que é filho da professora Paula.

E Isolar as orações subordinadas adverbiais deslocadas.

Sempre que eu vou visitar os meus pais, fico com a sensação de que ainda sou criança.

Como percebi que ele estava meio nervoso, preferi transferi a conversa para amanhã.

F Separar orações coordenadas sindéticas iniciadas por conjunções adversativas, conclusivas ou explicativas.

Saiam da frente, **que** eu quero passar. (coordenada sindética explicativa)

Eu quis muito ajudá-lo, **no entanto** estava muito longe daqui. (coordenada sindética adversativa)

O aluno agrediu verbalmente o professor, **portanto** merecia ser punido. (coordenada sindética conclusiva)

G Isolar as conjunções **adversativas e conclusivas** que estiverem inseridas em suas respectivas orações coordenadas sindéticas.

A greve incomoda a população; os patrões, **todavia**, não aceitam negociar.

Você é uma pessoa muito inteligente; tem muito chance, **portanto**, de ser aprovado no concurso.

MUITA ATENÇÃO!

Quando o assunto é o conectivo "E", muitos comentários improcedentes são feitos. Um deles é que o "e" já é a própria vírgula, por isso NUNCA há pontuação antes dele. Cabe aqui afirmar que isso é **absurdo** e **falso**. Abaixo estão relacionados casos importantes nos quais haverá uma vírgula antes do "e". Vale a pena observar:

Quando equivale a "MAS", ou seja, POSSUI **VALOR OPOSITIVO**. Nesse caso, há uma quebra de expectativa, ou seja, espera-se uma coisa e acontece outra.

Observe:

Esse aluno estudou muito, e não foi aprovado.

Não desobedeci aos meus pais, e fui punido por eles.

Quando separa orações que POSSUEM **SUJEITOS DIFERENTES**. Nesse caso, se não houver o conectivo "e", as orações serão separadas por ponto-e-vírgula.

Observe:

O incêndio começou logo cedo, e a população chamou o corpo de bombeiros.

A criança desmaiou, e sua mãe a conduziu para o hospital.

Quando constitui **POLISSÍNDETO**, ou seja, repetição enfática do conetivo "e" nas orações coordenadas sindéticas aditivas.

Observe:

Trabalha, e teima, e lima, e sofre, e sua! (Olavo Bilac)

? **QUESTÃO:** Uma vírgula pode substituir um determinado termo?

RESPOSTA: Sim. *É comum, para evitar uma repetição, a utilização de uma vírgula em lugar de um substantivo ou de um verbo. Nesse caso, ela indica zeugma.*

Observe: *O problema é que eu quero ir, e você, ficar.*

2.3 Emprego de dois-pontos

Esse sinal de pontuação tem sido bastante cobrado pelas bancas. Desse modo, é fundamental dar a ele importância.

Os dois-pontos produzem uma pausa, indicativa de que a frase ainda não foi concluída. Podem ser empregados nos seguintes casos:

A Introduzir uma citação.

Como disse sabiamente Heráclito: "nada é permanente, exceto a mudança."

B Introduzir uma enumeração ou uma enumeração explicativa.

Para eu conseguir ser feliz, preciso de três coisas: paz, saúde e projetos. (enumeração)

O brasileiro sofreu muito na última década: desemprego, violência, corrupção, pouco dinheiro. (enumeração)

C Introduzir um esclarecimento ou uma consequência do que já foi anunciado.

Vocês precisam me deixar sozinho: estou muito irritado. (consequência)

Estou muito irritado: vocês precisam me deixar sozinho. (esclarecimento).

DICA IMPORTANTE

Nesse último caso, os dois-pontos podem ser empregados como **ELEMENTO DE COESÃO TEXTUAL**, ou seja, podem criar uma relação entre as IDEIAS.

Pegue os documentos: preciso assiná-los com urgência.

Preciso assinar os documentos: pegue-os agora.

Na 1ª ocorrência, os dois-pontos equivalem a "pois", introduzindo uma **explicação**; na 2ª ocorrência, eles equivalem a "portanto", introduzindo uma conclusão.

2.4 Emprego do ponto de exclamação

O ponto de exclamação é utilizado como tentativa de transferir para o texto a sensação de emotividade. Normalmente aparece nos seguintes casos:

A Indicar **surpresa, desejo, medo, entusiasmos, desespero.**

Você não pode fazer isso comigo!!! Não me deixe aqui sozinha!

Não acredito que ele veio!!!

B Antes de interjeições e alguns vocativos.

Socorro!!! Socorro!!! Alguém me ajude!!!

Minha filha! Pelo amor de Deus!!! O que houve?

DICA IMPORTANTE

Em questionamentos que denotem surpresa ou entusiasmo, os sinais de interrogação e exclamação podem ser usados simultaneamente e repetidamente. As exclamações podem também ser usadas repetidas vezes para indicação de tom de voz.

Você está louco?!?!?!?!

Saia daqui agora!!!!

2.5 Emprego as reticências

As reticências costumam marcar a interrupção da frase, trazendo possibilidades semânticas. As reticências podem indicar:

A Dúvida ou hesitação ou timidez na fala.

Eu... eu... preciso conversar com você... é... uma coisa importante.

B Utilizadas simultaneamente com as aspas, indicam ironia.

O mundo está repleto de pessoas "inocentes"...

C Quando colocadas entre parênteses, no meio de um texto, indicam uma supressão de um trecho.

2.6 Emprego das aspas

As aspas normalmente são utilizadas para transcrição de citações, mas ganharam importância como um recurso que pode ser utilizado na construção de sentido no texto. Elas podem ser usadas para:

A Enfatizar termos que não são peculiares à linguagem normal (estrangeirismos, neologismos, gírias etc.).

Esse cara é meu "brother".

No ambiente virtual, as pessoas utilizam o "internetês".

B Acentuar o valor significativo ou irônico de uma palavra.

Não conheço ninguém mais "fiel" do que você.

Usarei uma expressão gasta: "a vida é real". Acorde.

2.7 Emprego dos travessões

A Podem substituir as vírgulas, os parênteses e os dois-pontos, principalmente quando isolam termos explicativos, como aposto.

Este mundo – retrato fiel do conflito do próprio ser humano – está caótico.

B Indicam introdução de diálogos.

Disse a senhora ao garoto que passava: - você poderia me ajudar, filho?

C Indica ênfase, destaque a determinado termo ou pensamento que se segue.

O marido fez um gesto para que ela se calasse – amedrontou-a.

2.8 Emprego dos parênteses

A Os parênteses podem substituir as vírgulas quando estas isolam explicações.

Aquele jogo (o melhor de todo o campeonato) foi emocionante.

B Intercalam uma reflexão ou um comentário que podem fugir da linearidade do texto, construindo uma espécie de digressão.

E, enquanto todos se sentavam, decididos e silenciosos (e eu discretamente somente observava aquelas pessoas todas, meio soltas e dispersas em seu mundo...), o representante do grupo começou a discursar.

C Indicar uma supressão de palavras ou trechos do texto considerados irrelevantes para objetivo do enunciador do discurso.

MUITA ATENÇÃO! Empregar bem os sinais de pontuação é garantia de um texto rico em significados e detentor de muita clareza. O assunto, portanto, não é importante apenas para acertar questões de concurso, mas também para o escrever bem no dia a dia.

? QUESTÃO: O que significa relativizar o sentido de uma palavra?

➥ ***RESPOSTA:*** *Relativizar o sentido de uma palavra ou expressão significa dar a ela (s) um novo sentido, ou seja, fugir do sentido denotativo ou convencional. É um recurso de enriquecimento dos sentidos de um texto. As aspas cumprem bem essa função.*

FIQUE POR DENTRO:

"VOCATIVO E FUNÇÕES DA LINGUAGEM"

Colocar sinal de pontuação sob o pretexto de "pausa para respirar" é uma discussão polêmica. Muitos aprendem assim e não abrem mão dessa teoria. Observe que livro algum que trabalha regras gramaticais coloca isso como verdade. Como é difícil para uma criança entender a complexidade da pontuação, buscou-se uma metodologia mais simples. Dentro disso, surgiu a máxima "vírgula é pausa para respirar. Mude a visão, conteste: essa está fora de cogitação.

Para saber mais: cf. ALMEIDA, Nilson Teixeira de. **Gramática da Língua Portuguesa para concursos, vestibulares, ENEM, colégios técnicos e militares.** 8 ed. São Paulo: Saraiva, 2010.

EM RESUMO: Pontuação	
O que é	Marca de pausa sintática ou de tom de voz.
Tipos	Vírgula, ponto-e-vírgula, dois-pontos, interrogação, aspas, travessão, reticências.
Características	As vírgulas são pausas sintáticas, enquanto a interrogação, a exclamação, as aspas e as reticências são indicativos de tom.
Semântica	Muitos sinais de pontuação garantem sentido ao texto, portanto possuem valor semântico.
Morfossintaxe	Os sinais de pontuação têm relação íntima com a análise sintática, inclusive porque não se usa sinal de pontuação entre termos que estão na ordem direta.

CAPÍTULO XVI
SEMÂNTICA: SIGNIFICAÇÃO DE PALAVRAS

1. NOÇÕES GERAIS

A semântica é a parte da gramática que estuda o sentido dos termos dentro do contexto no qual eles se encontram. Quanto ao sentido, as palavras podem ser classificadas como **sinônimas, antônimas, homônimas, parônimas, hipônimas e hiperônimas**. Os termos e seus significados são cobrança comum em provas de concurso.

2. SINÔNIMOS

São palavras cujo sentido é equivalente; são palavras equivalentes quanto ao sentido. Muito do que se pode depreender do texto advém da compreensão do vocabulário. Muitas vezes a substituição de um termo mais rebuscado por um mais simples facilita a compreensão da ideia.

Observe:

Aquela aluna é uma pessoa muito **doce.**

Aquela aluna é uma pessoa muito **meiga.**

3. ANTÔNIMOS

São palavras cujos sentidos se opõem, ou seja, possuem significados que se distanciam. Se fizermos uma associação com as figuras de linguagem, fazer referência aos **antônimos** seria o mesmo que falar das **antíteses**.

Observe os pares antônimos:

Progredir –regredir; construir – destruir; amar – odiar; céu – terra; cedo – tarde; alegria – tristeza.

> **MUITA ATENÇÃO!** Na linguagem poética, **esse par de oposto é chamado de ANTÍTESE**. A ANTÍTESE significa a aproximação de palavras e sentidos opostos.

4. HOMÔNIMOS

São palavras que possuem mesmo som e/ou mesma grafia. Quando possuem o mesmo som, são chamadas de homônimos homófonos; quando possuem a mesma grafia, são chamados de homônimos homógrafos.

Observe alguns homônimos homógrafos: almoço (substantivo) /almoço (verbo); denúncia (substantivo) /denuncia (verbo); jogo (substantivo) /jogo (verbo).

Observe, agora, alguns homônimos homófonos: caçar (buscar animais) / cassar (anular); concerto (apresentação musical) / conserto (ato de consertar); insipiente (ignorante) / incipiente (principiante); cessão (ato de ceder) / seção (parte do todo) / sessão (intervalo de tempo).

Observe termos que são homônimos homógrafos e homófonos: copa (parte da cozinha, parte da árvore e torneio esportivo); cedo (presente do verbo ceder e advérbio).

5. PARÔNIMOS

São palavras que possuem pequenas modificações, isto é, são bem parecidas, mas são diferentes. Dizendo de uma forma mais simples, são vocábulos que não tem nem som nem grafia iguais. São, entretanto, muito parecidas. É muito importante tomar cuidado para não confundir os sentidos.

Observe alguns parônimos bem comuns: retificar (corrigir) / ratificar (confirmar); cumprimento (saudação) / comprimento (extensão); iminente (próximo) / eminente (respeitável); absorver (sorver) / absolver (inocentar); descriminar (inocentar) / discriminar (segregar); imoral (contrário à moral) / amoral (sem nenhum conceito de moral); tráfego (fluxo) / tráfico (comércio ilícito).

6. HIPÔNIMOS

São palavras que se relacionam pelo sentido dentro de um conjunto, ligando-se por ser parte do outro. Possui sentido mais específico.

Observe:

Uva e maçã são hipônimos de fruta.

Sofá e mesa são hipônimos de móveis.

Geladeira é hipônimo de eletrodoméstico.

7. HIPERÔNIMOS

Ocorre quando os hipônimos de um conjunto são incluídos em um vocábulo que os abrange. Possui sentido amplo, geral.

Fruta é hiperônimo de maçã.

Doença é hiperônimo de dengue.

Eletrodoméstico é hiperônimo de micro-ondas.

MUITA ATENÇÃO!

Um recurso vem aparecendo bastante em questões de prova. Trata-se do recurso anafórico: retomada de um termo através de outro. Obviamente que, se o termo vai ser retomado, é porque obrigatoriamente ele já foi citado antes.

Observe:

A violência se alastra de forma muito rápida no mundo. **Isso** produz apreensão em todas as pessoas, principalmente as mais pacíficas.

O termo destacado retoma a ideia anterior; ele, portanto, é um recurso anafórico.

? **QUESTÃO:** Conotação é a mesma coisa que sinônimos?

➥ ***RESPOSTA: Não.*** *O termo conotação significa que o termo possui sentido figurado, ou seja, a palavra é empregada simbolicamente. É um recurso muito empregado nos poemas ou nos textos de caráter literário. O sinônimo é o termo de sentido equivalente.*

8. LINGUAGEM FIGURADA

De modo geral, pode-se dizer que as palavras podem ser utilizadas com dois sentidos: o **sentido referencial ou denotativo e o sentido figurado ou conotativo.**

8.1 Denotação X conotação

Observe o quadro comparativo a seguir:

Denotação	Conotação
Palavra com significação restrita	Palavra com significação ampla
Palavra com sentido comum, dicionarizado	Palavra capaz de gerar novos significados
Palavra empregada de forma utilitária	Palavra empregada de forma estética
Palavra unissignificativa	Palavra plurissignificativa

Quando há predomínio da denotação, o texto é considerado **informativo** ou **referencial.** Quando há predomínio da conotação, o texto é considerado **poético** ou **metafórico.** O objetivo do texto referencial é transmitir uma informação; o objetivo do poético é produzir emotividade e subjetividade. Um dos recursos para produzir a poeticidade é o uso das **figuras de linguagem.**

DICA IMPORTANTE

Dentro dessa visão semântica, ou seja, da produção de sentido, é imprescindível lembrar a existência da **polissemia, que consiste na multiplicidade de significados que uma palavra pode produzir.**

Observe:

"Família **muda** vende tudo".

O vocábulo "muda" pode significar "sem voz", "desloca-se" e "transforma-se". Ele, portanto, possui um caráter **polissêmico.**

Outra questão para a qual todos devem estar muito atentos é a ocorrência de **ambiguidade. Observe:**

João, vi Pedro na rua com **sua** irmã.

A ambiguidade está associada ao termo "sua", pois não fica claro se a irmã é de **João** ou se é de **Pedro.**

MUITA ATENÇÃO!

As figuras de linguagem são recursos utilizados para valorizar o texto, conferindo-lhe criatividade, originalidade, poeticidade. Podem ser consideradas, também, formas simbólicas de exprimir ideias, pensamentos, sentimentos. Elas não comunicam por si mesmas, e sim pelo que estão representando dentro do contexto. Cabe ressaltar que, nos textos de caráter informativo, o emprego das figuras de linguagem produz um risco à referencialidade, pois produz excesso de subjetividade.

? **QUESTÃO:** A linguagem figurada só ocorre em poemas?

➥ **RESPOSTA:** *Não. A linguagem figurada pode ocorrer tanto no poema como na prosa. É muito comum pensar que apenas os poemas constituem linguagem conotativa ou literária. Existem muitas prosas literárias, é o caso, por exemplo, das crônicas literárias.*

"TODA POLISSEMIA GERA AMBIGUIDADE"

FIQUE POR DENTRO:

Empregar as palavras de modo polissêmico no texto gera sempre ambiguidade. O contrário, entretanto, pode não ocorrer, ou seja, a ambiguidade pode não ser gerada pela polissemia, e sim por um defeito de construção. **Observe:**

Anúncio de uma empresa que trabalha copiadora: "aqui temos uma boa **impressão** de sua ideia". O termo "impressão" pode ser "ato de imprimir" ou "julgamento". Aí, portanto, há polissemia e ambiguidade.

Na sentença, "Secretário de educação **substitui** diretor de escolas". Na sentença, é possível entender que "o secretário ficou no lugar do diretor" ou que "o secretário nomeou outro diretor". Houve, portanto, ambiguidade, mas sem polissemia.

Há, ainda, os **homônimos homófonos**, que geram ambiguidade pelo som, e não pela escrita. **Observe:** "Pai, afasta de mim este **cálice**" (Chico Buarque). No verso da canção, o par "cálice/cale-se" produz uma ambiguidade a partir da sonoridade.

Para saber mais: cf. KOCH, Ingedore Villaça; ELIAS, Vanda Maria. **Ler e compreender: os sentidos do texto**. 2 ed. São Paulo: Contexto, 2007.

EM RESUMO: Significação de palavras	
O que é	Sentido que as palavras ou expressões podem ganhar no contexto.
Classificação	Sinônimos, antônimos, homônimos, parônimos, hipônimos, hiperônimos.
Características	As palavras podem ser empregadas no sentido conotativo (simbólico) ou denotativo (dicionarizado).
Semântica	O modo como esses sentidos se constroem pode modificar completamente a compreensão (interpretação) do texto.

CAPÍTULO XVII

PROCESSO DE FORMAÇÃO DE PALAVRAS

1. NOÇÕES GERAIS

O léxico nunca está totalmente fechado, completo. Há sempre possibilidades de serem criadas novas palavras, como já vem ocorrendo ao longo dos séculos. Imagine, por exemplo, que a palavra "**gota**" deu origem a palavras como "**gotícula**", "**gotejar**", "**conta-gotas**". As duas primeiras (**gotícula** e **gotejar**) partiram apenas da existência da palavra "**gota**"; na terceira, entretanto, o termo "**gotas**" se uniu ao termo "**conta**", formando uma palavra composta.

Há, portanto, dois processos para a formação de novos vocábulos: a **derivação** e a **composição.**

DICA IMPORTANTE

Pela própria formação do povo brasileiro, houve uma característica que fez do português no Brasil uma língua única; o neologismo. Muitas palavras foram criadas ao longo de nossa história e continuam a ser criadas. Termos como "internetês" e "blogueiro" surgiram e já foram incorporadas ao falar brasileiro.

? **QUESTÃO:** O processo de formação de palavras pode ocorrer em qualquer língua?

➥ ***RESPOSTA: Sim.*** *Palavras podem surgir em todo idioma. Ocorre, entretanto, que em algumas línguas, por seu processo histórico, há maior variação de vocábulos do que em outras.*

A Derivação

A derivação é um processo de formação de palavras através do qual surgem novos vocábulos (chamados **derivados)** a partir de um único vocábulo já existente (chamado **primitivo**).

A.1 Derivação Prefixal

Ocorre quando surge um novo vocábulo a partir da colocação de um prefixo junto ao radical.

Observe: **i**moral, **des**leal, **auto**escola, **re**ler, **ad**vir, **sem**-terra.

A.2 Derivação sufixal

Ocorre quando surge um novo vocábulo a partir da colocação de um sufixo junto ao radical.

Observe: pluma**gem**, cost**eiro**, ris**onho**, leal**dade**, moral**mente**, peque**nez**.

A.3 Derivação prefixal-sufixal

Ocorre quando surge um novo vocábulo a partir da colocação, simultânea, de um prefixo e de um sufixo junto ao radical.

Observe: **in**feliz**mente**, **des**leal**mente**, **des**conect**ado**, **des**moral**ização**.

A.4 Derivação parassintética

Ocorre quando o **prefixo** e o **sufixo** são colocados, simultaneamente, em uma palavra. Para não confundir com a derivação anterior, basta perceber que, **quando a derivação é parassintética, a palavra só existe com os dois afixos.** Quando a derivação é prefixal e sufixal, a palavra pode existe somente com o prefixo ou somente com o prefixo (**in**feliz, feliz**mente**, **in**feliz**mente**).

Observe: a**m**anh**ecer**, **en**tard**ecer**, a**p**reç**ar**, a**m**ol**ecer**, **empalidecer**.

A.5 Derivação Regressiva

A supressão de um segmento final da palavra primitiva traz como consequência o aparecimento de um vocábulo derivado reduzido. Essa redução caracteriza a derivação regressiva. Costuma acontecer com verbos, por isso, nesse caso, é chamada de **regressiva deverbal**. Pode, entretanto, ocorrer com alguns substantivos.

Observe: ataque (atacar), **janta** (jantar), **debate** (debater), **encontro** (encontrar), **avanço** (avançar).

Observe algumas derivações regressivas nominas

Nomes primitivos	Exemplos de regressão
Botequim	O **boteco** está aberto.
Chinês	Conheci um **china**.
Japonês	Você é um **japona** legal.
Comunista	Eu sou um **comuna**.

MUITA ATENÇÃO!

Os substantivos **deverbais** são sempre abstratos, pois nomeiam ações. Isso implica dizer que vocábulos como **arquivo** não advém de derivação regressiva, pois é **concreto**. Na verdade, o vocábulo "arquivar" deriva **por sufixação** de "arquivo"; diferente de "**ataque**", que deriva, por **regressão**, de "atacar".

A.6 Derivação Imprópria

Esse processo consiste na **mudança de classe gramatical** de um vocábulo. Não há alteração alguma na estrutura da palavra. Como não há mudanças de ordem mórfica ou semântica, não se constitui um típico caso de **derivação.**

Observe:

Olho **azul (adj.)** – o **azul** dos olhos (substantivo)

Cantar (**adj.**) – o **cantar** (substantivo)

Festejo **monstro.** (substantivo adjetivado)

DICA IMPORTANTE

Há algumas adaptações que não constituem mudança de classe que também são consideradas **derivação imprópria**. É o caso, por exemplo, de **substantivos comuns** que se tornam **próprios.**

Observe: neves (comum) – **Neves (próprio)**

Há também marcas de produtos (**substantivos próprios)** que acabam se transformando em **substantivos comuns**, ou seja, sinônimos dos produtos.

Observe: Xerox (empresa) – **xérox** (cópia).

B Composição

Processo através do qual surgem novas palavras a partir da junção de dois ou mais radicais. Quando o processo é por composição, ele pode ocorrer por **justaposição** ou **aglutinação**.

B.1 Composição por justaposição

Caracterizado pela junção de elementos sem que ocorra perda nem ganho de som ou de letra, ou seja, não há mudança gráfica ou fonética.

Observe:

Rodapé, guarda-civil, girassol, minissaia, pé-de-moleque.

B.2 Aglutinação

Caracterizado pela junção de elementos com ocorrência de perda ou ganho de som ou de letra, ou seja, há mudança gráfica ou fonética.

Observe:

Embora (em+boa+hora), aguardente (água+ardente), planalto (plano+alto).

C Hibridismo

Os elementos que se unem para a formação do vocábulo pertencem a origens linguísticas diferentes.

Observe:

Bígamo (latim+grego)

Burocracia (francês+grego)

Decímetro (latim+grego)

Sambódromo (quimbundo+grego)

D Sigla

Combinação de duas ou mais palavras, em geral representadas por iniciais ou por iniciais e segmentos. É possível, ainda, conter uma palavra inteira.

Observe:

ONU (Organização das Nações Unidas)

NGB (Nomenclatura Gramatical Brasileira)

E Abreviação

Consiste em usar parte do vocábulo no lugar de sua totalidade.

Observe:

Pneu (pneumático)

Foto (fotografia)

Moto (motocicleta)

MUITA ATENÇÃO!

Quando se acentuam as oxítonas, não se acentuam as paroxítonas de mesma terminação. Por causa disso a palavra "hífen" é acentuada, mas o plural "hifens" não é. Do mesmo modo "gérmen" é acentuado, mas "germens".

F Onomatopeia

Formação das palavras pela tentativa de **transcrever o som, vozes de animais, ruídos de pessoas.**

Observe: **bláblá, zunzum, psiu.**

DICA IMPORTANTE

Os processos de **DERIVAÇÃO e COMPOSIÇÃO** aparecem mais frequentemente em provas do que os demais processos de formação de palavras.

FIQUE POR DENTRO:

Qualquer termo na língua portuguesa pode passar pelo processo de derivação imprópria, pois qualquer termo pode se tornar o próprio ser, ou seja, o próprio substantivo. Alguns têm dúvida no que diz respeito a isso, pois se perguntam como o vocábulo "a" pode ser um substantivo. Basta observar um enunciado como o seguinte: "O a é uma vogal". Nesse caso fica claro que o "a" é o ser de quem se declara algo, possui portanto função substantiva e passou pelo processo de derivação imprópria.

✓ **Para saber mais**: cf. ALMEIDA, Nilson Teixeira de. **Gramática da Língua Portuguesa para concursos, vestibulares, ENEM, colégios técnicos e militares.** 8 ed. São Paulo: Saraiva, 2012.

EM RESUMO: Processo de formação de palavras	
O que são	Processos de surgimentos de vocábulos na língua portuguesa.
Classificação	Derivação, composição (mais importantes).
Características	Derivação parte de um único vocábulo; composição parte de mais de um vocábulo.

CAPÍTULO XVIII
ACENTUAÇÃO

1. NOÇÕES GERAIS

Usam-se os acentos gráficos para marcar sílabas tônicas em alguns casos. Os acentos gráficos podem ser **agudos** e **circunflexos**. O **til** pode marcar tonicidade, mas não é uma regra. Ele pode ser usado para marcar a **nasalização do som**.

2. REGRA DOS MONOSSÍLABOS

Os monossílabos tônicos são acentuados quando terminam em **A, E, O, seguidos ou não de S.**

Ex.: má, pás, pé, dó.

3. REGRA DAS OXÍTONAS

- São acentuadas as oxítonas terminadas em **A, E, O, seguidas ou não de S -, EM ou ENS**. Ex.: fechá-lo, rodapé, ninguém, robô, parabéns.

  Observe: caju, saci, pomar não são acentuados.

DICA IMPORTANTE

Monossílabos e oxítonas terminadas nos ditongos abertos ÉI, ÓI, ÉU são acentuados: **céu, rói, papéis, herói.**

4. REGRA DAS PAROXÍTONAS

4.1 São acentuadas as paroxítonas terminadas em L, N, R, X, PS, UM, UNS, I, IS, Ã, ÃO: **fórum, táxi, álbuns, fórceps, tórax, hífen, ágil, vírus, ímã, órfãs.**

4.2 São acentuadas as paroxítonas terminadas em ditongo: **náusea, glória, aéreo, consciência**.

MUITA ATENÇÃO!

Quando se acentuam as oxítonas, não se acentuam as paroxítonas de mesma terminação. Por causa disso a palavra "hífen" é acentuada, mas o plural "hifens" não é. Do mesmo modo "gérmen" é acentuado, mas "germens" não é.

Explicando: o vocábulo "hífen" é uma paroxítona terminada em "n", portanto é acentuada. O vocábulo "hifens" é uma paroxítona terminada em "NS", portanto não é acentuada, pois, nesse caso, as acentuadas são as oxítonas.

5. REGRA DAS PROPAROXÍTONAS

Todas as proparoxítonas, sem exceção, são acentuadas: **lúcido, lúdico, paralelepípedo, trânsito.**

6. CASOS ESPECIAIS

Acentuam-se o **I** e o **U** quando forem tônicos, formarem hiato, em sílabas sozinhos ou seguidos de **S** – exceto quando seguidos de **NH** ou precedidos de DITONGO.

Observe: baú, saída, saúde, balaústre, juízes.

Exceções: Ra-i-nha, ba-i-nha, bai-u-ca, fei-u-ra, chei-i-nho.

DICA IMPORTANTE

São acentuadas as palavras **oxítonas** cujos **I** e **U** estiverem em sílabas sozinhos, formando hiatos, após ditongos: Piauí, teiú, tuiuiú.

7. OS ACENTOS E O ACORDO ORTOGRÁFICO

O Acordo Ortográfico, que vigorará a partir de 01/01/2016 fez algumas modificações:

A abolilu o acento diferencial, permanecendo, entretanto, obrigatório para as palavras **PÔR** (verbo), para diferenciar da preposição **POR**; e **PÔDE** (pretérito perfeito de PODER) para diferenciar de **PODE** (presente). É facultativo o uso do acento na palavra FÔRMA (modelo) para diferenciá-la de FORMA (aspecto).

B Retirou o acento dos ditongos abertos **EU** e **EI** em paroxítonas: ideia, heroico, assembleia, epopeia.

C Retirou o acento do primeiro O quando ele aparece repetido em palavras como **VOO, ABENÇOO, ECOO, MAGOO.**

D Retirou o acento do primeiro E quando aparece repetido em palavras como **RELEEM, VEEM, CREEM, DEEM**.

E Aboliu o emprego do trema, exceto em palavras de outra origem que já tragam o trema em sua grafia, como Müller.

F Os verbos **ter** e **vir (e derivados) continuam** com acento diferencial para distinguir a 3ª pessoa do singular da 3ª pessoa do plural, no presente do indicativo.

Verbos	3ª pes. Singular	3ª pes. plural
TER	Ele tem	Eles têm
RETER	Ele retém	Eles retêm
VIR	Ele vem	Eles vêm
INTERVIR	Ele intervém	Eles intervêm

? **QUESTÃO:** Para acentuar, é preciso conhecer a tonicidade das palavras?

↳ ***RESPOSTA: Sim.*** *Sem saber identificar o que é uma "oxítona", uma "paroxítona" ou uma "proparoxítona", é muito complicado saber colocar os acentos das palavras. Há, entretanto, uma situação que contribui muito para que as palavras sejam acentuadas corretamente: a leitura. Aquele que lê com frequência aprende a acentuar porque passa a ver muito a palavra escrita de modo correto.*

FIQUE POR DENTRO:

"ALGUMAS PALAVRAS MUDAM DE SENTIDO COM A MUDANÇA DE ACENTO"

Observe a diferença entre "médico" (substantivo) e "medico" (verbo). Ao modificar a tonicidade de uma palavra, pode ocorrer uma mudança significativa de sentido e de acentuação. Diante disso, é fundamental saber pronunciar a palavra. Um aspecto que conta muito, é a sílaba tônica. Palavras oxítonas são pronunciadas de modo diferente das paroxítonas e das proparoxítonas. "Sabiá", "sabia" e "sábia" são palavras cuja acentuação e tonicidade indicam o sentido.

Para saber mais: cf. ALMEIDA, Nilson Teixeira de. **Gramática da Língua Portuguesa para concursos, vestibulares, ENEM, colégios técnicos e militares.** 8 ed. São Paulo: Saraiva, 2010.

EM RESUMO: Acentuação	
O que é	Sinal gráfico que acompanha algumas palavras.
Tipos	São acentuados alguns monossílabos, algumas oxítonas, algumas paroxítonas e todas as proparoxítonas.
Características	A acentuação depende diretamente da tonicidade das palavras e de suas terminações.
Importante!	O acordo ortográfico modificou o acento de algumas palavras.

CAPÍTULO XIX
GÊNEROS E TIPOLOGIAS TEXTUAIS

1. NOÇÕES GERAIS

Os enunciadores do discurso escrito podem escolher como vão construir e organizar o seu texto. Tais itens definem o que chamamos de **tipologias textuais.** As tipologias, por sua vez, são constituídas por gêneros, que são os próprios textos já elaborados dentro dos limites de suas tipologias. Para ficar mais claro, observe que os textos podem ser construídos, a depender da sua finalidade, utilizando os recursos da **descrição (retrato verbal)**, da **narração (contar fatos)**, da **dissertação (argumentação), da dissertação expositiva (transmitir informações concretas e comprovadas)** ou **injunção/instrução** (guiar/orientar o interlocutor/receptor). Uma das provas fez referência direta ao gênero textual **crônica;** outra ao texto **argumentativo**. Não é raro, entretanto, aparecerem tipologias como textos dissertativos e expositivos para que o candidato diferencie um fato de uma opinião, por exemplo. Enunciados como "de acordo com o autor" direcionam para uma argumentação. Já enunciados que colocam "informações" fazem parte de textos expositivos.

2. O TEXTO DESCRITIVO

O texto **descritivo** é caracterizado por:

- ausência de ação;
- estaticidade;
- uso predominante do adjetivo, do substantivo e de frases nominais;
- possibilidade de ter caráter objetivo ou subjetivo;
- são gêneros descritivos anúncios de jornais, retratos verbais de lugares, pessoas ou sentimentos.

3. O TEXTO NARRATIVO

O texto **narrativo** é caracterizado por:

- Existência de um fato ou vários fatos;
- dinamicidade (com ação);
- presença predominante de verbos;
- presença do discurso: direto, indireto, indireto livre;
- existência de personagens, tempo, espaço, lugar e foco narrativo.

DICA IMPORTANTE

O texto narrativo possui gêneros como conto, crônica, novela, romance, fábula, piada.

QUESTÃO: O mesmo texto pode possuir características descritivas e narrativas ao mesmo tempo?

RESPOSTA: Sim. *Muitos autores, ao construírem suas narrativas, agregam elementos descritivos. Isso ocorre porque, para narrar, muitas vezes é necessário caracterizar personagens, tempo, lugar.*

4. O TEXTO DISSERTATIVO ARGUMENTATIVO

O texto **dissertativo** é caracterizado por:

- Defesa de uma tese (ideia a ser provada);
- Organização de frases, palavras, ideias e raciocínios;
- Discussão e argumentação em função de uma tese adotada;
- Domínio da modalidade escrita, ou seja, obediência à língua padrão;
- Utilização exemplos, dados estatísticos, fatos;
- Conhecimento, por parte do enunciador, do assunto abordado;
- A objetividade e a concisão são elementos indispensáveis;
- Presente em gêneros como artigo de opinião, editorial, resenha crítica, dissertação argumentativa.

5. O TEXTO DISSERTATIVO EXPOSITIVO

Os textos dissertativos **expositivos** têm a finalidade de transmitir uma informação a partir da realidade concreta, ou seja, o enunciador lida com ideias constatadas. São exemplos de textos expositivos materiais didáticos, textos acadêmicos e enciclopédias.

6. O TEXTO INJUNTIVO/PRESCRITIVO

Os textos injuntivos têm por finalidade instruir o interlocutor, utilizando verbos no imperativo para atingir seu intuito. Os gêneros que se apropriam da estrutura injuntiva são: manual de instruções, receitas culinárias, bulas, regulamentos, editais etc.

"[...] Não instale nem use o computador em locais muito quentes, frios, empoeirados, úmidos ou que estejam sujeitos a vibrações. Não exponha o computador a choques, pancadas ou vibrações, e evite que ele caia, para não prejudicar as peças internas [...]". **(Manual de instruções de um computador).**

MUITA ATENÇÃO!

Existem os **textos dissertativos informativos** e os textos **dissertativos argumentativos**. Os primeiros priorizam a transmissão de uma informação comprovada. Tal transmissão é imparcial porque não há opinião por parte do enunciador do discurso. Os segundos emitem pontos de vista e juízo de valor, portanto o enunciador argumenta em torno da sua tese, ou seja, ele decide o que vai defender. Nesse caso, a impessoalidade não existe, embora pareça existir.

DICA IMPORTANTE

Para não confundir **textos expositivos/informativos** e **textos argumentativos**, é fundamental distinguir a diferença entre fato e opinião. **Se o texto se constrói em torno de opinião, ele é argumentativo; se o texto se constrói em torno de fatos, sem a emissão de pontos de vista, ele é expositivo**.

? **QUESTÃO:** Um texto pode ser argumentativo e expositivo ao mesmo tempo?

RESPOSTA: Não. *Se o enunciador emite ponto de vista, mesmo utilizando o fato para comprová-lo, o texto tem caráter argumentativo. Para que ele seja expositivo, o enunciador não pode se posicionar ou defender uma tese.*

FIQUE POR DENTRO:

"ALGUNS TEXTOS TÊM CAUSADO DÚVIDA NA CLASSIFICAÇÃO"

As crônicas vêm sendo muito valorizadas. Algumas delas têm caráter **narrativo**, pois elas partem de um fato cotidiano, e o cronista, ao escrever, dá a esse fato um **tratamento poético**. Ao fazer isso, o cronista pode recorrer a recursos da ficção, inclinando-se para a mistura do real com o inventivo. Já outras crônicas, podem aparecer como textos que não se inclinam para o ficcional: é o caso de crônicas esportivas, por exemplo.

Para saber mais: cf. MARCUSCHI, Luiz Antônio. **Produção textual, análise de gêneros e compreensão.** São Paulo: Parábola Editorial, 2008.

EM RESUMO: Tipologia Textual	
O que é	Características que determinam o tipo de texto.
Tipos	Descritivo, narrativo, dissertativo, expositivo e injuntivo.
Características	Descritivo – retrato verbal; texto estático; Narrativo – texto que prioriza contar o fato, portanto é dinâmico; argumentativo – emprega ideias e pontos de vista. Expositivo – transmite informações a partir da realidade concreta. Injuntivo – orienta, instrui e guia o interlocutor.
Importante!	Não confundir dissertativo expositivo e dissertativo argumentativo.

CAPÍTULO XX
ORTOGRAFIA OFICIAL

1. NOÇÕES GERAIS

Parte da gramática que se ocupa da escrita correta das palavras. O vocábulo **ortografia**, inclusive, significa **"escrever corretamente"**. Questões de ortografia são muito comuns em provas de concurso.

2. EMPREGO DO "X"

As principais regras para o emprego do **X** são:

- Depois de ditongos. Ex.: **feixe, encaixe, faixa, trouxa**.
- Depois da sílaba inicial **en-**, desde que a palavra não seja derivada de outra com **ch.** Ex.: **enxada, enxerto, enxotar.** Observe, entretanto, que **encharcar (deriva de charco), encher, enchente (derivam de cheio)**.
- Depois de **me-**, exceto **mecha** e derivados. Ex.: **mexer, mexerico, México.** Observe, entretanto, **mecha, mechar**.

3. EMPREGO DO "S"

- Nos vocábulos indicativos de origem, procedência ou de títulos nobiliárquicos. Ex.: **princesa, duquesa, baronesa, holandesa, chinesa, burguês, burguesa.**
- Após ditongos. Ex.: **coisa, deusa, lousa, maisena.**
- Nos sufixos –oso, -osa na formação dos adjetivos. Ex.: **gostoso, formosa, caridosa, amoroso.**
- Derivados dos verbos querer e pôr. Ex.: **quiser, puser, quisesse, pusesse.**
- Palavras derivadas de outras que possuam "s": **lápis – lapisinho; coisa – coisinha; paralisia – paralisação; atrás – atrasado.** (Exceção para **catequizar**, pois, apesar de ser derivada de **catequese,** é grafada com "z").

4. EMPREGO DO "Z"

- Nos substantivos abstratos que derivam de adjetivo. Ex.: **belo – beleza; nobre –nobreza; escasso – escassez; nu – nudez.**
- Nos vocábulos derivados de termos que não possuem "s". Ex.: **canal – canalizar; atual – atualizar; civil – civilizar; raiz – enraizar**.
- Nos sufixos **triz,** formadores de femininos. Ex.: **atriz, embaixatriz.**

DICA IMPORTANTE

Decorar regras não ajuda muito quando o assunto é ortografia. Uma saída estratégica para aprender a escrever as palavras de modo correta é a leitura como hábito. À medida que o candidato lê, ele vai assimilando a forma correta de as palavras serem escritas.

? **QUESTÃO:** Existem palavras que estão corretas de duas formas diferentes?

↳ ***RESPOSTA: Sim.*** *Há muitos vocábulos em língua portuguesa que possuem mais de uma grafia. Um exemplo que costuma aparecer em concursos é a dupla porcentagem/percentagem. Perceba que não há forma correta e nem forma incorreta: ambas podem ser usadas. Como estas, existem muitas outras.*

5. EMPREGO DO "SS"

- Derivados de verbos com –ced, -gred, -prim, -tir. Ex.: **ceder – cessão; agredir – agressão; imprimir – impresso; repercutir – repercussão; submeter – submissão; permitir – permissão; comprimir – compressão; regredir – regressão.**

6. EMPREGO DO "Ç" E "C"

- Depois de ditongos. Ex.: **eleição, foice, traiçoeiro, coice.**
- Palavras de origem tupi, africana, árabe. Ex.: **acaí, açúcar, cetim, paçoca, araça.**
- Sufixos **–aço, -aça, -iço**. Ex.: **barcaça, golaço, carniça.**
- Formação de substantivos derivados do verbo ter. Ex.: **reter – retenção; deter – detenção; conter – contenção**.

7. EMPREGO DO "J"

- Palavras de origem tupi, africana, árabe. Ex.: **jiboia, pajé, alforje.**
- Conjugação dos verbos com terminação –jar. Ex.: **encorajar, viajar, despejar.**
- Palavras derivadas de outras que já possuam J. Ex.: **ajeitar, injustiçado.**

MUITA ATENÇÃO!

Vocábulos de origem africana ou indígena são grafados com "j" e "ç".

DICA IMPORTANTE

Muitos **confundem a grafia de verbos que terminem em E e I, por causa da semelhança sonora** que existe entre eles em determinados vocábulos. Perceba que **são escritas com E as formas dos verbos da 1ª conjugação, terminados em UAR ou OAR**. Ex.: abençoar – abençoe; continuar – continue; ecoar – ecoe. **São escritas com I as formas dos verbos de 3ª conjugação, terminados em UIR.** Ex.: possuir – possui; distribuir – distribui; contribuir – contribui.

8. USO DO PORQUÊ

VOCÁBULO	OBSERVAÇÃO	EXEMPLO
POR QUÊ	Final de sentença interrogativa ou afirmativa.	Ele não veio nem disse **por quê**.
PORQUE	Conjunção causal; equivale a POIS.	Não irei à aula de português **porque** já domino o programa.
POR QUE	Constituído pela preposição POR + o pronome relativo ou interrogativo QUE	Não sei por que você me trata tão mal. Equivale a "por qual razão", "pelo qual" e variações.
PORQUÊ	É um substantivo. Aparece precedido de modificador.	Fale logo **seus porquês** e vamos acabar com isso.

? **QUESTÃO:** Um texto pode ser argumentativo e expositivo ao mesmo tempo?

➥ ***RESPOSTA: Sim.*** *Observe a sentença: na língua portuguesa, existem quatro* ***porquês****. Sempre que o termo porque é um substantivo, ele é acentuado e pode variar quanto ao número.*

9. USO DE MAL/MAU E HÁ/A

VOCÁBULO	OBSERVAÇÃO	EXEMPLO
MAL	Advérbio de modo; conjunção temporal (logo que); substantivo (variável).	**Mal** cheguei, meu pai me chamou. Hoje estou muito **mal**.
MAU	Adjetivo (variável)	Ele é **mau** caráter.
Há	Forma do presente do verbo HAVER; indicativo de tempo passado (faz)	Há problemas sérios que precisamos resolver. Há dias que não o vejo.
A	Indica tempo futuro; indica distância.	Daqui **a** dois dias, viajarei. Fiquei a 5 passos do corpo.

10. USO DE ONDE/AONDE; MAS/MÁS/MAIS; ACERCA DE/ A CERCA DE

VOCÁBULO	OBSERVAÇÃO	EXEMPLO
ONDE	Indica lugar físico: advérbio ou pronome relativo. Lugar estático.	**Onde** você estava? A casa **onde** moro é longe daqui.
AONDE	Indica lugar físico; ideia de movimento.	**Aonde** você foi ontem à noite?

VOCÁBULO	OBSERVAÇÃO	EXEMPLO
MAS	Conjunção adversativa; introduz ideia de oposição ou contraste.	Todos reclamaram muito, mas ninguém se retirou.
MÁS	Adjetivo, plural de má. Refere-se ao substantivo.	Mulheres **más** não cuidam bem dos seus filhos.
MAIS	Advérbio ou pronome indefinido. Indica intensidade ou quantidade.	Quero ficar **mais** feliz. Quero comer **mais** frutas.

VOCÁBULO	OBSERVAÇÃO	EXEMPLO
ACERCA DE	Equivale a "a respeito de"; "sobre", indicando "assunto".	Não há o que falar, **acerca** do ocorrido.
A CERCA DE	Equivale a "perto de". Pode também ser usado empregando "cerca" como substantivo (cercado).	Ele mora **a cerca de** 1 km da praia.
HÁ CERCA DE	Traz ideia de passado	**Há cerca de** 5 anos, ele cometeu um erro grave.

FIQUE POR DENTRO:

"O ACORDO ORTOGRÁFICO MUDOU A GRAFIA DE ALGUNS TERMOS"

O Acordo Ortográfico, previsto para vigorar definitivamente a partir de janeiro de 2016, trouxe algumas modificações, **principalmente na acentuação (já colocadas no capítulo pertinente a este tópico) e no emprego do hífen**. Lembre-se de que **não se usa hífen nas palavras em que o prefixo termina com vogal e o segundo elemento começa com s ou r. Essas consoantes se duplicam: antessala, antirrábico**. Não se esqueça também de que **não se usa hífen quando o prefixo termina em vogal e a palavra seguinte começa com letra diferente: autoajuda, hidromassagem.**

Para saber mais: BECHARA, Evanildo. **A nova ortografia**. Rio de Janeiro: Nova Fronteira. 2008.

EM RESUMO: Ortografia	
O que é	Parte da gramática que trabalha a escrita correta das palavras.
Dificuldades	Emprego do J, do G, do SS, do X, do CH
Características	Quando os termos têm sons parecidos, reconhecer a classificação e a origem das palavras ajuda muito. O modo como as pessoas falam interfere na maneira como escrevem, caso elas não conheçam as regras
Importante!	Ler funciona mais do que decorar regras.

CAPÍTULO XXI

COMPREENSÃO E INTERPRETAÇÃO DE TEXTOS

1. NOÇÕES GERAIS

Segundo Ingedore Kock, texto é uma manifestação verbal constituída de elementos linguísticos selecionados e ordenados pelos coenunciadores, durante a atividade verbal, **de modo a permitir-lhes, na interação, não apenas a depreensão de conteúdos semânticos, em decorrência da ativação de processos e estratégias de ordem cognitiva, como também a interação de acordo com práticas socioculturais**. Diante dessas ideias, podemos dizer que o texto se efetiva na interação com o leitor. O texto pode ser lido, sem, entretanto, ser compreendido. Sem a compreensão do texto, é impossível interpretá-lo. Questões de **interpretação NUNCA faltam em provas de concursos**. É preciso estar muito atento, pois qualquer desconcentração pode fazer com que um erro seja cometido.

2. AS SENTENÇAS E O TEXTO

É imprescindível salientar que não se pode isolar a frase do contexto e tentar conferir-lhe o significado que se deseja. Para entender qualquer passagem de um texto, é necessário confrontá-la com as demais partes que o compõem sob pena de dar-lhe um significado diferente ao que ela de fato tem. Para fazer uma boa leitura, deve-se sempre levar em conta o contexto em que está inserida a passagem a ser lida.

DICA IMPORTANTE

Compreender é diferente de interpretar. A primeira ação tem relação com uma leitura atenta e com a coleta de dados; a segunda ação tem relação com as ideias implícitas no texto e com as pressuposições que podem ser feitas.

? **QUESTÃO: É possível confundir um texto informativo com um texto poético?**

➥ ***RESPOSTA: Não.*** *O que determina se um texto é informativo ou poético é a linguagem empregada nele.* **Se a linguagem for simbólica, cheia de subjetividade e figuras de linguagem, não há dúvida de que se trata de um texto poético ou conotativo.** *Normalmente tais textos trazem maior dificuldade de interpretação porque é necessário decodificar os símbolos para compreender a intenção do autor.* **Se a linguagem for objetiva e clara, empregando o sentido dicionarizado ou denotativo, trata-se de um texto informativo ou argumentativo.**

3. TEXTO VERBAL E TEXTO NÃO VERBAL

Os textos podem aparecer com as mais diferentes "roupagens"; construções diferentes; linguagens diferentes. A imagem, por exemplo, está cada vez mais presente nas composições textuais. Necessário se torna distinguir **o texto verbal** do **texto não verbal**; também é importante reconhecer o **texto misto. Se o texto emprega apenas a imagem, ele é chamado de texto não verbal. Se ele emprega a palavra, ele é chamado de texto verbal. Quando as duas linguagens se misturam, como em uma tirinha, por exemplo, trata-se de um texto misto.**

MUITA ATENÇÃO!

Em textos mistos, é fundamental ficar atento tanto à parte verbal quanto à parte não verbal. As expressões das personagens ou elementos que figuram na imagem podem ser tão importantes quanto as palavras que aparecem escritas.

DICA IMPORTANTE

A **charge pode ser um texto misto ou apenas não verbal, mas jamais será um texto unicamente verbal**. Em questões que envolvam charges, observar a parte não verbal é muito importante porque as charges são textos de crítica. Tal crítica é muito expressa nas imagens.

? **QUESTÃO:** Um texto só pode ser poético se aparecer em forma de verso?

➥ ***RESPOSTA: Não.*** *Os* **textos poéticos podem aparecer em verso (poema) ou em parágrafo (prosa)**. *O que determinará se o texto é literário (poético) é a linguagem empregada nele. Vale frisar, entretanto, que a estrutura em verso é sempre literária.*

FIQUE POR DENTRO:

"SINAIS DE PONTUAÇÃO SÃO RECURSOS DO TEXTO"

As formas com as quais um enunciador resolve elaborar seu texto muitas vezes agregam sentidos a ele. Um desses recursos que costuma aparecer na prova é a pontuação. Os dois pontos, as reticências, a interrogação em perguntas retóricas, as vírgulas com mudança de sentido. Tudo isso contribui para fomentar no texto diferentes ideias. Fique atento! Isso está cada vez mais aparecendo nas provas de concurso.

Para saber mais: cf. KOCH, Ingedore Villaça. **O texto e a construção dos sentidos.** 9 ed. São Paulo: Contexto, 2008.

EM RESUMO: Compreensão e interpretação de textos	
O que é	Mecanismos de compreensão e interpretação de construções textuais.
Tipos	Verbal e não verbal; informativo e poético.
Características	Aparecem com imagens ou com palavras; Podem aparecer, ainda, misturando palavras e imagens. Trazem a visão de mundo do enunciador
Importante!	Os textos estão atrelados às suas condições de produção, ou seja, a época, a ideologia e o estilo do autor interferem na construção do texto.

CAPÍTULO XXII
FIGURAS DE LINGUAGEM

As figuras de linguagem são recursos utilizados para valorizar o texto, conferindo-lhe criatividade, originalidade, poeticidade. Podem ser consideradas, também, formas simbólicas de exprimir ideias, pensamentos, sentimentos. Elas não comunicam por si mesmas, e sim pelo que estão representando dentro do contexto. Cabe ressaltar que, nos textos de caráter informativo, o emprego das figuras de linguagem produz um risco à referencialidade, pois produz excesso de subjetividade.

As figuras de linguagem estão classificadas em **figuras de palavra ou semânticas; figuras de construção ou de sintaxe; figuras sonoras** ou de harmonia.

Figuras de palavra ou semânticas

FIGURA	CONCEITO	EXEMPLO
Comparação	Relação entre elementos que se identificam; é feita com conectivos.	"A lua tal qual a dona de um bordel, pedia a cada estrela fria um brilho de aluguel" (João Bosco)
Metáfora	Comparação implícita por semelhança; não há conectivo.	"Amar é um deserto e seus temores" (Djavan)
Catacrese	Substituição de um termo por outro a partir do hábito ou da existência de termo específico.	Embarcou no avião, sentiu um frio na boca do estômago e segurou firme no braço da cadeira.
Metonímia	Substituição de um termo por outro a partir de uma relação entre eles na realidade.	Não dá para viver sem um teto. Ele leu Machado de Assis.
Antonomásia	Substituição de uma pessoa por uma característica dela.	O poeta dos escravos morreu jovem. (referência a Castro Alves)
Perífrase	Substituição de uma "coisa" por uma característica dela.	A cidade maravilhosa carece de cuidados. (Rio de Janeiro) O ouro negro é cobiçado por todos. (petróleo)
Sinestesia	Mistura de sensações percebidas por diferentes órgãos do sentido.	Sua voz quente acalenta o meu espírito. Voz=audição; quente=tato.
Antítese	Aproximação de palavras ou expressões que possuem sentido opostos.	"Estou cheio de me sentir vazio" (Renato Russo)
Paradoxo	Contradição; oposição de ideias.	O Brasil é um país cheio de riquezas, entretanto possui milhões de miseráveis.

Eufemismo	Expressão empregada para atenuar uma verdade desagradável.	Ele se apropriou indevidamente de bens públicos.
Gradação	Disposição de palavras ou de ideias, numa ordem tal que o sentido se amplie ou se limite.	"Bares, ruas, estradas, desertos, luas Que atravesso em noites nuas" (Vander Lee)
Hipérbole	Produção de exagero a fim de proporcionar um impacto.	"De tudo o que há na terra não há nada em lugar nenhum que vá crescer sem você chegar" (Djavan)
Prosopopeia	Atribuir características, ações ou sentimentos humanos a seres inanimados.	"O vento beija meus cabelos; as ondas lambem minhas pernas; o sol abraça o meu corpo."
Apóstrofe	Invocação de um ser ou uma coisa, real ou imaginária, presente ou ausente.	"Pai, afasta de mim este cálice." (Chico Buarque)
Ironia	Sugerir o contrário do que se diz.	Este país está repleto de gente "honesta"...

Figuras de construção ou sintaxe

FIGURA	CONCEITO	EXEMPLO
Elipse	Supressão de termo facilmente identificável.	"Pus o meu sonho no navio E o navio em cima do mar" (elipse de "eu")
Zeugma	Supressão de um termo já citado antes.	"A mão que afaga é a mesma que apedreja" (Augusto dos Anjos) O substantivo "mão" está implícita após "mesma".
Pleonasmo	Repetição de uma ideia para enfatizar.	'Ó mar salgado! Quanto do teu sal são lágrimas de Portugal" (Fernando Pessoa) – "mar salgado"
Assíndeto	Sequência de orações coordenadas assindéticas, ou seja, orações coordenadas sem conectivo.	Ele chegou, tomou banho, almoçou, resolveu partir.
Polissíndeto	Repetição intencional e enfática de um conectivo coordenativo (normalmente "e").	"Chegar de temer, chorar, sofrer, sorrir, se dar E se perder E ser achar E tudo isso que é viver" (Gonzaguinha)

Anacoluto	Quebra da lógica sintática interna do período, ou seja, termos ficam sem coerência sintática.	Aquele dinheiro eu não preciso mais. Perceba que não há lógica sintática em "eu não preciso mais esse dinheiro".
Hipérbato	Deslocamento de alguns termos, quebrando a ordem direta.	"Dos filhos deste solo és mãe gentil, pátria amada, Brasil."
Anáfora	Repetição de palavras no início de cada verso.	"Se você gritasse Se você gemesse Se você tocasse A valsa vienense" (Carlos Drummond)
Silepse	A concordância é feita pelo contexto, e não pela estrutura expressas. Pode ser de gênero, de pessoa, de número.	Todos somos bem intencionados.
Eufemismo	Expressão empregada para atenuar uma verdade desagradável.	Ele se apropriou indevidamente de bens públicos.

Figuras sonoras ou de harmonia

FIGURA	CONCEITO	EXEMPLO
Aliteração	Repetição de sons consonantais.	"pois eu vejo vir vindo no vento". (Belchior) "Quando quiser entrar e encontrar o trinco trancado" (Luíza Possi)
Assonância	Repetição de sons vocálicos.	"Assim que o dia amanheceu no mar alto da paixão".
Paronomásia	Aproximação de palavras que possuem sons parecidos, mas significados diferentes.	"Com tais premissas ele sem dúvida leva-nos às primícias" (Pe Antonio Vieira)
Onomatopeia	Aproximação de palavras de sons parecidos.	"Chocalhos tilintariam pelos arredores" (Graciliano Ramos)

CAPÍTULO XXIII
CORRESPONDÊNCIAS OFICIAIS

1. NOÇÕES GERAIS

Correspondência oficial é a comunicação oficial feita entre um expedidor e um receptor, na qual pelo menos um deles represente um órgão da Administração Pública. Há uma série de normas que devem ser respeitadas me padronizam a elaboração dos documentos oficiais. A correspondência oficial pode ser **interna**, isto é, transitar dentro da própria instituição, ou **externa**, isto é, efetuada entre a autoridade de determinada instituição e outra autoridade de outra instituição.

2. CARACTERÍSTICAS DE UM DOCUMENTO OFICIAL

- **Impessoalidade;**
- Uso do padrão culto de linguagem, ou seja, obediência às normas gramaticais;
- Clareza, concisão;
- **Formalidade e uniformidade**.

A Constituição dispõe, no artigo 37: "*A administração pública direta, indireta ou fundacional, de qualquer dos Poderes da União, dos Estados, do Distrito Federal e dos Municípios obedecerá aos princípios de legalidade, impessoalidade, moralidade, publicidade e eficiência* (...)".

➢ Não se concebe que um **ATO NORMATIVO** de qualquer natureza seja redigido **de forma obscura**, que dificulte ou impossibilite sua compreensão.

Como é inaceitável que um texto legal não seja entendido pelos cidadãos, a clareza se torna algo absolutamente indispensável e imprescindível.

A **publicidade** implica, pois, necessariamente, clareza e **concisão (objetividade)**.

➢ As comunicações oficiais são necessariamente uniformes: há sempre um **único comunicador** (o Serviço Público) e **o receptor** ou é o próprio Serviço Público (no caso de expedientes dirigidos por um órgão a outro) – ou o conjunto dos cidadãos ou instituições tratados de forma homogênea (o público).

DICA IMPORTANTE

O emprego dos pronomes de tratamento obedece a secular tradição, e seu uso deve ser respeitado, pois são consagrados.

IMPORTANTE!!!

Acrescente-se que *doutor* **não é forma de tratamento, e sim título acadêmico. É costume designar por** *doutor* os bacharéis, especialmente os bacharéis em Direito e em Medicina. Nos demais casos, o tratamento Senhor confere a desejada formalidade às comunicações.

3. FECHO DAS COMUNICAÇÕES OFICIAIS

Segundo o Manual da Presidência da República, o fecho das comunicações oficiais possui, além da finalidade óbvia de arrematar o texto, a de saudar o destinatário. Estabelece-se o emprego de somente dois fechos diferentes para todas as modalidades de comunicação oficial:

a) para autoridades superiores, inclusive o Presidente da República:

Respeitosamente,

b) para autoridades de mesma hierarquia ou de hierarquia inferior:

Atenciosamente,

DICA IMPORTANTE

Excluídas as comunicações assinadas pelo Presidente da República, todas as demais comunicações oficiais devem trazer o nome e o cargo da autoridade que as expede, abaixo do local de sua assinatura. A forma da identificação deve ser a seguinte:

(espaço para assinatura)

NOME

Chefe da Secretaria-Geral da Presidência da República

(espaço para assinatura)

NOME

Ministro de Estado da Justiça

4. DOCUMENTOS IMPORTANTES

4.1 Aviso e Ofício

» **Definição e Finalidade**

Aviso e *ofício* **são modalidades de comunicação oficial praticamente idênticas. A única diferença entre eles é que o aviso é expedido exclusivamente por Ministros de Estado ou por dirigentes de órgãos integrantes da Presidência da República, para autoridades de mesma hierarquia, ao passo que o ofício é usado pelas autoridades públicas para tratar de assuntos oficiais ou de interesse da administração. Portanto ambos têm como finalidade o tratamento de** assuntos oficiais pelos órgãos da Administração Pública entre si e, no caso do ofício, também com particulares.

» **Forma e Estrutura**

Quanto a sua forma, *aviso* e *ofício* seguem o modelo do *padrão ofício*, com acréscimo do *vocativo*, que invoca o destinatário, seguido de vírgula.

Exemplos:

Excelentíssimo Senhor Presidente da República

Senhora Ministra

Senhor Chefe de Gabinete

Devem constar do cabeçalho ou do rodapé do *ofício* as seguintes informações do remetente:

– nome do órgão ou setor;

– endereço postal;

– telefone e endereço de correio eletrônico.

4.2 Memorando

» **Definição e Finalidade**

O *memorando* é a modalidade de comunicação entre unidades administrativas de um mesmo órgão, que podem estar hierarquicamente em mesmo nível ou em níveis diferentes. Trata-se, portanto, de uma forma de comunicação eminentemente interna.

Sua característica principal é a rapidez.

A tramitação do memorando em qualquer órgão se baseia na rapidez e pela simplicidade de procedimentos burocráticos.

Para evitar desnecessário aumento do número de comunicações, os despachos ao memorando devem ser dados no próprio documento e, no caso de falta de espaço, em folha de continuação. Esse procedimento permite formar uma espécie de processo simplificado, assegurando maior transparência à tomada de decisões, e permitindo que se historie o andamento da matéria tratada no memorando.

» **Forma e Estrutura**

Quanto a sua forma, o *memorando* segue o modelo do *padrão ofício*, com a diferença de que o seu destinatário deve ser mencionado pelo cargo que ocupa.

Exemplos:

Ao Sr. Chefe do Departamento de Administração

Ao Sr. Subchefe para Assuntos Jurídicos

4.3 Correio Eletrônico

» **Definição e finalidade**

O correio eletrônico (*"e-mail"*), por seu baixo custo e celeridade, vem se transformando em uma forma de comunicação para transmissão de documentos.

» **Forma e Estrutura**

Um dos atrativos de comunicação por correio eletrônico é sua flexibilidade. Assim, não interessa definir forma rígida para sua estrutura. Entretanto, deve-se evitar o uso de linguagem incompatível com uma comunicação oficial.

O campo *assunto* do formulário de correio eletrônico mensagem deve ser preenchido de modo a facilitar a organização documental tanto do destinatário quanto do remetente.

Sempre que disponível, deve-se utilizar recurso de *confirmação de leitura*. Caso não seja disponível, deve constar da mensagem pedido de confirmação de recebimento.

» **Valor documental**

Nos termos da legislação em vigor, para que a mensagem de correio eletrônico tenha *valor documental*, ou seja, para que possa ser aceita como documento original, é necessário existir *certificação digital* que ateste a identidade do remetente, na forma estabelecida em lei.

» **Outros documentos oficiais**

4.4 Ata

✓ Registro expositivo dos fatos ou deliberações que ocorrem em uma reunião ou sessão.

✓ Contém título – com número da reunião ou sessão.

✓ Texto – contém registro da situação espacial e temporal e participantes; registro de assuntos abordados e suas decisões; fecho, com horário de encerramento e convocação de nova reunião.

✓ Deve ser rubricada por todos os participantes ou apenas pelo presidente ou redator;

✓ Não deve possuir rasuras.

4.5 Declaração

✓ Informa sobre pessoa ou acontecimento;

✓ **É sempre expedida em relação a alguém enquanto o Atestado é sempre expedido em favor de alguém;**

✓ O título deve aparecer CENTRALIZADO;

✓ Texto: exposição do fato ou situação declarada, com finalidade, nome do interessado;

✓ Deve conter local e data;

✓ Assinatura: nome da pessoa que declara; se autoridade, coloca-se cargo ou função.

4.6 Despacho

✓ Pronunciamento de autoridade administrativa em petição que lhe é dirigida, ou ato relativo ao andamento do processo.

4.7 Estrutura

✓ DESPACHO, seguido de data;

✓ Número de ordem, seguido do texto na mesma linha;

✓ Assinatura e função ou cargo da autoridade.

4.8 Relatório

✓ Relato expositivo, detalhado ou não, do funcionamento de uma instituição, do exercício de atividades.

4.9 Estrutura

✓ Título;

✓ Texto registro em tópicos das principais atividades desenvolvidas;

✓ Local e data;

✓ Assinatura e função ou cargo do funcionário relator.

4.10 Requerimento

✓ Documento em que um requerente se dirige a uma autoridade pública para fazer uma solicitação;

- ✓ Pode ser indeferido, mas isso não impede a feitura de outro;
- ✓ Sempre redigido em 3ª pessoa;
- ✓ Possui dois parágrafos: o primeiro terá um só período com a identidade do peticionário e a explicitação do direito pedido; o segundo terá o término do requerimento.

4.11 Parecer

- ✓ Parte integrante de um processo, no qual consta a decisão;
- ✓ Deve conter a justificativa para a decisão tomada;
- ✓ Pode ser administrativo ou científico.

4.12 Portaria

- ✓ Transmite ordens de serviço;
- ✓ Emitido por autoridade em exercício de sua competência;
- ✓ A autoridade que a expede deve ser denominada no documento.

? **QUESTÃO:** O mesmo texto pode possuir características descritivas e narrativas ao mesmo tempo?

↳ ***RESPOSTA: Sim.*** *Muitos autores, ao construírem suas narrativas, agregam elementos descritivos. Isso ocorre porque, para narrar, muitas vezes é necessário caracterizar personagens, tempo, lugar.*

MUITA ATENÇÃO!

O PADRÃO OFÍCIO

Segundo o **Manual da Presidência da República,** há três tipos de expedientes que se diferenciam antes pela finalidade do que pela forma: o *ofício*, o *aviso* e o *memorando*. Com a intenção de uniformizá-los, pode-se adotar uma diagramação única, que siga o que chamamos de *padrão ofício*.

? **QUESTÃO:** Um texto oficial pode ter impressões pessoais ou manifestações de caráter emotivo?

↳ ***RESPOSTA: Não.*** *A autoridade que assina um documento oficial deve preocupar-se com o caráter formal da linguagem, evitando qualquer manifestação emotiva ou pessoal.*

FIQUE POR DENTRO:

Na correspondência oficial devem ser evitados alguns vícios de linguagem:

- ➢ **Barbarismo:** emprego de palavras ou expressões estranhas ao idioma.
- ➢ **Neologismos**: criação de vocábulos novos.
- ➢ **Solecismos:** erros cometidos contra as regras de sintaxe.
- ➢ **Ambiguidade**: sentido duplo, por causa da má estrutura da frase.
- ➢ **Cacofonia:** surgimento de palavras novas, normalmente de sentido ridículo, a partir da soma de sílabas de palavras diferentes que se encontram.

Pleonasmo: utilização de expressões redundantes.

EM RESUMO: Correspondências Oficiais	
O que é	comunicação que se estabelece entre expedidor e receptor que representem, ou pelo menos um deles, algum órgão da Administração Pública.
Tipos	Aviso, ofício, memorando, parecer, relatório, email, requerimento, portaria, despacho.
Características	clareza, correção, concisão e impessoalidade, padronização.
Importante!	✓ Alguns documentos oficiais transitam dentro de empresas particulares e podem aparecer também em provas: ata, requerimento, relatório e declaração são alguns deles.

✍ QUESTÕES

A vida humana só viceja sob algum tipo de luz, de preferência a do sol, tão óbvia quanto essencial. Somos animais diurnos, por mais que boêmios da pá virada e vampiros em geral discordem dessa afirmativa. Poucas vezes a gente pensa nisso, do mesmo jeito que devem ser poucas as pessoas que acordam se sentindo primatas, mamíferos ou terráqueos, outros rótulos que nos cabem por força da natureza das coisas.

A humanidade continua se aperfeiçoando na arte de afastar as trevas noturnas de todo hábitat humano. Luz soa para muitos como sinônimo de civilização, e pode-se observar do espaço o mapa das desigualdades econômicas mundiais desenhado na banda noturna do planeta. A parcela ocidental do hemisfério norte é, de longe, a mais iluminada.

Dispor de tanta luz assim, porém, tem um custo ambiental muito alto, avisam os cientistas. Nos humanos, o excesso de luz urbana que se infiltra no ambiente no qual 19 dormimos pode reduzir drasticamente os níveis de melatonina, que regula o nosso ciclo de sono-vigília.

Mesmo assim, sinto uma alegria quase infantil quando vejo se acenderem as luzes da cidade. E repito para mim mesmo a pergunta que me faço desde que me conheço por gente: quem é o responsável por acender as luzes da cidade? O mais plausível é imaginar que essa tarefa caiba a sensores fotoelétricos espalhados pelos bairros. Mas e antes dos sensores, como é que se fazia? Imagino que algum funcionário trepava na antena mais alta no topo do maior arranha-céu e, ao constatar a falência da luz solar, acionava um interruptor, e a cidade toda se 31 iluminava.

Não consigo pensar em um cargo público mais empolgante que o desse homem. Claro que o cargo, se existia, já foi extinto, e o homem da luz já deve ter se transferido para o mundo das trevas eternas.

Reinaldo Moraes. "Luz! Mais luz". Internet: <www.nexojornal.com.br> (com adaptações)

(Cespe – Policial Rodoviário Federal – PRF/2019) *No que se refere aos sentidos e às construções linguísticas do texto precedente, julgue os itens a seguir.*

A forma verbal "viceja" (l.1) poderia ser substituída por germina, sem prejuízo da coerência e da correção gramatical do trecho.

GABARITO	CERTO.
COMENTÁRIO	A forma verbal "vicejar" significa "fazer germinar", portanto cabe a substituição direta e denotativa de um termo por outro.

Infere-se do primeiro parágrafo do texto que "boêmios da pá virada e vampiros" diferem biologicamente dos seres humanos em geral, os quais tendem a desempenhar a maior parte de suas atividades durante a manhã e a tarde.

GABARITO	ERRADO.
COMENTÁRIO	O referido parágrafo não faz referência à questão biológica, e sim à questão da luz e ao fato de o ser humano ser diurno. Observe que um detalhe ou uma palavra podem tornar a proposição errada.

A correção gramatical do texto seria mantida caso o pronome "se", em "se sentindo" (l.6), fosse deslocado para imediatamente após a forma verbal "sentindo", da seguinte maneira: sentindo-se.

GABARITO	ANULADO.
COMENTÁRIO	Este item foi ANULADO COERENTEMENTE, por conta da estrutura da própria proposição. Fala-se em CORREÇÃO MANTIDA. Pressupõe-se que, para se MANTER algo, isso já deveria existir antes. Ocorre que há divergências entre os gramáticos sobre a construção "acordam se sentindo", inclusive por o pronome oblíquo ficar solto entre dois verbos e por ficar inadequado caso se coloque o hífen. A banca preferiu, portanto, anular o item. Entretanto, sem a divergência, o item estaria CERTO.

A correção gramatical e os sentidos do texto seriam mantidos caso se suprimisse o trecho "é que", em "como é que se fazia" (l.27).

GABARITO	CERTO.
COMENTÁRIO	A expressão "é que" possui VALOR EXPLETIVO ou de REALCE, ou seja, é possível retirá-la da sentença, sem que haja prejuízo semântico ou gramatical. Observe: "como é que se fazia" equivale a "como se fazia".

Sem prejuízo da correção gramatical e dos sentidos do texto, o primeiro período do terceiro parágrafo poderia ser assim reescrito: Contudo, os cientistas avisam que ter tanta luz à nosso dispor custa muito caro ao meio ambiente.

GABARITO	ERRADO.
COMENTÁRIO	Do ponto de vista semântico, a reescrita mantém as ideias originais do fragmento original. Ocorre, entretanto, que, do ponto de vista gramatical, há uma infração: o sinal indicativo de crase está incorretamente empregado, pois a expressão "nosso" dispor" é masculina.

A correção gramatical do texto seria mantida, mas seu sentido seria alterado, caso o trecho "que se infiltra no ambiente no qual dormimos" (l. 18 e 19) fosse isolado por vírgulas.

GABARITO	CERTO.
COMENTÁRIO	Trata-se de uma oração adjetiva restritiva. Assim, caso se coloque o isolamento através das vírgulas, ela se tornará uma oração adjetiva explicativa, mantendo a correção gramatical, mas modificando seu caráter semântico, ou seja, o seu sentido.

A correção gramatical e os sentidos do texto seriam mantidos caso a forma verbal "existia" (l.34) fosse substituída por existisse.

GABARITO	ERRADO.
COMENTÁRIO	A forma verbal "existia" não pode ser substituída por "existisse" porque a mudança para o imperfeito do subjuntivo exigiria duas outras mudanças na sentença: a forma verbal "foi extinto" seria substituída por "teria sido extinto", e "deve ter se transferido" seria substituída por "deveria ter se transferido".

A substituição da locução "a cidade toda" (l.30) por toda cidade preservaria os sentidos e a correção gramatical do período.

GABARITO	ERRADO.
COMENTÁRIO	O vocábulo "toda", na expressão "a cidade toda", equivale a "inteira" e funciona como **adjetivo**; já na expressão "por toda cidade", o referido termo equivale a "qualquer" e funciona como **pronome indefinido**. Haveria, portanto, alteração de sentido.

É correto inferir do trecho «o homem da luz já deve ter se transferido para o mundo das trevas eternas» (l. 34 e 35) que provavelmente o funcionário responsável pelo acionamento da iluminação urbana já morreu.

GABARITO	CERTO.
COMENTÁRIO	O fragmento deixa a hipótese de que, como a situação colocada foi há muito tempo, o cargo foi extinto, portanto o suposto funcionário que acionava a luz já morreu. Surge, então, a metáfora "foi transferido para o mundo das trevas eterna", brincando com o contexto: "a luz".

As atividades pertinentes ao trabalho relacionam-se intrinsecamente com a satisfação das necessidades dos seres humanos – alimentar-se, proteger-se do frio e do calor, ter o que calçar etc. Estas colocam os homens em uma relação de dependência com a natureza, pois no mundo natural estão os elementos que serão utilizados para atendê-las.

Se prestarmos atenção à nossa volta, perceberemos que quase tudo que vemos existe em razão de atividades do trabalho humano. Os processos de produção dos objetos que nos cercam movimentam relações diversas entre os indivíduos, assim como a organização do trabalho alterou-se bastante entre diferentes sociedades e momentos da história.

De acordo com o cientista social norte-americano Marshall Sahlins, nas sociedades tribais, o trabalho geralmente não tem a mesma concepção que vigora nas sociedades industrializadas. Naquelas, o trabalho está integrado a outras dimensões da sociabilidade – festas, ritos, artes, mitos etc. –, não representando, assim, um mundo à parte.

Nas sociedades tribais, o trabalho está em tudo, e praticamente todos trabalham. Sahlins propôs que tais sociedades fossem conhecidas como "sociedades de abundância" ou "sociedades do lazer", pelo fato de que nelas a satisfação das necessidades básicas sociais e materiais se dá plenamente.

Thiago de Mello. Trabalho. Internet: <educacao.globo.com> (com adaptações).

(Cespe – Policial Rodoviário Federal – PRF/2019) *Julgue os seguintes itens, a respeito das ideias e das construções linguísticas do texto apresentado.*

As formas pronominais "Estas" (l.4) e "las" (l.7) referem-se a "necessidades dos seres humanos" (l. 2 e 3).

GABARITO	CERTO.
COMENTÁRIO	A leitura atenta do primeiro parágrafo evidencia a correção da proposição.

Seriam mantidos os sentidos do texto caso o primeiro período do segundo parágrafo fosse assim reescrito: Quando prestamos atenção a nossa volta, percebemos que quase tudo que vemos existe pelas atividades do trabalho humano.

GABARITO	ERRADO.
COMENTÁRIO	No sentido original do texto, a ideia apresentada pelo conectivo "se" é de CONDIÇÃO; na reescrita, a ideia que surge é de TEMPO, através do conectivo "quando". Os sentidos, portanto, foram modificados.

A locução "em razão de" (l.9) expressa uma ideia de causa.

GABARITO	CERTO.
COMENTÁRIO	A expressão "em razão de" equivale a "por conta de" ou "por causa de" ou "devido a". Traduz, portanto, ideia de causa.

Com o emprego da expressão "assim como" (l.12), estabelece-se uma relação de comparação entre ideias expressas no período.

GABARITO	CERTO.
COMENTÁRIO	O conectivo "assim como" estabelece uma ideia de comparação entre as duas sentenças colocadas.

Conclui-se do texto que, devido à abundância de recursos, nas sociedades tribais os indivíduos não têm necessidade de separar as práticas laborais das outras atividades sociais.

GABARITO	ERRADO.
COMENTÁRIO	A proposição se constitui em uma extrapolação: não é trazida a relação entre "abundância de recursos" e a separação das práticas laborais de outras atividades sociais. Uma leitura atenta do texto deixa a proposição tranquila.

Caso o advérbio "praticamente" (l.23) fosse isolado por vírgulas, a correção gramatical do trecho seria alterada.

GABARITO	ERRADO.
COMENTÁRIO	O termo "praticamente" está quebrando a linearidade da sentença. Sendo assim, poderia ser isolado por vírgulas sem que isso representasse uma infração gramatical.

No trecho "Os processos de produção dos objetos que nos cercam movimentam relações diversas entre os indivíduos" (l. 10 a 12), o sujeito da forma verbal "cercam" é "Os processos de produção dos objetos".

GABARITO	ERRADO.
COMENTÁRIO	O termo "os processos de produção dos objetos" funciona como sujeito da forma verbal "movimentam". Já a forma verbal "cercam" tem como sujeito o pronome relativo "que". O referido pronome, ao substituir o termo antecedente, assume sua função sintática na sentença.

O nome é o nosso rosto na multidão de palavras. Delineia os traços da imagem que fazem de nós, embora não do que somos (no íntimo). Alguns escondem seus donos, outros lhes põem nos olhos um azul que não possuem. Raramente coincidem, nome e pessoa. Também há rostos quase idênticos, e os nomes de quem os leva (pela vida afora) são completamente díspares, nenhuma letra se igualando a outra.

O do autor deste texto é um nome simples, apostólico, advindo do avô. No entanto, o sobrenome, pelo qual passou a ser reconhecido, é incomum. Sonoro, hispânico. Com uma combinação incomum de nome e sobrenome, difícil seria encontrar um homônimo. Mas eis que um surgiu, quando ele andava pelos vinte anos. E continua, ao seu lado, até agora – sombra amiga.

Impossível não existir aqui ou ali alguma confusão entre eles, um episódio obscuro que, logo, viria às claras com a real justificativa: esse não sou eu. Houve o caso da mulher que telefonou para ele, esmagando-o com impropérios por uma crítica feita no jornal pelo outro, sobre um célebre arquiteto, de quem ela era secretária.

João Anzanello Carrascoza. Homônimo. In: Diário das Coincidências. Ed. digital. São Paulo: Objetiva, p. 52 (com adaptações).

(Cespe – Policial Rodoviário Federal – PRF/2019) *No que concerne ao texto precedente, julgue os próximos itens.*

A afirmação de que alguns nomes põem nos olhos de seus donos "um azul que não possuem" (l. 4 e 5) contradiz a ideia de que os nomes definem não as qualidades reais de cada um, mas o modo como os outros o veem.

GABARITO	ERRADO.
COMENTÁRIO	O fragmento destacado não contradiz a ideia: confirma. A expressão "um azul que não possuem" ratifica a ideia contida em "traços da imagem que fazem de nós, embora não do que somos" (2º período do 1º parágrafo).

A informação apresentada pela oração "nenhuma letra se igualando a outra" (l. 7 e 8) é redundante em relação à informação apresentada na oração imediatamente anterior, servindo para reforçar-lhe o sentido.

GABARITO	CERTO.
COMENTÁRIO	A oração anterior coloca o seguinte: "... os nomes de quem os leva (pela vida afora) são completamente díspares". O termo "díspares" significa "diferentes, diversos". Em seguida, vem a sentença: "...nenhuma letra se igualando a outra". Na última oração, há, portanto, uma redundância, por repetir com a intenção de reforçar o sentido.

O vocábulo "um" (l.14) refere-se a um indivíduo cujo nome é idêntico ao do autor do texto.

GABARITO	CERTO.
COMENTÁRIO	No fragmento "Mas eis que um surgiu", o vocábulo "um" retoma o termo "homônimo", ou seja, o mesmo nome do autor. Uma leitura atenta do 2º parágrafo torna a proposição fácil de resolver.

Infere-se que o autor do texto é espanhol.

GABARITO	ERRADO.
COMENTÁRIO	O fato de o nome do autor do texto ser hispânico, ou seja, espanhol, não significa que ele seja espanhol. A 1ª informação não é suficiente para esta conclusão. Fala-se do nome, e não da origem da pessoa.

Leio que a ciência deu agora mais um passo definitivo. É claro que o definitivo da ciência é transitório, e não por deficiência da ciência (é ciência demais), que se supera a si mesma a cada dia... Não indaguemos para que, já que a própria ciência não o faz – o que, aliás, é a mais moderna forma de objetividade de que dispomos.

Mas vamos ao definitivo transitório. Os cientistas afirmam que podem realmente construir agora a bomba limpa. Sabemos todos que as bombas atômicas fabricadas até hoje são sujas (aliás, imundas) porque, depois que explodem, deixam vagando pela atmosfera o já famoso e temido estrôncio 90. Ora, isso é desagradável: pode mesmo acontecer que o próprio país que lançou a bomba venha a sofrer, a longo prazo, as consequências mortíferas da proeza. O que é, sem dúvida, uma sujeira.

Pois bem, essas bombas indisciplinadas, mal-educadas, serão em breve substituídas pelas bombas n, que cumprirão sua missão com lisura: destruirão o inimigo, sem riscos para o atacante. Trata-se, portanto, de uma fabulosa conquista, não?

Ferreira Gullar. Maravilha. In: A estranha vida banal.
Rio de Janeiro: José Olympio, 1989, p. 109.

(Cespe – Policial Rodoviário Federal – DPRF/2013) *No que se refere aos sentidos e às estruturas linguísticas do texto acima, julgue os itens a seguir.*

A forma verbal "podem" (l.8) está empregada no sentido de ***têm autorização****.*

GABARITO	ERRADO.
COMENTÁRIO	A forma verbal "podem", na sentença "Os cientistas afirmam que podem realmente construir agora a bomba limpa", está empregada com sentido de "têm possibilidade" ou "têm capacidade".

A oração introduzida por "porque" (l .10) expressa a razão de as bombas serem sujas.

GABARITO	CERTO.
COMENTÁRIO	A oração "...porque (...) deixam vagando pela atmosfera o já famoso e temido estrôncio 90" indica a causa da oração "... as bombas atômicas fabricadas até hoje são sujas...". Causa significa razão.

*Mantendo-se a correção gramatical e a coerência do texto, a conjunção "e", em "e não por deficiência da ciência" (l.2-3), poderia ser substituída por **mas**.*

GABARITO	CERTO.
COMENTÁRIO	Leia atentamente o fragmento retirado do texto: "É claro que o definitivo da ciência é transitório, e não por deficiência da ciência...". Observe que o conectivo "e" equivale a "mas", introduzindo uma ideia de ressalva. Há, inclusive, o emprego da vírgula, pois, quando "e" tem valor de oposição, exige o referido sinal de pontuação. Os candidatos, por vezes, erram porque decoram que "e" é sempre conjunção aditiva. **Cuidado**!

O objetivo do texto, de caráter predominantemente dissertativo, é informar o leitor a respeito do surgimento da "bomba limpa" (l.8).

GABARITO	ERRADO.
COMENTÁRIO	O texto é DISSERTATIVO ARGUMENTATIVO, e sua função não é INFORMAR o leitor, e sim apresentar pontos de vista, opiniões acerca do assunto tratado. O texto que informa pertence à TIPOLOGIA EXPOSITIVA.

*Tendo a oração "que se supera a si mesma a cada dia" (l.3-4) caráter explicativo, o vocábulo "que" poderia ser corretamente substituído por **pois** ou **porque**, sem prejuízo do sentido original do período.*

GABARITO	ERRADO.
COMENTÁRIO	No referido fragmento, o conectivo "que" é um **pronome relativo** e introduz uma oração adjetiva explicativa. Sendo assim, não admite ser substituído por "pois" ou "porque", haja vista que o sentido original mudaria.

A visão do autor do texto a respeito das "bombas n" (l.17) é positiva, o que é confirmado pelo uso da palavra "lisura" (l .18) para se referir a esse tipo de bomba, em oposição ao emprego de palavras como "indisciplinadas" (l.16) e "mal-educadas" (l.17) em referência às bombas que liberam "estrôncio 90" (l.11), estas sim consideradas desastrosas por atingirem indistintamente países considerados amigos e inimigos.

GABARITO	ERRADO.
COMENTÁRIO	Ao falar das "bombas n", o autor confere ao discurso a marca da ironia, que culmina com a pergunta retórica: "Trata-se, portanto, de uma fabulosa conquista, não?". Não há visão positiva: há uma análise negativa da bomba atômica, independente de se "suja" ou "limpa", pelos danos que causam.

O emprego do acento nas palavras "ciência" e "transitório" justifica-se com base na mesma regra de acentuação.

GABARITO	CERTO.
COMENTÁRIO	Os termos "ciência" e "transitório" são acentuados porque são paroxítonas terminadas em ditongo.

Todos nós, homens e mulheres, adultos e jovens, passamos boa parte da vida tendo de optar entre o certo e o errado, entre o bem e o mal. Na realidade, entre o que consideramos bem e o que consideramos mal. Apesar da longa permanência da questão, o que se considera certo e o que se considera errado muda ao longo da história e ao redor do globo terrestre.

Ainda hoje, em certos lugares, a previsão da pena de morte autoriza o Estado a matar em nome da justiça. Em outras sociedades, o direito à vida é inviolável e nem o Estado nem ninguém tem o direito de tirar a vida alheia. Tempos atrás era tido como legítimo espancarem-se mulheres e crianças, escravizarem-se povos. Hoje em dia, embora ainda se saiba de casos de espancamento de mulheres e crianças, de trabalho escravo, esses comportamentos são publicamente condenados na maior parte do mundo.

Mas a opção entre o certo e o errado não se coloca apenas na esfera de temas polêmicos que atraem os holofotes da mídia. Muitas e muitas vezes é na solidão da consciência de cada um de nós, homens e mulheres, pequenos e grandes, que certo e errado se enfrentam.

E a ética é o domínio desse enfrentamento.

Marisa Lajolo. Entre o bem e o mal. In: Histórias sobre a ética. 5.ª ed. São Paulo: Ática, 2008 (com adaptações).

(Cespe – Policial Rodoviário Federal – DPRF/2013) *A partir das ideias e das estruturas linguísticas do texto acima, julgue os itens que se seguem.*

No texto, a expressão "pequenos e grandes" (l.20) não se refere a tamanho, podendo ser interpretada como equivalente à expressão "adultos e jovens" (l.1), ou seja, em referência a faixas etárias.

GABARITO	CERTO.
COMENTÁRIO	O teor da própria proposição se confirma na leitura do texto. Há uma equivalência entre "pequenos" e "jovens"; "grandes" e "adultos". Isso relaciona os respectivos vocábulos a faixas etárias.

O trecho "Tempos atrás era tido como legítimo espancarem-se mulheres e crianças, escravizarem-se povos" (l .11-13) poderia ser corretamente reescrito da seguinte forma: Há tempos, considerava-se legítimo que se espancassem mulheres e crianças, que se escravizassem povos.

GABARITO	CERTO.
COMENTÁRIO	O termo "tempos atrás" equivale a "há tempos", de igual modo as orações reduzidas "espancarem-se mulheres e crianças" e "escravizarem-se povos" equivalem, respectivamente, às orações desenvolvidas "que se espancassem mulheres e crianças" e "que se escravizassem povos".

Infere-se do texto que algumas práticas sociais são absolutamente erradas, ainda que o conceito de certo e errado seja variável do ponto de vista social e histórico.

GABARITO	CERTO.
COMENTÁRIO	A leitura do texto assevera a correção do item. Para comprovação, analise com maior atenção, após a leitura de todo o texto, os dois parágrafos finais.

Dado o fato de que nem equivale a e não, a supressão da conjunção "e" empregada logo após "inviolável", na linha 10, manteria a correção gramatical do texto.

GABARITO	ERRADO.
COMENTÁRIO	Caso o conectivo "e" seja retirado, a sentença ficará sem sentido, precisando de um sinal de pontuação, como dois pontos, para substituir o conectivo. Tal necessidade não possui relação com o conectivo "nem".

Devido à presença do advérbio "apenas" (l.18), o pronome "se" (l.17) poderia ser deslocado para imediatamente após a forma verbal "coloca" (l.17), da seguinte forma: coloca-se.

GABARITO	ERRADO.
COMENTÁRIO	Na sentença, a presença da palavra negativa "não" obriga o emprego da próclise, ou seja, o uso do pronome oblíquo antes do verbo. No referido enunciado, não cabe outra colocação correta do pronome oblíquo.

Sem prejuízo para o sentido original do texto, o trecho "esses comportamentos são publicamente condenados na maior parte do mundo" (l.15-16) poderia ser corretamente reescrito da seguinte forma: publicamente, esses comportamentos consideram-se condenados em quase todo o mundo.

GABARITO	ERRADO.
COMENTÁRIO	A estrutura verbal "são condenados" não possui o mesmo sentido que "consideram-se condenados". Não há, portanto, equivalência semântica entre as duas sentenças apresentadas.

No trecho "o que consideramos bem" (l .3-4), o vocábulo "que" classifica-se como pronome e exerce a função de complemento da forma verbal "consideramos".

GABARITO	CERTO.
COMENTÁRIO	No fragmento "o **<u>que</u>** consideramos bem", o termo destacado é um pronome relativo e funciona como objeto direto da forma verbal "consideramos". É preciso ficar atento ao fato de que o vocábulo "o", que antecede o pronome relativo, equivale a "aquilo" e é classificado como pronome demonstrativo. A sentença é: "aquilo que consideramos bem". Dessa forma, o pronome relativo "que" substitui o termo "aquilo" na 2ª oração.

Infere-se do período "Mas a opção (...) da mídia" (l .17-19) que nem todos "os temas polêmicos" recebem a atenção dos meios de comunicação.

GABARITO	CERTO.
COMENTÁRIO	A oração "que atraem os holofotes da mídia" limita o sentido do termo antecedente "temas polêmico". Percebe-se, portanto, a existência de "temas polêmicos" que não atraem a atenção dos meios de comunicação, ou seja, da mídia.

BIBLIOGRAFIA RECOMENDADA

BIBLIOGRAFIA BÁSICA

•ALMEIDA, Nilson Teixeira de. **Gramática da Língua Portuguesa para concursos, vestibulares, ENEM, colégios técnicos e militares.** 8 ed. São Paulo: Saraiva, 2010.

•CUNHA, Celso & CINTRA, Lindley. **Nova gramática do português contemporâneo**. 4 ed. Rio de Janeiro: Lexikon Editora Digital, 2007.

•FIORIN, José Luiz. **Elementos de análise do discurso**. 14 ed., 1ª reimpressão. São Paulo: Contexto, 2008.

•LIMA, A. Oliveira. **Manual de Redação Oficial: Teoria, Modelos e Exercícios.** 3 ed. Rio de Janeiro: Elsevier, 2010.

•ROSENTHAL, Marcelo. **Gramática para Concursos: teoria e mais de 1.000 questões**. 4 ed. Rio de Janeiro: Elsevier, 2009.

•SCHOCAIR, Nelson Maia. Redação para concursos: manual teórico e prático de redação oficial – 4ª ed. ver. E amp. – Niterói, RJ: Impetus, 2012.

BIBLIOGRAFIA COMPLEMENTAR

•AQUINO, Renato. **Interpretação de Textos: teoria e 815 questões comentadas**. 12 ed. Rio de Janeiro: Impetus, 2010.

•AQUINO, Renato. **Português para Concursos: Teoria e 900 questões**. 26 ed. Niterói: Impetus, 2010.

•AQUINO, Renato. **Redação para Concursos: teoria e testes**. 7 ed. Rio de Janeiro: Elsevier, 2007.

•AZEREDO, José Carlos de. **Gramática Houaiss da Língua portuguesa**. São Paulo: Publifolha, 2008.

•BECHARA, Evanildo. **Gramática Escolar da Língua Portuguesa**. 1 ed. Rio de Janeiro: Lucerna, 2001.

•FERNANDES, Francisco. **Dicionários de verbos e regimes**. 39 ed. São Paulo: Globo, 1993.

•FIORIN, José Luiz; SAVIOLI, Francisco Platão. **Para entender o texto**. 5 ed. São Paulo: Ática, 1997.

•FURTADO, Lilian; PEREIRA, Vinícius Carvalho. **Técnicas de redação para concursos: teoria e questões**. Rio de Janeiro: Forense; São Paulo: Método, 2010.

•KOCH, Ingedore Villaça. **O texto e a construção dos sentidos**. 9 ed. São Paulo: Contexto, 2008.

•KOCH, Ingedore Villaça; ELIAS, Vanda Maria. **Ler e compreender: os sentidos do texto**. 2 ed. São Paulo: Contexto, 2007.

•KOCH, Ingedore Villaça. A coesão textual. 18 ed. São Paulo: Contexto, 2003.

•KOCH, Ingedore Villaça. A coerência textual. 15 ed. São Paulo: Contexto, 2003.

•KOCH, Ingedore Grunfeld Villaça. Introdução à linguística textual. São Paulo: Martins Fontes, 2004.

•LIBERATO, Yara; FULGÊNCIO, Lúcia. **É possível facilitar a leitura: um guia para escrever claro**. São Paulo: Contexto, 2007.

•LIMA, A. Oliveira. **Faça e Passe: 2000 exercícios de português para concursos e vestibulares com gabarito comentado**. Rio de Janeiro: Elsevier, 2006.

•Manual de Redação da Presidência da República. http://www4.planalto.gov.br/centrodeestudos/galeria-de-fotos/arquivos-importados/arquivos-pdf/manual-de-redacao-pdf

•MARCUSCHI, Luiz Antônio. **Produçãotextual, análise de gêneros e compreensão.** São Paulo: Parábola Editorial, 2008.

•NEF, Frédéric. **A linguagem: uma abordagem filosófica.** Rio de Janeiro: Jorge Zahar Ed., 1995.

•ROSENTHAL, Marcelo; PARANHOS, Paulo; TORRES, Raphael. **Gramática Esaf: provas de concurso com gabarito comentado.** Rio de Janeiro: Elsevier, 2009.

RACIOCÍNIO LÓGICO MATEMÁTICO

DAMARES PAVIONE

CAPÍTULO I

RAZÃO E PROPORÇÃO

A razão entre dois números é obtida pela simples divisão entre eles. É uma forma de se comparar duas grandezas. Por exemplo, a razão entre os números 40 e 6 é 8, pois $\frac{40}{5} = 8$.

Se em uma empresa trabalham 45 homens e 30 mulheres, a razão entre o número de homens e mulheres é igual a $\frac{45}{30}$, ou seja, simplificando a fração, $\frac{3}{2}$. O que significa dizer que a cada 3 homens, tenho 2 mulheres.

> **DICA IMPORTANTE**
> A razão entre duas grandezas de mesma espécie não possui unidade de medida.
> A razão entre duas grandezas de espécies diferentes possui unidade de medida.

1. RAZÃO ENTRE GRANDEZAS DE MESMA ESPÉCIE

A largura de uma caixa é de 60 centímetros, enquanto a altura é de 30 centímetros.

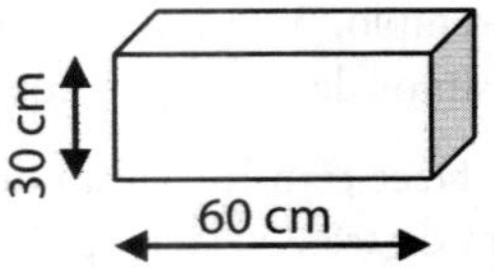

A razão entre a largura e a altura é igual a 2, sem o uso de unidade, pois trata-se de duas medidas de comprimento.

$$\frac{60\ cm}{30\ cm} = 2$$

> **MUITA ATENÇÃO!**
> Se uma medida fosse dada em metros e a outra em centímetro, por exemplo, seria necessário converter uma das duas medidas, antes de realizar a divisão para encontrar a razão. As duas unidades devem ser a mesma para cálculo da razão.

MUITA ATENÇÃO!

Na razão, é extremamente importante estabelecer "quem está em relação a quem"?

Por exemplo, no exemplo anterior sobre as dimensões da caixa, foi dada a razão do **comprimento em relação à altura**. Por isto o comprimento foi colocado no numerador da fração e a altura no denominador.

Se fosse questionada a razão da altura em relação ao comprimento a fração se inverteria.

$$\frac{30\,cm}{60\,cm} = \frac{1}{2} = 0{,}5$$

Em resumo, a razão do comprimento em relação à altura é igual a 2, pois o comprimento é o dobro da altura. Já a razão da altura em relação do comprimento é igual a meio, pois a altura é a metade do comprimento.

2. MEDIDAS DE TEMPO

O tempo, reconhecidamente, é medido em segundos, minutos, horas, dias etc.

A diferença deste sistema de medida é que as medidas de tempo NÃO PERTENCEM AO SISTEMA MÉTRICO DECIMAL.

As medidas pertencentes ao sistema métrico decimal avançam em múltiplos de 10. O quilograma, por exemplo, múltiplo do grama, corresponde a 1.000 gramas. Um metro pode ser representado por 100 centímetros.

Entretanto, o mesmo não ocorre com o sistema de medida do tempo. Uma hora não é composta por 10 ou 100 minutos. Daí o cuidado que se deve ter ao encontrar problemas com estas unidades.

Nunca se deve escrever, por exemplo, 3,25 horas como forma de representar 3 horas e 25 minutos. Pois 0,25 horas (25 centésimos de hora) não equivale a 25 minutos.

A maneira mais simples de se fazer transformação de uma unidade de tempo para outra unidade de tempo é através da regra de três. Veja a seguir.

3. REGRA DE TRÊS SIMPLES

Para realizar uma regra de três, primeiramente é preciso agrupar os parâmetros da mesma espécie (tempo, área, comprimento, peças, velocidade, etc.) em colunas. Nas linhas, ficarão os parâmetros de espécies diferentes em correspondência. Em seguida, é necessário identificar se os parâmetros são diretamente ou inversamente proporcionais. Se forem inversamente proporcionais basta inverter a fração. Depois disto, basta multiplicar os termos de forma 'cruzada'.

Exemplo 1: Quantos minutos equivalem a 0,25 horas?

Uma hora corresponde a 60 minutos

$$\frac{\mathbf{1\ hora}}{\mathbf{0,25}} = \frac{\mathbf{60\ minutos}}{\boldsymbol{x}}$$

0,25 hora corresponde a quantos minutos?

"Uma hora equivale a 60 minutos, assim como 0,25 hora equivale a *x* minutos."

Veja que na coluna da esquerda alocou-se o parâmetro "hora". E na coluna da direita o parâmetro "minuto". Os parâmetros são diretamente proporcionais, pois quanto mais horas, mais minutos. Não é necessário inverter a fração. Agora, basta multiplicar de forma cruzada.

$$\mathbf{1 \cdot x = 60 \cdot 0,25} \qquad x = \frac{60 \cdot 0,25}{1} = \mathbf{15\ minutos}$$

Lembre-se que: quando temos um número em unidade de horas, por exemplo, todo o número está em HORAS. Tanto a parte inteira como a parte decimal.

$$\underbrace{3,25}_{\text{HORAS}}\ \text{H} = \underbrace{3\ \text{H}}_{\text{HORAS INTEIRAS}} + \underbrace{0,25\ \text{H}}_{\text{FRAÇÃO DE HORA}} = 3\ \text{H E 15 MINUTOS}$$

Exemplo 2: Sabe-se que uma máquina copiadora imprime 50 cópias em 1 minuto e meio. Qual é o tempo necessário para que 5 máquinas copiadoras, de mesma capacidade que a primeira citada, possam imprimir 4000 cópias?

Para 5 copiadoras imprimirem 4.000 cópias é necessário que cada copiadora imprima $\frac{4.000}{5}$ cópias. Pois foi dito que todas têm a mesma capacidade de produção.

$$4.000 \div 5 = 800$$

Agora basta aplicar uma regra de três simples. Se 1 copiadora imprime 50 cópias em 1,5 minuto, em quanto tempo 1 copiadora imprimirá 800 cópias?

Um minuto está para 50 cópias, assim como "x" está para 800 cópias. Quanto maior o tempo, maior será o número de cópias produzidas. Logo, não é necessário inverter a fração.

$$\frac{1,5\ minutos}{x} = \frac{50\ cópias}{800\ cópias}$$

Coluna do tempo — Coluna do número de cópias

$50x = 1,5 \cdot 800$

$50x = 1.200 \qquad x = \frac{1.200}{50} \qquad x = 24$ minutos

4. REGRA DE TRÊS COMPOSTA

A regra de três composta é usada quando temos uma incógnita em função de dois parâmetros. O parâmetro com a incógnita fica de um lado da igualdade. Enquanto os outros parâmetros ficam o outro lado da igualdade. Novamente é necessário identificar se os parâmetros são direta e inversamente proporcionais à incógnita.

Exemplo 1: Trinta funcionários executam 10 km de estrada em 3 dias. Quantos funcionários, com a mesma produtividade, executam 5 km de estrada em 10 dias?

A incógnita é o número de funcionários. Este número de funcionários é função da distância de estrada produzida e do tempo necessário para finalizar a tarefa

Quanto **maior** a distância a ser produzida, **maior** o número de funcionários necessário. Grandezas diretamente proporcionais.

Quanto **maior** o tempo necessário para finalizar a tarefa, **menor** o número de funcionários necessário. Grandezas inversamente proporcionais.

Nº de operários necessário	Tempo de execução da tarefa	Distância produzida
30	30 dias	10 km
x	10 dias	5 km
	Inversamente proporcional ao número de operários	**Diretamente proporcional ao número de operários**

$$\frac{30}{x} = \frac{10}{30} \cdot \frac{10}{5}$$

Repare que a fração circulada foi invertida por se tratar de um parâmetro inversamente proporcional. A fração com a incógnita ficou isolada após o sinal de igualdade.

$$\frac{30}{x} = \frac{10 \cdot 10}{30 \cdot 5} \qquad 10 \cdot 10 \cdot x = 30 \cdot 30 \cdot 5 \qquad x = \frac{30 \cdot 30 \cdot 5}{10 \cdot 10} \qquad x = 9 \cdot 5 \qquad x = 45$$

São necessários 45 operários para executar 5 km de estrada em 10 dias.

? QUESTÃO: (CESPE – Polícia Rodoviária Federal – DPRF / 2013) Considerando que uma equipe de 30 operários, igualmente produtivos, construa uma estrada de 10 km de extensão em 30 dias, julgue os próximos itens.

Se a tarefa estiver sendo realizada pela equipe inicial de 30 operários e, no início do quinto dia, 2 operários abandonarem a equipe, e não forem substituídos, então essa perda ocasionará atraso de 10 dias no prazo de conclusão da obra.

↳ ***RESPOSTA:*** *Através de uma regra de 3 simples podemos encontrar o comprimento de estrada construída nos quatro primeiros dias pelos 30 operários. Neste caso não é necessário usar a regra de três composta, pois o parâmetro "número de operários" é constante (30), variando apenas os parâmetros tempo de execução e distância produzida.*

Quanto maior o tempo trabalhado, mais estradas são construídas, para um mesmo número de operários. Assim, os parâmetros são DIRETAMENTE proporcionais. Não é necessário inverter a fração.

$$\frac{30\ dias}{4\ dias} = \frac{10\ km}{x}$$

Coluna do tempo   Coluna da distância

$$30x = 10 \cdot 4 \qquad x = \frac{40}{30} \qquad x = \frac{4}{3} km$$

A partir do quinto dia há 28 operários trabalhando para finalizarem 30 km de estrada menos 4/3 km ($\frac{26}{3}$ km). Quanto tempo os 28 operários gastarão?

Agora podemos utilizar a regra de três composta. Pois temos o parâmetro "tempo" em função do "número de operários" e da "distância".

Tempo de execução da tarefa	***Nº de operários necessário***	***Distância produzida***
30 dias	30	10 km
x	28	26/3 km
	Inversamente proporcional ao tempo	***Diretamente proporcional ao tempo***

$$\frac{30}{x}=\frac{28}{30}\cdot\frac{10}{26/3} \qquad 28\cdot 10\cdot x = 30\cdot 30\cdot\frac{26}{3} \qquad x=\frac{30\cdot 30\cdot 26}{3\cdot 28\cdot 10}$$

$$x=\frac{30\cdot 26}{28} \qquad x=\frac{15\cdot 26}{14} \qquad x=\frac{15\cdot 13}{7}$$

$$x=\frac{195}{7} \qquad x = 27\ km+\frac{6}{7}km \quad ou\ 27{,}86\ km$$

*Somando-se os quatro dias iniciais, tem se um total de 31,86 dias gastos na construção da estrada. Ou seja, **houve um atraso de menos de 2 dias** (1,86) em relação ao cronograma inicial.*

Resposta: ERRADO.

Uma maneira mais simples de se resolver a questão é encontrando o tempo necessário para que apenas os 28 operários construíssem os 10 quilômetros de estrada, sem acréscimo dos 2 operários faltantes em nenhum dia.

Se 30 operários constroem 10 km de estrada em 30 dias, em quantos dias 28 operários constroem os mesmos 10 km? Neste caso, usaremos uma simples regra de três com os parâmetros "número de operários" e "tempo", uma vez que a distância é fixa.

Note que o número de operários e o tempo são INVERSAMENTE proporcionais. Pois quanto maior o número de operários, menor o tempo gasto na construção dos 10 km de estrada.

$$\frac{30\ operários}{28\ operários}=\frac{x}{30\ dias}$$

Fração invertida

$$28x = 30\cdot 30 \qquad x=\frac{900}{28} \qquad x = 32{,}14\ dias$$

Veja que há uma diferença de pouco mais de 2 dias entre o cronograma com 30 operários e o cronograma com 28 operários. Ora, esta hipótese é menos produtiva que a hipótese de se ter 30 operários por 4 dias e 28 operários pelo restante do tempo. Se 28 operários trabalhando durante todo tempo atrasou o cronograma em 2,14 dias, então, se houver mais 2 operários trabalhando nos 4 primeiros dias o atraso será menor que 2,14 dias.

Podemos concluir que a questão está ERRADA.

? Se, ao iniciar a obra, a equipe designada para a empreitada receber reforço de uma segunda equipe, com 90 operários igualmente produtivos e desempenho igual ao dos operários da equipe inicial, então a estrada será concluída em menos de $\frac{1}{5}$ do tempo inicialmente previsto.

➥ ***RESPOSTA:*** *A solução envolve regra de três simples.*

Se 30 operários constroem uma estrada em 30 dias, em quantos dias 120 operários constroem a mesma estrada?

$$\frac{30\ operários}{120\ operários} = \frac{x}{30\ dias}$$

Fração invertida

$$120\,x = 30 \cdot 30 \qquad x = \frac{900}{120} \qquad x = \frac{90}{12} \qquad x = 7{,}5\ dias$$

O tempo inicialmente previsto era de 30 dias. Um quinto deste tempo equivale a 6 dias. Portanto a questão está ERRADA.

EM RESUMO: Razão e Proporção	
Grandezas diretamente proporcionais	Aumentando-se uma grandeza, aumenta-se a outra, proporcionalmente. Diminuindo-se uma grandeza, diminui-se a outra, proporcionalmente.
Regra de três simples	Coloca-se na mesma coluna, parâmetros da mesma grandeza. Se a grandeza foi inversamente proporcional, inverte-se a fração. Então, multiplica-se de forma cruzada.
Regra de três composta	A regra de três composta é usada quando temos uma incógnita em função de dois parâmetros. O parâmetro com a incógnita fica de um lado da igualdade. Enquanto os outros parâmetros ficam o outro lado da igualdade. Novamente é necessário identificar se os parâmetros são direta e inversamente proporcionais à incógnita.
Medidas de tempo	Atenção às questões que envolvem minutos ou segundos. Nunca se deve escrever, por exemplo, 3,25 horas como forma de representar 3 horas e 25 minutos. Pois 0,25 horas (25 centésimos de hora) não equivale a 25 minutos. A maneira mais simples de se fazer transformação de uma unidade de tempo para outra unidade de tempo é através da regra de três.

CAPÍTULO II

PORCENTAGEM

A porcentagem, ou percentagem, é utilizada para representar "parte de algum inteiro". Neste caso, o inteiro é representado por 100 partes. Assim, a porcentagem nada mais é que uma fração com denominador igual a 100.

1. PERCENTUAL DE UM CONJUNTO

Veja a frase abaixo:

- Dos 1.305 candidatos inscritos no concurso, 20% não compareceram à prova.

Neste exemplo o conjunto que representa o "***todo***" é o número total de candidatos inscritos no concurso, ou seja, 1.305. Isto significa que uma fração de 20 centésimos do total de 1.305 candidatos não compareceram à prova. Isto é, se tomarmos o total de inscritos e dividirmos esse total em 100 partes, uma quantidade equivalente a 20 dessas partes não compareceu à prova.

$$\frac{1.305}{100} \cdot 20 = 13{,}05 \cdot 20 = 261\ candidatos$$

Veja que dividimos o total (1.305) por 100 e multiplicamos por 20. Ou seja, multiplicou-se por $\frac{20}{100}$, que é o mesmo que multiplicar por 0,20.

Veja outros exemplos:

- 1% de algo → multiplica-se por 0,01;
- 5% de algo → multiplica-se por 0,05;
- 10% de algo → multiplica-se por 0,10;
- 74% de algo → multiplica-se por 0,74;
- 85,7% de algo → multiplica-se por 0,857.

2. ACRÉSCIMO PERCENTUAL

Há caso em que se deseja saber um determinado valor, acrescido de 34%, por exemplo. Aí, basta multiplicar o valor por 1,34. Pois, tem-se o valor original que representa 100%, mais a porcentagem que se queira acrescer, no caso, 34% (1+0,34=1,34). Analogamente ao exemplo anterior tem-se:

- Acrescentar 1% em algo → multiplica-se por 1,01;
- Acrescentar 5% em algo → multiplica-se por 1,05;
- Acrescentar 10% em algo → multiplica-se por 1,10;

- Acrescentar 74% em algo → multiplica-se por 1,74;
- Acrescentar 85,7% em algo → multiplica-se por 1,857.

3. RELAÇÃO PERCENTUAL

Há situações em que se deseja descobrir o quanto determinada parte representa percentualmente no todo. Veja a frase a seguir:

- Após uma aplicação de um investimento de R$ 1.500,00 obtive um rendimento de R$ 75,00.

Da informação anterior desejamos saber o valor do rendimento em porcentagem. O quanto 75 reais representam percentualmente em relação à 1.500 reais? Perceba que temos aqui um caso de RAZÃO. Qual é a razão entre a "parte" 75 e o "todo" 1.500?

$$\frac{75}{1.500} = 0,05$$

Ora, a razão entre 75 e 1.500 é igual à cinco centésimos. Ou seja, 5%. Logo, do resultado da divisão, basta "andar" duas casas para a direita, ou multiplicar por 100.

Veja outros exemplos:

- 60 em relação à 300 → $\frac{60}{300} = 0,2 = 20\%$;
- 45 em relação à 450 → $\frac{45}{450} = 0,1 = 10\%$
- 2 em relação à 400 → $\frac{2}{400} = 0,005 = 0,5\%$

DICA IMPORTANTE

É muito comum o uso de regra de três na solução de problemas de porcentagem. A regra de três é perfeitamente adequada para estas situações. O que se pretendeu aqui foi apresentar uma maneira mais simples e rápida de se pensar em porcentagem.

MUITA ATENÇÃO!

Descontos: Muitos problemas de porcentagem envolvem um "desconto" percentual sobre determinado valor. Veja o exemplo:

"Certa loja estabeleceu um desconto de 25% sobre o preço de um casaco que custava 240 reais."

Há duas formas de se pensar na solução para encontrar o valor do casaco após o desconto. Podemos encontrar o quanto 25% representa e subtrair do valor inicial. Ou, podemos considerar que o valor do casaco será 75% seu valor inicial (100% - 25% = 75%).

25% de 240 = 240 · 0,25 = 60 reais

240 – 60 = 180 reais

Ou, 75% de 240 · 0,75 = 180 reais

MUITA ATENÇÃO!

Porcentagens maiores que 100%: Em algumas situações vemos porcentagens maiores que 100%. Ora, se porcentagem é a razão de uma parte em relação à um todo, como esta porcentagem poderá ser maior que 100%?

Em muitos casos, a porcentagem acima de 100 realmente não faz sentido.

Por exemplo:

"Na prova de matemática 110% dos alunos tiveram nota baixa."

Se o total de alunos é igual à 100% deles, é impossível que uma quantidade maior que 100% tenha tirado nota baixa. No máximo 100% dos alunos, isto significa todos os alunos, podem tirar nota baixa.

Entretanto, observe a próxima frase.

Os professores tiveram um aumento salarial de 120%.

Neste caso, a porcentagem de 120% é a razão do novo salário em relação ao antigo salário. Como o novo salário é maior que o dobro do antigo salário, a relação ultrapassa 100%. Neste caso, para encontrar o valor do novo salário deve-se multiplicar o antigo salário por (1+1,2). A multiplicação por 1,2 retrata um acréscimo de 20%, como vimos anteriormente. Como desejamos um acréscimo de 120% devemos multiplicar por "1 mais 1,2".

? **QUESTÃO:** (CESPE – Policial Rodoviário Federal – DPRF/2013) Considerando os dados apresentados no gráfico, julgue o item seguinte.

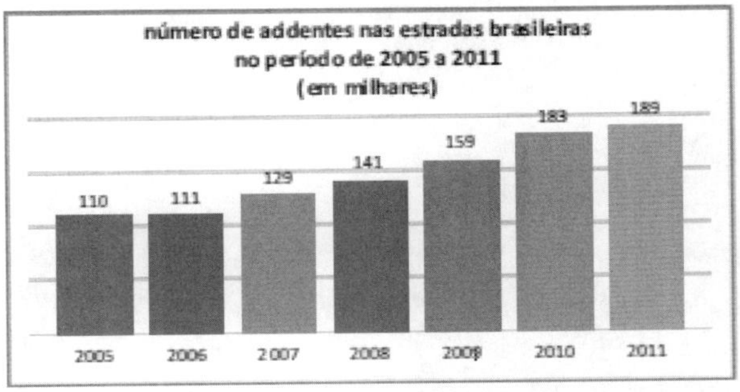

O número de acidentes ocorridos em 2008 foi, pelo menos, 26% maior que o número de acidentes ocorridos em 2005.

RESPOSTA: *Em 2008 tivemos 141 mil acidentes. Em 2005, 110 mil. Assim, o acréscimo de acidentes de 2008 em relação a 2005 foi de 31 mil acidentes. Este valor representa qual porcentagem em relação a 2005?*

$$\frac{141-110}{110}=\frac{31}{110}=0{,}2818=28{,}18\%$$

Verificamos que de 2005 a 2008 houve um acréscimo percentual de 28,18% no número de acidentes ocorridos. Desta forma, a questão está CERTA, pois o valor percentual é maior que 26%.

EM RESUMO: Porcentagem	
Percentual de um conjunto	Quando se deseja encontrar um percentual de um valor, basta multiplicar o valor pela centésima parte do número percentual. Ex.: para encontrar 35% de um total, basta multiplicar o total por 0,35.
Acréscimo percentual	Para se calcular um acréscimo percentual de um valor, basta multiplicar por 1 mais a centésima parte do acréscimo desejado. Por exemplo, acréscimo de 1%: multiplica-se por 1,01.
Relação percentual	Para encontrar o quanto um valor representa percentualmente em relação a um todo basta dividir o valor pelo inteiro e multiplicar por 100.

CAPÍTULO III
EQUAÇÕES E FUNÇÕES

1. EQUAÇÃO DE 1º GRAU

Uma equação estabelece uma igualdade entre duas expressões numéricas. Na equação temos uma incógnita, ou seja, um valor procurado cujo resultado é fixo.

Equações são "montadas" em nosso cotidiano diversas vezes, sem que percebamos. Às vezes, até intuitivamente. Por exemplo, ao se calcular o troco em uma compra.

As equações de 1º grau são facilmente resolvidas colocando-se a incógnita do lado esquerdo da igualdade e os números do lado direito da igualdade.

Em questões de concursos, é necessário primeiramente, reconhecer qual é o valor procurado e 'montar' a equação com as informações dadas.

Por exemplo, deseja-se saber qual é a idade de uma pessoa se daqui 8 anos ela terá exatamente o triplo da idade atual.

Neste caso, a incógnita procurada é a idade atual da pessoa. Logo,

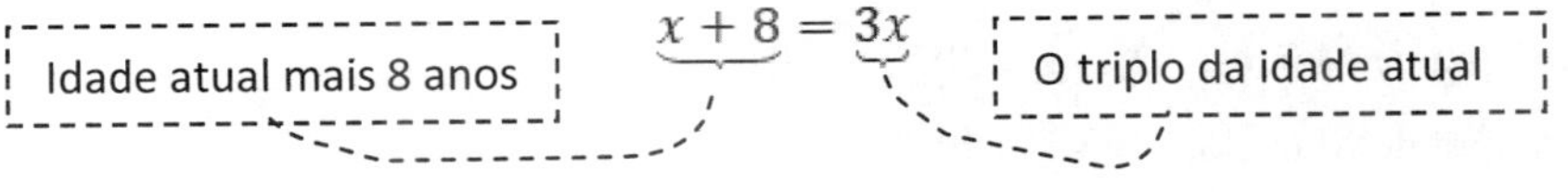

A solução é dada pelo simples rearranjo da equação:

$$x + 8 = 3x$$

Vamos passar tudo que for incógnita para o lado esquerda da igualdade e o que estiver sem incógnita para o lado direito da igualdade. Lembre-se de mudar o sinal ao 'mudar de lado'. Muito cuidado com a mudança de sinal ao se "levar" um número, ou incógnita para outro lado da igualdade. Esquecer-se de trocar o sinal neste momento é muito comum e ínfimo, porém, compromete todo resultado.

$$x - 3x = -8 \qquad -2x = -8$$

Como os dois 'lados da equação' são negativos podemos multiplicá-los por -1, passando tudo ambos os lados para positivo, facilitando a solução.

$$2x = 8$$

Agora passa-se o número 2, que está multiplicando a incógnita, para o outro lado, porém, dividindo-se os termos do lado direito.

$$x = \frac{8}{2} \qquad x = 4$$

A idade atual desta pessoa é de 4 anos. Daqui 8 anos, ela terá 12 anos, que é o triplo de 4.

As equações de 1º grau são possuem apenas uma incógnita (x). E esta "x" não possui expoente (ou, expoente igual a 1).

2. SISTEMAS LINEARES

Quando há duas equações com duas incógnitas diferentes um sistema de equações pode ser solucionado pelo processo de adição das duas equações fazendo-se desaparecer uma das variáveis.

Acompanhe o exemplo nas questões a seguir.

Exemplo: Três amigos compraram lapiseiras em uma papelaria da seguinte forma:

- Marcos comprou duas lapiseiras de 0,7 mm e uma de 0,9 mm e pagou R$ 20,00;
- Marcelo comprou duas lapiseiras de 0,5 mm e uma de 0,7 mm e pagou R$ 19,00; e,
- Maurício comprou uma lapiseira de 0,5 mm, uma de 0,7 mm e uma de 0,9 mm e pagou R$ 22,00.

Nessa papelaria a lapiseira mais cara e a mais barata são, respectivamente, aquelas cujas espessuras dos grafites são iguais a:

x = *preço de cada lapiseira* 0,5 *mm*

y = *preço de cada lapiseira* 0,7 *mm*

z = *preço de cada lapiseira* 0,9 *mm*

Compra de Marcos: $2y + z = 20$ (1)

Compra de Marcelo: $2x + y = 19$ (2)

Compra de Maurício: $x + y + z = 22$ (3)

Temos aqui três incógnitas. Vamos eliminar uma incógnita, deixando-a em função de outra incógnita existente.

De acordo com a equação 1: $z = 20 - 2y$

Substituindo o valor de z na equação 3, temos:

$x + y + (20 - 2y) = 22$

$x - y = 22 - 20$

$x - y = 2$ (4)

Agora temos as equações 2 e 4 com as incógnitas x e y. Vamos montar um sistema de equações.

$$\begin{cases} 2x + y = 19 \\ x - y = 2 \end{cases}$$

Somando-se as duas equações, temos:

$$\begin{cases} 2x + y = 19 \\ x - y = 2 \end{cases}$$

$$3x = 21 \qquad x = \frac{21}{3} \qquad x = 7$$

Ao montar alguns sistemas de equação não será possível "eliminar" uma incógnita imediatamente. As vezes será preciso "ajustar" a equação multiplicando-se uma, ou as duas equações, por um número que torne possível a eliminação de uma incógnita. Por exemplo, neste caso, se quisermos eliminar a incógnita x, é preciso multiplicar a segunda equação por (-2).

$$\begin{cases} 2x + y = 19 \\ x - y = 2 \quad (-2) \end{cases}$$

$$\begin{cases} 2x + y = 19 \\ -2x + 2y = -4 \quad (-2) \end{cases}$$

$$3y = 15 \qquad y = \frac{15}{3} \qquad y = 5$$

Resta apenas encontrar o valor de z.

$2y + z = 20$

$2(5) + z = 20 \qquad z = 20 - 10 \qquad z = 10$

A lapiseira mais cara é a 0,9 mm, com o valor de 10 reais. E a mais barata é a de 0,7 mm, com o valor de 5 reais.

3. FUNÇÕES DE 1º GRAU

As equações podem ser relacionadas às suas funções. As funções podem ser representadas por meio de gráficos, onde o eixo horizontal (abscissa) é o valor da incógnita x, e o eixo vertical (ordenada) é resultado da função para um dado valor de x.

Em uma função o valor de y ou de $f(x)$ depende do valor de x. Por exemplo, $y = 3x + 7$. O valor de y depende do valor atribuído à x. Se $x = 3$, então $y = 16$.

As equações de primeiro grau são do tipo:

$$f(x) = ax + b.$$

Podem ter constantes (a, b) que acompanham a incógnita, multiplicando-a ou somando-a.

$$y = 4x + 8$$

$$a = 4 \qquad b = 8$$

- $y = x + 1 \qquad a = 1,\ b = 1$
- $y = 3x \qquad a = 3,\ b = 0$

MUITA ATENÇÃO!

O gráfico de uma função de 1º grau, também chamada de função afim, será sempre <u>uma reta</u>.

Na função $y = 3x + 7$ tomamos os seguintes pares ordenados:

x	Cálculo	y
-3	$-3 \cdot 3 + 7$	–2
-2	$-2 \cdot 3 + 7$	1
-1	$-1 \cdot 3 + 7$	4
0	$0 \cdot 3 + 7$	7
1	$1 \cdot 3 + 7$	10

Agora, para construir o gráfico da função basta colocar no eixo horizontal (abscissa) os valores de x. E no eixo vertical (ordenada), os de y.

DICA IMPORTANTE

Como o gráfico de uma função de 1º grau é sempre uma reta, bastam dois pares *x*, *y* para construção desta reta.

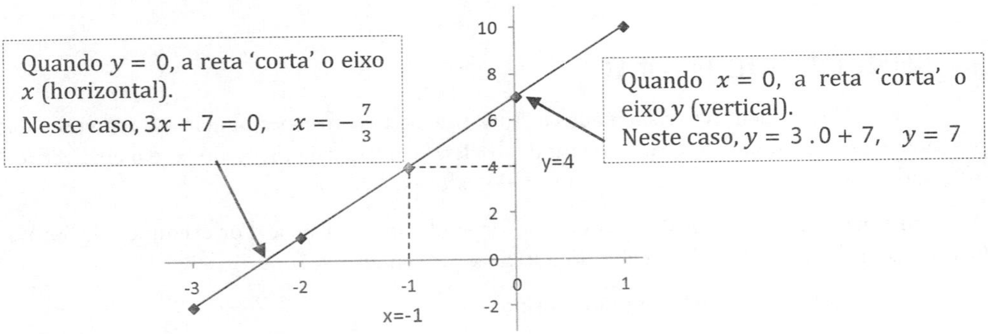

MUITA ATENÇÃO!

O valor de *b* será sempre o ponto onde a reta corta o eixo vertical (*y*), pois quando $x = 0$, *y* é igual a *b*.

MUITA ATENÇÃO!

- Se, *a* for positivo, será inclinada para a direita (função crescente);
- Se *a* for negativo, será inclinada para a esquerda (função decrescente).

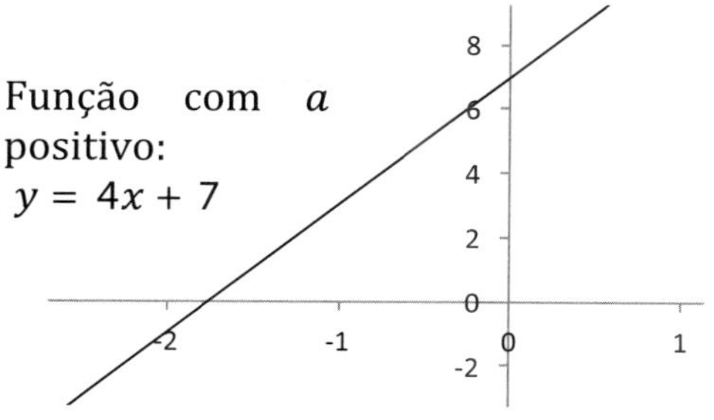

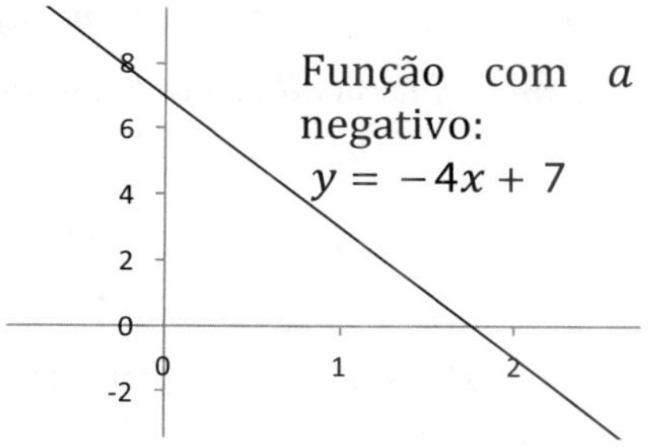

? **QUESTÃO**: (CESPE – Policial Rodoviário Federal – DPRF/2013) Considere que, em 2009, tenha sido construído um modelo linear para a previsão de valores futuros do número de acidentes ocorridos nas estradas brasileiras. Nesse sentido, suponha que o número de acidentes no ano t seja representado pela função F(t) = At + B, tal que F(2007) = 129.000 e F(2009) =159.000. Com base nessas informações e no gráfico apresentado, julgue os itens a seguir.

A diferença entre a previsão para o número de acidentes em 2011 feita pelo referido modelo linear e o número de acidentes ocorridos em 2011 dado no gráfico é superior a 8.000.

➥ ***RESPOSTA:*** *Observe a função dada: F(t) = At + B. Trata-se de uma função de primeiro grau em que o t é a incógnita. Conhecemos dois pontos desta função: F(2007)=129.000 e F(2009)=159.000. Com estes dois pontos podemos traçar a reta que define o gráfico desta função.*

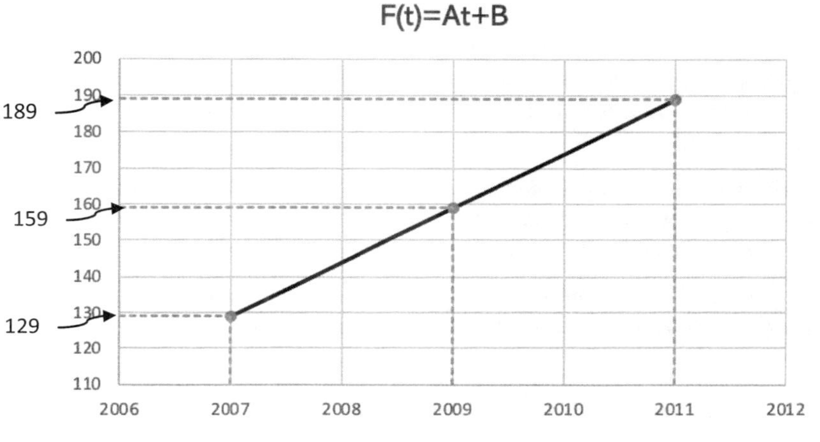

Para encontrar o valor de F(2011) podemos estabelecer um sistema de equações para descobrir os valores das constantes A e B e assim, definir a função.

Para facilitar os cálculos podemos eliminar os zeros dos números de acidentes, deixando apenas 129 e 159.

$$F(2007) = A \cdot 2007 + B = 129$$
$$F(2009) = A \cdot 2009 + B = 159$$

$$\begin{cases} 2007\,A + B = 129 & (multiplicar\ por\ -1) \\ 2009\,A + B = 159 \end{cases}$$

$$\begin{cases} -2007\,A - B = -129 \\ 2009\,A + B = 159 \end{cases}$$

$$2A = 30 \qquad A = \frac{30}{2} \qquad A = 15$$

$2007A + B = 129$ *Substituindo o valor de A nesta equação encontraremos o valor de B.*

$2007 \cdot 15 + B = 129$

$30.105 + B = 129$

$B = 129 - 30.105$

$B = -29.976$

Portanto, a função F(t) é a seguinte:

$$F(t) = 15 \cdot t - 29.976$$

Agora podemos encontrar qualquer valor de número de acidentes para um determinado ano.

$F(2011) = 15 \cdot 2011 - 29.976$

$F(2011) = 30.165 - 29.976$

$F(2011) = 189$

O modelo linear de previsão de número de acidentes previu 189.000 acidentes em 2011, segundo a função estabelecida. Lembrando que, como 'cortamos' os zeros dos números de acidentes temos que recolocá-los ao terminar o exercício. A resposta encontrada foi 189, logo, o número de acidentes será 189.000.

A função apresentada na questão trata-se de uma previsão do número de acidentes a acontecer, enquanto o gráfico de barras apresentado trata do número de acidentes realmente acontecidos. Note que o número de acidentes ocorridos foi exatamente igual à previsão. Portanto, a questão está CERTA.

Uma maneira de simplificar os cálculos é reduzindo os valores dos anos apresentados. Ao invés de usar os valores 2007, 2009 e 2011 podemos considerar o ano de 2007 como ano 1 e usar, respectivamente, '1', '3' e '5'.

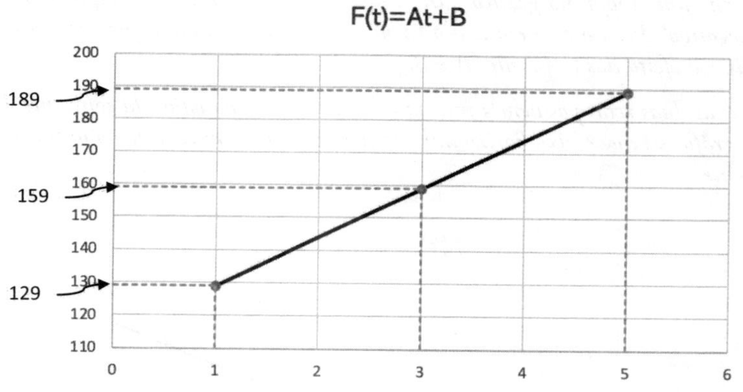

$$F(1) = A \cdot 1 + B = 129$$
$$F(3) = A \cdot 3 + B = 159$$

$$\begin{cases} A + B = 129 \\ 3A + B = 159 \end{cases} \quad (multiplicar\ por\ -1)$$

$$\begin{cases} -A - B = -129 \\ 3A + B = 159 \end{cases}$$
$$2A = 30 \qquad A = \frac{30}{2} \qquad A = 15$$

$1 \cdot A + B = 129$ *Substituindo o valor de A nesta equação encontraremos o valor de B.*

$1 \cdot 15 + B = 129$

$15 + B = 129$

$B = 129 - 15$

$B = 114$

Neste caso, a função seria:

$$F(t) = 15 \cdot t - 114$$

Agora encontramos o valor do número de acidentes em 2011 substituindo t por 5, pois 2011 seria o quinto ano.

$F(5) = 15 \cdot 5 + 114$

$F(5) = 75 + 114$

$F(5) = 189$

Veja que o valor de A permaneceu o mesmo nos dois casos. Pois A representa a inclinação da reta, que deve ser a mesma em ambos os casos. Já o valor da constante B se alterou. Pois B representa o ponto do gráfico em que a reta costa o eixo vertical.

Vamos dar um 'zoom' no gráfico para analisá-lo de forma mais completa. É claro que não existe 'ano negativo'. Para o caso em tela o t tem que sempre ser maior que zero. A intenção aqui é apenas analisar o efeito das constantes A e B.

Veja que as duas retas possuem a mesma inclinação (mesmo valor da constante A). A diferença entre os dois gráficos é que o eixo horizontal está deslocado um em relação ao outro. Por isso, o valor de B é diferente.

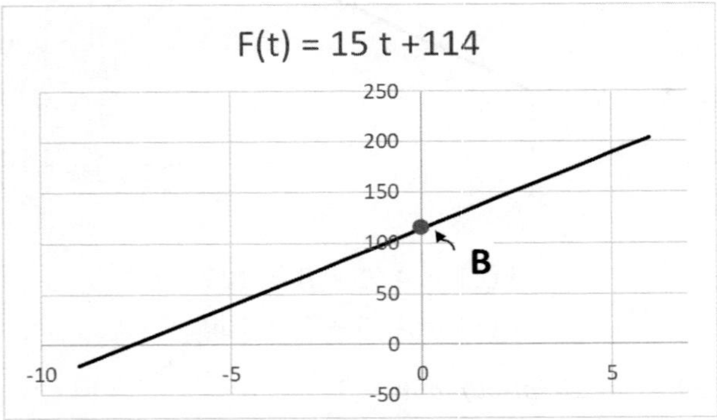

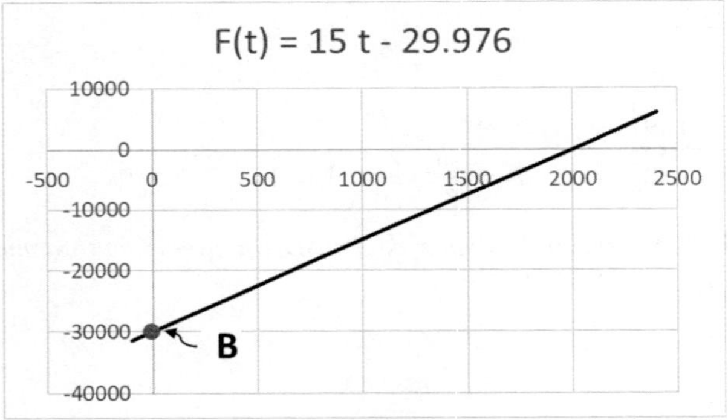

? O valor da constante A em F(t) é superior a 14.500.

↳ ***RESPOSTA:*** *O valor da constante A encontrado foi de 15. Como eliminamos os zeros dos números de acidentes para facilitar os cálculos obtivemos o valor de A sem os zeros também. Se tivéssemos utilizado os valores 129.000 e 159.000 o valor de A seria 15.000. Assim, a constante A é superior a 14.500. A questão está CERTA.*

$$F(2007) = A \cdot 2007 + B = 129.000$$
$$F(2009) = A \cdot 2009 + B = 159.000$$

$$\begin{cases} 2007\,A + B = 129.000 & (multiplicar\ por\ -1) \\ 2009\,A + B = 159.000 \end{cases}$$

$$\begin{cases} -2007\,A - B = -129.000 \\ 2009\,A + B = 159.000 \end{cases}$$

$$2A = 30.000 \qquad A = \frac{30.000}{2} \qquad A = 15.000$$

? **QUESTÃO**: (CESPE – Policial Rodoviário Federal – DPRF/2019) Uma unidade da PRF interceptou, durante vários meses, lotes de mercadorias vendidas por uma empresa com a emissão de notas fiscais falsas. A sequência dos números das notas fiscais apreendidas, ordenados pela data de interceptação, é a seguinte: 25, 75, 50, 150, 100, 300, 200, 600, 400, 1.200, 800, ...

Tendo como referência essa situação hipotética, julgue o item seguinte, considerando que a sequência dos números das notas fiscais apreendidas segue o padrão apresentado.
O padrão apresentado pela referida sequência indica que os números podem corresponder, na ordem em que aparecem, a ordenadas de pontos do gráfico de uma função afim de inclinação positiva.

➥ ***RESPOSTA:*** *Em uma função afim, ou função de 1º grau os valores das ordenadas (valores de y ou F (x)) estarão sempre em ordem crescente (se a função for crescente) ou decrescente (se a função for decrescente). Os valores apresentados na questão não estão em ordem crescente nem decrescente. Assim, não há possibilidade de caracterizar uma função de 1º grau. A questão está ERRADA.*

4. EQUAÇÃO DE 2º GRAU

Equações de 2º grau possuem a incógnita *x* com o expoente igual a 2. Pode ter, ou não, a incógnita *x* com expoente igual a 1. Também pode possuir constantes (*a*, *b*, *c*) acompanhando a incógnita multiplicando-as ou apenas em forma de soma. São do tipo:

$$ax^2 + bx + c = 0.$$

Veja os exemplos de equações de 2º graus e os valores de suas respectivas constantes.

$$x^2 - x + 8 = 0$$

$a = 1$ $b = -1$ $c = 8$

- $2x^2 + 10 = 0$ $a = 2,\ b = 0,\ c = 10$
- $-3x^2 + 2x = 0$ $a = -3,\ b = 2,\ c = 0$

Semelhantemente ao descrito nas equações de 1º graus, é necessário primeiramente reconhecer qual é o valor procurado e 'montar' a equação com as informações dadas.

As soluções das equações de 2º graus são encontradas com a aplicação da fórmula de Bhaskara, como demonstrado a seguir.

$-5x^2 + 3x + 9 = 7$

$-5x^2 + 3x + 9 - 7 = 0$ coloca-se todas as partes da equação para a esquerda da igualdade.

$-5x^2 + 3x + 2 = 0$ $a = -5;$ $b = 3;$ $c = 2$

$\Delta = b^2 - 4ac$ $x = \dfrac{-b \pm \sqrt{\Delta}}{2a}$

O sinal de ± (mais ou menos) é em razão de a equação de 2º grau ter duas respostas possíveis (Veja Função de 2º grau)

Substituindo-se:

$\Delta = 3^2 - 4 \cdot (-5) \cdot 2$ $\Delta = 9 - (-40)$ $\Delta = 9 + 40$ $\Delta = 49$

$x = \dfrac{-3 \pm \sqrt{49}}{2 \cdot (-5)}$ $x = \dfrac{-3 \pm 7}{-10}$

As duas respostas possíveis são:

$$x' = \frac{-3+7}{-10} = \frac{4}{-10} = -\frac{2}{5} \qquad x'' = \frac{-3-7}{-10} = \frac{-10}{-10} = 1$$

RAÍZES DA EQUAÇÃO DE 2º GRAU

Uma equação de 2º grau poderá ser escrita na forma: $(x - a) \cdot (x - b)$, em que a e b são as raízes da equação. No exemplo anterior, a equação poderia ser escrita como: $\left(x - \left(-\frac{2}{5}\right)\right) \cdot (x - 1) \Rightarrow \left(x + \frac{2}{5}\right) \cdot (x - 1)$.

Multiplicando-se todos os termos do primeiro parêntese por todos os termos do segundo parênteses pode-se voltar à equação na forma original.

FIQUE POR DENTRO:

$$\left(x + \frac{2}{5}\right) \cdot (x - 1) = x^2 - x + \frac{2}{5}x - \frac{2}{5} = x^2 + \frac{-5+2}{5}x - \frac{2}{5} = x^2 - \frac{3}{5}x - \frac{2}{5} = 0$$

A equação $x^2 - \frac{3}{5}x - \frac{2}{5} = 0$ e a equação $-5x^2 + 3x + 2 = 0$ são a mesma equação, possuem as mesmas raízes. Para as duas equações apresentarem a mesma forma, basta eliminar os denominadores da primeira, multiplicando por -5.

$$(-5) \cdot \left(x^2 - \frac{3}{5}x - \frac{2}{5}\right) = (-5) \cdot 0$$

$$-5x^2 + \frac{15}{5}x + \frac{10}{5} = 0$$

$$-5x^2 + 3x + 2 = 0$$

5. FUNÇÕES DE 2º GRAU

MUITA ATENÇÃO!

O gráfico de uma função de 2º grau será sempre <u>uma parábola</u>.

Na função $y = x^2 + \frac{x}{2} - 1$ tomamos os seguintes pares ordenados:

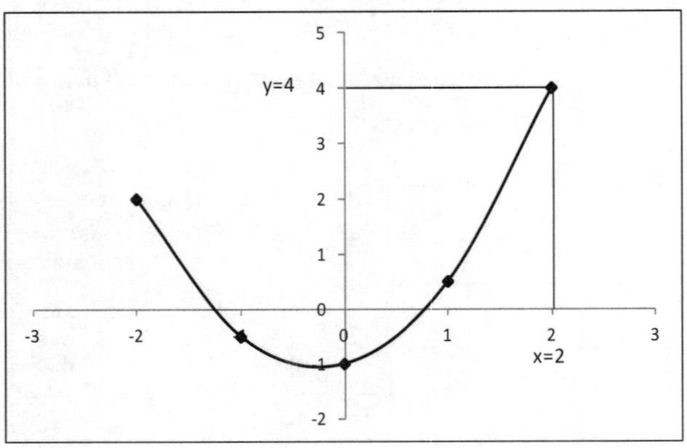

x	*Cálculo*	*y*
-2	$(-2)^2 + (-2/2) - 1$	2
-1	$(-1)^2 + (-1/2) - 1$	-0,5
0	$(0)^2 + (0/2) - 1$	-1
1	$(1)^2 + (1/2) - 1$	-0,5
2	$(2)^2 + (2/2) - 1$	4

As constantes *a*, *b* e *c* das funções de 2º grau também têm seus significados.

MUITA ATENÇÃO!

- Se, *a* for positivo, a parábola será aberta para cima;
- Se, *a* for negativo, a parábola será aberta para baixo.
- Se $\Delta > 0$ ($\Delta = b^2 - 4ac$), a parábola irá cortar o eixo *x* em dois pontos, que serão as raízes da equação.
- Se $\Delta < 0$, a parábola será abaixo ou acima do eixo *x*. Tem-se a solução da equação não pertencente ao conjunto dos números reais, e sim, pertencente ao conjunto dos números complexos.
- Se $\Delta = 0$, a equação terá apenas uma raiz. A parábola irá tangenciar o eixo *x* na raiz.

Função com *a* positivo e
$\Delta > 0$ ($\Delta = 5$)
$y = x^2 + x - 1$

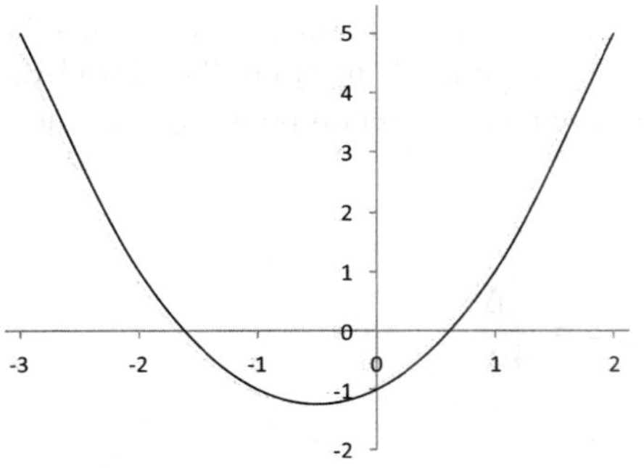

Função com *a* negativo e
$\Delta > 0$ ($\Delta = 21$)
$y = -x^2 + x + 5$

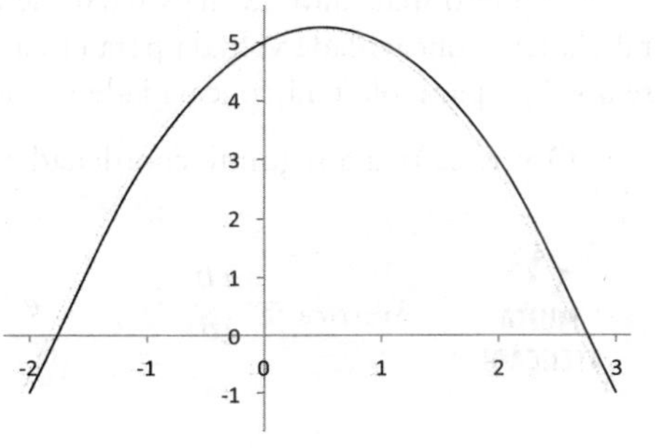

Função com *a* positivo e
$\Delta < 0$ ($\Delta = -199$)
$y = 5x^2 - x + 10$

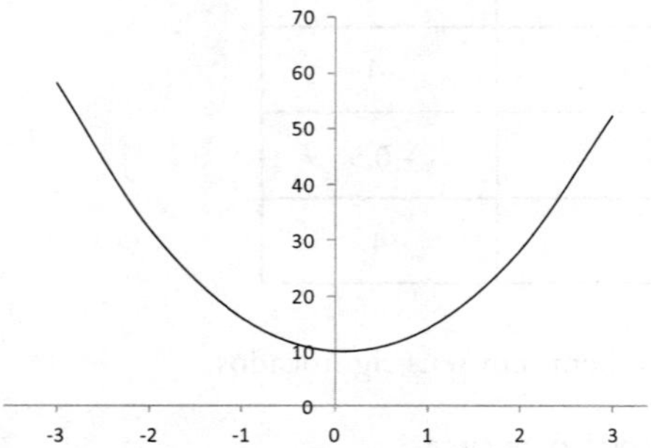

Função com *a* negativo e
$\Delta < 0$ ($\Delta = -23$)
$y = -3x^2 + x - 2$

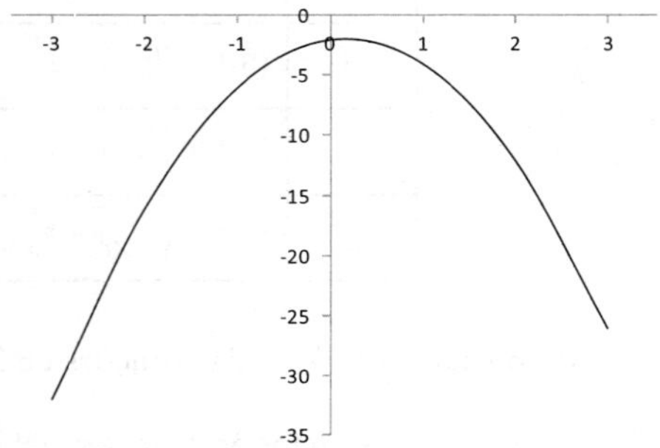

Função com *a* positivo e
$\Delta = 0$
$y = x^2 - 2x + 1$

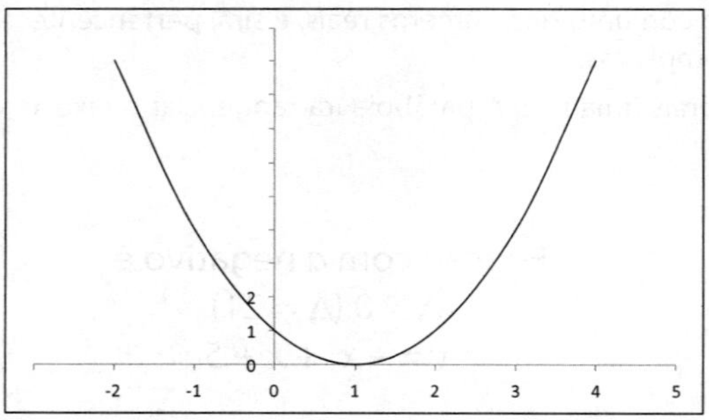

Função com *a* positivo e
$\Delta = 0$
$y = -x^2 + 2x - 1$

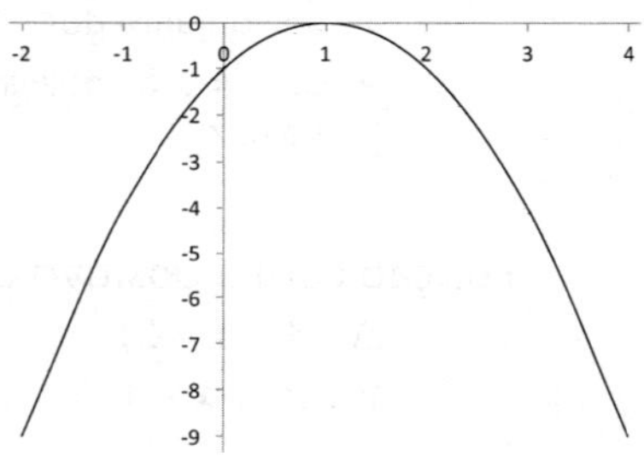

O ponto mais alto ou mais baixo de uma parábola é chamado de vértice. Se $a > 0$, a parábola terá concavidade voltada para cima, e o vértice será o ponto de mínimo. Por outro lado, se $a < 0$, a parábola terá concavidade voltada para baixo e o vértice será o ponto de máximo.

O vértice terá a seguinte coordenada:

MUITA ATENÇÃO!

$$x_{vértice} = \frac{-b}{2a} \quad e \quad y_{vértice} = \frac{-\Delta}{4a}$$

O ponto em que a parábola corta, ou simplesmente tangencia, o eixo *x* representa as suas raízes em R (conjuntos dos números reais).

MUITA ATENÇÃO! O valor de *c* será sempre o ponto em que a parábola corta o eixo vertical (*y*), pois quando *x* = 0, *y* é igual a *c*.

Exemplo: Seja a função: $y = x^2 - 8x - 20$

$x^2 - 8x - 20 = 0 \qquad a = 1; \quad b = -8; \quad c = -20$

$\Delta = b^2 - 4ac \qquad x = \dfrac{-b \pm \sqrt{\Delta}}{2a}$

Substituindo-se:

$\Delta = (-8)^2 - 4 \cdot 1 \cdot (-20) \qquad \Delta = 64 - (-80) \qquad \Delta = 64 + 80$

$\Delta = 144$

$x = \dfrac{-(-8) \pm \sqrt{144}}{2 \cdot 1} \qquad x = \dfrac{8 \pm 12}{2}$

As duas respostas possíveis são:

$x' = \dfrac{8+12}{2} = \dfrac{20}{2} = 10 \qquad x'' = \dfrac{8-12}{2} = \dfrac{-4}{2} = -2$

Vértice da parábola:

$x_{vértice} = \dfrac{-b}{2a} = \dfrac{-(-8)}{2 \cdot 1} = \dfrac{8}{2} = 4 \qquad \Rightarrow \qquad y_{vértice} = \dfrac{-\Delta}{4a} = \dfrac{-144}{4 \cdot 1} = \dfrac{-144}{4} = -36$

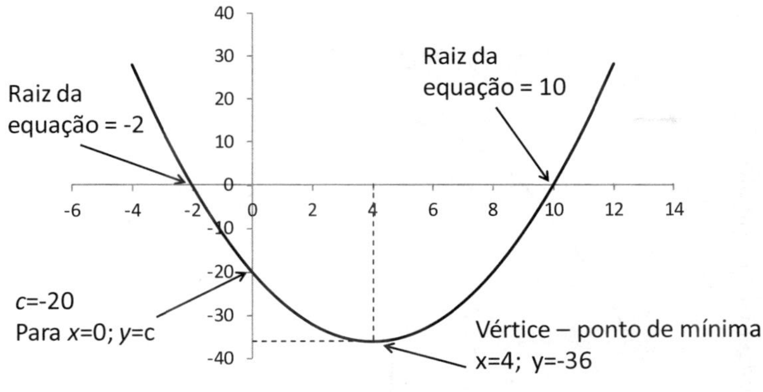

QUESTÃO: (CESPE – Policial Rodoviário Federal – DPRF/2013) Considere que o nível de concentração de álcool na corrente sanguínea, em g/L, de uma pessoa, em função do tempo t, em horas, seja expresso por $N = -0{,}008(t^2 - 35t + 34)$. Considere, ainda, que essa pessoa tenha começado a ingerir bebida alcoólica a partir de $t = t_0 \quad (N(t_0) = 0)$, partindo de um estado de sobriedade, e que tenha parado de ingerir bebida alcoólica em $t = t_1$, voltando a ficar sóbria em $t = t_2$. Considere, por fim, a figura acima, que apresenta o gráfico da função $N(t)$ para $t \in [t_0, t_2]$. Com base nessas informações e tomando 24,3 como valor aproximado de $\sqrt{589}$, julgue os itens que se seguem.

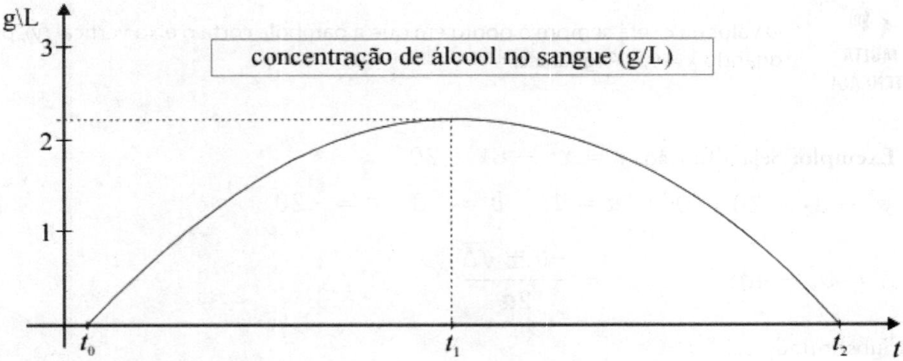

O nível de concentração mais alto de álcool na corrente sanguínea da referida pessoa ocorreu em $t = t_1$ com $t_1 > 18$ horas.

➥ ***RESPOSTA:*** *O valor de t_1 é o valor de x no ponto mais alto da curva, ou seja, x do vértice. Primeiro vamos escrever a equação no formato $y = ax^2 + bx + c$. Veja que o valor de -0,008 está multiplicando todos os itens de dentro dos parênteses.*

$$y = -0{,}008t^2 - (-0{,}008 \cdot 35)t + (-0{,}008 \cdot 34)$$

$$y = -0{,}008t^2 + 0{,}028t - 0{,}27$$

$$a = -0{,}008, \quad b = 0{,}028 \quad c = -0{,}27$$

$$x_{vértice} = \frac{-b}{2a} \qquad x_{vértice} = \frac{-0{,}028}{2\cdot(-0{,}008)} = -\frac{0{,}028}{-0{,}016} = 17{,}5$$

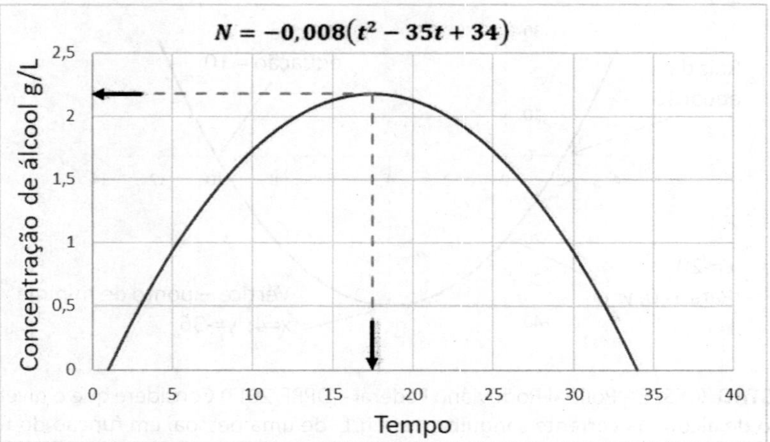

O nível de concentração mais alto de álcool na corrente sanguínea ocorre em $t = 17{,}5$. A questão está ERRADA.

? O nível de concentração de álcool na corrente sanguínea da pessoa em questão foi superior a 1 g/L por pelo menos 23 horas.

➥ ***RESPOSTA:*** *Precisamos descobrir o valor de t quando N é igual a 1. Perceba que haverá dois valores de t, que serão os dois pontos indicados no gráfico a seguir.*

Vamos substituir o valor de N por 1 e encontrar os valores de t.

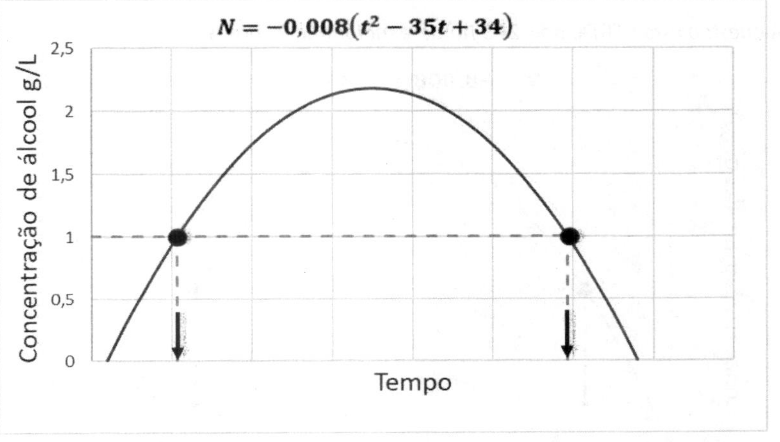

$$N = -0{,}008 \cdot (t^2 - 35 \cdot t + 34)$$

$$1 = -0{,}008 \cdot (t^2 - 35 \cdot t + 34) \qquad \frac{1}{-0{,}008} = (t^2 - 35 \cdot t + 34)$$

$$-125 = (t^2 - 35 \cdot t + 34) \qquad t^2 - 35t + 34 + 125 = 0$$

$$t^2 - 35t + 159 = 0 \qquad a = 1, \quad b = -35, \quad c = 159$$

$$\Delta = b^2 - 4ac \qquad \Delta = (-35)^2 - 4 \cdot 1 \cdot 159$$

$$\Delta = 1225 - 636 \qquad \Delta = 589$$

$$x = \frac{-b \pm \sqrt{\Delta}}{2a} \qquad x = \frac{-(-35) \pm \sqrt{589}}{2 \cdot 1}$$

$$x = \frac{35 \pm 24{,}3}{2}$$

$$x' = \frac{35 + 24{,}3}{2} \qquad x' = \frac{59{,}3}{2}$$

$$\mathbf{x' = 29,65}$$

$$x'' = \frac{35 - 24{,}3}{2} \qquad x'' = \frac{10{,}7}{2}$$

$$\mathbf{x'' = 5,35}$$

Podemos ver que, tanto no tempo $t = 5{,}35$, *como no tempo* $t = 29{,}65$, *o valor da concentração de álcool no sangue será de 1 g/L.*

No tempo $t = 5{,}35$ a concentração de álcool no sangue encontra-se em crescimento. Então a partir deste momento a concentração será maior que 1 g/l.

Já no tempo $t = 29{,}65$ a concentração de álcool no sangue encontra-se em redução. Então a partir deste momento a concentração será menor que 1 g/L.

Assim, por um período de $(29{,}65 - 5{,}35)$ a concentração de álcool será superior a 1g/L.

$29{,}65 - 5{,}35 = 24{,}3$

A questão está CERTA, pois 24,3 horas. é maior que 23 horas.

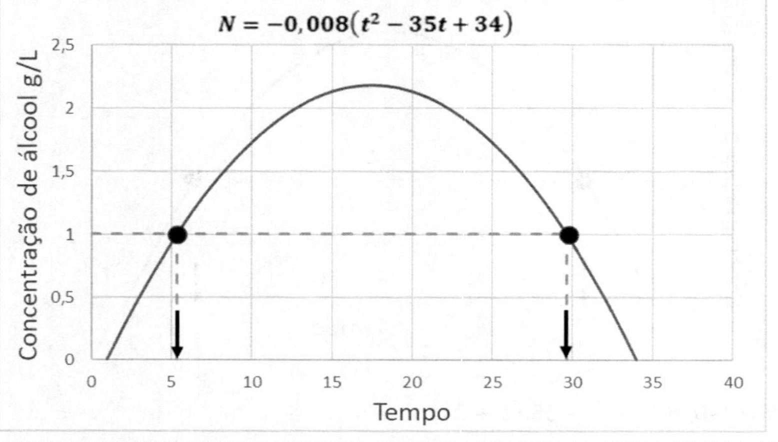

? O valor de t_2 é inferior a 36.

RESPOSTA: *Podemos encontrar os valores de t_0 e t_2 fazendo $N = 0$.*

$N = -0{,}008 \cdot (t^2 - 35 \cdot t + 34)$

$0 = -0{,}008 \cdot (t^2 - 35 \cdot t + 34)$

$t^2 - 35t + 34 = \frac{0}{-0{,}008}$

$t^2 - 35t + 34 = 0$

$a = 1, \quad b = -35, \quad c = 34$

$\Delta = b^2 - 4ac$

$\Delta = (-35)^2 - 4 \cdot 1 \cdot (34)$

$\Delta = 1225 - 136$

$\Delta = 1089$

$x = \frac{-b \pm \sqrt{\Delta}}{2a}$

$x = \frac{-(-35) \pm \sqrt{1089}}{2 \cdot 1}$

$x = \frac{35 \pm 33}{2}$

$x' = \frac{35+33}{2}$

$x' = \frac{68}{2}$

$\boldsymbol{x' = 34}$

$x'' = \frac{35-33}{2}$

$x'' = \frac{2}{2}$

$\boldsymbol{x'' = 1}$

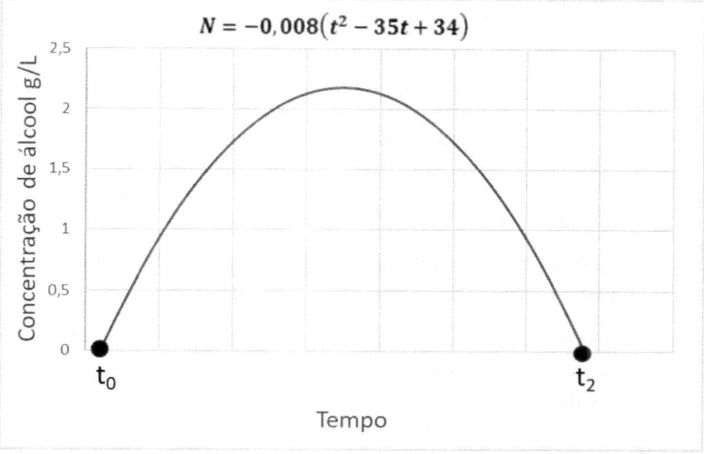

Encontramos que $t_0 = 1$ e $t_2 = 34$. A questão está CERTA, pois 34 é inferior a 36.

Observe que o índice zero em t_0 não significa que $t_0 = 0$. O índice zero apenas expressa que se trata do tempo inicial. A contagem do tempo se iniciou na hora 1, pois $t_0 = 1$.

Entretanto, há uma maneira mais simples de analisar o gráfico e encontrar a resposta da questão.

Sabemos o valor de t_1. E sabemos também que t_1 está exatamente no meio de t_0 e t_2. Assim, o dobro de t_1 ultrapassaria t_2. Pois t_1 é igual ao trecho entre t_0 e t_1 mais a distância inicial do gráfico (entre $t = 0$ e $t = t_0$). Ora, se o dobre de t_1 é igual a 35 $(17{,}5 \cdot 2 = 35)$, então, t_2, com certeza, é menor que 35. Consequentemente, menor que 36.

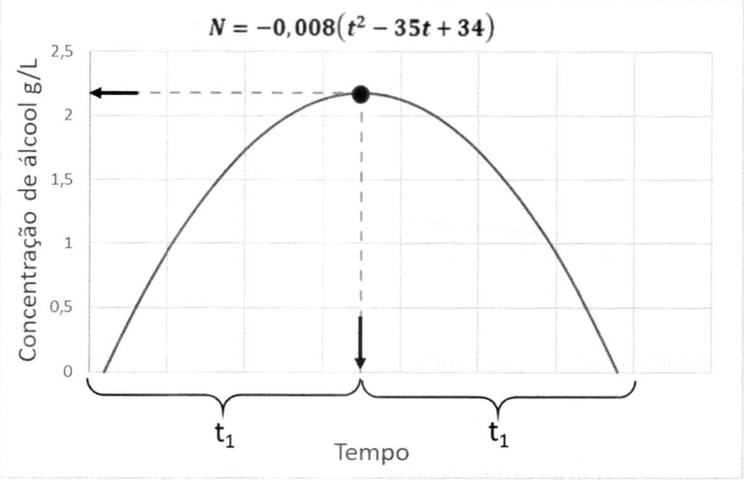

6. FUNÇÕES EXPONENCIAIS

Uma função exponencial é aquela em que a variável é um expoente.

$$y = a^x \qquad a > 0; \; a \neq 1$$

Essas funções têm a características de crescerem ou decrescerem muito rapidamente. Nestas funções o valor de a não pode ser negativo e nem igual a 1.

Se $a = 1$, o gráfico não passará de uma reta, pois 1 elevado a qualquer valor é igual a 1.

Se $a < 0$, o gráfico irá oscilar entre y positivo e negativo, conforme o valor de x passe de par para ímpar.

Considere a função $y = 2^x$. Vejamos o seu gráfico.

No gráfico da função exponencial exemplificada a seguir vemos como a curva cresce rapidamente, o valor de y torna-se cada vez mais alto.

No gráfico a seguir vemos destacado por linha pontilhadas dois intervalos de x. Temos uma variação de 0,5 no valor de x em ambos os casos, x variando de 1 a 1,5 e de 4 a 4,5. Note que no segundo intervalo os valores de y variaram muito mais que no primeiro intervalo (de 2 a 2,83 no primeiro e de 16 a 22,63 no segundo). Esta é uma característica das funções exponenciais.

Nota-se também que a curva chega cada vez mais próxima do eixo x, mas nunca irá interceptá-lo. Dizemos assim, que o eixo x é uma assíntota da curva.

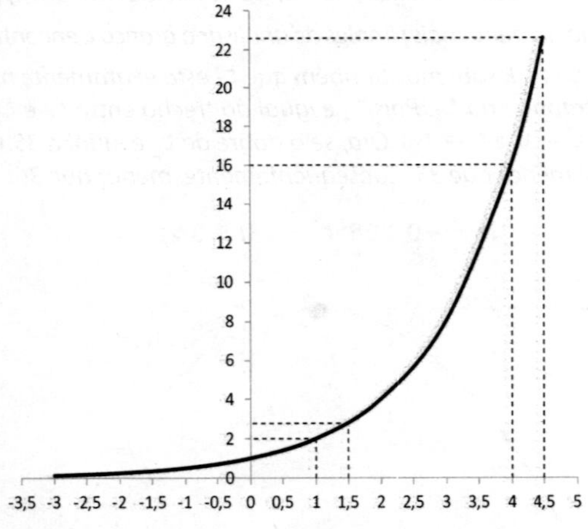

MUITA ATENÇÃO! Funções exponenciais têm a características de crescerem rapidamente.

Considerando uma função exponencial sendo $y = a^{bx}$ onde a é um número qualquer, maior que zero e diferente de 1.

MUITA ATENÇÃO!

Para $b > 0$, temos:

- Se, a for maior que 1, a curva irá crescer da esquerda para a direita (função crescente);
- Se a estiver entre zero e 1, a curva irá crescer da direita para a esquerda (função decrescente).

MUITA ATENÇÃO!

Para $b < 0$, temos:

- Se, a estiver entre zero e 1, a curva irá crescer da esquerda para a direita (função decrescente);
- Se a for maior que 1, a curva irá crescer da direita para a esquerda (função crescente).

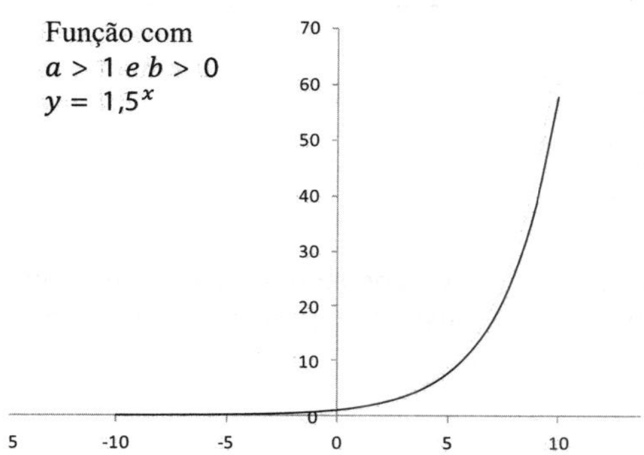

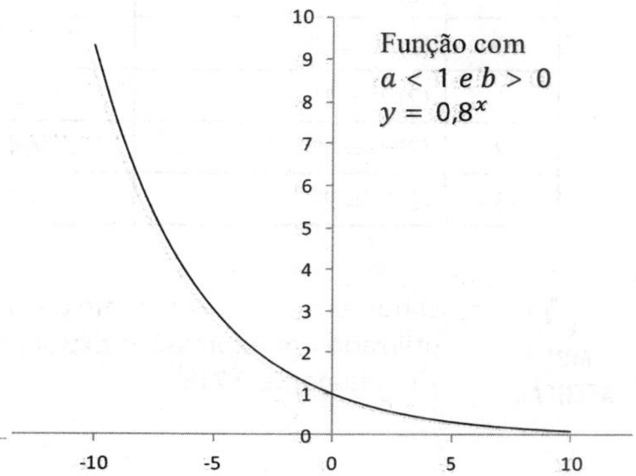

Entretanto, se houver um número negativo acompanhando o expoente, essa característica se inverte.

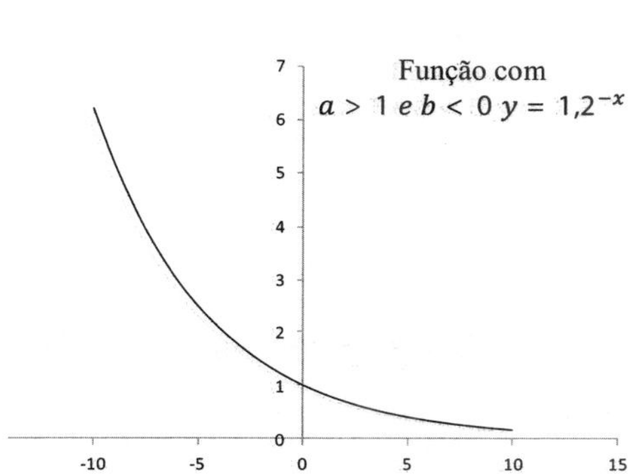

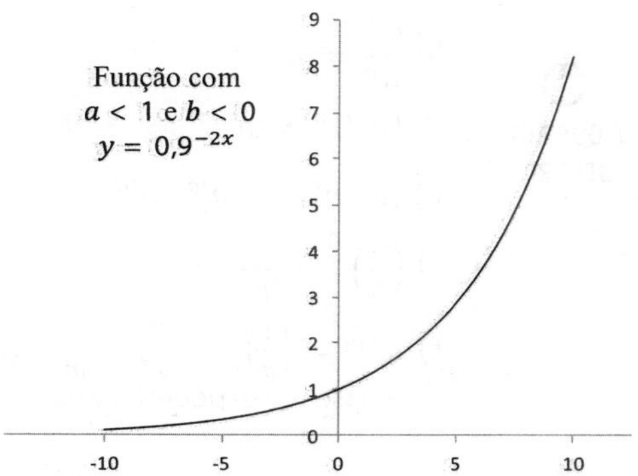

DICA IMPORTANTE

Perceba que o gráfico exponencial irá interceptar o eixo y sempre no número 1. Ou seja, quando $x = 0$, o valor de y será sempre igual a 1, para qualquer equação do tipo $y = a^{bx}$, pois todo número elevado a zero é igual a 1.

Perceba que a função exponencial sempre terá uma assíntota. Ou seja, terá um valor que se aproximará dele, mas nunca o encontrará. A função exponencial do tipo $y = a^{bx}$ terá o eixo x como assíntota. Veja que por maior, ou menor, que seja o valor de x, o valor de y nunca será zero. O gráfico nunca cruzará o eixo horizontal (x).

x	$y = 2^{3x}$	y
-5	$(2)^{3\cdot(-5)} = 2^{-15}$	0,00003052
-4	$(2)^{3\cdot(-4)} = 2^{-12}$	0,00024414
-3	$(2)^{3\cdot(-3)} = 2^{-9}$	0,00195316
-2	$(2)^{3\cdot(-2)} = 2^{-6}$	0,015625
-1	$(2)^{3\cdot(-1)} = 2^{-3}$	0,125
0	$(2)^{3\cdot(-0)} = 2^{0}$	1
1	$(2)^{3\cdot(1)} = 2^{3}$	8
2	$(2)^{3\cdot(2)} = 2^{6}$	64
3	$(2)^{3\cdot(3)} = 2^{9}$	512

Cada vez mais próximo de zero, mas nunca chegará ao zero.

MUITA ATENÇÃO!

O número "e", ou constante de Euler, ou número neperiano, é um número muito utilizado em expressões exponenciais. Esta constante tem o valor igual a aproximadamente 2,718.

FIQUE POR DENTRO:

OPERAÇÕES COM POTÊNCIAS

Para resolvermos equações exponenciais devemos utilizar as mesmas propriedades aplicadas para potências.

a) $a^m \cdot a^n = a^{m\cdot+n}$

b) $\dfrac{a^m}{a^n} = a^{m-n}$

c) $(a^m)^n = a^{m\cdot n}$

d) $(a \cdot b)^m = a^m \cdot b^m$

e) $\left(\dfrac{a}{b}\right)^m = \dfrac{a^m}{b^m}$

f) $a^{-m} = \left(\dfrac{1}{a}\right)^m = \dfrac{1^m}{a^m} = \dfrac{1}{a^m}$ $(a \neq 0)$ Quando o expoente é negativo, inverte-se a base e o expoente passa a ser positivo

? QUESTÃO: (CESPE – Policial Rodoviário Federal – DPRF/2019) Para avaliar a resposta dos motoristas a uma campanha educativa promovida pela PRF, foi proposta a função $f(x) = 350 + 150 \cdot e^{-x}$, que modela a quantidade de acidentes de trânsito com vítimas fatais ocorridos em cada ano. Nessa função, $x \geq 0$ indica o número de anos decorridos após o início da campanha.

Com referência a essa situação hipotética, julgue os itens que se seguem.

Segundo o modelo apresentado, após dez anos de campanha educativa, haverá, em cada um dos anos seguintes, menos de 300 acidentes de trânsito com vítimas fatais.

➡ ***RESPOSTA:*** *A função $f(x) = 350 + 150 \cdot e^{-x}$ terá uma assíntota. O valor de f(x) irá se aproximar de 350, porém nunca será igual ou menor que 350.*

Quanto maior o valor de x, menor será o número resultante de e^{-x}. Este número ao ser multiplicado por 150 ficará um pouco maior, porém, continuará cada vez menor. De maneira que, ao se somar com 350 resultará em algo muito próximo a 350.

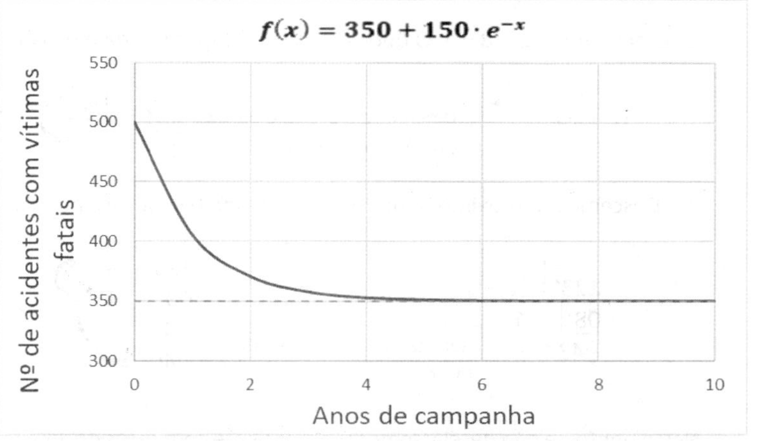

Desta forma, mesmo após 10 anos de campanha $(x = 10)$ *o número de acidentes* $(f(x))$, *segundo o modelo proposto, não será menor que 300. Questão ERRADA.*

? De acordo com o modelo, no final do primeiro ano da campanha, apesar do decréscimo com relação ao ano anterior, ainda ocorreram mais de 400 acidentes de trânsito com vítimas fatais.

RESPOSTA: *Aqui, basta encontrar o valor da função para* $x = 1$.

$f(x) = 350 + 150 \cdot e^{-x}$

$f(1) = 350 + 150 \cdot 2{,}72^{-1}$

$f(1) = 350 + \frac{150}{2{,}72}$

$f(1) = 350 + 55{,}1$

$f(1) \cong 405{,}1$

A questão está CERTA, pois 405 é maior que 400.

Para facilitar os cálculos na hora da prova pode-se abreviar o valor da constante de Euler em 1 casa decimal.

$f(1) = 350 + 150 \cdot 2{,}7^{-1}$

$f(1) = 350 + \frac{150}{2{,}7}$

$f(1) = 350 + 55{,}56$

$f(1) \cong 405{,}56$

FIQUE POR DENTRO:

MULTIPLICAÇÃO E DIVISÃO COM CASAS DECIMAIS

Divisão entre números inteiros, com dividendo maior que o divisor

EXEMPLO 1: Vamos tomar como exemplo 123÷8, em que o dividendo é maior que o divisor.

1. Separamos no dividendo um número maior ou igual ao divisor. Este número deverá ser "separado" da esquerda para a direita. Neste caso, separemos o número 12 para iniciar a divisão.

$$123 \Rightarrow \underbrace{1'23}_{O\ n^o\ 1\ \text{não é}\ maior\ ou\ igual\ a\ 8} \Rightarrow \underbrace{12'3}_{o\ n^o\ 12\ \text{é}\ maior\ que\ 8}$$

2. Executamos 12 ÷ 8 = 1. O quociente 2 é multiplicado pelo divisor.

```
12'3 |8        Diminui-se o produto de 1 x 8   ⎧12'3 |8
      1        do número "separado"            ⎨08     1     1 x 8
                                               ⎩ 4
```

3. "Descemos" o próximo número do dividendo e realiza-se nova divisão.

```
123' |  8                                      123' |  8
08↓     1                                      08     15     5 x 8
 43 ← Realiza-se a divisão de 43                43
      por 8                                     40
```

Neste ponto, se não desejássemos um quociente com casas decimais, pararíamos a divisão por aqui. A divisão de 123 por 8 é igual a 15, com ***resto igual a 3***.

4. Quando os números do dividendo "acabam" iniciamos a parte decimal do quociente. É hora de acrescentar a vírgula no resultado. Nesta etapa, como não há mais números do dividendo para "descer", acrescenta-se um zero ao resto para executar nova divisão.

FIQUE POR DENTRO:

```
123 | 8     Quando acabam-se os número do        123 | 8
08   15, ← dividendo introduz-se a vírgula no     08   15,3
 43         quociente para iniciar a fase decimal  43
 40                                                40    Como estamos na fase
  30 ← Depois de inserida a vírgula                 30   decimal, acrescenta-se novo
       acrescenta-se um zero a cada                 24   zero ao resto e faz-se a
       resto para realizar nova divisão              6 ← divisão de 60 por 8.
       Realiza-se a divisão de 30 por 8.
```

```
                                                   123 | 8
123 | 8                                            08   15,375
08   15,37                                          43
 43                                                 40
 40                                                  30
  30                                                 24
  24                                                  60
   60  Acrescenta-se novo zero e                      56
   56  faz-se a divisão de 40 por 8.                   40   Não há mais restos.
    4 ←                                                40   Fim da divisão.
                                                        0 ←
```

EXEMPLO 2: Divisão entre 201 e 4.

1. Separar no dividendo um número maior ou igual ao divisor.

201 ⇒ 2'01 (*O nº 2 não é maior ou igual a 4*) ⇒ 20'1 (*o nº 20 é maior que 4*)

2. Executamos 20 ÷ 4 = 5.

```
20'1 | 4          20'1 | 4
       5          20
                   0     5
```

3. "Descemos" o próximo número do dividendo e realiza-se nova divisão.

```
201 | 4
20    50
 01  <- Neste caso, o número 1 não é
        suficiente para realizar a divisão
        por 4. Temos que acrescentar
        um zero ao quociente.
```

4. Quando os números do dividendo "acabam" iniciamos a parte decimal do quociente.

```
201 | 4
20    50,
 010 <- Como os números do dividendo
        acabaram, colocamos a vírgula no
        divisor e acrescentamos um zero ao
        resto 1.
```

```
201 | 4
20    50,25
 010
   8
  20
  20
   0
```

Divisão entre números inteiros, com dividendo menor que o divisor

Quando o dividendo é menor que o divisor o quociente será menor que 1. Assim, iremos acrescentar "zeros" para AUMENTAR o dividendo e "zeros" para DIMINUIR o quociente.

Vamos exemplifica com a divisão 2 ÷ 1.000

```
20 | 1000
     0,     Como 2 não é suficiente para
            dividir 1000 colocamos um
            zero no dividendo e um zero
            no quociente.
```

```
200 | 1000
      0,0   Como 20 ainda não é suficiente
            para dividir 1000 colocamos mais
            um zero no dividendo e mais um
            zero no quociente.
```

```
2000 | 1000
       0,00  Como 200 ainda não é suficiente para
             dividir 1000 colocamos mais um zero no
             dividendo e mais um zero no quociente.
             2000 é suficiente para dividir 1000.
             Agora iniciaremos a divisão.
```

```
2000 | 1000
2000   0,002
   0
```

Divisão entre números não inteiros

Quando há casas decimais no dividendo ou no divisor, ou em ambos, é preciso ELIMINAR as casas decimais. Mas atenção: o mesmo número de casas acrescidas no dividendo deverá ser acrescido no divisor. Para eliminar a vírgula do dividendo é necessário "andar com a vírgula" por 3 casas. Assim, também acresceremos 3 casas ao número 2,1. Logo, o divisor passará a ser 2.100.

Exemplo: 6.302,124 ÷ 2,1 = 6.302.124 ÷ 2.100

6.302 , 1 2 4 → 6.302.124   2 , 1 0 0 → 2.100

7. FUNÇÕES LOGARÍTMICAS

Logaritmo é definido pela expressão:

$$\log_a x = b \iff a^b = x \qquad a > 0;\ a \neq 1 \qquad x > 0$$

O logaritmo de x na base a é o expoente ao qual devemos elevar o número a para obter x.

Pelas mesmas razões expostas no item de função exponencial, o valor de a não pode ser negativo, nulo e nem igual a 1. Também a função logarítmica só será possível para x positivo e não nulo.

> **MUITA ATENÇÃO!**
> Quando a base não estiver escrita no logaritmo subentende-se que a base é igual a 10 ($\log_{10}x = \log x$).

Outro logaritmo de base fixa é o logaritmo neperiano, cujo valor da base é igual a e $e \cong 2{,}718$. O logaritmo neperiano é representado por ln ($\log_e x = \ln x$) e suas propriedades são iguais às propriedades de qualquer outro logaritmo.

Considere a função $y = \log_{10} x$. Vejamos o seu gráfico.

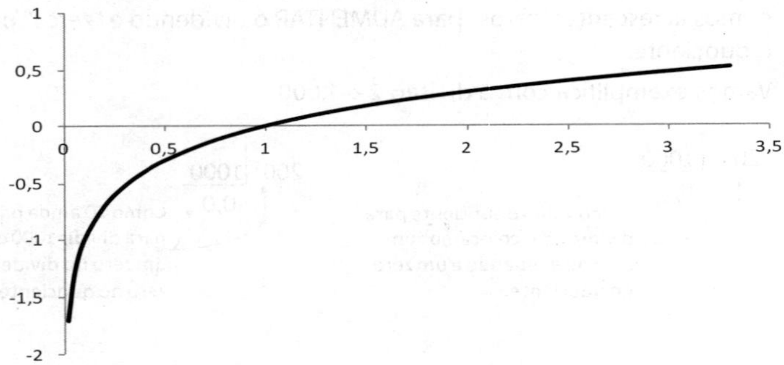

Semelhantemente aos gráficos da função exponencial, a função logarítmica cresce ou decresce rapidamente. Para pequenas variações do valor de x o valor de y torna-se cada vez mais baixo.

Nota-se que a curva chega cada vez mais próxima do eixo y, mas nunca irá interceptá-lo. O eixo y é a assíntota da curva definida pelo logaritmo.

Considerando uma função exponencial sendo $y = \log_a x$, onde a é um número qualquer, maior que zero e diferente de 1 e x é positivo.

> **MUITA ATENÇÃO!**
> - Se, *a* for maior que 1, a curva irá tender a encostar (mas nunca encostará) no eixo *y* em sua parte negativa (função crescente);
> - Se *a* estiver entre zero e 1, a curva irá tender a encostar (mas nunca encostará) no eixo *y* em sua parte positiva (função decrescente).

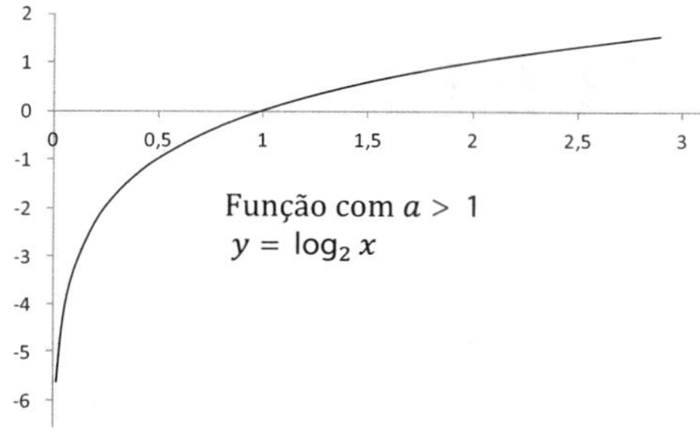

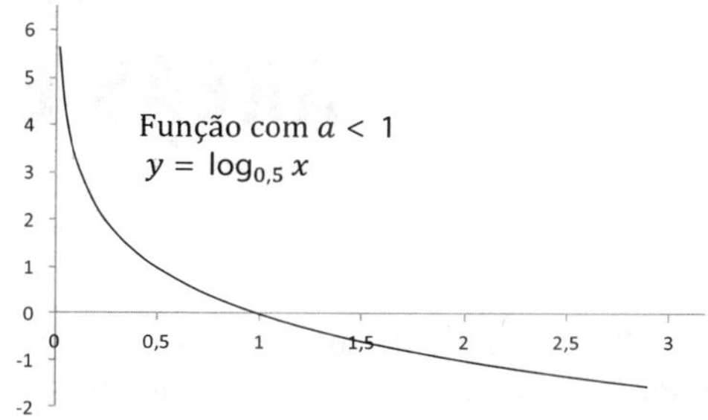

DICA IMPORTANTE

Perceba que o gráfico logarítmico irá interceptar o eixo *x* sempre no número 1. Para $y = 0$, o valor de *x* terá que ser igual a 1, para qualquer equação do tipo $y = \log_a x$, pois o logaritmo de 1, em qualquer base, será sempre igual a zero.

FIQUE POR DENTRO:

OPERAÇÕES COM LOGARÍTMOS

a) $\log_a 1 = 0$, pois todo número elevado a zero é igual a 1 ($a^0 = 1$).

b) $\log_a a = 1$, pois todo número elevado a 1 é igual a ele mesmo ($a^1 = a$).

c) $a^{\log_a b} = b$

d) Se, $\log_a b = \log_a c$, então podemos afirmar que $b = c$

e) $\log_a (b \cdot c) = \log_a b + \log_a c$

f) $\log_a \left(\frac{b}{c}\right) = \log_a b - \log_a c$

g) $\log_a b^m = m\log_a b$

h) $\log_a b = \frac{\log_c b}{\log_c a}$

EM RESUMO: Equações e Funções	
Sistemas de equação	Quando há duas equações com duas incógnitas diferentes, um sistema de equações pode ser solucionado pelo processo de adição das duas equações fazendo-se desaparecer uma das variáveis.
Funções de 1º grau	São do tipo $y = ax + b$ O gráfico de uma função de 1º grau é sempre uma reta. A reta do gráfico corta o eixo *y* em *b*.
Funções de 2º grau	São do tipo $y = ax^2 + bx + c$ O gráfico de uma função de 2º grau é sempre uma parábola. A parábola corta o eixo *y* em *c*. $x_{vértice} = \frac{-b}{2a}$ e $y_{vértice} = \frac{-\Delta}{4a}$
Funções exponenciais e logarítmicas	São função que crescem muito rapidamente. Possuem uma assíntota.

CAPÍTULO IV
ÁREAS E VOLUMES

Para medidas de comprimento, área, volume e massa o Sistema Métrico Decimal utiliza respectivamente o metro, metro quadrado, metro cúbico, o quilograma e seus múltiplos e submúltiplos.

1. UNIDADES DE COMPRIMENTO

O metro é utilizado para medir comprimento, área e volume. As grandezas de área e volume são chamadas de grandezas derivadas, pois utilizam a unidade base (metro) para defini-las através de uma potência (metros quadrados e metros cúbicos).

A Múltiplos e submúltiplos do metro

Observe a tabela com os múltiplos e submúltiplos do metro. Cada unidade de comprimento é **10 vezes** maior que a unidade imediatamente inferior.

Se a transformação de unidade 'andar' da esquerda para a direita na tabela abaixo, aumenta-se o valor numérico. Se a transformação for da direita para a esquerda, diminui-se o valor numérico.

÷ 10 ÷ 10 ÷ 10 ÷ 10 ÷ 10 ÷ 10

Quilômetro	Hectômetro	Decâmetro	Metro	Decímetro	Centímetro	Milímetro
km	hm	dam	m	dm	cm	mm

x 10 x 10 x 10 x 10 x 10 x 10

Transformar 36 cm em hectômetro:

- Transformação da direita para a esquerda – diminui-se o valor numérico
- 4 casas de diferença – divide-se por $10^4 = 10.000$
- 36 cm = 0,0036 hm

2. UNIDADES DE ÁREA

A Múltiplos e submúltiplos do metro quadrado

Ao se utilizar medidas de área em metros quadrados, os múltiplos e submúltiplos deverão ser elevados à segunda potência (10^2). Desta forma, cada unidade de área é **100 vezes maior** que a unidade imediatamente inferior.

÷ 100 ÷ 100 ÷ 100 ÷ 100 ÷ 100 ÷ 100

Quilômetro quadrado	Hectômetro quadrado	Decâmetro quadrado	Metro quadrado	Decímetro quadrado	Centímetro quadrado	Milímetro quadrado
km^2	hm^2	dam^2	m^2	dm^2	cm^2	mm^2

x 100 x 100 x 100 x 100 x 100 x 100

Transformar 5 dam^2 em metros quadrados:

- Transformação da esquerda para a direita – aumenta-se o valor numérico
- 1 casa de diferença – multiplica-se por $10^2 = 100$
- 5 dam^2 = 500 m^2

3. UNIDADES DE VOLUME

A Múltiplos e submúltiplos do metro cúbico

Analogamente às transformações ocorridas nas medidas de área, ao se utilizar medidas de volume em metros cúbicos, os múltiplos e submúltiplos deverão ser elevados à terceira potência (10^3). Desta forma, cada unidade de volume é **1000 vezes maior** que a unidade imediatamente inferior.

÷ 1000 ÷ 1000 ÷ 1000 ÷ 1000 ÷ 1000 ÷ 1000

Quilômetro cúbico	Hectômetro cúbico	Decâmetro cúbico	Metro cúbico	Decímetro cúbico	Centímetro cúbico	Milímetro cúbico
km^3	hm^3	dam^3	m^3	dm^3	cm^3	mm^3

x 1000 x 1000 x 1000 x 1000 x 1000 x 1000

Transformar 36 cm^3 em hectômetro cúbico:

- Transformação da direita para a esquerda – diminui-se o valor numérico
- 4 casas de diferença – divide-se por $10^{4.3} = 10^{12}$ = 1.000.000.000.000
- 36 cm^3 = 0,000000000036 hm^3

B Múltiplos e submúltiplos do litro

Além do metro cúbico, outra unidade de volume bastante utilizada é o **litro**. A relação entre o litro e o metro cúbico é dada a seguir.

- 1 litro = 1 dm^3
- 1000 litros = 1 m^3

Observe que ao se andar uma casa nos múltiplos do metro cúbico, a quantidade de litros foi multiplicada por 10^3 (1.000).

Para o litro, cada múltiplo/submúltiplo é 10 vezes maior que o múltiplo/submúltiplo imediatamente anterior.

÷ 10 ÷ 10 ÷ 10 ÷ 10 ÷ 10 ÷ 10

Quilolitro	Hectolitro	Decalitro	Litro	Decilitro	Centilitro	Mililitro
kl ou kL	hl ou hL	dal ou daL	L ou L	dl ou dL	cl ou cL	ml ou mL

x 10 x 10 x 10 x 10 x 10 x 10

4. ÁREAS DAS PRINCIPAIS FIGURAS PLANAS

A Círculo

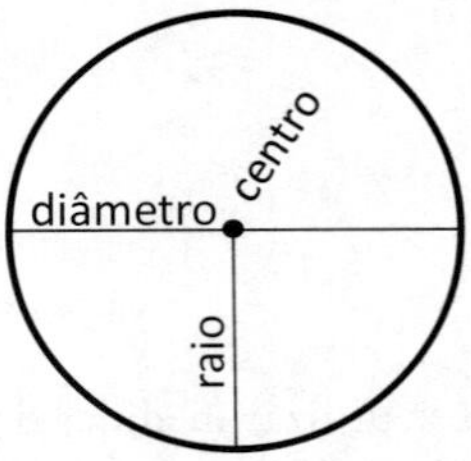

$$Área_{círculo} = 2 \cdot \pi \cdot raio \quad ou \quad Área_{círculo} = \frac{\pi \cdot diâmetro^2}{4}$$

B Triângulo

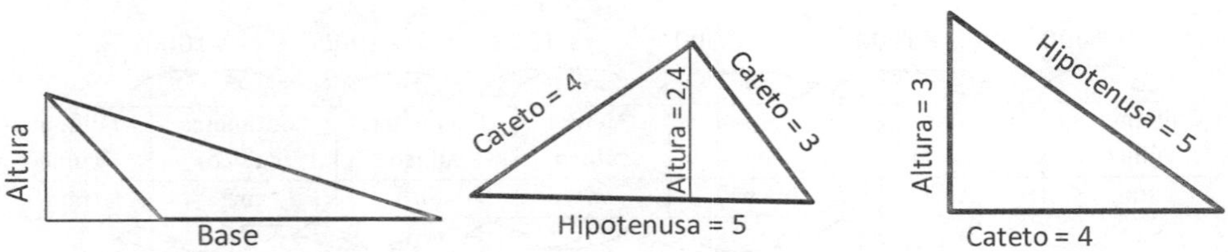

$$Área_{triângulo} = \frac{base \times altura}{2}$$

C Retângulo

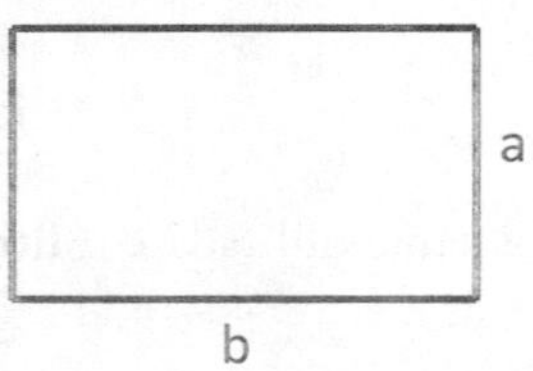

$$Área_{retângulo} = base \cdot altura$$

D Losango

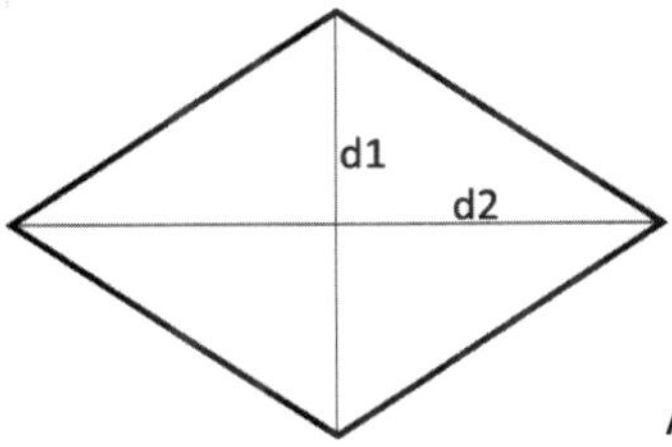

$$Área_{losango} = \frac{d1 \cdot d2}{2}$$

E Trapézio

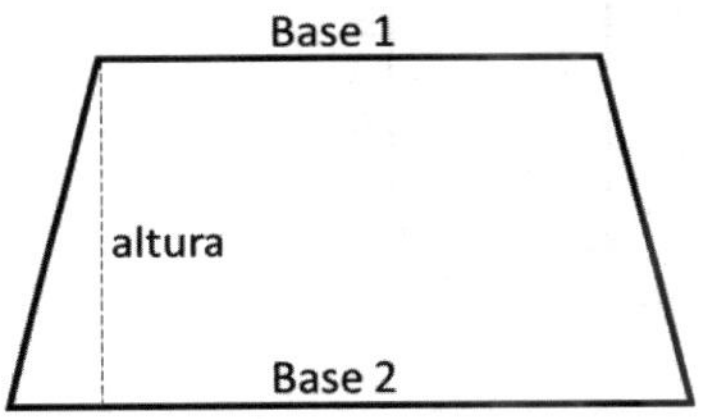

$$Área_{trapézio} = \frac{(base\ 1 + base2) \cdot altura}{2}$$

5. VOLUME DAS PRINCIPAIS FIGURAS ESPACIAIS

A Esfera

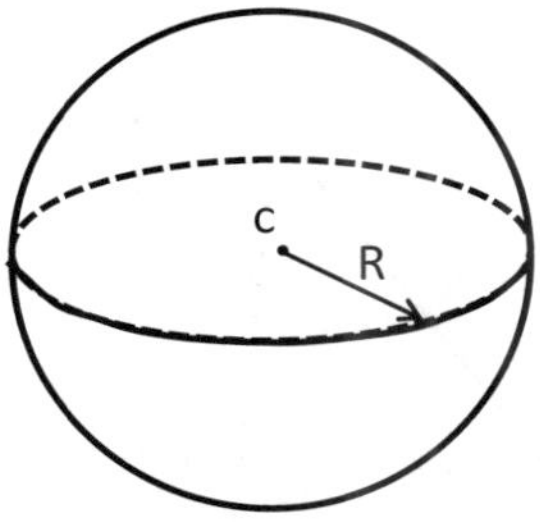

$$Volume\ da\ esfera: \quad V = \frac{4}{3}\pi r^3$$

$$Área\ da\ esfera: \quad A = 4\pi r^2$$

B Cilindro

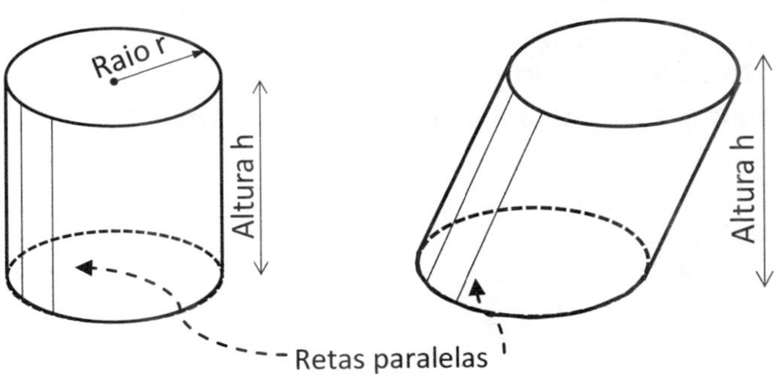

Volume do cilindro: $V = \pi r^2 \cdot h$ (*área da base vezes a altura*)

Área lateral do cilindro: $A = 2\pi rh$ (*perímetro da base vezes a altura*)

Área total do cilindro: $A = 2\pi rh + 2\pi r^2$

(*área das bases mais a área da superfície*)

C Prisma

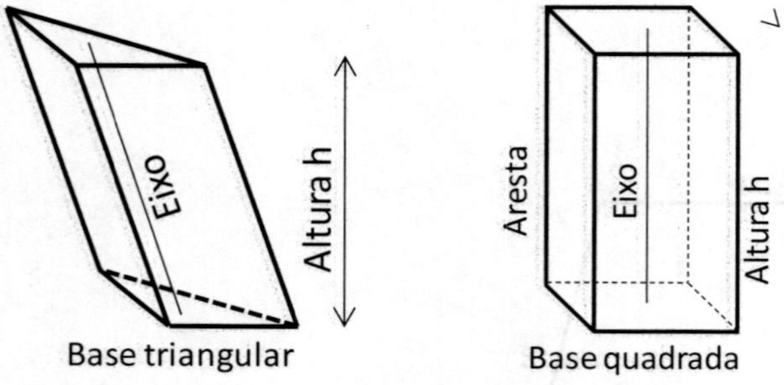

Volume do prisma: $V = A_b \cdot h$ (*área da base vezes a altura do prisma*)

Área lateral do prisma: $A = P \cdot h$ (*perímetro da base vezes a altura*)

Área total do prisma: $A = 2A_b \cdot h + P \cdot h$ (*área das bases + área lateral*)

D Cone

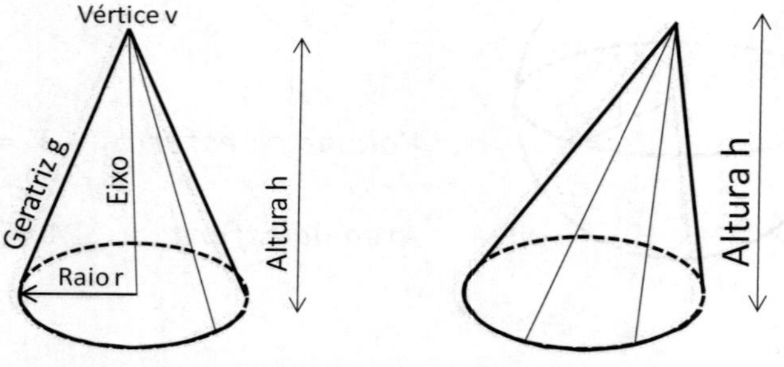

Volume do cone: $V = \frac{1}{3}\pi r^2 \cdot h$ (*um terço da área da base vezes a altura*)

Área lateral do cone: $A = \pi rg$

Área total do cone: $A = \pi rg + 2\pi r^2$ (*área da base + área da superfície*)

E Pirâmide

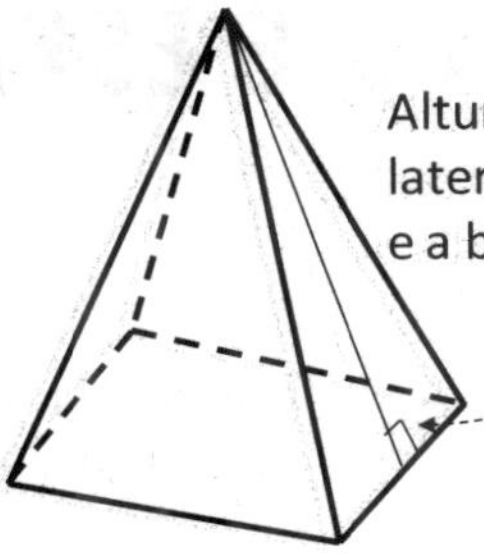

$Volume\ da\ pirâmide:\ V = \frac{1}{3} A_b \cdot h$

($\frac{1}{3}$ *da área da base vezes a altura da pirâmide*)

Área lateral da pirâmide: $A =$ ***área dos triângulos***

Área total da pirâmide: $A =$ ***área da base*** $+$ ***área dos triângulos***

EM RESUMO: Áreas e Volumes	
Área do círculo	$Área_{círculo} = 2 \cdot \pi \cdot raio$ ou $Área_{círculo} = \frac{\pi \cdot diâmetro^2}{4}$
Área do triângulo	$Área_{triângulo} = \frac{base \times altura}{2}$
Área do retângulo	$Área_{retângulo} = base \cdot altura$
Área do losango	$Área_{losango} = \frac{d1 \cdot d2}{2}$
Área do trapézio	$Área_{trapézio} = \frac{(base\ 1 + base2) \cdot altura}{2}$
Volume da esfera	$Volume\ da\ esfera:\ V = \frac{4}{3}\pi r^3$
Volume do cilindro	$Volume\ do\ cilindro:\ V = \pi r^2 \cdot h$
Volume do prisma	$Volume\ do\ prisma:\ V = A_b \cdot h$
Volume do cone	$Volume\ do\ cone:\ V = \frac{1}{3}\pi r^2 \cdot h$
Volume da pirâmide	$Volume\ da\ pirâmide:\ V = \frac{1}{3} A_b \cdot h$

CAPÍTULO V

DESENHOS PLANOS E ESPACIAIS

Em diversas situações há a necessidade de se representar um objeto na forma de desenho. Este desenho por ser representado por um desenho tridimensional ou por suas projeções planas, também conhecidas como planificação.

1. ESCALA

Uma escala representa a proporção do tamanho de certo desenho em relação ao tamanho do objeto real. Ela é uma constante que representa a razão entre o tamanho da figura e o tamanho real.

As escalas podem indicar que a figura é maior ou menor que o objeto. Se a figura for maior que o objeto a escala é ampliada. Se for menor, a escala é reduzida.

A representação da escala pode ser dar das seguintes formas.

MUITA ATENÇÃO!

- **Escala natural**: 1/1 ou 1: 1. Neste caso, a figura tem exatamente o mesmo tamanho que o objeto.
- **Escala reduzida**: 1/50 ou 1:50. Neste caso, cada unidade da figura corresponde a 50 unidades do objeto. A figura é menor que o objeto.
- **Escala ampliada**: 100/1 ou 100:1. Neste caso, cada unidade do objeto corresponde a 100 unidades da figura. A figura é maior que o objeto.

Uma estrada de 100 km aparece em um mapa medindo 50 centímetros.

Neste caso em questão, o mapa está em uma escala de $\frac{50\ cm}{100\ km} = \frac{50\ cm}{10.000.000\ cm} = \frac{5}{1.000.000} = \frac{1}{200.000}$ = "*um para duzentos mil*". Ou seja, cada unidade do mapa representa 200.000 unidades da estrada.

MUITA ATENÇÃO!

Para se definir a escala de um objeto é necessário que as medidas estejam na mesma unidade.

DICA IMPORTANTE

Exercícios envolvendo escalas comumente são resolvidos por meio de regra de três. Por exemplo, ao viajar 50 km da estrada citada, quantos centímetros percorremos no mapa?

- Se trabalharmos em centímetros (50 km = 5.000.000 cm):

$\frac{1}{200.000} = \frac{x}{5.000.000}$ $200.000x = 5.000.000$ $x = \frac{5.000.000}{200.000}$

$x = \frac{50}{2}$ $x = 25\ cm.$

- Se trabalharmos em quilômetros:

$\frac{1}{200.000} = \frac{x}{50}$

2. PROJEÇÃO BIDIMENSIONAL

A projeção de um objeto sólido é a figura plana que se forma quando o objeto sólido é projetado sobre uma superfície.

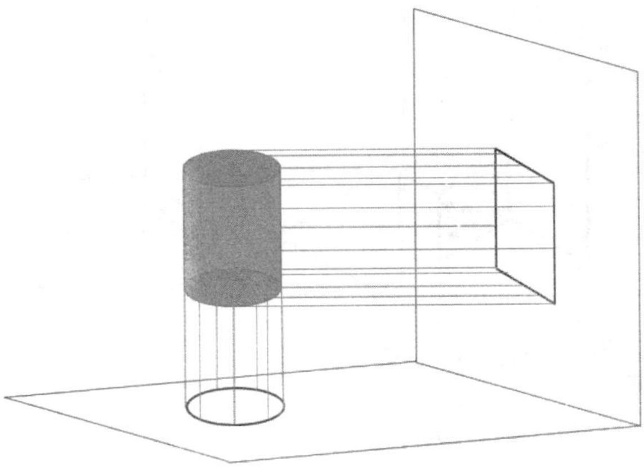

Quando a projeção do objeto é reta chamamos de **vista**.

A figura anterior mostra um cilindro sendo projetado perpendicularmente (com linhas retas) sobre uma superfície horizontal e uma superfície vertical. O resultado das projeções é um retângulo e um círculo.

Veja um exemplo a seguir de um sólido e suas respectivas vistas.

As fases que participam de cada vista foram destacadas com linhas tracejadas, bolinhas e estrelinhas. Estes mesmos símbolos foram utilizados nas respectivas faces da vista correspondente.

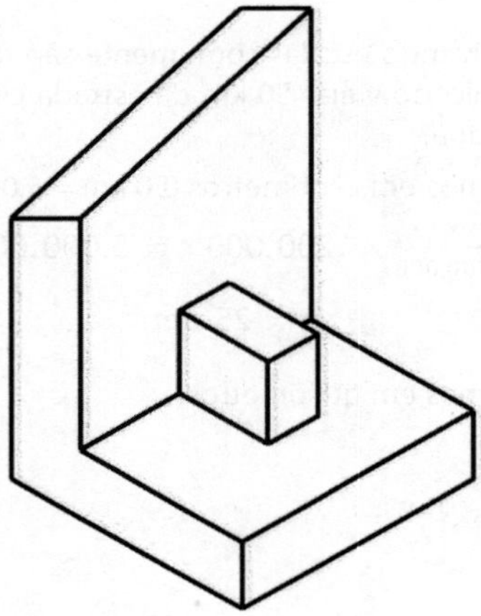

Figura 1: Sólido espacial

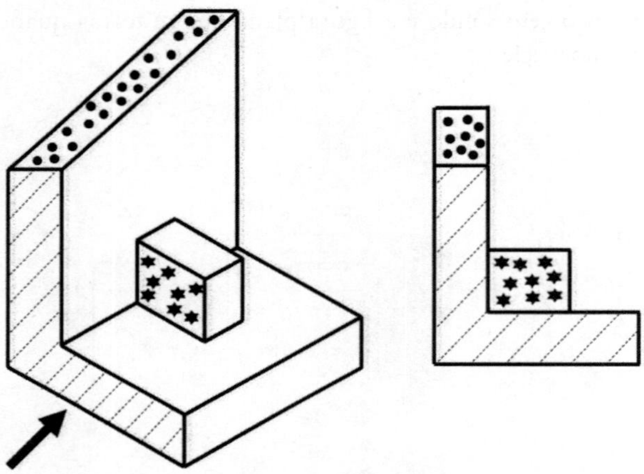

Figura 2: Obtenção da vista lateral do objeto

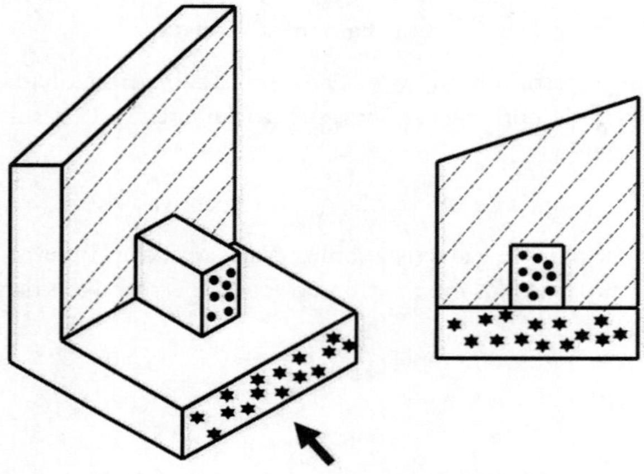

Figura 3: Obtenção da vista frontal do objeto

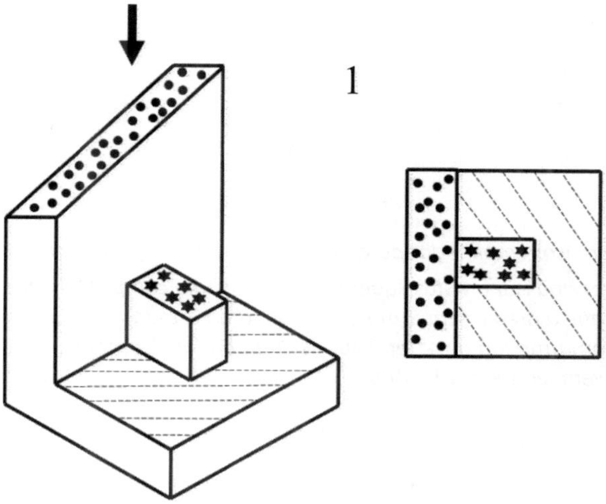

Figura 4: Obtenção da vista superior do objeto

? **QUESTÃO**: (CESPE – Policial Rodoviário Federal – DPRF/2019) As figuras seguintes ilustram a vista frontal e a vista da esquerda de um sólido que foi formado empilhando-se cubos de mesmo tamanho.

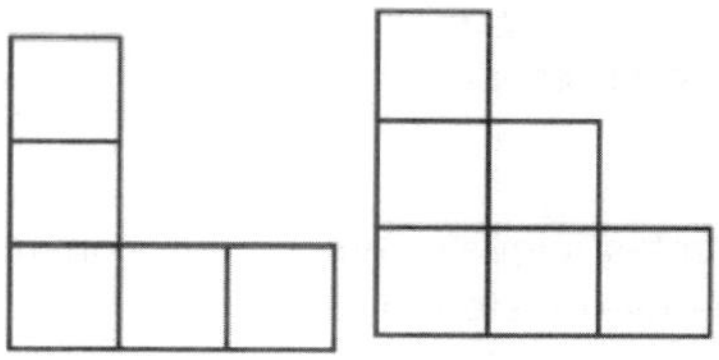

? A partir das figuras precedentes, julgue o item a seguir, com relação à possibilidade de a figura representar uma vista superior do referido sólido.

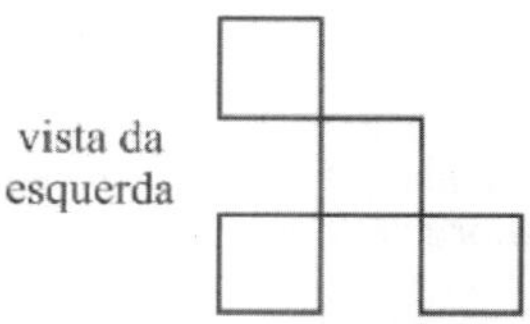

➥ ***RESPOSTA:*** *Observando a vista frontal vemos que há três cubos empilhados do lado esquerdo. Na vista superior esta coluna de 3 cubos pode ser nos locais indicados com o número 3. Pode ser em apenas um dos locais ou em ambos.*

Já as duas áreas marcadas com o número 1 devem ter, necessariamente, apenas um cubo, para ser compatível com a vista frontal.

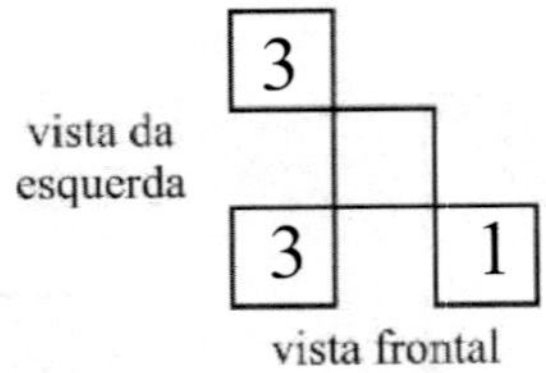

Número de blocos empilhados para que a vista frontal seja compatível com a vista superior

Agora vamos analisar a vista esquerda. Para que haja compatibilidade com a vista superior é necessário que a área a seguir marcada com uma estrela tenha 3 cubos empilhados. A área marcada com uma lua deve ter 2 cubos empilhados. E ambas as áreas marcadas com um coração devem ter apenas 1 cubo.

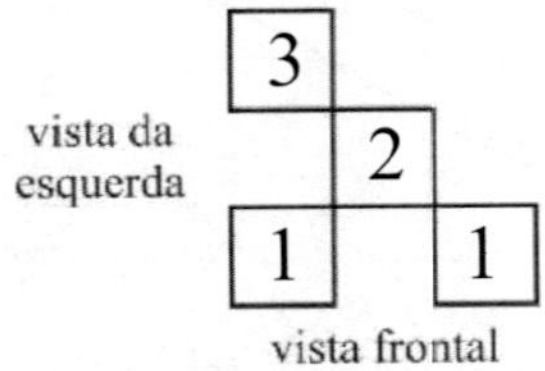

Número de blocos empilhados para que a vista esquerda seja compatível com a vista superior

Perceba que há uma incompatibilidade entre a exigência da vista lateral e a exigência da vista esquerda. A área central deve ter 2 cubos empilhados para que a vista esquerda fique correta, enquanto a área central deve ter apenas um cubo para que a vista frontal fique correta.

A questão está ERRADA.

? A partir das figuras precedentes, julgue o item a seguir, com relação à possibilidade de a figura representar uma vista superior do referido sólido.

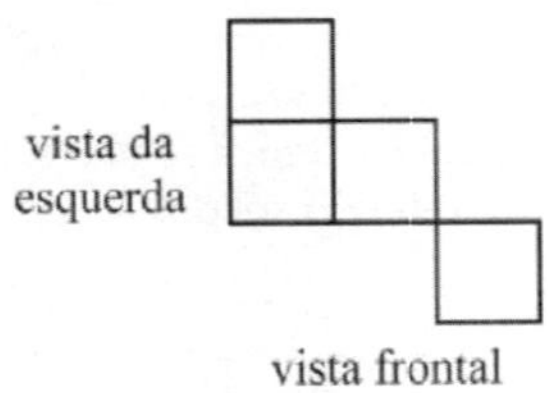

↳ ***RESPOSTA:*** *Da mesma forma que a questão anterior vamos colocar quantos cubos deve-se ter empilhados na vista superior para que seja compatível com as vistas frontal e esquerda.*

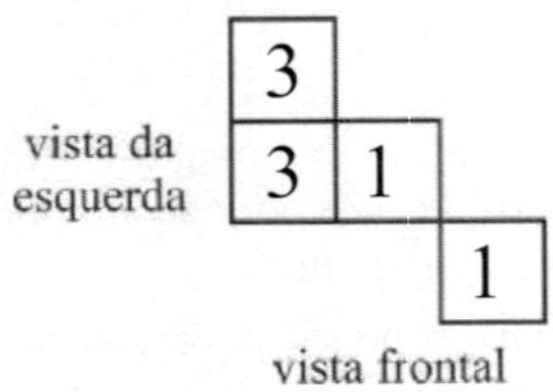

Número de blocos empilhados para que a vista frontal seja compatível com a vista superior

As áreas marcadas com o número 3 podem ter 3 cubos empilhados cada uma, ou apenas uma delas. As áreas marcadas com o número 1 devem ter apenas um cubo em cada.

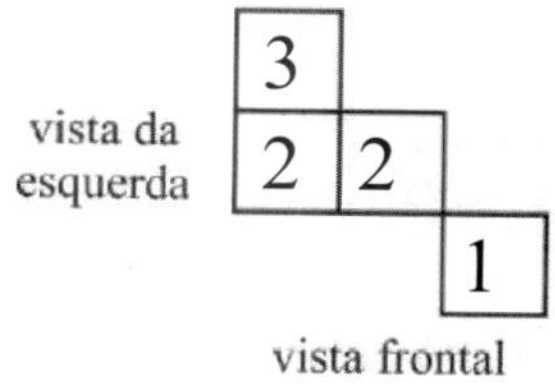

Número de blocos empilhados para que a vista esquerda seja compatível com a vista superior

A área indicada com o número 3 deve ter 3 cubos empilhados. As áreas indicadas com o número 2 devem ter 2 cubos empilhados em ambos, ou em apenas um deles. A área indicada com o número 1 deve ter apenas um cubo.

Veja que a seguinte situação atenderia às duas situações.

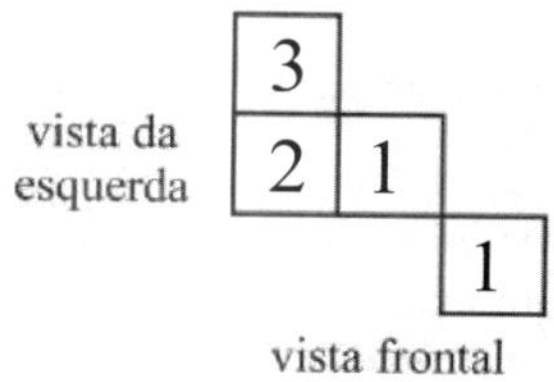

Assim, a questão está CERTA. É possível que as vistas frontal e esquerda apresentadas sejam compatíveis com a vista superior apresentada.

? A partir das figuras precedentes, julgue o item a seguir, com relação à possibilidade de a figura representar uma vista superior do referido sólido.

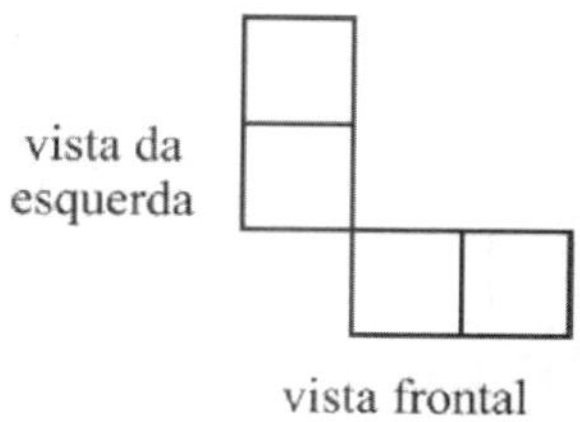

↳ ***RESPOSTA:***

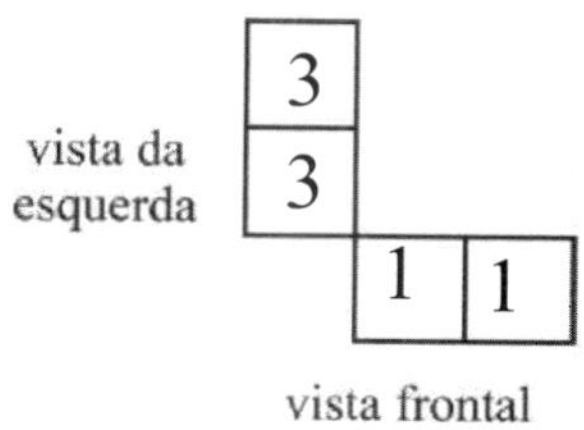

Número de blocos empilhados para que a vista frontal seja compatível com a vista superior

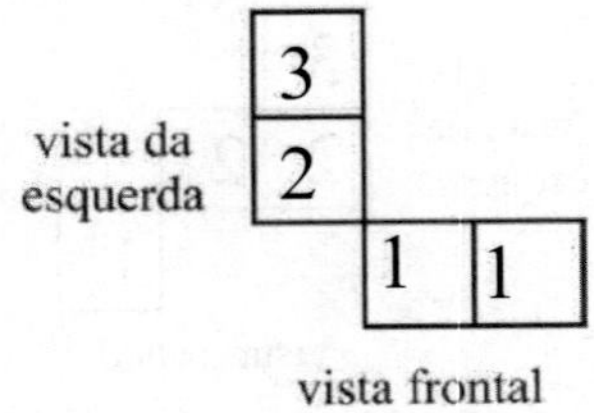

Número de blocos empilhados para que a vista esquerda seja compatível com a vista superior

Como a área indicada com o número 2 na última figura também pode ter 2 cubos empilhados na penúltima figura, então a questão está CERTA.

A Corte

O corte é utilizado para detalhar uma parte interna de um sólido. É a vista de uma seção da figura sólida.

Suponha que na nossa figura de exemplo houvesse um orifício circular no bloco central, mas apenas internamente, não atingindo as fases externa. Neste caso, nenhuma vista seria capaz de identificar esse orifício. Apenas um corte demonstraria este detalhe.

Imagine esta figura seccionada na linha tracejada. O corte exibido representa a vista nessa seção.

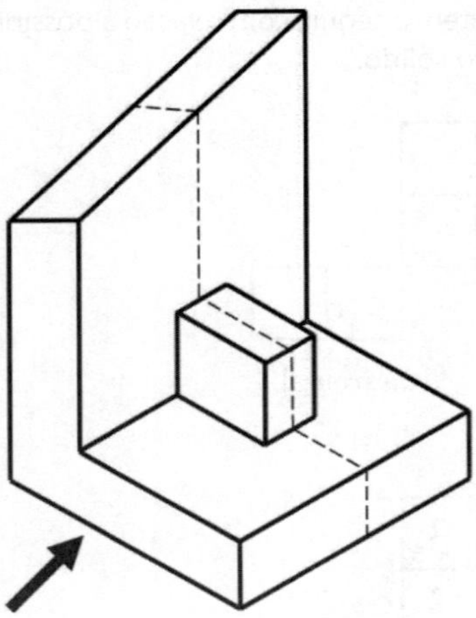

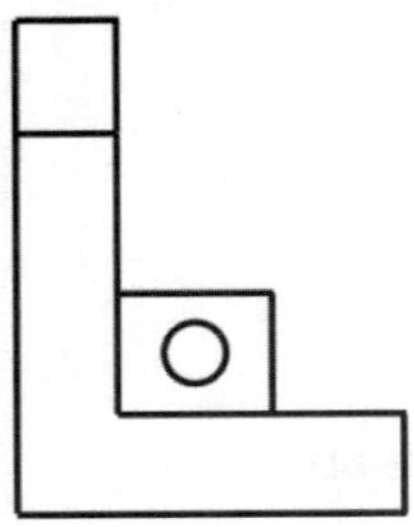

B Planificação

A planificação de sólidos geométricos é simplesmente a apresentação deste sólido em forma de planos. Para isso, associa-se cada superfície externa do sólido em uma figura plana, bidimensional.

MUITA ATENÇÃO!

Não é possível planificar uma esfera. Uma esfera não possui planos retos. Ao se representar o globo terrestre, por exemplo, em um mapa planificado, faz uma aproximação. Entretanto, há uma distorção nos polos.

Veja a planificação dos principais sólidos geométricos estudados.

- ***Cone***: formado por um círculo na base e um setor circular na lateral.

- ***Prisma pentagonal***: formado por 2 pentágonos nas bases e 5 retângulos nas laterais.

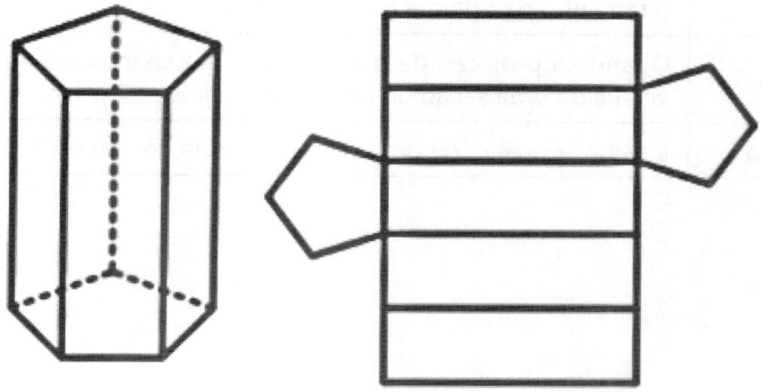

- ***Pirâmide***: formada por um polígono na base e triângulos nas laterais. Neste caso, o polígono foi um pentágono. Consequentemente, há 5 triângulos nas laterais.

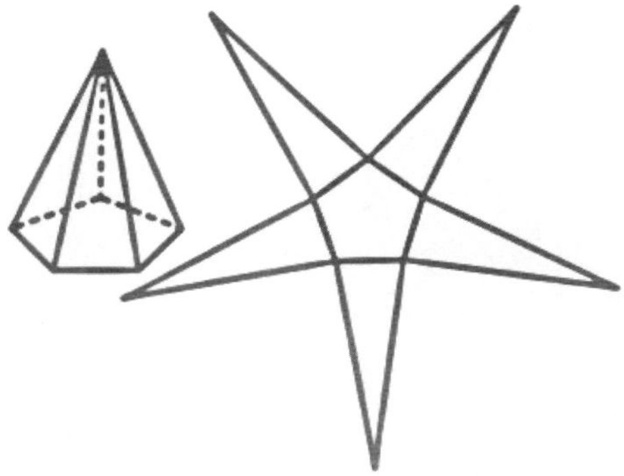

- ***Cilindro***: formado por dois círculos nas bases e um retângulo no corpo.

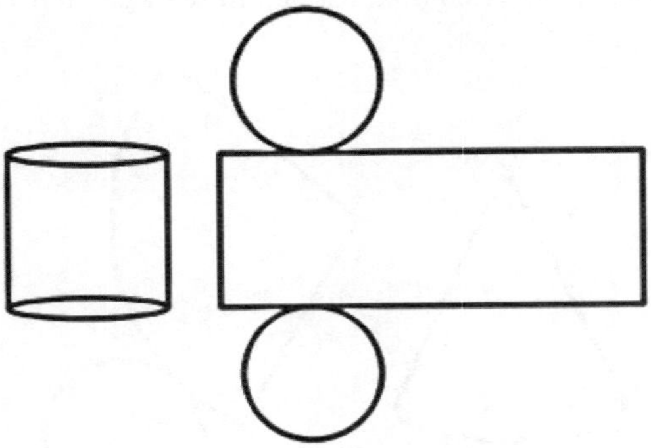

EM RESUMO: Desenhos planos e espaciais	
Escala	Representa a proporção do tamanho de certo desenho em relação ao tamanho do objeto real. Ela é uma constante que representa a razão entre o tamanho da figura e o tamanho real.
Projeções	Quando a projeção de um objeto é reta chamamos de vista. Quando a vista é de uma seção do objeto, chamamos de corte.
Planificação	É a apresentação de um sólido em forma de planos.

CAPÍTULO VI
NOÇÕES DE ESTATÍSTICA

Quando se tem um conjunto de valores é comum desejar reproduzir todo o conjunto por meio de valores representativos. As ferramentas da estatística têm este intuito, o de resumir e analisar o comportamento de um conjunto de dados.

1. MEDIDAS DE POSIÇÃO

A média aritmética é a medida mais utilizada no cotidiano para representar o valor intermediário de um conjunto de dados. Tomemos como exemplo o seguinte conjunto formado por dez números:

6; 9; 10; 4; 1; 5; 8; 9; 10; 10

A Média aritmética simples

A média aritmética é obtida pela simples soma de todos os elementos do grupo dividido pelo número total de elementos.

No nosso exemplo, temos:

$$média\ simples = \frac{6+9+10+4+1+5+8+9+10+10}{10}$$

$$média\ simples = \frac{72}{10} = 7{,}2$$

B Média aritmética ponderada

A média aritmética ponderada é utilizada quando deseja atribuir diferentes pesos para os diferentes elementos do grupo. Neste caso, basta multiplicar cada elemento do grupo pelo respectivo peso atribuído e dividir pela soma dos pesos.

Supondo que este conjunto de dados do exemplo trata-se de notas de dez provas realizadas por um aluno. Suponha ainda, que as 5 últimas provas têm o dobro do peso das 5 primeiras provas. A média ponderada será:

$$média\ ponderada = \frac{\overbrace{(6+9+10+4+1)}^{\text{Provas com peso 1}} + \overbrace{(5\cdot 2+8\cdot 2+9\cdot 2+10\cdot 2+10\cdot 2)}^{\text{Provas com peso 2}}}{5\cdot 1+5\cdot 2}$$

$$média\ ponderada = \frac{30+84}{15} = \frac{114}{15} = 7{,}6$$

Perceba que como as maiores notas faziam parte do grupo de provas de maior peso, a média ponderada foi maior que a média simples.

C Mediana

A mediana representa o valor central dos dados quando estes estão agrupados em ordem crescente. Quando o número de dados for par, a mediana será a média simples entre os dois valores centrais.

Agrupando os dados do exemplo em ordem crescente, teremos:

$$1;\ 4;\ 5;\ 6;\ \underbrace{8;\ 9};\ 9;\ 10;\ 10;\ 10$$

A mediana será o valor intermediário entre 8 e 9. Ou seja, $\frac{8+9}{2} = 8{,}5$

Quando o número de dados for ímpar não é necessário realizar a média. A mediana será o valor central.

A mediana entre os números {2, 5, 7, 9, 11} é o número 7.

D Moda

A moda nada mais é que o valor que mais se repete no conjunto. Se nenhum valor é repetido, não há moda. Um conjunto de dados pode apresentar mais de uma moda, caso mais de um dado tenha a mesma quantidade de repetições.

No exemplo o valor que mais se repete é o número 10.

2. MEDIDAS DE DISPESÃO

Estas duas medidas servem para caracterizar o grau de variação que existe em um conjunto de valores. Ou seja, eles demonstram se um conjunto é mais ou menos uniforme. Um conjunto com os dados muito perto da média, tende a ser mais uniforme.

A Desvio padrão

Quando um conjunto de dados tem um desvio padrão baixo sabemos que os dados possuem valores mais próximos da média. Ao contrário, quando o desvio padrão é muito alto sabemos que há uma grande diferença entre os dados do grupo.

Observe os dois conjuntos de dados a seguir. Em ambos os grupos a média é igual a 50.

Conjunto A: $\{50; 48; 52; 49; 47; 53; 49; 49; 52; 51\}$

Conjunto B: $\{50; 40; 32; 67; 80; 25; 45; 90; 15; 46\}$

Podemos perceber que no grupo A os valores são mais uniformes. Não se distanciam muito na média 50. No grupo B os valore variam mais. Há valores muito maiores que a média e valores muito menores que a média.

Logo, o desvio padrão do conjunto B é maior que o desvio padrão do conjunto A.

$$\sigma\ (desvio\ padrão) = \sqrt{\frac{\sum(x-\bar{X})^2}{n}}$$

$x = valor\ do\ dado$

$\bar{X} = média\ do\ conjunto$

$n = número\ de\ dados$

Desvio padrão do conjunto A:

$$\sigma = \sqrt{\frac{(50-50)^2+(48-50)^2+(52-50)^2+(49-50)^2+(47-50)^2+(53-50)^2+(49-50)^2+(49-50)^2+(52-50)^2+(51-50)^2}{10}}$$

$$\sigma = \sqrt{\frac{(0)^2+(-2)^2+(2)^2+(-1)^2+(-3)^2+(3)^2+(-1)^2+(-1)^2+(2)^2+(1)^2}{10}}$$

$$\sigma = \sqrt{\frac{0+4+4+1+9+9+1+1+4+1}{10}} = \sqrt{\frac{34}{10}} = \sqrt{3{,}4} = 1{,}84$$

Desvio padrão do conjunto B:

$$\sigma = \sqrt{\frac{(50-50)^2+(40-50)^2+(32-50)^2+(67-50)^2+(80-50)^2+(25-50)^2+(45-50)^2+(90-50)^2+(15-50)^2+(56-50)^2}{10}}$$

$$\sigma = \sqrt{\frac{(0)^2+(-10)^2+(-18)^2+(17)^2+(30)^2+(-25)^2+(-5)^2+(40)^2+(-35)^2+(6)^2}{10}}$$

$$\sigma = \sqrt{\frac{0+100+324+289+900+625+25+1600+1225+36}{10}} = \sqrt{\frac{5124}{10}} = \sqrt{512{,}4} = 22{,}63$$

B Variância

A variância é apenas o quadrado do desvio padrão. Também server com verificação da uniformidade dos dados.

Variância do conjunto A: 3,4

Variância do conjunto B: 512,4

? **QUESTÃO:** (CESPE – Policial Rodoviário Federal – DPRF/2013) Considerando os dados apresentados no gráfico, julgue o item seguinte.

? A média do número de acidentes ocorridos no período de 2007 a 2010 é inferior à mediana da sequência de dados apresentada no gráfico.

➥ ***RESPOSTA:*** *Vamos calcular a média aritmética simples do período de 2007 a 2010. Quando se utiliza simplesmente o termo "média" podemos considerar a média aritmética simples.*

$$\frac{129 + 141 + 159 + 183}{4} = \frac{612}{4} = 153$$

Agora, calcularemos a mediana da sequência completa dos dados apresentados. Os dados do gráfico já se encontram em ordem crescente. Assim, basta pegar o valor central, que corresponde ao valor do ano de 2008. A mediada da sequência é igual a 141.

Verificamos que a questão está ERRADA, pois 153 não é inferior a 141.

EM RESUMO: Noções de Estatística	
Medidas de posição	Buscam a representação do valor central do conjunto.
Medidas de dispersão	Buscam a caracterização do grau de variação dos dados.
Média aritmética simples	É definida pela soma de todos os dados do conjunto, dividido pelo número de dados do conjunto
Média aritmética ponderada	É obtida multiplicando-se cada elemento do grupo pelo respectivo peso atribuído. Soma-se todos os produtos obtidos e divide-se pela soma dos pesos.
Mediana	Representa o valor central dos dados quando estes estão agrupados em ordem crescente.
Moda	É que o valor que mais se repete no conjunto.

CAPÍTULO VII
ANÁLISE COMBINATÓRIA E PROBABILIDADE

Muitas questões de raciocínio lógico passam pelo conceito da análise combinatória. Em muitos exercícios é possível chegar-se na solução apenas analisando a estrutura lógica do problema. No entanto, com o conhecimento e domínio de conceitos matemáticos a solução de tais questões se tornais mais simples e rápidas.

Assim, o domínio de análise combinatória irá auxiliar em diversas questões de raciocínio lógico.

1. PRINCÍPIO FUNDAMENTAL DA CONTAGEM

O princípio fundamental da contagem é uma ferramenta da análise combinatória que utiliza dois principais raciocínios na resolução de problemas de contagem. No princípio fundamental da contagem temos que identificar duas linhas de raciocínio: a adição e a multiplicação.

A Multiplicação: possibilidades de ocorrência simultânea de eventos

Suponha que um restaurante possua 4 tipos de sucos e 3 tipos de pratos. Você deseja escolher um prato e um suco para sua refeição. Quantas são as suas possibilidades?

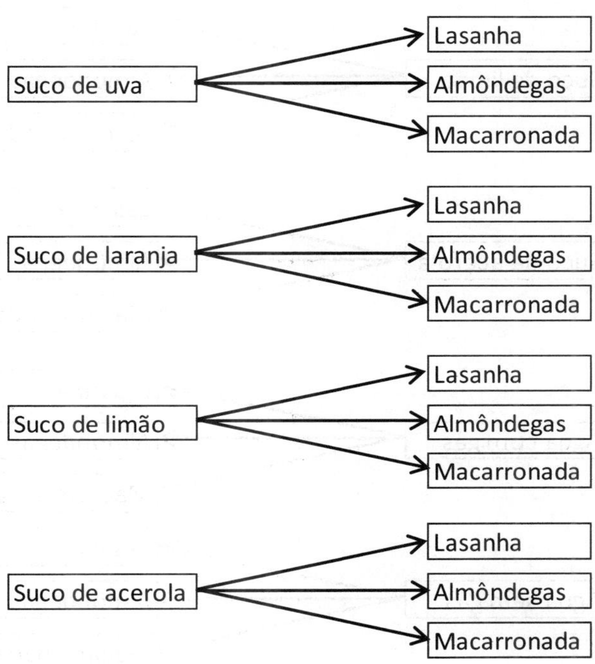

Quando se deseja saber as possibilidades de ocorrência simultânea de duas situações, o número de possibilidades é o produto do número de possibilidades individuais. Nesses casos, as possibilidades estarão ligadas pelo conectivo 'e'.

Veja, no nosso exemplo precisamos escolher um prato **e** um suco. E esta escolha tem que ser junta, ou seja, simultânea.

Assim, basta multiplicar o número de pratos possíveis com o número de sucos possíveis.

$$4 \times 3 = 12$$

B Adição: possibilidades de ocorrência não simultânea de eventos

Agora, suponha que neste restaurante tenha dois tipos de bebida: as 4 opções de suco e mais duas opções de água, com gás e sem gás. De maneira que para a sua refeição, você continuará pedindo umas das 3 opções de pratos e uma opção de bebida.

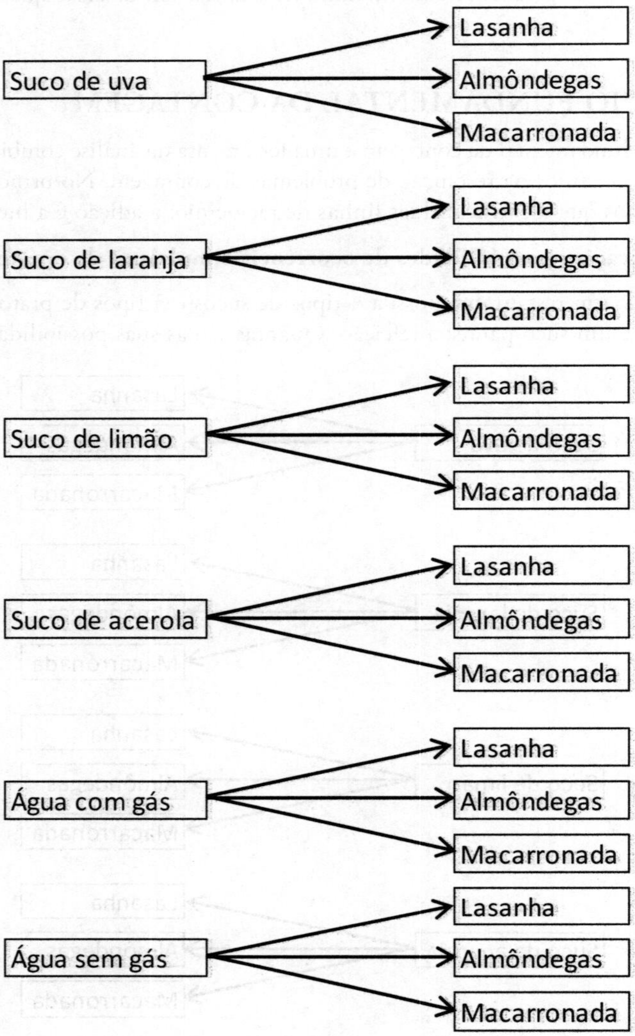

Quando a ocorrência de eventos for não simultânea, ou seja, ocorrer um evento ou o outro evento, então o número de possibilidades será a soma das possibilidades individuais. Nesses casos, as possibilidades estarão ligadas pelo conectivo 'ou'.

Assim, basta somar as opções de água às opções de suco possíveis.

$$(4+2)\times 3 = 18$$

nº de sucos → 4
nº de águas → 2
nº de pratos → 3

2. PROBABILIDADE

A probabilidade exprimi a chance de ocorrência de um evento. Usamos probabilidades em situações em que dois ou mais resultados diferentes podem ocorrer e não é possível prever qual deles realmente vai ocorrer em cada situação. Seguem algumas definições.

A Definições

Experimentos aleatórios: são experimentos que, quando repetidos em condições iguais, podem fornecer resultados diferentes. Por exemplo, o lançamento de um dado é um experimento aleatório, pois, cada vez que o dado é jogado pode-se obter um número diferente, que antes do lançamento, é desconhecido.

Espaço amostral: é o conjunto de todos os resultados possíveis de ocorrer em um experimento aleatório. Por exemplo, o espaço amostral de um dado é o conjunto {1; 2; 3; 4; 5; 6}. Neste conjunto estão todas as possibilidades de resultado de um lançamento.

Evento: é o resultado desejado. É um subconjunto do espaço amostral. Por exemplo, o evento 'ocorrência de uma face par em um lançamento' é o subconjunto {2; 4; 6}.

A probabilidade de ocorrer certo evento é dada por:

$$P(A) = \frac{evento}{espaço\ amostral}$$

Exemplo: Qual é a probabilidade de se obter um número par no lançamento de um dado?

- Espaço amostral = {1; 2; 3; 4; 5; 6} – seis elementos
- Evento = {2; 4; 6} – três elementos
- Probabilidade = $^3/_6$ = 0,5 = 50% de chance

MUITA ATENÇÃO!

Observe o significado de algumas probabilidades.

- P(A) = 0 evento impossível de ocorrer
- P(A) = 1 evento certo, 100% de probabilidade de ocorrer
- A Probabilidade de um evento ocorrer varia de 0 a 1.

B União de dois eventos

A probabilidade de ocorrer um evento A OU um evento B é a probabilidade de ocorrer um elemento de A, **mais** a probabilidade de ocorrer um elemento de B, **menos** a probabilidade de ocorrer um elemento comum a A e B.

$$P(A \cup B) = P(A) + P(B) - P(A \cap B)$$

Exemplo: Retirando-se uma carta de um baralho de 52 cartas, qual a probabilidade da carta retirada ser ou um **ÁS** ou uma carta de **COPAS**?

- Espaço amostral: 52 cartas do baralho
- Evento A: 4 cartas ÁS do baralho
- Evento B: 13 cartas COPAS do baralho
- $A \cap B$ = uma carta é, ao mesmo tempo, ÁS e COPAS
- Probabilidade:
$$P(A \cup B) = {}^{4}/_{52} + {}^{13}/_{52} - {}^{1}/_{52} = {}^{16}/_{52} = 0{,}308 = 30{,}8\%$$

C Probabilidade de dois eventos

A probabilidade de ocorrer um evento A **E** um evento B é:

$$P(A/B) = P(A) \cdot P(B)$$

Exemplo: Em uma urna há 5 bolas verdes, 3 bolas amarelas e 2 bolas vermelhas. Qual a probabilidade de se retirar uma bola verde na primeira tentativa e uma bola amarela na segunda tentativa, sem que haja reposição das bolas?

- Espaço amostral: 5 + 3 + 2 = 10 bolas
- Evento A: 5 bolas verdes
- Evento B: 3 bolas amarelas
- Probabilidade: $P(A/B) = \frac{5}{10} \times \frac{3}{9} = \frac{15}{90} = \frac{15 \div 15}{90 \div 15} = \frac{1}{6} = 0{,}167 = 16{,}7\%$

DICA IMPORTANTE

REPOSIÇÃO E NÃO REPOSIÇÃO DE ELEMENTOS

Na primeira retirada de bola o espaço amostral era de 10 bolas. Entretanto, na segunda retirada o espaço amostral passou a ser 9 bolas, pois **não houve reposição da primeira bola**. Se a primeira bola tivesse sido colocada de volta à urna (com reposição), a probabilidade seria ${}^{5}/_{10} \times {}^{3}/_{10} = {}^{15}/_{100} = {}^{3}/_{20} = 15\%$

EM RESUMO: Porcentagem	
Princípio fundamental da contagem	Ocorrência simultânea dos eventos: multiplica-se os eventos. Ocorrência não simultânea dos eventos: soma-se os eventos.
Probabilidade	$P(A) = \frac{evento}{espaço\ amostral}$

CAPÍTULO VIII
PROGRESSÃO ARITMÉTICA E GEOMÉTRICA

1. PROGRESSÃO ARITMÉTICA – PA

Certas sequências numéricas são formadas a partir de uma "regra". Pode-se, assim, identificar e prever o valor de uma determinada posição desta sequência. Quando uma sequência, a partir do segundo número, é formada **somando-se** o número anterior a uma constante, esta sequência é uma **progressão aritmética**.

A Razão de uma PA

Essa constante é também chamada de razão da PA. E cada número pertencente à sequência é chamado de termo.

Exemplos:

a) (0; 10; 20; 30; 40; ...) razão = 10

b) (12; 18; 24; 30; 36; ...) razão = 6

É fácil perceber que a razão da PA é encontrada subtraindo-se um termo pelo termo imediatamente anterior.

$$r = a_n - a_{n-1}$$

De acordo com a fórmula apresentada acima, a razão está representada pela letra r e os termos da sequência pela letra a seguida do índice n, que indica a posição do termo na sequência.

Por exemplo, o número 30 é o quarto termo da progressão aritmética do exemplo a) acima. Assim: $a_4 = 30$.

Analogamente, a_{n-1} representa o termo imediatamente anterior ao termo a_n (enésimo termo).

B Termo geral de uma PA

Para se encontrar um termo qualquer de uma progressão aritmética, basta seguir a fórmula:

$$a_n = a_1 + r(n - 1)$$

Tomando a progressão aritmética do exemplo b), qual é o seu 102º termo?

PA (12; 18; 24; 30; 36; ...)

Sabemos que o primeiro termo da PA é 12 ($a_1 = 12$).

Sabemos que a razão da PA é 6 ($r = 6$).

$a_n = a_1 + r(n-1)$ $a_{102} = 12 + 6\,(102-1)$ $a_{102} = 12 + 6\,(101)$

$a_{102} = 12 + 606$ $a_{102} = 618$

C Soma de uma PA

Para encontrar a soma dos termos de uma PA, segue-se a fórmula:

$$S_n = \frac{(a_1 + a_n)}{2} \cdot n$$

C.1 Soma dos n primeiros termos de uma PA

Considere a mesma PA do exemplo b). Vamos encontrar a soma dos 50 primeiros termos desta PA.

PA - (12; 18; 24; 30; 36; ...)

Primeiramente, precisamos conhecer o 50º termo.

$a_{50} = a_1 + r(n-1)$ $a_{50} = 12 + 6\,(50-1)$ $a_{50} = 306$

Agora possuímos todos os elementos para utilizar a fórmula da soma dos termos de uma PA.

$S_{50} = \frac{(a_1 + a_{50})}{2} \cdot 50$ $S_{50} = \frac{(12+306)}{2} \cdot 50$ $S_{50} = \frac{318}{2} \cdot 50$

$S_{50} = 159 \cdot 50$ $S_{50} = 7.950$

C.2 Soma de n termos intermediários de uma PA

Vamos encontrar agora a soma do 10º termo ao 30º termo desta PA. Primeiro precisamos descobrir quais são o 10º e o 30º termos.

$a_{10} = a_1 + r(n-1)$ $a_{10} = 12 + 6\,(10-1)$ $a_{10} = 66$

$a_{30} = a_1 + r(n-1)$ $a_{30} = 12 + 6\,(30-1)$ $a_{30} = 186$

Neste caso, o décimo termo passará a ser o primeiro termo de interesse, e o trigésimo termo passará a ser o vigésimo primeiro termo.

MUITA ATENÇÃO!

Cuidado! Há 21 termos entre o 10º e o 30º termo, e não, 20 termos.

Faremos então, a soma dos vinte um primeiros termos da PA.

$S_{21} = \frac{(a_1 + a_{21})}{2} \cdot 21$ $S_{21} = \frac{(66+186)}{2} \cdot 21$ $S_{21} = \frac{252}{2} \cdot 21$

$S_{21} = 126 \cdot 21$ $S_{10\,a\,30} = 2.646$

Outra opção de solução é fazer a soma dos 30 primeiros termos da PA menos a soma dos 9 primeiros termos.

$$S_{10\,a\,30} = S_{30} - S_9$$

$a_9 = 12 + 6\,(9-1)$ $a_9 = 60$

$a_{30} = 12 + 6\,(30-1)$ $a_{30} = 186$

MUITA ATENÇÃO!

$S_9 = \frac{(12+60)}{2} \cdot 9$ $S_9 = 324$

$S_{30} = \frac{(12+186)}{2} \cdot 30$ $S_{30} = 2.970$

$S_{30} - S_{19} = 2.970 - 324 = 2.646$

2. PROGRESSÃO GEOMÉTRICA - PG

Assim como na progressão aritmética, a progressão geométrica é uma sequência numérica que possui uma "regra" de formação. Na progressão geométrica, a partir do segundo número, cada número é formado pelo número imediatamente anterior **multiplicado** por uma constante.

A Razão de uma PG

Novamente, chamamos essa constante de razão. Também, cada número pertencente à sequência é chamado de termo.

Exemplos:

c) (1; 5; 25; 125; 625; 3125; ...) razão = 5

d) (12; 24; 48; 96; 192; 384; ...) razão = 2

A razão da PG é encontrada dividindo-se um termo pelo termo imediatamente anterior.

$$q = \frac{a_n}{a_{n-1}}$$

Na progressão geométrica costuma-se representar a razão pela letra q. Os termos da sequência continuam sendo representados pela letra a seguida do índice n, que indica a posição do termo na sequência.

Por exemplo, o número 25 é o terceiro termo da progressão geométrica do exemplo c) acima. Assim: $a_3 = 25$.

Analogamente, a_{n-1} representa o termo imediatamente anterior ao termo a_n (enésimo termo).

B Termo geral de uma PG

Para se encontrar um termo qualquer de uma progressão geométrica basta seguir a fórmula:

$$a_n = a_1 \cdot q^{n-1}$$

Tomando a progressão aritmética do exemplo d), qual é o seu 10º termo?

PG - (12; 24; 48; 96; 192; 384; ...)

$(a_1 = 12)$.

$(q = 2)$

$a_n = a_1 \cdot q^{n-1}$ $a_{10} = 12 \cdot 2^{10-1}$ $a_{10} = 12 \cdot 2^9$

$a_{10} = 12 \cdot 512$ $a_{10} = 6.144$

C Soma de uma PG

Para encontrar a soma dos termos de uma PG, segue-se a fórmula:

$$S_n = \frac{a_1 \cdot (q^n - 1)}{q - 1}$$

C.1 Soma dos n primeiros termos de uma PG

Considere a mesma PG do exemplo d). Vamos encontrar a soma dos 10 primeiros termos desta PG.

PG (12; 24; 48; 96; 192; 384; ...)

DICA IMPORTANTE

Note que para encontrarmos a soma dos dez primeiros termos da PG, não precisamos conhecer o décimo termo, ao contrário do que acontece na soma dos termos de uma PA.

Substituindo-se os elementos da fórmula.

$S_{10} = \frac{a_1 \cdot (q^{10} - 1)}{q - 1}$ $S_{10} = \frac{12 \cdot (2^{10} - 1)}{2 - 1}$ $S_{10} = \frac{12 \cdot (1.024 - 1)}{1}$

$S_{10} = 12 \cdot 1.023$ $S_{10} = 12.276$

C.2 Soma de n termos intermediários de uma PG

Vamos encontrar agora a soma do 5º ao 10º termo desta PG.

Semelhantemente ao exemplo dado na progressão aritmética, poderemos obter essa soma de duas maneiras. Encontrando-se a soma dos 10 primeiros termos e subtrair, deste valor, a soma dos quatro primeiros termos. Ou considerar o quinto termo como o primeiro termo e realizar a soma dos seis primeiros termos.

Como já conhecemos a soma dos dez primeiros termos (12.276), faremos então, a soma dos quatro primeiros termos da PG.

$S_4 = \frac{12 \cdot (2^4 - 1)}{2 - 1}$ $S_4 = \frac{12 \cdot (16 - 1)}{1}$ $S_4 = 180$

A soma do 5º ao 10º termo da PG.

$S_{10} - S_4 = 12.276 - 180$ $S_{10} - S_4 = 12.096$ $S_{5\,a\,10} = 12.096$

Pela segunda maneira, temos:

$$a_5 = 12 \cdot 2^{5-1} = 12 \cdot 2^4 = 192$$

Considerando-se o termo 192 como o primeiro termo, iremos fazer a soma dos 6 primeiros termos da PG.

$S_6 = \frac{192 \cdot (2^6 - 1)}{2 - 1}$ $S_6 = \frac{192 \cdot (64 - 1)}{1}$ $S_6 = 12.096$

FIQUE POR DENTRO:

EXEMPLOS COTIDIANOS EM QUE OBSERVAMOS PROGRESSÕES ARITMÉTICAS E GEOMÉTRICAS

A progressão aritmética pode ser observada no cálculo dos juros simples ou na determinação do ano que haverá olimpíadas. A progressão geométrica pode ser observada no cálculo dos juros compostos ou em uma árvore genealógica.

- Juros simples: Imagine um capital de 100 reais investido a 10% de juros simples ao mês.

1º Mês	*2º Mês*	*3º Mês*	*4º Mês*	*5º Mês*	*6º Mês*	*7º Mês*	*8º Mês*	*9º Mês*
100	110	120	130	140	150	160	170	180

  - o Primeiro termo: Capital investido (R$ 100,00)
  - o Razão da PA: Valor de juros acrescentado a cada mês (taxa x capital = 100 x 0,1 = 10 reais)

- Determinação do ano que haverá olimpíadas: Sabendo-se que a última olimpíada foi em 2012, vamos determinar o ano das próximas 9 olimpíadas.

  2012; 2016; 2020; 2024; 2028; 2032; 2036; 2040; 2044; 2048

  - o Primeiro termo: olimpíadas de 2012
  - o Razão da PA: 4 anos

- Juros compostos: Imagine um capital de 100 reais investido a 10% de juros compostos ao mês.

1º Mês	*2º Mês*	*3º Mês*	*4º Mês*	*5º Mês*	*6º Mês*	*7º Mês*	*8º Mês*	*9º Mês*
100	110	121	133,10	146,41	161,05	177,16	194,87	214,36

  - o Primeiro termo: Capital investido (R$ 100,00)
  - o Razão da PG: Taxa de juros multiplicada sobre a montante (10% de juros = razão igual a 1,1)

- Árvore genealógica: Um menino possui 2 pais, 4 avós, 8 bisavós, 16 trisavós, 32 tetravós e assim sucessivamente.
  - o Primeiro termo: 1
  - o Razão da PG: 2

DICA IMPORTANTE

Note que o crescimento dos termos de uma PG é muito mais rápido que o crescimento dos termos de uma PA.

O crescimento de uma PA se dá de forma linear em um gráfico. Enquanto o crescimento da PG é de forma exponencial.

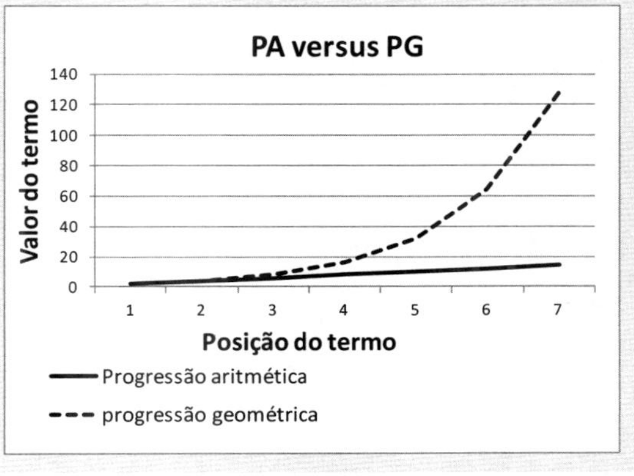

? **QUESTÃO:** (CESPE – Policial Rodoviário Federal – DPRF /2013) Considerando os dados apresentados no gráfico, julgue o item seguinte.

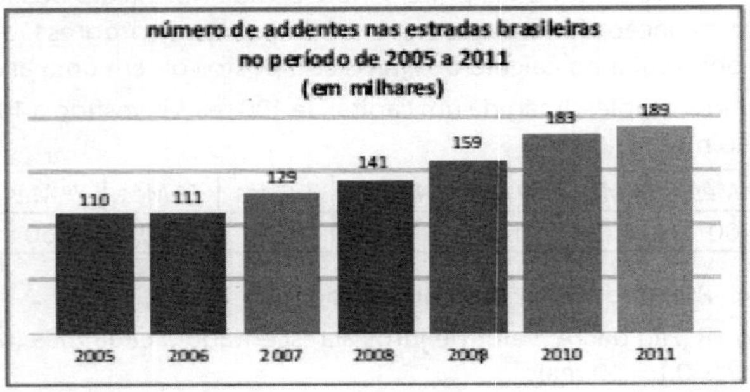

? Os valores associados aos anos de 2008, 2009 e 2010 estão em progressão aritmética.

↳ ***RESPOSTA:***

2008: 141

2009: 159 — Acréscimo de 18 unidades (159-141=18)

2010: 183 — Acréscimo de 23 unidades (183-159=23)

Verificamos que a questão está ERRADA, pois o acréscimo de um ano para o outro não foi constante.

EM RESUMO: Progressões aritméticas e geométricas	
Termo geral de uma PA	$a_n = a_1 + r(n-1)$
Soma dos termos de uma PA	$S_n = \frac{(a_1 + a_n)}{2} \cdot n$
Termo geral de uma PG	$a_n = a_1 \cdot q^{n-1}$
Soma dos termos de uma PG	$S_n = \frac{a_1 \cdot (q^n - 1)}{q - 1}$

CAPÍTULO IX

SEQUÊNCIA LÓGICA E COMPRESSÃO DE PROCESSO LÓGICO

Na disciplina de Raciocínio Lógico é frequentemente cobrado questões que envolvem uma sequência lógica ou uma compreensão de um processo lógico.

A solução destas questões requer interpretação e criatividade. É necessário identificar um padrão de comportamento da sequência. A prática constante de tais exercícios trará maior rapidez e habilidade em suas soluções. Portanto, para este tipo de exercícios, a dica é praticar e praticar.

Traremos alguns exemplos a seguir.

? **QUESTÃO:** (CESPE – Policial Rodoviário Federal – DPRF/2019) Uma unidade da PRF interceptou, durante vários meses, lotes de mercadorias vendidas por uma empresa com a emissão de notas fiscais falsas. A sequência dos números das notas fiscais apreendidas, ordenados pela data de interceptação, é a seguinte: 25, 75, 50, 150, 100, 300, 200, 600, 400, 1.200, 800, ...

Tendo como referência essa situação hipotética, julgue os itens seguintes, considerando que a sequência dos números das notas fiscais apreendidas segue o padrão apresentado.

A partir do padrão da sequência, infere-se que o 12.º termo é o número 1.600.

RESPOSTA:

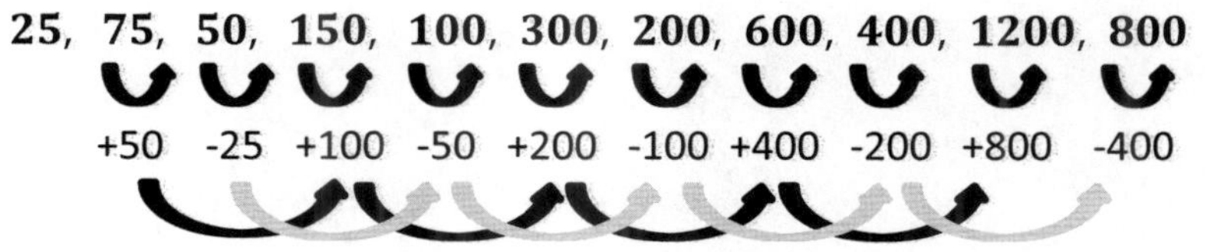

O ponto chave aqui é perceber o padrão de desenvolvimento dos números. Para isso é sempre bom escrever o valor somado ou subtraído entre um número e outro. Isto facilita enxergar o padrão.

Neste caso, podemos perceber que os números estão dobrando. Porém, o dobro de número não é o termo seguinte e sim dois termos posteriores. As setas pretas mostram os termos se duplicando. E as setas cinzas mostram outra sequência de termos se duplicando, porém de com sinal negativo.

Desta forma, o próximo acréscimo às setas pretas será o dobro de 800, que é 1600. Portanto, ao 11º termo (800) será somado o valor de 1600, resultando em 2400. A questão está ERRADA.

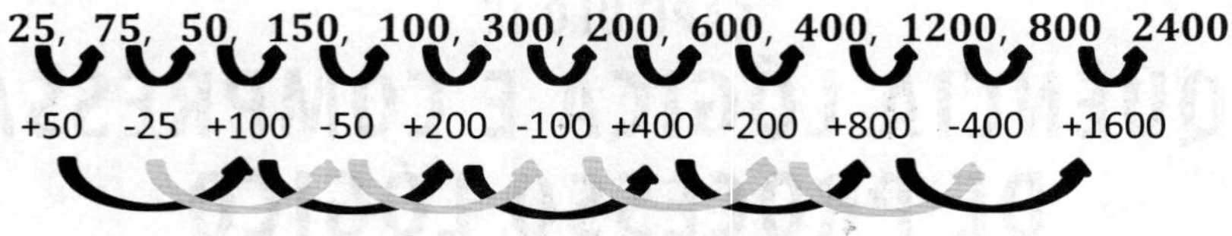

Se a_n for o n-ésimo termo da sequência, em que $n = 1; 2; 3; ...$, então, para $n \geq 3$, tem-se que $a_n = 2 \cdot a_{n-2}$.

➥ ***RESPOSTA:*** *Quando se diz que $a_n = 2 \cdot a_{n-2}$ podemos interpretar que um termo qualquer a_n é o dobro do valor de dois termos anteriores a_{n-2}. A questão está CERTA.*

BIBLIOGRAFIA RECOMENDADA

☑ BIBLIOGRAFIA BÁSICA

- ✓ PAVIONE, Damares Mirian de Souza. Matemática e raciocínio lógico. Coleção Concursos Públicos – carreiras: analista e técnico. V. 11. Ed. Saraiva, 2012.
- ✓ VILLAR, Bruno. **Matemática e raciocínio lógico quantitativo: teoria e treinamento prático.** Rio de Janeiro: Forense; São Paulo: Método, 2009.
- ✓ CABRAL, Luiz Cláudio; NUNES, Mauro César. **Raciocínio lógico e matemática para concursos: [mais de 730 questões e itens resolvidos].** 6 ed. Rio de Janeiro: Elsevier, 2009.

☑ BIBLIOGRAFIA COMPLEMENTAR

- ✓ FURTADO, Emerson Marcos. **Raciocínio Lógico para concursos** – Série Aprova Concursos. Ed. IESDE Brasil, 2011.

INFORMÁTICA

Tales Costa

CAPÍTULO I
INFORMÁTICA

1. CONCEITO DE INTERNET E INTRANET

1.1 Internet

Pode ser definida como "Rede mundial de computadores de acesso público". Exemplos de serviços que pode ser encontrados na Internet:

A **Navegação em sites (World Wide Web):** Por meio de páginas web classificadas por motores de busca e organizadas em sites web, milhares de pessoas possuem acesso instantâneo a uma vasta gama de informação on-line em hipermídia. Comparado às enciclopédias e bibliotecas tradicionais, a WWW permitiu uma extrema descentralização da informação e dos dados. Isso inclui a criação ou popularização de tecnologias como páginas pessoais, weblogs e redes sociais, no qual qualquer um com acesso a um navegador (um programa de computador para acessar a WWW) pode disponibilizar conteúdo.

> **MUITA ATENÇÃO!**
>
> Não confunda a Internet com WWW. A Internet propriamente dita é um conglomerado mundial de redes interligadas, ao passo que WWW (**World Wide Web**, em português: "Rede de alcance mundial"), também conhecida como Web, que é um sistema de documentos em hipermídia que são interligados e executados na Internet, intranet ou outra rede de computadores. **Hipertexto** é um texto no formato digital que pode ter outras informações a ele agregadas, sejam outros textos, imagens, sons, vídeos etc., uma espécie de texto multidimensional. O acesso a estes agregados é feito através dos hiperlinks (links que contêm instruções do local, ou seja, da URL onde estão estes dados). É como se em um livro pudéssemos "clicar" numa certa palavra, ou frase, e formos remetidos a uma outra página, ou mesmo outro livro. Portanto, esta ligação de informação é uma das propriedades do hipertexto.

B **Transferência de arquivo:** nada mais é que a troca de arquivos entre dois dispositivos em rede.

C **O correio eletrônico:** O correio eletrônico é um dos grandes recursos proporcionados pelo invento da Internet e consequentemente da Web. Trata-se de um método de envio e recebimento de mensagem por meio de sistemas eletrônicos de comunicação. O termo e-mail é aplicado tanto aos sistemas que utilizam a Internet e são baseados no protocolo SMTP, como aqueles sistemas conhecidos como intranets, que permitem a troca de mensagens dentro de uma empresa ou organização e são, normalmente, baseados em protocolos proprietários.

Existem sistemas para a utilização de correio eletrônico por meio da World Wide Web, os webmails. São utilizadas páginas web para a apresentação e utilização dos protocolos envolvidos no envio e recebimento de e-mail. Diferente de um aplicativo de acesso ao e-mail instalado num computador, que só pode ser acessado localmente pelo utilizador ou por meio de acesso remoto, o conteúdo pode ser acessado facilmente em qualquer lugar por meio de um sistema de autenticação pela WWW.

D Colaboração: O chat, as redes sociais, as salas de bate papo, assim como os sistemas de mensagens instantâneas, entre outros, são tecnologias que também utilizam a Internet como meio de troca de informações e colaboração. O correio eletrônico também pode ser considerado como uma ferramenta de trabalho colaborativo.

E Salas de Bate Papo e grupos de discussão: grupos ou listas de discussão, são solu**ções, disponibilizas por meio da Internet (ou outra rede como a Intranet), que permitem a troca de mensagens, via e-mail, a um grupo de pessoas. Já as salas de bate papo são, principa**lmente, sites que disponibilizam uma forma de conferência síncrona (todos que estiverem conectados recebem a mensagem ao mesmo tempo) e, menos comuns, conferências assíncronas.

F Fórum de discussão: são páginas na Internet com o fim de promover discussões, debates sobre assuntos específicos. Também são conhecidos como comunidade e são uma forma de comunicação assíncrona.

DICA IMPORTANTE

» **Transmissão assíncrona**: é um tipo de transmissão de dados que utiliza não intervalos fixos de tempo para transmitir os dados, mesmo tendo ela o clock externo disponível. Na transmissão assíncrona, não há sincronismo na transmissão, e os dados são enviados em intervalos intermitentes (portas seriais, fóruns de discussão etc. Note que este conceito de síncrono e assíncrono tem uma aplicação ampla).

» **Transmissão síncrona**: tanto o dispositivo emissor quanto e o receptor devem estar sincronizados no tempo antes da comunicação iniciar a troca de dados, e permanecer em sincronia durante a transmissão (um chat é um tempo de transmissão síncrona, pois todos recebem a mensagem simultaneamente).

G Mensageria: é um conceito que define que sistemas distribuídos (vários computadores um ou mais redes ou locais geográficos) possam se comunicar por meio de troca de mensagens, sendo estas mensagens "gerenciadas" por um servidor (Message Broker: módulo de mensagens).

H Serviços de Busca e Pesquisas (Google, Yahoo, Bing etc.): um buscador, ou motor de busca, é um software desenvolvido para encontrar informações armazenadas em um sistema computacional a partir de palavras-chave inseridas por quem as busca, facilitando, então, a busca destas informações. Mesmo com essas poderosas ferramentas de buscas, ao as utilizarmos na busca pela web, apenas um pequeno percentual das páginas da web são verificadas, dada as enormes dimensões atuais da Internet e o incalculável volume de dados disponíveis (o Google se destacou, inovando **à** época por indexar o conteúdo das páginas, criando uma esp**é**cie de índice, o que tornou a busca muito mais rápida e precisa).

I Videoconferência (vídeos chamadas): Atualmente, com o advento de tecnologias que permitem o acesso à Internet em alta velocidade, a chamada banda larga, como o ADSL (Asymmetric Digital Subscriber Line), a Internet via Cabo, rádio, fibra ótica, permitem novos modelos de negócios por meio da Internet, como por exemplo, o vídeo sob demanda (video on demand).

Ainda mais recentemente, com a chegada da pandeia, as reuniões, antes presencias, passaram a serem realizadas por vídeo chamadas, o que encurtou distâncias e trouxe uma enorme agilidade para o dia a dia das corporações, além, é claro, de uma gigantesca economia de dinheiro, como passagem, diárias, hospedagem etc., e de tempo, que antes era perdido nos deslocamentos. Com uma demanda enorme, muitos foram os serviços de **videoconferência** que surgiram para este fim, principalmente os ofertados pelos gigantes da tecnologia, como Google e Microsoft. Veja abaixo algumas das mais conhecidas:

- Google Meet.
- Google Hangouts.
- Microsft Teams.
- Join.me.
- Cisco Webex Meetings.
- Teleport.video.
- GoToMeeting.
- Skype.
- ezTalks.
- Zoom Meetings.

J Comunidades, redes sociais: é uma forma de organização entre pessoas ou organizações, ligadas por um ou mais tipos de relações, que compartilham algo em comum, como valores e objetivos.

K Acesso remoto: por meio de uma rede de computadores, como a Internet, é possível facilmente realizar conexões com computadores remotos (na sala ao lado ou do outro lado do mundo). Esse acesso remoto pode e deve ser feito de forma segura, com autenticação e criptografia de dados.

L Transmissão de mídias: O Streaming é uma forma de distribuir informação multimídia em uma rede utilizando pacotes de dados. É comumente utilizada para distribuir conteúdo na Internet.

M VoIP: (Voice over Internet Protocol, ou Voz sobre IP): é a transmissão de voz (telefone) utilizando redes de dados de tecnologia baseada no protocolo IP, por exemplo, uma Intranet ou a Internet. O VoIP está evoluindo muito e desponta como uma alternativa competitiva ao serviço de telefonia tradicional (veja o WhatsApp, que oferece esse serviço com boa qualidade de forma gratuita).

1.2 Intranet

Rede Local (LAN) ou rede metropolitana (MAN), que utiliza as mesmas tecnologias da internet, mas para acesso interno da corporação. Também é muito comum Intranets acessíveis através da Internet, exigindo do usuário autenticação para seu acesso, de forma que, assim, o alcance desta Intranet torne-se mundial (WAN).

Uma Intranet é uma rede privada de computadores baseada nos padrões de comunicação da Internet, a pilha de protocolos TCP/IP. É uma versão "reduzida" da Internet, que somente os membros de uma organização e pessoas autorizadas podem acessar. A Intranet é uma forma de tornar as informações mais acessíveis aos membros da corporação, ela pode, também, implementar reduções de custo, como o de papel.

DICA IMPORTANTE

Uma Intranet também pode ser acessada por meio da Internet, fazendo uso de tecnologias que implementem segurança, como uma VNP (Virtual Private Network, em português, Rede virtual privada).

1.3 Extranet

Parte de uma intranet parcialmente acessível por pessoal externo à corporação. Geralmente é disponibilizada para parceiros da corporação possibilitando a realização de operações ou consultas permitidas. Para controlar o acesso, geralmente é utilizada uma forma de autenticação, por exemplo, um usuário e senha criados pelo parceiro para identificar-se.

2. CONCEITOS E MODOS DE UTILIZAÇÃO DE TECNOLOGIAS, FERRAMENTAS, APLICATIVOS E PROCEDIMENTOS ASSOCIADOS A INTERNET/INTRANET

A **Redes sociais:** no mundo virtual, são sites e aplicativos que operam, tanto em nível profissional, como de relacionamento, entre outros, os quais permitem o compartilhamento de informações entre pessoas ou corporações. Porém, nem todas as redes sociais são necessariamente ligadas à rede mundial de computadores (Internet). Na Internet existem muitos sites que facilitam a interação entre os membros de redes sociais. Na Internet, as mais bem sucedidas são Facebook, Orkut (esse com os dias contados), Twitter e MySpace.

B **Grupos de discussões**, eles são grupos de usuários que possuem seus e-mails cadastrados nestes respectivos grupos, com regras definidas de quais destes usuários podem receber ou enviar e-mails para o grupo. Ou seja, todos os e-mails, cadastrados e habilitados para receber e-mails do grupo, receberam os e-mails enviados a este grupo. E um e-mail **habilitado para enviar e-mail** para o grupo, poderá enviar um e-mail a este grupo de discussão e, assim, esta mensagem será replicada a todos os participantes. Note que um determinado e-mail por estar habilitado apenas a receber os e-mails enviados ao grupo, mas não estar habilitado para enviar e-mails ao mesmo grupo de discussão. Note, também, que o grupo de discussão também é (ou possui) um endereço de e-mail, por exemplo, grupo_de_discussao@teste.com.br.

C **Download:** significa transferir (baixar) um ou mais arquivos de um dispositivo remoto para um dispositivo local. É um procedimento muito comum e necessário quando o objetivo é obter dados disponibilizados em uma rede, como na Internet. Os arquivos para download podem ser textos, imagens, vídeos, programas etc. Há uma infinidade de sites que disponibilizam arquivos para download, gratuitos ou não.

D **Upload**: é a ação inversa ao download. Ao fazer upload, o usuário envia arquivos de texto, vídeo ou imagens do seu computador para um servidor remoto.

E **FTP**: de File Transfer Protocol, em português: Protocolo de transferência de Arquivos. É o protocolo padrão para transferência de arquivos da pilha de protocolos TCP/IP. Muito usado na internet e intranet por quem disponibiliza arquivos a outros usuários. É o protocolo padrão da pilha de protocolos TCP/IP para transferir arquivos e é um protocolo genérico, ou seja, independente de hardware e do sistema operacional. Ele também permite que o usuário remoto gerencie os arquivos, excluindo, movendo ou renomeando tais arquivos, desde que o seu acesso tenha privilégios para isto. ÈÉ bom salientar que este protocolo FTP não provê mecanismos para que um arquivo seja editado remotamente, diretamente no FTP, como se este estivesse em uma pasta qualquer.

F **POP3**: (Post Office Protocol, ou) é um protocolo para acesso remoto a uma caixa de correio eletrônico, que permite que as mensagens sejam transferidas sequencialmente, ou seja na ordem, uma de cada vez, do servidor de e-mails para um computador local. O POP usa a porta 110 e o SMTP (Simple Mail Transfer Protocol - Protocolo padrão para envio de e-mails através de computadores na Internet cliente x servidor) usa a porta 25.

G **IMAP:** (Internet Message Access Protocol) é um protocolo para cliente de correio eletrônico utilizado por leitores de e-mail para buscarem mensagens no servidor de e-mails. A principal diferença é que o POP permite a leitura de e-mail off-line, mas, por conta disto, torna o acesso um pouco mais lento.

H **IMAP:** permite o acesso de vários clientes à mesma caixa de correio, mantendo as mensagens de e-mail disponíveis no servidor para mais tarde lhes aceder através do webmail. Já POP3 transfere as mensagens, removendo-as do servidor. Deste modo, os e-mails deixam de estar disponíveis através do webmail ou programa de e-mail.

I **DHCP:** ("Dynamic Host Configuration Protocol" ou "protocolo de configuração dinâmica de endereços de rede") permite que todos os dispositivos de uma rede recebam suas configurações de rede (IP, DNS, WINS, Gateware etc.) automaticamente, a partir de um servidor central, sem que haja intervenção do usuário. Ele fornece IP´s tanto em nível de redes locais(LAN´s) quanto em WAN´s.

J **HTML**: (HyperText Markup Language) é uma linguagem de marcação de dados, a qual provê um formato para descrever dados estruturados, tendo como principal fim facilitar a troca de informações na Internet e intranet.

K **HTTPS**: protocolo que fornece autenticação de servidor, encriptação dos dados, integridade das mensagens e autenticação de cliente(opcional). Para verificar se o site possui um cerificado válido é verificando se na janela é exibido o 🔒, só quando ele é exibido é que podemos concluir que o site acessado possui um certificado digital válido. Ele estaria, na versão 6 do IE, no lado direito inferior do browser, já nas versões mais atuais ele estaria na parte superior, ao lado da barra de endereços.

L **DNS**: Serviço de tradução de nomes de hosts em endereços IP. Como todo endereço de sites na Internet são, na verdade, números (IP) é necessário que sejam traduzidos e é esse o papel do DNS. DNS é a sigla para Domain Name System ou Sistema de Nomes de Domínios. Os serviços de DNS da Internet são grandes bancos de dados distribuídos, ou seja, espalhados em servidores localizados em diversas partes do planeta.

M **PHP**: ("Hypertext Preprocessor", ou processado de hypertexto) é uma linguagem de programação livre, usada para de gerar páginas de conteúdo dinâmico na World Wide Web(WWW).

L **X25**: é um conjunto de protocolos, uma tecnologia, utilizado nas redes WANS (Wide Area Network, redes de longa distância). Ele utiliza as linhas telefônicas como meio de transmissão, operando na comutação dos pacotes de rede.

N **BSC**: é um protocolo utilizado em ligações ponto a ponto ou multiponto, com liga**ções dedicadas ou comutadas.**

MUITA ATENÇÃO!

Cuidado para não confundir HTTP com HTML.

HTTP é a sigla de HyperText Transfer Protocol, que é o protocolo da camada de Aplicação do modelo OSI, padrão para a transferência de hipertextos.

HTML (HyperText Markup Language) é uma linguagem de marcação de dados, a qual provê um formato para descrever dados estruturados, tendo como principal fim facilitar a troca de informações na Internet e intranet.

Em suma, documentos no formato **HTML são os hipertextos, os quais são transmitidos** utilizando o protocolo **HTTP** (ou HTTPS).

? **QUESTÃO:** As versões mais modernas dos navegadores Chrome, Firefox e Edge reconhecem e suportam, em instalação padrão, os protocolos de Internet FTP, SMTP e NNTP, os quais implementam, respectivamente, aplicações de transferência de arquivos, correio eletrônico e compartilhamento de notícias.

➥ ***RESPOSTA:*** *ERRADO. Nem o protocolo SNMP nem o NNTP são protocolos suportados pelos navegadores citados, em suas respectivas instalações padrão. Os navegadores de Internet, também conhecidos como Browsers, permitem a visualização, no computador local (cliente) de informações armazenadas em servidores remotos, inclusive imagens, animações, vídeos etc. (não apenas texto). Os navegadores são clientes destes servidores remotos de Internet e utilizam protocolos para a troca de dados entre o servidor e o comutador local.* ***FTP*** *quer dizer File Transfer Protocol ou, em português, Protocolo de Transferência de Arquivos. Muito usado na internet e intranet por quem quer disponibilizar arquivos a outros usuários. O* ***FTP****, definido pela RFC 959, baseia-se no protocolo TCP e é o protocolo padrão da pilha de protocolos TCP/IP para transferir arquivos. É um protocolo genérico, ou seja, independente de hardware e do sistema operacional.* ***NNTP*** *é um acrônimo para Network News Transfer Protocol, o qual permite aos usuários acessarem notas, artigos, grupos de notícias e seus conteúdos associados. O NNTP é um protocolo antigo, utilizado na Usenet, o que necessita de um software cliente separado (newsreader), embora existam plugins (extensões) para navegadores que permitem a conexão aos servidores NNTP e, com isso, a leitura dos dados (note que não é padrão do navegador). O protocolo* ***SMTP****, de Simple Mail Transfer Protocol (Protocolo de Transferência de Correio Simple), é um protocolo da camada de aplicação do modelo OSI. Ele é o protocolo padrão para envio de e-mails através de computadores na Internet. O* ***SMTP*** *é utilizado por programas específicos para e-mails, os chamados cliente de e-mail, como o Microsoft Outlook ou o Mozilla Thunderbird.*

3. FERRAMENTAS E APLICATIVOS COMERCIAIS DE NAVEGAÇÃO, DE CORREIO ELETRÔNICO, DE GRUPOS DE DISCUSSÃO, DE BUSCA, DE PESQUISA E DE REDES SOCIAIS

Um navegador de Internet, também conhecido pelo termo inglês web browser ou simplesmente browser, é um programa (aplicativo) de computador que permite que seus usuários interajam com documentos virtuais da Internet, também conhecidos como páginas da web.

Hoje podemos citar três aplicativos como sendo os principais navegadores a serem estudados pelos candidatos: o "**Internet Explorer**" da Microsoft, o Mozilla "**Firefox**" e o navegador da Google: o "**Chrome**", a partir dos quais são elaboradas praticamente todas as questões para concurso que envolvam este tema. Há vários outros navegadores, mas estes ficam fora do rol de aplicativos abordados pelas bancas, salvo casos específicos.

Para aplicar um **refresh**, ou seja, atualizar a página, assim como o **F5**, temos o **Ctrl+F5**, que também aplica um refresh na página, porém, com uma diferença: ele força o navegador a abandonar o cache e buscar as informações novamente no servidor. Desta maneira, a atualização irá retornar a página com todas as alterações que foram feitas.

A **Cache do navegador:** é um registro temporário da atividade na internet, imagens, sons, downloads, etc., que são armazenados em um arquivo do computador por algum tempo reduzido, visando uma navegação mais rápida, sem que seja necessário baixar do site original arquivos que já foram baixados.

B **Cookie** é um pequeno arquivo de texto usado para guardar informações de um usuário e transmitir essa informação entre um site e um navegador.

C **Access provider,** traduzindo, provedor de acesso. É o equipamento responsável por gerir o acesso dos usuários à Internet. Faz a interconexão entre os computadores de uma rede corporativa (ou apenas um consumidor) à Internet, controlando, por exemplo, questões como tamanho da banda que esse cliente terá direito, tempo de acesso etc.

3.1 Google Chrome

O Chrome é o browser (navegador) do Google, assim como o MS Internet Explorer (IE) e o Mozilla Firefox. Este navegador já possui bilhões de usuários adeptos pelo mundo, conta com diversos recursos, suporte para extensões e possibilidade de **sincronização** com a conta do usuário no Google. Por meio desta sincronização, diversos dados como Favoritos, senhas, guias, histórico e outros podem ser sincronizados e, desta forma, acessados em diversos computadores distintos. Por exemplo, você pode salvar um favorito no computador de casa e, após a sincronização com seu computador do trabalho, visualizar este mesmo favorito neste computador do trabalho, sem precisar usar pendrives e outros meios para transportar arquivos, o Google faz isso automaticamente, basta acessar a mesma conta do Google no Chrome dos computadores a terem os dados do Chrome sincronizados.

3.1.1 Principais recursos do Chrome

3.1.1.1 Contas de usuário distintas

No Chrome é possível se criar várias contas distintas, para computadores compartilhados (várias pessoas utilizam o mesmo PC). Cada conta criada no Chrome possui suas próprias configurações, favoritos e a sincronização. Para criar contas no Chrome, acesse o menu do navegador> Configurações>Pessoas e clique no botão "Adicionar Pessoa...".

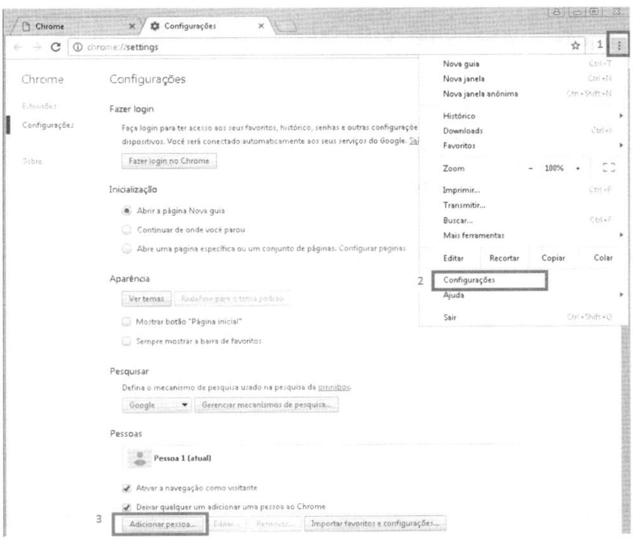

3.1.1.2 Modo Anônimo 

Com esta função ativa, as informações como buscas e sites acessados não são gravadas no histórico do Chrome, bem como não são salvos outros dados da navegação, como cookies etc. Para ativar esta função, clique no nome do usuário (topo direito) e selecione "Navegar em modo anônimo", ou no botão no menu do Chrome ⋮ , e depois em "Nova janela anônima".

Também é possível a ativação por teclas de atalho: "Ctrl + Shift + N".

> **DICA IMPORTANTE**
>
> O modo anônimo não impede que se saiba o que o usuário de uso desta ferramenta faz. Por exemplo, o Google (Microsoft, Mozilla etc.), bem como softwares instalados no computador ou em nós da rede (como analisadores de tráfego ou monitores de atividades), sua organização onde trabalha ou mesmo os provedores de internet podem obter facilmente todos os dados da navegação deste usuário. O modo anônimo somente evita que dados da navegação sejam salvos no computador local pelo navegador, impedindo que outras pessoas acessem esses dados (sem uso de ferramentas avançadas) e saibam de informações, como histórico de navegação, que você não quer que outros saibam.

3.1.1.3 Fixar Guias

Para que guias de sites que são visitados com muita frequência (ou outras quaisquer), pode-se fixar estas guias clicando com o botão direito sobre a aba e, nas opções apresentadas, clicar em "Fixar Guia":

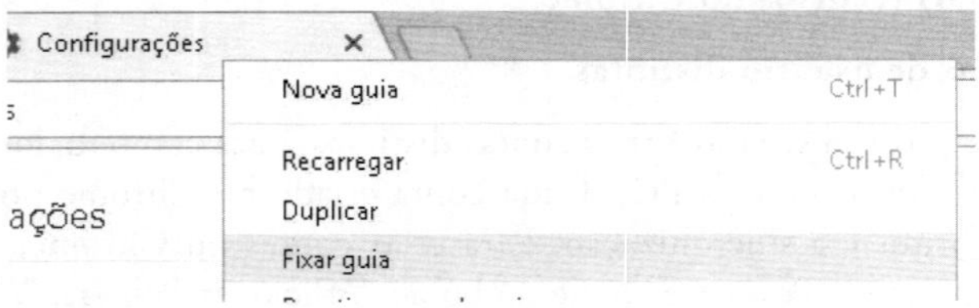

3.1.1.4 Informações Sobre Sites Visitados

É possível, pelo Chrome ou pelos outros navegadores (variando a forma de acesso) visualizar informações do site visitado, como credenciais de segurança, cookies armazenados, permissões concedidas, origem do site etc. Para acessá-las, clique no ícone em forma de cadeado verde (ou na forma de página em branco ou exclamação) no início da barra de endereços:

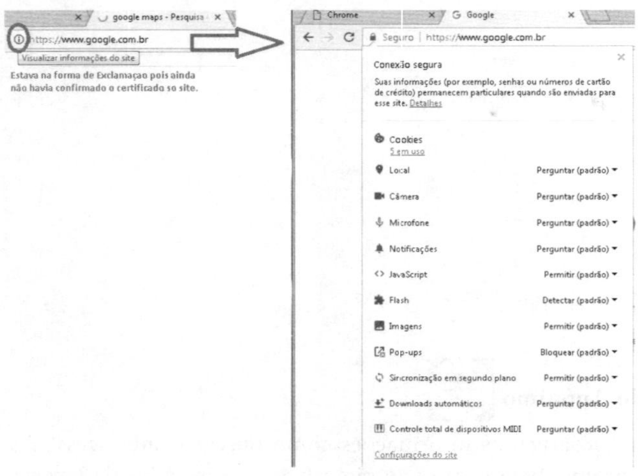

3.1.1.5 Voltar diretamente a outra página

Com o Chrome, assim como no IE (Internet Explorer) e Firefox, é possível retornar diretamente a uma página visitada pela guia atual, sem ser preciso ir passando página por página, basta clicar com o botão direito do mouse sobre o botão Voltar e, na lista de sites então exibidos, na página desejada:

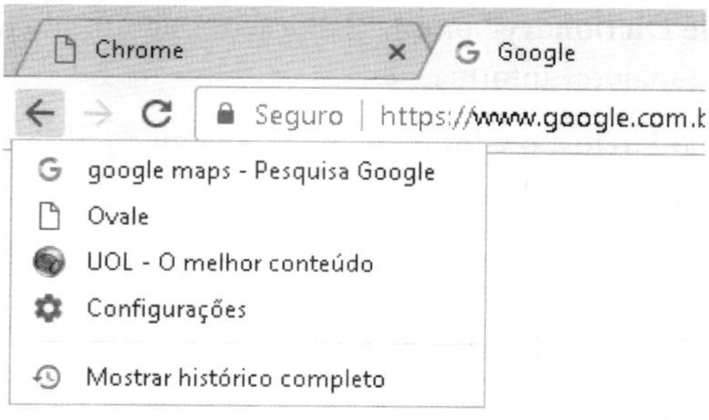

3.1.1.6 Gerenciar Senhas salvas

Da mesma forma que nos demais navegadores, no Chrome temos opções para gerenciar senhas salvas utilizadas em autenticações de sites visitados. Para tanto, clique no menu do Chrome ⋮ , depois Configurações>"Mostrar configurações avançadas...">Senhas e Formulários.

3.1.1.7 Selecionar dados a serem sincronizados

Já falamos anteriormente que o Chrome permite sincronizar dados vinculados a sua conta de usuário do Google, como Favoritos, senhas, guias, histórico etc. Mas você também pode escolher o que sincronizar. Para tanto, acesse o menu do navegador ⋮ >Configurações>"Configurações de sincronização avançada...".

FIQUE POR DENTRO: Para acessar as "Configurações de sincronização avançada" (Para que o botão seja exibido", é necessário que se esteja logado com uma conta do Google no Chrome.

3.1.1.8 Adicionando grupos de favoritos

Clicando com o botão direito sobre uma das guias e, nas opções exibidas, em "Adicionar todas as guias aos favoritos...", é possível adicionar todas as guias abertas de uma só vez. Após esta ação, será aberta uma janela para nomear uma pasta nos favoritos que receberá estes sites (endereços) que estão sendo salvos. Pode-se também utilizar a tecla de atalho "Ctrl+Shift+D" (lembrando que "Ctrl+D" abre uma janela para adicionar o site atual aos favoritos). Opções semelhantes também estão presentes nos demais navegadores como o IE e o Firefox.

3.1.1.9 Executando uma mídia pelo Chrome

O Chrome pode ser utilizado como um player de músicas, imagens e vídeos, ou seja, não apenas como navegador, mas um player para reproduzir alguns formatos de vídeo, músicas e imagens. Para isto, arraste o arquivo (música, por exemplo) para uma guia, ou digite o endereço completo do arquivo na barra de endereços, seguindo o modelo "file://local_do_arquivo/nome_do_arquivo.exentenção_do_arquivo" (o caractere espaço, e outros, deverão seguir formato especiais, como %20).

3.1.1.10 Dicionário integrado e outras extensões

A extensão **"Google Dictionary"** provê a exibição do significado das palavras selecionadas, bem como um link para maiores informações.

Assim como o IE e o Firefox, o Chrome também possui a possibilidade de ter suas funcionalidades incrementadas por meio da instalação, incorporação de extensões, também chamados de plugins.

3.1.1.11 O Gerenciador de Tarefas do Chrome

O Chrome é dotado de uma importante ferramenta de gerenciamento, **ele possui seu próprio gerenciador de tarefas**. Para acessá-lo, clique no menu de opções do navegador ⋮ >"Mais Ferramentas". Por meio deste gerenciador é possível visualizar todos os processos que estão em execução no Chrome no momento, como abas ativas, extensões e apps. Por meio destes gerenciados se visualiza quanto cada página (guia) ou extinção está utilizando da memória ou CPU do seu computador, entre outras informações.

A principal função do **gerenciador de tarefas** é o contorno de problemas de desempenho no navegador, uma vez que é possível encerrar os processos que estão consumindo recursos.

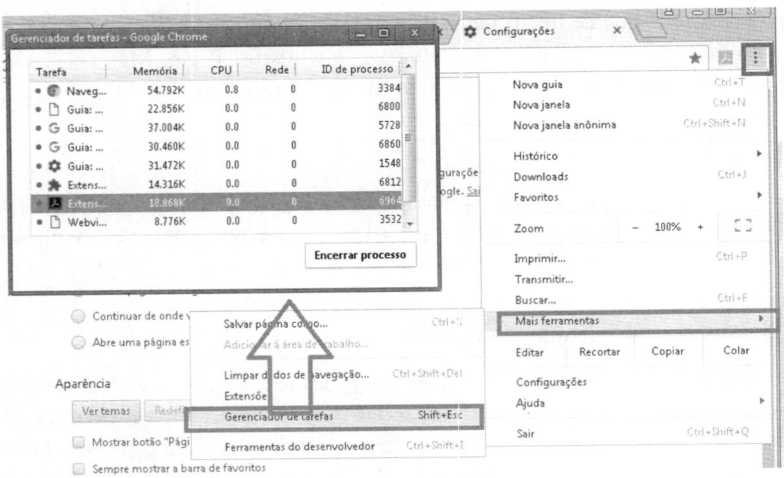

É também possível acessar o Gerenciador de tarefas do Chrome, **estando com ele como janela ativa** (assim como qualquer outra tecla de atalho de qualquer outro aplicativo), pressionando "Shitf+Esc".

3.2. Principais Botões em um Browser

Os botões apresentados na parte superior da tela do Browser são muito úteis durante uma navegação:

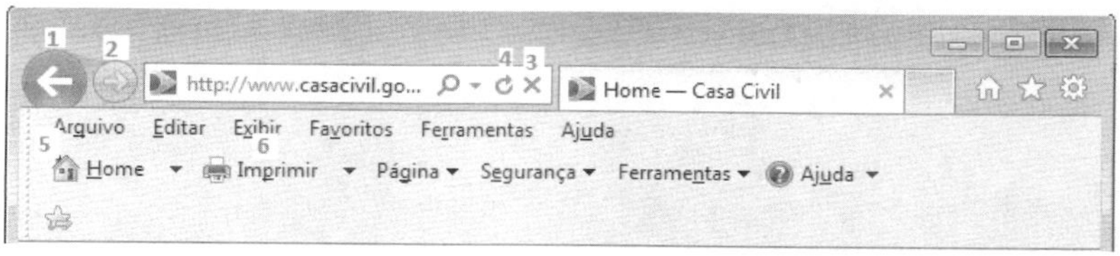

1. **Voltar**: Retorna à exibição à página que estava sendo visualizada antes da atual.
2. **Avançar**: Caso tenha acionado ao menos uma vez o comando voltar, pode-se utilizar o comando avançar para ir uma página à frente.
3. **Parar (Interromper)**: Este botão solicita ao Browser que não a carregue mais, não continue abrindo (carregando) a página.
4. **Atualizar (refresh)**: Solicita ao Browser uma nova carga da página. Atualiza página recarregando-a.
5. **Página inicial**: Comando para voltar à página que estiver configurada como página inicial no Browser.
6. **Imprimir**: Imprime a página em exibição.

3.3. Internet Explorer sem complementos

Os complementos são pequenos programas que se fundem ao navegador e dão suporte para que sites utilizem recursos específicos, que não são nativos do Internet Explorer.

Os complementos são também conhecidos como controles ActiveX, extensões do navegador, objetos auxiliares ou barras de ferramentas do navegador, podem ajudar na navegação em um site, habilitando conteúdo, como animações de alta qualidade. No entanto, alguns complementos também podem funcionar incorretamente ou exibir conteúdo indesejado, como anúncios pop-up.

Quando um complemento, como uma barra de ferramentas, é instalado em seu computador, ele se torna parte do navegador e do sistema operacional. Em alguns casos, esses programas podem conter spyware. Na pior das hipóteses, um complemento funcionando incorretamente pode afetar o desempenho do computador ou causar problemas no acesso à Internet.

Para contornar estes problemas, ou mesmo verificar se as causas destes problemas são de fato os complementos, o usuário pode optar por iniciar o IE (Internet Explorer) com estes recursos desativados.

3.4 Modo de Exibição de Compatibilidade do Internet Explorer

Alguns problemas, com sites que não têm a aparência se espera (imagens não aparecem, menus fora do lugar etc.) pode ser causado por um problema de compatibilidade entre o Internet Explorer e o site. Em muitos casos, pode-se corrigido este problema adicionando o site à lista do Modo de Exibição de Compatibilidade:

1. No Internet Explorer >botão Ferramentas> Configurações do Modo de Exibição de Compatibilidade.
2. Em Adicionar este site, insira o endereço do site.

Em determinadas situações (quando o site já está na lista), pode-se excluir ou incluir os sites no Modo de Compatibilidade por um ícone que é exibindo na barra de endereços do IE:

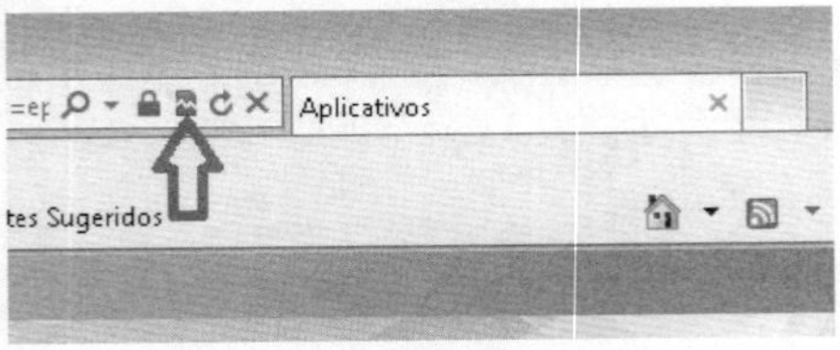

3.5. Principais teclas de atalho Internet Explorer:

- **Alt + seta para a direita**: Avança para página seguinte.
- **Backspace ou Alt + seta para a esquerda**: Volta para página anterior.
- **Alt + Home**: Abre página inicial do Internet Explorer.
- **Ctrl + B**: Abre janela para organizar Favoritos.
- **Ctrl + D**: Adiciona a página atual à pasta Favoritos.
- **Ctrl + F**: Localiza palavra na página.
- **Ctrl + H**: Ativa barra com histórico.
- **Ctrl + I**:Ativa barra com sites favoritos.
- **Ctrl + N**: Abre nova janela do navegador.
- **F5**: Atualiza página recarregando-a.
- **Ctrl+F5**: Também aplica um refresh, atualiza a página, porém, com uma diferença: ele força o navegador a abandonar o cache e buscar as informações novamente no servidor. Desta maneira, a atualização irá retornar a página com todas as alterações que foram feitas.

3.6 Correio Eletrônico – E-mail

O correio eletrônico (e-mail) é um programa que viabiliza a **troca de mensagens** por meio, principalmente, da Internet. Estas mensagens podem contêm, além do texto em si, documentos, imagens, sons etc.

Para acessar um e-mail é necessária uma conexão com o servidor de e-mail (geralmente a Internet) e um endereço eletrônico. Um endereço de e-mail completo é composto pelo "**nome do usuário**", ou login (nem sempre são iguais), e pelo **nome do domínio do provedor de acesso**, separados pelo símbolo @ (arroba). Por exemplo, no e-mail **teste@teste.com.br**, o nome do usuário é "teste" e o domínio "teste.com.br", o @ é o delimitador.

O endereço de e-mail tem uma sintaxe definida: **nome_da_caixa@dominio_do_provedor**. O formato para mensagens de e-mail é definido na RFC 2822, entre outras.

Endereços de e-mails devem seguir o padrão, tendo o ponto como separador hierárquico no domínio. Também é importante ressaltar que os endereços de e-mail não podem conter alguns caracteres especiais como \ (barra), / (barra invertida, # etc. Para a maioria dos serviços de e-mail, só são aceitos letras, números e ponto (no nome da caixa), alguns também aceitam o "-" (traço) e o "_"na constituição do nome_da_caixa.

Todos os nomes de sites e e-mail são registrados hierarquicamente, e tudo que vem **depois do @ define o domínio ao qual pertence um determinado e-mail**. O domínio com extensão ".br" é domínio exclusivamente Brasileiro, uma vez que para fazer um registro ".br" é necessário ter certos documentos nacionais. Cada país possui um domínio de topo (ou domínio de nível superior) com a sua devida extensão/terminação , por exemplo, Japão ".jp", Canadá ".can", Argentina ".arg".

O formato para mensagens de e-mail é definido na RFC 2822, entre outras. As mensagens de e-mail são formadas, basicamente, de duas partes principais:

- ✓ **Cabeçalho** (header) — é estruturado em campos que contém o remetente, destinatário e outras i informações sobre a mensagem.
- ✓ **Corpo** (body) — contém o texto da mensagem.

Todo e-mail necessariamente precisa ter um servidor para gerenciá-lo, seja webmail ou um e-mail do tipo cliente servidor, que utiliza clientes como o MS Outlook. Neste servidor encontram-se configuradas todas as contas de e-mails a ele vinculadas. É nele que todas as informações das contas ficam salvas, inclusive as mensagens, até que dele sejam retiradas. Portando, assim que uma determinada caixa de correio recebe uma mensagem eletrônica de outro e-mail, esta mensagem fica armazenada na caixa de entrada da conta de e-mail que, por sua vez, está no **servidor recebimento**, até que esta mensagem seja apagada ou movida para outro local, como o computador local do usuário, o que pode ser feito, inclusive, automaticamente por filtros. O **servidor de saída** de e-mail é o responsável pelo envio das mensagens para outros servidores até que esta mensagem chegue ao seu destino. Os e-mails armazenados em servidores de e-mails podem ser acessados via Webmail ou através do Gerenciador de E-mail.

Existem dois protocolos de rede utilizados por **padrão para recebimento de mensagens**. Tanto o **POP** (Post Office Protocol) quanto o **IMAP** (Internet Message Access Protocol) são utilizados por leitores de e-mail para buscarem mensagens no servidor de e-mails, com a principal diferença, dentre outras, que com o uso do POP as mensagens podem ser lidas off-line. O **protocolo SMTP**, de Simple Mail Transfer Protocol, ou Protocolo de transferência de correio simples, é um protocolo da camada de aplicação do modelo OSI. O **protocolo SMTP é o protocolo padrão para envio de e-mails** através de computadores na Internet.

3.7. WebMail e Gerenciador de E-mail (Client)

No Webmail, os e-mails são acessados através de navegadores web (Internet Explorer, Firefox, Chrome), após serem inseridas informações como usuário e senha. Exemplos: Hotmail, Gmail, UOL etc. No gerenciador de e-mails (ou cliente local de e-mails) os e-mails são acessados através do software instalado no computador do usuário. Exemplo: Microsoft Office Outlook, Mozilla Thunderbird, Windows Live Mail.

A gravação de mensagens na máquina local do usuário é chamado de **armazenamento local** e, dependendo do protocolo utilizado para acesso ao servidor de e-mail, pode ser opcional. Existe também o que chamamos de pastas locais. Elas são úteis, para os clientes de e-mail quando temos, no servidor remoto, limitações de espaço para o armazenamento das mensagens. As pastas locais permitem ao usuário que salve as mensagens fora do servidor de e-mail, de forma que ele não precisa excluí-las definitivamente.

3.7.1 Atividades do Correio Eletrônico

- Pedir arquivos;
- Solicitar informações;
- Mandar mensagens;
- Fazer leitura de informações;
- Fazer download de arquivos, etc.

3.7.2 Itens e características mais comuns dos Gerenciadores de E-mail e Webmails

Há vários softwares de gerenciamento de e-mail como o Outlook e, assim, não há como descrevermos todos. Portando, iremos descrever os itens e características mais comuns deste tipo de software:

- **Painel das pastas:** Possui algumas pastas (compartimentos) onde podemos guardar as mensagens recebidas, caso queiramos criar uma pasta, como por exemplo, a pasta AMIGOS, para guardar os e-mails recebidos por pessoas mais próximas, basta acionar ARQUIVO / NOVA PASTA. Algumas pastas são especiais, como a caixa de entrada que guarda os e-mails recém recebidos. Explicações mais detalhadas a seguir.
- **Painel das mensagens:** Mostra uma listagem das mensagens presentes na pasta selecionada (no caso da foto, a Caixa de Entrada possui seis mensagens). Quando a mensagem está selecionada, seu conteúdo aparece no painel do conteúdo. Quando uma mensagem apresenta um CLIP (ícone) significa que esta mensagem trouxe um arquivo anexado (atachado). No caso das mensagens da foto, além das mensagens propriamente ditas, recebi arquivos, que posso desanexar e abrir normalmente em algum aplicativo.
- **Painel do Conteúdo:** Mostra o conteúdo escrito na mensagem selecionada. O botão grande do CLIP na extremidade superior direita serve para ver os arquivos anexos, ou mesmo, desanexá-los.
- **Painel dos Contatos:** Apresenta uma lista das pessoas que estão cadastradas no seu livro de endereços (um banco de dados que contém as informações das pessoas com quem você troca mensagens).

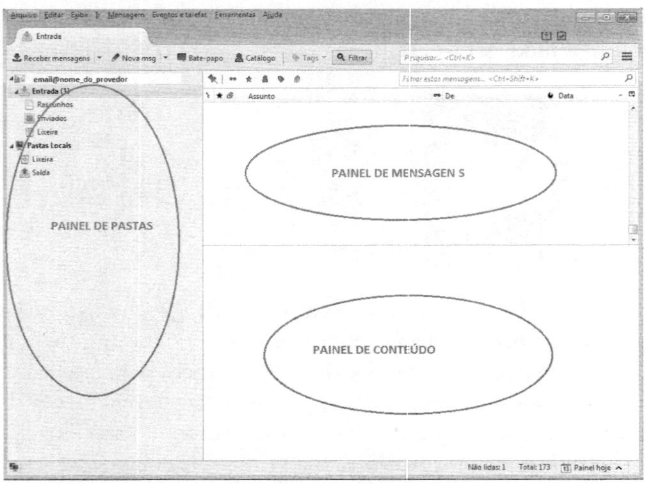

Os gerenciadores de correio eletrônico, bem como os WebMails apresentam algumas pastas especiais. A saber:

A **Caixa de Entrada (Inbox):** Nesta pasta ficam armazenadas as mensagens recebidas.

B **Caixa de Saída (Outbox):** Ao criamos novas mensagens e clicamos no botão Enviar, as mensagens não são imediatamente enviadas, elas ficam armazenadas na Caixa de Saída até que sejam definitivamente enviadas. Também ocorre quando de alguns erros de conexão, ou algo do tipo. É um recurso muito útil, possibilitando o envio de várias mensagens de uma só vez. O que permite que não ficamos o temo todo conectados (útil para rede lentas e pagas por tempo, ou quando estamos em uma viagem, sem conexão, por exemplo.

C **Itens Enviados (Sent):** Nesta pasta são salvas as cópias das mensagens que já foram definitivamente enviadas.

D **Itens Excluídos (Trash):** Também conhecida como lixeira. Quando excluímos alguma mensagem, esta vai para a lixeira do programa, antes de ser definitivamente excluída (salvo se utilizarmos opções para exclusão definitiva).

E **Rascunhos:** Contém as mensagens que foram criadas, mas não foram enviadas nem deletadas. Por exemplo, se você iniciou a digitação de uma mensagem, mas teve que interromper por algum motivo, mas não quer perder o que digitou para que possa continuar em um momento posterior, é oportuno que salve esta mensagem como um rascunho.

As barras de ferramentas destes programas (inclusive os webmails) também possuem opções que são comuns a praticamente todos os gerenciadores de correios eletrônico e webmails, a saber:

A **Nova mensagem**: Abre a janela para criação de uma nova mensagem e posterior envio.

B **Responder ao remetente**: Clicando neste botão é possível responder ao Remetente da mensagem selecionada.

C **Responder a todos**: Permite responder a todos os que receberam a mensagem, exceto destinatários em cópia oculta (que você nem ao menos saberá da existência).

D **Encaminhar**: Reenvia uma mensagem integralmente a outro destinatário.

E **Imprimir**: Imprime a mensagem selecionada.

F **Excluir**: Envia a mensagem selecionada para a pasta **itens excluídos**. Se a mensagem já estiver na pasta **itens excluídos,** então a mensagem é apagada definitivamente.

G **Enviar/receber**: Envia todas as mensagens que estiverem na Caixa de Saída, enviando também uma requisição para o recebimento de todas as mensagens que estiverem no servidor.

F **Endereços ou catálogo**: Apresenta uma listagem dos endereços que estão cadastrados no Livro de Endereços (um programa que contém um banco de dados dos endereços).

H **Assunto:** deve conter uma breve descrição do tema da mensagem.

I **To (Para):** é o endereço para qual será enviada a mensagem;

J **Cc:** vem do inglês Carbon Copy (cópia carbonada). Todos os destinatários incluídos neste campo receberão uma cópia da mensagem.

K **Cco** é a abreviatura de "com cópia oculta" (também se usa **Bcc** de blind carbon copy, traduzindo: cópia oculta). Destinatários que tiverem seus endereços incluídos nesta opção receberão uma cópia da mensagem, mas os demais destinatários não saberão que este destinatário também foi incluído, ou seja, o destinatário em **Cco** não é visível ao demais destinatários, inclusive outros que estiverem em **Cco**. Destinatários do campo "**Para**" e do "**Cc**" serão exibidos a todos os que receberem a mensagem. **Anexos (Anexar)**: Documentos (arquivos) anexos ao corpo das mensagens, como arquivos de texto, vídeos, sons etc.

3.8 Microsoft Outlook – Pasta Itens Recuperáveis

No Microsoft Outlook 2013, desde que configurado adequadamente, um e-mail excluído acidentalmente pode ser recuperado, mesmo depois dele ter sido excluído da pasta "Itens Excluídos" (ou ela ter sido esvaziada).

Para estes casos, quando não mais na pasta "Itens Excluídos", estes e-mails são movidos para a pasta "Itens Recuperáveis", ela recebe as mensagens quando se:

1. Exclui um item da pasta Itens Excluídos;
2. Esvazia a pasta Itens Excluído;
3. Exclui permanentemente uma mensagem (item marcado e "Shift+Del").

Para recuperar itens na pasta Itens Recuperáveis:

1. Na lista de pastas de **e-mails**, clique com o botão direito do mouse em Itens Excluídos e, então, **em Recuperar itens excluídos:**
2. Localize a mensagem a ser recuperada. Pode-se utilizar a caixa de pesquisa.
3. **Selecione o item** e clique em Recuperar.

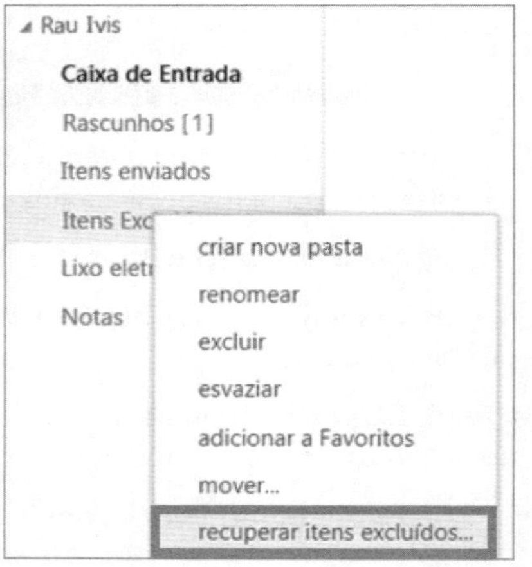

MUITA ATENÇÃO!

Temos duas definições distintas para extensões em informática:

1- Para que o Windows identifique qual aplicação irá abrir os arquivos, foi criada a noção de extensão do nome de um arquivo, definida inicialmente pelos sistemas DOS. A extensão nada mais é que 3 (ou 4) caracteres no final do nome, logo após um "."(ponto), que separa o nome do arquivo à sua extensão.

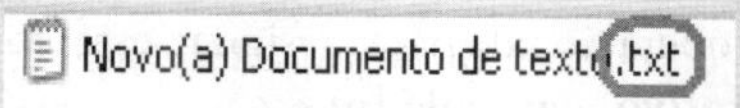

2- *São também chamados de extensão* **pequenos programas** que, ao serem incorporados ao aplicativo principal (Thunderbird e Firefox, Writer, Calc etc.), fundem-se a ele para fornecer algum serviço que não é padrão ao aplicativo.

4. NOÇÕES DE SISTEMA OPERACIONAL

O Sistema Operacional tem a função de controlar o funcionamento de um computador, gerenciando a utilização e o compartilhamento de seus diversos recursos: Processadores, memórias, dispositivos de entrada e saída, aplicativos etc. Ou seja, é um programa computacional que administra os recursos do computador, sejam eles recursos de hardware ou de software. Esse programa tem por objetivo conseguir controlar todos os recursos computador de forma segura.

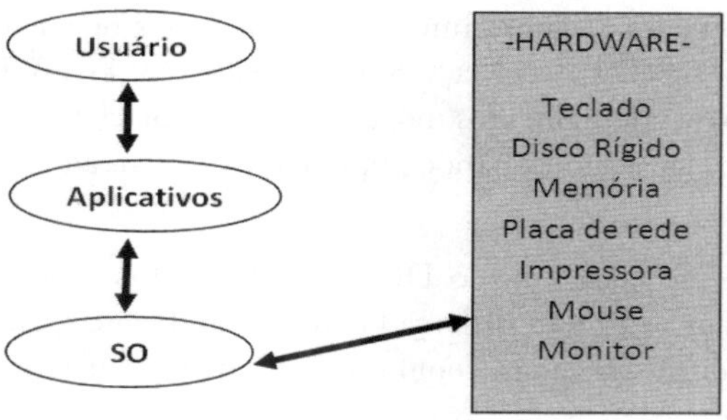

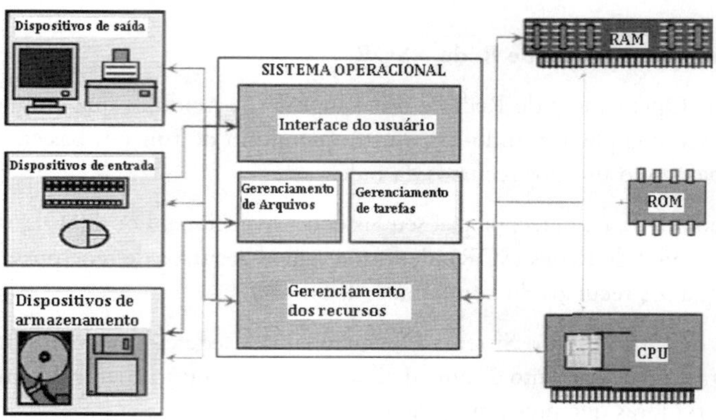

Sem o sistema operacional, um usuário, para interagir com o computador, deveria conhecer profundamente diversos detalhes sobre o hardware do equipamento, o que tornaria esse trabalho lento e com grandes possibilidades de erros. Assim, o Sistema Operacional (S.O.) tem como objetivo funcionar como uma interface entre o usuário e o computador, tornando sua utilização mais simples, rápida e segura.

A diferença mais significativa entre o S.O e aplicações convencionais é a maneira como as rotinas são executadas em função do tempo. Um S.O. não é executado de forma linear, como na maioria das aplicações, com início, meio e fim. Suas rotinas são executadas concorrentemente em função de eventos assíncronos (que não ocorre ou não se efetiva ao mesmo tempo), ou seja, eventos que podem ocorrer a qualquer momento.

Há outros nomes, além de sistema operacional, para designar este conjunto de rotinas, como **monitor, supervisor, sistema operativo, controlador** etc.

Os dois principais tipos de sistema operacional que devemos ter em mente são os sistemas operacionais **multitarefa e multiusuários**. Nestes tipos de sistema operacional estão incluídos o Windows e o Linux.

O sistema operacional **multitarefa** é desenvolvido para dar ao usuário a ilusão que o número de processos em execução simultânea no computador é maior que o número de processadores instalados.

Já o sistema **multiusuário** aceita que mais de um usuário se conecte a ele simultaneamente, possibilitando execuções de tarefas distintas e concomitantemente por usuários distintos.

Atualmente existem vários sistemas operacionais, alguns gratuitos enquanto outros não o são. Contudo, os mais utilizados em Desktops são o Windows e o Linux, ambos com variadas versões e distribuições. Temos, ainda, outros sistemas operacionais importantes para desktops e servidores, a saber: Unix, MacOS, OS 2, Java OS, FreeBSD. Também existem os sistemas operacionais para equipamentos móveis: Android, Blackberry, iOS, Windows Phone, entre outros. E por fim, há sistemas para equipamentos embarcados, como equipamentos de aeronáutica.

Temos, também, que falar sobre o DOS, que foi o precursor do Windows, já que o Windows 3.11 era apenas um DOS disfarçado em um ambiente gráfico. O DOS era, ainda, usado como base para outros sistemas, como o Novell, que só iniciava após o servidor ter sido "bootado" com o DOS.

4.1 Sistema Operacional de Rede – SOR

Um Sistema Operacional de Redes é um conjunto de módulos que ampliam os sistemas operacionais locais, complementando-os com um conjunto de funções básicas e de uso geral, tornando transparente o uso dos recursos da rede.

O computador tem, nesta tecnologia, seu Sistema Operacional Local (SOL) interagindo com o Sistema Operacional de Redes (SOR), de forma que os recursos de rede possam ser utilizado facilmente, tal qual os recursos do computador local.

O Modelo de Operação do Sistema Operacional de Rede é o modelo Cliente / Servidor. Nesta arquitetura o processamento é compartilhado entre um outro cliente, que solicita o serviço e um ou mais servidores que prestam serviços.

4.2 Interface com o Usuário

Do ponto de vista do usuário, o que torna ou define um sistema operacional como bom ou ruim é a qualidade da interface com o usuário. Por este motivo, uma interface bem elaborada é chave no sucesso ou fracasso de um sistema operativo.

Os sistemas operacionais gráficos são dotados de interfaces gráficas e, obviamente, os não-gráficos não (como o MS-DOS).

Há três tipos de interfaces com o usuário são:

1. Interface na forma de linha de comando;
2. Interface gráfica;
3. Interface de programação (bibliotecas).

4.3 Interface na Forma de Linha de Comando

Na interface por linha de comando, a comunicação entre usuário e SO é feita pela digitação de palavras e símbolos no teclado do computador. Nela o usuário controla os programas através da digitação de comandos no prompt de comando.

Esta interface exige que o usuário digite os comandos utilizando palavras-chave que instruem o sistema operacional sobre o que fazer (Ex.: format, dir, copy), de forma que exige do usuário um conhecimento prévio das regras de sintaxe. Por exigir uma grande experiência, essa interface é pouco utilizada pelos usuários leigos, além de ser muito fácil cometer um erro de digitação e é, portanto, muito utilizada por usuários avançados e experientes, que até preferem esta interface.

4.4 Interface Gráfica

Também conhecida por GUI (Graphical User Interface), possibilita o trabalho em termos visuais. Apresentando o conceito de Menus, ícones e caixas de diálogos, facilita a utilização através da intuição que a interface propicia ao usuário. É um tipo de interface chamada amigável e utiliza o conceito de desktop (área de trabalho digital).

4.5 Interface de Programação

Todo sistema operacional oferece uma interface para programação de aplicações, que são as chamadas bibliotecas, as quais contêm um conjunto de chamadas de sistema (system calls). Esta interface é utilizada apenas por programadores especializados para criação de aplicativos que possam ser executados por estes sistemas operacionais.

4.6 Estrutura de Arquivos e Diretórios

```
C:.
└───ESTRUTURA
    ├───PASTA1
    │   └───SUBpasta
    │       └───SubPasta
    └───PASTA2
        └───SubPasta
            └───SubPasta
                └───SubPasta
```

Todo dado ou informação salvos em um computador deverão ser armazenados em algum tipo de memória e, quando de forma definitiva, guardados em uma unidade de disco (HD, pen drive, CD, Zip, etc.). Essas informações devem ser gravadas nestes discos e, durante a gravação, ela é transformada em um arquivo e colocada em algum local no disco. Essa operação é chamada de salvar um arquivo.

Um arquivo é onde gravamos os dados no computador. Um arquivo pode conter um texto comum, criado pelo usuário, uma música, programa, planilha, etc. Cada arquivo deve ser identificado por um nome, de forma a identifica-lo de forma única.

No momento da gravação, ou seja, durante a execução do comando salvar, seja ele automático (sistema) ou executado pelo usuário, o computador precisa definir onde será salvo o arquivo para, posteriormente, poder encontrar este arquivo.

Todo o sistema de arquivos do Windows (bem como de outros sistemas operacionais) é baseado em uma árvore de diretórios. Um diretório (pasta) pode conter, dentro de sua estrutura, tanto arquivos como outros diretórios (subdiretórios) e pode, por sua vez, estar contido dentro de outro diretório. Desta forma, todo arquivo ou diretório possui um endereço, que pode ser visualizado na barra de endereços do gerenciador de arquivos.

A imagem a seguir exemplifica a árvore (forma escalonada) de diretórios que pode ser encontrada no Windows, note que é como se fosse uma pasta que está dentro de outra pasta, que está dentro de outra pasta e assim por diante até a raiz do disco rígido, neste caso chamado Disco Local (C:).

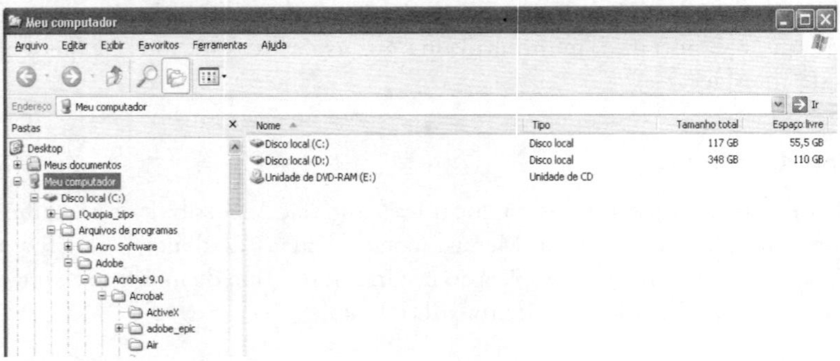

Pasta é o nome que damos a certas "gavetas" no disco. Pastas são estruturas que dividem o disco em várias partes lógicas de tamanhos variados. Uma pasta pode conter arquivos e outras pastas.

Mas atenção: Pastas são "gavetas", arquivos são "documentos". Portanto, nunca vai haver um arquivo que tem uma pasta dentro. As pastas guardam os arquivos e não o contrário!

Os arquivos e as pastas precisam ser nomeados durante a sua criação, para que possam ser distinguidos. Os arquivos são gravados nas unidades de disco, e ficam lá até que sejam apagados ou movidos. Quando solicitamos trabalhar com um arquivo anteriormente gravado (esse processo chama-se abrir o arquivo), o arquivo permanece no disco e uma cópia de suas informações é armazenada na memória RAM para que se possa trabalhar com este arquivo.

4.7 O Conceito de Arquivos

Toda informação armazenada na memória do computador é organizada e apresentada ao usuário na forma de arquivos. Já as pastas são a forma que o Sistema Operacional organiza estes arquivos.

A todo arquivo armazenado em disco é atribuído um nome e uma **extensão** que serve como uma espécie de "sobrenome" deste arquivo. Contudo, podem existir arquivos sem extensão.

> **DICA IMPORTANTE**
>
> Os nomes de arquivos nos sistemas operacionais Windows (isso inclui o Windows 10), somado ao seu caminho, não podem exceder 260 caracteres (a extensão também faz parte do nome – os nomes de arquivos dividem-se em duas partes: nome propriamente dito e a extensão, separados por um ponto "."). Isso é por padrão, já que no Windows 10 é possível alterar este parâmetro. Os nomes de arquivos no Windows não podem conter os caracteres \ / : * ? " < > | e seu caminho pode conter alguns destes caracteres (veja que C:\teste.txt possui necessariamente \ e :). Entretanto, não são todos estes caracteres possíveis para uso no caminho, uma vez que o caminho do arquivo também não pode conter os demais caracteres apresentados * ? <> | ?.

4.8 Extensões de Arquivos

Para que o sistema operacional identifique qual aplicação irá abrir os arquivos, foi criada a noção de extensão do nome de um arquivo, definida inicialmente pelos sistemas DOS. A extensão nada mais é que 3 (ou 4) caracteres no final do nome, logo após um "."(ponto), que separa o nome do arquivo à sua extensão. Por padrão, o Windows oculta do usuário as extensões dos arquivos, de forma que ele não visualiza o ".", nem os caracteres posteriores, isso por segurança, evitando que o usuário altere indevidamente a extensão dos arquivos.

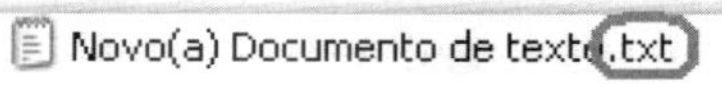

> **MUITA ATENÇÃO!**
>
> A opção para visualizar as extensões dos arquivos pode ser acessada clicando no menu Ferramentas, "Opções de pasta...", acessando a aba "Modo de exibição" no Windows Explorer. São também chamadas extensões pequenas programas que, ao serem incorporados ao aplicativo principal (Thunderbird e Firefox, por exemplo), fundem-se a ele para fornecer algum serviço que não é padrão ao aplicativo.

Abaixo, você pode conferir uma lista com as principais extensões e uma breve descrição de cada uma.

4.9 Formatos diversos

A **.EXE:** A extensão significa que o arquivo é um executável. Executa a sequência de códigos gravados no arquivo.

B **.BAK:** cópia de segurança. Alguns programas, quando realizam modificações em arquivos do sistema, salvam uma cópia do original com essa extensão.

C **.MSI:** Extensão de pacotes de instalação Windows Installer. Eles contêm arquivos e instruções de forma que, quando executados, instalam no computador o programa nele contido.

D **.BAT:** é uma das extensões que junto à .com e à .exe indica que esse é um arquivo executável em Windows. Costuma ser usado para executar comandos de DOS. . Diferentemente dos arquivos .com e .exe, que são arquivos binários, o arquivo .bat pode ser editado, lido pelo usuário.

E **.BIN:** arquivo binário, de uso interno para algumas aplicações e, portanto, sem possibilidade de manipulação direta, já que se trata de um arquivo em linguagem binária.

F **.LOG:** arquivo de texto que serve para armazenar registros de atividades, seja de programas, seja de usuários.

G **.TMP:** arquivos temporários.

H **.CAB:** formato de arquivo comprimido. Muito usado em conjunto de arquivos de instalação de programas.

I **.CFG:** tipo de arquivo de configuração utilizado como apoio a outra aplicação.

J **.COM:** arquivo executável em ambiente DOS, semelhante ao .bat.

K **.DAT:** arquivo de dados. Normalmente armazena informações usadas de forma interna por um programa do qual depende. Permite ser editado por editores de texto, como o bloco de notas.

L **.DLL:** este tipo de arquivo é conhecido como biblioteca (Dynamic Link Libraries). Costuma ser utilizado pelo sistema operacional de forma interna, para, por exemplo, armazenar diretivas de alguns driver. Uma DLL é tem seus procedimentos linkados à aplicação apenas em tempo de execução.

M **.PAB**: A extensão do arquivo **.pab** é utilizada para formato de arquivos criados pelo programa cliente de e-mails Microsoft OutlooK para armazenamento de catálogo de endereços.

4.10 Formato de Documentos

A **.TXT:** Arquivos em formato de texto puro.

B **.RTF:** Formato de arquivos de texto. Acrônimo de Rich Text Format ou Formato Rico de Texto. É um formato de documento desenvolvido pela Microsoft, que permite mais recursos que o txt.

C **.DOC:** Documentos do Microsoft Word até a versão 2003.

D **.DOCX:** Documentos do Microsoft Word a partir da versão 2007.

E **.XLS:** Planilha do Microsoft Excel até a versão 2003.

F **.XLSX**– Planilha do Microsoft Excel a partir da versão 2007.

G **.PPT** – Apresentação do Microsoft PowerPoint até a versão 2003.

H **.PPTX** – Apresentação do Microsoft PowerPoint a partir da versão 2007.

I **.PDF** – Formato criado pela Adobe, atualmente é um dos padrões utilizados na informática para documentos por sua confiabilidade e compatibilidade. Pode ser aberto por diversos software, além, é claro, dos softwares da Adobe.

4.11 Imagem

A **.BMP** –Formato que apresenta a imagem em sua forma essencial, sem perdas e compressões. No entanto, o tamanho das imagens geralmente é maior que em outros formatos.

B **.CDR:** Formato de imagens do aplicativo Corel Draw.

C **.GIF:** Sigla de "Graphics Interchange Format". É um formato amplamente utilizado na Internet, principalmente por permitir a criação de pequenas animações com imagens seguidas, o que é muito usado em emoticons, blogs, fóruns e outros locais semelhantes.

D **.JPEG:** Sigla de "Joint Photographic Experts Group". É mais um formato de compressão de imagens, o qual retira dados para reduzir o tamanho da imagem, o que acarreta perda de qualidade na imagem.

E **.PNG:** Formato que suporta canais alfa e apresenta maior gama de cores.

F **.AI**: Formato de imagens do aplicativo Adobe Ilustrator.

4.12 Áudio

A **.MP3:** MP3 é o formato de áudio que aceita compressão em vários níveis. O reprodutor mais famoso para estes arquivos é o Winamp, ainda que também se possa utilizar o Windows Media Player, ou outros players.

B **.WMA:** Windows Media Áudio, que é um formato produzido pela Microsoft e que tem grande compatibilidade com os players atuais. Oferece qualidade de áudio semelhante ao MP3.

C **.AAC:** Acrônimo para "codificação avançada de áudio". Formato criado pela Apple para concorrer diretamente com o MP3 e o WMA.

D **.OGG:** Formato indicado para o uso em streaming, que é a transmissão de dados diretamente da Internet para o computador, pois não precisa guardar dados no computador para exibir o fluxo de dados. É um formato **multimídia, ou seja, pode ser usado tanto para áudio quanto para vídeo, mas não se limita a estes dos tipos de mídia.**

E **.AC3:** Designa o formato Dolby Digital, muito usado em cinemas e filmes em DVD.

F **.WAV:** WAVEform, arquivo de som no padrão WAVE, não comprimido. É um formato padrão de arquivo de áudio da Microsoft e IBM para armazenamento de áudio em PC´s.

4.13 Vídeo

A **.MPEG e MPG:** Padrões de compressão de áudio e vídeo criado pelo Moving Picture Experts Group, origem do nome da extensão.

B **.AVI:** Abreviação de Audio Video Interleave. Formato criado pela Microsoft que combina trilhas de áudio e vídeo.

C **.MOV:** Formato de mídia exclusivo para ser reproduzido no player QuickTime, aplicativo da Apple.

D **.RMVB:** RealMedia Variable Bitrate, define o formato de arquivos de vídeo desenvolvido para o Real Player.

E **.MKV:** Padrão de vídeo criado pela Matroska, empresa de software livre.

F **.OGG:** Formato multimídia, muito usado em transmissões por videostreaming.

Arquivos compactados

G **.ZIP** – A extensão do formato de arquivos compactados pelo Winzip.

H **.RAR** – A extensão do formato de arquivos compactados pelo Winrar.

I **.7z** – A extensão do formato de arquivos compactados pelo 7-Zip.

J **.TAR** – A extensão do formato de arquivos compactados em *Tape Arquivo Archive* e é comumente usado em servidores como um precursor para ZIP arquivos.

4.14 Atributos de Arquivos e Pastas – O Atributo Somente Leitura e Outros

Os atributos de arquivo são informação (Metadados destes arquivos) que indicam se um arquivo ou pasta é **somente leitura, oculto, se está pronto para arquivamento (backup), compactado ou criptografado e se seu conteúdo deve ser indexado**:

A Somente leitura: Os arquivos somente leitura não podem ser alterados e, em certos casos nem excluídos. Para pastas é diferente, pois o Windows, geralmente o ignora.

B Ocultos: São os arquivos ocultos para exibição. Isso protege o recurso contra acessos indesejados (há opções que permitem exibi-los).

C Pronto para arquivamento: Arquivos com este item marcado indicam que backup destes não foi realizado recentemente. Quando o programa de backup faz o backup deste arquivo, ele o marca como arquivado. Quando o arquivo ou pasta é alterado, o sinalizador de arquivado é removido.

D Compactado: Arquivos comprimidos pelo Windows, diminuindo de tamanho, reduzindo a quantidade de espaço usado por eles em uma unidade de armazenamento

E Criptografado: Arquivos criptografados para serem mantidos em segurança contra o acesso e leitura não autorizados. Arquivos criptografados por este recurso, podem ser abertos e alterá-lo sem precisar descriptografá-los (o Windows o faz automaticamente).

F Permitir que os arquivos desta unidade tenham o conteúdo indexado junto com as propriedades do arquivo (há também: **"Permitir que o conteúdo deste arquivo...", ou "Permitir que os arquivos desta pasta...):** Arquivos indexados permites uma busca muito mais rápida pelo Windows Explorer.

> **MUITA ATENÇÃO!**
>
> Diferentemente do atributo Somente leitura de um arquivo, **o atributo Somente leitura de uma pasta costuma ser ignorado pelo Windows**, por seus componentes, acessórios e outros programas. Por exemplo, é possível excluir, renomear e alterar uma pasta com o atributo Somente leitura, usando o Windows Explorer. Os atributos Somente leitura e Sistema só são usados pelo Windows Explorer para determinar se a pasta é especial, como uma pasta de sistema com a visualização personalizada pelo Windows (por exemplo, Meus documentos, Favoritos, Fontes, Downloaded Program Files), ou uma pasta personalizada na guia Personalizar da caixa de diálogo Propriedades da pasta.

Para configurar estes atributos nas pastas ou arquivos basta clicar sobre estes com o botão direito e, em seguida clicar em Propriedades (unidades de disco também possuem configurações de atritos na aba Geral de suas propriedades):

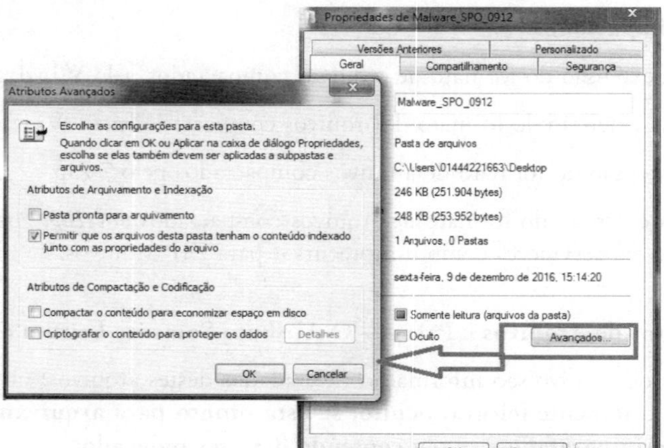

DICA IMPORTANTE

Ao acessar as propriedades do arquivo, é possível alterar estes atributos. Outra forma de acessar as propriedades de um arquivo é selecionando-o, com um clique simples do mouse e pressionando, simultaneamente e na ordem, as teclas Alt Enter, (pressionar a tecla "Alt" e, mantendo-a pressionada, pressionar a tecla "Enter").

Um arquivo, mesmo estando com o atributo somente leitura marcado, não está efetivamente protegido, pois, qualquer outro usuário, com direitos de alteração neste arquivo, pode desmarcar esta opção e passar a alterar este arquivo. Fora o fato de **que este atributo "Somente leitura" não impede que o arquivo seja deletado.**

Para termos uma efetiva proteção do documento, dentre outras formas, podemos usar as opções da guia "Segurança", na mesma janela de propriedades do arquivo, desde que o sistema de arquivos seja NTFS. Nesta aba Segurança podemos verificar as **permissões** atuais, dar ou negar direitos sobre o arquivo ou pasta, definir o proprietário etc.

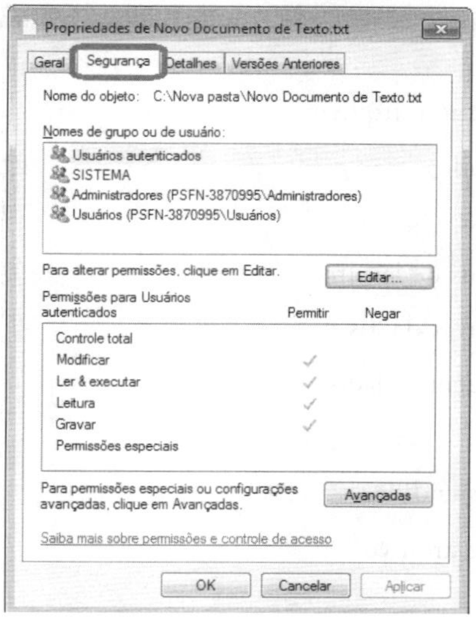

4.15 Permissões de Arquivos e Pastas – Permissões Especiais

As permissões são um dos aspectos mais importantes para os Sistemas operacionais atuais. Elas são usadas para vários fins, mas principalmente para proteger o sistema e os arquivos.

Todo recipiente e objeto da rede (arquivo, pasta, usuário etc.) tem um conjunto de informações sobre o controle de acesso anexado a ele. Denominadas descritores de segurança, essas informações controlam o tipo de acesso permitido a usuários e grupos. As permissões são definidas em um descritor de segurança do objeto. Elas são associadas a usuários e grupos específicos, ou a eles atribuídas.

Por exemplo, para o arquivo teste.txt, ao grupo Administradores pode-se atribuir as permissões Ler, Gravar e Excluir, enquanto ao grupo usuários podem ser atribuídas apenas as permissões Ler e Gravar.

Cada atribuição de permissões a um usuário ou grupo é representada no sistema como uma entrada de controle de acesso (ACE). O conjunto todo de entradas de permissão em um descritor de segurança é conhecido como conjunto de permissões ou lista de controle de acesso (ACL).

Veja a seguir a lista dos **conjuntos de permissões** configuráveis (PERMITIR ou NEGAR), de um sistema Windows, executado em um sistema de arquivos NTFS (Lembrando que se usuário tem permissão de gravação, automaticamente terá a de Leitura):

- Controle Total;
- Modificar;
- Ler & Executar;
- Listar conteúdo de pastas (somente para pastas);
- Leitura;
- Gravação.

Temos ainda as **permissões especiais** que, na verdade, são as permissões de forma mais detalhada, não agrupada (como apresentado anteriormente). As " **permissões especiais** " no Windows permitem que você determine quais usuários terão acesso a determinados arquivos ou pastas, bem como as ações específicas que estão autorizados a realizar com o arquivo selecionado ou pasta. São elas:

- Desviar pasta/Executar arquivo
- Listar pasta/Ler dados
- Atributos de leitura
- Atributos estendidos de leitura
- Criar arquivos/Gravar dados
- Criar pastas/Acrescentar dados
- Gravar atributos
- Gravar atributos estendidos
- Excluir subpastas e arquivos
- Excluir
- Ler permissões
- Alterar Permissões
- Apropriar-se
- Sincronizar

Cada objeto tem permissões associadas que podem restringir o acesso a ele. É possível modificar essas permissões de acesso especiais para definir o acesso em um objeto específico.

É preciso **ser o proprietário do objeto ou ter permissão concedida por ele para executar alterações nas permissões.**

FIQUE POR DENTRO:

Dizer que um sistema operacional é **32 ou 64 bits**, significa dizer que ele troca dados com os barramentos e a placa-mãe, enviando e recebendo 32 ou 64 bits de dados por vez. O DOS, por exemplo, era um Sistema Operacional de 16 bits. A bem da verdade, sistemas 64bits trocam dados de até 64bits, não necessariamente todos os dados a esta taxa.

4.16. LINUX

4.16.1 Introdução

O Linux, assim como o Windows, também é um Sistema Operacional, no entanto, enquanto o Windows é um software proprietário (paga-se para usar e não há acesso ao seu código fonte), o Linux é um software livre, uma vez que permite seu uso, distribuição e alteração gratuitamente, sob a óbice da licença GLP.

Os sistemas operacionais, na década de 1980, tiveram uma origem comum: o UNIX (Uniplexed Information and Computing System), um sistema operacional criado em 1970, e reescrito em 1973 em lingua-gem C, por pesquisadores do Bell Labs. O **UNIX,** de tão inovador, foi base para a criação de uma imensa variedade de sistemas operacionais, a qual se incluem as distribuições Linux, os sistemas da Apple, a família BSD e, inclusive, muitos conceitos foram absorvidos pela própria Microsoft. As principais características desse sistema eram o suporte a multitarefa e multiusuários, além da capacidade de portabilidade.

A **UNIX** é o sistema operacional pioneiro nos conceitos fundamentais dos sistemas operativos atuais, como ser portátil a distintos hardwares, multiusuário e multitarefa. Desenvolvido por Kenneth Thompson, Dennis Ritchie e outros nos laboratórios da AT&T, inicialmente teve sua distribuição livre a várias instituições acadêmicas, as quais também contribuíram para seu desenvolvimento. Mas sua licença foi logo registrada pela AT&T, tornando-se marca registrara: o UNIX®, um software proprietário. UNIX é propriedade de um consórcio de empresas chamado The Open Group. Pelas suas inovações, diversas empresas licenciaram o UNIX para servir de base para seus sistemas operacionais, como a SUN (Solaris). Muitos sistemas operacionais também derivaram do UNIX (os "tipo Unix", ou "Unix-Like"), alguns proprietários, como o Mac OS (Apple), alguns sob licenças especiais, principalmente a família BSD (quase de domínio público), além de outros OpenSource como o Linux.

B **GNU:** em 1983, Richard Stallman começou o projeto **GNU** (um acrônimo recursivo que significa **"Gnu is Not Unix"),** com o objetivo de desenvolver um sistema operacional a partir do UNIX, mas gratuito. Apesar de gratuito e OpenSouce, sua distribuição deve seguir a licença GPL (General Public License), mais notável contribuição de Richard.

MUITA ATENÇÃO!

GPL (General Public License) é uma licença que permite a distribuição, cópia e alteração do software, desde que os produtos derivados também sejam distribuídos sob o óbice da licença GLP. Portanto, o software mantém seu código fonte aberto. Todas as distribuições Linux são amparadas pela GPL.

C **Kernel:** (núcleo) do sistema **Linux** foi criado pelo finlandês Linus Torvalds, em 1991, a partir de um sistema chamado Minix (baseado no Unix). Ele é membro do Departamento de Ciência da Computação da Universidade de Helsinki, e sua criação contou com a ajuda de voluntários pela rede Usenet.

A partir deste núcleo (kernel) inicial, vários outros sistemas baseados no sistema de Linus Torvalds foram desenvolvidos, e estas variações são chamadas de **"distribuições".** Hoje existem mais de 320 distribuições pelo mundo.

Atualmente, um sistema operacional **GNU/Linux** completo é uma coleção de Softwares Livres e alguns não livres, criados por pessoas, grupos e organizações de todo o mundo, além de empresas, incluindo o próprio núcleo (kernel) Linux.

Uma distribuição Linux é um sistema operacional Unix-like, incluindo o kernel Linux e outros softwares de aplicação, formando um conjunto. As **distros**, como também são conhecidas, são mantidas por organizações comerciais, tal como Red Hat e Ubuntu, e também projetos de comunidades, como Debian, que montam e testam seus conjuntos de softwares antes de disponibilizá-los ao público. Desta forma, companhias como Red Hat, SuSE e Canonical (desenvolvedora do Ubuntu Linux), assim como comunidades como o Debian ou o Slackware, compilam o software e fornecem um sistema completo, pronto para instalação e uso. Algumas distribuições populares oferecem a possibilidade de execu**ção em modo** Live CD. Tal modo permite o uso integral do Linux sem a sua instalação ou alteração dos dados armazenados no disco rígido do computador (Knoppix e Kurumin **são dois exemplos).**

MUITA ATENÇÃO! Caso o computador já possua outro sistema operacional, a instalação de uma distro Linux neste equipamento poderá apagar a outra partição (onde está o sistema atual), se esta for a escolhida.

4.16.2 A seguir as principais distribuições Linux:

- ✓ Debian - www.debian.org;
- ✓ Ubuntu - www.ubuntu.com;
- ✓ Conectiva – www.conectiva.com.br;
- ✓ Red Hat – www.hedhat.org;
- ✓ SuSe - www.novell.com/linux/suse/;
- ✓ Kurumin - www.kurumin.org;

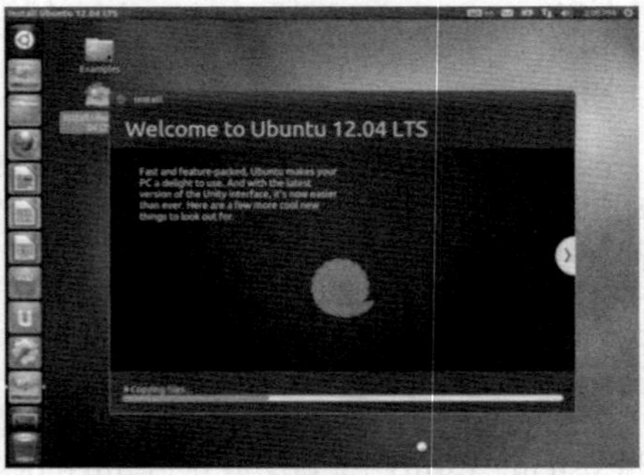

Por questões estratégias, como diminuir a dependência para uma única empresa, fomentar novas tecnologias e uma maior gama destas tecnologias, o Estado brasileiro decidiu adotar, em diversos órgãos e empresas públicas, a política do software livre, o que levou a inclusão deste tema nos certames e, portanto, sua importância no estudo para quem almeja um cargo público, principalmente a suíte BrOffice (LibreOffice) e o básico do sistema Linux.

4.16.3 Software Livre

São classificados como software livre os softwares que podem ser livremente instalados, usados, modificados, estudados e redistribuídos.

MUITA ATENÇÃO! Mesmo o Linux sendo um software livre, há empresas que criaram distribuições e as vendem, cobrando pelo suporte às suas versões, bem como por atualizações e correções. Geralmente, estas versões pagas são destinadas ao mercado corporativo, como exemplo a distribuição Hed Hat Enterprise Linux.

4.16.4 Free Software Fundation

A **Free Software Fundation (FSF)** é outra importante contribuição de Richard Matthew Stallman. É uma organização sem fins lucrativos, criada em 4 de outubro de 1985, que se dedica à eliminação de restrições sobre a cópia, redistribuição, estudo e modifica**ção de** sofwares para todos os interessados, sem qualquer tipo de discriminação.

Outra missão da FSF é estimular o desenvolvimento e a utilização de Software Livre em todas as áreas da computação. Foi a FSF a responsável pela criação do Projeto **GNU** para construção de um sistema operacional totalmente livre. Por fim, foi a criadora da principal licença de Software Livre, a GPL.

4.16.5 Kernel

Kernel é o núcleo do sistema operacional, é o sistema operacional de fato, o resto são somente ferramentas, aplicativos, acessórios. Kernel é a parte do sistema operacional que implementa as chamadas ao sistema e o controle de hardware. O **kernel** é a parte do sistema operacional mais próxima ao Hardware.

Suas atividades são:

- ✓ Criação, agendamento e finalização de processos;
- ✓ Alocação e liberação de memória;
- ✓ Controle do sistema de arquivos;
- ✓ Operações de entrada e saída.

4.16.6 Shell

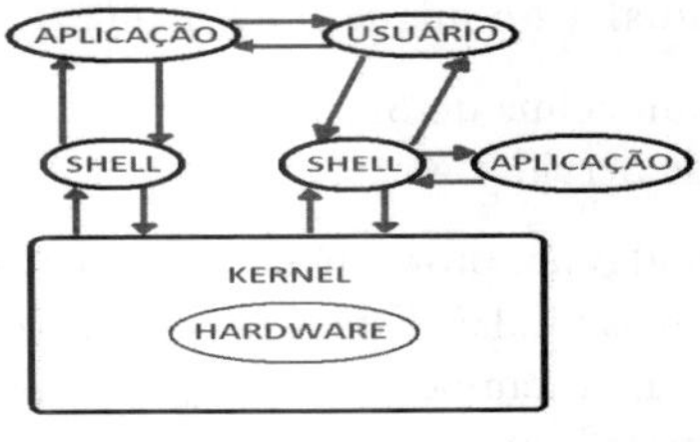

A função do Shell é realizar a ponte entre o kernel do sistema operacional e o usuário, ou seja, é a interface entre usuário e o sistema operacional. O shell também é chamado de **interpretador** de comandos.

Todo usuário de sistemas *nix(Linux, Unix etc.) tem um Shell associado ao seu login, o qual é executado assim que usuário efetua login no sistema operacional, criado o ambiente para este usuário.

Outro recurso muito importante em sistemas Linux é o Shell Script, o qual pode ser considerado uma linguagem de programação para ambientes Unix/Linux. É uma sequência de comandos que são armazenados em um arquivo de texto e executados sequencialmente pelo interpretador de comandos (Shell). O Shell Script é uma automatização de uma sequência de comandos que são executados repetidamente por um usuário de computador, uma ferramenta para economia de tempo e automatização de tarefas repetitivas.

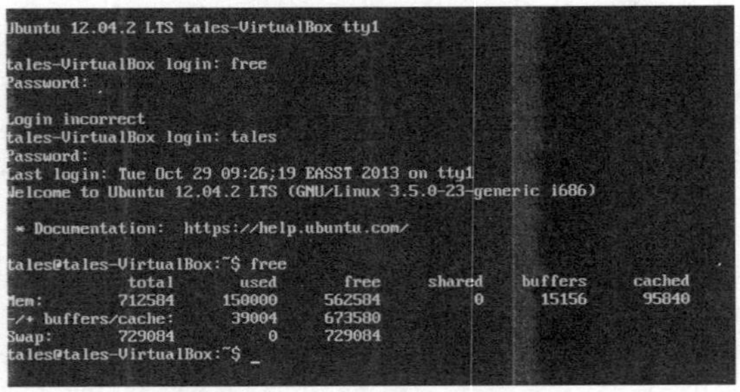

4.16.7 Interface Gráfica

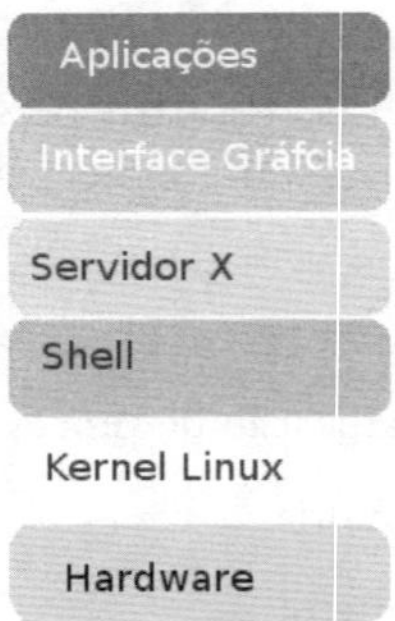

Para melhorar a relação com o usuário mais comum, foram criadas as interfaces gráficas para o Linux, também chamadas de **gerenciadores de janelas**, assim como o Windows possui a sua interface gráfica. Contudo, estas interfaces não são nativas, ou seja, não fazem parte do Kernel. Sendo, portanto, possível usar em uma mesma distribuição Linux mais de um gerenciador de janelas, trocando a atual, caso julgue conveniente.

As interfaces gráficas rodam acima do Shell do Linux e, entre o Shell e a interface gráfica existe uma camada chamada de Servidor X.

As interfaces mais encontradas nas provas para concursos são as interfaces **KDE e Gnome**, que também são, de longe, as mais usadas. Estas são compatíveis entre si, de forma que aplicativos que são compatíveis com uma, também o serão para a outra. KDE e GNOME são dois exemplos de gerenciadores de telas, que são conjuntos de programas integrados e coordenados que fornecem ao usuário uma coleção de aplicações dotadas de uma interface comum.

O KDE é mais um gerenciador de janelas, já que inclui um grande número de programas embutidos. Seu conceito é reunir em um único ambiente todas as ferramentas de uso no dia-a-dia, como navegadores e gerenciador de arquivos (Konqueror), suíte de aplicativos para escritório (Koffice), jogos, programas de edição de imagem (Kpaint, Kooka, Kview, Kontour etc), vídeo (aKtion), som (Kaboodle) e etc. Outra ferramenta importante do KDE é o **Kcontrol**, que é uma ferramenta de configuração, onde se pode configurar praticamente tudo no KDE, é um centro de controle.

> **MUITA ATENÇÃO!** No Linux, os pacotes são abertos e, portanto, podem ser utilizados em outras distribuições distintas. Por exemplo, podemos instalar o Kcontrol no Gnome de uma distribuição debian, por exemplo.

4.16.8 Gerenciador de Inicialização

São programas que gerenciam a inicialização do computador, permitindo que o usuário escolha qual Sistema Operacional será carregado, caso exista mais de um. Por exemplo, podemos tem, em um mesmo computador, o Windows e uma distro Linux. . O Windows possui seu próprio gerenciador de inicialização. Voltando ao Linux, veja a seguir uma tela de um gerenciador de inicialização Linux, o GRUB:

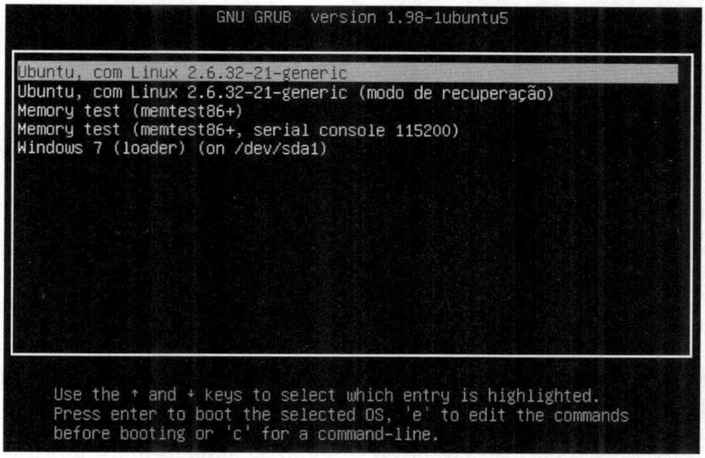

Os dois gerenciadores mais conhecidos são:

- **GRUB**: GRand Unified Bootloader, é um gerenciador que possui uma interface gráfica;
- **LILO**: de **LI**nux **LO**ader, é um gerenciador em modo texto.

4.16.9 Características do Linux

O Linux possui as seguintes característica quanto sistema operacional:

A **Multitarefa:** Pode executar mais de uma tarefa (programa ou instância deste, processo) ao mesmo tempo.

B **Multiusuário:** Por meio de um único sistema operacional se pode atender vários terminais (processamento centralizado).

C **Multi-sessão:** Vários usuários podem se conectar ao mesmo tempo. Pode-se ter dois usuários usando a mesma CPU ao mesmo tempo, cada um com seu monitor e teclado, utilizando cada um uma sessão distinta.

D **Portável:** Como seu código fonte é aberto, o Linux permite adaptações para diferentes hardwares.

Importante lembrar que, com exceção da portabilidade, todas as demais características citadas acima também são características do Windows.

4.16.10 Estrutura de diretórios

No Linux, o sistema de diretórios e arquivos começa a partir da raiz, que é indicada pela barra "/" (esqueça o c:\, e:\ e d:\ do ambiente Windows). A partir dela são montados os diretórios dos usuários, das configurações, dos programas etc. Essa estrutura é baseada no Unix e é usada praticamente por toda a distribuição Linux:

"/" – É a pasta raiz do sistema.

"/boot" – Contém os arquivos necessários para a inicialização do sistema(boot).

"/bin" – Pasta que contém os arquivos executáveis do sistema. Os principais são os comandos bash, como ls, cat e cd.

"/sbin" – Contém arquivos executáveis(Binários) utilizados para recuperação e reparações executadas pelo root.

"/dev" – É pasta onde ficam arquivos que representam dispositivos de hardware.

"/etc" – Nela o sistema operacional salva os arquivos de configuração do sistema e dos programas e aplicativos instalados.

"/floppy" – Ponto de montagem de unidade de disquetes. O que seria, no Windows, o A:\.

"/lib" – Contém as bibliotecas necessárias para executar os arquivos executáveis das pastas /bin, /sbin e outras. Sem ela, os programas não funcionariam.

"/lost+found" - Local para a gravação de arquivos/diretórios recuperados pelo utilitário fsck.ext2. Cada partição possui seu próprio diretório lost+found.

"/media" – Nas distribuições mais novas, é ponto de montagem dispositivos móveis como pen drives, rede, CD-ROM, cartões de memória etc.

"/mnt" – Tal como a pasta /media, também serve para pontos de montagem. Entretanto, é destinada para pontos de montagem de partições dos HD´s.

"/proc" – Pasta que contém arquivos especiais do Kernel e de processos que interagem com ele. Não armazena arquivos, mas sim informações sobre o hardware e sobre a configuração do sistema.

"/opt" – Pasta que guarda arquivos de aplicativos. Cada aplicativo tem sua respectiva subpasta com seu nome.

"/usr" – A maioria dos aplicativos e outros componentes ficam instalados nesta pasta.

"/var" – Contém maior parte dos arquivos que são gravados com frequência pelos programas do sistema, e-mails, spool de impressora, cache, etc. As logs do sistema e DOS programas.

"/sys" – É parecida com a pasta /proc. Contém arquivos especiais do Kernel.

"/home" – O linux usa a pasta /home para salvar os arquivos dos usuários.

"/root" – É a pasta do usuário administrador do sistema defaut do linux, também chamado de super usuário.

"/tmp" – Contém todos os arquivos temporários criados por programas.

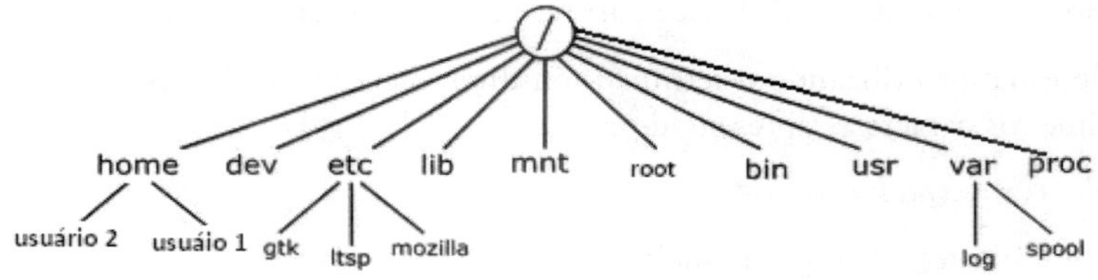

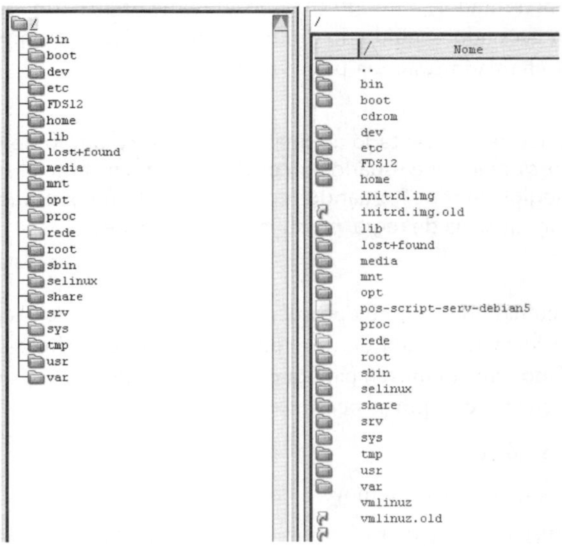

4.16.11 Contas de usuários

Devido ao fato de ser um sistema multiusuário e multi-sessão, uma das principais características de segurança do Linux é o uso de diversos usuários distintos com diversos níveis de segurança.

Temos dois níveis de usuários básicos:

A **Super Usuário,** também chamado de usuário **root**(raiz), que possui acesso total ao sistema do qual faz parte, sendo responsável pelas configurações deste sistema, criação de outras contas etc.

B **Usuário comum:** Exceto em casos que o root cria permissões especiais a este tipo usuário, ele apenas tem direitos de acesso a sua pasta /home e ao uso dos programas, não sendo permito que ele instale ou configure programas.

4.16.12 Comandos Linux

Muito importante para quem utiliza o Linux e, portanto, para quem irá prestar concursos públicos que abordem este tema, é o conhecimento básico sobre comandos utilizados no ambiente Linux.

Quando se utiliza o Linux em modo gráfico, como que ocorre na maioria das distribuições atuais, pode-se usar para executar comandos um **terminal** (console), facilmente encontrado clicando em um ícone semelhante a este: Terminal. Mas, se o modo gráfico não estiver ativo, então, pode-se digitar os comandos diretamente pelo **shell** (**interpretador de comando**) que, como já vimos, é a interface mais básica entre usuário e o sistema Linux.

Quando estamos utilizando o terminal, ou diretamente o shell, o primeiro passo é interpretar os primeiros caracteres apresentados:

Exemplo 1: root@teste /root]#

Exemplo 2: [teste@meu_pc /home]$

Nos exemplos apresentados, antes do @ temos o nome do usuário logado e depois do @ o nome do computador acessado, seguido do diretório atual. Veja, no exemplo 1, temos o usuário root, no computador chamado teste, na pasta /root.

> **MUITA ATENÇÃO!**
>
> O caractere apresentado ao final (# ou $) indica o tipo de usuário. Caso seja #, então, significa que usuário tem privilégios administrativos (root, ou usuário com privilégios de root). Quando temos o símbolo for $, então, temos um usuário comum que, via de regra, possui muitas limitações.

Quase todos os comandos no Linux possuem opções, parâmetros. Os parâmetros permitem que, por exemplo, se formate a saída de um comando, ou que se diga, usando a opção "–R" (**recursive**), ao comando "rm" (remove), para que ele apague o diretório e tudo que estiver dentro dele, inclusive subdiretórios e arquivos ocultos, veja abaixo:

✓ **#rm -R [diretório]**

- rm = comando para remover;
- -R = instrução recursiva (remove de cima para baixo, ou seja, tudo o que houver dentro do diretório);
- [diretório] = o diretório que se quer excluir.

Outro conceito importante é o uso dos **comandos de ajuda**:

✓ #man [comando]

- man= comando para apresentar página do manual com as informações sobre o comando;
- [comando] = parâmetro, comando para qual se deseja obter ajuda.

✓ Exemplo: #man rm

✓ #rm --help

- rm = comando para remover;
- – help = parâmetro.

E, ainda, quando se usa o bash, pode-se aplicar o comando help ou info da mesma forma que o comando man:

#help ls

$ info chmod

DICA IMPORTANTE

O **Bash** é um tipo de shell desenvolvido para o projeto GNU, o qual se tornou padrão em várias distribuições Linux, mas também usado em outros sistemas operacionais, como no próprio Unix.

A seguir, temos um pequeno quadro com o comparativo entre os principais comando **Windows(DOS)** X **Linux** e uma breve descrição:

COMANDO		DESCRIÇÃO
LINUX	WINDOWS	
ls ou **dir**	**dir**	Lista arquivos e diretórios – O comando dir também se aplica ao Linux.
cd	**cd**	Acessa a pasta desejada
ps	**tasklist**	Lista os processos que estão sendo executados pelo sistema operacional.
chmod	**cacls**	Altera as permissões de um arquivo ou diretório
chown	**cacls**	Altera o usuário e/ou a propriedade (proprietário e grupo proprietário) de arquivos ou diretório.
cp	**copy**	Copia arquivos
set	**set**	Visualiza, cria, remove ou define variáveis de ambiente.
chmod	**attib**	Visualizar ou modifica atributos de arquivos, pasta e subpastas, podendo torná-los somente leitura ou ocultos (apenas para Windows). No Linux, um arquivo é oculto quando seu nome inicia com ponto ".".

4.16.13 Scripts

E para finalizarmos com o Linux, é importante o conhecimento do que é um **script** (ou script-shell, no caso de scripts feitos para rodar no Shell). Um script nada mais é que uma sequência de comandos que executam algo, ou seja, uma sequência de passos lógicos. Por exemplo, uma vez por dia seu servidor tem que acessar outro servidor qualquer para copiar um determinado arquivo (vacina do antivírus, por exemplo), essa tarefa pode ser automatizada por um script, combinado com o daemon (programa) **cron**. Outro exemplo, onde se empregam os scripts, é a execução de backups. Veja, podemos montar um script para o processo de acender uma lâmpada: 1º ir até o interruptor, 2º apertar o interruptor. Um script também pode ser considerado como um pequeno programa.

DICA IMPORTANTE

O **Daemon *é,*** em informática, um programa que fica rodando continuamente em um computador (ou seja, um processo), esperando uma requisição para executar alguma tarefa ou serviço.

É muito importante o conceito de scripts no linux, já que **no linux, os scripts são abertos**, para que o usuário possa ler, entender e adaptar, de acordo com suas necessidades.

Existem muitos scripts junto às distribuições Linux, scripts para criar contas de usuários (uma conta modelo já definida no script), scripts para chamar outros scripts etc. Existem até mesmo scripts que simulam, por exemplo, uma calculadora.

> **MUITA ATENÇÃO!**
> Scripts são sequências de comandos a serem executados, e podem ser perigosos para os internautas. **IMPORTANTE: Scripts não são exclusividade do Linux.** Alguns sites na Internet, mal intencionados, podem acionar scripts que burlam a segurança dos navegadores, instalando em seu computador malwares, como vírus e outras pragas. Por este motivo, navegadores recentes bloqueiam a execução de scripts que não estejam autorizados pelo usuário.

5. ACESSO A DISTÂNCIA A COMPUTADORES, TRANSFERÊNCIA DE INFORMAÇÃO E ARQUIVOS, APLICATIVOS DE ÁUDIO, VÍDEO E MULTIMÍDIA

O acesso remoto, que é a mesma coisa que acesso à distância a computadores. Consiste em um computador acessar, à distância, um outro computador ou uma rede de computadores e, assim, realizar várias coisas, como executar comandos (linha de comandos), visualizar arquivos, visualizar o a área de trabalho (desktop) e até controlar programas e as funcionalidades dos dispositivos acessados. Um exemplo é uma empresa que possui um servidor privado e por meio dele consegue acessar o sistema da empresa. Esta interligação pode ligar vários locais de trabalho.

A **Telnet:** é um protocolo que permite emular um terminal à distância, isto significa que permite executar comandos escritos no teclado sobre uma máquina remota. Já o VNC (Virtual Network Computing) permite a utilização de interfaces gráficas, emulando na estação local exatamente a tela da estação remota. VNC é um padrão aberto, que usa o TCP/IP, ao passo que WTS é um padrão fechado. Ambos permitem conexão remota gráfica, mas com diferenças, principalmente o fato do WTS compactar dados e prover criptografia, enquanto que uma VNC não o faz.

B **Desktop:** é um cliente livre para o serviço RDP do WTS que permite o acesso a ambientes Windows a partir outros sistemas operacionais, como o Linux, por exemplo. Portanto, o WTS é sim suportado pelo Linux.

C **VPN**: de Virtual Private Network, ou Rede Privada Virtual, é uma rede privada construída sobre a infraestrutura de uma rede pública, geralmente da Internet. Ao invés de se utilizar links dedicados para conectar redes remotas, utiliza-se a infraestrutura da Internet, isto gera uma enorme economia para as empresas que a utilizam, mas, por outro lado, expõe estes dados a trafegarem por circuitos desconhecidos, o que implica, de certa forma, em insegurança. Entretanto, as técnicas atuais de criptografia diminuem a níveis toleráveis este risco. O termo tunelamento faz analogia a um túnel de dados, que corta a internet interligando diretamente dois pontos, assim como um túnel corta uma montanha. Uma VPN usa criptografia para estabelecer uma conexão privativa por meio de uma rede pública, sobre a qual está implantada a Internet.

As VPN's são túneis de criptografia entre pontos autorizados, criados através da Internet ou outras redes públicas ou privadas para transferência de informações, de modo seguro, entre redes corporativas ou usuários remotos.

Uma VPN é uma extensão de uma rede privada que fornece um link virtual, encapsulado, criptografado, com mecanismo de autenticado entre redes privadas compartilhadas. As conexões de VPN tipicamente fornecem acesso remoto e conexões roteador a roteador para redes privadas, através de links não dedicados, como links de Internet.

O acesso remoto tem muitas vantagens como melhorar a produtividade, pois pode-se fazer reuniões importantes com clientes, parceiros ou mesmo com a equipe de trabalho que estão geograficamente bem distantes, com maior frequência e com maior agilidade, pois recebem respostas mais rápidas.

É mais eficiente, pois baixa o custo da empresa com viagens, estadias, alimentação dentre outros custos.

D **SSH: é um** protocolo de comunicação que **garante comunicação segura**, uma vez que os dados são criptografados antes de serem enviados, enquanto o **protocolo Telnet oferece pouca segurança**, não dá suporte à criptografia

5.1 Transferência de informação e arquivos

Os computadores quando se comunicam acontece uma troca de dados. Quando você acessa uma página na internet através de seu navegador, você envia os dados para o servidor do site, com isso você estará fazendo um **"upload"** e quando você recebe a informação você estará fazendo um **"download"**.

O termo "download" é muito mais utilizado quando você "baixa" conteúdos da internet como um jogo, aplicativo, filmes ou músicas que está hospedado no servidor do site que você está acessando.

Já quando o site envia suas informações para seu servidor para ´que todos possam acessá-la pela internet ele está fazendo um "upload", ou seja, enviando os dados para o servidor do site.

Para se fazer uma transferência de arquivo utiliza-se o FTP (File Transfer Protocol) que em português significa Protocolo de Transferência de Arquivos.

Com ele você pode receber e enviar arquivos para servidores remotos e o servidor poderá também receber e enviar os arquivos.

Você também pode instalar um servidor de FTP em seu computador para você ou outra pessoa acessar seu computador remotamente.

5.2 Aplicativos de áudio, vídeo e multimídia

Hoje existe uma infinidade de aplicativos de áudio, vídeo e multimídia, o que torna impossível tratar destes softwares nesta obra.

Existem aplicativos exclusivos para edição de áudio como WavePad, Donnin, WaveEditor dentre outros. Temos, ainda, aplicativos para edição de vídeo como Camtasia, Filmora Go, Adobe Première, Clip etc. É muito comum que os aplicativos de edição de vídeo também façam edições simples no áudio.

Há até aplicativos de escritórios que também permitem a edição de áudio e vídeo, como o próprio Microsoft PowerPoint, da suíte de aplicativos Microsoft Office, e o Impress, do pacote LibreOffice. Ambos aplicativos são especializados em apresentações de slides.

Existem, ainda, aplicativos que foram desenvolvidos para a execução de conteúdo multimídia, como o Windows Media Player, Windows Media Center entre outros.

Normalmente estes aplicativos de multimídia reproduzem diversos formatos de áudio e vídeo, mas os mais comuns são MP4, MKV, MPEG-4.

Para muitos tipos e formatos de áudio e vídeos, é necessário a instalação de um codec específico, que permitirá ao aplicativo de multimídia reproduzir determinados formatos. Todos os dispositivos de áudio e vídeo utilizam codec para interpretar os dados digitais. Em determinadas situação você faz download de um arquivo e, no momento que vai executá-lo, recebe uma mensagem de erro. Isso acontece geralmente porque não há o codec para a extensão do arquivo no aplicativo de multimídia utilizado. A solução é baixar um pacote de codec.

Hoje com o advento das plataformas de streaming, como Netflix, Amazon Prime, YouTube dentre outros, ouvimos muito falar em streaming.

Streaming é uma tecnologia que envia informações multimídias para podermos assistir filmes ou músicas online (tempo real), ou seja, sem a necessidade de baixarmos o arquivo.

? **QUESTÃO:** Por meio de uma aplicação de acesso remoto, um computador é capaz de acessar e controlar outro computador, independentemente da distância física entre eles, desde que ambos os computadores estejam conectados à Internet.

*➥ **RESPOSTA:** CERTO. Alguns protocolos, como o Telnet e o SSH, permitem o acesso e a execução de comandos, inclusive o controle, de outro computador de forma remota (acesso remoto). Obviamente, um dos pré-requisitos, além do suporte ao protocolo em si, é que exista conectividade entre os dois computadores, seja por meio da existência de conexão de ambos à Internet, seja por meio de uma rede privada (exemplo: Intranet) ou outro tipo de conexão, como uma Pear-to-peer (P2P; ponto-a-ponto). Os dois **protocolos mais utilizados para acesso remoto por linha de comando** são o Telnet e o SSH. O protocolo de comunicação **SSH garante comunicação segura**, uma vez que os dados são criptografados antes de serem enviados, enquanto o **protocolo Telnet oferece pouca segurança**, não dá suporte à criptografia.*

6. REDES DE COMPUTADORES

6.1 Conceitos

Basicamente, um sistema computacional de comunicação de dados é composto por:

A **Mensagem**: informação, dado a ser transmitido. Pode ser constituída por texto, números, figuras, áudio, vídeo ou mesmo combinação desses formatos.

B **Transmissor**: é o dispositivo que envia a mensagem: computador, telefone, equipamento de rede, ou seja, o dispositivo que está enviando (a origem, a fonte).

C **Receptor**: dispositivo que recebe a mensagem.

D **Meio**: é o caminho físico por onde trafega a mensagem.

E **Protocolo de rede**: é um conjunto de regras que definem como dois ou mais equipamentos irão trocar dados.

Uma rede de computadores é um sistema de comunicação de dados interconectando computadores, usuários e servidores de rede através de regras pré-definidas, com o objetivo de compartilhar recursos e, principalmente, informações. Uma rede de computadores consiste em 2 ou mais computadores ou dispositivos, interligados entre si de modo a compartilhar recursos físicos e lógicos.

É muito comum, em empresas de grande porte, é termos redes mais estruturadas, interligadas por um **BACKBONE DE REDE**:

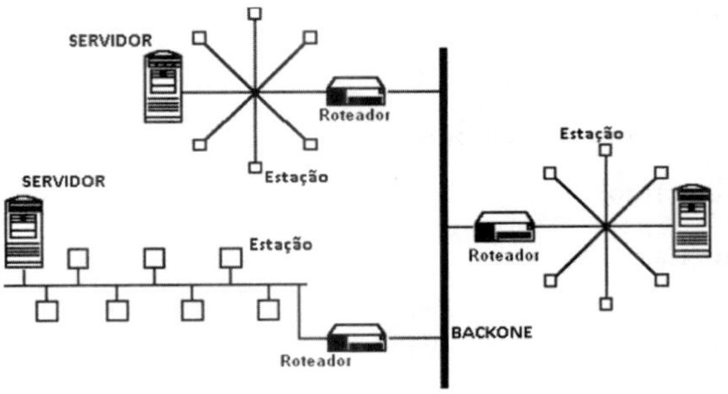

Um **Backbone**, cuja tradução para o português é "espinha dorsal", em informática, mais especificamente em redes de comunicação, significa **rede de transporte**. Dá nome ao ponto que faz ligações centrais de um sistema, ou seja, conecta seguimentos de uma rede. Conecta redes LAN's(ou WAN's), mas nunca as estações diretamente. É caracterizado, principalmente, por ter uma elevada taxa de desempenho (transmissão).

Podemos definir as diversas aplicações de uma rede de computadores como:

- **Compartilhamento de dados, softwares, unidades de armazenamentos e periféricos (impressoras, scanners etc.);**
- **Interligar bancos de dados de diferentes áreas de uma empresa;**
- **Prover um meio eficiente de comunicação e trânsito de mensagens, como correio eletrônico;**
- **Maior confiabilidade através da replicação de fontes de dados;**
- **Economia de dinheiro;**
- **Comércio eletrônico.**

A conexão de computadores às redes ethernet (ou outro padrão como o token king, FDDI, ATM) é feita por meio de uma **placa de rede** (ou NIC, de Network Interface Card ou adaptador de rede). Obviamente, cada arquitetura exige um tipo específico de NIC. O padrão de conector mais usado nestas placas é o **RJ-45** (padrão para redes ethernet). Um adaptador de rede é capaz de transformar sinais digitais em sinais analógicos, e vice-versa, que são transmitidos pela rede cabeada. As placas wireless, mesmo as on-bord, como nos notebooks (onde não as visualizamos), também são NIC's.

6.2 Meios De Comunicação e Meios de transmissão

Os meios de comunicação podem ser: linhas telefônicas, cabo, fibra, satélite ou comunicação sem fios.

Meios de transmissão guiados:

- Par trançado;
- cabo coaxial;
- Fibras ópticas.

Meios de transmissão não guiados:

- Ar;
- ondas de rádio;
- micro-ondas (visada direta);
- infravermielho (controle remoto);
- Wireless e bloettooh;
- ondas de luz (lase);
- satélites.

6.3 Equipamentos de Rede

Os principais equipamentos (hardware) encontrados em uma rede são:

A **Placa de rede:** (já descrita no capítulo Hardware);

B **Hub**: do inglês transmitir, é um equipamento que recebe, em uma de suas portas, sinais elétricos e os propaga a todas as suas demais portas, sem nenhum tratamento, apenas replica o sinal elétrico. É um equipamento concentrador de rede, onde muitos computadores e outros equipamentos podem ser interconectados. Todo hub é, possui um repetidor;

C **Switch**: é um "hub melhorado" ele trabalha na segunda camada de rede (Modelo OSI, alguns switches já trabalham em camadas superiores) e, assim, pode tratar os dados que passam por suas portas, já que a 2º camada define parâmetros de endereçamento físico (MAC adress), sendo possível, inclusive, negar ou permitir que certos equipamentos (pelos seus endereços MAC) tenham dados que trafeguem por determinadas portas;

D **Transceiver:** (Transmitter + Receiver), também conhecido como **Media Attachment Unit** (MAU), é um receptor e emissor de sinais elétricos, pode amplificar os sinais ou adaptar os tipos diferentes de interfaces elétricas.

E **Roteador:** é um equipamento responsável por "rotear" (redirecionar) dados entre redes, utilizando protocolos e predefinições para definir as regras da comunicação entre as redes;

F **Repetidor:** Equipamento que permite ampliar o sinal transmitido em pontos onde o mesmo começa a perder potência. O repetidor não faz nenhum tipo de análise ou tratamento sobre a informação transmitida;

G **Bridge**: Equipamento, dispositivo, que interliga duas ou mais redes de computadores transferindo, dados entre ambas, a partir de regras predefinidas. As pontes permitem, ainda, segmentar uma rede em sub-redes, para reduzir tráfego desnecessário. Algumas tem capacidade para converter padrões (Ethernet para Token-Ring etc.). Contudo, as bridges trabalham na camada 2º camada, a camada de Enlace (Interconexão) do modelo OSI, atuando somente com endereços físicos (MAC address).

H **Ponto de acesso:** Ou "Acess Point" é uma bridge que liga uma rede sem fio a uma rede cabeada.

I **Gateway:** Ou ponte de ligação, são componentes que permitem a comunicação entre redes heterogêneas(arquiteturas diferentes), que usam protocolos diferentes.

J **Host (nó):** Qualquer equipamento conectado à rede capaz de fornecer informações ou serviços.

Na tabela abaixo, pode-se visualizar a relação equipamento x camada de rede:

CAMADA DE REDE	EQUIPAMENTO
Aplicação	Gateway de aplicação
Transporte	Gateway de transporte
Rede	Roteador
Enlace	Bridge, Switch
Física	Repetidor, hub

MUITA ATENÇÃO!

Tanto os roteadores como o Gateway podem ser implementados por um computador simples, utilizando softwares específicos para esta finalidade. Ambos podem ser implementados totalmente por meio de software ou hardware.

6.4 Tipos De Redes

A **WAN:** é na a sigla para Wide Área Network (rede de área longa), e refere-se a redes que interligam redes locais, metropolitanas e equipamentos de rede em torno de uma grande área geográfica. É uma rede geograficamente distribuída.

B **LAN:** é a sigla para Local Área Network, e refere-se a redes locais, em um mesmo ambiente físico.

C **MAN:** é a sigla de Metropolitan Área Network e refere-se às redes numa mesma região metropolitana, ou seja, computadores em pontos distintos de uma cidade interligados em rede.

D **PAN:** é a sigla para Personal Area Network e designa redes de curtíssimo alcance, como redes Bluetooth.

E **RAN:** de Regional Área Network, que são redes de uma região específica, menores que uma WAN mas maiores que uma LAN ou MAM.

F **GAN:** (de Global Area Network), que pode ser entendida como uma rede WAN, mas com dimensões globais.

G **SAN:** de Storage Area Network, que se refere a redes de armazenamento, objetivando a interconexão de equipamentos de storage(armazenamento).

H **CAN:** (Campus Area Network), que designa redes de computadores de diferentes prédios de um mesmo complexo de uma instituição, como uma universidade.

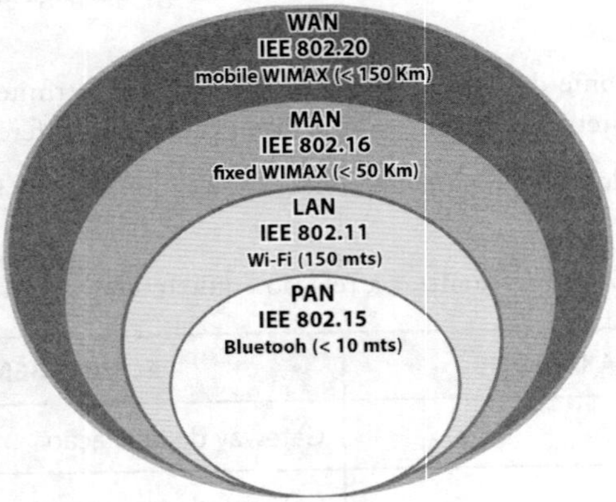

6.5 Redes Sem Fio

Uma rede sem fio nada mais é que uma rede de computadores que se interligam através do meio físico ar, ou seja, sem o emprego de fios. Para tanto, a placa de rede (NIC), ao invés de ter um cabo conectado a ela, possui uma antena, a qual recebe e transmite os sinais eletromagnéticos.

A comunicação entre os dispositivos em uma rede sem fio é feita através do ar, por meio de ondas eletromagnéticas (ondas de rádio).

O termo Wi-Fi refere-se às redes sem fio baseadas no padrão IEEE 802.11, ou seja, uma rede local sem fios. Wi-fi é por vezes associado erroneamente ao termo Wireless Fidelity, que na verdade é uma marca licenciada pela Wi-Fi Alliance.

Os padrões de rede sem fio são definidos **pela IEEE (Instituto de Engenheiros Eletricistas e Eletrônicos) 802.XX** :

Grupo	Tema	Tecnologia
802.11	*Wireless* LAN (WLAN)	WiFi
802.15	*Wireless Personal Area Network* (WPAN)	*Bluetooth*, entre outras.
802.16	*Broadband Wireless Access (BBWA)*	WiMax
802.20	*Mobile Wireless Access*	*Mobile-Fi*

MUITA ATENÇÃO! As redes sem fio IEEE 802.11, também são conhecidas como redes Wi-Fi ou wireless.

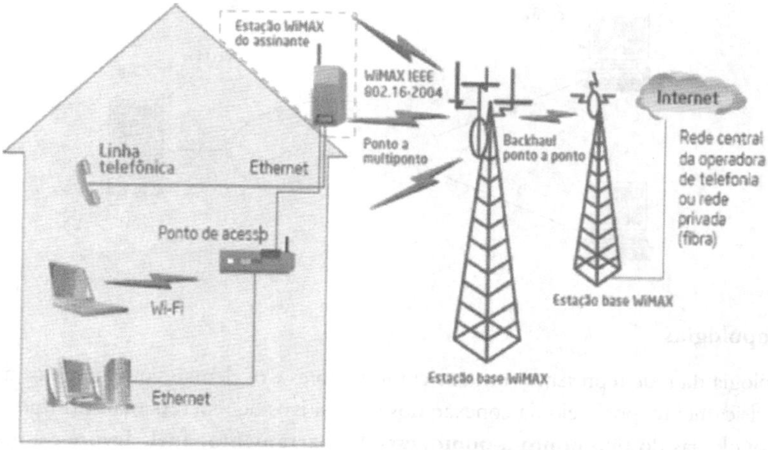

6.6 Redes Sem Fio Ad Hoc

Ad hoc é um conceito de redes de computadores. As redes ad hoc são redes sem fio onde não há topologia predeterminada, nem controle centralizado, as redes são espontâneas. Dispensam o uso de pontos de acesso, ou concentradores de rede, de modo que todos os dispositivos da rede funcionam como se fossem roteadores, encaminhando e enviando as informações diretamente às interfaces dos demais computadores. O que remete ao significado do latim para "ad hoc", já que sua criação está associada a uma necessidade pontual, de momento.

6.7 Arquitetura Ponto-a-Ponto

Na arquitetura de rede ponto-a-ponto (Peer-to-peer), dois computadores se interligam diretamente, sem que haja qualquer relação de hierarquia entre eles.

> **MUITA ATENÇÃO!**
>
> Podemos ter uma rede de computadores com uma determinada topologia, na qual todos os computadores estão conectados ao mesmo meio físico e, assim, todos podem se comunicar entre si. Mas, se não tivermos nenhum servidor nesta rede, ela será, portanto, uma rede de comunicação do tipo ponto a ponto.

6.8 Arquitetura Cliente-Servidor

O modelo de redes cliente-servidor é a configuração de rede mais comum existente, junto à rede de ponto-a-ponto. Sua principal característica são as solicitações do cliente ao servidor:

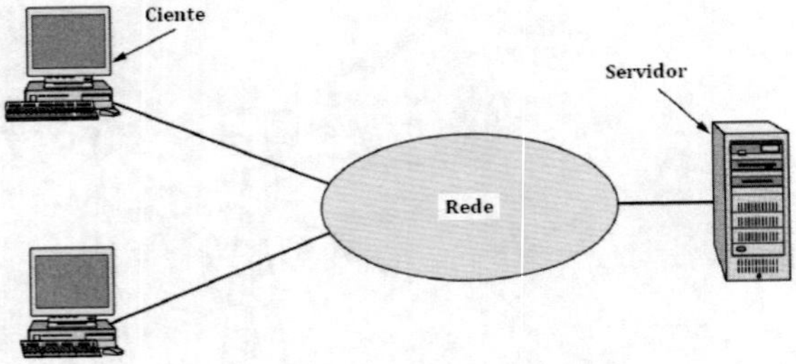

6.9 Topologias

A topologia da rede representa como os computadores e os demais equipamentos de rede estão conectados fisicamente, por meio da conexão dos dispositivos de rede. As mais utilizadas e conhecidas são as topologias do tipo **ponto-a-ponto, estrela, barramento, anel, árvore** e a mais comum, que é a **topologia mista.** Algumas literaturas ainda fazem referência à topologia **estrela-estendida.**

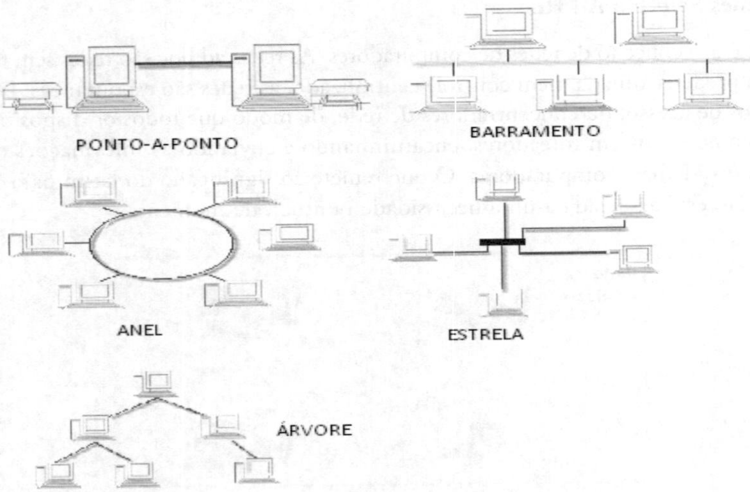

Na topologia em estrela, todos os computadores são ligados a um concentrador de rede, geralmente um switch, um nó central, que recebe os dados dos computadores e os encaminha as demais portas de conexão. No caso de um switch, o encaminhamento é feito seguindo sua tabela de endereçamento físico (MAC – camada 2 do modelo OSI), que é preenchida por ele por meio de auto-aprendizagem, na qual ele encontra a porta onde está conectado o equipamento de destino, evitando tráfego desnecessário nas demais portas, limitando, desta forma os domínios de colisão (colisão é quando pacotes de dados colidem em uma rede, causando lentidão e perda de dados).

Na topologia em estrela, cada computador conectado ao concentrador de rede é independente, de forma que independentemente do funcionamento dos demais, um computador poderá trocar dados com o concentrador de rede e outros equipamentos a ele conectados, como um roteador que dá acesso à Internet, por exemplo.

Nas demais topologias, não emprego de equipamentos ativos para a interligação dos dispositivos da rede. Desta forma, todo equipamento que faz parte desta rede possui acesso ao mesmo meio físico.

6.10 Desempenho de uma rede: latência, largura de banda e taxa de transferência.

O desempenho da rede pode ser medido através da taxa de transferência (vazão) e da latência (atraso).

A Latência: é o retardo, atraso, tempo de resposta, tempo que a informação leva até chegar ao destino, tempo de ida e volta. Em uma rede, latência é a soma dos atrasos relacionados com os relacionados aos equipamentos utilizados. Ela também define o tempo de atraso que leva um sistema a responder a uma solicitação, como, por exemplo, o tempo que leva um site a ser carregado no seu navegador desde o momento que o você clicou em seu link (veja que neste caso não estamos falando especificamente de redes). Os principais fatores que impactam latência são o atraso de propagação, a velocidade de transmissão e o tempo de processamento. Assim, latência é a soma dos seguintes parâmetros:

- Atrasos de fila: tempo de espera até a sua vez de ser transmitido.
- Atrasos de transmissão (tempo de transmissão).
- Atraso de propagação: tempo para um pacote propagar de uma fonte até um destino.

B Largura de banda: é capacidade máxima de transmissão de dados de um ponto para outro em um determinado tempo. Note que a largura de banda impacta na latência.

C Taxa de transferência: (throughput) é a capacidade real de transferência de dados de um sistema, seja entre dois discos ou entre dois pontos de uma rede. É a quantidade de dados transmitidos, sem erros, entre dois pontos de uma rede, pela unidade de tempo.

D Propagação: é o tempo que o pacote leva para ir de um lugar a outro na velocidade da luz. Note que, diferentemente da propagação, a latência é o tempo de atraso, o tempo de resposta, que pode também levar em conta, por exemplo, tempos de processamento (do pacote em um nó, como um roteador. Processamento do dado em uma camada superior, como em um código de programa, banco de dados etc.). Ou seja, latência envolve todo tempo que se leva até se ter uma resposta, já propagação relaciona-se apenas ao tempo do trânsito entre dois pontos. O atraso de propagação impacta na latência.

Em uma boa analogia, a latência é a quantidade de tempo que o pacote leva para viajar através do tubo. **Largura** de banda (bandwidth) é a largura do tubo e a taxa de transferência é a quantidade de água que efetivamente passa naquele cano em determinado tempo (depende da pressão, obstáculos etc.).

? **QUESTÃO:** No fluxo de pacotes em uma rede de computadores, a qualidade de serviço é determinada pelos parâmetros relacionados a propagação, recuperação, interferência e perda de dados.

➥ ***RESPOSTA:*** *ANULADO. A qualidade de um serviço na rede pode ser determinada por diversas grandezas, como largura de banda (bandwidth _capacidade máxima de transmissão de dados de um ponto para outro em um determinado tempo), throughput (vazão _capacidade real de transferência de dados) perda de pacotes, latência (o retardo, atraso, tempo de resposta). Assim, temos que a latência é um parâmetro relacionado à propagação. Recuperação refere-se ao tempo que a rede leva para se reestabelecer em caso de indisponibilidade. Interferência é o nível interferência externa que a rede pode sofrer. O nível da perda de pacotes (taxa de erros) é importante, já que impacta na necessidade de retransmissão, gerando mais processamentos para as camadas de controle e, por fim, latência.*

A banca examinadora entendeu por bem anular a questão quando da apresentação do gabarito final, apresentando a justificativa: "O fato de a largura de banda não ter sido mencionada na redação prejudicou o julgamento objetivo do item".

Embora entendamos que a afirmativa da questão em si, da forma que foi originalmente escrita, esteja, incorreta, dado que um dos parâmetros mais importantes de rede seja a largura de banda, e este não está presente na afirmativa, compreendemos que, de fato, a posição da banca examinadora foi a mais assertiva, dado que é possível encontrar, na literatura, a largura de banda como sendo característica relacionada à propagação, que impacta na propagação, uma vez que propagação pode ser definido como o tempo que o pacote leva para ir de um lugar a outro na velocidade da luz. Nessa definição, latência e largura de banda, juntas, definem a velocidade e a capacidade de uma rede (ou seja, parâmetros que determinam, portanto, a qualidade de um serviço de rede). Também podem citar a disponibilidade (tempo que a rede está efetivamente disponível) como sendo parâmetro que determina a qualidade de um serviço de rede, mas nota-se que este já está relacionado à recuperação, não sendo, portando, motivo para a anulação.

7. CONCEITOS DE PROTEÇÃO E SEGURANÇA

Hoje, na maioria das grandes empresas, os ativos mais valiosos são as pessoas e a **informação. Daí vem todos os componentes que fazem parte da segurança da informação, visando proteger estes dados contra invasores, vazamentos etc. Além de conferir disponibilidade desta a quem precisa.**

Existem muitas tecnologias que buscam garantir os pilares na segurança da informação:

1. **Integridade** de conteúdo: A informação não pode ser alterada ou excluída sem autorização.
2. **Confidencialidade**, que garante que o conteúdo não será acessado por quem não tenha direito de acessá-lo.
3. **Disponibilidade:** Disponibilidade da informação; garantir que o acesso à informação esteja sempre disponível a quem necessita acessar.
4. **Autenticidade** de origem ou autoria.
5. **Irretratabilidade:** a transação, depois de efetuada, não pode ser negada.

Certamente a técnica mais difundida atualmente é criptografia, a qual usa algoritmos para codificar e decodificar os dados, de forma que somente os envolvidos possuem o acesso a estes dados.

7.1 Como se prevenir

Nenhuma das medidas de segurança tomadas serão 100% garantidas. Os intrusos em potencial possuem muitos recursos e estão a todo momento se aperfeiçoando. Os profissionais de segurança estão, quase sempre, correndo atrás e, em alguns casos apenas, consegue se adiantar. Além da óbvia medida de segurança "virtual", leia-se antivírus, firewall, criptografia entre outras, é muito importante que outras medidas de segurança sejam tomadas, como por exemplo, restrições de acesso a setores que contenham computadores com acessos à rede da empresa.

FIQUE POR DENTRO: Muitas bancas de concurso usam a expressão "Base de **assinaturas de vírus**" para definir a lista de vírus que o antivírus pode identificar e, portanto, a atualização deste antivírus é a atualização da assinatura de vírus. Uma assinatura de um vírus é a forma que ele opera, a forma que ele pode ser identificado etc.

A **estrutura hierárquica** de usuários é uma implementação fundamental na segurança da informação. Definir **níveis de acesso**, bem como restrições de acesso específicas, são condições fundamentais para um sistema seguro.

7.1.1 Política de Segurança

Um plano de segurança, mas conhecido com política de segurança, diz respeito à estrutura adotada quanto à segurança da informação de uma corporação, de forma a envolver tanto as medidas para evitar incidentes (vírus e acesso não autorizado, por exemplo) como sua recuperação (backup).

Política de Segurança é um conjunto de decisões que, juntas, determinam a postura de uma organização em relação à segurança dos dados em sua rede. A política de segurança determina os limites do que é aceitável ou não e, também, as ações a serem adotadas em caso de violações. A política de segurança difere de organização para organização em função de suas naturezas, como atividade fim, estrutura hierárquica etc. Definir os limites é fundamental para a operação correta dos itens que compõe a segurança de uma corporação, como firewalls, Proxy, implementação de logs, auditoria, monitoração etc.

7.1.2 Política de Senhas

Define critérios de criação e utilização de senhas para dificultar a descoberta destas senhas. Requisitos comuns para formação de senhas:

- Período de validade para senhas
- Normas para proteção de senhas
- Reuso de senhas
- Treinamento do corpo funcional

Uma prática importante é sempre utilizar o um bom **antivírus** atualizado.

> **DICA IMPORTANTE**
>
> Um antivírus possui a função de proteger o computador contra vírus, malwares e outras pragas virtuais. Os antivírus também possuem ferramentas que monitoram sites visitados, que geralmente podem conter códigos maliciosos em formulários com Scripts. Há, atualmente, ferramentas de proteção ainda mais completas, que, inclusive podem receber, além da denominação antivírus, o nome de Anti-malware, pois contemplam vários componentes de segurança distintos, como antivírus, anti-spans, proteção contra intrusão (IDS), monitoramento de rede, sistemas de detecção empíricos, proteção.

7.1.3 Outros conceitos importantes relacionados à prevenção

A **Mesa limpa:** Política que prega uma mesa de trabalho mais limpa, sem papéis, dispositivos móveis (pen drives), CDs/DVDs etc. sobre a mesa, o que dificulta a ação de penetras e bisbilhoteiros.

B **Tela limpa:** Menos janelas de programas abertos, o que, também, impede visualizações de pessoas indesejadas.

C **Single sign-on:** Significa uma única autenticação, uma única porta de entrada, ou seja, um usuário e senha para acesso a todos os sistemas, facilitando as políticas de segurança de senha, como troca frequente e senha forte (tamanho e letras+caracteres+números). Essa política também prevê a implementação de uma única senha que controla, também, o acesso físico aos ambientes, controlando e centralizando, desta forma, os níveis de acesso.

Evitar abrir e-mail suspeitos, principalmente anexos, pois pode ocorrer infecção do computador por algum malware enviado via correio eletrônico quando se abre algum arquivo infectado, que porventura esteja anexado a mensagem eletrônica recebida.

MUITA ATENÇÃO!

Scripts são sequências de comandos a serem executados, e podem ser perigosos para os internautas. **IMPORTANTE: Scripts não são exclusividade do Linux.** Alguns sites na Internet, mal intencionados, podem acionar scripts que burlam a segurança dos navegadores, instalando em seu computador malwares, como vírus e outras pragas. Por este motivo, navegadores recentes bloqueiam a execução de scripts que não estejam autorizados pelo usuário.

? **QUESTÃO:** No acesso a uma página web que contenha o código de um vírus de script, pode ocorrer a execução automática desse vírus, conforme as configurações do navegador.

➥ ***RESPOSTA:*** *CERTO. Um script nada mais é que uma sequência de comandos que executam algo, ou seja, uma sequência de passos lógicos previamente programados. Um script de fato* ***pode*** *(não necessariamente será) ser executado de forma automática em seu navegador. A maioria dos navegadores possuem bloqueios que impedem essa execução automática, assim como alguns possuem opções de configuração para permitir ou não essa execução. Indo um pouco além, nos programas de leitura de e-mail (Outlook, por exemplo), esta possibilidade de execução de scripts também existe, assim como também há opções de bloqueio.*

8. VÍRUS, WORMS E PRAGAS VIRTUAIS

A Malware: vem do inglês "Malicious Software". É um software que se infiltra em um sistema de computador de forma ilícita (ou não), com o objetivo de causar algum dano ou roubo de informações. Vírus, cavalo de Tróia (ou trojan), spam, vermes (ou worm), rootkits, spywares e adwares, todos são tipos diferentes de malwares.

B Vírus: é o tipo de **Malware** mais conhecido. Ele infecta um arquivo e se propaga conforme este arquivo infectado seja salvo em outros computadores. Os danos que ele causa são diversos, vão desde a simples alteração de um nome de arquivo até a completa destruição dos dados contidos em um computador. Existem vírus que corrompem até os programas que controlam os hardwares dos computadores, acarretando o não funcionamento adequado do hardware, independentemente do sistema operacional.

C Adware (**ad**vertisement + soft**ware** = anúncio + programa)**:** é um tipo do software que é executado sem o consentimento do usuário, exibindo anúncios (por pop ups ou novas janelas/abas) e pode, também, realizar o rastreamento online da vítima, apresentado propaganda relacionada a sua navegação.**Phishing**, em informática, é uma tática fraudulenta usada por hackers (ou similares) com a intenção de adquirir dados pessoais, sejam dados bancários, senhas e outros. Trata-se de uma tática de se fazer passar por pessoa ou empresa confiável, enviando uma comunicação aparentemente "oficial", principalmente através de e-mail's.

D Pharming: é uma forma mais sofisticada de Phishing, explorando as vulnerabilidades dos navegadores (browsers), sistemas operacionais e invadido os servidores de **DNS** (Domain Name System) para direcionar o usuário a sites fictícios, com objetivos maliciosos.

E **Spyware (espiões) :** é um tipo de malware que se instala no computador para coletar informações sobre seus usuários, sem o conhecimento destes. Eles podem monitorar o quais teclas o usuário pressiona, o movimento do mouse, sites visitados, arquivos abertos etc.

F **Keyloggers** são malwares que monitoram, armazenam e enviam ao invasor todas as teclas acionadas no computador infectado.

G **Worm (verme):** é um programa auto replicante, muito parecido a um vírus. Um vírus infecta um programa e necessita deste programa hospedeiro para se propagar, ao passo que o Worm é um programa completo e não precisa de outro para se propagar, além de criar cópias (réplicas) de sim mesmo para infectar outros computadores. No mais, ele pode executar várias tarefas maliciosas, desde impedir a execução de algum programa, apagar arquivos, ou até tornar o computador vulnerável a outras ameaças.

H **Hoax:** são os chamados **vírus boato**, mensagens de e-mail alertando o usuário sobre um vírus extraordinário, altamente destrutivo ou notícias curiosas que servem como isca para o ataque.

I **Rootkit:** é um software, muitas das vezes malicioso, apesar de existirem rootkits que têm fins técnicos, empregados em segurança da informação de empresas. Estes programas são desenvolvidos para esconder a existência de certos processos ou programas de métodos normais de detecção e permitir contínuo acesso privilegiado a um computador. Os rootkits para Linux/ Unix geralmente substituem os programas mais comuns, como os programas que listam arquivos, de modo que o administrador do sistema, ao listar os arquivos, não veja a presença dos arquivos do trojan. (quem disse que em Linux não existem malwares?)

J **Hackers:** são pessoas que possuem conhecimentos mais profundos dos sistemas computacionais, redes de computadores e dispositivos relacionados. Contudo, os hackers, que usam seu conhecimento para fins prejudicais, imorais ou ilícitos, são denominados **crackers**.

K **Spam:** é um termo que designa que e-mails indesejados, mensagens eletrônicas não solicitadas, que enchem a caixa de entrada do correio com mensagens inúteis, como propagandas e, ainda, podem conter outros riscos, como vírus. Tem como grande característica conter diversos destinatários.

L **Cavalo de Tróia (Trojan):** é um tipo de malware que invade o computador com a função de facilitar o acesso indevido de pessoas mal intencionadas, abrindo portas de comunicação a estes invasores. Geralmente disfarçando-se como um programa legítimo. Cavalos de Tróia podem portar outros malware, como vírus e vermes, em uma variante que é chamada de "**droppers**". Existem muitas variantes dos trojans, veja alguns:

- **Trojan Clicker:** redireciona a navegação da vítima a determinados sites, afim incrementar o número de acessos a estes sites para fins comerciais ou apresentar propagandas.
- **Trojan Downloader:** instala outros códigos maliciosos, a partir de sites na Internet.
- **Trojan DoS:** infecta o computador com ferramentas de negação de serviço, utilizando-as posteriormente.
- **Trojan Backdoor:** instala backdoors na estação alvo, possibilitando o acesso remoto do atacante ao computador.
- **Trojan Dropper:** também instala outros códigos maliciosos, mas estes acoplados no próprio código dele.

- **Trojan Destrutivo:** Apaga ou altera arquivos e pastas, formata o disco, podendo deixar o computador inoperante.
- **Trojan Spy:** instala spyware, utilizando-os para coletar informações da vítima e enviá-las ao invasor.
- **Trojan Banker ou Bancos:** É um trojan voltado a dados bancários, coletando-os, por meio de programas spyware, ativados no instante que os sites de Internet Banking são acessados. Semelhante ao Trojan Spy, mas específico para bancos.
- **Trojan Proxy:** instala um servidor de proxy, permitindo que este seja usado para esconder a navegação do hacker, bem como para o envio de spam.

M **Botnets (ou somente bot):** permitem que hackers controlem muitos computadores simultaneamente, transformando-os em computadores "zumbis", parte de uma poderosa "botnet" para espalhar vírus, gerar spans e cometer outros tipos de crimes e fraudes online. Um "bot" é um tipo de malware que permite que um invasor tome o controle sobre um computador afetado. Também conhecidos como "robôs da Web", os bots **são geralmente parte de uma rede de máquinas infectadas, conhecida como** «botnet", normalmente composta por máquinas vítimas espalhadas pelo globo.

N **Backdoor (ou porta dos fundos)**: é uma variante do trojan (trojan backdoor). É uma falha de segurança ou mesmo um programa que cria esta falha para permitir o acesso ou o retorno de um invasor a um computador, por meio da inclusão de serviços criados ou modificados para isto. Pode ser incluído por meio de outros programas maliciosos, que já tenham infectado o sistema, ou por atacantes que exploram vulnerabilidades existentes nos programas instalados no computador. Uma vez incluído, o backdoor é usado para permitir acesso futuro ao computador infectado, sem que seja preciso utilizar os mesmos da primeira invasão. A forma de se proteger desta praga é utilizando um firewall ou um sistema IDS.

O **Spoofing**: é uma técnica utilizada em conjunto às técnicas de spam´s e phishing, que tem por objetivo ocultar a origem do e-mail spam.

? **QUESTÃO:** Ao contrário de um vírus de computador, que é capaz de se autorreplicar e não necessita de um programa hospedeiro para se propagar, um worm não pode se replicar automaticamente e necessita de um programa hospedeiro.

↳ ***RESPOSTA:*** *ERRADO. Basicamente os conceitos foram apresentados invertidos. O vírus precisa de um hospedeiro para se propagar em um sistema (ele infecta um programa, entra em seu código), ao passo que o worm tem a capacidade de se autorreplicar, ou seja, não necessita de um hospedeiro. Ele mesmo é o arquivo malicioso, é um programa.*

9. APLICATIVOS PARA SEGURANÇA

9.1 Firewall

Firewall é como uma barreira de proteção, que controla o tráfego de dados entre dois pontos, seja entre seu computador e a internet, ou entre dois pontos de uma rede, por exemplo. Seu objetivo é permitir somente a transmissão e a recepção de dados previamente autorizados. Portanto, pode ser implementado em qualquer instância ou ponto da rede, seja num servidor, ou seja, apenas em uma estação de trabalho. Existem firewalls baseados na combinação de hardware e software e firewalls baseados somente em software.

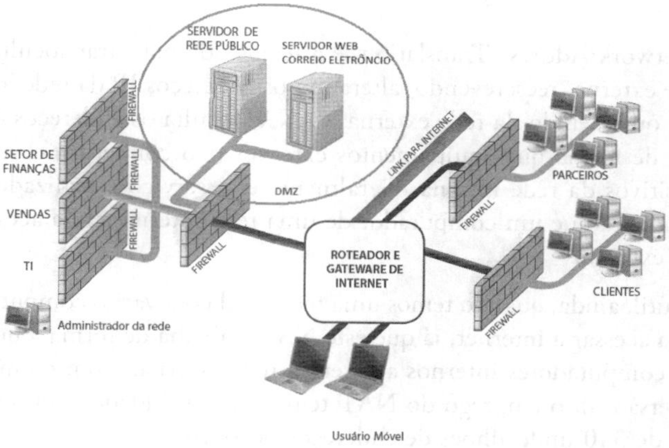

Podemos dizer, também, que apesar de ser fundamental para a segurança, pode sim ser concebida uma intranet sem a implementação de um firewall, principalmente se considerarmos que uma intranet pode existir perfeitamente sem estar ligada à Internet, sem contato algum com o meio externo. Mas considerarmos que ela está ligada a qualquer rede externa, ou se tivermos uma grande intranet estruturada, com vários setores, seria uma falha muito, mais muito básica de segurança a não utilização de um firewall.

E, ainda, mesmo estando protegida por um firewall, uma intranet não fica livre vírus, até porque **a função de um firewall não é a proteção contra vírus** e sim contra o tráfego de dados não autorizados.

9.2 Zona Desmilitarizada

DMZ – Zona Desmilitarizada (ou ZDM de DeMilitarized Zone) é uma rede projetada para ficar entre a rede local (segura) e a Internet (insegura). Nela são configurados os servidores que possuem acesso direto à rede externa. Ela possui a função de proteger a rede local, já que limita uma possível intrusão, caso esta ocorra nos serviços (servidores) que se situam nesta rede DMZ.

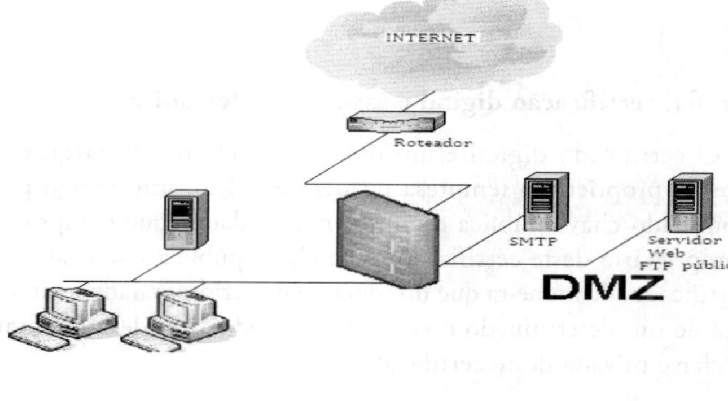

Gateway

Gateway: Ou **ponte** de ligação, é um equipamento que interliga duas redes distintas, seja porque elas são de arquitetura diferente, seja para limitar domínios de colisão de pacotes.

9.3 NAT

NAT, de Network Address Translation, é a técnica de mascarar (ocultar) os IP's da rede local frente à rede externa, reescrevendo, alterando os endereços IP da rede local em um pacote de dados enviado ou recebido da rede externa. O NAT oculta os endereços da rede local interna para Internet, de forma que equipamentos externos não conheçam o verdadeiro endereço lógico dos dispositivos da rede interna. Geralmente este serviço é realizado por um roteador ou firewall, de maneira que um computador de uma rede interna tenha acesso ao exterior sem expor este à rede externa.

Um NAT é útil, ainda, quando temos uma rede local com vários computadores, mas apenas um IP válido para acessar a internet, já que este NAT trabalha de forma a utilizar somente este IP para todos os computadores internos acessem a rede externa. Com o emprego do IPv6(Internet Protocol versão 6), o emprego do NAT tem apenas utilidade para segurança, já que no IPv6 temos mais de 340 undecilhões de endereços possíveis.

9.4 Proxy

O Proxy funciona como um cache da Internet, guardando dentro dele as páginas acessadas e as fornecendo à rede local, caso seja solicitado novamente, sem ser necessário o acesso pelo link externo ao site. O **proxy tradicional**, acaba por ocultar os IPs da rede, já que ele recebe os pacotes da rede local, analisa e envia para a rede externa, recebe a resposta e reencaminha para a rede interna, ocultando os IPs locais. Já o **proxy transparente** faz apenas a função de reduzir o tráfego, sem ocultar os IP´s, não escondendo os computadores atrás de si não, pelo menos, não totalmente. Somente captura e retransmite os segmentos TCP que detecta na rede. Os IP´s não são totalmente escondidos.

9.5 Política de Segurança

Um **plano de segurança**, mais conhecido como **política de segurança**, diz respeito à estrutura adotada quanto à segurança da informação de uma corporação, de forma a envolver tanto as medidas para evitar incidentes (vírus e acesso não autorizado, por exemplo) como sua recuperação (backup).

O uso de **no-breaks é** uma medida de segurança, este equipamento já foi abordado anteriormente.

9.6 Criptografia, certificação digital e assinatura eletrônica

O certificado digital é um documento eletrônico (arquivo) que contém o nome do proprietário (empresa ou pessoa física), um código público exclusivo, denominado chave pública e muitos outros dados que comprovam a identidade do proprietário deste certificado. Esta chave pública refere-se à chave privada do proprietário do certificado, de maneira que um documento criptografado assimetricamente, com uma chave pública de um determinado certificado, só poderá ser descriptografado (decifrado) por quem possua chave privada deste certificado.

Um documento eletrônico que possui Certificação Digital tem garantia de **autenticidade** de origem, autoria, de **integridade** de conteúdo, de **confidencialidade** e de **irretratabilidade** (a transação, depois de efetuada, não pode ser negada).

A Certificação Digital: é o equivalente eletrônico às carteiras de identidade, passaportes e cartões de associados. Você pode apresentar uma Identificação Digital eletronicamente para provar sua identidade ou seu direito a acessar informações ou serviços on-line. Identificações Digitais, também conhecidas como Certificados Digitais, vinculam uma identidade a um par de chaves eletrônicas que pode ser usado para criptografar e assinar informações digitais. Uma Identificação Digital torna possível verificar o direito de alguém utilizar determinada chave, ajudando a evitar a falsificação e uso por impostores.

B Criptografia: usa algoritmos (fórmulas matemáticas) para codificar e decodificar os dados, de forma que somente os envolvidos, que tenham as chaves eletrônicas para decifrar os códigos, possuem o acesso a estes dados.

Usadas com a criptografia, as Identificações Digitais fornecem uma solução de segurança mais completa, garantindo a identidade de todos os envolvidos em uma transação. A criptografia simétrica exige a mesma chave para criptografar e descriptografar.

O fundamento da assinatura digital está baseado no par de chaves pública e privada, já tratado acima.

C Assinatura digital: não pode ser confundida com o termo **assinatura eletrônica**. Assinatura eletrônica é qualquer mecanismo eletrônico para identificar uma pessoa ou empresa, seja uma assinatura à caneta digitalizada junto a um documento, seja a identificação por impressão digital de uma pessoa, ou mesmo a digitação do nome desta pessoa para identificá-la como remetente de um e-mail. Já **assinatura digital** é uma tecnologia que permite a garantia da integridade e autenticidade em arquivos eletrônicos. É um conjunto de operações criptográficas aplicadas a um determinado arquivo. Ela permite comprovar que a mensagem ou arquivo não foi alterado e que foi assinado pela entidade ou pessoa que possui a chave criptográfica (chave privada) utilizada na assinatura. Analogamente, seria como se o documento fosse assinado de forma física por uma pessoa e essa assinatura fosse garantida como verdadeira.

O fundamento da assinatura digital está baseado no par de chaves pública e privada.

D Token é um dispositivo eletrônico que gera e armazena algo, senhas, chaves privadas, certificados digitais etc. Quando estamos falando de certificados digitais, um token é definidos como sendo um dispositivo criptográfico capaz de gerar e armazenar as chaves criptográficas (par de chaves criptográficas: pública e privada), que compõem o certificado digital e, assim, numa eventual inutilização deste dispositivo, não há como acessar a chave privada deste certificado, sendo necessário substituir o token e realizar novamente a certificação. Nele também fica armazenado o certificado digital.

O acesso às chaves (e aos certificados) armazenados no token criptográfico requer, obviamente, algum tipo de autenticação no dispositivo, o que significa que se deve fornecer o PIN (Personal Identification Number) de acesso.

9.7 Backup

Backup é a cópia dos dados de um equipamento **para outro dispositivo de armazenamento**, de forma que possam ser restaurados em caso de falhas nos dados originais. Há vários meios utilizados para a realização desta cópia, dentre eles temos os discos externos, os CD'S e DVD's, as fitas magnéticas (as mais indicadas por permitirem fácil reutilização e armazenamento), cópias feitas na rede local em outros equipamentos, em servidores localizados em outros locais utilizando a Internet, entre outras. Os backups devem seguir vários parâmetros predefinidos, entre eles: periodicidade, quantidade de unidades das cópias armazenadas, tempo para execução da rotina, tempo que as cópias devem ficar armazenadas, com ou sem compressão, com ou sem criptografia. A implementação de rotinas de backup é certamente uma das ferramentas de segurança mais importantes na computação.

Existem três tipos de backup que podem ser adotados em conjunto, ou separadamente, dependendo da política adotada pelo gestor de TI, que são: **Backup completo, Incremental e Diferencial**. O backup completo (ou de referência) faz uma cópia de segurança de todos os arquivos e pastas marcados (que o administrador definiu) para serem copiados. O Backup Incremental faz somente copiar os arquivos novos ou modificados desde o último backup total ou incremental, marcando os arquivo copiados. E, finalmente, no Backup Diferencial somente os arquivos novos ou modificados desde o último backup completo serão copiados.

A **LIXEIRA** foi criada como uma forma de segurança, um backup (não exatamente pois um backup deve salvar a cópia em outro dispositivo ou disco). É possível excluir o arquivo ou pasta diretamente **(Shift+Delete)** ou mesmo desativar a lixeira, configurando o Windows para sempre excluir os arquivos definitivamente, sem que passem pela lixeira. Isto evita que em muitos casos se perca arquivos que não podem ser perdidos. Como ela ocupa espaço no disco rígido, pois também está alocada neste, ela deve ser limpa eventualmente. Seu ícone ainda se altera quanto a existência ou não de arquivos. Por exemplo, no Windows XP (não vazia) e (vazia), no Windows 7 (não vazia) (vazia).

A lixeira do Windows possui algumas opções, que podem ser configuradas clicando com o botão direito do mouse sobre seu ícone e, então, em propriedades.

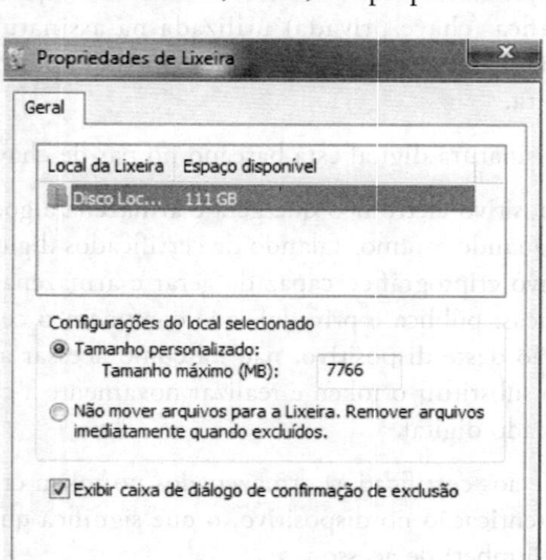

? **QUESTÃO:** Programas anti-spyware usam basicamente mecanismos de análise comportamental, análise heurística e inteligência artificial para detectar software de spyware instalado indevidamente em um sistema.

➥ ***RESPOSTA:*** *ANULADO. O gabarito preliminar trazia esta questão com errada. Talvez, por que estas ferramentas não utilizariam inteligência artificial (na definição mais clássica, utilizam métodos de detecção por assinaturas e heurística baseada em comportamentos), embora anti-malwares modernos já utilizam também inteligência artificial e machine learning. Porém, está errada de fato porque programas anti-spyware (e antivírus e antimalware) usam, basicamente, mecanismos de análise de assinaturas e análise heurística para detectar software de spyware. Note que está errado o trecho "análise comportamental, análise heurística ", pois heurística é uma técnica de detecção baseada no comportamento malicioso ou anormal.*

A banca examinadora entendeu por bem anular a questão quando da apresentação do gabarito final, apresentando a justificativa:

"Prejudicou-se o julgamento objetivo do item ao não se mencionar que os anti-spyware são projetados para impedir e remover os programas de spyware".

Notadamente, esses softwares não apenas detectam como também devem bloquear (impedir, colocando em quarentena) e remover os spywares. Note que uma coisa não torna a outra falsa, ou seja, dizer que ele usa certa técnica para detectar, não quer dizer que ele não remove. Assim, não seria alterado o restante do sentido da afirmativa.

10. COMPUTAÇÃO NA NUVEM (CLOUD COMPUTING)

O armazenamento em nuvem, do inglês **cloudstorage**, é o armazenamento de dados em um servidor de rede de forma a permitir o acesso a estes dados de qualquer local com conexão à internet.

O conceito de nuvem, apesar de parecer, não é um conceito tão novo, mas, por conta das baixas capacidades dos link's de dados, não foi viável em seu início. Contudo, hoje temos links com bandas de transmissão razoáveis, o que permite a implementação deste conceito. Consiste em manter os dados em um ponto do qual o usuário desconheça a arquitetura, as características de hardware. Ele apenas sabe que os dados estão lá, na nuvem, e que podem ser acessados de qualquer ponto que tenha acesso a esta nuvem, geralmente pela Internet.

Quando se utiliza **cloud storage**, se contrata um serviço de armazenamento de dados em uma nuvem, dados estes que ficaram armazenados nesta nuvem, nuvem que será administrada pelo provedor de serviço contratado. Trazendo, portanto, dependência a este provedor.

O conceito de armazenamento em nuvem e **processamento em nuvem** (**cloud storage** e **cloud computing**) dizem respeito à utilização de capacidades de armazenamento e processamento em equipamentos remotos, geralmente por meio de links via Internet, sem que o utilizador tenha conhecimento de onde, como, qual arquitetura ou tipo de equipamento está sendo utilizada para salvar estes dados. Este armazenamento é executado por serviços que podem ser acessados em qualquer lugar, a qualquer momento, bastando apenas ter acesso ao serviço remoto, na maioria dos casos por intermédio de um link com a Internet.

Esta tecnologia permite que um usuário acesse aplicativos e dados a partir de qualquer ponto do planeta, desde que esteja conectado à Internet, ou a um link a esta nuvem, sem que para isto necessariamente tenha capacidade de processamento e armazenamento em seu dispositivo local para tais procedimentos.

Uma vantagem da computação em nuvem é que **não há necessidade de se investir em equipamentos potentes** para acesso a nuvem, nem se preocupara com manutenções, já que a manutenção da nuvem é feita pelo provedor desta. A outra grande vantagem é o **acesso descentralizado**, ou seja, pode-se acessar os dados de qualquer lugar que tenha um link para tal e um equipamento com recursos mínimos.

Os cinco principais serviços disponíveis (atualmente) para armazenamento em nuvem são: **OneDrive** da Microsoft, Google Drive, **Dropbox**, **Box** e **iCloud** da Apple. O OneDrive funciona integrado ao Explorador de Arquivos do Windows 10.

Com inúmeras, as soluções atuais de cloud se dividem em três principais categorias:

1. IaaS (Infraestrutura como Serviço)
2. PaaS (Plataforma como Serviço)
3. SaaS (Software como Serviço).

A **IaaS:** a Infraestrutura como Serviço (IaaS) . A IaaS oferece uma infraestrutura de TI automatizada e escalonável - armazenamento, hospedagem, redes - de seus próprios servidores globais, cobrando apenas pelo o que o usuário consome e pelo tempo que consome. Desta forma, em vez de adquirir licenças de software, servidores, infraestrutura para CPD (energia, cabos etc.,), as empresas podem simplesmente alocar recursos de em um serviço IaaS, pagando exatamente pelo que precisam, tendo flexibilidade para expandir ou reduzir.

B **PaaS:** a Plataforma como Serviço (PaaS) é um pouco mais de se definir. A ideia principal é similar ao conceito básicos da IaaS, assim como as ferramentas e recursos necessários para desenvolver e gerenciar aplicativos com segurança, sem se preocupar com a infraestrutura. Os servidores que hospedam sites na Internet são exemplos de PaaS.

C **SaaS:** o Software como Serviço (SaaS) é o local onde um software é hospedado por terceiros e pode ser acessado pela Internet. Por esse modelo, a empresa contrata um plano de assinatura e utiliza os programas necessários para os negócios pelo tempo que estiver pagando.

D **On Premise:** On-premises softwares são produtos. Ao adquiri-lo, ele será instalado nos servidores internos da empresa, deixando o monitoramento, o controle e a supervisão sob os cuidados diretos da companhia, ou seja, sob seu controle direto, sob sua guarda, ao contrário de um **SaaS**.

? QUESTÃO: A computação em nuvem do tipo software as a service (SaaS) possibilita que o usuário acesse aplicativos e serviços de qualquer local usando um computador conectado à Internet.

↳ ***RESPOSTA:*** *CERTO. SaaS, que vem do inglês software as a service (Software como serviço), permite que os usuários simplesmente acessem determinado serviço mediante pagamento pelo período de tempo contratado desse serviço (aplicativo) ao invés de adquirirem softwares por demanda, ou seja, ao invés de comprar uma licença e instalar em seu computador. Nesse modelo, onde o usuário paga pelo serviço prestado pelo tempo em que usar, o fornecedor é responsável por toda estrutura de entrega, como servidores e infraestrutura, ficando a cargo do usuário apenas ter acesso à Internet e um computador apropriado. Assim, é possível que usuário acesse aplicativos e serviços a partir de qualquer lugar, desde que esteja usando um computador conectado à internet. Exemplos mais populares de softwares oferecidos com serviços são o Office 365, Microsoft SharePoint Online e o Google Docs.*

10.1 Riscos e problemas da Computação em Nuvem

Se temos um serviço em nuvem, por exemplo, **gratuito** (não que serviço pago seja garantia de algo), será mesmo que temos a garantia de 100% de confiabilidade de que os dados realmente não serão perdidos por uma falha nos sistemas do provedor desta nuvem. Vamos ao exemplo de uma falha: Qual seria a rotina de backup destes dados? E se no intervalo de backup destes dados ocorra uma falha, então os dados salvos neste intervalo entre o último backup e ponto da falha serão perdidos, caso os equipamentos não possuam outras tecnologias de segurança de dados, como espelhamento de HD's etc. Ou, se ocorrer uma tragédia, como as instalações onde os dados são armazenados sofrer uma inundação e não existirem backup destes dados fora do local. E se empresa fornecedora da nuvem (cloud) venha a falir e fechar as portas repetidamente? Veja, é muito pretensioso dizer taxativamente que haja um serviço de nuvem "sem que o usuário corra risco de perder seus dados", no máximo podemos dizer que os riscos são pequenos.

Assim, a desvantagem é o fator desconfiança na segurança e na confidencialidade dos dados, pois, não se sabe exatamente como os dados são armazenados nem quem tem acesso a eles. Uma das maiores dúvidas sobre alguns serviços pagos de computação em nuvem é se os dados não são realmente de propriedade do usuário, mas sim alugados e acessados com base na condição de assinante destes serviços.

Outra desvantagem pode ser o preço desses serviços, que podem não ser tão atraentes para os pequenos usuários.

? **QUESTÃO:** Tendo como referência a figura a seguir, que mostra uma janela do Google Chrome, julgue o item subsequente.

Na situação mostrada na figura, ao se clicar o botão ≡, todos os arquivos com extensão .doe que estivem na área de transferência do Windows serão armazenados em nuvem (cloud storage).

↳ ***RESPOSTA:*** *ANULADO. A questão está errada pelo fato que o botão apresentado, que é o botão "Menu do navegador", não executa nada relacionado com o que fora descrito, tampouco possui opções para manipular dados da área de transferência do Windows (copiar ou colar) nem dados nem alguma nuvem. Porém, a banca examinadora entendeu por bem anular a questão quando da apresentação do gabarito final, apresentando a justificativa:*

"A grafia da palavra "estivem" pode ter induzido os candidatos ao erro, motivo pelo qual se opta pela anulação do item.".

Note que a anulação ocorreu pelo erro na grafia da palavra "estivem": o correto seria "estiverem".

EM RESUMO: Informática	
Conceito de internet e intranet	• **Internet**: Rede mundial de computadores de acesso público • **Intranet**: Rede Local (LAN) ou rede metropolitana (MAN), que utiliza as mesmas tecnologias da internet, mas para acesso interno da corporação • **Extranet**: Parte de uma intranet parcialmente acessível por pessoal externo à corporação.
Conceitos e modos de utilização de tecnologias, ferramentas, aplicativos e procedimentos associados a internet/intranet	• **Redes sociais**: sites e aplicativos que operam, tanto em nível profissional, como de relacionamento, entre outros, os quais permitem o compartilhamento de informações entre pessoas ou corporações. • **Grupos de discussão**: grupos de usuários que possuem seus e-mails cadastrados nestes respectivos grupos, com regras definidas de quais destes usuários podem receber ou enviar e-mails para o grupo. • **Download**: baixar um ou mais arquivos de um dispositivo remoto para um dispositivo local. • **Upload**: Rede mundial de computadores de acesso público. • **HTML**: linguagem de marcação de dados, a qual provê um formato para descrever dados estruturados, tendo como principal fim facilitar a troca de informações na Internet e intranet. • **HTTP**: Protocolo de Transferência de Hipertexto ou, do inglês, HyperText Transfer Protocol.
Ferramentas e aplicativos comerciais de navegação, de correio eletrônico, de grupos de discussão, de busca, de pesquisa e de redes sociais	• **Navegadores**: Um navegador de Internet, também conhecido pelo termo inglês web browser ou simplesmente browser, é um programa (aplicativo) de computador que permite que seus usuários interajam com documentos virtuais da Internet, também conhecidos como páginas da web. • **Refresh**: atualizar a página. • **Cookie**: pequeno arquivo de texto usado para guardar informações de um usuário e transmitir essa informação entre um site e um navegador. • **Access provider:** provedor de acesso. É o equipamento responsável por gerir o acesso dos usuários à Internet.
Sistema operacional	• **Sistema operacional**: tem a função de controlar o funcionamento de um computador, gerenciando a utilização e o compartilhamento de seus diversos recursos: Processadores, memórias, dispositivos de entrada e saída, aplicativos etc. Ou seja, é um programa computacional que administra os recursos do computador, sejam eles recursos de hardware ou de software. Esse programa tem por objetivo conseguir controlar todos os recursos computador de forma segura. • **Sistema Operacional de Rede - SOR**: é um conjunto de módulos que ampliam os sistemas operacionais locais, complementando-os com um conjunto de funções básicas e de uso geral, tornando transparente o uso dos recursos da rede. • **Interface com o Usuário**: Do ponto de vista do usuário, o que torna ou define um sistema operacional como bom ou ruim é a qualidade da interface com o usuário.

Sistema operacional	• **Interface na Forma de Linha de Comando**: a comunicação entre usuário e SO é feita pela digitação de palavras e símbolos no teclado do computador. • **Interface Gráfica**: também conhecida por GUI (Graphical User Interface), possibilita o trabalho em termos visuais. Apresentando o conceito de Menus, ícones e caixas de diálogos, facilita a utilização através da intuição que a interface propicia ao usuário. • **Interface de Programação**: todo sistema operacional oferece uma interface para programação de aplicações, que são as chamadas bibliotecas, as quais contêm um conjunto de chamadas de sistema (system calls). • **Arquivos:** toda informação armazenada na memória do computador é organizada e apresentada ao usuário na forma de arquivos. Já as pastas são a forma que o Sistema Operacional organiza estes arquivos. • **Atributos de Arquivos e Pastas:** os atributos de arquivo são informação (Metadados destes arquivos) que indicam se um arquivo ou pasta é somente leitura, oculto, se está pronto para arquivamento (backup), compactado ou criptografado e se seu conteúdo deve ser indexado. • **Permissões de Arquivos e Pastas:** são um dos aspectos mais importantes para os Sistemas operacionais atuais. Elas são usadas para vários fins, mas principalmente para proteger o sistema e os arquivos. • **Linux:** assim como o Windows, também é um Sistema Operacional, no entanto, enquanto o Windows é um software proprietário (paga-se para usar e não há acesso ao seu código fonte), o Linux é um software livre, uma vez que permite seu uso, distribuição e alteração gratuitamente, sob a óbice da licença GLP. • **Software Livre:** são classificados como software livre os softwares que podem ser livremente instalados, usados, modificados, estudados e redistribuídos.
Acesso a distância a computadores, transferência de informação e arquivos, aplicativos de áudio, vídeo e multimídia	• **Acesso remoto**: é a mesma coisa que acesso à distância a computadores. Consiste em um computador acessar, à distância, um outro computador ou uma rede de computadores e, assim, realizar várias coisas, como executar comandos (linha de comandos), visualizar arquivos, visualizar o a área de trabalho (desktop) e até controlar programas e as funcionalidades dos dispositivos acessados. • **Transferência de informação e arquivos**: Os computadores quando se comunicam acontece uma troca de dados. Quando você acessa uma página na internet através de seu navegador, você envia os dados para o servidor do site.
Redes de computadores	• **Mensagem**: informação, dado a ser transmitido. Pode ser constituída por texto, números, figuras, áudio, vídeo ou mesmo combinação desses formatos. • **Transmissor:** é o dispositivo que envia a mensagem: computador, telefone, equipamento de rede, ou seja, o dispositivo que está enviando (a origem, a fonte). • **Receptor:** dispositivo que recebe a mensagem. • **Meio:** é o caminho físico por onde trafega a mensagem. • **Protocolo de rede:** é um conjunto de regras que definem como dois ou mais equipamentos irão trocar dados.

Proteção e segurança	• **Integridade de conteúdo:** A informação não pode ser alterada ou excluída sem autorização. • **Confidencialidade:** que garante que o conteúdo não será acessado por quem não tenha direito de acessá-lo. • **Disponibilidade:** disponibilidade da informação; garantir que o acesso à informação esteja sempre disponível a quem necessita acessar. • **Autenticidade:** de origem ou autoria. • **Irretratabilidade:** a transação, depois de efetuada, não pode ser negada. • **Política de Segurança**: um plano de segurança, mas conhecido com política de segurança, diz respeito a da a estrutura adotada quanto à segurança da informação de uma corporação, de forma a envolver tanto as medidas para evitar incidentes (vírus e acesso não autorizado, por exemplo) como sua recuperação (backup).
Vírus, worms e pragas virtuais.	• **Malware:** vem do inglês "Malicious Software". É um software que se infiltra em um sistema de computador de forma ilícita (ou não), com o objetivo de causar algum dano ou roubo de informações. • **Vírus:** é o tipo de Malware mais conhecido. Ele infecta um arquivo e se propaga conforme este arquivo infectado seja salvo em outros computadores. • **Worm (verme):** é um programa auto replicante, muito parecido a um vírus. Um vírus infecta um programa e necessita deste programa hospedeiro para se propagar, ao passo que o Worm é um programa completo e não precisa de outro para se propagar, além de criar cópias (réplicas) de sim mesmo para infectar outros computadores.
Aplicativos para segurança	• **Firewall:** é como uma barreira de proteção, que controla o tráfego de dados entre dois pontos, seja entre seu computador e a internet, ou entre dois pontos de uma rede, por exemplo. Seu objetivo é permitir somente a transmissão e a recepção de dados previamente autorizados. • **Zona Desmilitarizada:** Zona Desmilitarizada (ou ZDM de DeMilitarized Zone) é uma rede projetada para ficar entre a rede local (segura) e a Internet (insegura). • **Certificado digital:** é um documento eletrônico (arquivo) que contém o nome do proprietário (empresa ou pessoa física), um código público exclusivo, denominado chave pública e muitos outros dados que comprovam a identidade do proprietário deste certificado. • **Criptografia:** usa algoritmos (fórmulas matemáticas) para codificar e decodificar os dados, de forma que somente os envolvidos, que tenham as chaves eletrônicas para decifrar os códigos, possuem o acesso a estes dados. • **Assinatura** digital: não pode ser confundida com o termo assinatura eletrônica. Assinatura eletrônica é qualquer mecanismo eletrônico para identificar uma pessoa ou empresa, seja uma assinatura à caneta digitalizada junto a um documento. • **Token**: é um dispositivo eletrônico que gera e armazena algo, senhas, chaves privadas, certificados digitais etc.
Computação na nuvem	• **Cloudstorage**: armazenamento em nuvem, do inglês **cloudstorage**, é o armazenamento de dados em um servidor de rede de forma a permitir o acesso a estes dados de qualquer local com conexão à Internet. • **SaaS**: Software como Serviço (SaaS) é o local onde um software é hospedado por terceiros e pode ser acessado pela Internet.

FÍSICA

DIEGO GUEDES

CAPÍTULO I
NOÇÕES DE FÍSICA

1. CINEMÁTICA ESCALAR, CINEMÁTICA VETORIAL

Este é um dos mais importantes temas estudados em física para a explicação de vários fenômenos que ocorrem ao redor do mundo. A cinemática tem como principal objetivo relacionar o posicionamento do objeto com o tempo decorrido. A diferença dos posicionamentos é denominada deslocamento e suas variações conforme o lapso temporal é possível identificar a velocidade e a aceleração daquele corpo num determinado espaço amostral. A cinemática escalar trata os problemas de forma literal aplicando valores literais aos dados de estudos ao passo que a cinemática escalar trata os dados como vetores que possuem módulo, direção e sentido.

Determinar a posição de um objeto, significa informar a localização deste objeto em um sistema de coordenadas em relação a origem. Quando os valores aumentam de valor, significa que o objeto se desloca no sentido positivo e quando os valores diminuem, significa o contrário, que o objeto se desloca no sentido negativo.

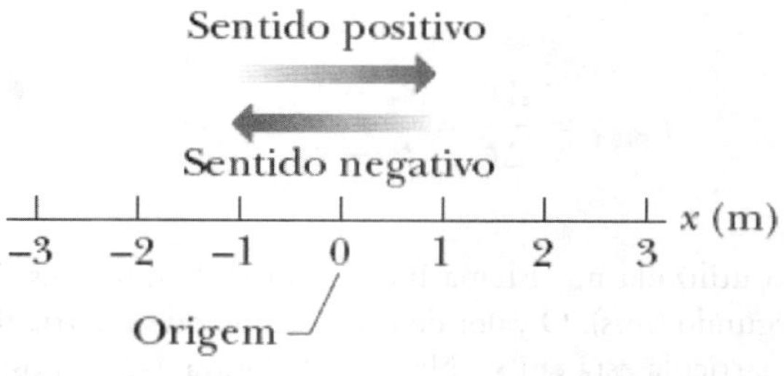

Figura 4-1 – Sentido dos deslocamentos e as convenções conforme o deslocamento em relação a origem do sistema

$$\Delta x = x_2 - x_1 \tag{4-1}$$

A equação (4-1) informa o deslocamento de uma partícula que estava inicialmente em x_1 e se deslocou para x_2. Note que, caso o movimento tenha se realizado no sentido positivo, por exemplo, partindo da origem e se dirigindo para a posição x=2m, temos um deslocamento de $\Delta x = x_2 - x_1 = 2 - 0 = 2m$ de deslocamento. Após este deslocamento, se a partícula se deslocou de x = 2m para x = -3m, temos um novo deslocamento de $\Delta x = x_2 - x_1 = -3 - 2 = -5m$ de deslocamento. Neste caso, o uso do sinal negativo é obrigatório o que demonstra um deslocamento no sentido negativo deste sistema. Sendo assim, o deslocamento é considerado uma grandeza vetorial pois possui módulo, orientação e sentido.

Muitas análises de deslocamento são realizadas através de gráficos de posição versus tempo. A figura 4-2, na página a seguir, mostra o gráfico *x(t)* de um objeto que se desloca, *x* em metros, em relação ao tempo, *t* em segundos. Pelo gráfico, percebe-se que o objeto iniciou sua trajetória na origem no tempo inicial de 0 segundos. Nos primeiros 3 segundos, o objeto se deslocou 3 metros para a posição x = 3m, com mais 3 segundos o objeto se deslocou positivamente 3 metros atingindo a posição x = 6m e no final dos 12 segundos o objeto atingiu sua posição final em x = 12m com 12m de deslocamento total.

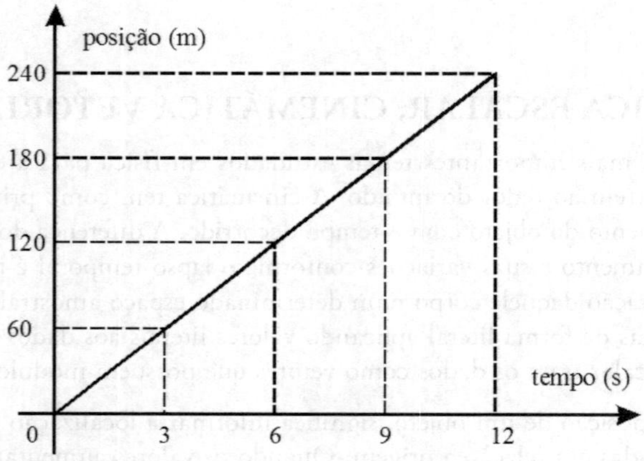

Figura 4-2 – Gráfico do movimento de um objeto *x* em relação ao tempo decorrido *t*

A relação entre o deslocamento total percorrido, Δx, e o tempo gasto Δt, chama-se **velocidade média,** $v_{méd}$.

$$v_{méd} = \frac{\Delta x}{\Delta t} = \frac{x_2 - x_1}{t_2 - t_1} \tag{4-2}$$

A unidade padrão utilizada no sistema internacional de unidades (SI) para a velocidade média é o metro por segundo (m/s). O valor de t_2 é o tempo que a partícula está em x_2 e o valor de t_1 é o tempo que a partícula está em x_1. No caso da figura 4-2, temos:

$$v_{méd} = \frac{x_2 - x_1}{t_2 - t_1} = \frac{240 - 0}{12 - 0} = 20\ m/s$$

Neste caso temos um deslocamento com velocidade constante em todo o percurso, porém a equação 4-2 para o cálculo da velocidade média também é aplicável no caso de velocidades variáveis durante o percurso. Em uma situação hipotética, imagine um carro dirigindo a 70 km/h em um deslocamento de 8,4 km e por falta de gasolina o carro para sendo necessário andar por 30 min até o posto de combustível que se encontra a 2 km de distância. Para calcular a velocidade média do deslocamento total da origem até o posto de combustível, a equação em questão é aplicável, porém alguns dados precisam ser calculados, como o tempo gasto durante o percurso de carro e o deslocamento total.

Para o deslocamento total, podemos somar os deslocamentos já mencionados:

$$\Delta x_{total} = \Delta x_1 + \Delta x_2 = 8{,}4 + 2 = 10{,}4\ km$$

O cálculo do tempo gasto no primeiro percurso é realizado manipulando a equação 4-2:

$$\Delta t_1 = \frac{\Delta x_1}{v_{méd1}} = \frac{8{,}4km}{70km/h} = 0{,}12h$$

E o tempo gasto total:

$$\Delta t_{total} = \Delta t_1 + \Delta t_2 = 0{,}12 + 0{,}5 = 0{,}62h$$

E a velocidade média do percurso total:

$$\Delta méd_{total} = \frac{\Delta x_{total}}{\Delta t_{total}} = \frac{10{,}4km}{0{,}62h} = 16{,}8km/h$$

Embora a unidade padrão do SI seja metro por segundo, a unidade de velocidade mais trabalhada no Brasil para os códigos de trânsito e sinalizações é o km/h, que não deixa de ser uma relação de comprimento sobre o tempo.

Como no exemplo já mencionado, a velocidade de um objeto nem sempre é constante durante todo o percurso variando em determinados trechos. Nas rodovias próximos a vias urbanas, a velocidade máxima é de 80 km/h e em trechos mais afastados a velocidade máxima é de 110 km/h, como no caso da Rodovia Presidente Dutra, que liga São Paulo ao Rio de Janeiro. Nas mudanças de velocidade, existe a atuação da aceleração que é a taxa de variação da velocidade em relação ao tempo e é dada pela equação 4-3:

$$a_{méd} = \frac{\Delta v}{\Delta t} = \frac{v_2 - v_1}{t_2 - t_1} \qquad (4\text{-}3)$$

A aceleração é a relação entre a velocidade e o tempo. Caso a velocidade diminua, nas proximidades de vias urbanas, a aceleração é negativa. No caso contrário, como na partida de um carro, temos a velocidade zero e, após um determinado tempo, uma velocidade do veículo para iniciar seu deslocamento, neste caso uma aceleração positiva. Quando a aceleração é nula, a velocidade é constante e temos o **movimento uniforme (MU)**. Com a presença da aceleração constante, temos o **movimento uniformemente variado (MUV)**, pois a aceleração indica com que rapidez a velocidade do móvel varia no decorrer do tempo.

No movimento uniformemente variado (MUV), a velocidade varia uniformemente no decorrer do tempo. Isto é, o objeto apresenta variações de velocidades em intervalos iguais. A aceleração constante é uma característica deste movimento. Podemos citar como exemplo, a atuação da aceleração no momento em que a luz de um sinal alterna do vermelho para o verde e o veículo aumenta gradativamente sua velocidade em relação ao tempo.

Analisando as equações (4-1), (4-2) e (4-3), podemos concluir que a velocidade pode ser obtida através da tangente da curva do gráfico da posição em relação ao tempo e que a aceleração pode ser obtida através da tangente da curva do gráfico da velocidade em relação ao tempo. Portanto, a função da posição em relação ao tempo é uma função quadrática de segundo grau e a função da velocidade em função do tempo é uma função de primeiro grau conforme os gráficos a seguir:

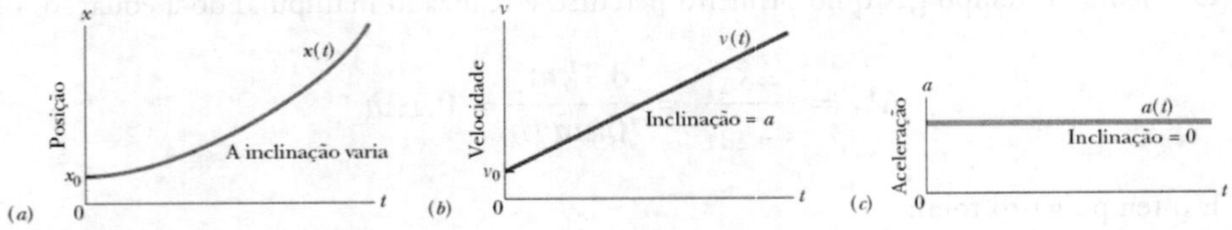

Figura 4-3 – (a) A posição de um objeto no espaço que se desloca com aceleração constante. (b) A velocidade da partícula dada em cada ponto pela inclinação da curva da posição do objeto. (c) A aceleração (constante) da partícula, igual à inclinação da curva da velocidade em (b).

A partir destes conceitos, foi formulado um conjunto de 05 equações especiais para exemplificar os problemas que envolvem aceleração constante.

Primeira equação:

$$a = a_{méd} = \frac{\Delta v}{\Delta t} = \frac{v - v_0}{t - 0}$$

$$v = v_0 + at \tag{4-4}$$

Sendo:

v – Velocidade do objeto no instante t

v_0 – Velocidade inicial do objeto

a – Aceleração constante

t – Tempo decorrido

Segunda equação:

$$v_{méd} = \frac{x - x_0}{t - 0}$$

$$x = x_0 + v_{méd}\, t \tag{4-5}$$

A velocidade média em um determinado intervalo de tempo determinado é a média aritmética das velocidades nos pontos finais e iniciais analisados:

$$v_{méd} = \frac{1}{2}(v_0 + v) \tag{4-6}$$

Substituindo (4-4) em (4-6):

$$v_{méd} = v_0 + \frac{1}{2}at \tag{4-7}$$

Reescrevendo (4-5):

$$x = x_0 + v_0 t + \frac{1}{2}at^2 \tag{4-8}$$

Sendo:

x_0 – Posição inicial do objeto

v_0 – Velocidade inicial do objeto

a – Aceleração constante

t – Tempo decorrido

As duas equações apresentadas são suficientes para resolver qualquer problema que envolva aceleração constante, e até mesmo aceleração nula. As outras três equações especiais são adaptações das equações apresentadas no caso de não termos todas as variáveis presentes nas fórmulas apresentadas.

$$v^2 = v_0^2 + 2a(x - x_0) \tag{4-9}$$

$$x - x_0 = \frac{1}{2}(v_0 + v)t \tag{4-10}$$

$$x - x_0 = vt - \frac{1}{2}at^2 \tag{4-11}$$

Note que a diferença entre (4-11) e a (4-8) é apenas a utilização das velocidades no instante final e no instante inicial.

MUITA ATENÇÃO!

É de fundamental importância o conhecimento das equações que descrevem o Movimento Uniformemente Variado para a resolução das questões, principalmente as equações (4-5) e a (4-8), as demais podem ser obtidas manipulando as duas equações iniciais.

Um dos exemplos de queda livre mais conhecidos de aceleração constante, muito presente em questões de concursos, é a queda livre sob efeito da gravidade. Esta aceleração independe das características do objeto estudado sendo a mesma para todos os corpos.

As equações apresentadas também são empregadas em análises de objetos em queda livre, ou seja, se aplicam em objetos que estejam se movimentando na direção vertical, para cima ou para baixo, desde que os efeitos da resistência do ar sejam desprezíveis. Por convenção, a aceleração em queda livre é representada como negativa, com sentido para baixo, em direção ao interior da Terra. Nas equações, utilizamos g para representar a gravidade e possui valor aproximado de 9,8m/s^2.

Exemplo: Um jogador de lança uma bola com uma velocidade inicial de 12 m/s para cima. Em quanto tempo a bola leva para atingir o ponto mais alto antes de começar a descer novamente? Qual a altura máxima alcançada pela bola em relação ao ponto em que foi lançada? Quanto tempo a bola leva para atingir o ponto de 5 metros acima do plano de lançamento?

A aceleração que atua durante todo o trajeto é a gravidade, $a = -g$. A velocidade em que a bola atinge o ponto mais alto é nula, pois ela é lançada com 12 m/s e com o passar do tempo essa velocidade vai diminuindo em razão da ação da gravidade para que ela possa descer novamente, e no ponto mais alto não há velocidade. Para isso, utilizamos a equação (4-4):

$$t = \frac{v - v_0}{a} = \frac{0 - 12m/s}{-9{,}8m/s^2} = 1{,}2s$$

Considerando o plano de lançamento da bola como a referência, temos $y_0 = 0$ (escolheu-se y para representar o deslocamento para não confundir com o deslocamento horizontal simbolizado por x). Utilizando (4-9) para essa resolução:

$$y = \frac{v^2 - v_0^2}{2a} = \frac{0 - 12}{2(-9{,}8)} = 7{,}2m$$

Para descobrir o tempo, utilizamos a equação (4-8):

$$y = v_0 t - \frac{1}{2} g t^2$$

$$5 = 12t - \frac{1}{2}(9{,}8)t^2$$

$$4{,}9t^2 - 12t + 5 = 0$$

Resolvendo a equação, por ser de segundo grau, obtêm-se dois valores para $y = 5m$, um sendo na subida da bola e outro na descida. Os valores de tempo são de: 0,53s e 1,9s.

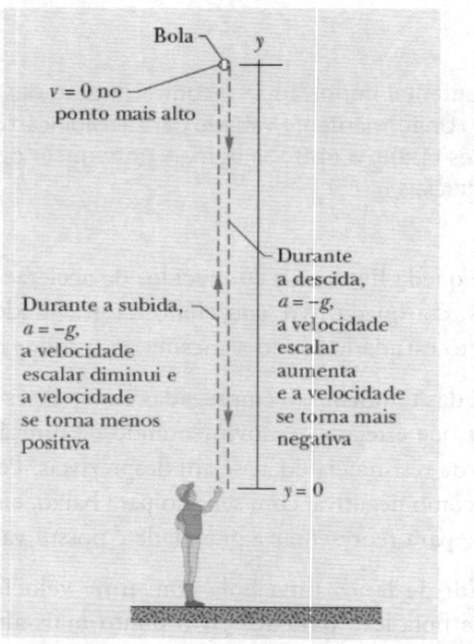

Figura 4-4 – Demonstração da aplicação das equações de movimento uniformemente variado aplicado em objetos que estão subindo ou caindo

Um movimento bastante estudado e muito abordado também em concursos públicos é o balístico. Neste caso, temos o exemplo de uma bola lançada com uma velocidade que tem direção que faz um ângulo θ com o eixo horizontal. Assim, temos que fazer a decomposição desta velocidade e estudar separadamente os movimentos no eixo horizontal e no eixo vertical.

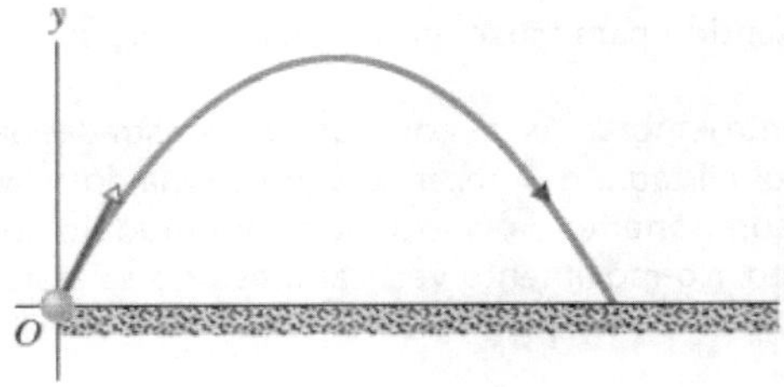

Figura 4-5 – Exemplo de um movimento balística lançado com uma velocidade $\overrightarrow{v_0}$

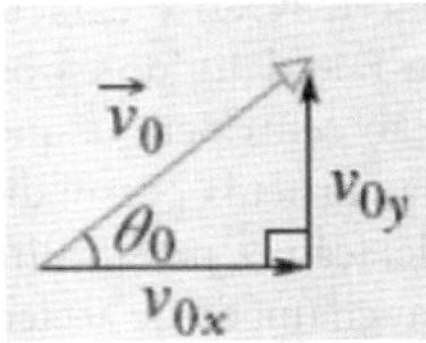

Figura 4-6 – Decomposição das componentes da velocidade $\overrightarrow{v_0}$ nos eixos horizontal e vertical

Note que a velocidade $\overrightarrow{v_0}$ é uma grandeza vetorial que possui módulo, direção e sentido. De acordo com a figura 4-6, é possível perceber que ela possui as componentes nos eixos cartesianos para facilitar sua análise, sendo:

$$v_{0x} = v_0 cos\theta \quad (4\text{-}12)$$

$$v_{0y} = v_0 sen\theta \quad (4\text{-}13)$$

Com as equações (4-12) e (4-13), podemos estudar o movimento bidimensional balístico com mais facilidade em dois problemas unidimensionais, um para o movimento horizontal (4-14) sendo movimento uniforme com aceleração nula e o outro para o movimento vertical uniformemente variado (4-15) com aceleração igual a gravidade com sentido para baixo, utilizando o sinal de negativo.

$$x = x_0 + v_{0x}t$$
$$x = x_0 + v_0 cos\theta t \quad (4\text{-}14)$$

$$y = y_0 + v_{0y}t - \frac{1}{2}gt^2$$

$$y = y_0 + v_0 sen\theta t - \frac{1}{2}gt^2 \quad (4\text{-}15)$$

Note que a equação (4-15) é idêntica ao lançamento de uma bola lançada para cima, como exposto no exemplo do lançamento de uma bola na direção vertical na figura 4-4. Inicialmente no movimento balística o objeto possui uma velocidade inicial na componente vertical que diminui com o passar do tempo por efeito da gravidade atingindo o ponto mais alto com velocidade vertical nula e tende a descer com velocidade nula no topo aumentando gradativamente seu módulo mudando o sentido para baixo até retornar a superfície.

MUITA ATENÇÃO!

É importante lembrar que as equações demonstradas para os estudos unidimensionais são utilizadas desprezando a resistência do ar. No movimento horizontal temos a componente da velocidade com módulo constante durante todo o movimento. No movimento vertical o estudo se assemelha a um lançamento vertical e depois uma queda livre.

2. MOVIMENTO CIRCULAR UNIFORME

O Movimento Circular Uniforme (MCU) é caracterizado por um movimento em uma trajetória circular ou em um arco com raio definido e por possuir velocidade constante em seu movimento sob ação de uma aceleração centrípeta $\vec{a}$ que não altera o módulo da velocidade, mas sim sua direção. A velocidade $\vec{v}$ da partícula possui direção na tangente da trajetória sempre acompanhando o movimenta e a aceleração $\vec{a}$ possui direção radial com direção ao centro da circunferência da trajetória sendo assim chamada de aceleração centrípeta, "que busca o centro". Na figura 4-7, pode-se observar uma partícula desenvolvendo o MCU numa trajetória circular e em cada ponto a velocidade muda sua direção sob ação da aceleração centrípeta que aponta sempre para o centro.

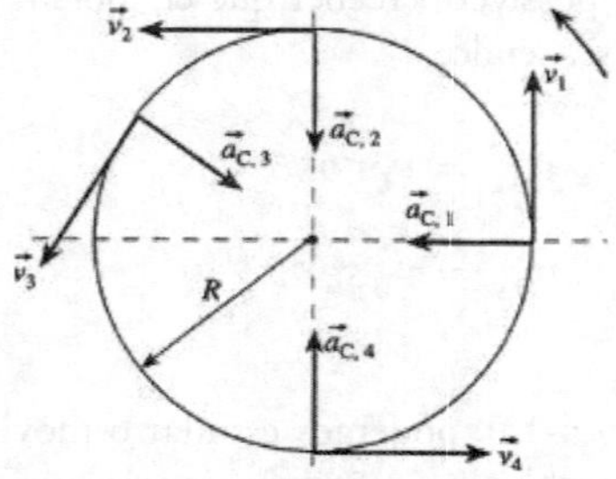

Figura 4-7 – Movimento de uma partícula em uma trajetória circular com velocidade constante $\vec{v}$

O módulo da aceleração centrípeta é calculado da seguinte forma:

$$|\vec{a}| = \frac{|\vec{v}|^2}{r} \tag{4-14}$$

$|\vec{v}|$ – Módulo da velocidade constante

r – raio da trajetória da circunferência

O tempo necessário para que a partícula percorra a trajetória da circunferência completa é calculado conforme (4-15):

$$T = \frac{2\pi r}{|\vec{v}|} \tag{4-14}$$

O período de revolução T é o tempo gasto que a partícula leva para completar uma volta fechada na trajetória circular. A frequência de rotação é o número de voltar que a particular é capaz de completar num determinado espaço de tempo, no Sistema Internacional de Unidades a unidade padrão é o Hz, voltas por segundo.

$$f = \frac{n^{\underline{o}}\ de\ voltas}{t(s)} = \frac{1}{T} = \frac{|\vec{v}|}{2\pi r} \tag{4-15}$$

Podemos então relacionar a velocidade linear tangencial com a frequência de rotação:

$$|\vec{v}| = 2\pi f r \tag{4-16}$$

Além da velocidade linear tangencial, no movimento circular existe também a velocidade angular ω que relaciona a variação do ângulo por um espaço de dentro. A unidade padronizada é radiano por segundo (rad/s).

$$\omega = \frac{\Delta\theta}{\Delta t} \tag{4-17}$$

E a velocidade angular e a linear se relacionam da seguinte forma:

$$|\vec{v}| = \omega . r \tag{4-18}$$

De forma semelhante a (4-5), podemos relacionar os ângulos iniciais θ_0 e finais θ de acordo com a velocidade angular ω e o espaço de tempo decorrido t:

$$\theta = \theta_0 + \omega . t \tag{4-19}$$

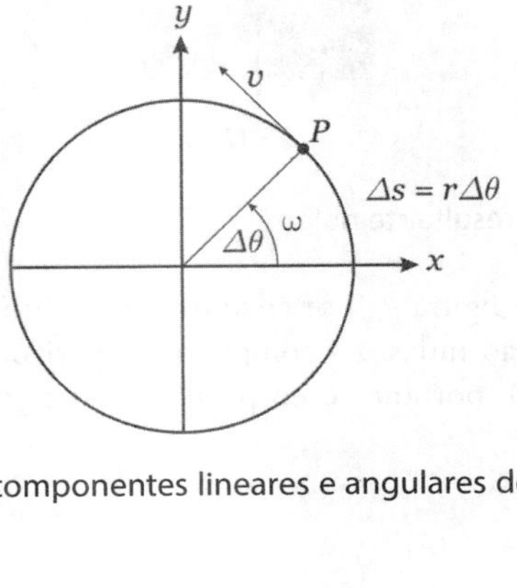

Figura 4-8 – Relação entre as componentes lineares e angulares de uma partícula P em trajetória circular

De acordo com a figura 4-8, a relação entre o deslocamento linear e o angular é dado de forma análoga a (4-18):

$$\Delta S = \Delta\theta . r \tag{4-20}$$

MUITA ATENÇÃO!

Os ângulos trabalhados nas equações apresentadas devem estar em radianos. Caso o ângulo seja dado em grau precisa converter para radianos multiplicando por $\left(\frac{\pi}{180}\right)$ e o valor de π é aproximadamente 3,14.

3. LEIS DE NEWTON E SUAS APLICAÇÕES

As Leis de Newton estudam os resultados em objetos que são submetidos às forças externas sobre eles. A força $\vec{F}$ é uma grandeza vetorial que possui módulo, direção e sentido. Aplicando nos objetos, deve-se decompor essa força em componentes verticais e horizontais para ter uma análise mais simplificada. A unidade padrão de força é o Newton, N (kg.m/s²). Após o somatório de todas as forças, temos a força resultante $\overrightarrow{F_{res}}$.

A primeira Lei de Newton diz que se o somatório de todas as forças $\overrightarrow{F_{res}}$ sobre uma partícula for zero, a velocidade dessa partícula não pode mudar. Ou seja, se a partícula estiver em repouso com velocidade nula, ela permanece em repouso. Caso esteja se movimentando uniformemente com velocidade constante, a velocidade não irá alterar.

Imagine um disco sendo lançado numa pista de gelo. O atrito é uma força que atua neste sistema, mas com um módulo muito pequeno. Podemos notar que o disco possui velocidade constante durante seu movimento, porém pela força do atrito no gelo, sua velocidade tende a diminuir até parar totalmente. Se não tivesse atrito no gelo ou se algum corpo externo aplica-se uma força empurrando o gelo, teríamos uma velocidade constante aplicada no disco. Mas neste caso há o atrito que aplica uma aceleração negativa parando o disco após a velocidade anular.

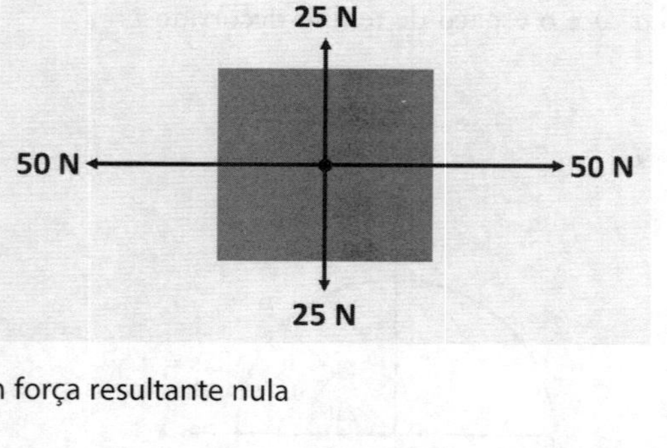

Figura 4-9 – Objeto com força resultante nula

Observe que o objeto na figura 4-9 se encontra em equilíbrio pois a resultante no eixo horizontal e no eixo vertical são nulas. As componentes horizontais são: 50N + (-50N) = 0 e as verticais 25N + (-25N) = 0, portanto o corpo permanece em repouso, caso já esteja com velocidade nula.

Caso a força seja aplicada com uma inclinação θ em relação ao eixo horizontal, então será necessário decompor essa força em componentes horizontais e verticais.

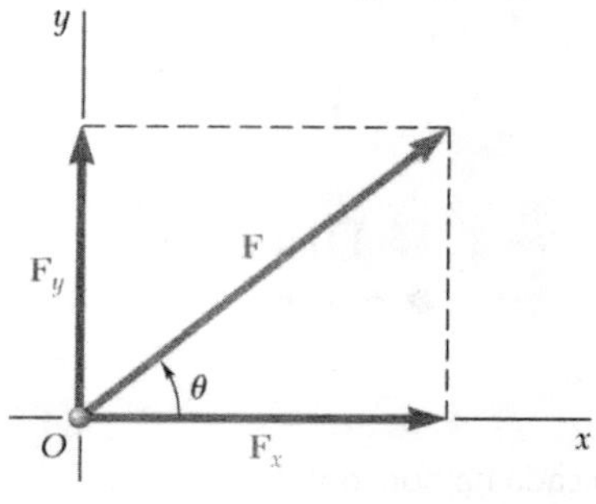

Figura 4-10 – Força com inclinação θ em relação ao eixo horizontal

Neste caso as componentes serão:

$$F_x = F\cos\theta \quad (4\text{-}21)$$

$$F_y = F\,sen\theta \quad (4\text{-}22)$$

E após a decomposição das formas a análise é realizada unidimensionalmente.

A segunda Lei de Newton, equação (4-23) nos diz que a mesma força aplicada em diferentes corpos produz acelerações diferentes, por características intrínsecas de cada um. A propriedade que relaciona a força aplicada com a aceleração resultante é chamada de massa e o somatório de todas as forças que agem sobre um corpo é igual a sua massa multiplicada pela aceleração.

$$\vec{F}_{res} = M\vec{a} \quad (4\text{-}23)$$

Assim como a decomposição de forças mostradas em 4-10, a segunda lei de Newton também é válida em outras dimensões.

$$\vec{F}_{res,x} = M\overrightarrow{a_x} \quad (4\text{-}24)$$

$$\vec{F}_{res,y} = M\overrightarrow{a_y} \quad (4\text{-}25)$$

$$\vec{F}_{res,z} = M\overrightarrow{a_z} \quad (4\text{-}26)$$

Sendo cada equação relacionada a um determinado eixo de estudo.

Para exemplificar as equações apresentadas da segunda Lei de Newton, imagine o disco de m = 0,3kg com uma força horizontal aplicada de 4N.

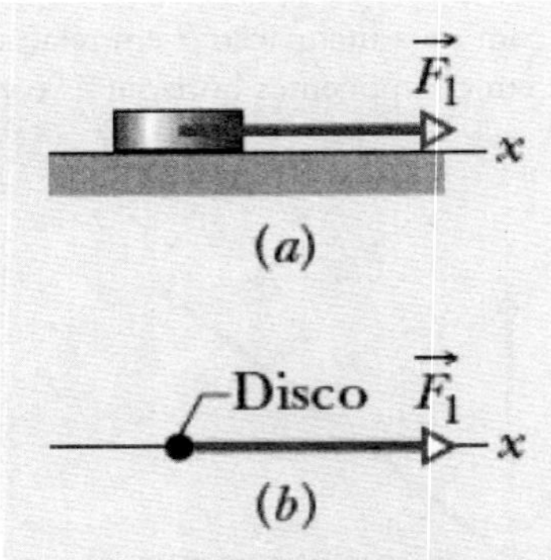

Figura 4-11 – Única força $\vec{F_1}$ aplicada na horizontal

Neste primeiro caso, aplicamos diretamente a equação (4-23) para descobrir a aceleração:

$$a_x = \frac{F_1}{m} = \frac{4N}{0{,}2kg} = 20m/s^2$$

Se após aplicarmos uma força $\vec{F_2}$ com módulo de 2N contrária a $\vec{F_1}$ temos uma diminuição na aceleração:

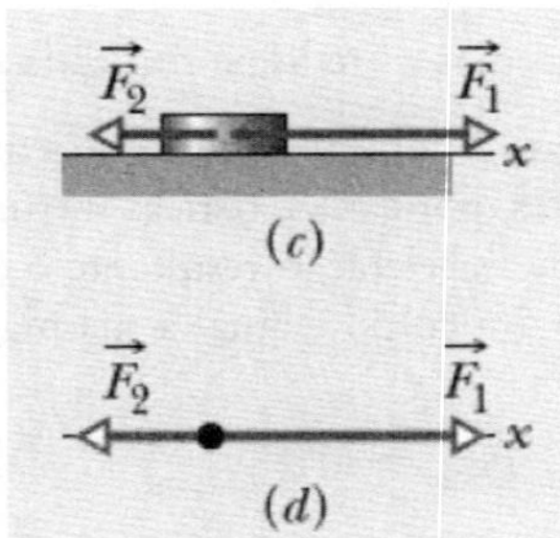

Figura 4-12 – Aplicação da força $\vec{F_2}$ contrária a $\vec{F_1}$ aplicada na horizontal

Neste caso a aceleração será menor que anteriormente:

$$a_x = \frac{F_1 - F_2}{m} = \frac{4N - 2N}{0{,}2kg} = 10m/s^2$$

Se a força $\vec{F_1}$ deixar de atuar e agora fosse aplicada uma força $\vec{F_3}$ com inclinação de $\theta = 30^{\circ}$ com relação ao eixo horizontal, é preciso decompor esta força e realizar a análise no eixo horizontal.

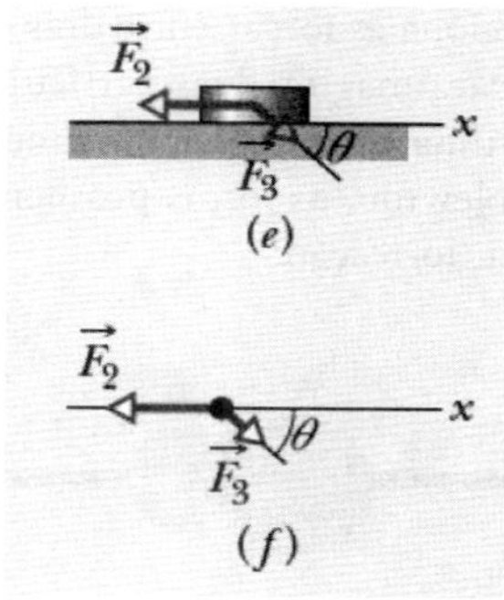

Figura 4-13 – Aplicação da força $\vec{F_3}$ inclinada e contrária a $\vec{F_2}$

$$a_x = \frac{F_{3,x} - F_2}{m} = \frac{F_3 cos\theta - F_2}{m} = \frac{1N(cos30^{\circ}) - 2N}{0{,}2kg} = -5{,}7m/s^2$$

Neste caso a aceleração tem sentido negativo pois a força resultante possui sentido negativo também.

O peso de um corpo também é calculado utilizando como base a equação da segunda Lei de Newton (4-23) sendo o produto da massa pela gravidade:

$$p = mg \qquad (4\text{-}27)$$

A medida do peso p de um corpo é o valor necessário de uma força para impedir que este corpo caia livremente ao solo. Por exemplo, se segurarmos um livro na mão devemos exercer uma força com a mão para manter o livro em equilíbrio para equilibrar com a força gravitacional. Se por acaso o módulo da força gravitacional que puxa para baixo o livro seja de 3N, então devemos aplicar com a mão uma força p de 3N, neste caso falamos que o livro pesa 3N.

A força normal $\vec{F_N}$ é uma força perpendicular exercida pela superfície deformada pela corpo por conta da força gravitacional $\vec{F_G}$ a que está sujeito. Na figura 4-14 há um bloco em repouso em que a Força Normal exercida se equilibra com a Força Gravitacional sobre o bloco. Desta forma, podemos concluir que a Força Normal possui módulo também de $m.g$.

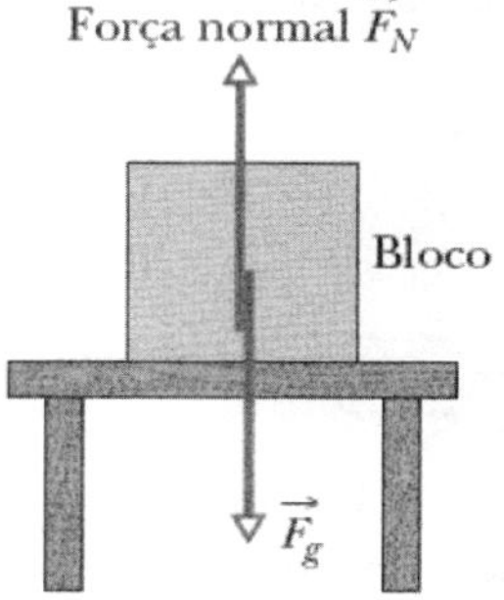

Figura 4-14 – Bloco em repouso sobre uma mesa

A terceira Lei de Newton relaciona as forças entre dois corpos que se interagem se empurrando ou puxando. Para exemplificar, imagine duas partículas, A e B da figura 4-15, que estão se chocando. A partícula A exerce uma força sobre B e a mesma coisa acontece de B para a A. De acordo com a Terceira Lei de Newton, as forças possuem módulos iguais, direção iguais e sentidos opostos, chamados pares ação-reação.

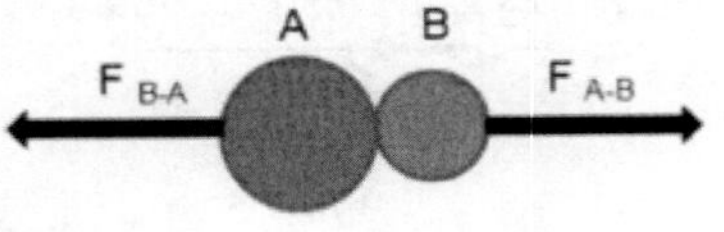

Figura 4-15 – Duas partículas exercendo força uma sobre a outra com mesmo módulo e sentidos opostos

$$\overrightarrow{F_{BA}} = -\overrightarrow{F_{AB}} \tag{4-28}$$

A sinal negativo na equação (4-28) significa que a força que A exerce em B é igual a força que B exerce em A apenas trocando o sentido de aplicação da força, comumente são chamadas de par de forças da terceira lei.

4. TRABALHO

Quando alteramos as características da velocidade de uma partícula que está se movimento ou quando aplicamos uma força para que um objeto saia do estado de repouso, o produto entre a força na direção e sentido do deslocamento efetuado pela partícula chama-se trabalho (W). A unidade padrão utilizada no SI de trabalho é o Joule (J), a mesma unidade da energia cinética.

O trabalho será positivo quando transferimos energia para o objeto, quando empurramos para mudar sua posição estamos realizando trabalho positivo, e será negativo quando a energia for proveniente do objeto, neste caso diminuindo sua energia cinética e sua velocidade escalar, este assunto será melhor abordado no item 6.

A ideia de trabalho dentro da física diverge do conceito cotidiano de trabalho. Enquanto usamos o termo trabalho para destacar algo a ser feito, algo relacionado com remuneração em troca de um serviço, o trabalho na física (W) está associado a ideia de transferência de energia entre corpos.

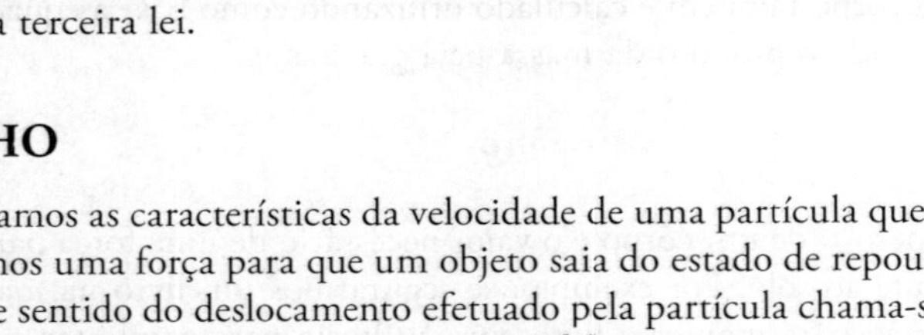

Figura 4-16 – Trabalho sendo realizado sobre o bloco quadrado

Na figura 4-16 temos uma força $\vec{F}$ que está sendo aplicada em um bloco que se desloca numa distância $\vec{d}$. Os vetores formam um ângulo θ e se relacionam conforme (4-29).

$$W = F.d.cos\theta \tag{4-29}$$

O trabalho é uma grandeza escalar que não possui direção e sentido. Note que se a força e o deslocamento estiverem na mesma direção e sentido o ângulo θ será 0° e cos0°=1, sendo assim o trabalho é realizado multiplicando diretamente os módulos da força e do deslocamento, respeitando as unidades do SI: força em Newton – N e deslocamento em metros – m. O trabalho sobre o objeto apenas pode ser realizado pela componente da força $\vec{F}$ na direção de $\vec{d}$, a componente da força na direção vertical da figura 4-16 não realiza trabalho.

MUITA ATENÇÃO! O trabalho será nulo se a força não possuir componente vetorial na direção do deslocamento. Se a componente da força for na direção do deslocamento e os sentidos forem os mesmos, o trabalho será positivo. Caso o sentido da força for oposto ao do deslocamento, o trabalho será negativo.

Caso tenham mais de uma força atuando sobre uma partícula, o trabalho total será o somatório dos trabalhos de cada força que também é igual o cálculo do trabalho realizando pela força resultante $\overrightarrow{F_{RES}}$ pelo deslocamento efetuado pelo objeto.

O trabalho realizado pela força gravitacional pode ser negativo ou positivo dependendo do deslocamento do objeto. Se um objeto é lançado para cima, seu deslocamento é positivo e a força gravitacional é negativa, trabalho negativo neste caso pois a velocidade do objeto está diminuindo. Assim que o objeto atinge a altura máxima e começa a se deslocar pra baixo, sua velocidade aumenta gradativamente e o deslocamento está no mesmo sentido da força gravitacional, neste caso o trabalho é positivo. A força gravitacional $\overrightarrow{F_g}$ é o produto da massa pela gravidade no local e possui direção vertical e sentido para baixo. Desta forma, temos o trabalho realizado pela força gravitacional dado por (4-30):

$$W_G = m.g.d.cos\theta \tag{4-30}$$

O ângulo presente na equação (4-30) será 180° caso o objeto esteja se deslocando para cima e o cos180° vale -1, trabalho negativo. Já no caso da descida do objeto o ângulo será 0° e seu cosseno será 1, trabalho positivo.

Muitos exercícios abordam a análise do trabalho realizado sobre um objeto em uma superfície inclinada em que há a atuação de uma força externa $\vec{F}$ e também da força da gravidade $\overrightarrow{F_g}$.

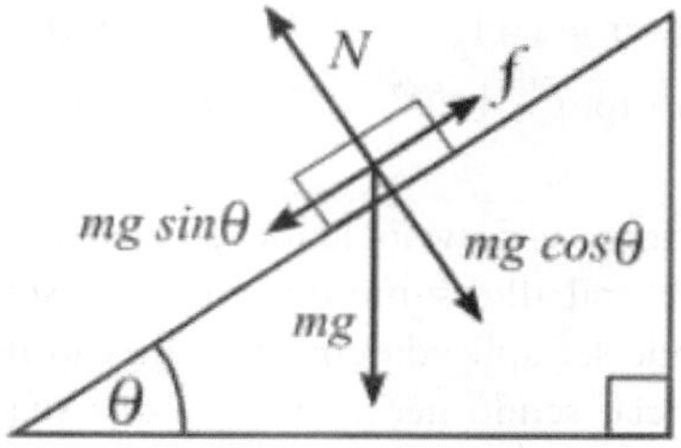

Figura 4-17 – Decomposição das forças atuantes em um bloco sobre uma superfície inclinada

A primeira etapa em qualquer resolução de exercício é desenhar um diagrama como da figura 4-17 para identificar todas as forças atuantes e suas direções para facilitar as análises. Note que a força está sendo aplicada na direção do deslocamento e temos a componente da força gravitacional decomposta nesta análise.

O trabalho realizado pela força normal é nulo, pois realizar ângulo de 90° com o deslocamento e cosseno de 90° é zero.

A componente da força gravitacional realiza um trabalho negativo sobre o bloco, pois está com sentido contrário ao deslocamento. Supondo a massa do bloco sendo 200kg, valor da gravidade no local de 9,8m/s², deslocamento de 20m e o ângulo da superfície de 30°, temos:

$$F_g = m.g.sen\theta = 200kg.9{,}8m/s^2.sen30° = 980N$$

Como o ângulo entre a força e o deslocamento vale 180°, então o cálculo do trabalho resulta:

$$W_G = F_G.d.cos180° = 980N.20m.(-1) = -1{,}96.10^4J$$

Com este valor sabemos que o trabalho a ser realizado pela força $\vec{F}$ para deslocar o bloco em 20m é de $1{,}96.10^4J$.

5. POTÊNCIA

A potência é definida como a taxa de trabalho desenvolvido por unidade de tempo. Através desta medida podemos mensurar quais sistemas são mais lentos ou mais rápidos que outros analisando os dados obtidos. É definida como a razão entre o trabalho realizado e o tempo gasto por uma atividade. É uma grandeza escalar e sua unidade padrão no SI de potência é o *watt* (W). Da mesma forma que a análise do trabalho, caso a potência seja positiva o objeto em questão está recebendo energia de uma fonte externa e potência negativa significa que o objeto está realizando trabalho fornecendo energia para o meio externo.

$$P_{méd} = \frac{W}{\Delta t} \tag{4-31}$$

Outras unidades de medida de potência também são utilizadas em diversos equipamentos, como, por exemplo, em catálogo de motores é muito comum encontrarmos a potência em HP (*horse-power*) e também em CV (cavalo-vapor).

1 horsepower = 1 HP = 746 W = 746 watt (4-32)

1 cavalo-vapor = 1 CV = 735,4985 watt (4-33)

Utilizando os dados da força e da velocidade do objeto também é possível expressar a potência que uma força realiza trabalho sobre um corpo. Assim como foi discutido em itens anteriores, a força também pode ser aplicada em uma direção inclinada formando um ângulo $\emptyset$ com a superfície de referência, sendo necessário realizar sua decomposição para realizar a análise do trabalho e consequentemente da potência. Substituindo (4-29) em (4-31) e realizando algumas transformações chegamos em (4-34):

$$P_{méd} = \frac{W}{\Delta t} = \frac{F.d.cos\emptyset}{d} = F.\frac{d}{\Delta t}cos\emptyset$$
$$\frac{d}{\Delta t} = v$$

$$P_{méd} = F.v.cos\emptyset \quad (4\text{-}34)$$

Para exemplificar, vamos supor uma caixa que está se movendo com uma velocidade constante de 3 m/s que está sob atuação de duas forças: $\overrightarrow{F_1}$ com sentido oposto ao movimento no valor de 2N e $\overrightarrow{F_2}$ com módulo de 4N com uma inclinação de 60° com a direção da velocidade e do deslocamento.

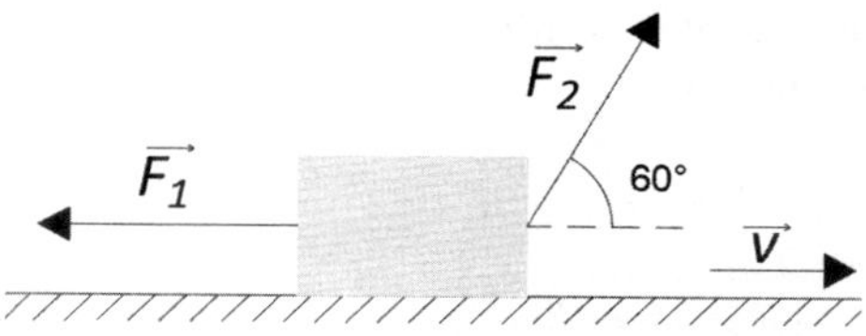

Figura 4-18 – Duas forças atuando em uma caixa que se movimenta para a direita

Para o cálculo da potência total neste sistema, iremos utilizar a equação (4-34). A força $\overrightarrow{F_1}$ forma um ângulo de 180° com o vetor velocidade:

$$P_1 = F_1.v.cos\emptyset_1 = 2N.\frac{3m}{s}.cos180°$$

$$P_1 = -6W$$

A potência negativa significa que a caixa está fornecendo 6W para a força $\overrightarrow{F_1}$.

$$P_2 = F_2.v.cos\emptyset_2 = 4N.\frac{3m}{s}.cos60° = 12.0,5$$

$$P_2 = 6W$$

A potência negativa para P_2 significa que a força $\overrightarrow{F_2}$ está fornecendo 6W para a caixa.

$$P_{total} = P_1 + P_2 = -6W + 6W = 0$$

O somatório das potências indica um resultado nulo, pois neste caso não há troca de energia entre a caixa e o meio externo é zero. Desta forma, a velocidade irá se manter constante em movimento uniforme e sua energia cinética não irá se alterar.

6. ENERGIA CINÉTICA, ENERGIA POTENCIAL E ATRITO

A energia é o item essencial para a realização de qualquer movimento. Para a decolagem de um avião, para a partida de um carro, para uma corrida de rua, para esquentar a carne do churrasco, para a iluminação dessas residências, enfim, em vários fenômenos presentes no dia a dia um item é indispensável para a realização: a energia. A energia é uma grandeza associada ao estado que se encontra o objeto. Assim, temos vários tipos de energia que são estudadas e associadas em diversas situações.

A energia cinética (K) é a energia associada à massa (m) e à velocidade (v) em que o corpo se encontra, sendo o estado de movimento.

$$K = \frac{1}{2}mv^2 \qquad (4\text{-}35)$$

A unidade padrão definida no SI para energia cinética é o Joule (J).

Segundo o teorema do trabalho e energia cinética, a variação de energia cinética em um corpo é igual ao trabalho aplicado.

$$\Delta K = K_{final} - K_{inicial} = W \qquad (4\text{-}36a)$$

$$K_{final} = K_{inicial} + W \qquad (4\text{-}36b)$$

Podemos dizer que a energia cinética final é igual a energia que o sistema se encontrava no início acrescido do trabalho realizado. A variação de energia cinética de uma partícula é igual ao trabalho total realizado sobre a partícula. Esta relação vale tanto para trabalhos positivos quanto para negativos.

Diferente da energia cinética (K), a energia potencial (U) é associada a configuração de um sistema que está sob ação de forças conservativas, como a força elástica e a gravitacional. Quando esta força realiza trabalho (W) sobre o sistema, a variação de energia potencial no sistema (ΔU) possui o mesmo módulo, porém com sinal negativo ao trabalho (W).

$$\Delta U = -W \qquad (4\text{-}37)$$

Quando lançamos uma bola para cima com uma velocidade inicial, no momento em que a bola está em nossas mãos a energia potencial gravitacional é a mínima. A bola vai subindo ganhando altura e perdendo velocidade, sua energia potencial aumenta e a energia cinética diminui. No ponto mais alto, quando a velocidade está nula, a energia potencial é a maior e a cinética é nula. Até este ponto, a força gravitacional realizou trabalho negativo e a variação de energia potencial foi positiva, conforme (4-27). Do ponto mais elevado até a bola retornar ás mãos, a velocidade aumentou e a energia potencial gravitacional diminuiu até o nível que se encontrava antes. Momentos antes da bola encostar nas mãos, a energia cinética foi máxima e a potencial teve seu valor mais baixo, do ponto mais alto até a posição inicial, a força gravitacional realizou trabalho positivo no mesmo sentido do movimento e a variação de energia potencial gravitacional foi negativa.

O valor da variação de energia potencial gravitacional é o valor trabalho necessário para deslocar a partícula de uma altura inicial (y_i) para uma altura final (y_f) e depende da massa (m) e da gravidade local (g).

$$\Delta U_g = U_f - U_i = mg(y_f - y_i) \tag{4-37}$$

Considerando as condições iniciais de altura e energia potencial gravitacional como configurações no ponto de referência $U_i = 0$ e $y_i = 0$, podemos considerar que a energia potencial em uma altura y possui a seguinte equação para o cálculo de sua energia potencial:

$$U_{(y)} = mgy \tag{4-38}$$

A força elástica, $F_{elástica} = -k.x$, também é uma força conservativa e para o cálculo da variação da energia potencial elástica utilizamos o valor da constante elástica da mola (k) e os comprimentos de deformação da mola (x) na posição final e inicial.

$$\Delta U = \frac{1}{2}kx_f^2 - \frac{1}{2}kx_i^2 \tag{4-39}$$

Da mesma forma que (4-38), para a associar a energia potencial elástica a um determinado ponto adotando como pontos iniciais a posição de referência quando a mola está relaxada em $x = 0$, cada ponto terá sua energia potencial dada por (4-40):

$$U_{(x)} = \frac{1}{2}kx^2 \tag{4-39}$$

Dentre as energias descritas há um destaque pela "perda" de energia devido força de atrito. As forças de atrito tiram energia de um sistema as transforando em outras formas energéticas, como por exemplo o calor. O atrito com o solo faz o aquecimento, mesmo que sutil, do mesmo, e com isso deve-se ficara tento quando há atrito no sistema. Caso tenha atrito, temos que saber que parte da energia mecânica será convertida em calor e será denominada energia dissipada do sistema.

Nem todo sistema é considerado ideal. No mundo real, não podemos desprezar a ação de uma força que age no sentido contrário do movimento de um corpo que se move em uma superfície. Esta força é o atrito e possui dois tipos: o atrito estático e o atrito dinâmico. Em razão da existência do atrito, nem toda energia aplicada em um sistema é convertida em energia cinética ou potencial, pois ela é dissipada pelo atrito. Não podemos pensar no atrito de uma maneira ruim, pois se não fosse a existência desta força os carros não se locomoveriam, os pregos não seriam fixos, os motores não gerariam torque, etc. É um fenômeno físico que deve ser levado em conta nos projetos de equipamentos que desenvolvem movimento e também merece ser estudado nos sistemas dinâmicos.

Quando empurramos uma grande caixa pesada e esta não sai do lugar, a força de atrito atuante é a de atrito estático. Precisamos aplicar uma força maior que a do atrito estático para vencer a inércia e assim conseguir empurrar esta caixa.

$$f_{S,máx} = \mu_S.F_N \tag{4-40}$$

Sendo:

$f_{S,máx}$ – Força de atrito estático máxima

μ_S – Coeficiente de atrito estático

F_N – Força normal aplicada pela superfície. Caso seja horizontal terá valor $m.g$

A partir do momento que conseguimos retirar da inércia, o movimento fica mais fácil pois vencemos o atrito estático e agora o atrito que atua é o cinético.

$$f_K = \mu_K.F_N \tag{4-41}$$

A força de atrito dinâmica possui equação similar à do atrito estático, porém o coeficiente de atrito cinético possui menores valores.

As forças de atrito atuam de forma a manter o objeto em repouso e se opõem ao movimento. Caso a força aplicada seja igual à força de atrito cinético, temos o somatório de força resultante nulo e pela segunda lei de Newton temos zero aceleração e a velocidade do objeto é constante. A força de atrito cinética é constante durante todo o movimento, mas a de atrito estático varia de 0N até seu valor máximo dado por (4-40).

As forças de atrito tiram energia de um sistema as transforando em outras formas energéticas, como por exemplo o calor. O atrito com o solo faz o aquecimento, mesmo que sutil, do mesmo, e com isso deve-se ficara tento quando há atrito no sistema. Caso tenha atrito, temos que saber que parte da energia mecânica será convertida em calor e será denominada energia dissipada do sistema.

7. CONSERVAÇÃO DE ENERGIA E SUAS TRANSFORMAÇÕES

Um sistema é considerado conservativo se uma partícula percorrendo um caminho fechado e retornando para a origem a variação de energia desta partícula for zero. Podemos citar o caso da bola lançada com uma velocidade inicial, neste momento ela possui energia cinética relacionada a esta velocidade e uma energia potencial em relação a sua altura, na altura máxima sua energia cinética é nula e a potencial é máxima, quando esta bola retorna para as mãos, a velocidade com que ela retorna é igual a velocidade inicial e a altura sendo a mesma terá a mesma energia potencial do início. Por este exemplo, podemos mostrar que este sistema possui força conservativas atuando, neste caso seria a força gravitacional responsável pela atuação.

Quando temos apenas forças conservativas atuando no sistema, podemos desprezar o percurso realizado pela partícula em análise, pois as únicas informações importantes são as do instante inicial e do final da análise. Como não há forças dissipativas no meio, não haverá perdas de energia no percurso da partícula. Desta forma, o trabalho total realizado por uma força conservativa em um percurso fechado é nulo.

A energia mecânica de um sistema é a soma da energia potencial com sua energia cinética em um determinado instante.

$$E_{mec} = K + U \tag{4-42}$$

Segundo o princípio da conversação da energia mecânica de um sistema isolado, onde não há atuação de forças dissipativas como atrito ou arrasto, a energia mecânica em um determinado instante é exatamente igual em outro instante de análise. Ou seja, em um processo de transferência de energia interno, não há perda de energia para o ambiente externo. Então analisando em dois instantes temos:

$$K_1 + U_1 = K_2 + U_2$$

Que pode ser interpretado por:

$$\Delta E_{mec} = \Delta K + \Delta U = 0$$

Das expressões apresentadas é possível concluir que uma força conservativa que realiza trabalho no interior do sistema isolado é responsável pela transferência de energia entre a energia cinética e a potencial. Essas energias podem varias e ficar em alguns instantes nulas, porém o somatório para a energia mecânica não se altera. Sendo um sistema isolado, não precisa ser levado em conta os movimentos intermediários.

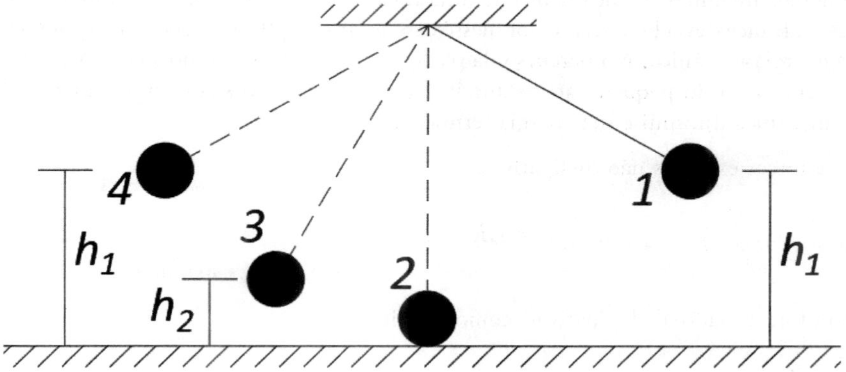

Figura 4-19 – Conservação de energia em um pêndulo sem ação de forças dissipativas

O pêndulo da figura 4-19 é solto na posição 1, neste momento sua velocidade é zero porém possui uma energia potencial:

$$U_1 = K_1 + U_1 = 0 + U_1 = mgh_1$$

No instante 2, a altura é zerada e sua energia potencial é zero, como se trata de um sistema isolado conservativo, a energia mecânica no instante 2 é igual à calculada em 1.

$$U_2 = \frac{1}{2}mv_2{}^2 = U_1 = mgh_1$$

No terceiro instante teremos energia potencial e cinética, visto que o pêndulo está subindo novamente para alcançar a altura inicial. Neste instante, a velocidade em 3 é menor que a calculada no instante anterior, porém parte da energia cinética máxima foi transferida para potencial:

$$U_3 = \frac{1}{2}mv_3{}^2 + mgh_2 = U_2$$

E no último instante de análise não há energia cinética, apenas energia potencial pois está na sua altura máxima que se encontrava no início do movimento:

$$U_4 = K_4 + U_4 = 0 + U_4 = mgh_1 = U_2 = U_3$$

MUITA ATENÇÃO! É fundamental avaliar os tipos de forças e energias envolvidas na análise antes de aplicar o princípio da conservação da energia mecânica.

Na presença de forças dissipativas, o trabalho realizado por essas forças é numericamente igual à variação de energia mecânica do sistema. Neste caso, a variação de energia mecânica em diversos instantes não será nula em razão da energia transferida para um sistema ou de um sistema por meio de uma força externa que age sobre o sistema.

Podemos imaginar o lançamento de uma bola de boliche na qual imprimimos uma força para que o alcance dessa bola seja maior, nesse caso estamos aplicando energia ao sistema aumentando a energia mecânica. No percurso da pista, a bola vai diminuindo sua velocidade, energia cinética, em razão do pequeno atrito que há nesta pista, então sua energia cinética diminui, energia mecânica diminui e sua energia térmica aumenta.

Para forças externas não dissipativas:

$$\Delta E_{mec} = \Delta K + \Delta U = W \tag{4-43}$$

Para forças externas dissipativas, como o atrito:

$$W = \Delta E_{mec} + \Delta E_t \tag{4-44}$$

Além de diminuir a energia cinética do movimento, o atrito também se dissipa em energia térmica.

8. QUANTIDADE DE MOVIMENTO E CONSERVAÇÃO DA QUANTIDADE DE MOVIMENTO, IMPULSO

A quantidade de momento, também conhecida como momento linear, é uma grandeza escalar que possui módulo, direção e sentido. É uma grandeza fundamental para os estudos das transferências de movimento entre partículas, principalmente nos estudos de colisões que possui como exemplo mais clássico o jogo de sinuca.

A quantidade de movimento é definida pela equação (4-45):

$$\vec{Q} = m.\vec{v} \tag{4-45}$$

A quantidade de movimento $\vec{Q}$ direção e sentido de $\vec{v}$. Seu módulo é numericamente igual ao produto da massa pela velocidade e a unidade padrão definida pelo sistema internacional é o $kg.m/s$.

A análise da quantidade de movimento de uma partícula é da mesma forma utilizada na decomposição das forças. Precisamos fazer a análise unidimensional decompondo a quantidade de movimento e sua quantidade de movimento é o somatório dos vetores decompostos para a análise.

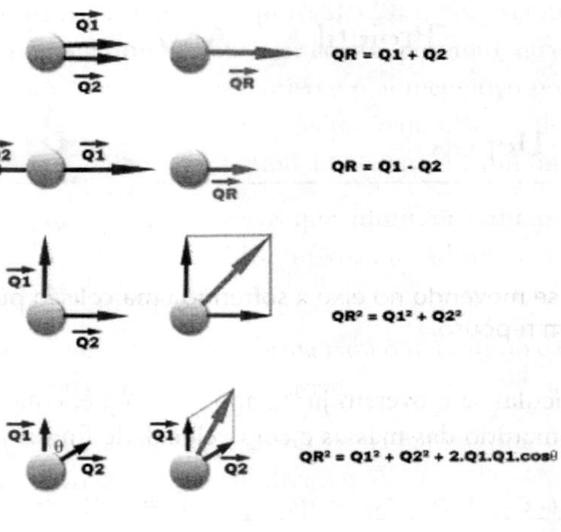

Figura 4-20 – Quantidades de movimento

Em um sistema isolado que não há interferência de forças externas, para o estudo da quantidade de movimento, não há variação da quantidade de movimente no somatório dos valores entre as partículas, portanto a quantidade de movimento resultado final é igual a inicial. A para o cálculo de várias partículas, somamos as quantidades de movimento entre elas conforme exemplo das figuras 4-21 e 4-22.

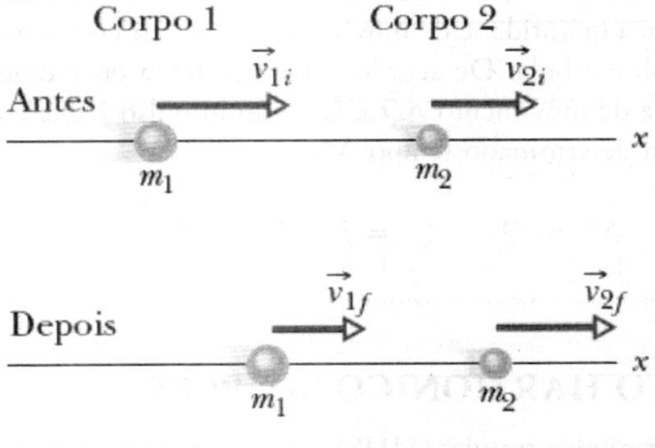

Figura 4-21 – Dois corpos de movimento no eixo x sofrendo uma colisão inelástica

No caso da figura 4-21, os corpos se chocam e continuam se movendo na direção positiva do eixo x, cada partícula continua se deslocando com velocidades diferentes.

$$m_1 v_{1i} + m_2 v_{2i} = m_1 v_{1f} + m_2 v_{2f}$$

Caso a partícula 1 após o choque se mova para a direção negativa, para a esquerda da figura, então na equação acima inserimos o sinal negativo para o estudo.

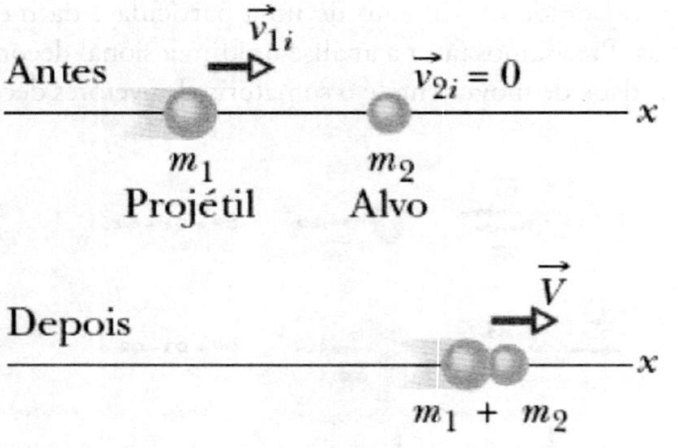

Figura 4-22 – Corpo 1 se movendo no eixo x sofrendo uma colisão perfeitamente inelástica com o corpo 2 que estava em repouso.

No caso das partículas se moverem junta após o choque, consideramos apenas um corpo com massa igual ao somatório das massas e com velocidade final v_f.

$$m_1 v_{1i} + m_2 v_{2i} = m_1 v_{1i} + 0 = (m_1 + m_2) v_f$$

> **MUITA ATENÇÃO!** Se não há a interferência de forças externas ao sistema, a quantidade de movimento total não pode variar.

Caso haja a aplicação de uma força externa, a quantidade de movimento irá variar. Podemos citar uma bola de beisebol que se desloca com uma certa velocidade. Após a aplicação de força através do bastão, a quantidade de movimento irá variar conforme a força média aplicada e o tempo exercido sobre a bola. De acordo com o teorema do momento linear e impulso, a variação da quantidade de movimento $\Delta\vec{Q}$ é igual ao impulso $\vec{J}$ que é associado à força média exercida $\overrightarrow{F_{med}}$ por um determinado tempo Δt.

$$\Delta Q = Q_f - Q_i = J = F_{med} . \Delta t \qquad (4\text{-}46)$$

9. MOVIMENTO HARMÔNICO SIMPLES

O movimento harmônico simples (MHS) é um dos movimentos periódicos no qual apenas as forças conservativas atuam de forma a recuperar o movimento para o equilíbrio. Desta forma, a energia mecânica do sistema não varia, sendo constante em todos os instantes do movimento. Em determinados instantes a energia cinética é máxima e a energia potencial mínima e vice-versa. Um dos exemplos mais clássicos é o do sistema massa mola no qual estão presentes a força elástica e a força gravitacional, responsáveis por manterem a periodicidade do movimento.

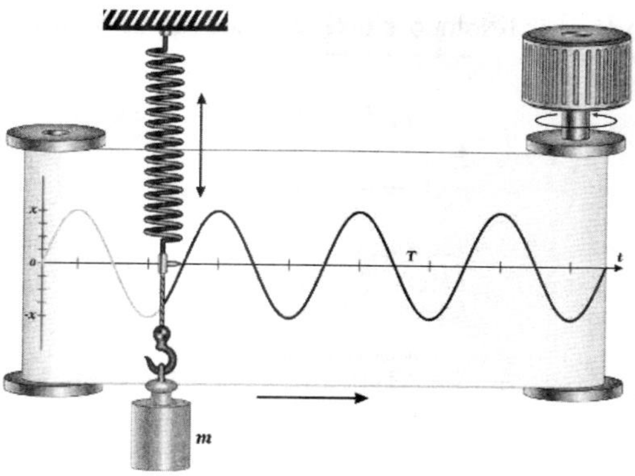

Figura 4-23 – Bloco de massa *m* desenvolvendo MHS

O movimento possui um período de oscilação total (T) que se relaciona com a frequência $(f = \frac{1}{T})$ indicando o número de repetições em um determinado intervalo de tempo. A posição da partícula que desenvolve MHS é dada por uma equação horária variável com o tempo (t) escrita em função do seno ou cosseno. Os parâmetros a serem medidos temporalmente para indicar a posição do objeto é a velocidade angular (ω) e o ângulo de defasagem inicial $(\emptyset_0)$.

Para a resolução de exercícios de MHS é importante ter o conhecimento das grandezas envolvidas nas equações:

Amplitude (A) [m]	A amplitude do movimento é a maior distância que o objeto consegue alcançar a partir da posição de equilíbrio.
Frequência (f) [Hz]	É o número de oscilações que o objeto consegue executar em um determinado período de tempo, no caso do SI medimos em segundos (Hz – oscilações por segundo). $$f = \frac{n}{\Delta t} \ ou \ f = \frac{1}{T}$$
Período (T) [s]	É o tempo total necessário para que o objeto saia do ponto inicial e retorne para este mesmo ponto, realizando uma oscilação completa.
Frequência angular (ω) [rad/s]	Mede a taxa de variação do ângulo em função do tempo que a partícula desenvolve. Ao final de uma oscilação completa. o corpo terá percorrido uma distância de 360° ou 2π radianos e um tempo T. $$\omega = \frac{\Delta\theta}{\Delta t} = \frac{2\pi}{T} \ ou \ \omega = 2\pi f$$
Ângulo de fase inicial $(\emptyset_0)$	É o ângulo de defasagem inserido na equação para indicar o valor inicial da equação da posição da partícula em função do tempo.

As equações utilizadas nas resoluções de exercícios são as seguintes:

Deslocamento $$x_{(t)} = A.\cos(\omega t + \emptyset_0) \quad (4\text{-}47)$$

Velocidade $$v_{(t)} = -\omega A.sen(\omega t + \emptyset_0) \quad (4\text{-}48)$$

Aceleração $$a_{(t)} = -\omega^2 A.(\omega t + \emptyset_0) \quad (4\text{-}49)$$

A força restauradora que atua no MHS influenciando o movimento de uma partícula é dada pela lei de Hooke:

$$F_{(t)} = -K.x_{(t)} \quad (4\text{-}50)$$

$$K = \omega^2.m \quad (4\text{-}51)$$

Analisando as equações acima e comparando com a Segunda Lei de Newton também podemos escrever:

$$F_{(t)} = m.a_{(t)}$$

$$F_{(t)} = m.-\omega^2 A.(\omega t + \emptyset_0) = -K.x_{(t)}$$

MUITA ATENÇÃO! A aceleração do MHS é relacionada ao quadrado da frequência angular ω e o deslocamento $x_{(t)}$, porém com sentido contrário ao deslocamento, por isso o uso do sinal negativo.

10. EFEITO DOPPLER

A frequência recebida por um detector nem sempre é a mesma que foi emitida na fonte. Este fenômeno físico ocorre por causa do movimento relativo entre o emissor e o receptor, também influenciado pela velocidade do meio. Eles podem estar se aproximando ou se distanciando, alterando assim os valores de frequências a serem recebidas. A frequência recebida é maior no caso da aproximação e menor no afastamento.

A mudança da frequência emitida e a detectada, chama-se efeito Doppler. A relação das frequências em função do movimento relativo é dada pela equação (4-52).

$$f' = f\frac{v \pm v_D}{v \pm v_F} \quad (4\text{-}52)$$

A frequência detectada *f'* é dada pela relação da frequência emitida f e as velocidades do meio v, do detector v_D e da fonte v_F. A escolha dos sinais do detector e da fonte serão relacionados ao seu posicionamento de aproximação ou de afastamento. Caso o deslocamento do detector seja no sentido de aproximação, aumentando a frequência usa-se o sinal positivo. Para o deslocamento da fonte seja no sentido de aproximação, aumentando a frequência, usa-se o sinal negativo.

<table>
<tr><th colspan="2">EM RESUMO: Noções de Física</th></tr>
<tr><td>Cinemática escalar e vetorial</td><td>
<ul>
<li>Cinemática - É a parte da Mecânica que estuda os movimentos dos corpos independentemente de suas causas. Na Cinemática geralmente o corpo é denominado ponto material, pois não é levada em conta a dimensão do corpo quando comparadas às demais envolvidas no fenômeno.</li>
<li>Distância percorrida – É a diferença entre a posição final e a inicial
$$\Delta x = x_2 - x_1$$</li>
<li>Movimento uniforme - Quando temos velocidade constante e ausência de aceleração
$$x = x_0 + v_{méd}t$$</li>
<li>Velocidade média – É a relação entre o deslocamento total percorrido, Δx, e o tempo gasto Δt
$$v_{méd} = \frac{\Delta x}{\Delta t} = \frac{x_2 - x_1}{t_2 - t_1}$$</li>
<li>Movimento uniformemente variado - Ocorre quando há a presença de uma aceleração constante alterando a velocidade uniformemente.
$$x = x_0 + v_0 t + \frac{1}{2}at^2$$</li>
<li>Aceleração média – É a taxa de variação da velocidade com o tempo
$$a_{méd} = \frac{\Delta v}{\Delta t} = \frac{v_2 - v_1}{t_2 - t_1}$$</li>
<li>Movimento oblíquo – É o movimento de lançamento que é necessário decompor o movimento para analisar em duas dimensões. Sendo que no eixo horizontal desenvolve Movimento Uniforme e no eixo vertical Movimento Uniformemente Variado
$$v_{0x} = v_0 cos\theta$$
$$v_{0y} = v_0 sen\theta$$
$$x = x_0 + v_{0x}t$$
$$y = y_0 + v_{0y}t - \frac{1}{2}gt^2$$</li>
</ul>
</td></tr>
</table>

<table>
<tr><td>Movimento Circular Uniforme</td><td>

• **Movimento circular** – uma partícula que descreve uma trajetória que é uma circunferência ou um pedaço de uma curva no seu movimento. É importante destacar três grandezas físicas principais.

$$\theta = \theta_0 + \omega . t$$

$$\Delta S = \Delta\theta . r$$

• **Velocidade tangencial ou linear** – essa velocidade descreve o comportamento do corpo nesta trajetória.

$$|\vec{v}| = 2\pi f r$$

• **Velocidade angular** – mende o quanto o ângulo central desenvolve em relação ao tempo.

$$\omega = \frac{\Delta\theta}{\Delta t}$$

$$|\vec{v}| = \omega . r$$

• **Aceleração** – que pode ser dividida em:

• **Aceleração tangencial** – que tem o papel de aumentar ou diminuir a velocidade tangencial

• **Aceleração centrípeta** – que tem o papel de mudar o sentido e direção do vetor velocidade tangencial, em outras palavras, é responsável por fazer a curva no movimento circular.

$$|\vec{a}| = \frac{|\vec{v}|^2}{r}$$

• **Período** – Tempo necessário para completar uma volta completa.

$$T = \frac{2\pi r}{|\vec{v}|}$$

• **Frequência** – Número de voltas dadas em um determinado período de tempo

$$f = \frac{n^{\underline{o}}\ de\ voltas}{t(s)} = \frac{1}{T} = \frac{|\vec{v}|}{2\pi r}$$

</td></tr>
<tr><td>Leis de Newton e suas aplicações</td><td>

• **1ª Lei de Newton** - denominada lei da inércia, foi enunciada por Newton no seu livro assim: Todo corpo mantém o seu estado de repouso ou de movimento uniforme segundo uma linha reta, se não for compelido a mudar o seu estado por forças nele impressas. Os projéteis continuam no seu movimento, a menos que sejam retardados pela resistência do ar ou impelidos para baixo pela força da gravidade.

• **2ª Lei de Newton** - A mesma força aplicada em diferentes corpos produz acelerações diferentes, por características intrínsecas de cada um. A propriedade que relaciona a força aplicada com a aceleração resultante é chamada de massa e o somatório de todas as forças que agem sobre um corpo é igual a sua massa multiplicada pela aceleração.

</td></tr>
</table>

Leis de Newton e suas aplicações	$$\vec{F}_{res} = M\vec{a}$$ • **Força peso** - O peso de um corpo também é calculado utilizando como base a equação da segunda Lei de Newton sendo o produto da massa pela gravidade. $$p = mg$$ • **Força normal** - A força normal $\overrightarrow{F_N}$ é uma força perpendicular exercida pela superfície deformada pela corpo por conta da força gravitacional $\overrightarrow{F_G}$ a que está sujeito. • **3ª Lei de Newton** - A terceira Lei de Newton relaciona as forças entre dois corpos que se interagem se empurrando ou puxando. Para exemplificar, imagine duas partículas, A e B da figura abaixo, que estão se chocando. A partícula A exerce uma força sobre B e a mesma coisa acontece de B para a A. De acordo com a Terceira Lei de Newton, as forças possuem módulos iguais, direção iguais e sentidos opostos, chamados pares ação-reação. 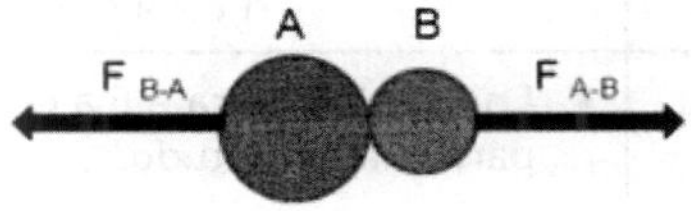 $$\overrightarrow{F_{BA}} = -\overrightarrow{F_{AB}}$$
Trabalho	• **Trabalho:** Quando alteramos as características da velocidade de uma partícula que está se movimento ou quando aplicamos uma força para que um objeto saia do estado de repouso, o produto entre a força na direção e sentido do deslocamento efetuado pela partícula chama-se trabalho (W). A unidade padrão utilizada no SI de trabalho é o Joule (J), a mesma unidade da energia cinética. $$W = F.d.cos\theta$$ O trabalho será nulo se a força não possuir componente vetorial na direção do deslocamento. Se a componente da força for na direção do deslocamento e os sentidos forem os mesmos, o trabalho será positivo. Caso o sentido da força for oposto ao do deslocamento, o trabalho será negativo. • **Trabalho da Forca Gravitacional:** O trabalho realizado pela força gravitacional (W_G) pode ser negativo ou positivo dependendo do deslocamento do objeto. Se um objeto é lançado para cima, seu deslocamento é positivo e a força gravitacional é negativa, trabalho negativo neste caso pois a velocidade do objeto está diminuindo. Assim que o objeto atinge a altura máxima e começa a se deslocar pra baixo, sua velocidade aumenta gradativamente e o deslocamento está no mesmo sentido da força gravitacional, neste caso o trabalho é positivo. A força gravitacional $\overrightarrow{F_g}$ é o produto da massa pela gravidade no local e possui direção vertical e sentido para baixo. $$W_G = m.g.d.cos\theta$$

Potência	• **Potência** - A potência é definida como a taxa de trabalho desenvolvido por unidade de tempo. Através desta medida podemos mensurar quais sistemas são mais lentos ou mais rápidos que outros analisando os dados obtidos. É definida como a razão entre o trabalho realizado e o tempo gasto por uma atividade. É uma grandeza escalar e sua unidade padrão no SI de potência é o watt (W). Da mesma forma que a análise do trabalho, caso a potência seja positiva o objeto em questão está recebendo energia de uma fonte externa e potência negativa significa que o objeto está realizando trabalho fornecendo energia para o meio externo. $$P_{méd} = \frac{W}{\Delta t}$$ • **Unidades de medida de potência** – Além do watt (W) Outras unidades de medida de potência também são utilizadas em diversos equipamentos, como, por exemplo, em catálogo de motores é muito comum encontrarmos a potência em HP (horse-power) e também em CV (cavalo-vapor). 1 horsepower = 1 HP = 746 W = 746 watt 1 cavalo-vapor = 1 CV = 735,4985 watt
Energia cinética, potencial e atrito	• **Energia cinética** – É a energia associada à massa e a velocidade da partícula em estudo. $$K = \frac{1}{2}mv^2$$ Segundo o teorema do trabalho e energia cinética, a variação de energia cinética em um corpo é igual ao trabalho aplicado. $$\Delta K = K_{final} - K_{inicial} = W$$ $$K_{final} = K_{inicial} + W$$ A energia cinética final é igual a energia que o sistema se encontrava no início acrescido do trabalho realizado. • **Energia Potencial** - é associada a configuração de um sistema que está sob ação de forças conservativas, como a força elástica e a gravitacional. Quando esta força realiza trabalho (W) sobre o sistema, a variação de energia potencial no sistema (ΔU) possui o mesmo módulo, porém com sinal negativo ao trabalho (W). $$\Delta U = -W$$ • **Força elástica** - também é uma força conservativa e para o cálculo da variação da energia potencial elástica utilizamos o valor da constante elástica da mola (k) e os comprimentos de deformação da mola (x) na posição final e inicial. $$\Delta U = \frac{1}{2}kx_f^2 - \frac{1}{2}kx_i^2$$

<table>
<tr><td>Energia cinética, potencial e atrito</td><td>

• **Força de atrito estático** - Quando empurramos uma grande caixa pesada e esta não sai do lugar, a força de atrito atuante é a de atrito estático. Precisamos aplicar uma força maior que a do atrito estático para vencer a inércia e assim conseguir empurrar esta caixa.

$$f_{S,máx} = \mu_S . F_N$$

• **Força de atrito cinético** - A partir do momento que conseguimos retirar da inércia, o movimento fica mais fácil pois vencemos o atrito estático e agora o atrito que atua é o cinético.

$$f_K = \mu_K . F_N$$

</td></tr>
<tr><td>Conservação de energia e suas transformações</td><td>

• **Sistema conservativo** - Um sistema é considerado conservativo se uma partícula percorrendo um caminho fechado e retornando para a origem a variação de energia desta partícula for zero.

• **Energia Mecânica** – A energia mecânica de um sistema é a soma da energia potencial com sua energia cinética em um determinado instante.

$$E_{mec} = K + U$$

• **Princípio da conservação de energia** – Segundo o princípio da conversação da energia mecânica de um sistema isolado, onde não há atuação de forças dissipativas como atrito ou arrasto, a energia mecânica em um determinado instante é exatamente igual em outro instante de análise. Ou seja, em um processo de transferência de energia interno, não há perda de energia para o ambiente externo. Então analisando em dois instantes temos:

$$K_1 + U_1 = K_2 + U_2$$

Que pode ser interpretado por:

$$\Delta E_{mec} = \Delta K + \Delta U = 0$$

• **Variação de energia mecânica por forças não conservativas** - Na presença de forças dissipativas, o trabalho realizado por essas forças é numericamente igual à variação de energia mecânica do sistema. Neste caso, a variação de energia mecânica em diversos instantes não será nula em razão da energia transferida para um sistema ou de um sistema por meio de uma força externa que age sobre o sistema.

$$\Delta E_{mec} = \Delta K + \Delta U = W$$

</td></tr>
<tr><td>Quantidade de movimento e conservação da quantidade de movimento, impulso e colisões</td><td>

• **Momento linear** – A quantidade de momento, também conhecida como momento linear, é uma grandeza escalar que possui módulo, direção e sentido. É definida pelo produto da massa pela velocidade da partícula, obedecendo sua direção e sentido.

$$\vec{Q} = m.\vec{v}$$

</td></tr>
</table>

<table>
<tr><td>Quantidade de movimento e conservação da quantidade de movimento, impulso e colisões</td><td>

• Conservação da quantidade de movimento – Em um sistema isolado que não há interferência de forças externas, para o estudo da quantidade de movimento, não há variação da quantidade de movimente no somatório dos valores entre as partículas, portanto a quantidade de movimento resultado final é igual a inicial.

$$m_1 v_{1i} + m_2 v_{2i} = m_1 v_{1f} + m_2 v_{2f}$$

• Impulso - Caso haja a aplicação de uma força externa, a quantidade de movimento irá variar. A variação da quantidade de movimento é igual ao Impulso que é associado à força média exercida no sistema.

$$\Delta Q = Q_f - Q_i = J = F_{med} . \Delta t$$

</td></tr>
<tr><td>Movimento Harmônico Simples MHS</td><td>

• MHS - O movimento harmônico simples (MHS) é um dos movimentos periódicos no qual apenas as forças conservativas atuam de forma a recuperar o movimento para o equilíbrio. Desta forma, a energia mecânica do sistema não varia, sendo constante em todos os instantes do movimento.

$$x_{(t)} = A. \cos(\omega t + \emptyset_0)$$

$$v_{(t)} = -\omega A. sen\,(\omega t + \emptyset_0)$$

$$a_{(t)} = -\omega^2 A. (\omega t + \emptyset_0)$$

• Força Restauradora – A força restauradora que atua no MHS influenciando o movimento de uma partícula é dada pela lei de Hooke.

$$F_{(t)} = -K. x_{(t)}$$

$$K = \omega^2. m$$

$$F_{(t)} = m. a_{(t)}$$

$$F_{(t)} = m. -\omega^2 A.(\omega t + \emptyset_0) = -K. x_{(t)}$$

</td></tr>
<tr><td>Efeito Doppler</td><td>

• É o fenômeno físico que ocorre por causa do movimento relativo entre o emissor e o receptor, também influenciado pela velocidade do meio, geralmente o som. Eles podem estar se aproximando ou se distanciando, alterando assim os valores de frequências a serem recebidas. A frequência recebida é maior no caso da aproximação e menor no afastamento.

$$f' = f \frac{v \pm v_D}{v \pm v_F}$$

</td></tr>
</table>

✍ QUESTÕES

(Cespe – Policial Rodoviário Federal – PRF/2019) *A figura seguinte ilustra uma prova de tiro ao alvo com arma de fogo: o alvo é um círculo de 20 cm de diâmetro e está localizado a 50 m da extremidade do cano da arma. O cano da arma e o centro do alvo estão à altura de 1,5 m do solo.*

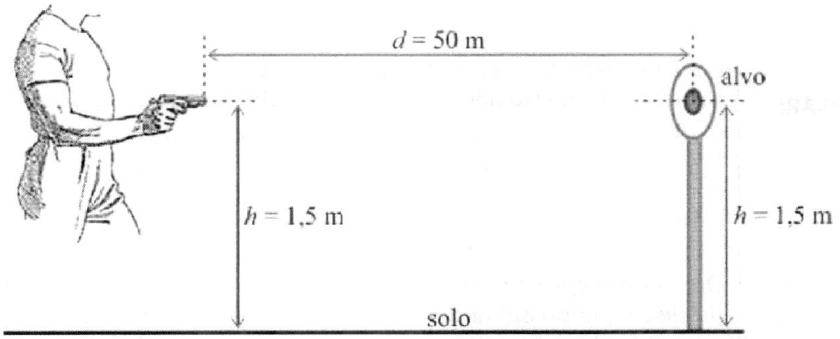

Nessa situação, um projétil de massa igual a 15 g sai do cano da arma paralelamente ao solo, com velocidade horizontal inicial de 720 km/h. Tendo como referência a situação apresentada, julgue os itens a seguir, considerando que a aceleração da gravidade seja de 9,8 m/s2 e desprezando o atrito do ar sobre o projétil.

O deslocamento do projétil na direção horizontal ocorre de acordo com uma função quadrática do tempo.

GABARITO	ERRADO.
COMENTÁRIO	A gravidade atua somente na direção vertical do movimento produzindo uma aceleração constante com sentido para o centro da terra, na direção vertical temos uma função quadrática do tempo. Na direção horizontal o movimento é uniforme, sendo uma equação de primeiro grau com velocidade constante e aceleração nula.

Na situação em tela, o projétil atingirá o alvo circular.

GABARITO	ERRADO.
COMENTÁRIO	O movimento cessa quando o projétil alcança o plano vertical em que o alvo está posicionado. A velocidade inicial do projétil é de 720 km/h. Com essa unidade não podemos aplicar nas fórmulas de movimento uniformemente variado, sendo necessária a conversão de grandezas: 1 km = 1000 m 1 h = 60 min = 3600 s 720 km/h = 720000 m / 3600 s = 200m/s Para descobrir o tempo total de deslocamento do projétil é utilizada a equação (4-5): $x = x_0 + v_{méd}t$ $50 = 0 + 200t$ $t = 0{,}25s$

<table>
<tr><td>COMENTÁRIO</td><td>O tempo total de percurso do projétil é de 0,25s. Para descobrir quanto este projétil deslocou-se para a direção vertical no sentido para baixo, é utilizada a equação quadrática (4-8):
$$y = y_0 + v_{0y}t + \frac{1}{2}at^2$$
Devemos lembrar que a velocidade inicial no eixo y é zero, a velocidade inicial informada é no eixo horizontal e que a aceleração neste caso é negativa.
$$y = 1{,}5 + 0 * 0{,}25 - \frac{1}{2} * 9{,}8 * 0{,}25^2$$
$$y = 1{,}19375m$$
Ou seja, o projétil atingiu o plano aproximadamente 30cm abaixo do centro do disco que possui raio de apenas 10cm, não tocando no disco mesmo mirando em seu centro.</td></tr>
</table>

Se o alvo fosse retirado da direção do projétil, então o trabalho realizado pela força gravitacional para levar o projétil até o solo seria superior a 0,10 J.

<table>
<tr><td>GABARITO</td><td>CERTO.</td></tr>
<tr><td>COMENTÁRIO</td><td>O trabalho é a força multiplicada pelo deslocamento. Neste caso, força é a massa multiplicada pela aceleração e o deslocamento é no mesmo sentido da força, não precisando decompor. A unidade da massa está em gramas, sendo necessário dividir por 1000 para se adequar no SI e encontrar o valor correto na aplicação da fórmula.
$$T = F.d.cos\emptyset$$
$$T = m.a.\Delta y$$
$$T = 0{,}015 * 9{,}8 * 1{,}5 = 0{,}22\,J$$
O que torna o item verdadeiro pois o valor encontrado é superior a 0,10J.</td></tr>
</table>

(Cespe – Policial Rodoviário Federal – DPRF/2013) *Considerando que um veículo com massa igual a 1.000 kg se mova em linha reta com velocidade constante e igual a 72 km/h, e considerando, ainda, que a aceleração da gravidade seja igual a 10 m/s², julgue os itens a seguir.*

Quando o freio for acionado, para que o veículo pare, a sua energia cinética e o trabalho da força de atrito, em módulo, deverão ser iguais.

GABARITO	CERTO.
COMENTÁRIO	De acordo com a equação (4-44), o trabalho realizado pelo freio do veículo deve ser igual a variação de energia mecânica que neste caso é apenas a energia cinética. E para zerar a velocidade, a variação da energia cinética deve ser a total.

Antes de iniciar o processo de frenagem, a energia mecânica do veículo era igual a 200.000 J.

GABARITO	CERTO.
COMENTÁRIO	Antes de utilizar a equação (4-35), precisamos extrair os dados do problema e ajustar algumas unidades: $$m = 1000kg$$ $$v = \frac{72km}{1h} = \frac{72000m}{60min} = \frac{72000m}{3600s} = 20m/s$$ $$g = 10m/s^2$$ $$K = \frac{1}{2}mv^2 = \frac{1}{2}1000.20^2 = 200.000J$$

(Cespe – Policial Rodoviário Federal – PRF/2019) *Um veículo de 1.000 kg de massa, que se desloca sobre uma pista plana, faz uma curva circular de 50 m de raio, com velocidade de 54 km/h. O coeficiente de atrito estático entre os pneus do veículo e a pista é igual a 0,60.*

A partir dessa situação, julgue os itens que se seguem, considerando a aceleração da gravidade local igual a 9,8 m/s2.

O veículo está sujeito a uma aceleração centrípeta superior à aceleração gravitacional.

GABARITO	ERRADO.
COMENTÁRIO	$$m = 1000kg$$ $$r = 50m$$ $$v = \frac{54km}{h} = \frac{54000m}{3600s} = \frac{15m}{s}$$ $$\mu_{at} = 0{,}6$$ $$g = 9{,}8m/s^2$$ $$a_{cp} = \frac{v^2}{r} = \frac{15^2}{50} = 4{,}5m/s^2$$ $$a_{cp} < g$$ $$4{,}5 < 9{,}8$$ A aceleração centrípeta é menor que a aceleração da gravidade.

Se o veículo estivesse sujeito a uma aceleração centrípeta de 4,8 m/s2, então ele faria a curva em segurança, sem derrapar.

GABARITO	CERTO.
COMENTÁRIO	$$F_{acp} = m.a_{cp} = 1000.4{,}8 = 4800N$$ $$F_{at} = N.\mu_{at} = m.g.\mu_{at} = 1000.9{,}8.0{,}6 = 5880N$$ Para fazer a curva com segurança, a força de atrito estática deve ser maior que a força da aceleração centrípeta, para o caso da aceleração centrípeta de $4{,}8m/s^2$, o veículo fará a curva com segurança.

Considere que esse veículo colida com outro veículo, mas o sistema permaneça isolado, ou seja, não haja troca de matéria com o meio externo nem existam forças externas agindo sobre ele. Nesse caso, segundo a lei de conservação da quantidade de movimento, a soma das quantidades de movimento dos dois veículos, antes e após a colisão, permanece constante.

GABARITO	CERTO.
COMENTÁRIO	De acordo com a conservação de quantidade de movimento, neste caso não há influência de forças externas, portanto a variação da quantidade de movimento é nula, permanecendo constante.

(Cespe – Policial Rodoviário Federal – DPRF/2013) *Uma bala de revólver de massa igual a 10 g foi disparada, com velocidade v, na direção de um bloco de massa igual a 4 kg, suspenso por um fio, conforme ilustrado na figura acima. A bala ficou encravada no bloco e o conjunto subiu até uma altura h igual a 30 cm.*

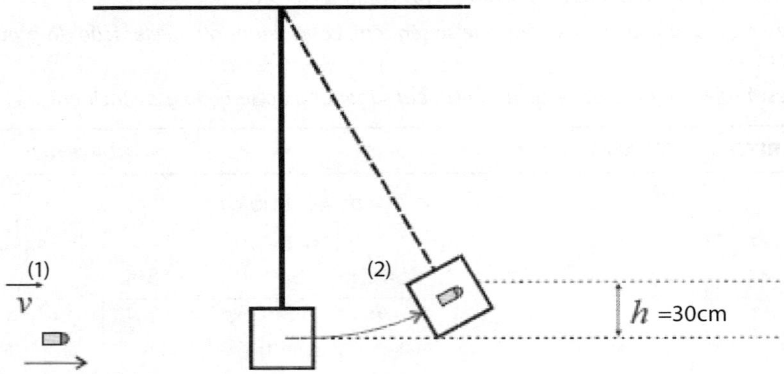

Considerando essas informações e assumindo que a aceleração da gravidade seja igual a 10 m/s2, julgue o item abaixo.

Se toda a energia cinética que o conjunto adquiriu imediatamente após a colisão fosse transformada em energia potencial, a velocidade do conjunto após a colisão e a velocidade com que a bala foi disparada seriam, respectivamente, superiores a 2,0 m/s e a 960 m/s.

GABARITO	CERTO.
COMENTÁRIO	Para a resolução deste exercício precisamos utilizar o princípio da conservação da energia mecânica do momento que a bala e o bloco se unem até o momento que atingem a altura de 30cm, instante (3). E utilizar o princípio da quantidade de movimento para analisar o momento inicial de disparo da bala, instante (1), até o momento inicial de deslocamento com velocidade inicial do conjunto, instante (2). Note que não podemos utilizar o princípio da quantidade de movimento para o momento em que a bala e o bloco formam um único corpo e atingem a altura de 30cm, pois nesse caso há a influência da força de gravidade. Sendo a força de gravidade uma força conservativa, podemos usar o princípio da conversação da energia mecânica. Iremos começar a análise utilizando o princípio da conservação da energia mecânica analisando os instantes (2) e (3).

<table>
<tr><td>COMENTÁRIO</td><td>

$$E_{mec(2)} = E_{mec(3)}$$

$$\frac{(m_{bala} + m_{bloco}).v_{conjunto}^2}{2} = (m_{bala} + m_{bloco}).g.h$$

$$\frac{4{,}01.v^2}{2} = 4{,}01.10.0{,}3$$

$$v = \sqrt{6} \cong 2{,}45m/s$$

A velocidade inicial do conjunto bala + bloco logo no instante posterior ao impacto é maior do que 2m/s.

Para analisar os instantes (1) e (2) iremos analisar utilizando o princípio da conservação da quantidade de movimento:

$$Q_1 = Q_2$$

$$m_{bala}.v_{bala} = (m_{bala} + m_{bloco}).v_{conjunto}$$

$$0{,}01v_{bala} = 4{,}01.2{,}45$$

$$v_{bala} = \frac{4{,}01.2{,}45}{0{,}01} = 982{,}45m/s$$

A velocidade da bala no instante do disparo é maior do que 960m/s.

</td></tr>
</table>

(Cespe – Policial Rodoviário Federal – DPRF/2013) *Considerando que um corpo de massa igual a 1,0 kg oscile em movimento harmônico simples de acordo com a equação* $x(t) = 6{,}0\cos\left[3\pi t + \frac{\pi}{3}\right]$ *, em que* t *é o tempo, em segundos, e* $x(t)$ *é dada em metros, julgue os itens que se seguem.*

A força resultante que atua no corpo é expressa por $F_{(t)} = -(3\pi)^2\, x_{(t)}$.

<table>
<tr><td>GABARITO</td><td>CERTO.</td></tr>
<tr><td>COMENTÁRIO</td><td>

Para a resolução desta questão, é necessário utilizar a Lei de Hooke conforme equações (4-50) e (4-51)

$$K = -\omega^2.m = -(3\pi)^2.1 = -(3\pi)^2$$

$$F_{(t)} = -K.x_{(t)} = -(3\pi)^2.x_{(t)}$$

</td></tr>
</table>

O período do movimento é igual a 0,5 s.

<table>
<tr><td>GABARITO</td><td>ERRADO.</td></tr>
<tr><td>COMENTÁRIO</td><td>

O período é definido pela fórmula matemática exposta no quadro de nomenclaturas do MHS:

$$T = \frac{2\pi}{\omega} = \frac{2\pi}{3\pi} \cong 0{,}67s$$

Desta forma o item é errado pois o período é superior a 0,5s exposto no item.

</td></tr>
</table>

(Cespe – Policial Rodoviário Federal – DPRF/2013) *O fenômeno de redução na frequência do som emitido pela buzina de um veículo em movimento, observado por um ouvinte, é denominado efeito Doppler. Essa diferença na frequência deve-se ao deslocamento no número de oscilações por segundo que atinge o ouvido do ouvinte. Os instrumentos utilizados pela PRF para o controle de velocidade se baseiam nesse efeito. A respeito do efeito Doppler, julgue o item abaixo.*

Considere que um PRF, em uma viatura que se desloca com velocidade igual a 90 km/h, se aproxime do local de um acidente onde já se encontra uma ambulância parada, cuja sirene esteja emitindo som com frequência de 1.000 Hz. Nesse caso, se a velocidade do som no ar for igual a 340 m/s, a frequência do som da sirene ouvido pelo policial será superior a 1.025 Hz.

GABARITO	CERTO.
COMENTÁRIO	Para resolver esta questão é necessário utilizar a equação (4-52) observando os movimentos relativos envolvidos. Devemos observar as unidades corretas para utilizar a fórmula apresentada, convertendo de km/h para *m/s* realizando a divisão por 3,6. O deslocamento do detector está se aproximando da fonte, então a velocidade v_D possui sinal positivo no sentido de aumentar a frequência emitida. A fonte está em repouso $v_F = 0$. $$f' = f\frac{v \pm v_D}{v \pm v_F}$$ $$f' = 1000\,\frac{340 + \frac{90}{3{,}6}}{340} \cong 1.073{,}55\ Hz$$ Portanto, o item é certo pois a frequência recebida é maior do que 1.025 Hz.

ÉTICA E CIDADANIA

BRUNO VERONEZE

CAPÍTULO I
ÉTICA E CIDADANIA

1. ÉTICA E MORAL

1.1 Antes de iniciarmos os estudos sobre a ética no serviço público, faremos uma análise de ética e moral. **Ética "todos dizem saber o que é", mas será que explicar seria simples? Se a prova questionar qual a diferença de ética e moral, o que responder?** Vamos fazer uma abordagem objetiva para conceituarmos ética e moral e, após, trataremos do Código de ética do servidor público federal, ou seja, o Decreto 1.171/1994.

Para conceituarmos ética e moral, mostrarei as diferenças entre os dois termos, pois considero ser mais didático e de melhor compreensão. Vamos, lá!

Ética é uma ciência, um estudo sobre as condutas e costumes das ações humanas. Possui objeto, métodos próprios de analisar o comportamento moral dos homens em sociedade, além de princípios e valores para orientar as pessoas a conduzir o seu destino. Podemos dizer que a ética analisa a conduta humana sob o aspecto do que é bom ou mal. Espera-se que o homem faça o bem, pois é de sua natureza ser de índole boa.

A moral é o conjunto de valores e princípios éticos, é objeto de estudo da ética, são as atitudes "na prática" das pessoas, seus costumes. A ética é universal, mas a moral pode ser regionalizada, por exemplo: o respeito ao próximo é um princípio ético mundial, agora imagine o seguinte: Moralmente é aceito num país que homens ou mulheres mostrem partes de seu corpo num dia de sol, na praia, sem que isso desrespeite as pessoas, porém em outros países essa conduta seria imoral, feriria o respeito ao próximo.

DICA IMPORTANTE

A leitura atenta dos art. 5º e 6º da CF mostra-se imprescindível! Boa parte das questões sobre este tema é extraída diretamente destes dispositivos. Abaixo, a fim de facilitar o estudo e a compreensão, sem tornar a leitura cansativa, resumirei os principais direitos e garantias fundamentais.

Ética é ciência, moral é objeto de estudo da ética; ética é universal, moral é cultural; ética é teoria, moral é prática; ética é eterna, moral é temporária.

? **QUESTÃO:** É possível ter uma conduta moral, mas não ética?

➥ ***RESPOSTA: Sim.*** *Por exemplo: Numa comunidade, João dá esmolas, pois se sente superior ao necessitado pela sua condição econômica, ao passo que Maria dá esmolas com o valor ético de solidariedade, numa atitude moral de fazer o bem. Perceba que a atitude de dar esmolas é considerada moral por essa comunidade, porém João não foi ético, diferente de Maria, embora ambos tenham realizado a mesma ação, ou seja, dar esmolas.*

MUITA ATENÇÃO!

Etimologicamente, na origem das palavras, ética e moral aproximam-se. Ética tem origem grega, da palavra "ETHOS", que traduz modo de ser, comportamento, caráter, hábito, costume, morada do ser. Já, a palavra moral vem do latim "MORE", que significa costumes, hábitos. Muito cuidado, pois conceitualmente NÃO SÃO IGUAIS. Moral se fundamenta na obediência a normas, costumes ou mandamentos culturais, hierárquicos ou religiosos e a ética busca fundamentar um modo de viver.

A partir do momento que se define um modo de viver ético, passa-se a buscar condutas morais. Essas condutas podem variar com o passar do tempo, sem deixar de serem éticas. Por exemplo: um beijo entre namorados no banco de uma praça, hoje considerado moral, pode não ter sido moral há tempos.

1.2 Tratamos até aqui da ética de um modo geral, na sociedade como um todo. Passaremos agora a analisar a ética de uma maneira aplicada, diretamente ligada à atividade profissional. A ética geral é um modo de ser baseada em valores e princípios. A ética profissional, do mesmo jeito, traz o sentido da profissão, tem o intuito de conscientizar o profissional da sua missão, seguindo condutas morais.

2. CÓDIGO DE ÉTICA PROFISSIONAL DO SERVIDOR PÚBLICO CIVIL DO PODER EXECUTIVO FEDERAL

2.1 Como preparação para o concurso de Policial Rodoviário Federal, faremos uma abordagem direta, sem rodeios, do Decreto 1.171/1994 (Código de Ética Profissional do Servidor Público Civil do Poder Executivo). Não vejo outra forma de otimizar seus estudos, nesta matéria, pois **geralmente as provas cobram a literalidade do Decreto, ou seja, " a lei seca".** Trataremos das regras deontológicas, dos deveres éticos, vedações e da comissão de ética.

O objeto do Decreto é estruturar e sistematizar as exigências éticas (padrões de conduta), orientando, fiscalizando e disciplinando os servidores. O código não esgota o conteúdo e as exigências de uma conduta ética, ele é uma referência.

2.2 Quando de sua publicação, em 22/06/1994, **os órgãos e entidades da Administração Pública Federal direta e indireta** ficaram incumbidos de implementar as providências necessárias à plena vigência do Código de Ética, inclusive mediante a Constituição da respectiva Comissão de Ética, integrada por três servidores ou empregados titulares de cargo efetivo ou emprego permanente.

Aqui já temos uma informação importante, o Decreto abrange órgãos e entidades da Administração Federal direita e indireta, ou ainda, em qualquer setor onde prevalecer o interesse do Estado. Outro ponto importantíssimo é que a comissão de ética será composta por servidores efetivos ou empregados públicos permanentes, cada um em sua respectiva entidade.

3. DAS REGRAS DEONTOLÓGICAS DO CÓDIGO DE ÉTICA

3.1 Trataremos, agora, das Regras Deontológicas, que podemos entender como o estudo dos deveres, segundo ação mediante o conhecimento profissional do servidor ou empregado público. As regras deontológicas não devem ser impostas, mas assimiladas.

A **A dignidade, o decoro, o zelo, a eficácia e a consciência dos princípios morais são primados maiores que devem nortear o servidor público, seja no exercício do**

cargo ou função, ou fora dele, já que refletirá o exercício da vocação do próprio poder estatal. Seus atos, comportamentos e atitudes serão direcionados para a preservação da honra e da tradição dos serviços públicos.

Importante notar os primados maiores que devem nortear o servidor, dignidade, decoro, zelo, eficácia e a conscientização dos princípios morais, e não só dentro da repartição, mas também fora dela, pois na sociedade ele representa o serviço público.

> **MUITA ATENÇÃO!**
> Veja como a banca examinadora, no ano de 2013, exigiu no concurso do INPI: "Entre os primados maiores, que devem nortear o servidor público no exercício da função, estão o decoro e a eficácia." Perceberam a letra do Decreto?! A afirmação está correta, como vimos acima. Fique atento, pois a afirmação traz "entre os primados maiores" e não "somente o decoro e eficácia são os primados maiores."

B **O servidor público não poderá jamais desprezar o elemento ético de sua conduta. Assim, não terá que decidir somente entre o legal e o ilegal, o justo e o injusto, o conveniente e o inconveniente, o oportuno e o inoportuno, mas principalmente entre o honesto e o desonesto**, consoante as regras contidas no art. 37, caput, e § 4°, da Constituição Federal.

Em Direito Administrativo, quando estudamos o regime jurídico administrativo, ou seja, as prerrogativas e sujeições da Administração Pública, nas suas relações, um dos deveres (sujeição) do servidor público é o de probidade, ou seja, a honestidade. Não poderá o servidor cometer uma conduta legal, mas imoral.

C **A moralidade da Administração Pública não se limita à distinção entre o bem e o mal, devendo ser acrescida da ideia de que o fim é sempre o bem comum. O equilíbrio entre a legalidade e a finalidade, na conduta do servidor público, é que poderá consolidar a moralidade do at**o administrativo.

> **DICA IMPORTANTE**
> As bancas adoram cobrar alguns "jogos de palavras" do Decreto, portanto vamos gravar: LEGALIDADE + FINALIDADE = MORALIDADE DO ATO ADMINISTRATIVO.

D A remuneração do servidor público é custeada pelos tributos pagos direta ou indiretamente por todos, até por ele próprio, e por isso se exige, como contrapartida, que a moralidade administrativa se integre no Direito, como elemento indissociável de sua aplicação e de sua finalidade, erigindo-se, como consequência, em fator de legalidade.

Temos aqui que moralidade administrativa está "lado a lado" com a legalidade dos atos.

E **O trabalho desenvolvido pelo servidor público perante a comunidade deve ser entendido como acréscimo ao seu próprio bem-estar**, já que, como cidadão, integrante da sociedade, o êxito desse trabalho pode ser considerado como seu maior patrimônio.

F **A função pública deve ser tida como exercício profissional e, portanto, se integra na vida particular de cada servidor público.** Assim, os fatos e atos verificados na conduta do dia-a-dia em sua vida privada poderão acrescer ou diminuir o seu bom conceito na vida funcional.

Geralmente as provas trazem a indicação de que cabe ao servidor público ser ético no seu trabalho, mas não só no trabalho, também na vida particular. Leve para a prova que FUNÇÃO PÚBLICA é EXERCÍCIO PROFISSIONAL + VIDA PARTICULAR. A comunidade enxerga no servidor o órgão a que está vinculado, mesmo que de forma implícita, daí a preocupação do Decreto em informar que o servidor deve ser ético no trabalho e fora dele.

G **Salvo os casos de segurança nacional, investigações policiais ou interesse superior do Estado e da Administração Pública, a serem preservados em processo previamente declarado sigiloso, nos termos da lei, a publicidade de qualquer ato administrativo constitui requisito de eficácia e moralidade,** ensejando sua omissão comprometimento ético contra o bem comum, imputável a quem a negar.

Mais um "joguinho de palavras", PUBLICIDADE = REQUISITO DE EFICÁCIA + MORALIDADE. A regra é publicidade dos atos, mas fique atento, pois não é de forma absoluta, há exceções, como segurança nacional, investigações policiais ou interesse superior do Estado e da Administração Pública. Aqui tome cuidado com termos como "sempre, somente, necessariamente os atos devem ser públicos."

MUITA ATENÇÃO! O Cespe já questionou o seguinte: "A ausência de publicidade nos atos administrativos enseja, necessariamente, comprometimento ético". Errado, a regra é a publicidade, mas não necessariamente, pois há situações, como vimos acima, que os atos devem ser preservados.

H **Toda pessoa tem direito à verdade. O servidor não pode omiti-la ou falseá-la, ainda que contrária aos interesses da própria pessoa interessada ou da Administração Pública.** Nenhum Estado pode crescer ou estabilizar-se sobre o poder corruptivo do hábito do erro, da opressão ou da mentira, que sempre aniquilam até mesmo a dignidade humana quanto mais a de uma Nação.

A verdade deve ser colocada, mesmo que contrária aos interesses dos interessados ou da própria Administração. **"Uma pegadinha de prova" poderia conter afirmação de que a verdade deve ser garantida somente aos interesses contrários dos cidadãos. Numa situação em que a Administração teria que arcar com despesas, poderia haver omissão ou falsidade na informação. Fique atento!**

? **QUESTÃO:** Numa situação em que a Administração teria que arcar com despesas, diante um erro no cálculo da aposentadoria de um segurado, pode o servidor omitir ou falsear a informação para que haja economia de gastos públicos?

➥ ***RESPOSTA: NÃO.*** *Certamente que não, a verdade deve ser colocada sempre, nos interesses e contrário aos interesses dos cidadãos e da Administração Pública.*

I *A cortesia, a boa vontade, o cuidado e o tempo dedicados ao serviço público caracterizam o esforço pela disciplina.* **Tratar mal uma pessoa que paga seus tributos direta ou indiretamente significa causar-lhe dano moral.** *Da mesma forma, causar dano a qualquer bem pertencente ao patrimônio público, deteriorando-o, por descuido ou má vontade, não constitui apenas uma ofensa ao equipamento e às instalações ou ao Estado, mas a todos os homens de boa vontade que dedicaram sua inteligência, seu tempo, suas esperanças e seus esforços para construí-los.*

Muito cuidado aqui! Temos uma possibilidade de dano moral, caso o servidor trate mal um administrado. O servidor não deve desprezar a conduta ética, como vimos a pouco, assim na sua natureza esperamos que ele faça o bem! Fazer o bem, lógico de maneira legal, ou seja, nos termos da lei.

J **Deixar o servidor público qualquer pessoa à espera de solução que compete ao setor em que exerça suas funções, permitindo a formação de longas filas**, ou qualquer outra espécie de atraso na prestação do serviço, não caracteriza apenas atitude contra a ética ou ato de desumanidade, mas principalmente **grave dano moral aos usuários dos serviços públicos.**

Muito cuidado aqui também! A possibilidade agora é grave dano moral, caso o servidor deixe os administrados em longas filas, à espera, como atraso de respostas.

L **O servidor deve prestar toda a sua atenção às ordens legais de seus superiores, velando atentamente por seu cumprimento, e, assim, evitando a conduta negligente.** Os repetidos erros, o descaso e o acúmulo de desvios tornam-se, às vezes, difíceis de corrigir e caracterizam até mesmo imprudência no desempenho da função pública.

M **Toda ausência injustificada** do servidor de seu local de trabalho é fator de desmoralização do serviço público, o que quase sempre conduz à desordem nas relações humanas.

N O servidor que trabalha em harmonia com a estrutura organizacional, respeitando seus colegas e cada concidadão, colabora e de todos pode receber colaboração, pois sua atividade pública é a grande oportunidade para o crescimento e o engrandecimento da Nação.

4. DOS PRINCIPAIS DEVERES DO SERVIDOR PÚBLICO

4.1 Continuando o Decreto 1.171/1994, veremos agora os deveres fundamentais do servidor público, vamos lá!

A **Desempenhar, a tempo, as atribuições do cargo, função ou emprego público de que seja titular;**

B **Exercer suas atribuições com rapidez, perfeição e rendimento**, pondo fim ou procurando prioritariamente resolver situações procrastinatórias, principalmente diante de filas ou de qualquer outra espécie de atraso na prestação dos serviços pelo setor em que exerça suas atribuições, **com o fim de evitar dano moral ao usuário;**

Como vimos, nas regras deontológicas, **o servidor deve ser eficiente, lembrando aqui do princípio da eficiência, do art. 37, da Constituição Federal.** Os atrasos, no atendimento dos pedidos dos usuários, podem causar dano moral, assim é dever do servidor evitar e resolver situações procrastinatórias, ou seja, atrasadas.

C **Ser probo, reto, leal e justo, demonstrando toda a integridade do seu caráter, escolhendo sempre, quando esti**ver diante de duas opções, a melhor e a mais vantajosa para o bem comum;

DICA IMPORTANTE

Entre duas opções, deve ser escolhida aquela mais vantajosa para o bem comum. Portanto, fique atento a "pegadinhas de prova", que deverá ser escolhido o melhor para o Estado, para a Administração Pública ou para o órgão em que você trabalha, a questão estará errada! O Melhor é para o bem comum.

D **Jamais retardar qualquer prestação de contas**, condição essencial da gestão dos bens, direitos e serviços da coletividade a seu cargo;

E Tratar cuidadosamente os usuários dos serviços **aperfeiçoando o processo de comunicação e contato com o público;**

A linguagem utilizada num atendimento deve ser compatível com o público a ser atendido. Um exemplo poderia ser no atendimento de um cidadão com deficiência auditiva, onde o servidor se utiliza de libras.

F **Ter consciência de que seu trabalho é regido por princípios éticos** que se materializam na adequada prestação dos serviços públicos;

Como já vimos, não se trata de imposição, mas sim de conscientização do servidor.

G Ser cortês, ter urbanidade, disponibilidade e atenção, respeitando a capacidade e as limitações individuais de todos os usuários do serviço público, sem qualquer espécie de preconceito ou distinção de raça, sexo, nacionalidade, cor, idade, religião, cunho político e posição social, **abstendo-se, dessa forma, de causar-lhes dano moral;**

Nas regras deontológicas, aprendemos que a cortesia, a boa vontade, o cuidado e o tempo dedicados ao serviço público caracterizam o esforço pela disciplina. Tratar mal uma pessoa que paga seus tributos direta ou indiretamente significa causar-lhe dano moral. Assim um dever é evitar o dano moral.

> **MUITA ATENÇÃO!**
> O servidor deverá desempenhar suas atribuições a tempo, com rapidez, perfeição e rendimento, sendo probo, reto, leal e justo, decidindo sempre pela melhor e mais vantajosa opção para o bem comum.

H **Ter respeito à hierarquia, porém sem nenhum temor de representar contra qualquer comprometimento indevido da estrutura em que se funda o Poder Estatal;**

> **MUITA ATENÇÃO!**
> Respeitar a hierarquia não significa deixar de representar atitudes ilegais de superiores hierárquicos, pois a eles também se aplica o Código de Ética.

I **Resistir a todas as pressões de superiores hierárquicos, de contratantes, interessados e outros que visem obter quaisquer favores, benesses ou vantagens indevidas em decorrência de ações imorais, ilegais ou aéticas e denunciá-las;**

O servidor deve cumprir as ordens legais de seus superiores, porém tem o dever de representar contra qualquer irregularidade de que tenha ciência e também não cumprir as ordens ilegais. Fique atento com resistir a pressões como contrapartida do recebimento de vantagens indevidas, pois a resistência está ligada não só aos superiores, mas também aos particulares, como contratantes em uma licitação. **Outro ponto é que o dever é de resistir "e" denunciar.**

J **Zelar, no exercício do direito de greve, pelas exigências específicas da defesa da vida e da segurança coletiva;**

L Ser assíduo e frequente ao serviço, na certeza de que sua ausência provoca danos ao trabalho ordenado, refletindo negativamente em todo o sistema;

M Comunicar imediatamente a seus superiores todo e qualquer ato ou fato contrário ao interesse público, exigindo as providências cabíveis;

Veja que mais uma vez o servidor deve comunicar "e" cobrar providências, sobre irregularidades de que tem ciência, nesse caso fatos contrários ao interesse público.

N Manter limpo e em perfeita ordem o local de trabalho, seguindo os métodos mais adequados à sua organização e distribuição;

O Participar dos movimentos e estudos que se relacionem com a melhoria do exercício de suas funções, tendo por escopo a realização do bem comum;

P Apresentar-se ao trabalho com vestimentas adequadas ao exercício da função;

Q **Manter-se atualizado com as instruções, as normas de serviço e a legislação pertinentes ao órgão onde exerce suas funções;**

Como o servidor terá eficiência no seu trabalho, prestando informações corretas, se não estudar e se atualizar?

R **Cumprir, de acordo com as normas do serviço e as instruções superiores, as tarefas de seu cargo ou função, tanto quanto possível, com critério, segurança e rapidez, mantendo tudo sempre em boa ordem.**

S **Facilitar a fiscalização de todos atos ou serviços por quem de direito;**

T **Exercer com estrita moderação as prerrogativas funcionais que lhe sejam atribuídas,** abstendo-se de fazê-lo contrariamente aos legítimos interesses dos usuários do serviço público e dos jurisdicionados administrativos;

U **Abster-se, de forma absoluta, de exercer sua função, poder ou autoridade com finalidade estranha ao interesse público,** mesmo que observando as formalidades legais e não cometendo qualquer violação expressa à lei;

O servidor deve ter razoabilidade e ser proporcional no exercício dos atos administrativos, além de observar a finalidade pública, pois o desvio de finalidade pode causar o abuso de poder e anulação do ato.

V **Divulgar e informar a todos os integrantes da sua classe sobre a existência deste Código de Ética,** estimulando o seu integral cumprimento.

? **QUESTÃO:** Os princípios do art. 37, da Constituição Federal, estão estampados no Código de Ética do Servidor Público Civil Federal?

➥ ***RESPOSTA: SIM.*** *Por diversas vezes, vimos que o servidor deve ater à legalidade, impessoalidade, moralidade, publicidade e eficiência, para execução de seus atos.*

5. DAS VEDAÇÕES AO SERVIDOR PÚBLICO

5.1 É vedado ao servidor público:

A **O uso do cargo ou função, facilidades, amizades, tempo, posição e influências, para obter qualquer favoreci**mento, para si ou para outrem;

MUITA ATENÇÃO!

A obtenção de vantagens para si ou para outrem, utilizando o cargo público, pode configurar crime e possibilidade de demissão do servidor. Para o Código de Ética, a pena a ser aplicada será de censura, como veremos a diante. A única forma de penalização, a ser aplicada pela Comissão de Ética é a censura. Então as atitudes do servidor podem acarretar responsabilização penal, administrativa, civil e censura ética.

B Prejudicar deliberadamente a reputação de outros servidores ou de cidadãos que deles dependam;

C **Ser, em função de seu espírito de solidariedade, conivente com erro ou infração** a este Código de Ética ou ao Código de Ética de sua profissão;

D **Usar de artifícios para procrastinar ou dificultar o exercício regular de direito por qualquer pessoa, causando-lhe dano moral ou material;**

Mais uma vez a figura do dano moral, caso o servidor faça atrasar ou dificultar o acesso aos direitos de qualquer pessoa.

E **Deixar de utilizar os avanços técnicos e científicos** ao seu alcance ou do seu conhecimento para atendimento do seu mister;

F **Permitir que perseguições, simpatias, antipatias, caprichos, paixões ou interesses de ordem pessoal interfiram no trato com o público**, com os jurisdicionados administrativos ou com colegas hierarquicamente superiores ou inferiores;

Um servidor pode se relacionar com seu superior hierárquico? Sim, desde que essa relação, simpatias ou paixões um pelo outro não interfira na relação profissional. Lembre-se do princípio da impessoalidade!

G **Pleitear, solicitar, provocar, sugerir ou receber qualquer tipo de ajuda financeira, gratificação, prêmio, comissão, doação ou vantagem de qualquer espécie, para si, familiares ou qualquer pessoa, para o cumprimento da sua missão ou para influenciar outro servidor para o mesmo fim;**

H Alterar ou deturpar o teor de documentos que deva encaminhar para providências;

I Iludir ou tentar iludir qualquer pessoa que necessite do atendimento em serviços públicos;

J Desviar servidor público para atendimento a interesse particular;

L Retirar da repartição pública, **sem estar legalmente autorizado**, qualquer documento, livro ou bem pertencente ao patrimônio público;

? **QUESTÃO: Nos termos do Decreto 1.171/1994,** caso sua chefia imediata autorize, pode o servidor retirar de sua repartição um processo para analisar em sua casa?

↳ ***RESPOSTA: NÃO para o Decreto 1.171/1994; SIM para a Lei 8.112/1990. Você deve estar se perguntando: Como assim!? Esta obra é direcionada para responder questões de prova, então irei seguir tal lógica! Se você estiver respondendo uma questão sobre o Código de Ética,*** *Veja que o Decreto 1.171/1994 informa que é a lei que poderá autorizar, não a chefia do servidor. Tome cuidado, pois já houve questão de concurso nesse sentido! Porém, se a questão estiver direcionada para a Lei 8.112/1990, o inciso II, do art. 117, informa que a autoridade competente poderá autorizar. O intuito aqui é chamar-lhe atenção para a letra do Decreto, que vejo ser cobrado em sua literalidade.*

M **Fazer uso de informações privilegiadas obtidas no âmbito interno de seu serviço, em benefício próprio, de parentes, de amigos ou de terceiros;**

N Apresentar-se embriagado no serviço ou **fora dele habitualmente**;

Mais uma vez o Código de Ética traz a conduta moral fora da repartição, informando sobre a embriaguez habitual do servidor fora do serviço. Logicamente que, na repartição, é vedado ao servidor apresentar-se embriagado também.

O **Dar o seu concurso a qualquer instituição que atente contra a moral, a honestidade ou a dignidade da pessoa humana;**

Como exemplo, poderíamos citar um servidor que colabore com uma organização criminosa, ou ainda, ajude a um grupo de seleção de pessoas para trabalho em condições análogas a de escravos.

P Exercer atividade profissional aética ou ligar o seu nome a empreendimentos de cunho duvidoso.

6. DA COMISSÃO DE ÉTICA

6.1 Chegamos ao tópico "queridinho" das bancas de concursos! Além de estudarmos o conteúdo do Decreto 1.171/1994, faremos uma análise do Decreto 6.029/2007 que instituiu o Sistema de Gestão da Ética do Poder Executivo Federal, pois ele contém alguns conceitos e regras importantes para nossa prova.

6.2 Em todos os órgãos e entidades da Administração Pública Federal direta, indireta autárquica e fundacional, ou em qualquer órgão ou entidade que exerça atribuições delegadas pelo poder público, deverá ser criada uma Comissão de Ética, encarregada de orientar e aconselhar sobre a ética profissional do servidor, no tratamento com as pessoas e com o patrimônio público, competindo-lhe conhecer concretamente de imputação ou de procedimento susceptível de censura.

DICA IMPORTANTE

Vou esclarecer alguns pontos: Temos o Decreto 1.171/1994 que estabelece Comissões de Ética a serem criadas em todos os órgãos e entidades da Administração Pública Federal direta e indireta. Além disso, temos a Comissão de Ética de Pública (CEP), instituída pelo Decreto 26/1999. A CEP teria uma função mais abrangente, pois atua como instância consultiva do Presidente da República e Ministros de Estado em matéria de ética pública, além de dirimir dúvidas de interpretação sobre as normas do Código de Ética Profissional do Servidor Público Civil do Poder Executivo Federal de que trata o Decreto 1.171/1994. Já as Comissões dos órgãos e entidades do Decreto 1.171/1994 atuam como instância consultiva de dirigentes e servidores no âmbito de seu respectivo órgão ou entidade. O Decreto 6.029/2007, em seu art. 4° e 7°, traz as atribuições de ambas as Comissões, portanto sua leitura é fundamental!

Cada Comissão de Ética dos órgãos e entidades da Administração Pública Federal será integrada por três membros titulares e três suplentes, escolhidos entre servidores e empregados do seu quadro permanente e designados pelo dirigente máximo da respectiva entidade ou órgão, para mandatos não coincidentes de três anos. Há possibilidade de uma recondução. Por outro lado, a CEP será integrada por sete brasileiros que preencham os requisitos de idoneidade moral, reputação ilibada e notória experiência em administração pública, designados pelo Presidente da República, para mandatos de três anos, não coincidentes, permitida uma única recondução.

MUITA ATENÇÃO! O mandato dos componentes da CEP será de três anos. Do mesmo modo o mandato dos integrantes das Comissões de Ética dos órgãos e entidades da Administração Pública Federal.

EM RESUMO: Atribuições da Comissão de Ética Pública (art. 4°, Decreto 6.029/2007)	
CEP	» atuar como instância consultiva do Presidente da República e Ministros de Estado em matéria de ética pública; » administrar a aplicação do Código de Conduta da Alta Administração Federal, devendo: a) submeter ao Presidente da República medidas para seu aprimoramento; b) dirimir dúvidas a respeito de interpretação de suas normas, deliberando sobre casos omissos; c) apurar, mediante denúncia, ou de ofício, condutas em desacordo com as normas nele previstas, quando praticadas pelas autoridades a ele submetidas; » dirimir dúvidas de interpretação sobre as normas do Código de Ética Profissional do Servidor Público Civil do Poder Executivo Federal de que trata o Decreto no 1.171, de 1994; » aprovar o seu regimento interno; » escolher o seu Presidente.
Atribuições das Comissões de Ética do órgãos e entidades da Administração Pública Federal, instituídas conforme o Decreto 1.171/1994 (art. 7°, Decreto 6.029/2007)	
Comissões de Ética dos órgãos e entidades	» atuar como instância consultiva de dirigentes e servidores no âmbito de seu respectivo órgão ou entidade; » aplicar o Código de Ética Profissional do Servidor Público Civil do Poder Executivo Federal, aprovado pelo Decreto 1.171, de 1994, devendo: • submeter à Comissão de Ética Pública propostas para seu aperfeiçoamento; • dirimir dúvidas a respeito da interpretação de suas normas e deliberar sobre casos omissos; • apurar, mediante denúncia ou de ofício, conduta em desacordo com as normas éticas pertinentes; e • recomendar, acompanhar e avaliar, no âmbito do órgão ou entidade a que estiver vinculada, o desenvolvimento de ações objetivando a disseminação, capacitação e treinamento sobre as normas de ética e disciplina. » representar a respectiva entidade ou órgão na Rede de Ética do Poder Executivo Federal; » supervisionar a observância do Código de Conduta da Alta Administração Federal e comunicar à CEP situações que possam configurar descumprimento de suas normas.

Quando estudamos o Decreto 1.174/1994, temos que perceber como é abrangente a obrigatoriedade de constituição de comissões de ética, pois o **Decreto insere órgãos e entidades da Administração Pública Federal direta, indireta autárquica e fundacional, além das entidades que exerçam serviços públicos mediante delegação do poder público.** Outro ponto são as atribuições da comissão de ética, que não se limitam à aplicabilidade de penalidade de censura, mas também orientar e aconselhar os servidores. Também incumbe a elas fornecer aos organismos encarregados da execução do quadro de carreira dos servidores os registros sobre sua conduta ética, para o efeito de instruir e fundamentar promoções e para todos os demais procedimentos próprios da carreira do servidor público.

Também incumbe à Comissão de Ética fornecer, aos organismos encarregados da execução do quadro de carreira dos servidores, os registros sobre sua conduta ética, para o efeito de instruir e fundamentar promoções e para todos os demais procedimentos próprios da carreira do servidor público.

MUITA ATENÇÃO! A pena aplicável ao servidor público pela Comissão de Ética é a de censura e sua fundamentação constará do respectivo parecer, assinado por todos os seus integrantes, com ciência do faltoso.

? **QUESTÃO:** Ao servidor que criar expectativas infundadas ao cidadão, que necessite dos serviços públicos, caberá a penalidade, segundo o Decreto 1.171/1994, de advertência?

↳ ***RESPOSTA: NÃO.*** *Primeiro vamos analisar a atitude do servidor, se imoral e aética. Como estudamos, é vedado ao servidor iludir ou tentar iludir qualquer pessoa que necessite do atendimento em serviços públicos, ou seja, o servidor incorreu em falta ética. Agora será que sua conduta deve ser passível de advertência, segundo o Decreto 1.171/1994? Não, para o Código de Ética, as atitudes aéticas são passíveis de penalidade de censura, e somente esta. Nesse caso, poderia o servidor ter advertência, mas com previsão na Lei 8.112/1990.*

DICA IMPORTANTE Não se esqueça, a conduta do servidor poderá resultar em crime, infração administrativa da Lei 8.112/1990, censura do Código de Ética, além de reparação civil do dano ao erário, logicamente a depender se a infração for tipificada em cada área. Cuidado nas provas, pois as bancas podem tentar misturar as esferas. Fique atento ao enunciado, que deve demonstrar sobre qual esfera a conduta deve ser analisada.

6.3 Para fins de apuração do comprometimento ético, entende-se por servidor público todo aquele que, por força de lei, contrato ou de qualquer ato jurídico, preste serviços de natureza permanente, temporária ou excepcional, ainda que sem retribuição financeira, desde que ligado direta ou indiretamente a qualquer órgão do poder estatal, como as autarquias, as fundações públicas, as entidades paraestatais, as empresas públicas e as sociedades de economia mista, ou em qualquer setor onde prevaleça o interesse do Estado.

Considero essa informação importantíssima para a prova, pois a definição de servidor público para o Código de Ética é muito abrangente. Reforço que, aquele que presta serviços de natureza permanente, temporária ou excepcional, ainda que sem retribuição financeira, desde que ligado direta ou indiretamente a qualquer órgão do poder estatal, é servidor e deve atentar para as regras deontológicas, deveres e vedações. Além disso, além dos órgãos, qualquer setor onde prevaleça o interesse do Estado.

MUITA ATENÇÃO! **Entende-se por servidor público todo aquele que, por força de lei, contrato ou de qualquer ato jurídico**, preste serviços de natureza permanente, temporária ou excepcional.

Finalizamos aqui o Código de Ética, espero ter ajudado na sua preparação. Refaça a leitura, utilize anotações e finalize seus estudos com a leitura do Decreto, por várias vezes. Foco e disciplina, sua vez vai chegar!

FIQUE POR DENTRO:

"CÓDIGO DE ÉTICA PROFISSIONAL DO SERVIDOR PÚBLICO CIVIL DO PODER EXECUTIVO FEDERAL, DECRETO 1.171/1994"

A leitura dos Decretos 1.171/1994 e 6.029/2007 é indispensável, já que as questões de provas costumam trazer a literalidade dos normativos Decreto. Recomendo a leitura do livro e, após, a leitura os Decretos. Estabeleça número de vezes de leitura para fixar as regras e definições do Código de Ética.

Para saber mais: Acesse http://www.planalto.gov.br/ccivil_03/decreto/d1171.htm e http://www.planalto.gov.br/ccivil_03/_ato2007-2010/2007/decreto/d6029.htm

EM RESUMO: Ética no Serviço Público	
Regras deontológicas	» **Primados maiores:** A dignidade, o decoro, o zelo, a eficácia e a consciência dos princípios morais são primados maiores que devem nortear o servidor público. » **Decisão na sua conduta:** O servidor público não poderá jamais desprezar o elemento ético de sua conduta. Assim, não terá que decidir somente entre o legal e o ilegal, o justo e o injusto, o conveniente e o inconveniente, o oportuno e o inoportuno, mas principalmente entre o honesto e o desonesto. » **Moralidade do ato administrativo: LEGALIDADE + FINALIDADE.** » **Função pública: EXERCÍCIO PROFISSIONAL + VIDA PARTICULAR.** » **Publicidade dos atos administrativos: REQUISITO DE EFICÁCIA + MORALIDADE.** » **Dano moral:** Tratar mal uma pessoa que paga seus tributos direta ou indiretamente significa causar-lhe dano moral. » **Grave dano moral:** Deixar o servidor público qualquer pessoa à espera de solução que compete ao setor em que exerça suas funções, permitindo a formação de longas filas.
Deveres	» **Exercer suas funções com eficiência - Evitar o dano moral: Exercer suas atribuições com rapidez, perfeição e rendimento**, pondo fim ou procurando prioritariamente resolver situações procrastinatórias, principalmente diante de filas ou de qualquer outra espécie de atraso na prestação dos serviços pelo setor em que exerça suas atribuições, **com o fim de evitar dano moral ao usuário.** » **Melhor escolha, visando o bem comum:** Ser probo, reto, leal e justo, demonstrando toda a integridade do seu caráter, **escolhendo sempre, quando estiver diante de duas opções, a melhor e a mais vantajosa para o bem comum.** » **Abster-se de preconceito:** Ser cortês, ter urbanidade, disponibilidade e atenção, respeitando a capacidade e as limitações individuais de todos os usuários do serviço público, sem qualquer espécie de preconceito ou distinção de raça, sexo, nacionalidade, cor, idade, religião, cunho político e posição social, **abstendo-se, dessa forma, de causar-lhes dano moral.**

EM RESUMO: Ética no Serviço Público	
Deveres	» **Respeito à hierarquia e obrigação de representação: Ter respeito à hierarquia, porém sem nenhum temor de representar contra qualquer comprometimento indevido da estrutura em que se funda o Poder Estatal.** » **Resistência às pressões para ações imorais, ilegais e dever de denúncia:** Resistir a todas as pressões de superiores hierárquicos, de contratantes, interessados e outros que visem obter quaisquer favores, benesses ou vantagens indevidas em decorrência de ações imorais, ilegais ou aéticas e denunciá-las. » **Desvio de finalidade: Abster-se, de forma absoluta, de exercer sua função, poder ou autoridade com finalidade estranha ao interesse público,** mesmo que observando as formalidades legais e não cometendo qualquer violação expressa à lei.
Vedações	» **Usar o cargo para obter favorecimento:** O uso do cargo ou função, facilidades, amizades, tempo, posição e influências, para obter qualquer favorecimento, para si ou para outrem. » **Retardar o exercício de direitos – dano moral ou material:** Usar de artifícios para procrastinar ou dificultar o exercício regular de direito por qualquer pessoa, causando-lhe dano moral ou material. » **Pleitear ajuda financeira, favores, comissões, etc., para o cumprimento de sua missão:** Pleitear, solicitar, provocar, sugerir ou receber qualquer tipo de ajuda financeira, gratificação, prêmio, comissão, doação ou vantagem de qualquer espécie, para si, familiares ou qualquer pessoa, para o cumprimento da sua missão ou para influenciar outro servidor para o mesmo fim. » **Retirar documento da repartição:** Retirar da repartição pública, **sem estar legalmente autorizado**, qualquer documento, livro ou bem pertencente ao patrimônio público. » **Usar as informações do trabalho para fins próprios:** Fazer uso de informações privilegiadas obtidas no âmbito interno de seu serviço, em benefício próprio, de parentes, de amigos ou de terceiros. » **Embriaguez:** Apresentar-se embriagado no serviço ou **fora dele habitualmente.**

✍ QUESTÕES

(Cespe – Policial Rodoviário Federal – DPRF/2019) *A respeito de ética no serviço público, julgue os itens a seguir.*

Na administração pública, moralidade restringe-se à distinção entre o bem e o mal: o servidor público nunca poderá desprezar o elemento ético de sua conduta.

GABARITO	ERRADO.
COMENTÁRIO	Item III das regras deontológicas do Decreto 1.171/1994. A moralidade não se limita à distinção entre o bem e o mal.

No estrito exercício de sua função, o servidor público deve nortear-se por primados maiores — como a consciência dos princípios morais, o zelo e a eficácia —; fora dessa função, porém, por estar diante de situação particular, não está obrigado a agir conforme tais primados.

GABARITO	ERRADO.
COMENTÁRIO	Item I das regras deontológicas do Decreto 1.171/1994. A consciência dos princípios morais, o zelo e a eficácia devem nortear o servidor público no exercício do cargo ou função, ou fora dele.

Servidor público que se apresenta habitualmente embriagado no serviço ou até mesmo fora dele poderá ser submetido à Comissão de Ética, a qual poderá aplicar-lhe a pena de censura.

GABARITO	CERTO.
COMENTÁRIO	Letra "n" das vedações ao servidor público do Decreto 1.171/1994. A penalidade desse regulamento é a censura, conforme seu item XXII.

Servidor público que, no exercício da função pública, desviar outro servidor para atender a seu interesse particular, ou, movido pelo espírito de solidariedade, for conivente com prática como esta, poderá ser submetido à Comissão de Ética.

GABARITO	CERTO.
COMENTÁRIO	Letra "c e j" das vedações ao servidor público do Decreto 1.171/1994.

(Cespe – Policial Rodoviário Federal – DPRF/2013) *A respeito da ética no serviço público, julgue os itens subsequentes.*

Considere que os usuários de determinado serviço público tenham formado longas filas à espera de atendimento por determinado servidor que, embora responsável pelo setor, não viabilizou o atendimento. Nessa situação, segundo dispõe a legislação de regência, a atitude do servidor caracteriza conduta contrária à ética e ato de desumanidade, mas não grave dano moral aos usuários do serviço.

GABARITO	ERRADO.
COMENTÁRIO	Item X das regras deontológicas do Decreto 1.171/1994 orienta que tal atitude caracteriza conduta contrária à ética e, **principalmente**, grave dano moral aos usuários do serviço.

O elemento ético deve estar presente na conduta de todo servidor público, que deve ser capaz de discernir o que é honesto e desonesto no exercício de sua função.

GABARITO	CERTO.
COMENTÁRIO	Item II das regras deontológicas do Decreto 1.171/1994. O servidor público que preza pela ética em sua conduta é capaz de discernir o que é honesto e desonesto, no exercício de sua função, atuando "automaticamente" de maneira legal, justa, conveniente e oportuna.

(Cespe – Policial Rodoviário Federal – DPRF/2013) *No que se refere aos deveres do servidor público, previstos no Código de Ética Profissional do Servidor Público Civil do Poder Executivo Federal, julgue os próximos itens.*

Os registros que consistiram em objeto de apuração e aplicação de penalidade referentes à conduta ética do servidor devem ficar arquivados junto à comissão de ética e não podem ser fornecidos a outras unidades do órgão a que se encontre vinculado o servidor.

GABARITO	ERRADO.
COMENTÁRIO	Item XVIII do Decreto 1.171/1994. Na verdade, trata-se de uma incumbência da comissão de ética fornecer tais registros aos organismos de execução do quadro de carreira dos servidores.

Estará sujeito à penalidade de censura, a qual é aplicada pela comissão de ética, mediante parecer assinado por todos os seus integrantes, o servidor que violar algum de seus deveres funcionais.

GABARITO	CERTO.
COMENTÁRIO	A penalidade do Decreto 1.171/1994 é a censura, conforme seu item XXII.

A publicidade de ato administrativo, qualquer que seja sua natureza, constitui requisito de eficácia e moralidade.

GABARITO	ERRADO.
COMENTÁRIO	Item VII das regras deontológicas do Decreto 1.171/1994 traz que a publicidade do ato administrativo é a regra, mas não em todos os assuntos. Exceções seriam casos de segurança nacional, investigações policiais ou interesse superior do Estado e da Administração Pública, a serem preservados em processo previamente declarado sigiloso, nos termos da lei.

GEOPOLÍTICA

RODOLFO GRACIOLI

CAPÍTULO I
GEOPOLÍTICA

A prova de Geopolítica do Brasil para a Polícia Rodoviária Federal, assim como qualquer outra prova da área, tende a apresentar uma ideia de temas subjetivos, pela complexidade dos pontos abordados pelo edital. De fato, a própria disposição do edital dá margem para que o candidato divague por variados tópicos. Tal característica reside no fato expansivo dos tópicos apresentados, já que o edital abarca a dimensão geográfica, histórica e sociológica da construção do espaço brasileiro.

Ainda assim, com uma sistematização objetiva e sintética, é possível absorver informações relevantes para avaliar os itens propostos pela banca examinadora e que, certamente, na prova, apresentarão dificuldade considerável. Como é perfil do Cespe / Cebraspe, algumas questões podem se voltar para um aspecto conteudista, tendo como enfoque uma abordagem contemporânea (algum acontecimento recente de destaque).

Para todo tópico proposto, é preciso analisar o contexto histórico e geográfico do tema, assim como o recorte para o âmbito da atualidade. Esse é um dos diagnósticos da banca examinadora que tende a destacar questões recentes, exigindo um aprofundamento teórico-conceitual. Exemplo: a banca pode questionar sobre os problemas demográficos no campo, analisando a concentração de terras e os conflitos oriundos de tal situação, mas fazendo uso de recortes recentes.

Outro aspecto relevante a se considerar é a questão cronológica dos fatos. Didaticamente, é importante a compreensão de fatos de modo amarrado. No caso do conteúdo programático do edital, em Geopolítica do Brasil, não necessariamente a desenvoltura histórica é preservada no aspecto da cronologia, o que não prejudica o entendimento. Além disso, a banca "recortará" alguns dos itens para solicitar – o que pressiona o candidato a dominar os assuntos em "isolado". **Isso se dá pela própria abordagem do conteúdo proposto no edital – um conteúdo inesgotável.**

DICA IMPORTANTE

A abordagem apresentada pela banca cria exigências altamente complexas do entendimento histórico? Tudo vai depender do que se considera como "exigência altamente complexa". É preciso entender processos históricos dentro de uma análise conjuntural, preservando elementos chave para a compreensão do tema. Exemplo: para se falar da dependência rodoviária, é preciso retomar a ocupação do espaço geográfico ao longo da história, percorrendo as singularidades de cada momento – até chegar à ampla dependência da malha rodoviária.

Destaque ainda para a necessidade de estar atento aos desdobramentos dos fatos. Algumas questões acabam se tornando estáticas para a prova: densidade demográfica do Brasil. Entretanto, a **perspectiva da internacionalização da economia brasileira acaba por fomentar uma série de ramificações que podem ser exigidas** (ainda mais pela dimensão de uma prova como a da Polícia Rodoviária Federal). Nessa linha de raciocínio, é importante acompanhar questões como acordos comerciais (em curso, um acordo de elevada representatividade do Mercosul com a União Europeia). Outras situações chamam a atenção para a questão da internacionalização da economia brasileira: relação direta com a Argentina (país que assiste uma crise econômica intensa, com ampla instabilidade); a relação do país com a China (maior parceiro comercial do Brasil, responsável por auxiliar o superávit de 51 bilhões de dólares na balança comercial em 2020); dentre outros aspectos. Um ponto importante é compreender ainda a dimensão geográfica brasileira enquanto rota estratégica para vários temas: atividades ilícitas (atuação do crime organizado); escoamento da produção; logística do abastecimento (o que chegou a ser alvo em prova anterior).

FIQUE POR DENTRO:

PAPEL DA PRF

A atuação da PRF é extremamente ampla. Por isso, é provável que a questão destaque algo de relação direta com a corporação nas questões. Nesse sentido, pode aparecer algo sobre a questão ambiental, já que a PRF atua no enfrentamento aos crimes ambientais; pode ainda ser cobrado algo sobre **tráfico de drogas e crime organizado**, já que a PRF tem papel central no enfrentamento à criminalidade. Esse tipo de olhar para cada tema acaba tornando oportuna a compreensão efetiva (o mesmo acontece para a própria temática da prova discursiva, que tende a sugerir algo próximo ao contexto da instituição).

Outro ponto importante em provas do CESPE, é a amarração de fatos nacionais e internacionais. Se o tema permitir, é possível que o examinador alinhe o Brasil com algum tema de caráter mundial. Entretanto, alguns questionamentos se tornam específicos do contexto brasileiro – principalmente quando exigem um conhecimento mais técnico de algo do contexto histórico ou geográfico. Mas essa dica é sempre valiosa para evitar um estudo recortado da realidade brasileira (simplesmente pelo fato do edital trazer o conteúdo de "Geopolítica brasileira"). **Ao estabelecer o patamar geopolítica a banca sugere uma abertura para diferentes frentes temáticas.** Destaca-se ainda a vinculação histórica das questões, além da necessária referência geográfica (apesar de identificar a nomenclatura da disciplina como Geopolítica, existem pré--requisitos da geografia física, ainda que de modo bastante básico).

MUITA ATENÇÃO!

A especificidade da disciplina exige um olhar atento tanto para fatos específicos (acontecimentos recentes que envolvam as relações internas e externas do Brasil) como uma própria abordagem conceitual - destacando a premissa de vinculação histórica e geográfica. Nesse caso, o objetivo é poder criar um elo entre essas duas arestas de recortes, ampliando o alcance de entendimento dos temas.

1. O BRASIL POLÍTICO: NAÇÃO E TERRITÓRIO

A caracterização do Brasil no âmbito da nação permite a varredura por uma série de elementos que distinguem o povo brasileiro dos demais povos do planeta. Olhando para a formação do povo brasileiro é possível notar, em nosso "dna", diferentes troncos étnicos **(nativo – indígena; negro – africano; branco – europeu).** Dessa forma, com o processo de miscigenação, a identidade brasileira passou a se desenhar de modo plural. Sendo assim, falar de nação é observar aspectos históricos e culturais de determinada localidade, levando em consideração suas peculiaridades.

Por isso, entende-se nação como sendo a reunião de determinado grupo social com costumes, hábitos, tradições similares. Nesse sentido, a nação brasileira não se institucionaliza com efeitos burocráticos legais, mas sim com a sua identidade. Para efeito de entendimento, na Espanha, por exemplo, existem várias nações – catalães, bascos, navarros são exemplos de povos que defendem a formação de um espaço geográfico específico – basta acompanhar o movimento separatista da Catalunha.

Um exemplo específico do Brasil com relação à **nação é a língua materna, assim como os esportes habitualmente praticados, a culinária, tradições**, etc. É com o entendimento dos aspectos similares à determinada nação, que o pertencimento a um grupo pode ser observado.

Já o território abarca um espaço delimitado, onde se constroem relações de poder. O território político seria aquele em que há uma divisão estabelecida por direitos e legislações internacionalmente reconhecidas e que asseguram a autonomia e a soberania de um determinado povo. Quantitativamente, o Brasil ocupa a 5ª posição com relação à dimensão territorial (mais de 8 milhões de Km²).

A ampla área territorial do Brasil faz com que o país seja considerado "de dimensões continentais", sendo quase do mesmo tamanho da Oceania (8.525.989 km²) e um pouco menor do que toda a Europa (10.180.000 km²). Além do mais, ao contrário dos grandes países existentes, o **Brasil não possui uma grande parte do seu território composta por áreas inóspitas, onde o povoamento é impossível ou muito difícil de ser realizado. Vale destacar que os números absolutos podem apresentar leve alteração dependendo da fonte consultada (afinal de contas, a precisão milimétrica é um detalhe irrelevante, é preciso dominar o "todo").**

Cerca de **92% do território brasileiro encontra-se em uma faixa tropical**, ou seja, posicionada entre os trópicos, pois a região sul do país é cortada pelo Trópico de Capricórnio. Outra linha geográfica importante que passa pelo país é a Linha do Equador, na região norte do espaço brasileiro. Assim sendo, as coordenadas geográficas do Brasil são:

- Latitudes: 5ºN até -33ºS (cinco graus norte até 33 graus sul)
- Longitudes: -35ºW até -75ºW (trinta e cinco graus oeste até setenta e cinco graus oeste).

É importante observar que a distância entre os **pontos extremos do país é bastante parecida,** ou seja, o Brasil possui uma distância leste-oeste muito próxima da distância norte-sul, desde que sejam desconsideradas as ilhas localizadas no Oceano Atlântico, que também pertencem ao território brasileiro. Da Ponta do Seixas (Paraíba) até a Nascente do Rio Moa (Acre), 4.319 km de extensão; já do Monte Caburaí (Roraima) até o Arroio Chuí (Rio Grande do Sul), são 4.394 km. Observe a ilustração a seguir:

Pontos extremos e fronteiras

IBGE

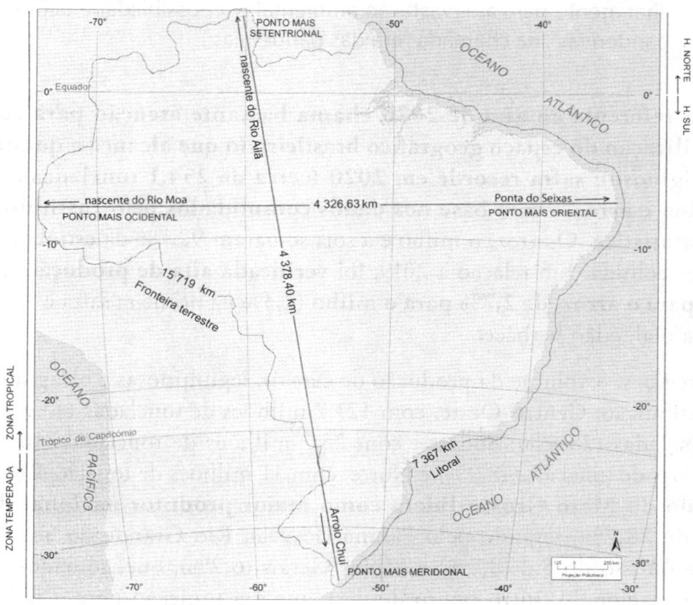

Fonte: Diretoria de Geociências, Coordenação de Estruturas Territoriais.

www.ibge.gov.br 0800 721 8181

O Brasil é, portanto, um território muito diversificado, não tão somente pela amplitude de sua área, mas principalmente pelos conteúdos que lhe são pertencentes. A alta **disponibilidade de áreas ocupáveis e recursos naturais torna o nosso país um dos locais de maior importância natural e social do planeta.**

DICA IMPORTANTE

A banca é conhecida por suas abordagens de ampla relevância dentro das provas. Dessa forma, espera-se mais uma vez que a banca aproveite temas contemporâneos para conectar com conhecimentos da geopolítica. Exemplo: abordagem sobre o desmatamento, extração ilegal de madeira, garimpo ilegal e crimes ambientais como um todo.

Com relação ao território brasileiro, temática meio ambiente ganha força e acaba por alcançar outras áreas: abordagem política, econômica e social. Em 2020, a floresta amazônica brasileira perdeu 8.426 km2 em 2020 devido ao desmatamento, 8% a menos do que no ano anterior. Ainda assim, o número continua preocupante (A área desmatada é cinco vezes maior que a da cidade de São Paulo, segundo dados do INPE (Instituto Nacional de Pesquisas Espaciais). Em 2019, a área arrasada atingiu o recorde de 9.178 km2 (+ 85%). A questão do desmatamento acaba impulsionando diferentes prismas da temática: expansão de novas fronteiras agrícolas e venda ilegal de madeira seriam algumas das possibilidades. **Segundo a Organização das Nações Unidas, a devastação das florestas é a principal fonte das emissões de carbono (em um país como o Brasil com elevado potencial agropecuário a tensão se acirra).**

FIQUE POR DENTRO:

DESMATAMENTO

Essa é uma das grandes pautas do momento. É o tema que movimenta diferentes áreas (a autoridades policiais tem quebrado recordes de apreensão de madeiras ilegais, operações contra o crime organizado que atua nas áreas de rica biodiversidade degradando o espaço geográfico). Além disso, o ano de 2020 trouxe um olhar atento para a devastação ambiental e a possibilidade ocorrência de novas "pandemias", na chamada "era das pandemias".

Um dado referente ao ano de 2020 chama bastante atenção para compreender a ocupação e utilização do espaço geográfico brasileiro (o que alcança a questão econômica de modo vertiginoso): safra recorde em 2020 (cerca de 254,1 toneladas), com destaque para soja, milho e arroz – com base nos dados consolidados pelo Instituto Brasileiro de Geografia e Estatística. O arroz, o milho e a soja somaram 92,7% da estimativa da produção e 87,1% da área colhida. Em relação a 2019, foi **verificada alta de produção de 7,1% para a soja, de 7,7% para o arroz, de 2,7% para o milho** (2,3% na primeira safra e 2,8% na segunda) e de 2,8% para o algodão herbáceo.

Entre as regiões, o volume da produção de cereais, leguminosas e oleaginosas apresentou a seguinte distribuição: Centro-Oeste, com 121,7 milhões de toneladas (47,9%); Sul, com 73 milhões de toneladas (28,8%); Sudeste, com 25,7 milhões de toneladas (10,1%); Nordeste, com 22,6 milhões de toneladas (8,9%) e Norte, com 11 milhões de toneladas (4,3%). Segundo o IBGE, **estado do Mato Grosso lidera como maior produtor nacional de grãos, com participação de 28,7%,** seguido pelo Paraná (15,9%), Rio Grande do Sul (10,3%), Goiás (10,3%), Mato Grosso do Sul (8,7%) e Minas Gerais (6,2%), que, somados, representaram 80,1% do total nacional. Outro ponto de destaque é a projeção para a safra 2021: 260,5 milhões de toneladas.

Ainda pensando na ocupação do território brasileiro, alguns dados divulgados ao longo de 2020 chamam a atenção para problemas e desafios de elevada complexidade (dados do IBGE):

» Economia brasileira consumiu 6,3 litros de água para cada R$ 1 gerado em 2017. A atividade que exigia maior volume de água era a Agricultura, pecuária, produção florestal, pesca e aquicultura, com 1.061 litros para cada R$ 1 gerado.

» O Distrito Federal possuía, no ano passado, o maior número de leitos de UTIs do país, fundamentais para o atendimento de pacientes graves com Covid-19. Nas unidades de saúde da capital federal, o índice foi de 30 leitos por 100 mil habitantes. Rio de Janeiro (25), Espírito Santo (20), São Paulo (19) e Paraná (18) são os estados melhores equipados. Já Roraima apresentou índice de 4 de leitos de UTI, o menor do país. Amapá e Acre (5 leitos), Amazonas e Piauí (7), e o Tocantins, Maranhão e Pará (8) também registraram os menores indicadores. O levantamento partiu do Cadastro Nacional de Estabelecimentos de Saúde 2019 (DataSUS), que reúne as redes pública e privada, e das Informações de Deslocamento para Serviços de Saúde 2018, cujos dados foram antecipados pelo IBGE (Fonte: IBGE).

DICA IMPORTANTE

É possível que a banca aproxime a pandemia e a atuação da PRF para discorrer sobre um dos momentos mais delicados da nossa história recente (a PRF bateu recordes de apreensão de drogas – junto com a PF, o que mostra a relevância para continuar o combate ao crime organizado; a PRF realizou campanhas para informar os motoristas).

Em junho de 2020, **o IBGE reconheceu** Campinas, Florianópolis e Vitória **como as** novas metrópoles brasileiras. Entre 2008 e 2018, o Brasil formou três novas metrópoles e 32 cidades foram elevadas a capitais regionais em 12 estados. Apesar disso, é baixa a mobilidade na rede urbana brasileira, pois, nesse período de dez anos, 86% das cidades não sofreram alteração. Campinas, Florianópolis e Vitória subiram de nível e passaram a integrar o grupo de 15 metrópoles, que tem São Paulo no topo da hierarquia como grande metrópole nacional e Rio de Janeiro e Brasília como metrópoles nacionais. As outras metrópoles são Belém, Belo Horizonte, Curitiba, Fortaleza, Goiânia, Porto Alegre, Recife, Salvador e Manaus. Campinas é a única metrópole que não é capital estadual, e isso ocorre devido ao alto dinamismo empresarial existente tanto no núcleo quanto na área de influência, bem como ao porte demográfico, cuja rede ultrapassa os 4 milhões de habitantes. Tem a menor extensão territorial dentre as metrópoles (14 mil km²), menor número de cidades na sua rede (34) e a segunda mais alta densidade demográfica, comparável à do Rio de Janeiro, com 312 hab./km **(Fonte: IBGE)**

- As metrópoles se subdividem em três níveis. São Paulo é a grande metrópole nacional ocupando, isoladamente, a posição de maior hierarquia urbana do país com uma rede de influência que concentra 49 milhões de habitantes em 2018 e mais de R$ 2 trilhões anuais de PIB, o que corresponde a 23,6% da população e 33,3% da renda total do país. O alcance da influência direta de São Paulo ultrapassa o próprio estado, atingindo Mato Grosso do Sul, algumas cidades do norte paranaense, parte do sul de Minas Gerais e Triângulo Mineiro, onde divide influência com Belo Horizonte. Mesmo com extensão de 690 mil km2, a densidade demográfica da região de influência de São Paulo é a quarta maior, com 72 hab./km². A segunda posição hierárquica é de metrópole nacional, ocupada apenas por Brasília e Rio de Janeiro. A rede de Brasília chama a atenção por sua extensão, que corresponde a mais de 20% do território nacional. Abrange 1,8 milhão km², sendo a maior do país em área, com 277 Cidades pertencentes a 10 Estados. Por conta da grande extensão, a densidade demográfica é baixa, com menos de 7 hab./km². O PIB per capita é o terceiro maior do país, somando quase R$ 458 bilhões ou R$ 40 mil anuais por habitante. A rede da metrópole do Rio de Janeiro se destaca pela elevada densidade demográfica (354,5 hab./ km²), devido ao fato de ser a segunda maior cidade do país em termos de volume populacional, porém ocupando uma área territorial pouco significativa. Tem a segunda menor área (49 mil km²), com alcance mais restrito ao próprio Estado, adentrando e**m parte da Zona da Mata Mineira (Fonte: IBGE).**

Um tema clássico para a compreensão do espaço geográfico diz respeito aos aglomerados subnormais. O número de domicílios ocupados em favelas ou áreas análogas no Brasil chegou a aproximadamente 5,12 milhões em 2019, informou a pesquisa "Aglomerados Subnormais 2019: Classificação preliminar e informações de saúde para o enfrentamento à covid-19", divulgada pelo Instituto Brasileiro de Geografia e Estatística (IBGE). Em dezembro de 2019, estima-se que 734 municípios brasileiros, ou 13,2% deles, possuíam aglomerados subnormais, mais que o dobro do número de cidades apontado com exatidão no censo de 2010: 323 municípios ou 7,8% do total. O IBGE estima que o número total de áreas desse tipo chegue a 13.151, novamente mais que o dobro do número verificado há dez anos. Na comparação por Estados, São Paulo aparece à frente no número absoluto, com 1,06 milhão de casas aglomeradas de forma subnormal. Em seguida vem o Rio de Janeiro, com 717,3 mil, seguido de Bahia (469,6 mil), Pará (432,5), Amazonas (393,9 mil), Pernambuco (327,0 mil), Espírito Santo (306,4 mil), Ceará (243,8 mil) e Minas Gerais (231,3 mil). Em termos de proporcionais, entretanto, a liderança é do Amazonas, que possui 34,59% dos domicílios nesta situação. Na sequência vêm Espírito Santo (26,10%), Amapá (21,58%), Pará (19,68%) e Rio de Janeiro (12,63%). O caso mais grave é o de Vitória do Jari, município no extremo sul do Amapá e fronteira com o norte do Pará, onde mais de sete em cada dez casas estão em estão em área de ocupação irregular com carência de serviços públicos essenciais (74%). Hoje com uma população estimada de 15,9 mil habitantes, cuja a maior parte mora nas 2.114 casas em aglomeração subnormal, a cidade é vizinha da conhecida Laranjal do Jari, marcada pelas palafitas à beira do rio Jari, um afluente do Amazonas, que lhe garantiram o título de "maior favela fluvial do mundo" - Laranjal ocupa o 25º lugar na lista do IBGE. (Fonte: Valor Econômico)

? QUESTÃO: A desigualdade é um fator preponderante para a Geopolítica?

➥ ***RESPOSTA:*** *Sim, essencial. Compreender as relações sociais é passar pela perspectiva histórica e sistematizar as discrepâncias de um país como o Brasil. De fato, a desigualdade se manifesta em todas as áreas (saúde, educação, lazer, moradia, transporte, segurança, etc.). Por isso, a resolução de problemas "repetitivos" na nossa história parece algo tão trabalhoso, já que existe planejamento, gestão eficiente, contenção de risco e continuidade.*

MUITA ATENÇÃO!

O olhar para a distribuição do espaço das cidades torna-se evidentemente relevante para uma prova da Polícia Rodoviária Federal. Isso se dá pela dimensão de atuação nas rodovias federais no que diz respeito ao fluxo de mercadorias e pessoas, o que afeta diretamente a realidade dos centros urbanos. Destaca-se ainda os desafios pontuais das cidades no contexto brasileiro, bem como a desigualdade que se acirra nos últimos anos.

Outra questão importante que acaba por abordar especificamente as características do país é a dimensão racial (lembrando que o termo raça, em regra, tende a gerar amplo debate já que, biologicamente, teríamos apenas a existência da raça humana). Segundo dados do IBGE, cerca de 56,10% da população brasileira se autodeclara negra (considerando pretos e pardos segundo os próprios critérios do IBGE). Em 2020, a questão foi ressiginificada e deixará margem para tantos temas ao longo de

2021 e dos próximos anos: protestos antirracistas amplificaram o debate trazendo a discussão sobre representatividade da comunidade negra em diferentes segmentos sociais (para fins de exemplificação: no Senado Federal do Brasil, o primeiro senador negro só tomou posse em 1991 – Abdias Nascimento (que faleceu em 2011, aos 97 anos). Já a primeira senadora negra foi eleita em 1995, Benedita da Silva (atualmente, deputada federal). Algumas variáveis chamam a atenção com relação ao tema: desemprego – atinge majoritariamente a população negra, assim como a violência, trabalho infantil ou as mortes pela covid-19 (vários são os levantamentos que sustentam tais análises). Segundo dados divulgados pelo IBGE em dezembro de 2020, 8 em cada 10 grandes proprietários de estabelecimentos rurais são brancos, o que revela uma histórica desigualdade no país (dados do Censo Agro 2017).

1.1 Organização do Estado Brasileiro

O Brasil é uma República Federativa Presidencialista, formada pela **União, Estados, Distrito Federal e municípios**, em que o exercício do poder é atribuído a órgãos distintos e independentes, submetidos a um sistema de controle para garantir o cumprimento das leis e da Constituição.

O Brasil é uma República porque o **Chefe de estado é eleito pelo povo, por período de tempo determinado.** É **Presidencialista porque o presidente da República é Chefe de Estado** e também Chefe de governo. É **Federativa porque os estados têm autonomia política.**

A União está dividida em **três poderes, independentes e harmônicos entre si (conforme previsão constitucional**). São eles o Legislativo, que elabora leis; o Executivo, que atua na execução de programas ou prestação de serviço público; e o Poder Judiciário, que soluciona conflitos entre cidadãos, entidades e o estado.

O Brasil tem um **sistema pluripartidário**, ou seja, admite a formação legal de vários partidos. O partido político é uma associação voluntária de pessoas que compartilham os mesmos ideais, interesses, objetivos e doutrinas políticas, que tem como objetivo influenciar e fazer parte do poder político. Atualmente, são 33 partidos políticos (até o fechamento da edição), sendo que mais de 70 legendas tentam registro junto ao Tribunal Superior Eleitoral.

No Brasil, a formulação, a implantação e o acompanhamento das políticas públicas de nível federal estão a cargo dos ministérios, secretarias especiais, autarquias, agências reguladoras e conselhos. O presidente da República pode, por meio de lei especial, criar, modificar a estrutura e extinguir ministérios, secretarias e órgãos da administração pública.

ASPECTOS IMPLÍCITOS

FIQUE POR DENTRO:

As características do ESTADO costumam aparecer implícitas nos itens. Dessa forma, a banca costuma explorar determinada temática introduzindo ao longo da análise o papel do Estado (das autoridades policiais ou de qualquer outra esfera). Não necessariamente você deverá responder uma questão sobre a característica em si, mas precisa ter subentendida para não se equivocar nos detalhes.

Vale destacar ainda que a existência do Estado fica submetida à consonância de três aspectos essenciais:

» **Povo:** conjunto de pessoas que se unem com o intuito de organizacional e fiscalizador, ou seja, o elemento humano da existência do Estado, já que não há Estado sem pessoas. Vale destacar que a configuração cultural de cada um dos povos e pode ser elemento de embate na contemporaneidade, visto que as diversidades e o pluralismo cultural permeiam diferentes temáticas. Entretanto, esse conceito ganha uma nova formatação e passa a ser encarado como nação, quando um grupo de pessoas se reconhece sobre elementos culturais comuns. Em se tratando de Brasil, o processo de miscigenação alavancou o potencial multicultural da nação, estabelecendo possibilidades de crescimento ou de choque cultural (como a população tem assistido diferentes formas de intolerância).

» **Território:** delimitação espacial, definida de maneira precisa com relação às fronteiras e que sustenta a soberania do país. Trata-se nada mais do que a base física de um país, a parcela ocupada no globo. Além disso, vale destacar que o território não leva em consideração apenas o solo, mas também o subsolo e o espaço aéreo, mar, ilhas, ou seja, a união de todas as especificidades do *signo* território que demarca o domínio (regulamentar) do Estado.

» **Soberania:** conecta-se com a lógica de um ordenamento interno, ou seja, o poder de impor condições e determinações para regulamentar a vida social. Por isso, o Estado se configura como uma autoridade suprema e, por isso, a diplomacia tem sido elemento tão importante na atualidade (ao passo que alguns Estados violam a soberania dos outros – caso da espionagem estadunidense). Trata-se, portanto, de uma capacidade jurídica de autodeterminação, com definição de competências e o reconhecimento de outros países. Para efeito de entendimento, nos últimos anos, um **movimento independentista discute a separação dos estados do Sul do restante do Brasil**. O movimento "O sul é meu país", chegou a realizar consultas populares – em 2016 e 2017 – questionando os eleitores sobre a independência. Entretanto, especialistas do Direito afirmam que a independência dos estados do Sul – Paraná, Santa Catarina e Rio Grande do Sul – violaria o texto constitucional.

MUITA ATENÇÃO!

A organização do Estado brasileiro lembra muito a abordagem jurídica, já que o Direito se ocupa de determinadas caracterizações. Para uma prova de Geopolítica, é importante compreender a organização como um todo, reconhecendo as situações "vivas". Exemplo: a soberania com relação às florestas e áreas verdes / biodiversidade (fato que chegou a ser questionado junto à comunidade internacional).

Um dos pontos mais importantes para a prova da Polícia Rodoviária Federal diz respeito ao contexto de 33 anos da Constituição Federal (que será comemorado em outubro de 2021). Nessa perspectiva, é preciso reconhecer avanços oportunizados pela chamada "Constituição Cidadã", principalmente no que tange aos grupos sociais até então não amparados pelos textos constitucionais (como é o caso dos analfabetos). Nesse sentido, é importante compreender os principais debates com relação aos dispositivos legais (seja o choque existente entre os poderes – Executivo, Legislativo e Judiciário – ou ainda a problematização de projetos de lei, emendas, medidas provisórias, decretos, etc). Destaca-se ainda na prova da Polícia Rodoviária Federal a importância de se compreender a atuação em rodovias federais para a garantia do fluxo logístico da produção, enfrentamento à criminalidade e combate às infrações de trânsito – já que essas são algumas das áreas de atuação direta da corporação. Outro ponto importante, é o amplo investimento na sofisticação tecnológica para aperfeiçoar as atividades policiais. Em um país dependente do modal rodoviário, é natural que o olhar se volte para as garantias necessárias (basta observar a relevância das autoridades policias, nos tempos de pandemia, para garantir o escoamento da produção – a PRF chegou a realizar campanhas para distribuir equipamentos e instruir caminhoneiros).

É certo que existe uma grande possibilidade de a banca explorar na questão a contextualização com a própria pandemia. Dessa forma, pensar no fluxo das atividades rodoviárias e na atuação direta da Polícia Rodoviária Federal é de sua importância. Para isso, importante pensar na frota de veículos e no prejuízo do Brasil em 2020 (no início de 2021, a FORD anunciou o encerramento das atividades no país, o que, segundo a empresa, faz parte de um plano de reestruturação internacional). Os dados mostraram um desaquecimento do setor: as **vendas de veículos novos tiveram uma retração de 21,6% em 2020 na comparação com 2019,** segundo balanço divulgado pela Federação Nacional da Distribuição de Veículos Automotores (Fenabrave). Foram emplacados 3,16 milhões de veículos ao longo do ano passado, contra 4,03 em 2019. Outros dados chamam a atenção para o tema:

» **As vendas de automóveis tiveram queda de 28,5% em 2020 na comparação com o ano anterior.** Foram comercializados 1,61 milhão de carros no ano passado, enquanto em 2019 as vendas chegaram a 2,26 milhões. Em dezembro, os emplacamentos tiveram uma retração de 9,5% em relação ao mesmo período do ano anterior, com a venda de 194,6 mil unidades.

? **QUESTÃO:** A menor quantidade de veículos influenciou a atividade da PRF, em 2020?

RESPOSTA: Sim. Essa é uma das justificativas para a maior eficiência nas fiscalizações em rodovias federais (menos veículos, menor o fluxo e maior o monitoramento e fiscalização). Lembrando que o Ministério da Justiça e Segurança Pública, anunciou em dezembro de 2020 que os acidentes em rodovias federais caíram cerca de 7% - o que concede destaque para a atuação da PRF.

» *Os caminhões registraram uma retração de 12,3% nas vendas acumuladas no ano passado. Foram emplacadas 89,2 mil unidades no ano e 9,6 mil em dezembro. O resultado do último mês de 2020 representa uma alta de 15,7% em relação a dezembro de 2019.*

» As vendas de motos também tiveram alta em dezembro, com o emplacamento de 98,8 mil unidades, aumento de 5% em comparação com o último mês de 2019. No acumulado de 2020, entretanto, a comercialização de motocicletas teve queda de 15% em relação ao ano anterior, com a comercialização de 915,5 mil unidades.

» Os ônibus registraram queda nas vendas de 33% em 2020, com a comercialização de 18,2 mil unidades ao longo do ano. Em dezembro a queda nos emplacamentos ficou em 36,2%, totalizando 1,5 mil ônibus (Fonte: Agência Brasil).

Outros dados são imprescindíveis para compreender os desafios complexos envolvendo a frota de veículos no país, o deslocamento e a fiscalização. A CNT (Confederação Nacional do Transporte) lançou em dezembro de 2020, o 4º Painel CNT do Transporte, contemplando o modal rodoviário. Alguns dados de destaque:

» A frota de veículos no Brasil, em 2020, chegou a **107,2 milhões de veículos**. A região Sudeste responde por 48,2% do total da frota, sendo que São Paulo tem 28,6% do total de veículos.

» No Brasil, hoje, existem **74,7 milhões de condutores habilitados**, sendo 48,3% na categoria B; 33,6% na AB; e 4,0% na D. Em relação ao gênero dos condutores, 65,2% são homens. A faixa etária predominante é entre 31 e 40 anos (19,5 milhões).

» O país possui **120.767,3 km de malha rodoviária federal** (somadas as extensões pavimentada, não pavimentada e planejada). Desse total, 64,0 mil km são pavimentados. Minas Gerais concentra 12,6% de toda a extensão pavimentada, seguido da Bahia, com 9,9%.

FIQUE POR DENTRO:

VEÍCULOS E A PRF

De fato, a questão do trânsito se apresenta como uma das maiores questões para a prova da PRF. No mundo, são 1,350 milhão de mortes anuais por acidente de trânsito (dados da OMS – Organização Mundial da Saúde). O Brasil tem reduzido suas estatísticas, mas ainda são entre 30 e 40 mil mortes por ano (depende do dado, Ministério da Saúde ou Seguradoras). Dessa forma, uma ação de conscientização, uma política pública ou o endurecimento penal são elementos de destaque para pensar no aumento da frota de veículos.

1.2 A divisão inter-regional do trabalho e da produção no Brasil

Ao falar de divisão inter-regional do trabalho e da produção dentro do contexto brasileiro, a observação se volta para as atividades desenvolvidas em cada uma das localidades que acabam por oferecer estímulo para a região, se tornando uma marca do processo de integração econômica. Isso se dá pelo fato de que o Brasil é um país com vasta extensão territorial e, consequentemente, apresenta um ambiente de trabalho e de produção diversificado. Dessa forma, é preciso levar em consideração cada uma das regiões e a sua importância para a evolução econômica do país.

Ao falar de trabalho, é preciso pensar na força implementada para modificação da matéria-prima, entendendo que existem vários tipos de produtos. Para isso, é preciso a compreensão dos setores da economia:

» **Setor Primário (Agricultura, Extrativismo);**

» **Setor Secundário (Indústria de Transformação);**

» **Setor Terciário (Comércio e prestação de serviços).**

MUITA ATENÇÃO!

Essa divisão de setores da economia é bastante didática para entender os próprios impactos de cada segmento (pensando em reflexos da pandemia da covid-19, a diferenciação torna-se ainda mais necessária).

Ao longo da história da humanidade, o trabalho apresentou diferentes significados. De atividade desmerecida à necessidade, esta lógica comportamental é de fundamental importância para a compreensão da evolução do significado do trabalho, assim como a própria matriz crítica frente às condições e problemáticas que cercam o tema na atualidade.

Nesta esfera de relações, o contexto histórico não pode ser recortado e deve ser absorvido como um todo. Os aspectos econômicos, políticos, sociais e culturais são centrais para o entendimento completo das relações trabalhistas e da flexibilização destas. Por conseguinte, está o entendimento da própria necessidade de ajustes na legislação para o atendimento de problemáticas emergentes e a proposta de soluções cabíveis.

O olhar mais atento para os moldes atuais do mundo globalizado sugere, ainda, o entendimento desta nova formatação tecnológica e os impactos para as relações trabalhistas. Até poucos anos, trabalhar de maneira remota ou se comunicar por e-mails parecia algo impossível. Hoje, a possibilidade já é garantida por lei e protege o trabalhador, tornando o processo do trabalho mais direto e construtivo, beneficiando a todos.

Para se ter uma ideia, até poucos anos atrás, as hierarquias rígidas se sobrepunham a qualquer forma de democratização dos espaços laborais. A visão tradicionalista pregava transparência reduzida e, pouca ou nenhuma participação das esferas menos poderosas. Essa cultura de verticalização das relações já perde espaço para uma maior linearidade e contribuição de todas as partes para o processo, democratizando as relações e promovendo benefícios mútuos (como a construção de um espaço saudável e harmônico, o que propicia o desenvolvimento econômico da empresa).

Dentro do processo de transformação da sociedade, novas necessidades surgiram. Assim, para atender e amparar a população, novos postos de trabalho ganharam destaque, fazendo com que outros desaparecessem. Esse processo de modificação levanta a reflexão apurada de maneira objetiva (quais são as áreas de destaque) e, ainda, a possibilidade subjetiva (trabalho intelectual x trabalho físico, por exemplo).

Assim, o processo de modificação da estrutura do trabalho evidencia também a corrida pela qualificação. Basta um olhar mais atento para os classificados para notar o grau de exigência de diferentes setores na busca por profissionais altamente capacitados (em ocupações que, anteriormente, não exigiam tamanha qualificação). A excelência solicitada para os cargos torna-se elemento de filtro para o mercado, sendo este por processos seletivos duradouros ou entrevistas que levam em considerações diferentes etapas.

No contexto da produção e do trabalho é notória a desigualdade existente em alguns setores. Dessa forma, é preciso a compreensão de que as atividades acabam se verticalizando para determinados espaços regionalizados. Basta olhar para as disparidades existentes no Brasil com relação ao processo industrial. (Ex.: os setores produtivos da região Sudeste ganham destaque.

Se afunilarmos a análise ainda mais, encontramos o estado de São Paulo como uma das principais áreas – assim como a cidade de São Paulo e, consequentemente, a região metropolitana). Ainda assim, é preciso compreender que existem divisões variadas dentro da cidade de São Paulo – Região Metropolitana, Vale do Paraíba e a região de Campinas (são polos importantes de avanço industrial).

O entendimento sobre as divisões regionais passa pela compreensão histórica. Uma varredura histórica permite o entendimento das disparidades existentes na formação de oligarquias que acabaram por delimitar as práticas de determinados locais – da cana de açúcar e o café à pecuária e a produção de leite, variando conforme a região.

De fato, no passado, a desigualdade entre os setores da economia ao longo do território brasileiro era mais abrupta. Com o avanço do processo de integração entre as partes, reduziu-se drasticamente as disparidades existentes (entretanto, elas ainda são marcantes se for aplicado um olhar "cirúrgico" para o tema).

Com isso, as próprias regiões apresentam áreas de maior destaque para o setor produtivo (considerados arquipélagos de desenvolvimento).

» **Nordeste: Salvador, Fortaleza e Recife;**

» **Norte: Manaus e Belém;**

» **Centro-oeste: Goiânia, Cuiabá e Brasília;**

» **Sul: Curitiba e Porto Alegre.**

No caso paulista, a concentração da atividade está diretamente ligada à expansão do café. A região de destaque para tal prática é a do Vale do Paraíba (por conta do rio Paraíba do Sul que abarca o território de São Paulo e do Rio de Janeiro). O solo de "terra roxa" (surge a partir do derramamento de lama vulcânica) da região favoreceu o plantio do café, além das condições da geografia física (Serra da Mantiqueira). Na época, a facilidade de escoar a produção via porto de Santos extrapolou o potencial da região.

Pela extensão territorial brasileira e a diversidade no que diz respeito ao contexto natural, o Brasil apresenta uma ampla variedade de atividades fomentam a economia. Ainda assim, o setor da agropecuária tem papel fundamental no resultado final do nosso PIB (Produto Interno Bruto).

No âmbito da agropecuária, o Brasil fala em expansão das fronteiras agrícolas, visto que áreas que antigamente deram o pontapé inicial no cultivo de culturas ou criação de rebanhos, já se encontram saturadas. Dessa forma, novos espaços são vistos como alternativas para ampliar a desenvoltura econômica. Ainda assim, um dos pontos de destaque para a compreensão do tema diz respeito ao escoamento da produção e ampla dependência da malha rodoviária (basta lembrar-se da greve dos caminhoneiros em 2018, e o colapso para a população no que tange ao desabastecimento de algumas localidades em questão). Nesse sentido, é preciso pensar em uma cadeia produtiva que abarca o território brasileiro (mas é inviável pensar em uma ligação total, já que existem áreas onde o acesso é limitado por diferentes fatores).

1.3 A estrutura urbana brasileira e as grandes metrópoles

As metrópoles são caracterizadas por apresentarem um elevado grau de urbanização. No caso, trata-se de uma cidade ou de um aglomerado, onde existe uma centralização de trabalho, serviços, capital. A partir dessa centralização, as metrópoles se tornam referência para os entornos. No Brasil, o processo de urbanização intensificado trouxe problemas relacionados à infraestrutura das metrópoles, o que impacta diretamente na vida da população.

Na contemporaneidade fala-se em macrocefalia urbana (crescimento desordenado das cidades). Essa problemática acaba por explicar a falta de moradias, saneamento básico, segurança, transporte, lazer, etc. Não é à toa que pensar a metrópole é olhar para uma relação em cadeia – se um serviço se encontra afetado, provavelmente, as outras áreas também estarão prejudicadas, direta ou indiretamente.

A partir da década de 1960, as metrópoles ganharam impulso dentro da realidade brasileira (o país deixava se ser rural e tornava-se majoritariamente urbano). Por isso, a grande concentração da população hoje se dá nas áreas urbanas.

As projeções do IBGE com relação ao caráter demográfico da população são recorrentes em provas. Em agosto de 2020, o IBGE divulgou estimativas da população dos 5.570 municípios para 2020, tendo como referência o dia 1º de julho do mesmo ano. Segundo o IBGE, a população do Brasil chegou a 211,8 milhões de habitantes, crescendo 0,77% em relação a 2019. Dentre os números, destaque para as informações elencadas pelo IBGE:

» O município de São Paulo continua sendo o mais populoso, com 12,3 milhões de habitantes, seguido pelo Rio de Janeiro (6,75 milhões), Brasília (3,05 milhões) e Salvador (2,88 milhões). Os 17 municípios do país com população superior a um milhão de habitantes concentram 21,9% da população nacional e 14 deles são capitais estaduais.

» Serra da Saudade (MG) é o município brasileiro com menor população (776 habitantes), seguido por Borá (SP), com 838 habitantes, Araguainha (MT), com 946 habitantes, e Engenho Velho (RS), com 982 habitantes.

» Na última década, as Estimativas apontam para um aumento gradativo da quantidade de grandes municípios do País. No Censo de 2010, somente 38 municípios tinham população superior a 500 mil habitantes, e apenas 15 deles tinham mais de 1 milhão de moradores. Já em 2020, eram 49 os municípios brasileiros com mais de 500 mil habitantes, sendo 17 os que superavam a marca de 1 milhão de habitantes.

MUNICÍPIOS COM MAIS DE 1 MILHÃO DE HABITANTES			
ORDEM	**UF**	**MUNICÍPIO**	**POPULAÇÃO 2020**
1º	SP	São Paulo	12.325.232
2º	RJ	Rio de Janeiro	6.747.815
3º	DF	Brasília	3.055.149
4º	BA	Salvador	2.886.698
5º	CE	Fortaleza	2.686.612
6º	MG	Belo Horizonte	2.521.564
7º	AM	Manaus	2.219.580
8º	PR	Curitiba	1.948.626
9º	PE	Recife	1.653.461
10º	GO	Goiânia	1.536.097
11º	PA	Belém	1.499.641
12º	RS	Porto Alegre	1.488.252
13º	SP	Guarulhos	1.392.121
14º	SP	Campinas	1.213.792
15º	MA	São Luís	1.108.975
16º	RJ	São Gonçalo	1.091.737
17º	AL	Maceió	1.025.360
TOTAL			**46.400.712**
% em relação ao total Brasil			**21,9%**
TOTAL BRASIL			**211.755.692**
Fonte: IBGE, Diretoria de Pesquisas - DPE, Coordenação de População e Indicadores Sociais - COPIS.			

Segundo o IBGE, 66,5 milhões de brasileiros (31,7% ou cerca de 1 em cada 3) moram em 48 municípios com mais de 500 mil habitantes.São Paulo é o estado mais populoso, com 45,91 milhões de pessoas, seguido por Minas Gerais (21,16 milhões), Rio de Janeiro (17,26 milhões) e Bahia (14,87 milhões)

O país tem 30 municípios com população inferior a 1.500 habitantes e quatro deles possuem população inferior a 1.000 habitantes. São eles: Serra da Saudade (MG) com 776 habitantes, Borá (SP) com 838 habitantes, Araguainha (MT) com 946 habitantes e Engenho Velho (RS), com 982 habitantes.

O conjunto das 27 capitais supera os 50 milhões de habitantes, representando, em 2020, 23,86% da população total do país. A maior taxa de crescimento geométrico no período 2019-2020 foi a de Boa Vista (RR), com 5,12% e a menor, Porto Alegre (0,30%). O conjunto dos municípios das capitais apresentou taxa de crescimento geométrico de 0,84%, acima da taxa do país (0,77%).

A região metropolitana de São Paulo continua sendo a mais populosa do País, com 21,9 milhões de habitantes, seguida pelas regiões metropolitanas do Rio de Janeiro (13,1 milhões) e Belo Horizonte (6,0 milhões), além da Região Integrada de Desenvolvimento (RIDE) do Distrito Federal e Entorno (4,7 milhões).

As taxas de crescimento das maiores regiões metropolitanas do país (São Paulo, Rio de Janeiro, Belo Horizonte, Porto Alegre, Fortaleza, Recife e Salvador) são ligeiramente inferiores à média do país. Nessas metrópoles, o crescimento do município sede é, na maioria dos casos, mais baixo do que o verificado nos municípios restantes.

? **QUESTÃO:** Os desafios de infraestrutura (direito à cidade) são apenas de grandes centros urbanos?

↳ *RESPOSTA:* *Não. Nos últimos anos, questões referentes ao trânsito, mobilidade, moradia, segurança e qualquer outra área já preocupam os municípios de diferentes proporções. Destaque ainda para a quantidade absoluta de municípios no Brasil – 5.570, o que desencadeia automaticamente uma complexidade de dados, informações e ações coordenadas. Exatamente nessa esteira a PRF atua com amplo processo de informatização, juntamente com a Polícia Federal.*

Em 28,1% dos municípios do país (ou 1.565 municípios) as taxas de crescimento foram negativas, ou seja, houve redução populacional. Pouco mais da metade dos municípios brasileiros (52,1%) apresentou crescimento populacional entre zero a 1% e apenas 3,7% deles (205 municípios) apresentaram crescimento igual ou superior a 2%.

O grupo de municípios com até 20 mil habitantes é aquele que, proporcionalmente, apresentou maior número de municípios com redução populacional. Por outro lado, o grupo dos municípios entre 100 mil e um milhão de habitantes é o que proporcionalmente mais possui municípios com crescimento superior a 1%. Já os municípios com mais de um milhão de habitantes mostraram crescimento entre 0 e 1% ao ano.

Norte e Centro-Oeste tinham as maiores proporções de municípios com crescimento acima de 1%. Já na região Sul, 45,6% dos municípios tiveram redução de população.

No ranking dos estados, São Paulo segue como o mais populoso, com 46,3 milhões de habitantes, concentrando 21,9% da população total do país, seguido de Minas Gerais, com 21,3 milhões de habitantes, e do Rio de Janeiro, com 17,4 milhões de habitantes. Os cinco estados menos populosos, aglutinando cerca de 5,7 milhões de pessoas, estão na Região Norte: Roraima, Amapá, Acre, Tocantins e Rondônia.

As estimativas populacionais municipais são um dos parâmetros utilizados pelo Tribunal de Contas da União para o cálculo do Fundo de Participação de Estados e Municípios e são referência para vários indicadores sociais, econômicos e demográficos. Esta divulgação anual obedece ao artigo 102 da Lei nº 8.443/1992 e à Lei complementar nº 143/2013.

MUITA ATENÇÃO!

Ainda que as variáveis numéricas sofram uma constante atualização, é preciso identificar os processos em si numa abordagem expansiva cronologicamente falando. Exemplo: o estado de São Paulo não se tornou o mais populoso no último levantamento do IBGE – esse fenômeno já é de constatação anterior (para isso, é preciso pensar nas atividades que acontecem na localidade, bem como na relevância para a economia nacional – esse é o encadeamento que o examinador tende a apresentar).

2. DISTRIBUIÇÃO ESPACIAL DA POPULAÇÃO NO BRASIL E OS MOVIMENTOS MIGRATÓRIOS INTERNOS

Antes de adentrar a seara da distribuição espacial da população brasileira é importante destacar algumas informações recentes divulgadas pelo IBGE – Instituto Brasileiro de Geografia e Estatística, que podem mobilizar uma série de questões:

» Segundo dados divulgados em novembro de 2020, a **expectativa de vida ao nascer do brasileiro em 2019 era de 76,6 anos** (registrando um aumento de três meses ao ano anterior). A expectativa de vida dos homens passou de 72,8 para 73,1 anos e a das mulheres foi de 79,9 para 80,1 anos.

» Em 1940, um indivíduo ao completar 50 anos tinha uma expectativa de vida de 19,1 anos, vivendo em média 69,1 anos. Já em 2019, a pessoa de 50 anos teria uma expectativa de vida de 30,8 anos, esperando viver em média até 80,8 anos (11,8 anos a mais).

» A mortalidade na infância (crianças menores de 5 anos) também declinou, de 14,4 por mil em 2018 para 14,0 por mil em 2019. Das crianças que vieram a falecer antes de completar os 5 anos de idade, 85,6% teriam a chance de morrer no primeiro ano de vida e 14,4% de vir a falecer entre 1 e 4 anos de idade.

O Entre as unidades da federação, a maior expectativa de vida foi verificada em Santa Catarina (79,9 anos), com 3,3 anos acima da média nacional, e a menor, no Maranhão (71,4 anos). Já a menor taxa de mortalidade infantil foi a do Espírito Santo (7,8 por mil) e a maior, no Amapá (22,6 por mil).

O Entre 1940 e 2019 a mortalidade infantil apresentou declínio da ordem de 91,9%, sendo que a taxa de mortalidade entre 1 a 4 anos de idade diminuiu 97,3%. Neste período foram poupadas aproximadamente 135 vidas de crianças menores de 1 ano para cada mil nascidas vivas e 198 vidas de crianças de até 5 anos. Em 1940, a taxa de mortalidade na infância (crianças de até 5 anos) era de aproximadamente 212,1 óbitos para cada mil nascidos vivos. Em 2019, a taxa foi de 14,0 por mil.

Outros dados relevantes do próprio IBGE:

- Expectativa de vida dos idosos aumentou em 8,3 anos de 1940 a 2019;
- Espírito Santo tem a menor taxa de mortalidade infantil e Amapá, a maior;
- Em Rondônia, nem metade das pessoas que completam 60 anos chegam aos 80.

Com relação à distribuição espacial da população brasileira, um elemento é notório: a irregularidade. Tal fenômeno pode ser sistematizado analisando a densidade demográfica das localidades, o que acaba por explicar os movimentos de deslocamento dentro do próprio território. Tal aspecto faz o Brasil ser considerado um país populoso, mas pouco povoado.

A densidade demográfica (população relativa ou densidade populacional) revela quantas habitantes vivem em determinada localidade, por km². Para encontrar a densidade demográfica de uma área, utilizamos a seguinte fórmula:

DD = PA/ A

Onde,

DD = Densidade populacional

PA = População Absoluta

A = Área total da região/país

Para efeitos de sistematização, alguns conceitos são importantes:

» **População absoluta:** número absoluto de habitantes que vivem em determinada localidade. Exemplo: no Brasil, são aproximadamente 208 milhões de habitantes. Dessa forma, o país mais populoso do mundo (com a maior população absoluta é a China – 1,3 bilhão de habitantes).

É fato que alguns fatores acabam influenciando na ocupação das áreas (para isso, uma varredura histórica também se faz importante na obtenção das variáveis que influenciam a ocupação ou não de uma área). Assim, **questões climáticas, condições de solo, aspectos de urbanização, ofertas de postos de trabalho** são algumas das arestas que devem ser observadas para a compreensão do tema.

O Mapa da Densidade Demográfica de 2010 (com base nos dados do Censo Demográfico de 2010), revelou um Brasil ocupado no litoral e "vazio" no interior. O mapeamento revelou que as **maiores densidades demográficas - acima de 100 hab/km² -, estão situadas no entorno de São Paulo, do Rio de Janeiro e de eixos espaciais intensamente urbanizados, como a região do Vale do Paraíba e as áreas litorâneas ou próximas ao extenso litoral brasileiro,** consequência de um passado que implantou próximo à costa os primeiros e mais estáveis pontos de povoamento. A implantação da capital federal no interior do país foi responsável, em grande parte, pelos demais pontos de maior densidade demográfica fora das áreas próximas ao litoral, localizados entre o **eixo formado por Brasília e Goiânia – e que atualmente começa a se articular longinquamente com Cuiabá.** As capitais planejadas de Belo Horizonte e Teresina também interiorizaram grandes manchas urbanas nas regiões Nordeste e Sudeste, enquanto Manaus se identifica como uma extensa mancha urbana situada em posição central na Região Norte e na Amazônia sul-americana.

FIQUE POR DENTRO:

DENSIDADE DEMOGRÁFICA

A densidade demográfica tem relação, em partes, com as atividades possibilitadas em determinada localidade. Dessa forma, trata-se de um olhar mais abrangente – que envolva aspectos do espaço geográfico, ocupação do território, bem como atividades econômicas desenvolvidas.

As extensões territoriais de **densidades demográficas mais baixas (até 1 hab/km²)** abrangem os **estados da região Norte e Centro-Oeste, além de áreas do interior nordestino, como o oeste baiano e o sul do Maranhão e Piauí.** Áreas contíguas a essa mancha nordestina, situadas no noroeste mineiro, e manchas descontínuas situadas no sudoeste mineiro e nos Pampas gaúchos, de tradição pastoril, também estão dentre as áreas de menor povoamento. Essa vasta porção do território brasileiro de densidades populacionais muito baixas encobre uma grande diversidade geográfica, seja associada mais diretamente às condições naturais, seja à própria dinâmica histórica que alterou funções e usos tradicionais que a sociedade fazia dos espaços menos densos. Nesse sentido, situam-se nas classes de mais baixas densidades populacionais tanto as enormes extensões de cobertura florestal da Amazônia, ainda pouco alteradas pela ação humana e muitas vezes destinadas a Terras Indígenas ou Unidades de Conservação, como as superfícies intensamente apropriadas e comprometidas com a produção de commodities agrícolas do cerrado do Planalto Central, que abrangem áreas não só do Centro-Oeste como do Nordeste oriental. Essas enormes extensões do país vieram, em grande parte, de um **passado pastoril/minerador de baixos índices de ocupação para um presente cuja modernização do processo produtivo gera uma paisagem "vazia", dominada por intensa mecanização agrícola ou especialização pecuária (Mato Grosso do Sul) associada a uma urbanização dispersa e/ou com cidades linearmente distribuídas ao longo dos rios**, como no caso da parte ocidental da Região Norte, ou ao longo das estradas, como no Centro-Oeste e porção oriental da Região Norte.

Ao analisar os dados do IBGE com relação a densidade demográfica, o município paulista de Taboão da Serra aparece no ranking nacional. Segundo as estimativas divulgadas ontem pelo Instituto Brasileiro de Geografia e Estatísticas (IBGE), o município chegou a 293.652 habitantes divididos em um território de apenas 20,38 km², totalizando 14.408 hab/km². Para se ter uma ideia, Taboão da Serra é a 27ª cidade mais populosa do Estado de São Paulo e tem o quinto menor território, com apenas 20,38 km². Um dado interessante, é que Taboão é o oitavo menor município do todo o Brasil em termos territoriais.

A segunda cidade com maior densidade populacional do Brasil é Diadema, de acordo com a estimativa atualizada pelo IBGE, o município possui atualmente 426.757 habitantes, o que representa 13.886 habitantes por km².

? **QUESTÃO:** Existem desafios para cidades como Taubaté e Diadema?

> ➥ ***RESPOSTA:*** *Com toda certeza. Os desafios de oferta de serviços para a população são incomensuráveis. Isso porque as condições geográficas influenciam em outros aspectos (podemos notar cenários desafiadores em outros países com espaço geográfico fortemente ocupado). Por outro lado, grandes vazios demográficos tem os seus pontos desfavoráveis também.*

O movimento demográfico de um país é extremamente dinâmico e comporta uma série de atualizações. Para isso, em 2020 o IBGE realizaria novo censo com os seguintes temas: características dos domicílios, identificação étnico-racial, nupcialidade, núcleo familiar, fecundidade, religião ou culto, deficiência, migração interna ou internacional, educação, deslocamento para estudo, trabalho e rendimento, deslocamento para trabalho, mortalidade. Entretanto, a pandemia da covid-19 acabou por adiar a realização do Censo, ficando para o ano de 2021.

» Segundo o estudo do IBGE – Instituto Brasileiro de Geografia e Estatística, Taboão da Serra / SP é a cidade com a maior densidade demográfica do país. **Taboão da Serra ultrapassou pela primeira vez a marca de 14 mil habitantes por quilômetro quadrado, chegando a 14.012 hab/ km²**. Segundo estimativas do IBGE, o município possui hoje 285.570 moradores divididos em 20,38 km². Em um período de 12 meses, a cidade ganhou 5.936 habitantes, um crescimento populacional de 2,12% (a média nacional foi de 0,82%). A **segunda cidade com maior densidade populacional do**

Brasil é Diadema, de acordo com a estimativa atualizada pelo IBGE, o município possui atualmente 420.934 mil habitantes, o que representa cerca de 13.696 habitantes por km². O município de São João do Meriti, no Rio de Janeiro, que liderou o ranking por diversos anos seguidos e é conhecido como "Formigueiro das Américas", se manteve na terceira posição. Com uma população estimada em 471.888 mil habitantes, ou 13.399 habitantes por km². (IBGE, 2018)

A questão do deslocamento de pessoas é um dos temas de maior impacto na contemporaneidade. Entretanto, é preciso compreender a intensidade do tema dentro do Brasil. Por isso, os movimentos migratórios internos explicam determinadas problemáticas existentes no Brasil. Dessa forma, falar de movimentos migratórios internos, basicamente, é **falar dos indivíduos que se deslocam de seu local de origem para outros estados ou regiões do país.**

No Brasil, a migração interna atingiu seu ápice entre os anos 1960 e 1980, quando enormes contingentes se deslocaram do campo para as cidades, com destaque para o movimento de nordestinos rumo à Região Sudeste, sobretudo nos anos 1960 a 1980. Nas últimas décadas, contudo, a migração interna tem diminuído bastante. O Nordeste ainda perde habitantes para outras regiões, e o Sudeste é o que mais recebe imigrantes, mas com intensidade cada vez menor.

Entre os principais fatores que explicam a mudança nos fluxos migratórios internos estão:

» **O desenvolvimento econômico em outras regiões:** a partir dos anos 1960, começou a ocupação maciça das regiões Centro-Oeste e Norte. A primeira teve como fator de atração a inauguração de Brasília e, posteriormente, o avanço do agronegócio. Já a região Norte passou a atrair migrantes a partir da abertura de estradas como a Belém-Brasília e da criação da Zona Franca de Manaus.

» **A desconcentração industrial:** a partir dos anos 1990, as políticas de isenção de impostos e doação de terrenos feitas por estados e municípios acabaram atraindo as empresas para diferentes regiões. Consequentemente, a ampliação da oferta de emprego nesses locais impulsionou o recebimento de migrantes.

» **O avanço da urbanização:** nas últimas décadas, a urbanização avançou pelo Brasil, o que proporcionou a melhoria na infraestrutura de transportes, de telecomunicações e de energia elétrica, favorecendo a geração de empregos em locais até então menos desenvolvidos. Como a principal motivação para a migração é a busca por melhores condições de vida e de trabalho, à medida que ocorre uma distribuição mais equilibrada das ofertas de trabalho, a busca por outros lugares para morar tende a cair.

Entre 1995 e 2000, 3,4 milhões de pessoas trocaram a região onde nasceram por outra. Já entre 2005 e 2010, esse número baixou para 3 milhões. Assim, a migração entre regiões perde força frente a outros fluxos, como:

» **Migração intrarregional**: ocorre entre municípios de um mesmo estado ou ainda entre estados de uma mesma região, sobretudo em direção a cidades de médio porte. Esse processo é impulsionado, muitas vezes, por Indústrias que migram para cidades menores. A migração entre os estados movimentou 4,6 milhões de pessoas entre 2005 e 2010.

» **Migração pendular:** neste caso, trata-se de um arranjo populacional entre dois ou mais municípios onde há grande integração demográfica. A migração pendular ocorre quando as pessoas estudam ou trabalham em um município diferente de onde mora, sendo obrigado a se deslocar diariamente para cumprir essas obrigações.

» **Migração de retorno:** é o deslocamento de pessoas para sua região de origem, após ter migrado. É o que ocorreu na região Nordeste a partir dos anos 1980, com a melhora da economia local. Na Região Metropolitana de São Paulo, 60% dos que deixaram a região entre 2000 e 2010, eram migrantes de retorno. (Guia do Estudante)

MUITA ATENÇÃO! Os conceitos em questão auxiliam na compreensão dos processos de deslocamento dentro da sociedade. Dessa forma, é natural que o examinador crie exigências estritamente conceituais, onde não será possível avaliar o item sem compreender o tópico conceitual em questão.

A maioria da população de rua de São Paulo é formada por migrantes, especialmente de cidades do interior de São Paulo, apontou o censo da população de rua divulgado pela Secretaria de Assistência e Desenvolvimento Social (SMADS) da Prefeitura. Segundo a pasta, 71% do total das pessoas que estão na rua e 73,4% do total das pessoas acolhidas nos centros da Prefeitura são migrantes. A maior parte destas pessoas vem da própria região Sudeste do Brasil.

Em 2013, o Instituto Brasileiro de Geografia e Estatística (IBGE) fez projeções sobre o deslocamento interno. Segundo o relatório do IBGE, o fluxo migratório entre os estados, está diminuindo. Mas ainda é do Nordeste que sai a maioria dos migrantes. E a Bahia aparece no topo da lista. A Bahia foi o estado que mais perdeu população para outras regiões do país. Segundo o IBGE, em 2013 sairão mais 50.700, a maioria do semiárido, que sofre com a seca, onde ficam mais da metade municípios. Depois da Bahia, o estado que mais deve perder população em 2013 é o Maranhão. O terceiro é o Rio Grande do Sul. Na outra ponta, São Paulo é o que mais recebe migrantes.

Do ponto de vista cultural, o deslocamento de pessoas representa a possibilidade de uma expansão do intercâmbio cultural, troca de costumes, valores e a consequente evolução da localidade em que se vive. Por isso, pensar no constante deslocamento não é afirmar a existência de problemas apenas.

Em 2017, o Centro de Monitoramento de Deslocamento Interno (IDMC, na sigla em inglês), em Genebra, principal fonte de informação sobre o tema, registrou **30,6 milhões de novos deslocamentos internos em todo o mundo.** Isso significa dizer que, naquele ano, a cada segundo uma pessoa se tornava um deslocado interno, ou seja, obrigadas a abandonar suas casas, cidades ou vilarejos, mas continuaram dentro do território de seus países. Desse total, 11,8 milhões são de deslocados por conflitos e violência e 18,8 milhões por desastres —número quase equivalente aos **21,4 milhões de habitantes dos 39 municípios da região metropolitana de São Paulo**, segundo o IBGE.

Ao final de 2017, o número acumulado de deslocados internos por conflitos era de 40 milhões. Já o total de deslocamentos forçados por desastres ainda é desconhecido**. No Brasil, esse número foi de 71 mil pessoas, em 2017, cerca de cinco vezes o registrado em 2016**, segundo o IDMC. (SÃO PAULO, 2018)

Para efeito de comparação, na perspectiva internacional, o número de deslocados no mundo chegou a 80 milhões, segundo dados divulgados pelo Alto Comissariado da ONU para Refugiados (Acnur), em dezembro de 2020. A maioria (67%) dos refugiados são de apenas cinco países: Síria, Venezuela, Afeganistão, Sudão do Sul e Mianmar. Conforme os dados mais recentes, a maioria das pessoas forçadas a deixar suas casas (57,5%) permaneceu em seus próprios países — é o que a Acnur chama de "deslocamento interno", também motivado por perseguição, conflito e violações de direitos humanos. Além disso, 30% desse número — ou 26,3 milhões — são formalmente consideradas refugiadas: estão em situação de refúgio em outros países. E pouco mais de 4%, ou seja, 3,6 milhões, deixaram suas casas mas ainda procuram refúgio.

> **MUITA ATENÇÃO!**
> No Brasil, o caso venezuelano seria o grande destaque. É bem provável que o tema apareça, pela própria amplitude nos últimos anos e os desafios para a gestão (estadual, pensando no caso de Roraima que recebe grande parte dos venezuelanos, mas também da gestão federal, que precisa viabilizar meios para garantir a promoção da cidadania desses refugiados).

Caso venezuelano: A agência aponta que 4,5 milhões de venezuelanos estiveram fora de seus locais de origem em 2020. A maioria deles (3,6 milhões) foi para outro país, mas eles ainda não obtiveram a condição de refugiado. No Brasil, para agilizar o reconhecimento da condição de refúgio de venezuelanos, o Comitê Nacional para os Refugiados (Conare) declara desde junho **de 2019 a Venezuela em situação de grave e generalizada violação dos direitos humanos.**

Em dezembro de 2020, o Ministério da Justiça e Segurança Pública divulgou dados referentes aos trâmites no país. Mais de 100 mil processos de refúgio tiveram análise concluída pelo Comitê Nacional para os Refugiados (Conare). Do total de processos analisados, **47.817 obtiveram o reconhecimento de refugiado pelo comitê.** Os cidadãos venezuelanos representam a quase totalidade dos pedidos, com 46.641 reconhecimentos. Em seguida, em número bem menor, aparecem refúgios concedidos a cidadãos da Síria (180) e de Cuba (122). Foram indeferidos 7.375 processos, e cerca de 45 mil são casos que perderam o objeto, por falta de documentos ou outros requisitos que permitissem uma análise do pedido.

3. INTEGRAÇÃO ENTRE INDÚSTRIA E ESTRUTURA URBANA E SETOR AGRÍCOLA NO BRASIL

De fato, o processo de urbanização potencializou a estrutura urbana, mas também destacou seus desafios maiores. Do mesmo modo, a atividade industrial em evolução constante e progresso desmedido, passou a exigir uma estrutura urbana adequada para a população que passou a atuar, direta ou indiretamente, com o setor industrial.

Dessa forma, a industrialização é um dos fenômenos de maior impacto para a transformação do espaço geográfico. Ao longo da história, cada país apresentou seu ritmo de transformação no âmbito industrial, o que explicita a heterogeneidade dos espaços urbanos.

A relação entre **industrialização e urbanização** encontra-se no fato de que é o processo industrial que dinamiza as sociedades e atua no sentido de modernizá-las, embora esse não seja o único fator responsável por isso. Assim, ampliam-se os chamados **fatores atrativos das cidades**, ou seja, o conjunto de características do meio urbano que atrai os migrantes advindos do campo.

Além disso, entre os efeitos da industrialização na urbanização, temos a transformação do meio rural e, por extensão, dos **fatores repulsivos do campo**, ou seja, os elementos do meio rural responsáveis por enviar de maneira relativamente forçada a população rural para as cidades. Nesse caso, podemos citar a mecanização das atividades agrícolas, que geram a substituição de uma grande quantidade de trabalhadores por maquinários e do tipo de agrossistema adotado. Essa mecanização é intensificada pelas inovações técnicas produzidas pela industrialização.

Portanto, a industrialização intensifica a urbanização das sociedades no sentido de propiciar a formação do êxodo rural, que é a migração em massa da população do campo para as cidades, além de atrair essa migração justamente para as áreas mais industrializadas, onde há mais empregos direta e indiretamente produzidos pelas indústrias.

Vale lembrar que não é só a atividade industrial em si que gera uma maior atratividade demográfica para as cidades, mas a dinâmica econômica por ela produzida, que provoca o surgimento de maiores oportunidades em outros ramos da economia, principalmente no setor terciário (comércio e serviços). Não por coincidência, os países que mais avançaram no processo de industrialização e modernização das sociedades são aqueles que mais apresentam um setor terciário como composição predominante na produção de riquezas em suas respectivas economias.

No caso da industrialização e urbanização do Brasil, podemos perceber que as áreas que historicamente mais se industrializaram são aquelas que mais concentram um grande contingente populacional e, assim, encontram-se mais urbanizadas. As regiões Sudeste e Sul, principalmente as regiões metropolitanas de São Paulo e Rio de Janeiro, formam as maiores aglomerações urbanas do país, uma vez que essas áreas detêm a maior porção do parque industrial, mesmo com a tendência atual de dispersão de boa parte da produção fabril para o interior do território brasileiro.

Além de atrair um maior volume demográfico e intensificar a urbanização, os efeitos da industrialização nas cidades também podem ser sentidos na composição hierárquica da divisão territorial do espaço geográfico. Em sociedades predominantemente agrárias, o campo exerce uma relação preponderante sobre as cidades, uma vez que elas dependem do meio rural para a geração de alimentos, matérias-primas e movimentação de capital. Com a industrialização, as cidades modernizam-se e passam a subordinar o campo, que se torna dependente do meio urbano para o recebimento de máquinas, aparatos tecnológicos, mão de obra qualificada, conhecimentos científicos aplicados à produção, entre outros elementos.

Portanto, em resumo, podemos dizer que os **efeitos da industrialização na urbanização são:** intensificação do crescimento das cidades; concentração populacional; crescimento do setor terciário e a inversão da relação de subordinação entre campo e cidade. Esses aspectos são indicativos gerais e precisam ser devidamente adaptados para o entendimento de cada ocorrência ao longo do espaço geográfico mundial. (http://brasilescola.uol.com.br/geografia/relacao-entre-industrializacao-urbanizacao.htm)

3.1 Rede de transporte no Brasil: modais e principais infraestruturas

Outro fator que merece uma observação pontual é a rede de transportes brasileira. O Brasil é um país com dimensões continentais, apresentando uma larga extensão norte-sul, além de uma grande distância no sentido leste-oeste em sua porção setentrional. Por esse motivo, é necessária uma ampla rede articulada que ligue os diferentes pontos do território nacional a fim de propiciar o melhor deslocamento de pessoas e mercadorias.

A rede de transportes viável acaba por maximizar o investimento estrangeiro e favorecer a economia. No Brasil, a estratégia principal foi a de priorizar a **estruturação do sistema rodoviário** – sobretudo a partir do Governo JK – em detrimento da construção de ferrovias e hidrovias, que só recentemente vêm recebendo maiores investimentos.

O transporte rodoviário no Brasil foi – e ainda é – o meio responsável pela **maior parte dos fluxos de bens e pessoas no país, que priorizou a sua construção para favorecer as**

empresas estrangeiras do setor automobilístico e promover a entrada delas no país. A expectativa era estruturar o modal rodoviário a fim de propiciar a construção de polos industriais de automóveis no Brasil com o objetivo de ampliar a geração de empregos, embora hoje as indústrias desse setor empreguem cada vez menos trabalhadores, em função das novas tecnologias fabris.

FIQUE POR DENTRO:

"CABO DE GUERRA" ENTRE OS SETORES

Em 2021, os caminhoneiros passaram a discutir a possibilidade de uma nova paralisação. Isso por conta de um incentivo que seria dado ao setor marítimo por parte do governo federal. Percebe-se que a questão não é apenas logística, mas existe um jogo político de forças opostas quando o assunto é o transporte.

Outra característica da implantação das rodovias no Brasil foi a integração das diferentes partes do território brasileiro, que concentrou seus investimentos nas regiões litorâneas. Esse quadro começou a mudar ao longo do século XX, destacando-se a construção da capital Brasília. Assim, rodovias como Belém-Brasília, Cuiabá-Porto Velho e tantas outras tinham como preocupação estabelecer a ligação entre pontos e localidades até então desconectados.

A grande crítica a essa dinâmica questiona a opção por rodovias, algo não muito recomendado para países com larga extensão territorial, como o Brasil. Em geral, as estradas costumam ter um custo de manutenção mais elevado do que outros meios de transporte, como o ferroviário e o hidroviário, além de um maior gasto com combustíveis e veículos. Em virtude dos elevados custos e da política neoliberal de redução dos gastos públicos em investimentos estruturais, iniciou-se uma campanha de privatização das rodovias, que encontrou o seu auge na década de 1990, mas que ainda ocorre atualmente através de concessões públicas.

Apesar disso, a qualidade das rodovias no Brasil é bastante ruim, além da larga quantidade de estradas não pavimentadas. Elas oneram os gastos públicos, que muitas vezes não conseguem atender às necessidades principais, fator que não se modifica nem com as privatizações, uma vez que as concessões costumam ocorrer apenas com as estradas que já estão prontas e estruturadas.

? QUESTÃO: E a sinalização das rodovias, pode ser tida como uma garantia?

RESPOSTA: *Ainda não. De fato, o próprio avanço tecnológico permitiu melhorias contínuas em algumas localidades. Apesar disso, a sinalização é completamente deficitária em muitas áreas do país, o que acaba por acarretar maior número de infrações e acidentes. Esse é um desafio de infraestrutura considerado histórico.*

O transporte ferroviário no Brasil foi predominante até o final do século XIX, quando estruturava os deslocamentos de mercadorias da economia cafeeira, sendo, por essa razão, bastante consolidado na região Sudeste. As ferrovias, apesar dos elevados custos em suas construções, possuem baixos gastos em manutenção, o que não impediu que, de 1950 até os dias atuais, várias delas fossem sucateadas e até desativadas.

Além disso, existem várias ferrovias no Brasil em construção, mas que as obras se encontram inacabadas, muito embora os recentes investimentos por meio do PAC (Programa de Aceleração do Crescimento) trabalhem para modificar esse cenário. A principal ferrovia no Brasil em construção é a Ferrovia Norte-Sul, que já possui algumas áreas concluídas e em operação (ou com uso e operação a serem efetuados em breve).

Após a privatização de boa parte das ferrovias nacionais na década de 1990 e da derrocada da Rede Ferroviária Federal (RFFSA), empresa estatal responsável por administrá-las, a participação das ferrovias no Brasil até aumentou, apesar de atender interesses e deslocamentos muito específicos e limitados. Ainda hoje, a malha ferroviária nacional concentra-se nas regiões Sul e Sudeste.

O transporte hidroviário é o que possui a menor representatividade e participação nos sistemas de deslocamento nacional, o que é uma grande contradição, haja vista o grande potencial que o país possui para esse modal. No Brasil, a rede hidroviária é muito ampla e muitos rios são navegáveis sem sequer exigir a construção de grandes empreendimentos e estruturas, como obras de correção e instalação de equipamentos.

DICA IMPORTANTE

É de suma importância compreender essa abordagem histórica dos modais de transporte no Brasil. Tal aspecto se dá por uma fala persistente sobre investir em ferrovias, por exemplo, como se na história do país não encontrássemos a relevância das malhas ferroviárias. O problema foi a falta de continuidade, investimentos e projetos no segmento.

Uma justificativa para a negligência de investimentos nas hidrovias brasileiras é a existência de muitos rios de planalto, que são mais acidentados e exigem mais obras de correção para facilitar o transporte. Os rios de planície, mais facilmente navegáveis, encontram-se em áreas afastadas dos grandes centros econômicos.

Por outro lado, cita-se a concentração de investimentos em rodovias em áreas onde o mais indicado seria o investimento em hidrovias, cujo exemplo mais notório é o caso da Transamazônica, uma estrada construída quase que paralelamente ao rio Amazonas, de fácil navegação.

No entanto, a partir dos anos 1980 e sobretudo após a criação do Mercosul, que passou a exigir mais das hidrovias para a integração do Cone Sul, os investimentos públicos nessa área elevaram-se, mas ainda são insuficientes. **As principais hidrovias do Brasil são a Tietê-Paraná, a do Rio São Francisco, a do Amazonas, entre outras.**

Em resumo, o que se percebe é que os meios de transporte no Brasil precisam de diversificação para que haja menos dependência das rodovias nos deslocamentos de mercadorias e pessoas. Em geral, é necessária a instalação de uma matriz multimodal, ou seja, com vários sistemas de transportes diferentes integrados. Outra necessidade é uma maior integração rumo ao oeste do país, principalmente em direção aos países sul-americanos e ao Oceano Pacífico, com vistas a ampliar as trocas comerciais dentro do continente e em direção aos países asiáticos. (http://mundoeducacao.bol.uol.com.br/geografia/transportes-no-brasil.htm)

Um trem pode transportar a carga de até 220 caminhões. Um único vagão de metrô tem capacidade para 250 passageiros. Para levar esse mesmo número de pessoas, seriam necessários três ônibus ou 50 carros em um trânsito geralmente carregado. A capacidade é, sem dúvida, a vantagem mais visível do transporte sobre trilhos. Mas ele também é mais seguro, barato e polui menos. Por isso, o investimento no setor é visto como um dos **principais caminhos para transformar o país, seja no escoamento dos produtos ou na mobilidade das grandes cidades.**

O Brasil, é verdade, está longe de países europeus quando o assunto é estradas férreas. O total de **linhas de metrô aqui é de 309 quilômetros em todas as cidades. Só em Londres,**

por exemplo, são 402 quilômetros. No transporte de cargas, 25% dos produtos são escoados em vagões, enquanto que na Rússia esse percentual é de 88%.

Mas, nos últimos anos, o Brasil passou a se movimentar mais sobre trilhos. O transporte de cargas em 2016 registrou um recorde com 503 toneladas úteis, 29,3% superior ao volume de 2006 e quase o dobro do registrado em 1997. Fundamentais para a economia do país, a soja e o minério de ferro são os produtos que puxam para cima esses números.

Nas grandes cidades e regiões metropolitanas, o transporte sobre trilhos ganhou em importância. Atualmente, o Brasil tem 1.062 quilômetros para trens metropolitanos, metrôs e VLTs, meios de transporte que registraram aumento de 37,4% na quantidade de passageiros em dias úteis entre 2011 e 2015. Neste período, para atender a esse crescimento, houve ampliação de 6,7% na extensão das linhas operacionais, 10,3% no número de estações e 17,6% no número de linhas. Foram comprados mais vagões e reduziu-se o intervalo entre os trens. Tudo isso para atender uma multidão. Em dias úteis, 8,5 milhões de pessoas deslocam-se nos sistemas metro ferroviários brasileiros, sendo que 70,4% na Região Metropolitana de São Paulo.

Tanto para cargas quanto para passageiros, está comprovado que o transporte sobre trilhos é mais eficiente e barato. No caso de mercadorias, ele é o mais recomendado para escoar a produção em longas distâncias, ideal para as dimensões continentais como é o caso do Brasil. Um trem com duas locomotivas e 96 vagões carrega 8.400 toneladas de carga. Para o mesmo volume, seriam necessários 220 caminhões bi trens, o maior veículo de carga rodoviário que não necessita de autorização especial.

DICA IMPORTANTE

Segundo dados do governo federal, atualmente, o **modal ferroviário corresponde a 15% da matriz de transporte brasileira. O objetivo é chegar a 30% nos próximos 10 anos**. Ou seja, duplicar a malha ferroviária no país. O objetivo é reduzir o custo do transporte e melhorar a eficiência logística do nosso agronegócio, que hoje depende basicamente do modal rodoviário. A ideia, em médio e longo prazo, é **conectar as ferrovias aos portos brasileiros. Ainda segundo o governo federal, o investimento privado nos próximos anos tende a superar a casa dos R$40 bilhões.**

Isso resulta em economia, já que o frete médio do modal ferroviário é quase metade do rodoviário, conforme o manual estatístico do Ministério dos Transportes, Portos e Aviação Civil. Ou seja, para fazer o que os três fizeram em 2016, seriam necessários 57 mil caminhões bi trens indo de São Paulo ao Rio de Janeiro, todos os dias, durante um ano. E isso resultaria em quase o dobro do preço ao cliente final.

O investimento em trilhos também traz ganhos ambientais para o país. Isso porque esse modal tem alta capacidade, baixa retenção de trânsito e vias de circulação com baixo atrito. Conforme a Associação Nacional dos Transportadores Ferroviários, apesar de carregar 25% das cargas do país, o transporte ferroviário é responsável por apenas 2,2% das emissões do setor de transportes.

Se fossem implantadas ferrovias eletrificadas para o transporte de cargas, o que não existe hoje no Brasil, esse ganho seria ainda maior. E as ferrovias eletrificadas ainda podem levar outros serviços por onde passam, como energia elétrica aos moradores, internet e cabos de fibra ótica, por exemplo. (https://g1.globo.com/especial-publicitario/em-movimento/noticia/como-o-investimento-em-trilhos-pode-transformar-o-brasil.ghtml)

Produtos Brasileiros mais Exportados

Básico	Manufaturados
soja em algodão	automóveis de passageiros
minério de ferro	aviões
petróleo em bruto	óxidos/hidróxios de alumínio
milho em grão	máquinas para terraplanagem
carne bovina	laminados planos
carne de frango	veículos de carga
café em grão	autopeças
minério de cobre	óleos combustíveis
farelo de soja	polímeros plásticos
algodão em bruto	açúcar refinado

Falando em ocupação do território a partir das atividades agrícolas, um dado divulgado pelo IBGE em março de 2020 chama a atenção: a área agrícola cresceu 3,3% em dois anos e ocupa 7,6% do território nacional em 2018, diz IBGE. Municípios de Mato Grosso, Maranhão e Pará lideram expansão da agricultura, especialmente da soja, sobre florestas e pastagens. Segundo o IBGE, entre 2000 e 2012, cerca de 20% das novas áreas agrícolas vieram da conversão de pastagem com manejo, mas, a partir de 2012, esse número subiu para 53%. O estudo também mostra que, em 18 anos, o Brasil perdeu 7,6% de sua vegetação florestal. A área, que era de 4.017.505 km² em 2000, passou a ser de 3.712.058 km² em 2018, equivalente a 42,4% do território.

Outro aspecto relevante para a conjuntura econômica brasileira diz respeito ao processo de mecanização no campo. Segundo o IBGE, atualmente são mais de **1,7 milhão de equipamentos no campo.** Em contrapartida, com a mecanização, o campo perdeu um **1,5 milhão de postos de trabalho**. Hoje, o país tem 15 milhões de trabalhadores rurais. O número de tratores por sua vez cresce cerca de 50%.

O Censo Agropecuário também apresentou o número de animais no país. O **rebanho bovino caiu 2,8%. Já a suinocultura cresceu 25,6%.** O setor de aves teve o maior crescimento: 27%. A região Nordeste foi a única que registrou queda na área destinada à agropecuária. Os cinco anos seguidos de seca foram decisivos para essa redução.

Outros dados do **Censo Agropecuário** chamam a atenção para a dinâmica do campo:

» Cresceu em **20,4% o total de produtores que usam agrotóxico**, chegando a 1,7 milhão (vale destacar que o tema ganhou destaque ao longo dos últimos meses com o debate sobre o "PL do Veneno".

» **O acesso à internet no campo disparou 1.790%:** passou de 75 mil para 1,4 milhão

» **Cresceu o número de produtoras rurais mulheres: de 12,7% para 18,6%**

» Área ocupada pela agropecuária cresceu 16,5 milhões de hectares em 11 anos (alta de 5%). **Pará e Mato Grosso** foram os estados com maiores altas.

» Foi verificada **maior concentração de propriedades: havia 5,07 milhões de unidades em 2017 contra 5,17 milhões em 2006** (redução de 2%)

» **O uso de irrigação foi ampliado, com aumento de 52%** tanto em estabelecimentos quanto em áreas.

» O Censo revela ainda um **contingente de crianças e jovens com menos de 14 anos que trabalham no campo: são 269.786 meninos e 237.346 meninas** nessa faixa etária com laço de parentesco com o produtor. Há ainda 48.054 ocupados permanentemente, 25.577 temporários e 7.042 classificados como parceiros.

Os dados do Anuário CNT do Transporte (2020) reforçam a complexidade da questão dos modais no país.

Malha

– 1.720.700,0 km é a extensão total da malha rodoviária em 2019 (No período de 2009 a 2019 a malha pavimentada cresceu apenas 0,5%)

– 12,4% é pavimentada: 213.452,0 km

– 9,1% é planejada: 157.309,0 km

– 78,5 é não pavimentada: 1.349.938,0 km

Em 2009, a extensão rodoviária brasileira era 1.712092,7 km, sendo:

– 12,4% a extensão pavimentada: 212.491,40 km

– 7,7% a extensão Planejada: 131.233,3 km

– 79,9% a extensão não pavimentada: 1.368.368,0 km

CONDIÇÃO DAS RODOVIAS - PESQUISA CNT DE RODOVIAS

– 59,2% das rodovias avaliadas, em 2019, apresentaram algum tipo de problema no estado geral;

– 47,6% dos trechos avaliados têm problemas no pavimento;

– 48,1% dos trechos avaliados apresentam deficiência na sinalização;

– 75,7% dos trechos avaliados têm falhas na geometria.

TRANSPORTE AQUAVIÁRIO

– 1,1 bilhão de toneladas de cargas foram movimentadas nas instalações portuárias brasileiras em 2019 - queda de 1,6% em relação a 2018;

– Granel sólido: 680,7 milhões de toneladas (queda de 5,5% em relação a 2018);

– Granel líquido e gasoso: 252,1 milhões de toneladas (aumento de 7,1% em relação a 2018);

– Carga conteinerizada: 116,9 milhões de toneladas (aumento de 3,2% em relação a 2018);

– Carga geral: 54,3 milhões de toneladas (queda de 4,8% em relação a 2018).

4. GEOGRAFIA E GESTÃO AMBIENTAL

A questão ambiental acaba envolvendo diferentes fatores do contexto de um país. No caso brasileiro, os desafios se desdobram por outras áreas, alcançando dimensões sociais, econômicas e políticas. Basta analisar a questão do saneamento básico para compreender os desafios da gestão ambiental no Brasil.

O ano de 2020 trouxe consigo a aprovação do novo Marco Legal do Saneamento. Em julho de 2020, dados divulgados pelo IBGE chamavam a atenção para o tema:

» Cerca de 39,7% dos municípios brasileiros não tinham serviço de esgotamento sanitário; no Norte, somente 16,2% dos municípios contavam com esse serviço.

» Apenas em 11 das 27 unidades da federação, mais da metade dos municípios possuíam rede coletora de esgoto.

» Eram 34,1 milhões de domicílios sem serviço de esgotamento sanitário no país, sendo 13,6 milhões no Nordeste.

» O serviço era prestado por empresas privadas em somente 3,1% dos municípios.

» 62,8% dos municípios brasileiros trataram o esgoto.

» Em 63,9% dos municípios que coletam esgoto havia cobrança pelo serviço.

» 61,6% dos municípios com esgotamento sanitário tinham fiscalização para implantação de sistema em loteamentos novos.

» Apenas 16,7% dos municípios informaram que tinham rede na área urbana e rural (toda ou em parte).

Os dados são de 2017 e fazem parte da Pesquisa Nacional de Saneamento Básico e do Suplemento de Saneamento da Pesquisa de Informações Básicas Municipais.

O desenvolvimento da técnica e da ciência, trouxe inúmeros impactos para o meio ambiente. Entre eles, destaca-se o consumo exacerbado de recursos naturais e fontes de energias. Nesse sentido, o consumo cada vez mais ilimitado dos recursos finitos para atendar as demandas da sociedade, resultou nas preocupações em nível mundial acerca do uso e apropriação dos recursos naturais.

Considerado um marco inicial do planejamento ambiental em todo o mundo, a **Conferência das Nações Unidas sobre o Meio Ambiente e Desenvolvimento, realizada em Estocolmo**, em 1972, foi o primeiro evento da ONU para discutir a preservação ambiental. Até a década de 70, os maiores problemas ambientais estavam atrelados a questões locais, como as poluições atmosféricas de determinadas cidades ou a poluição dos agrotóxicos em solos e água em determinadas áreas territoriais. Atualmente, entende-se que os problemas ambientais interagem com escala planetária e evocam inúmeros problemas sociais.

No Brasil a gestão ambiental teve suas bases formuladas no processo de redemocratização na década de 1980. Desta maneira, foi promulgado a **lei Nº 6. 938 que dispõe de uma maior preocupação com os recursos naturais brasileiros**. Portanto, compõe-se a Política Nacional do Meio Ambiente para potencializar as questões de preservação, melhorias e recuperação da qualidade ambiental.

Para compreender a gestão ambiental no espaço geográfico brasileiro, torna-se fundamental o entendimento da formação do território a partir do seu contexto histórico. Com o **crescimento demográfico acelerado acompanhado do intenso processo de industrialização**, nas décadas finais do século XIX, configura-se sérios impactos negativos para a organização do espaço ambiental. Diante disso, observa-se o consumo desenfreado baseado na agilidade de fabricação de novos produtos e, em contrapartida, acabam provocando problemas relacionados a poluição atmosférica, visual, aquática e dos solos, por meio de descartes irregulares e volumosos.

FIQUE POR DENTRO:

QUARTA REVOLUÇÃO INDUSTRIAL

Economia verde em substituição à economia fóssil, sustentabilidade, teoria dos 5Rs. Essas são algumas expressões necessárias para pensar os desafios ambientais do século XXI. Especialmente em um momento onde a geração de plástico cresce (lixo oriundo da pandemia), além do fato de as pessoas carecerem, em partes, de uma educação ambiental formal. Os avanços tecnológicos não podem minar a realidade do ser humano (2020 empatou com 2016 como ano mais quente, segundo estudos europeus).

As estruturas e formas de organização do espaço geográfico, vinculadas principalmente aos setores políticos e econômicos, são determinantes para conceber a exploração de recursos naturais acompanhando os elementos da modernidade. Deste modo, tem-se como **prioridade o desenvolvimento do território na intensificação dos processos de urbanização, secundarizando a criação de políticas sociais para a população.**

Nessa perspectiva dos compromissos assumidos entre as nações, um dos feitos de maior destaque e que mobiliza uma série de ações é a edificação dos 17 Objetivos para o Desenvolvimento Sustentável da ONU. Compromisso esse que abarca uma série de segmentos da sociedade. Veja:

» **Objetivo 1: Acabar com a pobreza em todas as suas formas, em todos os lugares;**

» **Objetivo 2: Acabar com a fome, alcançar a segurança alimentar e melhoria da nutrição e promover a agricultura sustentável;**

» **Objetivo 3: Assegurar uma vida saudável e promover o bem-estar para todos, em todas as idades;**

» **Objetivo 4: Assegurar a educação inclusiva, equitativa e de qualidade, e promover oportunidades de aprendizagem ao longo da vida para todos;**

» **Objetivo 5: Alcançar a igualdade de gênero e empoderar todas as mulheres e meninas**

» **Objetivo 6: Assegurar a disponibilidade e gestão sustentável da água e saneamento para todos;**

» **Objetivo 7: Assegurar o acesso confiável, sustentável, moderno e a preço acessível à energia para todos;**

» **Objetivo 8: Promover o crescimento econômico sustentado, inclusivo e sustentável, emprego pleno e produtivo e trabalho decente para todos;**

» **Objetivo 9: Construir infraestruturas resilientes, promover a industrialização inclusiva e sustentável e fomentar a inovação;**

» **Objetivo 10: Reduzir a desigualdade dentro dos países e entre eles;**

» **Objetivo 11. Tornar as cidades e os assentamentos humanos inclusivos, seguros, resilientes e sustentáveis;**

» **Objetivo 12. Assegurar padrões de produção e de consumo sustentáveis;**

» **Objetivo 13. Tomar medidas urgentes para combater a mudança climática e seus impactos;**

» **Objetivo 14. Conservação e uso sustentável dos oceanos, dos mares e dos recursos marinhos para o desenvolvimento sustentável;**

» **Objetivo 15. Proteger, recuperar e promover o uso sustentável dos ecossistemas terrestres, gerir de forma sustentável as florestas, combater a desertificação, deter e reverter a degradação da terra e deter a perda de biodiversidade;**

» **Objetivo 16. Promover sociedades pacíficas e inclusivas para o desenvolvimento sustentável, proporcionar o acesso à justiça para todos e construir instituições eficazes, responsáveis e inclusivas em todos os níveis;**

» **Objetivo 17. Fortalecer os meios de implementação e revitalizar a parceria global para o desenvolvimento sustentável.**

? **QUESTÃO:** Quais seriam os eixos do desenvolvimento sustentável?

RESPOSTA: *Aspecto ambiental, social e econômico. Garante-se o desenvolvimento econômico e social da geração atual, sem colocar em risco os recursos naturais das gerações futuras. Esse é o grande desafio com nosso modelo produtivo que tem gerado escassez de determinados recursos e colocado em risco outros.*

A Conferência do Clima da ONU, COP 24, aconteceu em dezembro de 2018 na Polônia. Logo na abertura o secretário-geral da ONU, António Guterres, pediu esforços para estimular a **economia verde**. Além disso, o secretário-geral da ONU abordou a importância da reunião de esforços para tratar a mudança climática que causa tantos impactos em diferentes partes do globo. Em 2019, a Conferência deveria acontecer no Brasil mas por questões orçamentárias foi alterada para o Chile, que não pode receber por conta de protestos. Assim, a realização aconteceu em Madrid, na Espanha. Em 2020, a COP-26 aconteceria na Escócia, mas acabou sendo adiada para 2021 por conta da pandemia.

A Organização das Nações Unidas para a Alimentação e a Agricultura (FAO na sigla em inglês) lançou, em novembro de 2018, o relatório "Panorama da pobreza rural na América Latina e Caribe", em que apresenta propostas para acabar com a pobreza no campo e muitos dados impactantes. Os dados mostraram um cenário até animador quando se acompanha uma linha desde 1990 até agora. Há uma **tendência positiva na redução da pobreza e uma diminuição na quantidade de cidadãos do meio rural que são impedidos de consumir o básico para se alimentar**. Ou seja, nos últimos 25 anos houve uma redução, tanto da pobreza rural como da urbana, em nossa região. No Brasil, em 90 havia 71% de pessoas sofrendo privações de toda a espécie na Zona Rural, e esta porcentagem baixou para 29% em 2014. Ainda em se tratando de FAO, relatório divulgado em 2020 destacou um total de 690 milhões de pessoas em siguatção de insegurança alimentar grave (no Brasil, dados de 2020 do IBGE apontaram 10,3 milhões de brasileiros na mesma situação) – a grande preocupação dos organismos é entender como a pandemia tende a agravar tais dados e como agir para minimizar os problemas econômicos e sociais.

DICA IMPORTANTE

Nos últimos anos, a questão ambiental tornou-se agenda de todas as áreas. No caso brasileiro, o ano de 2020 acabou trazendo desafios para tratar a questão do desmatamento, queimadas (Pantanal), emissão de poluentes, legislação ambiental (com posicionamentos de interpretação dúbia por parte de autoridades atuantes na área).

Outra questão que está diretamente relacionada ao contexto ambiental é a temática aquecimento global. Segundo a entidade especializada da ONU – Organização Meteorológica Mundial- a **quantidade de gás carbono na atmosfera atingiu um novo recorde de 405,5 partículas por milhão em 2017.** Na contramão, as **emissões brasileiras dos gases do efeito estufa caíram 2,3% em 2017**, segundo relatório divulgado em novembro de 2018, pelo Observatório do Clima. O país gerou 2,071 toneladas brutas no ano passado, contra 2,119 bilhões de toneladas em 2016. De acordo com o texto, a queda foi puxada pela redução na taxa de desmatamento na Amazônia – a destruição da floresta caiu 12% no mesmo período. As emissões devido às perdas na região caíram de 601 milhões de toneladas em 2016 para 529 milhões.

4.1 Macrodivisão natural do espaço brasileiro: biomas, domínios e ecossistemas

O Brasil possui uma das biodiversidades mais ricas do mundo, detentor das maiores reservas de água doce e de um terço das florestas tropicais que ainda não foram desmatadas. Segundo o IBGE, **o Brasil é formado por seis biomas de características distintas: Amazônia, Caatinga, Cerrado, Mata Atlântica, Pampa e Pantanal.** Cada um desses ambientes abriga diferentes tipos de vegetação e de fauna.

Bioma é conceituado no mapa como um conjunto de vida (vegetal e animal) constituído pelo agrupamento de tipos de vegetação contíguos e identificáveis em escala regional, com condições geoclimáticas similares e história compartilhada de mudanças, o que resulta em uma diversidade biológica própria.

De acordo com o Ministério do Meio Ambiente, para a perpetuação da vida nos biomas, é necessário o **estabelecimento de políticas públicas ambientais**, a identificação de oportunidades para a conservação, uso sustentável e repartição de benefícios da biodiversidade.

Segundo o IBGE, **o bioma continental brasileiro de maior extensão, a Amazônia, e o de menor extensão, o Pantanal**, ocupam juntos mais de metade do Brasil: o Bioma Amazônia, com 49,29%, e o Bioma Pantanal, com 1,76% do território brasileiro.

BIOMAS CONTINENTAIS BASILEIROS	ÁREA APROXIMADA (KM2)	ÁREA TOTAL BRASIL
Bioma AMAZÔNIA	4.196.943	49,29%
Bioma CERRADO	2.036.448	23,92%
Bioma MATA ATLÂNTICA	1.110.182	13,04%
Bioma CAATINGA	844.453	9,92%
Bioma PAMPA	176.496	2,07%
Bioma PANTANAL	150.355	1,76%
Área Total BRASIL	8.514.877	

Fonte: IBGE (2004)

Maior reserva de diversidade biológica do mundo, a Amazônia é também o maior bioma brasileiro em extensão e ocupa quase metade do território nacional (49,29%). A bacia amazônica ocupa 2/5 da América do Sul e 5% da superfície terrestre.

O **Bioma Amazônia** ocupa a totalidade de cinco unidades da federação (Acre, Amapá, Amazonas, Pará e Roraima), grande parte de Rondônia (98,8%), mais da metade de Mato Grosso (54%), além de parte de Maranhão (34%) e Tocantins (9%). A bacia amazônica é a maior bacia hidrográfica do mundo: cobre cerca de 6 milhões de km2 e tem 1.100 afluentes. Seu principal rio, o Amazonas, corta a região para desaguar no Oceano Atlântico, lançando ao mar cerca de 175 milhões de litros d'água a cada segundo.

Segundo o ministério do Meio Ambiente, estimativas situam **a região Amazônica como a maior reserva de madeira tropical do mundo**. Seus recursos naturais – que, além da madeira, incluem enormes estoques de borracha, castanha, peixe e minérios, por exemplo – representam uma abundante fonte de riqueza natural. A região abriga também grande riqueza cultural, incluindo o conhecimento tradicional sobre os usos e a forma de explorar esses recursos naturais sem esgotá-los nem destruir o habitat natural.

O **Bioma Mata Atlântica** ocupa inteiramente três estados - Espírito Santo, Rio de Janeiro e Santa Catarina - e 98% do Paraná, além de porções de outras 11 unidades da federação. Originalmente, o bioma ocupava mais de 1,3 milhões de km^2 em 17 estados do território brasileiro, estendendo-se por grande parte da costa do país. De acordo com o Ministério do Meio Ambiente, estima-se que existam na Mata Atlântica cerca de **20 mil espécies vegetais** (35% das espécies existentes no Brasil, aproximadamente), incluindo diversas espécies endêmicas e ameaçadas de extinção.

A Mata Atlântica é composta por formações florestais nativas (Floresta Ombrófila Densa; Floresta Ombrófila Mista, também denominada de Mata de Araucárias; Floresta Ombrófila

Aberta; Floresta Estacional Semidecidual; e Floresta Estacional Decidual), **e ecossistemas associados** (manguezais, vegetações de restingas, campos de altitude, brejos interioranos e encraves florestais do Nordeste). O bioma também é protegido pela Lei nº 11.428/2006, conhecida como **Lei da Mata Atlântica**, regulamentada pelo Decreto nº 6.660/2008.

O Bioma Cerrado incide sobre os estados de Goiás, Tocantins, Mato Grosso, Mato Grosso do Sul, Minas Gerais, Bahia, Maranhão, Piauí, Rondônia, Paraná, São Paulo e Distrito Federal, além dos encraves no Amapá, Roraima e Amazonas. **É o segundo maior bioma da América do Sul**, ocupando uma área de 2.036.448 km2, cerca de 22% do território nacional. Neste espaço territorial encontram-se as nascentes das **três maiores bacias hidrográficas da América do Sul (Amazônica/Tocantins, São Francisco e Prata)**, o que resulta em um elevado potencial aquífero e favorece a sua biodiversidade.

Segundo os dados disponibilizados pelo Ministério do Meio Ambiente, **o Cerrado brasileiro é reconhecido como a savana mais rica do mundo**, abrigando 11.627 espécies de plantas nativas já catalogadas. Existe uma grande diversidade de habitats, que determinam uma notável alternância de espécies entre diferentes fitofisionomias. Cerca de 199 espécies de mamíferos são conhecidas, e a rica avifauna compreende cerca de 837 espécies. Os números de peixes (1200 espécies), répteis (180 espécies) e anfíbios (150 espécies) são elevados.

A caatinga ocupa uma área de cerca de 844.453 quilômetros quadrados, o equivalente a 11% do território nacional. Engloba os estados Alagoas, Bahia, Ceará, Maranhão, Pernambuco, Paraíba, Rio Grande do Norte, Piauí, Sergipe e o norte de Minas Gerais. **Rico em biodiversidade**, o bioma abriga 178 espécies de mamíferos, 591 de aves, 177 de répteis, 79 espécies de anfíbios, 241 de peixes e 221 abelhas (IBGE).

Apesar da sua importância**, o bioma Cerrado tem sido desmatado de forma acelerada**, principalmente nos últimos anos, devido principalmente ao consumo de lenha nativa, explorada de forma ilegal e insustentável, para fins domésticos e indústrias, ao sobrepastoreio e a conversão para pastagens e agricultura

De acordo com o IBGE, **o bioma Pampa está restrito ao estado do Rio Grande do Sul**, onde ocupa uma área de 176.496 km² (IBGE, 2004). Isto corresponde a 63% do território estadual e a 2,07% do território brasileiro. As paisagens naturais do Pampa são variadas, de serras a planícies, de morros rupestres a coxilhas. O bioma exibe um imenso patrimônio cultural associado à biodiversidade. As paisagens naturais do Pampa se caracterizam pelo predomínio dos campos nativos, mas há também a presença de matas ciliares, matas de encosta, matas de pau-ferro, formações arbustivas, butiazais, banhados, afloramentos rochosos, etc.

O **bioma Pantanal é considerado uma das maiores extensões úmidas contínuas do planeta**. Este bioma continental é considerado o de menor extensão territorial no Brasil, entretanto este dado em nada desmerece a exuberante riqueza que o referente bioma abriga. A sua área aproximada é 150.355 km² (IBGE,2004), ocupando assim 1,76% da área total do território brasileiro. Em seu espaço territorial o bioma, que é uma planície aluvial, é influenciado por rios que drenam a bacia do Alto Paraguai (IBGE). Apesar de sua beleza natural exuberante **o bioma vem sendo muito impactado pela ação humana, principalmente pela atividade agropecuária**, especialmente nas áreas de planalto adjacentes do bioma.

Bioma é distinto de domínio e de ecorregião. O Brasil possui 6 biomas (paisagem vegetal semelhante, ainda que a vegetação se diferencie), 6 domínios, com faixas de transição entre ele, e pelo menos 49 ecorregiões já identificadas.

Os **Domínios Morfoclimáticos são conjuntos formados por aspectos naturais**, como solo, relevo, hidrografia, vegetação e clima que predominam em um determinado local, formando uma determinada paisagem. O grande responsável por esta classificação no Brasil foi o professor Aziz Ab' Saber.

Domínio Equatorial Amazônico está situado na região Norte do Brasil, é formado, em sua maior parte, por **terras baixas** (Planície Amazônica e as áreas de depressões), predominando o processo de sedimentação, banhado pela Bacia Amazônica, com um clima e floresta equatorial.

Domínio dos Cerrados está localizado na porção central do território brasileiro, há um **predomínio de chapadões (Planalto Central),** apresentando algumas nascentes importantes como dos rios da Bacia do Tocantins-Araguaia, com a vegetação predominante do Cerrado e o clima tipicamente tropical.

Domínio dos Mares de Morros está localizado ao longo do litoral brasileiro, o domínio de mares de morros **recebe esse nome em função de sua estrutura geológica.** Formada por dobramentos cristalinos da Era Pré-Cambriana, esse relevo sofreu intensa ação erosiva ao longo dos milhões de anos, o que contribuiu para a formação de morros com vertentes arredondadas, chamadas de "morros em meia-laranja". **A vegetação característica desse domínio é a Floresta Tropical Úmida ou Mata Atlântica**, que possui cerca de 20 mil espécies de plantas, das quais 8 mil são consideradas endêmicas. (Portal G1)

Domínio das Caatingas localiza-se no nordeste brasileiro, no conhecido polígono das secas ou Sertão Nordestino, caracterizado por depressões interplanálticas e alguns chapadões, a hidrografia é bastante limitada pela condição climática que é o Semi-árido e a vegetação é a quem dá o nome a este domínio.

Domínio das Araucárias encontra-se no Sul do país, com predomínio de planaltos, com a Bacia do Paraná sendo destaque, o clima é subtropical e a vegetação é formada por araucárias (quase extintas).

O domínio das Pradarias, também conhecido por Pampa ou Campanha Gaúcha, é composto por uma vegetação rasteira, formada por herbáceas e gramíneas. Localizado no sul do país, em especial no estado do Rio Grande do Sul, essa região exibe relevo suavemente ondulado (coxilhas), onde se desenvolvem práticas como a pecuária extensiva e a agricultura da soja e do trigo. O pisoteio constante do gado e a prática da monocultura, respectivamente, têm levado à compactação e à redução da fertilidade do solo, gerando áreas desertificadas (Portal G1).

Os ecossistemas são todos os sistemas abertos onde estão envolvidos fatores físicos e biológicos de uma área determinada e que estão englobados seres vivos, os meios em que vivem e todas as interações entre ambos. Destaca-se que **um domínio pode conter mais de um bioma e de um ecossistema.**

Podemos dizer que no Brasil, temos 7 **diferentes tipos de ecossistemas**, são eles: Floresta Amazônica, Caatinga, Campos, Cerrados, Pantanal, Mata Atlântica e Vegetação Litorânea (esta engloba os manguezais e as restingas).

? **QUESTÃO:** Existe algum ecossistema mais importante do que o outro?

➥ ***RESPOSTA:*** *Essa questão é muito relativa. Cada ecossistema tem sua contribuição para o equilíbrio natural, além de alçar suas próprias especificidades para a localidade em questão.*

Como **características centrais dos ecossistemas brasileiros**, destacam-se:

» **Floresta Amazônica**: cobre uma parte de nosso país, mas também vai além dele. Suas principais características são chuvas abundantes e muito frequentes, além de possui uma flora muito exuberante, com uma grande diversidade de espécies como a seringueira, o guaraná e a vitória régia, muito conhecidas como típicas desse local.

» **Mata Atlântica:** Esse ecossistema foi muito prejudicado pelo desmatamento, originalmente ele cobria 12% do território brasileiro, hoje restam apenas 9% dessa extensão, ou seja, apenas 1% do território nacional.

» **Cerrado:** A principal característica do cerrado são suas árvores pequenas e com troncos retorcidos que surgem no meio de uma vegetação rasteira bastante rala

» **Caatinga:** Durante o verão esse ecossistema possui uma umidade extremamente baixa, portanto as plantas mais comuns por ali são cactos, cajueiros e juazeiros.

» **Campos:** Essa região é conhecida também como pampa. Sua vegetação é de um tapete herbáceo baixo, chegando até 1 metro de altura, e costuma ser bastante pobre em espécies predominando gramíneas, compostas e leguminosas.

» **Pantanal:** Essa é uma área de inundação contínua, sendo uma área de transição e por isso possui um grande mosaico de ecossistemas terrestres.

» **Vegetação Litorânea:** Sua biodiversidade de vegetação é muito grande, além de também abrigar uma grande quantidade de animais como crustáceos, peixes e aves.

Nota-se que os diferentes biomas, domínios e ecossistemas integrantes do território brasileiro, apresentam uma diversidade climática, vegetal, animal e de relevo, contidas entre as diferentes partes do Brasil.

DICA IMPORTANTE

As questões das provas de geopolítica tendem a versar sobre aspectos socioeconômicos. Dessa forma, é provável que a banca se utilize de alguma informação pontual acerca da geografia física como forma de mobilização para o tema (exemplo: a questão dos biomas e a problemática do desmatamento, bem como os reflexos para a política econômica do país).

4.2 Política e gestão ambiental no Brasil

A política e gestão ambiental no território brasileiro, configura-se pelas organizações e planejamentos dos governos, ao longo dos períodos históricos, para lidar com as questões ambientais. Pensar no conceito de gestão ambiental, remete a importância da aplicação das leis, regulamentos, indicadores, normas, planos e programas para serem desenvolvidos na preservação do meio ambiente.

A Conferência das Nações Unidas sobre o Meio Ambiente e Desenvolvimento no Rio de Janeiro, a ECO-92, teve a **criação de um programa de planejamento ambiental importante para as nações mundiais, a AGENDA 21**. Esse programa, visou a construção de sociedade mais sustentáveis, por meio de métodos de proteção ambiental, justiça social e eficiência econômica.

No Brasil, a partir da Política Nacional do Meio ambiente, baseada na Lei Nº 6. 938, de 31 de agosto de 1981, tem-se uma maior preocupação com a preservação e melhorias nas questões ambientais. Com isso, surge o SISNAMA (Sistema Nacional do Meio Ambiente) para proteção e melhorias nas questões ambientais. Cria-se o CONAMA (Conselho Nacional do Meio Ambiente) afim de propor e assessorar diretrizes de políticas governamentais para o meio ambiente.

O IBAMA (Instituto Brasileiro do Meio Ambiente e dos Recursos Renováveis) é um programa criado em 1988, visando combater o desmatamento. Diante disso, as preocupações com as questões ambientais levaram um posicionamento das políticas brasileiras em propor alternativas e programas no enfrentamento aos impactos negativos das ações humanas.

Contudo, ainda enfrentamos dificuldades na execução ou fiscalização das legislações brasileiras. Fato é que os setores agroindustriais provocam conflitos acerca das impactos no meio ambiente para o desenvolvimento para o país. Além disso, muitas vezes, há um respaldo de políticas governamentais para promover um possível avanço econômico.

A **política de desenvolvimento sustentável**, tem crescido muito nas últimas décadas. Pautada na relevância para a formação de políticas nacionais, conta com o engajamento da sociedade civil. O Brasil desempenha papel de crescente importância no tema, tanto pelos recentes avanços domésticos nos aspectos ambiental, social e econômico quanto por sua consistente atuação nos foros internacionais.

O Brasil está entre os países com exemplos mais destacados de políticas financeiras para estimular o **desenvolvimento sustentável**, segundo o relatório "O sistema financeiro que necessitamos", realizado pelo Programa das Nações Unidas para o Meio Ambiente (PNUMA).

O Brasil sediou as duas conferências internacionais sobre sustentabilidade mais importantes da história: a Conferência das Nações Unidas sobre Meio Ambiente e Desenvolvimento (Rio92) e a Conferência das Nações Unidas sobre Desenvolvimento Sustentável (Rio+20).

A **Rio92** consolidou o conceito de desenvolvimento sustentável como a promoção simultânea e equilibrada da proteção ambiental, da inclusão social e do crescimento econômico. Nessa conferência, o Brasil assumiu postura ambiciosa nas discussões e teve papel determinante na aprovação de documentos cruciais, como a **Agenda 21, a Declaração do Rio sobre Ambiente e Desenvolvimento, a Declaração de Princípios sobre Florestas e as Convenções sobre Biodiversidade, sobre Mudança Climática e sobre Desertificação** (ITAMARATY).

O principal objetivo da **Rio +20 refere-se ao reforço do compromisso dos Estados com a sustentabilidade**. Essa conferência foi organizada pela ONU e levantou um questionamento: "Qual o futuro que queremos?". Dessa questão, resultou o documento que ficou conhecido como "O futuro que queremos". De acordo com o documento, uma das principais medidas para alcançar-se essa sustentabilidade é por meio da erradicação da pobreza.

Uma das questões que explicita bem o desafio das políticas públicas ambientais no contexto brasileiro é a **problemática dos lixões** (que não deveriam existir na contemporaneidade). O Brasil tem quase 3 mil lixões funcionando em 1.600 cidades, segundo relatório divulgado pela Associação Brasileira de Empresas de Limpeza Pública e Resíduos Especiais (Abrelpe), em setembro de 2018. Por lei, todos os lixões do Brasil deveriam ter sido fechados até 2014, prazo dado pela Política Nacional dos Resíduos Sólidos. O levantamento da Abrelpe mostrou que, de 2016 para 2017, o **despejo inadequado do lixo aumentou 3%.** A produção de lixo no Brasil também aumentou em 2017. Cada brasileiro **gerou 378 kg de resíduos no ano,** um volume que daria para cobrir um campo e meio de futebol. Junto com esse aumento do lixo produzido, também subiu a quantidade de resíduos que vão parar em lixões, com impactos negativos para o meio ambiente e para a saúde pública. Estudo afirma que o país gasta R$ 3 bilhões por ano com o tratamento de saúde de pessoas que ficaram doentes por causa da contaminação provocada pelos lixões.

Os dados do IBGE – Instituto Brasileiro de Geografia e Estatística – convergem com os dados da Abrelpe. Quase metade das 5.570 cidades brasileiras não tem atualmente um plano integrado para o manejo do lixo, segundo o Perfil dos Municípios Brasileiros (Munic 2017), divulgado Instituto Brasileiro de Geografia e Estatística (IBGE) em julho de 2018. Segundo a legislação brasileira, o plano integrado tem 19 itens obrigatórios que incluem **metas de redução da quantidade de rejeitos por meio de reciclagem e reutilização de materiais, diagnóstico da situação dos resíduos sólidos no município, além de regras para transporte e outras etapas do gerenciamento do lixo e limpeza urbana.** O estudo do IBGE apontou que a existência de um plano é mais frequente nas cidades mais populosas. Nos municípios com mais de 500 mil habitantes, 83,3% possuem um plano de manejo do lixo. Naquelas entre 5.001 e 10 mil habitantes, são 49,1%. Em uma análise por população, o IBGE identificou que nas cidades com mais de 50 mil habitantes, em termos relativos, **ocorrem mais impactos ambientais causados por falta de saneamento básico e destinação inadequada de esgoto doméstico.**

O problema tem sua extensão na dimensão eletrônica, já que somos o maior produtor de lixo eletrônico da América Latina.

O meio ambiente tornou-se uma das principais pautas dos últimos anos (em 2019, a expressão "emergência climática" foi escolhida palavra do ano pelo dicionário de Oxford). Em 2020, a temática meio ambiente apareceu associada ao debate sobre a pandemia, já que a retirada de animais de seu habitat natural configura-se como um dos agravantes para o surgimento de doenças, no caso, de caráter pandêmico, como assistimos com a covid-19 (até a presente data, por meio do embasamento científico a principal explicação seria de uma causalidade natural).

Outro ponto importante é que nações europeias passaram a cobrar o Brasil por sua política ambiental, colocando em xeque um acordo comercial dos mais relevantes para o mundo, entre Mercosul e União Europeia. ONG's e parlamentares levantaram questionamentos sobre a política ambiental da gestão do presidente Jair Bolsonaro (o acordo precisa ser ratificado por todos os Congressos dos países envolvidos para que entre em vigor).

5. A INTEGRAÇÃO DO BRASIL AO PROCESSO DE INTERNACIONALIZAÇÃO DA ECONOMIA

De fato, o Brasil é um país de "potenciais". A dimensão econômica brasileira é uma das esferas de maior preocupação de governo, entidades e da própria sociedade civil nos últimos anos. Os resultados desfavoráveis do PIB, por exemplo, em 2015 e 2016, demonstração uma preocupação intermitente: como garantir a solidificação do país na lógica da internacionalização da economia.

Para entender a lógica da internacionalização, é preciso pensar em um grande mercado, recorrendo ao substrato da globalização. Desde a década de 1990, as nações passaram a estreitar laços, superando barreiras geográficas e físicas, assim como político / ideológicas, em determinados instantes. Dessa forma, acompanhar o dinamismo do mercado era uma preocupação das principais nações.

De tal forma, nesse modelo de globalização, a internacionalização transcende a esfera econômica, alcançando áreas como a ciência, política, cultura, etc. Ainda assim, o peso da dimensão econômica é tamanho, que os olhares para a inserção nesse grande mercado acabam por chamar a atenção.

Ainda que a globalização tenha "vencido" a partir da construção de uma Nova Ordem Mundial, o movimento recente caminha no sentido inverso: a "desglobalização". Nações adotando medidas restritivas e protecionistas, que demonstram de certa forma o caminho da sociedade moderna, cada vez mais fechada em si. Basta observar a disputada guerra comercial estabelecida entre EUA e China (com alguns instantes de "folga").

No Brasil, o processo de internacionalização da economia teve destaque a partir da década de 1950, com grande participação do Estado como empresário e no desenvolvimento de infraestrutura (transportes, energia, portos) e políticas de incentivos fiscais. Todos esses fatores, aliados à disponibilidade de mão-de-obra barata, mercado consumidor emergente e acesso a matérias-primas e fontes de energia, atraíram empresas transnacionais para o território brasileiro. Houve uma grande ampliação do parque industrial, principalmente indústrias de bens de consumo duráveis (automóveis e eletrodomésticos).

O país conheceu a sua industrialização tardia e adotou plenamente o Fordismo, um sistema produtivo tradicional que considerava a capacidade de produção e os grandes parques industriais como fundamentos para a atividade industrial. Esse padrão concretizado com o governo de Juscelino Kubitschek (1956-1961) foi ampliado pela ditadura militar (1964-1985). Os militares criaram obras estruturais em diferentes regiões brasileiras, a destacar as usinas hidrelétricas e as rodovias. Muitos municípios do interior do estado de São Paulo começaram a desenvolver seus distritos industriais. Durante a década de 1970, ocorreu o "milagre econômico brasileiro", que elevou o país à posição de 8ª economia mundial no ano de 1973, com taxas anuais de crescimento em torno de 10%.

No caso brasileiro, o modelo fordista trouxe crescimento econômico para o país, mas não foi capaz de promover o desenvolvimento econômico regional. O aumento de renda per capita de um país nem sempre representa avanços na qualidade de vida. O crescimento que o Brasil obteve, principalmente durante o período correspondente ao regime militar, construiu um arcabouço técnico e logístico para o desenvolvimento, mas não o privilegiou.

A partir da década de 1980, ocorreu o esgotamento da capacidade do Estado em promover o desenvolvimento industrial - fim do Estado empresário - devido às políticas econômicas malsucedidas que aumentaram a dívida externa e a inflação. No plano externo, os países desenvolvidos começaram a adotar medidas neoliberais, reduzindo o papel do Estado na sua participação em determinados setores econômicos.

RECORTE HISTÓRICO

FIQUE POR DENTRO: Vale reforçar que as passagens descritas são "recortes" de momentos históricos de impacto, já que a totalidade dos fatos se demonstra extremamente complexa para o instante. Em todo caso, é muito possível construir essa linha de raciocínio que apresente uma visão previamente cronológica sobre o tema.

O Brasil iniciou, a partir da década de 1990, um **acelerado programa de abertura econômica conduzido pelo governo Collor**. Através da redução de alíquotas de importações, desregulamentação do Estado, privatizações das empresas estatais e diminuição de subsídios, mudanças profundas foram implementadas na estrutura industrial do país. Apesar de estimular a competitividade, muitas pequenas e médias empresas não tiveram suporte técnico e financeiro para se adaptarem a essas transformações. Até os dias atuais, a principal dificuldade enfrentada pelos pequenos e médios empreendedores no Brasil é que os investimentos em tecnologia e o crédito necessário para a efetuação de qualquer base de estruturação produtiva ainda dependem do resguardo estatal. Enfim, o país abraçou o neoliberalismo econômico como política de Estado. (http://brasilescola.uol.com.br/geografia/resumo-historico-economico-brasil-internacionalizacao-economia.htm)

Observando o cenário de internacionalização há um confronto direto com o resultado interno, que acaba por ser um termômetro da abrangência global que o tema sugere. O **PIB (Produto Interno Bruto) de um país é a soma de todas as riquezas produzidas (bens e**

serviços) ao longo de um determinado período (um ano). No caso, quanto maior o resultado do PIB, mais sólida a posição do país perante o cenário econômico mundial.

Resultados do PIB BRASILEIRO (Dados do IBGE):

2010: 7,5%

2011: 4,0%

2012: 1,9%

2013: 3%

2014: 0,5%

2015: -3,5%

2016: -3,3%

2017: 1,1%

2018: 1,8%

2019: 1,4%

2020: 1º trimestre (-1,5%) / 2º trimestre (-9,6%) / 3º trimestre (7,7%)

DICA IMPORTANTE

Os números passam por constante revisão a cada trimestre (por isso, é possível que aconteça alguma variação, o que acaba sendo pouco relevante para a prova, já que a banca tende a apresentar uma visão geral). **Exemplo: em 2019, o resultado se apresentou levemente favorável.** Até o fechamento da edição, não havia sido divulgado o resultado final de 2020.

Em 2019, a questão da Reforma da Previdência ganhou corpo como uma das principais pautas. Além disso, a redução das projeções iniciais de crescimento da economia e aspectos da perspectiva internacional refletiram diretamente na realidade brasileira.

Na perspectiva internacional da economia brasileira vale destacar os três maiores parceiros do Brasil: **China e EUA. A China tornou-se o principal parceiro comercial da Argentina (superando o Brasil). Vale destacar a transição política na Argentina que reestabeleceu o poder da "esquerda" no poder – com Alberto Fernández.**

EM RESUMO: Geopolítica	
O Brasil político: nação e território	A ampla área territorial do Brasil faz com que o país seja considerado "de dimensões continentais", sendo quase do mesmo tamanho da Oceania (8.525.989 km²) e um pouco menor do que toda a Europa (10.180.000 km²). Um dado referente ao ano de 2020 chama bastante atenção para compreender a ocupação e utilização do espaço geográfico brasileiro (o que alcança a questão econômica de modo vertiginoso): safra recorde em 2020 (cerca de 254,1 toneladas), com destaque para soja, milho e arroz – com base nos dados consolidados pelo Instituto Brasileiro de Geografia e Estatística. O arroz, o milho e a soja somaram 92,7% da estimativa da produção e 87,1% da área colhida. Em relação a 2019, foi **verificada alta de produção de 7,1% para a soja, de 7,7% para o arroz, de 2,7% para o milho** (2,3% na primeira safra e 2,8% na segunda) e de 2,8% para o algodão herbáceo.

<table>
<tr><td>Distribuição espacial da população no Brasil e os movimentos migratórios internos</td><td>A densidade demográfica (população relativa ou densidade populacional) revela quantas habitantes vivem em determinada localidade, por km². Para encontrar a densidade demográfica de uma área, utilizamos a seguinte fórmula:

DD = PA/ A

Onde,
DD = Densidade populacional
PA = População Absoluta
A = Área total da região/país
• Para efeitos de sistematização, alguns conceitos são importantes:
o População absoluta: número absoluto de habitantes que vivem em determinada localidade. Exemplo: no Brasil, são aproximadamente 208 milhões de habitantes. Dessa forma, o país mais populoso do mundo (com a maior população absoluta é a China – 1,3 bilhão de habitantes).
• É fato que alguns fatores acabam influenciando na ocupação das áreas (para isso, uma varredura histórica também se faz importante na obtenção das variáveis que influenciam a ocupação ou não de uma área). Assim, questões climáticas, condições de solo, aspectos de urbanização, ofertas de postos de trabalho são algumas das arestas que devem ser observadas para a compreensão do tema.</td></tr>
<tr><td>A evolução da estrutura fundiária e os problemas demográficos no campo</td><td>O Brasil tem uma estrutura de terras largas, os latifúndios. Tal fato se alinha com a desigualdade existente no espaço rural, quando poucos proprietários acabam por acumular grandes porções de terra. Os minis fundiários são proprietários de milhares de pequenas propriedades rurais espalhadas pelo país, algumas são tão pequenas que muitas vezes não conseguem produzir renda e a própria subsistência familiar suficiente.
• Vale destacar que a expansão da cultura açucareira pelo litoral brasileiro acabou por sistematizar o modelo de latifúndios, junto com a mão de obra escrava no sistema de plantation, destinada à exportação.
• Nos países desenvolvidos da Europa, por exemplo, a estrutura fundiária conta com o predomínio de pequenas e médias propriedades pomicultoras. Já os países subdesenvolvidos como o Brasil, possuem uma estrutura fundiária concentrada na mão de proprietários com grandes extensões de terras.
• A questão fundiária no Brasil tem uma relação com o contexto histórico passado. Observando a posse ou a concessão das terras no passado é possível notar os desafios da distribuição de terra na contemporaneidade.</td></tr>
<tr><td>Integração entre indústria e estrutura urbana e setor agrícola no Brasil</td><td>• A relação entre industrialização e urbanização encontra-se no fato de que é o processo industrial que dinamiza as sociedades e atua no sentido de modernizá-las, embora esse não seja o único fator responsável por isso. Assim, ampliam-se os chamados fatores atrativos das cidades, ou seja, o conjunto de características do meio urbano que atrai os migrantes advindos do campo.</td></tr>
</table>

Geografia e gestão ambiental	• O desenvolvimento da técnica e da ciência, trouxe inúmeros impactos para o meio ambiente. Entre eles, destaca-se o consumo exacerbado de recursos naturais e fontes de energias. Nesse sentido, o consumo cada vez mais ilimitado dos recursos finitos para atendar as demandas da sociedade, resultou nas preocupações em nível mundial acerca do uso e apropriação dos recursos naturais. ▪ A Conferência do Clima da ONU, COP 24, aconteceu em dezembro de 2018 na Polônia. Logo na abertura o secretário-geral da ONU, António Guterres, pediu esforços para estimular a **economia verde**. Além disso, o secretário-geral da ONU abordou a importância da reunião de esforços para tratar a mudança climática que causa tantos impactos em diferentes partes do globo. Em 2019, a Conferência deveria acontecer no Brasil mas por questões orçamentárias foi alterada para o Chile, que não pode receber por conta de protestos. Assim, a realização aconteceu em Madrid, na Espanha. Em 2020, a COP-26 aconteceria na Escócia, mas acabou sendo adiada para 2021 por conta da pandemia.
A integração do Brasil ao processo de internacionalização da economia	▪ Para entender a lógica da internacionalização, é preciso pensar em um grande mercado, recorrendo ao substrato da globalização. Desde a década de 1990, as nações passaram a estreitar laços, superando barreiras geográficas e físicas, assim como político / ideológicas, em determinados instantes. Dessa forma, acompanhar o dinamismo do mercado era uma preocupação das principais nações.

✍ QUESTÕES

(Cespe – Policial Rodoviário Federal – PRF/2019) *O Brasil é o país com a maior concentração rodoviária de transporte de cargas e passageiros entre as principais economias mundiais. Segundo dados do Banco Mundial, referentes a 2013, 58% do transporte no país é feito por rodovias — contra 53% da Austrália, 50% da China, 43% da Rússia e 8% do Canadá.*

Internet: <www.bbc.com> (com adaptações).

Considerando o texto apresentado, que destaca o papel do modal rodoviário de cargas e passageiros no Brasil, e a figura precedente, que ilustra como a rede rodoviária integra as diversas regiões que compõem o território nacional, julgue os itens a seguir.

O custo do frete e as grandes distâncias a serem percorridas entre as regiões produtoras e os centros urbanos consumidores e os portos de exportação são fatores que impactam diretamente no preço dos produtos agropecuários e industriais brasileiros e em sua competitividade nos mercados nacional e internacional.

GABARITO	CERTO.
COMENTÁRIO	A ampla dependência da malha rodoviária brasileira acaba resultando em repasse de custos para o consumidor final. Dessa forma, é natural que o escoamento da produção tenha uma logística prejudicada nesse sentido, o que explicita a inviabilidade de determinados valores para alguns produtos. O mesmo acontece na perspectiva internacional, já que os repasses de custos precisam ser agregados para o preço final na transação internacional. A saída estratégica seria o investimento em modalidades de transporte mais baratas e de menor custeio, o que geraria uma reação em cadeia de diminuição de valores. Tal fato já é debatido há décadas e a experiência de outras nações por vezes chega a ser comparada. O grande desafio é a complexidade na perspectiva de infraestrutura para viabilizar tal processo transformador para as cadeias produtivas.

A rede de transporte rodoviário integra todo o território brasileiro, com rodovias conectando em rede todos os municípios das cinco macrorregiões do território nacional, e a predominância desse modal de transporte é fator de vulnerabilidade em relação aos países desenvolvidos, os quais também dependem desse modal de transporte.

GABARITO	ERRADO.
COMENTÁRIO	Apesar do país apresentar ampla dependência rodoviária é ilusório pensar que há completa integração territorial. Além disso, há desigualdade na qualidade das rodovias a nível nacional, o que promove maior dificuldade no escoamento da produção de terminados produtos – destaque para a questão da agropecuária e do setor industrial. Segundo dados do Atlas do Transporte divulgado em junho de 2019, a malha rodoviária do País é composta por 1.720.700 km de rodovias, entre os quais apenas 213.453 km (12,4%) são pavimentados. Isso representa uma densidade de 25,1 km de rodovias pavimentadas para cada 1.000 km^2 de área do território brasileiro. A reduzida extensão da malha rodoviária pavimentada e a baixa disponibilidade da infraestrutura dos demais modais, combinadas à crescente frota de veículos rodoviários, representam um aumento da demanda por essa infraestrutura, o que acaba tornando inviável a integração completa das regiões do país.

(Cespe – Policial Rodoviário Federal – PRF/2019) *Como salienta Milton Santos (1994), a noção de território, na atualidade, transcende a ideia apenas geográfica de espaços contíguos vizinhos que caracterizam uma região, estendendo-se para a noção de rede, formada por pontos distantes uns dos outros, ligados por todas as formas e processos sociais; o espaço econômico, nesse sentido, é organizado hierarquicamente, como resultado da tendência à racionalização das atividades, e se faz sob um comando que tende a ser concentrado em cidades mundiais, em que a tecnologia da informação desempenha papel relevante; esse comando então passa a ser feito pelas empresas por meio de suas bases em territórios globais diversos.*

Internet: <www.fgv.br> (com adaptações).

Tendo o texto precedente como referência inicial, julgue os próximos itens.

O processo de globalização econômica e desenvolvimento tecnológico é marcado pela solidariedade organizacional entre empresas, sistema financeiro, tecnologia e lugares eleitos como regiões de investimento pela economia globalizada e, com o capital globalizado, busca-se desenvolver as regiões de modo a diminuir as desigualdades regionais e a oferecer uma economia justa e solidária.

GABARITO	ERRADO.
COMENTÁRIO	A leitura pragmática da sociedade contemporânea revela um cenário inverso ao que propõe a questão. A noção de integração entre as partes e redução das desigualdades é desconstruída com um cenário de amplo protecionismo, guerra comercial e acirramento das tensões limítrofes, sem que cooperativismo ou solidariedade organizacional sejam elementos visíveis. Tal comportamento tem sido tratado como um retrocesso na integração das nações, o que resultaria na chamada "desglobalização", efeito sintomático de uma sociedade que se projeta em patamares de extrema competitividade.

No Brasil, o setor de serviços ampliou a sua participação no PIB; o setor agropecuário, estratégico na economia brasileira, se tornou mais complexo, o que permitiu a ampliação de diversos serviços relacionados aos diferentes momentos do processo de produção/consumo, como os setores de tecnologia, transporte e finanças.

GABARITO	CERTO.
COMENTÁRIO	A questão sinaliza um processo evolutivo dentro das etapas produtivas do Brasil, amplificando a importância das diferentes atividades que alavancam o Produto Interno Bruto. Apesar de apresentar desafios complexos na perspectiva econômica, de modo geral, nas últimas décadas há maior eficiência na gestão dos setores da economia, bem como na garantia de serviços ampliados. A revolução tecnológica contribui diretamente para o crescimento em demasia de técnicas, metodologias, processos e acepções preocupavas com o desenvolvimento global dos variados setores.

A série com dados oficiais de desmatamento da Amazônia dos últimos três anos, compilados pelo Instituto Nacional de Pesquisas Espaciais (), mostrou que os alertas preliminares de áreas com sinais de devastação na floresta vêm sendo confirmados ano a ano, e com margem.

SITES CONSULTADOS

https://agenciadenoticias.ibge.gov.br/
https://g1.globo.com/
https://www.folha.uol.com.br/
www.estadao.com.br
https://guiadoestudante.abril.com.br/
https://www.folha.uol.com.br/
https://www.nexojornal.com.br/
https://www.uol.com.br/
https://www.ibge.gov.br/
www.fronteirasdopensamento.com.br
www.correiobraziliense.com.br

LEGISLAÇÃO DE TRÂNSITO

JÚLIO PONTE

CAPÍTULO I
DISPOSIÇÕES PRELIMINARES

1. APRESENTAÇÃO

O trânsito de qualquer natureza nas **vias terrestres** do território nacional, **abertas à circulação**, é regido pelo Código de Trânsito Brasileiro, a Lei nº 9.503/97.

1.1. Definição de trânsito: considera-se trânsito a utilização das vias por pessoas, veículos e animais, isolados ou em grupos, conduzidos ou não, para fins de circulação, parada, estacionamento e operação de carga ou descarga.

1.2. Segurança no trânsito: o trânsito, em condições seguras, é um direito de todos e dever dos órgãos e entidades componentes do Sistema Nacional de Trânsito, a estes cabendo, no âmbito das respectivas competências, adotar as medidas destinadas a assegurar esse direito.

1.3. Responsabilidade civil no trânsito: os órgãos e entidades componentes do Sistema Nacional de Trânsito respondem, no âmbito das respectivas competências, **objetivamente**, por danos causados aos cidadãos em virtude de ação, omissão ou erro na execução e manutenção de programas, projetos e serviços que garantam o exercício do direito do trânsito seguro.

1.4. Prioridade nas ações: os órgãos e entidades de trânsito pertencentes ao Sistema Nacional de Trânsito darão prioridade em suas ações à **defesa da vida**, nela incluída a preservação da saúde e do meio-ambiente.

1.5. Vias: são vias terrestres urbanas e rurais as ruas, as avenidas, os logradouros, os caminhos, as passagens, as estradas e as rodovias, que terão seu uso regulamentado pelo órgão ou entidade com circunscrição sobre elas, de acordo com as peculiaridades locais e as circunstâncias especiais.

DICA IMPORTANTE

O CTB é aplicado às "vias terrestres *abertas à circulação*", ou seja, em regra não é aplicado em áreas privadas. Porém, por expressa previsão legal, são consideradas vias terrestres as praias abertas à circulação pública, as vias internas pertencentes aos condomínios constituídos por unidades autônomas e as vias e áreas de estacionamento de estabelecimentos privados de uso coletivo.

CAPÍTULO II
SISTEMA NACIONAL DE TRÂNSITO – SNT

1. CONCEITO

O Sistema Nacional de Trânsito é o conjunto de órgãos e entidades da União, dos Estados, do Distrito Federal e dos Municípios que tem por finalidade o exercício das atividades de planejamento, administração, normatização, pesquisa, registro e licenciamento de veículos, formação, habilitação e reciclagem de condutores, educação, engenharia, operação do sistema viário, policiamento, fiscalização, julgamento de infrações e de recursos e aplicação de penalidades.

2. OBJETIVOS BÁSICOS DO SNT

A **Diretrizes da Política Nacional de Trânsito:** estabelecer diretrizes da Política Nacional de Trânsito, com vistas à segurança, à fluidez, ao conforto, à defesa ambiental e à educação para o trânsito, e fiscalizar seu cumprimento.

B **Padronização de critérios**: fixar, mediante normas e procedimentos, a padronização de critérios técnicos, financeiros e administrativos para a execução das atividades de trânsito.

C **Fluxo de informações:** estabelecer a sistemática de fluxos permanentes de informações entre os seus diversos órgãos e entidades, a fim de facilitar o processo decisório e a integração do Sistema.

3. COMPOSIÇÃO

Compõem o Sistema Nacional de Trânsito os seguintes órgãos e entidades:

A **Contran:** Conselho Nacional de Trânsito, coordenador do Sistema e órgão máximo normativo e consultivo.

B **Cetran/Contrandife**: Conselhos Estaduais de Trânsito e Conselho de Trânsito do Distrito Federal, órgãos normativos, consultivos e coordenadores.

C **Órgãos e entidades executivos de trânsito** da União, dos Estados, do Distrito Federal e dos Municípios.

D **Órgãos e entidades executivos rodoviários** da União, dos Estados, do Distrito Federal e dos Municípios.

E **Polícia Rodoviária Federal**.

F **Polícias Militares**.

G **JARI:** Juntas Administrativas de Recursos de Infrações.

FIQUE POR DENTRO:

COORDENADOR MÁXIMO DO SNT

É um ministério ou órgão da Presidência designado pelo Presidente da República. De acordo com o Decreto Federal nº 4.711, de 29 de maio de 2003, é o Ministério das Cidades, ainda que ele não exista mais desde janeiro de 2019.

3.1. Composição do Contran: o Contran tem sede no Distrito Federal e é composto por 10 Ministros de Estado:

C **Ciência, Tecnologia e Inovações**.

A **Agricultura, Pecuária e Abastecimento**.

D **Defesa**.

E **Educação**.

S **Saúde**.

E **Economia**.

R **Relações Exteriores**.

J **Justiça e Segurança Pública**.

I **Infraestrutura** (presidente do conselho).

M **Meio Ambiente**.

MUITA ATENÇÃO!

Para guardar os ministros que compõem o Contran, lembre-se da pergunta "**CADÊ SERJIM**"?

3.2. Secretário-Executivo do Contran: é o dirigente do órgão máximo executivo de trânsito da União.

3.3. Câmaras Temáticas: as Câmaras Temáticas, órgãos técnicos vinculados ao Contran, são integradas por especialistas e têm como objetivo estudar e oferecer sugestões e embasamento técnico sobre assuntos específicos para decisões daquele colegiado.

3.4. Competências da Polícia Rodoviária Federal: compete à PRF, no âmbito das rodovias e estradas federais:

A cumprir e fazer cumprir a legislação e as normas de trânsito, no âmbito de suas atribuições;

B realizar o patrulhamento ostensivo, executando operações relacionadas com a segurança pública, com o objetivo de preservar a ordem, incolumidade das pessoas, o patrimônio da União e o de terceiros;

C executar a fiscalização de trânsito, aplicar as penalidades de advertência por escrito e multa e as medidas administrativas cabíveis, com a notificação dos infratores e a arrecadação das multas aplicadas e dos valores provenientes de estadia e remoção de veículos, objetos e animais e de escolta de veículos de cargas superdimensionadas ou perigosas;

D efetuar levantamento dos locais de acidentes de trânsito e dos serviços de atendimento, socorro e salvamento de vítimas;

E credenciar os serviços de escolta, fiscalizar e adotar medidas de segurança relativas aos serviços de remoção de veículos, escolta e transporte de carga indivisível;

F assegurar a livre circulação nas rodovias federais, podendo solicitar ao órgão rodoviário a adoção de medidas emergenciais, e zelar pelo cumprimento das normas legais relativas ao direito de vizinhança, promovendo a interdição de construções e instalações não autorizadas;

G coletar dados estatísticos e elaborar estudos sobre acidentes de trânsito e suas causas, adotando ou indicando medidas operacionais preventivas e encaminhando-os ao órgão rodoviário federal;

H implementar as medidas da Política Nacional de Segurança e Educação de Trânsito;

I promover e participar de projetos e programas de educação e segurança, de acordo com as diretrizes estabelecidas pelo CONTRAN;

J integrar-se a outros órgãos e entidades do Sistema Nacional de Trânsito para fins de arrecadação e compensação de multas impostas na área de sua competência, com vistas à unificação do licenciamento, à simplificação e à celeridade das transferências de veículos e de prontuários de condutores de uma para outra unidade da Federação;

K fiscalizar o nível de emissão de poluentes e ruído produzidos pelos veículos automotores ou pela sua carga, de acordo com o estabelecido no art. 66, além de dar apoio, quando solicitado, às ações específicas dos órgãos ambientais.

L aplicar a penalidade de suspensão do direito de dirigir, quando prevista de forma específica para a infração cometida, e comunicar a aplicação da penalidade ao órgão máximo executivo de trânsito da União.

3.5. Jari: junto a cada órgão ou entidade executivos de trânsito ou rodoviário funcionarão Juntas Administrativas de Recursos de Infrações – JARI, órgãos colegiados responsáveis pelo julgamento dos recursos interpostos contra penalidades por eles impostas.

4. CONVÊNIOS

Os órgãos e entidades executivos do Sistema Nacional de Trânsito poderão celebrar convênio delegando as atividades previstas neste Código, com vistas à maior eficiência e à segurança para os usuários da via. Os órgãos e entidades de trânsito poderão prestar serviços de capacitação técnica, assessoria e monitoramento das atividades relativas ao trânsito durante prazo a ser estabelecido entre as partes, com ressarcimento dos custos apropriados.

? **QUESTÃO:** É obrigatória a existência de órgão ou entidade executivos de trânsito municipal?

↳ ***RESPOSTA:*** *Não. Quando não houver órgão ou entidade executivos de trânsito no respectivo Município, o convênio pode ser celebrado diretamente pela prefeitura municipal com órgão ou entidade que integre o Sistema Nacional de Trânsito, permitido, inclusive, o consórcio com outro ente federativo.*

EM RESUMO: Sistema Nacional de Trânsito	
Conceito	Conjunto de órgãos e entidades da União, dos Estados, do Distrito Federal e dos Municípios que tem por finalidade o exercício das atividades de planejamento, administração, normatização, pesquisa, registro e licenciamento de veículos, formação, habilitação e reciclagem de condutores, educação, engenharia, operação do sistema viário, policiamento, fiscalização, julgamento de infrações e de recursos e aplicação de penalidades.

Objetivos Básicos	» Diretrizes da Política Nacional de Trânsito; » Padronização de critérios; » Fluxo de informações.
Composição	» Contran: Conselho Nacional de Trânsito, coordenador do Sistema e órgão máximo normativo e consultivo. » Cetran/Contrandife: Conselhos Estaduais de Trânsito e Conselho de Trânsito do Distrito Federal, órgãos normativos, consultivos e coordenadores. » **Órgãos e entidades executivos de trânsito** da União, dos Estados, do Distrito Federal e dos Municípios. » **Órgãos e entidades executivos rodoviários** da União, dos Estados, do Distrito Federal e dos Municípios. » Polícia Rodoviária Federal. » Polícias Militares. » JARI: Juntas Administrativas de Recursos de Infrações.

QUESTÕES

(Cespe – Policial Rodoviário Federal – PRF/2019) *Com relação ao Sistema Nacional de Trânsito, julgue os seguintes itens.*

A Polícia Rodoviária Federal integra o Sistema Nacional de Trânsito, competindo-lhe, no âmbito das rodovias e estradas federais, implementar as medidas da Política Nacional de Segurança e Educação de Trânsito.

GABARITO	CERTO.
COMENTÁRIO	Implementar as medidas da Política Nacional de Segurança e Educação de Trânsito é uma atribuição da Polícia Rodoviária Federal, prevista no inciso VIII do art. 20 do CTB.

O CONTRAN é o órgão máximo executivo de trânsito da União, cabendo a coordenação máxima do Sistema Nacional de Trânsito ao Departamento Nacional de Trânsito (DENATRAN).

GABARITO	ERRADO.
COMENTÁRIO	O item misturou coisas distintas. O órgão máximo executivo de trânsito da União é o DENATRAN. Já a coordenação máxima do Sistema Nacional de Trânsito compete ao ministério ou órgão da Presidência designado pelo Presidente da República.

CAPÍTULO III

NORMAS GERAIS DE CIRCULAÇÃO E CONDUTA E INFRAÇÕES

1. OBRIGAÇÕES E PRECAUÇÕES DO CONDUTOR

O Sistema Nacional de Trânsito é o conjunto de órgãos e entidades da União, dos Estados, do Distrito Federal e dos Municípios que tem por finalidade o exercício das atividades de planejamento, administração, normatização, pesquisa, registro e licenciamento de veículos, formação, habilitação e reciclagem de condutores, educação, engenharia, operação do sistema viário, policiamento, fiscalização, julgamento de infrações e de recursos e aplicação de penalidades.

Os usuários das vias terrestres devem:

A abster-se de todo ato que possa constituir perigo ou obstáculo para o trânsito de veículos, de pessoas ou de animais, ou ainda causar danos a propriedades públicas ou privadas;

B abster-se de obstruir o trânsito ou torná-lo perigoso, atirando, depositando ou abandonando na via objetos ou substâncias, ou nela criando qualquer outro obstáculo.

Antes de colocar o veículo em circulação nas vias públicas, o condutor deverá verificar a existência e as boas condições de funcionamento dos equipamentos de uso obrigatório, bem como assegurar-se da existência de combustível suficiente para chegar ao local de destino.

Infrações de trânsito	
Art. 172. Atirar do veículo ou abandonar na via objetos ou substâncias:	Infração – média; Penalidade – multa;
Art. 180. Ter seu veículo imobilizado na via por falta de combustível:	Infração – média; Penalidade – multa; Medida administrativa – remoção do veículo.
Art. 193. Transitar com o veículo em calçadas, passeios, passarelas, ciclovias, ciclofaixas, ilhas, refúgios, ajardinamentos, canteiros centrais e divisores de pista de rolamento, acostamentos, marcas de canalização, gramados e jardins públicos:	Infração – gravíssima; Penalidade – multa (três vezes).

2. DOMÍNIO DO VEÍCULO PELO CONDUTOR

O condutor deverá, a todo momento, ter domínio de seu veículo, dirigindo-o com atenção e cuidados indispensáveis à segurança do trânsito.

Infração de trânsito	
Art. 169. Dirigir sem atenção ou sem os cuidados indispensáveis à segurança:	Infração – leve; Penalidade – multa.

3. TRÂNSITO DE VEÍCULOS

O trânsito de veículos nas vias terrestres abertas à circulação obedecerá às seguintes normas:

A A **circulação** far-se-á pelo **lado direito** da via, admitindo-se as exceções devidamente sinalizadas;

B O condutor deverá guardar **distância de segurança lateral e frontal** entre o seu e os demais veículos, bem como **em relação ao bordo da pista**, considerando-se, no momento, a velocidade e as condições do local, da circulação, do veículo e as condições climáticas;

MUITA ATENÇÃO!

Quando veículos, transitando por fluxos que se cruzem, se aproximarem de local não sinalizado, terá preferência de passagem:

1) no caso de apenas um fluxo ser proveniente de rodovia, aquele que estiver circulando por ela;

2) no caso de rotatória, aquele que estiver circulando por ela;

3) nos demais casos, o que vier pela direita do condutor.

C Quando uma pista de rolamento comportar **várias faixas** de circulação no mesmo sentido, são as da **direita** destinadas ao deslocamento dos veículos mais **lentos e de maior porte**, quando não houver faixa especial a eles destinada, e as da **esquerda**, destinadas à **ultrapassagem e** ao deslocamento dos **veículos de maior velocidade**;

D O **trânsito** de veículos **sobre passeios, calçadas e nos acostamentos**, só poderá ocorrer para que se **adentre ou se saia dos imóveis ou** áreas especiais de **estacionamento**;

E Os veículos precedidos de **batedores** terão **prioridade de passagem**, respeitadas as demais normas de circulação;

F Os **veículos** destinados a **socorro de incêndio e salvamento**, os de **polícia**, os de **fiscalização e operação de trânsito** e as **ambulâncias**, além de **prioridade no trânsito**, gozam de **livre circulação, estacionamento e parada**, quando em serviço de **urgência**, de **policiamento ostensivo ou** de **preservação da ordem pública**, observadas as seguintes disposições:

1) quando os dispositivos regulamentares de alarme sonoro e iluminação intermitente estiverem acionados, indicando a proximidade dos veículos, todos os condutores deverão deixar livre a passagem pela faixa da esquerda, indo para a direita da via e parando, se necessário;

2) os pedestres, ao ouvirem o alarme sonoro ou avistarem a luz intermitente, deverão aguardar no passeio e somente atravessar a via quando o veículo já tiver passado pelo local;

3) o **uso** de dispositivos de alarme sonoro e de iluminação vermelha intermitente **só poderá ocorrer** quando da efetiva prestação de serviço de **urgência**;

4) a prioridade de passagem na via e no cruzamento deverá se dar com velocidade reduzida e com os devidos cuidados de segurança, obedecidas as demais normas no CTB.

5) as prerrogativas de **livre circulação e de parada** serão aplicadas somente quando os veículos estiverem identificados por dispositivos regulamentares de **alarme sonoro e iluminação intermitente**;

6) a prerrogativa de **livre estacionamento** será aplicada somente quando os veículos estiverem identificados por dispositivos regulamentares de **iluminação intermitente**;

G Os **veículos prestadores de serviços de utilidade pública**, quando em atendimento na via, gozam de **livre parada e estacionamento no local da prestação de serviço**, desde que devidamente sinalizados, devendo estar identificados na forma estabelecida pelo Contran;

Infrações de trânsito	
Art. 189. Deixar de dar passagem aos veículos precedidos de batedores, de socorro de incêndio e salvamento, de polícia, de operação e fiscalização de trânsito e às ambulâncias, quando em serviço de urgência e devidamente identificados por dispositivos regulamentados de alarme sonoro e iluminação vermelha intermitentes:	Infração – gravíssima; Penalidade – multa.
Art. 190. Seguir veículo em serviço de urgência, estando este com prioridade de passagem devidamente identificada por dispositivos regulamentares de alarme sonoro e iluminação vermelha intermitentes:	Infração – grave; Penalidade – multa.
Art. 222. Deixar de manter ligado, nas situações de atendimento de emergência, o sistema de iluminação vermelha intermitente dos veículos de polícia, de socorro de incêndio e salvamento, de fiscalização de trânsito e das ambulâncias, ainda que parados:	Infração – média; Penalidade – multa.

? QUESTÃO: A ultrapassagem de outro veículo deve ser feita sempre pela esquerda?

↳ *RESPOSTA:* *Não. A regra é que ultrapassagem de outro veículo em movimento deve ser feita pela esquerda, obedecida a sinalização regulamentar e as demais normas estabelecidas no Código. Mas há exceção: se o veículo a ser ultrapassado estiver sinalizando o propósito de entrar à esquerda, a ultrapassagem pode ser feita pela direita.*

H Antes de efetuar ultrapassagem. Todo condutor deverá, antes de efetuar uma ultrapassagem, certificar-se de que:

1) nenhum condutor que venha atrás haja começado uma manobra para ultrapassá-lo;

2) quem o precede na mesma faixa de trânsito não haja indicado o propósito de ultrapassar um terceiro;

3) a faixa de trânsito que vai tomar esteja livre numa extensão suficiente para que sua manobra não ponha em perigo ou obstrua o trânsito que venha em sentido contrário;

I Todo condutor ao efetuar a ultrapassagem deverá:

1) indicar com antecedência a manobra pretendida, acionando a luz indicadora de direção do veículo ou por meio de gesto convencional de braço;

2) afastar-se do usuário ou usuários aos quais ultrapassa, de tal forma que deixe livre uma distância lateral de segurança;

3) retomar, após a efetivação da manobra, a faixa de trânsito de origem, acionando a luz indicadora de direção do veículo ou fazendo gesto convencional de braço, adotando os cuidados necessários para não pôr em perigo ou obstruir o trânsito dos veículos que ultrapassou;

J Os veículos que se deslocam sobre trilhos terão preferência de passagem sobre os demais, respeitadas as normas de circulação.

K Respeitadas as normas de circulação e conduta estabelecidas nos mencionados dispositivos do CTB, em ordem decrescente, os veículos de maior porte serão sempre responsáveis pela segurança dos menores, os motorizados pelos não motorizados e, juntos, pela incolumidade dos pedestres.

4. CONDUTOR DO VEÍCULO

A **Ultrapassagem de veículo de transporte coletivo de passageiros**: o condutor que tenha o propósito de ultrapassar um veículo de transporte coletivo que esteja parado, efetuando embarque ou desembarque de passageiros, deverá reduzir a velocidade, dirigindo com atenção redobrada ou parar o veículo com vistas à segurança dos pedestres.

B **Ultrapassagem proibidas**: o condutor não poderá ultrapassar veículos em vias com duplo sentido de direção e pista única, nos trechos em curvas e em aclives sem visibilidade suficiente, nas passagens de nível, nas pontes e viadutos e nas travessias de pedestres, **exceto quando houver sinalização permitindo a ultrapassagem**.

C **Ultrapassagem nas interseções**: nas interseções e suas proximidades, o condutor não poderá efetuar ultrapassagem (não há exceção).

D **Manobra com segurança**: o condutor que queira executar uma manobra deverá certificar-se de que pode executá-la sem perigo para os demais usuários da via que o seguem, precedem ou vão cruzar com ele, considerando sua posição, sua direção e sua velocidade.

E **Manobra com descolamento lateral**: antes de iniciar qualquer manobra que implique um deslocamento lateral, o condutor deverá indicar seu propósito de forma clara e com a devida antecedência, por meio da luz indicadora de direção de seu veículo, ou fazendo gesto convencional de braço.

F **Conceito de deslocamento lateral**: entende-se por deslocamento lateral a transposição de faixas, movimentos de conversão à direita, à esquerda e retornos.

G **Ingresso em via procedente de lote lindeiro**: o condutor que for ingressar numa via, procedente de um lote lindeiro a essa via, deverá dar preferência aos veículos e pedestres que por ela estejam transitando.

H **Conversões à esquerda e operação de retorno em vias providas de acostamento**: nas vias providas de acostamento, a conversão à esquerda e a operação de retorno deverão ser feitas **nos locais apropriados** e, **onde** estes **não existirem**, o condutor deverá **aguardar no acostamento**, à direita, para cruzar a pista com segurança.

I **Ingresso em vias**: antes de entrar à direita ou à esquerda, em outra via ou em lotes lindeiros, o condutor deverá:

1) ao sair da via pelo lado direito, aproximar-se o máximo possível do bordo direito da pista e executar sua manobra no menor espaço possível;

2) ao sair da via pelo lado esquerdo, aproximar-se o máximo possível de seu eixo ou da linha divisória da pista, quando houver, caso se trate de uma pista com circulação nos dois sentidos, ou do bordo esquerdo, tratando-se de uma pista de um só sentido.

J **Manobra de mudança de direção e cessão de passagem**: durante a manobra de mudança de direção, o condutor deverá ceder passagem aos pedestres e ciclistas, aos veículos que transitem em sentido contrário pela pista da via da qual vai sair, respeitadas as normas de preferência de passagem.

K **Operação de retorno nas vias urbanas**: nas vias urbanas, a operação de retorno deverá ser feita nos locais para isto determinados, quer por meio de sinalização, quer pela existência de locais apropriados, ou, ainda, em outros locais que ofereçam condições de segurança e fluidez, observadas as características da via, do veículo, das condições meteorológicas e da movimentação de pedestres e ciclistas.

L **Freada brusca**: nenhum condutor deverá frear bruscamente seu veículo, salvo por razões de segurança.

M **Regulagem da velocidade**: ao regular a velocidade, o condutor deverá observar constantemente as condições físicas da via, do veículo e da carga, as condições meteorológicas e a intensidade do trânsito, obedecendo aos limites máximos de velocidade estabelecidos para a via, além de:

1) não obstruir a marcha normal dos demais veículos em circulação sem causa justificada, transitando a uma velocidade anormalmente reduzida;

2) sempre que quiser diminuir a velocidade de seu veículo deverá antes certificar-se de que pode fazê-lo sem risco nem inconvenientes para os outros condutores, a não ser que haja perigo iminente;

3) indicar, de forma clara, com a antecedência necessária e a sinalização devida, a manobra de redução de velocidade.

N **Cruzamento**: ao aproximar-se de qualquer tipo de cruzamento, o condutor do veículo deve demonstrar prudência especial, transitando em velocidade moderada, de forma que possa deter seu veículo com segurança para dar passagem a pedestre e a veículos que tenham o direito de preferência.

O **Virar à direita com sinal vermelho**: é livre o movimento de conversão à direita diante de sinal vermelho do semáforo onde houver sinalização indicativa que permita essa conversão.

P **Interseção de vias, impossibilidade de entrada e imobilização na área de cruzamento**: mesmo que a indicação luminosa do semáforo lhe seja favorável, nenhum condutor pode entrar em uma interseção se houver possibilidade de ser obrigado a imobilizar o veículo na área do cruzamento, obstruindo ou impedindo a passagem do trânsito transversal.

Q **Sinalização de advertência**: sempre que for necessária a imobilização temporária de um veículo no leito viário, em situação de emergência, deverá ser providenciada a imediata sinalização de advertência, na forma estabelecida pelo Contran.

R **Parada de veículo**: quando proibido o estacionamento na via, a parada deverá restringir-se ao tempo indispensável para embarque ou desembarque de passageiros, desde que não interrompa ou perturbe o fluxo de veículos ou a locomoção de pedestres.

S **Operação de carga e descarga**: a operação de carga ou descarga será regulamentada pelo órgão ou entidade com circunscrição sobre a via e é considerada estacionamento.

T **Posicionamento do veículo imóvel**: nas paradas, operações de carga ou descarga e nos estacionamentos, o veículo deverá ser posicionado no sentido do fluxo, paralelo ao bordo da pista de rolamento e junto à guia da calçada (meio-fio), admitidas as exceções devidamente sinalizadas.

U **Veículo imóvel em vias providas de acostamento**: nas vias providas de acostamento, os veículos parados, estacionados ou em operação de carga ou descarga deverão estar situados fora da pista de rolamento.

V **Estacionamento de veículo de duas rodas**: o estacionamento dos veículos motorizados de duas rodas será feito em posição perpendicular à guia da calçada (meio-fio) e junto a ela, salvo quando houver sinalização que determine outra condição.

W **Estacionamento do veículo sem abandono do condutor**: o estacionamento dos veículos sem abandono do condutor poderá ser feito somente nos locais previstos neste Código ou naqueles regulamentados por sinalização específica.

X **Abertura da porta de veículo**: o condutor e os passageiros não deverão abrir a porta do veículo, deixá-la aberta ou descer do veículo sem antes se certificarem de que isso não constitui perigo para eles e para outros usuários da via.

Y **Embarque e desembarque**: o embarque e o desembarque devem ocorrer sempre do lado da calçada, exceto para o condutor.

Z **Faixas laterais de domínio e das áreas adjacentes às estradas**: o uso de faixas laterais de domínio e das áreas adjacentes às estradas e rodovias obedecerá às condições de segurança do trânsito estabelecidas pelo órgão ou entidade com circunscrição sobre a via.

AA **Sinalização de regulamentação da via em condomínios constituídos por unidades autônomas**: nas vias internas pertencentes a condomínios constituídos por unidades autônomas, a sinalização de regulamentação da via será implantada e mantida às expensas do condomínio, após aprovação dos projetos pelo órgão ou entidade com circunscrição sobre a via.

Infrações de trânsito	
Art. 182. Parar o veículo: I – nas esquinas e a menos de 5 (cinco) metros do bordo do alinhamento da via transversal. VII – na área de cruzamento de vias, prejudicando a circulação de veículos e pedestres:	Infração – média; Penalidade – multa.
Art. 196. Deixar de indicar com antecedência, mediante gesto regulamentar de braço ou luz indicadora de direção do veículo, o início da marcha, a realização da manobra de parar o veículo, a mudança de direção ou de faixa de circulação:	Infração – grave; Penalidade – multa.
Art. 198. Deixar de dar passagem pela esquerda, quando solicitado:	Infração – média; Penalidade – multa.
Art. 199. Ultrapassar pela direita, salvo quando o veículo da frente estiver colocado na faixa apropriada e der sinal de que vai entrar à esquerda:	Infração – média; Penalidade – multa.

Infrações de trânsito	
Art. 200. Ultrapassar pela direita veículo de transporte coletivo ou de escolares, parado para embarque ou desembarque de passageiros, salvo quando houver refúgio de segurança para o pedestre:	Infração – gravíssima; Penalidade – multa.
Art. 202. Ultrapassar outro veículo: I – pelo acostamento; II – em interseções e passagens de nível;	Infração – gravíssima; Penalidade – multa (cinco vezes).
Art. 203. Ultrapassar pela contramão outro veículo: I – nas curvas, aclives e declives, sem visibilidade suficiente; II – nas faixas de pedestre; III – nas pontes, viadutos ou túneis; IV – parado em fila junto a sinais luminosos, porteiras, cancelas, cruzamentos ou qualquer outro impedimento à livre circulação; V – onde houver marcação viária longitudinal de divisão de fluxos opostos do tipo linha dupla contínua ou simples contínua amarela:	Infração – gravíssima; Penalidade – multa (cinco vezes).
Art. 204. Deixar de parar o veículo no acostamento à direita, para aguardar a oportunidade de cruzar a pista ou entrar à esquerda, onde não houver local apropriado para operação de retorno:	Infração – grave; Penalidade – multa.
Art. 206. Executar operação de retorno: I – em locais proibidos pela sinalização; II – nas curvas, aclives, declives, pontes, viadutos e túneis; III – passando por cima de calçada, passeio, ilhas, ajardinamento ou canteiros de divisões de pista de rolamento, refúgios e faixas de pedestres e nas de veículos não motorizados; IV – nas interseções, entrando na contramão de direção da via transversal; V – com prejuízo da livre circulação ou da segurança, ainda que em locais permitidos:	Infração – gravíssima; Penalidade – multa.
Art. 207. Executar operação de conversão à direita ou à esquerda em locais proibidos pela sinalização:	Infração – grave; Penalidade – multa.
Art. 211. Ultrapassar veículos em fila, parados em razão de sinal luminoso, cancela, bloqueio viário parcial ou qualquer outro obstáculo, com exceção dos veículos não motorizados:	Infração – grave; Penalidade – multa.
Art. 214. Deixar de dar preferência de passagem a pedestre e a veículo não motorizado: I – que se encontre na faixa a ele destinada; II – que não haja concluído a travessia mesmo que ocorra sinal verde para o veículo; III – portadores de deficiência física, crianças, idosos e gestantes:	Infração – gravíssima; Penalidade – multa.
IV – quando houver iniciado a travessia mesmo que não haja sinalização a ele destinada; V – que esteja atravessando a via transversal para onde se dirige o veículo:	Infração – grave; Penalidade – multa.

Infrações de trânsito	
Art. 215. Deixar de dar preferência de passagem: I – em interseção não sinalizada: a) a veículo que estiver circulando por rodovia ou rotatória; b) a veículo que vier da direita; II – nas interseções com sinalização de regulamentação de Dê a Preferência:	Infração – grave; Penalidade – multa.
Art. 220. Deixar de reduzir a velocidade do veículo de forma compatível com a segurança do trânsito: I – quando se aproximar de passeatas, aglomerações, cortejos, préstitos e desfiles:	Infração – gravíssima; Penalidade – multa;
II – nos locais onde o trânsito esteja sendo controlado pelo agente da autoridade de trânsito, mediante sinais sonoros ou gestos; III – ao aproximar-se da guia da calçada (meio-fio) ou acostamento; IV – ao aproximar-se de ou passar por interseção não sinalizada;	Infração – grave; Penalidade – multa;
XIII – ao ultrapassar ciclista: XIV – nas proximidades de escolas, hospitais, estações de embarque e desembarque de passageiros ou onde haja intensa movimentação de pedestres:	Infração – gravíssima; Penalidade – multa.

5. CIRCULAÇÃO DE ANIMAIS

Os animais isolados ou em grupos só podem circular nas vias quando conduzidos por um guia, observado o seguinte:

A Para facilitar os deslocamentos, os rebanhos deverão ser divididos em grupos de tamanho moderado e separados uns dos outros por espaços suficientes para não obstruir o trânsito;

B Os animais que circularem pela pista de rolamento deverão ser mantidos junto ao bordo da pista.

6. LUZES DOS VEÍCULOS

O uso de luzes em veículo obedecerá às seguintes determinações:

A o condutor manterá acesos os faróis do veículo, por meio da utilização da **luz baixa**:

1) à noite;

2) mesmo durante o **dia**, em **túneis** e sob **chuva**, **neblina** ou **cerração;**

B nas **vias não iluminadas** o condutor deve usar **luz alta**, **exceto** ao **cruzar** com outro veículo ou ao **segui-lo**;

C a **troca de luz baixa e alta**, de forma intermitente e por curto período de tempo, com o objetivo de advertir outros motoristas, só poderá ser utilizada para indicar a **intenção de ultrapassar** o veículo que segue à frente ou para indicar a existência de **risco à segurança** para os veículos que circulam no sentido contrário;

D O condutor utilizará o **pisca-alerta** nas seguintes situações:

1) em **imobilizações** ou **situações de emergência**;

2) quando a **regulamentação da via** assim o **determinar**;

E Durante a **noite**, em circulação, o condutor manterá acesa a **luz de placa**;

F O condutor manterá acesas, à noite, as **luzes de posição** quando o veículo estiver parado para fins de **embarque ou desembarque** de passageiros e **carga ou descarga** de mercadorias.

Os veículos de transporte coletivo de passageiros, quando circularem em faixas ou pistas a eles destinadas, e as **motocicletas**, **motonetas** e **ciclomotores** deverão utilizar-se de farol de **luz baixa** durante o **dia e à noite**.

DICA IMPORTANTE

FAROL NA RODOVIA

Os veículos que não dispuserem de luzes de rodagem diurna deverão manter acesos os faróis nas rodovias de pista simples situadas fora dos perímetros urbanos, mesmo durante o dia.

Infrações de trânsito	
Art. 225. Deixar de sinalizar a via, de forma a prevenir os demais condutores e, à noite, não manter acesas as luzes externas ou omitir-se quanto a providências necessárias para tornar visível o local, quando: I – tiver de remover o veículo da pista de rolamento ou permanecer no acostamento; II – a carga for derramada sobre a via e não puder ser retirada imediatamente:	Infração – grave; Penalidade – multa.
Art. 249. Deixar de manter acesas, à noite, as luzes de posição, quando o veículo estiver parado, para fins de embarque ou desembarque de passageiros e carga ou descarga de mercadorias:	Infração – média; Penalidade – multa.
Art. 250. Quando o veículo estiver em movimento: I – deixar de manter acesa a luz baixa: a) durante a noite; b) de dia, em túneis e sob chuva, neblina ou cerração; c) de dia, no caso de veículos de transporte coletivo de passageiros em circulação em faixas ou pistas a eles destinadas; d) de dia, no caso de motocicletas, motonetas e ciclomotores; e) de dia, em rodovias de pista simples situadas fora dos perímetros urbanos, no caso de veículos desprovidos de luzes de rodagem diurna; III – deixar de manter a placa traseira iluminada, à noite;	Infração – média Penalidade – multa
Art. 251. Utilizar as luzes do veículo: I – o pisca-alerta, exceto em imobilizações ou situações de emergência; II – baixa e alta de forma intermitente, exceto nas seguintes situações: A) a curtos intervalos, quando for conveniente advertir a outro condutor que se tem o propósito de ultrapassá-lo; B) em imobilizações ou situação de emergência, como advertência, utilizando pisca-alerta; C) quando a sinalização de regulamentação da via determinar o uso do pisca alerta:	Infração – média; Penalidade – multa.

7. BUZINA

O condutor de veículo só poderá fazer uso de buzina, desde que em toque breve, nas seguintes situações:

A para fazer as advertências necessárias a fim de evitar acidentes;

B fora das áreas urbanas, quando for conveniente advertir a um condutor que se tem o propósito de ultrapassá-lo.

Infração de trânsito	
Art. 227. Usar buzina: I – em situação que não a de simples toque breve como advertência ao pedestre ou a condutores de outros veículos; II – prolongada e sucessivamente a qualquer pretexto; III – entre as vinte e duas e as seis horas; IV – em locais e horários proibidos pela sinalização; V – em desacordo com os padrões e frequências estabelecidas pelo Contran.	Infração – leve; Penalidade – multa.

8. EQUIPAMENTO DE SOM

Usar no veículo equipamento com som em volume ou frequência que não sejam autorizados pelo Contran constitui infração prevista no artigo 228 do CTB:

Infração de trânsito	
Art. 228. Usar no veículo equipamento com som em volume ou frequência que não sejam autorizados pelo CONTRAN:	Infração – grave; Penalidade – multa; Medida administrativa – retenção do veículo para regularização.

9. ALARME

Usar indevidamente no veículo aparelho de alarme ou que produza sons ou ruído que perturbem o sossego público, em desacordo com as normas fixadas pelo Contran, constitui infração prevista no artigo 229 do CTB:

Infração de trânsito	
Art. 229. Usar indevidamente no veículo aparelho de alarme ou que produza sons ou ruído que perturbem o sossego público, em desacordo com as normas fixadas pelo Contran	Infração – média; Penalidade – multa e apreensão do veículo; Medida administrativa – remoção do veículo.

10. CONDUTORES DE MOTOCICLETAS, MOTONETAS E CICLOMOTORES

Os condutores de motocicletas, motonetas e ciclomotores só poderão circular nas vias:

A utilizando capacete de segurança, com viseira ou óculos protetores;

B segurando o guidom com as duas mãos;

C usando vestuário de proteção, de acordo com as especificações do Contran.

11. PASSAGEIROS DE MOTOCICLETAS, MOTONETAS E CICLOMOTORES

Os passageiros de motocicletas, motonetas e ciclomotores só poderão ser transportados:

A utilizando capacete de segurança;

B em carro lateral acoplado aos veículos ou em assento suplementar atrás do condutor;

C usando vestuário de proteção, de acordo com as especificações do Contran.

12. CONDUÇÃO DE CICLOMOTORES

Os ciclomotores devem ser conduzidos pela direita da pista de rolamento, preferencialmente no centro da faixa mais à direita ou no bordo direito da pista sempre que não houver acostamento ou faixa própria a eles destinada, proibida a sua circulação nas vias de trânsito rápido e sobre as calçadas das vias urbanas.

Quando uma via comportar duas ou mais faixas de trânsito e a da direita for destinada ao uso exclusivo de outro tipo de veículo, os ciclomotores deverão circular pela faixa adjacente à da direita.

Infrações de trânsito	
Art. 244. Conduzir motocicleta, motoneta ou ciclomotor: I – sem usar capacete de segurança ou vestuário de acordo com as normas e as especificações aprovadas pelo Contran; II – transportando passageiro sem o capacete de segurança, na forma estabelecida no inciso anterior, ou fora do assento suplementar colocado atrás do condutor ou em carro lateral; III – fazendo malabarismo ou equilibrando-se apenas em uma roda; IV – (*revogado*); V – transportando criança menor de 10 (dez) anos de idade ou que não tenha, nas circunstâncias, condições de cuidar da própria segurança:	Infração – gravíssima; Penalidade – multa e suspensão do direito de dirigir; Medida administrativa – retenção do veículo até regularização e recolhimento do documento de habilitação;
VI – rebocando outro veículo; VII – sem segurar o guidom com ambas as mãos, salvo eventualmente para indicação de manobras;	Infração – grave; Penalidade – multa.

VIII – transportando carga incompatível com suas especificações ou em desacordo com o previsto no § 2º do art. 139-A desta Lei; IX – efetuando transporte remunerado de mercadorias em desacordo com o previsto no art. 139-A desta Lei ou com as normas que regem a atividade profissional dos mototaxistas:	
X – com a utilização de capacete de segurança sem viseira ou óculos de proteção ou com viseira ou óculos de proteção em desacordo com a regulamentação do Contran; XI – transportando passageiro com o capacete de segurança utilizado na forma prevista no inciso X do caput deste artigo:	Infração – média; Penalidade – multa; Medida administrativa – retenção do veículo até regularização;
§ 1º (...) b) transitar em vias de trânsito rápido ou rodovias, salvo onde houver acostamento ou faixas de rolamento próprias; §2º. Aplica-se aos ciclomotores o disposto na alínea b do parágrafo anterior: §3º. A restrição imposta pelo inciso VI do caput deste artigo não se aplica às motocicletas e motonetas que tracionem semirreboques especialmente projetados para esse fim e devidamente homologados pelo órgão competente.	Infração – média;

13. CIRCULAÇÃO DE BICICLETAS

A **Circulação nas vias urbanas**: nas vias urbanas e nas rurais de pista dupla, a circulação de bicicletas deverá ocorrer, quando não houver ciclovia, ciclofaixa, ou acostamento, ou quando não for possível a utilização destes, nos bordos da pista de rolamento, no mesmo sentido de circulação regulamentado para a via, com preferência sobre os veículos automotores.

B **Circulação em sentido contrário ao fluxo de veículos automotores**: a autoridade de trânsito com circunscrição sobre a via poderá autorizar a circulação de bicicletas no sentido contrário ao fluxo dos veículos automotores, desde que dotado o trecho com **ciclofaixa**.

C **Circulação nos passeios**: desde que autorizado e devidamente sinalizado pelo órgão ou entidade com circunscrição sobre a via, será permitida a circulação de bicicletas nos passeios.

Infração de trânsito	
Art. 255. Conduzir bicicleta em passeios onde não seja permitida a circulação desta, ou de forma agressiva, em desacordo com o disposto no parágrafo único do art. 59:	Infração – média; Penalidade – multa; Medida administrativa – remoção da bicicleta, mediante recibo para o pagamento da multa.

14. VIAS E VELOCIDADES

As vias abertas à circulação, de acordo com sua utilização, classificam-se em:

Vias Urbanas	Vias Rurais
Ruas, avenidas, vielas, ou caminhos e similares abertos à circulação pública, situados na área urbana, caracterizados principalmente por possuírem imóveis edificados ao longo de sua extensão: a) via de trânsito rápido – aquela caracterizada por acessos especiais com trânsito livre, sem interseções em nível, sem acessibilidade direta aos lotes lindeiros e sem travessia de pedestres em nível; b) via arterial – aquela caracterizada por interseções em nível, geralmente controlada por semáforo, com acessibilidade aos lotes lindeiros e às vias secundárias e locais, possibilitando o trânsito entre as regiões da cidade; c) via coletora – aquela destinada a coletar e distribuir o trânsito que tenha necessidade de entrar ou sair das vias de trânsito rápido ou arteriais, possibilitando o trânsito dentro das regiões da cidade; d) via local – aquela caracterizada por interseções em nível não semaforizadas, destinada apenas ao acesso local ou a áreas restritas.	**rodovias e estradas**: a) rodovia – via rural pavimentada; b) estrada – via rural não pavimentada.

Velocidade máxima permitida: a velocidade máxima permitida para a via será indicada por meio de sinalização, obedecidas suas características técnicas e as condições de trânsito. Onde não existir sinalização regulamentadora, a velocidade máxima será de:

Velocidade máxima permitida	
Vias Urbanas	**Vias Rurais**
I – nas vias urbanas: a) oitenta km/h, nas vias de trânsito rápido: b) sessenta km/h, nas vias arteriais; c) 40 km/h, nas vias coletoras; d) 30 km/h, nas vias locais;	II – nas vias rurais: a) nas rodovias de pista dupla: 1) 110 km/h para automóveis, camionetas e motocicletas; 2) 90 km/h, para os demais veículos; b) nas rodovias de pista simples: 1) 100 km/h para automóveis, camionetas e motocicletas; 2) 90 km/h, para os demais veículos; c) nas estradas, 60 km/h.

Velocidades superiores ou inferiores: o órgão ou entidade de trânsito ou rodoviário com circunscrição sobre a via poderá regulamentar, por meio de sinalização, velocidades superiores ou inferiores àquelas estabelecidas no parágrafo anterior.

Velocidade mínima: a velocidade mínima não poderá ser inferior à metade da velocidade máxima estabelecida, respeitadas as condições operacionais de trânsito e da via.

? **QUESTÃO:** Existe velocidade mínima a ser observada?

↳ ***RESPOSTA:*** *Sim. A velocidade mínima não poderá ser inferior à metade da velocidade máxima estabelecida, respeitadas as condições operacionais de trânsito e da via.*

Infrações de trânsito	
Art. 218. Transitar em velocidade superior à máxima permitida para o local, medida por instrumento ou equipamento hábil, em rodovias, vias de trânsito rápido, vias arteriais e demais vias: I – quando a velocidade for superior à máxima em até 20%:	Infração – média; Penalidade – multa;
II – quando a velocidade for superior à máxima em mais de 20% até 50%	Infração – grave; Penalidade – multa;
III – quando a velocidade for superior à máxima em mais de 50%:	Infração – gravíssima; Penalidade – multa (três vezes) e suspensão do direito de dirigir.
Art. 219. Transitar com o veículo em velocidade inferior à metade da velocidade máxima estabelecida para a via, retardando ou obstruindo o trânsito, a menos que as condições de tráfego e meteorológicas não o permitam, salvo se estiver na faixa da direita:	Infração – média; Penalidade – multa.

15. TRANSPORTE DE CRIANÇAS

As crianças com idade inferior a 10 anos que não tenham atingido 1,45 m de altura devem ser transportadas nos bancos traseiros, em dispositivo de retenção adequado para cada idade, peso e altura, salvo exceções relacionadas a tipos específicos de veículos regulamentadas pelo Contran.

Infração de trânsito	
Art. 168. Transportar crianças em veículo automotor sem observância das normas de segurança especiais estabelecidas neste Código:	Infração – gravíssima; Penalidade – multa; Medida administrativa – retenção do veículo até que a irregularidade seja sanada.

16. CINTO DE SEGURANÇA

É obrigatório o uso do cinto de segurança para condutor e passageiros em todas as vias do território nacional, salvo em situações regulamentadas pelo Contran.

Infração de trânsito	
Art. 167. Deixar o condutor ou passageiro de usar o cinto de segurança, conforme previsto no art. 65:	Infração – grave; Penalidade – multa; Medida administrativa – retenção do veículo até colocação do cinto pelo infrator.

✍ QUESTÃO

(Cespe – Policial Rodoviário Federal – PRF/2019) *Com base no disposto no Código de Trânsito Brasileiro, julgue o próximo item.*

Nas rodovias de pista dupla localizadas em vias rurais, a velocidade máxima permitida para automóveis, camionetas e motocicletas será a mesma.

GABARITO	CERTO.
COMENTÁRIO	Nas rodovias sem sinalização, a velocidade para esses três veículos é superior à dos demais. Isso ocorre tanto em rodovias de pista dupla quanto de pista simples.

CAPÍTULO IV

CONDUÇÃO DE VEÍCULOS POR MOTORISTAS PROFISSIONAIS

A **Abrangência**: as regras valem para **motoristas profissionais** de **transporte rodoviário coletivo de passageiros e de** transporte rodoviário de **cargas**.

> **MUITA ATENÇÃO!**
>
> **Regra geral**: é **vedado** ao motorista profissional **dirigir por mais de 5 horas e meia ininterruptas** veículos de transporte rodoviário coletivo de passageiros ou de transporte rodoviário de cargas.

B **Descanso para motorista de carga**: devem ser observados **30 minutos** para descanso **dentro de cada 6 horas** na condução de veículo de transporte de **carga**, sendo **facultado o seu fracionamento** e o do tempo de direção desde que não ultrapassadas 5 horas e meia contínuas no exercício da condução.

C **Descanso para motorista de passageiros**: devem ser observados **30 minutos para descanso a cada 4 horas** na condução de veículo rodoviário de **passageiros**, sendo **facultado o seu fracionamento** e o do tempo de direção.

D **Prolongamento**: em **situações excepcionais** de inobservância justificada do tempo de direção, devidamente registradas, o tempo de direção poderá ser elevado pelo período necessário para que o condutor, o veículo e a **carga** cheguem a um lugar que ofereça a segurança e o atendimento demandados, desde que não haja comprometimento da segurança rodoviária.

E **Descanso diário**: o condutor é obrigado, **dentro** do período **de 24 horas**, a observar o mínimo de **11 horas de descanso**, que podem ser fracionadas, usufruídas no veículo e coincidir com os intervalos de descanso acima mencionados, observadas no primeiro período 8 horas ininterruptas de descanso.

F **Controle**: o **motorista** profissional é responsável por controlar e registrar o tempo de condução e de descanso, com vistas na sua estrita observância.

Infração de trânsito	
Art. 230. Conduzir o veículo: XXIII – em desacordo com as condições estabelecidas no art. 67-C, relativamente ao tempo de permanência do condutor ao volante e aos intervalos para descanso, quando se tratar de veículo de transporte de carga ou coletivo de passageiros:	Infração – média; Penalidade – multa; Medida administrativa – retenção do veículo para cumprimento do tempo de descanso aplicável;

EM RESUMO: Condução de veículos por motoristas profissionais	
Regra Geral	**Vedado** ao motorista profissional **dirigir por mais de 5 horas e meia ininterruptas** veículos de transporte rodoviário coletivo de passageiros ou de transporte rodoviário de cargas.
Descanso para motorista de carga	» **30 minutos** para descanso **dentro de cada 6 horas** na condução de veículo de transporte de **carga**. » **Facultado o fracionamento** do descanso e do tempo de direção desde que não ultrapassadas 5 horas e meia contínuas no exercício da condução.
Descanso para motorista de passageiros	» **30 minutos para descanso a cada 4 horas** na condução de veículo rodoviário de **passageiros.** » **Facultado o fracionamento** do descanso e do tempo de direção.
Prolongamento	**Em situações excepcionais** de inobservância justificada do tempo de direção, devidamente registradas, o tempo de direção poderá ser elevado pelo período necessário para que o condutor, o veículo e a **carga** cheguem a um lugar que ofereça a segurança e o atendimento demandados, desde que não haja comprometimento da segurança rodoviária.
Descanso Diário obrigatório	» **Dentro** do período **de 24 horas** ⇨ mínimo de **11 horas de descanso.** » **Fracionamento:** As horas de descanso podem ser fracionadas, usufruídas no veículo e coincidir com os intervalos de descanso acima mencionados, observadas no primeiro período 8 horas ininterruptas de descanso._
Controle	O **motorista** profissional é responsável por controlar e registrar o tempo de condução e de descanso, com vistas na sua estrita observância.

CAPÍTULO V

PEDESTRES E CONDUTORES DE VEÍCULOS NÃO MOTORIZADOS

A **Pedestre**: é assegurada ao pedestre a utilização dos passeios ou passagens apropriadas das vias urbanas e dos acostamentos das vias rurais para circulação, podendo a autoridade competente permitir a utilização de parte da calçada para outros fins, desde que não seja prejudicial ao fluxo de pedestres.

B **Pedestre em áreas urbanas**: nas áreas urbanas, quando não houver passeios ou quando não for possível a utilização destes, a circulação de pedestres na pista de rolamento será feita com prioridade sobre os veículos, pelos bordos da pista, em fila única, exceto em locais proibidos pela sinalização e nas situações em que a segurança ficar comprometida.

C **Pedestres em vias rurais**: nas vias rurais, quando não houver acostamento ou quando não for possível a utilização dele, a circulação de pedestres, na pista de rolamento, será feita com prioridade sobre os veículos, pelos bordos da pista, em fila única, **em sentido contrário ao deslocamento de veículos**, exceto em locais proibidos pela sinalização e nas situações em que a segurança ficar comprometida.

D **Prioridade de passagem de pedestres na pista de rolamento**: os pedestres que estiverem atravessando a via sobre as faixas delimitadas para esse fim terão prioridade de passagem, exceto nos locais com sinalização semafórica, onde deverão ser respeitadas as disposições deste Código.

E **Sinalização para pedestres**: nos locais em que houver sinalização semafórica de controle de passagem será dada preferência aos pedestres que não tenham concluído a travessia, mesmo em caso de mudança do semáforo liberando a passagem dos veículos.

MUITA ATENÇÃO!

O ciclista (não é motociclista) desmontado empurrando a bicicleta equipara-se ao pedestre em direitos e deveres.

F **Faixas e passagens de pedestres**: o órgão ou entidade com circunscrição sobre a via manterá, obrigatoriamente, as faixas e passagens de pedestres em boas condições de visibilidade, higiene, segurança e sinalização.

Infrações de trânsito	
Art. 214. Deixar de dar preferência de passagem a pedestre e a veículo não motorizado: I – que se encontre na faixa a ele destinada; II – que não haja concluído a travessia mesmo que ocorra sinal verde para o veículo; III – portadores de deficiência física, crianças, idosos e gestantes:	Infração – gravíssima; Penalidade – multa.

Infrações de trânsito	
IV – quando houver iniciado a travessia mesmo que não haja sinalização a ele destinada; V – que esteja atravessando a via transversal para onde se dirige o veículo:	Infração – grave; Penalidade – multa.
Art. 254. É proibido ao pedestre: I – permanecer ou andar nas pistas de rolamento, exceto para cruzá-las onde for permitido; II – cruzar pistas de rolamento nos viadutos, pontes, ou túneis, salvo onde exista permissão; III – atravessar a via dentro das áreas de cruzamento, salvo quando houver sinalização para esse fim; IV – utilizar-se da via em agrupamentos capazes de perturbar o trânsito, ou para a prática de qualquer folguedo, esporte, desfiles e similares, salvo em casos especiais e com a devida licença da autoridade competente; V – andar fora da faixa própria, passarela, passagem aérea ou subterrânea; VI – desobedecer à sinalização de trânsito específica;	Infração – leve; Penalidade – multa, em 50% do valor da infração de natureza leve.

EM RESUMO: Pedestres e condutores de veículos não motorizados	
Pedestre em áreas urbanas	Quando não houver passeios ou quando não for possível sua utilização: » a circulação de pedestres na pista de rolamento será feita com prioridade sobre os veículos, pelos bordos da pista, em fila única, exceto em locais proibidos pela sinalização e nas situações em que a segurança ficar comprometida.
Pedestres em vias rurais	Quando não houver acostamento ou quando não for possível sua utilização: » a circulação de pedestres, na pista de rolamento, será feita com prioridade sobre os veículos, pelos bordos da pista, em fila única, **em sentido contrário ao deslocamento de veículos**, exceto em locais proibidos pela sinalização e nas situações em que a segurança ficar comprometida.
Prioridade de passagem de pedestres na pista de rolamento	Os pedestres que estiverem atravessando a via sobre as faixas delimitadas para esse fim terão prioridade de passagem, exceto nos locais com sinalização semafórica.
Sinalização para pedestres	Nos locais em que houver sinalização semafórica de controle de passagem: » será dada preferência aos pedestres que não tenham concluído a travessia, mesmo em caso de mudança do semáforo liberando a passagem dos veículos.
Faixas e passagens de pedestres	O órgão ou entidade com circunscrição sobre a via manterá, obrigatoriamente, as faixas e passagens de pedestres em boas condições de visibilidade, higiene, segurança e sinalização.

CAPÍTULO VI

CIDADÃO

A Cidadão e entidade civil: todo cidadão ou entidade civil tem o direito de solicitar, por escrito, aos órgãos ou entidades do Sistema Nacional de Trânsito, sinalização, fiscalização e implantação de equipamentos de segurança, bem como sugerir alterações em normas, legislação e outros assuntos pertinentes a este Código.

B Obrigatoriedade do SNT de analisar e responder: os órgãos ou entidades pertencentes ao Sistema Nacional de Trânsito têm o dever de analisar as solicitações e responder, por escrito, dentro de **prazos mínimos**, sobre a possibilidade ou não de atendimento, esclarecendo ou justificando a análise efetuada, e, se pertinente, informando ao solicitante quando tal evento ocorrerá.

C Campanhas educativas de trânsito: as campanhas de trânsito devem esclarecer quais as atribuições dos órgãos e entidades pertencentes ao Sistema Nacional de Trânsito e como proceder a tais solicitações.

CAPÍTULO VII

EDUCAÇÃO PARA O TRÂNSITO

A **Direitos e deveres**: a educação para o trânsito é direito de todos e constitui dever prioritário para os componentes do Sistema Nacional de Trânsito.

B **Obrigatoriedade**: é **obrigatória** a existência de **coordenação educacional em cada órgão ou entidade** componente do Sistema Nacional de Trânsito.

C **Escolas Públicas de Trânsito**: os órgãos ou entidades executivos de trânsito deverão promover, dentro de sua estrutura organizacional ou mediante convênio, o funcionamento de Escolas Públicas de Trânsito, nos moldes e padrões estabelecidos pelo Contran.

CAPÍTULO VIII

SINALIZAÇÃO TRÂNSITO

A **Sinalização na via pública**: sempre que necessário, será colocada ao longo da via, sinalização prevista neste Código e em legislação complementar, destinada a condutores e pedestres, vedada a utilização de qualquer outra.

B **Posições e condições**: a sinalização será colocada em posição e condições que a tornem perfeitamente visível e legível durante o dia e a noite, em distância compatível com a segurança do trânsito, conforme normas e especificações do Contran.

DICA IMPORTANTE

Os sinais de trânsito classificam-se em:
I – verticais;
II – horizontais;
III – dispositivos de sinalização auxiliar;
IV – luminosos;
V – sonoros;
VI – gestos do agente de trânsito e do condutor.

MUITA ATENÇÃO!

A sinalização terá a seguinte **ordem de prevalência**:
I – as **ordens do agente de trânsito** sobre as normas de circulação e outros sinais;
II – as indicações do **semáforo** sobre os demais sinais;
III – as indicações dos **sinais** sobre as **demais normas de trânsito.**

C **Sinalização insuficiente ou incorreta**: não serão aplicadas as sanções previstas no CTB por inobservância à sinalização quando esta for insuficiente ou incorreta.

D **Implantação de sinalização**: o órgão ou entidade de trânsito com circunscrição sobre a via é responsável pela implantação da sinalização, respondendo pela sua falta, insuficiência ou incorreta colocação.

Infração de trânsito	
Art. 195. Desobedecer às ordens emanadas da autoridade competente de trânsito ou de seus agentes:	Infração – grave; Penalidade – multa.

EM RESUMO: Sinalização de Trânsito	
Classificação dos Sinais de Trânsito	I – verticais; II – horizontais; III – dispositivos de sinalização auxiliar; IV – luminosos; V – sonoros; VI – gestos do agente de trânsito e do condutor.

Ordem de prevalência da sinalização	I – as **ordens do agente de trânsito** sobre as normas de circulação e outros sinais; II – as indicações do **semáforo** sobre os demais sinais; III – as indicações dos **sinais** sobre as **demais normas de trânsito.**

✍ **QUESTÃO**

(Cespe – Policial Rodoviário Federal – PRF/2019) *Com base no disposto no Código de Trânsito Brasileiro, julgue o próximo item.*

A sinalização de trânsito segue uma ordem de prevalência: as ordens do agente de trânsito prevalecem sobre as normas de circulação e outros sinais; as indicações do semáforo sobre os demais sinais; e as indicações dos sinais sobre as demais normas de trânsito.

GABARITO	CERTO.
COMENTÁRIO	Foi apresentada corretamente a ordem de prevalência da sinalização. Em primeiro lugar estão as ordens do agente de trânsito. Depois o semáforo. Em seguida as indicações dos sinais e por último as demais normas de trânsito.

CAPÍTULO IX
VEÍCULOS

1. CLASSIFICAÇÃO

Os veículos classificam-se em:

I – quanto à tração	II – quanto à espécie	III – quanto à categoria
a) automotor; b) elétrico; c) de propulsão humana; d) de tração animal; e) reboque ou semirreboque;	a) de passageiros: b) de carga: c) misto: d) de competição; e) de tração: f) especial; g) de coleção;	a) oficial; b) de representação diplomática, de repartições consulares de carreira ou organismos internacionais acreditados junto ao Governo brasileiro; c) particular; d) de aluguel; e) de aprendizagem.

Quadro comparativo entre motocicleta, motoneta e ciclomotor:

Característica	Motocicleta	Motoneta	Ciclomotor
N° de rodas	02	02	02/03
Posição do condutor	montado	sentado	qualquer posição
Velocidade	sem limite	sem limite	até 50 km/h
Cilindrada	acima de 50 cc	acima de 50 cc	até 50 cc
Habilitação	"A"	"A"	"A" ou "ACC"
Espécie	passageiro ou carga	passageiro ou carga	apenas passageiro
Obrigatoriedade do uso do capacete	sim	sim	sim

2. SEGURANÇA DOS VEÍCULOS

A **Requisitos e condições de segurança**: o veículo só poderá transitar pela via quando atendidos os requisitos e condições de segurança estabelecidos neste Código e em normas do Contran.

B **Certificado de Segurança**: os fabricantes, os importadores, os montadores e os encarroçadores de veículos deverão emitir certificado de segurança, indispensável ao cadastramento no RENAVAM, nas condições estabelecidas pelo Contran.

C **Atendimento aos requisitos de segurança**: o Contran deverá especificar os procedimentos e a periodicidade para que os fabricantes, os importadores, os montadores e os encarroçadores comprovem o atendimento aos requisitos de segurança veicular, devendo, para isso, manter disponíveis a qualquer tempo os resultados dos testes e ensaios dos sistemas e componentes abrangidos pela legislação de segurança veicular.

D **Inspeção de condições de segurança, controle de emissão de gases poluentes e de ruído**: Os veículos em circulação terão suas condições de segurança, de controle de emissão de gases poluentes e de ruído avaliadas mediante inspeção, que será obrigatória, na forma e periodicidade estabelecidas pelo Contran para os itens de segurança e pelo CONAMA para emissão de gases poluentes e ruído.

E **Veículos reprovados em inspeção**: será aplicada a medida administrativa de retenção aos veículos reprovados na inspeção de segurança e na de emissão de gases poluentes e ruído.

F **Isenção da inspeção**: estão isentos da inspeção, durante **3 anos** a partir do primeiro licenciamento, os **veículos novos** classificados na categoria **particular**, com capacidade para **até 7 passageiros**, desde que mantenham suas características originais de fábrica e não se envolvam em acidente de trânsito com danos de média ou grande monta. Para os **demais veículos novos**, o período de isenção é de **2 anos**, desde que mantenham suas características originais de fábrica e não se envolvam em acidente de trânsito com danos de média ou grande monta.

MUITA ATENÇÃO!

São **equipamentos obrigatórios** dos veículos, entre outros a serem estabelecidos pelo Contran:

I – **cinto de segurança**, conforme regulamentação específica do Contran, com exceção dos veículos destinados ao transporte de passageiros em percursos em que seja permitido viajar em pé;

II – para os veículos de transporte e de condução **escolar**, os de transporte de **passageiros com mais de dez lugares** e os de **carga** com **peso bruto total superior a 4.536 kg**, equipamento registrador instantâneo inalterável de velocidade e tempo (**tacógrafo**);

III – **encosto de cabeça**, para todos os tipos de veículos automotores, segundo normas estabelecidas pelo Contran;

V – **dispositivo** destinado ao **controle de emissão de gases poluentes e de ruído**, segundo normas estabelecidas pelo Contran.

VI – para as bicicletas, a campainha, sinalização noturna dianteira, traseira, lateral e nos pedais, e espelho retrovisor do lado esquerdo.

VII – equipamento suplementar de retenção – ***air bag* frontal** para o condutor e o passageiro do banco dianteiro.

VIII – **luzes de rodagem diurna**.

G **Uso obrigatório do cinto**: é obrigatório o uso do cinto de segurança para condutor e passageiros em todas as vias do território nacional, salvo em situações regulamentadas pelo Contran.

H **Acidente de trânsito com vítima**: em caso de acidente com vítima, envolvendo veículo equipado com registrador instantâneo de velocidade e tempo, somente o perito oficial encarregado do levantamento pericial poderá retirar o disco ou unidade armazenadora do registro.

Infrações de trânsito	
Art. 167 – Deixar o condutor ou passageiro de usar o cinto de segurança, conforme previsto no art. 65:	Infração – grave; Penalidade – multa; Medida administrativa – retenção do veículo até colocação do cinto pelo infrator.
Art. 230 – Conduzir o veículo: IX – sem equipamento obrigatório ou estando este ineficiente ou inoperante; X – com equipamento obrigatório em desacordo com o estabelecido pelo Contran; XIV – com registrador instantâneo inalterável de velocidade e tempo viciado ou defeituoso, quando houver exigência desse aparelho;	Infração – grave; Penalidade – multa; Medida administrativa – retenção do veículo para regularização.

3. IDENTIFICAÇÃO DE VEÍCULOS

A Modificações: nenhum proprietário poderá, sem prévia permissão da autoridade executiva de trânsito, fazer, ou ordenar que se faça, modificações da identificação de seu veículo.

B Placas de identificação: o veículo será identificado externamente por meio de placas dianteira e traseira, sendo esta lacrada em sua estrutura, obedecidas as especificações e modelos estabelecidos pelo Contran. Os caracteres das placas serão individualizados para cada veículo e o acompanharão até a baixa do registro, sendo vedado seu reaproveitamento.

C Dispensa do lacre: as placas que possuírem tecnologia que permita a identificação do veículo ao qual estão atreladas são dispensadas da utilização do lacre, na forma a ser regulamentada pelo Contran.

D Placas com as cores verde e amarela: As placas com as cores verde e amarela da Bandeira Nacional serão usadas somente pelos veículos de representação pessoal do Presidente e do Vice-Presidente da República, dos Presidentes do Senado Federal e da Câmara dos Deputados, do Presidente e dos Ministros do Supremo Tribunal Federal, dos Ministros de Estado, do Advogado-Geral da União e do Procurador-Geral da República.

E Veículos de representação: os veículos de representação dos Presidentes dos Tribunais Federais, dos Governadores, Prefeitos, Secretários Estaduais e Municipais, dos Presidentes das Assembleias Legislativas, das Câmaras Municipais, dos Presidentes dos Tribunais Estaduais e do Distrito Federal, e do respectivo chefe do Ministério Público e ainda dos Oficiais Generais das Forças Armadas terão placas especiais, de acordo com os modelos estabelecidos pelo Contran.

F Veículos de duas ou três rodas: os veículos de duas ou três rodas são dispensados da placa dianteira.

G Veículos empregados em serviço reservado de caráter policial: os veículos de propriedade da União, dos Estados e do Distrito Federal, devidamente registrados e licenciados, somente quando estritamente usados em serviço reservado de caráter policial, poderão usar placas particulares, obedecidos os critérios e limites estabelecidos pela legislação que regulamenta o uso de veículo oficial.

H Identificação de veículos de transporte de cargas e coletivos de passageiros: os veículos de transporte de carga e os coletivos de passageiros deverão conter, em local facilmente visível, a inscrição indicativa de sua tara, do peso bruto total (PBT), do peso bruto total combinado (PBTC) ou capacidade máxima de tração (CMT) e de sua lotação, vedado o uso em desacordo com sua classificação.

<table>
<tr><th colspan="2">Infração de trânsito</th></tr>
<tr><td>Art. 221. Portar no veículo placas de identificação em desacordo com as especificações e modelos estabelecidos pelo Contran:</td><td rowspan="2">Infração – média;
Penalidade – multa;
Medida administrativa – retenção do veículo para regularização e apreensão das placas irregulares.</td></tr>
<tr><td>Parágrafo único. Incide na mesma penalidade aquele que confecciona, distribui ou coloca, em veículo próprio ou de terceiros, placas de identificação não autorizadas pela regulamentação.</td></tr>
<tr><td>Art. 230. Conduzir o veículo:
IV – sem qualquer uma das placas de identificação;
VI – com qualquer uma das placas de identificação sem condições de legibilidade e visibilidade:</td><td>Infração – gravíssima;
Penalidade – multa e apreensão do veículo;
Medida administrativa – remoção do veículo;</td></tr>
</table>

CAPÍTULO X

REGISTRO DE VEÍCULOS

A **Obrigatoriedade**: todo veículo automotor, elétrico, articulado, reboque ou semirreboque, deve ser registrado perante o órgão executivo de trânsito do Estado ou do Distrito Federal, no Município de domicílio ou residência de seu proprietário, na forma da lei.

B **Certificado de Registro de Veículo – CRV**: registrado o veículo, expedir-se-á o Certificado de Registro de Veículo (CRV), em meio físico e/ou digital, à escolha do proprietário, de acordo com os modelos e com as especificações estabelecidos pelo Contran, com as características e as condições de invulnerabilidade à falsificação e à adulteração.

C **Aparelhos automotores para maquinaria**: os aparelhos automotores destinados a puxar ou a arrastar maquinaria de qualquer natureza ou a executar trabalhos de construção ou de pavimentação são sujeitos ao registro na repartição competente, se transitarem em via pública, dispensados o licenciamento e o emplacamento.

D **Tratores e maquinaria agrícola**: Os tratores e demais aparelhos automotores destinados a puxar ou a arrastar maquinaria agrícola ou a executar trabalhos agrícolas, desde que facultados a transitar em via pública, são sujeitos ao registro único, sem ônus, em cadastro específico do Ministério da Agricultura, Pecuária e Abastecimento, acessível aos componentes do Sistema Nacional de Trânsito.

MUITA ATENÇÃO!

São quatro os casos de **expedição de novo Certificado de Registro de Veículo**:

I – for **transferida a propriedade**;

II – o proprietário **mudar o Município** de domicílio ou residência;

III – for **alterada** qualquer **característica** do veículo;

IV – houver **mudança de categoria**.

E **Prazo para a emissão no novo CRV**: no caso de transferência de propriedade, o prazo para o proprietário adotar as providências necessárias à efetivação da expedição do novo Certificado de Registro de Veículo é de trinta dias, sendo que nos demais casos as providências deverão ser imediatas.

F **Responsabilidade solidária em penalidades no caso de não comunicação de venda**: No caso de transferência de propriedade, expirado o prazo de 30 dias sem que o novo proprietário tenha tomado as providências necessárias à efetivação da expedição do novo Certificado de Registro de Veículo, o antigo proprietário deverá encaminhar ao órgão executivo de trânsito do Estado ou do Distrito Federal, no prazo de 60 dias, cópia autenticada do comprovante de transferência de propriedade, devidamente assinado e datado, sob pena de ter que se responsabilizar solidariamente pelas penalidades impostas e suas reincidências até a data da comunicação. O comprovante de transferência de propriedade poderá ser substituído por documento eletrônico com assinatura eletrônica válida, na forma regulamentada pelo Contran.

G **Transferência de domicílio ou residência**: no caso de transferência de domicilio ou residência no mesmo município, o proprietário comunicará o novo endereço num prazo de trinta dias e aguardará o novo licenciamento para alterar o Certificado de Licenciamento Anual.

Infrações de trânsito	
Art. 230. Conduzir o veículo: V – que não esteja registrado e devidamente licenciado;	Infração – gravíssima; Penalidade – multa e apreensão do veículo; Medida administrativa – remoção do veículo;
Art. 233. Deixar de efetuar o registro de veículo no prazo de trinta dias, junto ao órgão executivo de trânsito, ocorridas as hipóteses previstas no art. 123:	Infração – grave; Penalidade – multa; Medida administrativa – retenção do veículo para regularização.

EM RESUMO: Registro de Veículos	
Certificado de Registro de Veículo – CRV	Registrado o veículo, expedir-se-á o Certificado de Registro de Veículo (CRV), em meio físico e/ou digital, à escolha do proprietário, de acordo com os modelos e com as especificações estabelecidos pelo Contran, com as características e as condições de invulnerabilidade à falsificação e à adulteração.
Aparelhos automotores para maquinaria	Sujeitos ao registro na repartição competente, se transitarem em via pública, dispensados o licenciamento e o emplacamento.
Tratores e maquinaria agrícola	Sujeitos ao registro único, sem ônus, em cadastro específico do Ministério da Agricultura, Pecuária e Abastecimento, acessível aos componentes do Sistema Nacional de Trânsito.
Prazo para a emissão no novo CRV	» **No caso de transferência de propriedade** ⇨ prazo de 30 dias para o proprietário adotar as providências necessárias à efetivação da expedição do novo Certificado de Registro de Veículo » **Demais casos** ⇨ as providências deverão ser imediatas.
Responsabilidade solidária em penalidades no caso de não comunicação de venda	No caso de transferência de propriedade, expirado o prazo de 30 dias sem que o novo proprietário tenha tomado as providências necessárias à efetivação da expedição do novo Certificado de Registro de Veículo, o antigo proprietário deverá encaminhar ao órgão executivo de trânsito do Estado ou do Distrito Federal, no prazo de 60 dias, cópia autenticada do comprovante de transferência de propriedade, devidamente assinado e datado, sob pena de ter que se responsabilizar solidariamente pelas penalidades impostas e suas reincidências até a data da comunicação. O comprovante de transferência de propriedade poderá ser substituído por documento eletrônico com assinatura eletrônica válida, na forma regulamentada pelo Contran.
Transferência de domicílio ou residência	**No mesmo município** ⇨ o proprietário comunicará o novo endereço num prazo de trinta dias e aguardará o novo licenciamento para alterar o Certificado de Licenciamento Anual.

CAPÍTULO XI
LICENCIAMENTO DE VEÍCULOS

A Obrigatoriedade: todo veículo automotor, elétrico, articulado, reboque ou semirreboque, para transitar na via, deverá ser licenciado anualmente pelo órgão executivo de trânsito do Estado, ou do Distrito Federal, onde estiver registrado o veículo (não se aplica a veículo de uso bélico).

B Transferência de residência ou domicílio: no caso de transferência de residência ou domicílio, é válido, durante o exercício, o licenciamento de origem.

C Expedição do Certificado de Registro e Licenciamento de Veículo – CRLV: o Certificado de Licenciamento Anual será expedido ao veículo licenciado, vinculado ao Certificado de Registro de Veículo, em meio físico e/ou digital, à escolha do proprietário, de acordo com o modelo e com as especificações estabelecidos pelo Contran.

D Primeiro Licenciamento: o primeiro licenciamento será feito simultaneamente ao registro.

E Licenciamento e quitação de débitos: o veículo somente será considerado licenciado estando quitados os débitos relativos a tributos, encargos e multas de trânsito e ambientais, vinculados ao veículo, independentemente da responsabilidade pelas infrações cometidas.

F Inspeções de Segurança Veicular e Gases Poluentes: ao licenciar o veículo, o proprietário deverá comprovar sua aprovação nas inspeções de segurança veicular e de controle de emissões de gases poluentes e de ruído, conforme disposto no art. 104.

G Recall: as informações referentes às campanhas de chamamento de consumidores para substituição ou reparo de veículos não atendidas no prazo de 1 (um) ano, contado da data de sua comunicação, deverão constar do Certificado de Licenciamento Anual. Após a inclusão das informações no Certificado de Licenciamento Anual, o veículo somente será licenciado mediante comprovação do atendimento às campanhas de chamamento de consumidores para substituição ou reparo de veículos.

H Trânsito de veículos novos: os veículos novos não estão sujeitos ao licenciamento e terão sua circulação regulada pelo Contran durante o trajeto entre a fábrica e o Município de destino (aplica-se, igualmente, aos veículos importados, durante o trajeto entre a alfândega ou entreposto alfandegário e o Município de destino).

I Documento de Porte Obrigatório: é obrigatório o porte do Certificado de Licenciamento Anual. O porte será dispensado quando, no momento da fiscalização, for possível ter acesso ao devido sistema informatizado para verificar se o veículo está licenciado.

J Responsabilidade do vendedor: no caso de transferência de propriedade, expirado o prazo 30 dias sem que o novo proprietário tenha tomado as providências necessárias à efetivação da expedição do novo Certificado de Registro de Veículo, o antigo proprietário deverá encaminhar ao órgão executivo de trânsito do Estado ou do Distrito Federal, no prazo de 60 dias, cópia autenticada do comprovante de transferência de propriedade, devidamente assinado e datado, sob pena de ter que se responsabilizar solidariamente pelas penalidades impostas e suas reincidências até a data da comunicação.

K Autorização pelo Poder Público Concedente: Os veículos de aluguel, destinados ao transporte individual ou coletivo de passageiros de linhas regulares ou empregados em qualquer serviço remunerado, para registro, licenciamento e respectivo emplacamento de característica comercial, deverão estar devidamente autorizados pelo poder público concedente.

Infrações de trânsito	
Art. 230. Conduzir o veículo: V – que não esteja registrado e devidamente licenciado;	Infração – gravíssima; Penalidade – multa e apreensão do veículo; Medida administrativa – remoção do veículo;
Art. 231. Transitar com o veículo: VIII – efetuando transporte remunerado de pessoas ou bens, quando não for licenciado para esse fim, salvo casos de força maior ou com permissão da autoridade competente:	Infração – média; Penalidade – multa; Medida administrativa – retenção do veículo;
Art. 232. Conduzir veículo sem os documentos de porte obrigatório referidos neste Código:	Infração – leve; Penalidade – multa; Medida administrativa – retenção do veículo até a apresentação do documento.

CAPÍTULO XII
HABILITAÇÃO

A **Requisitos**: a habilitação para conduzir veículo automotor e elétrico será apurada por meio de exames que deverão ser realizados junto ao órgão ou entidade executivos do Estado ou do Distrito Federal, do domicílio ou residência do candidato, ou na sede estadual ou distrital do próprio órgão, devendo o condutor preencher os seguintes requisitos:

I – ser penalmente imputável;

II – saber ler e escrever;

III – possuir Carteira de Identidade ou equivalente.

IV – possuir CPF (exigido pela Resolução Contran nº 168/2004).

B **Cadastro das informações**: as informações do candidato à habilitação serão cadastradas no RENACH.

C **Exames**: para a obtenção da ACC e da CNH o candidato devera submeter-se a realização de:

I – Avaliação Psicológica;

II – Exame de Aptidão Física e Mental;

III – Exame escrito, sobre a integralidade do conteúdo programático, desenvolvido em Curso de Formação para Condutor;

IV – Exame de Direção Veicular, realizado na via pública, em veículo da categoria para a qual esteja se habilitando.

D **Resultados e examinadores**: os resultados dos exames e a identificação dos respectivos examinadores serão registrados no RENACH.

E **Processo de habilitação e sua regulamentação**: o processo de habilitação, as normas relativas à aprendizagem para conduzir veículos automotores e elétricos e à autorização para conduzir ciclomotores serão regulamentados pelo Contran.

F **Veículos de propulsão e tração animal**: a autorização para conduzir veículos de propulsão humana e de tração animal ficará a cargo dos Municípios. O registro e o licenciamento desses veículos também é competência municipal.

G **Habilitação obtida em outro país**: o reconhecimento de habilitação obtida em outro país está subordinado às condições estabelecidas em convenções e acordos internacionais e às normas do Contran.

H **Expedição da habilitação**: a Autorização para Conduzir Ciclomotor – ACC e a CNH serão expedidas pelo órgão ou entidade executivo de trânsito do Estado ou do Distrito Federal, em nome do órgão máximo executivo de trânsito da União, ao condutor considerado apto nos termos da resolução.

I Habilitação simultânea para dois veículos: o candidato poderá requerer simultaneamente a ACC e habilitação na categoria "B", bem como requerer habilitação em "AB" submetendo-se a um único Exame de Aptidão Física e Mental e de avaliação psicológica, desde que considerado apto para ambas.

J Duração do processo de habilitação no órgão: o processo do candidato à habilitação ficará ativado no órgão ou entidade executivo de trânsito do Estado ou do Distrito Federal, pelo prazo de 12 meses, contados da data do requerimento do candidato.

K Documentos de habilitação: são documentos de habilitação a Carteira Nacional de Habilitação e a Permissão para Dirigir.

L Permissão para Dirigir: ao candidato aprovado será conferida **Permissão** para Dirigir, com **validade de um ano.**

M Concessão de CNH: a Carteira Nacional de Habilitação será conferida ao condutor no término de um ano, desde que o mesmo não tenha cometido nenhuma infração de natureza grave ou gravíssima ou seja reincidente em infração média.

N Não concessão da CNH: a não obtenção da Carteira Nacional de Habilitação, tendo em vista a incapacidade de atendimento do disposto no parágrafo anterior, obriga o candidato a reiniciar todo o processo de habilitação.

> **MUITA ATENÇÃO!**
>
> **Prazo dos exames de aptidão física e mental**: o exame de aptidão física e mental, a ser realizado no local de residência ou domicílio do examinado, será preliminar e renovável com a seguinte periodicidade:
>
> I – a cada 10 anos, para condutores com idade inferior a 50 anos;
>
> II – a cada 5 anos, para condutores com idade igual ou superior a 50 anos e inferior a 70 anos;
>
> III – a cada 3 anos, para condutores com idade igual ou superior a 70 anos.

O Diminuição do prazo dos exames: quando houver indícios de deficiência física ou mental, ou de progressividade de doença que possa diminuir a capacidade para conduzir o veículo, os prazos acima podem ser diminuídos por proposta do perito examinador.

P Exames toxicológicos: os condutores das categorias C, D e E deverão comprovar resultado negativo em exame toxicológico para a obtenção e a renovação da Carteira Nacional de Habilitação. O exame de que trata este artigo buscará aferir o consumo de substâncias psicoativas que, comprovadamente, comprometam a capacidade de direção e deverá ter janela de detecção mínima de 90 dias, nos termos das normas do Contran. Além da realização desses exames, os condutores das categorias C, D e E com idade inferior a 70 anos serão submetidos a novo exame **a cada período de 2 anos e 6 meses**, a partir da obtenção ou renovação da Carteira Nacional de Habilitação, independentemente da validade dos demais exames de aptidão física e mental.

Q CNH como documento de Identidade: a Carteira Nacional de Habilitação, expedida em meio físico e/ou digital, à escolha do condutor, em modelo único e de acordo com as especificações do Contran, atendidos os pré-requisitos estabelecidos neste Código, conterá fotografia, identificação e número de inscrição no Cadastro de Pessoas Físicas (CPF) do condutor, terá fé pública e equivalerá a documento de identidade em todo o território nacional.

R **Porte obrigatório dos documentos de habilitação**: é obrigatório o porte da Permissão para Dirigir ou da Carteira Nacional de Habilitação quando o condutor estiver à direção do veículo.

S **Dispensa no porte dos documentos de habilitação**: o porte do documento de habilitação será dispensado quando, no momento da fiscalização, for possível ter acesso ao sistema informatizado para verificar se o condutor está habilitado.

T **Vedação a cópias**: a Carteira Nacional de Habilitação e a Permissão para Dirigir somente terão validade para a condução de veículo quando apresentada em original.

U **Débitos de multa**: a renovação da validade da Carteira Nacional de Habilitação ou a emissão de uma nova via somente será realizada após quitação de débitos constantes do prontuário do condutor.

V **Validade da CNH**: A validade da Carteira Nacional de Habilitação está condicionada ao prazo de vigência do exame de aptidão física e mental.

W **Aviso de vencimento da validade da CNH**: os órgãos ou entidades executivos de trânsito dos Estados e do Distrito Federal enviarão por meio eletrônico, com **30 dias de antecedência**, aviso de vencimento da validade da Carteira Nacional de Habilitação a todos os condutores cadastrados no Renach com endereço na respectiva unidade da Federação.

Infrações de trânsito	
Art. 162. Dirigir veículo: I – sem possuir Carteira Nacional de Habilitação, Permissão para Dirigir ou Autorização para Conduzir Ciclomotor:	Infração – gravíssima; Penalidade – multa (três vezes); Medida administrativa – retenção do veículo até a apresentação de condutor habilitado;
II – com Carteira Nacional de Habilitação, Permissão para Dirigir ou Autorização para Conduzir Ciclomotor cassada ou com suspensão do direito de dirigir:	Infração – gravíssima; Penalidade – multa (três vezes); Medida administrativa – recolhimento do documento de habilitação e retenção do veículo até a apresentação de condutor habilitado;
III – com Carteira Nacional de Habilitação ou Permissão para Dirigir de categoria diferente da do veículo que esteja conduzindo:	Infração – gravíssima; Penalidade – multa (duas vezes); Medida administrativa – retenção do veículo até a apresentação de condutor habilitado;
V – com validade da Carteira Nacional de Habilitação vencida há mais de trinta dias:	Infração – gravíssima; Penalidade – multa; Medida administrativa – recolhimento da Carteira Nacional de Habilitação e retenção do veículo até a apresentação de condutor habilitado
VI – sem usar lentes corretoras de visão, aparelho auxiliar de audição, de prótese física ou as adaptações do veículo impostas por ocasião da concessão ou da renovação da licença para conduzir:	Infração – gravíssima; Penalidade – multa; Medida administrativa – retenção do veículo até o saneamento da irregularidade ou apresentação de condutor habilitado.

Infrações de trânsito	
Art. 165-B. Conduzir veículo para o qual seja exigida habilitação nas categorias C, D ou E sem realizar o exame toxicológico previsto no § 2º do art. 148-A deste Código, após 30 (trinta) dias do vencimento do prazo estabelecido: *(APÓS a entrada em vigor da Lei nº 14.071/2020)*	Infração – gravíssima; Penalidade – multa (cinco vezes) e suspensão do direito de dirigir por 3 (três) meses, condicionado o levantamento da suspensão à inclusão no Renach de resultado negativo em novo exame. Parágrafo único. Incorre na mesma penalidade o condutor que exerce atividade remunerada ao veículo e não comprova a realização de exame toxicológico periódico exigido pelo § 2º do art. 148-A deste Código por ocasião da renovação do documento de habilitação nas categorias C, D ou E.
Art. 232. Conduzir veículo sem os documentos de porte obrigatório referidos neste Código:	Infração – leve; Penalidade – multa; Medida administrativa – retenção do veículo até a apresentação do documento.
Art. 238. Recusar-se a entregar à autoridade de trânsito ou a seus agentes, mediante recibo, os documentos de habilitação, de registro, de licenciamento de veículo e outros exigidos por lei, para averiguação de sua autenticidade:	Infração – gravíssima; Penalidade – multa e apreensão do veículo; Medida administrativa – remoção do veículo.

X Categorias de CNH: os candidatos poderão habilitar-se nas categorias de A a E, obedecida a seguinte gradação:

Categoria A	condutor de veículo motorizado de duas ou três rodas, com ou sem carro lateral;
Categoria B	condutor de veículo motorizado, não abrangido pela categoria A, cujo peso bruto total não exceda a 3.500 kg e cuja lotação não exceda a oito lugares, excluído o do motorista;
Categoria C	condutor de veículo motorizado utilizado em transporte de carga, cujo peso bruto total exceda a 3.500 kg;
Categoria D	condutor de veículo motorizado utilizado no transporte de passageiros, cuja lotação exceda a oito lugares, excluído o do motorista;
Categoria E	condutor de combinação de veículos em que a unidade tratora se enquadre nas categorias B, C ou D e cuja unidade acoplada, reboque, semirreboque, trailer ou articulada tenha 6.000 kg ou mais de peso bruto total, ou cuja lotação exceda a 8 lugares.

Para habilitar-se na categoria C, o condutor deverá estar habilitado no mínimo há um ano na categoria B e não ter cometido nenhuma infração grave ou gravíssima, ou ser reincidente em infrações médias, durante os últimos doze meses.

São os condutores da categoria B autorizados a conduzir veículo automotor da espécie motor-casa, definida nos termos do Anexo I deste Código, cujo peso não exceda a 6.000 kg, ou cuja lotação não exceda a 8 lugares, excluído o do motorista.

Infração de trânsito	
Art. 162. Dirigir veículo: III – com Carteira Nacional de Habilitação ou Permissão para Dirigir de categoria diferente da do veículo que esteja conduzindo:	Infração – gravíssima; Penalidade – multa (duas vezes); Medida administrativa – retenção do veículo até a apresentação de condutor habilitado;

Y **Condução de trator e equipamento de terraplanagem na via pública**: o trator de roda, o trator de esteira, o trator misto ou o equipamento automotor destinado à movimentação de cargas ou execução de trabalho agrícola, de terraplenagem, de construção ou de pavimentação só podem ser conduzidos na via pública por condutor habilitado nas categorias C, D ou E. O trator de roda e os equipamentos automotores destinados a executar trabalhos agrícolas poderão ser conduzidos em via pública também por condutor habilitado na categoria B.

Z **Requisitos especiais**: para habilitar-se nas categorias D e E ou para conduzir veículo de transporte coletivo de passageiros, de escolares, de emergência ou de produto perigoso, o candidato deverá preencher os seguintes requisitos:

I – ser maior de vinte e um anos;

II – estar habilitado:

a) no mínimo há dois anos na categoria B, ou no mínimo há um ano na categoria C, quando pretender habilitar-se na categoria D; e

b) no mínimo há um ano na categoria C, quando pretender habilitar-se na categoria E;

III – não ter cometido mais de uma infração gravíssima nos últimos 12 (doze) meses;

IV – ser aprovado em curso especializado e em curso de treinamento de prática veicular em situação de risco, nos termos da normatização do Contran.

AA **Certidão de Registro Criminal**: os condutores dos veículos de que tratam os artigos. 135 (condutor de veículo de aluguel) e 136 (condutor de escolares), para exercerem suas atividades, deverão apresentar, previamente, certidão negativa do registro de distribuição criminal relativamente aos crimes de homicídio, roubo, estupro e corrupção de menores, renovável a cada cinco anos, junto ao órgão responsável pela respectiva concessão ou autorização.

CAPÍTULO XIII

INFRAÇÕES

A Definição: Constitui infração de trânsito a inobservância de qualquer preceito deste Código ou da legislação complementar, e o infrator sujeita-se às penalidades e às medidas administrativas indicadas em cada artigo deste Capítulo e às punições previstas no Capítulo XIX deste Código.

B Classificação e pontuação das infrações de trânsito: as infrações punidas com multa classificam-se, de acordo com sua gravidade, em quatro categorias:

Natureza da infração	Valor da multa	Pontuação
Leve	R$ 88,38	3
Média	R$ 130,16	4
Grave	R$ 195,23	5
Gravíssima	R$ 293,47	7

C Infrações importantes: As infrações, de forma propriamente dita, estão previstas do art. 162 ao art. 255 do CTB. Assim, **a lista explicitada a seguir de forma alguma substitui a leitura completa das infrações do Código**. Apenas foram exemplificados os artigos que podem ser citados como os mais recorrentes em concursos.

Infrações de trânsito	
Art. 162. Dirigir veículo: I – sem possuir Carteira Nacional de Habilitação, Permissão para Dirigir ou Autorização para Conduzir Ciclomotor:	Infração – gravíssima; Penalidade – multa (três vezes); Medida administrativa – retenção do veículo até a apresentação de condutor habilitado;
II – com Carteira Nacional de Habilitação, Permissão para Dirigir ou Autorização para Conduzir Ciclomotor cassada ou com suspensão do direito de dirigir:	Infração – gravíssima; Penalidade – multa (três vezes); Medida administrativa – recolhimento do documento de habilitação e retenção do veículo até a apresentação de condutor habilitado;
III – com Carteira Nacional de Habilitação ou Permissão para Dirigir de categoria diferente da do veículo que esteja conduzindo:	Infração – gravíssima; Penalidade – multa (duas vezes); Medida administrativa – retenção do veículo até a apresentação de condutor habilitado;

Infrações de trânsito	
V – com validade da Carteira Nacional de Habilitação vencida há mais de trinta dias:	Infração – gravíssima; Penalidade – multa; Medida administrativa – recolhimento da Carteira Nacional de Habilitação e retenção do veículo até a apresentação de condutor habilitado;
VI – sem usar lentes corretoras de visão, aparelho auxiliar de audição, de prótese física ou as adaptações do veículo impostas por ocasião da concessão ou da renovação da licença para conduzir:	Infração – gravíssima; Penalidade – multa; Medida administrativa – retenção do veículo até o saneamento da irregularidade ou apresentação de condutor habilitado.
Art. 163. Entregar a direção do veículo a pessoa nas condições previstas no artigo anterior:	Infração – as mesmas previstas no artigo anterior; Penalidade – as mesmas previstas no artigo anterior; Medida administrativa – a mesma prevista no inciso III do artigo anterior.
Art. 164. Permitir que pessoa nas condições referidas nos incisos do art. 162 tome posse do veículo automotor e passe a conduzi-lo na via:	Infração – as mesmas previstas nos incisos do art. 162; Penalidade – as mesmas previstas no art. 162; Medida administrativa – a mesma prevista no inciso III do art. 162.
Art. 165. Dirigir sob a influência de álcool ou de qualquer outra substância psicoativa que determine dependência: Parágrafo único. Aplica-se em dobro a multa prevista no caput em caso de reincidência no período de até 12 (doze) meses.	Infração – gravíssima; Penalidade – multa (dez vezes) e suspensão do direito de dirigir por 12 (doze) meses. Medida administrativa – recolhimento do documento de habilitação e retenção do veículo, observado o disposto no § 4º do art. 270 da Lei no 9.503, de 23 de setembro de 1997 – do Código de Trânsito Brasileiro.
Art. 165-A. Recusar-se a ser submetido a teste, exame clínico, perícia ou outro procedimento que permita certificar influência de álcool ou outra substância psicoativa, na forma estabelecida pelo art. 277:	Infração – gravíssima; Penalidade – multa (dez vezes) e suspensão do direito de dirigir por 12 (doze) meses; Medida administrativa – recolhimento do documento de habilitação e retenção do veículo, observado o disposto no § 4º do art. 270. Parágrafo único. Aplica-se em dobro a multa prevista no caput em caso de reincidência no período de até 12 (doze) meses.
Art. 165-B. Conduzir veículo para o qual seja exigida habilitação nas categorias C, D ou E sem realizar o exame toxicológico previsto no § 2º do art. 148-A deste Código, após 30 (trinta) dias do vencimento do prazo estabelecido:	Infração – gravíssima; Penalidade – multa (cinco vezes) e suspensão do direito de dirigir por 3 (três) meses, condicionado o levantamento da suspensão à inclusão no Renach de resultado negativo em novo exame.

Infrações de trânsito	
	Parágrafo único. Incorre na mesma penalidade o condutor que exerce atividade remunerada ao veículo e não comprova a realização de exame toxicológico periódico exigido pelo § 2º do art. 148-A deste Código por ocasião da renovação do documento de habilitação nas categorias C, D ou E.
Art. 167. Deixar o condutor ou passageiro de usar o cinto de segurança, conforme previsto no art. 65:	Infração – grave; Penalidade – multa; Medida administrativa – retenção do veículo até colocação do cinto pelo infrator.
Art. 168. Transportar crianças em veículo automotor sem observância das normas de segurança especiais estabelecidas neste Código:	Infração – gravíssima; Penalidade – multa; Medida administrativa – retenção do veículo até que a irregularidade seja sanada.
Art. 169. Dirigir sem atenção ou sem os cuidados indispensáveis à segurança:	Infração – leve; Penalidade – multa.
Art. 173. Disputar corrida:	Infração – gravíssima; Penalidade – multa (dez vezes), suspensão do direito de dirigir e apreensão do veículo; Medida administrativa – recolhimento do documento de habilitação e remoção do veículo. Parágrafo único. Aplica-se em dobro a multa prevista no caput em caso de reincidência no período de 12 (doze) meses da infração anterior.
Art. 174. Promover, na via, competição, eventos organizados, exibição e demonstração de perícia em manobra de veículo, ou deles participar, como condutor, sem permissão da autoridade de trânsito com circunscrição sobre a via: Parágrafo único. As penalidades são aplicáveis aos promotores e aos condutores participantes.	Infração – gravíssima; Penalidade – multa (dez vezes), suspensão do direito de dirigir e apreensão do veículo; Medida administrativa – recolhimento do documento de habilitação e remoção do veículo. § 1º As penalidades são aplicáveis aos promotores e aos condutores participantes. § 2º Aplica-se em dobro a multa prevista no caput em caso de reincidência no período de 12 (doze) meses da infração anterior.
Art. 175. Utilizar-se de veículo para demonstrar ou exibir manobra perigosa, mediante arrancada brusca, derrapagem ou frenagem com deslizamento ou arrastamento de pneus:	Infração – gravíssima; Penalidade – multa (dez vezes), suspensão do direito de dirigir e apreensão do veículo; Medida administrativa – recolhimento do documento de habilitação e remoção do veículo. Parágrafo único. Aplica-se em dobro a multa prevista no caput em caso de reincidência no período de 12 (doze) meses da infração anterior.

Infrações de trânsito	
Art. 176. Deixar o condutor envolvido em acidente com vítima: I – de prestar ou providenciar socorro à vítima, podendo fazê-lo; II – de adotar providências, podendo fazê-lo, no sentido de evitar perigo para o trânsito no local; III – de preservar o local, de forma a facilitar os trabalhos da polícia e da perícia; IV – de adotar providências para remover o veículo do local, quando determinadas por policial ou agente da autoridade de trânsito; V – de identificar-se ao policial e de lhe prestar informações necessárias à confecção do boletim de ocorrência:	Infração – gravíssima; Penalidade – multa (cinco vezes) e suspensão do direito de dirigir; Medida administrativa – recolhimento do documento de habilitação.
Art. 177. Deixar o condutor de prestar socorro à vítima de acidente de trânsito quando solicitado pela autoridade e seus agentes:	Infração – grave; Penalidade – multa.
Art. 178. Deixar o condutor, envolvido em acidente sem vítima, de adotar providências para remover o veículo do local, quando necessária tal medida para assegurar a segurança e a fluidez do trânsito:	Infração – média; Penalidade – multa.
Art. 180. Ter seu veículo imobilizado na via por falta de combustível:	Infração – média; Penalidade – multa; Medida administrativa – remoção do veículo.
Art. 182. Parar o veículo: XI – sobre ciclovia ou ciclofaixa:	Infração – grave; Penalidade – multa.
Art. 186. Transitar pela contramão de direção em: I – vias com duplo sentido de circulação, exceto para ultrapassar outro veículo e apenas pelo tempo necessário, respeitada a preferência do veículo que transitar em sentido contrário:	Infração – grave; Penalidade – multa;
II – vias com sinalização de regulamentação de sentido único de circulação:	Infração – gravíssima; Penalidade – multa.
Art. 189. Deixar de dar passagem aos veículos precedidos de batedores, de socorro de incêndio e salvamento, de polícia, de operação e fiscalização de trânsito e às ambulâncias, quando em serviço de urgência e devidamente identificados por dispositivos regulamentados de alarme sonoro e iluminação vermelha intermitentes:	Infração – gravíssima; Penalidade – multa.

Infrações de trânsito	
Art. 190. Seguir veículo em serviço de urgência, estando este com prioridade de passagem devidamente identificada por dispositivos regulamentares de alarme sonoro e iluminação vermelha intermitentes:	Infração – grave; Penalidade – multa.
Art. 193. Transitar com o veículo em calçadas, passeios, passarelas, ciclovias, ciclofaixas, ilhas, refúgios, ajardinamentos, canteiros centrais e divisores de pista de rolamento, acostamentos, marcas de canalização, gramados e jardins públicos:	Infração – gravíssima; Penalidade – multa (três vezes).
Art. 195. Desobedecer às ordens emanadas da autoridade competente de trânsito ou de seus agentes:	Infração – grave; Penalidade – multa.
Art. 201. Deixar de guardar a distância lateral de um metro e cinquenta centímetros ao passar ou ultrapassar bicicleta:	Infração – média; Penalidade – multa.
Art. 208. Avançar o sinal vermelho do semáforo ou o de parada obrigatória, exceto onde houver sinalização que permita a livre conversão à direita prevista no art. 44-A deste Código:	Infração – gravíssima; Penalidade – multa.
Art. 214. Deixar de dar preferência de passagem a pedestre e a veículo não motorizado: I – que se encontre na faixa a ele destinada; II – que não haja concluído a travessia mesmo que ocorra sinal verde para o veículo; III – portadores de deficiência física, crianças, idosos e gestantes:	Infração – gravíssima; Penalidade – multa.
IV – quando houver iniciado a travessia mesmo que não haja sinalização a ele destinada; V – que esteja atravessando a via transversal para onde se dirige o veículo:	Infração – grave; Penalidade – multa.
Art. 218. Transitar em velocidade superior à máxima permitida para o local, medida por instrumento ou equipamento hábil, em rodovias, vias de trânsito rápido, vias arteriais e demais vias: I – quando a velocidade for superior à máxima em até 20%:	Infração – média; Penalidade – multa;
II – quando a velocidade for superior à máxima em mais de 20% até 50%:	Infração – grave; Penalidade – multa;
III – quando a velocidade for superior à máxima em mais de 50%:	Infração – gravíssima; Penalidade – multa (três vezes) e suspensão do direito de dirigir.

Infrações de trânsito	
Art. 219. Transitar com o veículo em velocidade inferior à metade da velocidade máxima estabelecida para a via, retardando ou obstruindo o trânsito, a menos que as condições de tráfego e meteorológicas não o permitam, salvo se estiver na faixa da direita:	Infração – média; Penalidade – multa.
Art. 220. Deixar de reduzir a velocidade do veículo de forma compatível com a segurança do trânsito: XIII – ao ultrapassar ciclista:	Infração – gravíssima; Penalidade – multa.
Art. 227. Usar buzina: I – em situação que não a de simples toque breve como advertência ao pedestre ou a condutores de outros veículos; II – prolongada e sucessivamente a qualquer pretexto; III – entre as vinte e duas e as seis horas; IV – em locais e horários proibidos pela sinalização; V – em desacordo com os padrões e frequências estabelecidas pelo Contran:	Infração – leve; Penalidade – multa.
Art. 230. Conduzir o veículo: I – com o lacre, a inscrição do chassi, o selo, a placa ou qualquer outro elemento de identificação do veículo violado ou falsificado; II – transportando passageiros em compartimento de carga, salvo por motivo de força maior, com permissão da autoridade competente e na forma estabelecida pelo Contran; III – com dispositivo antirradar; IV – sem qualquer uma das placas de identificação; V – que não esteja registrado e devidamente licenciado; VI – com qualquer uma das placas de identificação sem condições de legibilidade e visibilidade:	Infração – gravíssima; Penalidade – multa e apreensão do veículo; Medida administrativa – remoção do veículo;
VII – com a cor ou característica alterada; VIII – sem ter sido submetido à inspeção de segurança veicular, quando obrigatória; IX – sem equipamento obrigatório ou estando este ineficiente ou inoperante; X – com equipamento obrigatório em desacordo com o estabelecido pelo Contran;	Infração – grave; Penalidade – multa; Medida administrativa – retenção do veículo para regularização;

Infrações de trânsito	
XI – com descarga livre ou silenciador de motor de explosão defeituoso, deficiente ou inoperante; XII – com equipamento ou acessório proibido; XIII – com o equipamento do sistema de iluminação e de sinalização alterados; XIV – com registrador instantâneo inalterável de velocidade e tempo viciado ou defeituoso, quando houver exigência desse aparelho;	
XV – com inscrições, adesivos, legendas e símbolos de caráter publicitário afixados ou pintados no para-brisa e em toda a extensão da parte traseira do veículo, excetuadas as hipóteses previstas neste Código; XVI – com vidros total ou parcialmente cobertos por películas refletivas ou não, painéis decorativos ou pinturas; XVII – com cortinas ou persianas fechadas, não autorizadas pela legislação; XVIII – em mau estado de conservação, comprometendo a segurança, ou reprovado na avaliação de inspeção de segurança e de emissão de poluentes e ruído, prevista no art. 104; XIX – sem acionar o limpador de para-brisa sob chuva:	Infração – grave; Penalidade – multa; Medida administrativa – retenção do veículo para regularização;
XX – sem portar a autorização para condução de escolares, na forma estabelecida no art. 136:	Infração – grave; Penalidade – multa e apreensão do veículo;
XXI – de carga, com falta de inscrição da tara e demais inscrições previstas neste Código; XXII – com defeito no sistema de iluminação, de sinalização ou com lâmpadas queimadas:	Infração – média; Penalidade – multa.
XXIII – em desacordo com as condições estabelecidas no art. 67-C, relativamente ao tempo de permanência do condutor ao volante e aos intervalos para descanso, quando se tratar de veículo de transporte de carga ou coletivo de passageiros:	Infração – média; Penalidade – multa; Medida administrativa – retenção do veículo para cumprimento do tempo de descanso aplicável;
Art. 232. Conduzir veículo sem os documentos de porte obrigatório referidos neste Código:	Infração – leve; Penalidade – multa; Medida administrativa – retenção do veículo até a apresentação do documento.
Art. 233. Deixar de efetuar o registro de veículo no prazo de trinta dias, junto ao órgão executivo de trânsito, ocorridas as hipóteses previstas no art. 123:	Infração – média; Penalidade – multa; Medida administrativa – remoção do veículo.

Infrações de trânsito	
Art. 244. Conduzir motocicleta, motoneta e ciclomotor: I – sem usar capacete de segurança ou vestuário de acordo com as normas e as especificações aprovadas pelo Contran; II – transportando passageiro sem o capacete de segurança, na forma estabelecida no inciso anterior, ou fora do assento suplementar colocado atrás do condutor ou em carro lateral; III – fazendo malabarismo ou equilibrando-se apenas em uma roda; IV – (REVOGADO); V – transportando criança menor de 10 (dez) anos de idade ou que não tenha, nas circunstâncias, condições de cuidar da própria segurança:	Infração – gravíssima; Penalidade – multa e suspensão do direito de dirigir; Medida administrativa – retenção do veículo até regularização e recolhimento do documento de habilitação;
VI – rebocando outro veículo; VII – sem segurar o guidom com ambas as mãos, salvo eventualmente para indicação de manobras; VIII – transportando carga incompatível com suas especificações ou em desacordo com o previsto no § 2º do art. 139-A desta Lei; IX – efetuando transporte remunerado de mercadorias em desacordo com o previsto no art. 139-A desta Lei ou com as normas que regem a atividade profissional dos mototaxistas:	Infração – grave; Penalidade – multa; Medida administrativa – apreensão do veículo para regularização.
X – com a utilização de capacete de segurança sem viseira ou óculos de proteção ou com viseira ou óculos de proteção em desacordo com a regulamentação do Contran; XI – transportando passageiro com o capacete de segurança utilizado na forma prevista no inciso X do caput deste artigo:	Infração – média; Penalidade – multa; Medida administrativa – retenção do veículo até regularização;
§ 1º Para ciclos aplica-se o disposto nos incisos III, VII e VIII, além de: A) conduzir passageiro fora da garupa ou do assento especial a ele destinado; B) transitar em vias de trânsito rápido ou rodovias, salvo onde houver acostamento ou faixas de rolamento próprias; C) transportar crianças que não tenham, nas circunstâncias, condições de cuidar de sua própria segurança. § 2º Aplica-se aos ciclomotores o disposto na alínea b do parágrafo anterior:	Infração – média;

Infrações de trânsito	
§ 3º A restrição imposta pelo inciso VI do caput deste artigo não se aplica às motocicletas e motonetas que tracionem semirreboques especialmente projetados para esse fim e devidamente homologados pelo órgão competente.	Penalidade – multa.
Art. 250. Quando o veículo estiver em movimento: I – deixar de manter acesa a luz baixa: a) durante a noite; b) de dia, em túneis e sob chuva, neblina ou cerração; c) de dia, no caso de veículos de transporte coletivo de passageiros em circulação em faixas ou pistas a eles destinadas; d) de dia, no caso de motocicletas, motonetas e ciclomotores; e) de dia, em rodovias de pista simples situadas fora dos perímetros urbanos, no caso de veículos desprovidos de luzes de rodagem diurna; II – (REVOGADO); III – deixar de manter a placa traseira iluminada, à noite;	Infração – média; Penalidade – multa.
Art. 254. É proibido ao pedestre: I – permanecer ou andar nas pistas de rolamento, exceto para cruzá-las onde for permitido; II – cruzar pistas de rolamento nos viadutos, pontes, ou túneis, salvo onde exista permissão; III – atravessar a via dentro das áreas de cruzamento, salvo quando houver sinalização para esse fim;	Infração – leve; Penalidade – multa, em 50% (cinquenta por cento) do valor da infração de natureza leve.
IV – utilizar-se da via em agrupamentos capazes de perturbar o trânsito, ou para a prática de qualquer folguedo, esporte, desfiles e similares, salvo em casos especiais e com a devida licença da autoridade competente; V – andar fora da faixa própria, passarela, passagem aérea ou subterrânea; VI – desobedecer à sinalização de trânsito específica;	Infração – leve; Penalidade – multa, em 50% (cinquenta por cento) do valor da infração de natureza leve.
Art. 255. Conduzir bicicleta em passeios onde não seja permitida a circulação desta, ou de forma agressiva, em desacordo com o disposto no parágrafo único do art. 59:	Infração – média; Penalidade – multa; Medida administrativa – remoção da bicicleta, mediante recibo para o pagamento da multa.

QUESTÕES

(Cespe – Policial Rodoviário Federal – PRF/2019) *Em cada um dos itens que se seguem, é apresentada uma situação hipotética relativa a infrações previstas no Código de Trânsito Brasileiro, seguida de uma assertiva a ser julgada.*

Dirigindo seu veículo automotor, Caio foi abordado por policial rodoviário federal, que constatou que a validade de sua carteira nacional de habilitação estava vencida havia mais de trinta dias. Nessa situação, Caio será multado, sua carteira de habilitação será recolhida e seu veículo será removido.

GABARITO	ERRADO.
COMENTÁRIO	A infração de trânsito de dirigir veículo com validade da CNH vencida há mais de 30 dias realmente prevê a penalidade de multa e a medida administrativa de recolhimento do documento, porém **não há remoção**. O que existe é a retenção do veículo até a apresentação de condutor habilitado.

Um policial rodoviário federal abordou o condutor de um veículo por dirigir sem usar o cinto de segurança. Nessa situação, depois de aplicar multa, o policial poderá reter o veículo somente até a colocação do cinto pelo motorista, se não constatar outra infração de trânsito.

GABARITO	ANULADA.
COMENTÁRIO	Um agente da autoridade de trânsito autua um infrator em caso de infração. Ele não multa. A multa, que é uma penalidade, somente é aplicada pela autoridade de trânsito, após o devido processo legal. A questão mencionou que o policial iria "aplicar a multa", o que fez com que fosse anulada. De acordo com a banca, "a redação do item comprometeu seu julgamento objetivo". O gabarito preliminar apontava a questão como correta, tendo em vista que a infração – grave – do não uso do cinto de segurança prevê retenção até a colocação do cinto pelo infrator

O condutor de um veículo foi abordado por policial rodoviário federal depois de ultrapassar outro veículo pelo acostamento. Nessa situação, o policial poderá multar o condutor, mas não poderá reter nem remover o seu veículo.

GABARITO	ANULADA.
COMENTÁRIO	Outra questão em que a banca mencionou que o agente de trânsito poderia "multar o infrator", o que fez com que ela fosse anulada. O gabarito preliminar apontava o item como correto, tendo em vista que a infração de ultrapassagem pelo acostamento realmente não prevê retenção nem remoção

O condutor estacionou o seu veículo sem observar a distância máxima permitida de afastamento da guia da calçada. Nessa situação, o condutor poderá ser multado e seu veículo, removido.

GABARITO	CERTO.
COMENTÁRIO	Tanto faz se o condutor estacionou afastado da guia da calçada (meio-fio) de cinquenta centímetros a um metro (que é infração leve) ou afastado da guia da calçada (meio-fio) a mais de um metro (grave). Para ambas infrações está prevista a medida administrativa de remoção. Aliás, todas as infrações de estacionamento proibido, salvo na contramão de direção, preveem remoção.

Márcio conduzia seu veículo automotor produzindo fumaça em níveis superiores aos legalmente permitidos. Nessa situação, conforme o nível de fumaça exalada, a conduta de Márcio pode configurar tanto infração administrativa como crime de trânsito.

GABARITO	ERRADO.
COMENTÁRIO	A conduta apresentada caracteriza sim infração (art. 231, III), que por sinal é grave. Porém, não há crime de trânsito para a situação.

CAPÍTULO XIV
PENALIDADES

1. CLASSIFICAÇÃO

A autoridade de trânsito, na esfera das competências estabelecidas no Código e dentro sua circunscrição, deverá aplicar, às infrações nele previstas, as seguintes penalidades:

A advertência por escrito;

B multa;

C suspensão do direito de dirigir;

D apreensão do veículo; (REVOGADO, não existe mais – o aluno deve desconsiderar sua previsão nas infrações)

E cassação da Carteira Nacional de Habilitação;

F cassação da Permissão para Dirigir; (não regulamentado)

G frequência obrigatória em curso de reciclagem.

2. IMPOSIÇÃO DE PENALIDADES

2.1. Destinatários: as penalidades serão impostas ao condutor, ao proprietário do veículo, ao embarcador e ao transportador, salvo os casos de descumprimento de obrigações e deveres impostos a pessoas físicas ou jurídicas expressamente mencionados neste Código.

2.2. Responsabilidade solidária entre proprietários e condutores: aos proprietários e condutores de veículos serão impostas concomitantemente as penalidades de que trata este Código toda vez que houver responsabilidade solidária em infração dos preceitos que lhes couber observar, respondendo cada um de per si pela falta em comum que lhes for atribuída.

2.3. Proprietário: ao proprietário caberá sempre a responsabilidade pela infração referente à prévia regularização e preenchimento das formalidades e condições exigidas para o trânsito do veículo na via terrestre, conservação e inalterabilidade de suas características, componentes, agregados, habilitação legal e compatível de seus condutores, quando esta for exigida, e outras disposições que deva observar.

2.4. Condutor: ao condutor caberá a responsabilidade pelas infrações decorrentes de atos praticados na direção do veículo.

2.5. Principal condutor: o proprietário poderá indicar ao órgão executivo de trânsito o principal condutor do veículo, o qual, após aceitar a indicação, terá seu nome inscrito em campo próprio do cadastro do veículo no Renavam.

2.6. Exclusão do principal condutor: o principal condutor será excluído do Renavam:

A quando houver transferência de propriedade do veículo;

B mediante requerimento próprio ou do proprietário do veículo;

C a partir da indicação de outro principal condutor.

2.7. Identificação do Infrator: quando não for imediata a identificação do infrator, o principal condutor ou o proprietário do veículo terá o prazo de **30 dias**, contado da notificação da autuação, para apresentá-lo, na forma em que dispuser o Contran, e, transcorrido o prazo, se não o fizer, será considerado responsável pela infração o principal condutor ou, em sua ausência, o proprietário do veículo.

2.8. Reincidência da Pessoa Jurídica: após o prazo previsto no parágrafo anterior, não havendo identificação do infrator e sendo o veículo de propriedade de pessoa jurídica, será lavrada nova multa ao proprietário do veículo, mantida a originada pela infração, cujo valor é o da multa multiplicada pelo número de infrações iguais cometidas no período de doze meses.

3. INFRAÇÕES SIMULTÂNEAS

Quando o infrator cometer, simultaneamente, duas ou mais infrações, ser-lhe-ão aplicadas, cumulativamente, as respectivas penalidades.

4. SUSPENSÃO DO DIREITO DE DIRIGIR

4.1. Casos

MUITA ATENÇÃO!

A penalidade de suspensão do direito de dirigir será imposta nos seguintes casos:

A) sempre que o infrator atingir, no período de **12 meses**, a seguinte contagem de pontos:

1) **20 pontos**, caso constem **duas ou mais infrações gravíssimas** na pontuação;

2) **30 pontos**, caso conste **uma infração gravíssima** na pontuação;

3) **40 pontos**, caso não conste **nenhuma infração gravíssima** na pontuação;

B) por transgressão às normas estabelecidas neste Código, cujas **infrações preveem**, de forma específica, a penalidade de **suspensão** do direito de dirigir.

4.2. Prazos: para o condutor que atingir a **pontuação** limite, a suspensão é de **6 meses a 1 ano** e, no caso de **reincidência** no período de 12 meses, de **8 meses a 2 anos**. Já para o caso de suspensão em razão de **infração** que preveja esta penalidade, o prazo é de **2 a 8 meses**, exceto para as infrações com prazo descrito no dispositivo infracional, e, no caso de **reincidência** no período de 12 meses, de **8 a 18 meses**, respeitado o disposto no inciso II do art. 263 (cassação para reincidência em infrações específicas).

4.3. Devolução da CNH ao condutor: quando ocorrer a suspensão do direito de dirigir, a Carteira Nacional de Habilitação será devolvida a seu titular imediatamente após cumprida a penalidade e o curso de reciclagem.

4.4. Eliminação dos pontos: A imposição da penalidade de suspensão do direito de dirigir elimina a quantidade de pontos computados para fins de contagem subsequente.

4.5. Curso preventivo de reciclagem: no caso do condutor que exerce **atividade remunerada** ao veículo, a penalidade de **suspensão** do direito de dirigir por pontuação será imposta quando o infrator atingir o limite de **40 pontos**, independentemente da natureza das infrações cometidas, facultado a ele participar de curso preventivo de reciclagem sempre que, no período de 12 meses, atingir **30 pontos**, conforme regulamentação do Contran.

4.6. Suspensão por infração específica: O processo de suspensão do direito de dirigir a que se refere o inciso II do *caput* deste artigo deverá ser instaurado concomitantemente ao processo de aplicação da penalidade de multa, e **ambos serão de competência do órgão ou entidade responsável pela aplicação da multa**, na forma definida pelo Contran.

4.7. Decisão fundamentada da Autoridade de Trânsito: as penalidades de suspensão do direito de dirigir e de cassação do documento de habilitação serão aplicadas por decisão fundamentada da autoridade de trânsito competente, em processo administrativo, assegurado ao infrator amplo direito de defesa.

5. CASSAÇÃO DO DOCUMENTO DE HABILITAÇÃO

A cassação do documento de habilitação dar-se-á:

A quando, suspenso o direito de dirigir, o infrator conduzir qualquer veículo;

B no caso de reincidência, no prazo de doze meses, das infrações previstas no inciso III do art. 162 e nos artigos 163, 164, 165, 173, 174 e 175;

C quando condenado judicialmente por delito de trânsito, observado o disposto no art. 160.

Infrações de trânsito	
Art. 162. Dirigir veículo: III – com Carteira Nacional de Habilitação ou Permissão para Dirigir de categoria diferente da do veículo que esteja conduzindo:	Infração – gravíssima; Penalidade – multa (duas vezes); Medida administrativa – retenção do veículo até a apresentação de condutor habilitado;
Art. 163. Entregar a direção do veículo a pessoa nas condições previstas no artigo anterior:	Infração – as mesmas previstas no artigo anterior; Penalidade – as mesmas previstas no artigo anterior; Medida administrativa – a mesma prevista no inciso III do artigo anterior.
Art. 164. Permitir que pessoa nas condições referidas nos incisos do art. 162 tome posse do veículo automotor e passe a conduzi-lo na via:	Infração – as mesmas previstas nos incisos do art. 162; Penalidade – as mesmas previstas no art. 162; Medida administrativa – a mesma prevista no inciso III do art. 162.
Art. 165. Dirigir sob a influência de álcool ou de qualquer outra substância psicoativa que determine dependência:	Infração – gravíssima; Penalidade – multa (dez vezes) e suspensão do direito de dirigir por 12 (doze) meses. Medida administrativa – recolhimento do documento de habilitação e retenção do veículo, observado o disposto no § 4º do art. 270 da Lei no 9.503, de 23 de setembro de 1997 – do Código de Trânsito Brasileiro. Parágrafo único. Aplica-se em dobro a multa prevista no caput em caso de reincidência no período de até 12 (doze) meses.

Infrações de trânsito	
Art. 173. Disputar corrida:	Infração – gravíssima; Penalidade – multa (dez vezes), suspensão do direito de dirigir e apreensão do veículo; Medida administrativa – recolhimento do documento de habilitação e remoção do veículo. Parágrafo único. Aplica-se em dobro a multa prevista no caput em caso de reincidência no período de 12 (doze) meses da infração anterior.
Art. 174. Promover, na via, competição, eventos organizados, exibição e demonstração de perícia em manobra de veículo, ou deles participar, como condutor, sem permissão da autoridade de trânsito com circunscrição sobre a via: Parágrafo único. As penalidades são aplicáveis aos promotores e aos condutores participantes.	Infração – gravíssima; Penalidade – multa (dez vezes), suspensão do direito de dirigir e apreensão do veículo; Medida administrativa – recolhimento do documento de habilitação e remoção do veículo. § 1º As penalidades são aplicáveis aos promotores e aos condutores participantes. § 2º Aplica-se em dobro a multa prevista no caput em caso de reincidência no período de 12 (doze) meses da infração anterior.
Art. 175. Utilizar-se de veículo para demonstrar ou exibir manobra perigosa, mediante arrancada brusca, derrapagem ou frenagem com deslizamento ou arrastamento de pneus:	Infração – gravíssima; Penalidade – multa (dez vezes), suspensão do direito de dirigir e apreensão do veículo; Medida administrativa – recolhimento do documento de habilitação e remoção do veículo. Parágrafo único. Aplica-se em dobro a multa prevista no caput em caso de reincidência no período de 12 (doze) meses da infração anterior.

6. ADVERTÊNCIA POR ESCRITO

MUITA ATENÇÃO!

Deverá ser imposta a penalidade de advertência por escrito à infração de natureza leve ou média, passível de ser punida com multa, caso o infrator não tenha cometido nenhuma outra infração nos últimos 12 meses.

7. CURSO DE RECICLAGEM

O infrator será submetido a curso de reciclagem, na forma estabelecida pelo Contran:

A quando suspenso do direito de dirigir;

B quando se envolver em acidente grave para o qual haja contribuído, independentemente de processo judicial;

C quando condenado judicialmente por delito de trânsito;

D a qualquer tempo, se for constatado que o condutor está colocando em risco a segurança do trânsito.

8. REGISTRO NACIONAL POSITIVO DE CONDUTORES – RNPC

Fica criado o Registro Nacional Positivo de Condutores (RNPC), administrado pelo órgão máximo executivo de trânsito da União, com a finalidade de cadastrar os condutores que não cometeram infração de trânsito sujeita à pontuação, nos últimos 12 meses, conforme regulamentação do Contran. A União, os Estados, o Distrito Federal e os Municípios poderão utilizar o RNPC para conceder benefícios fiscais ou tarifários aos condutores cadastrados, na forma da legislação específica de cada ente da Federação.

EM RESUMO: Penalidades			
	Suspensão	**Cassação**	**Curso de reciclagem**
Conceito	Retirada temporária do direito de dirigir, sempre após o devido processo legal.	Perda do direito de dirigir, sempre após o devido processo legal.	Embora esteja no rol das penalidades, é uma "penalidade acessória", onde a principal é a suspensão ou a cassação.
Circunstâncias	A suspensão é aplicada sempre que o infrator atingir, em 12 meses: a) 20 pontos, caso constem 2 ou mais infrações gravíssimas na pontuação; b) 30 pontos, caso conste 1 infração gravíssima na pontuação; c) 40 pontos, caso não conste nenhuma infração gravíssima na pontuação; Ou ainda por transgressão às normas estabelecidas neste Código, cujas infrações preveem, de forma específica, a penalidade de suspensão do direito de dirigir.	– quando, suspenso o direito de dirigir, o infrator conduzir qualquer veículo; – no caso de reincidência, no prazo de doze meses, das infrações previstas no inc. III do art. 162 e nos artigos. 163, 164, 165, 173, 174 e 175; – quando condenado judicialmente por delito de trânsito, observado o disposto no art. 160.	– quando suspenso do direito de dirigir; – quando se envolver em acidente grave para o qual haja contribuído, independentemente de processo judicial; – quando condenado judicialmente por delito de trânsito; – a qualquer tempo, se for constatado que o condutor está colocando em risco a segurança do trânsito;
Aplicação	Autoridade de trânsito do DETRAN quando da suspensão por pontuação; e órgão ou entidade responsável pela aplicação da multa, quando a própria infração prever suspensão.	Autoridade de trânsito do DETRAN	Autoridade de trânsito do DETRAN

Prazo	Para o condutor que atingir a pontuação limite: de 6 meses a 1 ano e, no caso de reincidência no período de 12 meses, de 8 meses a 2 anos. Para a suspensão em caso de infração: de 2 a 8 meses, exceto para as infrações com prazo descrito no dispositivo infracional, e, no caso de reincidência no período de 12 meses, de 8 a 18 meses. Em caso de embriaguez, recusa a teste de alcoolemia ou usar o veículo para deliberadamente interromper o trânsito: prazo fixo de 12 meses.	2 anos	
Condição para voltar a dirigir	Cumprir a penalidade e fazer curso de reciclagem.	Cumprir o prazo, refazer os exames da habilitação e fazer um curso de reciclagem.	
Medida administrativa decorrente	Recolhimento da CNH.	Recolhimento da CNH.	
Amparo legal	Artigo 261 e resolução 723/2018.	Artigo 263 e resolução 723/2018.	Artigo 268 e resolução 789/2020.

CAPÍTULO XV

MEDIDAS ADMINISTRATIVAS

1. CLASSIFICAÇÃO

A autoridade de trânsito ou seus agentes, na esfera das competências estabelecidas neste Código e dentro de sua circunscrição, deverá adotar as seguintes medidas administrativas:

A retenção do veículo;

B remoção do veículo;

C recolhimento da Carteira Nacional de Habilitação;

D recolhimento da Permissão para Dirigir;

E recolhimento do Certificado de Registro;

F recolhimento do Certificado de Licenciamento Anual;

G transbordo do excesso de carga;

H realização de teste de dosagem de alcoolemia ou perícia de substância entorpecente ou que determine dependência física ou psíquica;

I recolhimento de animais que se encontrem soltos nas vias e na faixa de domínio das vias de circulação, restituindo-os aos seus proprietários, após o pagamento de multas e encargos devidos.

J realização de exames de aptidão física, mental, de legislação, de prática de primeiros socorros e de direção veicular.

DICA IMPORTANTE Perceba que todas as medidas administrativas começam com "R", "E" ou "T".

2. MEDIDAS ADMINISTRATIVAS E PENALIDADES

As medidas administrativas previstas neste artigo não elidem a aplicação das penalidades impostas por infrações estabelecidas neste Código, possuindo caráter complementar a estas.

3. RECOLHIMENTO DE DOCUMENTOS EM MEIO DIGITAL

No caso de documentos em meio digital, as medidas administrativas previstas nos incisos III, IV, V e VI do *caput* deste artigo serão realizadas por meio de registro no Renach ou Renavam, conforme o caso, na forma estabelecida pelo Contran.

4. RETENÇÃO

4.1. Casos: O veículo poderá ser retido nos casos expressos neste Código.

4.2. Liberação: quando a irregularidade puder ser sanada no local da infração, o veículo será liberado tão logo seja regularizada a situação.

4.3. Impossibilidade de liberação: quando não for possível sanar a falha no local da infração, o veículo, desde que ofereça condições de segurança para circulação, deverá ser liberado e entregue a condutor regularmente habilitado, mediante recolhimento do Certificado de Licenciamento Anual, contra apresentação de recibo, assinalando-se ao condutor prazo razoável, **não superior a 30 dias**, para regularizar a situação, e será considerado notificado para essa finalidade na mesma ocasião. Se não efetuada a regularização, além do recolhimento do veículo ao depósito, será feito registro de restrição administrativa no Renavam por órgão ou entidade executivo de trânsito dos Estados e do Distrito Federal, que será retirada após comprovada a regularização.

4.4. Recolhimento ao depósito: não se apresentando condutor habilitado no local da infração, o veículo será removido a depósito.

4.5. Liberação excepcional: a critério do agente, não se dará a retenção imediata, quando se tratar de veículo de transporte coletivo transportando passageiros ou veículo transportando produto perigoso ou perecível, desde que ofereça condições de segurança para circulação em via pública.

5. REMOÇÃO

5.1. Casos: o veículo será removido, nos casos previstos neste Código, para o depósito fixado pelo órgão ou entidade competente, com circunscrição sobre a via.

5.2. Restituição do veículo: a restituição do veículo removido só ocorrerá mediante prévio pagamento de multas, taxas e despesas com remoção e estada, além de outros encargos previstos na legislação específica.

5.3. Condição para liberação: a liberação do veículo removido é condicionada ao reparo de qualquer componente ou equipamento obrigatório que não esteja em perfeito estado de funcionamento. Se o reparo demandar providência que não possa ser tomada no depósito, a autoridade responsável pela remoção liberará o veículo para reparo, na forma transportada, mediante autorização, assinalando prazo para reapresentação.

5.4. Responsabilidade pela remoção e guarda: os serviços de remoção, depósito e guarda de veículo poderão ser realizados por órgão público, diretamente, ou por particular contratado por licitação pública, sendo o proprietário do veículo o responsável pelo pagamento dos custos desses serviços.

5.5. Remoção na ausência do proprietário ou condutor: caso o proprietário ou o condutor não esteja presente no momento da remoção do veículo, a autoridade de trânsito, no prazo de 10 dias contado da data da remoção, deverá expedir ao proprietário notificação por remessa postal ou por outro meio tecnológico hábil que assegure a sua ciência, e, caso reste frustrada, a notificação poderá ser feita por edital.

5.6. Vedação à remoção: não caberá remoção nos casos em que a irregularidade **for sanada** no local da infração.

5.7. Pagamento de despesas: o pagamento das despesas de remoção e estada será correspondente ao período integral, contado em dias, em que efetivamente o veículo permanecer em depósito, limitado ao prazo de 6 meses. Os custos dos serviços de remoção e estada prestados por particulares poderão ser pagos pelo proprietário diretamente ao contratado. Isso não afasta a possibilidade de o respectivo ente da Federação estabelecer a cobrança por meio de taxa instituída em lei.

6. RECOLHIMENTO DA HABILITAÇÃO

O recolhimento da Carteira Nacional de Habilitação e da Permissão para Dirigir dar-se-á mediante recibo, além dos casos previstos neste Código, quando houver suspeita de sua inautenticidade ou adulteração.

7. RECOLHIMENTO DO CRV

O recolhimento do Certificado de Registro dar-se-á mediante recibo, além dos casos previstos neste Código, quando:

A houver suspeita de inautenticidade ou adulteração;

B se, alienado o veículo, não for transferida sua propriedade no prazo de trinta dias.

8. RECOLHIMENTO DO CRLV

O recolhimento do Certificado de Licenciamento Anual dar-se-á mediante recibo, além dos casos previstos neste Código, quando:

A houver suspeita de inautenticidade ou adulteração;

B se o prazo de licenciamento estiver vencido;

C no caso de retenção do veículo, se a irregularidade não puder ser sanada no local.

9. TRANSBORDO

9.1. Obrigatoriedade: o transbordo da carga com peso excedente é condição para que o veículo possa prosseguir viagem e será efetuado às expensas do proprietário do veículo, sem prejuízo da multa aplicável.

9.2. Recolhimento ao depósito: não sendo possível desde logo realizar o transbordo, o veículo será recolhido ao depósito, sendo liberado após sanada a irregularidade e pagas as despesas de remoção e estada.

10. QUANTIDADE DE ÁLCOOL PARA CARACTERIZAR INFRAÇÃO

10.1. Regra: qualquer concentração de álcool por litro de sangue ou por litro de ar alveolar sujeita o condutor às penalidades previstas no art. 165.

10.2. Margens de tolerância: o Contran disciplinará as margens de tolerância quando a infração for apurada por meio de aparelho de medição, observada a legislação metrológica.

11. EXAMES PARA DETECTAR SUBSTÂNCIA PROIBIDA

11.1. Opções: O condutor de veículo automotor envolvido em acidente de trânsito ou que for alvo de fiscalização de trânsito poderá ser submetido a teste, exame clínico, perícia ou outro procedimento que, por meios técnicos ou científicos, na forma disciplinada pelo Contran, permita certificar influência de álcool ou outra substância psicoativa que determine dependência.

11.2. Outros meios: a infração prevista no art. 165 também poderá ser caracterizada mediante imagem, vídeo, constatação de sinais que indiquem, na forma disciplinada pelo Contran, alteração da capacidade psicomotora ou produção de quaisquer outras provas em direito admitidas.

12. ACESSO AO TACÓGRAFO EM ACIDENTE COM VÍTIMA

Em caso de acidente com vítima, envolvendo veículo equipado com registrador instantâneo de velocidade e tempo, somente o perito oficial encarregado do levantamento pericial poderá retirar o disco ou unidade armazenadora do registro.

CAPÍTULO XVI
PROCESSO ADMINISTRATIVO

1. PROCESSO ADMINISTRATIVO

1.1. Regulamentação: o assunto é regido pelo CTB (artigos 280 e 290).

1.2. Conceitos iniciais: a multa é uma penalidade que só pode ser aplicada pela autoridade de trânsito após o devido processo legal.

1.3. Autuação da infração de trânsito: ocorrendo infração prevista na legislação de trânsito, lavrar-se-á auto de infração, do qual constará:

A tipificação da infração;

B local, data e hora do cometimento da infração;

C caracteres da placa de identificação do veículo, sua marca e espécie, e outros elementos julgados necessários à sua identificação;

D o prontuário do condutor, sempre que possível;

E identificação do órgão ou entidade e da autoridade ou agente autuador ou equipamento que comprovar a infração;

F assinatura do infrator, sempre que possível, valendo esta como notificação do cometimento da infração.

1.4. Comprovação da infração: a infração deverá ser comprovada por declaração da autoridade ou do agente da autoridade de trânsito, por aparelho eletrônico ou por equipamento audiovisual, reações químicas ou qualquer outro meio tecnologicamente disponível, previamente regulamentado pelo Contran.

1.5. Impossibilidade da autuação em flagrante: não sendo possível a autuação em flagrante, o agente de trânsito relatará o fato à autoridade no próprio auto de infração, informando os dados a respeito do veículo, além dos constantes nos incisos I, II e III, para o procedimento previsto no artigo seguinte.

1.6. Lavratura do Auto de Infração: o agente da autoridade de trânsito competente para lavrar o auto de infração poderá ser servidor civil, estatutário ou celetista ou, ainda, policial militar designado pela autoridade de trânsito com jurisdição sobre a via no âmbito de sua competência.

1.7. Auto de infração como notificação: o Auto de Infração valerá como notificação da autuação quando for assinado pelo condutor e este for o proprietário do veículo.

1.8. Expedição da Notificação de Autuação: com exceção do disposto acima, após a verificação da regularidade e da consistência do Auto de Infração, a autoridade de trânsito expedirá, no prazo máximo de **30 dias** contados da data do cometimento da infração, a Notificação da Autuação dirigida ao proprietário do veículo.

MUITA ATENÇÃO!

ARQUIVAMENTO DO AUTO DE INFRAÇÃO

O auto de infração será arquivado e seu registro julgado insubsistente:

A) se considerado inconsistente ou irregular;

B) se, no prazo máximo de trinta dias, não for expedida a notificação da autuação.

1.9. Defesa Prévia: na notificação de autuação e no auto de infração, quando valer como notificação de autuação, deverá constar o prazo para apresentação de defesa prévia, que não será inferior a **30 dias**, contado da data de expedição da notificação.

1.10. Identificação do condutor infrator: sendo a infração de responsabilidade do condutor, e este não for identificado no ato do cometimento da infração, a Notificação da Autuação deverá ser acompanhada do Formulário de Identificação do Condutor Infrator.

1.11. Responsabilidade do proprietário: o proprietário do veículo (ou o principal condutor, se existente) será considerado responsável pela infração cometida caso não haja a identificação do condutor infrator até o término do prazo fixado na Notificação da Autuação, caso a identificação seja feita em desacordo com as normas ou ainda caso não haja registro de comunicação de venda à época da infração.

1.12. Defesa da Autuação: interposta a Defesa da Autuação, cabe à autoridade competente apreciá-la, inclusive quanto ao mérito. Acolhida, o Auto de Infração de Trânsito será cancelado, seu registro será arquivado e a autoridade de trânsito comunicará o fato ao proprietário do veículo. Não sendo interposta Defesa da Autuação no prazo previsto ou não acolhida, a autoridade de trânsito aplicará a penalidade correspondente.

1.13. Notificação da penalidade: caso a defesa prévia seja indeferida ou não seja apresentada no prazo estabelecido, será aplicada a penalidade e expedida notificação ao proprietário do veículo ou ao infrator, no prazo máximo de **180 dias**, contado da data do cometimento da infração, por remessa postal ou por qualquer outro meio tecnológico hábil que assegure a ciência da imposição da penalidade. Em **caso de apresentação da defesa prévia** em tempo hábil, o prazo será de **360 dias**. O descumprimento dos prazos implicará a decadência do direito de aplicar a penalidade.

1.14. Notificação por meio eletrônico: o órgão do Sistema Nacional de Trânsito responsável pela autuação deverá oferecer ao proprietário do veículo ou ao condutor autuado a opção de notificação por meio eletrônico, na forma definida pelo Contran. Nessa hipótese, o proprietário ou o condutor autuado será considerado notificado 30 dias após a inclusão da informação no sistema eletrônico e do envio da respectiva mensagem.

1.15. Prazo para o 1º recurso: da notificação deverá constar a data do término do prazo para apresentação de recurso pelo responsável pela infração, que **não será inferior a 30 dias** contados da data da notificação da penalidade.

1.16. Pagamento da multa: o pagamento da multa poderá ser efetuado **até a data do vencimento** expressa na notificação, por **80% do seu valor**. Porém, caso o infrator opte pelo **sistema de notificação eletrônica**, conforme regulamentação do Contran, e opte por **não apresentar defesa prévia nem recurso**, reconhecendo o cometimento da infração, poderá efetuar o pagamento da multa por **60% do seu valor**, em qualquer fase do processo, até o vencimento da multa. O recolhimento do valor da multa não implica renúncia ao questionamento administrativo, que pode ser realizado a qualquer momento. O sistema de notificação eletrônica deve disponibilizar, na mesma plataforma, campo destinado à apresentação de defesa prévia e de recurso, quando o condutor não reconhecer o cometimento da infração, na forma regulamentada pelo Contran.

1.17. 1º recurso: o 1º recurso será interposto perante a autoridade que impôs a penalidade, a qual remetê-lo-á à JARI (dentro dos 10 dias úteis subsequentes à sua apresentação) que deverá julgá-lo em até 30 dias.

1.18. 2º recurso: das decisões da JARI cabe recurso a ser interposto no prazo de 30 dias contado da publicação ou da notificação da decisão.

1.19. Interposição de recurso pela Autoridade de Trânsito: se o 1º recurso for deferido, o recurso acima pode ser interposto pela Autoridade de Trânsito.

1.20. Apreciação do 2º recurso: o 2º recurso será apreciado no prazo de trinta dias:

A tratando-se de penalidade imposta por órgão ou entidade da União, por colegiado especial integrado pelo Coordenador-Geral da Jari, pelo Presidente da Junta que apreciou o recurso e por mais um Presidente de Junta; (se houver apenas uma Jari, o recurso será julgado por seus membros)

B tratando-se de penalidade imposta por órgão ou entidade de trânsito estadual, municipal ou do Distrito Federal, pelos CETRAN e Contrandife, respectivamente.

1.21. Término da instância administrativa: implicam encerramento da instância administrativa o julgamento do 2º recurso, a não interposição de recurso no prazo legal ou ainda o pagamento da multa, com reconhecimento da infração e requerimento de encerramento do processo na fase em que se encontra, sem apresentação de defesa ou recurso.

1.22. Cadastramento no RENACH: esgotados os recursos, as penalidades aplicadas serão cadastradas no RENACH.

CAPÍTULO XVII
CRIMES DE TRÂNSITO

1. PARTE GERAL

1.1. Disposições gerais: aos crimes cometidos na direção de veículos automotores, previstos neste Código, aplicam-se as normas gerais do Código Penal e do Código de Processo Penal, se este Capítulo não dispuser de modo diverso, bem como a Lei nº 9.099, de 26 de setembro de 1995, no que couber.

1.2. Aplicação da lei dos Juizados Especiais Criminais: aplica-se aos crimes de trânsito de lesão corporal culposa o disposto nos artigos 74, 76 e 88 da Lei nº 9.099, de 26 de setembro de 1995, exceto se o agente estiver:

A sob a influência de álcool ou qualquer outra substância psicoativa que determine dependência;

B participando, em via pública, de corrida, disputa ou competição automobilística, de exibição ou demonstração de perícia em manobra de veículo automotor, não autorizada pela autoridade competente;

C transitando em velocidade superior à máxima permitida para a via em 50 Km/h.

1.3. Suspensão ou proibição de se obter a permissão ou habilitação para dirigir veículo automotor: a suspensão ou a proibição de se obter a permissão ou a habilitação para dirigir veículo automotor pode ser imposta isolada ou cumulativamente com outras penalidades.

MUITA ATENÇÃO!

DURAÇÃO DA PENALIDADE DE SUSPENSÃO JUDICIAL

A penalidade de suspensão ou de proibição de se obter a permissão ou a habilitação para dirigir veículo automotor tem a duração de **2 meses a 5 anos**.

1.4. Início do cumprimento da penalidade: a penalidade de suspensão ou de proibição de se obter a permissão ou a habilitação para dirigir veículo automotor não se inicia enquanto o sentenciado, por efeito de condenação penal, estiver recolhido a estabelecimento prisional.

1.5. Comunicação ao Contran: A suspensão para dirigir veículo automotor ou a proibição de se obter a permissão ou a habilitação será sempre comunicada pela autoridade judiciária ao Conselho Nacional de Trânsito – Contran, e ao órgão de trânsito do Estado em que o indiciado ou réu for domiciliado ou residente.

1.6. Reincidência na prática de crime previsto no CTB: se o réu for reincidente na prática de crime previsto neste Código, o juiz **aplicará** a penalidade de suspensão da permissão ou habilitação para dirigir veículo automotor, sem prejuízo das demais sanções penais cabíveis.

1.7. Circunstâncias agravantes: são circunstâncias que sempre agravam as penalidades dos crimes de trânsito ter o condutor do veículo cometido a infração:

A com dano potencial para duas ou mais pessoas ou com grande risco de grave dano patrimonial a terceiros;

B utilizando o veículo sem placas, com placas falsas ou adulteradas;

C sem possuir Permissão para Dirigir ou Carteira de Habilitação;

D com Permissão para Dirigir ou Carteira de Habilitação de categoria diferente da do veículo;

E quando a sua profissão ou atividade exigir cuidados especiais com o transporte de passageiros ou de carga;

F utilizando veículo em que tenham sido adulterados equipamentos ou características que afetem a sua segurança ou o seu funcionamento de acordo com os limites de velocidade prescritos nas especificações do fabricante;

G sobre faixa de trânsito temporária ou permanentemente destinada a pedestres.

1.8. Prisão em flagrante: ao condutor de veículo, nos casos de acidentes de trânsito de que resulte vítima, não se imporá a prisão em flagrante, nem se exigirá fiança, se prestar pronto e integral socorro àquela.

1.9. Substituição da pena privativa de liberdade por restritiva de direitos (art. 312-A): nos crimes trânsito, nas situações em que o juiz aplicar a substituição de pena privativa de liberdade por pena restritiva de direitos, esta deverá ser de prestação de serviço à comunidade ou a entidades públicas, em uma das seguintes atividades:

A trabalho, aos fins de semana, em equipes de resgate dos corpos de bombeiros e em outras unidades móveis especializadas no atendimento a vítimas de trânsito;

B trabalho em unidades de pronto-socorro de hospitais da rede pública que recebem vítimas de acidente de trânsito e politraumatizados;

C trabalho em clínicas ou instituições especializadas na recuperação de acidentados de trânsito;

D outras atividades relacionadas ao resgate, atendimento e recuperação de vítimas de acidentes de trânsito.

2. PARTE ESPECIAL (CRIMES EM ESPÉCIE)

2.1. Homicídio culposo: praticar homicídio culposo na direção de veículo automotor:

Penas – detenção, de dois a quatro anos, e suspensão ou proibição de se obter a permissão ou a habilitação para dirigir veículo automotor.

No homicídio culposo cometido na direção de veículo automotor, a pena é **aumentada** de um terço à metade, se o agente:

A não possuir Permissão para Dirigir ou Carteira de Habilitação;

B praticá-lo em faixa de pedestres ou na calçada;

C deixar de prestar socorro, quando possível fazê-lo sem risco pessoal, à vítima do acidente;

D no exercício de sua profissão ou atividade, estiver conduzindo veículo de transporte de passageiros.

2.1.1. Homicídio culposo + álcool: se o agente conduz veículo automotor sob a influência de álcool ou de qualquer outra substância psicoativa que determine dependência:

Penas – reclusão, de cinco a oito anos, e suspensão ou proibição do direito de se obter a permissão ou a habilitação para dirigir veículo automotor.

Essa pena privativa de liberdade não pode ser substituída por restritiva de direitos.

2.2. Lesão corporal culposa: praticar lesão corporal culposa na direção de veículo automotor:

Penas – detenção, de seis meses a dois anos e suspensão ou proibição de se obter a permissão ou a habilitação para dirigir veículo automotor.

Aumenta-se a pena de 1/3 à metade, se ocorrer qualquer das hipóteses de aumento para o homicídio culposo.

2.2.1. Lesão corporal culposa + álcool: a pena privativa de liberdade é de reclusão de dois a cinco anos, sem prejuízo das outras penas previstas neste artigo, se o agente conduz o veículo com capacidade psicomotora alterada em razão da influência de álcool ou de outra substância psicoativa que determine dependência, e se do crime resultar lesão corporal de natureza grave ou gravíssima.

Essa pena privativa de liberdade não pode ser substituída por restritiva de direitos.

2.3. Omissão de socorro: deixar o condutor do veículo, na ocasião do acidente, de prestar imediato socorro à vítima, ou, não podendo fazê-lo diretamente, por justa causa, deixar de solicitar auxílio da autoridade pública:

Penas – detenção, de seis meses a um ano, ou multa, se o fato não constituir elemento de crime mais grave.

Incide nas penas previstas neste artigo o condutor do veículo, ainda que a sua omissão seja suprida por terceiros ou que se trate de vítima com morte instantânea ou com ferimentos leves.

2.4. Afastamento do local do acidente: afastar-se o condutor do veículo do local do acidente, para fugir à responsabilidade penal ou civil que lhe possa ser atribuída:

Penas – detenção, de seis meses a um ano, ou multa.

2.5. Álcool ou substância entorpecente: conduzir veículo automotor com capacidade psicomotora alterada em razão da influência de álcool ou de outra substância psicoativa que determine dependência:

Penas – detenção, de seis meses a três anos, multa e suspensão ou proibição de se obter a permissão ou a habilitação para dirigir veículo automotor.

As condutas serão constatadas por:

A concentração igual ou superior a 6 decigramas de álcool por litro de sangue ou igual ou superior a 0,3 miligrama de álcool por litro de ar alveolar; ou

B sinais que indiquem, na forma disciplinada pelo Contran, alteração da capacidade psicomotora.

A verificação do disposto neste artigo poderá ser obtida mediante teste de alcoolemia ou toxicológico, exame clínico, perícia, vídeo, prova testemunhal ou outros meios de prova em direito admitidos, observado o direito à contraprova.

O Contran disporá sobre a equivalência entre os distintos testes de alcoolemia ou toxicológicos para efeito de caracterização do crime tipificado neste artigo.

2.6. Violação de suspensão penal: violar a suspensão ou a proibição de se obter a permissão ou a habilitação para dirigir veículo automotor imposta com fundamento neste Código:

Penas – detenção, de seis meses a um ano e multa, com nova imposição adicional de idêntico prazo de suspensão ou de proibição.

Nas mesmas penas incorre o condenado que deixa de entregar, no prazo estabelecido no § 1º do art. 293, a Permissão para Dirigir ou a Carteira de Habilitação.

2.7. Corrida ou disputa não autorizada: participar, na direção de veículo automotor, em via pública, de corrida, disputa ou competição automobilística ou ainda de exibição ou demonstração de perícia em manobra de veículo automotor, não autorizada pela autoridade competente, gerando situação de risco à incolumidade pública ou privada:

Penas – detenção, de 6 (seis) meses a 3 (três) anos, multa e suspensão ou proibição de se obter a permissão ou a habilitação para dirigir veículo automotor.

2.7.1. Corrida + lesão grave: se da prática do crime previsto no *caput* resultar lesão corporal de natureza grave, e as circunstâncias demonstrarem que o agente não quis o resultado nem assumiu o risco de produzi-lo, a pena privativa de liberdade é de reclusão, de 3 (três) a 6 (seis) anos, sem prejuízo das outras penas previstas neste artigo.

2.7.2. Corrida + morte: se da prática do crime previsto no *caput* resultar morte, e as circunstâncias demonstrarem que o agente não quis o resultado nem assumiu o risco de produzi-lo, a pena privativa de liberdade é de reclusão de 5 (cinco) a 10 (dez) anos, sem prejuízo das outras penas previstas neste artigo.

2.8. Falta de habilitação: dirigir veículo automotor, em via pública, sem a devida Permissão para Dirigir ou Habilitação ou, ainda, se cassado o direito de dirigir, **gerando perigo de dano**:

Penas – detenção, de seis meses a um ano, ou multa.

2.9. Autorizar pessoa não habilitada a dirigir: permitir, confiar ou entregar a direção de veículo automotor a pessoa não habilitada, com habilitação cassada ou com o direito de dirigir suspenso, ou, ainda, a quem, por seu estado de saúde, física ou mental, ou por embriaguez, não esteja em condições de conduzi-lo com segurança:

Penas – detenção, de seis meses a um ano, ou multa.

2.10. Velocidade incompatível com a segurança: trafegar em velocidade incompatível com a segurança nas proximidades de escolas, hospitais, estações de embarque e desembarque de passageiros, logradouros estreitos, ou onde haja grande movimentação ou concentração de pessoas, **gerando perigo de dano**:

Penas – detenção, de seis meses a um ano, ou multa.

2.11. Inovar artificiosamente: inovar artificiosamente, em caso de acidente automobilístico com vítima, na pendência do respectivo procedimento policial preparatório, inquérito policial ou processo penal, o estado de lugar, de coisa ou de pessoa, a fim de induzir a erro o agente policial, o perito, ou juiz:

Penas – detenção, de seis meses a um ano, ou multa.

Aplica-se o disposto neste artigo, ainda que não iniciados, quando da inovação, o procedimento preparatório, o inquérito ou o processo aos quais se refere.

EM RESUMO: Crimes de Trânsito							
Art.	**Resumo**	**Elemento Subjetivo**	**Ação Penal**	**Detenção ou Reclusão (R)**	**Suspensão Proibição**	**Multa**	**Infração**
302	Homicídio	Culposo	Pública. Incondicionada	2 a 4 anos	e	–	–
302, § 3º	Homicídio + álcool	Culposo	Pública. Incondicionada	5 a 8 anos (R)	e	-	165
303	Lesão corporal	Culposo	Pública. Condicionada	6 meses a 2 anos	e	–	–
303, § 2º	Lesão corporal + álcool	Culposo	Pública. Incondicionada	2 a 5 anos (R)	e	-	165
304	Omissão socorro	Doloso	Pública. Incondicionada	6 meses a 1 ano	–	ou	176, I
305	Afastar-se	Doloso	Pública. Incondicionada	6 meses a 1 ano	–	ou	176, V
306	Álcool	Doloso	Pública. Incondicionada	6 meses a 3 anos	e	e	165
307	Violar suspensão	Doloso	Pública. Incondicionada	6 meses a 1 ano	nova imposição	e	–
308	Corrida	Doloso	Pública. Incondicionada	6 meses a 3 anos	e	e	173, 174
308, § 1º	Corrida, se resulta lesão corporal grave	Doloso	Pública. Incondicionada	3 a 6 anos	e	e	173, 174
308, § 2º	Corrida, se resulta morte	Doloso	Pública. Incondicionada	5 a 10 anos	e	e	173, 174
309	S/ habilitação ou cassada	Doloso	Pública. Incondicionada	6 meses a 1 ano	–	ou	162, I e II

310	Permitir, confiar, entregar	Doloso	Pública. Incondicionada	6 meses a 1 ano	–	ou	163, 164 e 166
311	Velocidade incompatível	Doloso	Pública. Incondicionada	6 meses a 1 ano	–	ou	218 e 220, XIV
312	Inovar acidente c/ vítima	Doloso	Pública. Incondicionada	6 meses a 1 ano	–	ou	176, III

✍ QUESTÕES

(Cespe – Policial Rodoviário Federal – PRF/2019) *Ao final de uma festa, Godofredo e Antônio realizaram em uma disputa automobilística com seus veículos, fazendo manobras arriscadas, em via pública, sem que tivessem autorização para tanto. Nessa contenda, houve colisão dos veículos, o que causou lesão corporal culposa de natureza grave em um transeunte.*

Considerando a situação hipotética apresentada e o disposto no Código de Trânsito Brasileiro, julgue os itens a seguir.

Godofredo e Antônio responderiam por crime de trânsito independentemente da lesão corporal causada, pois a conduta de ambos gerou situação de risco à incolumidade pública.

GABARITO	CERTO.
COMENTÁRIO	Mesmo que não houvesse ocorrido a lesão corporal, a conduta de Godofredo e Antônio é tipificada como crime do art. 308.

Godofredo e Antônio estão sujeitos à pena de reclusão, em razão do resultado danoso da conduta delitiva narrada.

GABARITO	CERTO.
COMENTÁRIO	Como houve uma lesão corporal culposa de natureza grave, a tipificação não é mais a do *caput* do art. 308, mas sim do seu parágrafo 1º, que prevê reclusão.

Por se tratar de lesão corporal de natureza culposa, é vedada a instauração de inquérito policial para apurar as condutas de Godofredo e Antônio, bastando a realização dos exames médicos da vítima e o compromisso dos autores em comparecer a todos os atos necessários junto às autoridades policial e judiciária.

GABARITO	ERRADO.
COMENTÁRIO	Esta vedação não existe. A questão tentou induzir o candidato a erro ao misturar dispositivos distintos da lei. Para o crime de lesão corporal culposa do CTB, previsto no art. 303, está expresso que deverá ser instaurado inquérito policial para a investigação da infração penal se o agente estiver participando, em via pública, de corrida, disputa ou competição automobilística, de exibição ou demonstração de perícia em manobra de veículo automotor, não autorizada pela autoridade competente.

(Cespe – Policial Rodoviário Federal – PRF/2019) *Em cada um dos itens que se seguem, é apresentada uma situação hipotética de crime de trânsito, seguida de uma assertiva a ser julgada, com base no disposto no Código de Trânsito Brasileiro.*

Dirigindo seu veículo automotor, Luciano atropelou um transeunte, causando-lhe ferimentos leves. Luciano não prestou socorro à vítima nem solicitou auxílio da autoridade pública. Nessa situação, a conduta de Luciano será considerada atípica caso um terceiro tenha prestado apoio à vítima em seu lugar.

GABARITO	ERRADO.
COMENTÁRIO	O fato de a omissão de socorro ser suprida por terceiros não descriminaliza a conduta delituosa. Parágrafo único do art. 304.

Felipe, ao violar a suspensão para dirigir, foi flagrado e autuado pela autoridade competente, em operação de fiscalização, conduzindo seu veículo automotor em via pública. Nessa situação, Felipe responderá por crime de trânsito e poderá receber como pena nova imposição adicional de suspensão pelo dobro do primeiro prazo, sendo vedada a substituição de pena privativa de liberdade por restritiva de direito, em razão da natureza da infração.

GABARITO	CERTO.
COMENTÁRIO	Felipe violou a suspensão penal do direito de dirigir, o que é crime de trânsito. Uma das penas é uma nova suspensão pelo mesmo prazo que a anterior (não é o dobro). A proibição da substituição de pena privativa de liberdade por restritiva de direito ocorre apenas nos casos de homicídio culposo e lesão corporal culposa, desde que sejam cometidos sob influência de álcool.

Lucas, motorista de ônibus, quando dirigia seu coletivo, atropelou e matou, culposamente, uma pedestre. Sávio, ao conduzir seu veículo em um passeio com a família, atropelou culposamente, na faixa de pedestre, uma pessoa, que faleceu no mesmo instante. Severino, ao dirigir seu veículo, atropelou culposamente uma transeunte que estava na calçada; ela morreu em seguida. Nessas situações, Lucas, Sávio e Severino responderão por crime de trânsito, cujas penas poderão, pelas circunstâncias fáticas, ser aumentadas até a metade, e suas habilitações para dirigir deverão ser suspensas.

GABARITO	CERTO.
COMENTÁRIO	Os crimes cometidos foram de homicídio culposo na direção de veículo automotor, que prevê a suspensão penal do direito de dirigir. E nas três situações existe causa de aumento de pena, que é sempre de 1/3 à metade.

Alfredo, conduzindo seu veículo automotor sem placas, atropelou um pedestre. Alessandro, dirigindo um veículo de categoria diversa das que sua carteira de habilitação permitia, causou lesão corporal culposa em um transeunte, ao atingi-lo. Nessas situações, as penas impostas a Alfredo e a Alessandro serão agravadas, devendo o juiz aplicar as penas-base com especial atenção à culpabilidade e às circunstâncias e consequências do crime.

GABARITO	CERTO.
COMENTÁRIO	Vimos que existe circunstância que agrava a penalidade tanto para Alfredo quanto para Alessandro. Além disso, estabelece o § 4º do art. 291 que o juiz fixará a pena-base segundo as diretrizes previstas no art. 59 do Decreto-Lei nº 2.848, de 7 de dezembro de 1940 (Código Penal), dando especial atenção à culpabilidade do agente e às circunstâncias e consequências do crime.

(Cespe – Policial Rodoviário Federal – PRF/2019) *Wellington, maior e capaz, sem habilitação ou permissão para dirigir veículo automotor, tomou emprestado de Sandro, também maior e capaz, seu veículo, para visitar a namorada em um bairro próximo àquele onde ambos residiam. Sandro, mesmo ciente da falta de habilitação de Wellington, emprestou o veículo.*

Considerando a situação hipotética apresentada, julgue os itens que se seguem, à luz do Código de Trânsito Brasileiro.

Sandro responderá por crime de trânsito somente se a condução de Wellington causar perigo de dano.

GABARITO	ERRADO.
COMENTÁRIO	Ainda que Wellington conduza o veículo de forma exemplar, respeitando todas as regras de trânsito, a conduta de Sandro (permitir que o amigo não habilitado dirija) é crime.

Wellington responderá por crime de trânsito, independentemente de gerar perigo de dano ao conduzir o veículo.

GABARITO	ERRADO.
COMENTÁRIO	A conduta de Wellington apenas é crime de trânsito caso ele esteja dirigindo gerando perigo de dano. Se vier a conduzir o veículo prudentemente, obedecendo às regras de trânsito, não é crime, apenas infração.

CAPÍTULO XVIII
CONCEITOS E DEFINIÇÕES

1. ANEXO I DO CTB

O referido anexo apresenta uma lista de conceitos e definições que, além de serem objeto de questões de prova, em muito ajudam o candidato no entendimento de alguns termos que aparecem durante o estudo de Legislação de Trânsito. Ressalta-se que a lista abaixo apresenta apenas os termos considerados mais recorrentes em prova, o que não exime o candidato de realizar a leitura do anexo na íntegra.

- **ACOSTAMENTO** – parte da via diferenciada da pista de rolamento destinada à parada ou estacionamento de veículos, em caso de emergência, e à circulação de pedestres e bicicletas, quando não houver local apropriado para esse fim.
- **AGENTE DA AUTORIDADE DE TRÂNSITO** – pessoa, civil ou policial militar, credenciada pela autoridade de trânsito para o exercício das atividades de fiscalização, operação, policiamento ostensivo de trânsito ou patrulhamento.
- **ÁREA DE ESPERA** – área delimitada por 2 (duas) linhas de retenção, destinada exclusivamente à espera de motocicletas, motonetas e ciclomotores, junto à aproximação semafórica, imediatamente à frente da linha de retenção dos demais veículos.
- **AUTOMÓVEL** – veículo automotor destinado ao transporte de passageiros, com capacidade para até oito pessoas, exclusive o condutor.
- **AUTORIDADE DE TRÂNSITO** – dirigente máximo de órgão ou entidade executivo integrante do Sistema Nacional de Trânsito ou pessoa por ele expressamente credenciada.
- **BONDE** – veículo de propulsão elétrica que se move sobre trilhos.
- **CALÇADA** – parte da via, normalmente segregada e em nível diferente, não destinada à circulação de veículos, reservada ao trânsito de pedestres e, quando possível, à implantação de mobiliário urbano, sinalização, vegetação e outros fins.
- **CAMINHÃO-TRATOR** – veículo automotor destinado a tracionar ou arrastar outro.
- **CAMINHONETE** – veículo destinado ao transporte de carga com peso bruto total de até três mil e quinhentos quilogramas.
- **CAMIONETA** – veículo misto destinado ao transporte de passageiros e carga no mesmo compartimento.
- **CAPACIDADE MÁXIMA DE TRAÇÃO** – máximo peso que a unidade de tração é capaz de tracionar, indicado pelo fabricante, baseado em condições sobre suas limitações de geração e multiplicação de momento de força e resistência dos elementos que compõem a transmissão.

- **CARROÇA** – veículo de tração animal destinado ao transporte de carga.
- **CHARRETE** – veículo de tração animal destinado ao transporte de pessoas.
- **CICLOFAIXA** – parte da pista de rolamento destinada à circulação exclusiva de ciclos, delimitada por sinalização específica.
- **CICLOMOTOR** – veículo de 2 (duas) ou 3 (três) rodas, provido de motor de combustão interna, cuja cilindrada não exceda a 50 cm3 (cinquenta centímetros cúbicos), equivalente a 3,05 pol3 (três polegadas cúbicas e cinco centésimos), ou de motor de propulsão elétrica com potência máxima de 4 kW (quatro quilowatts), e cuja velocidade máxima de fabricação não exceda a 50 Km/h (cinquenta km/h).
- **CICLOVIA** – pista própria destinada à circulação de ciclos, separada fisicamente do tráfego comum.
- **ESTACIONAMENTO** – imobilização de veículos por tempo superior ao necessário para embarque ou desembarque de passageiros.
- **ESTRADA** – via rural não pavimentada.
- **FOCO DE PEDESTRES** – indicação luminosa de permissão ou impedimento de locomoção na faixa apropriada.
- **GESTOS DE AGENTES** – movimentos convencionais de braço, adotados exclusivamente pelos agentes de autoridades de trânsito nas vias, para orientar, indicar o direito de passagem dos veículos ou pedestres ou emitir ordens, sobrepondo-se ou completando outra sinalização ou norma constante deste Código.
- **GESTOS DE CONDUTORES** – movimentos convencionais de braço, adotados exclusivamente pelos condutores, para orientar ou indicar que vão efetuar uma manobra de mudança de direção, redução brusca de velocidade ou parada.
- **INFRAÇÃO** – inobservância a qualquer preceito da legislação de trânsito, às normas emanadas do Código de Trânsito, do Conselho Nacional de Trânsito e a regulamentação estabelecida pelo órgão ou entidade executiva do trânsito.
- **LICENCIAMENTO** – procedimento anual, relativo a obrigações do proprietário de veículo, comprovado por meio de documento específico (Certificado de Licenciamento Anual).
- **LOTAÇÃO** – carga útil máxima, incluindo condutor e passageiros, que o veículo transporta, expressa em quilogramas para os veículos de carga, ou número de pessoas, para os veículos de passageiros.
- **LUZ ALTA** – facho de luz do veículo destinado a iluminar a via até uma grande distância do veículo.
- **LUZ BAIXA** – facho de luz do veículo destinada a iluminar a via diante do veículo, sem ocasionar ofuscamento ou incômodo injustificáveis aos condutores e outros usuários da via que venham em sentido contrário.
- **LUZ DE POSIÇÃO** (lanterna) – luz do veículo destinada a indicar a presença e a largura do veículo.
- **MICRO-ÔNIBUS** – veículo automotor de transporte coletivo com capacidade para até vinte passageiros.

- **MOTOCICLETA** – veículo automotor de duas rodas, com ou sem *side-car*, dirigido por condutor em posição montada.
- **MOTONETA** – veículo automotor de duas rodas, dirigido por condutor em posição sentada.
- **NOITE** – período do dia compreendido entre o pôr-do-sol e o nascer do sol.
- **ÔNIBUS** – veículo automotor de transporte coletivo com capacidade para mais de vinte passageiros, ainda que, em virtude de adaptações com vista à maior comodidade destes, transporte número menor.
- **PARADA** – imobilização do veículo com a finalidade e pelo tempo estritamente necessário para efetuar embarque ou desembarque de passageiros.
- **PASSEIO** – parte da calçada ou da pista de rolamento, neste último caso, separada por pintura ou elemento físico separador, livre de interferências, destinada à circulação exclusiva de pedestres e, excepcionalmente, de ciclistas.
- **PATRULHAMENTO** – função exercida pela Polícia Rodoviária Federal com o objetivo de garantir obediência às normas de trânsito, assegurando a livre circulação e evitando acidentes.
- **PESO BRUTO TOTAL** – peso máximo que o veículo transmite ao pavimento, constituído da soma da tara mais a lotação.
- **PESO BRUTO TOTAL COMBINADO** – peso máximo transmitido ao pavimento pela combinação de um caminhão-trator mais seu semirreboque ou do caminhão mais o seu reboque ou reboques.
- **POLICIAMENTO OSTENSIVO DE TRÂNSITO** – função exercida pelas Polícias Militares com o objetivo de prevenir e reprimir atos relacionados com a segurança pública e de garantir obediência às normas relativas à segurança de trânsito, assegurando a livre circulação e evitando acidentes.
- **REBOQUE** – veículo destinado a ser engatado atrás de um veículo automotor.
- **RENACH** – Registro Nacional de Condutores Habilitados.
- **RENAVAM** – Registro Nacional de Veículos Automotores.
- **RODOVIA** – via rural pavimentada.
- **SEMIRREBOQUE** – veículo de um ou mais eixos que se apoia na sua unidade tratora ou é a ela ligado por meio de articulação.
- **TARA** – peso próprio do veículo, acrescido dos pesos da carroçaria e equipamento, do combustível, das ferramentas e acessórios, da roda sobressalente, do extintor de incêndio e do fluido de arrefecimento, expresso em quilogramas.
- **TRAILER** – reboque ou semirreboque tipo casa, com duas, quatro, ou seis rodas, acoplado ou adaptado à traseira de automóvel ou camionete, utilizado em geral em atividades turísticas como alojamento, ou para atividades comerciais.
- **VEÍCULO AUTOMOTOR** – todo veículo a motor de propulsão que circule por seus próprios meios, e que serve normalmente para o transporte viário de pessoas e coisas, ou para a tração viária de veículos utilizados para o transporte de pessoas e

coisas. O termo compreende os veículos conectados a uma linha elétrica e que não circulam sobre trilhos (ônibus elétrico).

- **VEÍCULO DE CARGA** – veículo destinado ao transporte de carga, podendo transportar dois passageiros, exclusive o condutor.
- **VEÍCULO DE COLEÇÃO** – veículo fabricado há mais de 30 (trinta) anos, original ou modificado, que possui valor histórico próprio.
- **VEÍCULO DE GRANDE PORTE** – veículo automotor destinado ao transporte de carga com peso bruto total máximo superior a dez mil quilogramas e de passageiros, superior a vinte passageiros.
- **VEÍCULO DE PASSAGEIROS** – veículo destinado ao transporte de pessoas e suas bagagens.
- **VEÍCULO MISTO** – veículo automotor destinado ao transporte simultâneo de carga e passageiro.
- **VIA RURAL** – estradas e rodovias.
- **VIA URBANA** – ruas, avenidas, vielas, ou caminhos e similares abertos à circulação pública, situados na área urbana, caracterizados principalmente por possuírem imóveis edificados ao longo de sua extensão.

CAPÍTULO XIX
ANEXO II DO CTB

1. SINALIZAÇÃO

O anexo em questão, aprovado pela resolução do Contran nº 160/04, possui mais de 80 páginas. Será apresentado um breve resumo sobre a norma.

2. CLASSIFICAÇÃO DA SINALIZAÇÃO

A Vertical

B Horizontal

C Dispositivos auxiliares

D Semafórica

E Sinalização de obras

F Gestos

G Sinais sonoros

3. SINALIZAÇÃO VERTICAL

3.1. Regulamentação: Tem por finalidade informar aos usuários as condições, proibições, obrigações ou restrições no uso das vias. Suas mensagens são imperativas e o desrespeito a elas constitui infração.

A forma padrão do sinal de regulamentação é a circular, e as cores são vermelha, preta e branca. Constituem exceção, quanto à forma, os sinais "Parada Obrigatória" e "Dê a Preferência".

3.2. Advertência: Tem por finalidade alertar os usuários da via para condições potencialmente perigosas, indicando sua natureza.

A forma padrão dos sinais de advertência é quadrada, devendo uma das diagonais ficar na posição vertical. À sinalização de advertência estão associadas as cores amarela e preta.

Constituem exceções:

A quanto à cor: o sinal "Obras", que possui fundo e orla externa na cor laranja; o sinal "Semáforo à Frente", que possui símbolo nas cores preta, vermelha, amarela e verde; e todos os sinais que, quando utilizados na sinalização de obras, possuem fundo na cor laranja.

B quanto à forma, os sinais "Sentido Único", "Sentido Duplo" e "Cruz de Santo André".

3.3. Indicação

Placas de Identificação (cor da placa)
Rodovias e Estradas (branco/preto)
Municípios (azul/branco)
Regiões e Logradouros (azul/branco)
Pontes, viadutos, túneis e passarelas (azul/branco)
Marcos Quilométricos (azul/branco)
Limites – municípios, estados, fronteiras (azul/branco)
Pedágio (azul/branco)
Placas de Orientação e Destino
Sentido e Direção – Rodovias e Estradas (azul/branco) – Localidades (verde/branco)
Distância (verde/branco)
Diagramas (verde/branco)
Placas Educativas (branco/preto)
Placas de Serviços Auxiliares (azul/branco)
Condutores
Pedestres
Placas de Atrativos Turísticos (marrom/branco)
Identificação
Sentido
Distâncias

MUITA ATENÇÃO! Os pictogramas (figuras) sempre são inscritos na cor preta, com exceção do desenho que indica farmácia ou hospital que é da cor vermelha.

4. SINALIZAÇÃO HORIZONTAL

4.1. Padrão do Traçado

A Contínuo (impede ultrapassagem ou mudança de faixa)

B Tracejado ou Seccionado (permite ultrapassagem ou mudança de faixa)

C Símbolos e Legendas

4.2. Cores

A Amarela (Fluxos opostos, estacionamento e parada proibida, obstáculo)

B Vermelha (Ciclovia, ciclofaixa, hospitais e farmácias)

C Branca (Fluxo mesmo sentido, bordos da via, estacionamento regulamentado, faixas de pedestres, símbolos e legendas)

D Azul (Deficientes Físicos, áreas especiais de estacionamento, embarque e desembarque)

E Preta (Contraste entre o pavimento e a pintura)

4.3. Classificação

A Marcas Longitudinais (Divisor de fluxos, linha de bordo)

B Marcas Transversais (Linha de retenção, redutor de velocidade, áreas de conflito, faixa de pedestre)

C Marcas de Canalização (área não utilizável, canteiros)

D Marcas Delimitadoras de Controle para Estacionamento e Parada

E Inscrições no Pavimento: (i) Setas Direcionais; (ii) Símbolos; (iii) Legendas

5. DISPOSITIVOS AUXILIARES

A Delimitadores (Balizadores, tachas, tachões, cilindros)

B Canalização (Prismas, segregadores, meio-fio)

C Sinalização de Alerta (Marcadores de obstáculo, de perigo e alinhamento)

D Alteração de Características no Pavimento (Sonorizador, lombadas)

E Proteção Contínua (Barreiras de concreto, grades)

F Luminosos (Painéis eletrônicos, setas luminosas, lombada eletrônica)

G Uso Temporário (Cones, cilindros, balizadores, tambores, fita zebrada, cavaletes, bandeiras, faixas)

6. SINALIZAÇÃO SEMAFÓRICA

A **Regulamentação (veículos e pedestres)**

B **Advertência** (sinal amarelo intermitente: a prioridade de passagem é a mesma do art. 29 – fluxos que se cruzam)

7. SINALIZAÇÃO DE OBRAS

Todas as placas com fundo laranja.

8. GESTOS DOS AGENTES DE TRÂNSITO E CONDUTORES

8.1. Gestos do Agente de Trânsito

A parada obrigatória para todos os veículos.

B parada para todos os veículos que venham de direções que cortem ortogonalmente a direção indicada pelos braços estendidos, qualquer que seja o sentido de seu deslocamento.

C parada para todos os veículos que venham de direções que cortem ortogonalmente a direção indicada pelo braço estendido, qualquer que seja o sentido de seu deslocamento.

D diminuição de velocidade.

E parada para os veículos aos quais a luz (vermelha) é dirigida.

F seguir.

8.2. Gestos dos Condutores

A dobrar à esquerda

B dobrar à direita

C diminuir a marcha ou parar

9. SINAIS SONOROS

A **Um silvo breve** – Siga

B **Dois silvos breves** – Pare

C **Um silvo longo** – Diminua a marcha

MUITA ATENÇÃO! Os sinais sonoros só podem ser utilizados obrigatoriamente com os Gestos.

CAPÍTULO XX
RESOLUÇÕES DO CONTRAN

1. RESOLUÇÃO DO CONTRAN Nº 4/98

Dispõe sobre o trânsito de veículos novos, nacionais ou importados, antes do registro e do licenciamento e de veículos usados incompletos, nacionais ou importados, antes da transferência.

1.1. Trânsito de veículos novos antes do registro e licenciamento: a Resolução dispõe sobre a permissão para o trânsito de veículos novos, nacionais ou importados, que transportem cargas e pessoas, antes do registro e do licenciamento e de veículos usados incompletos, nacionais ou importados, antes da transferência. Esta "**autorização especial**" é válida apenas para o **deslocamento para o município de destino** e tem **validade de 15 dias** transcorridos da data da emissão, **prorrogável** por igual período por motivo de força maior. A autorização especial é impressa em **3 vias** [vidro dianteiro (para-brisa), vidro traseiro e uma via é arquivada na repartição de trânsito expedidora]. A permissão estende-se aos veículos inacabados novos ou veículos usados incompletos, no período diurno, no percurso entre os seguintes destinos: pátio do fabricante, concessionário, revendedor, encarroçador, complementador final, Posto Alfandegário, cliente final ou ao local para o transporte a um dos destinatários mencionados.

1.2. Transporte de cargas e pessoas remunerado: é possível, pois os veículos adquiridos por autônomos e por empresas que prestam transportes de cargas e de passageiros podem efetuar serviços remunerados para os quais estão autorizados, atendida a legislação específica, as exigências dos poderes concedentes e das autoridades com jurisdição sobre as vias públicas.

1.3. Veículo descarregado: antes do registro e licenciamento, o veículo novo ou usado incompleto, nacional ou importado, que portar a nota fiscal de compra e venda ou documento alfandegário poderá transitar:

A do pátio da fábrica, da indústria encarroçadora ou concessionária e do Posto Alfandegário, ao órgão de trânsito do município de destino, nos quinze dias consecutivos à data do carimbo de saída do veículo, constante da nota fiscal ou documento alfandegário correspondente; (para os Estados da Região Norte, o prazo é de 30 dias)

B do pátio da fábrica, da indústria encarroçadora ou concessionária, ao local onde vai ser embarcado como carga, por qualquer meio de transporte;

C do local de descarga às concessionárias ou indústrias encarroçadora;

D de um a outro estabelecimento da mesma montadora, encarroçadora ou concessionária ou pessoa jurídica interligada.

Pela inobservância da Resolução, fica o condutor sujeito à seguinte penalidade:

Infração de trânsito	
Art. 230. Conduzir o veículo: V – que não esteja registrado e devidamente licenciado;	Infração – gravíssima; Penalidade – multa e apreensão do veículo; Medida administrativa – remoção do veículo;

2. RESOLUÇÃO DO CONTRAN Nº 14/98

Estabelece os equipamentos obrigatórios para a frota de veículos em circulação.

Equipamentos obrigatórios para veículos automotores e ônibus elétricos: para circular em vias públicas, os veículos automotores e ônibus elétricos deverão estar dotados dos equipamentos obrigatórios relacionados abaixo, a serem constatados pela fiscalização e em condições de funcionamento:

Equipamentos obrigatórios para veículos automotores e ônibus elétricos	
1) para-choques, dianteiro e traseiro;	16) buzina;
2) protetores das rodas traseiras dos caminhões;	17) freios de estacionamento e de serviço, com comandos independentes;
3) espelhos retrovisores, interno e externo;	18) pneus que ofereçam condições mínimas de segurança;
4) limpador de para-brisa;	19) dispositivo de sinalização luminosa ou refletora de emergência, independente do sistema de iluminação do veículo;
5) lavador de para-brisa;	20) extintor de incêndio; (revogado)
6) pala interna de proteção contra o sol (para-sol) para o condutor;	21) registrador instantâneo e inalterável de velocidade e tempo, nos veículos de transporte e condução de escolares, nos de transporte de passageiros com mais de dez lugares e nos de carga com capacidade máxima de tração superior a 19t;
7) faróis principais dianteiros de cor branca ou amarela;	22) cinto de segurança para todos os ocupantes do veículo;
8) luzes de posição dianteiras (faroletes) de cor branca ou amarela;	23) dispositivo destinado ao controle de ruído do motor, naqueles dotados de motor a combustão;
9) lanternas de posição traseiras de cor vermelha;	24) roda sobressalente, compreendendo o aro e o pneu, com ou sem câmara de ar, conforme o caso;
10) lanternas de freio de cor vermelha;	25) macaco, compatível com o peso e carga do veículo;
11) lanternas indicadoras de direção: dianteiras de cor âmbar e traseiras de cor âmbar ou vermelha;	26) chave de roda;
12) lanterna de marcha à ré, de cor branca;	27) chave de fenda ou outra ferramenta apropriada para a remoção de calotas;
13) retrorrefletores (catadióptrico) traseiros, de cor vermelha;	28) lanternas delimitadoras e lanternas laterais nos veículos de carga, quando suas dimensões assim o exigirem;
14) lanterna de iluminação da placa traseira, de cor branca;	29) cinto de segurança para a árvore de transmissão em veículos de transporte coletivo e carga;
15) velocímetro;	

3. RESOLUÇÃO DO CONTRAN Nº 24/98

Estabelece o critério de identificação de veículos, a que se refere o art. 114 do Código de Trânsito Brasileiro.

> Art. 114. O veículo será identificado obrigatoriamente por caracteres gravados no chassi ou no monobloco, reproduzidos em outras partes, conforme dispuser o CONTRAN.

3.1. Número de identificação veicular (VIN): a gravação do número de identificação veicular (VIN) no chassi ou monobloco, deve ser feita, no mínimo, em um ponto de localização, de acordo com as normas da Associação Brasileira de Normas Técnicas – ABNT, em profundidade mínima de 0,2 mm.

3.2. Número sequencial de produção (VIS): além do VIN, os veículos são identificados, no mínimo, com os caracteres VIS (número sequencial de produção), podendo ser, a critério do fabricante, por gravação, na profundidade mínima de 0,2 mm, quando em chapas ou plaqueta colada, soldada ou rebitada, destrutível quando de sua remoção, ou ainda por etiqueta autocolante e também destrutível no caso de tentativa de sua remoção, nos seguintes compartimentos e componentes:

A na coluna da porta dianteira lateral direita;

B no compartimento do motor;

C em um dos para-brisas e em um dos vidros traseiros, quando existentes;

D em pelo menos dois vidros de cada lado do veículo, quando existentes, excetuados os quebra-ventos.

3.3. Chassi ou monobloco não metálico: a numeração deve ser gravada **em placa metálica** incorporada ou a ser moldada no material do chassi ou monobloco, durante sua fabricação.

3.4. Reboques e semirreboques: as gravações são feitas, no mínimo, em **dois pontos do chassi.**

3.5. Regravações e eventuais substituições ou reposições de etiquetas e plaquetas: quando necessárias, dependem de prévia autorização da autoridade de trânsito competente, mediante comprovação da propriedade do veículo, e só são processadas por empresas credenciadas pelo órgão executivo de trânsito dos Estados ou do Distrito Federal.

3.6. Requisito para registro e licenciamento: os órgãos executivos de trânsito dos Estados e do Distrito Federal não podem registrar, emplacar e licenciar veículos que estiverem em desacordo com o estabelecido nesta Resolução.

3.7. Exceção: excetuam-se do disposto nesta resolução os tratores, os veículos protótipos utilizados exclusivamente para competições esportivas e as viaturas militares operacionais das Forças Armadas.

4. RESOLUÇÃO DO CONTRAN Nº 36/98

Estabelece a forma de sinalização de advertência para os veículos que, em situação de emergência, estiverem imobilizados no leito viário.

4.1. Procedimento para sinalizar: o condutor deverá acionar de imediato as luzes de advertência (**pisca-alerta**) providenciando a colocação do **triângulo** de sinalização ou equipamento similar à **distância mínima de 30 metros** da parte traseira do veículo. O equipamento de sinalização de emergência deverá ser instalado perpendicularmente ao eixo da via, e em condição de boa visibilidade.

5. RESOLUÇÃO DO CONTRAN Nº 92/99

Dispõe sobre requisitos técnicos mínimos do registrador instantâneo e inalterável de velocidade e tempo, conforme o Código de Trânsito Brasileiro.

5.1. Tacógrafo: o registrador instantâneo e inalterável de velocidade e tempo (tacógrafo) pode constituir-se num único aparelho mecânico, eletrônico ou compor um conjunto computadorizado que, além das funções específicas, exerça outros controles.

5.2. Informações disponíveis: o tacógrafo deve apresentar e disponibilizar a qualquer momento, pelo menos, as seguintes informações das últimas 24 h de operação do veículo:

A velocidades desenvolvidas;

B distância percorrida pelo veículo;

C tempo de movimentação do veículo e suas interrupções;

D data e hora de início da operação;

E identificação do veículo;

F identificação dos condutores;

G identificação de abertura do compartimento que contém o disco ou de emissão da fita diagrama.

5.3. Fiscalização: a fiscalização das condições de funcionamento do registrador instantâneo e inalterável de velocidade e tempo, nos veículos em que seu uso é obrigatório, é exercida pelos órgãos ou entidades de trânsito com circunscrição sobre a via onde o veículo estiver transitando. Na ação de fiscalização o agente dever verificar e inspecionar:

A se o registrador instantâneo e inalterável de velocidade e tempo encontra-se em perfeitas condições de uso;

B se as ligações necessárias ao seu correto funcionamento estão devidamente conectadas e lacradas e seus componentes sem qualquer alteração;

C se as informações que devem estar disponíveis efetivamente assim estão, e se a sua forma de registro continua ativa;

D se o condutor dispõe de disco ou fita diagrama reserva para manter o funcionamento do registrador instantâneo e inalterável de velocidade e tempo até o final da operação do veículo.

E se o registrador instantâneo e inalterável de velocidade e tempo está aprovado na verificação metrológica realizada pelo Instituto Nacional de Metrologia, Qualidade e Tecnologia – INMETRO ou entidade credenciada (pode ser pela internet ou por certificado de verificação metrológica).

5.4. Manipulação do tacógrafo: para a extração, análise e interpretação dos dados registrados, o agente fiscalizador deve ser submetido a um **prévio treinamento** sob responsabilidade do fabricante, conforme instrução dos fabricantes dos equipamentos ou pelos órgãos incumbidos da fiscalização.

5.5. Prazo de preservação das informações do tacógrafo: ao final de cada período de 24 h, as informações do equipamento ficam à disposição da autoridade policial ou da autoridade administrativa com jurisdição sobre a via, pelo prazo de **90 dias**. Porém, **em caso de acidente**, as informações referentes às últimas 24 h de operação do veículo ficam à disposição das autoridades competentes pelo **prazo de um ano.**

5.6. Aprovação pelo DENATRAN: o registrador instantâneo e inalterável de velocidade e tempo e o disco ou fita diagrama devem ser certificados pelo Instituto Nacional de Metrologia, Normalização e Qualidade Industrial –INMETRO, ou por entidades por ele credenciadas.

5.7. Violação/adulteração: a violação ou adulteração do registrador instantâneo e inalterável de velocidade e tempo sujeitará o infrator às cominações da legislação penal aplicável.

Infrações de trânsito	
Art. 230. Conduzir o veículo: IX – sem equipamento obrigatório ou estando este ineficiente ou inoperante; X – com equipamento obrigatório em desacordo com o estabelecido pelo CONTRAN; XIV – com registrador instantâneo inalterável de velocidade e tempo viciado ou defeituoso, quando houver exigência desse aparelho:	Infração – grave; Penalidade – multa; Medida administrativa – retenção do veículo para regularização;
Art. 238. Recusar-se a entregar à autoridade de trânsito ou a seus agentes, mediante recibo, os documentos de habilitação, de registro, de licenciamento de veículo e outros exigidos por lei, para averiguação de sua autenticidade:	Infração – gravíssima; Penalidade – multa e apreensão do veículo; Medida administrativa – remoção do veículo

6. RESOLUÇÃO DO CONTRAN Nº 110/00

Fixa o calendário para renovação do Licenciamento Anual de Veículos.

6.1. Prazos: os órgãos executivos de trânsito dos Estados e do Distrito Federal estabelecerão prazos para renovação do Licenciamento Anual dos Veículos registrados sob sua circunscrição, de acordo com o algarismo final da placa de identificação, respeitados os limites fixados na tabela a seguir:

Algarismo final da placa	Prazo final para renovação
1 e 2	até setembro
3, 4 e 5	até outubro
6, 7 e 8	até novembro
9 e 0	até dezembro

6.2. Fiscalização de veículo em outra unidade da federação: as autoridades, órgãos, instituições e agentes de fiscalização de trânsito e rodoviário em todo o território nacional, para efeito de autuação e aplicação de penalidades, quando o veículo se encontrar fora da unidade da federação em que estiver registrado, deverão adotar os prazos estabelecidos nesta Resolução.

7. RESOLUÇÃO DO CONTRAN Nº 160/04

Aprova o Anexo II do CTB. Assunto abordado no estudo da lei.

8. RESOLUÇÃO DO CONTRAN Nº 210/06

Estabelece os limites de peso e dimensões para veículos que transitem por vias terrestres e dá outras providências (não se aplica aos veículos projetados para o transporte de carga indivisível).

8.1. Dimensões autorizadas para veículos, com ou sem carga:

A largura máxima: 2,60m

B altura máxima: 4,40m

C comprimento total:

- **veículo não articulado**:

- 14m

- 15m se for de transporte coletivo de passageiros

- **veículo articulado**:

- 18,60m para transporte coletivo de passageiros ou caminhão-trator + semirreboque

- 19,80m para caminhão + reboque, ônibus + reboque ou para mais de duas unidades

8.2. Comprimento do balanço traseiro:

A veículo de carga: até 60% da distância entre os dois eixos externos (máximo de 3,50m)

B veículo de passageiros:

- com motor traseiro: até 62%

- com motor central: até 66%

- com motor dianteiro: até 71%

8.3. Limites máximos de peso bruto total:

A veículo não articulado: 29t

B veículos com reboque ou semirreboque, exceto caminhões: 39,5t

C caminhão trator + semirreboque:

- menor que 16m: 45t

- a partir de 16m:

- com tandem triplo: 48,5t

- com eixos distanciados: 53t

D caminhão + reboque:

- menor que 17,5m: 45t

- a partir de 17,5m: 57t

E combinação com mais de duas unidades e comprimento menor que 17,50m: 45t

F combinação de veículos de carga (CVC) com mais de duas unidades e até 19,80m: 57t

8.4. Limites de peso bruto por eixo:

A eixo isolado de 2 pneus: 6t

B eixo isolado de 4 pneus: 10t

C eixos em tandem (dois ou mais eixos que constituam um conjunto integral de suspensão):

- 2 eixos, com 4 pneus cada: 17t

- 3 eixos, com 4 pneus cada: 25,5t

8.5. Fixação de valores mais restritivos: o peso e as dimensões máximos estabelecidos não excluem a competência dos demais órgãos e entidades executivos rodoviários fixarem valores mais restritivos em relação a vias sob sua circunscrição, de acordo com as restrições ou limitações estruturais da área, via/pista, faixa ou obra de arte, desde que observado o estudo de engenharia respectivo. O órgão e entidade com circunscrição sobre a via deve observar a regular colocação de sinalização vertical regulamentadora.

Infrações de trânsito	
Art. 231. Transitar com o veículo: IV – com suas dimensões ou de sua carga superiores aos limites estabelecidos legalmente ou pela sinalização, sem autorização	Infração – grave; Penalidade – multa; Medida administrativa – retenção do veículo para regularização.
Art. 231. Transitar com o veículo: V – com excesso de peso, admitido percentual de tolerância quando aferido por equipamento, na forma a ser estabelecida pelo CONTRAN:	Infração – média; Penalidade – multa acrescida a cada 200 kg ou fração de excesso de peso apurado, constante na seguinte tabela: a) até 600 kg – R$ 5,32; b) de 601 a 800 kg – R$ 10,64; c) de 801 a 1.000 kg – R$ 21,28; d) de 1.001 a 3.000 kg – R$ 31,92; e) de 3.001 a 5.000 kg – R$ 42,56; f) acima de 5.001 kg – R$ 53,20; Medida administrativa – retenção do veículo e transbordo da carga excedente;

9. RESOLUÇÃO DO CONTRAN Nº 211/06

Estabelece requisitos necessários à circulação de Combinações de Veículos de Carga – CVC.

9.1. Regra: as Combinações de Veículos de Carga – CVC, com mais de duas unidades, incluída a unidade tratora, com peso bruto total acima de 57 t ou com comprimento total acima de 19,80 m, só podem circular portando Autorização Especial de Trânsito – AET.

9.2. Concessão: a AET pode ser concedida pelo Órgão Executivo Rodoviário da União, dos Estados, do DF ou dos Municípios, mediante os seguintes requisitos:

A Peso Bruto Total Combinado (PBTC) de até 74t;

B comprimento maior que 19,80m e até 30m, para PBTC de até 57t;

C comprimento de 25 a 30m, para PBTC maior que 57t;

D sinalização traseira (imagem a seguir) e luzes laterais de 3 em 3m.

A AET é concedida para cada caminhão trator, especificando os limites de comprimento e PBTC da CVC, sendo identificadas as unidades rebocadas na respectiva AET, podendo estas serem substituídas a qualquer tempo, observadas as mesmas características de dimensões e peso e adequada Capacidade Máxima de Tração (CMT) da unidade tratora.

9.3. Regra para o trânsito das CVC

A somente de dia, com velocidade limitada a 80 km/h (para CVC com até 19,80m, o trânsito será diuturno);

B em pista dupla dotada de separador físico e que possua duas ou mais faixas de circulação no mesmo sentido, é autorizado o trânsito diuturno;

C em casos especiais justificados, pode ser autorizado o trânsito diuturno em pista simples de mão dupla.

9.4. Características da AET

A validade de 1 ano, de acordo com o licenciamento do veículo;

B depende de vistoria do órgão emitente;

C na renovação, a vistoria acima pode ser substituída por um Laudo Técnico de inspeção veicular elaborado e assinado por engenheiro mecânico responsável pelo projeto, acompanhado pela respectiva ART – Anotação de Responsabilidade Técnica.

Infração de trânsito	
Art. 231. Transitar com o veículo: VI – em desacordo com a autorização especial, expedida pela autoridade competente para transitar com dimensões excedentes, ou quando a mesma estiver vencida:	Infração – grave; Penalidade – multa e apreensão do veículo; Medida administrativa – remoção do veículo.

10. RESOLUÇÃO DO CONTRAN Nº 216/06

Fixa exigências sobre condições de segurança e visibilidade dos condutores em para-brisas em veículos automotores, para fins de circulação nas vias públicas.

10.1. Proibição de danos nos para-brisas: na área crítica de visão do condutor e em uma faixa periférica de 2,5 cm de largura das bordas externas do para-brisa não devem existir trincas e fraturas de configuração circular, e não podem ser recuperadas.

10.2. Área crítica de visão do condutor para ônibus, micro-ônibus e caminhões: é a área do para-brisa situada a esquerda do veículo, determinada por um **retângulo de 50 cm de altura por 40 cm de largura**, cujo eixo de simetria vertical é demarcado pela projeção da linha de centro do volante de direção, paralela à linha de centro do veículo, cuja base coincide com a linha tangente do ponto mais alto do volante. Veja na figura:

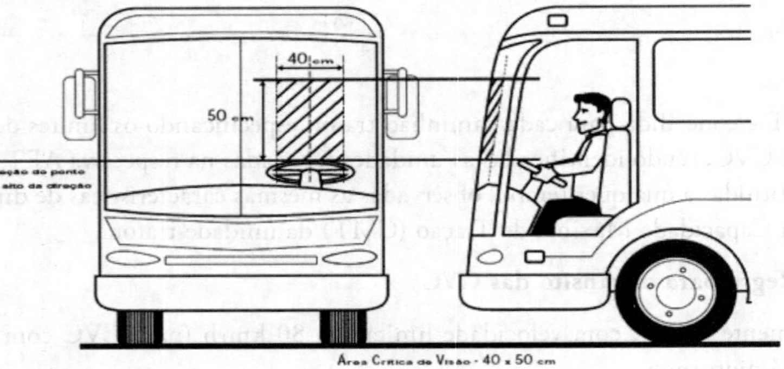

Área Crítica de Visão - 40 x 50 cm

10.3. Danos permitidos em para-brisas de ônibus, micro-ônibus e caminhões: são permitidos no **máximo 3 danos**, exceto nas regiões proibidas, respeitados os seguintes limites:

A **trinca** não superior a **20 cm** de comprimento;

B **fratura** de configuração circular não superior a **4 cm** de diâmetro.

10.4. Área crítica de visão do condutor para os demais veículos automotores: a metade esquerda da região de varredura das palhetas do limpador de para-brisa.

10.5. Danos permitidos em para-brisas dos demais veículos automotores: são permitidos no **máximo 2 danos**, exceto nas regiões proibidas, respeitados os seguintes limites:

A **trinca** não superior a **10 cm** de comprimento;

B **fratura** de configuração circular não superior a **4 cm** de diâmetro.

Infração de trânsito	
Art. 230. Conduzir o veículo: XVIII – em mau estado de conservação, comprometendo a segurança, ou reprovado na avaliação de inspeção de segurança e de emissão de poluentes e ruído, prevista no art. 104:	Infração – grave; Penalidade – multa; Medida administrativa – retenção do veículo para regularização.

11. RESOLUÇÃO DO CONTRAN Nº 227/07

Estabelece requisitos referentes aos sistemas de iluminação e sinalização de veículos.

11.1. Requisitos para sistemas de iluminação e sinalização: os automóveis, camionetas, utilitários, caminhonetes, caminhões, caminhão trator, ônibus, micro-ônibus, reboques e semirreboques novos saídos de fábrica, nacionais e importados a partir de 01.01.2009, devem estar equipados com sistema de iluminação veicular, de acordo com as exigências estabelecidas por esta Resolução e seus Anexos (nota: os anexos não foram cobrados no edital).

11.2. Veículos inacabados (chassi de caminhão com cabina e sem carroçaria com destino ao concessionário, encarroçador ou, ainda, a serem complementados por terceiros): não estão sujeitos à aplicação dos dispositivos relacionados abaixo (devem ser aplicados, conforme o caso, quando da complementação do veículo):

A lanternas delimitadoras traseiras;

B lanternas laterais traseiras e intermediárias;

C retrorrefletores laterais traseiros e intermediários.

11.3. Veículos inacabados (chassi de caminhão com cabina incompleta ou sem cabina, chassi e plataforma para ônibus ou micro-ônibus) com destino ao concessionário, encarroçador ou, ainda, a serem complementados por terceiros: não estão sujeitos à aplicação dos dispositivos relacionados abaixo (devem ser aplicados, conforme o caso, quando da complementação do veículo):

A lanternas delimitadoras dianteiras e traseiras;

B lanternas laterais e dianteiras, traseiras e intermediárias;

C retrorrefletores laterais e dianteiros, traseiros e intermediários;

D lanternas de iluminação da placa traseira; e

E lanterna de marcha-a-ré.

11.4. Veículos inacabados (chassi de caminhão com cabina incompleta ou sem cabina, chassi e plataforma para ônibus ou micro-ônibus, com destino ao concessionário, encarroçador ou, ainda, a serem complementados por terceiros): não estão sujeitos ao cumprimento dos requisitos de iluminação e sinalização, quanto à posição de montagem e prescrições fotométricas estabelecidas nesta Resolução, para aqueles dispositivos luminosos a serem substituídos ou modificados quando da sua complementação.

11.5. Número máximo de faróis: fica limitado o funcionamento simultâneo de **no máximo 8 faróis**, independentemente de suas finalidades.

11.6. Inovações tecnológicas não previstas nos Anexos: são aceitas inovações tecnológicas ainda que não contempladas nos requisitos estabelecidos nos Anexos, mas que comprovadamente assegurem a sua eficácia e segurança dos veículos, desde que devidamente avaliadas e aprovadas pelo órgão máximo executivo de trânsito da União.

11.7. Requisitos dos ensaios: para fins de conformidade com o disposto nos Anexos da Resolução, são aceitos os resultados de ensaios emitidos por órgão acreditado pelo INMETRO – Instituto Nacional de Metrologia, Normalização e Qualidade Industrial.

11.8. DENATRAN pode:

A admitir, para efeito de comprovação do atendimento das exigências da Resolução, os resultados de testes e ensaios obtidos por procedimentos similares de mesma eficácia, realizados no exterior; e

B homologar veículos que cumpram com os sistemas de iluminação que atendam integralmente à norma Norte Americana FMVSS 108.

12. RESOLUÇÃO DO CONTRAN Nº 253/07

Dispõe sobre o uso de medidores de transmitância luminosa.

Medidor de Transmitância Luminosa: a medição da transmitância luminosa das áreas envidraçadas de veículos dever ser efetuada por meio de instrumento denominado Medidor de Transmitância Luminosa, que é destinado a medir, em valores percentuais, a transmitância luminosa de vidros, películas, filmes e outros materiais simples ou compostos. O equipamento deve ser aprovado pelo Instituto Nacional de Metrologia, Qualidade e Tecnologia – INMETRO e homologado pelo DENATRAN.

Informações do auto de infração: o auto de infração dever conter, expressos em valores percentuais:

A a medição realizada pelo instrumento;

B o valor considerado para fins de aplicação de penalidade; e

C o limite regulamentado para a área envidraçada fiscalizada (a identificação da área também deve estar no auto).

Valor considerado: para obtenção do valor considerado dever ser acrescido à medição realizada o percentual relativo de 7%.

13. RESOLUÇÃO DO CONTRAN Nº 254/07

Estabelece requisitos para os vidros de segurança e critérios para aplicação de inscrições, pictogramas e películas nas áreas envidraçadas dos veículos automotores.

Obrigatoriedade: para circulação nas vias públicas do território nacional é obrigatório o uso de vidro de segurança **laminado no para-brisa** de todos os veículos a serem admitidos e de vidro de segurança **temperado**, uniformemente protendido, **ou laminado**, **nas demais partes envidraçadas.**

Transparência: a transmissão luminosa não poderá ser inferior a **75%** para os **vidros incolores dos para-brisas** e **70%** para os **para-brisas coloridos e demais vidros indispensáveis**

à dirigibilidade do veículo. Ficam excluídos dos limites fixados os vidros que não interferem nas áreas envidraçadas indispensáveis à dirigibilidade do veículo e o vidro de segurança traseiro (vigia), desde que o veículo esteja dotado de espelho retrovisor externo direito. Para estes vidros, a transparência não poderá ser inferior a **28%**. Os vidros de segurança situados no teto dos veículos ficam excluídos dos limites citados.

Áreas indispensáveis: consideram-se áreas envidraçadas indispensáveis à dirigibilidade do veículo:

A a área do para-brisa, excluindo a faixa periférica de serigrafia destinada a dar acabamento ao vidro e à área ocupada pela banda degrade, caso existente;

B as áreas envidraçadas situadas nas laterais dianteiras do veículo, respeitando o campo de visão do condutor.

Vejamos alguns exemplos (vidros em cinza claro significam "áreas indispensáveis à dirigibilidade" e vidros em cinza escuro significam "demais áreas envidraçadas):

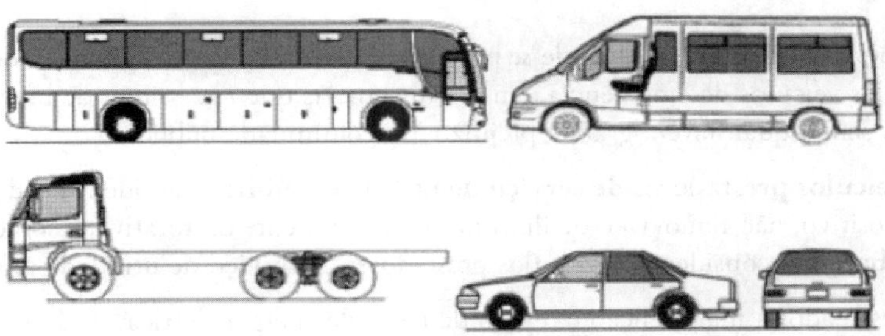

Marcações: os vidros de segurança a que se refere esta Resolução deverão trazer marcação indelével em local de fácil visualização contendo, no mínimo, a marca do fabricante do vidro e o símbolo de conformidade com a legislação brasileira definido pelo Instituto Nacional de Metrologia, Qualidade e Tecnologia (INMETRO).

Película não refletiva: a aplicação de película não refletiva nas áreas envidraçadas dos veículos automotores é **permitida** desde que atendidas as **mesmas condições de transparência** para o conjunto vidro-película. Nesse caso, a **marca do instalador e o índice de transmissão luminosa** existentes em cada conjunto vidro-película localizadas nas áreas indispensáveis à dirigibilidade **serão gravados** indelevelmente na película por meio de chancela, devendo ser visíveis pelos lados externos dos vidros

Película refletiva: fica **proibida** a aplicação de películas refletivas nas áreas envidraçadas do veículo.

Inscrições nos vidros: fora das áreas envidraçadas indispensáveis à dirigibilidade do veículo, a aplicação de inscrições, pictogramas ou painéis decorativos de qualquer espécie será permitida, desde que o veículo possua espelhos retrovisores externos direito e esquerdo e que sejam atendidas as mesmas condições de transparência para o conjunto vidro-pictograma/inscrição estabelecidas.

Vedação a painéis luminosos: é vedado o uso de painéis luminosos que reproduzam mensagens dinâmicas ou estáticas, excetuando-se as utilizadas em transporte coletivo de passageiro com finalidade de informar o serviço ao usuário da linha.

Infração de trânsito	
Art. 230. Conduzir o veículo: XVI – com vidros total ou parcialmente cobertos por películas refletivas ou não, painéis decorativos ou pinturas;	Infração – grave; Penalidade – multa; Medida administrativa – retenção do veículo para regularização;

14. RESOLUÇÃO DO CONTRAN Nº 268/08

Dispõe sobre o uso de luzes intermitentes ou rotativas em veículos e dá outras providências.

14.1. Utilização de luz vermelha intermitente e dispositivo de alarme sonoro: somente os veículos de emergência (veículos destinados a socorro de incêndio e salvamento, os de polícia, os de fiscalização e operação de trânsito, as ambulâncias e os de salvamento difuso destinados a serviços de emergências decorrentes de acidentes ambientais) podem usar, quando em serviço de urgência.

14.2. Serviço de urgência: entende-se por prestação de serviço de urgência os deslocamentos realizados pelos veículos de emergência, em circunstâncias que necessitem de brevidade para o atendimento, sem a qual haverá grande prejuízo à incolumidade pública.

14.3. Veículos prestadores de serviço de utilidade pública: são identificados pela instalação de dispositivo, não removível, de iluminação intermitente ou rotativa, e somente com **luz amarelo-âmbar**. São considerados veículos prestadores de serviço de utilidade pública:

A os destinados à manutenção e reparo de redes de energia elétrica, de água e esgotos, de gás combustível canalizado e de comunicações;

B os que se destinam à conservação, manutenção e sinalização viária, quando a serviço de órgão executivo de trânsito ou executivo rodoviário;

C os destinados ao socorro mecânico de emergência nas vias abertas à circulação pública;

D os veículos especiais destinados ao transporte de valores;

E os veículos destinados ao serviço de escolta, quando registrados em órgão rodoviário para tal finalidade;

F os veículos especiais destinados ao recolhimento de lixo a serviço da Administração Pública; e

G os veículos destinados à manutenção e restabelecimento dos sistemas das linhas e estações metroferroviárias.

14.4. Livre parada e estacionamento: os veículos **prestadores de serviço de utilidade pública gozam de livre parada e estacionamento**, independentemente de proibições ou restrições estabelecidas na legislação de trânsito ou através de sinalização regulamentar, quando se encontrarem:

A em efetiva operação no local de prestação dos serviços a que se destinarem;

B devidamente identificados pela energização ou acionamento do dispositivo luminoso e utilizando dispositivo de sinalização auxiliar que permita aos outros usuários da via enxergarem em tempo hábil o veículo prestador de serviço de utilidade pública.

Infrações de trânsito	
Art. 230. Conduzir o veículo: XII – com equipamento ou acessório proibido; XIII – com o equipamento do sistema de iluminação e de sinalização alterados:	Infração – grave; Penalidade – multa; Medida administrativa – retenção do veículo para regularização;

15. RESOLUÇÃO DO CONTRAN Nº 290/08

Disciplina a inscrição de pesos e capacidades em veículos de tração, de carga e de transporte coletivo de passageiros, de acordo com os artigos 117, 230- XXI, 231-V e X, do Código de Trânsito Brasileiro.

CTB, art. 117. Os veículos de transporte de carga e os coletivos de passageiros deverão conter, em local facilmente visível, a inscrição indicativa de sua tara, do peso bruto total (PBT), do peso bruto total combinado (PBTC) ou capacidade máxima de tração (CMT) e de sua lotação, vedado o uso em desacordo com sua classificação.

15.1. Responsáveis pelas inscrições: a responsabilidade pela inscrição e conteúdo dos pesos e capacidades será:

A do fabricante ou importador, quando se tratar de veículo novo acabado ou inacabado;

B do fabricante da carroçaria ou de outros implementos, em caráter complementar ao informado pelo fabricante ou importador do veículo;

C do responsável pelas modificações, quando se tratar de veículo novo ou já licenciado que tiver sua estrutura e/ou número de eixos alterados, ou outras modificações previstas;

D do proprietário do veículo (para veículos que não possuíam as inscrições quando da entrada em vigor da resolução).

15.2. Localização da plaqueta ou etiqueta adesiva:

15.2.1. Veículos de carga e tração:

A na coluna de qualquer porta, junto às dobradiças, ou no lado da fechadura;

B na borda de qualquer porta;

C na parte inferior do assento, voltada para porta;

D na superfície interna de qualquer porta;

E no painel de instrumentos.

15.2.2. Veículos destinados ao transporte coletivo de passageiros:

A na parte frontal interna acima do para-brisa;

B na parte superior da divisória da cabina de comando do lado do condutor.

Obs.: na impossibilidade técnica ou ausência de local para fixação, podem ser utilizados os mesmos locais previstos para os veículos de carga e tração.

15.2.3. Reboques e semirreboques: a indicação deve ser afixada na **parte externa da carroçaria na lateral dianteira**.

Infrações de trânsito	
Art. 230. Conduzir o veículo: XXI – de carga, com falta de inscrição da tara e demais inscrições previstas neste Código:	Infração – média; Penalidade – multa;
Art. 237. Transitar com o veículo em desacordo com as especificações, e com falta de inscrição e simbologia necessárias à sua identificação, quando exigidas pela legislação:	Infração – grave; Penalidade – multa; Medida administrativa – retenção do veículo para regularização;

16. RESOLUÇÃO DO CONTRAN Nº 349/10

Dispõe sobre o transporte eventual de cargas ou de bicicletas nos veículos classificados nas espécies automóvel, caminhonete, camioneta e utilitário.

16.1. Requisitos para o transporte de cargas ou bicicleta: a carga ou a bicicleta deve estar acondicionada e afixada de modo que:

A não coloque em perigo as pessoas nem cause danos a propriedades públicas ou privadas, e em especial, não se arraste pela via nem caia sobre esta;

B não atrapalhe a visibilidade a frente do condutor nem comprometa a estabilidade ou condução do veículo;

C não provoque ruído nem poeira;

D não oculte as luzes, incluídas as luzes de freio e os indicadores de direção e os dispositivos refletores; ressalvada, entretanto, a ocultação da lanterna de freio elevada (categoria S3);

E não exceda a largura máxima do veículo;

F não ultrapasse as dimensões autorizadas para veículos estabelecidas na Resolução do CONTRAN nº 210, que estabelece os limites de pesos e dimensões para veículos que transitam por vias terrestres e dá outras providências, ou Resolução posterior que venha sucedê-la;

G todos os acessórios, tais como cabos, correntes, lonas, grades ou redes que sirvam para acondicionar, proteger e fixar a carga devem estar devidamente ancorados e atender aos requisitos desta Resolução; e

H não se sobressaiam ou se projetem além do veículo pela frente.

16.2. Obrigatoriedade de régua de sinalização ou de segunda placa traseira: nos casos em que o transporte eventual de carga ou de bicicleta resultar no **encobrimento**, total ou parcial, quer seja da **sinalização** traseira do veículo, quer seja de sua placa traseira, é obrigatório o uso de **régua de sinalização** e, respectivamente, de segunda placa traseira de identificação fixada àquela régua ou à estrutura do veículo, conforme figura a seguir.

16.2.1. Régua de sinalização: é o acessório com características físicas e de forma semelhante a um para-choque traseiro, devendo ter no mínimo 1 m de largura e no máximo a largura do veículo, excluídos os retrovisores, e possuir sistema de sinalização paralelo, energizado e semelhante em conteúdo, quantidade, finalidade e funcionamento ao do veículo em que for instalado. Dever ter sua superfície coberta com faixas refletivas obliquas, com uma inclinação de 45 graus em relação ao plano horizontal, nas cores branca e vermelha refletiva, idênticas às dispostas nos para-choques traseiros dos veículos de carga.

16.2.2. Segunda placa de identificação: é **lacrada** no centro da régua de sinalização ou na parte estrutural do veículo em que estiver instalada (para- choque ou carroceria), devendo ser aposta em local visível na parte direita da traseira.

16.3. Extensor de caçamba (figura abaixo): é o acessório que permite a circulação do veículo com a tampa do compartimento de carga aberta, de forma a impedir a queda da carga na via, sem comprometer a sinalização traseira. O veículo que possuir fica dispensado da utilização de régua de sinalização. A segunda placa traseira deve ser lacrada no extensor de caçamba.

16.4. Transporte eventual de cargas: é permitido o transporte de cargas acondicionadas em bagageiros ou presas a suportes apropriados devidamente afixados na parte superior externa da carroçaria.

16.5. Limites de tamanho: as cargas, já considerada a altura do bagageiro ou do suporte, devem ter altura máxima de 50 cm e suas dimensões, não devem ultrapassar o comprimento da carroçaria e a largura da parte superior da carroçaria. Veja na figura:

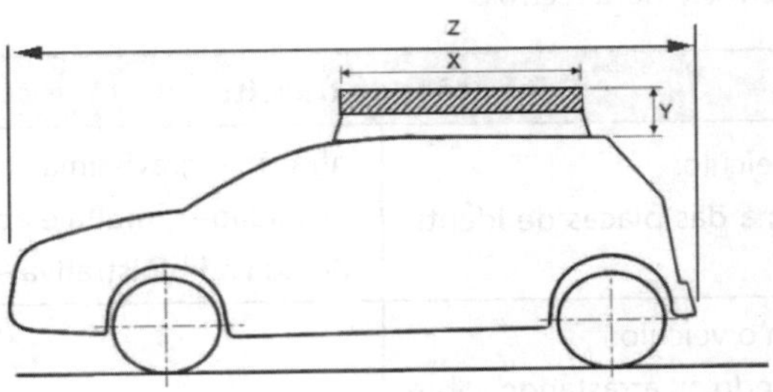

Y≤ 50 cm, onde Y = altura máxima;

X ≤ Z, onde Z = comprimento da carroçaria e X = comprimento da carga.

16.6. Transporte de carga indivisível: nos veículos de que trata esta Resolução, é admitido o transporte eventual de carga indivisível, respeitados os seguintes preceitos:

A as cargas que sobressaiam ou se projetem além do veículo para trás, deverão estar bem visíveis e sinalizadas. No período noturno, esta sinalização dever ser feita por meio de uma luz vermelha e um dispositivo refletor de cor vermelha.

B o balanço traseiro não deve exceder 60% do valor da distância entre os dois eixos do veículo. (vide figura abaixo)

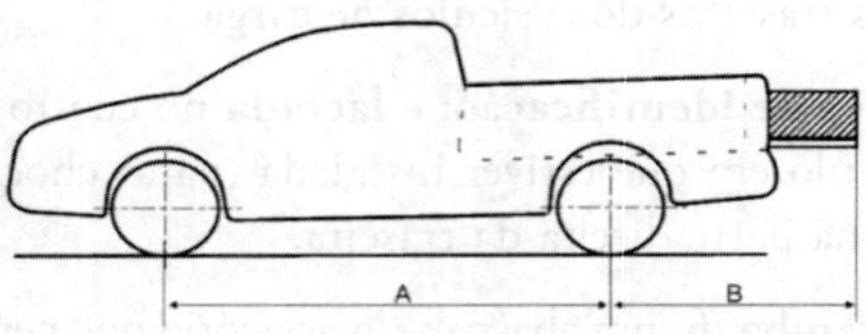

B ≤ 0,6 x A, onde B = Balanço traseiro e A = distância entre os dois eixos.

16.7. Transporte com compartimento de carga aberto: é admitido apenas durante o transporte de carga indivisível que ultrapasse o comprimento da caçamba ou do compartimento de carga.

16.8. Regras aplicáveis ao transporte de bicicletas na parte externa dos veículos (bicicleta é considerada como carga indivisível): a bicicleta pode ser transportada na parte posterior externa ou sobre o teto, desde que fixada em dispositivo apropriado, móvel ou fixo, aplicado diretamente ao veículo ou acoplado ao gancho de reboque.

O transporte de bicicletas na caçamba de caminhonetes dever respeitar as regras estabelecidas para o transporte eventual de cargas. Quando a bicicleta for transportada sobre o teto, não se aplica o limite de altura de 50 cm.

O fabricante deve fornecer o dispositivo com as seguintes instruções:

A forma de instalação, permanente ou temporária, do dispositivo no veículo,

B modo de fixação da bicicleta ao dispositivo de transporte;

C quantidade máxima de bicicletas transportados, com segurança;

D cuidados de segurança durante o transporte de forma a preservar a segurança do trânsito, do veículo, dos passageiros e de terceiros.

Infrações de trânsito	
Art. 230. Conduzir o veículo: IV – sem qualquer uma das placas de identificação:	Infração – gravíssima; Penalidade – multa e apreensão do veículo; Medida administrativa – remoção do veículo;
Art. 231. Transitar com o veículo: II – derramando, lançando ou arrastando sobre a via: a) carga que esteja transportando; b) combustível ou lubrificante que esteja utilizando; c) qualquer objeto que possa acarretar risco de acidente:	Infração – gravíssima; Penalidade – multa; Medida administrativa – retenção do veículo para regularização;

Art. 231. Transitar com o veículo: IV – com suas dimensões ou de sua carga superiores aos limites estabelecidos legalmente ou pela sinalização, sem autorização:	Infração – grave; Penalidade – multa; Medida administrativa – retenção do veículo para regularização;
Art. 231. Transitar com o veículo: V – com excesso de peso, admitido percentual de tolerância quando aferido por equipamento, na forma a ser estabelecida pelo CONTRAN:	Infração – média; Penalidade – multa acrescida a cada 200 kg ou fração de excesso de peso apurado, constante na seguinte tabela: a) até 600 kg – R$ 5,32; b) de 601 a 800 kg – R$ 10,64; c) de 801 a 1.000 kg – R$ 21,28; d) de 1.001 a 3.000 kg – R$ 31,92; e) de 3.001 a 5.000 kg – R$ 42,56; f) acima de 5.001 kg – R$ 53,20; Medida administrativa – retenção do veículo e transbordo da carga excedente;
Art. 248. Transportar em veículo destinado ao transporte de passageiros carga excedente em desacordo com o estabelecido no art. 109:	Infração – grave; Penalidade – multa; Medida administrativa – retenção para o transbordo.

17. RESOLUÇÃO DO CONTRAN Nº 360/10

Dispõe sobre a habilitação do candidato ou condutor estrangeiro para direção de veículos em território nacional.

17.1. Condutor estrangeiro no Brasil: o condutor de veículo automotor, oriundo de país estrangeiro e **nele habilitado**, desde que **penalmente imputável no Brasil**, **pode dirigir** no Território Nacional quando amparado por convenções ou acordos internacionais, ratificados e aprovados pela República Federativa do Brasil e, igualmente, pela adoção do Princípio da Reciprocidade, no prazo máximo de **180 dias** da entrada no território nacional, respeitada a validade da habilitação de origem.

17.2. Documentos de porte obrigatório: o condutor estrangeiro dever portar a **carteira de habilitação estrangeira**, dentro do prazo de validade, acompanhada do seu **documento de identificação.**

17.3. Prazo maior que 180 dias: o condutor estrangeiro, após o prazo de 180 dias de estada regular no Brasil, pretendendo continuar a dirigir veículo automotor no âmbito territorial brasileiro, deve se submeter aos **Exames de aptidão Física e Mental e Avaliação Psicológica**, respeitada a sua categoria, com vistas à obtenção da Carteira Nacional de Habilitação. Para mudança de categoria devem ser realizados exames complementares exigidos para habilitação na categoria pretendida.

17.4. Carreiras de diplomacia: as regras acima não têm caráter de obrigatoriedade aos diplomatas ou cônsules de carreira e àqueles a eles equiparados.

17.5. Condutor estrangeiro com habilitação não reconhecida pelo Brasil: o condutor de veículo automotor, oriundo de país estrangeiro e **nele habilitado**, em estada regular, desde que **penalmente imputável no Brasil**, detentor de habilitação não reconhecida pelo Governo brasileiro, pode dirigir no Território Nacional mediante a troca da sua habilitação de origem pela equivalente nacional junto ao órgão ou entidade executiva de trânsito dos Estados ou do Distrito Federal e ser aprovado nos **Exames de Aptidão Física e Mental, Avaliação Psicológica e de Direção Veicular**, respeitada a sua categoria, com vistas à obtenção da Carteira Nacional de Habilitação.

17.6. Brasileiro habilitado no exterior: ao cidadão brasileiro habilitado no exterior são aplicadas as regras acima, conforme haja ou não reconhecimento pelo Brasil de sua habilitação, comprovando que mantinha **residência** normal naquele País por um período não inferior a **6 meses** quando do momento da expedição da habilitação.

17.7. Estrangeiro não habilitado: o estrangeiro não habilitado, com estada regular no Brasil, pretendendo habilitar-se para conduzir veículo automotor no Território Nacional, deve satisfazer **todas as exigências** previstas na legislação de trânsito brasileira em vigor.

17.8. Brasileiro com Habilitação Internacional para Dirigir: o condutor com Habilitação Internacional para Dirigir, expedida no Brasil, que cometer infração de trânsito cuja penalidade implique na suspensão ou cassação do direito de dirigir, terá o recolhimento e apreensão desta, juntamente com o documento de habilitação nacional, pelo órgão ou entidade executivo de trânsito do Estado ou do Distrito Federal. A Carteira Internacional expedida pelo órgão ou entidade executiva de trânsito do Estado ou do Distrito Federal não substitui a CNH.

18. RESOLUÇÃO DO CONTRAN Nº 432/13

Dispõe sobre os procedimentos a serem adotados pelas autoridades de trânsito e seus agentes na fiscalização do consumo de álcool ou de outra substância psicoativa que determine dependência.

18.1. Meios de comprovação: a confirmação da alteração da capacidade psicomotora em razão da influência de álcool ou de outra substância psicoativa que determine dependência dar-se-á por meio de, **pelo menos, um dos seguintes procedimentos** a serem realizados no condutor de veículo automotor:

A exame de sangue;

B exames realizados por laboratórios especializados, indicados pelo órgão ou entidade de trânsito competente ou pela Polícia Judiciária, em caso de consumo de outras substâncias psicoativas que determinem dependência;

C teste em aparelho destinado à medição do teor alcoólico no ar alveolar (etilômetro);

D verificação dos sinais que indiquem a alteração da capacidade psicomotora do condutor.

Também poderão ser utilizados prova testemunhal, imagem, vídeo ou qualquer outro meio de prova em direito admitido.

18.2. Sinais de alteração: os sinais de alteração da capacidade psicomotora poderão ser verificados por:

A exame clínico com laudo conclusivo e firmado por médico perito; ou

B constatação, pelo agente da Autoridade de Trânsito, dos sinais de alteração da capacidade psicomotora

18.3. Infração de trânsito: a infração prevista no art. 165 do CTB será caracterizada por:

A exame de **sangue** que apresente **qualquer concentração** de álcool por litro de sangue;

B teste de **etilômetro** com medição realizada **igual ou superior a 0,05 miligrama** de álcool por litro de ar alveolar expirado (0,05 mg/L), descontado o erro máximo admissível;

C **sinais** de alteração da capacidade psicomotora.

Serão aplicadas as penalidades e medidas administrativas previstas no art. 165 do CTB ao condutor que recusar a se submeter a qualquer um dos procedimentos previstos, sem prejuízo da incidência do crime previsto no art. 306 do CTB caso o condutor apresente os sinais de alteração da capacidade psicomotora.

18.4. Crime: o crime previsto no art. 306 do CTB será caracterizado por qualquer um dos procedimentos abaixo:

A exame de **sangue** que apresente resultado igual ou **superior a 6 decigramas** de álcool por litro de sangue (6 dg/L);

B teste de **etilômetro** com medição realizada **igual ou superior a 0,34 miligrama** de álcool por litro de ar alveolar expirado (0,34 mg/L), descontado o erro máximo admissível;

C exames realizados por **laboratórios especializados**, indicados pelo órgão ou entidade de trânsito competente ou pela Polícia Judiciária, em caso de consumo de outras substâncias psicoativas que determinem dependência;

D **sinais** de alteração da capacidade psicomotora.

A ocorrência do crime não elide a aplicação da infração administrativa.

18.5. Retenção do veículo: o veículo será retido até a apresentação de condutor habilitado, que também será submetido à fiscalização. Caso não se apresente condutor habilitado ou o agente verifique que ele não está em condições de dirigir, o veículo será recolhido ao depósito do órgão ou entidade responsável pela fiscalização, mediante recibo.

18.6. Testes em vítimas fatias de acidentes: é obrigatória a realização do exame de alcoolemia para as vítimas fatais de acidentes de trânsito.

19. RESOLUÇÃO DO CONTRAN Nº 441/13

Dispõe sobre o transporte de cargas de sólidos a granel nas vias abertas à circulação pública em todo o território nacional.

19.1. Definição: entende-se como "sólido a granel" qualquer carga sólida fracionada, fragmentada ou em grãos, transformada ou *in natura*, transportada diretamente na carroceria do veículo sem estar acondicionada em embalagem.

19.2. Veículos para transporte de sólido a granel: o transporte de qualquer tipo de sólido a granel em vias abertas à circulação pública, não realizado em carroceria inteiramente fechada, somente é permitido nos seguintes casos:

A veículos com carroçarias de guardas laterais fechadas;

B veículos com carroçarias de guardas laterais dotadas de telas metálicas com malhas de dimensões que impeçam o derramamento de fragmentos do material transportado.

19.3. Cobertura das cargas: as cargas transportadas devem estar totalmente cobertas por lonas ou dispositivos similares, que devem cumprir os seguintes requisitos:

A possibilidade de acionamento manual, mecânico ou automático;

B estar devidamente ancorados à carroçaria do veículo;

C cobrir totalmente a carga transportada de forma eficaz e segura;

D estar em bom estado de conservação, de forma a evitar o derramamento da carga transportada.

19.4. Vedações:

A a lona ou dispositivo similar não pode prejudicar a eficiência dos demais equipamentos obrigatórios.

B a carga transportada não pode exceder os limites da carroceria do veículo.

Infrações de trânsito		
Em desacordo com as regras para as carroçarias e lonas ou dispositivos similares	Art. 230. Conduzir o veículo: IX – sem equipamento obrigatório ou estando este ineficiente ou inoperante; X – com equipamento obrigatório em desacordo com o estabelecido pelo CONTRAN:	Infração – grave; Penalidade – multa; Medida administrativa – retenção do veículo para regularização;
Com a carga ultrapassando os limites da carroceria, mas sem ultrapassar os limites de dimensões estabelecidos pela Resolução CONTRAN nº 210/06, ou sucedâneas	Art. 235. Conduzir pessoas, animais ou carga nas partes externas do veículo, salvo nos casos devidamente autorizados:	Infração – grave; Penalidade – multa; Medida administrativa – retenção do veículo para transbordo.
Com a carga ultrapassando simultaneamente os limites da carroceria e um ou mais limites de dimensões estabelecidos pela Resolução CONTRAN nº 210/06, ou sucedâneas	Art. 231. Transitar com o veículo: IV – com suas dimensões ou de sua carga superiores aos limites estabelecidos legalmente ou pela sinalização, sem autorização:	Infração – grave; Penalidade – multa; Medida administrativa – retenção do veículo para regularização.
Derramando carga sobre a via	Art. 231. Transitar com o veículo: II – derramando, lançando ou arrastando sobre a via: a) carga que esteja transportando; b) combustível ou lubrificante que esteja utilizando; c) qualquer objeto que possa acarretar risco de acidente:	Infração – gravíssima; Penalidade – multa; Medida administrativa – retenção do veículo para regularização.

20. RESOLUÇÃO DO CONTRAN Nº 471/13

Regulamenta a fiscalização de trânsito por intermédio de videomonitoramento, nos termos do § 2º do artigo 280 do Código de Trânsito Brasileiro.

CTB, art. 280, § 2º A infração deverá ser comprovada por declaração da autoridade ou do agente da autoridade de trânsito, por aparelho eletrônico ou por equipamento audiovisual, reações químicas ou qualquer outro meio tecnologicamente disponível, previamente regulamentado pelo CONTRAN.

20.1. Sistemas de videomonitoramento para fiscalização de trânsito: a autoridade ou o agente da autoridade de trânsito, exercendo a fiscalização remota por meio de sistemas de videomonitoramento, podem autuar condutores e veículos, cujas infrações por descumprimento das normas gerais de circulação e conduta tenham sido detectadas "*online*" por esses sistemas. A autoridade ou o agente da autoridade de trânsito, responsável pela lavratura do auto de infração, deve informar no campo "observação" a forma com que foi constatado o cometimento da infração.

20.2. Exigência de sinalização: a fiscalização de trânsito mediante sistema de videomonitoramento somente pode ser realizada nas vias que estejam devidamente sinalizadas para esse fim.

21. RESOLUÇÃO DO CONTRAN Nº 508/14

Dispõe sobre os requisitos de segurança para a circulação, a título precário, de veículo de carga ou misto transportando passageiros no compartimento de cargas.

21.1. Autorização: a autoridade com circunscrição sobre a via poderá autorizar, eventualmente e a título precário, a circulação de veículo de carga ou misto transportando passageiros no compartimento de cargas, desde que sejam cumpridos os requisitos estabelecidos nesta Resolução. O **prazo máximo é de 12 meses**.

21.2. Limitação: a circulação só poderá ser autorizada entre localidades de origem e destino que estiverem situadas em um **mesmo município ou entre municípios limítrofes**, quando **não houver linha regular de ônibus**.

21.3. Requisitos: os veículos a serem utilizados devem ser adaptados, no mínimo, com:

A bancos, na quantidade suficiente para todos os passageiros, revestidos de espuma, com encosto e cinto de segurança, fixados na estrutura da carroceria;

B carroceria com cobertura, barra de apoio para as mãos, proteção lateral rígida, com dois metros e dez centímetros de altura livre, de material de boa qualidade e resistência estrutural, que evite o esmagamento e a projeção de pessoas em caso de acidente com o veículo;

C escada para acesso, com corrimão;

D cabine e carroceria com ventilação, garantida a comunicação entre motorista e passageiros;

E compartimento resistente e fixo para a guarda das ferramentas e materiais, separado dos passageiros, no caso de transporte de trabalhadores;

F sinalização luminosa, no caso de transporte de pessoas vinculadas à prestação de serviço em obras na via.

21.4. Limite: o número máximo de pessoas admitidas no transporte será calculado na base de 35 dm^2 (35 decímetros quadrados) do espaço útil da carroceria por pessoa, incluindo-se o encarregado da cobrança de passagem e atendimento aos passageiros.

21.5. Proibição: é vedado:

A transportar passageiros com idade inferior a 10 anos;

B transportar passageiros em pé;

C transportar cargas no mesmo ambiente dos passageiros;

D utilizar veículos de carga tipo basculante e boiadeiro;

E utilizar combinação de veículos.

F transportar passageiros nas partes externas.

22. RESOLUÇÃO DO CONTRAN Nº 520/15

Dispõe sobre os requisitos mínimos para a circulação de veículos com dimensões excedentes aos limites estabelecidos pelo CONTRAN.

22.1. Necessidade de AET: a circulação de veículo com suas **dimensões** ou de sua carga **superiores** aos limites estabelecidos pela **Resolução do CONTRAN nº 210**, ou suas sucedâneas, **poder ser permitida**, **mediante** Autorização Especial de Trânsito (**AET**) da autoridade com circunscrição sobre a via pública, atendidos os requisitos desta Resolução. Neste caso, é obrigatório o porte da AET.

22.2. Validade: a AET, **fornecida pelo Órgão Executivo Rodoviário** da União, dos Estados, dos Municípios e do Distrito Federal com circunscrição sobre a via, terá **validade máxima de 1 ano**.

22.3. Não isenção de danos: a AET **não exime** o condutor e/ou proprietário da **responsabilidade por eventuais danos** que o veículo ou a combinação de veículos causar à via ou a terceiros.

22.4. Sinalização de advertência: o veículo cujas dimensões excedam os limites fixados pelo CONTRAN deve portar na parte traseira a sinalização especial de advertência como ilustrado a seguir (A sinalização deverá estar em condições de visibilidade e leitura, não sendo permitida a inserção de quaisquer outras informações além das previstas nesta Resolução).

Sinalização especial de advertência traseira para comprimento excedente:

Sinalização especial de advertência traseira para largura excedente:

Sinalização especial de advertência traseira para comprimento e largura excedente:

Sinalização especial de advertência traseira do tipo bipartida:

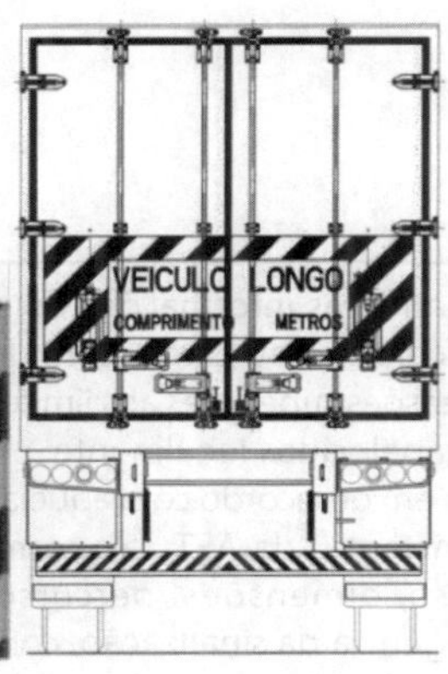

Infrações de trânsito		
Quando o(s) veículo(s) e/ou carga estiverem com dimensões superiores aos limites estabelecidos legalmente e existir restrição de tráfego referente ao local e/ou horário imposta pelo órgão com circunscrição sobre a via e não constante na AET.	Art. 187. Transitar em locais e horários não permitidos pela regulamentação estabelecida pela autoridade competente: I – para todos os tipos de veículos:	Infração – média; Penalidade – multa;
Quando o(s) veículo(s) e/ou carga estiverem com suas dimensões superiores aos limites estabelecidos legalmente e circularem sem a expedição da AET ou com AET expedida em desacordo com o estabelecido.	Art. 231. Transitar com o veículo: IV – com suas dimensões ou de sua carga superiores aos limites estabelecidos legalmente ou pela sinalização, sem autorização:	Infração – grave; Penalidade – multa; Medida administrativa – retenção do veículo para regularização;
Quando o peso do veículo mais o peso da carga for superior aos limites legais de peso.	Art. 231. Transitar com o veículo: V – com excesso de peso, admitido percentual de tolerância quando aferido por equipamento, na forma a ser estabelecida pelo CONTRAN:	Infração –média; Penalidade – multa acrescida a cada 200 kg ou fração de excesso de peso apurado, constante na seguinte tabela: a) até 600 kg – R$ 5,32; b) de 601 a 800 kg – R$ 10,64; c) de 801 a 1.000 kg – R$ 21,28; d) de 1.001 a 3.000 kg – R$ 31,92; e) de 3.001 a 5.000 kg – R$ 42,56; f) acima de 5.001 kg – R$ 53,20; Medida administrativa – retenção do veículo e transbordo da carga excedente;
Quando as informações do(s) veículo(s) e/ou carga, com dimensões superiores aos limites estabelecidos legalmente, estão em desacordo com aquelas constantes da AET, tais como peso, dimensões, percurso, exigência da sinalização, configuração de eixos, entre outras informações e exigências. Quando o veículo(s) e/ou carga estiverem com suas dimensões superiores aos limites estabelecidos legalmente e circularem com a AET vencida.	Art. 231. Transitar com o veículo: VI – em desacordo com a autorização especial, expedida pela autoridade competente para transitar com dimensões excedentes, ou quando a mesma estiver vencida:	Infração – grave; Penalidade – multa e apreensão do veículo; Medida administrativa – remoção do veículo;

Quando o peso do veículo mais a carga for superior à Capacidade Máxima de Tração (CMT) do(s) caminhão(ões) trator(es).	Art. 231. Transitar com o veículo: X – excedendo a capacidade máxima de tração:	Infração – de média a gravíssima, a depender da relação entre o excesso de peso apurado e a capacidade máxima de tração, a ser regulamentada pelo CONTRAN; Penalidade – multa; Medida administrativa – retenção do veículo e transbordo de carga excedente.
Quando o(s) veículo(s) e/ou carga com dimensões superiores aos limites estabelecidos legalmente não estiver portando a AET regularmente expedida.	Art. 232. Conduzir veículo sem os documentos de porte obrigatório referidos neste Código:	Infração – leve; Penalidade – multa; Medida administrativa – retenção do veículo até a apresentação do documento.
Quando a carga ultrapassar os limites laterais, posterior e/ou anterior do(s) veículo(s), ainda que não ultrapasse os limites regulamentares estabelecidos na Resolução CONTRAN nº 210/2006.	Art. 235. Conduzir pessoas, animais ou carga nas partes externas do veículo, salvo nos casos devidamente autorizados:	Infração – grave; Penalidade – multa; Medida administrativa – retenção do veículo para transbordo.
Quando o(s) veículo(s) e/ou carga estiverem com suas dimensões superiores aos limites estabelecidos legalmente e a sinalização especial de advertência não tiver sido instalada ou não atender aos requisitos necessários.	Art. 237. Transitar com o veículo em desacordo com as especificações, e com falta de inscrição e simbologia necessárias à sua identificação, quando exigidas pela legislação:	Infração – grave; Penalidade – multa; Medida administrativa – retenção do veículo para regularização;

23. RESOLUÇÃO DO CONTRAN Nº 525/15

Dispõe sobre a fiscalização do tempo de direção do motorista profissional de que trata os artigos 67-A, 67-C e 67-E do Código de Trânsito Brasileiro – CTB, e dá outras providências.

23.1 Objetivo: estabelecer os procedimentos para fiscalização do tempo de direção e descanso do motorista profissional na condução dos veículos de transporte e de condução de **escolares**, de transporte de **passageiros com mais de 10 lugares** e de **carga** com **PBT superior a 4.536 kg.**

23.2. Definições:

A **motorista profissional**: condutor que exerce atividade remunerada ao veículo.

B **tempo de direção**: período em que o condutor estiver efetivamente ao volante de um veículo em movimento.

C **intervalo de descanso**: período de tempo em que o condutor estiver efetivamente cumprindo o descanso estabelecido nesta Resolução, comprovado por meio dos documentos hábeis a seguir apresentados, não computadas as interrupções involuntárias, tais como as decorrentes de engarrafamentos, semáforo e sinalização de trânsito.

D **ficha de trabalho do autônomo**: ficha de controle do tempo de direção e do intervalo de descanso do motorista profissional autônomo, que deverá sempre acompanhá-lo no exercício de sua profissão.

23.3. Documentos hábeis para registro: a fiscalização do tempo de direção e do intervalo de descanso do motorista profissional pode ocorrer por meio de:

A análise do disco ou fita diagrama do registrador instantâneo e inalterável de velocidade e tempo (**tacógrafo**) ou de outros meios eletrônicos idôneos instalados no veículo, na forma regulamentada pelo CONTRAN; ou

B verificação do **diário de bordo, papeleta ou ficha de trabalho externo**, fornecida pelo empregador; ou

C verificação da **ficha de trabalho do autônomo.**

A fiscalização por meio do diário de bordo ou da ficha de trabalho autônomo somente é feita quando da impossibilidade da comprovação por meio do disco ou fita diagrama do registrador instantâneo e inalterável de velocidade e tempo do próprio veículo fiscalizado.

O motorista profissional autônomo **deve portar a ficha de trabalho das últimas 24 horas.**

23.4. Regras sobre o descanso do motorista profissional:

A É **vedado** ao motorista profissional **dirigir por mais de 5h30 ininterruptas** veículos de transporte rodoviário coletivo de passageiros ou de transporte rodoviário de cargas;

B São observados **30 min para descanso dentro de cada 6 h** na condução de veículo de transporte de **carga**, sendo **facultado o seu fracionamento** e o do tempo de direção desde que não ultrapassadas 5h30 contínuas no exercício da condução;

C São observados **30 min para descanso a cada 4 h** na condução de veículo rodoviário de **passageiros**, sendo **facultado o seu fracionamento** e o do tempo de direção;

D Em **situações excepcionais** de inobservância justificada do tempo de direção, devidamente registradas, o tempo de direção pode ser elevado pelo período necessário para que o condutor, o veículo e a **carga** (não vale para veículo de passageiros) cheguem a um lugar que ofereça a segurança e o atendimento demandados, desde que não haja comprometimento da segurança rodoviária;

E O condutor é obrigado, **dentro** do período **de 24 h**, a observar o mínimo de **11 h de descanso**, que podem ser fracionadas, usufruídas no veículo e coincidir com os intervalos já mencionados, observadas, no primeiro período, 8h ininterruptas de descanso; o condutor somente iniciará uma viagem após o cumprimento integral desse intervalo de descanso;

F Os descansos podem ocorrer em cabine leito do veículo ou em poltrona correspondente ao serviço de leito, no caso de transporte de passageiros, devendo o descanso de 8 h ininterruptas ser realizado com o veículo estacionado, a não ser caso seguinte;

G Nos casos em que o empregador adotar 2 motoristas trabalhando no mesmo veículo, o tempo de repouso pode ser feito com o veículo em movimento;

H O **motorista** profissional é **responsável por controlar e registrar seu tempo de condução;**

I O tempo de direção é controlado mediante registrador instantâneo inalterável de velocidade e tempo, ou por meio de anotação em diário de bordo, ou papeleta ou ficha de trabalho externo, ou por meios eletrônicos instalados no veículo, conforme regulamentação específica do Contran;

J O equipamento eletrônico ou registrador deve funcionar de forma independente de qualquer interferência do condutor, quanto aos dados registrados;

K A guarda, a preservação e a exatidão das informações contidas no equipamento registrador instantâneo inalterável de velocidade e de tempo são de responsabilidade do condutor.

23.5. Fiscalização: compete ao órgão ou entidade de trânsito com circunscrição sobre a via em que ocorrer a abordagem do veículo a fiscalização das condutas previstas nesta Resolução.

23.6. A medida administrativa de retenção do veículo é aplicada:

A pelo período de 30 min, caso desrespeitados os prazos de 30 min de descanso a cada 6 h de condução para veículos de carga ou 4 h de condução para veículos de passageiros;

B pelo período de 11 h por desrespeito ao descanso diário de 11 h (neste caso a retenção pode ser realizada em depósito do órgão ou entidade de trânsito responsável pela fiscalização).

Não é exigida a retenção caso se apresente outro condutor habilitado que tenha observado o tempo de direção e descanso para dar continuidade à viagem.

23.7. Retenção em local próximo: caso haja local apropriado para descanso nas proximidades, o agente de trânsito pode liberar o veículo para cumprimento do intervalo de descanso nesse local, mediante recolhimento do CRLV (CLA), o qual será devolvido somente depois de decorrido o respectivo período de descanso.

23.8. Não retenção imediata: a critério do agente, nos casos de não cumprimento de descanso de 30 min, não se dará a retenção imediata de veículos de transporte coletivo de passageiros, carga perecível e produtos perigosos.

23.9. Outras exigências: as exigências estabelecidas nesta Resolução referentes ao transporte coletivo de passageiros, não excluem outras definidas pelo poder concedente.

Infração de trânsito	
Art. 230. Conduzir o veículo: XXIII – em desacordo com as condições estabelecidas no art. 67-C, relativamente ao tempo de permanência do condutor ao volante e aos intervalos para descanso, quando se tratar de veículo de transporte de carga ou coletivo de passageiros:	Infração – média; Penalidade – multa; Medida administrativa – retenção do veículo para cumprimento do tempo de descanso aplicável;

24. RESOLUÇÃO DO CONTRAN Nº 552/15

Fixa os requisitos mínimos de segurança para amarração das cargas transportadas em veículos de carga.

24.1. Regra: só podem transitar nas vias terrestres do território nacional abertas à circulação, transportando cargas, veículos que atendam aos requisitos previstos nesta Resolução.

24.2. Exceção: as disposições deste artigo não se aplicam ao transporte de cargas que tenham regulamentação especifica ou aquele realizado em veículo dedicado a transportar determinado tipo de carga, o qual possua sistemas específicos de contenção, como por exemplo, as cargas indivisíveis.

24.3. Amarração de cargas: todas as cargas transportadas, conforme seu tipo, devem estar devidamente amarradas, ancoradas e acondicionadas no compartimento de carga ou superfície de carregamento do veículo, de modo a prevenir movimentos relativos durante todas as condições de operação esperadas no transcorrer da viagem, como: manobras bruscas, solavancos, curvas, frenagens ou desacelerações repentinas.

Devem ser utilizados dispositivos de amarração, como **cintas têxteis, correntes ou cabos de aço**, com **resistência total à ruptura por tração de, no mínimo, duas vezes o peso da carga**, bem como dispositivos adicionais como: barras de contenção, trilhos, malhas, redes, calços, mantas de atrito, separadores, bloqueadores, protetores, etc., além de pontos de amarração adequados e em número suficiente.

É responsabilidade do condutor verificar periodicamente durante o percurso o tensionamento dos dispositivos de fixação, e reapertá-los quando necessário.

É proibida a utilizaçã**o de cordas como dispositivo de amarração de carga**, sendo permitido o seu uso exclusivamente para fixação da lona de cobertura, quando exigível.

24.3.1. Carroçarias de madeira: devem obedecer aos seguintes requisitos:

A as carroçarias novas devem ser construídas com madeira de alta densidade e alta resistência, ter obrigatoriamente **fixadores metálicos**, não podendo ser considerados pontos de fixação as guardas laterais e piso, se estes pontos de amarração não estiverem em contato com travessas ou o chassi.

B para os veículos em circulação, devem ser adicionados aos dispositivos de amarração perfis metálicos nos pontos de fixação, fixados nas travessas da estrutura por parafusos, de modo a permitir a soldagem do gancho nesse perfil e a garantir a resistência necessária.

Falta de pontos de amarração: na inexistência de pontos de amarração adequados, ou em número suficiente, é **permitida** a fixação dos dispositivos de amarração **no próprio chassi** do veículo.

24.3.2. Veículos do tipo prancha ou carroceria aberta: quando transportarem equipamento(s), máquina(s), veículo(s) ou qualquer outro tipo de carga fracionada, devem ser ancorados em **pelo menos 4 terminais de amarração.**

24.3.3. Veículos carroceria aberta com guardas laterais rebatíveis: no caso de haver espaço entre a carga e as guardas laterais, os dispositivos de amarração devem ser tensionados pelo **lado interno das guardas laterais.**

É **proibida a passagem dos dispositivos pelo lado externo das guardas laterais**. Excetuam-se os casos em que a carga ocupa todo o espaço interno da carroceria, estando apoiada ou próxima das guardas laterais ou dos seus fueiros, impedindo a passagem dos dispositivos de amarração por dentro das guardas. Neste caso, os dispositivos de amarração podem passar pelo lado externo das guardas.

Os pontos de amarração não podem estar fixados exclusivamente no piso de madeira, e sim fixados na parte metálica da carroceria ou no próprio chassi.

Veja na figura:

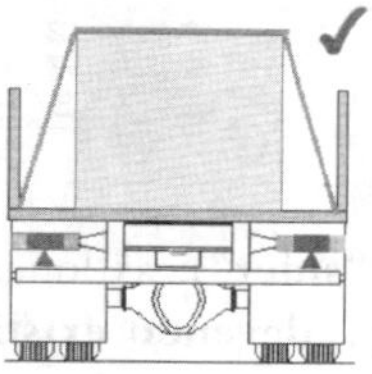

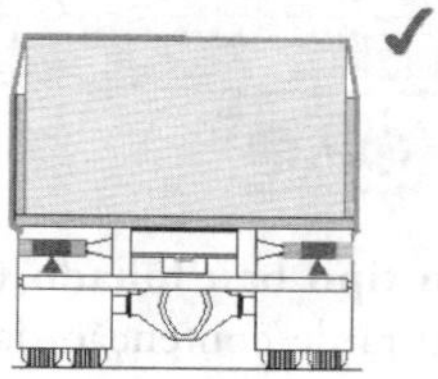

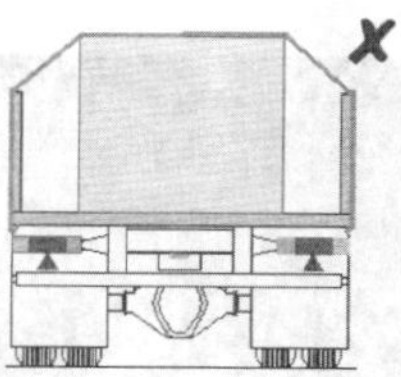

24.3.4. Cargas que não ocupam toda a carroceria no sentido longitudinal: se restarem espaços vazios nos painéis traseiro e frontal, devem ser previstos pelo transportador, além dos dispositivos de amarração, outros dispositivos diagonais que impeçam os movimentos para frente e para trás da carga. Veja dois exemplos:

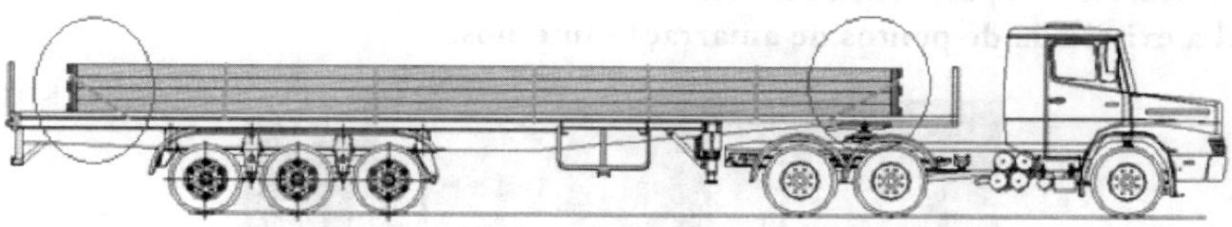

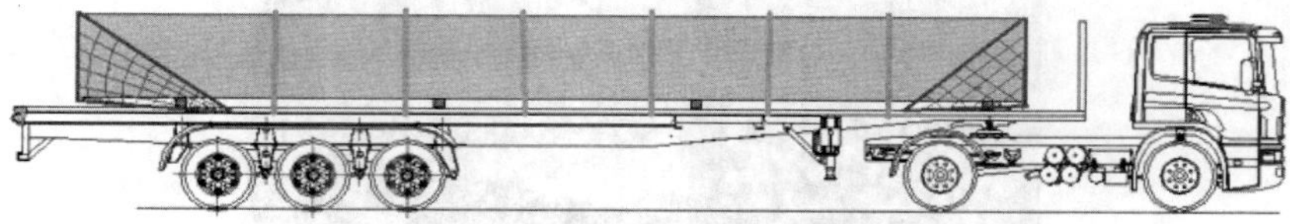

24.3.5. Veículo cujo painel frontal seja utilizado como batente dianteiro: o painel deve ter resistência suficiente para absorver os esforços previstos nas rodovias e adequados ao tipo de carga a que se destinam. É proibida a circulação de veículos cuja carga ultrapasse a altura do painel frontal e exista a possibilidade de deslizamento longitudinal da parte da carga que está acima do painel frontal. Compare nas figuras abaixo:

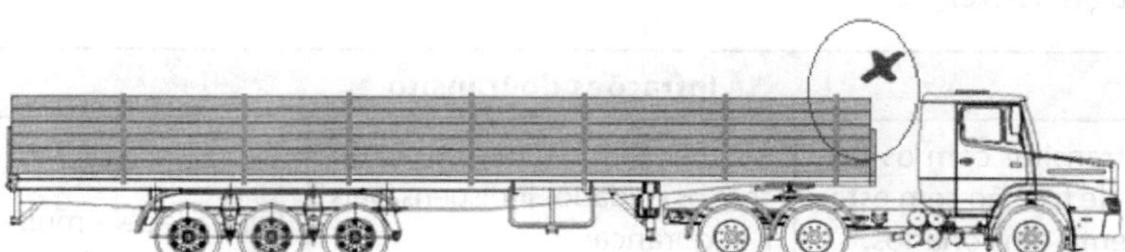

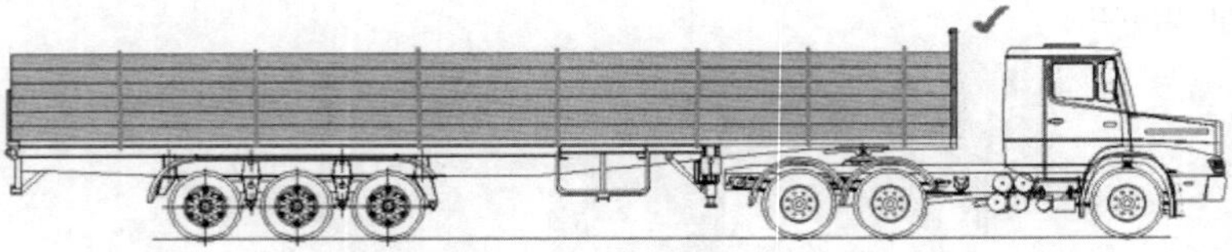

24.3.6. Veículos do tipo baú lonado (tipo "sider"): as lonas laterais não podem ser consideradas como estrutura de contenção da carga, **devendo existir pontos de amarração** em número suficiente.

24.3.7. Veículos com carroceria inteiramente fechada (furgão carga geral, baú isotérmico, baú frigorífico, etc.): as **paredes podem ser consideradas como estrutura de contenção**, sendo **opcional a existência de pontos de amarração internos**.

24.4. Identificação: os veículos cujos pontos de amarração cumpram esta Resolução devem ser providos de uma placa ou adesivo de identificação contendo o Nome e CNPJ do fabricante dos pontos, bem como a frase 'Veículo com pontos de ancoragem para amarração de carga de acordo com a Resolução CONTRAN nº 552, de 17 de setembro de 2015, colocado em lugar visível.

Infrações de trânsito		
Quando transitar com os dispositivos de fixação sem estar devidamente tensionados.	Art. 169. Dirigir sem atenção ou sem os cuidados indispensáveis à segurança;	Infração – leve; Penalidade – multa;

Quando for constatada falta dos dispositivos obrigatórios de fixação, fabricados para amarração de cargas, ou mecanismo de tensionamento (quando aplicável); Quando portar os dispositivos obrigatórios de fixação, em mau estado de conservação; Quando utilizar cordas como dispositivo de amarração de carga, em substituição aos dispositivos de fixação previstos.	Art. 230. Conduzir o veículo: IX – sem equipamento obrigatório ou estando este ineficiente ou inoperante;	Infração – grave; Penalidade – multa; Medida administrativa – retenção do veículo para regularização;
Quando utilizar a passagem dos dispositivos de fixação pelo lado externo das guardas laterais nos veículos do tipo carroceria aberta, com guardas laterais rebatíveis; Quando utilizar os dispositivos de fixação com os pontos de ancoragem não fixados nas travessas da estrutura da carroceria, ou com os pontos de ancoragem em desacordo com o previsto.	Art. 230. Conduzir o veículo: X – com equipamento obrigatório em desacordo com o estabelecido pelo CONTRAN;	Infração – grave; Penalidade – multa; Medida administrativa – retenção do veículo para regularização;
Quando transportar carga ultrapassando a altura do painel frontal, existindo a possibilidade de deslizamento longitudinal da parte da carga que está acima do painel frontal.	Art. 235. Conduzir pessoas, animais ou carga nas partes externas do veículo, salvo nos casos devidamente autorizados;	Infração – grave; Penalidade – multa; Medida administrativa – retenção do veículo para transbordo.
Quando for constatada a ausência da placa ou adesivo de identificação contendo o Nome e CNPJ do fabricante dos pontos de amarração.	Art. 237. Transitar com o veículo em desacordo com as especificações, e com falta de inscrição e simbologia necessárias à sua identificação, quando exigidas pela legislação;	Infração – grave; Penalidade – multa; Medida administrativa – retenção do veículo para regularização;

25. RESOLUÇÃO DO CONTRAN Nº 561/15

Aprova o Manual Brasileiro de Fiscalização de Trânsito, Volume II – Infrações de competência dos órgãos e entidades executivos estaduais de trânsito e rodoviários.

25.1. Agente da Autoridade de Trânsito: o agente da autoridade de trânsito competente para lavrar o auto de infração de trânsito (AIT) poderá ser **servidor civil, estatutário ou celetista ou, ainda, policial militar** designado pela autoridade de trânsito com circunscrição sobre a via no âmbito de sua competência.

Para que possa exercer suas atribuições como agente da autoridade de trânsito , o servidor ou policial militar deverá ser **credenciado**, estar devidamente **uniformizado**, conforme padrão da instituição, e **no regular exercício de suas funções**.

O **veículo** utilizado na fiscalização de trânsito deverá estar **caracterizado**.

O agente de trânsito, ao constatar o cometimento da infração, lavrará o respectivo auto e aplicará as medidas administrativas cabíveis.

É vedada a lavratura do AIT por solicitaçã**o de terceiros, excetuando-se** o caso em que o órgão ou entidade de trânsito realize operação (comando) de fiscalização de normas de circulação e conduta, em que **um agente de trânsito constate a infração e informe ao agente que esteja na abordagem**; neste caso, o agente que constatou a infração deverá convalidar a autuação no próprio auto de infração ou na planilha da operação (comando), a qual deverá ser arquivada para controle e consulta.

O **AIT** traduz um **ato vinculado** na forma da Lei, não havendo discricionariedade com relação a sua lavratura, conforme dispõe o artigo 280 do CTB.

O agente de trânsito deve priorizar suas ações no sentido de coibir a prática das infrações de trânsito, devendo tratar a todos com urbanidade e respeito, sem, contudo, omitir-se das providências que a lei lhe determina.

25.2. Infração de Trânsito: constitui infração a inobservância a qualquer preceito da legislação de trânsito, às normas emanadas do Código de Trânsito, do Conselho Nacional de Trânsito e a regulamentação estabelecida pelo órgão ou entidade executiva do trânsito.

O infrator está sujeito às penalidades e medidas administrativas previstas no CTB.

As infrações classificam-se, de acordo com sua gravidade, em quatro categorias, computados, ainda, os seguintes números de pontos:

A infração de natureza gravíssima, 7 pontos;

B infração de natureza grave, 5 pontos;

C infração de natureza média, 4 pontos;

D infração de natureza leve, 3 pontos.

25.3. Responsabilidade pela infração: as penalidades serão impostas ao condutor ou ao proprietário do veículo, salvo os casos de descumprimento de obrigações e deveres impostos a pessoas físicas ou jurídicas expressamente mencionadas no CTB.

25.3.1. Proprietário

Ao proprietário caberá sempre a responsabilidade pela infração referente à prévia regularização e preenchimento das formalidades e condições exigidas para o trânsito do veículo na via terrestre, conservação e inalterabilidade de suas características, componentes, agregados, habilitação legal e compatível de seus condutores, quando esta for exigida, e outras disposições que deva observar.

25.3.2. Condutor

Ao condutor caberá a responsabilidade pelas infrações decorrentes de atos praticados na direção do veículo.

25.3.3. Pessoa Física ou Jurídica expressamente mencionada no CTB

A pessoa física ou jurídica é responsável por infração de trânsito, não vinculada a veículo ou à sua condução, expressamente mencionada no CTB.

25.4. Autuação: autuação é ato administrativo da Autoridade de Trânsito ou de seus agentes quando da constatação do cometimento de infração de trânsito, devendo ser formalizado por meio da lavratura do AIT.

O AIT é peça informativa que subsidia a Autoridade de Trânsito na aplicação das penalidades e sua consistência está na perfeita caracterização da infração, devendo ser preenchido de acordo com as disposições contidas no artigo 280 do CTB e demais normas regulamentares, com registro dos fatos que fundamentaram sua lavratura.

O AIT não poderá conter rasura, emenda, uso de corretivo, ou qualquer tipo de adulteração. O seu preenchimento se dará com letra legível, preferencialmente, com caneta esferográfica de tinta azul.

Poderá ser utilizado o talão eletrônico para o registro da infração conforme regulamentação específica.

O agente só poderá registrar **uma infração por auto** e, no caso da constatação de infrações em que os códigos infracionais possuam a mesma raiz (os três primeiros dígitos), considerar-se-á apenas uma infração.

Exemplo: veículo sem equipamento obrigatório e com equipamento obrigatório ineficiente/ inoperante, utilizar o código 663-71 e descrever no campo 'Observações' a situação constatada (ex: sem o estepe e com o extintor de incêndio vazio).

As **infrações podem ser concorrentes ou concomitantes:**

São **concorrentes** aquelas em que o **cometimento de uma infração tem como pressuposto o cometimento de outra.**

Por exemplo: veículo sem as placas (art. 230, IV), por falta de registro (art. 230, V). Nesses casos, o agente deverá lavrar **um único AIT**, com base no art. 230, V.

São **concomitantes** aquelas em que o **cometimento de uma infração não implica o cometimento de outra**, na forma do art. 266 do CTB.

Por exemplo: dirigir veículo com a CNH vencida há mais de trinta dias (art. 162, V) e de categoria diferente para a qual é habilitado (art. 162, III).

Nesses casos, o **agente deverá lavrar os dois AIT.**

O **agente** de trânsito, **sempre que possível, deverá abordar** o condutor do veículo para constatar a infração, ressalvados os casos nos quais a infração poderá ser comprovada sem a abordagem. Para esse fim, o Manual estabelece as seguintes situações:

A Caso 1: "possível sem abordagem" – significa que a infração pode ser constatada sem a abordagem do condutor.

B Caso 2: "mediante abordagem" – significa que a infração só pode ser constatada se houver a abordagem do condutor.

C Caso 3: "vide procedimentos" – significa que, em alguns casos, há situações especificas para abordagem do condutor.

O **AIT** deverá ser impresso em, **no mínimo, duas vias**, exceto o registrado em equipamento eletrônico.

Uma via do AIT será utilizada pelo órgão ou entidade de trânsito para os procedimentos administrativos de aplicação das penalidades previstas no CTB. A outra via deverá ser entregue ao condutor, quando se tratar de autuação com abordagem, ainda que este se recuse a assiná-lo.

Nas infrações cometidas com **combinação de veículos**, **preferencialmente será autuada a unidade tratora**. Na impossibilidade desta, a unidade tracionada.

25.5. Medidas administrativas: medidas administrativas são providências de caráter complementar, exigidas para a regularização de situações infracionais, sendo, em grande parte, de aplicação momentânea, e têm como objetivo prioritário impedir a continuidade da prática infracional, garantindo a proteção à vida e à incolumidade física das pessoas, e não se confundem com penalidades.

Compete à autoridade de trânsito com circunscrição sobre a via e seus agentes aplicar as medidas administrativas, considerando a necessidade de segurança e fluidez do trânsito.

A impossibilidade de aplicação de medida administrativa prevista para infração não invalidará a autuação pela infração de trânsito, nem a imposição das penalidades previstas.

25.5.1. Retenção do Veículo

Consiste na sua **imobilização no local da abordagem**, para a solução de determinada irregularidade.

A retenção se dará nas infrações em que esteja prevista esta medida administrativa.

Quando a **irregularidade puder ser sanada** no local onde for constatada a infração, o **veículo** será **liberado tão logo seja regularizada a situação.**

Na **impossibilidade de sanar a falha** no local da infração, o **veículo poderá ser retirado** por condutor regularmente habilitado, desde que **não ofereça risco à segurança do trânsito**, mediante recolhimento do Certificado de Licenciamento Anual – CLA/CRLV, contra recibo, notificando o condutor do prazo para sua regularização.

Não se apresentando condutor habilitado no local da infração, o veículo será recolhido ao depósito.

No prazo assinalado no recibo, o infrator deverá providenciar a regularização do veículo e apresentá-lo no local indicado, onde, após submeter-se à vistoria, terá seu CLA/CRLV restituído.

No caso de não observância do prazo estabelecido para a regularização, o agente da autoridade de trânsito deverá encaminhar o documento ao órgão ou entidade de trânsito de registro do veículo.

Havendo comprometimento da segurança do trânsito e/ou no caso de o condutor sinalizar que não regularizará a situação, a retenção do veículo poderá ser transferida para local mais adequado ou para o depósito do órgão ou entidade de trânsito.

Quando se tratar de **transporte coletivo** conduzindo passageiros ou de veículo transportando **produto perigoso ou perecível**, desde que o veículo **ofereça condições de segurança** para circulação em via pública, a **retenção pode deixar de ser aplicada** imediatamente.

25.5.2. Remoção do Veículo

A remoção do veículo consiste em **deslocar o veículo para o depósito** fixado pela autoridade de trânsito com circunscrição sobre a via. Tem por finalidade restabelecer as condições de segurança, fluidez da via, garantir a boa ordem administrativa, dentre outras hipóteses estabelecidas pela legislação.

A remoção deve ser feita por meio de **veículo destinado para esse fim ou, na falta deste**, valendo-se da **própria capacidade de movimentação do veículo a ser removido**, desde que haja condições de segurança para o trânsito.

A remoção do veículo **não será aplicada se o condutor**, regularmente habilitado, **sanar a irregularidade no local**, desde que isso ocorra antes que a operação de remoção tenha sido iniciada, ou quando o agente avaliar que a operação de remoção trará ainda mais prejuízo à segurança e/ou fluidez da via.

Este procedimento somente se aplica para o veículo devidamente licenciado e que esteja em condições de segurança de circulação.

A restituição dos veículos removidos só ocorrerá após o pagamento das multas, taxas e despesas com remoção e estada, além de outros encargos previstos na legislação especifica.

25.5.3. Recolhimento do Documento de Habilitação

O recolhimento do documento de habilitação tem por objetivo imediato impedir a condução de veículos nas vias públicas enquanto perdurar a irregularidade constatada.

O documento de habilitação será recolhido pelo agente, mediante recibo, sendo uma das vias entregue, obrigatoriamente, ao condutor, e ficará sob custódia do órgão ou entidade de trânsito responsável pela autuação até que o condutor comprove que a irregularidade foi sanada.

Caso o **condutor não compareça ao órgão** ou entidade de trânsito responsável pela autuação **em até 5 dias** da data do cometimento da infração, o **documento será encaminhado ao órgão executivo de trânsito** responsável pelo seu registro.

Sanada a irregularidade, a restituição do documento de habilitação se dará sem qualquer outra exigência.

O recibo expedido pelo agente não autoriza a condução do veículo.

25.5.4. Recolhimento do Certificado de Licenciamento Anual (CLA/CRLV)

Consiste no recolhimento do documento que certifica o licenciamento do veículo com o objetivo de garantir que o proprietário promova a regularização da infração constatada.

Será aplicada quando não for sanada a irregularidade, nos casos em que esteja prevista a medida administrativa de retenção do veículo ou a penalidade de apreensão do veículo;

Quando houver fundada suspeita quanto à inautenticidade ou adulteração, deverão ser adotadas as medidas de polícia judiciária.

De acordo com a Resolução do CONTRAN no 61/1998, o CLA é o Certificado de Registro e Licenciamento de Veículos (CRLV).

Todo e qualquer recolhimento de CLA deve ser documentado por meio de recibo, sendo que uma das vias será entregue, obrigatoriamente, ao condutor.

Após o recolhimento do documento pelo agente, a Autoridade de Trânsito do órgão autuador deverá adotar medidas destinadas ao registro do fato no RENAVAM.

25.6. Habilitação: para a condução de veículos automotores é obrigatório o porte do documento de habilitação, apresentado no original e dentro da data de validade.

O documento de habilitação não pode estar plastificado para que sua autenticidade possa ser verificada.

São documentos de habilitação:

– Autorização para Conduzir Ciclomotores (**ACC**) – habilita o condutor somente para conduzir ciclomotores e cicloelétricos

– Permissão para Dirigir (**PPD**) – categorias A e B

– Carteira Nacional de Habilitação (**CNH**) – categorias A, B, C, D e E.

Categoria	Especificação
A	Todos os veículos automotores e elétricos, de duas ou três rodas, com ou sem carro lateral. Ciclomotor, caso o condutor não possua ACC. Não se aplica a quadriciclos, cuja categoria é a B.
B	Veículos automotores e elétricos, de quatro rodas cujo Peso Bruto Total (PBT) não exceda a 3.500 kg e cuja lotação não exceda a oito lugares, excluído o do motorista, contemplando a combinação de unidade acoplada, reboque, semirreboque ou articulada, desde que atenda a lotação e capacidade de peso para a categoria. Veículo automotor da espécie motor-casa, cujo peso não exceda a 6.000 kg, ou cuja lotação não exceda a 8 lugares, excluído o do motorista. O trator de roda e os equipamentos automotores destinados a executar trabalhos agrícolas, quando conduzidos em via pública.
C	Todos os veículos automotores e elétricos utilizados em transporte de carga, cujo PBT exceda a 3.500 kg. Tratores, maquinas agrícolas e de movimentação de cargas, motor-casa, combinação de veículos em que a unidade acoplada, reboque, semirreboque ou articulada, não exceda a 6.000 kg de PBT. Todos os veículos abrangidos pela categoria "B".
D	Veículos automotores e elétricos utilizados no transporte de passageiros, cuja lotação exceda a oito lugares, excluído o do condutor. Veículos destinados ao transporte de escolares independente da lotação. Todos os veículos abrangidos nas categorias "B" e "C".
E	Combinação de veículos em que a unidade tratora se enquadre nas Categorias B, C ou D e: • A unidade acoplada, reboque, semirreboques, trailer ou articulada, tenha 6.000 Kg ou mais de PBT. • A lotação da unidade acoplada exceda a 8 lugares. • Seja uma combinação de veículos com mais de uma unidade tracionada, independentemente da capacidade de tração ou do PBT. • Todos os veículos abrangidos nas categorias "B", "C" e "D".

Condutor oriundo de país estrangeiro: o condutor de veículo automotor, oriundo de país estrangeiro e nele habilitado, poderá dirigir portando Permissão Internacional para Dirigir (**PID**) **ou** documento de **habilitação estrangeira**, **acompanhados** de **documento de identificação**, quando o **país** de origem do condutor for **signatário de Acordos** ou Convenções Internacionais, ratificados pelo Brasil, respeitada a validade da habilitação de origem e o prazo máximo de **180 dias** da sua estada regular no Brasil.

Condutor de motocicleta, motoneta e ciclomotor: o condutor de motocicleta, motoneta e ciclomotor, quando desmontado e puxando ou empurrando o veículo nas vias públicas, **não** se equipara ao pedestre, estando sujeito às infrações previstas no CTB.

26. RESOLUÇÃO DO CONTRAN Nº 667/17

Estabelece as características e especificações técnicas dos sistemas de sinalização, iluminação e seus dispositivos aplicáveis a automóveis, camionetas, utilitários, caminhonetes, caminhões, caminhões tratores, ônibus, micro-ônibus, reboques e semirreboques, novos saídos de fábrica, nacionais ou importados e da outras providências.

26.1. Luz azul: as lanternas especiais de emergência que emitem luz de cor azul podem ser utilizadas exclusivamente em **veículos** destinados a **socorro de incêndio e salvamento**, os de **polícia**, os de **fiscalização e operação de trânsito** e as **ambulâncias**, quando em efetiva prestação do serviço de urgência e devidamente identificados.

26.2. Número máximo simultâneo de faróis: ficam limitados a instalação e o funcionamento simultâneo de no máximo **8 faróis**, independentemente de suas finalidades.

26.3. Informações do manual: a identificação, localização e forma correta de utilização dos dispositivos luminosos devem constar no manual do veículo.

26.4. Proibições:

A É proibida a colocação de **adesivos, pinturas, películas** ou qualquer outro material que **não seja original** do fabricante nos dispositivos dos sistemas de iluminação ou sinalização de veículos.

B É proibida a **substituição de lâmpadas** dos sistemas de iluminação ou sinalização de veículos por outras de **potência ou tecnologia que não seja original** do fabricante.

C É vedada a instalação de **dispositivo ou equipamento adicional luminoso** não previsto no sistema de sinalização e iluminação veicular estabelecido na resolução.

D É vedado o uso de **luzes estroboscópicas, exceto** nos veículos destinados a socorro de incêndio e salvamento, os de polícia, os de fiscalização e operação de trânsito e as ambulâncias.

26.5. Veículos inacabados: não estão sujeitos à aplicação de todos os dispositivos de iluminação presentes na norma.

26.6. Inovações tecnológicas: são aceitas, ainda que não contempladas nos requisitos estabelecidos na Resolução, desde que sua eficácia seja comprovada através de certificação ou legislação internacional reconhecidas pelo órgão máximo executivo de trânsito da União.

26.7. Aceitação de testes no exterior: são aceitos pelo DENATRAN os resultados de testes e ensaios obtidos por procedimentos similares de mesma eficácia, realizados no exterior. Alternativamente os resultados de ensaios devem cumprir com os Regulamentos Técnicos das Nações Unidas (ONU/UNECE) ou com as Normas Federais de Segurança dos Veículos Motorizados (FMVSS) dos Estados Unidos, conforme aplicável.

27. RESOLUÇÃO DO CONTRAN Nº 735/18

Estabelece requisitos de segurança necessários à circulação de Combinações para Transporte de Veículos – CTV e Combinações de Transporte de Veículos e Cargas Paletizadas – CTVP.

27.1. Definições:

CTV: entende-se por Combinações de Transporte de Veículos – CTV o veículo ou combinação de veículos construídos ou adaptados especial e exclusivamente para o transporte de **veículos e chassis**.

CTVP: entende-se por Combinações de Transporte de Veículos e Cargas Paletizadas – CTVP a combinação de veículos concebida e construída especialmente para o transporte de **veículos acabados e cargas unitizadas sobre paletes ou *racks*.**

27.2. CTV e CTVP que exceda limite de tamanho: as Combinações de Transporte de Veículos – CTV e as Combinações de Transporte de Veículos e Cargas Paletizadas – CTVP, cujas dimensões excedam aos limites previstos na Resolução CONTRAN nº 210, só podem circular nas vias portando Autorização Especial de Trânsito – **AET**.

27.3. Dispensa da AET:

A ficam dispensadas da emissão de AET as CTV e as CTVP com **até 4,70 m de altura** e que atendam aos limites de largura e comprimento previstos nesta Resolução.

B por deliberação e **a critério dos órgãos e entidades executivos rodoviários** da União, dos Estados, do Distrito Federal e dos Municípios, podem ser dispensadas de AET as CTV e as CTVP com altura **entre 4,71 m e 4,95 m** que atendam aos limites de largura e comprimento previstos na Resolução.

27.4. Requerimento: as empresas e transportadores autônomos de veículos deverão requerer a AET perante à autoridade competente.

27.5. Limites:

A **altura**: 4,95 m;

B **largura**: 2,60 m ou até 3,0 m quando se tratar de CTV e CTVP destinada ao transporte de ônibus, chassis de ônibus e de caminhões;

C **comprimento** – medido do para-choque dianteiro à extremidade posterior (plano inferior e superior) da carroceria do veículo:

a) veículo simples: 14,00 m;

b) veículo articulado ou com reboque: até 23,00 m.

– os limites legais de peso previstos na Resolução CONTRAN nº 210;

– contar com sinalização especial na traseira do conjunto veicular para Combinações com comprimento superior a 19,80 m;

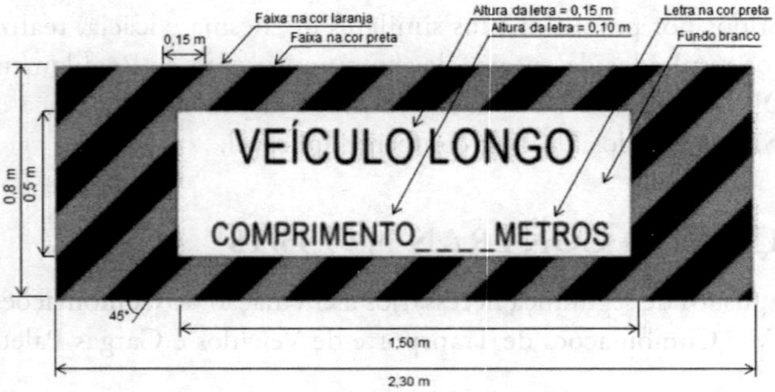

– estar provido de lanternas laterais, colocadas em intervalos regulares de no máximo 3,00 m entre si, que permitam a sinalização do comprimento total do conjunto.

27.6. Trânsito de CTV e CTVP: será **do amanhecer ao pôr do sol**, e sua **velocidade máxima de 80 km/h**.

Não se aplica a restrição quanto ao horário de trânsito para Combinações com no **máximo 19,80 m**.

É **admitido** o **trânsito noturno** das Combinações que apresentem comprimento superior a 19,80 m até 23,00 m nas vias com **pista dupla** e duplo sentido de circulação, dotadas de separadores físicos, que possuam **duas ou mais faixas** de circulação no mesmo sentido.

Nos trechos rodoviários de **pista simples é permitido** também o **trânsito noturno, quando vazio, ou com carga apenas na plataforma inferior**, devidamente ancorada e ativada toda a sinalização do equipamento transportador.

Podem ser adotados horários distintos dos estabelecidos por esta Resolução em trechos específicos, mediante proposição da autoridade competente com circunscrição sobre a via.

27.7. Validade: a AET expedida pela autoridade competente terá validade **máxima de um ano**.

27.8. Exigência de Laudo Técnico: a autorização somente será concedida ou renovada após apresentação de Laudo Técnico da CTV ou da CTVP.

27.9. Danos à via: o proprietário do veículo, usuário de AET, é responsável pelos danos que o veículo venha causar à via, à sua sinalização e a terceiros, como também responderá integralmente pela utilização indevida de vias que, pelo seu gabarito e sua geometria, não permitam o trânsito dessas combinações.

27.10. Ancoragem de veículos: todas as rodas de cada veículo transportado devem estar firmemente ancoradas à estrutura de apoio, por meio de **cintas** cuja **resistência total à ruptura** seja, de no **mínimo, o dobro do peso do veículo**.

27.11. Outras cargas em CTV: as CTV constituídas por caminhão-trator 6x2 ou 6x4 mais semirreboque novo, saído de fábrica, de dois eixos, especialmente projetadas e construídas para o transporte de automóveis, podem transportar outras cargas paletizadas ou acondicionadas em racks.

27.12. Não é permitido(a):

A o compartilhamento simultâneo de espaço entre veículos e outro tipo de carga;

B a transformação de CTV para CTVP.

27.13. *Sider* protetor: as CTVP devem contar com *sider* protetor contra intempéries composto por lona especial, trilhos de alumínio, cintas para amarração e mecanismos de fixação em todo o perímetro lateral, teto, dianteira e traseira.

Alguns exemplos de CTV e CTVP, com suas medidas possíveis:

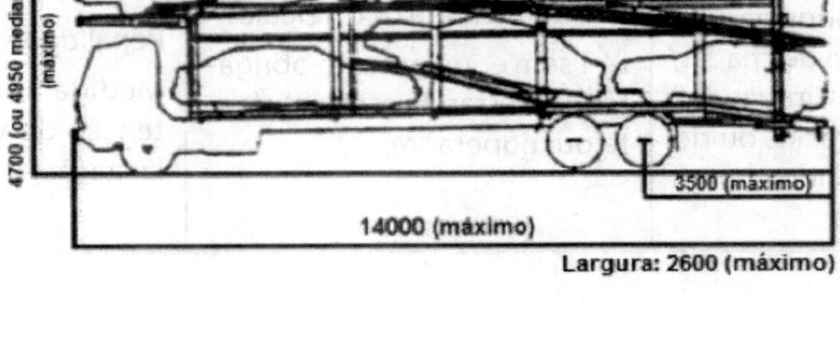

Caminhão trucado

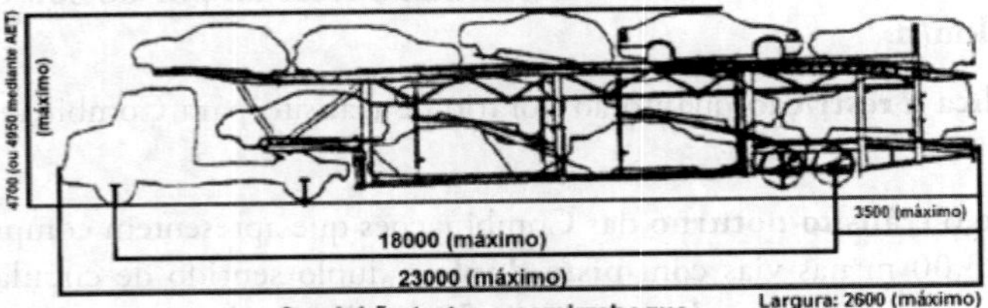

Caminhão trator e semirreboque

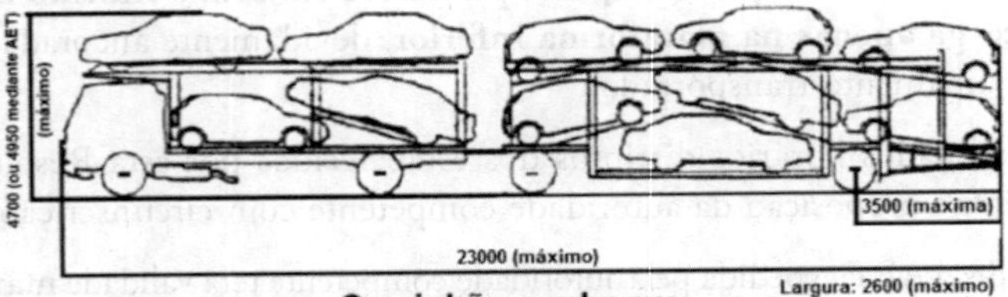

Caminhão e reboque

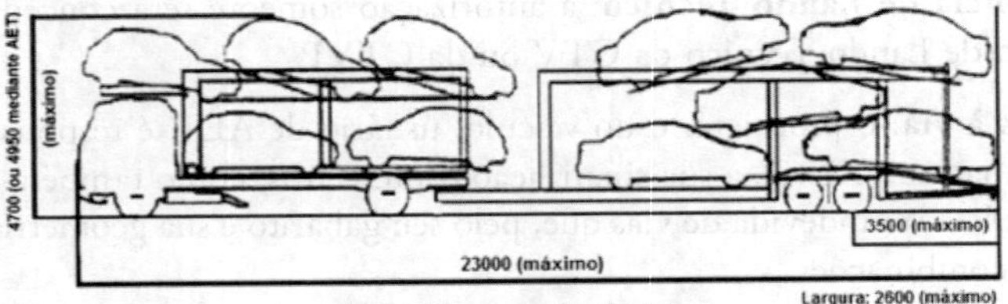

Caminhão e semirreboque

Infrações de trânsito		
Quando as CTV e as CTVP transitarem com os dispositivos de fixação sem estar devidamente tensionados	Art. 169. Dirigir sem atenção ou sem os cuidados indispensáveis à segurança;	Infração – leve; Penalidade – multa;
Quando as CTV e as CTVP e/ou carga estiverem com suas dimensões superiores aos limites estabelecidos legalmente e existir restrição de tráfego, referente ao local e/ou horário, imposta pelo órgão com circunscrição sobre a via e não constante na Autorização Especial de Trânsito – AET	Art. 187. Transitar em locais e horários não permitidos pela regulamentação estabelecida pela autoridade competente: I – para todos os tipos de veículos:	Infração – média; Penalidade – multa;
a) quando for constatada a falta de qualquer um dos dispositivos obrigatórios para fixação e ancoragem de chassis, veículos e cargas unitizadas sobre paletes ou racks, ou do mecanismo de tensionamento (quando aplicável);	Art. 230. Conduzir o veículo: IX – sem equipamento obrigatório ou estando este ineficiente ou inoperante:	Infração – grave; Penalidade – multa; Medida administrativa – retenção do veículo para regularização;

b) quando portar os dispositivos obrigatórios para fixação e ancoragem em mau estado de conservação; c) quando uma ou mais rodas do veículo transportado não estiver ancorada à estrutura de apoio; d) quando utilizar cordas como dispositivo para amarração de chassis, veículos e cargas unitizadas sobre paletes ou racks, em substituição aos dispositivos de fixação previstos nesta Resolução; e) quando as CTVP não possuírem *sider* protetor contra intempéries, ou este estiver em mau estado de conservação:		
a) quando os dispositivos de fixação e ancoragem estiverem em desacordo com os requisitos previstos nesta Resolução; b) quando as CTVP portar *sider* protetor contra intempéries e este não atender aos requisitos previstos na Resolução:	Art. 230. Conduzir o veículo: X – com equipamento obrigatório em desacordo com o estabelecido pelo CONTRAN:	Infração – grave; Penalidade – multa; Medida administrativa – retenção do veículo para regularização.
Quando as CTV e as CTVP e/ou carga estiverem com suas dimensões superiores aos limites estabelecidos legalmente, e não houver a expedição da correspondente Autorização Especial de Trânsito – AET:	Art. 231. Transitar com o veículo: IV – com suas dimensões ou de sua carga superiores aos limites estabelecidos legalmente ou pela sinalização, sem autorização:	Infração – grave; Penalidade – multa; Medida administrativa – retenção do veículo para regularização;
a) quando as CTV e as CTVP e/ou carga estiverem com suas dimensões superiores aos limites estabelecidos legalmente, e apresentarem informações divergentes em relação à Autorização Especial de Trânsito – AET já expedida; b) quando as CTV e as CTVP e/ou carga estiverem com suas dimensões superiores aos limites estabelecidos legalmente, e a Autorização Especial de Trânsito – AET estiver vencida:	Art. 231. Transitar com o veículo: VI – em desacordo com a autorização especial, expedida pela autoridade competente para transitar com dimensões excedentes, ou quando a mesma estiver vencida:	Infração – grave; Penalidade – multa e apreensão do veículo; Medida administrativa – remoção do veículo;

Quando as CTV e as CTVP e/ou carga estiverem com suas dimensões superiores aos limites estabelecidos e não estiverem portando a Autorização Especial de Trânsito – AET regularmente expedida:	Art. 232. Conduzir veículo sem os documentos de porte obrigatório referidos neste Código:	Infração – leve; Penalidade – multa; Medida administrativa – retenção do veículo até a apresentação do documento.
Quando a carga ultrapassar os limites laterais, posterior e/ou anterior das CTV e CTVP, ainda que não ultrapasse os limites estabelecidos legalmente:	Art. 235. Conduzir pessoas, animais ou carga nas partes externas do veículo, salvo nos casos devidamente autorizados:	Infração – grave; Penalidade – multa; Medida administrativa – retenção do veículo para transbordo.
Quando as CTV e as CTVP e/ou carga estiverem com suas dimensões superiores aos limites estabelecidos legalmente e a sinalização especial de advertência não tiver sido instalada ou não atender aos requisitos previstos nesta Resolução:	Art. 237. Transitar com o veículo em desacordo com as especificações, e com falta de inscrição e simbologia necessárias à sua identificação, quando exigidas pela legislação:	Infração – grave; Penalidade – multa; Medida administrativa – retenção do veículo para regularização;

28. RESOLUÇÃO DO CONTRAN Nº 740/18

Dispõe sobre as metas de redução dos índices de mortos por grupo de veículos e dos índices de mortos por grupo de habitantes para cada um dos Estados da Federação e para o Distrito Federal, de que trata a Lei nº 13.614, de 11 de janeiro de 2018, que criou o Plano Nacional de Redução de Mortes e Lesões no Trânsito (PNATRANS).

O Código de Trânsito Brasileiro estabelece que "a atuação dos integrantes do Sistema Nacional de Trânsito, no que se refere à política de segurança no trânsito, deve se voltar prioritariamente para o cumprimento de metas anuais de redução de índice de mortos por grupo de veículos e de índice de mortos por grupo de habitantes, ambos apurados por Estado e por ano, detalhando-se os dados levantados e as ações realizadas por vias federais, estaduais e municipais".

O **objetivo geral** do estabelecimento de metas é, ao final do prazo de **dez anos, reduzir à metade, no mínimo, o índice nacional** de mortos por grupo de veículos e o índice nacional de mortos por grupo de habitantes, relativamente aos índices apurados no ano da entrada em vigor (2018) da lei que cria o Plano Nacional de Redução de Mortes e Lesões no Trânsito (Pnatrans).

28.1. Período: as ações que compõem o PNATRANS para o **decênio 2019-2028**, constituem o Programa Nacional de Trânsito de que trata o CTB e a Resolução CONTRAN nº 514, de 2015, que dispõe sobre a Política Nacional de Trânsito.

28.2. Índices: existem dois índices de mortos a serem considerados no regime de metas por todas as Unidades da Federação são:

A índice por grupo de veículos: número de mortos por 10.000 (dez mil) **veículos**;

B índice por grupo de habitantes: **número de mortos por 100.000** (cem mil) **habitantes**.

28.3. Metas: as metas de redução de mortes e lesões no trânsito são **fixadas pelo CONTRAN**, para cada um dos Estados da Federação e para o Distrito Federal, a partir das **propostas dos CETRAN, do CONTRANDIFE e da Polícia Rodoviária Federal**, no âmbito das respectivas circunscrições. A metas de redução dos índices, seja de mortos por grupo de veículos ou de mortos por grupo de habitantes, são apresentadas na Resolução. São **divulgadas em setembro** de cada ano, durante a Semana Nacional de Trânsito, assim como o desempenho, absoluto e relativo do cumprimento das metas vigentes no ano anterior.

28.3.1. Tolerância: é admitida a tolerância de **0,5 %** da meta apurada para cada ano avaliado.

28.3.2. Revisão de metas: as metas podem ser revisadas pelo CONTRAN **a cada ano** a partir da obtenção dos dados estatísticos reais de mortalidade no trânsito coletados nos Estados e no Distrito Federal, tratados e consolidados pelos respectivos órgãos ou entidades executivos de trânsito, e pela Polícia Rodoviária Federal em âmbito nacional.

28.4. Encaminhamento de informações: durante a vigência do PNATRANS, os **CETRAN**, o **CONTRANDIFE** e a **PRF** devem **encaminhar ao CONTRAN** as ações, projetos ou programas, com os respectivos orçamentos.

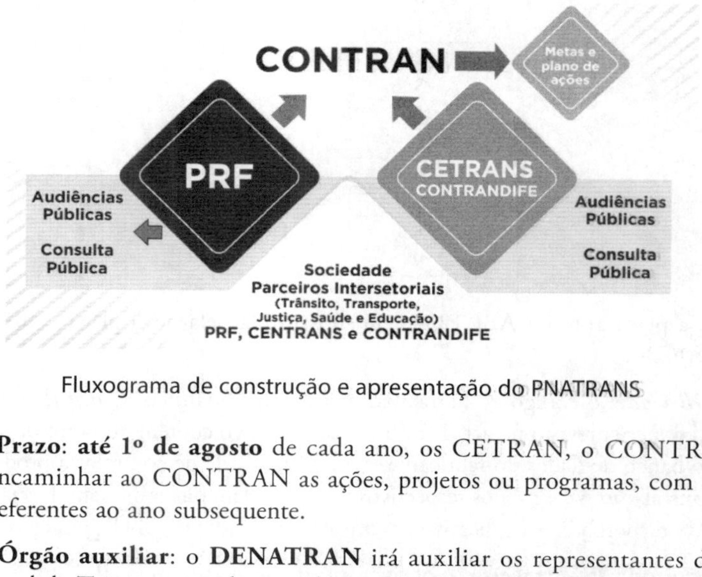

Fluxograma de construção e apresentação do PNATRANS

28.4.1. Prazo: **até 1º de agosto** de cada ano, os CETRAN, o CONTRANDIFE e a PRF devem encaminhar ao CONTRAN as ações, projetos ou programas, com os respectivos orçamentos, referentes ao ano subsequente.

28.4.2. Órgão auxiliar: o **DENATRAN** irá auxiliar os representantes dos órgãos do Sistema Nacional de Trânsito na aplicação do modelo de ações e projetos.

28.5. Base de Dados: atualmente, existem três fontes de dados que buscam contabilizar as mortes em acidentes de trânsito no Brasil:

A **DENATRAN** – Departamento Nacional de Trânsito;

B **DATASUS** – Banco de dados do Sistema Único de Saúde/Ministério da Saúde; e

C **Seguro DPVAT** – Danos Pessoais Causados por Veículos Automotores de Via Terrestre ou por sua Carga a Pessoas Transportadas ou Não.

Tais bases de dados adotam metodologias distintas, o que pode gerar resultados diferenciados na análise dos dados.

29. RESOLUÇÃO DO CONTRAN Nº 780/19

Dispõe sobre o novo sistema de Placas de Identificação Veicular (placa LLLNLNN).

29.1. Requisitos da Placa de Identificação Veicular

Após o registro no DETRAN, cada veículo é identificado por Placas de Identificação Veicular – PIV dianteira e traseira.

29.1.1. Veículos com apenas PIV traseira: os reboques, semirreboques, motocicletas, motonetas, ciclomotores, cicloelétricos, triciclos, quadriciclos, bem como, quando couber, os tratores destinados a puxar ou arrastar maquinaria de qualquer natureza ou a executar trabalhos agrícolas e de construção, de pavimentação ou guindastes são identificados apenas pela PIV traseira.

29.1.2. Troca da placa antiga pela nova: caso os proprietários de veículos que estejam em circulação desejem adotar voluntariamente o modelo novo da PIV, haverá a substituição automática do segundo caracter numérico do modelo de PIV anterior por uma letra, conforme a tabela abaixo:

Placa antiga	Nova placa
0	A
1	B
2	C
3	D
4	E
5	F
6	G
7	H
8	I
9	J

Exemplo: a placa anterior ABC1234 será substituída pela nova placa com o padrão alfanumérico ABC1C34.

29.1.3. *QR Code*: o código de barras bidimensionais dinâmico (*Quick Response Code – QR Code*) **substitui o lacre** previsto no art. 115 do CTB. O código contém números de série e acesso às informações do banco de dados do fabricante, com a finalidade de controlar a produção, logística, estampagem e instalação das PIV nos respectivos veículos, além da verificação da sua autenticidade. O DENATRAN disponibilizará aplicativo aos órgãos e entidades do SNT para leitura do *QR Code*.

29.1.4. Segunda PIV traseira: é obrigatório o uso de segunda PIV traseira nos veículos equipados com engates para reboques ou carroceria intercambiável, transportando eventualmente carga que **cobrir, total ou parcialmente, a PIV traseira**. A segunda PIV deve ser disposta em local visível, podendo ser instalada:

A no caso de engate de reboque, no para-choque ou carroceria, admitida a utilização de suportes adaptadores;

B no caso de transporte eventual de carga, ou de carroceria intercambiável, nos termos da Resolução CONTRAN nº 349, de 17 de maio de 2010, e suas sucedâneas, no que couber.

29.2. Competências

29.2.1. DENATRAN:

A cumprir e fazer cumprir as disposições desta Resolução;

B **credenciar as empresas FABRICANTES de PIV**;

C **disponibilizar acesso às informações dos fabricantes credenciados aos DETRAN**;

D **fiscalizar** a regularidade das atividades dos **fabricantes de PIV**, suas instalações, equipamentos e soluções tecnológicas de controle e gestão do processo produtivo;

E desenvolver, manter e atualizar o **sistema informatizado de emplacamento**;

F **estabelecer os requisitos mínimos** do sistema desenvolvido pelo fabricante, bem como os critérios de registro das informações necessárias para o rastreamento do processo de fabricação e estampagem da PIV;

G disponibilizar o **sistema informatizado de emplacamento** para a gestão e controle de distribuição do *QR Code* e das combinações alfanuméricas, estampagem das PIV e emplacamento;

H aplicar as **sanções administrativas aos fabricantes** credenciados, registrando e informando em seu sítio eletrônico as sanções aplicadas.

29.2.2. DETRAN

A cumprir e fazer cumprir as disposições desta Resolução;

B **credenciar as empresas ESTAMPADORAS de PIV** no âmbito de sua circunscrição, utilizando sistema informatizado disponibilizado pelo DENATRAN;

C **fiscalizar** a regularidade das atividades dos **estampadores de PIV**, suas instalações, equipamentos, bem como o controle e gestão do processo produtivo;

D aplicar as **sanções administrativas aos estampadores** credenciados no âmbito de sua circunscrição, registrando e informando em seu sítio eletrônico as sanções aplicadas.

29.2.3. Vedações

A É vedado aos DETRAN estabelecerem a **atividade de intermediários** na execução das atividades de que trata a Resolução.

B É vedado ao DENATRAN e aos DETRAN credenciar empresa que não possua objeto social para a atividade de fabricação ou estampagem de PIV e também **estabelecer critérios adicionais** aos contidos na resolução.

29.3. Fabricantes e Estampadores

A **Fabricante de Placa de Identificação Veicular – PIV**: empresa credenciada pelo **DENATRAN** para exercer a atividade de **fabricação**, **operação logística**, **gerenciamento informatizado** e a **distribuição** das **PIV semiacabadas para os estampadores**;

B **Estampador de Placa de Identificação Veicular – PIV**: empresa credenciada **DETRAN**, em sistema informatizado do DENATRAN, para exercer, exclusivamente, o serviço de **acabamento final** das PIV e a **comercialização** com os proprietários dos veículos.

29.3.1. Vedação à exclusividade: é vedado aos fabricantes firmarem contratos de exclusividade com os estampadores, sob pena de descredenciamento.

29.3.2. Exigência de credenciamento: os fabricantes somente podem fornecer PIV para estampadores credenciados pelos DETRAN, para que estes realizem a estampagem e o acabamento final.

29.3.3. Vedação à delegação e intermediários: os estampadores credenciados devem realizar, sob sua única, exclusiva e indelegável responsabilidade, a comercialização direta com os proprietários dos veículos, sem intermediários ou delegação a terceiros a qualquer título, definindo de forma pública, clara e transparente o preço total da PIV.

29.3.4. Validade do credenciamento: o credenciamento das empresas fabricantes e estampadoras terá validade de **5 anos**, podendo ser cassado a qualquer tempo, se não mantidos, no todo ou em parte, os requisitos exigidos para o credenciamento, observado o devido processo administrativo.

29.3.5. Sanções: o descumprimento, no todo ou em parte, das regras previstas na Resolução, sujeita os fabricantes e os estampadores de PIV credenciados às seguintes sanções administrativas, conforme a gravidade da conduta, assegurado o devido processo administrativo, sem prejuízo de sanções cíveis ou penais cabíveis:

A advertência;

B suspensão do credenciamento de 30 dias;

C cassação do credenciamento.

Constatado o descumprimento, de **menor gravidade**, das regras previstas na Resolução, é expedida a **advertência** ao credenciado, determinando-lhe que **sane a irregularidade**.

Caso não seja **sanada** a irregularidade que ensejou a advertência no prazo de **30 dias**, é aplicada a penalidade de **suspensão** do credenciamento. Durante o período de suspensão, o credenciado não pode produzir, estampar ou comercializar as PIV.

Constatado o cometimento de **irregularidade grave**, ou em caso de **persistência do motivo da suspensão**, é **cassado** o credenciamento da empresa. Neste caso, a empresa punida pode requerer novo credenciamento depois de transcorridos **2 anos** da cassação, ficando sujeita à análise, pelo órgão competente, das causas da penalidade, sem prejuízo do integral ressarcimento à Administração e aos usuários dos prejuízos causados com as irregularidades perpetradas.

29.4. Processo Produtivo

29.4.1. Extravio, Furto ou Roubo: no caso de extravio, furto ou roubo de quaisquer das PIV, o proprietário, possuidor ou condutor do veículo pode requerer a substituição em qualquer Unidade da Federação onde o veículo estiver circulando, independentemente do município ou Unidade da Federação onde o veículo estiver registrado.

29.5. Disposições Finais

29.5.1. Exigência inicial: a nova PIV é exigida nos casos de primeiro emplacamento do veículo.

29.5.2. Outros casos obrigatórios:

A **substituição** de qualquer das **placas** em decorrência de **mudança de categoria** do veículo ou **furto**, **extravio**, **roubo** ou **dano da referida placa**;

B **mudança de município ou** de **Unidade Federativa**; ou

C em que haja necessidade de **instalação da segunda placa traseira**.

29.5.3. Placas antigas: os veículos em circulação que utilizem a antiga PIV **podem circular até o seu sucateamento** sem necessidade de substituição das placas e, a qualquer tempo, optar voluntariamente pelo novo modelo de PIV, ressalvados os casos obrigatórios acima.

29.6. Especificações das Placas de Identificação Veicular – PIV

29.6.1. Caracteres: o padrão é composto de 7 (sete) caracteres alfanuméricos, em alto relevo, na sequência LLLNLNN, com combinação aleatória, distribuída e controlada pelo DENATRAN (o caracter "L" refere-se à letra, e o caracter "N" refere-se ao numeral).

29.6.2. Fixação: a PIV deve ser afixada no veículo em primeiro plano, na extremidade traseira ou dianteira, em posição vertical, formando um ângulo de 90° em relação ao plano longitudinal, admitida uma tolerância de 10°, sem qualquer tipo de obstrução à sua visibilidade e legibilidade. Em relação ao plano transversal, a PIV não deverá apresentar inclinação.

29.6.3. Cores:

Uso do Veículo	Cor dos Caracteres
Particular	Preta
Comercial (Aluguel e Aprendizagem)	Vermelha
Oficial e Representação	Azul
Diplomático/Consular (Missão Diplomática, Corpo Consular, Corpo Diplomático, Organismo Consular e/ou Internacional e Acordo Cooperação Internacional)	Dourada
Especiais (Experiência / Fabricantes de veículos, peças e implementos)	Verde
Coleção	Cinza Prata

Infrações de trânsito	
Art. 221. Portar no veículo placas de identificação em desacordo com as especificações e modelos estabelecidos pelo CONTRAN:	Infração – média; Penalidade – multa; Medida administrativa – retenção do veículo para regularização e apreensão das placas irregulares. Parágrafo único. Incide na mesma penalidade aquele que confecciona, distribui ou coloca, em veículo próprio ou de terceiros, placas de identificação não autorizadas pela regulamentação.

Art. 230. Conduzir o veículo: I – com o lacre, a inscrição do chassi, o selo, a placa ou qualquer outro elemento de identificação do veículo violado ou falsificado; III – com dispositivo anti-radar; IV – sem qualquer uma das placas de identificação; VI – com qualquer uma das placas de identificação sem condições de legibilidade e visibilidade:	Infração – gravíssima; Penalidade – multa e apreensão do veículo; Medida administrativa – remoção do veículo;
Art. 243. Deixar a empresa seguradora de comunicar ao órgão executivo de trânsito competente a ocorrência de perda total do veículo e de lhe devolver as respectivas placas e documentos:	Infração – grave; Penalidade – multa; Medida administrativa – Recolhimento das placas e dos documentos.
Art. 250. Quando o veículo estiver em movimento: III – deixar de manter a placa traseira iluminada, à noite;	Infração – média; Penalidade – multa.

30. RESOLUÇÃO DO CONTRAN Nº 789/20

Consolida normas sobre o processo de formação de condutores de veículos automotores e elétricos.

DOCUMENTO DE HABILITAÇÃO	CATEGORIA	ESPECIFICAÇÃO
ACC	-	- Ciclomotores; - Bicicletas dotadas originalmente de motor elétrico auxiliar, bem como aquelas que tiverem o dispositivo motriz agregado posteriormente à sua estrutura, em que se verifique, ao menos, uma das seguintes situações: I – com potência nominal superior a 350 W; II – velocidade máxima superior a 25 km/h; III – funcionamento do motor sem a necessidade de o condutor pedalar; e IV – dispor de acelerador ou de qualquer outro dispositivo de variação manual de potência.
PPD/CNH	A	- Veículos automotores e elétricos, de duas ou três rodas, com ou sem carro lateral ou semirreboque especialmente projetado para uso exclusivo deste veículo; - Todos os veículos abrangidos pela ACC. Obs.: Não se aplica a quadriciclos, cuja categoria é a B.
PPD/CNH	B	- Veículos automotores e elétricos, não abrangidos pela categoria A, cujo Peso Bruto Total (PBT) não exceda a 3.500 kg e cuja lotação não exceda a oito lugares, excluído o do motorista;

PPD/CNH	B	- Combinações de veículos automotores e elétricos em que a unidade tratora se enquadre na categoria B, com unidade acoplada, reboque, semirreboque, trailer ou articulada, desde que a soma das duas unidades não exceda o peso bruto total de 3.500 kg e cuja lotação total não exceda a oito lugares, excluído o do motorista; - Veículos automotores da espécie motor-casa, cujo peso não exceda a 6.000 kg e cuja lotação não exceda a oito lugares, excluído o do motorista; - Tratores de roda e equipamentos automotores destinados a executar trabalhos agrícolas; - Quadriciclos de cabine aberta ou fechada.
CNH	C	- Veículos automotores e elétricos utilizados em transporte de carga, cujo PBT exceda a 3.500 kg; - Tratores de esteira, tratores mistos ou equipamentos automotores destinados à movimentação de cargas, de terraplanagem, de construção ou de pavimentação; - Veículos automotores da espécie motor-casa, cujo PBT ultrapasse 6.000 kg, e cuja lotação não exceda a oito lugares, excluído o do motorista; - Combinações de veículos automotores e elétricos não abrangidas pela categoria B, em que a unidade tratora se enquadre nas categorias B ou C, e desde que o PBT da unidade acoplada, reboque, semirreboque, trailer ou articulada seja menor que 6.000 kg; - Todos os veículos abrangidos pela categoria B.
CNH	D	- Veículos automotores e elétricos utilizados no transporte de passageiros, cuja lotação exceda a oito lugares, excluído o do condutor; - Veículos destinados ao transporte de escolares independentemente da lotação; - Veículos automotores da espécie motor-casa, cuja lotação exceda a oito lugares, excluído o do motorista; - Ônibus articulado; - Todos os veículos abrangidos nas categorias B e C.
CNH	E	- Combinações de veículos automotores e elétricos em que a unidade tratora se enquadre nas categorias B, C ou D e cuja unidade acoplada, reboque, semirreboque, trailer ou articulada tenha 6.000 kg ou mais de PBT, ou cuja lotação exceda a oito lugares; - Combinações de veículos automotores e elétricos com mais de uma unidade tracionada, independentemente da capacidade máxima de tração ou PBTC; - Todos os veículos abrangidos nas categorias B, C e D.

31. RESOLUÇÃO DO CONTRAN Nº 798/20

Dispõe sobre requisitos técnicos mínimos para a fiscalização da velocidade de veículos automotores, elétricos, reboques e semirreboques.

31.1. Forma e Procedimentos de Fiscalização de Velocidade

Medidor de velocidade: é o instrumento ou equipamento de aferição destinado a fiscalizar o limite máximo de velocidade regulamentado para o local, que indique a velocidade medida e contenha dispositivo registrador de imagem que comprove o cometimento da infração.

Exigência do medidor: a medição de velocidade, por meio do medidor, é indispensável para a caracterização das infrações de trânsito de excesso de velocidade.

31.2. Tipos de Medidores de Velocidade

I – **fixo**: medidor de velocidade com registro de imagem instalado em local definido e em caráter duradouro, podendo ser especificado como:

a) **controlador**: medidor de velocidade destinado a fiscalizar o limite máximo de velocidade da via ou de seu ponto específico, sinalizado por meio de placa R-19; ou

b) **redutor**: medidor de velocidade, **obrigatoriamente dotado de *display***, destinado a fiscalizar a redução pontual de velocidade estabelecida em relação à velocidade diretriz da via, por meio de sinalização com placa R-19, em trechos críticos e de vulnerabilidade dos usuários da via.

II – **portátil**: medidor de velocidade com registro de imagem, podendo ser instalado em viatura caracterizada estacionada, em tripé, suporte fixo ou manual, usado ostensivamente como controlador em via ou em seu ponto específico, que apresente limite de velocidade igual ou superior a 60 km/h.

Placa R-19:

Display: é o painel eletrônico que exibe a velocidade registrada por medidor de velocidade do tipo fixo. Em vias com duas ou mais faixas de circulação no mesmo sentido, deve-se instalar um *display* para cada faixa, em ambos os lados da via ou em pórtico ou semipórtico sobre a via.

31.3. Requisitos Metrológicos e Técnicos dos Medidores de Velocidade

Requisitos metrológicos:

– modelo aprovado pelo Inmetro;

– ser aprovado em verificação metrológica inicial pelo Inmetro ou entidade por ele delegada; e

– ser aprovado pelo Inmetro ou entidade por ele delegada, em verificação metrológica periódica, de acordo com a regulamentação técnica metrológica vigente;

Requisitos técnicos:

– registrar a velocidade medida do veículo em km/h;

– registrar a contagem volumétrica de tráfego;

– registrar a latitude e longitude do local de operação; e

– possuir tecnologia de Reconhecimento Óptico de Caracteres (OCR).

31.4. Instalação, Operação e Monitoramento de Medidores de Velocidade

Competência: cabe ao órgão ou entidade com circunscrição sobre a via determinar a localização, a sinalização, a instalação e a operação dos medidores de velocidade.

Trecho crítico: segmento de via inscrito em área circular que concentre número de acidentes com mortes e lesões no trânsito considerado significativo pela autoridade de trânsito com circunscrição sobre a via, cujo raio é de 2.500 m nas vias rurais e 500 m nas vias urbanas ou rurais com características urbanas.

Ostensividade: os medidores de velocidade do tipo fixo não podem ser afixados em árvores, marquises, passarelas, postes de energia elétrica, ou qualquer outra obra de engenharia, de modo velado ou não ostensivo.

Dispensa da presença de agentes: é dispensada a presença da autoridade de trânsito e de seus agentes no local de operação de medidores de velocidade do tipo fixo.

Uso de medidores do tipo portátil: só pode ser utilizado:

– nas vias urbanas e rurais com características urbanas, quando a velocidade máxima permitida for igual ou superior a 60 km/h; e

– nas vias rurais, quando a velocidade máxima permitida for igual ou superior a 80 km/h em rodovia e 60 km/h em estrada.

Nos locais em que houver instalado medidor de velocidade do tipo fixo, os medidores de velocidade portáteis somente podem ser utilizados a uma distância mínima de 500 m em vias urbanas e em trechos de vias rurais com características de via urbana e 2.000 m para os demais trechos de vias rurais.

Os medidores de velocidade do tipo portátil somente devem ser utilizados por autoridade de trânsito ou seu agente, no exercício regular de suas funções, devidamente uniformizados, em ações de fiscalização, não podendo haver obstrução da visibilidade, do equipamento e de seu operador, por placas, árvores, postes, passarelas, pontes, viadutos, marquises, ou qualquer outra forma que impeça a sua ostensividade.

31.5. Caracterização da Infração

Velocidade considerada: para caracterização de infrações de trânsito de excesso de velocidade, a velocidade considerada para aplicação da penalidade é o resultado da subtração da velocidade medida pelo instrumento ou equipamento pelo erro máximo admitido previsto na legislação (7 km/h até 100 km/h ou 7 % acima de 100 km/h).

Obrigatoriedade da imagem da placa: para sua consistência e regularidade, o auto de infração de trânsito (AIT) e a notificação de autuação (NA), além do disposto no CTB e na legislação complementar, devem conter a imagem com a placa do veículo.

Publicidade dos medidores: o órgão ou entidade com circunscrição sobre a via deve dar publicidade, por meio do seu *site* na rede mundial de computadores, antes do início de sua operação, da relação de todos os medidores de velocidade existentes em sua circunscrição, contendo o tipo, número de série e a identificação do equipamento estabelecida pelo órgão, e, no caso do tipo fixo, também o local de instalação do equipamento.

31.6. Locais de Fiscalização e Sinalização

Obrigatoriedade de placa de velocidade: os locais em que houver fiscalização de excesso de velocidade por meio de medidores do tipo fixo devem ser precedidos de sinalização com placa R-19, de forma a garantir a segurança viária e informar aos condutores dos veículos a velocidade máxima permitida para o local.

Alteração da velocidade permitida na via: onde houver redução de velocidade, deve ser observada a existência de placas R-19, informando a redução gradual do limite de velocidade.

Placa no medidor: deve ser instalada a placa R-19 junto a cada medidor de velocidade do tipo fixo.

Distância da placa: as placas de identificação R-19 devem ser posicionadas com distância máxima relativamente aos medidores, conforme tabela abaixo, facultada a repetição da placa em distâncias menores.

Velocidade Regulamentada (km/h)	Intervalo de Distância (metros)	
	Via Urbana e Via Rural com característica urbana	Via Rural
V ≥ 80	400 a 500	1000 a 2000
V < 80	100 a 300	300 a 1000

Visibilidade da placa: em vias com duas ou mais faixas de trânsito por sentido, a sinalização, por meio da placa de regulamentação R-19, deve estar afixada nos dois lados da pista ou suspensa sobre a via.

Acesso por outra via antes do medidor: em vias em que haja acesso de veículos por outra via pública, no trecho compreendido entre o acesso e o medidor de velocidade, deve ser acrescida, nesse trecho, sinalização por meio de placa R-19.

Obrigatoriedade de placa fixa: para fins de fiscalização do excesso de velocidade, é vedada a utilização de placa R-19 que não seja fixa.

Velocidades máximas diferentes por tipo de veículo: quando o local da via possuir velocidade máxima permitida por tipo de veículo, a placa R-19 deve estar acompanhada da informação complementar indicando as respectivas velocidades e veículos. Exemplos:

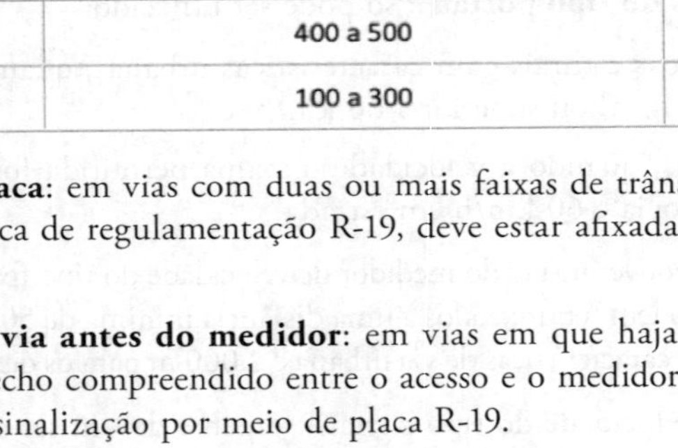

31.7. Classificação dos veículos:

A **VEÍCULO LEVE** – ciclomotor, motoneta, motocicleta, triciclo, quadriciclo, automóvel, utilitário, caminhonete e camioneta, com PBT inferior ou igual a 3.500 kg; e

B **VEÍCULO PESADO** – ônibus, micro-ônibus, caminhão, caminhão-trator, trator de rodas, trator misto, chassi-plataforma, motorcasa, reboque ou semirreboque, combinação de veículos, veículo leve tracionando outro veículo, ou qualquer outro veículo com PBT superior a 3.500 kg.

32. RESOLUÇÃO DO CONTRAN Nº 803/20

Consolida as normas sobre infrações de trânsito previstas nos incisos V e X do art. 231 do Código Trânsito Brasileiro (CTB), relativas ao trânsito de veículos com excesso de peso ou excedendo a capacidade máxima de tração.

> Art. 231. Transitar com o veículo:
>
> V – com excesso de peso, admitido percentual de tolerância quando aferido por equipamento, na forma a ser estabelecida pelo CONTRAN:
>
> Infração – média;
>
> Penalidade – multa acrescida a cada duzentos quilogramas ou fração de excesso de peso apurado, constante na seguinte tabela:
>
> a) até 600 kg – R$ 5,32;
>
> b) de 601 a 800 kg – R$ 10,64;
>
> c) de 801 a 1.000 kg – R$ 21,28;
>
> d) de 1.001 a 3.000 kg – R$ 31,92;
>
> e) de 3.001 a 5.000 kg – R$ 42,56;
>
> f) acima de 5.001 kg – R$ 53,20;
>
> Medida administrativa – retenção do veículo e transbordo da carga excedente;
>
> X – excedendo a capacidade máxima de tração:
>
> Infração – de média a gravíssima, a depender da relação entre o excesso de peso apurado e a capacidade máxima de tração, a ser regulamentada pelo CONTRAN;
>
> Penalidade – multa;
>
> Medida Administrativa – retenção do veículo e transbordo de carga excedente.
>
> Parágrafo único. Sem prejuízo das multas previstas nos incisos V e X, o veículo que transitar com excesso de peso ou excedendo à capacidade máxima de tração, não computado o percentual tolerado na forma do disposto na legislação, somente poderá continuar viagem após descarregar o que exceder, segundo critérios estabelecidos na referida legislação complementar.

32.1. Comprimento do veículo: para efeito da Resolução e classificação do veículo, o comprimento total é aquele medido do ponto mais avançado da sua **extremidade dianteira** ao ponto mais avançado da sua **extremidade traseira**, **inclusos** todos os **acessórios** para os quais não esteja prevista uma exceção (A resolução lista as exceções. Exemplos: limpador de para-brisas e dispositivos de lavagem do para-brisas; placas; espelhos retrovisores; tubos de admissão de ar; degraus; e dispositivos de engate do veículo a motor).

32.2. Modos de fiscalização: a fiscalização de peso dos veículos deve ser feita por equipamento de pesagem (**balança rodoviária) ou, na impossibilidade**, pela verificação de documento fiscal (**nota fiscal**).

32.3. Tolerâncias: na fiscalização de peso dos veículos por balança rodoviária são admitidas as seguintes tolerâncias:

A **5%** sobre os limites de **PBT** e **PBTC**; e

B **10%** sobre os limites de peso regulamentares **por eixo** de veículos transmitidos à superfície das vias públicas (além da fiscalização do PBT, existe limite de peso para cada eixo, ou conjunto de eixos, do veículo).

32.4. Excesso apenas em eixos: quando o peso verificado for igual ou inferior ao PBT ou PBTC estabelecido para o veículo, acrescido da tolerância de 5%, mas ocorrer excesso de peso em algum dos eixos ou conjunto de eixos, a multa é aplicada somente sobre a parcela que exceder essa tolerância. Nesse caso, a carga deve ser remanejada ou deve ser efetuado transbordo, de modo a que os excessos por eixo sejam eliminados; e o veículo somente pode prosseguir viagem depois de sanar a irregularidade, sem prejuízo da multa aplicada.

32.5. Excesso de peso no PBT ou PBTC: Quando o peso verificado estiver acima do PBT ou PBTC estabelecido para o veículo, acrescido da tolerância de 5%, a multa é aplicada somente sobre a parcela que exceder essa tolerância. O veículo somente pode prosseguir viagem depois de efetuar o transbordo da parcela que exceder a tolerância.

32.6. Prosseguimento da viagem: o veículo só pode prosseguir viagem após sanadas as irregularidades, observadas as condições de segurança.

32.7. Recolhimento ao depósito: nos casos em que não for dispensado o remanejamento ou transbordo da carga, o veículo deve ser recolhido ao depósito, sendo liberado somente após sanada a irregularidade e pagas todas as despesas de remoção e estada.

32.8. Remanejamento ou transbordo facultativos: a critério do agente, observadas as condições de segurança, pode ser dispensado o remanejamento ou transbordo de produtos perigosos, produtos perecíveis, cargas vivas e passageiros.

32.9. Remanejamento ou transbordo dispensáveis no excesso de peso em eixos: na fiscalização de peso por eixo ou conjunto de eixos, independentemente da natureza da carga, o veículo pode prosseguir viagem sem remanejamento ou transbordo, desde que os excessos aferidos em cada eixo ou conjunto de eixos sejam simultaneamente inferiores a 12,5% do menor valor entre os pesos e capacidades máximos estabelecidos pelo CONTRAN e os pesos e capacidades indicados pelo fabricante ou importador.

32.10. Aprovação do INMETRO: os equipamentos fixos ou portáteis utilizados na pesagem de veículos devem ter seu modelo aprovado pelo INMETRO, de acordo com a legislação metrológica em vigor.

32.11. Fiscalização de peso por nota fiscal: a fiscalização dos limites de peso dos veículos por meio do peso declarado na Nota Fiscal, Conhecimento ou Manifesto de carga pode ser feita em qualquer tempo ou local, **não sendo admitida qualquer tolerância** sobre o peso declarado.

32.12. Excesso de peso por eixo e no PBT/PBTC: mesmo que haja **excessos simultâneos** nos pesos por **eixo** ou conjunto de eixos e no **PBT** ou PBTC, a multa para **infração** de natureza **média** prevista no inciso V do art. 231 do CTB é **aplicada uma única vez**. Já os valores dos **acréscimos** à multa (de acordo com os pesos dos **excessos) são calculados isoladamente e somados** entre si, sendo adicionado ao resultado o valor inicial referente à infração de natureza média.

32.13. Excesso na CMT: as infrações por exceder a Capacidade Máxima de Tração de que trata o inciso X do artigo 231 do CTB serão aplicadas a depender da relação entre o excesso de peso apurado e a CMT, da seguinte forma:

até 600kg	entre 601 kg e 1.000kg	acima de 1.000kg
infração: média = R$ 130,16;	infração: grave = R$ 195,23;	infração: gravíssima = 293,47, aplicados a cada 500kg ou fração de excesso de peso apurado. Penalidade – Multa Medida Administrativa – Retenção do Veículo para Transbordo da carga.

33. RESOLUÇÃO DO CONTRAN Nº 806/20

Estabelece a mensagem, os temas e o cronograma da Campanha Educativa de Trânsito de 2021 a ser realizada nacionalmente de janeiro a dezembro de 2021.

33.1. Tema: a Campanha Educativa de Trânsito de 2021 terá como mensagem "**NO TRÂNSITO, SUA RESPONSABILIDADE SALVA VIDAS**", que deverá ser divulgada pelos órgãos e entidades do Sistema Nacional de Trânsito.

33.2. Divulgação: a mensagem deve ser veiculada obrigatoriamente nos meios de comunicação social em toda peça publicitária destinada à divulgação ou promoção de produtos oriundos da indústria automobilística ou afim.

MÊS	TEMA	ORIENTAÇÃO
JANEIRO	Ações de prevenção voltadas para o período das férias escolares, em especial o uso de cinto de segurança, dispositivo de retenção, uso luz de rodagem diurna. 24 anos de CTB	O uso de cinto de segurança e dispositivos de retenção são fatores importantes de prevenção de lesões e mortes no trânsito. Neste mês, caracterizado por ser um período de férias escolares, com aumento de fluxo de veículos nas vias, as campanhas educativas devem focar nos cuidados às crianças em deslocamentos nos carros e motos, lembrando a alteração no CTB quanto à idade e altura. Dar enfoque à importância de trafegar com o farol baixo aceso nas rodovias. Responsabilidades na mobilidade urbana em todos os papéis: Pedestre, Passageiro, Condutor. Citar o aniversário de 24 anos do CTB.

FEVEREIRO	Álcool e condução (substâncias psicoativas lícitas e ilícitas). Suspensão do Direito de Dirigir a partir do novo CTB. Luz de rodagem diurna.	Em decorrência dos festejos de carnaval, onde o consumo de álcool e outras substâncias psicoativas é elevado, deve-se alertar motociclistas e condutores sobre os riscos de pilotar ou dirigir após consumo de substâncias psicoativas lícitas e ilícitas. Promoção de ações integradas com a fiscalização são importantes, estimulando o folião a utilizar os transportes alternativos. Com as novas regras para a suspensão da CNH, há uma escala de três limites de pontuação, devendo ser melhor explicado como fica a suspensão e a importância de conhecer bem as regras. Importância de trafegar com o farol baixo aceso nas rodovias.
MARÇO	Volta às aulas. A punição para quem comete crimes de trânsito. Gestantes no trânsito.	Campanha de cuidado com volta às aulas, pós pandemia, intensificando fiscalização dos meios de transporte dos alunos, os cuidados no entorno das escolas, em especial o respeito às faixas de pedestres. Entrará em vigor no mês de abril algumas alterações no CTB. Dentre elas está uma fundamental mudança para quem acha que, infringir a lei de trânsito, não tem punição. A partir de 12 de abril, os crimes de trânsito que sofrerem condenação, não poderão mais ser convertidos em cestas básicas. A campanha deverá mostrar o que é considerado crime no CTB. Por ser comemorado o Dia Internacional da Mulher, reforçar os cuidados com as gestantes no trânsito, envolvidas por um trânsito seguro, sendo elas pedestres, passageiras, condutoras, instrutoras, agentes, policiais ou demais profissionais.
ABRIL	Motocicleta – Não assuma o risco.	Realizar campanhas para conscientizar esse público sobre atitudes saudáveis no trânsito, tais como cuidar de si e do outro, ver e ser visto, cuidados com a motocicleta (manutenção, importância do uso do capacete e dos equipamentos de segurança).
MAIO	Maio Amarelo: a responsabilidade e o papel de cada um no trânsito.	Campanha voltada à utilização das passarelas, faixas elevadas e faixas de pedestres, alertando os condutores para o respeito as sinalizações e cuidados com os vulneráveis no trânsito (em algum momento todos nós o somos), colocando a palavra responsabilidade com destaque para todos os atores sociais envolvidos. Tratar da humanização das estatísticas de acidentes de trânsito para a segurança no trânsito por se tratar da história de pessoas e não apenas números (empatia).

JUNHO	Respeito no trânsito. Ser parte da solução e não do problema. Nova pontuação na CNH.	Neste mês, as campanhas educativas devem abordar a relação de violência e conflitos entre os usuários do trânsito, reforçando seu caráter coletivo e abordando a importância de cuidar de si, do outro e do meio ambiente. Destacar a necessidade de responsabilidade compartilhada entre pedestres, ciclistas e demais condutores para que todos possam conviver pacificamente nas vias. Um bom condutor, respeitoso e responsável, não precisa se preocupar com a pontuação como penalidade na CNH, mas, se por algum motivo vier a infringir a legislação deve saber que, desde abril, condutores prudentes serão beneficiados com uma nova regra da pontuação.
JULHO	Motociclista consciente evita acidentes	Reforçar a adoção de condutas mais seguras no trânsito e a importância de respeitar as regras para condução de motocicletas. Aos motociclistas entregadores (motofretistas), enfatizar os cuidados básicos com a velocidade incompatível, utilização de celular ao pilotar, dentre outras condutas. Dar enfoque especial aos motociclistas profissionais (mototaxistas e motofretistas).
AGOSTO	Pedestres e ciclistas: Campanha de valorização das Faixas para Pedestres.	Reforçar os cuidados que pedestres e ciclistas precisam ter para evitar acidentes. Fazer campanhas para incentivar todos os condutores a respeitarem o pedestre e do mesmo modo, fazer com que todos os pedestres procurem sempre a faixa para atravessá-la.
SETEMBRO	Pedestres e ciclistas: ver e ser visto	No período noturno há maior risco de acidentes envolvendo os usuários vulneráveis pela dificuldade de visibilidade. Assim, as campanhas educativas deste mês devem apontar para a importância de ver e ser visto no trânsito, com enfoque especial nos motociclistas, ciclistas e pedestres reforçando a necessidade do uso de equipamentos e vestimentas que os tornem mais visíveis. Trabalhar a empatia, reforçando o papel dos mais fortes protegerem os mais vulneráveis.
OUTUBRO	Pedestres e ciclistas: o que pode e o que não pode! Uso da Cadeirinha	Abordar a vulnerabilidade dos pedestres, ciclistas, crianças, bem como pessoas com deficiência e idosos, os quais estão mais expostos ao risco de lesões caso sofram um acidente, ressaltando a fragilidade inerente a esses usuários. Em relação aos ciclistas, incentivá-los a escolher rotas mais seguras para prática do esporte. Realizar campanha de educação sobre a utilização do celular quando estamos em movimento, quando nos papéis de pedestre e ciclista.

NOVEMBRO	Não deixe marcas que desculpas não apaguem. Manutenção preventiva dos veículos.	Trazendo o tema do Dia Mundial em Memória das Vítimas do Trânsito, as campanhas devem levar a uma reflexão sobre como as lesões e sequelas psicológicas e sociais impactam a vida das vítimas e de seus familiares depois do acidente. Dicas e orientações de manutenção preventiva dos veículos nos meses de Novembro, Dezembro e Janeiro, tendo em vista que são meses com maior movimentos nas rodovias, por conta dos feriados de fim de ano e das férias escolares.
DEZEMBRO	Festejos em segurança: os perigos do uso de substâncias psicoativas por condutores. Manutenção preventiva dos veículos.	Em decorrência das festas de final de ano, deve-se alertar motociclistas e demais condutores sobre os riscos de pilotar ou dirigir após consumo de substâncias psicoativas lícitas e ilícitas. Promoção de ações integradas com a fiscalização. Dicas e orientações de manutenção preventiva dos veículos nos meses de Novembro, Dezembro e Janeiro, tendo em vista que são meses com maior movimentos nas rodovias, por conta dos feriados de fim de ano e das férias escolares. Campanha de educação sobre a utilização do celular quando estamos em movimento, nos papéis de pedestre/ciclista/condutor.

34. RESOLUÇÃO DO CONTRAN Nº 809/20

Dispõe sobre os requisitos para emissão do Certificado de Registro de Veículo (CRV), do Certificado de Licenciamento Anual (CLA) e do comprovante de transferência de propriedade em meio digital.

34.1. Certificado de Registro e Licenciamento de Veículo em Meio Digital (CRLV-e)

Fica instituído o Certificado de Registro e Licenciamento de Veículo em meio digital (**CRLV-e**), expedido na forma estabelecida pelo DENATRAN, que **conterá**, **vinculados em um único documento**, o Certificado de Registro de Veículo (**CRV**) e o Certificado de Licenciamento Anual (**CLA**).

O CRLV-e será expedido obrigatoriamente:

A no registro do veículo;

B no licenciamento anual do veículo;

C na transferência de propriedade;

D na mudança de Município de domicílio ou de Município de residência do proprietário;

E na alteração de qualquer característica do veículo;

F na mudança de categoria;

G no caso de segunda via dos documentos emitidos com base na Resolução CONTRAN nº 16/98, com a alteração dada pela Resolução CONTRAN nº 775/19 (ACC, CNH, CRV e CRLV);

H no caso de remarcação de chassi;

I nos casos previstos em regulamentos complementares onde seja necessária a emissão de um CRV.

O CRLV-e somente é expedido após a **quitação dos débitos** relativos a tributos, encargos e multas de trânsito e ambientais, vinculados ao veículo, bem como o pagamento do Seguro Obrigatório de Danos Pessoais causados por Veículos Automotores de Via Terrestres (Seguro DPVAT).

Para fins de fiscalização, o CRLV-e pode ser apresentado na **versão digital** por meio dos aplicativos oficiais do Governo Federal **ou** na **versão impressa em papel A4 branco comum**. A expedição do CRLV-e dispensa a obrigatoriedade da versão impressa.

O DENATRAN disponibilizará sistema eletrônico para validação do CRLV-e, ou sua versão impressa, por meio da leitura do código de barras bidimensionais dinâmico (Quick Response Code – QRCode) inserido no documento.

A partir da entrada em vigor desta resolução (4 de janeiro de 2021) os DETRANs não podem mais emitir o CRV em meio físico.

O CLA em meio físico pode ser utilizado para comprovar o licenciamento do veículo para o exercício 2020.

34.2. Autorização para Transferência de Propriedade do Veículo em Meio Digital(ATPV-E)

Fica instituída a Autorização para Transferência de Propriedade do Veículo em meio digital (ATPV-e), expedida na forma estabelecida pelo DENATRAN, que constitui o comprovante de transferência de propriedade.

A ATPV-e é o documento gerado pelo DENATRAN em que o antigo e o novo proprietário, respectivamente, vendedor e comprador, declaram estar de acordo com a transferência da propriedade do veículo, nos termos das informações constantes no documento, responsabilizando-se pela veracidade das informações ali declaradas.

A ATPV-e contém os dados identificadores do proprietário do veículo, do veículo e do comprador, além de código de barras bidimensionais dinâmico (*Quick Response Code – QRCode*) gerado pelos sistemas do DENATRAN.

A ATPV-e somente será disponibilizada aos **veículos registrados após a entrada em vigor** desta Resolução, salvo:

A nos casos de segunda via de documentos; ou

B mediante requerimento do proprietário do veículo, observados os requisitos estabelecidos pelo DETRAN responsável pelo registro do veículo.

Quando houver a necessidade de **cancelamento da ATPV-e**, o DETRAN responsável pelo registro do veículo pode estabelecer requisitos necessários para emissão de uma nova ATPV-e.

Quando ambos, proprietário vendedor e comprador, possuírem os requisitos necessários para assinatura eletrônica da ATPV-e, o preenchimento e a assinatura poderão ocorrer nos sistemas do DENATRAN ou dos DETRANs que disponibilizarem essa funcionalidade. Nesse caso a assinatura eletrônica da ATPV-e pelo antigo proprietário caracteriza a comunicação de venda eletrônica do veículo.

Na **versão impressa**, a ATPV-e deve ser assinada e conter o **reconhecimento de firmado** vendedor e do comprador por autenticidade.

A Autorização para Transferência de Propriedade de Veículo (ATPV) constante no verso de CRV válido, emitido em meio físico, em **modelo antigo**, deve conter o **reconhecimento de firma** por autenticidade do antigo proprietário e do comprador.

O encaminhamento do comprovante de transferência de propriedade aos DETRANs corresponde à comunicação de venda de veículo.

No caso da ATPV-e, a comunicação de venda será realizada:

A por meio de sistema eletrônico implantado pelo DENATRAN, com a utilização de:

1) assinatura digital avançada; ou

2) certificado digital, de propriedade do vendedor e do comprador, emitido por autoridade certificadora, conforme padrão de Infraestrutura de Chaves Públicas Brasileira (ICP-Brasil);

B por entidade pública ou privada com atribuição legal, expressamente autorizada pelo DENATRAN para tal finalidade; ou

C pelo DETRAN, conforme procedimentos definidos por cada órgão ou entidade.

35. RESOLUÇÃO DO CONTRAN Nº 810/20

Dispõe sobre a classificação de danos e os procedimentos para a regularização, a transferência e a baixa dos veículos envolvidos em acidentes.

35.1. Veículo sinistrado: todo aquele envolvido em ocorrência de acidente de trânsito, dano ou qualquer outro evento que ocasione avaria em uma ou mais partes do veículo.

35.2. Registro de acidente sem vítima pelo cidadão: os órgãos ou entidades com circunscrição sobre a via podem disponibilizar em seu sítio eletrônico na rede mundial de computadores o acesso a formulário ou outro meio eletrônico que possibilite o registro de acidentes de trânsito sem vítimas por meio de declaração do próprio cidadão, o qual mediante validação pela autoridade de trânsito ou seu agente pode substituir a lavratura do Boletim de Ocorrência de Acidente de Trânsito (BAT).

35.3. Avaliação do dano: o veículo envolvido em acidente deve ser avaliado pela autoridade de trânsito ou seu agente, na esfera das suas competências estabelecidas pelo CTB, e ter seu dano classificado. O cumprimento dos procedimentos da Resolução não dispensa o registro completo do acidente no BAT.

35.4. Classificação posterior: os danos de veículos indenizados integralmente que não tenham sido objeto do relatório de avarias pela autoridade competente devem ser, no momento da transferência para o nome da companhia seguradora, classificados, mediante regulamentação do DETRAN responsável pela transferência.

35.5. Avaliação em combinação de veículos: a análise de danos deve ser realizada individualmente para cada veículo registrado.

35.6. Classificação do dano: concomitantemente à lavratura do BAT, a autoridade de trânsito ou seu agente deve avaliar o dano sofrido pelo veículo no acidente, enquadrando-o em uma das categorias a seguir e assinalar o respectivo campo no "Relatório de Avarias":

A **dano de pequena monta** (**DPM**) ou **sem dano**;

B **dano de média monta** (**DMM**); e

C **dano de grande monta** (DGM).

35.7. Imagens: devem ser anexadas ao BAT imagens das laterais direita e esquerda, da frente e da traseira do veículo acidentado, salvo se justificada a impossibilidade de juntada de imagens.

35.8. Impossibilidade de avaliação de algum componente: quando, em virtude de circunstâncias excepcionais, a autoridade de trânsito ou seu agente não conseguirem verificar se um componente do veículo foi danificado no acidente, esse componente deve ser assinalado na coluna não avaliado ("NA") do respectivo "Relatório de Avarias" e sua pontuação deve ser considerada no cômputo geral da avaliação do veículo, justificando-se no campo "observações" do relatório as razões pela qual ele não pôde ser avaliado. Um componente assinalado como não avaliado ("NA") deve ser considerado como danificado e computado na avaliação geral do veículo.

35.9. Critérios: a avaliação deve ser feita levando em consideração:

A os danos provocados diretamente pela dinâmica do acidente;

B os danos advindos do atendimento ao acidente, tais como resgate, remoção, desobstrução da via, entre outros; e

C outros danos preexistentes, sem relação direta com o acidente.

35.10. Comunicação ao DETRAN: em caso de danos de **média monta ou grande monta**, o órgão ou entidade fiscalizadora de trânsito responsável pelo BAT deve, em **até 60 dias** da data do acidente, expedir ofício acompanhado dos registros que possibilitaram a classificação do dano ao **DETRAN** responsável pelo registro do veículo.

35.11. Restrição administrativa: o DETRAN em que o veículo estiver registrado deve incluir a restrição administrativa no cadastro em até 10 dias úteis após o recebimento da documentação e em seguida notificar o proprietário, informando-o sobre as providências para a regularização ou baixa do veículo

35.12. Vedação à circulação: enquanto perdurar a restrição administrativa imposta pelo DETRAN, é proibida a circulação do veículo nas vias públicas, sob pena de infringir o disposto no inciso VIII do art. 230 do CTB (conduzir veículo sem ter sido submetido à inspeção de segurança veicular, quando obrigatória – grave + retenção).

35.13. Desbloqueio de média monta: o desbloqueio do veículo que tenha sofrido dano de **média monta**, com a emissão de novos Certificado de Registro de Veículos (CRV) e Certificado de Licenciamento Anual (CLA), só pode ser realizado pelo DETRAN no qual o veículo esteja registrado. É exigido:

A **CRV** e **CLA** originais do veículo, **RG**, **CPF** ou **CNPJ** e **comprovante de residência** ou domicílio do proprietário, sendo aceitos os documentos emitidos em meio digital;

B **comprovação do serviço executado e das peças utilizadas**, mediante apresentação da **nota fiscal** de serviço da oficina reparadora ou declaração do proprietário, acompanhada da(s) nota(s) fiscal (is) das peças utilizadas;

C Certificado de Segurança Veicular (**CSV**) expedido por Instituição Técnica Licenciada (ITL), devidamente licenciada pelo DENATRAN e acreditada pelo INMETRO; e

D comprovação da **autenticidade da identificação do veículo mediante vistoria** do DETRAN ou entidade por ele autorizada.

35.14. Observação permanente: o DETRAN no qual está registrado o veículo com dano de **média monta**, de posse dos documentos acima, deve fazer constar no campo "observações" do CRV/CLA o número do CSV e a palavra "**Sinistrado**" ou a sigla "**DMM**", que **deve permanecer no documento** e no cadastro do veículo mesmo após eventuais transferências de propriedade, município ou Unidade da Federação (UF), **até a baixa** definitiva do veículo. Caso não ocorra a recuperação do veículo, seu proprietário deve providenciar a baixa do registro.

35.15. Dano de Grande Monta (DGM): veículo enquadrado na categoria "dano de grande monta" deve ser classificado como "**irrecuperável**" pelo DETRAN que detiver seu registro, **devendo ser executada a baixa** do seu cadastro.

35.16. Recurso para reclassificação: o proprietário do veículo, ou seu representante legal, classificado com "dano de grande monta" ou "dano de média monta" pode apresentar recurso para reenquadramento do dano na categoria imediatamente inferior, sendo necessário, para tanto, o atendimento às seguintes exigências:

A ser realizada nova avaliação técnica por profissional engenheiro legalmente habilitado e apresentado o respectivo laudo;

B o veículo deve estar nas mesmas condições em que se encontrava após o acidente;

C a avaliação deve ser feita conforme os critérios de classificação de danos;

D o laudo deve estar acompanhado de imagens ilustrativas do veículo mostrando as partes danificadas e as seguintes vistas: frontal; traseira; lateral direita; lateral esquerda; a 45° mostrando dianteira e lateral esquerda; a 45° mostrando dianteira e lateral direita; a 45° mostrando traseira e lateral esquerda; e a 45° mostrando traseira e lateral direita.

E o laudo deve estar acompanhado de Anotação de Responsabilidade Técnica (ART) devidamente preenchida e assinada pelo engenheiro e pelo proprietário do veículo ou seu representante legal;

F o laudo e demais documentos devem ser apresentados ao DETRAN que detiver o registro do veículo no **prazo** máximo de **90 dias**, a contar da data da lavratura do BAT, salvo caso fortuito ou força maior devidamente comprovados.

35.17 Prazo para apreciação do recurso: o DETRAN que detiver o registro do veículo deve apreciar o recurso no prazo de **15 dias úteis**, podendo requisitar a apresentação do veículo para avaliação própria ou por entidade por ele reconhecida.

35.18. Recurso não avaliado: transcorrido o prazo de **60 dias** para análise do recurso, o silêncio da autoridade competente importará aprovação tácita, para todos os efeitos, do recurso.

35.19. Veículos objetos de roubo ou furto: se tiverem sofrido avarias em itens pontuáveis também estão sujeitos às disposições da resolução, devendo ser elaborados boletim de ocorrência policial e o BAT, encaminhando-os ao DETRAN que detiver o registro do veículo.

35.20. Transferência de propriedade: o veículo classificado com dano de média ou grande monta pode ter sua propriedade transferida **somente para as companhias seguradoras**, nos casos de acidentes em que, por força da indenização, se opere a sub-rogação nos direitos de propriedade. As seguradoras e os proprietários dos veículos não segurados podem transferir a propriedade do veículo classificado com danos de média monta para **empresas ou entidades privadas cuja atividade principal seja a compra e venda de veículos sinistrados**, exclusivamente mediante apresentação do CRV, com a Autorização para Transferência de Propriedade de Veículo (ATPV) devidamente preenchida, sendo vedada a circulação do veículo em vias terrestres, conforme disposto no CTB.

35.21. Pontuação para classificação do dano

É preenchido um relatório que contém vários itens do veículo. O agente coloca "SIM" para item danificado, "NÃO" para item não danificado e "NA" para item que não conseguir avaliar (também conta ponto).

A Para **automóveis** e para **camionetas, caminhonetes e utilitários com estrutura em monobloco:**

"**Pequena monta ou sem dano**": **até 1 item.**

"**Média monta**": **superior a 1 até 6 itens.**

"**Grande monta**": **mais que 6 itens** (veículo é classificado como **irrecuperável**).

B Para **motocicletas, motonetas, ciclomotores, triciclos e quadriciclos:**

"**Pequena monta ou sem dano**": **nenhum item.**

"**Média monta**": de **1 a 4 itens.**

"**Grande monta**": **mais que 4 itens** (veículo é classificado como **irrecuperável**).

✍ QUESTÕES

(Cespe – Policial Rodoviário Federal – PRF/2019) *Cada um dos itens a seguir apresenta uma situação hipotética relativa a operações de fiscalização em rodovias federais seguida de uma assertiva a ser julgada à luz do Código de Trânsito Brasileiro (CTB) e das resoluções do Conselho Nacional de Trânsito (CONTRAN). Em uma operação de fiscalização, na abordagem de um veículo automotor, o policial rodoviário federal, ao notar que o condutor do veículo apresentava vermelhidão nos olhos, odor de álcool no hálito, desordem nas vestes e fala alterada, solicitou que o motorista se submetesse ao competente teste, mas o etilômetro apresentou súbita pane, tornando-se inservível para o teste. Nessa situação, diante da impossibilidade de confirmar alteração da capacidade psicomotora do condutor, o policial ficou impedido de lavrar o auto de infração pela conduta de direção sob a influência de álcool prevista no CTB.*

GABARITO	ERRADO.
COMENTÁRIO	Tanto o CTB, em seu art. 277, § 2º, quanto a Resolução do Contran nº 432, que regulamenta a fiscalização do consumo de álcool, permitem que a infração seja caracterizada pela constatação, por parte do agente de trânsito, de sinais que indiquem a alteração da capacidade psicomotora do condutor.

No interior de um automóvel com capacidade para cinco pessoas, o condutor transportava quatro crianças: uma de oito anos de idade, no banco dianteiro; e outras três, todas de nove anos de idade, no banco traseiro. Cada criança utilizava o cinto de segurança individual. Apesar de ser mais nova que as demais, a criança transportada no banco dianteiro era a de maior estatura. Nessa situação, a disposição das crianças no veículo está em conformidade com a legislação de trânsito brasileira.

GABARITO	ANULADA.
COMENTÁRIO	A situação da questão era exatamente a estabelecida pela Resolução do Contran nº 277/08, que pregava que a criança de maior estatura deveria ir no banco dianteiro (o gabarito preliminar foi apontado como correto). Porém, houve uma alteração

COMENTÁRIO	nesta norma promovida pela Resolução nº 391/11. Atualmente não existe regra sobre a definição de qual criança irá no banco dianteiro. Saiba que o transporte de criança com idade inferior a dez anos pode ser realizado no banco dianteiro do veículo, com o uso do dispositivo de retenção adequado ao seu peso e altura, nas seguintes situações: quando o veículo for dotado exclusivamente deste banco; quando a quantidade de crianças com esta idade exceder a lotação do banco traseiro; ou quando o veículo for dotado originalmente (fabricado) de cintos de segurança subabdominais (dois pontos) nos bancos traseiros. A banca optou por anular a questão com o fundamento de que "o julgamento preciso da assertiva requer conhecimento de conteúdo que extrapola os objetos de avaliação do edital".

Constatado que no para-brisa de um veículo automotor havia sido aplicada película não refletiva, o policial rodoviário federal, utilizando-se de um medidor de transmitância luminosa legalmente aprovado, verificou o valor de 70% de transmitância luminosa do conjunto vidro-película na área central do para-brisa. Nessa situação, não há o que se falar em auto de infração, pois o valor verificado está dentro do padrão de regularidade previsto na legislação de trânsito brasileira.

GABARITO	ANULADA.
COMENTÁRIO	De acordo com a banca, "na redação do item, deixou-se de caracterizar, quanto à ausência ou presença de cor, o vidro do para-brisa em questão, fato que comprometeu o julgamento da assertiva". Em que pese o cuidado da organizadora em optar por anular o item, entendemos que não havia tal necessidade, restando configurado um excesso de zelo. Na fiscalização da transmitância luminosa das áreas envidraçadas de veículos, para obtenção do valor considerado, dever ser acrescido à medição realizada o percentual relativo de 7% (Resolução do Contran nº 253/07). Se a questão menciona que o valor da medição foi de 70%, o valor considerado deve ser de 77%. E de acordo com a Resolução do Contran nº 254/07, a transmissão luminosa não pode ser inferior a 75% para os vidros incolores dos para-brisas e 70% para os para-brisas coloridos. Como o valor considerado é de 77%, não haveria infração independentemente da ausência ou presença de cor no vidro do para-brisa.

Em uma rodovia federal, em um trecho em curva localizado fora do perímetro urbano, é alto o índice de acidentes de trânsito, apesar de haver medidor de velocidade do tipo fixo instalado no local. Nesse caso, no sentido de aumentar a fiscalização do excesso de velocidade nesse trecho, será correta a utilização de equipamento do tipo portátil à distância de um quilômetro do medidor de velocidade do tipo fixo já instalado.

GABARITO	ERRADO.
COMENTÁRIO	Na época da questão, estava em vigor a Resolução nº 396/11, atualmente revogada pela Resolução nº 798/20. Nos locais em que houver instalado medidor de velocidade do tipo fixo, os medidores de velocidade portáteis somente podem ser utilizados a uma distância mínima de 500 m em vias urbanas e em trechos de vias rurais com características de via urbana e 2.000 m para os demais trechos de vias rurais. Vale a pena lembrar que atualmente o uso de medidores do tipo portátil só pode ser utilizado nas vias rurais quando a velocidade máxima permitida for igual ou superior a 80 km/h em rodovia e 60 km/h em estrada.

Estudos técnicos adequados constataram a necessidade de instalar equipamentos de controle de velocidade do tipo fixo em trecho de rodovia federal onde é alto o índice de atropelamentos de pedestres. Nessa situação, respaldado nas evidências técnicas, a intervenção na via poderá ser realizada desde que mediante prévia autorização do Departamento Nacional de Infraestrutura de Transportes (DNIT).

GABARITO	ANULADA.
COMENTÁRIO	Na época da questão, estava em vigor a Resolução nº 396/11, que estabelecia que "para determinar a necessidade da instalação de medidor de velocidade do tipo fixo, deve ser realizado estudo técnico que contemple, no mínimo, as variáveis do modelo constante no item A do Anexo I, que venham a comprovar a necessidade de controle ou redução do limite de velocidade no local, garantindo a visibilidade do equipamento". Ocorre que se os estudos fossem do próprio DNIT, não faria sentido o que foi exigido na QUESTÃO: prévia autorização do próprio DNIT. Por essa razão, a banca optou por anular a QUESTÃO: "a ausência de especificação do órgão responsável por realizar os estudos técnicos comprometeu o julgamento objetivo da assertiva". O gabarito preliminar foi dado como certo. Saiba que a Resolução nº 798/20 atualmente regulamenta o assunto. Cabe ao órgão ou entidade com circunscrição sobre a via determinar a localização, a sinalização, a instalação e a operação dos medidores de velocidade. A instalação e operação de medidores de velocidade do tipo fixo deve atender a requisitos que variam para os controladores de velocidade e os redutores de velocidade. No primeiro caso, deve ser realizado Levantamento Técnico, com periodicidade bienal, para verificação ou readequação da sinalização instalada ao longo da via. Já para os redutores de velocidade, é exigido Estudo Técnico, com periodicidade anual, em trechos críticos, com índices de acidentes, ou locais onde haja vulnerabilidade dos usuários da via, de modo a se comprovar a necessidade de redução pontual da velocidade.

(Cespe – Policial Rodoviário Federal – PRF/2019) *De acordo com o que dispõem as resoluções do CONTRAN acerca do transporte de bicicletas em veículos automotores, julgue os itens que se seguem.*

Não se permite o transporte de bicicleta em veículo com o compartimento de carga aberto, mesmo que o comprimento da bicicleta ultrapasse o comprimento da caçamba ou do referido compartimento.

GABARITO	ERRADO.
COMENTÁRIO	A Resolução nº 349/10 estabelece que é admitida a circulação do veículo com compartimento de carga aberto (apenas) durante o transporte de carga indivisível que ultrapasse o comprimento da caçamba ou do compartimento de carga. Além disso, em alteração promovida pela Resolução nº 589/16, passou a ser permitido o transporte da bicicleta ou da carga no extensor de caçamba, que é o acessório que permite a circulação do veículo com a tampa do compartimento de carga aberta, de forma a impedir a queda da carga na via, sem comprometer a sinalização traseira.

Independentemente de instruções do fabricante, nos dispositivos instalados na parte traseira externa do veículo, a quantidade de bicicletas que podem ser transportadas depende do comprimento do balanço traseiro ocupado pelas bicicletas, que, de acordo com a legislação pertinente, não pode ultrapassar 60% da distância entre os eixos do veículo transportador.

GABARITO	ERRADO.
COMENTÁRIO	Questão difícil. Realmente o transporte de bicicleta na parte externa do veículo deve respeitar o limite de tamanho para o balanço traseiro de 60% da distância entre os eixos do veículo. Porém, o item está redigido assim: "Independentemente de instruções do fabricante, (...), a quantidade de bicicletas que podem ser transportadas..." Mas não é "independentemente de instrução do fabricante"! Este pode restringir a quantidade de bicicletas a serem transportadas, de acordo com o tipo do dispositivo. A própria resolução estabelece: "Art. 9º O dispositivo para transporte de bicicletas para aplicação na parte externa dos veículos deverá ser fornecido com instruções precisas sobre: (...)III- Quantidade máxima de bicicletas transportados, com segurança;".

O transporte de bicicletas em dispositivos fixados no teto de veículos estará em conformidade com a legislação de trânsito caso a altura do sistema veículo-dispositivo-bicicletas não ultrapasse 4,4 metros.

GABARITO	CERTO.
COMENTÁRIO	No caso de bicicletas, não se aplica o limite máximo de 50 cm de altura máxima da carga que vai sobre o teto do veículo. No caso, vale o limite de altura previsto na Resolução do Contran nº 210/06, que estabelece os limites de pesos e dimensões para veículos que transitam por vias terrestres e dá outras providências (ou Resolução posterior que venha sucedê-la). E o limite de altura realmente é de 4,4 metros.

(Cespe – Policial Rodoviário Federal – PRF/2019) *No dia 3/1/2019, às 21 horas, um policial rodoviário federal, em rodovia federal de pista simples, abordou um veículo do tipo cegonha — combinação de um caminhão-trator e um semirreboque —, com 22 metros de comprimento e distância entre eixos extremos de 18 metros, que transportava veículos nas plataformas inferior e superior. O disco-diagrama do registrador instantâneo e inalterável de velocidade e tempo do veículo mostrava superposição de registros, o que impossibilitava a leitura do tempo de movimentação do veículo e de suas interrupções. Na ficha de trabalho de autônomo do condutor constavam: data de saída = 3/1/2019 e hora de saída = 17 horas.*

Além disso, a autorização especial de trânsito de posse do condutor não permitia o tráfego em local e horário distintos do que prevê a norma aplicável.

Considerando essa situação hipotética, julgue os próximos itens, à luz do CTB e das resoluções do CONTRAN.

O condutor em questão não ultrapassou o tempo máximo ininterrupto de direção previsto na legislação de trânsito para o tipo de veículo referido.

GABARITO	CERTO.
COMENTÁRIO	De acordo com a Resolução nº 525/15, a fiscalização por meio do diário de bordo ou da ficha de trabalho autônomo somente é feita quando da impossibilidade da comprovação por meio do disco ou fita diagrama do registrador instantâneo e inalterável de velocidade e tempo do próprio veículo fiscalizado, que foi exatamente o caso apresentado na questão. A ficha marcava o horário de saída às 17:00 e a abordagem ocorreu às 21:00, ou seja, 4 h depois. E a regra para o motorista profissional de transporte de cargas é que ele não pode dirigir por mais de 5h30min ininterruptas, pois devem ser observados 30 min para descanso dentro de cada 6 h na condução do veículo, sendo facultado o seu fracionamento e o do tempo de direção desde que não ultrapassadas 5h30 contínuas no exercício da condução.

Nessa situação, apesar de o disco-diagrama não se prestar para exame, não cabe a aplicação de penalidade decorrente do defeito no aparelho registrador, já que foi possível a fiscalização do tempo de direção do motorista por meio da verificação da ficha de trabalho do autônomo.

GABARITO	ERRADO.
COMENTÁRIO	O tacógrafo é um equipamento obrigatório para este tipo de veículo. Assim, ainda que a fiscalização tenha ocorrido por outros meios, há infração de trânsito: Art. 230. Conduzir o veículo: XIV – com registrador instantâneo inalterável de velocidade e tempo viciado ou defeituoso, quando houver exigência desse aparelho; Infração – grave; Penalidade – multa; Medida administrativa – retenção do veículo para regularização;

Haja vista o horário e o local da vistoria, bem como as condições de transporte do veículo, o policial rodoviário federal deverá lavrar auto de infração pelo descumprimento da restrição de tráfego, cabendo a aplicação de penalidades previstas no CTB.

GABARITO	CERTO.
COMENTÁRIO	A Resolução do Contran nº 735/18 estabelece requisitos de segurança necessários à circulação de Combinações para Transporte de Veículos – CTV e Combinações de Transporte de Veículos e Cargas Paletizadas – CTVP. Em seu art. 4º está expresso que o trânsito de CTV e de CTVP de que a Resolução trata é do amanhecer ao pôr do sol. Como a abordagem foi às 21:00, está fora do permitido. Lembre-se da exceção nos trechos rodoviários de pista simples (que foi o caso apresentado no item): é permitido também o trânsito noturno quando vazio ou com carga apenas na plataforma inferior. A exceção não foi aplicada na questão pois a cegonha transportava veículos nas plataformas inferior e superior.

(Cespe – Policial Rodoviário Federal – PRF/2019) *Com relação aos requisitos mínimos previstos nas resoluções do CONTRAN acerca de segurança para amarração de cargas transportadas em veículos de carga, julgue os itens subsequentes.*

Nos veículos com carroceria aberta, os dispositivos de amarração devem ser tensionados pelo lado externo das guardas laterais, independentemente do espaço interno ocupado pela carga na carroceria, como mostram as figuras a seguir.

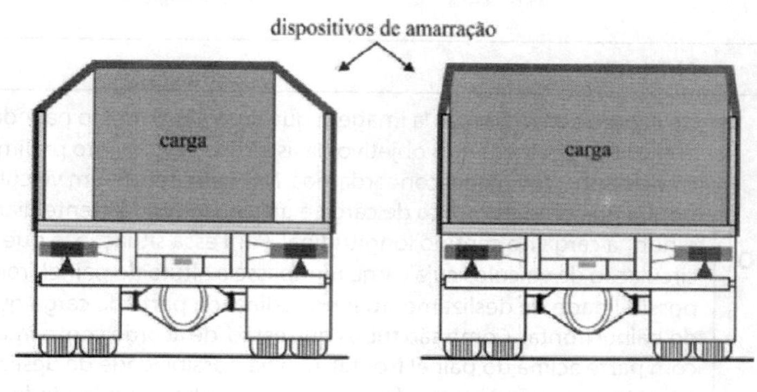

GABARITO	ERRADO.
COMENTÁRIO	Nos veículos do tipo carroceria aberta, no caso de haver espaço entre a carga e as guardas laterais, os dispositivos de amarração devem ser tensionados pelo lado interno das guardas laterais (figura a seguir). É proibida a passagem dos dispositivos pelo lado externo das guardas laterais, como apresentado na primeira imagem da questão. A exceção é no caso em que a carga ocupa todo o espaço interno da carroceria, estando apoiada ou próxima das guardas laterais ou dos seus fueiros, impedindo a passagem dos dispositivos de amarração por dentro das guardas (segunda imagem da questão). Nesta situação os dispositivos de amarração podem passar pelo lado externo das guardas. 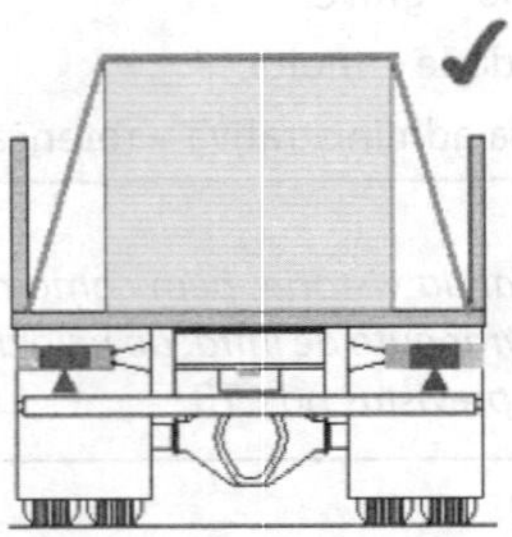

No caso de transporte de tubos apoiados sobre a carroceria e na posição horizontal, apesar de a carga ultrapassar a altura do painel frontal da carroceria, é permitida a circulação do veículo ante a impossibilidade de deslizamento longitudinal da carga, como ilustra a figura a seguir.

GABARITO	ANULADA.
COMENTÁRIO	De acordo com a banca, "a imagem que ilustra o disposto na redação do item prejudicou o julgamento objetivo da assertiva". O gabarito preliminar foi dado como certo, com o qual concordamos. Na figura temos um veículo cujo painel frontal do compartimento de carga é utilizado como batente dianteiro, "segurando" a carga no sentido longitudinal. Para essa situação, o que é vedado é a circulação de veículos cuja carga ultrapasse a altura do painel frontal e exista a possibilidade de deslizamento longitudinal da parte da carga que está acima do painel frontal. Como são tubos que estão, de acordo com a imagem, apenas com parte acima do painel frontal, não há possibilidade de deslizamento para a frente se o veículo vier a frear, por isso não há irregularidade.

Tanto em veículos do tipo baú frigorífico (como o da figura 1A9-I a seguir) como em veículos do tipo baú lonado (como o da figura 1A9-II a seguir), é opcional a existência de pontos de amarração internos para a carga transportada.

Figura 1A9-I

Figura 1A9-II

GABARITO	ERRADO.
COMENTÁRIO	Item difícil. Nos veículos com carroceria inteiramente fechada, como é o caso de um baú frigorífico, as paredes podem ser consideradas como estrutura de contenção, sendo opcional a existência de pontos de amarração internos. Mas isso não ocorre nos veículos do tipo baú lonado. Nestes as lonas laterais não podem ser consideradas como estrutura de contenção da carga, devendo existir pontos de amarração em número suficiente.

(Cespe – Policial Rodoviário Federal – PRF/2019) *À luz das disposições do CTB e das resoluções do CONTRAN acerca das regras de circulação de motocicletas, motonetas, ciclomotores, triciclos e quadriciclos motorizados, julgue os itens seguintes.*

Entre as três situações ilustradas a seguir, apenas o dispositivo utilizado na figura 1A9-V é permitido para o transporte de galões de água mineral com capacidade de até 20 litros.

Figura 1A9-III

Figura 1A9-IV

Figura 1A9-V

GABARITO	CERTO.
COMENTÁRIO	O transporte de galões nos motofretes e mototáxis é vedado. Mas existe uma exceção: se for galão contendo água mineral, com capacidade máxima de 20 litros, desde que com auxílio de sidecar. É o caso da figura 1A9-V.

É permitido que motociclista levante a viseira do capacete enquanto o veículo conduzido estiver parado, aguardando a travessia de pedestres diante de semáforo.

GABARITO	CERTO.
COMENTÁRIO	De acordo com a Resolução nº 453/13, que disciplina o uso de capacete para condutor e passageiro de motocicletas, motonetas, ciclomotores, triciclos motorizados e quadriciclos motorizados, quando o veículo estiver imobilizado na via, independentemente do motivo, a viseira poderá ser totalmente levantada, devendo ser imediatamente restabelecida a posição frontal aos olhos quando o veículo for colocado em movimento.

Situação hipotética: Em operação de fiscalização em uma rodovia federal, a equipe da PRF verificou que o condutor de um quadriciclo não fazia uso do capacete. O policial que abordou o condutor o liberou, considerando que o uso de capacete pelo condutor desse tipo de veículo se restringe à condução em vias urbanas pavimentadas. Assertiva: Nessa situação, foram adequadas as condutas do policial e do condutor.

GABARITO	ERRADO.
COMENTÁRIO	As condutas tanto do policial quanto do condutor foram incorretas. A Resolução nº 453/13 estabelece que é obrigatório, para circular nas vias públicas, o uso de capacete motociclístico pelo condutor e passageiro de quadriciclo motorizado, entre outros veículos. Além disso a Resolução nº 573/15 estabelece

COMENTÁRIO	os requisitos de segurança e circulação de veículos automotores denominados quadriciclos. A norma determina que o condutor e o passageiro devem utilizar capacete de segurança, com viseira ou óculos protetores, em acordo com a legislação vigente aplicável às motocicletas. E ainda prevê que a circulação é restrita às vias urbanas, sendo proibida sua circulação em rodovias federais, estaduais e do Distrito Federal.

(Cespe – Policial Rodoviário Federal – PRF/2019) *No que se refere aos procedimentos para aplicação de penalidades previstos no CTB e nas resoluções do CONTRAN, julgue os itens subsecutivos.*

Situação hipotética: Ao abordar um veículo em rodovia federal, o policial rodoviário federal constatou que o condutor, que era o proprietário do veículo, dirigia sem utilizar o cinto de segurança. O policial lavrou o auto de infração, que continha a assinatura do condutor e especificava o prazo para apresentação da defesa da autuação. Assertiva: Nessa situação, fica a PRF dispensada de expedir a notificação da autuação ao proprietário do veículo.

GABARITO	CERTO.
COMENTÁRIO	De acordo com art. 3º, § 5º, da Resolução nº 619/16, o Auto de Infração vale como notificação da autuação quando for assinado pelo condutor e este for o proprietário do veículo.

As receitas oriundas das multas aplicadas pela PRF serão repassadas ao DNIT, órgão executivo rodoviário com circunscrição sobre as rodovias federais.

GABARITO	ERRADO.
COMENTÁRIO	A Resolução nº 289/08 dispõe sobre normas de atuação a serem adotadas pelo Departamento Nacional de Infraestrutura de Transportes – DNIT e o Departamento de Polícia Rodoviária Federal – DPRF na fiscalização do trânsito nas rodovias federais. De acordo com a norma, as receitas oriundas das multas aplicadas pelo DNIT e DPRF são revertidas a cada órgão arrecadador. Assim, não há que se falar em repasse de valores de um órgão para o outro.

Situação hipotética: Policial rodoviário federal, ao flagrar o condutor de um veículo dirigindo alcoolizado, o que ficou comprovado pelo teste de etilômetro, lavrou o competente auto de infração de trânsito. Assertiva: Nessa situação, a própria PRF aplicará ao condutor infrator a penalidade de suspensão do direito de dirigir, assegurando-lhe a ampla defesa, o contraditório e o devido processo legal.

GABARITO	CERTO.
COMENTÁRIO	Como foi caso de suspensão do direito de dirigir decorrente de uma infração de trânsito que já prevê essa penalidade, o próprio órgão autuador (a PRF no caso) vai conduzir o processo de suspensão.

CAPÍTULO XXI
LEI Nº 5.970, DE 1973

Em caso de acidente de trânsito, a autoridade **ou agente policial** que primeiro tomar conhecimento do fato pode autorizar, independentemente de exame do local, a imediata remoção:

A das pessoas que tenham sofrido lesão; e

B dos veículos nele envolvidos, **se estiverem no leito da via pública e prejudicarem o tráfego**.

Para autorizar a remoção, a autoridade ou agente policial deve lavrar **boletim da ocorrência**, nele consignado o fato, as testemunhas que o presenciaram e todas as demais circunstâncias necessárias ao esclarecimento da verdade.

DIREITO ADMINISTRATIVO

Lucas dos Santos Pavione e
Renata dos Santos Rodrigues

CAPÍTULO I
ESTADO, GOVERNO E ADMINISTRAÇÃO PÚBLICA

1. NOÇÕES

Para um adequado estudo do Direito Administrativo, é importante termos em mente algumas noções sobre Teoria Geral do Estado, mais precisamente sobre as concepções de **Estado, Governo e Administração Pública**.

2. ESTADO

2.1. Noções

A palavra "estado" pode assumir variados significados, sendo objeto de disciplina específica no Direito. No presente estudo, nos interessa o estudo do Estado como **sociedade politicamente organizada em determinado território**.

Assim, diz-se que o Estado se caracteriza pela existência de três elementos essenciais: **povo** (elemento humano), **território** (espaço físico onde se estabelece) e **soberania** (reconhecimento e independência na ordem internacional e supremacia interna).

Tem-se, assim, que o Estado é um **ente personalizado** – ou seja, possui personalidade distinta da de seus integrantes –, podendo assumir direitos e obrigações no âmbito interno e externo.

Esse mesmo Estado é ainda responsável pela elaboração de um sistema de normas jurídicas, ao qual também se sujeita, que visam regular as relações sociais, no que ficou conhecido como **Estado de Direito**.

Em linhas gerais, pode-se dizer que o Estado é fruto da criação humana, com o objetivo de manter pacífica a vida em sociedade e proporcionar o bem-estar geral, regido por um ordenamento jurídico.

2.2. Funções ou Poderes Estatais

Visto de maneira **orgânica**, o Estado é composto por **três poderes ou funções: Legislativo, Executivo e o Judiciário**.

Tal concepção baseia-se na teoria da separação ou tripartição dos poderes, proposta por Montesquieu no século XVIII. Em linhas gerais, Montesquieu apregoava a coexistência harmônica e cooperativa entre os poderes que estruturam o Estado. Este foi o modelo adotado pelos principais regimes democráticos, inclusive o Brasil.

A cada um dos Poderes foi atribuído uma função **típica**: a) o Poder Legislativo exerce a **função legislativa** (possibilidade de elaboração de normas); b) o Poder Judiciário exerce **a função jurisdicional** (aplicação da norma a um caso concreto, com caráter de definitividade);

c) o Poder Executivo exerce a chamada **função executiva**, que alguns autores subdividem em **função administrativa e função política**, ambas estudadas nos próximos tópicos.

De modo **atípico**, é possível que um Poder exerça uma função atribuída a outro, como, por exemplo, o julgamento do chefe do Executivo pelo Legislativo nos crimes de responsabilidade (art. 52, I da CF/88). Da mesma forma, a **função administrativa** pode ser exercida atipicamente pelos Poderes Legislativo e Judiciário como, por exemplo, quando realizam licitação, promovem concursos públicos, concedem licenças a seus servidores etc. Da mesma forma se pode falar da **função política**, que pode ser exercida de forma atípica pelo legislativo (cassação de um parlamentar) e pelo judiciário (algumas decisões internas).

Os princípios da organização do Estado, bem como as diretrizes para uma atuação harmônica entre os Poderes ou Funções são matérias disciplinadas no próprio texto da Constituição.

3. GOVERNO

Estreitando um pouco mais o estudo, vimos no tópico anterior que a **função executiva** subdivide-se em **função administrativa e função política**. É desta última função que se extrai a ideia de **governo**. Aliás, alguns doutrinadores tomam as expressões – função política e governo - por sinônimas.

A **função política ou de governo**, assim, se relaciona à administração superior dos interesses do Estado, no plano interno e externo, com elevado grau de discricionariedade política das decisões, conforme parâmetros fixados na Constituição. Exemplos: declaração de guerra, decretação de estado de sítio, celebração de tratados internacionais etc.

No sistema presidencialista, o governo é exercido pelo **Presidente da República**, ao passo que no Parlamentarismo o **Primeiro-Ministro** é quem faz este papel.

4. FUNÇÃO ADMINISTRATIVA

Ao Direito Administrativo interessa o estudo da **função administrativa**, que "consiste no dever de o Estado, ou de quem aja em seu nome, dar cumprimento fiel, no caso concreto, aos comandos normativos, de maneira geral ou individual, para a realização dos fins públicos, sob regime prevalente de direito público, por meio de atos e comportamentos controláveis internamente, bem como externamente pelo Legislativo (com o auxílio do Tribunal de Contas), atos estes revisíveis pelo Judiciário" (FIGUEIREDO, 2008, p. 34).

Assim, a função administrativa refere-se à atuação ordinária do administrador público na execução das normas jurídicas, visando ao interesse comum. Por ter que andar sempre em conformidade com a lei, a conduta do Administrador será constantemente fiscalizada e, muitas vezes, revista, se em desconformidade com os comandos que deram suporte ao seu agir.

5. ADMINISTRAÇÃO PÚBLICA: SENTIDOS

Conforme visto no tópico anterior, o exercício da função administrativa permite que o Estado atue como verdadeiro organizador da vida pública, sempre tendo em mira o atingimento de um interesse público. Daí surge a noção de **administração pública**, que pode ser compreendida nas seguintes acepções (Cf. CARVALHO FILHO, 2008, pp. 9-10):

A **Sentido Objetivo:** a administração pública – grafada com letras minúsculas – representa o próprio **exercício** da função administrativa pelo Estado, por meio de seus agentes e órgãos. É a própria dinâmica estatal na gestão dos interesses públicos.

B **Sentido Subjetivo:** considera-se, aqui, o **sujeito** da função administrativa. Nesta concepção, a Administração Pública – grafada com letras maiúsculas – representa o conjunto de órgãos, agentes e pessoas jurídicas incumbidos do exercício da **função administrativa**.

MUITA ATENÇÃO! Apesar de ser o Poder Executivo quem exerce tipicamente a função administrativa, é importante salientar que o termo Administração Pública é empregado de maneira ampla, de modo que quando os outros Poderes estiverem no exercício da função administrativa, seus órgãos e agentes também serão considerados integrantes da Administração Pública. Portanto, **Administração Pública não é sinônimo de Poder Executivo**.

6. REGIME JURÍDICO-ADMINISTRATIVO

O regime jurídico-administrativo representa os princípios e as regras jurídicas que direcionam a atuação da Administração Pública no exercício da função administrativa, impondo-lhe limites ou conferindo-lhe prerrogativas e privilégios no trato com os particulares. Este regime jurídico peculiar sustenta-se, segundo CELSO ANTONIO BANDEIRA DE MELLO (2007, p. 52), em dois pilares (chamadas pelo autor de "pedras de toque"), quais sejam, os princípios da **supremacia do interesse público sobre o privado** e da **indisponibilidade, pela Administração, dos interesses públicos**, a seguir analisados juntamente com os demais princípios que regem a atuação administrativa.

EM RESUMO: Estado, Governo e Administração Pública	
Estado	• Se caracteriza pela existência de três elementos essenciais: ↳ **Povo** (elemento humano); ↳ **Território** (espaço físico onde se estabelece); ↳ **Soberania** (reconhecimento e independência na ordem internacional e supremacia interna). • **Ente personalizado:** possui personalidade distinta da de seus integrantes –, podendo assumir direitos e obrigações no âmbito interno e externo. • É composto por **três poderes ou funções: Legislativo, Executivo** e o **Judiciário**. • **Teoria da separação dos Poderes:** proposta por Montesquieu no século XVIII. Apregoava a coexistência harmônica e cooperativa entre os poderes que estruturam o Estado. Este foi o modelo adotado pelos principais regimes democráticos, inclusive o Brasil. • **Funções típicas dos Poderes**: ↳ **Poder Legislativo** – exercer a **função legislativa** (possibilidade de elaboração de normas); ↳ **Poder Judiciário** – exercer **a função jurisdicional** (aplicação da norma a um caso concreto, com caráter de definitividade); ↳ **Poder Executivo** – exercer a chamada **função executiva**, que alguns autores subdividem em: **função administrativa e função política**.

EM RESUMO: Estado, Governo e Administração Pública	
Estado	• De modo **atípico**, é possível que um Poder exerça uma função atribuída a outro. • A **função administrativa** pode ser exercida **atipicamente** pelos Poderes Legislativo e Judiciário. • A **função política**, pode ser exercida de forma atípica pelo legislativo (cassação de um parlamentar) e pelo judiciário (algumas decisões internas).
Governo	• A **função política ou de governo**, se relaciona à administração superior dos interesses do Estado, no plano interno e externo, com elevado grau de discricionariedade política das decisões, conforme parâmetros fixados na Constituição. • **Sistema presidencialista** → o governo é exercido pelo **Presidente da República**. • **Parlamentarismo** → **Primeiro-Ministro** é quem faz este papel.
Função Administrativa	• Refere-se à atuação ordinária do administrador público na execução das normas jurídicas, visando ao interesse comum. • Por ter que andar sempre em conformidade com a lei, a conduta do Administrador será constantemente fiscalizada e, muitas vezes, revista, se em desconformidade com os comandos que deram suporte ao seu agir.
Administração Pública: sentidos	• **Sentido Objetivo:** a administração pública representa o próprio **exercício** da função administrativa pelo Estado, por meio de seus agentes e órgãos. É a própria dinâmica estatal na gestão dos interesses públicos. • **Sentido Subjetivo:** considera-se, aqui, o **sujeito** da função administrativa. A Administração Pública representa o conjunto de órgãos, agentes e pessoas jurídicas incumbidos do exercício da função administrativa.
Regime Jurídico – Administrativo	• Representa os princípios e as regras jurídicas que direcionam a atuação da Administração Pública no exercício da função administrativa, impondo-lhe limites ou conferindo-lhe prerrogativas e privilégios no trato com os particulares. • Sustenta-se em dois pilares (Segundo Celso A. B. de Mello): ↳ o princípio da **supremacia do interesse público sobre o privado;** ↳ o princípio da **indisponibilidade, pela Administração, dos interesses públicos.**

CAPÍTULO II

DIREITO ADMINISTRATIVO: CONCEITO, FONTES E PRINCÍPIOS

1. CONCEITO DE DIREITO ADMINISTRATIVO

Os primeiros estudos e tentativas de sistematização do Direito Administrativo surgiram na França (logo após a revolução francesa), evoluindo desde então até a forma como o conhecemos hoje.

O conceito de Direito Administrativo é um ponto de grande divergência na doutrina, posto a dificuldade de se fixar o seu objeto de estudo, ora amplo ora restrito.

Segundo MARIA SYLVIA ZANELLA DI PIETRO (2010, p. 47), o Direito Administrativo é "o ramo do **direito público** que tem por objeto os **órgãos**, **agentes** e **pessoas jurídicas administrativas** que integram a **Administração Pública**, a **atividade jurídica não contenciosa** que exerce e os **bens** de que se utiliza para a consecução de seus fins, de natureza pública".

Conforme dito no capítulo anterior, interessa ao Direito Administrativo o estudo da **função administrativa**.

2. FONTES DO DIREITO ADMINISTRATIVO

Fonte é o lugar de onde algo surge. Assim, fonte do direito é o local de onde este emana.

A doutrina não é unânime quanto às fontes do Direito Administrativo. De um modo geral, podemos enumerar as seguintes fontes:

A **Lei:** a lei é a principal fonte do Direito Administrativo. A expressão "lei" deve ser considerada em **sentido amplo**, incluindo a Constituição Federal (e suas emendas), as leis formais, ou seja, decorrentes de processo legislativo (lei ordinária, lei complementar, lei delegada, decretos legislativos e resoluções), medidas provisórias e normas administrativas regulamentares (decretos, resoluções, portarias etc.);

B **Doutrina:** é o trabalho intelectual dos pensadores sobre determinado tema. No direito administrativo a doutrina teve grande relevância para sua sistematização e evolução. Porém, o tema não é pacífico entre os próprios doutrinadores, havendo que não a considere fonte do Direito Administrativo.

C **Jurisprudência:** são as decisões reiteradas dos Tribunais Superiores. Atualmente existem as chamadas **súmulas vinculantes** (art. 103-A da CF/88), editadas pelo **Supremo Tribunal Federal**, cujo conteúdo vincula também a Administração Pública.

D **Costumes:** costume é a prática social reiterada de uma conduta, acrescida da convicção geral de obrigatoriedade em sua observância. Não se pode admitir, porém, em Direito Administrativo a invocação de costumes que vão de encontro com a lei (costumes *contra legem*).

Apesar do princípio da legalidade e do caráter formal dos atos da Administração Pública, tem-se aceitado a existência de **fontes escritas e não escritas** para o Direito Administrativo.

3. PRINCÍPIOS DO DIREITO ADMINISTRATIVO

Princípios são as bases fundamentais de um sistema de normas, que condicionam toda a estruturação de um determinado ramo do Direito. Importante notar que os princípios não precisam estar presentes expressamente na legislação: possuem normatividade e lançam seus efeitos independentemente de positivação.

Para o Direito Administrativo, em razão da ausência de codificação e de sua recente origem, os princípios revestem-se de grande importância, pois auxiliam na compreensão e consolidação de seus institutos.

3.1. Aplicação dos Princípios Administrativos e suas Consequências Práticas

A Lei 13.655/18 inseriu importantes alterações na Lei de Introdução às Normas do Direito Brasileiro (LINDB) que dizem respeito, em grande parte, aos princípios administrativos.

Uma das disposições acrescidas (art. 20) apregoa que "nas esferas administrativa, controladora e judicial, não se decidirá com base em valores jurídicos abstratos sem que sejam consideradas as consequências práticas da decisão".

O Decreto 9.830/19 conceituou "valores jurídicos abstratos" como sendo "(...) aqueles previstos em normas jurídicas com alto grau de indeterminação e abstração" (art. 3.º, § 1.º).

Dessa forma, não pode um agente praticar um ato baseado no atendimento do "interesse público", por exemplo, sem demonstrar qualquer correlação da decisão com seus efeitos práticos. A motivação da decisão deverá demonstrará a necessidade e a adequação da medida imposta, consideradas as possíveis alternativas e observados os critérios de adequação, proporcionalidade e de razoabilidade.

> **MUITA ATENÇÃO!** O agente não precisa fazer uma análise exaustiva de todas as consequências práticas do ato, mas apenas daquelas que, no exercício diligente de sua atuação, consiga vislumbrar diante dos fatos e fundamentos de mérito e jurídicos.

3.2. Princípios Constitucionais Expressos do Direito Administrativo

São princípios constitucionais expressos do Direito Administrativo os previstos no **art. 37, *caput* da CF/88**, quais sejam **legalidade**, **impessoalidade**, **moralidade**, **publicidade** e **eficiência**.

> **DICA IMPORTANTE** Para memorizar: as letras iniciais dos princípios da legalidade, impessoalidade, moralidade, publicidade e eficiência formam, nesta ordem, a palavra **LIMPE.**

A **Legalidade**: o princípio da legalidade preceitua que a atuação da Administração está vinculada à observância do disposto na lei em sentido amplo, ou seja, **o administrador somente pode atuar nos limites previstos no ordenamento jurídico**. Enquanto o indivíduo pode fazer aquilo que a lei não veda (legalidade negativa), a Administração Pública somente pode atuar dentro dos limites que a legislação lhe permite (legalidade positiva). Em algumas situações a lei confere maior amplitude de atuação do administrador no caso concreto, permitindo-lhe agir com alguma liberdade (discricionariedade), haja vista que seria impossível disciplinar todas as condutas possíveis diante da dinâmica social. Em outras situações, a conduta é **vinculada** ao que está disposto na norma, devendo o agente público cumprir estritamente o comando nela contido.

> **MUITA ATENÇÃO!**
>
> Não confundir **princípio da legalidade** com **princípio da reserva legal**, uma vez que este representa a necessidade de regulamentação de uma determinada matéria por meio de lei.
>
> Ex.: exercício do direito de greve dos servidores públicos.

? **QUESTÃO:** O princípio da legalidade comporta exceções?

➥ ***RESPOSTA:*** *Sim. Podemos mencionar as seguintes exceções:*

- Estado de defesa e estado de sítio (arts. 136 e 137 da CF/88);

- Decretos ou regulamentos autônomos (art. 84, VI da CF/88).

B **Impessoalidade:** este princípio admite duas acepções:

B.1 **Quanto à Administração:** estabelece que o ato administrativo é impessoal, ou seja, o ato praticado pelo agente público deve ser atribuído à pessoa jurídica ao qual está vinculado. Essa concepção de impessoalidade leva em consideração a **teoria da imputação**, segundo a qual a atividade administrativa é exercida pelos agentes públicos, mas tal atuação é imputada (atribuída) à Administração Pública. Neste contexto, há uma garantia para o administrado, que sempre poderá cobrar da Administração eventuais prejuízos causados pela atuação de seu agente, desde que no exercício de suas funções. De igual modo, o agente público não poderá tirar proveito desta condição visando à sua autopromoção. Segundo o Supremo Tribunal Federal (RE 191.668, j. 14.04.2008), a vedação de **promoção pessoal**, prevista no art. 37, § 1º, da CF/88, está baseada no princípio da **impessoalidade.** Outro exemplo desta acepção do princípio da impessoalidade é a Lei 6.454/77, que proíbe que se atribua a bem público nome de pessoa viva.

B.2 **Quanto aos administrados:** O administrador tem o dever de agir de forma impessoal, abstrata e genericamente, protegendo sempre o interesse público, nunca atuando em nome do interesse pessoal de um administrado singularmente considerado. Exemplo disso é a necessidade de provimento de cargos públicos por meio de concurso público.

C **Moralidade:** esse princípio traduz a ideia de que o administrador tem que agir com honestidade, probidade, observando os princípios éticos, a lealdade e a boa-fé. O princípio da moralidade ganhou previsão expressa apenas na CF/88.

D **Publicidade**: este princípio visa trazer **transparência** à atuação administrativa, de modo os atos administrativos devem merecer a mais ampla divulgação possível entre os administrados, para lhes propiciar a possibilidade de controlar a legitimidade da conduta dos agentes administrativos. Com a publicidade os administrados estão aptos a conhecer como a Administração se porta em sua atuação, verificando-se se esta está agindo em nome do interesse público.

> **MUITA ATENÇÃO!**
>
> Em algumas situações a publicidade será mitigada:
>
> a) art. 5º, X da CF/88: visa proteger a intimidade, a vida privada, a honra e a imagem das pessoas;
>
> b) art. 5º, XXXIII da CF/88: tem por finalidade salvaguardar a segurança da sociedade quando estabelece situações que serão protegidas pelo sigilo em razão de sua relevância e;
>
> c) art. 5º, LX da CF/88: objetiva proteger a intimidade e o interesse social nos processos judiciais e administrativos.

E **Eficiência:** este princípio ingressou no rol dos princípios mínimos da Administração com o advento da Emenda Constitucional nº 19/98, quando foi inserido no *caput* do art. 37. Mas mesmo antes da alteração já se considerava que o dever de eficiência existia de maneira implícita no texto constitucional.

O princípio da eficiência exige que o administrador aja de modo rápido e preciso, produzindo resultados que satisfaçam as necessidades dos administrados.

Um bom exemplo de atendimento a este princípio foi a publicação da Lei 13.726/2018, que ficou conhecida como Lei da Desburocratização. O art. 1.º informa que o objetivo da lei é racionalizar atos e procedimentos administrativos dos Poderes da União, dos Estados, do Distrito Federal e dos Municípios mediante a supressão ou a simplificação de formalidades ou exigências desnecessárias ou superpostas, cujo custo econômico ou social, tanto para o erário como para o cidadão, seja superior ao eventual risco de fraude, além de instituir o **Selo de Desburocratização e Simplificação**, destinado a reconhecer e a estimular projetos, programas e práticas que simplifiquem o funcionamento da administração pública e melhorem o atendimento aos usuários dos serviços públicos.

3.3. Outros Princípios do Direito Administrativo

De um modo geral, a doutrina considera a existência **princípios implícitos ou reconhecidos** que regem a Administração Pública, cujos principais serão a seguir estudados:

A **Princípio da supremacia do interesse público:** o interesse público deve sobressair-se ao interesse privado, o que confere uma posição de **superioridade** da Administração no que se refere ao regramento jurídico conferido à sua atuação. Em razão deste princípio a Administração Pública recebe do ordenamento jurídico prerrogativas e privilégios para sua atuação que não são estendidos aos particulares. Ex.: desapropriação por utilidade pública. Todavia, este princípio enfrenta pelo menos dois limites, que impedem a atuação arbitrária do administrador: a) direitos e garantias fundamentais; b) princípio da legalidade.

? **QUESTÃO:** O que é considerado interesse público?

➥ ***RESPOSTA:*** *O interesse público divide-se em duas vertentes:*

- ***Interesse Público Primário****: é o interesse coletivo ampla e abstratamente considerado, que deve ser buscado no exercício da função administrativa.*
- ***Interesse Público Secundário****: é a vontade do Estado considerado enquanto pessoa jurídica – não necessariamente coincidente com o interesse da coletividade – em busca de suas próprias conveniências.*

O ideal é que haja uma compatibilidade entre os dois interesses, primário e secundário, porém quando existir divergência/conflito entre eles deve haver prevalência do interesse primário.

B **Princípio da indisponibilidade do interesse público:** preceitua que uma vez caracterizado o interesse público não pode mais a Administração dispor-se dele. Assim, a autoridade administrativa deverá tomar imediatamente as providências cabíveis quando relevantes ao atendimento do interesse público.

C **Princípio da razoabilidade e proporcionalidade:** esses princípios estão previstos expressamente no art. 2º da Lei 9.784/99. Porém, mesmo antes de sua positivação, a jurisprudência já havia se posicionado no sentido de que ambos estão previstos implicitamente no texto da Constituição.

Atuar com **razoabilidade** é agir de forma equilibrada e coerente, seguindo critérios do homem médio, em limites aceitos sob o ponto de vista racional. É também chamado de **princípio da proibição dos excessos**.

O princípio da **proporcionalidade** possui os seguintes elementos essenciais: a) **adequação**: o meio utilizado deve ser compatível com o fim buscado; b) **exigibilidade**: a conduta deve ser necessária, sendo o único meio menos gravoso para alcançar o fim público; c) **proporcionalidade em sentido estrito**: as vantagens têm de superar as desvantagens.

Ressalta-se que as decisões tomadas com ofensa a estes princípios não são apenas inconvenientes, são **ilegais** e **ilegítimas**, posto que ferem a **finalidade da lei** e, como consequência, o princípio da legalidade.

DICA IMPORTANTE

Não há consenso na doutrina quanto à abordagem do significado destes princípios. A jurisprudência – principalmente do STF – não faz diferenciação rigorosa, aplicando-os com certa similaridade.

D Princípio da autotutela: estabelece que a Administração pode rever os seus próprios atos, seja para anulá-los (se ilegais) ou revogá-los (se inconvenientes ou inoportunos). Neste mesmo sentido, o art. 53, da Lei 9.784/99 dispõe que "A Administração deve anular seus próprios atos, quando eivados de vício de ilegalidade, e pode revogá-los por motivo de conveniência ou oportunidade, respeitados os direitos adquiridos". O tema "revogação e anulação do ato administrativo" será rediscutido em capítulo próprio.

E Princípio da especialidade: Segundo o art. 37, XIX da Constituição Federal, para que a Administração Pública possa criar entidades, é necessário que exista uma lei que autorize a criação e defina, detalhadamente, as finalidades da nova pessoa jurídica. Assim, ao criar um órgão ou uma entidade, o legislador deve restringir-se aos objetivos definidos pela lei criadora ou autorizadora, ou seja, as pessoas jurídicas e os órgãos públicos estão diretamente vinculados às finalidades para as quais foram criados.

O princípio surge com base na ideia de descentralização administrativa e foi pensado, inicialmente, para as autarquias. Entretanto, é aplicado a todas as pessoas jurídicas e órgãos, cuja criação dependa de lei.

F Princípio da motivação: este princípio estabelece que a Administração Pública deve justificar os seus atos, apontando os fundamentos de fato e de direito, bem como a correlação lógica entre os eventos e as providências tomadas. A finalidade é avaliar se o administrador agiu de forma compatível com lei que lhe serviu de fundamento. É também uma garantia para a ampla defesa e para o controle da legalidade dos atos praticados.

Neste aspecto, o parágrafo único do art. 20 da LINDB, incluído pela Lei 13.655/18, estabelece que "a motivação demonstrará a necessidade e a adequação da medida imposta ou da invalidação de ato, contrato, ajuste, processo ou norma administrativa, inclusive em face das possíveis alternativas", atrelando a motivação à proporcionalidade, mecanismos essenciais para o controle da atividade administrativa, especialmente da atuação discricionária do administrador. O artigo 21, também inserido pela Lei 13.655/18 e que será analisado mais à frente, vai no mesmo sentido.

O Decreto 9.830/19 estabeleceu que a decisão será motivada com a contextualização dos fatos, quando cabível, e com a indicação dos fundamentos de mérito e jurídicos. Além disso, estabeleceu as seguintes regras (§§ 1.º a 3.º):

- A motivação da decisão conterá os seus fundamentos e apresentará a congruência entre as normas e os fatos que a embasaram, de forma argumentativa.
- A motivação indicará as normas, a interpretação jurídica, a jurisprudência ou a doutrina que a embasaram.
- A motivação poderá ser constituída por declaração de concordância com o conteúdo de notas técnicas, pareceres, informações, decisões ou propostas que precederam a decisão (motivação *per relationem* ou aliunde).

G Princípio da segurança jurídica: É considerado um dos pilares da ordem jurídica, um dos princípios básicos do Estado de Direito, sendo aplicável a outros ramos do Direito. Tem a finalidade de: evitar alterações supervenientes que causem instabilidade social e minorar os efeitos traumáticos de novas disposições, protegendo sempre a estabilidade jurídica. De acordo com o art. 2º, inciso XIII, da Lei 9.784/99, a Administração deve buscar a interpretação da norma que melhor garanta o atendimento do fim público a que se dirige, vedada a aplicação retroativa da nova interpretação.

Um dos objetivos invocados pela Lei 13.655/18 para alterar a LINDB foi prestigiar o primado da segurança jurídica. Neste aspecto, digna de nota a inserção art. 23: "A decisão administrativa, controladora ou judicial que estabelecer interpretação ou orientação nova sobre norma de conteúdo indeterminado, impondo novo dever ou novo condicionamento de direito, deverá prever regime de transição quando indispensável para que o novo dever ou condicionamento de direito seja cumprido de modo proporcional, equânime e eficiente e sem prejuízo aos interesses gerais".

Além disso, o art. 24, também inserido na LINDB pela Lei 13.355/18, estabeleceu que a revisão, nas esferas administrativa, controladora ou judicial, quanto à validade de ato, contrato, ajuste, processo ou norma administrativa cuja produção já se houver completado, levará em conta as orientações gerais da época, sendo vedado que, com base em mudança posterior de orientação geral, se declarem inválidas situações plenamente constituídas. Nos conceitos de orientações gerais estão incluídas as interpretações e especificações contidas em atos públicos de caráter geral ou em jurisprudência judicial ou administrativa majoritária, e ainda as adotadas por prática administrativa reiterada e de amplo conhecimento público.

Por fim, vale destacar duas outras previsões inseridas na LINDB pela Lei 13.655/18 e que se relacionam à segurança jurídica: a) Art. 26: permite a **celebração de compromisso** com os interessados para eliminar irregularidade, incerteza jurídica ou situação contenciosa na aplicação do direito público, inclusive no caso de expedição de licença, desde que observada a legislação aplicável e presentes **razões de interesse geral**. Para tanto, o órgão jurídico será ouvido, admitindo-se, inclusive, a realização de consulta pública, publicando-se, ao final, o termo de compromisso celebrado para que produza seus efeitos; b) Art. 30: As autoridades públicas devem atuar para aumentar a segurança jurídica na aplicação das normas, inclusive por meio de regulamentos, súmulas administrativas e respostas a consultas, que terão caráter vinculante em relação ao órgão ou entidade a que se destinam, até ulterior revisão.

MUITA ATENÇÃO!

A **Teoria da Ponderação de Interesses** diz que não há princípio absoluto, assim, todos os princípios do nosso ordenamento jurídico são importantes e devem ser levados em consideração. Dessa forma, de acordo com as circunstâncias do caso concreto, deve-se ponderar os interesses e verificar qual princípio deve prevalecer.

FIQUE POR DENTRO:

PRINCÍPIOS ADMINISTRATIVOS E VEDAÇÃO AO NEPOTISMO

Um dos grandes avanços dos últimos tempos foi a edição da Súmula Vinculante 13, que possui a seguinte redação: "A nomeação de cônjuge, companheiro ou parente em linha reta, colateral ou por afinidade, até o terceiro grau, inclusive, da autoridade nomeante ou de servidor da mesma pessoa jurídica investido em cargo de direção, chefia ou assessoramento, para o exercício de cargo em comissão ou de confiança ou, ainda, de função gratificada na administração pública direta e indireta em qualquer dos Poderes da União, dos Estados, do Distrito Federal e dos Municípios, compreendido o ajuste mediante designações recíprocas, viola a Constituição Federal". Anteriormente o STF já havia decidido que a nomeação de parentes viola os princípios da **moralidade**, **impessoalidade** e **eficiência** (RE 579951/RN), sendo que estes princípios serviram de base para a edição desta Súmula Vinculante.

EM RESUMO: Direito Administrativo: conceito, fontes e princípios	
Conceito de direito administrativo	• O Direito Administrativo é "o ramo do **direito público** que tem por objeto os **órgãos**, **agentes** e **pessoas jurídicas administrativas** que integram a **Administração Pública**, a **atividade jurídica não contenciosa** que exerce e os **bens** de que se utiliza para a consecução de seus fins, de natureza pública". **(Maria Sylvia Zanella Di Pietro)**
Fontes do direito administrativo	• **Lei:** é a principal fonte do Direito Administrativo. A expressão "lei" deve ser considerada em **sentido amplo**, incluindo a Constituição Federal (e suas emendas), as leis formais (lei ordinária, lei complementar, lei delegada, decretos legislativos e resoluções), medidas provisórias e normas administrativas regulamentares (decretos, resoluções, portarias etc.); • **Doutrina:** é o trabalho intelectual dos pensadores sobre determinado tema. No direito administrativo a doutrina teve grande relevância para sua sistematização e evolução. Porém, o *tema não é pacífico entre os próprios doutrinadores, havendo quem não a considere fonte do Direito Administrativo.* • **Jurisprudência:** são as decisões reiteradas dos Tribunais Superiores. Atualmente existem as chamadas súmulas vinculantes, editadas pelo **STF**, cujo conteúdo vincula também a Administração Pública. • **Costumes:** costume é a prática social reiterada de uma conduta, acrescida da convicção geral de obrigatoriedade em sua observância. Não se pode admitir, porém, em Direito Administrativo a invocação de costumes que vão de encontro com a lei (costumes *contra legem*). Ou seja, apesar do princípio da legalidade e do caráter formal dos atos da Administração Pública, a doutrina aceita a existência de **fontes escritas e não escritas** para o Direito Administrativo. ** A doutrina não é unânime quanto às fontes do Direito Administrativo.*
Princípios do direito administrativo	**PRINCÍPIOS CONSTITUCIONAIS EXPRESSOS DO DIREITO ADMINISTRATIVO** **(art. 37, caput da CF/88)** • **Legalidade:** a atuação da Administração está vinculada à observância do disposto na lei em sentido amplo, ou seja, **o administrador somente pode atuar nos limites previstos no ordenamento jurídico.**

EM RESUMO: Direito Administrativo: conceito, fontes e princípios	
Princípios do direito administrativo	• **Impessoalidade:** ↳ **Quanto à Administração** – o ato administrativo é impessoal, ou seja, o ato praticado pelo agente público deve ser atribuído à pessoa jurídica ao qual está vinculado. Essa concepção de impessoalidade leva em consideração a **teoria da imputação**, segundo a qual a atividade administrativa é exercida pelos agentes públicos, mas tal atuação é imputada (atribuída) à Administração Pública. ↳ **Quanto aos administrados** – o administrador tem o dever de agir de forma impessoal, abstrata e genericamente, protegendo sempre o interesse público, nunca atuando em nome do interesse pessoal de um administrado singularmente considerado. • **Moralidade:** o administrador tem que agir com honestidade, probidade, observando os princípios éticos, a lealdade e a boa-fé. Este princípio ganhou previsão expressa apenas na CF/88. • **Publicidade:** visa trazer **transparência** à atuação administrativa, de modo que os atos administrativos devem merecer a mais ampla divulgação possível entre os administrados, para lhes propiciar a possibilidade de controlar a legitimidade da conduta dos agentes administrativos. ***Situações em que a publicidade será mitigada: art. 5º, incisos X, XXXIII e LX da CF/88.* • **Eficiência:** exige que o administrador aja de modo rápido e preciso, produzindo resultados que satisfaçam as necessidades dos administrados. **OUTROS PRINCÍPIOS DO DIREITO ADMINISTRATIVO** • **Princípio da indisponibilidade do interesse público:** preceitua que uma vez caracterizado o interesse público não pode mais a Administração dispor-se dele. • **Princípio da razoabilidade e proporcionalidade:** previstos expressamente no art. 2º da Lei 9.784/99. **Razoabilidade** é agir de forma equilibrada e coerente, seguindo critérios do homem médio, em limites aceitos sob o ponto de vista racional. O princípio da **proporcionalidade** possui os seguintes elementos essenciais: a) **adequação**: o meio utilizado deve ser compatível com o fim buscado; b) **exigibilidade:** a conduta deve ser necessária, sendo o único meio menos gravoso para alcançar o fim público; c) **proporcionalidade em sentido estrito:** as vantagens têm de superar as desvantagens. • **Princípio da autotutela:** estabelece que a Administração pode rever os seus próprios atos, seja para anulá-los (se ilegais) ou revogá-los (se inconvenientes ou inoportunos). • **Princípio da especialidade:** Segundo o art. 37, XIX da CF/88, para que a Administração Pública possa criar entidades, é necessário que exista uma lei que autorize a criação e defina, detalhadamente, as finalidades da nova pessoa jurídica. Assim, ao criar um órgão ou uma entidade, o legislador deve restringir-se aos objetivos definidos pela lei criadora ou autorizadora, ou seja, as pessoas jurídicas e os órgãos públicos estão diretamente vinculados às finalidades para as quais foram criados.

EM RESUMO: Direito Administrativo: conceito, fontes e princípios	
Princípios do direito administrativo	• **Princípio da motivação:** este princípio estabelece que a Administração Pública deve justificar os seus atos, apontando os fundamentos de fato e de direito, bem como a correlação lógica entre os eventos e as providências tomadas. • **Princípio da segurança jurídica:** tem a finalidade de: evitar alterações supervenientes que causem instabilidade social e minorar os efeitos traumáticos de novas disposições, protegendo sempre a estabilidade jurídica.

CAPÍTULO III
PODERES DA ADMINISTRAÇÃO PÚBLICA

1. NOÇÕES

"A doutrina costuma afirmar que certas prerrogativas postas à Administração encerram verdadeiros poderes, que são irrenunciáveis e devem ser exercidos sempre que o interesse público clamar. Por tal razão são chamados poder-dever".

Os poderes administrativos são, assim, prerrogativas especiais e instrumentos que o ordenamento jurídico confere ao Estado para que este cumpra suas finalidades institucionais na busca e alcance do interesse público.

> **MUITA ATENÇÃO!** Não confundir poderes administrativos com **poderes políticos** (Legislativo, Executivo e Judiciário), posto que aqueles são poderes instrumentais e estes são poderes estruturais, referindo-se à própria estrutura do Estado estabelecida pela CF/88.

2. CARACTERÍSTICAS DOS PODERES ADMINISTRATIVOS

Podemos enumerar as seguintes características dos poderes administrativos:

2.1 Instrumentalidade: como acima mencionado os poderes administrativos são instrumentos colocados à disposição da Administração para que esta atinja seus fins institucionais, na busca e alcance no interesse público.

2.2 Poder-dever: os poderes da Administração são dotados de um caráter compulsório, ou seja, não tem o administrador a faculdade de exercer ou não os poderes colocados a sua disposição, devendo sempre deles se utilizar.

2.3 Irrenunciabilidade: essa característica decorre da natureza compulsória dos poderes, e estabelece que o administrador não pode renunciar suas prerrogativas face ao princípio da indisponibilidade do interesse público.

2.4 Exercício nos limites da lei: em decorrência do princípio da legalidade os poderes administrativos devem ser exercidos e utilizados de acordo com que prevê o ordenamento jurídico.

2.5 Responsabilização do administrador: todos os atos praticados com abuso de poder e em desrespeito a lei são ilegais, gerando a responsabilização do administrador tanto em sua atuação comissiva ou omissiva.

3. CLASSIFICAÇÃO DOS PODERES ADMINISTRATIVOS

No quadro abaixo, trazemos um pequeno resumo das classificações doutrinárias mais recorrentes sobre o tema Poderes Administrativos:

Quanto à margem de liberdade	a) vinculado; b) discricionário.
Quanto às espécies	a) hierárquico; b) disciplinar; c) regulamentar ou normativo; d) de polícia.

4. PODER VINCULADO

Conforme a liberdade de atuação e decisão que se dê ao agente, os **poderes administrativos** podem ser **vinculados** ou **discricionários**.

No exercício do **poder vinculado,** a lei tipifica objetiva e claramente a situação em que o agente deve agir e o comportamento a ser tomado. Preenchidos os requisitos legais, o administrador é obrigado a agir de acordo com o previamente definido em lei. Nestes atos todos os elementos ou requisitos do ato administrativo praticado são **vinculados**, o que permite que o ato seja objeto de controle de legalidade por parte do Judiciário.

5. PODER DISCRICIONÁRIO

Em contraposição à categoria anterior, o exercício do **poder discricionário** permite uma margem de liberdade ao administrador, que exercerá um juízo de valor segundo critérios de **conveniência** e **oportunidade** (**mérito administrativo**), dentro dos limites definidos pela lei, avaliando a situação e escolhendo o melhor comportamento a ser tomado dentre os que são legalmente possíveis e que melhor atenda ao interesse público buscado. O poder discricionário é necessário porque seria impossível que o legislador previsse todas as situações possíveis para os diversos comportamentos administrativos.

O poder discricionário manifesta-se principalmente nas seguintes situações: a) quando estiver diante de conceitos valorativos estabelecidos pela lei, que dependem de concretização pelas escolhas do agente, considerados o momento histórico e social; b) diante de **conceitos legais e jurídicos técnico-científicos**, sendo, neste caso, limitado às escolhas técnicas possíveis.

? **QUESTÃO:** O que significa intangibilidade do mérito administrativo?

➥ ***RESPOSTA:*** *O princípio da intangibilidade ou insindicabilidade do mérito administrativo significa que o juízo de conveniência e oportunidade feito pelo agente quando da prática de um ato discricionário não pode ser alterado pelo Poder Judiciário, salvo se padecer de vício de legalidade. Não pode, assim, o juiz substituir-se ao administrador na prática de um ato discricionário para decidir qual seria a conduta mais adequada a ser tomada, sob pena de violação ao princípio da separação entre os Poderes.*

6. PODER HIERÁRQUICO

6.1 Conceito: prerrogativa que tem o Estado de organizar sua estrutura, escalonando e definindo funções de seus órgãos, bem como fiscalizar, ordenar e rever a atuação de seus agentes, através do estabelecimento de relações de hierarquia e subordinação entre aqueles que integram o seu quadro de pessoal. Podemos afirmar, assim, que "o poder hierárquico é inerente à ideia de verticalização administrativa, e revela as possibilidades de controlar atividades, delegar competência, avocar competências delegáveis e invalidar atos, dentre outros".

6.2 Características:

A **Edição de Atos Normativos Internos:** o superior hierárquico pode editar atos normativos dirigidos aos agentes subordinados, cujo principal objetivo é organização da atuação administrativa. São as resoluções, portarias, ordens de serviço etc.

B **Dar ordens (poder de comando):** em decorrência do poder hierárquico atribui-se ao superior hierárquico a prerrogativa de dar ordens diretas, verbais ou escritas, aos seus subordinados com o objetivo de garantir o adequado funcionamento dos serviços. No outro lado, os subordinados devem acatar e cumprir as ordens de seus superiores hierárquicos, **salvo se manifestamente ilegais.**

C **Fiscalização e controle:** também denominado como fiscalização hierárquica, é a prerrogativa conferida ao superior hierárquico de fiscalizar e revisar os atos praticados por seus subordinados, o que pode resultar na anulação, revogação ou convalidação de tais atos.

D **Delegação e avocação:** em regra, a competência é indelegável. Porém, em determinadas situações o legislador admite a delegação ou avocação de competências.

Conceitua-se **delegação** como o ato discricionário, revogável a qualquer tempo, mediante o qual um agente ou órgão confere o exercício temporário de parte de suas atribuições a outro agente ou órgão, ainda que não sejam hierarquicamente subordinados, em razão de circunstâncias de índole **técnica**, **social**, **econômica**, **jurídica** ou **territorial** (art. 12 da Lei 9.784/99). A autoridade delegante continua competente cumulativamente com o delegado para a prática do ato. Tratando-se a delegação de ato discricionário, poderá ser **revogada** a qualquer tempo por quem delegou a competência (art. 14, § 2º). A publicação do ato de delegação, bem como sua revogação, é obrigatória (art. 14, da Lei 9.784/99), devendo o ato de delegação especificar as matérias e poderes transferidos, os limites da atuação do delegado, a duração e os objetivos da delegação e o recurso cabível, podendo conter ressalva de exercício da atribuição delegada.

MUITA ATENÇÃO!

De acordo com o art. 13, da Lei 9.784/99, não podem ser objeto de delegação as seguintes matérias: a) a edição de atos de caráter normativo; b) a decisão de recursos administrativos; c) as matérias de competência exclusiva do órgão ou autoridade.

Já **avocação** é o ato discricionário mediante o qual o superior hierárquico traz para si, em caráter excepcional e por motivos relevantes devidamente justificados, o exercício temporário de determinada competência atribuída por lei a um subordinado seu (art. 15 da Lei 9.784/99).

7. PODER DISCIPLINAR

É o poder conferido ao agente público de aplicar sanções aos demais agentes diante da prática de uma **infração funcional**, bem como às pessoas que mantêm vínculo contratual com a Administração e cometem alguma falta durante a execução do contrato. Estas infrações deverão ser apuradas por meio de regular processo administrativo com observância do contraditório e ampla defesa e devem possuir previsão na legislação.

O exercício do poder disciplinar é obrigatório, o que significa dizer que a infração cometida deve ser apurada. Entretanto, nem sempre ocorrerá a aplicação de uma sanção, que é uma prerrogativa da Administração.

8. PODER REGULAMENTAR

8.1 Conceito: refere-se à prerrogativa que tem o Chefe do Executivo de expedir regulamentos que irão complementar o teor das leis, preparando-se sua execução (art. 84, IV da CF/88).

MUITA ATENÇÃO! O art. 84, IV da CF menciona que a expedição de **decretos** e **regulamentos** para a fiel execução das leis. Regulamento representa o **conteúdo** do ato, já o decreto é a **forma** pela qual o ato se exterioriza.

É importante salientar, todavia, que "no exercício do poder regulamentar, a Administração não pode criar direitos, obrigações, proibições, medidas punitivas, devendo limitar-se a estabelecer normas sobre a forma como a lei vai ser cumprida". É legítima, porém, a fixação de obrigações secundárias (ou derivadas), adequadas às obrigações legais principais.

Vale ressaltar que compete **exclusivamente** ao **Congresso Nacional** a sustação dos atos normativos do Poder Executivo que exorbitem do poder regulamentar (art. 49, V da CF), sem prejuízo do **controle de legalidade** a cargo do Poder Judiciário.

É digno de nota o art. 29 da LINDB, incluído pela Lei 13.655/18, que propõe importante mecanismo de participação popular e transparência na edição de atos normativos: "Em qualquer órgão ou Poder, a edição de atos normativos por autoridade administrativa, **salvo os de mera organização interna**, poderá ser precedida de consulta pública para manifestação de interessados, preferencialmente por meio eletrônico, a qual será considerada na decisão".

8.2 Tipos de regulamento

A **Regulamento autônomo ou independente:** seu fundamento de validade deriva diretamente na Constituição Federal, exercendo papel finalístico de lei, podendo, inclusive, ser objeto de controle de constitucionalidade.

Não há consenso na doutrina sobre a existência dos chamados **regulamentos ou decretos autônomos** no Direito Brasileiro. Os que admitem sua existência, indicam como espécies as hipóteses trazidas pelo art. 84, VI, da CF: a) organização e funcionamento da administração pública, desde que não cause aumento de despesas nem crie ou extinga órgãos públicos; b) extinção de funções ou cargos públicos, quando vagos.

B **Regulamento executivo:** são atos normativos, de caráter **geral** e **abstrato**, de competência privativa do Chefe do Poder Executivo e que visam fixar parâmetros para a fiel execução de leis. Ex.: Decreto 3.048/99, que regulamenta as Leis 8.212/91 e 8.213/91.

9. PODER DE POLÍCIA

9.1 Conceito: o Código Tributário Nacional, em seu art. 78, conceitua poder de polícia como sendo "(...) a atividade da administração pública que, limitando ou disciplinando direito, interesse ou liberdade, regula a prática de ato ou abstenção de fato, em razão de interesse público concernente à segurança, à higiene, à ordem, aos costumes, à disciplina da produção e do mercado, ao exercício de atividades econômicas dependentes de concessão ou autorização do

Poder Público, à tranquilidade pública ou ao respeito à propriedade e aos direitos individuais ou coletivos".

Em resumo, "O poder de polícia, conferindo a possibilidade de o Estado limitar o exercício da liberdade ou das faculdades de proprietário, em prol do interesse público, deve ser exercido nos limites da lei, gerando a possibilidade de cobrança de taxa". A previsão de cobrança de taxas em razão do exercício do poder de polícia está no art. 145, II da CF/88.

9.2 Atributos do poder de polícia

A **Discricionariedade:** a Administração avaliará a **conveniência** e **oportunidade** de sua atuação e em que medida o fará, principalmente no que se refere na definição das sanções que poderão ser aplicadas. Todavia, em algumas situações o poder de polícia é **vinculado**, uma vez que a própria norma explicita todos os requisitos exigidos do interessado, como ocorre, por exemplo, para a concessão das **licenças** em geral.

B **Autoexecutoriedade:** o exercício do poder de polícia não depende de autorização do Poder Judiciário, podendo a Administração executar diretamente as medidas e sanções decorrentes da polícia administrativa. É bastante comum verificar este atributo nas interdições realizadas em estabelecimentos que não cumprem normas de saúde e higiene públicas. Ou seja, o Estado pode "(...) em **situações extremas**, dentro dos limites da **razoabilidade** e da **proporcionalidade**, atuar de forma autoexecutória". Mas a autoexecutoriedade do poder de polícia não impede o controle posterior da atuação administrativa pelo Poder Judiciário.

O ato praticado pelo fiscal está dentro da visão tradicional do exercício da polícia administrativa pelo Estado, que pode, em situações extremas, dentro dos limites da razoabilidade e da proporcionalidade, atuar de forma autoexecutória.

MUITA ATENÇÃO! As multas aplicadas em razão do poder de polícia são uma exceção ao atributo da autoexecutoriedade. A Administração, neste caso, deve-se valer de meios judiciais – execução fiscal – ou extrajudiciais – como envio de avisos de cobrança, protesto da certidão de dívida ativa etc. – para satisfazer o seu crédito.

C **Coercibilidade:** a medida adotada pela Administração no exercício do poder de polícia é imposta de forma coercitiva ao administrado que desrespeita os limites impostos ao exercício de seu direito de liberdade e propriedade.

? QUESTÃO: O exercício do poder de polícia pode ser delegado a entidade privada?

➥ ***RESPOSTA: Não.*** *O entendimento vigente no STF é no sentido de que o poder de polícia, típica atividade de Estado, não pode ser delegado a entidade privada (ADI 1717). Esse entendimento tem sido mitigado na hipótese de a entidade de direito privado integrar a Administração Pública Indireta. Neste sentido, o STF fixou a seguinte tese em julgamento com repercussão geral reconhecida (Tema 532): "É constitucional a delegação do poder de polícia, por meio de lei, a pessoas jurídicas de direito privado integrantes da Administração Pública indireta de capital social majoritariamente público que prestem exclusivamente serviço público de atuação própria do Estado e em regime não concorrencial". Todavia, voltando-se novamente à regra, é importante salientar que se tem admitido a delegação a particulares da prática de certos* ***atos materiais ou instrumentais*** *ao exercício poder de polícia.*

9.3 Diferença entre polícia administrativa e polícia judiciária

Vejamos as principais diferenças entre polícia administrativa e judiciária:

Polícia Administrativa	Polícia Judiciária
Incide sobre bens, direitos e atividades, condicionando seu uso ou exercício.	Incide sobre pessoas, de forma ostensiva ou investigativa, e busca evitar ou reprimir a prática de infrações penais.
Caráter predominantemente preventivo. Mas pode ser repressivo e fiscalizador.	Caráter predominantemente **repressivo.**
Exercida pelas autoridades administrativas e pelas corporações policiais.	Exercida pela polícia civil, militar e federal.
Visa prevenir ou reprimir ilícitos administrativos.	Visa prevenir ou reprimir ilícitos penais.
Regida por normas de Direito Administrativo.	Regida por normas do Direito Penal e Processual Penal.

9.4 Prescrição

As sanções aplicadas em razão do poder de polícia estão sujeitas a prazo prescricional, em atenção ao princípio da segurança jurídica.

Dispõe o art. 1.º da Lei 9.873/99 que "prescreve em **cinco anos** a ação punitiva da Administração Pública Federal, direta e indireta, no exercício do poder de polícia, objetivando apurar infração à legislação em vigor, contados da data da prática do ato ou, no caso de infração permanente ou continuada, do dia em que tiver cessado". É importante salientar que se a infração também se configurar crime, o prazo prescricional é o mesmo da lei penal. Além disso, esse prazo prescricional pode ser interrompido e suspenso segundo hipóteses trazidas pela própria lei.

Dentro deste prazo de **5 anos** deverá ser instaurado regular procedimento administrativo, permitindo-se que o autuado se defenda – valendo-se de todos os recursos disponíveis -, sendo, ao fim e se rechaçada a defesa, confirmada a autuação e, se aplicada multa ao infrator, haverá a **constituição definitiva do crédito não tributário.**

Havendo constituição definitiva de crédito não tributário, a Administração terá outros **5 anos** para ajuizar a **ação de execução** (art. 1º-A, da Lei 9.783/99), caso o autuado não pague voluntariamente o valor da multa. O rito seguido será o estabelecido pela **Lei de Execução Fiscal** (Lei 6.830/80).

10. DO ABUSO DE PODER

O abuso de poder ocorre quando o agente, no exercício de suas atribuições legais, atua com desrespeito às normas de **competência** (excesso de poder) ou em de forma contrária a sua **finalidade institucional** (desvio de poder).

A **Excesso de poder**: deriva da atuação fora dos limites de competência conferida ao agente público, **invadindo competência alheia ou desrespeitando o imposto por lei ou regulamento.** Ex.: o conselho diretor de uma autarquia federal baixou resolução disciplinando que todas as compras de material permanente acima de cinquenta mil reais só poderiam ser feitas pela própria sede. Ainda assim, um dos superintendentes estaduais abriu licitação para compra de microcomputadores no valor de trezentos mil reais. A licitação acabou sendo feita sem incidentes, e o citado superintendente homologou o resultado e adjudicou o objeto da licitação à empresa vencedora. O superintendente estadual atuou neste caso com **excesso de poder.**

B Desvio de poder ou desvio de finalidade: no desvio de poder o agente atua dentro do seu limite de competência, mas o faz sem observar a finalidade, o objetivo disciplinado em lei para a realização do ato.

Cumpre observar que as condutas de abuso de poder podem ser punidas na seara criminal, especialmente se enquadrados na Lei 13.869/19 (Lei de abuso de autoridade).

<table>
<tr><th colspan="3">EM RESUMO: Poderes Administrativos</th></tr>
<tr><td>Vinculado</td><td colspan="2">A norma determina a conduta do Administrador.</td></tr>
<tr><td>Discricionário</td><td colspan="2">O Administrador possui alguma liberdade em sua atuação, com observância de critérios de conveniência/oportunidade.</td></tr>
<tr><td>Hierárquico</td><td colspan="2">É inerente à ideia de verticalização administrativa.</td></tr>
<tr><td>Disciplinar</td><td colspan="2">Aplicação de sanções disciplinares ou contratuais.</td></tr>
<tr><td>Regulamentar</td><td colspan="2">Possibilidade de regulamentar a execução das leis já existentes.</td></tr>
<tr><td>Poder de Polícia</td><td colspan="2">Restrições ao exercício da liberdade ou das faculdades de proprietário, em prol do interesse público e nos limites da lei.</td></tr>
<tr><td rowspan="2">Abuso de Poder</td><td>Excesso de Poder</td><td>Atuação fora dos limites de competência.</td></tr>
<tr><td>Desvio de Poder ou Finalidade</td><td>Deixa de observar a finalidade estabelecida em lei para o ato.</td></tr>
</table>

✍ QUESTÕES

(Cespe – Policial Rodoviário Federal – DPRF/2019 – Questão adaptada) *No tocante aos poderes administrativos, julgue os próximos itens.*

Constitui poder de polícia a atividade da administração pública ou de empresa privada ou concessionária com delegação para disciplinar ou limitar direito, interesse ou liberdade, de modo a regular a prática de ato em razão do interesse público relativo à segurança.

GABARITO	ERRADO.
COMENTÁRIO	Segundo entendimento firmado pelo STF (ADI 1717-DF), o poder de polícia, típica atividade de Estado, não pode ser delegado a entidade privada. Conforme visto no estudo do item 9.C, o STF mitigou este entendimento no julgamento, com repercussão geral, do tema 532, mas ainda assim não admitiu o exercício de poder de polícia por qualquer empresa privada ou concessionária de serviços públicos, mas apenas para pessoas jurídicas de direito privado **integrantes da Administração Pública indireta de capital social majoritariamente público que prestem exclusivamente serviço público de atuação própria do Estado e em regime não concorrencial**".

O abuso de poder, que inclui o excesso de poder e o desvio de finalidade, não decorre de conduta omissiva de agente público.

GABARITO	ERRADO.
COMENTÁRIO	O abuso de poder é gênero, comportando duas espécies: a) excesso de poder; b) desvio de poder. O abuso de poder pode decorrer de condutas comissivas ou omissivas.

(Cespe – Policial Rodoviário Federal – DPRF/2013) *No que se refere ao regime jurídico administrativo, julgue o item subsecutivo.*

A administração não pode estabelecer, unilateralmente, obrigações aos particulares, mas apenas aos seus servidores e aos concessionários, permissionários e delegatários de serviços públicos.

GABARITO	ERRADO.
COMENTÁRIO	O poder de polícia determina que a administração pública tem a faculdade de condicionar, restringir o uso, o gozo de bens, atividades e direitos individuais, em benefício da coletividade ou do próprio Estado. Sendo assim, a administração pública pode criar obrigações aos particulares.

(Cespe – Policial Rodoviário Federal – DPRF/2013) *Um PRF, ao desviar de um cachorro que surgiu inesperadamente na pista em que ele trafegava com a viatura de polícia, colidiu com veículo que trafegava em sentido contrário, o que ocasionou a morte do condutor desse veículo.*

Com base nessa situação hipotética, julgue o item a seguir.

Não poderá ser objeto de delegação a decisão referente a recurso administrativo interposto pelo PRF contra decisão que lhe tiver aplicado penalidade em razão do acidente.

GABARITO	CERTO.
COMENTÁRIO	Art. 13, II da Lei 9.784/99.

CAPÍTULO IV
ORGANIZAÇÃO DA ADMINISTRAÇÃO PÚBLICA

1. NOÇÕES

Conforme visto no capítulo I, o termo **administração pública** admite dois sentidos, um objetivo e outro subjetivo. No presente estudo, analisaremos a organização da **Administração Pública** (grafada com letras maiúsculas), ou seja, em seu sentido subjetivo.

A organização administrativa refere-se, assim, à estruturação da Administração Pública, identificando seus elementos constitutivos e a forma como se inter-relacionam.

Neste processo de estruturação, temos que ter em mente a principal técnica organizacional utilizada, qual seja, a distribuição de **competências administrativas** necessárias ao pleno desempenho da **função administrativa**. Tais competências são atribuídas, normalmente por meio de lei, aos **agentes públicos**, aos **órgãos públicos** e às **entidades políticas** e **administrativas**.

A atuação de todos estes "atores" refletirá o maior ou menor grau de autonomia que lhes é conferido pela norma no exercício de suas competências, mas todos sempre contribuindo para o funcionamento harmônico da Administração Pública na consecução de seus objetivos.

Afastando-se um pouco mais da estrutura organizacional da Administração Pública, atua o chamado **terceiro setor**, composto de entidades da iniciativa privada que desempenham relevantes serviços sociais não exclusivos do Estado. Tais entidades, também chamadas de entidades paraestatais ou entes de cooperação, **não fazem parte da Administração Pública**, mas muitas vezes recebem importantes subsídios estatais para seu funcionamento.

2. ÓRGÃOS PÚBLICOS

2.1 Conceito: Segundo dispõe o art. 1º, § 2º da Lei 9.784/99, **órgão** é "a unidade de atuação integrante da estrutura da Administração direta e da estrutura da Administração indireta". Conforme lições de HELY LOPES MEIRELLES (2004, pp. 67-68), órgãos "são centros de competência instituídos para o desempenho de funções estatais, através de seus agentes, cuja atuação é imputada à pessoa jurídica a que pertencem. São unidades de ação com atribuições específicas na organização estatal". Exemplos de órgãos: Presidência da República, Comissão de Direitos Humanos e Minorias da Câmara dos Deputados, Receita Federal etc.

MUITA ATENÇÃO!

Os órgãos **não possuem personalidade jurídica própria**, são destituídos de **legitimidade para atuar em Juízo**. Excepcionalmente os Tribunais admitem a legitimidade do órgão para a defesa de **competências**, **atribuições** e **prerrogativas** próprias. Ainda, o **Código de Defesa do Consumidor** admite uma espécie de legitimação extraordinária dos órgãos criados especificamente para a defesa do consumidor, visando à tutela dos interesses e direitos dos consumidores e das vítimas das relações de consumo.

2.2 Teoria do Órgão: a **teoria do órgão** surgiu na doutrina para tentar explicar a relação existente entre a **vontade do órgão** e a do **agente público**, substituindo as **teorias do mandato e da representação**. O precursor da **teoria do órgão** foi **Otto Von Gierke**, segundo quem as pessoas jurídicas expressam sua vontade através de seus próprios órgãos, titularizados por seus agentes (pessoas humanas), na forma de sua organização interna. Consequentemente, existe entre o agente público e o órgão uma **relação de imputação**, também designada como **princípio da imputação objetiva**, ou seja, a atuação dos agentes públicos é imputada diretamente ao Estado.

? **QUESTÃO:** O que ensinavam as teorias do mandato e da representação?

➥ ***RESPOSTA:*** *De acordo com a teoria do mandato o agente atuaria como mandatário da pessoa jurídica. A principal crítica a esta teoria é não conseguir explicar quem outorgaria o mandato ao agente. Já a teoria da representação considerava que o agente atuaria como representante da pessoa jurídica, muito se assemelhando à figura do tutor e do curador de incapazes. A principal crítica a esta teoria relaciona-se à impossibilidade de a pessoa jurídica, na situação assemelhada a de um incapaz, outorgar validamente a sua própria representação, bem como se não lhe poderia atribuir responsabilidade em caso de excesso de poder.*

TEORIA DO ÓRGÃO E FUNCIONÁRIO DE FATO

FIQUE POR DENTRO:

A **teoria do órgão** é bastante útil na caracterização do chamado **funcionário de fato** ou **função de fato**, em que ocorre a prática de atos por parte de agente que não possui investidura legítima em seu cargo ou emprego (Ex.: agente empossado no cargo ou emprego com base em liminar judicial, que posteriormente é revogada). Neste caso, existindo a aparência da investidura, os **atos praticados pelo agente** serão **imputados** (atribuídos) ao órgão. Porém, o mesmo raciocínio não se aplica ao **usurpador de função pública**, cuja conduta é enquadrada como crime (art. 328, CP). Os atos do **usurpador de função pública** não serão imputados ao Estado, sendo considerados **inexistentes**.

2.3 Classificação: o seguinte quadro contém as principais classificações doutrinárias dos órgãos públicos:

Quanto à posição estatal	**Independentes**	São aqueles originários da própria Constituição, recebendo diretamente de seu texto suas atribuições e não mantendo entre si relação de hierarquia ou dependência funcional, ressalvando-se os mecanismos de controle mútuo previstos pela própria Constituição. Ex.: Executivo, Legislativo e Judiciário.
	Autônomos	São órgãos superiores, de cúpula, situados imediatamente abaixo dos órgãos independentes, ou seja, subordinados a estes. Possuem autonomia administrativa, financeira e técnica. Ex.: Ministérios, Secretarias de Estado etc.
	Superiores	Possuem poder de decisão e direção na sua esfera de competência, mas sem autonomia administrativa e financeira; são subordinados hierarquicamente aos órgãos independentes e autônomos. Ex.: gabinetes, departamentos, etc.

Quanto à posição estatal	**Subalternos**	Geralmente possuem atribuições de mera execução, com reduzido poder decisório. Ex.: seções de pessoal, expediente etc.
Quanto à estrutura	**Simples ou unitários**	Constituem-se em um único centro de competência, não havendo subdivisão de atribuições em sua estrutura. Ex.: Conselho da República (art. 89 da CF/88).
	Compostos	São aqueles que possuem em sua estrutura outros órgãos que atuam nos limites das competências administrativas que lhes são atribuídas. Os órgãos compostos são um exemplo de desconcentração administrativa. Ex.: Ministério da Fazenda, Secretaria e Delegacias da Receita Federal.
Quanto à atuação funcional	**Singulares ou unipessoais**	Atuam por um único agente. Ex.: Presidência da República.
	Colegiados ou pluripessoais	Exteriorizam sua vontade por meio de manifestação conjunta de vontade de seus membros. Ex.: Conselho Nacional de Justiça.
Quanto à esfera de atuação	**Centrais**	Atuação em todo o espaço territorial do ente federativo. Ex.: Ministérios, Secretaria de Governo Estadual e Municipal.
	Locais	Atuam em parte do território. Ex.: Delegacias Regionais, Subprefeituras etc.

2.4 Criação e extinção de Órgãos: a **criação** ou **extinção** de órgãos depende de **lei** (art. 48, XI, CF), podendo sua estruturação e fixação de suas atribuições ocorrerem por decreto do Chefe do Executivo (art. 84, VI, "a", da CF). Na Administração Pública Federal, os projetos de lei nesta matéria são de **iniciativa privativa** do Presidente da República (arts. 61, § 1º, II, "e", da CF).

MUITA ATENÇÃO!

A **transformação** de órgãos públicos poderá ocorrer por **ato privativo do Chefe do Executivo** (e, portanto, dispensada lei), quando tais fatos administrativos se incluírem no **mero processo de organização da administração pública**. Neste caso, a transformação não poderá implicar aumento de despesa nem criação ou extinção de órgãos públicos.

2.5 Concentração e desconcentração: tanto a **concentração** quanto a **desconcentração** são **processos internos** de distribuição de competências no âmbito da Administração Pública Direta ou Indireta.

A **concentração** existe quando ocorre uma agregação de **competências administrativas**, antes dispersas, em um **único centro**, que passa a ter a natureza de **órgão concentrador**. Assim, possui natureza **restritiva e ocorre dentro de uma mesma pessoa jurídica**. Ex.: fusão de dois Ministérios.

A **desconcentração** é um processo de natureza **ampliativa**, pela qual há uma **distribuição de competências** que anteriormente eram conferidas a um ou mais órgãos a outros integrantes da mesma estrutura administrativa, geralmente com o objetivo de aperfeiçoar a gestão administrativa. Ex.: criação da Secretaria da Receita Federal do Brasil no âmbito do Ministério da Fazenda.

De acordo com CELSO ANTÔNIO BANDEIRA DE MELLO (2006, p. 146), a **desconcentração** pode se dar em razão: a) da **matéria** ou **assunto** (Ex.: Ministério da Justiça, da Saúde, da Educação, etc.); b) do **grau** ou **hierarquia**, ou seja, do nível de **responsabilidade decisória** conferido aos distintos escalões que corresponderão aos diversos **patamares de autoridade** (Ex.: diretor de Departamento, diretor de Divisão, chefe de Seção, encarregado de Setor) e; c) do critério **territorial ou geográfico** (Ex.: delegacia regional da Saúde em São Paulo, Minas Gerais, Rio de Janeiro etc.).

3. ADMINISTRAÇÃO PÚBLICA DIRETA E INDIRETA

3.1 Noções

Inicialmente, vale reiterar a necessidade de não se confundir as noções de Administração Pública e de Poder Executivo. Apesar de o Executivo exercer precipuamente a **função administrativa** isso não o faz sinônimo de Administração Pública!

Observe que o art. 37, *caput*, da CF/88, com bastante pertinência, faz menção à administração pública direta e indireta **de qualquer dos Poderes da União, dos Estados, do Distrito Federal e dos Municípios**, podendo-se extrair duas conclusões iniciais: a) os Poderes Legislativo e Judiciário serão considerados Administração Pública Direta quando seus órgãos e agentes estiverem atuando no exercício da função administrativa; b) **pelo menos em tese** e **observados os seus objetivos constitucionais**, nada impede que exista uma Administração Indireta vinculada à Administração Direta de tais Poderes. O tema ainda desperta alguma polêmica, mas é certo que a redação literal do dispositivo em análise permite esta interpretação.

Feitas tais considerações, prossigamos no estudo do tema.

A **Administração Direta** é representada por uma **entidade política** que, por sua vez, é composta por um conjunto órgãos. Estas entidades políticas recebem suas atribuições e autonomia da própria CF/88. São a **União**, os **Estados**, **Distrito Federal** e **Municípios** (**entes federativos**).

A **Administração Indireta**, por seu turno, representa um conjunto de **entidades administrativas**, de direito público ou privado, que atuam de maneira **descentralizada** e com autonomia na prestação dos diversos serviços públicos. Nesta categoria estão enquadradas as **autarquias**, as **fundações públicas**, as **empresas públicas** e as **sociedades de economia mista**. A doutrina também vem admitindo neste rol os **consórcios públicos**.

De um modo geral, a palavra **entidade** é empregada como sinônimo de **pessoa jurídica**. Deste modo, as entidades, tanto políticas quanto administrativas, detêm **capacidade jurídica para adquirir direitos e contrair obrigações em nome próprio**.

? **QUESTÃO:** A Administração Indireta está subordinada à Administração Direta?

➥ ***RESPOSTA:*** *Não. Entre a Administração Direita e Indireta há **relação de vinculação**. Existe um controle externo chamado de **tutela administrativa, controle finalístico** ou **supervisão mi-***

***nisterial**, que nada mais é do que uma fiscalização que os entes políticos e seus órgãos exercem sobre as entidades administrativas da administração indireta, visando ao cumprimento das suas finalidades institucionais, harmonia com as diretrizes governamentais estabelecidas para o setor, observância da eficiência administrativa e autonomia administrativa, operacional e financeira da entidade (art. 26 do Decreto-Lei 200/67). É bom lembrar também que "todas as entidades da administração indireta federal, sejam elas de direito público ou de direito privado, estão sujeitas ao controle externo realizado pelo Poder Legislativo, com o auxílio do Tribunal de Contas da União".*

3.2 Centralização e descentralização

Os serviços públicos podem ser prestados pela Administração Direta ou Indireta.

Na **centralização** o Estado executa **diretamente** seus serviços e atividades administrativas, fazendo-o com seus próprios recursos e por meio de seus órgãos e agentes.

A **descentralização** representa a separação de determinado serviço público da Administração Pública Direta (como a concessão de benefícios previdenciários – INSS) ou definição de setor de atividade econômica cuja exploração o Estado pretenda promover (como o mercado financeiro), para que sua execução ou atuação seja realizada de maneira **descentralizada** por uma **entidade administrativa**, com **personalidade jurídica própria** (de direito público ou privado), criada ou autorizada por lei para este fim específico, integrando a Administração Pública Indireta (delegação legal); ou, no caso dos serviços, por **particulares**, em regime de delegação, quando será precedida de licitação e formalizada em um contrato administrativo (delegação negocial).

4. ENTIDADES DA ADMINISTRAÇÃO PÚBLICA INDIRETA

4.1 Autarquias: são pessoas jurídicas de direito público interno, criadas por lei específica (art. 37, XIX, CF), às quais é atribuída, para seu melhor funcionamento, autonomia administrativa, econômica e financeira para o exercício de algum serviço público típico do Estado. Seus atos constitutivos não carecem de registro. Ex.: INSS, IBAMA, INCRA, FUNAI etc.

É bom lembrar a existência das chamadas **autarquias territoriais**, que são os territórios federais, atualmente inexistentes no Brasil, mas que podem vir a ser criados (art. 33, CF).

4.1.1 Características básicas das autarquias: a) personalidade jurídica de direito público interno; b) patrimônio próprio; c) criação por lei específica; d) autonomia administrativa, econômica e financeira; e) prestação de um serviço público típico do Estado (que só pode ser prestado pelo Estado. Ex.: poder de polícia ambiental); f) capacidade processual; g) responsabilidade civil objetiva pelos danos causados por seus agentes; h) seus bens são considerados públicos.

As autarquias gozam da chamada **imunidade recíproca**, que representa a imunidade tributária constitucional relativamente aos **impostos sobre renda, serviço e patrimônio** (art. 150, § 2º da CF/88).

4.1.2 Prerrogativas processuais: as autarquias incluem-se no conceito de Fazenda Pública, razão pela qual lhes são asseguradas algumas prerrogativas pela legislação processual. Apesar de se tratar de tema afeto ao Processo Civil, arrolamos a seguir as principais prerrogativas conferidas à Fazenda Pública: **a) remessa necessária (art. 496, do CPC)**; b) prazo em dobro para todas as suas manifestações processuais, cuja contagem terá início a partir da intimação pessoal, salvo previsão específica de prazo próprio para o ente público (art. 183, do CPC); c) **desnecessidade de outorga de procuração para representação em juízo** se a representação decorrer diretamente de norma prevista na Constituição Federal ou em lei. (art. 287, parágrafo único, inciso III, do CPC). Obs.: Se for defendida por advogado particular, há a necessidade de apresentação do instrumento de mandato em juízo; d) Regras diferenciadas para fixação de honorários de sucumbência e isenção de pagamento da verba honorária no cumprimento de sentença não impugnado (art. 85, §§ 3.º e 7.º, do CPC); e) **isenção de custas na Justiça Federal**. Obs.: quando não isentas de custas, as autarquias têm a prerrogativa de **realizar o pagamento de custas ao final do processo** (art. 91, do CPC); f) desnecessidade de habilitação de créditos em falência, recuperação judicial ou inventário; g) **dispensa do depósito prévio** em sede de **ação rescisória** (art. 968, § 1.º, do CPC); h) pagamento das condenações judiciais por meio do regime de **precatórios** ou **requisições de pequeno valor**, já que seus bens são impenhoráveis. Cumpre ressaltar, por fim, que as autarquias federais, em regra, terão suas demandas julgadas pela Justiça Federal (art. 109, I da CF) – até mesmo nas que apenas manifestar interesse –, assim como os mandados de segurança e habeas data impetrados contra atos de seus agentes (art. 109, VIII da CF).

4.1.3 Regime jurídico: as autarquias serão regidas por normas de direito público. Logo, em decorrência deste regime deverão realizar, por exemplo, **concurso público** para admissão de seus agentes, **licitação** para a aquisição de bens e contratação de serviços e estão submetidas a **controle externo e interno**.

MUITA ATENÇÃO!

Os **conselhos profissionais** (CREA, CAU, CRM, CRC etc.) são considerados **autarquias federais** (ADI 1.717-DF). Porém, **muita atenção com a OAB**, uma vez que o STF, no julgamento da ADI 3026-DF, classificou esta autarquia como "categoria ímpar no elenco das personalidades jurídicas existentes no direito brasileiro", **não integrante da administração indireta da União.**

4.1.4 Agências Reguladoras: são autarquias em **regime especial** que possuem como principais funções as atividades de **regulação de serviços** (ANEEL, ANATEL, ANTT, ANTAQ e ANAC), **fiscalização** (ANS, ANVISA), **controle de uso de bens públicos** (ANA, ANP e ANM) e **fomento de setores** (ANCINE) em suas respectivas áreas de atuação. Ou seja, pode-se observar que a função das agências reguladoras é bastante diversa daquelas tradicionalmente exercidas pelas entidades da administração indireta, sendo certo que algumas agências podem exercer mais de uma das atividades acima referidas.

A Lei 13.848/19 reconheceu, em seu art. 2.º, a existência de onze agências reguladoras (todas citadas acima) no âmbito federal, salientando que suas disposições serão aplicadas às novas agências que forem criadas. Mesmo com o rol trazido pelo texto legal, entendemos que permanece válido o ensinamento doutrinário de que determinadas autarquias em regime especial possuem natureza de agências reguladoras, como a Comissão de Valores Mobiliários – CVM – e a Superintendência Nacional de Previdência Complementar – PREVIC, por se submeterem a regime jurídico muito próximo. Porém, para prova objetiva, é provável que a banca examinadora se concentre no texto legal, que deve ser o norte para o candidato na resolução de questão que exija este tipo de conhecimento.

As agências reguladoras são criadas com **personalidade jurídica de direito público** e conservam as mesmas características e prerrogativas das demais autarquias.

MUITA ATENÇÃO!

Nem toda instituição que possui em seu nome o termo "agência" é considerada uma agência reguladora, como ocorre com a Agência de Inteligência (ABIN), Agência Espacial Brasileira (AEB) entre outras.

Podemos destacar como características do regime jurídico especial destas autarquias: a) **maior autonomia econômico-financeira e decisória**; b) **estabilidade de seus dirigentes**; c)

mandato fixo de 5 (cinco) anos para seus dirigentes, vedada a recondução; d) **poder normativo técnico**; e) **quarentena** para os seus ex-dirigentes (período de tempo, de 6 meses, em que estes ficam vinculados à agência, mesmo após o encerramento de seus mandatos, impedidos de prestar serviços públicos no setor público ou a empresas do setor regulado). Podemos destacar também como característica peculiar das agências reguladoras a existência uma modalidade de licitação própria à sua atuação, denominada **consulta**.

A Lei 13.848/19, que vem sendo denominada **Lei Geral das Agências Reguladoras Federais**, promoveu uma série de inovações e uniformizou determinadas questões sobre o tema em estudo. A par de tais modificações, permanecem válidas as disposições das demais leis que regulam o funcionamento das agências reguladoras, especialmente a Lei 9.986/00, que unificou temas relacionados à gestão de recursos humanos.

Devido ao objetivo de síntese da presente obra, indicaremos, a seguir, as principais inovações trazidas pela Lei 13.848/19: a) **análise de impacto regulatório (AIR):** instrumento que precederá a adoção e as propostas de alteração de atos normativos de interesse geral dos agentes econômicos, consumidores ou usuários dos serviços prestados, contendo informações e dados sobre os possíveis efeitos do ato normativo; b) decisões relacionadas com a regulação **serão colegiadas**; c) adoção de **consultas públicas** como meio de participação da sociedade previamente à tomada de decisão pelo conselho diretor ou pela diretoria colegiada, as minutas e as propostas de alteração de atos normativos de interesse geral dos agentes econômicos, consumidores ou usuários dos serviços prestados; d) instalação de uma **ouvidoria** em cada agência reguladora; e) atuação das agências reguladoras em cooperação com órgãos de defesa da concorrência; f) mecanismos de **articulação** entre as agências reguladoras federais, podendo, ainda, ser celebrados **acordos de cooperação** com as agências reguladoras estaduais, distritais e municipais.

DICA IMPORTANTE

As duas únicas Agências que têm previsão constitucional são a **ANP** (art. 177, § 2º, III, da CF/88) e a **ANATEL** (art. 21, XI, da CF/88).

? **QUESTÃO:** O que são Agências Executivas?

➡ ***RESPOSTA:*** *Agência executiva nada mais é do que uma qualificação prevista no art. 37, § 8º da CF/88 conferida às autarquias e fundações públicas integrantes da Administração Indireta que hajam celebrado contrato de gestão com o Ministério Supervisor e possuam um plano estratégico de reestruturação e desenvolvimento institucional, voltado para a melhoria da qualidade da gestão e para a redução de custos, já concluído ou em andamento (arts. 51 e 52 da Lei 9.646/98, regulamentados pelo Decreto 2.387/98). O art. 37, § 8.º da CF/88 foi regulamentado* ***no âmbito federal*** *pela Lei 13.934/19, tendo optado o legislador pela expressão "contrato de desempenho", em vez de contrato de gestão, por meio do qual são estabelecidas metas de desempenho por parte do órgão ou entidade supervisora para serem cumpridas pelo órgão ou entidade supervisionada, com os respectivos prazos de execução e indicadores de qualidade, tendo como contrapartida a concessão de flexibilidades ou autonomias especiais Além da maior autonomia, podemos apontar como vantagem de uma agência executiva a ampliação dos valores para contratação direta (art. 24, parágrafo único da Lei 8.666/93). Todavia, as agências executivas devem cumprir objetivos e metas fixados no contrato de gestão, visando uma atuação mais eficiente. O procedimento para qualificação das agências executivas é trazido pelo Decreto 2.387/98. Um exemplo de agência executiva é o INMETRO. Assim, as agências executivas não são uma espécie autônoma de entidade da Administração Pública Indireta, mas tão somente as entidades administrativas que recebem aquela qualificação.*

4.2 Empresas Estatais: Empresas Públicas e Sociedades de Economia Mista

Sob o rótulo "empresas estatais" a doutrina inclui as **empresas públicas** e **sociedades de economia mista**. Alguns autores denominam estas entidades de "empresas paraestatais" ou simplesmente "paraestatais", mas estas terminologias estão em desuso.

Vale ressaltar que a Lei 13.303/2016 disciplinou o **estatuto jurídico da empresa pública, da sociedade de economia mista e de suas subsidiárias, no âmbito da União, dos Estados, do Distrito Federal e dos Municípios**, ressalvando-se parcialmente sua incidência, nos termos do art. 1º, § 1º, às empresas estatais e suas subsidiárias, que, no exercício social anterior, tiverem receita operacional bruta inferior a **R$ 90.000.000,00 (noventa milhões de reais)**. Vale ressaltar que as empresas estatais que foram constituídas antes do Estatuto terão prazo de 24 (vinte e quatro) meses para promover as adaptações necessárias à nova sistemática trazida (art. 91). O Decreto 8.945, de 27/12/2016, regulamentou a aplicação Lei 13.303/16.

Analisemos as características das empresas estatais e sociedades de economia mista:

A **Empresa Pública (EP)**: "(...) é a entidade dotada de personalidade jurídica de direito privado, com criação autorizada por lei e com patrimônio próprio, cujo capital social é integralmente detido pela União, pelos Estados, pelo Distrito Federal ou pelos Municípios" (art. 3.º, caput, da Lei 13.303/2016). As **empresas públicas** podem assumir sob qualquer forma societária admitida (LTDA, S.A. etc.). Ex.: Caixa Econômica Federal, Infraero, Embrapa etc.

A Lei 13.303/16 permite que do capital da empresa pública, participem outras pessoas jurídicas de direito público interno, bem como de entidades da administração indireta da União, dos Estados, do Distrito Federal e dos Municípios, **desde que a maioria do capital votante permaneça em propriedade da União, do Estado, do Distrito Federal ou do Município.**

B **Sociedade de Economia Mista (SEM)**: "(...) é a entidade dotada de personalidade jurídica de direito privado, com criação autorizada por lei, sob a forma de sociedade anônima, cujas ações com direito a voto pertençam em sua maioria à União, aos Estados, ao Distrito Federal, aos Municípios ou a entidade da administração indireta" (art. 3.º, caput, da Lei 13.303/2016). O capital social das sociedades de economia mista será **híbrido**, com participação em sua formação de recursos **públicos** e **privados** (maioria pública), atuando o ente público como acionista controlador.

4.2.1 Criação e extinção: as empresas estatais são **autorizadas por lei**, sendo que sua criação efetiva ocorre com o **registro dos atos constitutivos** no registro competente. Por seu turno, a extinção deve ocorrer após publicação de lei, com a respectiva baixa no registro.

A criação de subsidiárias das empresas estatais ou sua participação em empresas privadas também exigem autorização legislativa, conforme dispõe o art. 37, XX, da CF/88. A doutrina e a jurisprudência do STF fixaram entendimento de que a lei que autoriza a criação da entidade poderá também permitir a constituição de subsidiárias, não sendo necessária a edição de uma nova lei específica para cada nova subsidiária.

> **MUITA ATENÇÃO!**
>
> No julgamento da Medida Cautelar da ADI 5624/DF, que questiona a constitucionalidade do art. 29, *caput*, XVIII da Lei 13.303/2016, o STF fixou os seguintes entendimentos sobre o tema em estudo: I – A alienação do controle acionário de empresas públicas e sociedades de economia mista exige autorização legislativa e licitação pública; II – A transferência do controle de subsidiárias e controladas não exige a anuência do Poder Legislativo e poderá ser operacionalizada sem processo de licitação pública, desde que garantida a competitividade entre os potenciais interessados e observados os princípios da administração pública constantes do art. 37 da Constituição da República.

4.2.2 Objeto: Conforme já mencionado nos conceitos trazidos, as empresas estatais podem ter como objeto a exploração de um **serviço público** ou de uma **atividade econômica**. Neste último caso, é bom lembrar que a CF/88 somente autoriza o Estado ingressar no domínio econômico, competindo com os particulares, quando a atuação for necessária para atender a **imperativos da segurança nacional** ou a **relevante interesse coletivo**, conforme definidos em lei (art. 173, *caput* da CF/88). A exploração da atividade econômica consistirá na **produção ou comercialização de bens** ou de **prestação de serviços próprios da iniciativa privada** (art. 173, § 1º da CF/88). Por exemplo, não pode o Estado, ciente da crescente especulação imobiliária e do sucesso econômico obtido pelas construtoras do País com a construção de imóveis destinados ao público de alta renda, ingressar nesse lucrativo mercado, por faltarem os pressupostos constitucionais para a exploração desta atividade econômica.

A CF/88 permite que o Estado atue em regime de **monopólio** (art. 177) em alguns setores da economia ou na prestação de determinados serviços públicos.

4.2.3 Regime jurídico: apesar de adotarem a personalidade jurídica de direito privado, as empresas estatais podem receber a incidência de normas de direito público ou privado, conforme o objeto explorado.

Quando explorarem **atividade econômica**, as empresas estatais serão regidas principalmente por normas de **direito privado**, parcialmente derrogadas por normas de direito público, como, por exemplo, a realização de concursos públicos. No que se refere à incidência de normas de direito privado, as empresas estatais equiparam-se às demais empresas da iniciativa privada no tocante aos direitos e obrigações comerciais, civis, trabalhistas e tributários, conforme dispõe o **art. 173 da CF/88**. Além disso, empresas públicas e as sociedades de economia mista não poderão gozar de privilégios fiscais não extensivos às do setor privado, para que não haja um desequilíbrio com relação aos particulares que atuam o mesmo setor econômico.

Quando atuam na prestação de **serviços públicos**, as empresas estatais subordinam-se a uma maior incidência de **normas de direito público**, face ao princípio da continuidade dos serviços públicos. Por esta razão, o STF vem aplicando o regime da impenhorabilidade dos bens e até mesmo o privilégio da imunidade recíproca (art. 150, VI, "a" da CF/88) para as empresas estatais que prestem serviço público. Apesar de ainda não existir um consenso doutrinário, é possível observar-se uma tendência jurisprudencial de aproximar as empresas estatais exploradoras de serviço público do regime jurídico aplicado às autarquias, principalmente quando atuam sob o regime de monopólio, como no caso dos Correios.

Em resumo, as empresas estatais atuam sob um **regime jurídico híbrido ou misto**, com maior ou menor incidência de normas de direito público e privado conforme o objeto que explorem. Nos tópicos a seguir pode-se evidenciar este balanceamento de normas públicas e privadas.

4.2.3.1 Licitação: o art. 173, § 1º, III da CF/88 prevê um **regime especial de contratação** para as emprestas estatais exploradoras de atividade econômica e prestadoras de serviços públicos, a ser instituído em um estatuto jurídico próprio. A Lei 13.303/2016 trouxe essa regulamentação, assim como casos de licitação dispensada, dispensável e inexigível, que serão estudados no capítulo de **licitações**.

4.2.3.2 Regime de pessoal: aplica-se a CLT aos agentes das empresas estatais. Deverão observar, ainda, as seguintes regras: a) submetem-se a concurso público (art. 37, II da CF/88); b) incidem as regras de acumulação de cargos e empregos (art. 37, XVI e XVII da CF/88); c) observam o teto remuneratório **se as empresas estatais receberem recursos públicos para**

pagamento de despesas de pessoal ou de custeio em geral (art. 37, XI e § 9.º da CF/88); d) seus funcionários poderão praticar ato de **improbidade administrativa** (art. 2.º da Lei 8.429/92); f) seus agentes são considerados funcionários públicos para fins penais (art. 327, § 1.º do Código Penal). Além disso, vale ressaltar que os empregados públicos das empresas estatais estarão vinculados ao **Regime Geral de Previdência Social (RGPS).**

A Lei 13.303/2016 estabeleceu critérios para a contratação dos dirigentes das empresas estatais. O art. 17 estabelece uma série de requisitos que os integrantes do Conselho de Administração e dos cargos da Diretoria deverão preencher, valendo destacar, dentre outros, a necessidade de comprovação de **experiência profissional por 10 (dez) anos**, no setor público ou privado, na área de atuação da empresa pública ou da sociedade de economia mista ou em área conexa àquela para a qual forem indicados em função de direção superior. Por outro lado, a fim de evitar excessiva ingerência política nas empresas estatais, o Estatuto vedou a participação de determinadas pessoas no Conselho de Administração e diretoria (§ 2.º), como aquele que atuou, nos últimos 36 (trinta e seis) meses, como participante de estrutura decisória de partido político ou em trabalho vinculado a organização, estruturação e realização de campanha eleitoral.

4.2.3.3 Controle: as empresas estatais estão sujeitas a controle, seja ele interno ou externo, independentemente do objeto explorado. Assim, as empresas estatais devem se submeter ao controle do Tribunal de Contas (art. 71 da CF/88) e do Congresso Nacional (art. 49, X da CF/88).

A Lei 13.303/16 ressaltou a necessidade de maior **controle interno** das empresas estatais, a ponto de prever que os estatutos das empresas públicas, das sociedades de economia mista e de suas subsidiárias deverão observar regras de governança corporativa, de transparência e de estruturas, práticas de gestão de riscos e de **controle interno,** composição da administração e, havendo acionistas, mecanismos para sua proteção, previstos na referida lei (art. 6.º).

Dentre outros mecanismos de controle, o art. 9.º da Lei 13.303/16 estabelece que as empresas estatais adotarão regras de estruturas e práticas de gestão de riscos e controle interno que abranjam: I – ação dos administradores e empregados, por meio da implementação cotidiana de práticas de controle interno; II – área responsável pela verificação de cumprimento de obrigações e de gestão de riscos; III – auditoria interna e Comitê de Auditoria Estatutário. Noutro giro, deverá ser elaborado e divulgado Código de Conduta e Integridade, contendo, no mínimo, as matérias estabelecidas nos incisos do no § 1.º do art. 9.º.

4.2.3.4 Bens: em regra, os bens das empresas estatais são considerados **privados**, logo, não incidem as prerrogativas aplicadas aos bens públicos. Porém, no que se refere às empresas estatais **prestadoras de serviços públicos,** doutrina e jurisprudência inclinaram-se no sentido de atribuir aos **bens ligados diretamente à prestação do serviço** a mesma sistemática dos bens públicos, principalmente no que se refere à **impenhorabilidade**. Tal entendimento se fundamenta, principalmente, no **princípio da continuidade do serviço público,** que poderia ser violado se se admitisse a penhora e venda de bens vinculados diretamente à prestação do serviço, como, por exemplo, os trens da Companhia de Metrô.

4.2.3.5 Regime Tributário: a CF/88 estabelece expressamente que as empresas estatais se submetem ao regime jurídico próprio das empresas privadas, inclusive quanto aos direitos e obrigações civis, comerciais, **trabalhistas** e **tributários** (art. 173, § 1.º, II). Ainda, as empresas públicas e as sociedades de economia mista não poderão gozar de privilégios fiscais não extensivos às do setor privado (art. 173, § 2.º).

> **MUITA ATENÇÃO!**
>
> As empresas estatais não fazem jus, igualmente, à **imunidade recíproca**, que somente é aplicável às **autarquias** e **fundações públicas** (art. 150, VI, "a", e § 2.º da CF/88). Ocorre que nos últimos anos o STF firmou entendimentos que estenderam a imunidade recíproca às empresas estatais e sociedades de economia mista prestadoras de serviços públicos essenciais, cuja prestação é obrigatória por parte do Estado. Todavia, sociedade de economia mista, cuja participação acionária é negociada em Bolsas de Valores, e que, inequivocamente, está voltada à remuneração do capital de seus controladores ou acionistas, não está abrangida pela regra de imunidade tributária, unicamente em razão das atividades desempenhadas (RE 600.867, tema 508 da repercussão geral, j. em 29.06.2020).

4.2.3.6 Responsabilidade civil: dependerá do objeto explorado: se explorarem **atividade econômica**, a responsabilidade civil será **subjetiva**; se atuarem na **prestação de serviços públicos**, a responsabilidade civil será **objetiva** (art. 37, § 6º da CF/88).

4.2.3.7 Falência: as empresas estatais não se submetem ao regime da Lei de Falências, por expressa previsão do **art. 2º, I, da Lei 11.101/05.**

<table>
<tr><th colspan="2">EM RESUMO: Semelhanças e Diferenças Entre as Empresas Estatais</th></tr>
<tr><td>Semelhanças</td><td>• Instituição por lei autorizadora (art. 37, XIX da CF/88) e registro dos atos constitutivos no registro competente;
• Personalidade jurídica de direito privado;
• Observarão as disposições da Lei 13.303/16, observadas as peculiaridades do art. 1.º § 1.º;
• Terão como objeto a prestação de um serviço público ou a exploração de uma atividade econômica, observadas as prescrições do art. 173 da CF;
• Regime jurídico híbrido ou misto, com maior ou menor incidência de normas de direito público e privado conforme o objeto que explorem;
• Deverão necessariamente adotar o regime da CLT para seu quadro funcional;
• Promoverão concurso público;
• Incidem as regras de acumulação de cargos e empregos;
• Observam o teto remuneratório se as empresas estatais receberem recursos públicos para pagamento de despesas de pessoal ou de custeio em geral;
• Seus agentes poderão praticar ato de improbidade administrativa e são considerados funcionários públicos para fins penais;
• Observarão o regime especial de contratação estabelecido pelo Estatuto;
• Em regra, seus bens são considerados privados, porém a jurisprudência tem considerado impenhoráveis os bens ligados diretamente à prestação de serviços públicos;
• Responsabilidade civil: se explorarem atividade econômica, a responsabilidade civil será subjetiva; se atuarem na prestação de serviços públicos, a responsabilidade civil será objetiva (art. 37, § 6º da CF/88);</td></tr>
</table>

<table>
<tr><th colspan="3">EM RESUMO: Semelhanças e Diferenças Entre as Empresas Estatais</th></tr>
<tr><td>Semelhanças</td><td colspan="2">• Submetem-se ao regime jurídico próprio das empresas privadas, inclusive quanto aos direitos e obrigações civis, comerciais, trabalhistas e tributários (art. 173, § 1.º, II), não podendo gozar de privilégios fiscais não extensivos às do setor privado (art. 173, § 2.º);
• Estão sujeitas a controle externo e interno.</td></tr>
<tr><td rowspan="6">Diferenças</td><td rowspan="2">Capital</td><td>EP: exclusivamente público</td></tr>
<tr><td>SEM: público e privado (misto)</td></tr>
<tr><td rowspan="2">Forma de Constituição</td><td>EP: qualquer forma societária admitida</td></tr>
<tr><td>SEM: obrigatoriamente sociedades anônimas</td></tr>
<tr><td rowspan="2">Competência</td><td>EP: Justiça Federal (se forem federais)</td></tr>
<tr><td>SEM: Justiça Estadual (independentemente se forem federais ou estaduais)</td></tr>
</table>

4.3 Fundações Públicas

As fundações surgem quando um determinado patrimônio é destacado pelo fundador, ao qual é atribuída uma personalidade jurídica, visando ao atendimento de uma finalidade específica de intuito não lucrativo.

De um modo geral, a doutrina aceita a criação de fundações públicas ou governamentais sob o regime de **direito público** ou **privado**. A **fundação pública de direito público** tem natureza de **autarquia** (fundação autárquica ou autarquia fundacional), aplicando-se-lhe as mesmas **prerrogativas materiais** e **processuais** conferidas às **autarquias**. Ex.: FUNAI, IBGE etc. A **fundação pública de direito privado**, porém, possui regulamentação híbrida, com incidência de normas de direito público e privado. Ex.: Fundação Padre Anchieta (TV Cultura).

Tem-se observado como principal critério de diferenciação entre os regimes jurídicos das fundações públicas a sua forma de criação: se a lei instituir a fundação, esta será de direito público; se a lei apenas autorizar a criação, a fundação pública será de direito privado, ocorrendo sua efetiva criação com o registro dos atos constitutivos no registro civil de pessoas jurídicas.

O art. 37, XIX estabelece que lei complementar definirá as áreas de atuação das fundações. Porém, a instituição ou autorização de instituição de fundação pública se darão por meio de **lei ordinária.**

4.4 Consórcios Públicos

4.4.1 Definição: a Lei 11.107/05 regulamentou o art. 241 da CF/88 disciplinando a constituição e organização dos consórcios públicos.

De acordo com o conceito trazido pelo Decreto 6.017/07, consórcio público é "pessoa jurídica formada exclusivamente por entes da Federação, na forma da Lei 11.107/05, para estabelecer relações de cooperação federativa, inclusive a realização de objetivos de interesse comum, constituída como associação pública, com personalidade jurídica de direito público e natureza autárquica, ou como pessoa jurídica de direito privado sem fins econômicos". O interesse comum pode ser, por exemplo, a coleta, descarte e reciclagem de lixo produzido no limite territorial de municípios que se consorciarem.

4.4.2 Espécies: os consórcios públicos podem assumir personalidade jurídica de direito público ou privado

Constituindo-se sob a forma de **associação pública**, o consórcio assumirá personalidade jurídica de **direito público** e terá **natureza de autarquia**, observando as prerrogativas destas entidades administrativas e **integrando a Administração Pública Indireta de todos os entes consorciados**.

O consórcio público também pode se constituir sob a forma pessoa jurídica de **direito privado**, observando-se o que a legislação civil dispõe sobre o tema. Porém, mesmo neste caso, o consórcio público **observará as normas de direito público** no que concerne à realização de **licitação**, celebração de **contratos**, **prestação de contas e admissão de pessoal**.

A Lei 13.822/2019 resolveu uma celeuma até então existente e estabeleceu que os consórcios públicos de direito público e de direito privado, adotarão a Consolidação das Leis do Trabalho – CLT como regime jurídico aplicável a seus empregados de pessoal.

4.4.3 Prerrogativas: os consórcios públicos poderão gozar dos seguintes privilégios:

a) firmar convênios, contratos, acordos de qualquer natureza, receber auxílios, contribuições e subvenções sociais ou econômicas de outras entidades e órgãos do governo;

b) **nos termos do contrato de consórcio de direito público,** promover **desapropriações e** instituir **servidões. Nestes casos, a competência do consórcio público é executória, sendo que a declaração de utilidade e necessidade pública deverá ser feita pelo ente federativo consorciado em cujo território o bem esteja localizado;**

c) na definição das modalidades de licitação adequadas, os valores poderão ser duplicados ou triplicados, a depender do número de entes consorciados (art. 23, § 8º da Lei 8.666/93);

d) podem ser contratados diretamente, com **dispensa de licitação** (art. 24, XXVI da Lei 8.666/93);

e) observam o **dobro dos limites para contratação direta** com dispensa de licitação em razão do valor (art. 24, § 1.º, da Lei 8.666/93);

f) emitir documentos de cobrança e exercer atividades de arrecadação de tarifas e outros preços públicos pela prestação de serviços ou pelo uso ou outorga de uso de bens públicos por eles administrados ou, mediante autorização específica, pelo ente da Federação consorciado;

g) outorgar concessão, permissão ou autorização de obras ou serviços públicos mediante autorização prevista no contrato de consórcio público, que deverá indicar de forma específica o objeto da concessão, permissão ou autorização e as condições a que deverá atender, observada a legislação de normas gerais em vigor.

4.4.4 Etapas de criação: a criação de um consórcio público seguirá os seguintes passos: a) **subscrição de protocolo de intenções** entre os entes interessados na constituição do consórcio; b) **publicação do protocolo de intenções** na imprensa oficial; c) **promulgação de lei** por cada um dos entes integrantes ratificando o protocolo, salvo se existir lei prévia autorizando a subscrição; d) celebração do correspondente **contrato**.

MUITA ATENÇÃO!

A União não poderá constituir consórcio público diretamente com Municípios, assim como os Estados não poderão consorciar-se com Municípios que não estejam localizados em seu território. Por outro lado, a Lei 11.107/05 autoriza a União a celebrar convênios com os consórcios públicos, com o objetivo de viabilizar a descentralização e a prestação de políticas públicas em escalas adequadas. Neste caso, a Lei 13.821/19, estabeleceu que as exigências legais de regularidade para a celebração de tais convênios aplicar-se-ão ao próprio consórcio público envolvido, e não aos entes federativos nele consorciados. A alteração legal foi acertada, na medida em que o consórcio público possui personalidade jurídica própria.

4.4.5 Contrato de rateio e de programa: além do próprio contrato de criação, há a previsão de duas modalidades de contratos firmados entre os entes consorciados, quais sejam, os contratos de rateio e programa.

O **contrato de rateio** é o instrumento por meio do qual os entes consorciados assumem o compromisso de transferir recursos financeiros ao consórcio, para que este possa atingir os objetivos estabelecidos no ato de criação. Estes recursos devem integrar o orçamento do ente consorciado, sob pena de configuração de ato de improbidade administrativa (art. 10, XV da Lei 8.429/92).

O **contrato de programa** é "instrumento pelo qual devem ser constituídas e reguladas as obrigações que um ente da Federação, inclusive sua administração indireta, tenha para com outro ente da Federação, ou para com consórcio público, no âmbito da prestação de serviços públicos por meio de cooperação federativa" (art. 2º, XVI do Decreto 6.017/07). Assim, há uma prévia definição das obrigações dos participantes, visando à adequada gestão associada dos serviços públicos. O contrato de programa continuará existindo mesmo que extinto o consórcio.

<table>
<tr><th colspan="2">EM RESUMO: Organização da Administração Pública</th></tr>
<tr><td>Órgãos Públicos</td><td>↳ CONCEITO:
• Trazido no art. 1º, § 2º da Lei 9.784/99: órgão é "a unidade de atuação integrante da estrutura da Administração direta e da estrutura da Administração indireta".
• Segundo Hely Lopes Meirelles: órgãos "são centros de competência instituídos para o desempenho de funções estatais, através de seus agentes, cuja atuação é imputada à pessoa jurídica a que pertencem. São unidades de ação com atribuições específicas na organização estatal".
↳ TEORIA DO ÓRGÃO: Surgiu na doutrina para tentar explicar a relação existente entre a vontade do órgão e a do agente público, substituindo as teorias do mandato e da representação. O precursor da teoria do órgão foi Otto Von Gierke, segundo quem as pessoas jurídicas expressam sua vontade através de seus próprios órgãos, titularizados por seus agentes (pessoas humanas), na forma de sua organização interna. Consequentemente, existe entre o agente público e o órgão uma relação de imputação, também designada como princípio da imputação objetiva, ou seja, a atuação dos agentes públicos é imputada diretamente ao Estado.</td></tr>
</table>

<table>
<tr><th colspan="3">EM RESUMO: Organização da Administração Pública</th></tr>
<tr><td rowspan="2">Órgãos Públicos</td><td colspan="2">Classificação</td></tr>
<tr><td colspan="2">↳ QUANTO À POSIÇÃO ESTATAL:
a) independentes;
b) autônomos;
c) superiores;
d) subalternos.
↳ QUANTO À ESTRUTURA:
a) simples ou unitários;
b) compostos.</td></tr>
<tr><td rowspan="6">Órgãos Públicos</td><td colspan="2">↳ QUANTO À ATUAÇÃO FUNCIONAL:
a) singulares ou unipessoais;
b) colegiados ou pluripessoais.
↳ QUANTO À ESFERA DE ATUAÇÃO:
a) Centrais;
b) Locais.</td></tr>
<tr><td colspan="2">Criação e Extinção</td></tr>
<tr><td colspan="2">• A criação ou extinção de órgãos depende de lei (art. 48, XI, CF), podendo sua estruturação e fixação de atribuições serem determinadas por decreto do Chefe do Executivo (art. 84, VI, "a", da CF).</td></tr>
<tr><td>Concentração</td><td>Desconcentração</td></tr>
<tr><td>Existe quando ocorre uma agregação de competências administrativas, antes dispersas, em um único centro, que passa a ter a natureza de órgão concentrador. Assim, possui natureza restritiva.</td><td>É um processo de natureza ampliativa, pela qual há uma distribuição de competências que anteriormente eram conferidas de um ou mais órgãos a outros integrantes da mesma estrutura administrativa, geralmente com o objetivo de aperfeiçoar a gestão administrativa.</td></tr>
<tr><td colspan="2"></td></tr>
<tr><td>Administração Pública Direta e Indireta</td><td colspan="2">• Administração Direta é representada por uma entidade política que, por sua vez, é composta por um conjunto órgãos para o desempenho de suas atribuições. Os entes federativos são: a União, os Estados, Distrito Federal e Municípios.
• Administração Indireta representa um conjunto de entidades administrativas, de direito público ou privado, que atuam de maneira descentralizada e com autonomia na prestação dos diversos serviços públicos. Nesta categoria estão enquadradas as autarquias, as fundações públicas, as empresas públicas e as sociedades de economia mista. A doutrina também vem admitindo neste rol os consórcios públicos.</td></tr>
</table>

<table>
<tr><th colspan="2">EM RESUMO: Organização da Administração Pública</th></tr>
<tr><td>Administração Pública Direta e Indireta</td><td>• Centralização: o Estado executa diretamente seus serviços e atividades administrativas, fazendo-o com seus próprios recursos e por meio de seus órgãos e agentes.
• Descentralização: representa a separação de determinado serviço público da Administração Pública Direta ou definição de setor de atividade econômica cuja exploração o Estado pretenda promover (como o mercado financeiro), para que sua execução ou atuação seja realizada de maneira descentralizada por uma entidade administrativa, com personalidade jurídica própria (de direito público ou privado), criada ou autorizada por lei para este fim específico, integrando a Administração Pública Indireta (delegação legal); ou, no caso dos serviços, por particulares, em regime de delegação, quando será precedida de licitação e formalizada em um contrato administrativo (delegação negocial).</td></tr>
<tr><td rowspan="3">Entidades da Administração Indireta</td><td>Autarquias</td></tr>
<tr><td>↳ CARACTERÍSTICAS:
a) pessoas jurídicas de direito público interno;
b) possuem patrimônio próprio;
c) criadas por lei específica;
d) possuem autonomia administrativa, econômica e financeira;
e) prestam um serviço público típico do Estado;
f) possuem capacidade processual;
g) responsabilidade civil objetiva;
h) seus bens são considerados públicos.</td></tr>
<tr><td>↳ REGIME JURÍDICO: serão regidas por normas de direito público.
↳ AGÊNCIAS REGULADORAS:
• são autarquias em regime especial que possuem como principais funções as atividades de regulação de serviços (ANEEL, ANATEL, ANTT, ANTAQ e ANAC), fiscalização (ANS, ANVISA), controle de uso de bens públicos (ANA, ANP e ANM) e fomento de setores (ANCINE) em suas respectivas áreas de atuação.
• são criadas com personalidade jurídica de direito público e conservam características e prerrogativas das demais autarquias.
• Características do regime jurídico especial destas autarquias: a) maior autonomia econômico-financeira e decisória; b) estabilidade de seus dirigentes; c) mandato fixo de 5 (cinco) anos para seus dirigentes, vedada a recondução; d) poder normativo técnico; e) quarentena para os seus ex-dirigentes (período de tempo, de 6 meses, em que estes ficam vinculados à agência, mesmo após o encerramento de seus mandatos, impedidos de prestar serviços públicos no setor público ou a empresas do setor regulado).
• modalidade de licitação própria à sua atuação, denominada consulta.</td></tr>
</table>

EM RESUMO: Organização da Administração Pública	
	Empresas Estatais: Empresas Públicas e Sociedades de Economia Mista
Entidades da Administração Indireta	• **Empresas Públicas (EP):** são pessoas jurídicas de **direito privado**, constituída com capital **exclusivamente público**, cuja criação é **autorizada por lei**, sob qualquer forma jurídica admitida (LTDA, S.A. etc.), que objetivam a **prestação de serviços públicos** ou a **exploração de atividade econômica**. • **Sociedades de Economia Mista (SEM):** são pessoas jurídicas de **direito privado**, instituídas pelo Poder Público após **autorização em lei específica**, sob a forma de **sociedade anônima,** com **capitais públicos e privados** (maioria pública), visando à **exploração de atividades de natureza econômica** ou **execução de serviços públicos**. • **Criação e extinção:** as empresas estatais são autorizadas por lei, sendo que sua criação efetiva ocorre com o registro dos atos constitutivos no registro competente. A extinção deve ocorrer após publicação de lei, com a respectiva baixa no registro. • **Objeto:** as empresas estatais podem ter como objeto a exploração de um **serviço público** ou de uma **atividade econômica**. • **Regime Jurídico:** as empresas estatais atuam sob um **regime jurídico híbrido ou misto**, com maior ou menor incidência de normas de direito público e privado conforme o objeto que explorem. • **Licitação:** Observarão o regime diferenciado de contratação estabelecido pela Lei 13.303/2016; • **Regime de pessoal:** aplica-se a CLT aos agentes das empresas estatais. Deverão observar, ainda, as seguintes regras: a) submetem-se a **concurso público**; b) incidem as regras de **acumulação de cargos e empregos**; c) observam o **teto remuneratório** públicos se as empresas estatais receberem recursos públicos para pagamento de despesas de pessoal ou de custeio em geral; d) seus funcionários poderão praticar ato de **improbidade administrativa**; f) seus agentes são considerados funcionários públicos para **fins penais**. • **Controle:** as empresas estatais estão sujeitas a controle, seja ele interno ou externo, independentemente do objeto explorado. • **Responsabilidade civil: a)** se explorarem **atividade econômica**, a responsabilidade civil será **subjetiva**; **b)** se atuarem na **prestação de serviços públicos**, a responsabilidade civil será **objetiva** (art. 37, § 6º da CF/88). • **Falência:** as empresas estatais não se submetem ao regime da Lei de Falências, por expressa previsão do **art. 2º, I, da Lei 11.101/05**.
	Fundações Públicas
	• Surgem quando um determinado patrimônio é destacado pelo fundador, ao qual é atribuído uma personalidade jurídica, visando ao atendimento de uma finalidade específica.

<table>
<tr><th colspan="2">EM RESUMO: Organização da Administração Pública</th></tr>
<tr><td rowspan="3">Entidades da Administração Indireta</td><td>• A doutrina aceita a criação de fundações públicas ou governamentais sob o regime de direito público ou privado.
• A fundação pública de direito público tem natureza de autarquia (fundação autárquica ou autarquia fundacional), aplicando-se-lhe as mesmas prerrogativas materiais e processuais conferidas às autarquias.
• A fundação pública de direito privado, porém, possui regulamentação híbrida, com incidência de normas de direito público e privado.</td></tr>
<tr><td>Consórcios Públicos</td></tr>
<tr><td>• Definição: é "pessoa jurídica formada exclusivamente por entes da Federação, na forma da Lei nº 11.107/05, para estabelecer relações de cooperação federativa, inclusive a realização de objetivos de interesse comum, constituída como associação pública, com personalidade jurídica de direito público e natureza autárquica, ou como pessoa jurídica de direito privado sem fins econômicos". (Decreto 6.017/07)
• Espécies: podem assumir personalidade jurídica de direito público ou privado.
• Prerrogativas: a) firmar convênios, contratos, acordos de qualquer natureza, receber auxílios, contribuições e subvenções sociais ou econômicas de outras entidades e órgãos do governo; b) promover desapropriações e instituir servidões; c) na definição das modalidades de licitação adequados, os valores para cada modalidade poderão ser duplicados ou triplicados, a depender do número de entes consorciados (art. 23, § 8º da Lei 8.666/93); d) podem ser contratados diretamente, com dispensa de licitação (art. 24, XXVI da Lei 8.666/93); e) observam o dobro dos limites para contratação direta com dispensa de licitação em razão do valor (art. 24, § 1.º da Lei 8.666/93); f) emitir documentos de cobrança e exercer atividades de arrecaoação de tarifas e outros preços públicos pela prestação de serviços ou pelo uso ou outorga de uso de bens públicos por eles administrados ou, mediante autorização específica, pelo ente da Federação consorciado; g) outorgar concessão, permissão ou autorização de obras ou serviços públicos mediante autorização prevista no contrato de consórcio público, que deverá indicar de forma específica o objeto da concessão, permissão ou autorização e as condições a que deverá atender, observada a legislação de normas gerais em vigor.
• Etapas de criação: a) subscrição de protocolo de intenções entre os entes interessados na constituição do consórcio; b) publicação do protocolo de intenções na imprensa oficial; c) promulgação de lei por cada um dos entes integrantes ratificando o protocolo, salvo se existir lei prévia autorizando a subscrição; d) celebração do correspondente contrato.
• Contrato de rateio e de programa: além do próprio contrato de criação, há a previsão de duas modalidades de contratos firmados entre os entes consorciados, quais sejam, os contratos de rateio e programa.</td></tr>
</table>

✍ QUESTÃO

(Cespe – Policial Rodoviário Federal – DPRF/2013) *A respeito da organização do Departamento de Polícia Rodoviária Federal e da natureza dos atos praticados por seus agentes, julgue o item que se segue.*

Por ser órgão do Ministério da Justiça, a PRF é órgão do Poder Executivo, integrante da administração direta.

GABARITO	CERTO.
COMENTÁRIO	Decreto-Lei 200/67 art. 4º inc. I, combinado com o Decreto 6.061/2007 art. 2º inc. II alínea "h".

CAPÍTULO V
ATOS ADMINISTRATIVOS

1. NOÇÕES

Em sua atuação a Administração exterioriza sua vontade de várias maneiras, praticando atos que são regidos ora pelo direito público ora pelo direito privado, todos incluídos no gênero **atos da Administração**. Assim, temos:

A **Atos administrativos:** é a declaração do Estado ou de quem o represente, que produz efeitos jurídicos imediatos, com observância da lei, sob regime jurídico de direito público e sujeita a controle pelo Poder Judiciário (DI PIETRO, 2010, p. 196). A Administração atua com supremacia em relação ao particular (*ius imperii).* Esta categoria de atos da Administração será objeto de estudo detalhado neste capítulo.

B **Atos privados**: neste caso, a Administração pratica atos regidos prevalentemente pelo direito privado, colocando-se em igualdade de condições com o particular no que se refere ao regime que rege a relação jurídica entre ambos (*ius gestionis*). Assim, é possível concluir que "existem atos praticados pelos administradores públicos que não se enquadram como atos administrativos típicos, como é o caso dos contratos disciplinados pelo direito privado", como o contrato de seguro.

C **Atos políticos:** estes atos, como o próprio nome diz, gozam de grande carga política quando são emanados, vez que dizem respeito à definição das próprias diretrizes de gestão do Estado e são legitimados pela Constituição. Ex.: veto pelo Presidente da República a um projeto de lei aprovado pelo Congresso Nacional.

D **Atos materiais**: são condutas administrativas, de mera execução, que não se destinam à produção de um efeito jurídico preordenado. Alguns autores chamam estes atos de **fatos administrativos**. Ex.: varredura de ruas, construção de um edifício público etc.

2. ATRIBUTOS DOS ATOS ADMINISTRATIVOS

Os atributos são as **qualidades** ou **características** dos atos administrativos que permitem diferenciá-los dos atos jurídicos de direito privado. São eles:

A **Presunção de legitimidade e veracidade**: uma vez praticado, presume-se que o ato está de acordo com a lei (legítimo) e que os fatos ocorreram da forma como foram descritos pelo agente (veracidade). Esta presunção é, todavia, relativa (*juris tantum*).

B **Imperatividade ou coercibilidade**: os atos administrativos devem ser observados independentemente da anuência do administrado, decorrendo da supremacia do interesse público sobre o privado. Assim, este é um atributo inerente aos atos que impõem unilateralmente alguma obrigação ao administrado (**poder extroverso do Estado**).

C **Autoexecutoriedade ou exigibilidade:** é o atributo segundo o qual o ato poderá ser executado sem a necessidade de a Administração se socorrer ao Poder Judiciário, desde que haja previsão legal expressa para tanto ou exista situação de urgência. Disso se conclui que os atos não apenas se impõem aos particulares (imperatividade), mas também podem ser executados, isto é, realizar modificações e alterações no mundo dos fatos, sem que se necessite de autorização judicial ou procedimento judicial para tanto. Exceção a este atributo são as **multas e tributos**, que exigem a intervenção judicial para sua cobrança, por meio de execução fiscal. Não pode a Administração apreender bens para a quitação da dívida.

> **MUITA ATENÇÃO!**
>
> As multas administrativas aplicadas por adimplemento irregular, pelo particular, de contrato administrativo em que tenha havido prestação de garantia poderão ser executadas diretamente pela Administração. Neste caso, o valor da multa será subtraído da garantia prestada, independentemente da anuência do contratado, após a observância do contraditório e ampla defesa.

D **Tipicidade:** segundo DI PIETRO (2010, p. 201) tipicidade "é o atributo pelo qual o ato administrativo deve corresponder a figuras definidas previamente pela lei como aptas a produzir determinados resultados".

3. REQUISITOS OU ELEMENTOS DOS ATOS ADMINISTRATIVOS

Os requisitos ou elementos referem-se à própria estrutura do ato administrativo. A clássica definição dos elementos ou requisitos dos atos administrativos é baseada no que dispõe o art. 2º da Lei 4.717/65 (Lei de Ação Popular). Apesar de haver certa divergência doutrinária, comumente se adota a classificação proposta por de Hely Lopes Meirelles, que enumera os seguintes elementos do ato: **competência**, **finalidade**, **forma**, **motivo** e **objeto**.

> **MUITA ATENÇÃO!**
>
> Não confunda atributos com requisitos dos atos administrativos. Pegadinha clássica de concursos é trocar uns pelos outros nas questões objetivas. Uma dica é tentar memorizar os requisitos do ato e, neste ponto, um clássico mnemônico ajuda muito: COMFIFORMOB. Esta sigla contém as iniciais de todos os requisitos. Sabendo-se isso, consegue-se resolver a questão por exclusão.

3.1 Competência: o agente público deve possuir atribuição legal ou competência para a prática do ato e atuar dentro dos limites que lhe foram postos. Alguns autores chegam a se referir a este requisito como "sujeito competente".

3.1.1 Características da competência

A **Irrenunciabilidade**: o exercício da competência é um poder-dever, não podendo o agente negar-se a fazê-lo. Exceções a estas características são a **delegação** e **avocação de competência**, já estudadas no capítulo referente aos Poderes Administrativos.

B **Inderrogabilidade**: não pode existir modificação de competências por acordo de vontades dos agentes, somente sendo possível fazê-lo por meio de lei.

C **Improrrogabilidade:** os agentes devem atuar dentro dos limites de suas competências, não podendo ir além do que foi estabelecido. Exceções a esta característica são a delegação e avocação.

D **Intransferibilidade**: os agentes e órgãos não podem transferir suas competências a outrem, salvo nas hipóteses autorizadas de delegação e avocação.

E **Imprescritibilidade**: as competências não se perdem em razão do seu não exercício, independentemente do tempo de inatividade.

3.1.2 Vícios de competência

Podemos enumerar os seguintes vícios relacionados à competência:

A **Usurpação de função**: trata-se do crime previsto no art. 328 do CP, configurando-se na hipótese do sujeito passar-se dolosamente por agente público, sem que tenha recebido a devida investidura para o cargo ou função pública. A doutrina tem considerado que os atos praticados por este falso agente são inexistentes. Ex.: cidadão que se passa por policial civil.

B **Excesso de poder**: conforme já estudado, o excesso de poder ocorre quando o agente excede os limites de sua competência na prática do ato administrativo. O excesso cometido será considerado nulo. Ex.: guarda de trânsito municipal que decide dar uma "blitz" e aplicar multas em uma rodovia federal.

C **Funcionário de fato**: conforme já visto anteriormente, nesta situação o agente está investido irregularmente na função pública, mas sua situação aparenta legalidade. Os atos serão considerados inválidos, mas produzirão efeitos perante terceiros de boa-fé. Ex.: servidor que toma posse e exerce suas atribuições por força de liminar, que é posteriormente revogada.

3.2 Finalidade: Os atos administrativos devem satisfazer uma **finalidade pública**, que se configura em dois aspectos principais: a) **finalidade geral ou em sentido amplo**: o ato deve buscar o interesse público; b) **finalidade específica ou em sentido estrito**: é a finalidade prevista implícita ou explicitamente em lei para determinada situação concreta abrangida pelo ato, que alguns autores entendem tratar-se do atributo da **tipicidade**. Caso o administrador se desvie destes propósitos, o ato estará inquinado de vício de **desvio de finalidade**, o que leva à sua **nulidade**.

3.3 Forma: é o modo de exteriorização do ato administrativo, como este se manifesta para todos. Em regra, os atos administrativos devem assumir a **forma escrita** (art. 22, § 1º da Lei 9.784/99), mas se admite que alguns atos sejam manifestados **verbalmente** (ordem dada por um policial para organizar uma passeata), por **gestos** (guardas de trânsito), **sinais eletromecânicos e sonoros** (semáforos, apitos) e **meios pictóricos** (placas de trânsito). Sempre que a lei expressamente exigir determinada forma para que um ato administrativo seja considerado válido, a inobservância dessa exigência acarretará a nulidade do ato.

? **QUESTÃO:** O silêncio administrativo representa manifestação de vontade?

➥ ***RESPOSTA:** Depende. O silêncio não é considerado um ato administrativo, de modo que, em regra, a omissão da Administração em se manifestar, quando deveria fazê-lo, não trará efeitos jurídicos imediatos. Todavia, "o silêncio pode significar forma de manifestação de vontade, quando a lei assim o prevê; normalmente ocorre quando a lei fixa um prazo, findo o qual o silêncio da Administração significa concordância ou discordância" (DI PIETRO, 2010, p. 208).*

3.4 Motivo: é o **pressuposto de direito** e de **fato** que serve de fundamento para a produção do ato administrativo. O **pressuposto de direito** está presente na previsão abstrata trazidas pela norma de situações que autorizam ou levam à prática do ato. Por seu turno, **pressuposto de fato** é a efetiva ocorrência no mundo real dos eventos previstos na norma. Assim, o motivo conjuga um **elemento abstrato** a outro **concreto**.

O motivo pode estar inquinado de vícios, o que pode se dar nas situações em que o mesmo é **inexistente**, **falso** ou **inadequado** (desproporção entre o motivo do ato e seu resultado). O vício de motivo é **insanável**, levando à **nulidade** do ato administrativo.

MUITA ATENÇÃO!

Não se deve confundir o **motivo** com a **motivação**. Esta é a declaração por escrito dos motivos do ato administrativo. Para a maior parte dos doutrinadores, a motivação integra a **forma** do ato administrativo.

FIQUE POR DENTRO:

TEORIA DOS MOTIVOS DETERMINANTES

Segundo esta teoria, o motivo invocado pelo administrador para a prática do ato condiciona sua validade, na medida em que vincula a Administração à sua existência. A teoria dos motivos determinantes é aplicada, inclusive, aos atos discricionários. Exceção a esta teoria apresenta-se na chamada tredestinação lícita, que ocorre na desapropriação. Admite-se, assim, que o motivo que deu origem à expropriação seja alterado, desde que continue atendendo a uma finalidade pública. Ex.: Poder Público desapropria uma área para a construção de um hospital, mas depois resolve construir no local uma escola.

3.5 Objeto: pode ser considerado como sendo o efeito jurídico que o ato efetivamente produz, ou seja, "é a própria alteração no mundo jurídico que o ato provoca" (ALEXANDRINO, PAULO, 2007, p. 246). Ex.: o objeto do ato de demissão de um servidor público será a própria demissão.

O objeto do ato administrativo deverá ser lícito, possível, certo e moral.

4. CLASSIFICAÇÃO DOS ATOS ADMINISTRATIVOS

São variadas as classificações doutrinárias dos atos administrativos. Resumimos no quadro abaixo as mais comuns:

Quanto aos destinatários	a) atos gerais ou regulamentares: são editados sem destinatários específicos, determinados ou determináveis, sendo aplicáveis a todos os que se enquadrarem nas hipóteses reguladas pelo ato. São chamados por alguns doutrinadores de atos normativos, em razão da generalidade de seu alcance. Ex.: instrução normativa que regula o procedimento de requerimento de benefícios junto ao INSS; b) atos especiais ou individuais: possuem destinatários determinados ou determináveis. Serão singulares, se destinados a um único sujeito. Ex.: concessão de licença por motivo de saúde a servidor público. Serão plúrimos se destinados a um grupo ou pluralidade de sujeitos determinados. Ex.: nomeação de candidatos aprovados em concurso público de provas e títulos.
Quanto ao alcance	a) ato interno: restringe-se à Administração Pública e, logicamente, destina-se a seus agentes e órgãos. Ex.: ordem de serviço. b) ato externo: destina-se aos administrados que estejam abrangidos por sua incidência ou que devam produzir efeitos fora da organização administrativa. Ex.: decretos.
Quanto ao objeto ou quanto às prerrogativas da Administração	a) atos de império: são os atos em que a Administração atua valendo-se de sua supremacia sobre o particular, em nome do interesse coletivo. Ex.: interdição de restaurante que não atende condições de higiene.

Quanto ao objeto ou quanto às prerrogativas da Administração	b) atos de gestão: geralmente se refere aos atos de administração de bens e de serviços públicos e atos negociais firmados com particulares, sem que haja supremacia da Administração. Apesar de esta modalidade estar inserida em algumas classificações doutrinárias, conforme visto na introdução do capítulo, atos de gestão não são atos administrativos, mas atos da administração. Mesmo assim, algumas bancas cobram o tema desta forma, de modo que preferimos manter esta categoria. c) atos de expediente: são atos que visam dar tramitação aos procedimentos em curso na administração pública, visando prepara-los para a decisão da autoridade competente. Ex.: intimação do interessado para sanar irregularidade no procedimento.
Quanto à margem de liberdade de atuação do agente	a) vinculados ou regrados: a lei preestabelece os requisitos e condições para a atuação do agente, não deixando margem de discricionariedade para sua decisão. Logo, as imposições legais absorvem quase que por completo a liberdade do administrador. Ex.: licença para construir. b) discricionários: são os atos em que o agente o agente tem, segundo critérios de conveniência e oportunidade e nos limites da lei, certa liberdade para definir os elementos motivo e objeto (mérito administrativo), além de permitir, conforme lições doutrinárias, a definição os destinatários, o momento de sua prática e o modo de sua realização. Os demais elementos do ato serão vinculados. Ex.: decretação de utilidade pública de imóvel para fins de desapropriação.
Quanto à estrutura	a) ato concreto: destina-se a regular um caso específico. Uma vez praticado, seus efeitos são esgotados. Ex.: exoneração de um servidor. b) ato abstrato ou normativo: aplica-se a várias situações concretas. Possuem aplicação contínua, mesmo que já tenha sido aplicado a determinadas situações. Ex.: regulamentos administrativos.
Quanto à formação da vontade	a) ato simples: representa a manifestação de um único agente ou órgão (mesmo que seja colegiado). Ex.: multa de trânsito. b) ato complexo: decorre da manifestação de duas ou mais vontades produzidas por mais de um órgão ou agente, em patamar de igualdade e importância, que se fundem para formar um único ato. Ex.: nomeação de Ministro do STF. Há autores, como DI PIETRO, que defendem que atos de nomeação de agentes públicos sujeitos à aprovação prévia do Poder Legislativo seria exemplo de ato composto, visto que a nomeação seria o ato principal e a aprovação seria ato secundário. Parece-nos, todavia, que a doutrina majoritária defende que se trata mesmo de ato complexo. Vale ficar atento a este detalhe! c) ato composto: decorre da manifestação de duas ou mais vontades, sendo uma instrumental à outra, ou seja, há um ato principal e outro acessório. Ex.: aprovação de um parecer, tornando-o vinculante. Alguns autores defendem que a manifestação das vontades deve ocorrer dentro do mesmo órgão. **Atenção**: atos complexos e compostos não se confundem com procedimento administrativo, que se configura em uma sequência de atos administrativos independentes e que seguem um encadeamento lógico rumo a um objetivo.

Quanto aos efeitos	a) ato constitutivo: cria uma situação jurídica. Ex.: admissão de um servidor aprovado em concurso público. b) ato extintivo ou desconstitutivo: põe fim a uma relação jurídica. Ex.: exoneração de um servidor. c) ato declaratório: destina-se a declarar uma situação preexistente. Ex.: certidões. d) ato alienativo: transfere bens ou direitos a terceiros. Ex.: venda de um bem público. e) ato modificativo: promove a modificação de uma situação existente, mas sem suprimir direitos ou obrigações. Ex.: alteração do horário de atendimento de uma repartição. f) ato abdicativo: o titular abre mão de um direito em caráter irretratável e incondicional. Ex.: renúncia.

5. ESPÉCIES DE ATOS ADMINISTRATIVOS

São variadas as espécies de atos administrativos existentes. De um modo geral, as bancas examinadoras têm se baseado na classificação proposta por HELY LOPES MEIRELLES, da qual nos valeremos no estudo do tema com algumas ponderações pontuais e breve explicação sobre cada espécie enumerada nos exemplos.

5.1. Atos Gerais ou Normativos

São atos dotados das características de **generalidade e abstração**, ou seja, visam atingir sujeitos indeterminados e disciplinam hipóteses de aplicação. São também chamados de **atos gerais** e possuem eficácia externa à organização administrativa.

Enquadram-se nesta categoria:

a) **decretos**: Nesta hipótese se enquadram os **decretos gerais**, que instruem a correta aplicação de uma lei. São espécies de decretos gerais o decreto **independente ou autônomo** como o **regulamentar ou de execução**. Ex.: Decreto 3.048/99, que regulamenta as Leis 8.213/91 e 8.212/91, relacionadas à Previdência Social.

> **MUITA ATENÇÃO!** Os decretos individuais ou específicos tratam de situações especiais, como o que declara a utilidade pública de um bem para fins de desapropriação. Tais decretos disciplinam casos concretos, de modo que não possuem caráter normativo.

b) **regulamentos**: o regulamento é o conteúdo do ato, detalhando e determinando a forma de cumprimento da lei, e são postos em vigência principalmente por meio de decreto, daí porque se usa a expressão **decreto regulamentar**. O regulamento também pode se exteriorizar por meio de outros atos normativos. Ex.: o Decreto 3.048/99 contém o regulamento do pagamento de prestações e benefícios previdenciários e do regime de recolhimento das contribuições previdenciárias para custeio do Regime Geral de Previdência Social.

c) **instruções normativas**: são atos expedidos por **Ministro de Estado** para a execução das leis, decretos e regulamentos. Mas não tem sido adotado rigor na definição da autoridade competente para a expedição de instruções normativas, tendo-se admitido que autoridades de escalão inferior expeçam instruções normativas. Ex.: Instrução Normativa INSS/PRES 77/2015, editada pela presidente do INSS com o objetivo de detalhar no âmbito administrativo a aplicação do Decreto 3.048/99.

d) **regimentos**: são atos normativos que visam reger o funcionamento de órgãos da Administração. Por ter **força interna**, o regimento vincula apenas os agentes públicos sujeitos à sua disciplina, não se aplicando aos particulares. Ex.: regimento interno do INSS.

e) **resoluções**: são atos expedidos pelas altas autoridades do Executivo ou por presidentes de tribunais, órgãos legislativos e colegiados administrativos, para disciplinar matéria de sua competência específica. Ex.: resoluções do CNJ.

f) **deliberações**: são os atos normativos ou decisórios emanados de órgãos colegiados por meio de deliberação de seus membros. Apesar de haver uma conjugação de vontades, o ato será considerado simples, porquanto imputado ao próprio órgão, e não aos agentes que deliberaram sobre o tema.

> **MUITA ATENÇÃO!**
>
> A deliberação nem sempre será utilizada na legislação como sendo o ato que exterioriza a vontade de um órgão colegiado. Como exemplo pode-se citar o art. 43, VI da Lei 8.666/93 que prevê a "deliberação da autoridade competente quanto à homologação e adjudicação da licitação".

5.2. Atos Ordinatórios

Como o próprio nome diz, visam dar ordem à Administração, ou seja, organizar o seu funcionamento e regular a conduta de seus agentes. Possuem **eficácia interna** e decorrem do **poder hierárquico**.

Enquadram-se nesta categoria:

a) **portarias**: ato por meio do qual os superiores hierárquicos expedem determinações gerais ou especiais a seus subordinados, designam servidores para funções e cargos secundários e também iniciam sindicâncias e processos administrativos.

b) **instruções**: ordens escritas e gerais a respeito do modo e forma de execução de determinado serviço público, expedidas por superior hierárquico com o escopo de orientar os subalternos.

c) **circulares**: possuem menor generalidade que as instruções, mas possuem o mesmo objetivo: ordenamento do serviço.

d) **avisos**: atos expedidos pelos Ministros de Estado a respeito de assuntos afetos a seus ministérios, assim como dar conhecimento sobre tema administrativo.

e) **ordens de serviço**: são determinações especiais dirigidas aos responsáveis por obras ou serviços públicos, autorizando seu início ou estabelecendo especificações técnicas de como se dará sua realização.

f) **provimentos**: atos internos, geralmente expedidos por corregedorias ou tribunais, cuja finalidade é a regularização e uniformização dos serviços.

g) **ofícios**: comunicações oficiais escritas que as autoridades fazem entre si, entre subalternos e superiores e entre Administração e particulares.

h) **despachos**: decisões tomadas pelas autoridades executivas frente a requerimentos e processos sujeitos à sua apreciação.

5.3. Atos Negociais

Em tais atos a manifestação de vontade da Administração coincide com o interesse de um particular, visando à concretização de negócios jurídicos públicos ou à atribuição de certos direitos ou vantagens ao interessado.

São atos unilaterais, mas que possuem conteúdo tipicamente negocial por atenderem interesses recíprocos da Administração e do particular. Diferenciam-se, assim, dos contratos administrativos, que são atos bilaterais.

MUITA ATENÇÃO!

JOSÉ DOS SANTOS CARVALHO FILHO critica a utilização da terminologia "atos negociais", que é derivada da doutrina italiana *(atti amministrativi negoziali)*, por não vislumbrar a existência propriamente dita de um negócio jurídico, mas sim, de um interessado que pede o consentimento, de um lado, e, de outro, a Administração que concede ou nega o consentimento. Além disso, os atos de aprovação, visto e homologação, tradicionalmente incluídos no rol dos atos negociais, não representam uma conjugação de vontades que caracteriza um negócio jurídico. Registrada a crítica do ilustre doutrinador, cumpre ressaltar que preferimos manter a classificação de HELY LOPES MEIRELLES, porque é a que vem sendo cobrada em concursos públicos.

Enquadram-se nesta categoria:

a) **licença**: *é o ato administrativo* **vinculado** e **definitivo** pelo qual o Poder Público, verificando que o interessado atendeu a todas as exigências legais, faculta-lhe o desempenho de atividades ou a realização de fatos materiais antes vedados ao particular. A licença é uma forma expressão do **poder de polícia**. Ex.: licença de localização de estabelecimento.

A licença poderá ter sua eficácia **temporária**, se assim a lei determinar. Logo, serão definitivas as licenças que a lei não estabelecer prazo para sua eficácia.

MUITA ATENÇÃO!

A licença para construir tem sido considerada como mera faculdade de agir, podendo ser revogada enquanto não iniciada a obra licenciada, sem prejuízo de o interessado buscar indenização pelos prejuízos causados pela revogação. O particular não poderá, portanto, alegar direito adquirido. Este entendimento está consolidado há bastante tempo na jurisprudência do STF e do STJ.

b) **autorização**: ato administrativo **discricionário** e **precário** pelo qual o Poder Público torna possível ao pretendente a realização de certa **atividade**, **serviço** ou **utilização** de determinados bens particulares ou públicos, de seu **exclusivo ou predominante interesse**, que a lei condiciona à aquiescência prévia da Administração. Ex.: autorizações para exploração do serviço de táxi.

c) **permissão**: ato administrativo **discricionário** e **precário**, pelo qual o Poder Público faculta ao particular a execução de serviços de interesse coletivo, ou o uso especial de bens públicos, a título gratuito ou remunerado, nas condições estabelecidas pela Administração. Este é o conceito que se extrai da doutrina clássica de Direito Administrativo.

Porém, deve ser feita uma ressalva: conforme bem pontuado por JOSÉ DOS SANTOS CARVALHO FILHO, este conceito de **permissão** deve ser analisado com cuidado, face às inúmeras modificações realizadas no ordenamento jurídico relativamente aos serviços públicos.

Conforme sistemática do art. 175, da CF/88 e da Lei 8.987/95, a **permissão de serviço público** possui **natureza contratual**, ou seja, não existe mais como ato administrativo.

Portanto, como espécie de **ato administrativo**, restou no sistema apenas a **permissão de uso de bem público**.

d) **aprovação**: ato pelo qual o Poder Público verifica a legalidade e o mérito de outro ato ou situações praticadas por órgãos, agentes, entidades e particulares.

e) **admissão**: ato vinculado pelo qual se defere situação jurídica de exclusivo ou predominante interesse do particular que preencheu os requisitos legais, como no caso de ingresso em curso superior após aprovação em vestibular.

f) **visto**: ato pelo qual se controla outro ato da própria Administração ou do administrado, aferindo sua legitimidade formal para dar-lhe exequibilidade.

g) **homologação**: ato administrativo de controle pelo qual a autoridade superior examina a legalidade e a conveniência de ato anterior da própria Administração, de outra entidade ou particular, para dar-lhe eficácia. Não altera o conteúdo, podendo determinar o retorno a quem o praticou para sanar eventual irregularidade.

h) **dispensa**: exime o particular do cumprimento de determinada obrigação exigida em lei.

i) **renúncia**: extinção de crédito ou de direito próprio por parte da Administração, liberando o particular.

j) **protocolo administrativo**: ato pelo qual o Poder Público acerta com particular a realização de determinado empreendimento ou atividade ou a abstenção de certa conduta, no interesse recíproco de ambos.

5.4. Atos Enunciativos

São aqueles em que a Administração atesta ou certifica determinado fato, ou emite sua opinião sobre determinado tema, sem se vincular ao seu conteúdo. São, portanto, considerados atos administrativos apenas em sentido formal, porquanto não há uma manifestação de vontade da Administração. Estes atos não gozam de imperatividade, pois não tem o condão de criar obrigações ou impor obrigações aos administrados.

Nesta modalidade estão:

a) **atestados**: expressam a comprovação de um fato ou uma situação da qual a Administração tenha conhecimento. Diferem-se das certidões por se tratar de situações ou fatos transitórios.

b) **certidões:** é uma cópia ou fotocópia autenticada de atos ou fatos constantes de processo, livro ou documento que se encontre em repartições públicas. Este conceito tradicional sofreu uma repaginada pela crescente informatização e, por conseguinte, na forma que vem sendo adotada para as certidões, podendo ser de **inteiro teor**, em **resumo** e até mesmo em forma de resposta a **quesitos** elaborados pelo particular relativamente a informações contidas em arquivos e bancos de dados públicos.

c) **pareceres**: manifestações, de caráter opinativo, de órgãos técnicos sobre assuntos submetidos à sua consideração.

A Lei 9.784/99 estabelece que, quando deva ser obrigatoriamente ouvido um órgão consultivo, o parecer deverá ser emitido no prazo máximo de **quinze dias**, salvo norma especial ou comprovada necessidade de maior prazo (art. 42).

Porém, em algumas situações o parecer deixará de ser meramente opinativo e será de observância obrigatória. No julgamento do MS 24.631, o STF fez essa diferenciação.

d) **apostilas**: atos enunciativos ou declaratórios correspondentes a uma averbação em um documento oficial de uma situação anterior criada por lei.

5.5. Atos Punitivos

São os atos que contêm uma sanção imposta pela Administração àqueles que infringem disposições legais, regulamentares ou ordinatórias dos bens ou serviços públicos. Ex.: **multa**, **interdições de atividade**, **destruição de coisas** etc. Decorrem do poder de império da Administração.

HELY LOPES MEIRELLES também menciona os **atos punitivos internos**, relativos à aplicação de penalidades aos servidores públicos. Estes atos, decorrentes do **poder hierárquico** e **disciplinar**, serão estudados em capítulo reservado aos Agentes Públicos.

6. EXTINÇÃO DOS ATOS ADMINISTRATIVOS

São formas de extinção do ato administrativo:

A **Renúncia:** o beneficiário deixa de ter interesse no ato e o renuncia.

B **Cumprimento de seus efeitos**: nesta situação há o esgotamento do conteúdo do ato, a execução material do que o ato originalmente determinava ou o advento de condição resolutiva ou termo final.

C **Desaparecimento do sujeito ou do objeto**: neste caso, o sujeito ou objeto deixam de existir durante a produção de efeitos do ato administrativo. Exemplo: morte de servidor que estava cumprindo penalidade de suspensão.

D **Contraposição ou derrubada:** ocorre quando há prática de outro ato administrativo contrário ao primeiro. Exemplo: exoneração de um servidor (o ato é contrário ao de nomeação do mesmo servidor).

E **Cassação**: é a extinção de um ato válido em virtude de falta de observância pelo do administrado de condições que deveriam permanecer atendidas a fim de poder continuar desfrutando da situação jurídica. Ex.: cassação do alvará de funcionamento de restaurante que não mantém condições de higiene.

F **Caducidade:** "(...) configura modalidade de extinção em que ocorre a retirada por ter sobrevindo norma jurídica que tornou inadmissível situação antes permitida pelo direito e outorgada pelo ato precedente". Em síntese, é forma de extinção do ato administrativo em razão de uma lei não mais permitir a prática autorizada por ato antecedente. É a extinção do ato por invalidade superveniente. Ex.: lei que proíbe o funcionamento de comércio ambulante em determinada área. As autorizações concedidas estarão extintas por caducidade.

G **Anulação ou invalidação:** forma de extinção de um ato administrativo por outro ato ou por decisão judicial, por motivo de **ilegalidade**, com **efeitos *ex tunc***. Ex.: anulação de benefício previdenciário concedido mediante fraude.

Segundo previsão do art. 21 *caput* da LINDB, incluído pela Lei 13.655/18, "a decisão que, nas esferas administrativa, controladora ou judicial, decretar a invalidação de ato, contrato, ajuste, processo ou norma administrativa, deverá indicar de modo expresso suas consequências jurídicas e administrativas". A consideração das consequências jurídicas e administrativas é limitada aos fatos e fundamentos de mérito e jurídicos que se espera do decisor no exercício diligente de sua atuação (art. 4.º, § 1.º do Decreto 9.830/19).

A decisão de anulação **deverá**, quando for o caso, indicar as condições para que a regularização ocorra de modo proporcional e equânime e sem prejuízo dos interesses gerais, não se podendo impor aos sujeitos ônus ou perdas que, em função das peculiaridades do caso, sejam anormais ou excessivos (art. 21, parágrafo único, da LINDB).

Pode-se deduzir das disposições da Lei 13.655/18 e de seu Decreto regulamentador que a anulação de um ato administrativo deve ser vista como medida excepcional, na medida em que se exige do administrador a demonstração da necessidade e a adequação da medida imposta, consideradas as possíveis alternativas e observados os critérios de proporcionalidade e de razoabilidade, e lhe faculta restringir os efeitos da declaração ou decidir que sua eficácia se iniciará em momento posteriormente definido (modulação dos efeitos da decisão).

DICA IMPORTANTE

Nesta matéria é importante conhecer o teor de duas súmulas do STF, constantemente mencionada em concursos:

↳ **Súmula 346**: A Administração Pública pode declarar a nulidade dos seus próprios atos;

↳ **Súmula 473:** A Administração pode anular seus próprios atos, quando eivados de vícios que os tornam ilegais, porque deles não se originam direitos; ou revogá-los, por motivo de conveniência ou oportunidade, respeitados os direitos adquiridos, e ressalvada, em todos os casos, a apreciação judicial.

? **QUESTÃO:** A Administração possui prazo para anular atos dos quais decorram efeitos favoráveis aos administrados?

↳ ***RESPOSTA:*** *Sim. De acordo com o art. 54, da Lei 9.784/99, aplicável no âmbito federal, "O direito da Administração de anular os atos administrativos de que decorram efeitos favoráveis para os destinatários decai em cinco anos, contados da data em que foram praticados, salvo comprovada má-fé". No caso de relação jurídica de efeitos patrimoniais contínuos, o prazo de decadência contar-se-á da percepção do primeiro pagamento (art. 54, § 1.º). Considera-se exercício do direito de anular qualquer medida de autoridade administrativa que importe impugnação à validade do ato (art. 54, § 2.º). Assim, impede a ocorrência de decadência o ato declaratório da nulidade, em si, ou o exercício do direito de anular, consistente na adoção de medida que impugne a validade do ato eivado de nulidade ou inconstitucionalidade – como a instauração de procedimento administrativo de revisão do ato -, desde que verificados no prazo quinquenal de decadência.*

H **Revogação**: forma de extinção de um ato administrativo legal por outro ato, **efetuada somente pela Administração**, em razão da existência de fato novo que o torne **inconveniente ou inoportuno** (razões de **mérito administrativo**), com **efeitos** *ex nunc*. Em síntese, a revogação "apenas pode se dar em relação aos atos válidos, praticados dentro de uma competência discricionária, produzindo efeitos *ex nunc*. É, assim, correto afirmar que "ao Poder Judiciário é vedado revogar atos administrativos emanados do Poder Executivo". Em regra, a revogação não cria o dever de indenizar, mas em algumas situações o administrado poderá ser ressarcido dos prejuízos causados pelo ato de revogação, caso tenha realizado gastos, esteja de boa-fé e não tenha concorrido para a revogação. A revogação, porém, encontra alguns limites, não podendo atingir atos: a) que gerem direitos adquiridos: b) cujos efeitos já se tenham exauridos; c) de conteúdo meramente enunciativo (certidões e atestados, por exemplo); d) vinculados, pois seu conteúdo é todo estabelecido em lei.

MUITA ATENÇÃO!

A grande maioria das questões sobre atos administrativos versou sobre as suas formas de extinção, notadamente sobre a diferenciação entre **anulação** e **revogação**. Para facilitar a memorização do tema, faça as seguintes associações:

Anulação → Ilegalidade do ato → Administração e Poder Judiciário → *Ex tunc*

Revogação → Mérito Administrativo → Somente a Administração → *Ex nunc*

7. CONVALIDAÇÃO DOS ATOS ADMINISTRATIVOS

Pela **convalidação**, também chamada de **aperfeiçoamento, saneamento** ou **sanatória**, a Administração aproveita atos administrativos com **vícios sanáveis**, de forma a confirmá-los, no todo ou em parte por meio da edição de um novo ato. Assim, a convalidação restringe-se aos **atos anuláveis** e possui **efeitos** *ex tunc,* ou seja, retroage à data da prática do ato.

No âmbito federal, a convalidação está prevista no art. 55 da Lei 9.787/99, segundo o qual "Em decisão na qual se evidencie não acarretarem lesão ao interesse público nem prejuízo a terceiros, os atos que apresentarem defeitos sanáveis poderão ser convalidados pela própria Administração".

EM RESUMO: Atos Administrativos	
Atributos	• **Presunção de legitimidade e veracidade:** uma vez praticado, presume-se que o ato está de acordo com a lei (legítimo) e que os fatos ocorreram da forma como foram descritos pelo agente (veracidade). Presunção relativa (*juris tantum*). • **Imperatividade ou coercibilidade:** os atos administrativos devem ser observados independentemente da anuência do administrado, decorrendo da supremacia do interesse público sobre o privado. • **Autoexecutoriedade ou exigibilidade:** o ato poderá ser executado sem a necessidade de a Administração se socorrer ao Poder Judiciário, desde que haja previsão legal expressa para tanto ou exista situação de urgência. • **Tipicidade:** segundo DI PIETRO tipicidade "é o atributo pelo qual o ato administrativo deve corresponder a figuras definidas previamente pela lei como aptas a produzir determinados resultados".
Requisitos ou Elementos	• **Competência:** o agente público deve possuir atribuição legal ou competência para a prática do ato e atuar dentro dos limites que lhe foram postos. • **Finalidade:** Os atos administrativos devem satisfazer uma **finalidade pública**, que se configura em dois aspectos principais: a) **finalidade geral ou em sentido amplo:** o ato deve buscar o interesse público; b) **finalidade específica ou em sentido estrito:** é a finalidade prevista implícita ou explicitamente em lei para determinada situação concreta abrangida pelo ato, que alguns autores entendem tratar-se do atributo da **tipicidade**. Caso o administrador se desvie destes propósitos, o ato estará inquinado de vício de **desvio de finalidade**, o que leva à sua **nulidade**.

<table>
<tr><th colspan="3">EM RESUMO: Atos Administrativos</th></tr>
<tr><td>Requisitos ou Elementos</td><td colspan="2">• Forma: modo de exteriorização do ato administrativo, como este se manifesta para todos. Em regra, os atos administrativos devem assumir a forma escrita (art. 22, § 1º da Lei 9.784/99), mas se admite que alguns atos sejam manifestados verbalmente (ordem dada por um policial para organizar uma passeata), por gestos (guardas de trânsito), sinais eletromecânicos e sonoros (semáforos, apitos) e meios pictóricos (placas de trânsito). Sempre que a lei expressamente exigir determinada forma para que um ato administrativo seja considerado válido, a inobservância dessa exigência acarretará a nulidade do ato.
• Motivo: o pressuposto de direito e de fato que serve de fundamento para a produção do ato administrativo. O pressuposto de direito está presente na previsão abstrata trazida pela norma de situações que autorizam ou levam à prática do ato. Por seu turno, pressuposto de fato é a efetiva ocorrência no mundo real dos eventos previstos na norma. Assim, o motivo conjuga um elemento abstrato a outro concreto.
• Objeto: pode ser considerado como sendo o efeito jurídico que o ato efetivamente produz, ou seja, "é a própria alteração no mundo jurídico que o ato provoca".</td></tr>
<tr><td rowspan="3">Classificação</td><td>Quanto à margem de liberdade de atuação do agente</td><td>a) discricionários: o agente tem certa liberdade de escolha (critério de conveniência/ oportunidade) do motivo e do objeto do ato. Os demais elementos do ato serão vinculados.
b) vinculados: a lei preestabelece a atuação do agente, não deixando margem de discricionariedade para sua atuação.</td></tr>
<tr><td>Quanto à estrutura</td><td>a) ato concreto: destina-se a regular um caso específico. Uma vez praticado, seus efeitos são esgotados.
b) ato abstrato ou normativo: aplica-se a várias situações concretas. Possuem aplicação contínua, mesmo que já tenha sido aplicado a determinadas situações.</td></tr>
<tr><td>Quanto à formação da vontade</td><td>a) ato simples: representa a manifestação de um único agente ou órgão dotado de personalidade administrativa.
b) ato complexo: decorre da manifestação de duas ou mais vontades produzidas por mais de um órgão ou agente. São duas ou mais vontades homogêneas que se fundem para formar um único ato.
c) ato composto: decorre da manifestação de duas ou mais vontades dentro de um mesmo órgão, sendo uma instrumental à outra.</td></tr>
</table>

EM RESUMO: Atos Administrativos		
Classificação	**Quanto aos efeitos**	**a) ato constitutivo:** cria uma situação jurídica. **b) ato extintivo** ou **desconstitutivo:** põe fim a uma relação jurídica. **c) ato declaratório:** destina-se a declarar uma situação preexistente. **d) ato alienativo:** transfere bens ou direitos a terceiros. **e) ato modificativo:** promove a modificação de uma situação existente, mas sem suprimir direitos ou obrigações. **f) ato abdicativo:** o titular abre mão de um direito em caráter irretratável e incondicional.
	Quanto ao alcance	**a) ato interno:** restringe-se à Administração Pública e, logicamente, destina-se a seus agentes e órgãos. **b) ato externo:** destina-se aos administrados que estejam abrangidos por sua incidência ou que devam produzir efeitos fora da organização administrativa.
Espécies de atos administrativos	**Atos Gerais ou Normativos**	São atos dotados das características de **generalidade e abstração**, ou seja, visam atingir sujeitos indeterminados e disciplinam hipóteses de aplicação. Enquadram-se nesta categoria: a) **Decretos;** b) **Regulamentos**; c) **Instruções normativas**; d) **Regimentos**; e) **Deliberações**.
	Atos Ordinatórios	Visam dar ordem à Administração, ou seja, organizar o seu funcionamento e regular a conduta de seus agentes. Possuem **eficácia interna** e decorrem do **poder hierárquico**. Enquadram-se nesta categoria: a) **portarias;** b) **instruções**; c) **circulares**; d) **avisos**; e) **ordens de serviço**; f) **provimentos**; g) **ofícios**; h) **despachos**.

<table>
<tr><th colspan="3">EM RESUMO: Atos Administrativos</th></tr>
<tr><td rowspan="3">Espécies de atos administrativos</td><td>Atos Negociais</td><td>Em tais atos a manifestação de vontade da Administração coincide com o interesse de um particular, visando à concretização de negócios jurídicos públicos ou à atribuição de certos direitos ou vantagens ao interessado. Enquadram-se nesta categoria:
a) licença;
b) autorização;
c) permissão;
d) aprovação;
e) admissão;
f) visto;
g) homologação;
h) dispensa;
i) renúncia;
j) protocolo administrativo.</td></tr>
<tr><td>Atos Enunciativos</td><td>São aqueles em que a Administração atesta ou certifica determinado fato, ou emite sua opinião sobre determinado tema, sem se vincular ao seu conteúdo. Enquadram-se nesta categoria:
a) atestados;
b) certidões;
c) pareceres;
d) apostilas.</td></tr>
<tr><td>Atos Punitivos</td><td>São os atos que contêm uma sanção imposta pela Administração àqueles que infringem disposições legais, regulamentares ou ordinatórias dos bens ou serviços públicos. Ex.: multa, interdições de atividade, destruição de coisas etc. Decorrem do poder de império da Administração.</td></tr>
<tr><td>Extinção</td><td colspan="2">• Renúncia: o beneficiário deixa de ter interesse no ato e o renuncia.
• Cumprimento de seus efeitos: nesta situação há o esgotamento do conteúdo do ato, a execução material do que o ato originalmente determinava ou o advento de condição resolutiva ou termo final.
• Desaparecimento do sujeito ou do objeto: neste caso, o sujeito ou objeto deixam de existir durante a produção de efeitos do ato administrativo.
• Contraposição ou derrubada: ocorre quando há prática de outro ato administrativo contrário ao primeiro.
• Cassação: é a extinção de um ato válido em virtude de falta de observância pelo do administrado de condições que deveriam permanecer atendidas a fim de poder continuar desfrutando da situação jurídica.
• Caducidade: forma de extinção do ato administrativo em razão de uma lei posterior não mais permitir a prática autorizada por ato antecedente. É a extinção do ato por invalidade superveniente.</td></tr>
</table>

EM RESUMO: Atos Administrativos	
	• **Anulação ou invalidade:** forma de extinção de um ato administrativo por outro ato ou por decisão judicial, por motivo de **ilegalidade**, com **efeitos *ex tunc*** (para trás, desde o início). • **Revogação:** forma de extinção de um ato administrativo legal por outro ato, **efetuada somente pela Administração**, em razão da existência de fato novo que o torne **inconveniente ou inoportuno** (razões de **mérito administrativo**), com ***efeitos*** *ex nunc*. **Limites:** Não poderá atingir atos: **a)** que gerem direitos adquiridos: **b)** cujos efeitos já se tenham exauridos; **c)** de conteúdo meramente enunciativo (certidões e atestados, por exemplo); **d)** vinculados, pois seu conteúdo é todo estabelecido em lei.
Convalidação	Também chamada de **aperfeiçoamento, saneamento** ou **sanatória**, a Administração aproveita atos administrativos com **vícios sanáveis**, de forma a confirmá-los, no todo ou em parte por meio da edição de um novo ato. A convalidação restringe-se aos **atos anuláveis** e possui **efeitos** *ex tunc*, ou seja, retroage à data da prática do ato.

✍ QUESTÕES

(Cespe – Policial Rodoviário Federal – DPRF/2019) *No tocante a atos administrativos, julgue o item a seguir.*

Tanto a inexistência da matéria de fato quanto a sua inadequação jurídica podem configurar o vício de motivo de um ato administrativo.

GABARITO	CERTO.
COMENTÁRIO	Motivo é o **pressuposto de direito** e de **fato** que serve de fundamento para a produção do ato administrativo. Para que o motivo seja válido é necessário que o fato mencionado no ato administrativo seja real e corresponda à situação prevista em lei como justificadora do ato. Dessa forma, tanto a inexistência da matéria de fato quanto a sua inadequação jurídica podem configurar o vício de motivo de um ato administrativo.

(Cespe – Policial Rodoviário Federal – DPRF/2013 – Questão adaptada) *A respeito da organização do Departamento de Polícia Rodoviária Federal e da natureza dos atos praticados por seus agentes, julgue o item que se segue.*

Praticado ato ilegal por agente da PRF, deve a administração revogá-lo.

GABARITO	ERRADO.
COMENTÁRIO	A **revogação atinge atos que embora <u>legais</u> tornam-se inoportunos e inconvenientes**. Portanto, não há que se falar em revogação de atos ilegais.

CAPÍTULO VI
LICITAÇÕES

1. NOÇÕES

O art. 37, XXI da CF/88 prevê como regra a realização de licitação pública prévia para a contratação de obras, serviços, compras e alienações. Sendo competência **privativa** da **União** a edição de **normas gerais** sobre licitações e contratos (art. 22, XVII, da CF), foi promulgada Lei **8.666/93 (Lei de Licitações e Contratos – LLC)** para regular o tema. Posteriormente foi editada a **Lei 10.520/02**, que regulou a modalidade de licitação denominada **pregão** e, mais recentemente, normas específicas aplicáveis às **empresas estatais** previstas na Lei 13.303/2016.

Além desta competência para a edição de normas gerais, a União edita normas específicas aplicáveis apenas no âmbito federal, como a previsão da modalidade de licitação denominada **consulta**, aplicável inicialmente no âmbito da **ANATEL** (Lei 9.472/1997), posteriormente estendida às demais agências reguladoras por meio da Lei 9.986/2000.

Licitação é o procedimento pelo qual o ente público seleciona a proposta de contratação mais vantajosa dentre as que forem oferecidas pelos interessados. A licitação deverá, ainda, ser processada e julgada em estrita conformidade com os princípios básicos da **legalidade**, da **impessoalidade**, da **moralidade**, da **igualdade**, da **publicidade**, da **probidade administrativa**, da **vinculação ao instrumento convocatório** (as regras do certame devem estar detalhadamente previstas no edital), do **julgamento objetivo** (vedação de utilização de elemento, critério ou fator sigiloso, secreto, subjetivo ou reservado no julgamento das propostas) e dos que lhes são correlatos.

Em regra, são obrigados a licitar os entes políticos (União, Estados, Distrito Federal e Municípios), além de suas autarquias, fundações, empresas estatais e demais entidades controladas direta ou indiretamente pela União, Estados, Distrito Federal ou Municípios, e os fundos especiais.

DICA IMPORTANTE

A maioria das questões envolvendo o tema exige puro e simples conhecimento da "lei seca". Até o fechamento da presente edição ainda não havia sido sancionado no projeto de Lei 4.253/2020, que cria um novo marco legal para as contratações públicas e substituiu a Lei de Licitações (8.666/93), a Lei do Pregão (Lei 10.520/2002) e o Regime Diferenciado de Contratações (RDC – Lei 12.462/2011). Se o edital for publicado **antes** da promulgação da nova lei, esta não deve ser cobrada no próximo concurso. Porém, se o edital for publicado **depois** da promulgação da nova lei, a banca examinadora pode ou não a exigir, especialmente porque haverá uma espécie de vigência concomitante entre a mesma e a Lei 8.666/93 **pelo prazo de 2 anos**, a fim de que a Administração se adapte à nova realidade legal. Desta forma, mantivemos o estudo com base na Lei 8.666/93 e, a depender da concretização de um ou outro cenário e da forma como o edital for redigido, disponibilizaremos gratuitamente complemento de estudos comparativos entre as duas Leis no site da Editora.

> **MUITA ATENÇÃO!**
>
> Ao longo do ano de 2020, foram editados diversos atos normativos visando ao enfrentamento da emergência de saúde pública em razão do surto da COVID-19, muitos dos quais flexibilizando regras de licitações e contratações públicas. Tendo em vista se tratar de alterações emergenciais e de vigência temporária (apenas enquanto vigente o Decreto Legislativo nº 6, de 20 de março de 2020, cujo termo final, até o fechamento desta obra, foi fixado no dia 31 de dezembro de 2020 e posteriormente prorrogado para **30 de junho de 2021**), bem como tendo em vista a proposta de síntese da presente obra, trataremos apenas de remeter o leitor que queira se inteirar de tais modificações ao correspondente dispositivo legal, sempre nos quadros de "muita atenção", para não confundir o leitor. De um modo geral, as principais modificações foram processadas pelas Leis 13.979/20 e 14.065/20, sendo importante ter o texto em mãos.

2. OBJETO

Nos termos do art. 2º da Lei de Licitações, é obrigatória a realização de licitação para a contratação de **obras, serviços,** inclusive de publicidade, **compras, alienações, concessões, permissões e locações.**

3. CONTRATAÇÃO DIRETA

A realização de licitação é a regra em nosso sistema jurídico, porém, há situações em que se admite a **contratação direta**, configurando situações de licitação **dispensada**, **inexigível** e **dispensável**.

3.1 Licitação dispensada: ocorre nas hipóteses de alienação de bens públicos móveis e imóveis (art. 17 da LLC). O rol destas situações é **taxativo** e a licitação não deverá ser realizada.

> **MUITA ATENÇÃO!**
>
> O candidato deve estar bem atento ao contexto em que a palavra "dispensada" for utilizada em eventual questão. Ocorre que "dispensada" **pode-se referir à licitação dispensada ou dispensável**.

3.2 Inexigibilidade de licitação: parte-se do pressuposto de que não existe viabilidade de competição (art. 25, *caput* da LLC). A LLC trouxe nos incisos do art. 25 um rol **meramente exemplificativo** de situações em que a licitação será inexigível:

A **Inciso I:** aquisição de materiais, equipamentos, ou gêneros que **só possam ser fornecidos por produtor, empresa ou representante comercial exclusivo**, vedada a preferência de marca, devendo a comprovação de exclusividade ser feita através de atestado fornecido pelo órgão de registro do comércio do local em que se realiza a licitação ou a obra ou o serviço, pelo Sindicato, Federação ou Confederação Patronal, ou, ainda, pelas entidades equivalentes.

B **Inciso II:** contratação de **serviços técnicos**, de **natureza singular**, com **profissionais ou empresas de notória especialização**, vedada a inexigibilidade para serviços de publicidade e divulgação. Os serviços técnicos profissionais especializados encontram-se elencados no art. 13 da Lei de Licitações.

C **Inciso III:** contratação de profissional de qualquer setor artístico, diretamente ou através de empresário exclusivo, desde que consagrado pela crítica especializada ou pela opinião pública.

3.3 Dispensa de licitação: a licitação é possível, mas o legislador permitiu que não seja realizada. No art. 24 da Lei 8.666/93, estão contidas as hipóteses de dispensa de licitação, que podem ser agrupadas observando-se quatro critérios, com a transcrição apenas dos dispositivos mais cobrados em concursos públicos:

Critério	Incisos
Em razão do pequeno valor	I – obras e serviços de engenharia que não ultrapassem 10% do valor previsto na alínea "a", do inciso I do art. 23, que foi atualizado pelo Decreto 9.412/2018. Assim, o valor da obra ou serviço de engenharia deve ser de até R$ 33.000,00; II – outros serviços e compras que não ultrapassem 10% do valor previsto na alínea "a", do inciso II do art. 23, que foi atualizado pelo Decreto 9.412/2018. Assim, o valor dos outros serviços e comprovas deve ser de até R$ 17.600,00; Obs.: É bom lembrar que os percentuais referidos nos incisos I e II serão **20% (vinte por cento)** para compras, obras e serviços contratados por consórcios públicos, sociedade de economia mista, empresa pública e por autarquia ou fundação qualificadas, na forma da lei, como Agências Executivas (art. 24, § 1º). Inciso XVIII.
Em razão de situações excepcionais	III – nos casos de guerra ou grave perturbação da ordem; IV – nos casos de emergência ou de calamidade pública, somente quando houver a possibilidade de ocasionar prejuízo ou comprometer a segurança de pessoas, obras, serviços, equipamentos e outros bens, sendo possível para os bens necessários ao atendimento da situação emergencial e a conclusão de obras ou serviços que possam ser finalizados em até 180 dias; V – quando não houverem interessados na licitação anterior e, justificadamente, não puder ser repetida sem prejuízo para a Administração (chamada de **licitação deserta**); VII – quando as propostas apresentadas contiverem preços manifestamente superiores ao praticado no mercado nacional ou forem incompatíveis com os fixados pelos órgãos oficiais competentes (chamada de **licitação fracassada**); XI – para a contratação de remanescente de obra, serviço ou fornecimento de, em consequência de rescisão contratual, obedecidas a ordem de classificação da licitação anterior e aceitas as mesmas condições; Incisos VI, IX, XXIX, XXXIII e XXXV.
Em razão do objeto	X – para a compra ou locação de imóvel destinado ao atendimento das finalidades precípuas da administração, cujas necessidades de instalação e localização condicionem a escolha; Incisos XII, XIV, XV, XVII, XIX, XXI, XXV, XXVIII, XXX, XXXIV.
Em razão da pessoa	XXII – na contratação de fornecimento ou suprimento de energia elétrica e gás natural com concessionário, permissionário ou autorizado; XXIV – para a celebração de contratos de prestação de serviços com as organizações sociais;

Critério	Incisos
Em razão da pessoa	XXVI – na celebração de contrato de programa com ente da Federação ou com entidade de sua administração indireta, para a prestação de serviços públicos de forma associada nos termos do autorizado em contrato de consórcio público ou em convênio de cooperação; Incisos VIII, XIII, XVI, XX, XXIII, XXVII, XXXI e XXXII,

MUITA ATENÇÃO!

"A dispensa de licitação, assim como a de inexigibilidade, não prescinde de justificativa de preço, uma vez que a autorização legal para não licitar não significa possibilidade de contratação por preços superiores aos praticados no mercado". Neste tema, vale a pena a leitura do art. 26 da LLC.

MUITA ATENÇÃO!

A Lei 14.065, de 30 de setembro de 2020, fruto da conversão da Medida Provisória 961, de 06 de maio de 2020, ampliou **temporariamente** os limites estabelecidos pelos incisos I e II do art. 24 da LLC, nos seguintes termos: a) **R$ 100.000,00 (cem mil reais)**, para obras e serviços de engenharia, desde que não se refiram a parcelas de uma mesma obra ou serviço, ou para obras e serviços da mesma natureza e no mesmo local que possam ser realizados conjunta e concomitantemente; e **b) R$ 50.000,00 (cinquenta mil reais)**, para outros serviços e compras, desde que não se refiram a parcelas de um mesmo serviço ou de compra de maior vulto, que possam ser realizados de uma só vez. Por seu turno, a Lei 13.979, de 06 de fevereiro de 2020, em seu art. 4.º, estabeleceu situação específica de dispensa de licitação para aquisição ou contratação de bens, serviços, inclusive de engenharia, e insumos **destinados ao enfrentamento da emergência de saúde pública de importância internacional** decorrente do surto de COVID-19, **sem estabelecer limites de valor**. Se o tema vier a ser cobrado em prova, o candidato deverá certificar-se se a contratação ocorreu durante o período de vigência do Decreto Legislativo nº 6, de 20 de março de 2020, durante o qual se admitiu as medidas excepcionais ora estudadas.

4. MODALIDADES DE LICITAÇÃO

A LLC prevê cinco modalidades de licitação: **concorrência**, **tomada de preços**, **convite**, **concurso** e **leilão**. Podemos considerar também como modalidades a **consulta**, que é reservada às Agências Reguladoras, e o **pregão**, criado pela Lei 10.520/02.

MUITA ATENÇÃO!

A LLC veda expressamente a criação de outras modalidades de licitação ou a combinação entre as existentes (art. 22, § 8º). Esta previsão deve ser analisada com bastante cuidado, pois a criação de novas modalidades ou mesmo a combinação entre as existentes pode se dar por meio de lei.

Vejamos no quadro abaixo as principais características de cada uma das modalidades:

Concorrência	Modalidade destinada **obrigatoriamente** para transações de **maior vulto** (para obras e serviços de engenharia, **valores acima de R$ 3.330.000,00**, e para **compras e demais serviços**, **acima de R$ 1.430.000,00**), salvo as situações em que o pregão for cabível, e facultativamente para os demais casos. Estes valores foram atualizados pelo Decreto 9.412/2018.

<table>
<tr><td rowspan="3">Concorrência</td><td>A concorrência é obrigatória ainda para as seguintes hipóteses:
a) compra e venda de imóveis pela Administração em qualquer valor, exceto os bens adquiridos em procedimentos judiciais ou mediante dação em pagamento, que também admitem o leilão;
b) alienação de móveis com valor superior a R$ 1.430.000,00 (art. 17, § 6º);
c) concessão de direito real de uso de bem público;
d) concessão de serviço público, inclusive para a celebração de parcerias público-privadas;
e) licitação internacional, salvo quando o órgão ou entidade dispuser de cadastro internacional de fornecedores ou quando não houver fornecedor do bem ou serviço no País;
f) se for adotado o sistema de Registro de Preços, salvo nas hipóteses em que couber o pregão (art. 7º do Decreto 7.892/13);
g) concessão florestal (art. 12, § 1º da Lei 11.284/06).</td></tr>
<tr><td>É precedida de ampla publicidade, devendo o edital prever prazos para apresentação de propostas de 30 (regra geral) e de 45 dias (para os tipos de melhor técnica ou técnica e preço, ou ainda se o contrato celebrado contemplar empreitada integral). Conta-se o prazo da última publicação na imprensa do aviso contendo o resumo do edital.</td></tr>
<tr><td>Podem concorrer quaisquer interessados que preencham as condições estabelecidas no edital, ou seja, não é necessário que o interessado esteja previamente cadastrado na Administração.</td></tr>
<tr><td rowspan="3">Tomada de preços</td><td>É destinada a transações de valor médio (para obras e serviços de engenharia, valores de até R$ 3.300.000,00; para compras e demais serviços, até R$ 1.430.000,00), e facultativamente para os casos de convite. Estes valores foram atualizados pelo Decreto 9.412/2018.</td></tr>
<tr><td>Também deve preceder de publicidade, devendo o edital prever prazos para apresentação de proposta de 15 (regra geral) e 30 dias (melhor técnica ou técnica e preço).</td></tr>
<tr><td>Peculiaridade: cadastramento prévio dos licitantes, até o terceiro dia anterior à abertura das propostas.</td></tr>
<tr><td rowspan="4">Convite</td><td>Modalidade de licitação destinada às contratações de valor mais baixo (para obras e serviços de engenharia, até o valor de R$ 330.000,00; para compras e demais serviços, até R$ 176.000,00). Estes valores foram atualizados pelo Decreto 9.412/2018.</td></tr>
<tr><td>A publicidade é mitigada, exigindo-se apenas afixação em local apropriado do instrumento do convite.</td></tr>
<tr><td>A Administração convocará pelo menos três pessoas do ramo, cadastradas ou não, estendendo o convite aos cadastrados do ramo que se interessarem até 24 horas da apresentação das propostas.</td></tr>
<tr><td>O prazo mínimo para apresentação da proposta é de cinco dias úteis da expedição ou disponibilização do convite e respectivos anexos, prevalecendo a data que ocorrer mais tarde.</td></tr>
</table>

<table>
<tr><td rowspan="3">Convite</td><td colspan="2">Se há mais de três interessados na praça, a cada novo convite deve-se chamar um que ainda não foi convidado, até que sejam chamados todos os cadastrados.</td></tr>
<tr><td colspan="2">No entanto, se por limitações do mercado ou manifesto desinteresse dos convidados for impossível a obtenção do número mínimo de três licitantes, essas circunstâncias deverão ser devidamente justificadas no processo, sob pena de repetição do convite.</td></tr>
<tr><td colspan="2">Permite-se a substituição da comissão por servidor formalmente designado para esse fim.</td></tr>
<tr><td rowspan="2">Leilão</td><td colspan="2">Esta modalidade de licitação destina-se à venda de: a) bens móveis inservíveis para a Administração ou produtos legalmente apreendidos ou penhorados; b) bens imóveis cuja aquisição tenha derivado de procedimentos judiciais ou dação em pagamento.</td></tr>
<tr><td colspan="2">É dispensada a habilitação prévia, sendo necessária apenas avaliação e ampla publicidade, mediante publicação de edital, com prazo de 15 dias.</td></tr>
<tr><td rowspan="3">Concurso</td><td colspan="2">Destina-se à disputa entre quaisquer interessados para escolha de trabalho técnico, científico ou artístico, mediante a instituição de prêmio ou remuneração aos vencedores, conforme critérios constantes do edital.</td></tr>
<tr><td colspan="2">O edital deve ser publicado na imprensa oficial com antecedência mínima de 45 dias.</td></tr>
<tr><td>Muita Atenção</td><td>esta modalidade de licitação não se confunde com o concurso público para ingresso em cargos e funções públicas. Esta é uma pegadinha recorrente em concursos.</td></tr>
<tr><td rowspan="6">Pregão</td><td colspan="2">Modalidade destinada à aquisição de bens e serviços comuns, ou seja, aqueles cujos padrões de desempenho e qualidade possam ser objetivamente definidos no edital por meio de especificações usuais no mercado.</td></tr>
<tr><td colspan="2">Não há limite de valor para o pregão.</td></tr>
<tr><td colspan="2">Há inversão da ordem procedimental.</td></tr>
<tr><td colspan="2">Adota tipo de licitação "menor preço".</td></tr>
<tr><td colspan="2">O edital deve ser publicado na imprensa oficial ou, não existindo esta, em jornal de grande circulação com antecedência mínima de 8 (oito) dias úteis.</td></tr>
<tr><td colspan="2">ATENÇÃO: a Lei 10.520/02 faculta às Administrações o uso do pregão. No âmbito federal, tal modalidade foi tornada prioritária por força do decreto 3.555/00 (art. 3º).</td></tr>
<tr><td rowspan="2">Consulta</td><td colspan="2">Modalidade reservada às Agências Reguladoras (Lei 9.472/97, arts. 54 a 59, e Lei 9.986/00, art. 37) para a contratação de bens e serviços não abrangidos pela modalidade pregão. O objeto da consulta é, assim, obtido residualmente: bens e serviços que não sejam de engenharia (cuja contratação observará as disposições da LLC, por força do disposto no art. 54, caput, da Lei 9.472/97) e não abrangidos pelo pregão (bens e serviços comuns, conforme disposto no art. 58, caput, da Lei 9.472/97).</td></tr>
<tr><td colspan="2">Cada Agência tem sua própria regulamentação do procedimento de consulta.</td></tr>
</table>

> **MUITA ATENÇÃO!**
>
> No caso de **consórcios públicos**, os valores previstos para concorrência, tomada de preços e convite será o **dobro** quando formado por **até 3 (três) entes da Federação**, e o **triplo**, quando formado por **maior número** (art. 23, § 8º da LLC).

? **QUESTÃO:** O que é o sistema de Registro de Preços? É uma modalidade de licitação?

➥ ***RESPOSTA:*** *O sistema de registro de preços, regulamentado pelo Decreto 7.892/13,* **não é uma modalidade de licitação**. *Trata-se de um conjunto de procedimentos para registro formal de preços relativos à prestação de serviços e aquisição de bens, para contratações futuras. O resultado do procedimento será consolidado na ata de registro de preços, que é o documento vinculativo, obrigacional, com característica de compromisso para futura contratação, em que se registram os preços, fornecedores, órgãos participantes e condições a serem praticadas, conforme as disposições contidas no instrumento convocatório e propostas apresentadas. Assim, se o Poder Público decidir contratar os bens objeto do registro de preços, deverá se socorrer à ata resultante do procedimento. O sistema de registro de preços será adotado nas seguintes situações:* **I - quando, pelas características do bem ou serviço, houver necessidade de contratações frequentes; II - quando for conveniente a aquisição de bens com previsão de entregas parceladas ou contratação de serviços remunerados por unidade de medida ou em regime de tarefa; III - quando for conveniente a aquisição de bens ou a contratação de serviços para atendimento a mais de um órgão ou entidade, ou a programas de governo; ou IV - quando, pela natureza do objeto, não for possível definir previamente o quantitativo a ser demandado pela Administração.** *A licitação para registro de preços será realizada na modalidade de concorrência, do tipo menor preço, ou na modalidade de pregão, e será precedida de ampla pesquisa de mercado.*

5. TIPOS DE LICITAÇÃO

Tipos de licitação nada mais são do que os critérios utilizados pela Administração Pública para o julgamento das propostas. No quadro abaixo seguem resumidos os principais tipos de licitação:

<table>
<tr><td>Menor Preço</td><td colspan="2">Busca-se obter o menor valor a ser pago pela Administração. É o tipo mais comum e objetiva a maior economia possível na contratação para os cofres públicos, relativamente aos preços praticados pelo mercado.</td></tr>
<tr><td>Melhor Técnica</td><td rowspan="2">Utilizados para a contratação de serviços de natureza preponderantemente intelectual, em especial na elaboração de projetos, cálculos, fiscalização, supervisão e gerenciamento e de engenharia consultiva em geral e, em particular, para a elaboração de estudos técnicos preliminares e projetos básicos e executivos.</td><td>Especificidade: A Administração fixará no edital o preço máximo que se propõe a pagar.</td></tr>
<tr><td>Técnica e Preço</td><td>Especificidade: A classificação dos proponentes far-se-á de acordo com a média ponderada das valorizações das propostas técnicas e de preço, de acordo com os pesos preestabelecidos no instrumento convocatório.</td></tr>
<tr><td>Maior Lance ou Oferta</td><td colspan="2">Utilizado nos casos de alienação de bens ou concessão de direito real de uso.</td></tr>
</table>

MUITA ATENÇÃO! Não confunda **modalidades de licitação** com **tipos de licitação**. Esta pegadinha é recorrente em questões objetivas de concursos e acaba ludibriando os candidatos mais desatentos.

6. FASES DA LICITAÇÃO

Como se trata de um procedimento, a licitação deverá observar algumas fases ou etapas. Estas fases consistirão em uma **interna** e outra **externa**.

A **fase interna** compreende todos os atos preparatórios para que a Administração divulgue efetivamente a licitação para os interessados. Nesta fase ocorre a abertura e autuação do processo administrativo, contendo a autorização respectiva, a indicação sucinta de seu objeto e do recurso próprio para a despesa (art. 38, caput da LLC), dentre outros atos.

Uma vez cumpridos os procedimentos internos, segue-se a **fase externa** que observará a as seguintes etapas:

6.1 Publicação do Edital: o edital é o instrumento pelo qual a licitação é tornada pública, contendo todas as regras que direcionaram o seu andamento, bem como as condições de contratação, às quais estará vinculada a Administração (**princípio da vinculação ao instrumento convocatório**). Todas as modalidades de licitação utilizam o edital como ato convocatório, **exceto o convite**, em que é utilizada a chamada **carta-convite**.

Os temas que devem constar do edital estão previstos no art. 40 da LLC. Destaque-se alteração feita pela Lei 13.500/2017, que inseriu o § 5.º no referido dispositivo para prever que Administração Pública poderá, nos editais de licitação para a **contratação de serviços**, exigir da contratada que um **percentual mínimo** de sua mão de obra seja **oriundo ou egresso do sistema prisional**, com a finalidade de **ressocialização do reeducando**, na forma estabelecida em regulamento.

O resumo do edital deverá ser publicado, no mínimo, por uma vez na imprensa oficial ou em jornal, caso não exista imprensa oficial, bem como em outros meios – especialmente eletrônicos - que garantam a máxima publicidade e que ampliem a competição (art. 21 da LLC). O aviso publicado conterá a indicação do local em que os interessados poderão ler e obter o texto integral do edital e todas as informações sobre a licitação.

MUITA ATENÇÃO! O LLC prevê em seu art. 39 a realização de audiência pública pelo menos em 15 dias úteis antes da publicação do edital, sempre que o valor para uma licitação ou para um conjunto de licitações simultâneas ou sucessivas for de grande vulto (100 vezes o valor limite previsto para a modalidade **concorrência**).

MUITA ATENÇÃO! A Lei 13.979/20 dispensou a audiência pública para o **pregão**, desde que a contratação se refira ao enfrentamento de emergência de saúde pública decorrente do surto da COVID-19 e ocorra no período de vigência da referida lei (art. 4.º-G, § 3.º).

6.2 Habilitação: nesta fase, também chamada de qualificação, os licitantes apresentam a documentação exigida no edital, comprobatória de sua aptidão para o cumprimento futuro do objeto licitado. Somente os licitantes habilitados terão suas propostas apreciadas.

A fase de habilitação é típica da modalidade **concorrência**, em que não há pessoas previamente cadastradas. Na modalidade **tomada de preços**, os licitantes devem preencher os requisitos previamente, por meio de cadastramento, podendo ser feito até três dias da entrega da proposta. No **convite**, **concurso** e **leilão** a documentação relativa à habilitação prévia pode ser dispensada no todo ou em parte.

A habilitação destina-se à verificação dos seguintes aspectos:

A **Habilitação jurídica:** destina-se a verificar a regularidade de constituição e funcionamento, no caso de pessoas jurídicas, ou de simples registro, no caso de pessoas físicas, que levem à convicção de que o licitante está apto a contrair obrigações e adquirir direitos (art. 28 da LLC).

B **Qualificação técnica:** refere-se à aferição da capacidade técnico-profissional do licitante para executar o objeto do futuro contrato (art. 30 da LLC).

C **Qualificação econômico-financeira**: verifica-se a solvência e a capacidade financeira do licitante relativamente aos compromissos que terá que assumir caso lhe seja adjudicado o contrato (art. 31 da LLC). A Administração poderá até mesmo exigir imediatamente que o licitante preste garantia (III), limitada a 1% (um por cento) do valor estimado do objeto da contratação (garantia da proposta).

D **Regularidade fiscal e trabalhista**: além de comprovar seu cadastro geral (CPF ou CNPJ) e como contribuinte, é necessário que o licitante esteja em dia com suas obrigações tributárias (art. 29 da LLC), relativamente às Fazendas Federal, Estadual e do Município em que o licitante estiver sediado ou domiciliado. Ainda, deverá comprovar regularidade relativa à Seguridade Social e ao Fundo de Garantia por Tempo de Serviço (FGTS) e juntar prova de inexistência de débitos inadimplidos perante a Justiça do Trabalho, mediante a apresentação de certidão negativa (art. 642-A da CLT). A LC 123/06 conferiu às Microempresas e Empresas de Pequeno Porte tratamento diferenciado no que se refere à comprovação de regularidade fiscal, de modo que esta somente será exigida para efeito de assinatura do contrato. A ME ou EPP deverá apresentar toda a documentação fiscal, mesmo que haja restrição. Se se sagrar vencedora, terá o prazo de 5 (cinco) dias úteis, prorrogáveis por igual período a critério da Administração, para a regularização da documentação, pagamento ou parcelamento do débito, e emissão de eventuais certidões negativas ou positivas com efeito de certidão negativa.

E **Garantias trabalhistas**: a LLC exige que o licitante observe o disposto no art. 7º, inciso XXXIII da CF/88, que proíbe trabalho noturno, perigoso ou insalubre a menores de dezoito anos, e de qualquer trabalho a menores de dezesseis anos, salvo na condição de aprendiz a partir dos quatorze anos.

Da decisão que habilita ou inabilita o licitante caberá recurso administrativo no prazo de **cinco dias úteis** a contar da lavratura da ata, que terá efeitos suspensivo e devolutivo (art. 109, I, "a" da LLC).

MUITA ATENÇÃO!

A Lei 13.979/20 permitiu, de modo excepcional, a dispensa de documentação relativa à regularidades fiscal ou, ainda, o cumprimento de 1 (um) ou mais requisitos de habilitação, **ressalvada prova de regularidade trabalhista e de cumprimento do disposto no inciso XXXIII do caput do art. 7º da Constituição Federal**, na hipótese de haver restrição de fornecedores ou de prestadores de serviços (art. 4.º-F), desde que a contratação se refira ao enfrentamento de emergência de saúde pública decorrente do surto da COVID-19 e ocorra no período de vigência da referida lei.

6.3 Julgamento: uma vez superada a fase de habilitação, passa-se à análise dos envelopes contendo as propostas dos licitantes habilitados. Estas serão classificadas de acordo com o **tipo de licitação** adotado e os critérios postos no edital ou convite, principalmente no que se refere à viabilidade financeira da proposta (art. 44, § 3º da LLC). As propostas que não se adequarem serão desclassificadas, ao passo que as classificadas serão julgadas, quando se conhecerá o vencedor da licitação.

A LLC admite que se estabeleça margem de preferência nas situações mencionadas no art. 3.º, § 5.º.

Da decisão que julga as propostas caberá recurso administrativo no prazo de **cinco dias úteis** a contar da lavratura da ata, que terá efeitos suspensivo e devolutivo (art. 109, I, "a" da LLC).

? **QUESTÃO:** E se houver empate entre duas ou mais propostas?

➥ ***RESPOSTA:*** *A própria LLC traz a solução da questão em seu art. 3º, § 2º, devendo ser assegurada preferência,* ***sucessivamente****, aos bens e serviços: I – produzidos no País; II – produzidos ou prestados por empresas brasileiras; III – produzidos ou prestados por empresas que invistam em pesquisa e no desenvolvimento de tecnologia no País; IV produzidos ou prestados por empresas que comprovem cumprimento de reserva de cargos prevista em lei para pessoa com deficiência ou para reabilitado da Previdência Social e que atendam às regras de acessibilidade previstas na legislação. Tais situações pressupõem que as empresas estejam em igualdade de condições. Porém, a LC 123/06 estabeleceu como critério de desempate a preferência de contratação de microempresas e empresas de pequeno porte (art. 44). Mas atenção: o empate não foi considerado pela lei apenas como a equivalência entre as propostas vencedoras, mas também a situação em que as propostas apresentadas pelas microempresas e empresas de pequeno porte sejam iguais ou até 10% (dez por cento) superiores à proposta mais bem classificada. Na modalidade de pregão, o intervalo percentual será de até 5% (cinco por cento) superior ao melhor preço.*

6.4 Homologação e adjudicação: sendo conhecido o licitante vencedor, o processo será encaminhado à autoridade competente, sendo possível a:

A **revogação da licitação**: fundada na conveniência e na oportunidade da Administração Pública, ocorre quando há razões de interesse público decorrente de **fato superveniente devidamente comprovado**, pertinente e suficiente para justificar tal conduta. A revogação demandará a edição de ato administrativo **devidamente motivado** (art. 38, IX da LLC);

B **anulação da licitação**: a autoridade detecta uma **ilegalidade** no procedimento, devendo pronunciar-se mediante parecer escrito e devidamente fundamentado após ter sido observado o contraditório e a ampla defesa;

C **homologação**: a autoridade constata a **regularidade do procedimento** e **adjudica** (entrega, confere) o objeto ao licitante. No pregão e nos procedimentos submetidos às regras do Regime Diferenciado de Contratação (RDC), a adjudicação do objeto ocorrerá antes da homologação.

A adjudicação **não confere direito de contratação ao vencedor da licitação**, mas apenas o direito de não ser pretendido por outro classificado em caso de contratação (art. 50 da LLC).

MUITA ATENÇÃO!

Contratação não é fase da licitação, uma vez que o contrato poderá não ser firmado. Assim, pode existir licitação que não leve à contratação.

6.5 Peculiaridades do procedimento de Pregão: o pregão, cujas características principais foram apontadas em tópico anterior, foi concebido para tornar mais céleres as contratações menos complexas feitas pela Administração. No que se refere ao procedimento, podemos destacar as seguintes peculiaridades:

A **Inversão das fases**: no pregão o julgamento das propostas é anterior à habilitação, que se restringirá ao licitante que ofertar o **menor preço** para o objeto licitado. Aberta a sessão, que será dirigida por um pregoeiro, os interessados ou seus representantes, apresentarão declaração dando ciência de que cumprem plenamente os requisitos de habilitação e entregarão os envelopes contendo as **propostas escritas**.

Abertos os envelopes e conhecidas as propostas, o autor da **oferta de valor mais baixo** e os das **ofertas com preços até 10% (dez por cento) superiores** àquela poderão fazer novos **lances verbais e sucessivos**, até a proclamação do vencedor.

Depois de encerrada a etapa competitiva (com ou sem lances verbais) e ordenadas as ofertas, o pregoeiro procederá à abertura do envelope contendo os documentos de habilitação do licitante que apresentou a melhor proposta, para verificação do atendimento das condições fixadas no edital. Se o licitante for inabilitado, o pregoeiro examinará os envelopes dos demais licitantes em ordem de classificação, até que seja proclamado o vencedor.

B **Recursos:** a fase recursal será única, abrindo-se ao final da sessão pública o prazo de três dias para os licitantes que manifestarem imediata e motivadamente o desejo de recorrer apresentarem suas razões.

C **Vedações**: o art. 5º da Lei 10.520/02 veda expressamente que sejam feitas as seguintes exigências: **I** – garantia de proposta; **II** – aquisição do edital pelos licitantes, como condição para participação no certame; e **III** – pagamento de taxas e emolumentos, salvo os referentes a fornecimento do edital, que não serão superiores ao custo de sua reprodução gráfica, e aos custos de utilização de recursos de tecnologia da informação, quando for o caso.

6.6 Peculiaridades do Regime Diferenciado de Contratações Públicas (RDC): o RDC foi estabelecido pela Lei 12.642/12 e regulamentado pelo Decreto 7.581/11. Trata-se de procedimento facultativo para Administração.

A **Objeto:** O objeto do RDC está adstrito exclusivamente às hipóteses descritas no art. 1.º da Lei 12.462/11. Inicialmente, o RDC foi pensado para viabilizar as licitações e contratos necessários à realização dos jogos olímpicos e paraolímpicos de 2016, Copa das Confederações de 2013, Copa do Mundo de 2014 e de obras de infraestrutura e de contratação de serviços para os aeroportos das capitais dos Estados da Federação distantes até 350 km (trezentos e cinquenta quilômetros) das cidades sedes dos referidos eventos. Porém, aos poucos foi sendo estendido a outras situações.

B **Inversão das fases:** assim como ocorre no pregão, a regra no RDC é que as fases de apresentação de propostas e julgamento antecedam a de habilitação (art. 12). Porém, a habilitação poderá ser realizada antes se houver ato motivado e estiver expresso no edital (art. 12, parágrafo único).

C **Critérios de julgamento:** o julgamento das propostas no RDC poderá adotar um dos seguintes critérios (art. 18): I – menor preço ou **maior desconto**; II – técnica e preço; III – melhor técnica ou **conteúdo artístico**; IV – maior oferta de preço; ou V – **maior retorno econômico**. O julgamento das propostas será efetivado pelo emprego de parâmetros objetivos definidos no instrumento convocatório (art. 18, § 2.º).

? **QUESTÃO:** E se houver empate entre duas ou mais propostas no RDC?

➥ ***RESPOSTA:*** *A Lei do RDC estabelece no art. 25 alguns critérios de desempate entre duas ou mais propostas. Ocorre que, a par dos critérios estabelecidos nos incisos, o parágrafo único do referido artigo estabelece a necessidade de observância das regras de preferência aplicáveis às microempresas (ME) e empresas de pequeno porte (EPP), estabelecidas no art. 44, da LC 123/06. Coube, então, ao Decreto 7.581/11 organizar os critérios de desempate, o que foi feito da seguinte forma (arts. 38-39): 1) se houver ME ou EPP, aplicam-se as regras de preferência do art. 44 da LC 123/06, já estudadas no item 6.3 deste capítulo; 2) mantendo-se o empate após o exercício de tal preferência ou em caso de não ter sido exercida tal preferência (por ausência de ME e EPP, por exemplo), será realizada disputa final entre os licitantes empatados, que poderão apresentar **nova proposta fechada**, conforme estabelecido no instrumento convocatório. Persistindo o empate, serão utilizados os critérios de preferência estabelecidos no art. 3º da Lei 8.248/91, e no § 2º do art. 3º da LLC. Por fim, mantendo-se o empate, será feito sorteio.*

D **Procedimentos auxiliares:** O art. 29 da Lei 12.462/11 estabelece alguns mecanismos, denominados, procedimentos auxiliares, aplicáveis às licitações regidas pelo RDC, que são os seguintes:

D.1 **Pré-qualificação permanente**: trata-se de procedimento anterior à licitação destinado a identificar fornecedores de bens e serviços nos prazos, locais e condições previamente estabelecidos que reúnam condições de habilitação exigidas e bens que atendam às exigências técnicas e de qualidade da administração pública (art. 30). A pré-qualificação terá validade de **1 (um) ano**, no máximo, podendo ser atualizada a qualquer tempo. A Administração poderá realizar licitação restrita aos pré-qualificados, nas condições estabelecidas no regulamento.

D.2 **Cadastramento**: os registros cadastrais poderão ser mantidos para efeito de habilitação dos inscritos em procedimentos licitatórios e serão válidos por **1 (um) ano**, no máximo, podendo ser atualizados a qualquer tempo (art. 31), devendo ser amplamente divulgados e abertos permanentemente para inscrição dos interessados, que serão admitidos conforme requisitos previstos em regulamento.

D.3 **Sistema de registro de preços**: o RDC possui uma sistemática própria para o sistema de registro de preços (arts. 87 a 108 do Decreto 7.581/11), que é definido como sendo o conjunto de procedimentos para registro formal de preços para contratações futuras, relativos à prestação de serviços, inclusive de engenharia, de aquisição de bens e de execução de obras com características padronizadas. Porém, a existência de preços registrados não obriga a administração pública a firmar os contratos que deles poderão advir.

D.4 **Catálogo eletrônico de padronização**: é o sistema informatizado destinado à padronização de bens, serviços e obras a serem adquiridos ou contratados pela administração pública. O Catálogo Eletrônico de Padronização será destinado especificamente a bens, serviços e obras que possam ser adquiridos ou contratados pela administração pública pelo critério de julgamento menor preço ou maior desconto.

E **Possibilidade de instituição de remuneração variável:** na contratação das obras e serviços, inclusive de engenharia, poderá ser estabelecida remuneração variável vinculada ao desempenho da contratada, com base em metas, padrões de qualidade, critérios de sustentabilidade ambiental e prazo de entrega definidos no instrumento convocatório e no contrato (art. 10). A utilização da remuneração variável será motivada e respeitará o limite orçamentário fixado pela administração pública para a contratação.

F **Contratação simultânea:** A administração pública poderá, mediante justificativa expressa, contratar mais de uma empresa ou instituição para executar o mesmo serviço, desde que não implique **perda de economia de escala** (que levam à redução dos custos de contratação), quando: I – o objeto da contratação puder ser executado de forma concorrente e simultânea por mais de um contratado; ou II – a múltipla execução for conveniente para atender à administração pública (art. 11). Se houver contratação simultânea, o controle de execução do objeto contratual deve ser individualizado para cada uma das contratadas.

> **MUITA ATENÇÃO!** A Lei 14.065/20 autorizou o uso excepcional do RDC para licitações e contratações de quaisquer obras, serviços, compras, alienações e locações (art. 1.º, III) durante seu prazo de vigência.

7. LICITAÇÃO DAS EMPRESAS ESTATAIS: LEI 13.303/16

A Lei 13.303/16, dentre outras matérias, disciplinou o regime de licitação aplicável às empresas estatais. Logo, a aplicação da Lei 8.666/93 será aplicada nas situações em que o próprio estatuto determinar. Vale ressaltar que o pregão será adotado **preferencialmente** para a aquisição de bens e serviços comuns, observando-se o que dispõe a Lei 10.520/02 (art. 32, IV).

7.1 Objeto: o procedimento licitatório precederá a contratação com terceiros destinada prestação de serviços às empresas estatais, **inclusive de engenharia e de publicidade**, à aquisição e à locação de bens, à alienação de bens e ativos integrantes do respectivo patrimônio ou à execução de obras a serem integradas a esse patrimônio, bem como à implementação de ônus real sobre tais bens (art. 28).

A Lei 13.303/16 trouxe algumas peculiaridades para as empresas estatais no tocante ao objeto a ser contratado, como as possibilidades de: a) **indicar marca ou modelo** nas hipóteses de: i) justificada necessidade de padronização do objeto; ii) quando for o único capaz de atender o escopo do contrato, desde que comercializado por mais de um fornecedor; ou iii) para servir como referência para a contratação (seguida da expressão "ou similar ou de melhor qualidade"); b) **exigir amostra do bem no procedimento de pré-qualificação e na fase de julgamento das propostas ou de lances**, desde que justificada a necessidade de sua apresentação; c) - **solicitar a certificação da qualidade do produto ou do processo de fabricação**, inclusive sob o aspecto ambiental, por instituição previamente credenciada.

7.2 Contratação Direta: a contratação direta abrange as situações em que a licitação é **dispensada**, **dispensável** e **inexigível**.

As hipóteses de **contratação dispensada** (em que a licitação **não deve** ser realizada) estão previstas no art. 28, § 3.º e referem-se ao objeto explorado pela empresa estatal: I – comercialização, prestação ou execução, de forma direta, de produtos, serviços ou obras **especificamente relacionados com seus respectivos objetos sociais**; II – nos casos em que a escolha do parceiro esteja associada a suas características particulares, vinculada a **oportunidades de negócio definidas e específicas**, **justificada a inviabilidade de procedimento competitivo** (vide no art. 28, § 4.º a definição de oportunidades de negócio).

As hipóteses de **licitação dispensável** estão previstas no art. 29, referindo-se a situações em que a licitação **pode** ser realizada, mas fica a critério da autoridade realizá-la ou não. Merecem destaque os novos valores-limite para contratação direta, que são de **R$ 100.000,00** para obras e serviços de engenharia e de **R$ 50.000,00** para outros serviços e alienações, podendo tais valores motivadamente ser alterados, para refletir a variação de custos, por **deliberação do Conselho de Administração** da empresa pública ou sociedade de economia mista, admitindo-se valores diferenciados para cada sociedade (art. 29, § 3.º).

Por fim, as hipóteses de **inexigibilidade de contratação** estão previstas no art. 30 do Estatuto, referindo-se a aquisições de materiais de fornecedor exclusivo e de serviços técnicos especializados, com profissionais de notória especialização, vedada a inexigibilidade para serviços de publicidade e divulgação. Note que o Estatuto não repete a previsão de contratação de consagrado profissional de setor artístico, previsto no art. 25, III da LLC, o que não impede que a contratação seja feita pelas empresas estatais por meio de **inexigibilidade**, haja vista que as hipóteses trazidas no art. 30 do Estatuto são meramente enunciativas.

MUITA ATENÇÃO!

O Estatuto usa o termo **contratação direta** para se referir às hipóteses de **inexigibilidade de licitação.** Para manter a sistemática do estudo e a terminologia já consagrada pela doutrina, preferimos manter a terminologia contratação direta como sendo um gênero. Mas recomendamos atenção ao leitor na leitura da questão, a fim de identificar se o termo foi adotado como gênero ou espécie.

DICA IMPORTANTE

É possível que este tema seja cobrado segundo a literalidade dos dispositivos. Mais do que isso, é provável que a banca examinadora intercale situações de contratação direta da LLC e do Estatuto, confundindo os candidatos que tenham estudado o tema apressadamente. Assim, recomendamos que candidato elabore um quadro comparativo em que transcreva literalmente as situações de licitação dispensada, dispensável e inexigível do Estatuto e da LLC, fazendo estudo comparativo das situações.

7.3 Procedimento

7.3.1 Fase preparatória

O Estatuto trouxe diversas normas atinentes à fase interna ou preparatória a partir de seu art. 31, valendo destacar os seguintes pontos:

a) **Adoção de medidas que prestigiem a sustentabilidade ambiental (licitações sustentáveis)**: a lei de estatais contém previsões que demonstram a preocupação do legislador com a proteção e preservação do meio ambiente, como se lê do art. 32, § 1.º, I a V. Tais valores devem estar contemplados desde o início, com a elaboração do edital e, principalmente, na descrição do objeto contratado.

b) **Orçamento sigiloso**: valor estimado do contrato a ser celebrado pela empresa pública ou pela sociedade de economia mista **será sigiloso**, facultando-se à contratante, mediante justificação na fase de preparação, conferir publicidade ao valor estimado do objeto da licitação, sem prejuízo da divulgação do detalhamento dos quantitativos e das demais informações necessárias para a elaboração das propostas (art. 34). Mesmo sendo sigiloso o orçamento, a informação será disponibilizada a órgãos de controle externo e interno, devendo a empresa pública ou a sociedade de economia mista registrar em documento formal sua disponibilização aos órgãos de controle, sempre que solicitado.

7.3.2 Fase externa

A fase externa inicia-se com a divulgação do edital. Analisemos as principais disposições pertinentes a esta fase:

a) **Prazos mínimos para apresentação de propostas ou lances:** o Estatuto fixa os prazos segundo o **critério de julgamento** (art. 39), diferindo da LLC, que fixa os prazos segundo as **modalidades de licitação**, sendo o critério de julgamento um parâmetro secundário.

b) **Inversão das fases**: o art. 51 estabelece como **regra** a inversão das fases de **julgamento** e **habilitação**. Será excepcional modificação da ordem determinada na lei (art. 51, § 1.º), desde que haja previsão no edital.

c) **Modos de disputa**: o Estatuto inova ao prever a existência dos chamados **modos de disputa**, que podem ser **aberto** ou **fechado**, ou, quando o objeto da licitação puder ser parcelado, a combinação de ambos, observando-se a utilização de produtos, equipamentos e serviços que, comprovadamente, reduzam o consumo de energia e de recursos naturais (art. 52). No **modo de disputa aberto**, os licitantes apresentarão **lances públicos e sucessivos, crescentes ou decrescentes**, conforme o critério de julgamento adotado. No **modo de disputa fechado**, as propostas apresentadas pelos licitantes serão **sigilosas** até a data e a hora designadas para que sejam divulgadas. Quando for adotado o modo de disputa aberto, poderão ser admitidos a apresentação de **lances intermediários** e o **reinício da disputa aberta**, após a definição do **melhor lance**, para definição das demais colocações, quando existir diferença de pelo menos **10% (dez por cento) entre o melhor lance e o subsequente** (art. 53).

d) **Critérios de julgamento**: o Estatuto previu como critérios de julgamento o **menor preço**, **maior desconto**, **melhor combinação de técnica e preço**, **melhor técnica**, **melhor conteúdo artístico**, **maior oferta de preço**, **maior retorno econômico** e **melhor destinação de bens alienados** (art. 54). Os critérios de julgamento serão expressamente identificados no instrumento convocatório e poderão ser combinados na hipótese de parcelamento do objeto, observando-se a utilização de produtos, equipamentos e serviços que, comprovadamente, reduzam o consumo de energia e de recursos naturais.

e) **Verificação da efetividade dos lances ou propostas**: uma vez realizado o julgamento, os lances têm sua efetividade averiguada, sendo desclassificadas as propostas que se enquadrem nas situações arroladas no art. 56 do estatuto. A verificação da efetividade dos lances ou propostas poderá ser feita **exclusivamente** em relação aos lances e propostas mais bem classificados.

f) **Negociação**: confirmada a efetividade do lance ou proposta que obteve a primeira colocação na etapa de julgamento, ou que passe a ocupar essa posição em decorrência da desclassificação de outra que tenha obtido colocação superior, a empresa pública e a sociedade de economia mista deverão negociar condições mais vantajosas com quem o apresentou (art. 57). A negociação deverá ser feita com os demais licitantes, segundo a ordem inicialmente estabelecida, quando o preço do primeiro colocado, mesmo após a negociação, permanecer acima do orçamento estimado. Se mesmo assim não for obtido valor igual ou inferior ao orçamento estimado para a contratação, será revogada a licitação.

g) **Fase recursal única**: salvo no caso em que fase de habilitação for anterior ao julgamento, o procedimento licitatório terá **fase recursal única**, com recursos apresentados no prazo **de 5 (cinco) dias úteis após a habilitação**, sem previsão de atribuição de efeito suspensivo.

h) **Homologação e Adjudicação**: A homologação do resultado implica a constituição de direito relativo à celebração do contrato em favor do licitante vencedor.

<table>
<tr><th colspan="2">EM RESUMO: Licitações</th></tr>
<tr><td>Objeto</td><td>Nos termos do art. 2º da Lei de Licitações, é obrigatória a realização de licitação para a contratação de obras, serviços, inclusive de publicidade, compras, alienações, concessões, permissões e locações.</td></tr>
<tr><td>Princípios</td><td>Segundo previsão do art. 3.º da LLC, a licitação destina-se a garantir a observância do princípio constitucional da isonomia, a seleção da proposta mais vantajosa para a administração e a promoção do desenvolvimento nacional sustentável e será processada e julgada em estrita conformidade com os princípios básicos da legalidade, da impessoalidade, da moralidade, da igualdade, da publicidade, da probidade administrativa, da vinculação ao instrumento convocatório (as regras do certamente devem estar detalhadamente previstas no edital), do julgamento objetivo (vedação de utilização de elemento, critério ou fator sigiloso, secreto, subjetivo ou reservado no julgamento das propostas) e dos que lhes são correlatos.</td></tr>
<tr><td>Contratação Direta</td><td>• Licitação dispensada: Refere-se à alienação de bens móveis e imóveis da Administração. (Art. 17, I e II, LLC)
• Inexigibilidade de licitação: Parte do pressuposto de que não existe viabilidade de competição. (Art. 25, LLC)
• Dispensa de licitação: A licitação é possível, mas por razões diversas se permite que o Administrador contrate diretamente. (Art. 24, LLC)</td></tr>
<tr><td>Modalidades de Licitação</td><td>↳ CONCORRÊNCIA
• Destinada obrigatoriamente para transações de maior vulto (para obras e serviços de engenharia, valores acima de R$ 3.330.000,00, e para compras e demais serviços, acima de R$ 1.430.000,00), salvo as situações em que o pregão for cabível, e facultativamente para os demais casos.
• É obrigatória ainda nas seguintes hipóteses: a) compra e venda de imóveis pela Administração em qualquer valor, exceto os bens adquiridos em procedimentos judiciais ou mediante dação em pagamento, que também admitem o leilão; b) alienação de móveis com valor superior a R$ 1.430.000,00 (art. 17, § 6º); c) concessão de direito real de uso de bem público; d) concessão de serviço público, inclusive para a celebração de parcerias público-privadas; e) licitação internacional, salvo quando o órgão ou entidade dispuser de cadastro internacional de fornecedores ou quando não houver fornecedor do bem ou serviço no País; f) se for adotado o sistema de Registro de Preços, salvo nas hipóteses em que couber o pregão (art. 7.º do Decreto 7.892/13); g) concessão florestal (art. 12, § 1.º da Lei 11.284/06).
↳ TOMADA DE PREÇOS
Destinada a transações de valor médio (para obras e serviços de engenharia, valores de até R$ 3.330.000,00; para compras e demais serviços, até R$ 1.430.000,00), e facultativamente para os casos de convite.
↳ CONVITE
Destinada às contratações de valor mais baixo (para obras e serviços de engenharia, até o valor de R$ 330.000,00; para compras e demais serviços, até R$ 176.000,00).</td></tr>
</table>

<table>
<tr><th colspan="2">EM RESUMO: Licitações</th></tr>
<tr><td>Modalidades de Licitação</td><td>
↬ LEILÃO
Destina-se à venda de: a) bens móveis inservíveis para a Administração ou produtos legalmente apreendidos ou penhorados; b) bens imóveis cuja aquisição tenha derivado de procedimentos judiciais ou dação em pagamento.
↬ CONCURSO
Destina-se à disputa entre quaisquer interessados para escolha de trabalho técnico, científico ou artístico, mediante a instituição de prêmio ou remuneração aos vencedores, conforme critérios constantes do edital.
↬ PREGÃO
Destinada à aquisição de bens e serviços comuns, ou seja, aqueles cujos padrões de desempenho e qualidade possam ser objetivamente definidos no edital por meio de especificações usuais no mercado.
↬ CONSULTA
Modalidade reservada às Agências Reguladoras (Lei 9.472/97, arts. 54 a 59, e Lei 9.986/00, art. 37) para a contratação de bens e serviços não abrangidos pela modalidade pregão. O objeto da consulta é, assim, obtido residualmente: bens e serviços que não sejam de engenharia (cuja contratação observará as disposições da LLC, por força do disposto no art. 54, caput, da Lei 9.472/97) e não abrangidos pelo pregão (bens e serviços comuns, conforme disposto no art. 58, caput, da Lei 9.472/97).
</td></tr>
<tr><td>Tipos de Licitação</td><td>
• Menor preço: Busca-se obter o menor valor a ser pago pela Administração.
• Melhor técnica/Técnica e Preço: Utilizados para a contratação de serviços de natureza preponderantemente intelectual, em especial na elaboração de projetos, cálculos, fiscalização, supervisão e gerenciamento e de engenharia consultiva em geral e, em particular, para a elaboração de estudos técnicos preliminares e projetos básicos e executivos.
• Maior Lance ou oferta: Utilizado nos casos de alienação de bens ou concessão de direito real de uso.
</td></tr>
<tr><td>Fases da Licitação</td><td>
↬ FASE INTERNA
Compreende todos os atos preparatórios para que a Administração divulgue efetivamente a licitação para os interessados. Nesta fase ocorre a abertura e autuação do processo administrativo, contendo a autorização respectiva, a indicação sucinta de seu objeto e do recurso próprio para a despesa (art. 38, caput da LLC), dentre outros atos.
↬ FASE EXTERNA
• Publicação do Edital;
• Habilitação;
• Julgamento;
• Homologação e adjudicação.
</td></tr>
</table>

EM RESUMO: Licitações	
Regime Diferenciado de Contratações Públicas (RDC)	• **Objeto:** está adstrito exclusivamente às hipóteses descritas no art. 1.º da Lei 12.462/11. • **Procedimento: a) Inversão de fases – em regra as fases de apresentação de propostas e julgamento antecedem a de habilitação, salvo quando houver ato motivado e estiver expresso no edital, hipóteses em que a habilitação poderá ser realizada antes. b) Critérios de julgamento** - menor preço ou **maior desconto**; técnica e preço; melhor técnica ou **conteúdo artístico**; maior oferta de preço; ou **maior retorno econômico**. c) Procedimentos auxiliares das Licitações – pré-qualificação permanente; cadastramento, sistema de registro de preços, catálogo eletrônico de padronização. d) Possibilidade de instituição de remuneração variável - Na contratação das obras e serviços, inclusive de engenharia, poderá ser estabelecida remuneração variável vinculada ao desempenho da contratada, com base em metas, padrões de qualidade, critérios de sustentabilidade ambiental e prazo de entrega definidos no instrumento convocatório e no contrato. e) Contratação Simultânea - A administração pública poderá, mediante justificativa expressa, contratar mais de uma empresa ou instituição para executar o mesmo serviço, desde que não implique **perda de economia de escala** (que levam à redução dos custos de contratação), quando: I - o objeto da contratação puder ser executado de forma concorrente e simultânea por mais de um contratado; ou II - a múltipla execução for conveniente para atender à administração pública.
Licitações das Empresas Estatais	• **Objeto:** O procedimento licitatório precederá a contratação com terceiros destinada prestação de serviços às empresas estatais, **inclusive de engenharia e de publicidade**, à aquisição e à locação de bens, à alienação de bens e ativos integrantes do respectivo patrimônio ou à execução de obras a serem integradas a esse patrimônio, bem como à implementação de ônus real sobre tais bens. • **Contratação Direta: a) Licitação Dispensada** (Art. 28, § 3.º da Lei 13.303/16); b) Licitação Dispensável (Art. 29 da Lei 13.303/16) e, c) Inexigibilidade de Licitação (art. 30 da Lei 13.303/16).

CAPÍTULO VII
RESPONSABILIDADE CIVIL EXTRACONTRATUAL DO ESTADO

1. NOÇÕES

A teoria responsabilidade civil clássica pressupõe a obrigação de ressarcir em razão da prática de um ato ilícito de alguém que cause prejuízo a outrem. A reparação dos danos ocorrerá na esfera patrimonial.

O Estado não está imune à responsabilização por danos causados a terceiros. Todavia, seu regime jurídico de responsabilidade civil guarda algumas peculiaridades, a seguir analisadas.

2. EVOLUÇÃO HISTÓRICA DAS TEORIAS SOBRE A RESPONSABILIDADE DO ESTADO

A responsabilidade civil do Estado passou por vários estágios evolutivos. Vejamos os principais marcos:

A **Irresponsabilidade do Estado**: o Estado não respondia por prejuízos praticados a terceiros, prevalecendo a máxima "*The King can do no wrong*" (o rei nunca erra). Seu apogeu é identificado no período Absolutista Europeu, em que se defendia ser o rei o representante de Deus na terra.

B **Responsabilidade civil subjetiva ou com culpa**: surgiu a partir da aplicação ao Estado das teorias desenvolvidas pelos civilistas, defendendo-se que a responsabilização surgiria da constatação de cometimento de ato ilícito culposo (*lato sensu*) praticado por agente ou por falha na prestação dos serviços estatais (hipótese de culpa anônima, também conhecida por *faute du service*).

C **Responsabilidade objetiva**: deixou-se de lado a necessidade de comprovação de culpa, passando-se as discussões a recair sobre a ideia de nexo de causalidade: bastaria ao administrado a comprovação do fato danoso e as consequências dele advindas. Destas discussões, ramificaram-se outras duas teorias: a) **teoria do risco integral**: a obrigação de indenizar existiria mesmo nas hipóteses em que o Estado não deu causa ao dano. Neste aspecto, sequer poderia o Estado invocar as chamadas excludentes de responsabilidade; b) **teoria do risco administrativo**: o Estado só responde pelos riscos que tiver causado a terceiros, podendo, inclusive, invocar as causas excludentes de responsabilidade.

3. SISTEMAS DE RESPONSABILIDADE CIVIL ADOTADOS NO BRASIL

No Brasil se admite dois sistemas de responsabilidade civil para o Estado, conforme se trate de **atos comissivos ou omissivos**. No primeiro caso, a responsabilidade será objetiva, e no segundo, será subjetiva. Analisemos cada uma das situações.

3.1 Atos Comissivos: neste caso, há uma conduta positiva danosa praticada pelo agente público, uma ação, em desfavor de terceiro, o que implicará na **responsabilidade objetiva** do Estado, na modalidade **risco administrativo**. Segundo estabelece o art. 37, § 6º: As pessoas jurídicas de direito público e as de direito privado prestadoras de serviços públicos **responderão pelos danos que seus agentes, nessa qualidade, causarem a terceiros**, assegurado o direito de regresso contra o responsável nos casos de dolo ou culpa. Esta é a regra em nosso sistema de responsabilização do Estado. Assim, para que exista **responsabilidade objetiva**, deverão estar presentes os seguintes requisitos:

A **Ação**: deve existir uma **conduta concreta** ou **comissiva** de um agente estatal, atuando nesta condição. O **ato lesivo** praticado pelo agente, que gera a responsabilidade civil do Estado, não se confunde com o **ato ilícito** do Direito Civil (art. 186, do Código Civil). A ideia de **ato lesivo** é mais ampla, para abranger os atos ilícitos e, em algumas situações, atos lícitos que causam prejuízo a terceiro praticados pela Administração Pública. O STF possui semelhante entendimento, assentando que "(...) **para a configuração da responsabilidade objetiva do Estado não é necessário que o ato praticado seja ilícito**" (RE 456.302-AgR, j. em 06.02.07). Por exemplo, a Administração promove uma obra de pavimentação de uma via, que causa prejuízos à estrutura de um determinado imóvel. A conduta da Administração é lícita, mas gerou prejuízo a terceiro e, portanto, deverá indenizá-lo.

B **Dano indenizável a terceiro**: o dano deve ser **certo** (real e concreto), **específico** ou **especial** (o sujeito ou sujeitos devem ser identificados) e **anormal** (deve ser mais grave do que um simples aborrecimento). O dano poderá ser moral ou material, inclusive podendo ambos decorrerem de uma mesma conduta.

C **Nexo de causalidade**: deve existir uma ligação entre a ação do Estado e o dano experimentado pelo terceiro. Em algumas situações o nexo de causalidade é rompido, o que afasta a responsabilidade do Estado. São as chamadas **causas excludentes de responsabilidade**, sendo comumente mencionadas pela doutrina as seguintes situações: **caso fortuito** ou **força maior** e **culpa exclusiva da vítima**. Incluímos neste rol também o **fato de terceiro** que tenha contribuído de maneira exclusiva para o dano.

MUITA ATENÇÃO!

A atuação culposa do particular pode ter contribuído para o dano causado pelo Estado (**concausa**). Neste caso, a culpa da vítima será observada na **fixação da indenização** devida, no sistema conhecido como compensação de culpas. Este sistema é disciplinado pelo art. 945, do CC: "Se a vítima tiver concorrido culposamente para o evento danoso, a sua indenização será fixada tendo-se em conta a gravidade de sua culpa em confronto com a do autor do dano".

? QUESTÃO: Em alguma(s) hipótese(s) admite-se a responsabilidade objetiva na modalidade risco integral no Direito Brasileiro?

RESPOSTA: *O tema não é pacífico. Alguns doutrinadores defendem que para os danos nucleares adotou-se a teoria do risco integral, conclusão a que se chega a partir da análise do art. 21, XXIII, "d", da CF ("responsabilidade civil por danos nucleares independe da existência de culpa"). Da mesma forma, a Lei 10.744/04 disciplina a assunção, pela União, de responsabilidades civis perante terceiros no caso de atentados terroristas, atos de guerra ou eventos correlatos, contra aeronaves de matrícula brasileira operadas por empresas brasileiras de transporte aéreo público, excluídas as empresas de táxi aéreo.*

PRESTADORAS DE SERVIÇOS PÚBLICOS E RESPONSABILIDADE PERANTE TERCEIROS NÃO USUÁRIOS DOS SERVIÇOS

FIQUE POR DENTRO:

Durante algum tempo o STF sustentou entendimento de que a responsabilidade civil das pessoas jurídicas de direito privado prestadoras de serviço público era objetiva apenas com relação aos **usuários do serviço**, não se estendendo a terceiros que não ostentassem referida condição. Todavia, no julgamento do RE 591.874 (DJE de 18.12.2009), o Min. Ricardo Lewandowski entendeu aplicável a responsabilidade civil objetiva também àqueles que não são usuários do serviço público, entendimento este que tem sido o adotado pelo STF. Assim, se um ônibus de uma concessionária de transporte coletivo, por exemplo, atropelar um pedestre, a responsabilidade será **objetiva** neste caso.

3.2 Atos de Omissão: segundo doutrina majoritária, tratando-se de **ato omissivo** do poder público a responsabilidade civil do Estado será **subjetiva**, por **culpa anônima** ou "*faute du service*" (falta do serviço). Assim, se não houve prestação do serviço público, bem como na hipótese de a prestação ter sido tardia ou ineficiente, estará caracterizada a **culpa anônima** e a consequente responsabilização do ente estatal. Neste caso, deve-se observar se o Estado tinha ou não a obrigação de evitar o dano.

O Estado era responsável pela custódia do paciente, de modo que a prestação ineficiente do serviço implicará na responsabilidade por sua morte, sem prejuízo de ajuizamento de ação de regresso contra os servidores omissos.

MUITA ATENÇÃO!

Não é tarefa das mais fáceis definir se a responsabilidade estatal decorreu de um ato comissivo ou omissivo do Estado. Exemplo de situação que fica nessa zona cinzenta é a **morte de detento** dentro de estabelecimento prisional. Neste caso, a orientação mais recente na jurisprudência do STF tem sido pela aplicação da **responsabilidade objetiva** do Estado, por se tratar de uma **omissão específica estatal**, uma vez que "(...) É dever do Estado e direito subjetivo do preso que a execução da pena se dê de forma humanizada, garantindo-se os direitos fundamentais do detento, e o de ter preservada a sua incolumidade física e moral (artigo 5º, inciso XLIX, da Constituição Federal). 4. O dever constitucional de proteção ao detento somente se considera violado quando possível a atuação estatal no sentido de garantir os seus direitos fundamentais, pressuposto inafastável para a configuração da responsabilidade civil objetiva estatal, na forma do artigo 37, § 6º, da Constituição Federal" (RE 841526 / RS, Rel. Min. Luiz Fux, j. em 30.03.2016).

SUBMISSÃO DO PRESIDIÁRIO A CONDIÇÕES DEGRADANTES

FIQUE POR DENTRO:

Vale atentar para recente julgado do STF (RE 580252) que atribuiu ao Estado responsabilidade por submissão do detento a condições degradantes, sob o argumento principal de que o Estado responde pela incolumidade física e psíquica daqueles que estão sob sua custódia (repercussão geral – tema 365). O Pleno do STF redigiu a seguinte tese: "Considerando que é dever do Estado, imposto pelo sistema normativo, manter em seus presídios os padrões mínimos de humanidade previstos no ordenamento jurídico, é de sua responsabilidade, nos termos do art. 37, § 6º da Constituição, a obrigação de ressarcir os danos, inclusive morais, comprovadamente causados aos detentos em decorrência da falta ou insuficiência das condições legais de encarceramento".

? **QUESTÃO:** As empresas estatais (sociedades de economia mista e empresas públicas) respondem objetiva ou subjetivamente?

↳ ***RESPOSTA:*** *Depende. As empresas estatais que exploram atividade econômica e que tenham participação do Estado estão sujeitas à* ***responsabilidade civil subjetiva do direito civil*** *(diferente da culpa anônima, aplicadas aos atos omissos do Estado), tendo-se que comprovar* ***dolo*** *(intenção) ou* ***culpa*** *(negligência, imprudência ou imperícia) para a ocorrência do evento danoso, salvo se se tratar de* ***relação de consumo****, em que a responsabilidade também é* ***objetiva****. Por seu turno, as empresas estatais que prestam serviços públicos observam a responsabilidade objetiva.*

4. RESPONSABILIDADE POR ATOS JUDICIAIS E LEGISLATIVOS

Os atos judiciais típicos, em regra, não implicam em responsabilização do Estado, porquanto o sistema processual dispõe de recursos e meios judiciais próprios para a reversão de grande parte das decisões judiciais. Exceções a esta regra são o **erro judicial** reconhecido em revisão criminal (art. 5º, LXXV da CF/88), condenado que **ficar preso além do tempo estabelecido em decisão judicial** (art. 5º, LXXV da CF/88) e quando o juiz proceder com **dolo ou fraude no exercício de suas funções** ou **recusar, omitir ou retardar, sem justo motivo, providência que deva ordenar de ofício, ou a requerimento da parte** (art. 143, I e II do CPC).

Os atos legislativos, em regra, também não geram responsabilização do Estado, exceto nas seguintes situações: a) **reedição de lei declarada inconstitucional pelo STF**; b) **leis que tenham efeitos concretos.**

5. PAGAMENTO DA INDENIZAÇÃO

O reconhecimento do dever de indenizar pode ser feito administrativa ou judicialmente.

Se o Estado voluntariamente concordar em pagar o prejuízo, o montante será quitado com recursos orçamentários específicos. Em algumas situações o Estado promove a contratação de seguros, principalmente de automóveis, hipótese em que o pagamento se dará com recursos da seguradora.

Caso a obrigação de indenizar advenha de sentença judicial, deverá ser observado o que dispõe o art. 100, da CF: "Os pagamentos devidos pelas Fazendas Públicas Federal, Estaduais, Distrital e Municipais, em virtude de sentença judiciária, far-se-ão exclusivamente na ordem cronológica de apresentação dos precatórios e à conta dos créditos respectivos, proibida a designação de casos ou de pessoas nas dotações orçamentárias e nos créditos adicionais abertos para este fim".

A jurisprudência e doutrina majoritárias têm entendido que prazo prescricional para a pretensão de obter pagamento indenização do Estado é de **5 (cinco) anos** (Decreto 20.910/32, art. 1º e art. 1-C da Lei 9.494/97). Há quem defenda, porém, a aplicação do prazo de **3 (três) anos** previsto no Código Civil (art. 206, § 3º, V).

6. AÇÃO DE REGRESSO DA ADMINISTRAÇÃO CONTRA O AGENTE CAUSADOR DO DANO

O direito de regresso da Administração Pública contra o servidor causador do dano é tratado genericamente pelo art. 37, § 6º, da CF, que exige a configuração de **dolo** ou **culpa** para o ressarcimento do prejuízo. A ação de regresso contra o servidor "em regra deverá ser exercida, sob pena de afronta ao princípio da indisponibilidade".

Vale ressaltar que o art. 28 da LINDB, incluído pela Lei 13.655/18, atenuou a previsão do art. 37, § 6.º ao estabelecer que o agente público responderá pessoalmente por suas decisões ou opiniões técnicas em caso de **dolo ou erro grosseiro**. Dessa forma, o legislador inova a estabelecer que somente **culpa grave** ensejará a responsabilização do agente.

6.1 Ingresso com ação contra o próprio agente e denunciação da lide: por algum tempo sustentou-se que a vítima poderia ingressar com ação contra o Estado ou contra o próprio agente causador do dano. Neste último caso, não poderia incidir responsabilidade civil objetiva, tendo em vista que o direito de regresso da Administração Pública contra o agente demanda a comprovação da existência de dolo ou culpa. Todavia, tanto o STF quanto o STJ vêm adotando entendimento de que o agente causador do dano não possui legitimidade passiva *ad causam*. O Min. Ayres Brito, no julgamento do RE 327.904, ocorrido em 15.08.2006, consignou que o art. 37, § 6º consagra uma dupla garantia: "uma, em favor do particular, possibilitando-lhe ação indenizatória contra a pessoa jurídica de direito público, ou de direito privado que preste serviço público, dado que bem maior, praticamente certa, a possibilidade de pagamento do dano objetivamente sofrido. Outra garantia, no entanto, em prol do servidor estatal, que somente responde administrativa e civilmente perante a pessoa jurídica a cujo quadro funcional se vincular".

A **denunciação à lide** (Art. 125, II, do CPC) do servidor que causou o dano é tema bastante polêmico. Parte da doutrina não admite esta forma de intervenção de terceiro, porquanto se traria para a lide discussão sobre a **culpa do agente** (condição para o direito de regresso), o que prejudicaria o ofendido pelo ato danoso. A jurisprudência dominante do STJ vem inadmitindo a denunciação da lide do agente causador do dano, em observância aos princípios da economia e celeridade processuais.

EM RESUMO: Responsabilidade Civil Extracontratual do Estado	
Sistemas de responsabilidade civil adotados no Brasil	**Atos Comissivos:** neste caso, há uma conduta positiva danosa praticada pelo agente público, uma ação, em desfavor de terceiro, o que implicará na **responsabilidade objetiva** do Estado, na modalidade **risco administrativo**. Segundo estabelece o art. 37, § 6º: As pessoas jurídicas de direito público e as de direito privado prestadoras de serviços públicos **responderão pelos danos que seus agentes, nessa qualidade, causarem a terceiros**, assegurado o direito de regresso contra o responsável nos casos de dolo ou culpa. Esta é a regra em nosso sistema de responsabilização do Estado. Assim, para que exista **responsabilidade objetiva**, deverão estar presentes os seguintes requisitos: **a) Ação:** deve existir uma **conduta concreta** ou **comissiva** de um agente estatal, atuando nesta condição. O **ato lesivo** praticado pelo agente, que gera a responsabilidade civil do Estado, não se confunde com o **ato ilícito** do Direito Civil (art. 186, do Código Civil). A ideia de **ato lesivo** é mais ampla, para abranger os atos ilícitos e, em algumas situações, atos lícitos que causam prejuízo a terceiro praticados pela Administração Pública. O STF possui semelhante entendimento, assentando que "(...) **para a configuração da responsabilidade objetiva do Estado não é necessário que o ato praticado seja ilícito**" (RE 456.302-AgR, j. em 06.02.07). **b) Dano indenizável a terceiro:** o dano deve ser **certo** (real e concreto), **específico** ou **especial** (o sujeito ou sujeitos devem ser identificados) e **anormal** (deve ser mais grave do que um simples aborrecimento). O dano poderá ser moral ou material, inclusive podendo ambos decorrerem de uma mesma conduta.

EM RESUMO: Responsabilidade Civil Extracontratual do Estado	
Sistemas de responsabilidade civil adotados no Brasil	**c) Nexo de causalidade:** deve existir uma ligação entre a ação do Estado e o dano experimentado pelo terceiro. Em algumas situações o nexo de causalidade é rompido, o que afasta a responsabilidade do Estado. São as chamadas **causas excludentes de responsabilidade**, sendo comumente mencionadas pela doutrina as seguintes situações: **caso fortuito** ou **força maior** e **culpa exclusiva da vítima**. Incluímos neste rol também o **fato de terceiro** que tenha contribuído de maneira exclusiva para o dano. **Atos de Omissão:** segundo doutrina majoritária, tratando-se de **ato omissivo** do poder público a responsabilidade civil do Estado será **subjetiva**, por **culpa anônima** ou *"faute du service"* (falta do serviço). Assim, se não houve prestação do serviço público, bem como na hipótese de a prestação ter sido tardia ou ineficiente, estará caracterizada a **culpa anônima** e a consequente responsabilização do ente estatal. Neste caso, deve-se observar se o Estado tinha ou não a obrigação de evitar o dano.
Responsabilidade por atos judiciais e legislativos	Os atos judiciais típicos, em regra, não implicam em responsabilização do Estado, porquanto o sistema processual dispõe de recursos e meios judiciais próprios para a reversão de grande parte das decisões judiciais. Exceções a esta regra são o **erro judicial** reconhecido em revisão criminal (art. 5º, LXXV da CF/88), condenado que **ficar preso além do tempo estabelecido em decisão judicial** (art. 5º, LXXV da CF/88) e quando o juiz proceder com **dolo ou fraude no exercício de suas funções** ou **recusar, omitir ou retardar, sem justo motivo, providência que deva ordenar de ofício, ou a requerimento da parte** (art. 133, I e II do CPC). Os atos legislativos, em regra, também não geram responsabilização do Estado, exceto nas seguintes situações: a) **reedição de lei declarada inconstitucional pelo STF**; b) **leis que tenham efeitos concretos.**
Pagamento da indenização	O reconhecimento do dever de indenizar pode ser feito administrativa ou judicialmente. Se o Estado voluntariamente concordar em pagar o prejuízo, o montante será quitado com recursos orçamentários específicos. Em algumas situações o Estado promove a contratação de seguros, principalmente de automóveis, hipótese em que o pagamento se dará com recursos da seguradora. Caso a obrigação de indenizar advenha de sentença judicial, deverá ser observado o que dispõe o art. 100, da CF: "Os pagamentos devidos pelas Fazendas Públicas Federal, Estaduais, Distrital e Municipais, em virtude de sentença judiciária, far-se-ão exclusivamente na ordem cronológica de apresentação dos precatórios e à conta dos créditos respectivos, proibida a designação de casos ou de pessoas nas dotações orçamentárias e nos créditos adicionais abertos para este fim".
Ação de regresso da administração contra o agente causador do dano	**Ingresso com ação contra o próprio agente e denunciação da lide:** por algum tempo sustentou-se que a vítima poderia ingressar com ação contra o Estado ou contra o próprio agente causador do dano. Neste último caso, não poderia incidir responsabilidade civil objetiva, tendo em vista que o direito de regresso da Administração Pública contra o agente demanda a comprovação da existência de dolo ou culpa. Todavia, tanto o

EM RESUMO: Responsabilidade Civil Extracontratual do Estado	
Ação de regresso da administração contra o agente causador do dano	STF quanto o STJ vêm adotando entendimento de que o agente causador do dano não possui legitimidade passiva *ad causam*. O Min. Ayres Brito, no julgamento do RE 327.904, ocorrido em 15.08.2006, consignou que o art. 37, § 6º consagra uma dupla garantia: "uma, em favor do particular, possibilitando-lhe ação indenizatória contra a pessoa jurídica de direito público, ou de direito privado que preste serviço público, dado que bem maior, praticamente certa, a possibilidade de pagamento do dano objetivamente sofrido. Outra garantia, no entanto, em prol do servidor estatal, que somente responde administrativa e civilmente perante a pessoa jurídica a cujo quadro funcional se vincular". A **denunciação à lide** (Art. 125, II, do CPC) do servidor que causou o dano é tema bastante polêmico. Parte da doutrina não admite esta forma de intervenção de terceiro, porquanto se traria para a lide discussão sobre a **culpa do agente** (condição para o direito de regresso), o que prejudicaria o ofendido pelo ato danoso. A jurisprudência dominante e mais recente do STJ admite a denunciação à lide do agente causador do dano, mas entende não ser a mesma obrigatória para o exercício do direito de regresso.

✍ QUESTÕES

(Cespe – Policial Rodoviário Federal – DPRF/2019) *No tocante à responsabilidade civil do Estado, julgue o próximo item.*

A responsabilidade civil do Estado por ato comissivo é subjetiva e baseada na teoria do risco administrativo, devendo o particular, que foi a vítima, comprovar a culpa ou o dolo do agente público.

GABARITO	ERRADO.
COMENTÁRIO	A responsabilidade civil do Estado por atos comissivos (ações) é objetiva e não subjetiva.

(Cespe – Policial Rodoviário Federal – DPRF/2013) *Um PRF, ao desviar de um cachorro que surgiu inesperadamente na pista em que ele trafegava com a viatura de polícia, colidiu com veículo que trafegava em sentido contrário, o que ocasionou a morte do condutor desse veículo.*

Com base nessa situação hipotética, julgue o item a seguir.

Em razão da responsabilidade civil objetiva da administração, o PRF será obrigado a ressarcir os danos causados à administração e a terceiros, independentemente de ter agido com dolo ou culpa.

GABARITO	ERRADO.
COMENTÁRIO	Art. 37, § 6º, CF - As pessoas jurídicas de direito público e as de direito privado prestadoras de serviços públicos responderão pelos danos que seus **agentes**, nessa qualidade, causarem a terceiros, assegurado o direito de regresso contra o **responsável** nos casos de **dolo** ou **culpa**.

CAPÍTULO VIII
AGENTES PÚBLICOS

1. NOÇÕES

Em um sentido amplo, pode-se definir agente público como "todo aquele que exerce, ainda que transitoriamente ou sem remuneração, por eleição, nomeação, designação, contratação ou qualquer forma de investidura ou vínculo, mandato, cargo emprego ou função pública" (ALEXANDRINO, PAULO, 2007, p. 73).

O tema em estudo encontra-se disciplinado principalmente nos **arts. 37 a 41 e 169 da CF/88** e na **Lei 8.112/90** (regime jurídico dos servidores públicos civis da União, das autarquias e das fundações públicas federais). Podemos destacar também as Leis **8.745/93** (dispõe sobre a contratação por tempo determinado para atender a necessidade temporária de excepcional interesse público) e **9.962/00** (disciplina o regime de emprego público do pessoal da Administração federal direta, autárquica e fundacional).

2. CLASSIFICAÇÃO

Dentre as variadas classificações de **agentes públicos** existentes, destacamos a seguinte:

2.1 Agentes políticos: recebem suas atribuições diretamente da CF/88 (funções típicas de governo) e são responsáveis pela definição e direcionamento das políticas públicas estatais. Possuem uma relação jurídico-institucional **transitória** com o Estado, diversa dos demais agentes públicos, e geralmente são investidos em seus cargos por meio de **eleição**, **nomeação** ou **designação**. Exemplo: presidente, governadores, prefeitos, ministros, etc.

2.2 Servidores públicos: em **sentido amplo**, são todas as pessoas físicas que prestam serviços ao Estado em decorrência de algum vínculo de trabalho e mediante remuneração paga pelos cofres públicos (DI PIETRO, p. 513). Subdividem-se em: a) **servidores estatutários:** regidos por um regime estatutário, são titulares de cargos públicos. Ex.: servidores da União. No presente estudo utilizaremos a expressão **servidores públicos** como sinônimo de **servidores estatutários**, por se tratar de nomenclatura mais usual; b) **empregados públicos**: a relação é contratual e regida pela CLT, tendo natureza de emprego público. Ex.: empregados da Caixa Econômica Federal; c) **servidores temporários**: estão submetidos a regime jurídico especial, desempenhando uma mera função. A contratação desses agentes está prevista no art. 37, IX da CF/88, será por tempo determinado e visa atender a necessidade temporária de excepcional interesse público. Cada ente federativo deverá editar lei para disciplinar as situações que ensejarão essa contratação. Ex.: "O Município Beta verificou grave comprometimento dos serviços de educação das escolas municipais, considerando o grande número de professoras gozando licença maternidade e de profissionais em licença de saúde, razão pela qual fez editar uma lei que autoriza a contratação de professores, por tempo determinado, sem a realização de concurso, em situações devidamente especificadas na norma local".

2.3 Militares: neste grupo se enquadram as pessoas físicas que prestam serviços às **Forças Armadas** – Marinha, Exército e Aeronáutica (art. 142, *caput*, e § 3º, da Constituição) – e às

Polícias Militares e **Corpos de Bombeiros Militares dos Estados, Distrito Federal e dos Territórios** (art. 42), com vínculo estatutário sujeito a regime jurídico próprio, mediante remuneração paga pelos cofres públicos (DI PIETRO, p. 517).

2.4 Particulares em colaboração com o poder público: Compreendem as pessoas físicas que prestam serviço ao Estado, sem vínculo empregatício, com ou sem remuneração. Podem atuar por: a) **delegação do Poder Público**: exercem função em nome próprio, sob fiscalização do Poder Público, e recebem remuneração de terceiros usuários do serviço público. Ex.: delegatários, cartorários, leiloeiros, tradutores etc.; b) **requisição**, **nomeação** ou **designação**: exercício de funções públicas relevantes, não tem vínculo empregatício e em geral não recebem remuneração. Ex.: jurados, mesários, comissários de menores, etc.; c) **gestores de negócios**: espontaneamente assumem função pública em momento de emergência, como epidemia, enchente, etc. Hely Lopes Meirelles arrola como particulares em colaboração com o poder Público os: a) **agentes honoríficos**: prestam, transitoriamente e normalmente sem remuneração, um *múnus público* ou um *serviço público relevante*. Ex.: jurados, mesários, etc.; b) **agentes delegados** (já discutidos acima) c) **agentes credenciados**: representam a Administração em determinado ato ou praticam determinada atividade específica.

3. CARGOS, EMPREGOS E FUNÇÕES

3.1 Regime jurídico: quando a CF/88 foi promulgada, havia a exigência de que União, Estados, Distrito Federal e Municípios adotassem um regime jurídico único para regular a situação funcional de seus agentes (art. 39, caput). A União, por exemplo, desde o início adotou o regime estatutário (regido pela Lei 8.112/90). Com a EC 19/98, deixou de existir o regime jurídico único, permitindo-se que os entes adotassem concomitantemente mais de um regime. No âmbito federal o regime de emprego público chegou a ser regulamentado pela Lei 9.962/00. Todavia, foi proposta ação direta de inconstitucionalidade questionando, principalmente, a validade formal da EC 19/98 (ADI 2135). O plenário do STF, em 02.08.2007, concedeu liminar, suspendendo a nova redação dada ao art. 39, caput da CF/88, restabelecendo-se, assim, a redação original do dispositivo e, logicamente, a previsão do regime jurídico único. Entretanto, a medida liminar foi concedida **com efeitos *ex nunc***, esclarecendo a Ministra Ellen Gracie que, por ora, a suspensão valeria a partir do julgamento plenário que apreciou o pedido de liminar, ou seja, toda a legislação editada durante a vigência do artigo 39, *caput*, com a redação da EC 19/98, permanece ainda válida. Desta forma, o STF resguardou as situações consolidadas após a alteração constitucional, até que haja o julgamento do mérito da ADI, o que ainda não ocorreu.

3.2 Diferenças entre cargos, empregos e funções: é importante estabelecer uma diferenciação entre estas três expressões citadas constantemente no texto da CF/88:

Cargos	Representam um conjunto de atribuições e responsabilidades, criadas por lei ou resolução (só para o Poder Legislativo), previstas na estrutura organizacional de determinado ente e regidas por um regime jurídico estatutário, para que sejam exercidas por um agente público legalmente investido e mediante remuneração. O provimento dos cargos pode se dar em caráter efetivo – mediante concurso público – ou em comissão. As ações envolvendo os servidores e a Administração serão processadas perante a Justiça Comum federal ou estadual, conforme o ente que figure na lide.

Empregos	Há um vínculo contratual entre o agente e a Administração, que será regido pela Consolidação das Leis do Trabalho (CLT). O provimento será obrigatoriamente por concurso público. O regime de emprego público é obrigatório para as empresas estatais e suas subsidiárias que explorem atividade econômica (art. 173, § 1º da CF/88). As ações envolvendo os empregados públicos e Administração serão processadas perante a Justiça do Trabalho.
Funções	São as atribuições ou competências conferidas a um órgão, cargo, emprego ou diretamente ao agente. Todo cargo ou emprego possui uma função, mas nem toda função equivale a um cargo ou emprego. As funções podem ser **autônomas**, como ocorre nas funções **temporárias** ou **gratificadas**, pelas quais o agente público, mesmo sem vínculo permanente, percebe remuneração pelo desempenho de atividade (ex.: servidores temporários contratados nos termos do art. 37, IX da CF/88), e **de confiança** (art. 37, V), que é uma modalidade de gratificação paga a servidores de cargo efetivo pelo exercício de atribuições de direção, chefia e assessoramento (ex.: chefia de secretaria judicial). Não há obrigatoriedade de realização de concurso público nestes casos. As ações envolvendo os agentes que exerçam função e a Administração serão processadas perante a Justiça Comum federal ou estadual, conforme o ente que figure na lide.

3.2.1 Principais classificações dos cargos públicos

Podemos utilizar dois critérios principais para classificar os cargos públicos:

Quanto à Organização	**cargos de carreira**: são distribuídos e organizados em classes (agrupamentos de cargos), em sentido de progressão (carreira);
	cargos isolados: são os que não são organizados em classes. O conjunto de **cargos de carreira** e **isolados** é chamado de **quadro funcional**.
Quanto ao Provimento	**efetivos**: dependem de prévia aprovação em concurso público e garantem estabilidade aos seus ocupantes após três anos, se aprovados no estágio probatório;
	em comissão: são de livre nomeação e exoneração e reservados às funções de **direção, chefia** e **assessoramento**. Não é cabível a criação de cargos em comissão fora destas situações;
	vitalícios: nesta modalidade, o elemento permanência é ainda mais intenso, uma vez que seus ocupantes só podem perdê-lo por meio de **sentença transitada em julgado**. São privativos da **Magistratura**, **Ministério Público** e **Ministros dos Tribunais de Contas**. Seu provimento pode ou não depender de concurso público. A vitaliciedade ocorre após dois anos de exercício, se o ingresso foi por concurso (juízes e promotores), ou logo após a posse, se por indicação (Ministros dos Tribunais Superiores, p. ex.).

3.3 Acesso: De acordo com o art. 37, I da CF/88 "os cargos, empregos e funções públicas são acessíveis aos brasileiros que preencham os requisitos estabelecidos em lei, assim como aos estrangeiros, na forma da lei". Apesar da clara previsão constitucional, o acesso aos cargos públicos sempre foi tema recorrente na jurisprudência, o que fez com o STF editasse várias súmulas sobre a matéria, das quais destacamos: Súmula 686: "Só por lei se pode sujeitar a exame psicotécnico a habilitação de candidato a cargo público" (entendimento consolidado na súmula vinculante 44, que possui a mesma redação); Súmula 683: "O limite de idade para a inscrição em concurso público só se legitima em face do art. 7º, XXX, da Constituição, quando possa ser justificado pela natureza das atribuições do cargo a ser preenchido"; Súmula 14: "Não é admissível, por ato administrativo, restringir, em razão da idade, inscrição em concurso para cargo público". O STJ também editou súmula pertinente ao assunto: Súmula 266: "O diploma ou habilitação legal para o exercício do cargo deve ser exigido na posse e não na inscrição para o concurso público".

3.4 Concurso público: a necessidade de realização de concurso público como regra para preenchimento de cargos e empregos públicos é estabelecida pelo art. 37, II da CF/88: "a investidura em cargo ou emprego público depende de aprovação prévia em concurso público de provas ou de provas e títulos, de acordo com a natureza e a complexidade do cargo ou emprego, na forma prevista em lei, ressalvadas as nomeações para cargo em comissão declarado em lei de livre nomeação e exoneração".

Neste contexto, as restrições de acesso a cargos públicos deverão ser "excepcionais em razão de conteúdo que viole valores constitucionais" (RE 898450/SP, j. 17/08/2016 – inf. 835). A partir desta premissa, o STF firmou entendimento de que editais de concurso não podem estabelecer, por exemplo, restrição a pessoas com tatuagem.

Ferem o art. 37, II da CF os chamados **concursos internos**, muitas vezes previstos nos próprios estatutos de servidores públicos. Tal previsão é flagrantemente inconstitucional.

O prazo de validade do concurso público será de **até dois anos**, prorrogável uma vez, por igual período (art. 37, III da CF/88). A prorrogação do prazo de validade do concurso público é ato discricionário da administração.

MUITA ATENÇÃO!

O prazo de validade do concurso poderá ser fixado por qualquer período, desde que não extrapole dois anos. O período que for inicialmente fixado servirá de base também para a prorrogação. Assim, por exemplo, se um concurso teve sua data de validade fixada em 6 meses, sua prorrogação, se acontecer, somente poderá ser por outros 6 meses.

Durante o prazo improrrogável previsto no edital de convocação, aquele aprovado em concurso público de provas ou de provas e títulos será convocado com prioridade sobre novos concursados para assumir cargo ou emprego, na carreira (art. 37, IV da CF/88).

A CF/88 garante a reserva de percentual dos cargos e empregos públicos para as **pessoas portadoras de deficiência** por meio de lei reguladora, que definirá ainda os critérios de sua admissão. A Lei 8.112/90 assegura aos portadores de deficiência o direito de se inscrever em concurso público para provimento de cargo cujas atribuições sejam compatíveis com a deficiência de que são portadoras; a estes serão reservadas até **20% (vinte por cento)** das vagas oferecidas no concurso (art. 5º, § 2º). O recente Decreto 9.508/2018 estabeleceu que **no mínimo 5% das vagas dos concursos** promovidos pela administração pública federal direta, autárquica e fundacional para o provimento de cargos efetivos e para a contratação por tempo determinado para atender necessidade temporária de excepcional interesse público serão destinadas às pessoas com deficiência. Para os concursos promovidos pelas empresas públicas e sociedades de economia mista, deverão ser observados os percentuais do art. 93, da Lei 8.213/91.

Cumpre lembrar que a Lei 12.990/14 determinou a **reserva aos negros de 20% (vinte por cento) das vagas oferecidas nos concursos públicos** para provimento de cargos efetivos e empregos públicos no âmbito da administração pública federal, das autarquias, das fundações públicas, das empresas públicas e das sociedades de economia mista controladas pela União.

CONCURSO PÚBLICO E NOMEAÇÃO DE CANDIDATOS FORA DAS VAGAS PREVISTAS NO EDITAL

FIQUE POR DENTRO:

Este tema sempre despertou bastante polêmica, o que levou o STF a fixar tese em sede de repercussão geral. No julgamento do RE 837311 (em 14.10.2015), que discutiu a nomeação de candidatos classificados fora das vagas previstas em edital, antes da convocação dos aprovados em concurso posterior, o STF entendeu que o candidato terá direito subjetivo à nomeação nas seguintes situações: 1 – Quando a aprovação ocorrer dentro do número de vagas dentro do edital; 2 – Quando houver preterição na nomeação por não observância da ordem de classificação; 3 – Quando surgirem novas vagas, ou for aberto novo concurso durante a validade do certame anterior, e ocorrer a preterição de candidatos de forma arbitrária e imotivada por parte da administração nos termos acima.

3.5 Acumulação remunerada de cargos, empregos e funções: em regra, é vedada a acumulação remunerada de cargos e empregos públicos. Em algumas situações, todavia, a CF/88 admite a acumulação:

A de dois cargos de professor (art. 37, XVI, "a");

B de um cargo de professor com outro técnico ou científico (art. 37, XVI, "b");

C de dois cargos ou empregos privativos de profissionais de saúde, com profissões regulamentadas (art. 37, XVI, "c");

D de um cargo, emprego ou função pública com a função de vereador (art. 38, III);

E de um cargo de magistrado com outro de magistério (art. 95, parágrafo único, I);

F de um cargo de membro do ministério público com outro de magistério (art. 128, § 5º, II, "d").

A Emenda Constitucional 77/2014 permitiu que os militares das **Forças Armadas** possam cumular, **na forma da lei** e com **prevalência da atividade militar**, dois cargos ou empregos **privativos de profissionais de saúde**, com profissões regulamentadas (art. 142, § 3.º, VIII da CF/88).

MUITA ATENÇÃO!

A Emenda Constitucional n.º 101/19 inseriu o § 3.º ao art. 42 da CF/88, para permitir que os militares dos Estados, Distrito Federal e Territórios possam acumular cargos na forma do art. 37, inciso XVI, com prevalência da atividade militar. Atente-se que o dispositivo não fez distinção dentre as hipóteses de acumulação de cargos previstas no art. 37, VI da CF/88, como a existente para os militares das Forças Armadas, que só podem acumular cargos privativos de profissionais de saúde, com profissões regulamentadas. É um tema que demanda atenção e que pode ser explorado em questões objetivas.

Vale lembrar que "as exceções à regra de vedação de acumulação de cargos públicos, previstas na Constituição Federal, são **taxativas**".

MUITA ATENÇÃO!

1) A acumulação somente será possível se houver **compatibilidade de horários**;

2) o art. 37, XVI também determina a observância do inciso XI deste mesmo dispositivo, que trata do teto aplicável à remuneração e subsídios dos agentes;

3) as regras sobre acumulação estendem-se à **Administração Pública Direta e Indireta**.

4) a disciplina da acumulação de cargos, empregos e funções dos militares vem trazida no art. 142, II e III da CF, com as alterações trazidas pela EC 77/2014. Recomendamos a leitura atenta destes dispositivos.

5) a EC 103/2019 previu que o servidor público que exerça mandato eletivo, na forma do art. 38 da CF, na hipótese de ser segurado de regime próprio de previdência social, permanecerá filiado a esse regime, no ente federativo de origem.

4. PROVIMENTO

4.1 Provimento e investidura: o **provimento** é o ato administrativo da autoridade competente de cada Poder que designa alguém para titularizar um **cargo público**. A **investidura**, por outro lado, ocorre com a posse (o agente investe-se em suas funções).

Os requisitos básicos para **investidura** em cargo público são estabelecidos no art. 5º da Lei 8.212/90:

A a nacionalidade brasileira;

B o gozo dos direitos políticos;

C a quitação com as obrigações militares e eleitorais;

D o nível de escolaridade exigido para o exercício do cargo;

E a idade mínima de dezoito anos;

F aptidão física e mental.

Cumpre ressaltar que as atribuições do cargo podem justificar a exigência de outros requisitos estabelecidos em lei.

4.2 Modalidades de provimentos: o ato de provimento pode ser classificado em:

A **Provimento originário**: ocorre com a **nomeação** do agente para o cargo. Não há, neste caso, um vínculo anterior ativo entre o sujeito e o Estado, pelo menos com relação ao cargo para o qual foi nomeado. Pressupõe a realização concurso público, salvo os cargos em comissão de livre nomeação e exoneração. A única forma de provimento originário reconhecida é a **nomeação**.

B **Provimento derivado**: pressupõe um vínculo anterior (ou um provimento originário) entre o agente e a Administração. O provimento derivado pode ser subdividido em:

B.1 **Vertical**: consiste na atribuição de um **novo cargo** ao servidor dentro da **carreira** em que está inserido. Atualmente se admite como forma de provimento derivado vertical a **promoção**, que ocorre em cargos organizados em carreira, alçando-se o servidor ao cargo de uma classe superior à que ocupava.

> **MUITA ATENÇÃO!**
>
> Originalmente a Lei 8.112/90 previa outra forma provimento derivado vertical: a **ascenção**. A **ascenção**, também chamada de **transposição** ou **acesso**, permitia ao servidor ocupar cargo de carreira distinta da de seu cargo e sem prévia aprovação em concurso público, o que feria a CF/88. Por esta razão, esta espécie foi retirada do texto Lei 8.112/90 a partir da edição da Lei 9.527/97. Sobre o tema, o **STF** editou a **súmula 685**: "É inconstitucional toda modalidade de provimento que propicie ao servidor investir-se, sem prévia aprovação em concurso público destinado ao seu provimento, em cargo que não integra a carreira na qual anteriormente investido" (foi editada a súmula vinculante 43, com idêntica redação). É preciso ter atenção, porque o examinador pode inserir esta forma de provimento, que não existe mais, entre as alternativas das questões objetivas.

B.2 Horizontal: não há elevação funcional, mas o servidor passa a ocupar outro cargo. Atualmente admite-se como espécie desta modalidade a **readaptação**, que é a modalidade de investidura do servidor em **cargo de atribuições e responsabilidades compatíveis** com a limitação que o mesmo tenha sofrido em sua **capacidade física ou mental**, verificada em inspeção médica, devendo ser respeitada a habilitação exigida, o nível de escolaridade e a equivalência dos vencimentos.

A readaptação ganhou especial relevo com a Reforma da Previdência (EC 103/2019), que a inseriu no texto constitucional (art. 37, § 13). O novo texto constitucional é bastante parecido com a previsão da Lei 8.112/90 e demonstra a preocupação do legislador constituinte em promover apenas em último caso a aposentadoria por incapacidade do servidor, buscando todos os meios hábeis para que possa ser aproveitado em outro cargo.

> **MUITA ATENÇÃO!**
>
> A Lei 8.112/90 previa também a **transferência**, que consistia na passagem do servidor estável de um cargo efetivo para outro de igual denominação, pertencente a quadro de pessoal diverso, de órgão ou instituição do mesmo Poder. Esta forma de provimento era flagrantemente inconstitucional, o que foi confirmado pelo STF no julgamento do MS 22148/DF, em 19/12/1995, tendo sido posteriormente retirada do texto da Lei 8.112/90 pela Lei 9.527/97. Vale a mesma dica dada no tópico anterior, pois esta modalidade também poderá ser incluída em questões objetivas!

B.3 Por reingresso: o servidor retorna ao cargo que não mais ocupava. A Lei 8.112/90 prevê quatro espécies: **reversão**, **aproveitamento**, **reintegração** e **recondução**. **Reversão** é o retorno do servidor **aposentado** à ativa, no **interesse da administração**. Este retorno pode acontecer **de ofício** ou **a pedido**. O **aproveitamento** consiste no **retorno** à atividade de servidor estável, que estava em disponibilidade, sendo obrigatório que ocorra em cargo de atribuições e vencimentos compatíveis com o anteriormente ocupado. **Reintegração** é a reinvestidura do **servidor estável** no cargo anteriormente ocupado, ou no cargo resultante de sua transformação, quando invalidada a sua demissão por decisão administrativa ou judicial, com ressarcimento de todas as vantagens. Por fim, a **recondução** configura-se quando o servidor estável retorna ao cargo que antes titularizava, por ter sido **inabilitado em estágio probatório de outro cargo** ou por ter sido **desconstituído do exercício de cargo em virtude da reintegração** do titular do mesmo. Além destas hipóteses legais, o STF entende que a **desistência**, durante o estágio probatório, do exercício das funções do novo cargo ocupado também dá ao servidor direito a ser reconduzido ao cargo ocupado anteriormente no serviço público (Confira: MS 22.933-DF, rel. Min. Octavio Gallotti, 26.6.98, inf. 117; MS 23.577-DF, rel. Min. Carlos Velloso, 15.5.2002, inf. 268).

4.3 Quadro comparativo das diversas modalidades de provimentos previstos na Lei 8.112/90: dada a importância de fixação do tema, elaboramos o quadro abaixo contendo as principais características das espécies de provimento trazidas pela Lei 8.112/90:

Modalidade	Previsão	Significado
Nomeação	Arts. 8º, I, 9 e 10	Ato administrativo que materializa o provimento originário. Pode ser em **comissão** ou em caráter **efetivo**, dependendo, neste último caso, de prévia habilitação em concurso público de provas ou de provas e títulos, obedecidos a ordem de classificação e o prazo de sua validade.
Promoção	Arts. 8º, II, 10, p. u.	Passagem para um cargo de classe mais elevada.
Readaptação	Arts. 8º, V, e 24	Investidura do servidor em cargo de atribuições e responsabilidades compatíveis com a limitação que tenha sofrido em sua capacidade física ou mental verificada em inspeção médica.
Reversão	Arts. 8º, VI, e 25-27	Retorno à atividade de servidor aposentado, nas situações previstas nos incisos I e II do art. 25 (leitura obrigatória).
Aproveitamento	Arts. 8º, VII, e 30-32	Ocorre com o retorno à atividade de servidor em disponibilidade em cargo de atribuições e vencimentos compatíveis com o anteriormente ocupado.
Reintegração	Arts. 8º, VIII, e 28	Reinvestidura do servidor estável no cargo anteriormente ocupado, ou no cargo resultante de sua transformação, quando invalidada a sua demissão por decisão administrativa ou judicial, com ressarcimento de todas as vantagens.
Recondução	Arts. 8º, IX, e 29	Retorno do servidor estável ao cargo anteriormente ocupado, nas hipóteses de inabilitação ou desistência em estágio probatório relativo a outro cargo ou reintegração do anterior ocupante.

5. INVESTIDURA, POSSE E EXERCÍCIO

A **investidura** ocorre com a posse, momento em que o agente se investe em suas funções.

É no momento da posse que o candidato deve demonstrar que preenche todos os requisitos específicos para o exercício do Cargo.

Os requisitos básicos para investidura em cargo público são estabelecidos no art. 5º da Lei 8.112/90:

a) A nacionalidade brasileira;

b) O gozo dos direitos políticos;

c) A quitação com as obrigações militares e eleitorais;

d) O nível de escolaridade exigido para o exercício do cargo;

e) A idade mínima de dezoito anos;

f) Aptidão física e mental.

Cumpre ressaltar que as atribuições do cargo podem justificar a exigência de outros requisitos estabelecidos em lei, como a comprovação de três anos atividade jurídica para ingresso na Magistratura (art. 93, I da CF/88).

Havendo lei que autorize a investidura de estrangeiro, este pode passar a fazer parte dos quadros da Administração Pública, como já há tempos se admite no âmbito das universidades públicas (art. 5.º, § 3.º da Lei 8.112/90).

Posse é a aceitação formal do servidor da nomeação, com assunção do compromisso funcional. Com a posse, a pessoa passa a integrar oficialmente o quadro de servidores da pessoa jurídica de direito público. A posse só ocorrerá nos casos de provimento de cargo por nomeação (Lei 8.112/90, art. 13, § 4.º).

Após o ato de **nomeação**, o interessado terá **30 (trinta) dias de prazo**, contados do ato de provimento, para **tomar posse**. A posse poderá dar-se mediante procuração específica. Não havendo a posse no prazo legal por omissão do nomeado, torna-se sem efeito a nomeação.

A posse em cargo público dependerá de prévia inspeção médica oficial. Só poderá ser empossado aquele que for julgado apto física e mentalmente para o exercício do cargo.

A posse dar-se-á pela assinatura do respectivo termo, no qual deverão constar as atribuições, os deveres, as responsabilidades e os direitos inerentes ao cargo ocupado, que não poderão ser alterados unilateralmente, exceto por meio de lei.

O **exercício** se refere ao início material das atribuições do cargo, de modo que entrar em exercício significa efetivamente passar a desempenhar as atividades do cargo e ter responsabilidade em relação às questões com que o cargo se relaciona.

É de **quinze dias** o prazo para o servidor empossado em cargo público entrar em exercício, contados da data da posse. Caso o servidor não entre em exercício no prazo legal, deve haver, como consequência, a sua exoneração.

Diferentemente do que ocorre com a posse, o exercício não pode se dar por procuração.

6. ESTÁGIO PROBATÓRIO, EFETIVIDADE, ESTABILIDADE E DISPONIBILIDADE

6.1 Estágio probatório: após ser aprovado em concurso público, ser investido e entrar em exercício, o servidor público deve cumprir o chamado estágio probatório, visando conquistar a estabilidade no cargo ocupado. Estágio probatório é o período de **três anos** dentro do qual o servidor é avaliado quanto à sua **aptidão** e **capacidade** para o desempenho do cargo, observando-se sua **assiduidade**, **disciplina**, **capacidade de iniciativa**, **produtividade** e **responsabilidade**. Caso não cumpra os requisitos estabelecidos no estágio probatório após o cumprimento das formalidades legais de apuração de sua capacidade (o que inclui a abertura de oportunidade para que o mesmo apresente sua defesa em caso de avaliação negativa), o servidor poderá (no sentido de poder-dever) ser **exonerado** (STF, Súmula 21).

MUITA ATENÇÃO!

O art. 20 da Lei 8.112/90 informa o prazo de **dois anos** para a duração do estágio probatório. Todavia, o art. 41, *caput* da CF/88, alterado pela EC 19/98, estabeleceu o prazo de **três anos** para que o servidor pudesse ser considerado estável no cargo. O STF pacificou a divergência existente, decidindo que "(...) a EC 19/1998, que alterou o art. 41 da CF, elevou para três anos o prazo para a aquisição da estabilidade no serviço público e, por interpretação lógica, o prazo do estágio probatório." (**STA 263-AgR**, Rel. Min. Presidente **Gilmar Mendes**, julgamento em 4-2-2010, Plenário, *DJE* de 26-2-2010)

6.2 Efetividade: é um **atributo do cargo**, relacionada à **forma de provimento**. Diz-se, assim, que **o cargo é efetivo**, e não o servidor. Os **cargos efetivos** pressupõem a realização de **concurso público** e partem do princípio ou expectativa de que o servidor terá um vínculo duradouro, diferentemente dos **cargos em comissão**, que não exigem concurso público para ingresso e cujo vínculo do agente é eminentemente transitório.

6.3 Estabilidade: está prevista no art. 41, *caput* da CF/88. A estabilidade é um **atributo pessoal** do ocupante do cargo, ou seja, configurando-se numa **garantia** de permanência no serviço público adquirida após **três anos** de efetivo exercício e aprovação do servidor em avaliação especial de desempenho por comissão instituída para essa finalidade.

É importante ressaltar que a estabilidade não gera direito adquirido ao servidor de permanecer eternamente no cargo, podendo perdê-lo nas seguintes situações: 1) em virtude de **sentença judicial transitada em julgado** (art. 41, § 1º, I); 2) mediante **processo administrativo** em que lhe seja assegurada ampla defesa (art. 41, § 1º, II); 3) mediante **procedimento de avaliação periódica de desempenho**, na forma de lei complementar, assegurada ampla defesa (art. 41, § 1º, III); 4) **adequação dos gastos da Administração com pessoal**, se insuficientes as providências determinadas no art. 169, § 3º, da CF (§ 4º).

? **QUESTÃO:** Existe alguma estabilidade conferida a agentes não concursados?

➥ ***RESPOSTA:*** *Sim. O art. 19 ADCT conferiu estabilidade no serviço público aos servidores públicos civis da União, dos Estados, do Distrito Federal e dos Municípios, da administração direta, autárquica e das fundações públicas, em exercício na data da promulgação da Constituição, há pelo menos cinco anos continuados. O constituinte, todavia, determinou que a estabilidade não se aplicaria a duas situações: a) aos ocupantes de cargos, funções e empregos de confiança ou em comissão, nem aos que a lei declare de livre exoneração, exceto se o ocupante já era servidor (§ 2º); b) professores de nível superior, nos termos da lei (§ 3º).*

DICA IMPORTANTE

Não confundir **estabilidade** com **vitaliciedade**. Confira o estudo feito sobre os **cargos vitalícios** nos tópicos anteriores e compare as diferenças.

6.4 Disponibilidade: de acordo com o art. 41, § 3º, **extinto o cargo ou declarada a sua desnecessidade**, o servidor estável ficará em **disponibilidade**, com remuneração proporcional ao tempo de serviço, até seu adequado aproveitamento em outro cargo.

7. VACÂNCIA

Ocorre vacância quando determinado cargo público se encontrar sem um agente regulamente investido (o cargo fica vago). Diversas situações podem ocasionar a vacância de um cargo público, sendo as mais comuns a **exoneração** e a **demissão**. Há outras situações que também implicam na vacância de um cargo, como a **promoção**, a **readaptação**, a **aposentadoria**, a **posse em outro cargo inacumulável** e o **falecimento** do servidor.

? **QUESTÃO:** Quais são as principais diferenças entre demissão e exoneração?

➥ ***RESPOSTA:*** *Em ambas as situações ocorre a extinção do vínculo existente entre o servidor e a Administração. Demissão: é ato de caráter punitivo, representado uma penalidade aplicada ao servidor, após regular processo administrativo disciplinar, em razão do cometimento de uma infração funcional grave. Exoneração: é a dispensa por interesse do próprio servidor ou da Administração, sem intenção punitiva. Assim, a exoneração de cargo efetivo poderá ocorrer a pedido do servidor ou de ofício. A exoneração de ofício ocorrerá (art. 34, p. u., da Lei 8.112/90): a) quando não satisfeitas as condições do estágio probatório; b) quando, tendo tomado posse, o servidor não entrar em exercício no prazo estabelecido.* ***EM SÍNTESE:*** *"a demissão do servidor público tem natureza punitiva, enquanto a exoneração não".*

---

8. SISTEMA REMUNERATÓRIO

8.1 Remuneração e subsídio: em regra, não se admite a prestação de serviços gratuitos, salvo os casos previstos em lei (art. 4º da Lei 8.112/90), como os mesários e os jurados.

Atualmente existem dois regimes de pagamento dos agentes públicos pelos serviços prestados: **remuneração** ou **vencimentos** (no plural) e **subsídio**.

A **remuneração** é o **vencimento** do cargo efetivo, acrescido das **vantagens pecuniárias permanentes** estabelecidas em lei. **Vencimento** é a retribuição pecuniária pelo exercício de cargo público, com valor fixado em lei. As **vantagens pecuniárias** permanentes são acréscimos fixados em lei, geralmente pagos por meio de indenizações, gratificações ou adicionais. Em resumo temos:

VENCIMENTO	+	VANTAGENS	=	REMUNERAÇÃO

MUITA ATENÇÃO! A Emenda Constitucional 103/2019 inseriu o § 19 ao art. 39 para passar a **vedar** a incorporação de **vantagens de caráter temporário** ou vinculadas ao exercício de **função de confiança ou de cargo em comissão** à remuneração do cargo efetivo.

Os **subsídios**, por seu turno, são pagos em **parcela única**, vedado o acréscimo de qualquer gratificação, adicional, abono, prêmio, verba de representação ou outra espécie remuneratória (art. 39, § 4º da CF/88).

Os agentes que devem receber por subsídios são fixados pela própria CF/88 e são:

- Chefes do Executivo (Presidente, Governadores e Prefeitos) e seus vices;
- Membros do Judiciário (Ministros de Tribunais Superiores, Desembargadores e Juízes);
- Detentores de mandato eletivo (senadores, deputados federais, estaduais e distritais e vereadores);

- Ministros de Estado e os Secretários Estaduais e Municipais;
- Membros do Ministério Público;
- Membros da Advocacia-Geral da União, das Procuradorias dos Estados e do Distrito Federal (**Atenção:** as Procuradorias dos Municípios não foram incluídas neste rol) e das Defensorias Públicas;
- Membros das polícias federal, rodoviária federal, ferroviária federal, civis, militares e corpo de bombeiros militares;
- Membros dos Tribunais de Contas.

A CF/88 admite que a remuneração dos **servidores públicos organizados em carreira** seja fixada em regime de **subsídios**.

Os agentes públicos regidos pela CLT recebem **salários**.

8.2 Peculiaridades relacionadas à remuneração e ao subsídio: o sistema remuneratório (em sentido amplo) possui algumas peculiaridades, das quais destacamos:

- A remuneração dos servidores públicos e o subsídio dos agentes que recebem por este regime somente poderão ser fixados ou alterados por **lei específica**, assegurada revisão geral anual, **sempre na mesma data e sem distinção de índices** (art. 37, X da CF/88). O STF, apreciando o tema 624 da repercussão geral, fixou entendimento de que não cabe ao Poder Judiciário determinar ao Poder Executivo a apresentação de projeto de lei que vise a promover a revisão geral anual da remuneração dos servidores públicos, tampouco fixar o respectivo índice de correção.

MUITA ATENÇÃO!

Súmula Vinculante 37: Não cabe ao Poder Judiciário, que não tem função legislativa, aumentar vencimentos de servidores públicos sob o fundamento de isonomia.

Súmula Vinculante 42: É inconstitucional a vinculação do reajuste de vencimentos de servidores estaduais ou municipais a índices federais de correção monetária.

- Os vencimentos dos cargos do Poder Legislativo e do Poder Judiciário não poderão ser superiores aos pagos pelo Poder Executivo (art. 37, XII da CF/88).
- É vedada a vinculação ou equiparação de quaisquer espécies remuneratórias para o efeito de remuneração de pessoal do serviço público (art. 37, XIII da CF/88).
- O subsídio e os vencimentos dos ocupantes de cargos e empregos públicos são irredutíveis, ressalvado o disposto nos incisos XI e XIV do art. 37 e nos arts. 39, § 4º, 150, II, 153, III, e 153, § 2º, I da CF/88. Inclusive, não se admite a redução dos subsídios e vencimentos dos servidores públicos para adequação de limites com gasto de pessoal para atender ao disposto na Lei de Responsabilidade Fiscal, devendo o gestor se ater às medidas previstas no art. 169, § 3.º da CF/88.

8.3 Teto remuneratório: a **remuneração** e os **subsídios** dos ocupantes de **cargos**, **funções** e **empregos públicos** da administração **direta**, **autárquica** e **fundacional**, dos **membros de qualquer dos Poderes** da União, dos Estados, do Distrito Federal e dos Municípios, dos **detentores de mandato eletivo** e dos demais **agentes políticos** e os **proventos**, **pensões** ou **outra espécie remuneratória**, percebidos cumulativamente ou não, incluídas as vantagens pessoais ou de qualquer outra natureza e os proventos dos agentes públicos respeitarão um limite máximo, conhecido como teto (art. 37, XI da CF/88). O **teto geral** ou **nacional**, que será observado por todos os agentes públicos é o **subsídio dos Ministros do Supremo Tribunal Federal**. Todos os subsídios e remunerações não poderão extravasar este valor. Além deste teto geral, a CF/88 estabeleceu outros **tetos específicos** ou **subtetos** que devem ser observados no âmbito de outros Poderes: a) **Municípios**: subsídios do Prefeito; b) **Estados e Distrito Federal**: b.1) **Poder Executivo**: o subsídio mensal do Governador; b.2) **Poder Legislativo**: subsídio dos Deputados Estaduais e Distritais; b.3) **Poder Judiciário, Ministério Público, Procuradores e Defensores**: subsídio dos Desembargadores do Tribunal de Justiça, limitado a 90,25% do subsídio mensal, em espécie, dos Ministros do Supremo Tribunal Federal.

> **MUITA ATENÇÃO!**
>
> 1) O teto remuneratório aplica-se apenas às **empresas públicas** e às **sociedades de economia mista**, e suas **subsidiárias**, que **receberem recursos** da União, dos Estados, do Distrito Federal ou dos Municípios para pagamento de **despesas de pessoal** ou de **custeio em geral**.
>
> 2) Não serão computadas, para efeito dos limites remuneratórios, as parcelas de **caráter indenizatório** previstas em lei. Podemos citar como exemplos de verbas indenizatórias a ajuda de custo, as diárias, indenização de transporte e auxílio-moradia (Cf. arts. 51 a 60-E da Lei 8.112/90).
>
> 3) havendo acumulação lícita de cargos públicos, o teto será considerado para cada cargo, e não para a somatória de ambos os cargos (STF, RE 612975/MG e 602043/MT)

9. DIREITOS SOCIAIS ASSEGURADOS AOS SERVIDORES PÚBLICOS

A Extensão de direitos próprios dos trabalhadores (art. 7º da CF/88): o art. 39, § 3º da CF estende aos servidores públicos alguns dos direitos sociais previstos no art. 7º, quais sejam:

- Percepção de **salário mínimo** (art. 7º, IV e VII). Exceção: Súmula Vinculante 6 do STF (Não viola a Constituição da República o estabelecimento de remuneração inferior ao salário mínimo para os praças prestadores de serviço militar inicial).

> **MUITA ATENÇÃO!**
>
> Conforme já visto, a maioria dos servidores públicos percebe **remuneração**, que é composta pelo **vencimento** e por eventuais **vantagens pecuniárias** permanentes. Vale ressaltar que a garantia de percepção de salário mínimo refere-se à remuneração, e não ao vencimento.

- **Décimo terceiro salário** com base na remuneração integral ou no valor da aposentadoria (art. 7.º, VIII).
- Remuneração do trabalho noturno superior à do diurno (art. 7º, IX).
- Salário-família pago em razão do dependente do trabalhador de baixa renda nos termos da lei (art. 7º, XII).
- Duração do trabalho normal não superior a **oito horas diárias** e **quarenta e quatro semanais**, facultada a compensação de horários e a redução da jornada, mediante acordo ou convenção coletiva de trabalho (art. 7º, XIII).
- **Repouso semanal remunerado**, preferencialmente aos domingos (art. 7º, XV).
- Remuneração do **serviço extraordinário** superior, no mínimo, em cinquenta por cento à do normal (art. 7º, XVII).

- Gozo de **férias anuais remuneradas** com, pelo menos, um terço a mais do que o salário normal (art. 7º, XVI).
- **Licença à gestante**, sem prejuízo do emprego e do salário, com a duração de cento e vinte dias (art. 7º, XVIII).
- **Licença-paternidade**, nos termos fixados em lei (art. 7º, XIX).
- **Proteção do mercado de trabalho da mulher**, mediante incentivos específicos, nos termos da lei (art. 7º, XX).
- **Redução dos riscos inerentes ao trabalho**, por meio de normas de saúde, higiene e segurança (art. 7º, XXII).
- **Proibição de diferença de salários**, de exercício de funções e de critério de admissão por motivo de sexo, idade, cor ou estado civil (art. 7º, XXX).

MUITA ATENÇÃO!

1) Este rol de direitos significa um **conteúdo mínimo** que é assegurado aos servidores públicos. Nada impede, assim, que outros direitos previstos no art. 7º da CF/88 sejam assegurados aos servidores por seus estatutos, como o uso do nome social e o reconhecimento da identidade de gênero de pessoas travestis e transexuais no âmbito da administração pública federal direta, autárquica e fundacional, regulamentado pelo Decreto 8.727/16.

2) A licença gestante para as servidoras públicas federais lotadas ou em exercício nos órgãos e entidades integrantes da Administração Pública federal direta, autárquica e fundacional poderá ser de até **180 dias** consecutivos, conforme previsão do art. 2º do **Decreto 6.690/08**, que regulamentou a **Lei 11.770/08**. A regra dos **120 dias** consecutivos de afastamento continua vigendo (art. 207 da Lei 8.112/90), podendo este prazo ser prorrogado em **sessenta dias** se houver requerimento da interessada até o final do primeiro mês após o parto.

B Sindicalização e greve (art. 37, VI e VII da CF/88): há outros direitos assegurados ao trabalhador que são expressamente estendidos ao servidor público, como os direitos de sindicalização (art. 37, VI) e greve (art. 37, VI). Como neste último caso a norma constitucional condiciona sua regulamentação à lei específica, que ainda não foi editada, o STF no julgamento dos Mandados de Injunção 670/ES, 708/DF e 712/PA declarou a omissão legislativa quanto ao dever constitucional em editar lei que regulamente o exercício do direito de greve no setor público e, por maioria, determinou a aplicação, no que couber, da lei de greve vigente no setor privado (Lei 7.783/1989). Este tem sido o entendimento atualmente adotado pela jurisprudência.

MUITA ATENÇÃO!

Apesar de ser assegurado o direito de sindicalização do servidor público, as negociações feitas entre o sindicato e a Administração para fins de aumento na remuneração somente terão eficácia após a edição de lei. Desta forma, o STF editou a Súmula 679: "A fixação de vencimentos dos servidores públicos não pode ser objeto de convenção coletiva".

FIQUE POR DENTRO:

DESCONTO DOS DIAS DE PARALISAÇÃO

O STF decidiu de que a administração pública pode descontar os dias de paralisação decorrentes do exercício do direito de greve, admitindo-se acordo entre as partes para compensação dos dias parados. Todavia, ressaltou o STF que o desconto será incabível se ficar demonstrado que a greve foi provocada por conduta ilícita do Poder Público (RE 693456/RJ, Rel. Min. Dias Toffoli, julgado em 27/10/2016, inf. 845).

10. OUTROS DIREITOS ASSEGURADOS AOS SERVIDORES PÚBLICOS PELA LEI 8.112/90

Além do conteúdo mínimo de direitos estabelecido pela CF/88, os servidores públicos também possuem assegurados direitos em seus estatutos. No âmbito federal, a Lei 8.112/90 prevê uma série de direitos, cujos principais serão a seguir estudados.

A Férias

As férias, direito garantido constitucionalmente ao servidor público, possuem regulamentação na Lei 8.112/90, em seus arts. 77 a 80.

O servidor fará jus a **trinta dias de férias**, que podem ser acumuladas, até o máximo de dois períodos, no caso de necessidade do serviço, ressalvadas as hipóteses em que haja legislação específica.

Para o primeiro período aquisitivo de férias serão exigidos **12 (doze) meses de exercício. É vedado levar à conta de férias qualquer falta ao serviço.**

As férias poderão ser parceladas em **até três etapas**, desde que assim requeridas pelo servidor, e no interesse da administração pública. Em caso de parcelamento, a remuneração adicional da terça parte (1/3 de férias) será paga logo no primeiro período.

O pagamento da remuneração das férias será efetuado **até 2 (dois) dias** antes do início do respectivo período, não sendo possível converter 1/3 das férias em abono, como acontece com os trabalhadores regidos pela CLT.

O servidor exonerado do cargo efetivo, ou em comissão, perceberá indenização relativa ao período das férias a que tiver direito e ao incompleto, na proporção de **um doze avos por mês de efetivo exercício, ou fração superior a quatorze dias**. A indenização será calculada com base na remuneração do mês em que for publicado o ato exoneratório.

O servidor que opera direta e permanentemente com **Raios-X ou substâncias radioativas** gozará **20 (vinte) dias consecutivos de férias**, por semestre de atividade profissional, proibida em qualquer hipótese a acumulação.

As férias somente poderão ser interrompidas por motivo de **calamidade pública**, comoção **interna, convocação para júri, serviço militar ou eleitoral, ou por necessidade do serviço** declarada pela autoridade máxima do órgão ou entidade. O restante do período interrompido será gozado de uma só vez, observado o disposto no art. 77 da Lei 8.112/90.

B Licenças e afastamentos

A Lei 8.112/90 permite que eventualmente o servidor se afaste de suas funções. Estes afastamentos são chamados de* licenças *e podem ou não ser remunerados.

Há, ainda, a previsão de **afastamentos**, que parte da doutrina entende ter o mesmo conteúdo das licenças. Ou seja, a diferenciação seria meramente terminológica.

No quadro seguinte, sintetizamos o conteúdo das **licenças** e **afastamentos previstos na Lei 8.112/90**, a fim de facilitar o estudo:

LICENÇA POR MOTIVO DE DOENÇA EM PESSOA DA FAMÍLIA (ART. 83)	MOTIVO E NATUREZA DO ATO DE CONCESSÃO
	• Doença do cônjuge ou companheiro, dos pais, dos filhos, do padrasto ou madrasta e enteado, ou dependente que viva às suas expensas e conste do seu assentamento funcional, mediante comprovação por perícia médica oficial. • Ato vinculado.

LICENÇA POR MOTIVO DE DOENÇA EM PESSOA DA FAMÍLIA (ART. 83)	**PRAZO E REMUNERAÇÃO**
	• A licença e suas prorrogações poderá ser concedida **a cada período de doze meses** nas seguintes condições: I – Por até **60 (sessenta) dias**, consecutivos ou não, **mantida a remuneração do servidor**; e II – **Por até 90 (noventa) dias**, consecutivos ou não, **sem remuneração.** Obs.: 1) O início do interstício de 12 (doze) meses será contado a partir da data do deferimento da primeira licença concedida; 2) A soma das licenças remuneradas e das licenças não remuneradas, incluídas as respectivas prorrogações, concedidas em um mesmo período de 12 (doze) meses, observado o item 1 anterior, não poderá ultrapassar os limites de prazo estabelecidos em I e II.
	ESPECIFICIDADES
	• Somente será deferida se a assistência direta do servidor for indispensável e não puder ser prestada simultaneamente com o exercício do cargo ou mediante compensação de horário. • Se a licença for concedida **com remuneração** e **exceder 30 dias**, no período de 12 meses, o tempo da licença será computado apenas para efeito de **aposentadoria** e **disponibilidade** (art. 103, II). Se for concedida **sem remuneração**, o tempo não é contado.
DA LICENÇA POR MOTIVO DE AFASTAMENTO DO CÔNJUGE (ART. 84)	**MOTIVO E NATUREZA DO ATO DE CONCESSÃO**
	• Acompanhar cônjuge ou companheiro que foi deslocado para outro ponto do território nacional, para o exterior ou para o exercício de mandato eletivo dos Poderes Executivo e Legislativo. • Ato vinculado.
	PRAZO E REMUNERAÇÃO
	• Por prazo indeterminado e sem remuneração.
	ESPECIFICIDADES
	• Se o cônjuge ou companheiro também for servidor público, civil ou militar, de qualquer dos Poderes da União, dos Estados, do Distrito Federal e dos Municípios, poderá haver exercício provisório em órgão ou entidade da Administração Federal direta, autárquica ou fundacional, desde que para o exercício de atividade compatível com o seu cargo.
DA LICENÇA PARA O SERVIÇO MILITAR (ART. 85)	**MOTIVO E NATUREZA DO ATO DE CONCESSÃO**
	• Convocação do servidor para o serviço militar. • Ato vinculado.
	PRAZO E REMUNERAÇÃO
	• Enquanto durar o serviço militar. Concluído o serviço militar, o servidor terá até 30 (trinta) dias sem remuneração para reassumir o exercício do cargo.
	ESPECIFICIDADES
	• O tempo de serviço militar será considerado como tempo de efetivo exercício (art. 102, VII, “f”).

<table>
<tr><td rowspan="6">LICENÇA PARA ATIVIDADE POLÍTICA (ART. 86)</td><td>MOTIVO E NATUREZA DO ATO DE CONCESSÃO</td></tr>
<tr><td>• Candidatura a cargo eletivo do Poder Legislativo.
• Ato vinculado.</td></tr>
<tr><td>PRAZO E REMUNERAÇÃO</td></tr>
<tr><td>• Sem remuneração: durante o período que mediar entre a sua escolha em convenção partidária, como candidato a cargo eletivo, e a véspera do registro de sua candidatura perante a Justiça Eleitoral.
• Com remuneração (por 3 meses): A partir do registro da candidatura e até o décimo dia seguinte ao da eleição. Este período remunerado será computado para efeito de aposentadoria e disponibilidade (art. 103, III). Se o prazo de 3 meses for extravasado, o servidor continuará de licença, mas sem remuneração.</td></tr>
<tr><td>ESPECIFICIDADES</td></tr>
<tr><td>• O servidor candidato a cargo eletivo na localidade onde desempenha suas funções e que exerça cargo de direção, chefia, assessoramento, arrecadação ou fiscalização, dele será afastado, a partir do dia imediato ao do registro de sua candidatura perante a Justiça Eleitoral, até o décimo dia seguinte ao do pleito.</td></tr>
<tr><td rowspan="6">LICENÇA PARA CAPACITAÇÃO (ART. 87)</td><td>MOTIVO E NATUREZA DO ATO DE CONCESSÃO</td></tr>
<tr><td>• Participar de curso de capacitação profissional.
• Ato discricionário.</td></tr>
<tr><td>PRAZO E REMUNERAÇÃO</td></tr>
<tr><td>• Por 3 (três) meses e com a respectiva remuneração.</td></tr>
<tr><td>ESPECIFICIDADES</td></tr>
<tr><td>• Poderá ser concedida após cada quinquênio de efetivo exercício. Este período não é acumulável (10 anos de exercício do cargo, por exemplo, não dão direito a 6 meses de licença).</td></tr>
<tr><td rowspan="6">LICENÇA PARA TRATAR DE INTERESSES PARTICULARES (ART. 91)</td><td>MOTIVO E NATUREZA DO ATO DE CONCESSÃO</td></tr>
<tr><td>• Trato de assuntos particulares.
• Ato discricionário.</td></tr>
<tr><td>PRAZO E REMUNERAÇÃO</td></tr>
<tr><td>• Por até 3 anos consecutivos, sem remuneração.</td></tr>
<tr><td>ESPECIFICIDADES</td></tr>
<tr><td>• Somente para servidores ocupantes de cargo efetivo.
• A licença poderá ser interrompida, a qualquer tempo, a pedido do servidor ou no interesse do serviço.
• Não será computada como tempo de serviço.</td></tr>
</table>

LICENÇA PARA O DESEMPENHO DE MANDATO CLASSISTA (ART. 92)	**MOTIVO E NATUREZA DO ATO DE CONCESSÃO**
	• Desempenho de mandato em confederação, federação, associação de classe de âmbito nacional, sindicato representativo da categoria ou entidade fiscalizadora da profissão ou, ainda, para participar de gerência ou administração em sociedade cooperativa constituída por servidores públicos para prestar serviços a seus membros. • Ato Vinculado
	PRAZO E REMUNERAÇÃO
	• A licença não será remunerada e terá duração igual à do mandato, podendo ser renovada, no caso de reeleição.
	ESPECIFICIDADES
	• Somente poderão ser licenciados os servidores eleitos para cargos de direção ou de representação nas referidas entidades, desde que cadastradas no órgão competente. • Tempo da licença será considerado como de efetivo exercício, exceto para promoção por merecimento (art. 102, VIII, "c").
LICENÇA PARA TRATAMENTO DE SAÚDE (ARTS. 202 A 206-A)	**MOTIVO E NATUREZA DO ATO DE CONCESSÃO**
	• Tratamento de saúde, a pedido ou de ofício, com base em perícia médica oficial. • Ato vinculado.
	PRAZO E REMUNERAÇÃO
	• Enquanto durar a incapacidade do servidor e será remunerada.
	ESPECIFICIDADES
	• Licença que **exceder o prazo de 120 (cento e vinte) dias** no período de **12 (doze) meses** a contar do primeiro dia de afastamento será concedida mediante avaliação por **junta médica oficial**. • A licença para tratamento de saúde **inferior a 15 (quinze) dias**, dentro de **1 (um) ano**, poderá ser dispensada de perícia oficial, na forma definida em regulamento.
LICENÇA À GESTANTE, À ADOTANTE E LICENÇA-PATERNIDADE (ARTS. 207 A 210)	**MOTIVO E NATUREZA DO ATO DE CONCESSÃO**
	• Nascimento ou adoção de filhos. • Ato vinculado.
	PRAZO E REMUNERAÇÃO
	• À servidora gestante por **120 (cento e vinte) dias** consecutivos, sem prejuízo da remuneração. O prazo será prorrogado em mais **60 (sessenta) dias** se a servidora requerer o benefício até o final do primeiro mês após o parto. • **ATENÇÃO:** o STF entendeu ser inconstitucional a regra contida no texto legal que concede à servidora que adotar: **90 (noventa) dias** de licença remunerada, se criança tiver menos de um ano de idade, assim como o prazo de **30 (trinta) dias**, se a criança tiver mais de um ano de idade. No

<table>
<tr><td rowspan="3">LICENÇA À GESTANTE, À ADOTANTE E LICENÇA-PATERNIDADE (ARTS. 207 A 210)</td><td>julgamento do RE 778889 (Rel. Min. Roberto Barroso, j. em 10.03.2016, repercussão geral), fixou-se a seguinte tese: “Os prazos da licença adotante não podem ser inferiores aos prazos da licença gestante, o mesmo valendo para as respectivas prorrogações. Em relação à licença adotante, não é possível fixar prazos diversos em função da idade da criança adotada”.
• Licença-paternidade: de 5 (cinco) dias consecutivos, para adoção ou nascimento de filho, podendo ser estendida por mais 15 dias, se requerida a prorrogação no prazo de dois dias úteis após o nascimento ou a adoção.</td></tr>
<tr><td>ESPECIFICIDADES</td></tr>
<tr><td>• A licença à gestante poderá ter início no primeiro dia do nono mês de gestação, salvo antecipação por prescrição médica.
• No caso de nascimento prematuro, a licença terá início a partir do parto.
• No caso de natimorto, decorridos 30 (trinta) dias do evento, a servidora será submetida a exame médico, e se julgada apta, reassumirá o exercício.
• No caso de aborto atestado por médico oficial, a servidora terá direito a 30 (trinta) dias de repouso remunerado.</td></tr>
<tr><td rowspan="6">LICENÇA POR ACIDENTE EM SERVIÇO (ARTS. 211 A 214)</td><td>MOTIVO E NATUREZA DO ATO DE CONCESSÃO</td></tr>
<tr><td>• Acidente no serviço.
• Ato vinculado.</td></tr>
<tr><td>PRAZO E REMUNERAÇÃO</td></tr>
<tr><td>• Enquanto durar a incapacidade do servidor e com remuneração integral.</td></tr>
<tr><td>ESPECIFICIDADES</td></tr>
<tr><td>• Configura acidente em serviço o dano físico ou mental sofrido pelo servidor, que se relacione, mediata ou imediatamente, com as atribuições do cargo exercido.
• Equipara-se ao acidente em serviço o dano: I – decorrente de agressão sofrida e não provocada pelo servidor no exercício do cargo; II – sofrido no percurso da residência para o trabalho e vice-versa.</td></tr>
<tr><td rowspan="6">AFASTAMENTO PARA SERVIR A OUTRO ÓRGÃO OU ENTIDADE (ART. 93)</td><td>MOTIVO E NATUREZA DO ATO DE CONCESSÃO</td></tr>
<tr><td>• Cessão de servidor para ter exercício em outro órgão ou entidade dos Poderes da União, dos Estados, ou do Distrito Federal e dos Municípios de cargo em comissão ou função de confiança ou em casos previstos em leis específicas.
• Ato discricionário.</td></tr>
<tr><td>PRAZO E REMUNERAÇÃO</td></tr>
<tr><td>• A lei não estabelece prazo para a cessão.
• A licença será remunerada.</td></tr>
<tr><td>ESPECIFICIDADES</td></tr>
<tr><td>• Se a cessão se der para o exercício de cargo em comissão ou função de confiança para órgãos ou entidades dos Estados, do Distrito Federal ou dos Municípios, o ônus da remuneração será do órgão ou entidade cessionária, mantido o ônus para o cedente nos demais casos.</td></tr>
</table>

<table>
<tr><td rowspan="6">AFASTAMENTO PARA EXERCÍCIO DE MANDATO ELETIVO (ART. 94)</td><td>MOTIVO E NATUREZA DO ATO DE CONCESSÃO</td></tr>
<tr><td>• Investidura em mandato eletivo.
• Ato vinculado.</td></tr>
<tr><td>PRAZO E REMUNERAÇÃO</td></tr>
<tr><td>• Enquanto durar o mandato, sendo aplicáveis as seguintes disposições:
I. Tratando-se de mandato federal, estadual ou distrital, ficará afastado do cargo;
II. Investido no mandato de Prefeito, será afastado do cargo, sendo-lhe facultado optar pela sua remuneração;
III. Investido no mandato de vereador:
a) Havendo compatibilidade de horário, perceberá as vantagens de seu cargo, sem prejuízo da remuneração do cargo eletivo;
b) Não havendo compatibilidade de horário, será afastado do cargo, sendo-lhe facultado optar pela sua remuneração.</td></tr>
<tr><td>ESPECIFICIDADES</td></tr>
<tr><td>• No caso de afastamento do cargo, o servidor contribuirá para a seguridade social como se em exercício estivesse.
• O servidor investido em mandato eletivo ou classista não poderá ser removido ou redistribuído de ofício para localidade diversa daquela onde exerce o mandato.</td></tr>
<tr><td rowspan="6">AFASTAMENTO PARA ESTUDO OU MISSÃO NO EXTERIOR

(ARTS. 95 E 96)</td><td>MOTIVO E NATUREZA DO ATO DE CONCESSÃO</td></tr>
<tr><td>• Ausentar-se do País para estudo ou missão oficial.
• Ato discricionário.</td></tr>
<tr><td>PRAZO E REMUNERAÇÃO</td></tr>
<tr><td>• Não excederá a 4 (quatro) anos e será remunerada.
• Se for para servir em organismo internacional de que o Brasil participe ou com o qual coopere, a licença dar-se-á com perda total da remuneração.</td></tr>
<tr><td>ESPECIFICIDADES</td></tr>
<tr><td>• Deve haver autorização do Presidente da República, Presidente dos Órgãos do Poder Legislativo e Presidente do Supremo Tribunal Federal.
• Finda a missão ou estudo, somente depois de 4 anos será permitida nova ausência.
• Ao servidor beneficiado pelo disposto neste artigo não será concedida exoneração ou licença para tratar de interesse particular antes de decorrido período igual ao do afastamento, ressalvada a hipótese de ressarcimento da despesa havida com seu afastamento.</td></tr>
</table>

AFASTAMENTO PARA PARTICIPAÇÃO EM PROGRAMA DE PÓS-GRADUAÇÃO STRICTO SENSU NO PAÍS (ART. 96-A)	**MOTIVO E NATUREZA DO ATO DE CONCESSÃO**
	• Participar em programa de pós-graduação *stricto sensu* em instituição de ensino superior no País. • Ato discricionário.
	PRAZO E REMUNERAÇÃO
	• Observará a duração do curso e será remunerada.
	ESPECIFICIDADES
	• Para a concessão do afastamento, a participação não será possível de ocorrer simultaneamente com o exercício do cargo ou mediante compensação de horário.

11. SISTEMA DE RESPONSABILIZAÇÃO

No exercício de suas funções, os agentes públicos podem ser responsabilizados por eventuais faltas cometidas.

Esta responsabilização pode ocorrer nas esferas **cível**, **penal** e **administrativa.**

11.1 Responsabilidade Civil

A responsabilidade civil decorre da regra segundo a qual todo aquele que causa dano a outrem é obrigado a repará-lo (art. 186 do CC).

A responsabilidade civil decorre de ato omissivo ou comissivo, doloso ou culposo, que resulte em prejuízo ao erário ou a terceiros. Este prejuízo poderá ser apurado administrativamente, mediante processo administrativo próprio.

Alguns estatutos funcionais permitem, mediante autorização do servidor, o parcelamento do débito e a consequente dedução em sua remuneração ou subsídio, respeitado um limite máximo diante do caráter alimentar da remuneração ou subsídio.

> MUITA ATENÇÃO!
>
> **Súmula 63, da AGU:** A Administração deve observar o devido processo legal em que sejam assegurados os princípios da ampla defesa e do contraditório para proceder ao desconto em folha de pagamento de servidor público, para fins de ressarcimento ao erário.

No caso do empregado público, o art. 562, § 1º da CLT autoriza o desconto somente com a anuência do empregado ou em caso de dolo. A obrigação de reparar o dano estende-se aos sucessores e contra eles será executada, até o limite do valor da herança recebida.

11.2 Responsabilidade Penal

O agente público responde penalmente ao praticar um crime ou contravenção que se relacione direta ou diretamente com suas funções. O Código Penal disciplina os chamados crimes contra a Administração Pública a partir do art. 312, sem se desconsiderar os demais crimes previstos na legislação especial.

A responsabilidade criminal do servidor é apurada em processo judicial. Para fins criminais, o conceito de servidor público é bastante amplo (art. 327, CP).

MUITA ATENÇÃO!

A responsabilidade administrativa do servidor será afastada no caso de absolvição criminal que negue a existência do fato ou sua autoria. (art. 126, Lei 8.112/90)

11.3 Responsabilidade Administrativa: regime disciplinar

Os estatutos funcionais estabelecem deveres e responsabilidades dos servidores que, se violados, configuram infrações administrativas, que podem acarretar a aplicação de penalidades como advertência, suspensão e até mesmo demissão.

O enfoque, como já adiantado, será dado com base na Lei 8.112/90.

A Deveres

O art. 116 da Lei 8.112/90 estabelece deveres a serem observados pelos servidores públicos, como se pode conferir no fluxograma abaixo:

MUITA ATENÇÃO!

Além desses deveres, outros estão dispersos em outras leis e regulamentos.

B Penalidades

Juntamente com os deveres, a Lei 8.112/90 estabelece em seu art. 117 uma série de proibições que deverão ser observadas por parte dos servidores públicos.

Caso estas proibições sejam desrespeitadas, haverá a aplicação de uma sanção adequada, cujo rol vem previsto no art. 127, a saber:

I – Advertência;

II – Suspensão;

III – Demissão;

IV – Cassação de aposentadoria ou disponibilidade;

V – Destituição de cargo em comissão;

VI – Destituição de função comissionada.

Na aplicação das penalidades serão consideradas a natureza e a gravidade da infração cometida, os danos que dela provierem para o serviço público, as circunstâncias agravantes ou atenuantes e os antecedentes funcionais.

O ato de imposição da penalidade deverá sempre mencionar o fundamento legal e a causa da sanção disciplinar.

A descrição das infrações administrativas é mais aberta, de modo que a Administração possui certa margem de apreciação do caso concreto e seu enquadramento dentre os ilícitos previstos em lei.

B.1 Advertência: A advertência será aplicada por escrito, nos casos **de violação de proibição constantes do art. 117, incisos I a VIII e XIX** (quadro abaixo), e de **inobservância de dever**

funcional previsto em lei, regulamentação ou norma interna, que não justifique imposição de penalidade mais grave.

Situações que justificam a aplicação da pena de advertência
• Ausentar-se do serviço durante o expediente, sem prévia autorização do chefe imediato;
• Retirar, sem prévia anuência da autoridade competente, qualquer documento ou objeto da repartição;
• Recusar fé a documentos públicos;
• Opor resistência injustificada ao andamento de documento e processo ou execução de serviço;
• Promover manifestação de apreço ou desapreço no recinto da repartição;
• Cometer a pessoa estranha à repartição, fora dos casos previstos em lei, o desempenho de atribuição que seja de sua
• Responsabilidade ou de seu subordinado;
• Coagir ou aliciar subordinados no sentido de filiarem-se a associação profissional ou sindical, ou a partido político;
• Manter sob sua chefia imediata, em cargo ou função de confiança, cônjuge, companheiro ou parente até o segundo grau civil;
• Recusar-se a atualizar seus dados cadastrais quando solicitado;

B.2 Suspensão: A suspensão será aplicada em caso de **reincidência das faltas punidas com advertência** e de violação das **demais proibições que não tipifiquem infração sujeita a penalidade de demissão**, não podendo exceder de **90 (noventa) dias**.

Situações que justificam a aplicação da pena de suspensão
• Cometer a outro servidor atribuições estranhas ao cargo que ocupa, exceto em situações de emergência e transitórias;
• Exercer quaisquer atividades que sejam incompatíveis com o exercício do cargo ou função e com o horário de trabalho;

A Lei 8.112/90 prevê, ainda, a pena de suspensão de **até 15 (quinze) dias** para o servidor que, injustificadamente, recusar-se a ser submetido a inspeção médica determinada pela autoridade competente, cessando os efeitos da penalidade uma vez cumprida a determinação.

Durante o período em que o servidor público cumprir a pena de **suspensão** não perceberá a remuneração correspondente.

Quando houver conveniência para o serviço, a penalidade de suspensão poderá ser convertida em multa, na base de 50% (cinquenta por cento) por dia de vencimento ou remuneração, ficando o servidor obrigado a permanecer em serviço.

As penalidades de advertência e de suspensão terão seus registros cancelados, após o decurso **de 3 (três) e 5 (cinco) anos de efetivo exercício**, respectivamente, se o servidor não houver, nesse período, praticado nova infração disciplinar. O cancelamento da penalidade não surtirá efeitos retroativos.

B.3 Demissão: conforme já visto, é ato de **caráter punitivo**, representando uma penalidade aplicada ao servidor, após regular processo administrativo disciplinar, em razão do cometimento de uma infração funcional grave, que implica no fim do vínculo institucional existente com pessoa jurídica de direito público.

Situações que justificam a aplicação da pena de demissão
• Crime contra a administração pública; • Abandono de cargo; • Inassiduidade habitual; • Improbidade administrativa; • Incontinência pública e conduta escandalosa, na repartição; • Insubordinação grave em serviço; • Ofensa física, em serviço, a servidor ou a particular, salvo em legítima defesa própria ou de outrem; • Aplicação irregular de dinheiros públicos; • Revelação de segredo do qual se apropriou em razão do cargo; • Lesão aos cofres públicos e dilapidação do patrimônio nacional; • Corrupção; • Acumulação ilegal de cargos, empregos ou funções públicas; • Valer-se do cargo para lograr proveito pessoal ou de outrem, em detrimento da dignidade da função pública; • Participar de gerência ou administração de sociedade privada, personificada ou não personificada, exercer o comércio, exceto na qualidade de acionista, cotista ou comanditário*; • Atuar, como procurador ou intermediário, junto a repartições públicas, salvo quando se tratar de benefícios previdenciários ou assistenciais de parentes até o segundo grau, e de cônjuge ou companheiro; • Receber propina, comissão, presente ou vantagem de qualquer espécie, em razão de suas atribuições; • Aceitar comissão, emprego ou pensão de estado estrangeiro; • Praticar usura sob qualquer de suas formas; • Proceder de forma desidiosa; • Utilizar pessoal ou recursos materiais da repartição em serviços ou atividades particulares * não se aplica nos seguintes casos (art. 117, parágrafo único): a) Participação nos conselhos de administração e fiscal de empresas ou entidades em que a União detenha, direta ou indiretamente, participação no capital social ou em sociedade cooperativa constituída para prestar serviços a seus membros; e b) Gozo de licença para o trato de interesses particulares, observada a legislação sobre conflito de interesses.

B.4 *Cassação de aposentadoria ou disponibilidade: Será cassada a aposentadoria ou a disponibilidade do inativo que houver praticado, na atividade,* **falta punível com a demissão**.

Surgiram questionamentos quanto à constitucionalidade desta modalidade de sanção, sob o principal argumento de que o aposentado não seria mais um servidor público, uma vez que, ao se aposentar, haveria a vacância do cargo, não se podendo romper vínculo institucional não mais existente. A aposentadoria, segundo este ponto de vista, somente poderia ser cassada em razão de algum vício de legalidade no ato de concessão, e não por infração funcional cometida quando o servidor ainda desempenhava as funções de seu cargo.

Todavia, tanto o STF quanto o STJ entendem que esta sanção é compatível com a Constituição Federal.

CASSAÇÃO DE APOSENTADORIA POR FALTA DISCIPLINAR PUNÍVEL COM DEMISSÃO

FIQUE POR DENTRO:

A jurisprudência do STF é firme quanto a possibilidade de cassação de aposentadoria pela prática, na atividade, de falta disciplinar punível com demissão, inobstante o caráter contributivo de que se reveste o benefício previdenciário. 2. Tendo o acórdão a quo dissentido da jurisprudência da Corte, o provimento do recurso extraordinário e o consequente restabelecimento dos efeitos da sentença proferida em primeira instância é medida que se impõe. 3. Agravo regimental a que se nega provimento. (STF, 2.ª T. AgR no ARE 1.092.355, Rel. Min. Edson Fachin, j. em 17.05.2019)

É o que se confere também na jurisprudência do STJ: "a pena de cassação de aposentadoria prevista nos art. 127, IV e art. 134 da Lei n. 8.112/1990 é constitucional e legal, inobstante o caráter contributivo do regime previdenciário". (jurisprudência em teses, ed. 142)

B.5 *Destituição de cargo em comissão ou de função comissionada: A destituição de cargo em comissão exercido por não ocupante de cargo efetivo será aplicada nos casos de infração sujeita às penalidades de suspensão e de demissão.*

Se o servidor houver se exonerado do cargo antes da aplicação da sanção, a exoneração será convertida em destituição.

Estranhamente a Lei 8.112/90 não disciplinou a destituição de função comissionada, nem a destituição de cargo em comissão ocupado por servidor efetivo.

A demissão ou a destituição de cargo em comissão, nos casos dos incisos IV, VIII, X e XI do art. 132, implica a indisponibilidade dos bens e o ressarcimento ao erário, sem prejuízo da ação penal cabível (art. 136).

A demissão ou a destituição de cargo em comissão, por infringência do art. 117, incisos IX e XI, incompatibiliza o ex-servidor para nova investidura em cargo público federal, pelo prazo de **5 (cinco) anos** (art. 137). Não poderá retornar ao serviço público federal o servidor que for demitido ou destituído do cargo em comissão por infringência do art. 132, incisos I, IV, VIII, X e XI (art. 137, parágrafo único).

B.6 *Prescrição: A Administração possui alguns prazos para responsabilizar o servidor público faltoso, sob pena de prescrever sua pretensão punitiva. Vejamos os prazos trazidos pela Lei 8.112/90:*

Penalidade	Prazo
Advertência	**180 dias**
Suspensão	**2 anos**
Demissão	**5 anos**
Cassação de aposentadoria ou disponibilidade	
Destituição de cargo em comissão	
Infrações Disciplinares também capituladas como crimes	**Prazos de prescrição previstos na lei penal**

Nas situações em que a infração administrativa também configura crime, não é necessário que o servidor esteja respondendo a persecução penal para que seja aplicado o prazo prescricional previsto para o delito.

Sobre a prescrição da pretensão punitiva, o STJ sintetizou o tema por meio da **Súmula 635**: "Os prazos prescricionais previstos no art. 142 da Lei n. 8.112/1990 iniciam-se na data em que a autoridade competente para a abertura do procedimento administrativo toma conhecimento do fato, interrompem-se com o primeiro ato de instauração válido – sindicância de caráter punitivo ou processo disciplinar – e voltam a fluir por inteiro, após decorridos 140 dias desde a interrupção". Este prazo de 140 dias foi obtido por meio do seguinte raciocínio: O prazo para a conclusão do processo disciplinar não excederá 60 (sessenta) dias, contados da data de publicação do ato que constituir a comissão, admitida a sua prorrogação por igual prazo, quando as circunstâncias o exigirem (art. 152, da Lei 8.112/90). A esses 120 (cento e vinte) dias (60 de prazo ordinário + 60 de prorrogação), somam-se outros 20 (vinte) dias para julgamento (art. 167).

12. REGIME DE PREVIDÊNCIA DOS AGENTES PÚBLICOS

12.1 Noções Gerais: os agentes públicos podem estar submetidos a dois regimes públicos de previdência:

A **Regime Geral de Previdência Social (RGPS):** aberto aos trabalhadores de um modo geral, é regido pela Lei 8.213/91. A este regime estarão vinculados os **empregados públicos**, os ocupantes de **cargos em comissão de livre nomeação e exoneração,** de **outro cargo temporário**, inclusive **mandato eletivo** (art. 40, § 13 da CF/88) e os **servidores efetivos que não estejam vinculados a regime próprio de previdência.**

B **Regime Próprio de Previdência Social (RPPS):** foram criados pelos entes federativos para beneficiar os servidores titulares de cargos efetivos da Administração Pública Direta ou Indireta.

O **RGPS** é objeto de estudos do Direito Previdenciário e está previsto no art. 201 da CF/88, de modo que faremos breves considerações apenas sobre o **RPPS**, que possui suas principais diretrizes estabelecidas no art. 40 da CF/88. Estudaremos os principais benefícios assegurados constitucionalmente aos servidores e a seus dependentes, que são a **aposentadoria** e a **pensão por morte**.

> **DICA IMPORTANTE**
> O RPPS sofreu profundas mudanças com a edição da Emenda Constitucional 103/2019 (Reforma da Previdência). Buscamos neste capítulo sintetizar as principais alterações efetuadas no texto da Constituição, assim como das regras de transição mais relevantes, atendendo a proposta de síntese desta obra.

A redação do art. 40, *caput* da CF, dada pela EC 41/03, previa que aos servidores titulares de cargos efetivos da União, dos Estados, do Distrito Federal e dos Municípios, incluídas suas autarquias e fundações, seria assegurado regime de previdência de caráter **contributivo** e **solidário**, mediante contribuição do **respectivo ente público**, dos **servidores ativos e inativos e dos pensionistas**, observados critérios que preservem o **equilíbrio financeiro e atuarial**.

Com a promulgação da EC 103/2019, este dispositivo passou a ter a seguinte redação: "O regime próprio de previdência social dos servidores titulares de cargos efetivos terá caráter contributivo e solidário, mediante contribuição do respectivo ente federativo, de servidores ativos, de aposentados e de pensionistas, observados critérios que preservem o equilíbrio financeiro e atuarial".

Uma das razões da alteração decorreu da **vedação para instituição de novos regimes próprios de previdência**, estabelecida no § 22, também inserido no art. 40 pela EC 103/19, sendo que lei complementar disciplinará, para os que já existam, normas gerais de organização, de funcionamento e de responsabilidade em sua gestão, assim como sobre os temas arrolados nos incisos que acompanham o § 22.

A Emenda Constitucional 103/2019 vedou igualmente a existência de mais de um regime de previdência social e de mais de um órgão ou entidade gestora desse regime em cada ente federativo, **abrangidos todos os poderes**, órgãos e entidades autárquicas e fundacionais, que serão responsáveis pelo seu financiamento (art. 40, § 20). Além disso, estabeleceu regras para a extinção dos Regimes Próprios de Previdência (art. 33).

Para os regimes próprios de previdência aplicável a titulares de mandato eletivo da União, dos Estados, do Distrito Federal e dos Municípios, a Emenda Constitucional foi ainda mais radical: além de vedar sua instituição, **proibiu a adesão de novos segurados**, que passarão a integrar o RGPS. Para os regimes já instituídos e com titulares de mandato eletivo ainda filiados, a EC 103/2019 estabeleceu normas de transição e disposições transitórias em seu art. 14.

O equilíbrio financeiro e atuarial permanece como alvo de preocupação do legislador constituinte, que promoveu alterações no art. 149, § 1.º da CF e inseriu no mesmo dispositivo os §§ 1.º-A a 1.º-C, a fim de permitir a adoção de medidas para sanar o déficit do regime próprio de previdência dos servidores públicos, admitindo, inclusive, a instituição de **contribuição extraordinária**, no âmbito da União, dos servidores públicos ativos, dos aposentados e dos pensionistas.

Observados critérios a serem estabelecidos em lei do respectivo ente federativo, o servidor titular de cargo efetivo que tenha completado as exigências para a aposentadoria voluntária e que opte por permanecer em atividade **poderá fazer jus a um abono de permanência** equivalente, **no máximo**, ao valor da sua contribuição previdenciária, até completar a idade para aposentadoria compulsória, que será estudada mais adiante. Até que seja editada a referida lei, o abono de permanência será equivalente ao valor da contribuição previdenciária.

Depois que se aposenta, o servidor deixa de receber remuneração ou subsídio e passa a receber proventos de aposentadoria. Estes não poderão ser inferiores ao **salário mínimo** ou **superiores ao limite máximo estabelecido para o Regime Geral de Previdência Social**, observado o disposto nos §§ 14 a 16 do art. 40, que disciplinam o regime complementar de previdência do servidor público. Observadas estas previsões, cada ente deverá editar lei prevendo as regras de cálculo dos proventos de aposentadoria (art. 40, § 3.º, com a redação dada pela EC 103/2019).

Por fim, vale ressaltar que mesmo depois de aposentado, o servidor continua a contribuir com o RPPS, juntamente com os pensionistas. Prescreve o § 18 do art. 40 da CF que incidirá contribuição sobre os proventos de aposentadorias e pensões concedidas pelo RPPS que superem o limite máximo estabelecido para os benefícios do RGPS, com percentual igual ao estabelecido para os servidores titulares de cargos efetivos. Todavia, quando o beneficiário da aposentadoria ou pensão for portador de **doença incapacitante**, a contribuição em estudo incidirá, na forma da lei, apenas sobre as parcelas de proventos de aposentadoria e de pensão que superem o dobro do limite máximo estabelecido para o teto do RGPS (§ 20).

MUITA ATENÇÃO!

A EC 103/2019 (Reforma da Previdência) incluiu o § 14 no art. 37 para prever que a aposentadoria concedida com a utilização de tempo de contribuição decorrente de cargo, emprego ou função pública, inclusive do Regime Geral de Previdência Social, acarretará o rompimento do vínculo que gerou o referido tempo de contribuição. Esta previsão, que já era aplicável aos servidores públicos, acabou por atingir os **empregados públicos** que comumente permaneciam em seus empregos após a aposentadoria perante o RGPS, o que passa a não ser possível. Esta modificação, todavia, não se aplica a aposentadorias concedidas pelo RGPS até a data de entrada em vigor da EC 103/2019.

C Regime de Previdência Complementar (RPC): a redação originária do § 14 do art. 40 da CF, incluído pela EC 20/98, previa que União, Estados, Distrito Federal e Municípios, desde que instituíssem regime de previdência complementar para os seus respectivos servidores titulares de cargo efetivo, poderiam fixar, para o valor das aposentadorias e pensões a serem concedidas pelo regime de que trata este artigo, o limite máximo aplicado ao RGPS.

O regime de previdência complementar é organizado de forma autônoma em relação aos regimes obrigatórios de previdência social, sendo de adesão **facultativa** e baseado na constituição de reservas que garantam o benefício contratado. No caso da previdência complementar dos servidores públicos, o ente federativo pode assumir a qualidade de patrocinador, situação na qual, em hipótese alguma, sua contribuição normal poderá exceder a do segurado.

Um dos objetivos da previdência complementar é permitir que o servidor ou seus dependentes possam auferir valores superiores ao limite máximo aplicado ao RGPS por ocasião de pagamento de seus benefícios.

Porém, o que se observou foram tímidas iniciativas por parte dos entes federativos com RPPS visando à criação de regimes de previdência complementar desde a alteração no texto constitucional.

A EC 103/2019 alterou a redação do **§ 14 do art. 40 da CF e determinou** aos entes federativos a instituição de regime de previdência complementar para servidores públicos ocupantes de cargo efetivo, por lei de iniciativa do respectivo Poder Executivo.

Este regime de previdência complementar oferecerá plano de benefícios somente na modalidade contribuição definida, observará o disposto no art. 202 da CF e será efetivado por intermédio de entidade fechada ou aberta de previdência. No âmbito federal, este regime foi criado pela Lei 12.618/2012 e é gerido por entidade fechada de previdência complementar (FUNPRESP).

Para os servidores que ingressaram no serviço público **antes da criação** do regime complementar, é assegurado o direito de opção.

12.2 Aposentadorias: As aposentadorias são devidas ao próprio servidor. O art. 41, § 1º da Constituição estabelece as seguintes modalidades:

A Aposentadoria por incapacidade permanente para o trabalho: este é o novo nome dado pela EC 103/2019 à antiga **aposentadoria por invalidez** prevista no art. 40, § 1.º, da CF/88. Segundo o novo regime jurídico estabelecido, a aposentadoria será devida ao servidor quando constatada incapacidade permanente para o trabalho, no cargo em que estiver investido, quando insuscetível de readaptação, hipótese em que será obrigatória a realização de avaliações periódicas para verificação da continuidade das condições que ensejaram a concessão da aposentadoria, na forma de lei do respectivo ente federativo.

B **Aposentadoria compulsória:** nos termos do art. 40, § 1.º, II, da CF/88, com redação alterada pela EC 88/2015, o servidor público se aposenta compulsoriamente, com proventos proporcionais ao tempo de contribuição, aos 70 (setenta) anos de idade, ou aos 75 (setenta e cinco) anos de idade, na forma de lei complementar. A Lei Complementar 152/2015 estabeleceu a aposentadoria compulsória aos **75 anos**, em qualquer esfera federativa, aos seguintes agentes públicos: I - os servidores titulares de cargos efetivos da União, dos Estados, do Distrito Federal e dos Municípios, incluídas suas autarquias e fundações; II - os membros do Poder Judiciário; III - os membros do Ministério Público; IV - os membros das Defensorias Públicas; V - os membros dos Tribunais e dos Conselhos de Contas. Os servidores do Serviço Exterior Brasileiro receberam tratamento específico, com o estabelecimento de norma de transição no art. 2.º, parágrafo único, da LC 152/2015.

A EC 103/2019 promoveu a inclusão do § 16 no art. 201, para aplicar aos empregados dos consórcios públicos, das empresas públicas, das sociedades de economia mista e das suas subsidiárias as regras de **aposentadoria compulsória** dos servidores públicos estabelecidas no art. 40, § 1.º II da CF/88, observado o cumprimento do tempo mínimo de contribuição e na forma estabelecida em lei. Ocorre que não há ainda lei que regule a aposentadoria compulsória de tais agentes, o que leva à conclusão de que será aplicada a regra de geral de **70 anos** até que seja editada tal lei.

MUITA ATENÇÃO!

O STF decidiu que a regra da aposentadoria compulsória não se aplica aos cargos em comissão de livre nomeação e exoneração, de modo que não há impedimento para que servidores efetivos que tenham sido aposentados compulsoriamente ocupem tais cargos (RE 786540, Rel. Min. Dias Toffoli, j. em 15/12/2016).

C **Aposentadoria voluntária**: segundo a nova redação do art. 40, § 1.º, III, estabelecida pela EC 103/2019, **no âmbito da União**, a aposentadoria voluntária será concedida ao servidor público aos **62 (sessenta e dois) anos de idade**, se **mulher**, e aos **65 (sessenta e cinco) anos de idade**, se **homem**, e, no âmbito dos Estados, do Distrito Federal e dos Municípios, na idade mínima estabelecida mediante emenda às respectivas Constituições e Leis Orgânicas, observados o **tempo de contribuição e os demais requisitos** estabelecidos em **lei complementar** do respectivo ente federativo.

Ou seja, apenas a **idade mínima** foi estabelecida no texto constitucional, tendo sido **desconstitucionalizados** os temas **tempo de contribuição e demais requisitos** (como tempo de efetivo exercício no serviço público e no cargo efetivo em que se dará a aposentadoria), remetendo-se à **lei complementar do respectivo ente** a sua disciplina.

Até que seja editada lei complementar que estabeleça os requisitos de tempo de contribuição e demais requisitos da aposentadoria voluntária **dos servidores da União**, o art. 10.º da EC 103/2019 estabeleceu que serão exigidos **25 (vinte e cinco) anos de contribuição**, desde que cumprido o tempo mínimo de **10 (dez) anos de efetivo exercício no serviço público** e de **5 (cinco) anos no cargo efetivo em que for concedida a aposentadoria.**

MUITA ATENÇÃO!

A EC 103/19 determinou a aplicação às aposentadorias dos **servidores dos Estados, do Distrito Federal e dos Municípios** das normas constitucionais e infraconstitucionais **anteriores à data de sua entrada em vigor** (13.11.2019), **enquanto não promovidas alterações na legislação interna** relacionada ao respectivo regime próprio de previdência social (art. 10, § 7.º).

Vale ressaltar que a EC 103/2019 estabeleceu algumas regras de transição para os servidores que ingressaram **antes de sua promulgação**, resumidas no quadro a seguir:

Regra dos pontos: homem e mulher, que completarem **20 anos de efetivo exercício no serviço público** e **5 anos no cargo efetivo em que se der a aposentadoria** (requisitos em comum a ambos os sexos), obterão a aposentadoria se atingirem determinada pontuação obtida a partir da soma da **idade** com o **tempo de contribuição**.	**Mulher:** - idade mínima: **56 anos** - tempo de contribuição mínimo: **30 anos** - somatório: **86 pontos**
	Homem: - idade mínima: **61 anos** - tempo de contribuição mínimo: **35 anos** - somatório: **96 pontos**
	Observações: **1)** A partir de **01/01/2022**, a idade mínima será de **57 anos**, se mulher, e **62 anos**, se homem; **2)** A partir de 01/01/ 2020, a pontuação será acrescida a cada ano de 1 (um) ponto, até atingir o limite de 100 (cem) pontos, se mulher, e de 105 (cento e cinco) pontos, se homem.
Regra do pedágio (100%): homem e mulher, que completarem **20 anos de efetivo exercício no serviço público** e **5 anos no cargo efetivo em que se der a aposentadoria** (requisitos em comum a ambos os sexos), deverão cumprir **período adicional de contribuição** correspondente ao tempo que, na data de entrada em vigor da EC 103/2019, **faltaria para atingir o tempo mínimo de contribuição** ao lado.	**Mulher:** - idade mínima: **57 anos** - tempo de contribuição mínimo: **30 anos**
	Homem: - idade mínima: **60 anos** - tempo de contribuição mínimo: **35 anos**

D **Aposentadorias diferenciadas:** em regra, a Constituição veda a adoção de requisitos e critérios diferenciados para a concessão de aposentadoria aos servidores abrangidos pelo RPPS, ressalvados, ressalvando, todavia, as seguintes situações, já com as alterações promovidas pela EC 103/2019:

- **Aposentadoria dos servidores com deficiência:** poderão ser estabelecidos por **lei complementar** do respectivo ente federativo idade e tempo de contribuição diferenciados para aposentadoria de servidores com deficiência, previamente submetidos a avaliação biopsicossocial realizada por equipe multiprofissional e interdisciplinar. No caso do **servidor público federal**, até que seja editada a aludida lei complementar, o art. 22 da Emenda Constitucional 103/2019 determinou a observância do tempo mínimo de **10 (dez) anos de efetivo exercício no serviço público** e de **5 (cinco) anos no cargo efetivo em que for concedida a aposentadoria**, assim como as regras estabelecidas pela **Lei Complementar 142/2013**, inclusive quanto aos **critérios de cálculo do benefício**.
- **Aposentadoria dos agentes de segurança pública:** Poderão ser estabelecidos por **lei complementar** do respectivo ente federativo idade e tempo de contribuição diferenciados para aposentadoria de ocupantes do cargo de agente penitenciário, de agente

socioeducativo ou de policial dos órgãos de que tratam o inciso IV do caput do art. 51, o inciso XIII do caput do art. 52 e os incisos I a IV do caput do art. 144. Até que seja editada a lei complementar, estes agentes observarão os seguintes requisitos: **55 (cinquenta e cinco) anos de idade**, com **30 (trinta) anos de contribuição** e **25 (vinte e cinco) anos de efetivo exercício em cargo dessas carreiras**, para **ambos os sexos.**

- **Aposentadoria especial**: Poderão ser estabelecidos por **lei complementar** do respectivo ente federativo idade e tempo de contribuição diferenciados para aposentadoria de servidores cujas atividades sejam exercidas com **efetiva exposição a agentes químicos, físicos e biológicos prejudiciais à saúde**, ou associação desses agentes, vedada a caracterização por categoria profissional ou ocupação. Até que seja editada a lei complementar, estes agentes observarão os seguintes requisitos: **60 (sessenta) anos de idade**, com **25 (vinte e cinco) anos de efetiva exposição e contribuição**, **10 (dez) anos de efetivo exercício** de serviço público e **5 (cinco) anos no cargo efetivo** em que for concedida a aposentadoria. Além disso, as regras de transição da EC 103/2019 estabeleceram que a aposentadoria especial observará adicionalmente as condições e os requisitos estabelecidos para o benefício equivalente pago pelo RGPS, naquilo em que não conflitarem com as regras específicas aplicáveis ao regime próprio de previdência social da União, vedada a conversão de tempo especial em comum.

- **Aposentadoria do professor**: O art. 40, § 5.º estabelece que ocupantes do cargo de professor terão sua **idade mínima reduzida em 5 (cinco) anos**, desde que comprovem tempo de efetivo exercício das funções de **magistério na educação infantil** e no **ensino fundamental e médio** fixado em **lei complementar** do respectivo ente federativo. Para o titular do cargo federal de professor, até que seja editada **lei complementar**, deverá observar os seguintes requisitos: aos **60 (sessenta) anos de idade**, se **homem**, aos **57 (cinquenta e sete) anos**, se **mulher**, com **25 (vinte e cinco) anos de contribuição** exclusivamente em efetivo exercício das funções de **magistério na educação infantil e no ensino fundamental e médio**, **10 (dez) anos de efetivo exercício de serviço público** e **5 (cinco) anos no cargo efetivo em que for concedida a aposentadoria**, para **ambos os sexos.**

12.2.1 Vedações constitucionais em matéria de aposentadoria: o texto constitucional trouxe algumas vedações em matéria de aposentadoria, a seguir destacadas:

- Os proventos de aposentadoria não poderão ser inferiores ao valor mínimo a que se refere o § 2º do art. 201 ou superiores ao limite máximo estabelecido para o Regime Geral de Previdência Social, observado o disposto nos §§ 14 a 16 (art. 40, § 2º).

- Ressalvadas as aposentadorias decorrentes dos cargos acumuláveis na forma desta Constituição, é vedada a percepção de mais de uma aposentadoria à conta do RPPS, aplicando-se outras vedações, regras e condições para a acumulação de benefícios previdenciários estabelecidas no Regime Geral de Previdência Social (art. 40, § 6º).

- A lei não poderá estabelecer qualquer forma de contagem de tempo de contribuição fictício (art. 40, § 10). Por muito tempo se admitiu a chamada contagem em dobro ou mesmo a conversão de licenças não gozadas em tempo de serviço para fins de aposentadoria, o que não é mais admitido.

- É vedada a complementação de aposentadorias de servidores públicos e de pensões por morte a seus dependentes que não seja decorrente do disposto nos §§ 14 a 16 do art. 40

ou que não seja prevista em lei que extinga regime próprio de previdência social (art. 37, § 15). Todavia, esta previsão não se aplica às complementações de aposentadorias e pensões concedidas até a data de entrada em vigor da EC 103/2019.

- A soma total dos proventos de inatividade, inclusive quando decorrentes da acumulação de cargos ou empregos públicos, bem como de outras atividades sujeitas a contribuição para o regime geral de previdência social, e o montante resultante da adição de proventos de inatividade com remuneração de cargo acumulável na forma da CF/88, cargo em comissão declarado em lei de livre nomeação e exoneração, e de cargo eletivo, não poderão ser superiores ao limite fixado no art. 37, XI (art. 40, § 11).

MUITA ATENÇÃO!

Na situação de acumulação de cargos, o STF reinterpretou a redação do art. 40, § 11 da CF, passando a admitir que o teto constitucional para fins de proventos de inatividade deva ser considerado para cada cargo acumulável quando o servidor estava na ativa, e não para a soma dos proventos, sob pena de se criar situação desigual entre ativos e inativos. Assim, se o servidor se aposentar em dois cargos acumuláveis, cada cargo será considerado individualmente, de modo que a soma dos proventos poderá ultrapassar o teto constitucional (RE 612975/MT e RE 602043/MT).

12.2.2 Contagem recíproca: se antes de ingressar no serviço público o servidor tiver desempenhado alguma atividade remunerada abrangida pelo RGPS, poderá contar este tempo e ter incluído no cálculo de seus proventos as remunerações utilizadas como base para as contribuições para aquele regime (art. 40, § 9º e art. 201, §§ 9.º e 9.º-A). É o que se denomina **contagem recíproca**. Bastará que o servidor apresente a chamada **certidão de tempo de contribuição** (CTC), que permitirá também que haja uma compensação financeira entre o RGPS e o RPPS, relativamente às contribuições vertidas ao primeiro regime.

12.3 Pensão por morte: este é um benefício próprio dos **dependentes do servidor**, aposentado ou não, que falecer, constante de uma prestação pecuniária mensal e periódica. Nos últimos anos, a pensão por morte foi um dos benefícios que mais sofreu alterações, sendo que recentemente a EC 103/2019 mais uma vez alterou a redação do art. 40, § 7.º da CF. Segundo a nova previsão, garantido o piso do **salário mínimo**, quando se tratar da única fonte de renda formal auferida pelo dependente, o benefício de pensão por morte será concedido nos termos de **lei do respectivo ente federativo**, a qual tratará de forma diferenciada a hipótese de morte dos **agentes de segurança pública** (art. 40, § 4º-B) decorrente de agressão sofrida no exercício ou em razão da função.

Segundo previsão do art. 23, § 4.º da EC 103/2019, serão aplicadas as regras previstas na **Lei 8.213/91** (RGPS) à pensão por morte do servidor público, relativamente aos seguintes temas: **tempo de duração da pensão por morte e das cotas individuais por dependente** até a perda dessa qualidade, o **rol de dependentes e sua qualificação** e as **condições necessárias para enquadramento.**

Vale ressaltar que nos últimos anos a legislação ordinária já vinha buscando aproximar os benefícios de pensão por morte pagos pelo RPPS federal e pelo RGPS, orientação esta que foi seguida pelo constituinte.

Nesta toada, analisemos as principais regras da pensão por morte previstas na Lei 8.213/91 e que passam a ser aplicadas aos servidores públicos do RPPS federal.

A Lei 8.213/91 estabelece **três classes ou categorias de dependentes** (art. 16). A existência de dependente de qualquer das classes **exclui do direito às prestações** os das classes seguintes.

Na **primeira classe** estão o **cônjuge**, a **companheira**, o **companheiro** e o **filho não emancipado**, de qualquer condição, **menor de 21 (vinte e um) anos ou inválido** ou que tenha **deficiência intelectual ou mental grave**. Estes dependentes não precisam comprovar dependência econômica, que é presumida pela norma.

O **cônjuge divorciado** ou **separado judicialmente ou de fato** que recebia **pensão de alimentos** concorrerá em igualdade de condições com os dependentes desta classe.

O **enteado** e o **menor tutelado** equiparam-se a filho mediante **declaração do segurado**, mas necessitam comprovar **dependência econômica** na forma estabelecida no Regulamento. Ou seja, apesar de estarem equiparados aos filhos, necessitam comprovar dependência econômica.

Na **segunda classe** encontram-se os pais do servidor falecido, desde que comprovem a **dependência econômica** com relação ao instituidor da pensão por morte.

Por fim, na **terceira classe** encontra-se o **irmão não emancipado**, de qualquer condição, **menor de 21 (vinte e um) anos ou inválido** ou que tenha **deficiência intelectual ou mental** que o torne absoluta ou relativamente incapaz, assim declarado judicialmente, desde que comprove **dependência econômica** com relação ao servidor falecido.

Para o **dependente inválido** ou com **deficiência intelectual, mental ou grave**, sua condição pode ser **reconhecida previamente ao óbito do servidor**, por meio de avaliação biopsicossocial realizada por equipe multiprofissional e interdisciplinar, observada revisão periódica na forma da legislação (EC 103/2019, art. 23, § 5.º).

Será excluído definitivamente da condição de dependente quem tiver sido condenado criminalmente por sentença com trânsito em julgado, como autor, coautor ou partícipe de homicídio doloso, ou de tentativa desse crime, cometido contra a pessoa do servidor público, ressalvados os absolutamente incapazes e os inimputáveis.

Ocorrendo habilitação de mais de um dependente beneficiário à pensão, o seu valor será distribuído em **partes iguais** entre os beneficiários habilitados.

A concessão da pensão por morte **não será protelada** pela falta de habilitação de outro possível dependente, e qualquer inscrição ou habilitação posterior que importe em exclusão ou inclusão de dependente só produzirá efeito a contar da **data da inscrição ou habilitação**.

A Medida Provisória 871/2019, convertida na Lei 13.846/2019, já havia aproximado as regras do benefício de pensão por morte devido aos dependentes do servidor público àquelas do benefício similar previsto para os segurados do RGPS, sendo as principais alterações a seguir estudadas.

A pensão por morte será devida:

I – do **óbito**, quando requerida em **até cento e oitenta dias após o óbito**, para os **filhos menores de dezesseis anos**, ou em até **noventa dias após o óbito**, para os **demais dependentes**;

II – do **requerimento**, quando requerida após o prazo previsto no inciso I; ou

III – da **decisão judicial**, na hipótese de morte presumida.

A pensão por morte não será protelada pela falta de habilitação de outro possível dependente e a habilitação posterior que importe em exclusão ou inclusão de dependente só produzirá efeito a partir da data da publicação da portaria de concessão da pensão ao dependente habilitado.

Se houver ajuizamento de ação judicial para reconhecimento da condição de dependente, este poderá requerer a sua habilitação provisória ao benefício de pensão por morte, exclusivamente para fins de rateio dos valores com outros dependentes, vedado o pagamento da respectiva cota até o trânsito em julgado da decisão judicial que reconhecer a qualidade de dependente do autor da ação, ressalvada a existência de decisão judicial em contrário. Se o ente público responsável pela concessão da pensão por morte for parte o processo, este poderá proceder de ofício à habilitação excepcional da referida pensão, apenas para efeitos de rateio, descontando-se os valores referentes a esta habilitação das demais cotas, vedado o pagamento da respectiva cota até o trânsito em julgado da respectiva ação, ressalvada a existência de decisão judicial em contrário.

Se a ação for julgada improcedente, o valor retido será corrigido pelos índices legais de reajustamento e será pago de forma proporcional aos demais dependentes, de acordo com as suas cotas e o tempo de duração de seus benefícios. Em qualquer hipótese, fica assegurada ao órgão concessor da pensão por morte a cobrança dos valores indevidamente pagos em função de nova habilitação.

Por fim, haverá pagamento de pensão por morte por tempo determinado para a situação de o servidor falecido estar, na data de seu falecimento, obrigado por determinação judicial a pagar **alimentos temporários** a **ex-cônjuge**, **ex-companheiro** ou **ex-companheira**. Neste caso, a pensão será devida apenas pelo período que restava para finalizar o pagamento da pensão alimentícia, salvo se acontecer antes outra hipótese de cancelamento do benefício. Evita-se, assim, que a Administração assuma obrigação superior à que foi contraída pelo servidor ainda em vida.

A pensão por morte é um **benefício temporário** (em regra) e intransferível.

A Lei 8.213/91, aplicável neste ponto à pensão por morte por força de determinação da EC 103/2019, estabelece que o benefício será cessado segundo as seguintes condições:

a) pela **morte** do último pensionista;

b) ao completar **21 anos de idade**, para o dependente **menor** (filho, enteado, tutelado ou irmão), salvo se for inválido ou tiver deficiência intelectual ou mental ou deficiência grave;

c) para **filho** ou **irmão** que tenha **deficiência intelectual ou mental ou deficiência grave**, pelo **afastamento da deficiência**, nos termos do regulamento;

d) para cônjuge ou companheiro:

1) se inválido ou com deficiência, pela cessação da invalidez ou pelo afastamento da deficiência, respeitados os períodos mínimos decorrentes da aplicação dos itens “2” e “3” abaixo;

2) em **4 (quatro) meses**, se o óbito ocorrer sem que o servidor tenha vertido 18 (dezoito) contribuições mensais ou se o casamento ou a união estável tiverem sido iniciados **em menos de 2 (dois) anos** antes do óbito do segurado;

3) transcorridos os seguintes períodos, estabelecidos de acordo com a idade do beneficiário na data de óbito do segurado, se o óbito ocorrer **depois de vertidas 18 (dezoito) contribuições mensais** e **pelo menos 2 (dois) anos após o início do casamento ou da união estável**:

DURAÇÃO	IDADE
3 (três) anos	Menos de 21 (vinte e um) anos de idade
6 (seis) anos	Entre 21 (vinte e um) e 26 (vinte e seis) anos de idade
10 (dez) anos	Entre 27 (vinte e sete) e 29 (vinte e nove) anos de idade
15 (quinze) anos	Entre 30 (trinta) e 40 (quarenta) anos de idade
20 (vinte) anos	Entre 41 (quarenta e um) e 43 (quarenta e três) anos de idade
Vitalícia	Com 44 (quarenta e quatro) ou mais anos de idade

Serão aplicados, conforme o caso, a regra contida no item "1" ou os prazos previstos no item "3", se o óbito do segurado decorrer de acidente de qualquer natureza ou de doença profissional ou do trabalho, independentemente do recolhimento de 18 (dezoito) contribuições mensais ou da comprovação de 2 (dois) anos de casamento ou de união estável.

e) ser o pensionista condenado criminalmente por sentença com trânsito em julgado, como autor, coautor ou partícipe de homicídio doloso, ou de tentativa desse crime, cometido contra a pessoa do servidor, ressalvados os absolutamente incapazes e os inimputáveis.

A Emenda Constitucional 103/2019 estabeleceu uma sistemática nova de cálculos para a pensão por morte. Segundo previsão do art. 23, será equivalente a uma cota familiar de **50% (cinquenta por cento) do valor da aposentadoria** recebida pelo segurado ou servidor ou **daquela a que teria direito se fosse aposentado por incapacidade permanente** na data do óbito, acrescida de cotas de **10 (dez) pontos percentuais por dependente**, até o máximo de 100% (cem por cento).

Por outro lado, se o servidor estava na ativa, deverá ser realizado o cálculo do valor de uma hipotética aposentadoria por incapacidade permanente que faria jus na data do óbito. A partir deste valor obtido, aplica-se a alíquota de 50% e se agrega outros 10% a cada dependente habilitado para se obter a quantia que será paga a título de pensão por morte.

As cotas por dependente **cessarão com a perda dessa qualidade e não serão reversíveis aos demais dependentes**, preservado o valor de 100% (cem por cento) da pensão por morte quando o número de dependentes remanescente for igual ou superior a 5 (cinco).

Na hipótese de existir dependente inválido ou com deficiência intelectual, mental ou grave, o valor da pensão por morte, a Emenda Constitucional 103/2019 estabeleceu algumas regras diferenciadas de cálculo. Verificando-se tal situação, o valor do benefício equivalente a:

I – 100% (cem por cento) da aposentadoria recebida pelo segurado ou servidor ou daquela a que teria direito se fosse aposentado por incapacidade permanente na data do óbito, **até o limite máximo de benefícios do Regime Geral de Previdência Social**; e

II – uma cota familiar de 50% (cinquenta por cento) acrescida de cotas de 10 (dez) pontos percentuais por dependente, até o máximo de 100% (cem por cento), **para o valor que supere o limite máximo de benefícios do Regime Geral de Previdência Social**.

Nesta situação excepcional, apesar de o cálculo ser diferenciado, o benefício permanecerá sendo dividido igualmente entre os dependentes. Em razão disso, a Emenda Constitucional

103/2019 estabeleceu que quando não houver mais dependente inválido ou com deficiência intelectual, mental ou grave, o valor da pensão será recalculado pela regra geral.

Por fim, cumpre observar regra excepcional estabelecida para os dependentes dos **agentes de segurança pública**. Segundo previsão do art. 10, § 6.º, a pensão por morte devida aos dependentes do policial civil do órgão a que se refere o inciso XIV do caput do art. 21 da Constituição Federal, do policial dos órgãos a que se referem o inciso IV do caput do art. 51, o inciso XIII do caput do art. 52 e os incisos I a III do caput do art. 144 da Constituição Federal e dos ocupantes dos cargos de agente federal penitenciário ou socioeducativo **decorrente de agressão sofrida no exercício ou em razão da função** será **vitalícia para o cônjuge ou companheiro** e equivalente à **remuneração do cargo**.

13. SISTEMA DE RESPONSABILIZAÇÃO

13.1 Noções gerais: no exercício de suas funções, os agentes públicos podem ser responsabilizados por eventuais falhas cometidas. Esta responsabilização pode ocorrer nas searas cível, penal e administrativa.

13.2 Responsabilidade civil: a responsabilidade civil decorre da regra segundo a qual todo aquele que causa dano a outrem é obrigado a repará-lo (art. 186 do CC).

A responsabilidade civil decorre de ato omissivo ou comissivo, doloso ou culposo, que resulte em prejuízo ao erário ou a terceiros. Este prejuízo poderá ser apurado administrativamente, mediante processo administrativo próprio. Alguns estatutos funcionais permitem, mediante autorização do servidor, o parcelamento do débito e a consequente dedução em sua remuneração ou subsídio, respeitado um limite máximo diante do caráter alimentar da remuneração ou subsídio. No caso do empregado público, o art. 562, § 1º da CLT autoriza o desconto somente com a anuência do empregado ou em caso de dolo. A obrigação de reparar o dano estende-se aos sucessores e contra eles será executada, até o limite do valor da herança recebida.

Vale ressaltar que o art. 28 da LINDB, incluído pela Lei 13.655/18, estabeleceu que o agente público responderá pessoalmente por suas decisões ou opiniões técnicas em caso de **dolo ou erro grosseiro,** dispositivo que se aplica tanto à responsabilidade civil quanto administrativa do agente público. O legislador inova a estabelecer que somente **culpa grave** ensejará a responsabilidade do agente.

13.3 Responsabilidade penal: o agente público responde penalmente ao praticar um crime ou contravenção que se relacione direta ou diretamente com suas funções. O Código Penal disciplina os chamados crimes contra a Administração Pública a partir do art. 312, sem se desconsiderar os demais crimes previstos na legislação especial. A responsabilidade criminal do servidor é apurada em processo judicial. Para fins criminais, o conceito de servidor público é bastante amplo (art. 327, CP).

13.4 Responsabilidade administrativa: os estatutos funcionais estabelecem deveres e responsabilidades dos servidores que, se violados, configuram infrações administrativas, que podem acarretar a aplicação de penalidades como advertência, suspensão e até mesmo demissão.

A própria Administração promoverá a apuração da infração administrativa, instaurando o procedimento adequado e assegurando ao servidor o **contraditório** e a **ampla defesa.** Não se admite, assim, o sistema da **verdade sabida**, presente ainda em alguns estatutos funcionais, em que a penalidade é aplicada pela autoridade competente que tenha conhecimento da infração notória, independentemente de se franquear defesa ao infrator.

A descrição das infrações administrativas é mais aberta, de modo que a Administração possui certa margem de apreciação do caso concreto e seu enquadramento dentre os ilícitos previstos em lei.

A Lei 8.112/90 prevê como espécies de penalidades disciplinares (art. 127 da Lei 8.112/90): a) **advertência**; b) **suspensão**; c) **demissão**; d) **cassação de aposentadoria ou disponibilidade**; e) **destituição de cargo em comissão**; f) **destituição de função comissionada**. Focaremos o estudo nas três primeiras penalidades.

Na aplicação das penalidades serão consideradas a natureza e a gravidade da infração cometida, os danos que dela provierem para o serviço público, as circunstâncias agravantes ou atenuantes e os antecedentes funcionais.

A **advertência** será aplicada por escrito, nos casos de violação de proibição constante do art. 117, incisos I a VIII e XIX da Lei 8.112/90, e de inobservância de dever funcional previsto em lei, regulamentação ou norma interna, que não justifique imposição de penalidade mais grave.

A **suspensão** será aplicada em caso de reincidência das faltas punidas com advertência e de violação das demais proibições que não tipifiquem infração sujeita a penalidade de demissão, não podendo exceder de **90 (noventa) dias**. Também será punido com suspensão de **até 15 (quinze) dias** o servidor que, injustificadamente, recusar-se a ser submetido a inspeção médica determinada pela autoridade competente, cessando os efeitos da penalidade uma vez cumprida a determinação.

Quando houver conveniência para o serviço, a penalidade de suspensão poderá ser convertida em multa, na base de 50% (cinquenta por cento) por dia de vencimento ou remuneração, ficando o servidor obrigado a permanecer em serviço.

As penalidades de advertência e de suspensão terão seus registros cancelados, após o decurso de 3 (três) e 5 (cinco) anos de efetivo exercício, respectivamente, se o servidor não houver, nesse período, praticado nova infração disciplinar.

A pena de **demissão** será aplicada nas situações previstas no art. 132 da Lei 8.112/90.

A Administração possui alguns prazos para responsabilizar o servidor público faltoso, sob pena de prescrever sua pretensão punitiva. Vejamos os prazos trazidos pela Lei 8.112/90:

Penalidade	Prazo
Advertência	**180 dias**
Suspensão	**2 anos**
Demissão	
Cassação de aposentadoria ou disponibilidade	**5 anos**
Destituição de cargo em comissão	
Infrações Disciplinares também capituladas como crimes	Prazos de prescrição previstos na lei penal

Sobre o tema da prescrição da pretensão punitiva, o STJ sintetizou o tema por meio da Súmula 636: "Os prazos prescricionais previstos no art. 142 da Lei 8.112/1990 iniciam-se na data em que a autoridade competente para a abertura do procedimento administrativo toma conhecimento do fato, interrompem-se com o primeiro ato de instauração válido – sindicância de caráter punitivo ou processo disciplinar – e voltam a fluir por inteiro, após decorridos 140 dias desde a interrupção". Este prazo de 140 dias foi obtido por meio do seguinte raciocínio: O prazo para a conclusão do processo disciplinar não excederá 60 (sessenta) dias, contados da data de publicação do ato que constituir a comissão, admitida a sua prorrogação por igual prazo, quando as circunstâncias o exigirem (art. 152, da Lei 8.112/90). A esses 120 (cento e vinte) dias (60 de prazo ordinário + 60 de prorrogação), somam-se outros 20 (vinte) dias para julgamento (art. 167).

13.5 (In)Comunicabilidade entre as instâncias de responsabilização: em regra, vige o princípio da **incomunicabilidade ou independência entre as instâncias**, de modo que o servidor pode sofrer condenações concomitantemente nas esferas cível, criminal e administrativa. Esta regra, todavia, comporta **exceção**, uma vez que o art. 126 da Lei 8.112/90 dispõe que a responsabilidade administrativa do servidor será afastada no caso de **absolvição criminal** que **negue a existência do fato** ou **sua autoria**.

MUITA ATENÇÃO!

A absolvição no Juízo Criminal por **insuficiência de provas** não afasta a possibilidade de responsabilização administrativa e cível do servidor. Assim, se servidor público foi acusado de corrupção passiva e peculato, respondeu a processo criminal e foi absolvido por ausência de provas, Administração Pública, no caso, permanece livre para punir o funcionário, desde que verifique haver desvios na conduta funcional do servidor. Esta é uma pegadinha recorrente em concursos públicos.

13.6 Apuração da Infração Funcional: A própria Administração promoverá a apuração da infração administrativa, instaurando o procedimento adequado e assegurando ao servidor o contraditório e a ampla defesa, quando for o caso. As possíveis irregularidades cometidas pelo agente são apuradas por meio dos seguintes instrumentos a **investigação preliminar**, a **sindicância** e o **processo administrativo disciplinar**.

A **investigação preliminar** é um procedimento preparatório, sigiloso, que objetiva recolher indícios de materialidade e autoria da infração suficientes para a instauração de sindicância, de processo administrativo disciplinar ou para o arquivamento de eventual denúncia.

Sindicância é o **procedimento investigativo**, que poderá implicar no **arquivamento do processo**, na aplicação da **penalidade de advertência ou suspensão até 30 dias**, assegurada ampla defesa, ou poderá implicar **na instauração de processo administrativo disciplinar**, o qual é obrigatório sempre que ilícito praticado ensejar sanção mais grave. Neste último caso, os autos da sindicância integrarão o processo disciplinar, como peça informativa da instrução.

O **processo administrativo disciplinar (PAD)** é o instrumento destinado a apurar responsabilidade de servidor por infração praticada no exercício de suas atribuições, ou que tenha relação com as atribuições do cargo em que se encontre investido, sendo sua instauração obrigatória sempre que o ilícito objeto da apuração ensejar a imposição de penalidade de **suspensão por mais de 30 (trinta) dias**, de **demissão**, **cassação de aposentadoria ou disponibilidade**, ou **destituição de cargo em comissão**. O procedimento do PAD está disciplinado entre os artigos 148 e 173 da Lei 8.112/90.

O **procedimento administrativo ordinário** (comum), previsto no art. 151 da Lei 8.112/90, desenvolve-se observando as seguintes fases: (i) instauração, com a publicação do ato que constituir a comissão; (ii) inquérito administrativo, que compreende instrução, defesa e relatório; (iii) julgamento. O prazo para a conclusão do processo disciplinar não excederá 60 (sessenta) dias, contados da data de publicação do ato que constituir a comissão, admitida a sua prorrogação por igual prazo, quando as circunstâncias o exigirem.

Todavia, admite-se a adoção do **procedimento administrativo pelo rito sumário** aplicável acumulação ilegal de cargos, empregos ou funções públicas, de abandono de cargo e de inassiduidade habitual, sendo a todas cabível a pena de demissão. Em tais situações, a autoria e materialidade estão mais evidenciadas, o que impõe tratamento mais célere na tramitação do PAD.

Segundo o art. 133 da Lei 8.112/90, o rito sumário compreende as seguintes fases: (i) instauração com a publicação do ato que constituir a comissão, a ser composta por dois servidores estáveis, e simultaneamente indicar a autoria e a materialidade da transgressão objeto da apuração; (ii) instrução sumária, que compreende indiciação, defesa e relatório; (iii) julgamento. O prazo para a conclusão do processo administrativo disciplinar submetido ao rito sumário não excederá trinta dias, contados da data de publicação do ato que constituir a comissão, admitida a sua prorrogação por até quinze dias, quando as circunstâncias o exigirem.

O processo disciplinar poderá ser revisto, a **qualquer tempo**, **a pedido** ou **de ofício**, quando se aduzirem **fatos novos** ou **circunstâncias suscetíveis de justificar a inocência do punido** ou a **inadequação da penalidade aplicada**. No processo revisional, o ônus da prova cabe ao requerente, diferentemente do que ocorre no PAD, no qual a Administração deverá comprovar a responsabilidade do agente na prática da infração administrativa.

? **QUESTÃO:** A sindicância constitui etapa obrigatória do procedimento administrativo disciplinar (PAD)?

➥ ***RESPOSTA:*** *Não. No tocante ao PAD, a sindicância representa apenas uma fase facultativa e preparatória, e, portanto, dispensável nos casos em que suficientes os elementos de prova levantados pela Administração Pública.*

FIQUE POR DENTRO:

PROCESSO ADMINISTRATIVO DISCIPLINAR E DENÚNCIA ANÔNIMA

Sempre foram intensos os debates sobre a validade de processos administrativos disciplinares motivados por **denúncia anônima**. Ao mesmo tempo em que a Constituição Federal assegura a livre manifestação do pensamento, mas proibindo o anonimato (art. 5º, IV), a Administração Pública deve obediência aos princípios administrativos, especialmente a indisponibilidade do interesse público, que obrigaria a apuração de eventuais ilegalidades levadas a conhecimento do administrador. O STJ adotou posicionamento intermediário sobre o tema, editando a súmula 611 que contém a seguinte redação: "**Desde que devidamente motivada e com amparo em investigação ou sindicância**, é permitida a instauração de processo administrativo disciplinar com base em denúncia anônima, em face do poder-dever de autotutela imposto à administração".

EM RESUMO: Agentes Públicos	
Definição	Em um sentido amplo, pode-se definir **agente público** como "todo aquele que exerce, ainda que transitoriamente ou sem remuneração, por eleição, nomeação, designação, contratação ou qualquer forma de investidura ou vínculo, mandato, cargo emprego ou função pública" (PAULO ALEXANDRINO).
Classificação	• **Agentes políticos**: Possuem uma relação jurídico-institucional **transitória** com o Estado, diversa dos demais agentes públicos, e geralmente são investidos em seus cargos por meio de **eleição**, **nomeação** ou **designação**.

EM RESUMO: Agentes Públicos		
Classificação		• **Servidores públicos**: em **sentido amplo**, são todas as pessoas físicas que prestam serviços ao Estado em decorrência de algum vínculo de trabalho e mediante remuneração paga pelos cofres públicos (Maria Sylvia Z. Di Pietro). Subdividem-se em: a) **servidores estatutários:** regidos por um **regime estatutário** estabelecido em lei (no âmbito federal, Lei 8.112/90), são titulares de **cargos públicos**. b) **empregados públicos**: a relação é **contratual** e regida pela **CLT** e pela **Lei 9.962/00**, tendo natureza de **emprego público**. c) **servidores temporários**: estão submetidos a regime jurídico especial (Lei 8.745/93), desempenhando uma mera função. • **Militares**: se enquadram as pessoas físicas que prestam serviços às **Forças Armadas** – Marinha, Exército e Aeronáutica (art. 142, *caput*, e § 3º, da Constituição) – e às **Polícias Militares** e **Corpos de Bombeiros Militares dos Estados, Distrito Federal e dos Territórios** (art. 42), com **vínculo estatutário** sujeito a **regime jurídico próprio**, mediante remuneração paga pelos cofres públicos (Maria Sylvia Z. Di Pietro). • **Particulares em colaboração com o poder público**: pessoas físicas que prestam serviço ao Estado, sem vínculo empregatício, com ou sem remuneração. Podem atuar por: a) **delegação do Poder Público**: exercem função em nome próprio, sob fiscalização do Poder Público, e recebem remuneração de terceiros usuários do serviço público. b) **requisição**, **nomeação** ou **designação**: exercem funções públicas relevantes, não tem vínculo empregatício e em geral não recebem remuneração. c) **gestores de negócios**: espontaneamente assumem função pública em momento de emergência, como epidemia, enchente, etc. • **Classificação de particulares em colaboração segundo Hely Lopes Meirelles:** a) **agentes honoríficos**: prestam, transitoriamente e normalmente sem remuneração, um *múnus público* ou um *serviço público relevante*. b) **agentes delegados** c) **agentes credenciados**: representam a Administração em determinado ato ou praticam determinada atividade específica.
Cargos, empregos e funções	**Cargo**	• Representam um **conjunto de atribuições e responsabilidades**, criadas por **lei ou resolução** (só para o Poder Legislativo), previstas na estrutura organizacional de determinado ente e regidas por um **regime jurídico estatutário**, para que sejam exercidas por um **agente público** legalmente investido e **mediante remuneração.** • O provimento pode se dar em caráter **efetivo** – mediante **concurso público** – ou em **comissão.** • As ações envolvendo os servidores e a Administração serão processadas perante a Justiça Comum federal ou estadual, conforme o ente que figure na lide.
	Emprego	• Há um **vínculo contratual** entre o agente e a Administração, que será regido pela **CLT.** • O provimento será obrigatoriamente por **concurso público.** • O regime de emprego público é obrigatório para as empresas estatais e suas subsidiárias que explorem atividade econômica (art. 173, § 1º da CF/88). • As ações envolvendo os empregados públicos e Administração serão processadas perante a Justiça do Trabalho.

<table>
<tr><th colspan="3">EM RESUMO: Agentes Públicos</th></tr>
<tr><td rowspan="3">Cargos, empregos e funções</td><td>Função</td><td>• São as atribuições ou competências conferidas a um órgão, cargo, emprego ou diretamente ao agente.
• Todo cargo ou emprego possui uma função, mas nem toda função equivale a um cargo ou emprego.
• As funções podem ser autônomas, como ocorre nas funções temporárias ou gratificadas, pelas quais o agente público, mesmo sem vínculo permanente, percebe remuneração pelo desempenho de atividade (ex.: servidores temporários contratados nos termos do art. 37, IX da CF/88), e de confiança (art. 37, V), que é uma modalidade de gratificação paga a servidores de cargo efetivo pelo exercício de atribuições de direção, chefia e assessoramento (ex.: chefia de secretaria judicial).
• Não há obrigatoriedade de realização de concurso público nestes casos.
• As ações envolvendo os agentes que exerçam função e a Administração serão processadas perante a Justiça Comum federal ou estadual, conforme o ente que figure na lide.</td></tr>
<tr><td colspan="2">Acesso</td></tr>
<tr><td colspan="2">De acordo com o art. 37, I da CF/88 "os cargos, empregos e funções públicas são acessíveis aos brasileiros que preencham os requisitos estabelecidos em lei, assim como aos estrangeiros, na forma da lei".
Apesar da clara previsão constitucional, o acesso aos cargos públicos sempre foi tema recorrente na jurisprudência, o que fez com o STF editasse várias súmulas sobre a matéria, das quais destacamos:
Súmula 686: "Só por lei se pode sujeitar a exame psicotécnico a habilitação de candidato a cargo público" (entendimento consolidado na súmula vinculante 44, que possui a mesma redação);
Súmula 683: "O limite de idade para a inscrição em concurso público só se legitima em face do art. 7º, XXX, da Constituição, quando possa ser justificado pela natureza das atribuições do cargo a ser preenchido";
Súmula 14: "Não é admissível, por ato administrativo, restringir, em razão da idade, inscrição em concurso para cargo público".
O STJ também editou súmula pertinente ao assunto: Súmula 266: "O diploma ou habilitação legal para o exercício do cargo deve ser exigido na posse e não na inscrição para o concurso público".
A necessidade de realização de concurso público como regra para preenchimento de cargos e empregos públicos é estabelecida pelo art. 37, II da CF/88: "a investidura em cargo ou emprego público depende de aprovação prévia em concurso público de provas ou de provas e títulos, de acordo com a natureza e a complexidade do cargo ou emprego, na forma prevista em lei, ressalvadas as nomeações para cargo em comissão declarado em lei de livre nomeação e exoneração".
Fere o art. 37, II da CF os chamados concursos internos, muitas vezes previstos nos próprios estatutos de servidores públicos.</td></tr>
</table>

<table>
<tr><th colspan="2">EM RESUMO: Agentes Públicos</th></tr>
<tr><td rowspan="4">Cargos, empregos e funções</td><td>Concurso Público</td></tr>
<tr><td>Prazo de Validade: de até dois anos, prorrogável uma vez, por igual período (art. 37, III da CF/88).

A CF/88 garante a reserva de percentual dos cargos e empregos públicos para as pessoas portadoras de deficiência por meio de lei reguladora, que definirá ainda os critérios de sua admissão.

O Decreto 3.298/99, que regulamentou a Lei 7.853/89, estabeleceu que serão reservados aos portadores de deficiência 5% (cinco por cento) das vagas oferecidas no concurso (art. 37, § 1º).

A Lei 8.112/90, assegura aos portadores de deficiência o direito de se inscrever em concurso público para provimento de cargo cujas atribuições sejam compatíveis com a deficiência de que são portadoras; a estes serão reservadas até 20% (vinte por cento) das vagas oferecidas no concurso (art. 5º, § 2º).

Lei 12.990/14 determinou a reserva aos negros de 20% (vinte por cento) das vagas oferecidas nos concursos públicos para provimento de cargos efetivos e empregos públicos no âmbito da administração pública federal, das autarquias, das fundações públicas, das empresas públicas e das sociedades de economia mista controladas pela União.</td></tr>
<tr><td>Acumulação Remunerada de Cargos, Empregos e Funções</td></tr>
<tr><td>Em regra, é vedada a acumulação remunerada de cargos e empregos públicos. Em algumas situações, todavia, a CF/88 admite a acumulação:
a) de dois cargos de professor (art. 37, XVI, "a");
b) de um cargo de professor com outro técnico ou científico (art. 37, XVI, "b");
c) de dois cargos ou empregos privativos de profissionais de saúde, com profissões regulamentadas (art. 37, XVI, "c");
d) de um cargo, emprego ou função pública com a função de vereador (art. 38, III);
e) de um cargo de magistrado com outro de magistério (art. 95, parágrafo único, I);
f) de um cargo de membro do ministério público com outro de magistério (art. 128, § 5º, II, "d").

As exceções à regra de vedação de acumulação de cargos públicos, previstas na Constituição Federal, são taxativas.</td></tr>
<tr><td>Provimento</td><td>Provimento e investidura: o provimento é o ato administrativo da autoridade competente de cada Poder que designa alguém para titularizar um cargo público. A investidura, por outro lado, ocorre com a posse (o agente investe-se em suas funções).

Requisitos para investidura em cargo público (art. 5º da Lei 8.212/90):
a) a nacionalidade brasileira;
b) o gozo dos direitos políticos;
c) a quitação com as obrigações militares e eleitorais;</td></tr>
</table>

EM RESUMO: Agentes Públicos	
Provimento	**d)** o nível de escolaridade exigido para o exercício do cargo; **e)** a idade mínima de dezoito anos; **f)** aptidão física e mental. **Nomeação:** Ato administrativo que materializa o provimento originário. Pode ser em **comissão** ou em caráter **efetivo**, dependendo, neste último caso, de prévia habilitação em concurso público de provas ou de provas e títulos, obedecidos a ordem de classificação e o prazo de sua validade. **Promoção:** Passagem para um cargo de classe mais elevada. **Modalidades de Provimento** **Readaptação:** Investidura do servidor em cargo de atribuições e responsabilidades compatíveis com a limitação que tenha sofrido em sua capacidade física ou mental verificada em inspeção médica. **Reversão:** Retorno à atividade de servidor aposentado, nas situações previstas nos incisos I e II do art. 25 (leitura obrigatória). **Aproveitamento:** Ocorre com o retorno à atividade de servidor em disponibilidade em cargo de atribuições e vencimentos compatíveis com o anteriormente ocupado. **Reintegração:** Reinvestidura do servidor estável no cargo anteriormente ocupado, ou no cargo resultante de sua transformação, quando invalidada a sua demissão por decisão administrativa ou judicial, com ressarcimento de todas as vantagens. **Recondução:** Retorno do servidor estável ao cargo anteriormente ocupado, nas hipóteses de inabilitação ou desistência em estágio probatório relativo a outro cargo ou reintegração do anterior ocupante.
Investidura, posse e exercício	» Requisitos básicos para investidura em cargo público (art. 5º da Lei 8.112/90): a) A nacionalidade brasileira; b) O gozo dos direitos políticos; c) A quitação com as obrigações militares e eleitorais; d) O nível de escolaridade exigido para o exercício do cargo; e) A idade mínima de dezoito anos; f) Aptidão física e mental. » **Posse** é a aceitação formal do servidor da nomeação, com assunção do compromisso funcional. Com a posse, a pessoa passa a integrar oficialmente o quadro de servidores da pessoa jurídica de direito público. A posse só ocorrerá nos casos de provimento de cargo por nomeação (Lei 8.112/90, art. 13, § 4.º). • Após o ato de **nomeação**, o interessado terá **30 (trinta) dias de prazo**, contados do ato de provimento, para **tomar posse**. » O **exercício** se refere ao início material das atribuições do cargo, de modo que entrar em exercício significa efetivamente passar a desempenhar as atividades do cargo e ter responsabilidade em relação às questões com que o cargo se relaciona.

EM RESUMO: Agentes Públicos	
Investidura, posse e exercício	• É de **quinze dias** o prazo para o servidor empossado em cargo público entrar em exercício, contados da data da posse. Caso o servidor não entre em exercício no prazo legal, deve haver, como consequência, a sua exoneração. • O exercício não pode se dar por procuração.
Estágio probatório, efetividade, estabilidade e disponibilidade	**Estágio probatório:** é o período de **três anos** dentro do qual o servidor é avaliado quanto à sua **aptidão** e **capacidade** para o desempenho do cargo, observando-se sua **assiduidade, disciplina, capacidade de iniciativa, produtividade** e **responsabilidade**. Caso não cumpra os requisitos estabelecidos no estágio probatório após o cumprimento das formalidades legais de apuração de sua capacidade (o que inclui a abertura de oportunidade para que o mesmo apresente sua defesa em caso de avaliação negativa), o servidor poderá ser **exonerado** (STF, Súmula 21). **Efetividade:** é um **atributo do cargo**, relacionada à **forma de provimento**. Os **cargos efetivos** pressupõem a realização de **concurso público** e partem do princípio ou expectativa de que o servidor terá um vínculo duradouro. **Estabilidade:** é um **atributo pessoal** do ocupante do cargo, ou seja, configurando-se numa **garantia** de permanência no serviço público adquirida após **três anos** de efetivo exercício e aprovação do servidor em avaliação especial de desempenho por comissão instituída para essa finalidade. Não gera direito adquirido ao servidor de permanecer eternamente no cargo, podendo perdê-lo nas seguintes situações: 1) em virtude de **sentença judicial transitada em julgado** (art. 41, § 1º, I); 2) mediante **processo administrativo** em que lhe seja assegurada ampla defesa (art. 41, § 1º, II); 3) mediante **procedimento de avaliação periódica de desempenho**, na forma de lei complementar, assegurada ampla defesa (art. 41, § 1º, III); 4) **adequação dos gastos da Administração com pessoal**, se insuficientes as providências determinadas no art. 169, § 3º, da CF (§ 4º). **Disponibilidade: extinto o cargo ou declarada a sua desnecessidade**, o servidor estável ficará em **disponibilidade**, com remuneração proporcional ao tempo de serviço, até seu adequado aproveitamento em outro cargo.
Vacância	Ocorre quando determinado cargo público encontrar-se sem um agente regulamente investido (o cargo fica vago). Diversas situações podem ocasionar a vacância de um cargo público, sendo as mais comuns a **exoneração** e a **demissão**. Há outras situações que também implicam na vacância de um cargo, como a **promoção**, a **readaptação**, a **aposentadoria**, a **posse em outro cargo inacumulável** e o **falecimento** do servidor.
Sistema remuneratório	**Remuneração e Subsídio: a) Remuneração:** é o **vencimento** do cargo efetivo, acrescido das **vantagens pecuniárias permanentes** estabelecidas em lei. Vencimento é a retribuição pecuniária pelo exercício de cargo público, com valor fixado em lei. As vantagens pecuniárias permanentes são acréscimos fixados em lei, geralmente pagos por meio de indenizações, gratificações ou adicionais. **b) Subsídio:** são pagos em **parcela única**, vedado o acréscimo de qualquer gratificação, adicional, abono, prêmio, verba de representação ou outra espécie remuneratória (art. 39, § 4º da CF/88).

<table>
<tr><th colspan="2">EM RESUMO: Agentes Públicos</th></tr>
<tr><td>Sistema remuneratório</td><td>Teto remuneratório: O teto geral ou nacional, que será observado por todos os agentes públicos é o subsídio dos Ministros do STF. Todos os subsídios e remunerações não poderão extravasar este valor. Além deste teto geral, a CF/88 estabeleceu outros tetos específicos ou subtetos que devem ser observados no âmbito de outros Poderes: a) Municípios: subsídios do Prefeito; b) Estados e Distrito Federal: b.1) Poder Executivo: o subsídio mensal do Governador; b.2) Poder Legislativo: subsídio dos Deputados Estaduais e Distritais; b.3) Poder Judiciário, Ministério Público, Procuradores e Defensores: subsídio dos Desembargadores do Tribunal de Justiça, limitado a 90,25% do subsídio mensal, em espécie, dos Ministros do STF.</td></tr>
<tr><td>Direitos sociais assegurados aos servidores públicos</td><td>Extensão de direitos próprios dos trabalhadores (art. 7º da CF/88): o art. 39, § 3º da CF estende aos servidores públicos alguns dos direitos sociais previstos no art. 7º, quais sejam:
• Percepção de salário mínimo (art. 7º IV e VIII).
Exceção: Súmula Vinculante 6 do STF (Não viola a Constituição da República o estabelecimento de remuneração inferior ao salário mínimo para os praças prestadores de serviço militar inicial).
• Décimo terceiro salário com base na remuneração integral ou no valor da aposentadoria (art. 7.º, VIII).
• Remuneração do trabalho noturno superior à do diurno (art. 7º, IX).
• Salário-família pago em razão do dependente do trabalhador de baixa renda nos termos da lei (art. 7º, XII).
• Duração do trabalho normal não superior a oito horas diárias e quarenta e quatro semanais, facultada a compensação de horários e a redução da jornada, mediante acordo ou convenção coletiva de trabalho (art. 7º, XIII).
• Repouso semanal remunerado, preferencialmente aos domingos (art. 7º, XV).
• Remuneração do serviço extraordinário superior, no mínimo, em cinquenta por cento à do normal (art. 7º, XVII).
• Gozo de férias anuais remuneradas com, pelo menos, um terço a mais do que o salário normal (art. 7º, XVI).
• Licença à gestante, sem prejuízo do emprego e do salário, com a duração de cento e vinte dias (art. 7º, XVIII).
• Licença-paternidade, nos termos fixados em lei (art. 7º, XIX).
• Proteção do mercado de trabalho da mulher, mediante incentivos específicos, nos termos da lei (art. 7º, XX).
• Redução dos riscos inerentes ao trabalho, por meio de normas de saúde, higiene e segurança (art. 7º, XXII).
• Proibição de diferença de salários, de exercício de funções e de critério de admissão por motivo de sexo, idade, cor ou estado civil (art. 7º, XXX).
Sindicalização e greve (art. 37, VI e VII da CF/88): outros direitos assegurados aos trabalhadores, expressamente estendidos ao servidor público, são os direitos de sindicalização (art. 37, VI) e greve (art. 37, VI). Como neste</td></tr>
</table>

EM RESUMO: Agentes Públicos	
Direitos sociais assegurados aos servidores públicos	último caso a norma constitucional condiciona sua regulamentação à lei específica, que ainda não foi editada, o STF no julgamento dos Mandados de Injunção 670/ES, 708/DF e 712/PA declarou a omissão legislativa quanto ao dever constitucional em editar lei que regulamente o exercício do direito de greve no setor público e, por maioria, determinou a aplicação, no que couber, da lei de greve vigente no setor privado (Lei 7.783/1989). Este tem sido o entendimento atualmente adotado pela jurisprudência.
Sistema de Responsabilização	» No exercício de suas funções, os agentes públicos podem ser responsabilizados por eventuais falhas cometidas. Esta responsabilização pode ocorrer nas searas cível, penal e administrativa. » **Responsabilidade civil:** decorre de ato omissivo ou comissivo, doloso ou culposo, que resulte em prejuízo ao erário ou a terceiros. Este prejuízo poderá ser apurado administrativamente, mediante processo administrativo próprio. » **Responsabilidade penal:** o agente público responde penalmente ao praticar um crime ou contravenção que se relacione direta ou diretamente com suas funções. A responsabilidade criminal do servidor é apurada em processo judicial. » **Responsabilidade administrativa:** os estatutos funcionais estabelecem deveres e responsabilidades dos servidores que, se violados, configuram infrações administrativas, que podem acarretar a aplicação de penalidades como advertência, suspensão e até mesmo demissão. A própria Administração promoverá a apuração da infração administrativa, instaurando o procedimento adequado e assegurando ao servidor o contraditório e a ampla defesa. » **Espécies de penalidades disciplinares** (art. 127 da Lei 8.112/90): a) advertência; b) suspensão; c) demissão; d) cassação de aposentadoria ou disponibilidade; e) destituição de cargo em comissão; f) destituição de função comissionada. » **Prazos que a Administração possui para responsabilizar o servidor público faltoso** (Lei 8.112/90: (sob pena de prescrição da pretensão punitiva) a) Advertência – 180 dias b) Suspensão – 2 anos c) Demissão; Cassação de aposentadoria ou disponibilidade; Destituição de cargo em comissão – 5 anos d) Infrações Disciplinares também capituladas como crimes – Prazos de prescrição previstos na lei penal.
Regime de previdência dos agentes públicos	**Regime Geral de Previdência Social (RGPS):** • Aberto aos trabalhadores de um modo geral, é regido pela Lei 8.213/91. • A este regime estarão vinculados os empregados públicos, os servidores temporários, os ocupantes de cargos em comissão de livre nomeação e exoneração e os servidores efetivos que não estiverem vinculados a regime próprio de previdência;

<table>
<tr><th colspan="2">EM RESUMO: Agentes Públicos</th></tr>
<tr><td>Regime de previdência dos agentes públicos</td><td>Regime Próprio de Previdência Social (RPPS):
• Criados pelos entes federativos para beneficiar os servidores titulares de cargos efetivos da Administração Pública Direta ou Indireta. A partir da edição da EC 103/2019, não é mais possível a instituição de novos RPPS.
Prevê o art. 40, da CF, com a nova redação trazida pela EC 103/2019, que o regime próprio de previdência social dos servidores titulares de cargos efetivos terá caráter contributivo e solidário, mediante contribuição do respectivo ente federativo, de servidores ativos, de aposentados e de pensionistas, observados critérios que preservem o equilíbrio financeiro e atuarial.
Aposentadorias: devidas ao próprio servidor e estabelecidas no art. 41, § 1º da CF.
• Aposentadoria por incapacidade permanente para o trabalho: será devida ao servidor quando constatada incapacidade permanente para o trabalho, no cargo em que estiver investido, quando insuscetível de readaptação, hipótese em que será obrigatória a realização de avaliações periódicas para verificação da continuidade das condições que ensejaram a concessão da aposentadoria, na forma de lei do respectivo ente federativo.
• Aposentadoria compulsória: dá-se quando o agente completa 70 anos de idade, ou aos 75 anos de idade, na forma de lei complementar, conforme alteração promovida pela EC 88/2015. Em ambas as situações os proventos serão proporcionais ao tempo de contribuição. Aplica-se também aos empregados dos consórcios públicos, das empresas públicas, das sociedades de economia mista e das suas subsidiárias, observado o cumprimento do tempo mínimo de contribuição e na forma estabelecida em lei.
• Aposentadoria voluntária: Segundo a nova previsão do art. 40, § 1.º, III, no âmbito da União, a aposentadoria voluntária será concedida ao servidor público aos 62 (sessenta e dois) anos de idade, se mulher, e aos 65 (sessenta e cinco) anos de idade, se homem, e, no âmbito dos Estados, do Distrito Federal e dos Municípios, na idade mínima estabelecida mediante emenda às respectivas Constituições e Leis Orgânicas, observados o tempo de contribuição e os demais requisitos estabelecidos em lei complementar do respectivo ente federativo. Aos servidores dos Estados, do Distrito Federal e dos Municípios permanecem aplicáveis as normas constitucionais e infraconstitucionais anteriores à data da entrada em vigor da EC 103/2019 (13.11.2019), enquanto não promovidas alterações na legislação interna relacionada ao respectivo regime próprio de previdência social.
• Aposentadorias diferenciadas: em regra, a CF veda a adoção de requisitos e critérios diferenciados para a concessão de aposentadorias a servidores abrangidos pelo RPPS, ressalvando expressamente as seguintes situações: a) aposentadoria dos servidores com deficiência; b) aposentadoria dos agentes de segurança pública; c) Aposentadoria especial; d) aposentadoria do professor. Todas terão seus requisitos estabelecidos em lei complementar do respectivo ente federativo.</td></tr>
</table>

<table>
<tr><th colspan="2">EM RESUMO: Agentes Públicos</th></tr>
<tr><td>Regime de previdência dos agentes públicos</td><td>Vedações constitucionais em matéria de aposentadoria:
• Os proventos de aposentadoria não poderão ser inferiores ao valor mínimo a que se refere o § 2º do art. 201 ou superiores ao limite máximo estabelecido para o Regime Geral de Previdência Social, observado o disposto nos §§ 14 a 16 (art. 40, § 2º).
• Ressalvadas as aposentadorias decorrentes dos cargos acumuláveis na forma desta Constituição, é vedada a percepção de mais de uma aposentadoria à conta do RPPS, aplicando-se outras vedações, regras e condições para a acumulação de benefícios previdenciários estabelecidas no Regime Geral de Previdência Social. (art. 40, § 6º).
• A lei não poderá estabelecer qualquer forma de contagem de tempo de contribuição fictício (art. 40, § 10). Por muito tempo se admitiu a chamada contagem em dobro ou mesmo a conversão de licenças não gozadas em tempo de serviço para fins de aposentadoria, o que não é mais admitido.
• É vedada a complementação de aposentadorias de servidores públicos e de pensões por morte a seus dependentes que não seja decorrente do disposto nos §§ 14 a 16 do art. 40 ou que não seja prevista em lei que extinga regime próprio de previdência social (art. 37, § 15).
• A soma total dos proventos de inatividade, inclusive quando decorrentes da acumulação de cargos ou empregos públicos, bem como de outras atividades sujeitas a contribuição para o regime geral de previdência social, e o montante resultante da adição de proventos de inatividade com remuneração de cargo acumulável na forma da CF/88, cargo em comissão declarado em lei de livre nomeação e exoneração, e de cargo eletivo, não poderão ser superiores ao limite fixado no art. 37, XI (art. 40, § 11).
Contagem Recíproca: se antes de ingressar no serviço público o servidor tiver desempenhado alguma atividade remunerada abrangida pelo RGPS, poderá contar este tempo e ter incluído no cálculo de seus proventos as remunerações utilizadas como base para as contribuições para aquele regime (art. 40, § 3º).
Pensão por morte: segundo a sistemática trazida pela EC 103/2019, garantido o piso do salário mínimo, quando se tratar da única fonte de renda formal auferida pelo dependente, o benefício de pensão por morte será concedido nos termos de lei do respectivo ente federativo, a qual tratará de forma diferenciada a hipótese de morte dos agentes de segurança pública (art. 40, § 4º-B) decorrente de agressão sofrida no exercício ou em razão da função.</td></tr>
<tr><td>Sistema de responsabilização</td><td>No exercício de suas funções, os agentes públicos podem ser responsabilizados por eventuais falhas cometidas. Esta responsabilização pode ocorrer nas searas cível, penal e administrativa.
Responsabilidade civil: decorre de ato omissivo ou comissivo, doloso ou culposo, que resulte em prejuízo ao erário ou a terceiros. Este prejuízo poderá ser apurado administrativamente, mediante processo administrativo próprio.</td></tr>
</table>

EM RESUMO: Agentes Públicos	
Sistema de responsabilização	**Responsabilidade penal:** o agente público responde penalmente ao praticar um crime ou contravenção que se relacione direta ou diretamente com suas funções. A responsabilidade criminal do servidor é apurada em processo judicial. **Responsabilidade administrativa:** os estatutos funcionais estabelecem deveres e responsabilidades dos servidores que, se violados, configuram infrações administrativas, que podem acarretar a aplicação de penalidades como advertência, suspensão e até mesmo demissão. A própria Administração promoverá a apuração da infração administrativa, instaurando o procedimento adequado e assegurando ao servidor o contraditório e a ampla defesa. Espécies de penalidades disciplinares (art. 127 da Lei 8.112/90): a) **advertência**; b) **suspensão**; c) **demissão**; d) **cassação de aposentadoria ou disponibilidade**; e) **destituição de cargo em comissão**; f) **destituição de função comissionada.** Prazos que a Administração possui para responsabilizar o servidor público faltoso (Lei 8.112/90: (sob pena de prescrição da pretensão punitiva) a) Advertência – **180 dias** b) Suspensão – **2 anos** c) Demissão; Cassação de aposentadoria ou disponibilidade; Destituição de cargo em comissão – **5 anos** d) Infrações Disciplinares também capituladas como crimes – **Prazos de prescrição previstos na lei penal.** **Apuração da infração:** a própria Administração fará a apuração, por meio de sindicância e procedimento administrativo disciplinar. A sindicância tem natureza de procedimento investigativo, mas que também pode acarretar na aplicação de sanção, observado o contraditório e ampla defesa, e caso de aplicação de penalidade de advertência ou suspensão por até 30 dias. Se a penalidade apurada for mais grave, implicando em aplicação das penas de suspensão por mais de 30 (trinta) dias, demissão, cassação de aposentadoria ou disponibilidade, ou destituição de cargo em comissão, instaura-se o procedimento administrativo disciplinar (PAD), cujo procedimento está disciplinado entre os artigos 148 e 173 da Lei 8.112/90. Neste caso, a sindicância, quando existir, integrará o PAD como peça informativa de instrução. Por fim, o processo disciplinar poderá ser revisto, a **qualquer tempo**, **a pedido** ou **de ofício**, quando se aduzirem **fatos novos** ou **circunstâncias suscetíveis de justificar a inocência do punido** ou a **inadequação da penalidade aplicada, cabendo ao interessado o ônus da prova.**

QUESTÕES

(Cespe – Policial Rodoviário Federal – DPRF/2013) *No que concerne ao regime jurídico do servidor público federal, julgue os próximos itens.*

Anulado o ato de demissão, o servidor estável será reintegrado ao cargo por ele ocupado anteriormente, exceto se o cargo estiver ocupado, hipótese em que ficará em disponibilidade até aproveitamento posterior em cargo de atribuições e vencimentos compatíveis.

GABARITO	ERRADO.
COMENTÁRIO	Prevê o Art. 41 § 2º, da CF que: "Invalidada por sentença judicial a demissão do servidor estável, será ele reintegrado, e o eventual ocupante da vaga, se estável, reconduzido ao cargo de origem, sem direito a indenização, aproveitado em outro cargo ou posto em disponibilidade com remuneração proporcional ao tempo de serviço". O mesmo se verifica no art. 28 § 2º, da Lei 8112/90, que traz o seguinte: Encontrando-se provido o cargo, o seu eventual ocupante será reconduzido ao cargo de origem, sem direito à indenização ou aproveitado em outro cargo, ou, ainda, posto em disponibilidade.

O servidor público federal investido em mandato eletivo municipal somente será afastado do cargo se não houver compatibilidade de horário, sendo-lhe facultado, em caso de afastamento, optar pela sua remuneração.

GABARITO	ERRADO.
COMENTÁRIO	Art. 94, II e III, da Lei 8.112/90. Em se tratando de investidura no mandato de prefeito, será afastado do cargo, sendo-lhe facultado optar pela sua remuneração.

Não é possível a aplicação de penalidade a servidor inativo, ainda que a infração funcional tenha sido praticada anteriormente à sua aposentadoria.

GABARITO	ERRADO.
COMENTÁRIO	Art. 134, da Lei 8.112/90.

(Cespe – Policial Rodoviário Federal – DPRF/2013) *No que concerne ao regime jurídico do servidor público federal, julgue os próximos itens.*

A nomeação para cargo de provimento efetivo será realizada mediante prévia habilitação em concurso público de provas ou de provas e títulos ou, em algumas situações excepcionais, por livre escolha da autoridade competente.

GABARITO	ERRADO.
COMENTÁRIO	Art. 10, Lei 8.112/90.

(Cespe – Policial Rodoviário Federal – DPRF/2013) *Um PRF, ao desviar de um cachorro que surgiu inesperadamente na pista em que ele trafegava com a viatura de polícia, colidiu com veículo que trafegava em sentido contrário, o que ocasionou a morte do condutor desse veículo.*

Com base nessa situação hipotética, julgue os itens a seguir.

Ainda que seja absolvido por ausência de provas em processo penal, o PRF poderá ser processado administrativamente por eventual infração disciplinar cometida em razão do acidente.

GABARITO	CERTO.
COMENTÁRIO	Art. 126, da Lei 8.112/90.

CAPÍTULO IX

CONTROLE DA ADMINISTRAÇÃO PÚBLICA

1. NOÇÕES

Em decorrência da própria noção de Estado Democrático de Direito, a Constituição criou alguns mecanismos de controle para a atuação da Administração Pública. Façamos, então, uma análise destes mecanismos.

Sintetizamos na tabela a seguir a classificações proposta por JOSÉ DOS SANTOS CARVALHO FILHO (2008, pp. 838-841):

Quanto à Natureza do Controlador	**Administrativo**	Realizado pela própria Administração, normalmente no exercício da **autotutela**.
	Legislativo	Realizado pelo Poder Legislativo, em alguns casos com auxílio do Tribunal de Contas.
	Judicial	Realizado pelo Poder Judiciário, no tocante à **legalidade dos atos** praticados.
Quanto à Extensão do Controle	**Interno**	Exercido por órgãos de um Poder sobre condutas administrativas produzidas dentro de sua esfera.
	Externo	Quando o órgão fiscalizador se situa fora da estrutura organizacional da Administração fiscalizada.
Quanto à Natureza do Controle	**De Legalidade**	Verifica se a atuação da Administração está de acordo com as previsões normativas pertinentes.
	De Mérito	Ingressa no mérito administrativo e acaba por avaliar as razões de **conveniência** e **oportunidade** do ato.
Quanto à Oportunidade	**Prévio**	Exercido antes da consumação da conduta administrativa.
	Concomitante	Exercido na medida em que se desenvolve a atuação administrativa.
	Posterior	Objetiva a **revisão** dos atos já praticados, confirmando-os ou corrigindo-os.
Quanto à Iniciativa	**De Ofício**	Executado pela própria Administração no exercício de suas funções.
	Provocado	Deflagrado por terceiro, que postula a revisão de conduta administrativa

2. CONTROLE ADMINISTRATIVO

O **controle administrativo** é feito **internamente** e está vinculado ao exercício da **função administrativa**. Pode ser prévio, concomitante ou posterior.

Decorre do **poder de autotutela**, permite que a própria Administração **de ofício** reveja seus atos, **anulando-os**, quando eivados de **vício de legalidade**, ou **revogando-os**, se **inconvenientes** ou **inoportunos**. Basicamente, a doutrina arrola os seguintes meios de controle administrativo: **fiscalização hierárquica**, **supervisão ministerial**, **exercício do direito de petição**, **processo administrativo** e os **recursos administrativos**. Pode ser realizado pelo Judiciário e Legislativo, desde que estejam no exercício da **função administrativa**.

2.1. Responsabilização de pessoas jurídicas por atos de corrupção (lei anticorrupção)

A Lei 12.846, de 01/08/2013, surgiu como mais um mecanismo de combate à corrupção, voltando-se para a **responsabilização objetiva** administrativa e civil das **pessoas jurídicas** que praticam atos contra a administração pública (art. 5º), nacional ou estrangeira, independentemente da responsabilização de seus dirigentes, administradores ou de qualquer outra pessoa natural, autora, coautora ou partícipe do ato ilícito.

A lei trouxe como novidade a apuração administrativa do ilícito, com a aplicação de multa e publicação extraordinária da decisão condenatória, após regular processo administrativo, assim como a possibilidade de celebração de **acordo de leniência** com os envolvidos que efetivamente colaborarem com as investigações e o processo administrativo (art. 16), em troca de alguns benefícios na aplicação das sanções (§ 2º). Para que seja admitido o acordo de leniência, a pessoa jurídica deve ser a primeira a manifestar sobre seu interesse em cooperar para a apuração do ato ilícito e deve cessar completamente seu envolvimento na infração investigada a partir da data de propositura do acordo.

A desconsideração da personalidade jurídica será aplicada, caso haja abuso de direito para facilitar, encobrir ou dissimular a prática de atos ilícitos, recaindo a responsabilidade sobre os administradores e sócios com poderes de administração.

Além da apuração administrativa da infração, a pessoa jurídica poderá ser sofrer **responsabilização na esfera judicial**, cuja legitimidade para ajuizamento caberá à **União**, **Estados**, **Distrito Federal** e **Municípios**, bem como ao **Ministério Público**, com aplicação das sanções previstas no art. 19, entre as quais podemos citar a suspensão ou interdição parcial de atividades e a própria dissolução da pessoa jurídica.

Apesar de a Lei 12.846/13 mencionar que a aplicação de suas sanções não afasta a incidência da Lei de Improbidade Administrativa (art. 30, I), haverá a necessidade de uma maior discussão quanto à compatibilização dos diplomas legais, haja vista a similitude de algumas condutas e sanções – o que poderia levar à configuração de *bis in idem* –, sem contar, ainda, que a responsabilidade prevista na LIA é **subjetiva**.

3. CONTROLE LEGISLATIVO

É uma modalidade de **controle externo** realizado pelo Poder Legislativo com relação aos atos da Administração Pública. Pode ser de **fiscalização** da atuação administrativa ou **político**.

De acordo com o estatuído no **art. 70, *caput*, da CF** "a **fiscalização** contábil, financeira, orçamentária, operacional e patrimonial da **União** e das entidades da administração direta e indireta, quanto à legalidade, legitimidade, economicidade, aplicação das subvenções e renúncia de receitas, será exercida pelo **Congresso Nacional**, mediante **controle externo**, e pelo sistema de controle interno de cada Poder".

No âmbito estadual e municipal esta fiscalização será realizada respectivamente pelas assembleias legislativas e pelas câmaras de vereadores. O Poder Judiciário também será fiscalizado pelo Legislativo **relativamente àquelas matérias** (não há controle externo do Legislativo relativamente aos atos judiciais!).

O **controle político** está relacionado à própria gestão do Estado, discutindo-se questões de legalidade e mérito das decisões tomadas pelo governante. Ex.: a apuração de irregularidades por meio de CPI, convocação de Ministro de Estado etc. Alguns autores consideram a fiscalização uma decorrência do poder político.

3.1 Tribunal de Contas: O **controle externo** da Administração Pública será exercido pelo Congresso Nacional, com o auxílio do **Tribunal de Contas da União (TCU)**, ao qual são reservadas as competências enumeradas no **art. 71 da CF/88**, de leitura necessária! No âmbito estadual, cabe ao **Tribunal de Contas do Estado (TCE)** semelhantes atribuições.

A CF/88 prevê que o controle externo da Câmara Municipal será exercido com o auxílio dos Tribunais de Contas dos Estados ou do Município ou dos Conselhos ou Tribunais de Contas dos Municípios, onde houver, sendo que o parecer prévio, emitido pelo órgão competente sobre as contas que o Prefeito deve anualmente prestar, só deixará de prevalecer por decisão de dois terços dos membros da Câmara Municipal (art. 31, §§ 2º e 3º).

Alguns municípios possuem seus próprios Tribunais de Contas (como São Paulo e Rio de Janeiro) com atuação local. Estes órgãos, criados antes do advento da CF/88, foram recepcionados pela nova ordem constitucional, que vedou, todavia, a criação de outros semelhantes (art. 31, § 4º da CF/88).

? **QUESTÃO:** O Tribunal de Contas da União pode exercer fiscalização sobre Estados, Distrito Federal e Municípios?

➥ ***RESPOSTA:*** *Sim, uma das competências do TCU é exatamente a de "fiscalizar a aplicação de quaisquer recursos repassados pela União mediante convênio, acordo, ajuste ou outros instrumentos congêneres, a **Estado,** ao **Distrito Federal** ou a **Município**" (art. 71, VI da CF). Nesta situação, o TCU poderá fiscalizar a aplicação da verba federal, utilizando-se dos vários mecanismos trazidos nos incisos do art. 71 da CF, como assinar prazo para que o órgão ou entidade adote as providências necessárias ao exato cumprimento da lei, se verificada ilegalidade.*

4. CONTROLE JUDICIAL

É a modalidade de controle externo realizado pelo **Poder Judiciário** relativamente à **legalidade** dos atos administrativos. Para um estudo mais detalhado dos principais meios de realização deste controle, remetemos o leitor à disciplina Direito Constitucional no capítulo reservado ao estudo dos Remédios Constitucionais.

SISTEMAS DE CONTROLE DA ADMINISTRAÇÃO

FIQUE POR DENTRO: O Brasil adota o **sistema da unidade de jurisdição**, que tem sua origem no direito inglês e se caracteriza pelo exercício da jurisdição por um único órgão, que possui competência para o conhecimento de quaisquer demandas, sejam elas comuns ou administrativas (art. 5º XXXV, da CF/88). Existe também o **sistema de contencioso administrativo**, que tem sua origem no direito francês – daí também ser conhecido como **sistema francês** – e admite a coexistência ou dualidade de jurisdições, uma comum (Justiça Judiciária) e a outra administrativa (Justiça Administrativa).

EM RESUMO: Controle da Administração Pública	
Controle administrativo	• É feito **internamente** e está vinculado ao exercício da **função administrativa**. Pode ser prévio, concomitante ou posterior. • Decorre do **poder de autotutela**, permite que a própria Administração **de ofício** reveja seus atos, **anulando-os**, quando eivados de **vício de legalidade**, ou **revogando-os**, se **inconvenientes** ou **inoportunos**. • **Meios de controle administrativo arrolados pela doutrina**: **fiscalização hierárquica**, **supervisão ministerial**, **exercício do direito de petição**, **processo administrativo** e os **recursos administrativos**. Pode ser realizado pelo Judiciário e Legislativo, desde que estejam no exercício da **função administrativa**.
Controle legislativo	• Modalidade de **controle externo** realizado pelo Poder Legislativo com relação aos atos da Administração Pública. Pode ser de **fiscalização** da atuação administrativa ou **político**. • De acordo com o estatuído no **art. 70, *caput*, da CF** "a **fiscalização** contábil, financeira, orçamentária, operacional e patrimonial da **União** e das entidades da administração direta e indireta, quanto à legalidade, legitimidade, economicidade, aplicação das subvenções e renúncia de receitas, será exercida pelo **Congresso Nacional**, mediante **controle externo**, e pelo sistema de controle interno de cada Poder". • No âmbito estadual e municipal esta fiscalização será realizada respectivamente pelas assembleias legislativas e pelas câmaras de vereadores. • O Poder Judiciário também será fiscalizado pelo Legislativo **relativamente àquelas matérias** (não há controle externo do Legislativo relativamente aos atos judiciais!). • O **controle político** está relacionado à própria gestão do Estado, discutindo-se questões de legalidade e mérito das decisões tomadas pelo governante. • **Tribunal de Contas:** O **controle externo** da Administração Pública será exercido pelo Congresso Nacional, com o auxílio do **Tribunal de Contas da União (TCU)**, ao qual são reservadas as competências enumeradas no **art. 71 da CF/88**. No âmbito estadual, cabe ao **Tribunal de Contas do Estado (TCE)** semelhantes atribuições. • A CF/88 prevê que o controle externo da Câmara Municipal será exercido com o auxílio dos Tribunais de Contas dos Estados ou do Município ou dos Conselhos ou Tribunais de Contas dos Municípios, onde houver, sendo que o parecer prévio, emitido pelo órgão competente sobre as contas que o Prefeito deve anualmente prestar, só deixará de prevalecer por decisão de dois terços dos membros da Câmara Municipal (art. 31, §§ 2º e 3º). • Alguns municípios possuem seus próprios Tribunais de Contas (como São Paulo e Rio de Janeiro) com atuação local. Estes órgãos, criados antes do advento da CF/88, foram recepcionados pela nova ordem constitucional, que vedou, todavia, a criação de outros semelhantes (art. 31, § 4º da CF/88).
Controle judicial	• Modalidade de controle externo realizado pelo **Poder Judiciário** relativamente à **legalidade** dos atos administrativos.

✍ QUESTÃO

(Cespe – Policial Rodoviário Federal – DPRF/2013) *A respeito da organização do Departamento de Polícia Rodoviária Federal e da natureza dos atos praticados por seus agentes, julgue o item que se segue.*

Os atos praticados pelos agentes públicos da PRF estão sujeitos ao controle contábil e financeiro do Tribunal de Contas da União.

GABARITO	CERTO.
COMENTÁRIO	Os agentes públicos da PRF integram o Poder Executivo Federal, estando sujeitos ao controle contábil e financeiro do Tribunal de Contas da União. Essa competência do TCU consta do art. 71 da CF/88. Art. 71. O controle externo, a cargo do Congresso Nacional, será exercido com o auxílio do Tribunal de Contas da União, ao qual compete: IV - realizar, por iniciativa própria, da Câmara dos Deputados, do Senado Federal, de Comissão técnica ou de inquérito, inspeções e auditorias de natureza contábil, financeira, orçamentária, operacional e patrimonial, nas unidades administrativas dos Poderes Legislativo, Executivo e Judiciário, e demais entidades referidas no inciso II;

BIBLIOGRAFIA RECOMENDADA

LEITURA BÁSICA

- PAVIONE, Lucas dos Santos. **Direito Administrativo. Coleção Resumos para Concursos**. V. 2. Salvador: Juspodivm.

OBRAS PARA APROFUNDAMENTO

- CARVALHO FILHO, José dos Santos. **Manual de Direito Administrativo**. Rio de Janeiro: Lumen Juris.
- DI PIETRO, Maria Sylvia Zanella. **Direito Administrativo**. São Paulo: Atlas.
- MEIRELLES, Hely Lopes. **Direito Administrativo Brasileiro**. São Paulo: Malheiros.
- MELLO, Celso Antônio Bandeira de. **Curso de Direito Administrativo**. São Paulo: Malheiros.

DIREITO CONSTITUCIONAL

JÚLIO CESAR FRANCESCHET

CAPÍTULO I

NORMAS CONSTITUCIONAIS E ALTERAÇÃO DA CONSTITUIÇÃO

1. NOÇÕES

O **constitucionalismo** surgiu a partir das revoluções burguesas dos séculos XVII e XVIII e teve dois objetivos principais: **limitação do poder** (regrar a atuação daquele que exerce o poder) e **atribuir aos cidadãos direitos e garantias fundamentais.**

Poder Constituinte: trata-se do **poder de criar ou de reformar** a Constituição. No Brasil, este Poder é exercido pelo povo por meio de seus representantes (regime democrático).

O Poder Constituinte divide-se em:

A **Originário: inicial, autônomo, ilimitado juridicamente e incondicionado.** O Poder Constituinte Originário não guarda qualquer espécie de subordinação técnica com o ordenamento jurídico anterior.

B **Derivado:** como o próprio nome sugere, é aquele que decorre, ou deriva, de algo. No caso, é derivado do próprio Poder Constituinte Originário e, por consequência, limitado por ele. Logo, o **Poder Constituinte Derivado** reúne as seguintes características: **é limitado, condicionado e subordinado.**

MUITA ATENÇÃO!

O **Poder Constituinte Derivado** pode, ainda, ser classificado em:

1. **DECORRENTE:** trata-se daquele poder atribuído aos Estados-membros para elaborarem suas próprias constituições, desde que observada a Constituição Federal, seja no aspecto formal, seja, ainda, sob o aspecto material;
2. **REFORMADOR:** permite que a Constituição seja modificada a fim de que, sobretudo, possa acompanhar as mudanças sociais e não se tornar obsoleta, distante dos anseios sociais. As reformas ocorrem por meio de emendas à Constituição;
3. **REVISOR:** previsto no art. 3º do ADCT, permitiu que a Constituição Federal fosse revisada cinco anos após a sua promulgação. Este poder revisor estava previsto para acontecer uma única vez e dele decorreram seis emendas de revisão. A votação foi realizada pelo Congresso Nacional em composição unicameral e foi exigido o *quórum* de maioria absoluta.

? **QUESTÃO:** Quais são as espécies de limitações ao Poder Constituinte Derivado Reformador?

➥ ***RESPOSTA:*** *As limitações podem ser: expressas (materiais – cláusulas pétreas; circunstanciais – intervenção, estado de defesa e estado de sítio; formais – procedimentais) e implícitas (supressão das limitações expressas e alteração do titular do poder constituinte derivado).*

DICA IMPORTANTE

A leitura atenta do art. 60 da CF mostra-se imprescindível. É dele, basicamente, que se extraem as limitações ao Poder Constituinte Derivado Reformador.

2. CLASSIFICAÇÃO DAS NORMAS CONSTITUCIONAIS

Na clássica lição de José Afonso da Silva, as normas constitucionais classificam-se em:

A **Normas de eficácia plena:** são aquelas que estão aptas a produzir todos os efeitos almejados pelo constituinte, independente da elaboração de novas normas. O art. 14, §4º, da CF/88, segundo o qual os analfabetos e os inalistáveis são inelegíveis é exemplo de norma de eficácia plena e aplicabilidade direta, imediata e integral, pois, desde que a Constituição Federal entrou em vigor, já está apta a produzir todos os seus efeitos.

B **Normas de eficácia contida:** são aquelas aptas a produção imediata de efeitos, porém, poderão, por atuação legislativa, sofrer restrições em sua aplicabilidade. Exemplo: Dispõe o art. 5º, inc. XIII, da CF/1988 que é livre o exercício de qualquer trabalho, ofício ou profissão, **atendidas as qualificações profissionais que a lei estabelecer.** Ou seja, trata-se de norma apta a produzir efeitos imediatos, podendo, contudo, sofrer limitações em sua aplicabilidade devido a atuação legislativa.

C **Normas de eficácia limitada:** são aquelas que não produzem seus efeitos essenciais com a simples entrada em vigor da Constituição. **São exemplos de normas de eficácia limitada: as normas programáticas e as normas definidoras de princípio institutivo ou organizativo.** As **normas programáticas possuem eficácia limitada** e, por conseguinte, exigem determinada atuação dos órgãos estatais a fim de que os objetivos traçados pelo constituinte sejam alcançados. Essas normas são definidoras de princípios programáticos. Nesta modalidade de normas, o constituinte limitou-se a traçar diretrizes e princípios que deverão ser implementados pelos órgãos integrantes dos poderes constituídos (Legislativo, Executivo e Judiciário). São exemplos de programas a serem implantados pelo Poder Público: o combate ao analfabetismo, a realização da justiça social, a valorização do trabalho, o amparo à família, entre outros.

MUITA ATENÇÃO!

As **normas programáticas** não possuem eficácia plena. Todavia, elas não são despidas de qualquer efeito. Embora não estejam aptas à produção de seus efeitos essenciais, essas normas têm eficácia negativa. **Significa dizer que as normas programáticas revogam disposições contrárias ou incompatíveis com seus comandos, impedem a superveniência de normas com conteúdo incompatível com aquele traçado em seus programas** e, sobretudo, servem de parâmetro para interpretação do texto constitucional.

3. MODIFICAÇÃO DA CONSTITUIÇÃO

Constituição pode ser modificada através de procedimentos formais, a exemplo das **emendas constitucionais,** ou pode sofrer mudanças interpretativas que não a modificam formalmente, porém, dão aos seus comandos novos significados de acordo com a evolução social, política, econômica, filosófica, entre outras. A este processo silencioso e informal de modificação do seu conteúdo dá-se o nome de **mutação constitucional.**

A técnica de interpretação conforme a Constituição é um bom exemplo de como o Texto Constitucional pode ter o seu significado alterado sem que seja necessário um procedimento formal de alteração. A união civil entre pessoas do mesmo sexo, até pouco tempo afastada do conceito de família, é a prova de que a Constituição passa por um processo contínuo de mutação sem a necessidade de constantes interferências legislativas.

A **mutação constitucional** é fruto de um constante processo de **interpretação da Constituição**, cujo objetivo maior é reforçar seus princípios fundamentais, tendo como norte a proteção e valorização da pessoa humana. Na mutação constitucional, amplamente admitida pelo STF, altera-se o conteúdo material da norma constitucional sem alterações formais no texto. Trata-se, assim, de um processo informal de alteração da Constituição.

4. SÚMULAS VINCULANTES

Como sabido as súmulas, até a criação da denominada 'vinculante', apenas expressavam a jurisprudência dominante nos Tribunais Superiores. Não eram, portanto, dotadas de força obrigatória. **As súmulas vinculantes surgiram com a emenda constitucional nº 45/04 (art. 103-A da Constituição Federal)** e encontram-se regulamentadas pela **Lei 11.417/2006**.

? QUESTÃO: A partir da EC 45/04 toda súmula passou a ter efeito vinculante?

↳ ***RESPOSTA:*** *Não. Persistem em nosso ordenamento as súmulas que apenas expressam a jurisprudência dominante nos Tribunais Superiores. É o que ocorre, por exemplo, com as súmulas aprovadas pelo STJ, pelos Tribunais de Justiça, pelas Turmas Recursais, pelos Tribunais Regionais Federais, e pelo próprio STF, quando não presentes os pressupostos formais e materiais indispensáveis à edição da Súmula Vinculante.*

Apenas o Supremo Tribunal Federal poderá editar súmulas com efeitos vinculantes, **de ofício ou mediante provocação,** *desde que se trate de* **matéria constitucional, fruto de reiteradas decisões, demonstrando a existência de controvérsia atual entre órgãos judiciários ou entre estes e da administração pública ensejadora de grave insegurança jurídica e relevante multiplicação de processos.**

O art. 3º da Lei 11.417/06 apresenta os legitimados a propor a edição, a revisão ou o cancelamento de enunciados de súmulas vinculantes. São eles: o Presidente da República; a Mesa do Senado Federal; a Mesa da Câmara dos Deputados; o Procurador-Geral da República; o Conselho Federal da Ordem dos Advogados do Brasil; o Defensor Público-Geral da União; partido político com representação no Congresso Nacional; confederação sindical ou entidade de classe de âmbito nacional; a Mesa de Assembleia Legislativa ou da Câmara Legislativa do Distrito Federal; o Governador de Estado ou do Distrito Federal; os Tribunais Superiores, os Tribunais de Justiça de Estados ou do Distrito Federal e Territórios, os Tribunais Regionais Federais, os Tribunais Regionais do Trabalho, os Tribunais Regionais Eleitorais e os Tribunais Militares.

? QUESTÃO: Os Municípios podem propor a edição, revisão ou cancelamento de súmulas com efeitos vinculantes?

↳ ***RESPOSTA:*** *O Município poderá propor apenas incidentalmente ao curso de processo em que seja parte a edição, a revisão ou o cancelamento de enunciado de súmula vinculante, conforme dispõe o art. 3º, § 1º, da Lei 11.417/2006.*

Sob o **aspecto formal**, a edição, a revisão e o cancelamento de enunciado de súmula com efeito vinculante dependerão de decisão tomada por **2/3 (dois terços) dos membros do Supremo Tribunal Federal**, em sessão plenária.

? **QUESTÃO:** Quais órgãos ficam vinculados às súmulas editadas pelo STF de acordo com a Lei 11.417/06?

➥ ***RESPOSTA:*** *A vinculação atinge não apenas os demais órgãos do Judiciário, mas também alcança a Administração Direta e Indireta, nas esferas federal, estadual e municipal. A vinculação não alcança o Poder Legislativo.*

MUITA ATENÇÃO!

Existe um procedimento específico para os casos de inobservância dos efeitos vinculantes das súmulas aprovadas de acordo com o art. 103-A da CF e Lei 11.417/06. Trata-se da reclamação. Esta terá lugar contra ato administrativo ou decisão judicial que contrariar súmula vinculante ou a aplicar indevidamente. **A reclamação deverá ser ajuizada diretamente no STF** e, julgando-a procedente, anulará o ato administrativo ou cassará a decisão judicial reclamada.

? **QUESTÃO:** *O que significa modulação dos efeitos de uma súmula vinculante?*

➥ ***RESPOSTA:*** *A Súmula Vinculante tem, como regra, eficácia imediata. No entanto, a modulação permite restringir ou determinar outro momento para que a Súmula Vinculante aprovada possa produzir seus efeitos. A modulação de efeitos depende da aprovação de 2/3 dos membros do STF, desde que tenha como fundamento razões de segurança jurídica ou de excepcional interesse público. É o que dispõe o art. 4º da Lei 11.417/2006.*

5. EMENDAS À CONSTITUIÇÃO

As **emendas representam um meio formal** de modificação da Constituição e são fruto do denominado **Poder Constituinte Derivado Reformador.** Desse modo, **trata-se de poder limitado, condicionado e subordinado.** Daí, decorrem as limitações materiais e procedimentais.

As limitações em relação às emendas podem ser: (1) procedimentais (referente à iniciativa, votação e promulgação); **(2) circunstanciais** (impossibilidade de alteração da Constituição durante a vigência de intervenção federal, estado de defesa ou de sítio); **(3) materiais** (supressão das chamadas cláusulas pétreas – **forma federativa de Estado, voto secreto, direto, universal e periódico, separação dos Poderes e os direitos e garantias fundamentais); (4) temporais** (impossibilidade de modificação da Constituição durante certo tempo. Não foi adotada essa limitação pela Constituição da República de 1988, embora doutrina minoritária entenda que a impossibilidade de nova apresentação, na mesma sessão legislativa, de matéria já apreciada, represente limitação temporal).

Há, ainda, limitações implícitas à elaboração de emendas à CF, como, por exemplo**: a supressão das limitações expressas e a alteração do titular do poder constituinte derivado reformador.**

As modificações promovidas pelo constituinte derivado reformador **estão sujeitas ao controle de constitucionalidade**, sendo que as normas ali propostas não podem afrontar cláusulas pétreas estabelecidas na Constituição da República.

FASES	PROCESSO LEGISLATIVO DAS EMENDAS À CONSTITUIÇÃO
1. Apresentação da proposta de emenda por um dos legitimados	A legitimação, no caso das emendas à Constituição, é mais restrita do que no processo legislativo dedicado, por exemplo, à elaboração das leis ordinárias e complementares.

1. Apresentação da proposta de emenda por um dos legitimados	No caso das emendas, são legitimados à apresentação de proposta: **a)** de um terço, no mínimo, dos membros da Câmara dos Deputados ou do Senado Federal; **b)** do Presidente da República; **c)** de mais da metade das Assembleias Legislativas das unidades da Federação, manifestando-se, cada uma delas, pela maioria relativa de seus membros.
2. Discussão e votação em cada Casa do CN	Uma vez apresentada a proposta de emenda à Constituição, passa-se **à fase de discussão**. Neste caso, a proposta será discutida e votada em cada Casa do Congresso Nacional, **em dois turnos, considerando-se aprovada se obtiver, em ambos, três quintos dos votos dos respectivos membros.**
3. Promulgação da Emenda	A **promulgação da emenda é realizada pelas Mesas da Câmara e do Senado**, com o respectivo número de ordem. A promulgação não é realizada pelo Chefe do Poder Executivo, especialmente porque **no caso das emendas à Constituição inexiste sanção/veto.**

? **QUESTÃO:** A proposta de emenda à Constituição rejeitada ou havida por prejudicada pode ser apresentada novamente na mesma sessão legislativa?

➥ ***RESPOSTA:*** *Não se esqueça: uma legislatura tem período de 4 anos e é dividida em 4 sessões legislativas (art. 44, parágrafo único da CF). Segundo o art. 60, § 5º, da CF, se rejeitada ou havida por prejudicada, será arquivada e a matéria não poderá ser objeto de nova proposta na mesma sessão legislativa.*

EM RESUMO: Normas constitucionais e alteração da Constituição	
Mutação Constitucional	Processo informal de modificação da Constituição.
Classificação das normas constitucionais	Normas de eficácia plena. Normas de eficácia contida. Normas de eficácia limitada (programáticas e definidoras de princípio institutivo ou organizativo).
Súmulas Vinculantes	**Previsão legal**: art. 103-A da CF e Lei 11.417/2006. **Competência para edição, revisão e cancelamento:** STF. ***Quórum:*** 2/3 dos membros do Supremo. **Efeitos:** vinculantes para os demais órgãos do Poder Judiciário e da administração direta e indireta das três esferas (federal, estadual e municipal). **Legitimados à proposta de edição, cancelamento e revisão:** art. 3º da Lei 11.417/06. **Modulação:** restrição ou determinação de outro momento para produção de efeitos. Depende da aprovação de 2/3 dos membros do STF. Atualmente, contamos com 57 Súmulas Vinculantes publicadas, conforme se pode conferir em: http://www.stf.jus.br/portal/cms/verTexto.asp?servico=jurisprudenciaSumulaVinculante

EM RESUMO: Normas constitucionais e alteração da Constituição	
Emendas à Constituição	As emendas representam um meio formal de modificação da Constituição. Uma vez apresentada a proposta de emenda à Constituição, passa-se à fase de discussão. Neste caso, a proposta será discutida e votada em cada Casa do Congresso Nacional, em dois turnos, considerando-se aprovada se obtiver, em ambos, três quintos dos votos dos respectivos membros. A promulgação da emenda é realizada pelas Mesas da Câmara e do Senado, com o respectivo número de ordem.
Poder Constituinte	Criação ou reforma da Constituição. Pode ser classificado em Originário e Derivado.

✍ QUESTÃO

(Cespe – Policial Rodoviário Federal – PRF/2013) *A liberdade de exercer qualquer trabalho, ofício ou profissão, atendidas as qualificações profissionais que a lei estabelecer, é um exemplo de norma constitucional de eficácia limitada.*

GABARITO	ERRADO.
COMENTÁRIO	Trata-se de norma de **eficácia contida**, já que está apta à produção imediata de efeitos, que poderão, por atuação legislativa, sofrer restrições em sua aplicabilidade. As normas de eficácia limitada são aquelas que não produzem seus efeitos essenciais com a simples entrada em vigor da Constituição.

CAPÍTULO II
DIREITOS E GARANTIAS FUNDAMENTAIS

1. NOÇÕES

Os direitos fundamentais (humanos, individuais, naturais, liberdades fundamentais, liberdades públicas, direito público subjetivo, direito da pessoa humana) são considerados imprescindíveis e indispensáveis à vida em sociedade.

A **primeira geração** nasceu no século XVIII. Essa geração de direito compreende as liberdades negativas, em que o indivíduo exige, sobretudo do Estado, uma abstenção. Esta geração de direitos fundamentais surge da necessidade de se coibir a ingerência do Estado nas relações privadas.

Já a **segunda geração** surgiu entre o fim do século XIX e início do século XX. Trata-se das liberdades positivas, em que o indivíduo exige do Estado uma prestação. Alcançam os direitos sociais, econômicos e culturais, isto é, "direitos através do Estado".

Notem que na **primeira geração de direitos fundamentais** o indivíduo reclama por **liberdade,** buscando, assim, limitar o arbítrio estatal. Os **direitos de segunda geração**, por outro lado, estão diretamente associados à ideia de **igualdade material**; trata-se de direitos positivos através dos quais se objetiva alcançar a igualdade. Segundo o art. 6º da CF/1988, são **direitos sociais** a educação, a saúde, a alimentação, o trabalho, a moradia, o **transporte**, o lazer, a segurança, a previdência social, a proteção à maternidade e à infância, a assistência aos desamparados, na forma da Constituição.

A **terceira geração** nasceu após a 2ª Guerra Mundial e representa os **direitos de solidariedade entre os povos**. São exemplos o meio ambiente, a paz e a autodeterminação dos povos.

Há autores que tratam ainda de uma **quarta geração de direitos fundamentais**, direitos ligados à tecnologia, biomedicina, fertilização, clonagem, internet, etc.

São características dos direitos fundamentais:

A Historicidade: constituíram-se ao longo da história; surgiram com o Cristianismo e, desde então, passaram por inúmeros eventos históricos até chegarem aos dias atuais.

B Universalidade: são destinados à tutela e promoção de todos os indivíduos. **Não são direitos atribuídos a certa classe ou categoria, mas a toda e qualquer pessoa.**

C Imprescritibilidade: são imprescritíveis, ou seja, ainda que o indivíduo deixe de exercê-los por longos anos não há que se falar em prescrição, podendo ser reclamados a qualquer tempo.

D Indisponibilidade e irrenunciabilidade: são indisponíveis e irrenunciáveis por serem direitos indispensáveis à existência humana.

E Relatividade: não existem direitos absolutos. Todos os direitos fundamentais são relativos, de sorte que, diante de uma situação de conflito, devem ser ponderados, não havendo que se falar, em abstrato, na superioridade de um em relação a outro.

As normas definidoras dos direitos e garantias fundamentais têm aplicação imediata. Os direitos e garantias expressos na Constituição Federal não excluem outros decorrentes do regime e dos princípios por ela adotados, ou dos tratados internacionais em que a República Federativa do Brasil seja parte. **Trata-se, portanto, de um rol aberto, orientado pelo princípio da dignidade da pessoa humana, verdadeiro fundamento da República.**

É importante destacar, ademais, que a Emenda Constitucional 45/04 acrescentou o § 3º ao art. 5º, CF, segundo o qual, tratados internacionais que versem sobre direitos humanos, aprovados, em cada Casa do Congresso Nacional, em dois turnos, por três quintos dos votos dos respectivos membros, são incorporados com o "status" de emendas constitucionais. Os demais tratados e convenções internacionais, inclusive os que versarem sobre direitos humanos e que não sejam aprovados na forma acima, serão recepcionados com "status" de lei ordinária.

A **dignidade humana, a soberania, a cidadania, os valores sociais do trabalho e da livre iniciativa e o pluralismo político** constituem os **fundamentos da República**, nos termos do art. 1º da CF.

2. DIREITOS E GARANTIAS FUNDAMENTAIS INDIVIDUAIS E SOCIAIS

DICA IMPORTANTE

A leitura atenta dos art. 5º e 6º da CF mostra-se imprescindível! Boa parte das questões sobre este tema é extraída diretamente destes dispositivos. Abaixo, a fim de facilitar o estudo e a compreensão, sem tornar a leitura cansativa, resumirei os principais direitos e garantias fundamentais.

DIREITOS E GARANTIAS FUNDAMENTAIS INDIVIDUAIS	
Direito à igualdade	Segundo a CF, homens e mulheres são iguais em direitos e obrigações. Cuida-se da consagração do **Princípio da Igualdade.** A propósito, segundo o STF, o "caput" do art. 5º da CF deve ser interpretado de forma extensiva, de modo que serão assegurados os direitos e garantias ali previstos **aos estrangeiros não residentes no país** (turistas, por exemplo). Consagra-se, portanto, o direito à igualdade.
Direito à liberdade	Ninguém será obrigado a fazer ou deixar de fazer alguma coisa senão em virtude de lei. Impera, como regra, o **Princípio da Liberdade.** São, ainda, decorrentes do princípio da liberdade: **A livre manifestação do pensamento**, sendo vedado o anonimato, e a **atividade intelectual, artística, científica e de comunicação**, independentemente de censura ou licença. Outrossim, é livre o exercício de qualquer trabalho, ofício ou profissão, atendidas as qualificações profissionais que a lei estabelecer. Não haverá prisão civil por dívida, salvo a do responsável pelo inadimplemento voluntário e inescusável de obrigação alimentícia (art. 5º, inc. LXVII da CF). **O STF não mais admite a prisão do depositário infiel em razão**

DIREITOS E GARANTIAS FUNDAMENTAIS INDIVIDUAIS	
Direito à liberdade	**do Pacto de São José da Costa Rica, do seu status de emenda constitucional e da prevalência dos direitos humanos.** Neste sentido, a fim de afastar qualquer divergência doutrinária e jurisprudencial, o STF editou a Súmula Vinculante de nº 25 com a seguinte redação: "é ilícita a prisão civil do depositário infiel, qualquer que seja a modalidade do depósito". O art. 5º, inc. VIII da CF prescreve que **ninguém será privado de direitos por motivo de crença religiosa ou de convicção filosófica ou política, salvo se as invocar para eximir-se de obrigação legal a todos imposta e recusar-se a cumprir prestação alternativa, fixada em lei.** **A Constituição garante, ainda, a plena liberdade de associação para fins lícitos**, vedada a de caráter paramilitar (art. 5º, XVII). Contudo, é importante ressaltar que as associações **poderão ser compulsoriamente dissolvidas ou ter suas atividades suspensas por decisão judicial**, exigindo-se, no primeiro caso, o trânsito em julgado. Observe que a suspensão das atividades, de acordo com o texto constitucional, não depende do trânsito em julgado da decisão judicial. Apenas a dissolução compulsória depende do trânsito em julgado. Ainda e a despeito da laicidade do Estado, assegura a CF, nos termos da lei, a **prestação de assistência religiosa** nas entidades civis e militares de internação coletiva. Ainda segundo a CF/88, "todos podem reunir-se pacificamente, sem armas, em locais abertos ao público, independentemente de autorização, desde que não frustrem outra reunião anteriormente convocada para o mesmo local, sendo apenas exigido prévio aviso à autoridade competente".
Direito à privacidade e à intimidade (tutela do direito de estar só)	**São invioláveis a intimidade, a vida privada, a honra e a imagem das pessoas, assegurado o direito a indenização pelo dano material ou moral decorrente de sua violação** A interceptação telefônica vai, em princípio, de encontro ao direito à privacidade. Todavia, motivos de ordem pública podem levar à sua decretação, que é medida sempre excepcional. A interceptação telefônica está sob a **reserva de jurisdição**, o que significa dizer que a matéria deve ser submetida ao crivo do Poder Judiciário. **A casa é asilo inviolável.** A inviolabilidade da casa pode ser constitucionalmente afastada nas seguintes hipóteses: com o consentimento do morador; em caso de flagrante delito; para prestar socorro; em caso de desastre; com autorização judicial, desde que durante o dia. **Qual é a extensão da expressão "casa"?** O STF tem interpretado de forma extensiva o conceito de casa. Assim, é correto dizer que se trata de um conceito abrangente e inclui, por exemplo, o quarto de hotel, já que esse direito está diretamente associado à tutela da vida privada.
Direito à propriedade	O **direito de propriedade é garantido constitucionalmente**. Trata-se, portanto, de direito fundamental. Todavia, a CF assevera que **a propriedade deverá atender a sua função social.** A **desapropriação por necessidade ou utilidade pública, ou por interesse social, é admitida,** mediante justa e prévia indenização em dinheiro, ressalvadas situações excepcionais previstas na própria Constituição.

DIREITOS E GARANTIAS FUNDAMENTAIS INDIVIDUAIS	
Direito à propriedade	A **pequena propriedade rural, assim definida em lei, desde que trabalhada pela família, não será objeto de penhora para pagamento de débitos decorrentes de sua atividade produtiva**, dispondo a lei sobre os meios de financiar o seu desenvolvimento. Aos autores pertence o direito exclusivo de utilização, publicação ou reprodução de suas obras, transmissível aos herdeiros pelo tempo que a lei fixar. São assegurados, ainda: a proteção às participações individuais em obras coletivas e à reprodução da imagem e voz humanas, inclusive nas atividades desportivas e o direito de fiscalização do aproveitamento econômico das obras que criarem ou de que participarem aos criadores, aos intérpretes e às respectivas representações sindicais e associativas.
Direitos e garantias processuais	**A inafastabilidade da tutela jurisdicional é direito fundamental.** Assim, a lei não excluirá da apreciação do Poder Judiciário lesão ou ameaça a direito. A emenda constitucional 45/04 inseriu no art. 5º da CF o inc. LXXVIII. Segundo ele, **a todos, no âmbito judicial e administrativo, são assegurados a razoável duração do processo e os meios que garantam a celeridade de sua tramitação.** **O duplo grau de jurisdição é garantia constitucional expressa.** Para alguns doutrinadores, trata-se de princípio implícito decorrente da distribuição de competência recursal. Embora não se trate de garantia estritamente processual, é oportuno lembrar que o art. 5º, XXXVI, da CF, em homenagem ao princípio da segurança jurídica e em prol da estabilidade das relações jurídicas e sociais, protege o ato jurídico perfeito, a coisa julgada e o direito adquirido. Com efeito, dispõe referido dispositivo que **a lei não prejudicará o direito adquirido, o ato jurídico perfeito e a coisa julgada.** Ninguém será processado nem sentenciado senão pela autoridade competente. Consagrou-se, constitucionalmente, o **princípio do juiz natural**, vedando-se o chamado **juízo ou tribunal de exceção.** Todos têm direito de saber, previamente, quem é a autoridade processante competente. Ninguém será privado da liberdade ou de seus bens sem o **devido processo legal** e aos litigantes, em processo judicial ou administrativo, e aos acusados em geral são assegurados o **contraditório e ampla defesa,** com os meios e recursos a ela inerentes. **São inadmissíveis, no processo, as provas obtidas por meios ilícitos.** Neste ponto, é oportuno destacar que, apesar de a CF garantir a inviolabilidade das comunicações, a jurisprudência do STF é pacífica no sentido de que a gravação de conversa feita por um dos interlocutores, sem conhecimento do outro, quando ausente causa legal de sigilo ou de reserva da conversação, não é considerada prova ilícita. Neste sentido: "AÇÃO PENAL. Prova. Gravação ambiental. Realização por um dos interlocutores sem conhecimento do outro. Validade. Jurisprudência reafirmada. Repercussão geral reconhecida. Recurso extraordinário provido. Aplicação do art. 543-B, § 3º, do CPC. É lícita a prova consistente em gravação ambiental realizada por um dos interlocutores sem conhecimento do outro" (**STF, RE 583.937 QO-RG - Rel. Min. Cezar Peluso**). E ainda: **MS 35732 AgR / RJ - AG.REG. EM MANDADO DE SEGURANÇA** - Relator(a): Min. ROSA WEBER - Julgamento: 29/03/2019 - Órgão Julgador: Primeira Turma.

DIREITOS E GARANTIAS FUNDAMENTAIS INDIVIDUAIS	
Direitos e garantias processuais	**Em matéria processual, a regra é a publicidade.** Apenas quando a defesa da intimidade ou o interesse social o exigirem poderá haver restrição da publicidade dos atos processuais.
Direitos e garantias processuais penais (específicos)	**No processo penal vige o princípio da presunção de inocência**, de sorte que ninguém será considerado culpado até o trânsito em julgado de sentença penal condenatória. É importante destacar que, em recente julgado (novembro de 2019), o Supremo Tribunal Federal, por maioria, modificou sua jurisprudência sobre o tema e considerou que o cumprimento da pena após a confirmação da condenação em 2ª Instância ofende o princípio da presunção de inocência, não podendo, assim, ser admitido. No sistema constitucional pátrio, **não haverá penas: de morte, de caráter perpétuo, de trabalhos forçados, de banimento e cruéis**. O legislador constituinte afastou a aplicação de penas que possam conflitar com o princípio da dignidade humana. **Contudo, a pena de morte é admitida nos casos de guerra declarada (art. 5º, inc. XLVII, "a" da CF).** Ademais, **o acusado tem direito à individualização da pena.** A pena será cumprida em estabelecimentos distintos, de acordo com a natureza do delito, a idade e o sexo do apenado, sendo assegurado aos presos o respeito à integridade física e moral. **Referidas garantias têm o objetivo de garantir, também ao preso, a tutela e proteção de sua dignidade.** **A propósito, a Súmula Vinculante 56 dispõe que:** "A falta de estabelecimento penal adequado não autoriza a manutenção do condenado em regime prisional mais gravoso, devendo-se observar, nessa hipótese, os parâmetros fixados no RE 641.320/RS". **Compete ao Tribunal do Júri o julgamento dos crimes dolosos contra a vida.** Trata-se de direito fundamental do acusado e da própria sociedade. **Ninguém será preso senão em flagrante delito ou por ordem escrita e fundamentada de autoridade judiciária competente**, salvo nos casos de transgressão militar ou crime propriamente militar, definidos em lei. A prisão de qualquer pessoa e o local onde se encontre serão comunicados imediatamente ao juiz competente e à família do preso ou à pessoa por ele indicada, devendo ser o preso informado de seus direitos, entre os quais o de permanecer calado, sendo-lhe assegurada a assistência da família e de advogado. Oportuno destacar, ademais, que o Conselho Nacional de Justiça, por meio da Resolução 213 de 15/12/2015, normatizou as chamadas **audiências de custódia**, a fim de que toda pessoa presa em flagrante delito, independentemente da motivação ou natureza do ato, seja obrigatoriamente apresentada, em até 24 horas da comunicação do flagrante, à autoridade judicial competente, e ouvida sobre as circunstâncias em que se realizou sua prisão ou apreensão. Ainda, o preso tem direito à identificação dos responsáveis por sua prisão ou por seu interrogatório policial. A prisão ilegal será imediatamente relaxada pela autoridade judiciária.

DIREITOS E GARANTIAS FUNDAMENTAIS INDIVIDUAIS	
Garantias Penais	Não há crime sem lei anterior que o defina, nem pena sem prévia cominação legal **(Princípio da Legalidade).** A lei penal não retroagirá, salvo para beneficiar o réu. Cuida-se do **princípio da retroatividade benéfica.** O **crime de racismo é inafiançável e imprescritível, sujeito à pena de reclusão, nos termos da lei.** A lei considerará crimes inafiançáveis e insuscetíveis de graça ou anistia a prática da tortura, o **tráfico ilícito de entorpecentes e drogas afins, o terrorismo e os definidos como crimes hediondos**, por eles respondendo os mandantes, os executores e os que, podendo evitá-los, se omitirem. **Nenhuma pena passará da pessoa do condenado**, podendo a obrigação de reparar o dano e a decretação do perdimento de bens ser, nos termos da lei, estendidas aos sucessores e contra eles executadas, até o limite do valor do patrimônio transferido (art. 5º, inc. XLV da CF).

FIQUE POR DENTRO:

O artigo 5º, inc. XXXIII, da CF, dispõe que "**todos têm direito a receber dos órgãos públicos informações de seu interesse particular, ou de interesse coletivo ou geral, que serão prestadas no prazo da lei, sob pena de responsabilidade, ressalvadas aquelas cujo sigilo seja imprescindível à segurança da sociedade e do Estado**". Visando conferir maior efetividade ao comando constitucional, foi promulgada a **Lei 12.527 de 18 de novembro de 2011**, que dispõe sobre os procedimentos a serem observados pela União, Estados, Distrito Federal e Municípios, com o fim de garantir o acesso a informações previsto no inciso XXXIII, do art. 5º, da CF. Dentre outras medidas, prevê referida Lei que "é dever dos órgãos e entidades públicas promover, independentemente de requerimentos, a divulgação em local de fácil acesso, no âmbito de suas competências, de informações de interesse coletivo ou geral por eles produzidas ou custodiadas".

DIREITOS E GARANTIAS SOCIAIS	
Art. 6º da CF	São direitos sociais a **educação, a saúde, a alimentação, o trabalho, a moradia, o transporte, o lazer, a segurança, a previdência social, a proteção à maternidade e à infância, a assistência aos desamparados,** na forma da Constituição Federal.
	• Relação de emprego protegida contra **despedida arbitrária ou sem justa causa**, nos termos de lei complementar, que preverá indenização compensatória, dentre outros direitos; • **Seguro-desemprego**, em caso de desemprego involuntário; • Fundo de garantia do tempo de serviço **(FGTS)**; • **Salário mínimo**, fixado em lei, nacionalmente unificado, capaz de atender a suas necessidades vitais básicas e às de sua família com moradia, alimentação, educação, saúde, lazer, vestuário, higiene, transporte e previdência social, com reajustes periódicos que lhe preservem o poder aquisitivo, sendo vedada sua vinculação para qualquer fim; • **Piso salarial proporcional** à extensão e à complexidade do trabalho;

DIREITOS E GARANTIAS SOCIAIS	
	• **Irredutibilidade do salário**, salvo o disposto em convenção ou acordo coletivo; • **Garantia de salário, nunca inferior ao mínimo**, para os que percebem remuneração variável; • **Décimo terceiro salário** com base na remuneração integral ou no valor da aposentadoria;
Direitos e garantias sociais dos trabalhadores urbanos e rurais	• **Remuneração do trabalho noturno** superior à do diurno; • **Proteção do salário na forma da lei**, constituindo crime sua retenção dolosa; • **Participação nos lucros, ou resultados**, desvinculada da remuneração, e, excepcionalmente, participação na gestão da empresa, conforme definido em lei; • **Salário-família pago em razão do dependente do trabalhador de baixa renda** nos termos da lei; • **Duração do trabalho normal não superior a oito horas diárias e quarenta e quatro semanais**, facultada a compensação de horários e a redução da jornada, mediante acordo ou convenção coletiva de trabalho; • Jornada de seis horas para o trabalho realizado em turnos ininterruptos de revezamento, salvo negociação coletiva; • **Repouso semanal remunerado**, preferencialmente aos domingos; • **Remuneração do serviço extraordinário superior**, no mínimo, em cinquenta por cento à do normal **(horas extras);** • **Gozo de férias anuais remuneradas** com, pelo menos, um terço a mais do que o salário normal; • **Licença à gestante**, sem prejuízo do emprego e do salário, com a duração de cento e vinte dias; • **Licença-paternidade**, nos termos fixados em lei; • **Proteção do mercado de trabalho da mulher**, mediante incentivos específicos, nos termos da lei; • **Aviso prévio** proporcional ao tempo de serviço, sendo no mínimo de trinta dias, nos termos da lei; • **Redução dos riscos inerentes ao trabalho**, por meio de normas de saúde, higiene e segurança; • **Adicional de remuneração para as atividades penosas, insalubres ou perigosas**, na forma da lei; • Aposentadoria; • **Assistência gratuita aos filhos e dependentes** desde o nascimento até 5 (cinco) anos de idade em creches e pré-escolas; • Reconhecimento das convenções e acordos coletivos de trabalho; • Proteção em face da automação, na forma da lei; • **Seguro contra acidentes de trabalh**o, a cargo do empregador, sem excluir a indenização a que este está obrigado, quando incorrer em dolo ou culpa;

<table>
<tr><th colspan="2">DIREITOS E GARANTIAS SOCIAIS</th></tr>
<tr><td>Direitos e garantias sociais dos trabalhadores urbanos e rurais</td><td>• Ação, quanto aos créditos resultantes das relações de trabalho, com prazo prescricional de cinco anos para os trabalhadores urbanos e rurais, até o limite de dois anos após a extinção do contrato de trabalho;
• Proibição de diferença de salários, de exercício de funções e de critério de admissão por motivo de sexo, idade, cor ou estado civil;
• Proibição de qualquer discriminação no tocante a salário e critérios de admissão do trabalhador portador de deficiência;
• Proibição de distinção entre trabalho manual, técnico e intelectual ou entre os profissionais respectivos;
• Proibição de trabalho noturno, perigoso ou insalubre a menores de dezoito e de qualquer trabalho a menores de dezesseis anos, salvo na condição de aprendiz, a partir de quatorze anos;
• Igualdade de direitos entre o trabalhador com vínculo empregatício permanente e o trabalhador avulso.</td></tr>
<tr><td>Direitos sindicais</td><td>• A lei não poderá exigir autorização do Estado para a fundação de sindicato, ressalvado o registro no órgão competente, vedadas ao Poder Público a interferência e a intervenção na organização sindical;
• É vedada a criação de mais de uma organização sindical, em qualquer grau, representativa de categoria profissional ou econômica, na mesma base territorial, que será definida pelos trabalhadores ou empregadores interessados, não podendo ser inferior à área de um Município;
• Ao sindicato cabe a defesa dos direitos e interesses coletivos ou individuais da categoria, inclusive em questões judiciais ou administrativas;
• A assembleia geral fixará a contribuição que, em se tratando de categoria profissional, será descontada em folha, para custeio do sistema confederativo da representação sindical respectiva, independentemente da contribuição prevista em lei;
• Ninguém será obrigado a filiar-se ou a manter-se filiado a sindicato;
• É obrigatória a participação dos sindicatos nas negociações coletivas de trabalho;
• O aposentado filiado tem direito a votar e ser votado nas organizações sindicais;
• É vedada a dispensa do empregado sindicalizado a partir do registro da candidatura a cargo de direção ou representação sindical e, se eleito, ainda que suplente, até um ano após o final do mandato, salvo se cometer falta grave nos termos da lei;
• As disposições acima aplicam-se à organização de sindicatos rurais e de colônias de pescadores, atendidas as condições que a lei estabelecer.</td></tr>
<tr><td>Direito de greve</td><td>• É assegurado o direito de greve, competindo aos trabalhadores decidir sobre a oportunidade de exercê-lo e sobre os interesses que devam por meio dele defender.
• A lei definirá os serviços ou atividades essenciais e disporá sobre o atendimento das necessidades inadiáveis da comunidade.
• Os abusos cometidos sujeitam os responsáveis às penas da lei.</td></tr>
</table>

DIREITOS E GARANTIAS SOCIAIS	
Outros direitos conferidos aos trabalhadores	• É assegurada a participação dos trabalhadores e empregadores nos colegiados dos órgãos públicos em que seus interesses profissionais ou previdenciários sejam objeto de discussão e deliberação. • Nas empresas de mais de duzentos empregados, é assegurada a eleição de um representante destes com a finalidade exclusiva de promover-lhes o entendimento direto com os empregadores.

MUITA ATENÇÃO!

São assegurados à categoria dos trabalhadores domésticos os direitos previstos nos incisos **IV, VI, VII, VIII, X, XIII, XV, XVI, XVII, XVIII, XIX, XXI, XXII, XXIV, XXVI, XXX, XXXI e XXXIII do art. 7º** da Constituição Federal, e, atendidas as condições estabelecidas em lei e observada a simplificação do cumprimento das obrigações tributárias, principais e acessórias, decorrentes da relação de trabalho e suas peculiaridades, **os previstos nos incisos I, II, III, IX, XII, XXV e XXVIII do mesmo artigo,** bem como a sua integração à previdência social.

EM RESUMO: Direitos e Garantias fundamentais individuais e coletivos	
Gerações dos Direitos Fundamentais	1ª) Liberdades negativas: limitação do poder do Estado. 2ª) Liberdades positivas: efetiva atuação do Estado visando alcançar a igualdade material. 3ª) Direitos de solidariedade entre os povos. 4ª) Novos direitos ligados à biomedicina, fertilização, clonagem, etc.
Características dos Direitos Fundamentais	➥ Historicidade; ➥ Universalidade; ➥ Imprescritibilidade; ➥ Indisponibilidade ou irrenunciabilidade.
Direitos Fundamentais Individuais	Principais direitos e garantias fundamentais previstos no art. 5º, da CF: **direito à igualdade, direito à liberdade, direito de propriedade, direitos e garantias processuais penais, direitos e garantias penais, direito à intimidade e à privacidade.** A leitura do art. 5º da CF é indispensável.
Direitos Fundamentais Sociais	**Art. 6º da Constituição Federal:** São direitos sociais a **educação, a saúde, a alimentação, o trabalho, a moradia, o transporte, o lazer, a segurança, a previdência social, a proteção à maternidade e à infância, a assistência aos desamparados**, na forma da Constituição Federal. A leitura do art. 6º da Constituição Federal é muito importante, já que este artigo prevê inúmeros direitos sociais, quase sempre cobrados em concursos públicos.
Outros direitos sociais reconhecidos pela Constituição Federal	**Direitos sindicais e direito de greve.**

3. REMÉDIOS CONSTITUCIONAIS

Os remédios constitucionais são instrumentos processuais que asseguram o exercício de direitos fundamentais. São eles:

3.1. *Habeas Corpus*

Dada a existência de outros remédios constitucionais, o "habeas corpus" serve somente à defesa do direito de locomoção. Atualmente, encontra previsão no art. 5º, inciso LXVIII, da CF.

É importante destacar que o STF entende cabível o "habeas corpus" não só contra ofensa direta, mas também indireta, reflexa ou potencial ao direito de locomoção.

O "habeas corpus" **pode ser impetrado de forma:**

A **Preventiva (ou salvo-conduto):** cujo objetivo é evitar o constrangimento ilegal resultante de violência ou ameaça à liberdade de locomoção e;

B **Repressiva (ou liberatório):** cabível na situação em que o indivíduo tiver subtraída sua liberdade de locomoção ilegalmente.

No Brasil, além dessas duas possibilidades (prevenção e repressão), o HC é usado em outras situações excepcionais: **trancamento de inquérito policial ou ação penal por falta de justa causa e anulação de ações penais com trânsito em julgado.**

Vale lembrar, por fim, que o *habeas corpus* pode ser impetrado em benefício próprio ou de terceiro. No primeiro caso, impetrante e paciente confundem-se; no segundo, há distinção, sendo paciente aquele que experimenta a ofensa ao direito de locomoção e impetrante aquele que promove a medida.

? **QUESTÃO:** É cabível *habeas corpus* contra particular? Ou melhor, pode a autoridade coatora ser um particular?

↳ ***RESPOSTA:*** *a jurisprudência dominante admite que o particular figure no polo passivo do habeas corpus.*

3.2. Mandado de Segurança

O mandado de segurança **tem por objetivo a proteção de direito líquido e certo não amparado por "habeas corpus" ou "habeas data"** e sua apreciação depende da comprovação documental e pré-constituída dos fatos narrados na inicial.

A ação mandamental encontra previsão constitucional no art. 5º, incisos LXIX e LXX, e foi regulamentada pela **Lei 12.016/09**.

O mandado de segurança pode ser impetrado **individualmente ou de forma coletiva**.

É **legitimado à impetração do mandado de segurança individual qualquer pessoa, física ou jurídica**, que sofra a lesão, ou ameaça de lesão, a direito líquido e certo.

Já o **mandado de segurança** coletivo poderá ser impetrado por **partido político** com representação no CN e por **organização sindical, entidade de classe ou associação** legalmente constituída e em funcionamento há pelo menos um ano, em defesa dos interesses de seus membros ou associados.

O **polo passivo** da ação mandamental deverá ser ocupado por uma **autoridade pública ou por um agente de pessoa jurídica no exercício de atribuições do Poder Público.**

3.3. Mandado de Injunção

O **mandado de injunção** foi inserido em nosso ordenamento pela Constituição de 1988 e encontra previsão em seu art. 5º, inc. LXXI. Trata-se de ação constitucional de caráter civil e de procedimento especial que tem por finalidade suprir a omissão do Poder Público, com o objetivo de viabilizar o exercício de direitos e liberdades constitucionais e das prerrogativas inerentes à nacionalidade, à soberania e à cidadania.

Tem como **requisitos: 1) Falta de norma regulamentadora** (normas constitucionais de eficácia limitada); **2) Direitos constitucionais inviabilizados** (omissão do legislador). Mostra-se cabível, portanto, sempre que a falta total ou parcial de norma regulamentadora torne inviável o exercício dos direitos e liberdades constitucionais e das prerrogativas inerentes à nacionalidade, à soberania e à cidadania.

O mandado de injunção encontra-se disciplinado pela Lei 13.300/2016.

São **legitimados** para o mandado de injunção, como impetrantes, as **pessoas naturais ou jurídicas que se afirmam titulares dos direitos, das liberdades ou das prerrogativas** referidos no seu art. 2º e, como impetrado, o Poder, o órgão ou a autoridade com atribuição para editar a norma regulamentadora.

O **mandado de injunção coletivo** pode ser promovido: a) pelo **Ministério Público**, quando a tutela requerida for especialmente relevante para a defesa da ordem jurídica, do regime democrático ou dos interesses sociais ou individuais indisponíveis; b) por **partido político com representação no Congresso Nacional**, para assegurar o exercício de direitos, liberdades e prerrogativas de seus integrantes ou relacionados com a finalidade partidária; c) **por organização sindical, entidade de classe ou associação legalmente constituída e em funcionamento há pelo menos 1 (um) ano**, para assegurar o exercício de direitos, liberdades e prerrogativas em favor da totalidade ou de parte de seus membros ou associados, na forma de seus estatutos e desde que pertinentes a suas finalidades, dispensada, para tanto, autorização especial; d) pela **Defensoria Pública**, quando a tutela requerida for especialmente relevante para a promoção dos direitos humanos e a defesa dos direitos individuais e coletivos dos necessitados, na forma do inciso LXXIV do art. 5º da Constituição Federal.

3.4. *Habeas Data*

Trata-se da ação constitucional, **gratuita**, que **tem por finalidade assegurar ao impetrante o conhecimento de informações sobre sua pessoa e, ainda, conceder os direitos à retificação de dados incorretos e à contestação ou à explicação de dados verdadeiros.** Encontra previsão no art. 5º, inc. LXXII, da CF, e, no plano infraconstitucional, na Lei 9.507/97.

Qualquer pessoa física ou jurídica pode impetrar HD.

? **QUESTÃO:** Por que o "habeas data" não pode ser impetrado em favor de terceiro?

➥ ***RESPOSTA:*** *Porque visa tutelar direito à informação relativa à pessoa do impetrante.*

São **legitimados passivos:** entidades governamentais ou pessoas jurídicas de direito privado que prestam serviço de interesse público. Ex.: SERASA, SPC, etc.

Só será aceito *habeas data* se o impetrante houver deduzido pedido administrativo (art. 8º da Lei 9.507/97). A este propósito, vale destacar a Súmula 2 do STJ, *in verbis*: "não cabe o *habeas data* (CF, art. 5º, LXXII, letra a) se não houve recusa de informações por parte da autoridade administrativa".

3.5. Ação Popular

A ação popular está prevista no art. 5º, inc. LXXIII da CF, e, no plano infraconstitucional, encontra-se regulamentada pela Lei 4.717/65.

Qualquer cidadão é parte legítima para propor ação popular e ela **se destina a anular ato lesivo ao patrimônio público ou de entidade de que o Estado participe, à moralidade administrativa, ao meio ambiente e ao patrimônio histórico e cultural,** ficando o autor, salvo comprovada má-fé, isento de custas judiciais e do ônus da sucumbência.

A ação popular poderá ser utilizada de modo **repressivo** ou **preventivo.** Neste último caso, impedirá a consumação do ato lesivo.

Vale repetir que apenas o cidadão tem legitimidade para propor a ação popular, sendo ela uma manifestação da soberania popular. Logo, pessoa jurídica não tem legitimidade para propor ação popular.

3.6. Direitos de Petição e de Certidão

Segundo o art. 5º, inc. XXXIV, da CF, são a todos assegurados, **independentemente do pagamento de taxas:** a) **o direito de petição** aos Poderes Públicos em defesa de direitos ou contra ilegalidade ou abuso de poder; b) **a obtenção de certidões em repartições públicas**, para defesa de direitos e esclarecimento de situações de interesse pessoal. Se houver recusa, o interessado poderá impetrar mandado de segurança, vez que a obtenção de certidões é direito líquido e certo.

EM RESUMO: Remédios Constitucionais	
Remédios Constitucionais	**Habeas corpus**: pode ser preventivo ou repressivo e serve para garantir a liberdade de locomoção.
	Mandado de Segurança: pode ser individual e coletivo e visa garantir direito líquido e certo.
	Mandado de Injunção: visa corrigir a ausência do Legislador, que deixa de regulamentar dispositivos constitucionais.
	Habeas data: tem por finalidade assegurar ao impetrante o conhecimento de informações sobre sua pessoa e, ainda, conceder os direitos à retificação de dados incorretos e à contestação ou à explicação de dados verdadeiros.
	Ação popular: destina-se a anular ato lesivo ao patrimônio público ou de entidade de que o Estado participe, à moralidade administrativa, ao meio ambiente e ao patrimônio histórico e cultural.
	Direito de petição e de certidão.

✍ QUESTÃO

(Cespe – Policial Rodoviário Federal – PRF/2019) *À luz da Constituição Federal de 1988, julgue os itens que se seguem, a respeito de direitos e garantias fundamentais.*

Em caso de iminente perigo público, autoridade pública competente poderá usar a propriedade particular, desde que assegure a consequente indenização, independentemente da comprovação da existência de dano, que, nesse caso, é presumido.

GABARITO	ERRADO.
COMENTÁRIO	Prevê o art. 5º, inc. XXV, da CF, que, "no caso de iminente perigo público, a autoridade competente poderá usar de propriedade particular, assegurada ao proprietário indenização ulterior, **se houver dano",** que, portanto, precisa ser comprovado.

São constitucionalmente assegurados ao preso o direito à identificação dos agentes estatais responsáveis pela sua prisão e o direito de permanecer em silêncio.

GABARITO	CERTO.
COMENTÁRIO	Segundo os incisos LXIII e LXIV do art. 5º da CF, "o preso será informado de seus direitos, entre os quais o de permanecer calado, sendo-lhe assegurada a assistência da família e de advogado" e "tem direito à identificação dos responsáveis por sua prisão ou por seu interrogatório policial".

No caso de iminente perigo público, a autoridade competente poderá usar de propriedade particular, assegurada ao proprietário indenização ulterior, se houver dano.

GABARITO	CERTO.
COMENTÁRIO	Prevê o art. 5º, inc. XXV, da CF, que, "no caso de iminente perigo público, a autoridade competente poderá usar de propriedade particular, assegurada ao proprietário indenização ulterior, **se houver dano".**

O estrangeiro condenado por autoridades estrangeiras pela prática de crime político poderá ser extraditado do Brasil se houver reciprocidade do país solicitante.

GABARITO	ERRADO.
COMENTÁRIO	Segundo o art. 5º, inc. LII, da CF, LII, "não será concedida extradição de estrangeiro por crime político ou de opinião".

Aos que comprovem insuficiência de recursos é assegurada a gratuidade na prestação de assistência jurídica integral pelo Estado.

GABARITO	CERTO.
COMENTÁRIO	Prevê o art. 5º, inc. LXXIV, da CF, que o Estado prestará assistência jurídica integral e gratuita aos que comprovarem insuficiência de recursos.

Somente aos brasileiros e aos estrangeiros residentes no país é assegurado o direito de petição em defesa de direitos ou contra ilegalidade ou abuso de poder.

GABARITO	ERRADO.
COMENTÁRIO	Segundo a redação do art. 5º, inc. XXXIV, da CF, é **assegurado a todos**, independentemente do pagamento de taxas, o direito de petição aos Poderes Públicos em defesa de direitos ou contra ilegalidade ou abuso de poder.

CAPÍTULO III
NACIONALIDADE

1. NOÇÕES

O que se entende por nacionalidade? **Nacionalidade** pode ser definida como **o vínculo jurídico-político que liga um indivíduo a um Estado**. Os nacionais, ou seja, aqueles que mantêm vínculo jurídico-político com determinado Estado, integram o conceito de **povo.**

MUITA ATENÇÃO!

Não confundir povo, população, nação, nacional e cidadão.

⇨ **Povo:** conjunto de pessoas vinculadas jurídica e politicamente com o Estado. O povo representa a dimensão pessoal do Estado.

⇨ **População:** habitantes de determinado local; abrange os nacionais e estrangeiros. Trata-se, portanto, de conceito substancialmente numérico.

⇨ **Nação:** pessoas ligadas por laços históricos, culturais, religiosos, linguísticos, entre outros.

⇨ **Nacional:** aquele que mantém vínculo-jurídico político com determinado Estado. Cada Estado estabelece critérios para formação desse vínculo jurídico-político, conforme se verá adiante.

⇨ **Cidadão:** trata-se do indivíduo no gozo de direitos políticos.

? **QUESTÃO:** O que se entende por nacionalidade primária e nacionalidade secundária?

➥ *RESPOSTA:* *Como o nome sugere, primária ou de origem é a nacionalidade adquirida por força do nascimento. Na aquisição da nacionalidade primária são usados dois critérios: jus soli e jus sanguinis. Pelo primeiro são nacionais os que nascem no território nacional. Pelo segundo, são nacionais os filhos dos seus nacionais, pouco importando onde nasçam, observados, evidentemente, certas condicionantes impostas por cada país. A nacionalidade secundária é também conhecida como derivada e é fruto de uma manifestação de vontade (naturalização).*

2. BRASILEIROS NATOS E NATURALIZADOS: DIFERENCIAÇÕES IMPORTANTES

A Conforme destaquei acima, a aquisição da **nacionalidade primária** pode decorrer de dois critérios distintos: ***jus soli e jus sanguinis.*** Contudo, a estes critérios são acrescidos outros requisitos.

Vejamos.

BRASILEIROS NATOS	CRITÉRIO
Nascidos na República Federativa do Brasil, ainda que de pais estrangeiros, **desde que estes não estejam a serviço de seu país.**	***Jus Soli.*** Contudo, a Constituição Federal ressalva que não será nato aquele nascido no país, desde que seus pais (ao menos um deles) estejam a serviço de seu país (**requisito funcional**). **E se os pais estiverem a serviço, por exemplo, de uma empresa privada!?** O filho nascido em território brasileiro será nato. A exceção aplica-se àqueles que estiverem a serviço do seu país.
Nascidos no estrangeiro, de pai brasileiro ou mãe brasileira, **desde que qualquer deles esteja a serviço da República Federativa do Brasil.**	***Jus sanguinis.*** Porém, deve ser observado também o **requisito funcional,** pois será brasileiro nato apenas se seus pais (ou qualquer deles) estiverem a serviço da República Federativa do Brasil. **E o que significa estar a "serviço da República Federativa do Brasil"?** Significa estar a serviço de qualquer ente da Administração Direta ou Indireta.
Nascidos no estrangeiro de pai brasileiro ou de mãe brasileira, desde que sejam registrados em repartição brasileira competente ou venham a residir na República Federativa do Brasil e **optem, em qualquer tempo, depois de atingida a maioridade, pela nacionalidade brasileira.**	***Jus sanguinis.*** Esta forma primária de aquisição da nacionalidade é anômala. Predomina o critério ***jus sanguinis***. Porém, a este critério **soma-se uma manifestação de vontade**, que deve ser externada, se o caso, após atingida a maioridade.

B A **nacionalidade secundária**, ou derivada, decorre de uma manifestação de vontade e sempre depende do requerimento do interessado. Ainda que estejam preenchidos os requisitos legais, se não houver requerimento do interessado não há que se falar em naturalização. Significa dizer que **não existe, no nosso ordenamento jurídico, a chamada naturalização tácita.**

Segundo a Constituição Federal de 1988, **são brasileiros naturalizados:**

1) Os que, na forma da lei, adquiram a nacionalidade brasileira, exigidas aos originários de países de língua portuguesa apenas residência por um ano ininterrupto e idoneidade moral. Cuida-se, neste caso, da chamada **naturalização ordinária**.

2) Os estrangeiros de qualquer nacionalidade, residentes na República Federativa do Brasil há mais de quinze anos ininterruptos e sem condenação penal, desde que requeiram a nacionalidade brasileira. Cuida-se aqui da chamada **naturalização extraordinária.**

MUITA ATENÇÃO!

Aos **portugueses com residência permanente no País**, se houver reciprocidade em favor de brasileiros, **serão atribuídos os direitos inerentes ao brasileiro,** salvo os casos previstos na Constituição Federal (art. 12, §1º).

A Constituição Federal **veda distinções entre brasileiros natos e naturalizados**. Contudo, ela própria apresenta algumas exceções a esta regra a fim de assegurar a soberania nacional. Vejamos as situações mais relevantes:

São privativos de brasileiros natos os cargos de:

- Presidente e Vice-Presidente da República;
- Presidente da Câmara dos Deputados;
- Presidente do Senado Federal;
- Ministro do Supremo Tribunal Federal;
- Carreira diplomática;
- Oficial das Forças Armadas;
- Ministro de Estado da Defesa.

O brasileiro nato não pode ser extraditado.

O brasileiro naturalizado, por sua vez, pode ser extraditado nas seguintes hipóteses: **prática de crime comum cometido antes da naturalização ou envolvimento com tráfico de entorpecentes a qualquer tempo**.

Há duas espécies de extradição:

A **Ativa:** é requerida pelo Brasil a um Estado estrangeiro;

B **Passiva:** é requerida por um país estrangeiro ao Brasil (art. 5º, LI, CF/88).

3. PERDA DA NACIONALIDADE E OUTRAS QUESTÕES RELEVANTES

A Constituição Federal de 1988 disciplina duas hipóteses de perda da nacionalidade. São elas: (1) **o cancelamento da naturalização, por sentença judicial, em virtude de atividade nociva ao interesse nacional; e (2) aquisição de outra nacionalidade** (neste último caso, há exceções).

Cuidado: apenas o brasileiro naturalizado poderá ter sua naturalização cancelada em razão da prática de atividade nociva ao interesse nacional. **Essa hipótese não se aplica ao brasileiro nato.** Por outro lado, a perda em virtude da aquisição de outra nacionalidade aplica-se tanto a brasileiros natos quanto naturalizados.

Em regra, a aquisição, **pelo brasileiro nato ou naturalizado,** de outra nacionalidade acarreta a perda da nacionalidade originária. No entanto, há **exceções.** São elas: **o reconhecimento da nacionalidade originária pela lei estrangeira.** Se a lei estrangeira reconhecer a nacionalidade originária não haverá perda já que poderão coexistir; **caso a lei estrangeira imponha ao brasileiro a naturalização como condição de permanência ou para o exercício dos direitos civis.** Neste caso, a manutenção da nacionalidade originária é condição imposta pela lei estrangeira para que o brasileiro possa permanecer no Estado estrangeiro e exercer os direitos civis.

DICA IMPORTANTE

É importante que o **candidato conheça o art. 12 da CF**, pois ali encontram-se as regras básicas e mais importantes sobre o tema nacionalidade. Por outro lado, se o candidato quiser aprofundar seus estudos, recomendo a leitura da Lei de Migração (Lei 13.445/2017) e ainda da Portaria 666 de 25 de julho de 2019 (Ministério da Justiça e Segurança Pública).

EM RESUMO: Nacionalidade	
Definição	Vínculo jurídico-político que liga um indivíduo a determinado Estado.
Espécies	**Originária:** adquirida por força do nascimento (*jus soli ou jus sanguinis*); **Derivada:** fruto de uma manifestação de vontade.
Critérios para aquisição da nacionalidade originária	*Jus Soli e Jus Sanguini.* A estes critérios podem ser acrescidos outros requisitos.
Brasileiros Natos	Nascidos na República Federativa do Brasil, ainda que de pais estrangeiros, **desde que estes não estejam a serviço de seu país.**
	Nascidos no estrangeiro, de pai brasileiro ou mãe brasileira, **desde que qualquer deles esteja a serviço da República Federativa do Brasil.**
	Nascidos no estrangeiro de pai brasileiro ou de mãe brasileira, desde que sejam registrados em repartição brasileira competente ou venham a residir na República Federativa do Brasil e **optem, em qualquer tempo, depois de atingida a maioridade, pela nacionalidade brasileira.**
Brasileiros Naturalizados	Os que, na forma da lei, adquiram a nacionalidade brasileira, exigidas aos originários de países de língua portuguesa apenas residência por um ano ininterrupto e idoneidade moral.
	Os estrangeiros de qualquer nacionalidade, residentes na República Federativa do Brasil há mais de quinze anos ininterruptos e sem condenação penal, desde que requeiram a nacionalidade brasileira.
Perda da nacionalidade	**1. o cancelamento da naturalização, por sentença judicial, em virtude de atividade nociva ao interesse nacional** (apenas se aplica ao brasileiro naturalizado)**; e** **2. aquisição de outra nacionalidade** (neste caso, há exceções).
Tratamento	**A regra é a igualdade entre brasileiros natos e naturalizados.** Contudo, por questões de soberania, a própria Constituição Federal excepciona esta regra, limitando o exercício de alguns direitos por brasileiros naturalizados.
Cargos privativos de brasileiros natos	**São privativos de brasileiro nato os cargos de:** **I - Presidente e Vice-Presidente da República;** **II - Presidente da Câmara dos Deputados;** **III - Presidente do Senado Federal;** **IV - Ministro do Supremo Tribunal Federal;** **V - carreira diplomática;** **VI - oficial das Forças Armadas;** **VII - Ministro de Estado da Defesa.**
Outras questões relevantes	A **língua portuguesa** é o idioma oficial do Brasil. São símbolos do Brasil **a bandeira, o hino, as armas e o selo nacionais.** Os Estados, o Distrito Federal e os Municípios poderão ter símbolos próprios.

✍ **QUESTÃO**

(Cespe – Policial Rodoviário Federal – DPRF/2013) *Julgue o item subsequente, relativo aos direitos e garantias fundamentais previstos na CF.*

Consideram-se brasileiros naturalizados os nascidos no estrangeiro de pai brasileiro ou de mãe brasileira, desde que sejam registrados em repartição brasileira competente ou venham a residir na República Federativa do Brasil e optem, em qualquer tempo, depois de atingida a maioridade, pela nacionalidade brasileira.

GABARITO	ERRADO.
COMENTÁRIO	São considerados, segundo a CF (art. 12, inc. I, c), **brasileiros natos** os nascidos no estrangeiro de pai brasileiro ou de mãe brasileira, desde que sejam registrados em repartição brasileira competente ou venham a residir na República Federativa do Brasil e optem, em qualquer tempo, depois de atingida a maioridade, pela nacionalidade brasileira.

CAPÍTULO IV
DIREITOS POLÍTICOS

1. NOÇÕES

Os **direitos políticos** estão relacionados com a participação popular nos negócios políticos do Estado. Os **direitos políticos** conferem ao indivíduo o "status" de **cidadão.**

Os direitos políticos podem ser divididos em 2 grupos: **positivos** (que, por sua vez, podem ser subdivididos: **capacidade eleitoral ativa – direito de votar – e capacidade eleitoral passiva – direito ser votado)** e **negativos** (estão relacionados às causas de inelegibilidade).

CAPACIDADE ELEITORAL ATIVA	CAPACIDADE ELEITORAL PASSIVA
A capacidade eleitoral ativa representa o **direito de votar** que é adquirido a partir do **alistamento eleitoral**, desde que preenchidos os requisitos legais. O **alistamento eleitoral e o voto** são: **a) obrigatórios** para os maiores de dezoito anos; e **b) facultativos** para os analfabetos, os maiores de setenta anos e os maiores de dezesseis e menores de dezoito anos. **Não podem alistar-se** como eleitores os **estrangeiros** e, durante o período do serviço militar obrigatório, **os conscritos** (são os recrutados para o serviço militar obrigatório). **Apenas brasileiros são alistáveis.** Pode o voto tornar-se facultativo por meio de alteração do Texto Constitucional? Pode, uma vez a **obrigatoriedade** do voto não é cláusula pétrea.	A capacidade eleitoral passiva representa o direito de ser votado **(elegibilidade). A elegibilidade é a regra e a inexigibilidade, a exceção.** **São condições de elegibilidade:** **1)** Nacionalidade brasileira; **2)** Pleno exercício dos direitos políticos; **3)** Alistamento eleitoral; **4)** Domicílio eleitoral na circunscrição; **5)** Filiação partidária; **6)** Idade mínima de: a) **trinta e cinco anos** para Presidente e Vice-Presidente da República e Senador; b) **trinta anos** para Governador e Vice-Governador de Estado e do Distrito Federal; c) **vinte e um anos** para Deputado Federal, Deputado Estadual ou Distrital, Prefeito, Vice-Prefeito e juiz de paz; d) **dezoito anos** para Vereador.

Além do direito de votar e de ser votado, os direitos políticos permitem ao cidadão participar de forma direta do processo legislativo, através da **iniciativa popular, do referendo e do plebiscito,** e, ainda, controlar a legalidade dos atos que causem, ou possam causar, danos ao patrimônio público, por meio da **ação popular,** na forma do art. 5º, inc. LXXIII, da CF.

Os **direitos políticos** são, portanto, expressão da **soberania popular.** Esta será exercida pelo sufrágio universal e pelo voto direto e secreto, com igual valor para todos.

MUITA ATENÇÃO!

Sufrágio é o direito público subjetivo, de natureza política, que tem a pessoa humana de participar ativa ou passivamente da organização do Estado. **Voto** é o exercício do direito de sufrágio. **Escrutínio** é a forma, o modo pelo qual o voto é exercido.

? **QUESTÃO:** Quais são as diferenças entre plebiscito e referendo?

↳ ***RESPOSTA:*** *O plebiscito tem caráter consultivo prévio, podendo se referir a uma medida administrativa ou lei em sentido estrito. A decisão do plebiscito poderá ser ou não vinculante ao legislador. O referendo não tem natureza consultiva, mas sim decisória acerca de certa medida legislativa ou administrativa já tomada pelo Poder Público. O referendo presta-se a dar vigência ou eficácia à norma. A autorização para realização de referendo e convocação para plebiscito é de competência exclusiva do Congresso Nacional (art. 49, XV, CF/88), mediante decreto legislativo.*

2. INELEGIBILIDADE

Conforme destaquei acima, a elegibilidade é a regra; a inelegibilidade é sempre excepcional. **Inelegível é aquele que**, por força de circunstâncias previstas na própria Constituição ou em lei complementar, **está impedido de ser votado.**

A inelegibilidade pode ser:

2.1 absoluta: são aqueles que não podem ser votados, estando, portanto, **impedidos de candidatar-se a qualquer cargo eletivo.** Os inalistáveis e os analfabetos são absolutamente inelegíveis.

2.2 relativa: são aqueles que apenas estão impedidos de se candidatar a determinado cargo eletivo (ou determinados cargos). As causas de inexigibilidade podem ser classificadas em:

1. Por motivo funcional	A EC 16/97, trouxe ao sistema constitucional nacional a possibilidade de reeleição para os cargos eletivos do Executivo (Presidente da República, Governador e Prefeito), **permitindo apenas uma vez para o período subsequente.** O art. 14, § 6º da CF/88 disciplina a denominada **"desincompatibilização-renúncia"**. Caso o ocupante de cargo de chefe do Executivo deseje disputar qualquer vaga **diversa** daquela que ocupa, deverá **renunciar (seis meses antes do pleito)** ao respectivo mandato. Em contrário senso, **para disputar reeleição ao mesmo cargo**, não existe tal impedimento, podendo, se quiser, **licenciar-se** do cargo.
2. Reflexa ou indireta	Segundo a **inelegibilidade indireta ou reflexa,** são inelegíveis, **no território de jurisdição do titular**, o cônjuge e os parentes consanguíneos ou afins, até o segundo grau ou por adoção, do **Presidente da República, de Governador de Estado ou Território, do Distrito Federal, de Prefeito ou de quem os haja substituído dentro dos seis meses anteriores ao pleito**. Não se aplica essa causa de inelegibilidade se o cônjuge ou parente consanguíneo ou afim do Chefe do Poder Executivo já for titular de mandato eletivo e candidato à reeleição. Ainda sobre o tema, merece destaque o teor da Súmula Vinculante 18, segundo a qual "a dissolução da sociedade ou do vínculo conjugal, no curso do mandato, não afasta a inelegibilidade prevista no § 7º do artigo 14 da Constituição Federal".
3. Por motivo militar	Os militares conscritos são inalistáveis e, por consequência, inelegíveis. Por outro lado, **os militares não conscritos são alistáveis** e a elegibilidade, neste caso, obedece às seguintes regras:

3. Por motivo militar	I. se contar menos de dez anos de serviço, deverá afastar-se da atividade; II. se contar mais de dez anos de serviço, será agregado pela autoridade superior e, se eleito, passará automaticamente, no ato da diplomação, para a inatividade. Trata-se, portanto, de causa relativa de inexigibilidade.
4. Legais	**Outros casos de inelegibilidade e os prazos de sua cessação poderão ser disciplinados por Lei complementar** com o objetivo de proteger a probidade administrativa, a moralidade para exercício de mandato considerada vida pregressa do candidato, e a normalidade e legitimidade das eleições contra a influência do poder econômico ou o abuso do exercício de função, cargo ou emprego na administração direta ou indireta. É o caso da conhecida "Lei da Ficha Limpa".

3. PERDA E SUSPENSÃO DOS DIREITOS POLÍTICOS

A CF/88, em seu art. 15, elenca, de forma taxativa, as causas de perda ou suspensão de direitos políticos. **Cassação de direitos políticos** é ato autoritário e, expressamente, vedado pela atual CF. Apesar de proibir a cassação, o constituinte permitiu a perda e a suspensão de direitos políticos (art. 15, "caput", CF/88).

A **perda é a privação de direitos políticos de forma definitiva,** sem prazo estabelecido. São causas de perda dos direitos políticos: **cancelamento da naturalização por sentença transitada em julgado e a recusa de cumprir obrigação a todos imposta ou prestação alternativa, nos termos do art. 5º, VIII, da CF.**

A **suspensão**, por sua vez, compreende a privação de direitos políticos por prazo determinado. A **incapacidade civil absoluta, a condenação criminal transitada em julgado, enquanto durarem seus efeitos, e a improbidade administrativa, nos termos do art. 37, § 4º, da CF,** são causas de suspensão dos direitos políticos.

4. PARTIDOS POLÍTICOS

É permitida a criação, fusão, incorporação e extinção de partidos políticos, resguardados a soberania nacional, o regime democrático, o pluripartidarismo e os direitos fundamentais da pessoa humana. Além disso, devem ser observados os seguintes preceitos: **caráter nacional, proibição de recebimento de recursos financeiros de entidade ou governo estrangeiros ou subordinados a estes, prestação de contas à Justiça Eleitoral, funcionamento parlamentar de acordo com a lei e vedação da utilização de organização paramilitar.**

Como sujeitos de direitos, **os partidos políticos têm legitimidade para atuar em juízo**, e, se tiverem representação no Congresso Nacional, podem ajuizar mandado de segurança coletivo, nos termos dos **art. 5º, inciso LXX, da CF/88 c.c. Lei 12.016/2009, art. 21**.

A Emenda Constitucional 97 de 04 de outubro de 2017 deu novo tratamento aos partidos políticos, assegurando-lhes autonomia para definir sua estrutura interna e estabelecer regras sobre escolha, formação e duração de seus órgãos permanentes e provisórios e sobre sua organização e funcionamento e para adotar os critérios de escolha e o regime de suas coligações nas eleições majoritárias, vedada a sua celebração nas eleições proporcionais, sem obrigatoriedade de vinculação entre as candidaturas em âmbito nacional, estadual, distrital ou municipal, devendo seus estatutos estabelecer normas de disciplina e fidelidade partidária. A EC 97/2017 dispôs que a vedação à celebração de coligações nas eleições proporcionais deverá ser observada a partir das eleições de 2020.

DICA IMPORTANTE

Os direitos políticos são muito explorados em provas de concursos, especialmente as denominadas "inelegibilidades" que, como vimos acima, são excepcionais. Recomenda-se, assim, a leitura atenta do art. 14 da CF.

EM RESUMO: Direitos Políticos	
Direitos Políticos	Participação do cidadão nos negócios políticos do Estado.
Espécies de direitos políticos	Direito de votar (capacidade eleitoral ativa) e direito de ser votado (capacidade eleitoral passiva). A iniciativa popular, o referendo, o plebiscito e a ação popular são também formas de manifestação dos direitos políticos.
Sufrágio	Direito público subjetivo, de natureza política, que tem a pessoa humana de participar ativa ou passivamente da organização do Estado.
Voto	Exercício do direito de sufrágio.
Escrutínio	Forma, o modo pelo qual o voto é exercido.
Inelegibilidade	Sempre excepcional e impede, de forma absoluta ou relativa, o gozo da capacidade eleitoral passiva. Espécies: absoluta e relativa. A inelegibilidade relativa pode decorrer de: motivo funcional, parentesco (reflexa ou indireta), motivo militar e, ainda, outras causas previstas em lei complementar.
Perda e suspensão dos direitos políticos	**Cassação:** é vedada em nosso ordenamento. **Perda:** privação dos direitos políticos de forma definitiva. **Suspensão:** privação temporária dos direitos políticos.
Causas de suspensão e perda dos direitos políticos	I - **cancelamento da naturalização** por sentença transitada em julgado (perda); II - incapacidade civil absoluta (suspensão); III - **condenação criminal transitada em julgado** (quando não cabe mais recursos), enquanto durarem seus efeitos (suspensão); IV - **recusa de cumprir obrigação a todos imposta ou prestação alternativa**, nos termos do art. 5º, VIII, da Constituição Federal (perda); V - **improbidade administrativa**, nos termos do art. 37, § 4º, da Constituição Federal (suspensão).
Situação do militar	O militar alistável é elegível, **atendidas as seguintes condições**: I - se contar menos de dez anos de serviço, deverá afastar-se da atividade; II - se contar mais de dez anos de serviço, será agregado pela autoridade superior e, se eleito, passará automaticamente, no ato da diplomação, para a inatividade.

EM RESUMO: Direitos Políticos	
Regime jurídico dos partidos políticos	Os partidos políticos são pessoas jurídicas de direito privado que adquirem personalidade de acordo com as leis civis. Após a aquisição de personalidade, devem registrar seus estatutos no TSE. É livre a criação, fusão, incorporação e extinção de partidos políticos, resguardados a soberania nacional, o regime democrático, o pluripartidarismo, os direitos fundamentais da pessoa humana e observados os seguintes preceitos: **I - caráter nacional;** **II - proibição de recebimento de recursos financeiros de entidade ou governo estrangeiros ou de subordinação a estes;** **III - prestação de contas à Justiça Eleitoral;** **IV - funcionamento parlamentar de acordo com a lei.**

CAPÍTULO V
ORGANIZAÇÃO POLÍTICO-ADMINISTRATIVA: UNIÃO

1. NOÇÕES

O **conceito de federação** surgiu nos EUA, em 1787, com sua Constituição. No Brasil, a **Federação** tem tríplice capacidade: **é formada pela união indissolúvel da União, Estados e Municípios e DF.** Veda-se o chamado **direito de secessão**, vez que a Federação é, nos termos do art. 1º da CF, indissolúvel.

A **forma de governo,** por sua vez, designa a maneira como o poder é exercido dentro de um Estado. Há três formas: **Monarquia** (governo de um só); **Aristocracia** (governo de mais de um, porém de poucos); e **República** (governo de muitos). No Brasil, é adotada a forma republicana de governo.

A **soberania é atributo da República Federativa do Brasil**. A soberania, no plano internacional, é exercida pela União, representante do Estado brasileiro. **Estados, DF e Municípios possuem autonomia**, e não soberania. No plano interno, a União também não possui soberania. A **soberania** representa um elemento do **Estado** (os outros dois elementos são **o povo e o território**).

Vale destacar que, segundo o art. 4º, da CF, a **República Federativa do Brasil rege-se nas suas relações internacionais** pelos princípios da: independência nacional; prevalência dos direitos humanos; autodeterminação dos povos; não-intervenção; igualdade entre os Estados; defesa da paz; solução pacífica dos conflitos; repúdio ao terrorismo e ao racismo; cooperação entre os povos para o progresso da humanidade e concessão de asilo político. Ainda prevê a CF que a República Federativa do Brasil buscará a integração econômica, política, social e cultural dos povos da América Latina, visando à formação de uma comunidade latino-americana de nações.

A autonomia dos entes federados conduz a:

A **Auto-organização:** capacidade de se auto organizarem, produzindo, para tanto, suas próprias normas **(auto legislação),** desde que de acordo com os preceitos da Constituição Federal.

B **Autogoverno:** os entes federativos têm autonomia para eleger seus próprios governantes;

C **Autoadministração:** diretamente relacionada com a distribuição de competências tributárias e administrativas entre os entes da Federação.

Vale destacar que é **vedado** à União, aos Estados, ao Distrito Federal e aos Municípios: 1 - **estabelecer cultos religiosos ou igrejas**, subvencioná-los, embaraçar-lhes o funcionamento ou manter com eles ou seus representantes relações de dependência ou aliança, ressalvada, na forma da lei, a colaboração de interesse público; 2 - **recusar fé** aos documentos públicos; e 3 - **criar distinções** entre brasileiros ou preferências entre si.

Não se esqueça: os territórios, hoje inexistentes, não gozam sequer de autonomia e são definidos como autarquias federais.

2. UNIÃO: DEFINIÇÃO, CARACTERÍSTICAS E COMPETÊNCIAS

A União, no plano interno, não goza de soberania. Trata-se de ente federado dotado de autonomia, o que implica em **auto-organização, auto legislação, autogoverno e autoadministração.** Pode ser definida como pessoa jurídica de direito público interno.

A União possui competência de natureza **administrativa (ou material) e legislativa.** A competência **administrativa (ou material)** pode ser **exclusiva** (art. 21, I a XXV, CF/88) ou **comum** (art. 23, I a XII, CF/88). A **administrativa exclusiva é indelegável.** A competência **legislativa da União,** por sua vez, divide-se em **privativa** (art. 22, I a XXIX, CF/88) e **concorrente** (art. 24, I a XVI, CF/88). **A competência legislativa privativa é delegável aos Estados federados e ao DF** (art. 22, parágrafo único, CF/88).

A propósito, a **Emenda Constitucional 103 de 12 de novembro de 2019** deu nova redação ao art. 22, XXI, da CF, dispondo agora que é competência privativa da União legislar sobre normas gerais de organização, efetivos, material bélico, garantias, convocação, mobilização, inatividades e pensões das polícias militares e dos corpos de bombeiros militares. Ainda, a **Emenda Constitucional 104 de 04 de dezembro de 2019** deu nova redação ao inciso XIV do art. 21 da CF, dispondo agora que compete à União "organizar e manter a polícia civil, **a polícia penal**, a polícia militar e o corpo de bombeiros militar do Distrito Federal, bem como prestar assistência financeira ao Distrito Federal para a execução de serviços públicos, por meio de fundo próprio".

A competência administrativa comum pertence a todos os entes da federação (União. Estados, DF e Municípios). Por sua vez, a **concorrente não se aplica aos Municípios.** Estes podem, eventualmente, tratar de quaisquer matérias relegadas aos outros entes, desde que esteja presente o interesse local (art. 30, I e II, CF/88). A competência comum é considerada cumulativa, ou seja, qualquer ente federado pode exercê-la juntamente com os demais, versando sobre os mesmos aspectos. Já a competência concorrente é não cumulativa, porque cada pessoa política tratará de um elemento diferente dentro da mesma matéria (art. 24, § 2º, CF/88). Aliás, **à União, em se tratando de competência legislativa concorrente, cabe a edição de normas gerais, devendo aquelas de caráter especial ser produzidas pelos Estados-membros.**

A competência tributária da União encontra previsão no art. 153 da CF. Mas cuidado: a União possui uma competência tributária residual, podendo estabelecer novos impostos ou contribuições federais, desde que não coincidentes com fatos geradores e bases de cálculos das exações já presentes (art. 154, I, e 195, § 4º, CF/88).

FIQUE POR DENTRO:

O art. 20 da CF cuida dos **"bens da União"**. Segundo a CF, **são bens da União**: I - os que atualmente lhe pertencem e os que lhe vierem a ser atribuídos; II - as terras devolutas indispensáveis à defesa das fronteiras, das fortificações e construções militares, das vias federais de comunicação e à preservação ambiental, definidas em lei; III - os lagos, rios e quaisquer correntes de água em terrenos de seu domínio, ou que banhem mais de um Estado, sirvam de limites com outros países, ou se estendam a território estrangeiro ou dele provenham, bem como os terrenos marginais e as praias fluviais; IV - as ilhas fluviais e lacustres nas zonas limítrofes com outros países; as praias marítimas; as ilhas oceânicas e as costeiras, excluídas, destas, as áreas referidas no art. 26, II, da CF; IV as ilhas fluviais e lacustres

FIQUE POR DENTRO:

nas zonas limítrofes com outros países; as praias marítimas; as ilhas oceânicas e as costeiras, excluídas destas as que contenham a sede de Municípios, exceto aquelas áreas afetadas ao serviço público e a unidade ambiental federal, e as referidas no art. 26, II, da CF; V - os recursos naturais da plataforma continental e da zona econômica exclusiva; VI - o mar territorial; VII - os terrenos de marinha e seus acrescidos; VIII - os potenciais de energia hidráulica; IX - os recursos minerais, inclusive os do subsolo; X - as cavidades naturais subterrâneas e os sítios arqueológicos e pré-históricos; XI - as terras tradicionalmente ocupadas pelos índios. É importante destacar que a **EC 102 de 26 de setembro de 2019** deu nova redação ao §1º, do art. 20, que agora dispõe "é assegurada, nos termos da lei, à União, aos Estados, ao Distrito Federal e aos Municípios a participação no resultado da exploração de petróleo ou gás natural, de recursos hídricos para fins de geração de energia elétrica e de outros recursos minerais no respectivo território, plataforma continental, mar territorial ou zona econômica exclusiva, ou compensação financeira por essa exploração".

EM RESUMO: Organização Político-administrativa - União	
Federação	Forma de Estado. No Brasil, são entes federados: a União, os Estados-membros e o DF, e os Municípios.
Soberania	Atributo da República Federativa do Brasil, representada, no plano internacional, pela União.
Autonomia	Atributo de todos os entes federados.
Forma de Governo	República, Monarquia e Aristocracia.
União	Ente Federado. Pessoa jurídica de direito público interno, dotada de autonomia. Possui competência de natureza material (ou administrativa) e legislativa.

QUESTÃO

(Cespe – Policial Rodoviário Federal – DPRF/2013) *A respeito da organização político-administrativa do Estado e da administração pública, julgue o item que se segue.*

Em se tratando de matéria para a qual se preveja a competência legislativa concorrente, a CF autoriza os estados a exercerem a competência legislativa plena para atenderem a suas peculiaridades se inexistir lei federal sobre normas gerais.

GABARITO	CERTO.
COMENTÁRIO	Nos termos do art. 24, §3º, da CF, "inexistindo lei federal sobre normas gerais, os Estados exercerão a competência legislativa plena, para atender a suas peculiaridades".

CAPÍTULO VI
PODER EXECUTIVO

1. NOÇÕES

No Brasil, **os Poderes são independentes e harmônicos entre si**, de modo que um não está subordinado ao outro. Essa harmonia é garantida pelo **sistema de freios e contrapesos**, caracterizada pela existência de controles recíprocos. Por exemplo: compete ao Presidente da República escolher e nomear os Ministros do STF. Acontece, porém, que a escolha deve ser aprovada pela maioria absoluta do Senado Federal (CF, art. 101, parágrafo único). Eis um exemplo do sistema de freios e contrapesos, que visa evitar abusos no exercício do poder.

2. PODER EXECUTIVO

O sistema de governo adotado no Brasil é o **presidencialista.** Neste sistema, cabem ao **Presidente da República** as funções precípuas de chefe de Estado e chefe de governo (gerir a Administração). Ao lado dessas funções típicas, o Chefe do Executivo tem outras, denominadas **atípicas**, quais sejam: **legislativa** (exercida por meio de medidas provisórias e leis delegadas) e **judiciária** (contencioso administrativo).

O Presidente e o Vice-Presidente da República serão eleitos pelo **sistema majoritário,** elegendo-se aquele que obtiver a maioria absoluta dos votos válidos, **excluídos** os nulos e brancos (art. 77, § 2º da CF).

A eleição será realizada, simultaneamente, **no primeiro domingo de outubro, em primeiro turno, e no último domingo de outubro, em segundo turno**, do ano anterior ao do término do mandato presidencial vigente. Vale destacar que, no ano de 2020, as eleições municipais foram adiadas por meio da Emenda Constitucional 107, de 02 de julho de 2020, em razão da pandemia da Covid-19.

O segundo turno apenas ocorrerá se nenhum dos candidatos alcançar a maioria absoluta dos votos já na primeira votação. Se, **antes de realizado o segundo turno, ocorrer morte, desistência ou impedimento legal de candidato, convocar-se-á**, dentre os remanescentes, **o de maior votação.**

O Presidente ou o Vice devem tomar posse obrigatoriamente em até 10 dias após a data oficial. Caso isso não ocorra até o dia 11 de janeiro, os cargos serão declarados vagos.

Em caso de impedimento do Presidente e do Vice-Presidente, ou vacância dos respectivos cargos, serão chamados, nesta ordem, ao exercício da Presidência **o Presidente da Câmara dos Deputados, o do Senado Federal e o do Supremo Tribunal Federal.** A linha sucessória do Presidente da República é composta por brasileiros natos (art. 12, § 3º, I a IV, da CF).

No caso de vacância definitiva de ambos os cargos, de Presidente e de Vice, aplicam-se as seguintes regras:

A Se a vacância se der nos dois primeiros anos do mandato, assume o Presidente da Câmara e realizam-se eleições diretas no prazo de 90 dias (art. 81, "caput", CF), a contar da abertura da última vaga.

B Se a vacância se der nos dois últimos anos do mandato, assume o Presidente da Câmara e realizam-se **eleições indiretas pelo CN** (art. 81, § 1º, CF), no prazo de 30 dias, a contar da abertura da última vaga.

> **MUITA ATENÇÃO!** Nas duas situações acima (eleições diretas ou indiretas), os eleitos não terão quatro anos de mandato. Cuida-se do denominado "mandato tampão" (art. 81, § 2º, CF): os eleitos ocuparão os cargos pelo período restante.

As atribuições do Presidente da República encontram-se previstas no art. 84 da CF. Vale destacar que **o Chefe do Executivo poderá delegar, nos termos do art. 84, parágrafo único, da CF, aos Ministros de Estado, ao Procurador-Geral da República ou ao Advogado-Geral da União**, que observarão os limites traçados nas respectivas delegações, as seguintes atribuições: **1.** dispor, mediante decreto, sobre: a) organização e funcionamento da administração federal, quando não implicar aumento de despesa nem criação ou extinção de órgãos públicos; b) extinção de funções ou cargos públicos, quando vagos; **2.** conceder indulto e comutar penas, com audiência, se necessário, dos órgãos instituídos em lei; **3.** prover e extinguir os cargos públicos federais, na forma da lei.

Os Ministros de Estado auxiliam o Presidente da República. A escolha dos Ministros é feita pelo próprio Presidente da República dentre brasileiros maiores de 21 anos e no exercício dos direitos políticos. Do mesmo modo, compete ao Presidente da República a exoneração do Ministro de Estado.

As atribuições dos Ministros de Estado estão previstas no art. 87, parágrafo único, da CF.

O Presidente e o Vice-Presidente da República **não poderão, sem licença do Congresso Nacional, ausentar-se do País por período superior a quinze dias,** sob pena de perda do cargo.

Quanto ao regime de responsabilização do Presidente da República, é preciso distinguir os **crimes comuns dos crimes de responsabilidade**. Vejamos.

A **Crime de responsabilidade:** é uma infração de natureza político-administrativa. O art. 85 da CF apresenta um rol exemplificativo dos delitos políticos praticados pelo Chefe do Poder Executivo. A Lei 1.079/50 também descreve outras condutas da mesma natureza. **Somente a União pode legislar, processual ou materialmente, sobre crimes de responsabilidade**. Sobre o tema, o enunciado da **Súmula Vinculante 46**, segundo a qual "A definição dos crimes de responsabilidade e o estabelecimento das respectivas normas de processo e julgamento são da competência legislativa privativa da União".

A condenação leva ao impedimento (ou "impeachment").

Somente determinadas autoridades podem responder pela prática de crime de responsabilidade.

O julgamento será realizado pelo Senado e presidido pelo Presidente do STF.

Antes da admissibilidade da ação de responsabilidade, **faz-se necessária a autorização da Câmara dos Deputados (2/3 de seus membros), nos termos do art. 86 da CF**. Exemplo: foi protocolizada a denúncia na Câmara Federal e observados os trâmites legais e regimentais a fim de que o Plenário pudesse ou não autorizar a instauração de processo contra o Presidente da República. Do total de 513 deputados da Câmara, apenas 400 estiveram presentes à sessão, sendo que 260 votaram a favor da instauração do processo. Diante desse fato, **o processo deverá ser arquivado, tendo em vista o fato de a decisão da Câmara dos Deputados não ter contado com a manifestação favorável de dois terços dos seus membros.**

A Lei 1.079/50 dispõe que **qualquer cidadão é parte legítima para oferecer**, na Câmara Federal, **acusação** contra o Presidente da República ou contra os Ministros de Estado.

O Supremo Tribunal Federal, no julgamento da **ADPF 378**, em dezembro de 2015, assentou o entendimento, por maioria, segundo o qual a Câmara dos Deputados apenas dá a autorização para a abertura do processo de *impeachment*, cabendo ao Senado Federal fazer juízo inicial de instalação ou não do procedimento, quando a votação se dará por **maioria simples, com presença da maioria absoluta. A condenação, porém, necessita de maioria qualificada** (dois terços dos membros).

Ainda, segundo o Supremo Tribunal Federal, a votação para escolha da comissão especial na Câmara dos Deputados deve ser aberta, sendo ilegítimas as candidaturas avulsas de deputados para sua composição; e o afastamento do Presidente da República ocorre apenas se o Senado Federal abrir o processo.[1]

No caso de condenação, segundo vigorosa orientação doutrinária, **haverá perda do cargo e inabilitação para o exercício de função pública por oito anos, sem prejuízo das demais sanções judiciais cabíveis**. As sanções, neste caso, são cumulativas. A sentença condenatória é materializada sob a forma de **resolução.**

Contudo, é importante destacar que, no julgamento da ex-Presidente da República Dilma Vana Rousseff, o Senado Federal, ao concluir pela existência de crime de responsabilidade, condenou a acusada apenas à perda do cargo de Presidente da República. Em segunda votação, não alcançado o *quorum* necessário, foi afastada a condenação à pena de inabilitação para o exercício de cargo público. À época, segundo apontado pelo Presidente do Supremo Tribunal Federal, Ministro Ricardo Lewandowski, responsável por presidir o julgamento, a votação haveria de ser realizada em duas etapas, a teor do disposto no art. 68, parágrafo único, da Lei 1.079/1950.

B Crimes comuns: durante o exercício do mandato, o Presidente só pode ser processado por delitos "ex officio", isto é, aqueles praticados em razão da função (necessidade de demonstração da pertinência temática). Não sendo assim, o processamento só poderá ser realizado após o término do mandato. **Essa prerrogativa é chamada pela doutrina de irresponsabilidade relativa do Presidente da República.**

Por outro lado, se já houver ação penal em curso será ela suspensa até o término do mandato. Logicamente, suspende-se o prazo prescricional.

Nas infrações comuns, o Presidente da República é **julgado pelo STF**, juiz natural da causa, existindo competência determinada por foro por prerrogativa funcional (art. 102, I, "b", CF).

Conforme destaquei acima, **durante o mandato, o Presidente da República só responderá por infrações comuns praticadas em razão do exercício de suas funções.** Neste caso, o inquérito não será policial, mas sim judicial e tramitará no STF. **Com o final da investigação, os autos são remetidos ao Procurador Geral da República.** Este, verificando que não há indícios de materialidade ou de autoria, pedirá o arquivamento. Entendendo haver elementos suficientes, **o PGR oferece denúncia em face do Presidente da República. O STF, antes de receber a inicial acusatória, deverá comunicar a Câmara dos Deputados, peticionando por autorização para tal.** A Câmara fará um juízo de admissibilidade político sobre o fato, devendo deliberar por, no mínimo, 2/3 do seu plenário favoravelmente à instauração da ação penal – juízo de admissibilidade positivo (art. 86, "caput", CF/88). Do contrário, havendo juízo negativo pela

1. Fonte: http://www.stf.jus.br/portal/cms/verNoticiaDetalhe.asp?idConteudo=306614. Acesso em 02/02/2016.

Câmara, o Presidente não será processado pelo STF durante o exercício do mandato. Admitida a acusação pela Câmara dos Deputados, o Supremo fará novo juízo de admissibilidade sobre a denúncia, podendo, inclusive, rejeitá-la. **Recebida a denúncia pelo STF, o Presidente deverá ficar afastado de suas funções por até 180 dias (art. 86, § 2º, CF).**

O Presidente da República não pode ser preso cautelarmente. Significa dizer que só poderá ser preso em razão de sentença condenatória com trânsito em julgado.

DICA IMPORTANTE

O **Conselho da República** é órgão superior de consulta do Presidente da República, devendo pronunciar-se sobre intervenção federal, estado de defesa, estado de sítio e outras questões relevantes para a estabilidade das instituições democráticas.

O **Conselho de Defesa Nacional** também é órgão de consulta do Presidente da República, porém, nos assuntos relacionados com a soberania nacional e a defesa do Estado democrático.

Os pareceres desses Conselhos não vinculam o Presidente da República.

Os **Ministros de Estado** são responsáveis por eventual prática de **crime de responsabilidade** (arts. 50, "*caput*", e § 2º; 58, inciso III; 52, inciso I; e 85, todos da CF). A competência para julgamento dos Ministros de Estado é definida nos seguintes termos:

Supremo Tribunal Federal	Crimes comuns.
	Crimes de responsabilidade sem conexão com o Presidente da República.
Senado Federal	Crimes de responsabilidade com conexão com o Presidente da República.

? QUESTÃO: É correto dizer que o Governador de Estado goza de imunidade formal e de imunidade material na mesma extensão que o Presidente da República?

➥ ***RESPOSTA:*** *Segundo o STF, as imunidades dos §§ 3º e 4º do art. 86 da CF (que exclui, quanto ao Presidente da República, a possibilidade de prisão, nas infrações penais comuns, antes da sentença condenatória, e a de ser ele responsabilizado, na vigência do mandato, por ato estranho ao exercício de suas funções) são exclusivas do Presidente da República,* ***NÃO*** *servindo de modelo para os Estados-membros (ADIN 978-PB). Não pode, portanto, a Constituição Estadual estendê-las ao Governador de Estado.*

EM RESUMO: Poder Executivo	
Sistema de Governo	O sistema de governo adotado no Brasil é o presidencialista. Neste sistema, cabem ao Presidente da República as funções precípuas de chefe de Estado e chefe de governo.
Executivo	Cabe ao Presidente da República as funções precípuas de chefe de Estado e chefe de governo (gerir a Administração). Ao lado dessas funções típicas, o Chefe do Executivo tem outras, denominadas atípicas, quais sejam: legislativa (exercida por meio de medidas provisórias e leis delegadas) e judiciária (contencioso administrativo).

QUESTÃO

(Cespe – Policial Rodoviário Federal – DPRF/2013) *No que concerne ao Poder Executivo, julgue o item subsecutivo.*

Compete privativamente ao presidente da República conceder indulto e comutar penas, ouvidos, se necessário, os órgãos instituídos em lei.

GABARITO	CERTO.
COMENTÁRIO	As competências privativas do Presidente da República estão previstas no art. 84 da CF e, dentre elas, encontra-se "conceder indulto e comutar penas, com audiência, se necessário, dos órgãos instituídos em lei".

CAPÍTULO VII

DEFESA DAS INSTITUIÇÕES DEMOCRÁTICAS

1. NOÇÕES

Em situações de normalidade, a regra é a **autonomia entre os Entes Federados.** Contudo, há situações excepcionais que podem colocar em risco as instituições democráticas. Diante dessas situações de anormalidade, surgem **a intervenção, o estado de sítio e o estado de defesa**. Ao lado desses institutos de exceção, as **Forças Armadas** estão incumbidas da defesa da Pátria e dos poderes constitucionais. É o que veremos a seguir.

2. INTERVENÇÃO FEDERAL

A **intervenção** é uma exceção ao pacto federativo. Os motivos para ensejá-la são chamados de pressupostos de fundo da intervenção e encontram-se previstos exaustivamente na Constituição Federal (art. 34 da CF).

A intervenção federal, ou seja, realizada pela União nos Estados e Distrito Federal, tem lugar para:

A manter a integridade nacional;

B repelir invasão estrangeira ou de uma unidade da Federação em outra;

C pôr termo a grave comprometimento da ordem pública;

D garantir o livre exercício de qualquer dos Poderes nas unidades da Federação;

E reorganizar as finanças da unidade da Federação que suspender o pagamento da dívida fundada por mais de dois anos consecutivos, salvo motivo de força maior ou deixar de entregar aos Municípios receitas tributárias fixadas nesta Constituição, dentro dos prazos estabelecidos em lei;

F prover a execução de lei federal, ordem ou decisão judicial;

G assegurar a observância dos seguintes princípios constitucionais: forma republicana, sistema representativo e regime democrático; direitos da pessoa humana; autonomia municipal; prestação de contas da administração pública, direta e indireta e aplicação do mínimo exigido da receita resultante de impostos estaduais, compreendida a proveniente de transferências, na manutenção e desenvolvimento do ensino e nas ações e serviços públicos de saúde.

2.1 Modalidades de intervenção federal

A intervenção federal será decretada pelo Presidente da República. Todavia, dependendo do fundamento, a **intervenção pode ser:**

A **Espontânea**: depende da discricionariedade do Presidente da República. Tem lugar nas hipóteses previstas no art. 34, incisos I, II, III e V, da CF. **Não se trata**, portanto, **de**

modalidade vinculada de intervenção, cabendo ao Chefe do Poder Executivo avaliar a conveniência da medida.

B **Por solicitação:** o Poder coacto solicita a intervenção ao Presidente da República, seguindo o mesmo rito da intervenção espontânea. Nessas hipóteses, **o Presidente da República também tem discricionariedade para decidir ou não pela intervenção.** Tem lugar quando a coação recair sobre os Poderes Executivo ou Legislativo (art. 34, inciso IV, da CF).

C **Por requisição:** nesta hipótese, o Poder coacto é o Poder Judiciário. Neste caso, compete ao STF requisitar a decretação de intervenção ao Presidente da República (art. 34, inciso IV, e 36, inciso I, parte final, ambos da CF). **A intervenção por requisição é vinculada, ou seja, não se trata de discricionariedade do Chefe do Poder Executivo**, pois se houver requisição do Supremo, deve o Presidente da República decretar a intervenção.

D **Por descumprimento de ordem ou decisão judicial** (art. 34, inciso VI, e art. 36, inciso II, ambos da CF): não é qualquer descumprimento que enseja a intervenção; somente aquele voluntário e inescusável dará motivo à intervenção. **Trata-se, também, de intervenção vinculada e dependerá de requisição do STF, STJ ou TSE, dependendo da matéria.**

E **Por recusa de lei federal**: a competência para requisição é do STF (EC 45/04). O rito tem uma fase judicial, em que o PGR ajuíza ação de executoriedade de lei federal **(representação interventiva)** perante o Supremo (art. 34, inciso VI, e art. 36, inciso III, ambos da CF). **É intervenção vinculada.**

F **Por violação de princípios sensíveis** (art. 34, inciso VII, e art. 36, inciso III, ambos da CF): essa modalidade de intervenção federal depende de provimento, pelo STF, de representação do Procurador-Geral da República. Cuida-se da chamada **ADI interventiva.**

Observe que a ADI interventiva tem por finalidade declarar a inconstitucionalidade de lei ou ato normativo estadual que contrarie **princípios sensíveis da CF** (forma republicana, sistema representativo e regime democrático; direitos da pessoa humana; autonomia municipal e prestação de contas da administração pública, direta e indireta; aplicação do mínimo exigido da receita resultante de impostos estaduais, compreendida a proveniente de transferências, na manutenção e desenvolvimento do ensino e nas ações e serviços públicos de saúde).

O único **legitimado** à propositura da ADI interventiva é o **PGR** e a **competência** para processamento e julgamento é do **STF.**

FIQUE POR DENTRO: O processo e julgamento da representação interventiva perante o STF passaram a ser regulamentados pela Lei 12.562/2011. Esta lei disciplina, dentre outros, a legitimidade para propositura da ação ou representação, requisitos da petição inicial, concessão de medida liminar e quórum de deliberação.

2.2 Decretação e controle da Intervenção Federal

A **competência** para decretação da intervenção **é privativa do Presidente da República** (art. 84, inc. X, da CF). O Presidente da República ouvirá o Conselho da República e o Conselho de Defesa Nacional, mas seus pareceres não são vinculantes.

Conforme destaquei acima, o Presidente da República poderá decretar a intervenção: **de ofício, por solicitação ou por requisição.** Por vezes, terá discricionariedade para avaliar a conveniência da medida; em outras hipóteses, terá de decretar a intervenção, pois sua atuação será vinculada.

É através de um **decreto** que a intervenção se materializa. No decreto de intervenção deverá ser especificada a amplitude, o prazo e as condições de execução da intervenção e, se o caso, a nomeação de interventor.

Decretada a intervenção, a situação deve ser submetida ao Congresso Nacional em até 24 horas, que realizará controle político, podendo rejeitá-la ou ratificá-la. Nos casos do art. 34, VI e VII, ou do art. 35, IV, todos da CF, dispensada a apreciação pelo Congresso Nacional ou pela Assembleia Legislativa, o decreto apenas suspenderá a execução do ato impugnado, se essa medida bastar ao restabelecimento da normalidade.

2.3 Intervenção Estadual

<table>
<tr><td rowspan="4">A intervenção estadual compreende aquela realizada pelos Estados em Municípios e pela União em Municípios localizados Territórios Federais e tem lugar quando</td><td>(i) deixar de ser paga, sem motivo de força maior, por dois anos consecutivos, a dívida fundada;</td></tr>
<tr><td>(ii) não forem prestadas contas devidas, na forma da lei;</td></tr>
<tr><td>(iii) não tiver sido aplicado o mínimo exigido da receita municipal na manutenção e desenvolvimento do ensino e nas ações e serviços públicos de saúde;</td></tr>
<tr><td>(iv) o Tribunal de Justiça der provimento a representação para assegurar a observância de princípios indicados na Constituição Estadual, ou para prover a execução de lei, de ordem ou de decisão judicial. Sobre o tema, relevante mencionar a Súmula 637 do STF, segundo a qual "Não cabe recurso extraordinário contra acórdão de tribunal de justiça que defere pedido de intervenção estadual em município".</td></tr>
</table>

A competência para decretação da intervenção é do Chefe do Poder Executivo **(Governador ou Presidente da República, dependendo do caso).**

As mesmas regras relativas à intervenção federal (decreto do Chefe do Executivo, controle político pelo Legislativo, temporalidade etc.) aplicam-se à intervenção estadual, por simetria.

Observe que, na hipótese de intervenção prevista no inciso IV do art. 35, da CF, a decretação da intervenção dependerá de provimento pelo Tribunal de Justiça, de representação interventiva do Procurador-Geral de Justiça (Chefe do Ministério Público do estado), e, nos termos do art. 36, § 3º, da CF, será dispensada a apreciação pela Assembleia Legislativa.

A intervenção estadual também se materializa através de **decreto,** que especificará a amplitude, o prazo e as condições de execução e, se o caso, nomeará o interventor.

Assim como o Congresso Nacional, **o Poder Legislativo Estadual apreciará o decreto interventivo, em até 24 horas, realizando, assim, verdadeiro controle político repressivo.** Contudo, a atuação do Legislativo local é mitigada, como acontece com o CN, quando o decreto apenas suspender a execução do ato impugnado.

3. ESTADO DE DEFESA

O **estado de defesa** é uma situação em que se organizam medidas destinadas a conter ameaças à ordem pública ou à paz social. Trata-se de um **instituto de exceção** que tem lugar para "**preservar ou prontamente restabelecer, em locais restritos e determinados, a ordem**

pública ou a paz social ameaçadas por grave e iminente instabilidade institucional ou atingidas por calamidades de grandes proporções na natureza".

A competência para decretar o estado de defesa é do Presidente da República. O Conselho da República e o Conselho de Defesa Nacional serão ouvidos, porém, seus pareceres não são vinculantes.

Decretado o estado de defesa ou sua prorrogação, o Presidente da República, **dentro de vinte e quatro horas**, submeterá o ato com a respectiva justificação ao Congresso Nacional, que decidirá por maioria absoluta.

O **decreto** que instituir o estado de defesa **determinará o tempo de sua duração,** especificará as áreas a serem abrangidas e indicará, nos termos e limites da lei, as medidas coercitivas a vigorarem.

? **QUESTÃO:** Qual é o prazo de duração do estado de defesa?

➥ ***RESPOSTA:*** *O tempo de duração do estado de defesa não será superior a trinta dias, podendo ser prorrogado uma vez, por igual período, se persistirem as razões que justificaram a sua decretação. Se mesmo após a prorrogação, persistir o estado de anormalidade, é possível a decretação do estado de sítio, desde que observadas as exigências formais.*

Durante o estado de defesa, sofrem **restrições** *(e não supressão) os seguintes direitos e garantias:*

A reunião, ainda que exercida no seio das associações;

B sigilo de correspondência;

C sigilo de comunicação telegráfica e telefônica.

Além dessas restrições, **pode haver outra medida coercitiva** consistente na ocupação e uso temporário de bens e serviços públicos, na hipótese de calamidade pública, respondendo a União pelos danos e custos decorrentes.

Na vigência do estado de defesa	A prisão por crime contra o Estado, determinada pelo executor da medida, será por este comunicada imediatamente ao juiz competente, que a relaxará, se não for legal, facultado ao preso requerer exame de corpo de delito à autoridade policial;
	A comunicação será acompanhada de declaração, pela autoridade, do estado físico e mental do detido no momento de sua autuação;
	A prisão ou detenção de qualquer pessoa não poderá ser superior a dez dias, salvo quando autorizada pelo Poder Judiciário;
	É vedada a incomunicabilidade do preso.

Com a cessação do estado de defesa, cessarão também seus efeitos, **sem prejuízo da responsabilidade pelos ilícitos cometidos por seus executores ou agentes.**

4. ESTADO DE SÍTIO

O **estado de sítio** tem lugar diante de situações críticas. As hipóteses estão previstas em rol exaustivo no art. 137, "caput", da CF. Seus pressupostos alternativos são**: 1. Comoção grave de**

repercussão nacional ou Ineficácia do estado de defesa; 2. Declaração de estado de guerra ou resposta a agressão armada.

Observe que no estado de sítio, cabe ao Presidente da República, ouvidos os Conselhos da República e de Defesa Nacional, **solicitar ao CN autorização para decretá-lo.** No estado de defesa, a oitiva do Congresso Nacional é posterior à sua decretação. Por sua vez, no estado de sítio, o Congresso Nacional deve ser ouvido previamente à decretação. Aprovada a autorização pelo CN, por maioria absoluta, o Presidente da República decretará o estado de sítio.

Aprovada a autorização pelo CN, por maioria absoluta, o Presidente da República decretará o estado de sítio.

? **QUESTÃO:** Qual é o prazo de duração do estado de sítio?

➥ ***RESPOSTA:*** *O estado de sítio, no caso de comoção grave de repercussão nacional ou ineficácia do estado de defesa, não poderá ser decretado por mais de trinta dias, nem prorrogado, de cada vez, por prazo superior. Já em caso de declaração de estado de guerra ou resposta a agressão armada, poderá ser decretado por todo o tempo que perdurar a guerra ou a agressão armada estrangeira.*

Na vigência do estado de sítio, decretado com fundamento em comoção grave de repercussão nacional ou ocorrência de fatos que comprovem a ineficácia de medida tomada durante o estado de defesa, só poderão ser tomadas contra as pessoas as seguintes medidas	
	Obrigação de permanência em localidade determinada;
	Detenção em edifício não destinado a acusados ou condenados por crimes comuns;
	Restrições relativas à inviolabilidade da correspondência, ao sigilo das comunicações, à prestação de informações e à liberdade de imprensa, radiodifusão e televisão, na forma da lei (não se inclui nesta restrição difusão de pronunciamentos de parlamentares efetuados em suas Casas Legislativas, desde que liberada pela respectiva Mesa);
	Suspensão da liberdade de reunião;
	Busca e apreensão em domicílio;
	Intervenção nas empresas de serviços públicos;
	Requisição de bens.

MUITA ATENÇÃO! Segundo o art. 138, § 3º da CF, no estado de sítio, o Congresso Nacional permanecerá em funcionamento até o término das medidas coercitivas.

Durante a vigência do estado de defesa, assim como o de sítio, a mesa do CN, ouvidos os líderes partidários, constitui comissão de cinco membros para acompanhar a execução das medidas.

5. FORÇAS ARMADAS

A Marinha, o Exército e a Aeronáutica constituem as Forças Armadas. São instituições permanentes incumbidas da defesa da Pátria e dos poderes constitucionais. A hierarquia e a disciplina orientam a organização das Forças Armadas, que estão sob o comando e autoridade do Presidente da República.

O art. 142, § 3º, da CF dispõe que **"ao militar são proibidas a sindicalização e a greve" (inciso IV) e "enquanto em serviço ativo, não pode estar filiado a partidos políticos" (inciso V).**

Segundo o art. 143, § 2º da CF, as mulheres e os eclesiásticos ficam isentos do serviço militar obrigatório em tempo de paz, sujeitos, porém, a outros encargos que a lei lhes atribuir.

6. SEGURANÇA PÚBLICA

A segurança pública, dever do Estado, é exercida para a preservação da ordem pública e da incolumidade das pessoas e do patrimônio.

O direito de greve, sob qualquer forma ou modalidade, é vedado aos policiais militares, assim como ocorre com os integrantes das Forças Armadas, pois a atividade que desempenham é essencial à segurança de toda a sociedade.

São órgãos da segurança pública: **1. Polícia Federal; 2. Polícia Rodoviária Federal; 3. Polícia Ferroviária Federal; 4. Polícias Civis; 5. Polícias Militares e Corpos de Bombeiros Militares e 6. Polícias penais federal, estaduais e distrital.**

FIQUE POR DENTRO:

A **Emenda Constitucional 104 de 04 de dezembro de 2019** alterou o inciso XIV do *caput* do art. 21, o § 4º do art. 32 e o art. 144, todos da Constituição Federal, para criar **as polícias penais federal, estaduais e distrital**. Segundo a nova EC, às polícias penais, vinculadas ao órgão administrador do sistema penal da unidade federativa a que pertencem, cabe a **segurança dos estabelecimentos penais**. E ainda as polícias militares e os corpos de bombeiros militares, forças auxiliares e reserva do Exército subordinam-se, juntamente com as polícias civis e as polícias penais estaduais e distrital, aos Governadores dos Estados, do Distrito Federal e dos Territórios.

EM RESUMO: Defesa das Instituições Democráticas	
Intervenção Federal	A intervenção é uma exceção ao pacto federativo. Os motivos para ensejá-la são chamados de pressupostos de fundo da intervenção e encontram-se previstos exaustivamente na Constituição Federal (art. 34 da CF). A competência para decretação da intervenção é privativa do Presidente da República (art. 84, inc. X, da CF). O Presidente da República ouvirá o Conselho da República e o Conselho de Defesa Nacional, mas seus pareceres não são vinculantes.
Modalidades de Intervenção Federal	1) Espontânea (art. 34, incisos I, II, III e V, da CF); 2) Por solicitação (art. 34, inciso IV, da CF); 3) Por descumprimento de ordem ou decisão judicial (art. 34, inciso VI, e art. 36, inciso II, ambos da CF); 4) Por requisição (art. 34, inciso IV, e 36, inciso I, parte final, ambos da CF); 5) Por recusa de lei federal (art. 34, inciso VI, e art. 36, inciso III, ambos da CF); 6) Por violação de princípios sensíveis (art. 34, inciso VII, e art. 36, inciso III, ambos da CF).
Intervenção Estadual	A intervenção estadual compreende aquela realizada pelos Estados em Municípios e pela União em Municípios localizados Territórios Federais e tem lugar nas hipóteses previstas no art. 35, da CF.

Estado de defesa	O estado de defesa é uma situação em que se organizam medidas destinadas a conter ameaças à ordem pública ou à paz social. Trata-se de um instituto de exceção que tem lugar para "preservar ou prontamente restabelecer, em locais restritos e determinados, a ordem pública ou a paz social ameaçadas por grave e iminente instabilidade institucional ou atingidas por calamidades de grandes proporções na natureza". A competência para decretar o estado de defesa é do Presidente da República.
Estado de sítio	O estado de sítio tem lugar diante de situações críticas. As hipóteses estão previstas em rol exaustivo no art. 137, "caput", da CF. Seus pressupostos alternativos são: 1. Comoção grave de repercussão nacional ou Ineficácia do estado de defesa; 2. Declaração de estado de guerra ou resposta a agressão armada.
Forças Armadas	A Marinha, o Exército e a Aeronáutica constituem as Forças Armadas. São instituições permanentes incumbidas da defesa da Pátria e dos poderes constitucionais. A hierarquia e a disciplina orientam a organização das Forças Armadas, que estão sob o comando e autoridade do Presidente da República.
Segurança Pública	A segurança pública, dever do Estado, é exercida para a preservação da ordem pública e da incolumidade das pessoas e do patrimônio. São órgãos da segurança pública: 1. Polícia Federal; 2. Polícia Rodoviária Federal; 3. Polícia Ferroviária Federal; 4. Polícias Civis; 5. Polícias Militares e Corpos de Bombeiros Militares e 6. Polícias penais federal, estaduais e distrital.

✍ QUESTÕES

(Cespe – Policial Rodoviário Federal – PRF/2019) *A competência da PRF, instituição permanente, organizada e mantida pela União, inclui o patrulhamento ostensivo das rodovias e das ferrovias federais.*

GABARITO	ERRADO.
COMENTÁRIO	Segundo o art. 144, §2º, da CF, "a polícia rodoviária federal, órgão permanente, organizado e mantido pela União e estruturado em carreira, destina-se, na forma da lei, **ao patrulhamento ostensivo das rodovias federais**". O patrulhamento das ferrovias federais cabe, segundo a CF, à polícia ferroviária federal (art. 144, §3º, da CF).

(Cespe – Policial Rodoviário Federal – PRF/2019) *A segurança viária compreende a educação, a engenharia e a fiscalização de trânsito, vetores que asseguram ao cidadão o direito à mobilidade urbana eficiente.*

GABARITO	CERTO.
COMENTÁRIO	Prevê a CF, em seu art. 144, §10 e incisos, que "a segurança viária, exercida para a preservação da ordem pública e da incolumidade das pessoas e do seu patrimônio nas vias públicas compreende a educação, engenharia e fiscalização de trânsito, além de outras atividades previstas em lei, que assegurem ao cidadão o direito à mobilidade urbana eficiente. Além disso, compete, no âmbito dos Estados, do Distrito Federal e dos Municípios, aos respectivos órgãos ou entidades executivos e seus agentes de trânsito, estruturados em Carreira, na forma da lei.

CAPÍTULO VIII
ORDEM SOCIAL

1. ORDEM SOCIAL

1.1 Seguridade Social

A **seguridade social** compreende um conjunto integrado de ações de iniciativa dos Poderes Públicos e da sociedade, destinadas a assegurar os direitos relativos **à saúde, à previdência e à assistência social.**

A **seguridade social** será organizada com base nos seguintes **objetivos:**

A universalidade da cobertura e do atendimento;

B uniformidade e equivalência dos benefícios e serviços às populações urbanas e rurais;

C seletividade e distributividade na prestação dos benefícios e serviços;

D irredutibilidade do valor dos benefícios;

E equidade na forma de participação no custeio;

F diversidade da base de financiamento, identificando-se, em rubricas contábeis específicas para cada área, as receitas e as despesas vinculadas a ações de saúde, previdência e assistência social, preservado o caráter contributivo da previdência social;

G caráter democrático e descentralizado da administração, mediante gestão quadripartite, com participação dos trabalhadores, dos empregadores, dos aposentados e do Governo nos órgãos colegiados.

1.1.1 Saúde: trata-se de direito de todos e dever do Estado, garantido mediante políticas sociais e econômicas que visem à redução do risco de doença e de outros agravos e ao acesso universal e igualitário às ações e serviços para sua promoção, proteção e recuperação.

As ações e serviços públicos de saúde integram uma rede regionalizada e hierarquizada e constituem um sistema único, organizado de acordo com as seguintes diretrizes:

A descentralização, com direção única em cada esfera de governo;

B atendimento integral, com prioridade para as atividades preventivas, sem prejuízo dos serviços assistenciais;

C participação da comunidade.

A assistência à saúde é livre à iniciativa privada. As instituições privadas poderão participar de forma complementar do sistema único de saúde, segundo diretrizes deste, mediante contrato de direito público ou convênio, tendo preferência as entidades filantrópicas e as sem fins lucrativos.

> **MUITA ATENÇÃO!**
>
> **É vedada a destinação de recursos públicos para auxílios ou subvenções às instituições privadas com fins lucrativos.** Da mesma forma, é vedada a participação direta ou indireta de empresas ou capitais estrangeiros na assistência à saúde no País, salvo nos casos previstos em lei.

1.1.2 Previdência Social: A previdência social será organizada sob a forma do Regime Geral de Previdência Social, de caráter contributivo e de filiação obrigatória, observados critérios que preservem o equilíbrio financeiro e atuarial, e atenderá, na forma da lei, a:

I – cobertura dos eventos de incapacidade temporária ou permanente para o trabalho e idade avançada;

II – proteção à maternidade, especialmente à gestante;

III – proteção ao trabalhador em situação de desemprego involuntário;

IV – salário-família e auxílio-reclusão para os dependentes dos segurados de baixa renda;

V – pensão por morte do segurado, homem ou mulher, ao cônjuge ou companheiro e dependentes.

É **vedada a adoção de requisitos ou critérios diferenciados para concessão de benefícios**, ressalvada, nos termos de lei complementar, a possibilidade de previsão de idade e tempo de contribuição distintos da regra geral para concessão de aposentadoria exclusivamente em favor dos segurados: 1 - **com deficiência**, previamente submetidos a avaliação biopsicossocial realizada por equipe multiprofissional e interdisciplinar; 2 - **cujas atividades sejam exercidas com efetiva exposição a agentes químicos, físicos e biológicos prejudiciais à saúde**, ou associação desses agentes, vedada a caracterização por categoria profissional ou ocupação.

MUITA ATENÇÃO!

A **Emenda Constitucional 103 de 12 de novembro de 2019** promoveu profunda modificação no regime previdenciário brasileiro. Embora fuja aos limites desse estudo, é importante destacar que referida Emenda modificou substancialmente os artigos 201 e 202 (Seção III – Da Previdência Social), da Constituição Federal. O tema, dadas as suas características e peculiaridades, é melhor estudado pelo Direito Previdenciário e, quanto aos agentes públicos, pelo Direito Administrativo.

1.1.3 Assistência Social: A assistência social **será prestada a quem dela necessitar, independentemente de contribuição à seguridade social** e tem por objetivos:

I – a proteção à família, à maternidade, à infância, à adolescência e à velhice;

II – o amparo às crianças e adolescentes carentes;

III – a promoção da integração ao mercado de trabalho;

IV – a habilitação e reabilitação das pessoas portadoras de deficiência e a promoção de sua integração à vida comunitária;

V – a garantia de um salário mínimo de benefício mensal à pessoa portadora de deficiência e ao idoso que comprovem não possuir meios de prover à própria manutenção ou de tê-la provida por sua família, conforme dispuser a lei.

1.2 Educação, Cultura e Desporto

A **educação**, direito de todos e dever do Estado e da família, **será promovida e incentivada com a colaboração da sociedade, visando ao pleno desenvolvimento da pessoa**, seu preparo para o exercício da cidadania e sua qualificação para o trabalho. É importante destacar que o **acesso ao ensino obrigatório e gratuito é direito público subjetivo.**

O ensino será ministrado com base nos seguintes **princípios:**

A igualdade de condições para o acesso e permanência na escola;

B liberdade de aprender, ensinar, pesquisar e divulgar o pensamento, a arte e o saber;

C pluralismo de ideias e de concepções pedagógicas, e coexistência de instituições públicas e privadas de ensino;

D gratuidade do ensino público em estabelecimentos oficiais;

E valorização dos profissionais da educação escolar, garantidos, na forma da lei, planos de carreira, com ingresso exclusivamente por concurso público de provas e títulos, aos das redes públicas;

F gestão democrática do ensino público, na forma da lei;

G garantia de padrão de qualidade;

H piso salarial profissional nacional para os profissionais da educação escolar pública, nos termos de lei federal.

O art. 208 da CF cuida dos deveres do Estado na garantia do direito à educação. Merece destaque **o atendimento ao educando, em todas as etapas da educação básica**, por meio de programas suplementares de **material didático-escolar, transporte, alimentação e assistência à saúde.**

Sobre o ensino religioso, é importante destacar a ADI 4439 julgada em setembro de 2017 pelo Supremo Tribunal Federal. Na ação direta de inconstitucionalidade a Procuradoria Geral da República questionava o modelo de ensino religioso nas escolas públicas do país. Por maioria de votos, os Ministros do STF julgaram improcedente a ação, firmando a tese segundo a qual o ensino religioso nas escolas públicas brasileiras pode ter natureza confessional, ou seja, vinculado às diversas religiões. Ainda segundo o STF, ensino religioso nas escolas públicas deve ser estritamente facultativo, sendo ofertado dentro do horário normal de aula. Fica autorizada também a contratação de representantes de religiões para ministrar as aulas. O julgamento não tratou do ensino religioso em escolas particulares, que fica a critério de cada instituição.

Ainda, segundo o art. 210, § 2º, da CF, **na prestação do ensino fundamental, além da utilização obrigatória da língua portuguesa, é assegurada às comunidades indígenas a utilização de suas línguas maternas**.

O Estado garantirá a todos o pleno exercício dos direitos culturais e acesso às fontes da cultura nacional, e apoiará e incentivará a valorização e a difusão das manifestações culturais e protegerá as manifestações das culturas populares, indígenas e afro-brasileiras, e das de outros grupos participantes do processo civilizatório nacional.

Constituem patrimônio cultural brasileiro os bens de natureza material e imaterial, tomados individualmente ou em conjunto, portadores de referência à identidade, à ação, à memória dos diferentes grupos formadores da sociedade brasileira, nos quais se incluem: as formas de expressão; os modos de criar, fazer e viver; as criações científicas, artísticas e tecnológicas; as obras, objetos, documentos, edificações e demais espaços destinados às manifestações artístico-culturais e os conjuntos urbanos e sítios de valor histórico, paisagístico, artístico, arqueológico, paleontológico, ecológico e científico.

FIQUE POR DENTRO:

O Plenário do Supremo Tribunal Federal (STF) julgou procedente a Ação Direta de Inconstitucionalidade (ADI) 4983, ajuizada pelo procurador-geral da República contra a Lei 15.299/2013, do Estado do Ceará, que regulamenta a vaquejada como prática desportiva e cultural no estado. A maioria dos ministros acompanhou o voto do relator, ministro Marco Aurélio, que considerou haver "crueldade intrínseca" aplicada aos animais na vaquejada.

Contudo, especialmente porque o controle abstrato não vincula o Poder Legislativo, conforme vimos no capítulo próprio dessa obra, o Congresso Nacional aprovou a Emenda Constitucional 96 de 6 de junho de 2017, que acresce ao art. 225 o §7º, com a seguinte redação: "para fins do disposto na parte final do inciso VII do § 1º deste artigo, não se consideram cruéis as práticas desportivas que utilizem animais, desde que sejam manifestações culturais, conforme o § 1º do art. 215 desta Constituição Federal, registradas como bem de natureza imaterial integrante do patrimônio cultural brasileiro, devendo ser regulamentadas por lei específica que assegure o bem-estar dos animais envolvidos". Oportuno registrar que a PGR já ingressou com ADI (5772) contra a EC 96/2017.

É dever do Estado fomentar práticas desportivas formais e não formais, como direito de cada um, observados:

- a autonomia das entidades desportivas dirigentes e associações, quanto a sua organização e funcionamento;
- a destinação de recursos públicos para a promoção prioritária do **desporto educacional** e, em casos específicos, para a do desporto de alto rendimento;
- o tratamento diferenciado para o desporto profissional e o não profissional;
- a proteção e o incentivo às manifestações desportivas de criação nacional.

MUITA ATENÇÃO!

O Poder Judiciário só admitirá ações relativas à disciplina e às competições desportivas após esgotarem-se as instâncias da justiça desportiva, regulada em lei.

1.3 Ciência e Tecnologia

O Estado **promoverá e incentivará** o desenvolvimento científico, a pesquisa, a capacitação científica e tecnológica e a inovação.

A **pesquisa científica** básica e tecnológica receberá tratamento prioritário do Estado, tendo em vista o bem público e o progresso da ciência, tecnologia e inovação.

A **pesquisa tecnológica** será dedicada preponderantemente à solução dos problemas brasileiros e para o desenvolvimento do sistema produtivo nacional e regional.

Segundo a CF, o Estado **estimulará** a formação e o fortalecimento da inovação nas empresas, bem como nos demais entes, públicos ou privados, a constituição e a manutenção de parques e polos tecnológicos e de demais ambientes promotores da inovação, a atuação dos inventores independentes e a criação, absorção, difusão e transferência de tecnologia.

1.4 Comunicação Social

A manifestação do pensamento, a criação, a expressão e a informação, sob qualquer forma, processo ou veículo não sofrerão qualquer restrição, sendo que nenhuma lei conterá dispositivo que possa constituir embaraço à plena liberdade de informação jornalística em qualquer veículo de comunicação social, observado o disposto no art. 5º, IV, V, X, XIII e XIV da CF.

Ainda, garante a CF que **a publicação de veículo impresso de comunicação independe de licença de autoridade**.

É vedada toda e qualquer censura de natureza política, ideológica e artística.

A produção e a programação das emissoras de rádio e televisão atenderão aos seguintes **princípios:**

A preferência a finalidades educativas, artísticas, culturais e informativas;

B promoção da cultura nacional e regional e estímulo à produção independente que objetive sua divulgação;

C regionalização da produção cultural, artística e jornalística, conforme percentuais estabelecidos em lei;

D respeito aos valores éticos e sociais da pessoa e da família.

MUITA ATENÇÃO!

A **propriedade de empresa jornalística e de radiodifusão sonora e de sons e imagens** é privativa de brasileiros natos ou naturalizados há mais de dez anos, ou de pessoas jurídicas constituídas sob as leis brasileiras e que tenham sede no País. Em qualquer caso, **pelo menos setenta por cento do capital total e do capital votante das empresas jornalísticas e de radiodifusão sonora e de sons e imagens deverá pertencer, direta ou indiretamente, a brasileiros natos ou naturalizados há mais de dez anos, que exercerão obrigatoriamente a gestão das atividades e estabelecerão o conteúdo da programação**. Importante destacar ainda que a **responsabilidade editorial e as atividades de seleção e direção** da programação veiculada são **privativas de brasileiros natos ou naturalizados há mais de dez anos**, em qualquer meio de comunicação social.

1.5 Índios

A CF/88 dispensa tratamento especial aos índios, conforme se pode verificar nos seus artigos 231 e 232. A **organização social, os costumes, as línguas, as crenças e as tradições, e os direitos originários** sobre as terras que tradicionalmente ocupam são reconhecidos aos índios por força de expresso comando constitucional (art. 231, CF/88). Aliás, compete à União demarcar as terras tradicionalmente ocupadas pelos povos indígenas, além de proteger e fazer respeitar todos os seus bens.

Segundo a CF/88, são **terras tradicionalmente ocupadas pelos índios** as por eles habitadas em caráter permanente, as utilizadas para suas atividades produtivas, as imprescindíveis à preservação dos recursos ambientais necessários a seu bem-estar e as necessárias a sua reprodução física e cultural, segundo seus usos, costumes e tradições. Além disso, é importante destacar que as terras tradicionalmente ocupadas pelos índios destinam-se a sua posse permanente, cabendo-lhes o usufruto exclusivo das riquezas do solo, dos rios e dos lagos nelas existentes.

Segundo o texto constitucional, é vedada a remoção dos grupos indígenas de suas terras, salvo, “ad referendum” do Congresso Nacional, em caso de catástrofe ou epidemia que ponha em risco sua população, ou no interesse da soberania do País, após deliberação do Congresso Nacional, garantido, em qualquer hipótese, o retorno imediato logo que cesse o risco.

1.6 Meio ambiente

Segundo a CF/88, todos têm direito ao **meio ambiente** ecologicamente equilibrado, **bem de uso comum do povo e essencial à sadia qualidade de vida**, impondo-se ao Poder Público e à coletividade o dever de defendê-lo e preservá-lo para as presentes e futuras gerações.

FIQUE POR DENTRO:

A Floresta Amazônica brasileira, a Mata Atlântica, a Serra do Mar, o Pantanal Mato-Grossense e a Zona Costeira são **patrimônio nacional**, e sua utilização ocorrerá, na forma da lei, dentro de condições que assegurem a preservação do meio ambiente, inclusive quanto ao uso dos recursos naturais.

MUITA ATENÇÃO!

Para assegurar o direito ao meio ambiente ecologicamente equilibrado, incumbe ao Poder Público: 1) preservar e restaurar os processos ecológicos essenciais e prover o manejo ecológico das espécies e ecossistemas; 2) preservar a diversidade e a integridade do patrimônio genético do País e fiscalizar as entidades dedicadas à pesquisa e manipulação de material genético; 3) definir, em todas as unidades da Federação, espaços territoriais e seus componentes a serem especialmente protegidos, sendo a alteração e a supressão permitidas somente através de lei, vedada qualquer utilização que comprometa a integridade dos atributos que justifiquem sua proteção; 4) exigir, na forma da lei, para instalação de obra ou atividade potencialmente causadora de significativa degradação do meio ambiente, estudo prévio de impacto ambiental, a que se dará publicidade; 5) controlar a produção, a comercialização e o emprego de técnicas, métodos e substâncias que comportem risco para a vida, a qualidade de vida e o meio ambiente; 6) promover a educação ambiental em todos os níveis de ensino e a conscientização pública para a preservação do meio ambiente; 7) proteger a fauna e a flora, vedadas, na forma da lei, as práticas que coloquem em risco sua função ecológica, provoquem a extinção de espécies ou submetam os animais a crueldade.

1.7. Família, criança, adolescente e idoso

A família goza de especial proteção do Estado. A CF/88 reconhece múltiplas entidades familiares, em rol exemplificativo, dentre elas: o casamento, a união estável e a família monoparental.

Segundo a CF/88, os direitos e deveres referentes à sociedade conjugal serão exercidos igualmente pelo casal. Consagra-se, assim, o princípio da igualdade, não mais existindo qualquer hierarquia na sociedade conjugal.

FIQUE POR DENTRO:

Fundado nos princípios da dignidade da pessoa humana e da paternidade responsável, **o planejamento familiar é livre decisão do casal**, competindo ao Estado propiciar recursos educacionais e científicos para o exercício desse direito, vedada qualquer forma coercitiva por parte de instituições oficiais ou privadas.

Cabe à família, à sociedade e ao Estado assegurar à criança, ao adolescente e ao jovem, com absoluta prioridade, o direito à vida, à saúde, à alimentação, à educação, ao lazer, à profissionalização, à cultura, à dignidade, ao respeito, à liberdade e à convivência familiar e comunitária, além de colocá-los a salvo de toda forma de negligência, discriminação, exploração, violência, crueldade e opressão.

Os pais têm o dever de assistir, criar e educar os filhos menores, e os filhos maiores têm o dever de ajudar e amparar os pais na velhice, carência ou enfermidade.

Por fim, é dever da família, da sociedade e do Estado amparar as pessoas idosas, assegurando sua participação na comunidade, defendendo sua dignidade e bem-estar e garantindo-lhes o direito à vida. Vale destacar que os programas de amparo aos idosos serão executados preferencialmente em seus lares. Ainda prevê a CF/88 que aos maiores de sessenta e cinco anos é garantida a gratuidade dos transportes coletivos urbanos.

EM RESUMO: Ordem social	
Ordem social: seguridade social	**A seguridade social compreende um conjunto integrado de ações** de iniciativa dos Poderes Públicos e da sociedade, destinadas a assegurar os direitos relativos à saúde, à previdência e à assistência social.
Ordem social: saúde	**Trata-se de direito de todos e dever do Estado**, garantido mediante políticas sociais e econômicas que visem à redução do risco de doença e de outros agravos e ao acesso universal e igualitário às ações e serviços para sua promoção, proteção e recuperação.
Ordem social: previdência social	A **previdência social será organizada sob a forma do Regime Geral de Previdência Social**, de caráter contributivo e de filiação obrigatória, observados critérios que preservem o equilíbrio financeiro e atuarial.
Ordem social: assistência social	A **assistência social será prestada a quem dela necessitar**, independentemente de contribuição à seguridade social e tem por objetivos: a proteção à família, à maternidade, à infância, à adolescência e à velhice; o amparo às crianças e adolescentes carentes; a promoção da integração ao mercado de trabalho; a habilitação e reabilitação das pessoas portadoras de deficiência e a promoção de sua integração à vida comunitária; a garantia de um salário mínimo de benefício mensal à pessoa portadora de deficiência e ao idoso que comprovem não possuir meios de prover à própria manutenção ou de tê-la provida por sua família, conforme dispuser a lei.
Educação, Cultura e Desporto	A **educação**, direito de todos e dever do Estado e da família, **será promovida e incentivada com a colaboração da sociedade**, visando ao pleno desenvolvimento da pessoa, seu preparo para o exercício da cidadania e sua qualificação para o trabalho. O Estado garantirá a todos o **pleno exercício dos direitos culturais e acesso às fontes da cultura nacional,** e apoiará e incentivará a valorização e a difusão das manifestações culturais e protegerá as manifestações das culturas populares, indígenas e afro-brasileiras, e das de outros grupos participantes do processo civilizatório nacional. **É dever** do Estado **fomentar práticas desportivas** formais e não formais, como direito de cada um.
Ciência e Tecnologia	O Estado promoverá e incentivará o **desenvolvimento científico, a pesquisa, a capacitação científica e tecnológica e a inovação**. A pesquisa científica básica e tecnológica receberá tratamento prioritário do Estado, tendo em vista o bem público e o progresso da ciência, tecnologia e inovação. A pesquisa tecnológica será dedicada preponderantemente à solução dos problemas brasileiros e para o desenvolvimento do sistema produtivo nacional e regional.

Comunicação Social	A **manifestação do pensamento, a criação, a expressão e a informação,** sob qualquer forma, processo ou veículo não sofrerão qualquer restrição, sendo que nenhuma lei conterá dispositivo que possa constituir embaraço à plena liberdade de informação jornalística em qualquer veículo de comunicação social, observado o disposto no art. 5º, IV, V, X, XIII e XIV da CF.
Índios	A **organização social, os costumes, as línguas, as crenças e as tradições, e os direitos originários sobre as terras** que tradicionalmente ocupam são reconhecidos aos índios por força de expresso comando constitucional (art. 231, CF/88). Compete à União demarcar as terras tradicionalmente ocupadas pelos povos indígenas, além de proteger e fazer respeitar todos os seus bens.
Meio ambiente	Todos têm direito ao **meio ambiente ecologicamente equilibrado**, bem de uso comum do povo e essencial à sadia qualidade de vida, impondo-se ao Poder Público e à coletividade o dever de defendê-lo e preservá-lo para as presentes e futuras gerações.
Família, criança, adolescente e idoso	A **família** goza de especial proteção do Estado. A CF/88 reconhece múltiplas entidades familiares, em rol exemplificativo, dentre elas: o casamento, a união estável e a família monoparental. Cabe à família, à sociedade e ao Estado assegurar à **criança, ao adolescente e ao jovem**, com absoluta prioridade, o direito à vida, à saúde, à alimentação, à educação, ao lazer, à profissionalização, à cultura, à dignidade, ao respeito, à liberdade e à convivência familiar e comunitária. **É dever da família, da sociedade e do Estado amparar as pessoas idosas**, assegurando sua participação na comunidade, defendendo sua dignidade e bem-estar e garantindo-lhes o direito à vida.

BIBLIOGRAFIA RECOMENDADA

LEITURA BÁSICA

- CUNHA JUNIOR, Dirley da. **Curso de Direito Constitucional**. Salvador: Juspodivm.
- FERNANDES, Bernardo Gonçalves. **Curso de Direito Constitucional.** Salvador: Juspodivm.
- MASSON, Nathália. **Manual de Direito Constitucional**. Salvador: Juspodivm.

OBRAS PARA APROFUNDAMENTO

- ALEXANDRINO, Marcelo e PAULO, Vicente. **Direito Constitucional Descomplicado**. Rio de Janeiro: Elsevier/Método.
- LENZA, Pedro. **Direito Constitucional Esquematizado**. São Paulo: Saraiva.
- MENDES, Gilmar Ferreira; COELHO, Inocêncio Martires; BRANCO, Paulo Gustavo Gonet**. Curso de Direito Constitucional.** São Paulo: Saraiva.

DIREITO PENAL

ROGÉRIO SANCHES CUNHA

CAPÍTULO I
PRINCÍPIOS BÁSICOS

O Direito Penal é permeado por diversos princípios constitucionais que de alguma forma limitam o poder punitivo estatal. Resumidamente, podemos citar os seguintes:

1) Princípio da legalidade: o artigo 5º, inciso II, da Constituição Federal dispõe que "ninguém será obrigado a fazer ou deixar de fazer alguma coisa senão em virtude de lei". Reforçando essa garantia, o artigo 5º, XXXIX da Carta Magna (com idêntica redação do artigo 1º do CP) anuncia que "não há crime sem lei anterior que o defina, nem pena sem prévia cominação legal". Trata-se de real limitação ao poder estatal de interferir na esfera de liberdades individuais, daí sua inclusão na Constituição entre os direitos e garantias fundamentais.

A doutrina desdobra o princípio da legalidade em outros seis:

(A) Não há crime (ou contravenção penal), nem pena (ou medida de segurança) *sem lei*: segundo o **princípio da reserva legal**, a infração penal somente pode ser criada por lei em sentido estrito, ou seja, lei complementar ou lei ordinária, aprovadas e sancionadas de acordo com o processo legislativo respectivo, previsto na CF/88 e nos regimes internos da Câmara dos Deputados e Senado Federal.

Embora não possam criar infrações penais, as medidas provisórias podem versar sobre direito penal não incriminador. Nesse sentido, decidiu o Supremo Tribunal Federal que a vedação constante do artigo 62, §1º, I, "b", da CF/88 não abrange as normas penais benéficas, assim consideradas "as que abolem crimes ou lhes restringem o alcance, extingam ou abrandem penas ou ampliam os casos de isenção de pena ou de extinção de punibilidade" (STF, RE 254.818/PR, DJ 19/12/2002).

Temos no ordenamento jurídico exemplos de medidas provisórias versando sobre direito penal favorável ao réu. São as MPs editadas em função do Estatuto do Desarmamento (Lei nº 10.826/2003). Entre os anos de 2003 e 2008, a posse irregular de arma de fogo fora considerada fato atípico em função de sucessivas medidas provisórias regularmente editadas pela Presidência da República, até que a MP 417/08 foi convertida na Lei nº 11.706/08. No período mencionado, ainda que apreciando de forma indireta o tema, o STF não se afastou do seu entendimento anterior, admitindo a MP veiculando conteúdo de direito penal benéfico.

(B) Não há crime (ou contravenção penal), nem pena (ou medida de segurança) sem lei *anterior*: a formulação completa do princípio da legalidade compreende, necessariamente, a anterioridade da lei e sua irretroatividade. O artigo 5º, XL da CF/88 enuncia, como **regra geral,** que *"a lei penal não retroagirá, salvo para beneficiar o réu"*.

(C) Não há crime (ou contravenção penal), nem pena (ou medida de segurança) sem lei *escrita*: só a lei escrita pode criar crimes e sanções penais, excluindo-se o direito consuetudinário para fundamentação ou agravação da pena.

(D) Não há crime (ou contravenção penal), nem pena (ou medida de segurança) sem lei *estrita*: proíbe-se a utilização da analogia para criar tipo incriminador, fundamentar ou agravar pena.

(E) Não há crime (ou contravenção penal), nem pena (ou medida de segurança) sem lei *certa*: o **princípio da taxatividade ou da determinação** é dirigido mais diretamente à pessoa do legislador, exigindo clareza dos tipos penais, que não devem deixar margens a dúvidas, de modo a permitir à população em geral o pleno entendimento do tipo criado.

(F) Não há crime (ou contravenção penal), nem pena (ou medida de segurança) sem lei *necessária*: desdobramento lógico do **princípio da intervenção mínima**, este princípio não admite a criação da infração penal sem necessidade, em especial quando a conduta indesejada pelo meio social pode perfeitamente ser inibida pelos outros ramos do Direito.

MUITA ATENÇÃO!

A legalidade deve ser compreendida sob dois aspectos: o formal e o material. A legalidade formal representa a obediência aos trâmites procedimentais (devido processo legislativo), fazendo da lei aprovada, sancionada e publicada uma lei vigente. Entretanto, para que haja legalidade material, a observância às formas e procedimentos impostos não é suficiente, sendo imprescindível que a lei respeite o conteúdo da Constituição Federal, bem como dos tratados internacionais de direitos humanos, em suma, direitos e garantias do cidadão. Apenas desse modo é possível falar em lei válida.

Foi com base nessa distinção que o STF declarou a inconstitucionalidade do artigo 2º, §1º, da Lei nº 8.072/90, que vedava a progressão de regime para os crimes hediondos. Embora atendesse à legalidade formal, faltava ao dispositivo a legalidade material, por violação aos princípios da individualização da pena e da dignidade da pessoa humana, dentre outros (STF, HC 82959/SP, DJ 01/09/2006).

2) Princípio da presunção de inocência (ou de não culpa): a Constituição Federal, no artigo 5º, inciso LVII, determina que "ninguém será considerado culpado até o trânsito em julgado de sentença penal condenatória". Percebam que a nossa Bíblia Política, diferente de alguns documentos internacionais, não presume, expressamente, o cidadão inocente, mas impede considerá-lo culpado até a decisão condenatória definitiva.

Na verdade, o princípio insculpido na referida norma é o da presunção de não culpa (ou de não culpabilidade). Uma situação é a de presumir alguém inocente; outra, sensivelmente distinta, é a de impedir a incidência definitiva dos efeitos da condenação até o trânsito em julgado da sentença, que é justamente o que a Constituição brasileira garante a todos.

Analisando com atenção essa questão, reconhecemos que a denominação *princípio da presunção de inocência* não se coaduna com o sistema de prisão provisória previsto no nosso ordenamento jurídico: como admitir que alguém, presumidamente inocente, seja preso na fase de investigação policial ou no curso da instrução criminal, leia-se, sem haver sentença penal condenatória? Por outro lado, parece aceitável a decretação (excepcional) de uma prisão temporária ou preventiva sobre alguém não presumido inocente, sobre quem pairam indícios suficientes de autoria, mas que ainda não pode ser considerado culpado.

FIQUE POR DENTRO:

EXECUÇÃO DA PENA ANTES DO TRÂNSITO EM JULGADO

Há uma certa tendência em considerar que a presunção de inocência tem sentido dinâmico, modificando-se conforme se avança a marcha processual. Dessa forma, se no início do processo a presunção pende efetivamente para a inocência, uma vez proferido julgamento em recurso de segunda instância essa presunção passa a ser de não culpa, pois, nessa altura, encerra-se a análise de questões fáticas e probatórias. Se o tribunal (TJ/TRF) considera bem provados o fato e suas

FIQUE POR DENTRO:

circunstâncias, os recursos constitucionais não abordarão mais esses aspectos, pois adstritos aos limites que lhe são impostos constitucional e legalmente. Nesse contexto, a execução provisória da pena não violaria o art. 5º. da CF/88. Os direitos e garantias fundamentais nele anunciados não expressam somente proibições de intervenção excessiva, mas também imperativos de tutela, proibindo a proteção deficiente de bens jurídicos (STF, HC 104.410/RS, DJe 27/03/2012). Noutras palavras: garantismo não pode ser sinônimo de impunidade. Foi com esse fundamento que o STF chegou a admitir a execução antecipada da pena quando julgou o HC 126.292, orientação modificada posteriormente, no julgamento do mérito das ADCs 43, 44 e 54.

3) Princípio da individualização da pena: dispõe o artigo 5º, XLVI, CF/88: "a lei regulará a individualização da pena e adotará, entre outras, as seguintes: a) privação ou restrição da liberdade; b) perda de bens; c) multa; d) prestação social alternativa; e) suspensão ou interdição de direitos".

A individualização da resposta estatal ao autor de um fato punível deve ser observada em três momentos: **a)** na definição, pelo legislador, do crime e sua pena; **b)** na imposição da pena pelo juiz; **c)** e na fase de execução da pena, momento em que os condenados serão classificados, segundo os seus antecedentes e personalidade, para orientar a individualização da execução penal (art. 5º LEP).

4) Princípio da vedação do *bis in idem*: embora não esteja previsto expressamente na Constituição, este princípio está no Estatuto de Roma, que criou o Tribunal Penal Internacional: "Art. 20. Ne bis in idem. 1. Salvo disposição em contrário do presente Estatuto, nenhuma pessoa poderá ser julgada pelo Tribunal por actos constitutivos de crimes pelos quais este já a tenha condenado ou absolvido. 2 – Nenhuma pessoa poderá ser julgada por outro tribunal por um crime mencionado no artigo 5º, relativamente ao qual já tenha sido condenada ou absolvida pelo Tribunal".

Entende-se, majoritariamente, que o princípio em estudo não é absoluto. O próprio Estatuto de Roma, em seu artigo 20, 3, prevê a possibilidade de julgamento por mesmo fato nos casos dos crimes de genocídio, crimes de guerra e crimes contra a humanidade, desde que o primeiro tribunal a realizar o julgamento tenha tentado subtrair a competência do Tribunal Internacional ou não tenha havido a imparcialidade necessária à ação da justiça. Entre nós, a **exceção** ao princípio do *non bis in idem* se encontra no artigo 8º do CP, que autoriza novo julgamento e condenação pelo mesmo fato, nos casos de extraterritorialidade da lei penal brasileira.

DICA IMPORTANTE

A vedação ao *bis in idem* tem três dimensões:

a) Processual: ninguém pode ser processado duas vezes pelo mesmo crime.

b) Material: ninguém pode ser condenado pela segunda vez em razão do mesmo fato.

c) Execucional: ninguém pode ser executado duas vezes por condenações relacionadas ao mesmo fato.

5) Princípio da exclusiva proteção de bens jurídicos: a noção de bem jurídico pressupõe a relevância de determinado ente material ou imaterial para a sociedade, o que deve encontrar respaldo nos valores que emanam da Constituição e nos princípios do Estado Democrático e Social do Direito.

Partindo dessas premissas, não poderia o Estado (legislador) utilizar o Direito Penal para, por exemplo, criminalizar o exercício de uma religião específica, sabendo que a liberdade de crença é assegurada pela Constituição Federal. Assim como seria inconcebível a tipificação fundamentada na proibição pela proibição ou mesmo a utilização da lei penal como simples instrumento de obediência, sem que se visasse à proteção específica de algum bem jurídico cuja relevância merecesse a intervenção do Direito Penal.

Por isso, a criação de tipos penais deve ser pautada pela proibição de comportamentos que de alguma forma exponham a perigo ou lesionem valores concretos essenciais para o ser humano, estabelecidos na figura do bem jurídico.

6) Princípio da intervenção mínima: o Direito Penal só deve ser aplicado quando **estritamente necessário**, de modo que a sua intervenção fica condicionada ao fracasso das demais esferas de controle (caráter *subsidiário*), observando somente os casos de relevante lesão ou perigo de lesão ao bem juridicamente tutelado (caráter *fragmentário*).

7) Princípio da ofensividade do fato: exige-se que do fato praticado decorra lesão ou perigo de lesão ao bem jurídico tutelado.

Tal como outros princípios, o da lesividade não se destina somente ao legislador, mas também ao aplicador da norma incriminadora, que deverá observar, diante da ocorrência de um fato tido como criminoso, se houve efetiva lesão ou perigo concreto de lesão ao bem jurídico protegido.

? **QUESTÃO:** Uma vez reconhecido este princípio, é constitucional a tipificação de crimes de perigo abstrato (ou presumido)?

↳ ***RESPOSTA:*** *Parcela da doutrina questiona a constitucionalidade dos delitos de perigo abstrato, em que da conduta o legislador presume, de forma absoluta, o perigo para o bem jurídico, contrariando o postulado da lesividade. A tese não seduziu os tribunais superiores, para os quais os crimes de perigo abstrato não representam, por si sós, comportamentos inconstitucionais por parte do legislador penal. Por isso se admite a punição de condutas como o porte de arma desmuniciada e a condução de veículo automotor sob a influência de álcool independentemente da geração de perigo concreto para terceiros.*

---

8) Princípio da responsabilidade pessoal: proíbe-se o castigo penal pelo ato de terceira pessoa. Inexiste, em se tratando de Direito Penal, responsabilidade coletiva. São desdobramentos deste princípio a **individualização da acusação e a individualização da pena**.

9) Princípio da responsabilidade subjetiva: não basta que o fato seja materialmente causado pelo agente, ficando a sua responsabilidade penal condicionada à existência da voluntariedade, leia-se: dolo ou culpa.

10) Princípio da culpabilidade: trata-se de postulado segundo o qual só pode o Estado impor sanção penal ao agente imputável (penalmente capaz), com potencial consciência da ilicitude (possibilidade de conhecer o caráter ilícito do seu comportamento), quando dele exigível conduta diversa (poder agir de outra forma).

11) Princípio da humanidade: decorrência direta da dignidade da pessoa humana, o princípio da humanidade limita a tipificação de fatos e a imposição de penas que violem física ou moralmente o indivíduo. Este princípio foi um dos que lastrearam a decisão do Supremo Tribunal Federal sobre a inconstitucionalidade do regime integralmente fechado nos crimes hediondos e equiparados, imposto pela redação original da Lei 8.072/90.

12) Princípio da proporcionalidade: trata-se de princípio constitucional implícito, desdobramento lógico do mandamento da individualização da pena. Para que a sanção penal cumpra a sua função, deve se ajustar à relevância do bem jurídico tutelado, sem desconsiderar as condições pessoais do agente.

Alertamos, no entanto, que o princípio em estudo não pode compreender apenas a proibição do excesso. Diante do plexo de direitos e garantias explicitados na Constituição, tem o legislador (e o juiz) também a obrigação de proteger os bens jurídicos de forma suficiente. Em outras palavras: é tão indesejado o excesso quanto a insuficiência da resposta do Estado punitivo.

13) Princípio da proibição da pena indigna: a ninguém pode ser imposta pena **ofensiva à dignidade da pessoa humana**, vedando-se reprimenda indigna, cruel, desumana ou degradante. Este mandamento guia o Estado na criação, aplicação e execução das leis penais. A pena privativa de liberdade, permitida no Brasil, não pode ser executada em celas escuras e insalubres, forma cruel e desumana de execução.

EM RESUMO: Princípios Básicos	
Princípio da legalidade	Não há crime: 1) sem **lei** (admite-se somente lei em sentido estrito); 2) **anterior** (veda-se retroatividade maléfica da lei penal); 3) **escrita** (veda-se o costume incriminador); 4) **estrita** (veda-se a analogia incriminadora); 5) **certa** (veda-se o tipo penal indeterminado); 6) **necessária** (intervenção mínima).
Princípio da presunção de inocência (ou de não culpa)	Ninguém será considerado culpado até o trânsito em julgado de sentença penal condenatória.
Princípio da individualização da pena	Deve ser observado em três momentos: a) na definição do crime e sua pena; b) na imposição da pena pelo juiz; c) na fase de execução da pena.
Princípio da vedação do *bis in idem*	Tem três dimensões: a) processual; b) material; c) execucional.
Princípio da exclusiva proteção de bens jurídicos	A criação de tipos penais deve ser pautada pela proibição de comportamentos que de alguma forma exponham a perigo ou lesionem valores concretos essenciais para o ser humano, estabelecidos na figura do bem jurídico.
Princípio da intervenção mínima	O Direito Penal só deve ser aplicado quando estritamente necessário.
Princípio da ofensividade do fato	Exige-se que do fato praticado decorra lesão ou perigo de lesão ao bem jurídico tutelado.

Princípio da responsabilidade pessoal	Proíbe-se o castigo penal pelo ato de terceira pessoa.
Princípio da responsabilidade subjetiva	A responsabilidade penal é condicionada à existência da voluntariedade na conduta.
Princípio da culpabilidade	Só pode o Estado impor sanção penal ao agente imputável, com potencial consciência da ilicitude, quando dele exigível conduta diversa.
Princípio da humanidade	Limita a tipificação de fatos e a imposição de penas que violem física ou moralmente o indivíduo.
Princípio da proporcionalidade	Para que a sanção penal cumpra a sua função, deve se ajustar à relevância do bem jurídico tutelado, sem desconsiderar as condições pessoais do agente.
Princípio da proibição da pena indigna	A ninguém pode ser imposta pena ofensiva à dignidade da pessoa humana, vedando-se reprimenda indigna, cruel, desumana ou degradante.

✍ QUESTÕES

(Cespe – Policial Rodoviário Federal – PRF/2019) *O art. 1.º do Código Penal brasileiro dispõe que "não há crime sem lei anterior que o defina. Não há pena sem prévia cominação legal".*

Considerando esse dispositivo legal, bem como os princípios e as repercussões jurídicas dele decorrentes, julgue os itens que se seguem.

A norma penal deve ser instituída por lei em sentido estrito, razão por que é proibida, em caráter absoluto, a analogia no direito penal, seja para criar tipo penal incriminador, seja para fundamentar ou alterar a pena.

GABARITO	ERRADO.
COMENTÁRIO	Em razão do princípio da reserva legal, a analogia é vedada para a criação de tipos incriminadores e para incrementar a pena. Em síntese, não se permite a denominada "analogia *in malam partem*", utilizada para prejudicar o agente. Mas a analogia não é vedada em caráter absoluto. A doutrina é uníssona ao permitir este recurso integrativo desde que estejam presentes dois requisitos: a) certeza de que sua aplicação será favorável ao réu (*in bonam partem*); b) existência de uma efetiva lacuna legal a ser preenchida.

O presidente da República, em caso de extrema relevância e urgência, pode editar medida provisória para agravar a pena de determinado crime, desde que a aplicação da pena agravada ocorra somente após a aprovação da medida pelo Congresso Nacional.

GABARITO	ERRADO.
COMENTÁRIO	Em nenhuma hipótese uma medida provisória pode ser editada para agravar a pena de um crime.

(Cespe – Policial Rodoviário Federal – DPRF/2013) *Com relação aos princípios, institutos e dispositivos da parte geral do Código Penal (CP), julgue o item seguinte.*

O princípio da legalidade é parâmetro fixador do conteúdo das normas penais incriminadoras, ou seja, os tipos penais de tal natureza somente podem ser criados por meio de lei em sentido estrito.

GABARITO	CERTO.
COMENTÁRIO	Sob a incidência do princípio da reserva legal, a infração penal somente pode ser criada por lei em sentido estrito, ou seja, lei complementar ou ordinária.

CAPÍTULO II

APLICAÇÃO DA LEI PENAL

1. CARACTERÍSTICAS, CLASSIFICAÇÃO E FONTES DA LEI PENAL

A lei penal tem as seguintes características: a) **exclusividade**: somente ela (lei) define infrações (crimes e contravenções) e comina sanções penais (penas e medidas de segurança); b) **imperatividade**: é imposta a todos, independentemente da vontade de cada um; c) **generalidade**: todos devem acatamento à lei penal, mesmo os inimputáveis, vez que passíveis de medida de segurança; d) **impessoalidade**: dirige-se abstratamente a fatos (futuros) e não a pessoas, além de ser produzida para ser imposta a todos os cidadãos, indistintamente.

Pode ser classificada em:

(A) Lei penal incriminadora: define as infrações penais e comina as sanções que lhes são inerentes.

Em sua estrutura, a lei incriminadora é dotada de um preceito primário (onde está contida a definição da conduta criminosa) e de um preceito secundário (que comina a sanção penal aplicável).

(B) Lei penal não incriminadora: também denominada "lei penal em sentido amplo", não tem a finalidade de criar condutas puníveis nem de cominar sanções a elas relativas, subdividindo-se em: (i) **permissiva** (justificante ou exculpante – art. 25 e art. 28, § 1º, CP); (ii) **explicativa** ou **interpretativa** (art. 327 CP); (iii) **complementar** (art. 5º do CP) e (iv) de **extensão** ou **integrativa** (art. 29 CP).

Há também a **norma penal em branco,** aquela cuja existência depende de complemento normativo. É dizer: seu preceito primário (descrição da conduta proibida) não é completo, dependendo de complementação a ser dada por outra norma. Esta espécie comporta as seguintes classificações:

(1) Norma penal em branco própria (ou em sentido estrito ou heterogênea): o seu complemento normativo não emana do legislador, mas sim de fonte normativa diversa. Ex.: a Lei nº 11.343/06 (editada pelo Poder Legislativo) disciplina os crimes relacionados com o comércio de drogas, porém a aplicabilidade dos tipos penais depende de complemento encontrado em norma do Ministério da Saúde, a Portaria nº 344/2008 (editada pelo Poder Executivo).

(2) Norma penal em branco imprópria (ou em sentido amplo ou homogênea): o complemento normativo, neste caso, emana do próprio legislador, ou seja, da mesma fonte de produção normativa. Por motivos de técnica legislativa, o complemento poderá ser encontrado no próprio diploma legal ou em diploma legal diverso. Assim, teremos:

- **Norma penal em branco imprópria homovitelina**: o complemento emana da mesma instância legislativa (norma incompleta e seu complemento integram a mesma estrutura normativa). Ex.: o art. 312 do Código Penal trata do crime de peculato, conduta praticada por funcionário público. O conceito de funcionário público, para fins penais, está positivado em outro artigo, mais precisamente o 327, também do Código Penal.

- **Norma penal em branco imprópria heterovitelina**: o complemento da norma emana de instância legislativa diversa (norma incompleta e seu complemento integram estruturas normativas diversas). Ex.: o art. 236 do Código Penal (contrair casamento ocultando impedimento) depende de complemento encontrado no Código Civil, lei na qual se encontra o conceito de "impedimento".

A norma penal, como não poderia deixar de ser, também é provida de características que indicam sua origem e forma de manifestação. Consequentemente, ao tratar das *fontes* do Direito Penal, o que se busca é indicar de onde a norma penal emana e como se revela. Fala-se em **fonte material** e **fonte formal** do Direito Penal.

MUITA ATENÇÃO!

Fonte material é a fonte de **produção** da norma, é o **órgão encarregado da criação** do Direito Penal. Por previsão constitucional, a fonte material do Direito Penal é a **União**. É este o ente que, em regra, pode produzir normas penais (art. 22, I, CF/88). Não obstante, a própria Carta Magna prevê uma **exceção**, disciplinando a possibilidade de os Estados-membros legislarem sobre questões penais específicas, desde que **autorizados por lei complementar** (art. 22, parágrafo único, CF/88).

Fonte formal é o **instrumento de exteriorização** do Direito Penal, ou seja, o **modo como as regras são reveladas**. É a fonte de conhecimento ou de cognição.

Em resumo, sobre **fontes formais** do Direito Penal, temos:

Fontes Formais do Direito Penal	Classificação tradicional	Classificação moderna
Fontes formais imediatas	Lei	• Lei – única capaz de regular a infração penal e sua pena. • Constituição. • Tratados internacionais de direitos humanos. • Jurisprudência. • Princípios. • Complementos da norma penal em branco própria.
Fontes formais mediatas	• Costumes • Princípios gerais de direito	• Doutrina Os costumes configuram, na verdade, fontes informais de direito.

? **QUESTÃO:** Costumes criam infrações penais?

➥ ***RESPOSTA:*** *A resposta só pode ser **negativa**. É absolutamente **vedado** o costume incriminador. Como vimos, a lei é a única forma de rotular como crime (ou contravenção penal) determinada conduta, obedecendo, inclusive, ao **princípio da reserva legal**. O costume, na ausência de lei (praeter legem), não pode dar vida a novas figuras incriminadoras, embora tenha eficácia em outros setores do direito penal, v.g., atuando como causa supralegal de exclusão da ilicitude ou mesmo da culpabilidade.*

2. INTERPRETAÇÃO DA LEI PENAL

Interpretar significa buscar o preciso significado de um texto, palavra ou expressão, delimitando o alcance da lei, guiando o operador para a sua correta aplicação. Até mesmo as leis dotadas de maior clareza dependem de interpretação, já que é a partir daí que se abstrai sua transparência.

O ato de interpretar é, necessariamente, feito por um **sujeito** que, empregando determinado **modo**, alcança um **resultado**. Assim, são, em síntese, as **formas de interpretação:**

Interpretação quanto ao sujeito	Interpretação quanto ao modo	Interpretação quanto ao resultado
• **Autêntica ou Legislativa:** é aquela fornecida pela própria lei, a exemplo do conceito de funcionário público, trazido pelo art. 327 do Código Penal. • **Doutrinária:** é a interpretação feita pelos estudiosos, pelos jurisconsultos. • **Jurisprudencial:** corresponde ao significado dado às leis pelos tribunais, na medida em que lhes é exigida a análise do caso concreto.	• **Literal:** considera o sentido literal das palavras, correspondente à sua etimologia. • **Teleológica:** perquire a vontade ou intenção objetivada na lei (*volunta legis*). • **Histórica:** indaga a origem da lei, identificando os fundamentos da sua criação. • **Sistemática:** conduz à interpretação da lei em conjunto com a legislação que integra o sistema do qual faz parte, bem como com os princípios gerais de direito. • **Progressiva:** representa a busca do significado legal de acordo com o progresso da ciência. • **Lógica:** se baseia na razão, utilização de métodos dedutivos, indutivos e da dialética para encontrar o sentido da lei.	• **Declarativa:** a letra da lei corresponde exatamente àquilo que o legislador quis dizer, nada suprimindo, nada adicionando. • **Restritiva:** reduz o alcance das palavras da lei para que corresponda à vontade do texto (*lex plus dixit quam voluit*). • **Extensiva:** amplia-se o alcance das palavras da lei para que corresponda à vontade do texto (*lex minus dixit quam voluit*).

Fala-se também em interpretação *sui generis*, que se subdivide em **exofórica** e **endofórica**, dependendo do conteúdo que complementará o sentido da norma interpretada. **Exofórica** ocorre quando o significado da norma interpretada não está no ordenamento normativo. A palavra "tipo", por exemplo, presente no art. 20 do CP, tem seu significado extraído da doutrina (e não da lei). A interpretação será **endofórica** quando o texto normativo interpretado toma de empréstimo o sentido de outros textos do próprio ordenamento, ainda que não sejam da mesma lei. Esta espécie está presente na norma penal em branco.

Há também as interpretações **extensiva** e **analógica**.

A interpretação **extensiva** se dá quando o intérprete **amplia o significado** de uma palavra para alcançar o **real sentido** da norma. Não se pode negar, por exemplo, que o legislador, ao utilizar no art. 158, § 1º, do CP (extorsão majorada pelo emprego de arma) a palavra "arma", pretende que seja abrangido qualquer instrumento, fabricado com ou sem finalidade bélica, capaz de servir para o ataque (revólver, faca de cozinha, madeira, lâmina de barbear etc.). Quando quer restringir o alcance da palavra, o legislador é expresso, como no tipo penal do roubo, crime no qual, com o advento da Lei 13.964/19, o emprego de arma branca majora a pena até a 1/2 (art. 157, §2º., VIII) e o emprego de arma de fogo em 2/3 (art. 157, §2º-A, I) ou em dobro (§ 2º-B).

MUITA ATENÇÃO!

A interpretação **extensiva** não pode ser confundida com a **analógica**. Na interpretação analógica (ou *intra legem*) a lei, atendendo ao princípio da legalidade, detalha todas as situações a serem reguladas e, posteriormente, permite que o dispositivo abranja outras situações semelhantes. É o que ocorre, por exemplo, no art. 121, §2º, I, do Código Penal, que dispõe ser qualificado o homicídio quando cometido "mediante paga ou promessa de recompensa, *ou por outro motivo torpe*" (grifos aditados). Percebe-se que o legislador fornece uma fórmula casuística ("mediante paga ou promessa") e, em seguida, apresenta uma fórmula genérica ("ou por outro motivo torpe").

Desse modo, na interpretação analógica o significado que se busca é extraído do próprio dispositivo, levando-se em conta as expressões abertas e genéricas utilizadas pelo legislador. Existe norma a ser aplicada ao caso concreto. Depois de exemplos, o legislador encerra de forma genérica, permitindo ao aplicador encontrar outras hipóteses.

A interpretação analógica, por sua vez, não se confunde com a **analogia**.

Representada em latim pelos brocardos *ubi eadem ratio ibi idem jus* (onde houver o mesmo fundamento haverá o mesmo direito), ou *ubi eadem legis ratio ibi eadem dispositio* (onde impera a mesma razão deve prevalecer a mesma decisão), a analogia consiste no complexo de meios dos quais se vale o intérprete para suprir a lacuna do direito positivo e integrá-lo com elementos buscados no próprio Direito. Nesta ótica, seu fundamento **é sempre a** inexistência de uma disposição precisa de lei que alcance o caso concreto.

Embora a regra seja a da vedação do emprego da analogia no âmbito penal (em respeito ao princípio da reserva legal), a doutrina é uníssona ao permitir este recurso integrativo desde que estejam presentes **dois requisitos**: a) certeza de que sua aplicação será **favorável ao réu** (*in bonam partem*); b) existência de uma **efetiva lacuna** legal a ser preenchida.

3. CONFLITO APARENTE DE NORMAS

Há situações em que, ocorrido o fato, vislumbra-se a aplicação de mais de um dispositivo legal, gerando um conflito aparente de normas. Diz-se aparente porque, no plano da concretude, apenas uma norma será aplicada, vedando-se, obviamente, a incidência de várias normas em concurso, sob pena de retirar do Direito Penal o caráter sistemático e harmônico de que é dotado.

São três os princípios que solucionam o conflito aparente de normas:

(A) especialidade: está previsto no artigo 12 do Código Penal e determina que se afaste a lei geral para aplicação da lei especial. Entende-se como lei especial aquela que contém todos os elementos da norma geral, acrescida de outros que a tornam distinta (chamados de "especializantes"). O tipo especial preenche integralmente o tipo geral, com a adição de elementos particulares. Ex.: o tráfico de drogas é especial em relação ao contrabando;

(B) subsidiariedade: uma lei tem caráter subsidiário quando o fato por ela incriminado é também incriminado por outra, em um âmbito de aplicação comum, mas com abrangência diversa. A relação entre as normas subsidiária e principal é de maior ou menor gravidade, e não de espécie e gênero, como na especialidade. A norma dita subsidiária atua apenas quando o fato não se subsume à norma principal.

A subsidiariedade pode ser **expressa** ou **tácita**.

É **expressa** quando a lei a prevê explicitamente, anunciando a não aplicação da norma menos grave quando presente a mais grave, normalmente utilizando expressões como "se o fato não constitui crime mais grave" (art. 132 do CP) e "se o fato não constitui elemento de crime mais grave" (art. 307 do CP).

Há subsidiariedade **tácita** quando um delito de menor gravidade cede diante da presença de outro de maior gravidade e integra, na qualidade de elementar, a descrição típica dele. É, por exemplo, subsidiário o dano em relação ao furto cometido mediante rompimento de obstáculo, pois integra o tipo penal qualificado.

(C) consunção ou absorção: no princípio da consunção, ou da absorção, ocorre a continência de tipos, ou seja, o crime previsto por uma norma (consumida) não passa de uma fase de realização do crime previsto por outra (consuntiva) ou é uma forma normal de transição para o último (crime progressivo). Os fatos aqui não se acham em relação de espécie e gênero, **mas de parte a todo, de meio a fim**.

Podemos falar em princípio da consunção nas seguintes hipóteses:

(I) Crime progressivo: quando, para alcançar um resultado/crime mais grave, o agente passa, necessariamente, por um crime menos grave. No homicídio, por exemplo, é preciso antes praticar a lesão corporal, um mero crime de passagem para matar alguém.

(II) Progressão criminosa: o agente substitui o seu dolo e dá causa a resultado mais grave. Deseja praticar um crime menor e o consuma; em seguida, decide cometer um crime de maior gravidade e também o concretiza, atentando **contra o mesmo bem jurídico.** É o caso de alguém que inicialmente pretende apenas provocar lesão corporal, porém, após consumar os ferimentos, decide ceifar a vida do ferido, causando-lhe a morte. Somente incidirá a norma referente ao crime de homicídio (art. 121 do Código Penal), absorvendo-se a lesão corporal.

Crime progressivo, portanto, **não** se confunde com **progressão criminosa**: no crime progressivo, desde o início o agente quer cometer o crime mais grave, ao passo que na progressão criminosa há primeiro o dolo de cometer o crime menos grave, que se consuma, e em seguida há um novo propósito de executar outro crime mais grave. Em ambos os casos o agente responde por um só crime.

(III) "Antefactum" impunível: são fatos anteriores que estão na linha de desdobramento da ofensa mais grave. É o caso da violação de domicílio para praticar o furto. Note que o delito antecedente (antefato impunível) não é passagem necessária para o crime-fim (distinguindo-se do crime progressivo), é apenas um meio para alcançá-lo. Outros furtos ocorrem sem haver violação de domicílio. Também não há substituição do dolo (diferentemente da progressão criminosa).

E qual a diferença deste exemplo da violação de domicílio absorvida pelo furto para aquele do item anterior, em que o dano é subsidiário em relação ao furto qualificado? Não seria o dano também uma simples passagem para o furto e, portanto, objeto de consunção?

A diferença é que, naquele caso, um crime é **elementar** do outro. O dano integra a descrição típica do furto qualificado pelo rompimento de obstáculo. A violação de domicílio, por outro lado, não faz parte do tipo penal do furto em nenhuma de suas formas, razão pela qual o art. 150 não pode ser considerado uma norma em âmbito de aplicação comum mas com abrangência diversa do art. 155. Logo, se a violação de domicílio é cometida para viabilizar o furto, é absorvida na qualidade de crime-meio.

(IV) "Postfactum" impunível: representa o exaurimento do crime principal praticado pelo mesmo indivíduo, que não é punido pela segunda conduta. Alguém que furta um automóvel e depois o danifica não pratica furto e dano. A conduta se subsume apenas ao furto, e o dano é considerado um fato posterior impunível.

4. PENA CUMPRIDA NO ESTRANGEIRO

Em virtude da extraterritorialidade da lei brasileira, é possível que o agente seja processado, julgado e condenado tanto pela lei brasileira como pela estrangeira, e que cumpra total ou parcialmente a pena no exterior. Nesse caso, aplica-se o artigo 8º do Código Penal, que dispõe: "A pena cumprida no estrangeiro atenua a pena imposta no Brasil pelo mesmo crime, quando diversas, ou nela é computada, quando idênticas".

A redação do artigo permite concluir que dois fatores devem ser considerados: a quantidade e a qualidade das penas. Se da mesma qualidade (duas penas privativas de liberdade, por exemplo), da sanção aplicada no Brasil será abatida a pena cumprida no exterior; se de qualidade diversa (privativa de liberdade e pecuniária), o julgador deverá atenuar a pena aqui imposta considerando a pena lá cumprida. Ex.: o agente é condenado à pena de oito anos na França por ter atentado contra a vida do nosso presidente da República, e lá cumpre a pena. No Brasil, é também processado e condenado, mas a pena imposta na sentença é de vinte anos. Nesse caso, são abatidos os oito anos cumpridos na França, cumprindo o agente, no Brasil, somente doze anos.

Percebe-se que o artigo 8º do Código Penal revela clara exceção ao princípio do *non bis in idem*.

5. EFICÁCIA DA SENTENÇA ESTRANGEIRA

É importante deixar claro que, em regra, a sentença estrangeira não precisa ser homologada no Brasil para gerar efeitos, bastando prova legal da existência da condenação (carta de sentença). O art. 9 do CP traz apenas duas exceções em que a sentença penal estrangeira precisa ser homologada no Brasil para gerar:

a) efeitos civis (reparação de danos, restituições e outros): depende de pedido da parte interessada.

b) sujeição a medida de segurança: se existir tratado de extradição, depende de requisição do Procurador-Geral da República. E, se não houver tratado, de requisição do ministro da Justiça.

Note-se que se o caso é de extraterritorialidade incondicionada, a sentença proferida no estrangeiro (condenatória ou absolutória) **não tem eficácia de coisa julgada**, já que os fatos podem ser novamente apreciados no Brasil, com aplicação da legislação local. De igual modo, a sentença proferida no estrangeiro que trata de crime praticado no Brasil **não pode ser executada aqui**, e, por isso, pode haver novo processo pelo mesmo fato. Em ambos os casos, aplicar-se-á a regra prevista no artigo 8º do Código Penal.

6. CONTAGEM DE PRAZO

Em matéria penal, devem ser diferenciados os prazos processuais e os prazos penais.

Os **prazos processuais** seguem a regra do artigo 798, § 1º, do Código de Processo Penal: **não se computa o dia do começo, mas inclui-se o do vencimento.** O prazo que terminar em domingo ou feriado considerar-se-á prorrogado até o imediato dia útil (art. 798, § 3º) e a intimação feita na sexta-feira conduz ao início do prazo processual na segunda-feira seguinte – ou primeiro dia útil que se seguir (súmula nº 310 do STF).

Ao contrário do que ocorre com os prazos processuais, os **prazos penais** são **improrrogáveis** e **na sua contagem se inclui o dia do começo** (art. 10, CP). Essa forma de cômputo se aplica a **todos os prazos da lei material**, tais como os de duração das penas, do *sursis*, do livramento condicional, da prescrição, da decadência etc. Seguimos, para tanto, o calendário comum (gregoriano).

A diferença na contagem dos prazos foi fixada apenas e tão somente para **favorecer o réu**. Na contagem dos prazos processuais, não se considerando o dia de início, dá-se ao agente "um dia a mais" para lançar mão da providência processual adequada. Em contrapartida, como os prazos penais sempre correm em favor do réu, começam a ser contados um dia antes, sem possibilidade de prorrogação. Assim, se a prescrição se verifica no dia 22 de agosto, um domingo, será este o marco da extinção da punibilidade do Estado, por favorecer o agente.

EM RESUMO: Aplicação da Lei Penal	
Características da lei penal	– Exclusividade; – Imperatividade; – Generalidade; – Impessoalidade.
Classificação da lei penal	– Lei penal incriminadora; – Lei penal não incriminadora: » Permissiva; » Explicativa; » Interpretativa; » Complementar; » por extensão ou integrativa.
Norma penal em branco	– Própria (ou em sentido estrito ou heterogênea): o complemento provém de fonte normativa diversa. – Imprópria (ou em sentido amplo ou homogênea): o complemento provém do próprio legislador. Pode ser: » Homovitelina: o complemento emana da mesma instância legislativa; » Heterovitelina: o complemento emana de instância legislativa diversa.
Fontes do Direito Penal	– Material: fonte de produção da norma. – Formal: instrumento de exteriorização.
Interpretação da lei penal	– **Quanto ao sujeito:** » Autêntica ou legislativa; » Doutrinária; » Jurisprudencial.

Interpretação da lei penal	– **Quanto ao modo:** » Literal; » Teleológica; » Histórica; » Sistemática; » Progressiva; » Lógica. – **Quanto ao resultado:** » Declarativa; » Restritiva; » Extensiva. – Exofórica – Endofórica – Extensiva – Analógica – Não se confunde com a analogia, utilizada somente a favor do réu para suprir lacuna no direito positivo.
Conflito aparente de normas	– Especialidade: afasta-se a lei geral para a aplicação da lei especial. – Subsidiariedade: o fato incriminado por uma lei é também incriminado por outra, em um âmbito de aplicação comum, mas com abrangência diversa. Pode ser: » Expressa no tipo penal; » Tácita. – Consunção ou absorção: o crime previsto por uma norma não passa de uma fase de realização do crime previsto por outra ou é uma forma normal de transição para o último. Na consunção pode haver: » Crime progressivo: o agente, para alcançar um resultado/crime, **passa necessariamente** por um crime menos grave, denominado **crime de passagem** (para matar, necessariamente, deve ofender a integridade corporal da vítima). » Progressão criminosa: há **dois fatos** e o agente primeiro quer o menor, depois decide praticar o maior (no âmbito de proteção do mesmo bem jurídico), havendo, portanto, **substituição do dolo** (o agente quer ferir; depois de fazê-lo, decide matar). » Antefato impunível: são fatos anteriores, **não obrigatórios**, mas que estão na **linha de desdobramento da ofensa mais grave**, numa relação de meios e fins (violação de domicílio para furtar). » Pós-fato impunível: o agente, **depois de já ofender o bem jurídico, incrementa a lesão.** Pode ser considerado um **exaurimento** do crime principal (danificar o produto do furto).
Pena cumprida no estrangeiro	Se da mesma qualidade, a pena imposta no Brasil deve será abatida da pena já cumprida no exterior; se de qualidade diversa, a pena imposta no Brasil deve ser atenuada pela pena cumprida no exterior.

Eficácia da sentença estrangeira	– Em regra, a sentença estrangeira não precisa ser homologada no Brasil para gerar efeitos. O art. 9 do CP traz apenas duas exceções: a) para a sentença gerar efeitos civis (reparação de danos, restituições e outros; b) para a sentença sujeitar alguém a medida de segurança. – No caso de extraterritorialidade incondicionada, a sentença estrangeira não tem eficácia de coisa julgada no Brasil. – A sentença proferida no estrangeiro que trata de crime praticado no Brasil não pode ser executada aqui.
Contagem de prazo	– Os prazos penais são improrrogáveis e na sua contagem se inclui o dia do começo (art. 10, CP). Essa forma de cômputo se aplica a todos os prazos da lei material. – A contagem dos prazos processuais é diferente, pois não se computa o dia do começo, mas inclui-se o do vencimento.

✍ **QUESTÃO**

(Cespe – Policial Rodoviário Federal – DPRF/2013) *Com relação aos princípios, institutos e dispositivos da parte geral do Código Penal (CP), julgue o item seguinte.*

Havendo conflito aparente de normas, aplica-se o princípio da subsidiariedade, que incide no caso de a norma descrever várias formas de realização da figura típica, bastando a realização de uma delas para que se configure o crime.

GABARITO	ERRADO.
COMENTÁRIO	O princípio da subsidiariedade é apenas uma das formas de solução do conflito aparente de normas, e ainda assim não tem o significado empregado no enunciado. No caso de a norma conter várias condutas típicas (crimes de conteúdo múltiplo ou variado), aplica-se o princípio da alternatividade. Nesse caso, se o agente realiza várias ações nucleares, porém, no mesmo contexto fático e sucessivamente (p. ex., depois de importar e preparar certa quantidade de droga, traz consigo porções separadas para venda a terceiros), por força do princípio da alternatividade responde por crime único, devendo o juiz considerar a pluralidade de ações praticadas na fixação da pena. Percebe-se, portanto, que o princípio da alternatividade não resolve um conflito aparente de normas, mas um conflito dentro da própria norma.

CAPÍTULO III

A LEI PENAL NO TEMPO E NO ESPAÇO

1. INTRODUÇÃO E CRITÉRIOS GERAIS DE APLICAÇÃO DA LEI NO TEMPO

Entre a data do fato praticado e o término do cumprimento da pena, podem surgir várias leis penais, ocorrendo aquilo que chamamos de **sucessão de leis no tempo**. Quando ocorre a sucessão, é necessário observar, em especial, as regras da ultra-atividade (os efeitos da lei anterior permanecem apesar de sua revogação) ou da retroatividade (quando se trata de disposição favorável ao agente).

O artigo 5º, XL, da CF/88 enuncia, como **regra geral**, que "a lei penal não retroagirá, salvo para beneficiar o réu". Trata-se da **irretroatividade** da lei penal, excetuada somente quando esta lei beneficia de algum modo o acusado (ou mesmo o condenado). A retroatividade da lei benéfica é determinada por razões de política criminal, autorizando que a lei nova – que deveria produzir efeitos a partir da sua entrada em vigor – produza efeitos sobre as ações ou omissões realizadas antes de sua existência no mundo jurídico. Como decorrência do princípio da legalidade, aplica-se, **em regra**, a lei penal vigente ao tempo da **realização** do fato criminoso (*tempus regit actum*), ou seja, a lei penal, para produzir efeitos no caso concreto, deve ser editada antes da prática da conduta que busca incriminar. Excepcionalmente, no entanto, será permitida a retroatividade da lei penal para alcançar fatos passados, desde que benéfica ao réu.

DICA IMPORTANTE

À possibilidade conferida à lei de movimentar-se no tempo (para beneficiar o réu) dá-se o nome de **extra-atividade**, compreendida como gênero do qual são espécies: **(A)** a **retroatividade**, capacidade que a lei penal tem de ser aplicada a fatos praticados antes da sua vigência; **(B)** a **ultra-atividade**, que representa a possibilidade de aplicação da lei penal mesmo após a sua revogação ou a cessação de seus efeitos.

Exemplos de extra-atividade da lei penal:

Retroatividade	Ultra-atividade
Ex: Lei "A" (pena de 2 a 4 anos) é revogada pela Lei "B" (pena de 1 a 3 anos). A Lei "B" deve retroagir para alcançar os fatos pretéritos, pois benéfica.	Ex: Lei "A" (pena de 1 a 3 anos) é revogada pela Lei "B" (pena de 2 a 4 anos). A Lei "B" não pode retroagir para alcançar os fatos pretéritos, pois prejudicial. Nesse caso, para os fatos anteriores, continua sendo aplicada a Lei "A".

Na **sucessão de leis no tempo** podem se apresentar ao intérprete cinco cenários distintos:

a) Sucessão de lei incriminadora: a *novatio legis* incriminadora é a lei que não existia no momento da prática da conduta e que passa a considerar como delito a ação ou omissão realizada. Esta norma é **irretroativa**, nos termos do artigo 1º do Código Penal. Ex.: o delito tipificado art. 216-B do Código Penal (registro não autorizado da intimidade sexual) não pode incidir sobre as condutas praticadas antes de 19/12/2018, dia em que a norma entrou em vigor.

b) ***Novatio legis in pejus***: a nova lei que, de qualquer modo, prejudica o réu (*lex gravior*) também é **irretroativa**, devendo ser aplicada a lei vigente ao tempo do crime. Trata-se, como na hipótese anterior (*novatio legis* incriminadora), de obediência ao princípio da anterioridade. Ex.: a Lei nº 13.964/19 inseriu no art. 157 do Código Penal o § 2º-B, segundo o qual a pena do roubo é aplicada em dobro se o agente utiliza arma de fogo de uso restrito ou proibido. Como a alteração legislativa é prejudicial, a lei não pode ser aplicada a roubos praticados antes de sua entrada em vigor. A disciplina anterior (aumento de 2/3) será ultra-ativa, aplicada em detrimento da lei nova (vigente na data do julgamento).

? QUESTÃO: Qual lei deve ser aplicada se, no decorrer da prática de um crime permanente ou de um crime continuado, sobrevém lei mais grave?

➥ ***RESPOSTA:*** *De forma sintética, é preciso entender que o* ***crime permanente*** *é aquele cuja consumação se prolonga no tempo. No crime de sequestro (art. 148, CP), por exemplo, enquanto a vítima não for libertada, a consumação se protrai. Por sua vez, o* ***crime continuado*** *é uma ficção jurídica através da qual, por motivos de política criminal, dois ou mais crimes da mesma espécie, praticados nas mesmas condições de tempo, lugar e maneira de execução, devem ser tratados como se fossem crime único, majorando-se a pena. Suponhamos que a funcionária de um determinado supermercado subtraia, por quatro sextas-feiras seguidas, o dinheiro do caixa pelo qual é responsável. Há furto em continuidade delitiva. De acordo com a súmula 711 do STF, nessas hipóteses "A lei penal mais grave aplica-se ao crime continuado ou ao crime permanente, se a sua vigência é anterior à cessação da continuidade ou da permanência".*

c) ***Abolitio criminis***: a abolição do crime representa a **supressão da figura criminosa**. Trata-se da revogação de um tipo penal pela superveniência de lei descriminalizadora. De acordo com o disposto no art. 2º do Código Penal, "Ninguém pode ser punido por fato que lei posterior deixa de considerar crime, cessando em virtude dela a execução e os efeitos penais da sentença condenatória".

A *abolitio criminis* é fenômeno verificado sempre que o legislador, atento às mutações sociais (e ao princípio da intervenção mínima), resolve não mais incriminar determinada conduta, retirando do ordenamento jurídico-penal a infração que a previa, julgando que o Direito Penal não é mais necessário para a proteção de determinado bem jurídico. É o que ocorreu com o crime de adultério, originalmente tipificado no art. 240 do CP e revogado pela Lei nº 11.106/2005.

? QUESTÃO: Como ficam os efeitos da condenação na *abolitio criminis*?

➥ ***RESPOSTA:*** *É necessário distinguir os efeitos penais dos efeitos extrapenais da sentença condenatória. Os efeitos* ***extrapenais*** *estão positivados nos artigos 91 e 92 do Código Penal e* ***não são*** *alcançados pela lei descriminalizadora. Assim, mesmo com a revogação do crime, subsiste, por exemplo, a obrigação de indenizar o dano causado. Já os efeitos* ***penais terão de ser extintos****, retirando-se o nome do agente do rol dos culpados e impedindo-se que a condenação seja considerada para fins de reincidência ou de antecedentes penais.*

MUITA ATENÇÃO!

A *abolitio criminis* **não** se confunde com o **princípio da continuidade normativo--típica**. A *abolitio* representa a supressão formal e material da figura criminosa. O princípio da continuidade normativo-típica, por sua vez, significa a **manutenção do caráter proibido da conduta**, porém com o **deslocamento do conteúdo criminoso para outro tipo penal**. A intenção do legislador, nesse caso, é de que a conduta permaneça criminosa.

Abolitio criminis	**Continuidade normativa típica**
Supressão da figura criminosa.	Supressão formal do crime.
A conduta não é mais punida (o fato deixa de ser punível).	O fato permanece punível (a conduta criminosa migra para outro tipo penal).
A intenção do legislador é não mais considerar o fato criminoso.	A intenção do legislador é manter o caráter criminoso do fato.

A título de exemplo, vejamos o que ocorreu com os crimes de rapto consensual e de rapto violento, cada um alcançado por fenômeno distinto:

	CRIME DE RAPTO	
	Consensual	**Violento**
Antes da Lei n. 11.106/2005	Art. 220 do CP	Art. 219 do CP
Depois da Lei n. 11.106/2005	*Abolitio criminis*	Art. 148, § 1º, V, do CP (princípio da continuidade normativo-típica).

d) ***Novatio legis in mellius***: trata-se da nova lei que de qualquer modo beneficia o réu, também conhecida como *lex mitior*. Essa lei **retroage**, atendendo à regra disposta no art. 2º, parágrafo único, do Código Penal, segundo o qual "A lei posterior, que de qualquer modo favorecer o agente, aplica-se aos fatos anteriores, ainda que decididos por sentença condenatória transitada em julgado".

Como se depreende da parte final do dispositivo, a nova lei penal benéfica, a exemplo da abolicionista, também **não respeita a coisa julgada**, aplicando-se mesmo que tenha havido condenação definitiva. Exemplo de *novatio legis in mellius* se extrai da Lei nº 13.769/18, que alterou a Lei de Execuções Penais, prevendo lapso diferenciado (menor) de cumprimento de pena para que a presa gestante, mãe ou responsável por criança ou adolescente possa progredir de regime. Todas as condenadas, mesmo em crimes cometidos antes da nova lei, podem ser favorecidas pelo novo texto.

? **QUESTÃO:** A jurisprudência pode retroagir para alcançar fatos praticados na vigência de entendimento diverso?

➥ ***RESPOSTA:*** *Prevalece a orientação de que a extra-atividade só se refere à lei, não se estendendo à jurisprudência. O STJ tem julgados nos quais afasta a possibilidade de revisão criminal em virtude da mudança de orientação jurisprudencial sobre determinado tema, pois "o art. 621, inciso I, do Código de Processo Penal, determina que caberá revisão criminal 'quando a sentença condenatória for contrária a texto expresso da lei', o que não pode ser confundido com* *mudança de orientação jurisprudencial a respeito da interpretação de determinado dispositivo legal" (STJ, AgRg no REsp 1.447.604/SC, DJe 29/8/2014). O fato de tribunais modificarem sua orientação sobre a interpretação de algum dispositivo legal não significa que a interpretação anterior era ilegítima. O STF também já decidiu que "Os preceitos constitucionais relativos à aplicação retroativa da norma penal benéfica, bem como à irretroatividade da norma mais grave ao acusado, ex vi do artigo 5º, XL, da Constituição Federal, são inaplicáveis aos precedentes jurisprudenciais" (STF, HC 161.452 AgR, j. 06/03/2020).*

Ainda quanto à lei penal no tempo, valem alguns comentários a respeito das leis **temporárias** e **excepcionais**.

A **lei temporária (ou temporária em sentido estrito)** é aquela instituída por um prazo determinado, ou seja, é a lei que criminaliza determinada conduta, porém prefixando no seu texto lapso temporal para a sua vigência. É o caso da Lei nº 13.284/16, que criou diversos crimes que buscam proteger o patrimônio material e imaterial das entidades organizadoras dos Jogos Olímpicos de 2016, infrações penais com tempo certo de vigência (até 31 de dezembro de 2016).

A **lei excepcional (ou temporária em sentido amplo)** é editada em função de algum evento transitório, como estado de guerra, calamidade ou qualquer outra necessidade estatal. Perdura enquanto persistir o estado de emergência.

MUITA ATENÇÃO!

Essas leis têm duas características essenciais: a) **autorrevogabilidade**: consideram-se revogadas assim que encerrado o prazo fixado (lei temporária) ou cessada a situação de anormalidade (lei excepcional); b) **ultra-atividade**: alcançam os fatos praticados durante a sua vigência, ainda que as circunstâncias de prazo (lei temporária) e de emergência (lei excepcional) tenham se esvaído, uma vez que essas condições são elementos temporais do próprio fato típico.

2. TEMPO DO CRIME

Para a correta (e justa) aplicação da lei penal, é imprescindível definir o **tempo do crime**, ou seja, quando um crime se considera praticado. O nosso Código Penal, em seu artigo 4°, adotou a **teoria da atividade**, dispondo que "considera-se praticado o crime no momento da ação ou omissão, ainda que outro seja o momento do resultado".

Pelo princípio da coincidência (da congruência ou da simultaneidade), todos os elementos do crime (fato típico, ilicitude e culpabilidade) devem estar presentes no **momento da conduta**. A imputabilidade do agente, por exemplo, depende da aferição de sua idade no momento da ação ou da omissão. Se, em um homicídio, ao tempo do disparo da arma de fogo o agente é menor de 18 anos, pratica ato infracional e é sancionado de acordo com o Estatuto da Criança e do Adolescente, ainda que a vítima morra somente após o autor do fato ter completado a maioridade.

O momento do crime é também marco inicial para saber a lei que, em regra, deve reger o caso concreto, ganhando ainda mais importância no caso de sucessão de leis penais no tempo.

? **QUESTÃO:** Além da teoria da atividade, há outras teorias que estabelecem o momento do crime?

↳ ***RESPOSTA:*** *Sim, existem duas outras teorias que explicam o tempo do crime. São elas a **teoria do resultado** (do evento ou do efeito), segundo a qual se considera praticado o crime quando da ocorrência do seu resultado (ex.: local do óbito), e a **teoria mista ou da ubiquidade**, que considera tempo do crime tanto o momento da ação ou omissão quanto o momento da produção do resultado (ex.: local do disparo ou local do óbito).*

3. LUGAR DO CRIME

Da mesma forma que uma infração penal pode se fracionar em tempos diversos, é possível que se desenvolva em **lugares diversos**, percorrendo, inclusive, territórios de dois ou mais países igualmente soberanos.

A solução para esse conflito nos é dada pelo artigo 6° do Código Penal: "Considera-se praticado o crime no lugar em que ocorreu a ação ou omissão, no todo ou em parte, bem como onde se produziu ou deveria produzir-se o resultado". Adotou-se, portanto, quanto ao lugar do crime (*locus commissi delicti*) a **teoria da ubiquidade, híbrida ou mista**. Logo, sempre que por força do critério da ubiquidade o fato se deva considerar praticado **tanto no território brasileiro como no estrangeiro**, será aplicável a lei brasileira.

? QUESTÃO: Há outras teorias a respeito do lugar do crime?

➥ *RESPOSTA:* *Sim, outras duas teorias buscam explicar o lugar do crime. São elas a* ***teoria da atividade****, que considera lugar do crime aquele em que se desenvolveu a ação criminosa, e a* ***teoria do resultado, do efeito ou do evento****, segundo a qual lugar do crime é o da ocorrência do resultado.*

Não podemos confundir os crimes à distância com os crimes em trânsito e os crimes plurilocais. Vejamos:

Crimes à distância (ou de espaço máximo)	Crimes em trânsito	Crimes plurilocais
O crime percorre territórios de dois Estados soberanos (Brasil e Argentina, por exemplo).	O crime percorre territórios de mais de dois países soberanos (Brasil, Argentina e Uruguai, por exemplo).	O crime percorre dois ou mais territórios do mesmo país soberano (comarcas de São Paulo, São Bernardo e Guarulhos).
Gera conflito internacional de jurisdição (qual país aplicará sua lei?).	Gera conflito internacional de jurisdição (qual país aplicará sua lei?).	Gera conflito interno de competência (qual comarca aplicará a lei do país?).
Aplica-se o art. 6º do CP.	Aplica-se o art. 6º do CP.	Aplica-se, em regra, o art. 70 do CPP.

4. TERRITORIALIDADE E EXTRATERRITORIALIDADE DA LEI PENAL

O critério geral adotado em nosso ordenamento jurídico é o de que a lei penal brasileira vale **dentro do território nacional** (físico e jurídico), sem prejuízo de convenções, tratados e regras de direito internacional (art. 5º do CP).

Entende-se por **território nacional** a soma do **espaço físico** (ou geográfico) com o **espaço jurídico** (espaço físico por ficção, por equiparação, por extensão ou território flutuante).

Por **território físico** entende-se o espaço terrestre, marítimo ou aéreo, sujeito à soberania do Estado (solo, rios, lagos, mares interiores, baías, faixa do mar exterior ao longo da costa – 12 milhas marítimas de largura, medidas a partir da linha de baixa-mar do litoral continente e insular – e espaço aéreo correspondente).

Para os efeitos penais, consideram-se como **extensão do território nacional** as embarcações e aeronaves brasileiras, de natureza pública ou a serviço do governo brasileiro onde quer que se encontrem, bem como as embarcações e as aeronaves brasileiras (matriculadas no Brasil), mercantes ou de propriedade privada, que se achem, respectivamente, em alto-mar ou no espaço aéreo correspondente (art. 5º, § 1º, CP).

É também aplicável a lei brasileira aos crimes cometidos a bordo de aeronaves ou embarcações estrangeiras de propriedade privada, achando-se aquelas em pouso no território nacional ou em voo no espaço aéreo correspondente, e estas em porto ou mar territorial do Brasil (art. 5º, § 2º, CP).

Do exposto, extraímos as seguintes conclusões:

(A) Quando aeronaves ou navios brasileiros forem públicos ou estiverem a serviço do governo brasileiro, quer se encontrem em território nacional ou estrangeiro, são considerados parte do nosso território;

(B) Se os navios ou aeronaves forem privados, quando em alto-mar ou espaço aéreo correspondente, seguem a lei da bandeira que ostentam;

(C) Quanto aos navios e aeronaves estrangeiros, em território brasileiro, desde que privados, são considerados parte de nosso território.

? **QUESTÃO:** Há possibilidade de aplicar a lei penal brasileira a crimes cometidos exclusivamente no exterior?

➥ ***RESPOSTA:*** *Sim, embora a regra imponha a aplicação do princípio da territorialidade, em casos excepcionais a nossa lei pode extrapolar os limites do território, alcançando crimes cometidos **exclusivamente no estrangeiro**, num fenômeno denominado* **extraterritorialidade**.

O Código Penal, no art. 7º, incs. I e II e § 3º, anuncia quais crimes ficam sujeitos à lei brasileira, embora cometidos no estrangeiro:

> I – os crimes: **a)** contra a vida ou a liberdade do Presidente da República; **b)** contra o patrimônio ou a fé pública da União, do Distrito Federal, de Estado, de Território, de Município, de empresa pública, sociedade de economia mista, autarquia ou fundação instituída pelo Poder Público; **c)** contra a administração pública, por quem está a seu serviço; **d)** de genocídio, quando o agente for brasileiro ou domiciliado no Brasil;
>
> II – os crimes: **a)** que, por tratado ou convenção, o Brasil se obrigou a reprimir; **b)** praticados por brasileiros; **c)** praticados em aeronaves ou embarcações brasileiras, mercante ou de propriedade privada, quando em território estrangeiro e aí não sejam julgados.
>
> § 3º A lei brasileira aplica-se também ao crime cometido por estrangeiro contra brasileiro fora do Brasil (...).

MUITA ATENÇÃO!

Dependendo do fundamento, a extraterritorialidade será incondicionada, condicionada ou hipercondicionada:

(A) A extraterritorialidade **incondicionada** está prevista no artigo 7º, §1º, do Código Penal, alcançando os crimes descritos no art. 7º, inc. I. Nesses casos, a lei brasileira, para ser aplicada, não depende do preenchimento de nenhum requisito.

(B) A extraterritorialidade **condicionada** alcança os crimes trazidos pelo inc. II. Nesses casos, para que a nossa lei possa ser aplicada, faz-se necessário o concurso das seguintes condições (art. 7º, §2º, CP): (i) entrar o agente no território nacional;

MUITA ATENÇÃO!

(ii) ser o fato punível também no país em que foi praticado; (iii) estar o crime incluído entre aqueles pelos quais a lei brasileira autoriza a extradição; (iv) não ter sido o agente absolvido no estrangeiro ou não ter aí cumprido a pena; (v) não ter sido o agente perdoado no estrangeiro ou, por outro motivo, não estar extinta a punibilidade, segundo a lei mais favorável.

(C) A extraterritorialidade **hipercondicionada** está positivada no artigo 7º, §3º, do Código Penal. Ao crime cometido por estrangeiro contra brasileiro fora do Brasil, além das condições previstas no §2º, para a aplicação da lei brasileira é preciso observar ainda: (i) não ter sido pedida ou ter sido negada a extradição; (ii) ter havido requisição do ministro da Justiça.

Para fundamentar a extraterritorialidade nas várias hipóteses acima elencadas, são adotados os seguintes princípios:

Dispositivos	Princípio	Extraterritorialidade
Art. 7°, I, *a*, *b*, *c*	Princípio da defesa	Incondicionada
Art. 7º, I, *d*	Princípio da justiça universal	Incondicionada
Art. 7°, II, *a*	Princípio da justiça universal	Condicionada
Art. 7°, II, *b*	Princípio da nacionalidade ativa	Condicionada
Art. 7°, II, *c*	Princípio da representação	Condicionada
Art. 7°, § 3°	Princípio da nacionalidade passiva	Hipercondicionada

? **QUESTÃO:** A embaixada é extensão do território que representa?

➥ ***RESPOSTA:*** *É importante observar que o Código Penal não traz qualquer regra específica atinente às embaixadas, que, embora sejam invioláveis (Convenção de Viena),* ***não*** *constituem extensão do território do país que representam. Assim, a título de exemplo, a embaixada norte-americana no Brasil é território brasileiro e ao crime nela praticado será aplicada a lei penal brasileira – salvo a incidência de convenção, tratado ou regra de direito internacional.*

EM RESUMO: A Lei Penal no Tempo e no Espaço	
Sucessão de leis penais no tempo	Em regra, aplica-se a lei penal vigente ao tempo da **realização** do fato criminoso. Excepcionam-se os casos de extra-atividade da lei penal, que compreende a **retroatividade** e a **ultra-atividade**.
Situações em que ocorre a sucessão de leis penais no tempo	- *Novatio legis* incriminadora: institui uma nova infração penal. É **irretroativa**. - *Novatio legis in pejus*: prejudica o réu de algum modo (ex.: aumenta a pena). É **irretroativa**. - *Abolitio criminis*: suprime a figura criminosa. É **retroativa, inclusive após o trânsito em julgado**. Neste caso, **não** alcança os efeitos extrapenais da sentença. - Não se confunde com o princípio da continuidade normativo-típica, que apenas desloca o conteúdo criminoso para outro dispositivo penal. - *Novatio legis in mellius*: beneficia o réu de algum modo (ex.: reduzindo a pena). É **retroativa, inclusive após o trânsito em julgado**.

Leis excepcionais e leis temporárias	- Lei temporária: instituída por um prazo determinado. - Lei excepcional: editada em função de algum evento transitório, como estado de guerra ou calamidade. Ambas são autorrevogáveis e ultra-ativas.
Tempo do crime	Adota-se a teoria da **atividade**: considera-se praticado o crime no momento da ação ou omissão, ainda que outro seja o momento do resultado. Há ainda a teoria do resultado e a teoria mista (ubiquidade).
Lugar do crime	Adota-se a teoria da **ubiquidade (mista)**: o crime é cometido no lugar em que ocorre a ação ou omissão, no todo ou em parte, bem como onde se produz ou deveria se produzir o resultado. Há ainda a teoria da atividade e a teoria do resultado.
Territorialidade da lei penal	Em regra, aplica-se o princípio da **territorialidade**, segundo o qual a lei penal brasileira incide nos crimes cometidos no território nacional.
Conceito de território	O território pode ser: - **Físico:** espaço terrestre, marítimo ou aéreo, sujeito à soberania do Estado (solo, rios, lagos, mares interiores, baías, faixa do mar exterior ao longo da costa – 12 milhas marítimas de largura, medidas a partir da linha de baixa-mar do litoral continente e insular – e espaço aéreo correspondente). - **Jurídico:** é o território por extensão, na forma do art. 5º, §§ 1º e 2º do CP.
Extraterritorialidade da lei penal	Aplica-se em casos **excepcionais**, alcançando crimes cometidos exclusivamente em território estrangeiro.
Extraterritorialidade incondicionada	Crimes: a) contra a vida ou a liberdade do Presidente da República; b) contra o patrimônio ou a fé pública da União, do Distrito Federal, de Estado, de Território, de Município, de empresa pública, sociedade de economia mista, autarquia ou fundação instituída pelo Poder Público; c) contra a administração pública, por quem está a seu serviço; d) de genocídio, quando o agente for brasileiro ou domiciliado no Brasil.
Extraterritorialidade condicionada	- Crimes: a) que, por tratado ou convenção, o Brasil se obrigou a reprimir; b) praticados por brasileiros; c) praticados em aeronaves ou embarcações brasileiras, mercante ou de propriedade privada, quando em território estrangeiro e aí não sejam julgados. - Condições: (i) entrar o agente no território nacional; (ii) ser o fato punível também no país em que foi praticado; (iii) estar o crime incluído entre aqueles pelos quais a lei brasileira autoriza a extradição; (iv) não ter sido o agente absolvido no estrangeiro ou não ter aí cumprido a pena; (v) não ter sido o agente perdoado no estrangeiro ou, por outro motivo, não estar extinta a punibilidade, segundo a lei mais favorável.
Extraterritorialidade hipercondicionada	- Crime cometido por estrangeiro contra brasileiro fora do Brasil. - Condições: (i) não ter sido pedida ou ter sido negada a extradição; (ii) ter havido requisição do ministro da Justiça; (iii) **as mesmas condições da extraterritorialidade condicionada.**
Embaixada	**Não** é considerada território estrangeiro.

✍ **QUESTÃO**

(Cespe – Policial Rodoviário Federal – DPRF/2013) *Com relação aos princípios, institutos e dispositivos da parte geral do Código Penal (CP), julgue o item seguinte.*

A extra-atividade da lei penal constitui exceção à regra geral de aplicação da lei vigente à época dos fatos.

GABARITO	CERTO.
COMENTÁRIO	A regra é a aplicação da lei penal vigente no momento em que praticada a conduta (*tempus regit actum*), mas há situações que justificam a retroatividade ou a ultra-atividade da lei penal.

CAPÍTULO IV

O FATO TÍPICO E SEUS ELEMENTOS

O **fato típico** pode ser conceituado como ação ou omissão humana, antissocial que, norteada pelo princípio da intervenção mínima, consiste numa conduta produtora de um resultado que se subsume ao modelo de conduta proibida pelo Direito Penal, seja crime ou contravenção penal. De seu conceito extraímos seus elementos: conduta, resultado, nexo causal e tipicidade.

(A) Conduta: a conduta é um dos elementos do fato típico, e, uma vez ausente, não se pode falar em crime (*nullum crimen sine conducta*). Mas o que vem a ser, efetivamente, conduta?

Em resumo – e de acordo com cada uma das principais teorias doutrinárias –, a conduta pode ser definida da seguinte forma:

Teoria Causalista	É um movimento corporal (ação) voluntário que produz uma modificação no mundo exterior perceptível pelos sentidos.
Teoria Neokantista	É um comportamento (ação ou omissão) voluntário que produz uma modificação no mundo exterior perceptível pelos sentidos.
Teoria Finalista	É um comportamento humano voluntário psiquicamente dirigido a um fim.
Teoria Social da Ação	É um comportamento humano voluntário psiquicamente dirigido a um fim socialmente reprovável.
Funcionalismo Moderado (Roxin)	Aparece como comportamento humano voluntário, causador de relevante e intolerável lesão ou perigo de lesão ao bem jurídico tutelado pela norma penal.
Funcionalismo Radical (Jakobs)	É um comportamento humano voluntário causador de um resultado evitável, violador do sistema, frustrando as expectativas normativas.

? **QUESTÃO:** Qual teoria da conduta foi seguida pelo nosso Código Penal?

➥ ***RESPOSTA:*** *Para a doutrina tradicional, nosso Código seria* ***finalista****.*

No tocante às formas, a conduta pode ser:

1) Quanto à voluntariedade:

a) dolosa: *o artigo 18, I, do Código Penal anuncia ser* **doloso** *o crime* **quando o agente quer o resultado ou assume o risco de produzi-lo***. Dolo, portanto, pode ser conceituado como a vontade consciente dirigida a realizar (ou a aceitar realizar) a conduta prevista no tipo penal incriminador. O dolo é* **direto** *ou* **determinado** *quando o agente prevê um resultado e dirige a conduta à sua realização. É* **indireto** *ou* **indeterminado** *quando o agente, com a sua conduta, não busca resultado certo e determinado. Pode ser* **alternativo** *(o agente prevê uma pluralidade de resultados, dirigindo sua conduta para alcançar qualquer deles com a mesma intensidade de vontade) ou* **eventual** *(o agente também prevê pluralidade de* *resultados, dirigindo sua conduta para realizar um determinado evento, mas* ***assumindo o risco*** *de provocar outro).*

b) culposa: *o crime* **culposo***, previsto no art. 18, II, do Código Penal, consiste em uma conduta voluntária que realiza um evento ilícito* **não querido nem aceito** *pelo agente, mas que* **lhe era previsível (culpa inconsciente)** *ou excepcionalmente previsto (culpa consciente) e que poderia ter sido evitado se empregada a cautela esperada. São elementos estruturais do crime culposo:*

• **Conduta inicial voluntária:** *ação ou omissão (a vontade limita-se à realização da conduta, e não do resultado naturalístico);*

• **Violação de um dever de cuidado objetivo:** *pode se manifestar por meio de imprudência (o agente atua com afoiteza, ignorando os cuidados que o caso requer), negligência (ausência de precaução) ou imperícia (falta de aptidão técnica para o exercício de arte ou profissão);*

• **Resultado naturalístico involuntário:** *todo crime culposo é material, ou seja, não há crime culposo sem resultado lesivo a um bem jurídico tutelado. O resultado é sempre* **involuntário**. *Por isso os crimes culposos* **não admitem a tentativa**.

• **Nexo causal entre a conduta e o resultado;**

• **Previsibilidade:** *é preciso que o agente tenha a possibilidade de conhecer o perigo que a sua conduta gera para determinado bem jurídico.* **Não se confunde com a previsão**, *em que o agente conhece efetivamente o perigo gerado por sua conduta, o que, na esfera do crime culposo, ocorre somente na culpa consciente.*

• **Tipicidade:** *não se pune a conduta culposa a não ser que haja expressa disposição no tipo penal.*

c) preterdolosa: *o agente pratica delito distinto do que havia projetado cometer,* **advindo da conduta dolosa resultado culposo mais grave** *do que o projetado. O comportamento é doloso, mas o resultado (mais grave) é involuntário.*

2) quanto ao modo de execução: comissiva (por ação), omissiva (por omissão própria ou imprópria) ou mista (o tipo penal é composto de uma ação seguida de omissão. Ex.: art. 36 da Lei 13.869/19)

? **QUESTÃO:** Quais as hipóteses em que a conduta pode ser excluída?

↳ ***RESPOSTA:*** *São causas de exclusão da conduta: a) caso fortuito ou força maior: geram fatos imprevisíveis ou inevitáveis, não dominados pela vontade do homem. Logo, não há conduta; b) involuntariedade: é a ausência de capacidade, por parte do agente, de dirigir sua conduta de acordo com uma finalidade predeterminada (estado de inconsciência completa, como o sonambulismo e a hipnose; movimentos reflexos); c) coação física irresistível (vis absoluta): ocorre nas hipóteses em que o agente, em razão de força física externa, é impossibilitado de determinar seus movimentos de acordo com sua vontade.* ***Não se confunde*** *com a coação* ***moral*** *irresistível, excludente da culpabilidade.*

Ao tratarmos da conduta penal, não podemos ignorar um tema muito importante: o **erro de tipo**, previsto no artigo 20, *caput,* do Código Penal: "O erro sobre elemento constitutivo do tipo legal de crime exclui o dolo, mas permite a punição por crime culposo, se previsto em lei". Nesse caso, o agente ignora ou tem conhecimento equivocado da realidade. Cuida-se de ignorância ou erro que recai em **elementares**, **circunstâncias** ou **quaisquer dados** que se agregam a determinada figura típica.

São exemplos de erro de tipo **(A)** a mulher que sai às pressas da sala de aula e, por engano, leva a bolsa de sua colega, muito parecida com a sua; **(B)** ou o caçador que atira e mata o seu colega de caça, depois que este, sem avisar, se disfarçara de urso para pregar-lhe uma peça. Nas duas situações, a conduta do sujeito se amolda a um tipo penal (furto – art. 155, CP e homicídio – art. 121, CP, respectivamente), mas é fácil concluir que faltou em cada uma das situações a correta representação da realidade por parte do autor.

MUITA ATENÇÃO!

O **erro de tipo não se confunde** com o **erro de proibição.** Com efeito, no erro de proibição o equívoco não recai em elementos ou dados agregados ao tipo, mas na **ilicitude da conduta** praticada. Pode-se dizer que no erro de tipo o agente **não sabe** exatamente o que faz, enquanto no erro de proibição o agente **sabe exatamente** o que faz, porém **ignora o caráter ilícito** de seu ato.

Erro de tipo	Erro de proibição
Há falsa percepção da realidade que circunda o agente.	O agente percebe a realidade, equivocando-se sobre regra de conduta.
O agente não sabe o que faz.	O agente sabe o que faz, mas ignora ser proibido.
"A" sai de festa com guarda-chuva pensando ser seu, mas logo percebe que errou, pois o objeto é de terceiro.	"A" encontra um guarda-chuva na rua e acredita que não tem obrigação de devolver, porque "achado não é roubado".

O erro de tipo pode ser dividido em duas espécies: **erro de tipo essencial** e **erro de tipo acidental.**

No **essencial**, o erro recai sobre os dados principais do tipo penal; no **acidental**, recai nos dados secundários. No primeiro, se avisado do erro, o agente para de agir criminosamente; no segundo, o agente corrige os caminhos ou o sentido da conduta e continua agindo de forma ilícita.

O erro de tipo **essencial** pode ser **inevitável** ou **evitável**, enquanto o erro de tipo **acidental** tem cinco subespécies: erro sobre o **objeto**, erro sobre a **pessoa**, erro na **execução**, **resultado diverso do pretendido** e erro sobre o **nexo causal**.

(A) Erro de tipo essencial

Como expusemos, o erro de tipo essencial recai nas elementares, circunstâncias ou quaisquer dados que se agregam a determinada figura típica.

As consequências variam conforme o erro seja **inevitável** ou **evitável**:

1) inevitável: também conhecido como justificável, escusável ou invencível, configura o erro imprevisível, excluindo o dolo (por não haver consciência) e a culpa (pois ausente a previsibilidade).

2) evitável: também conhecido como injustificável, inescusável ou vencível, cuida-se do erro previsível, que só exclui o dolo (por não existir consciência), mas provoca a punição por culpa (se tipificada como crime), diante da possibilidade de o agente conhecer o perigo.

Para aferir a evitabilidade do erro, a corrente **tradicional** invoca a figura do "homem médio" por entender que a previsibilidade deve ser avaliada tão-somente sob o enfoque objetivo, levando em consideração estritamente o fato, não o autor. Uma corrente mais **moderna**, não sem razão, trabalha com as circunstâncias do caso concreto, pois percebe que o grau de instrução, a idade do agente, o momento e o local do crime podem interferir na previsibilidade (circunstâncias desconsideradas na primeira orientação). Lembrando o exemplo usado para explicar o instituto, se o caçador agiu em mata densa, longe do centro urbano, certamente seu erro será considerado inevitável. Se, no entanto, agiu em mata próxima a centro habitado, ciente de que outros acidentes ocorreram na região, não observando o seu dever de cuidado, seu erro será etiquetado como evitável.

(B) Erro de tipo acidental

Acidental é o erro que recai nos dados secundários, periféricos do tipo. A intenção criminosa é manifesta, incidindo naturalmente a responsabilidade penal.

São cinco as espécies de erro de tipo acidental:

(B.1) Erro de tipo acidental sobre o objeto (*error in objecto*): não tem previsão legal, mas é discutido pela doutrina. Trata-se da hipótese em que o agente confunde o objeto material (coisa) visado, atingindo outro que não o desejado. Ex.: a pessoa ingressa numa loja para subtrair um relógio de ouro, mas acaba furtando um relógio dourado, confundindo, portanto, o objeto visado. Somente haverá esta espécie de erro se a confusão de objetos materiais não interferir na essência do crime, pois, caso contrário, o caso deve ser tratado como erro de tipo essencial (ex.: senhora que cultiva no quintal da sua casa pés de maconha imaginando se tratar de planta ornamental).

A **consequência** do erro sobre o objeto é punição pela conduta praticada, respondendo o agente de acordo com o objeto material (coisa) **efetivamente atingido**. Percebe-se, portanto, que o erro sobre o objeto **não** exclui dolo, **não** exclui a culpa e **não** isenta o agente de pena.

(B.2) Erro de tipo acidental quanto à pessoa (*error in persona*): o erro quanto à pessoa está previsto no artigo 20, §3º, do Código Penal, que assim dispõe: "O erro quanto à pessoa contra a qual o crime é praticado não isenta de pena. Não se consideram, neste caso, as condições ou qualidades da vítima, senão as da pessoa contra quem o agente queria praticar o crime".

Nesta espécie de erro, há uma equivocada representação do objeto material (pessoa) visado. Em decorrência disso, o agente acaba atingindo pessoa diversa.

Percebe-se que o erro quanto à pessoa implica na existência de duas vítimas: uma **real** (pessoa realmente atingida) e uma **virtual** (pessoa que se pretendia atingir). O agente, na execução, confunde as duas. Ex.: "A" quer matar seu próprio pai, porém, representando equivocadamente a pessoa que entra na casa, acaba matando o seu tio. "A" será punido por parricídio, embora seu pai tenha permanecido vivo.

O erro quanto à pessoa **não** exclui o dolo, **não** exclui a culpa e **não** isenta o agente de pena, mas na sua punição devem ser consideradas as qualidades ou condições pessoais da vítima virtual (pretendida).

(B.3) Erro de tipo acidental na execução: também conhecido como *aberratio ictus*, o erro na execução é disciplinado pelo artigo 73 do Código Penal: "Quando, por acidente ou erro no uso dos meios de execução, o agente, ao invés de atingir a pessoa que pretendia ofender, atinge pessoa diversa, responde como se tivesse praticado o crime contra aquela, atendendo-se ao disposto no § 3º do art. 20 deste Código. No caso de ser também atingida a pessoa que o agente pretendia ofender, aplica-se a regra do art. 70 deste Código".

Cuida-se, em resumo, do *acidente ou erro no uso dos meios de execução* e, por consequência, o agente acaba atingindo pessoa diversa da pretendida – **embora corretamente representada.** Ex.: "A" mira seu pai, entretanto, por falta de habilidade no uso da arma, acaba atingindo um vizinho que passava do outro lado da rua.

O erro na execução, como se nota, **não se confunde** com o erro quanto à pessoa:

Erro sobre a Pessoa	Erro na Execução
Há equívoco na representação da vítima pretendida.	Representa-se bem a vítima pretendida.
A execução do crime é correta (não há falha operacional).	A execução do crime é errada (ocorre falha operacional).
A pessoa visada não corre perigo, pois confundida com outra.	A pessoa visada corre perigo, pois não é confundida.
Nos dois casos o agente responde pelo crime cometido considerando as qualidades da vítima virtual, pretendida.	

São **duas** as possíveis **consequências** do erro na execução:

1) Se o agente atingir **apenas** a pessoa diversa da pretendida (***aberratio ictus* de resultado único**), será punido pelo crime, considerando-se, contudo, as condições e qualidades da vítima desejada (no nosso exemplo, pai) e não da vítima efetivamente atingida (o vizinho).

2) Se, no entanto, o agente atingir **também** a pessoa diversa da pretendida (***aberratio ictus* com unidade complexa ou resultado duplo**), será punido pelos dois crimes, em concurso formal.

Em qualquer das situações, percebe-se que o erro **não** exclui o dolo, **não** exclui a culpa e **não** gera isenção de pena.

(B.4) Resultado diverso do pretendido: o resultado diverso do pretendido, também chamado de *aberratio criminis* ou *aberratio delicti*, representa a situação em que o agente, também por acidente ou erro no uso dos meios de execução, atinge bem jurídico distinto daquele que pretendia atingir. Anuncia o artigo 74 do Código Penal: "Fora dos casos do artigo anterior [artigo 73, erro na execução], quando, por acidente ou erro na execução do crime, sobrevém resultado diverso do pretendido, o agente responde por culpa, se o fato é previsto como crime culposo; se ocorre também o resultado pretendido, aplica-se a regra do art. 70 deste Código".

Percebe-se, assim, que tanto a *aberratio ictus* quanto a *aberratio criminis* são espécies de erro na execução, todavia, enquanto o primeiro erro faz com que o agente ataque **pessoa** diversa da pretendida (pessoa x pessoa), no segundo o agente provoca lesão em **bem jurídico** diverso do pretendido (coisa x pessoa). Ex.: "A" quer danificar o carro que "B" está conduzindo, entretanto, por erro na execução, atinge e mata o motorista. Queria praticar dano, mas acaba produzindo morte.

Ocorrendo resultado diverso do pretendido, a **consequência** para o agente não poderá ser a isenção de pena. Neste caso, responderá pelo resultado diverso do pretendido, porém a título de culpa (se houver previsão legal). No nosso exemplo, "A" responde por homicídio culposo (absorve-se a tentativa de dano).

Como ocorre na *aberratio ictus,* entretanto, se o agente atingir **também** o resultado pretendido, responderá pelos dois crimes, em concurso formal de delitos.

(B.5) Erro sobre o nexo causal: o erro sobre o nexo causal não tem previsão legal. É o caso em que o resultado desejado se produz, mas com nexo diverso, de maneira diferente da planejada pelo agente. Divide-se em **duas** espécies.

A **primeira** é **erro sobre o nexo causal em sentido estrito**. Ocorre quando o agente, mediante **um só ato**, provoca o resultado visado, porém com outro nexo de causalidade. Ex.: "A" empurra "B" de um penhasco para que ele morra afogado, porém, durante a queda, "B" bate a cabeça contra uma rocha e morre em razão de um traumatismo craniano.

A **segunda** é o **dolo geral** ou *aberratio causae*, espécie em que o agente, mediante conduta desenvolvida em **pluralidade de atos**, provoca o resultado pretendido, porém com outro nexo. Ex.: "A" atira em "B" (primeiro ato) e, imaginando que "B" está morto, joga seu corpo no mar, vindo "B" a morrer por afogamento.

A **consequência**, segundo a orientação que prevalece, é a punição do agente por um só crime (***princípio unitário***), desejado desde o início, a título de dolo (nos exemplos acima, homicídio consumado), considerando-se, aliás, o nexo ocorrido (e não o pretendido).

(C) Resultado: da conduta (ação ou omissão sem a qual não há crime) podem advir dois resultados: **naturalístico** (presente em determinadas infrações) e **normativo** (indispensável em qualquer delito).

MUITA ATENÇÃO! É preciso atentar para a distinção entre o **resultado normativo** e o **resultado naturalístico**. Enquanto o primeiro existe em qualquer infração penal, o segundo, a depender da infração cometida, pode não ocorrer.

Com efeito, o resultado **naturalístico** se dá com a modificação no mundo exterior (perceptível pelos sentidos), provocada pelo comportamento do agente. Não são todos os crimes que ensejam resultado naturalístico, havendo aqueles em que sua ocorrência é dispensável. De acordo com a exigência ou não da modificação exterior, a infração penal pode ser **material** (o tipo descreve conduta e resultado naturalístico, indispensável para a caracterização do crime), **formal** (o tipo descreve conduta e resultado naturalístico, que no entanto é dispensável para a caracterização do crime), ou de **mera conduta** (o tipo descreve apenas a conduta).

Já o resultado normativo (ou jurídico) aparece como a lesão ou o perigo de lesão ao bem jurídico tutelado. Sob essa ótica, **todo crime (material, formal ou de mera conduta) tem resultado**, ainda que não provoque alteração material exterior, pois o fundamento para a tipificação de qualquer conduta é a lesão ou perigo de lesão ao interesse penalmente tutelado.

(D) Nexo de causalidade: é o **vínculo** entre conduta e resultado. O estudo da causalidade busca aferir se o resultado pode ser atribuído, objetivamente, ao sujeito ativo como obra do seu comportamento típico.

A doutrina elenca inúmeras teorias acerca do nexo de causalidade, mas a adotada pelo Código Penal no *caput* do artigo 13 é a denominada **teoria da equivalência dos antecedentes causais ou da '*conditio sine qua non*'**. Desenvolvida por von Buri, considera que tudo o que concorre para o resultado é considerado como sua causa. A relação de causalidade entre uma ação e um resultado existe sempre que este se verifique em razão daquela; sempre que não se possa excluir mentalmente a atuação sem prejudicar a ocorrência do resultado.

Além do estudo das causas propriamente ditas, é necessário que se analise a **concorrência de causas** na produção do mesmo evento. As concausas são aquelas que não se relacionam diretamente com a principal, mas atuam paralelamente, contribuindo para a ocorrência do resultado. Podem ser **relativamente independentes** ou **absolutamente independentes**. A causa **absolutamente independente** se origina de circunstâncias **totalmente diversas da conduta principal** e, por isso, é considerada como se, por si só, houvesse produzido o resultado, ou seja, haveria o resultado ainda que na eliminação hipotética fosse retirada a conduta do agente. Por essa razão, **não é ele responsabilizado** pelo evento danoso, respondendo apenas pelos atos até então praticados. Pode ser, em relação à conduta principal, **preexistente**, **concomitante** ou **superveniente**, mas em nenhum caso ao agente será imputado o resultado.

A **causa relativamente independente**, por sua, vez, origina-se da conduta praticada pelo agente, mas **não se situa entre suas consequências diretas**. O resultado é produzido só pela incidência da concausa, mas a independência não é absoluta porque, se eliminada hipoteticamente a atuação do agente, o resultado não teria ocorrido. Também pode ser **preexistente**, **concomitante** ou **superveniente** à conduta principal. Nas duas primeiras hipóteses, o **agente responde pelo resultado**, já que, se eliminada hipoteticamente sua atuação, nenhuma lesão ao bem jurídico haveria.

MUITA ATENÇÃO!

Quanto à causa **relativamente independente superveniente**, a **atenção deve ser redobrada**. Isso porque o § 1º do artigo 13 dispõe que a "superveniência de causa relativamente independente exclui a imputação quando, por si só, produziu o resultado". Note-se que a não responsabilização pela incidência da causa relativamente independente superveniente é **exceção**, pois, como já alertamos, nas demais o agente responde pelo resultado ocorrido. Neste caso, o Código Penal adotou a *condicionalidade adequada*.

No entanto, se a causa superveniente relativamente independente **não produz** por si só o resultado, deve o agente ser responsabilizado pelo crime consumado, pois, nesta hipótese, o resultado pode ser verificado como desdobramento da sucessão causal. Assim, no exemplo em que "A" desfecha disparos de arma de fogo em "B", se, após o socorro médico, a morte ocorrer em razão de uma infecção hospitalar "A" deverá responder pelo homicídio consumado.

FIQUE POR DENTRO:

TEORIA DA IMPUTAÇÃO OBJETIVA

Ainda neste tema, compete-nos uma breve menção à **teoria da imputação objetiva**. Desenvolvida por Karl Larenz (1927) e Richard Honig (1930) – e atualmente representada por Claus Roxin e Günther Jakobs –, a teoria da imputação objetiva, apesar do que sugere sua denominação, **não se propõe** a atribuir objetivamente o resultado ao agente, mas a **delimitar essa imputação**, evitando o regresso ao

FIQUE POR DENTRO:

infinito gerado pela causalidade simples (teoria da equivalência dos antecedentes causais) e aprimorando a causalidade adequada (do que se aproxima, mas com a qual não se confunde). Como forma de corrigir essa injustiça do regresso ao infinito, a imputação objetiva determina que sejam considerados, além do nexo físico (causa/efeito), também critérios normativos no momento da atribuição do resultado, pois, de acordo com a causalidade vigente, situações absurdas proporcionadas pela *conditio sine qua non* (e, não raras vezes, pela causalidade adequada) somente eram evitadas em razão da análise do dolo e da culpa.

A partir da teoria da imputação objetiva, o desvalor da ação, até então subjetivo, mera finalidade, adquire uma face objetiva: **a criação (ou incremento) de um risco juridicamente proibido**. Somente ações intoleravelmente perigosas são desvaloradas pelo direito. Ao desvalor do resultado também se soma uma nova percepção: nem toda causação de lesão a bem jurídico referida a uma finalidade é desvalorada; apenas o será a causação em que haja a **realização, no resultado, do risco criado pelo autor** (Greco, Luis, 2005, p. 11-13).

Em síntese, temos que a **criação ou incremento de um risco proibido** e a **realização do risco no resultado**, além da exigência de que **esse resultado fique dentro do alcance do tipo** compõem o **nexo normativo**, elemento que enriquece o estudo da causalidade corrigindo as distorções geradas pela teoria da equivalência. A análise deste nexo **antecede** a indagação sobre dolo e culpa, isto é, verifica se o resultado previsto na parte objetiva do tipo pode ou não ser atribuído ao agente, antes mesmo de pesquisar o elemento subjetivo.

Diante disso, se, para a **teoria da equivalência**, a mãe do homicida, do ponto de vista da causalidade objetiva, **é causa** da morte da vítima (sem ela, o homicida não seria gerado), somente não respondendo pelo resultado por ausência de dolo e culpa (evitando-se responsabilidade penal objetiva), a conclusão é diversa se a análise é feita pela **teoria da imputação objetiva**: apesar de haver nexo físico, o comportamento da mãe (gerar um filho) não tem nexo normativo, isto é, **sequer é causa**, dispensando, portanto, pesquisa sobre dolo e culpa.

(E) Tipicidade: a **teoria tradicional** compreendia a tipicidade sob o aspecto meramente **formal**. Assim, conceituava-se a tipicidade como a subsunção do fato à norma.

São **duas** as espécies de tipicidade formal (ou formas de adequação típica): a) **adequação típica imediata ou direta**, na qual se opera um ajuste entre o fato e a norma penal sem depender de dispositivo complementar. Ex.: "A" matou "B". O comportamento de "A" se subsume, com perfeição, ao disposto no artigo 121 do CP ("matar alguém"); b) **adequação típica mediata ou indireta:** o ajuste entre o fato e a norma somente se realiza através da conjugação do tipo penal com uma **norma de extensão**, que pode ser **temporal** (tentativa, como dispõe o art. 14, II, do CP), **pessoal e espacial** (punição do partícipe de acordo com o art. 29 do CP) ou **causal** (relevância da omissão, disposta no art. 13, §2º, do CP).

MUITA ATENÇÃO!

Para a doutrina **moderna**, a tipicidade penal **engloba** a tipicidade formal e a tipicidade material. A tipicidade penal deixou de ser mera subsunção do fato à norma, abrigando também juízo de valor, consistente na relevância da lesão ou perigo de lesão ao bem jurídico tutelado. É somente sob essa ótica que se passa a admitir o princípio da insignificância como hipótese de atipicidade (material) da conduta. Assim, embora haja tipicidade formal, a conduta do agente que subtrai uma caneta *Bic*, por exemplo, não representa lesão relevante e intolerável ao bem jurídico tutelado.

Eugênio Raul Zaffaroni, incrementando a concepção moderna desse importante elemento do fato típico, desenvolve a **teoria da tipicidade conglobante**. Aqui, a tipicidade penal é a soma entre tipicidade formal e tipicidade conglobante, esta composta pela tipicidade material e antinormatividade do ato (ato não determinado ou não incentivado por lei). A proposta desta teoria é harmonizar os diversos ramos do Direito, partindo da premissa de unidade do ordenamento jurídico. É uma incoerência o Direito Penal estabelecer proibição de comportamento determinado ou incentivado por outro ramo do Direito (isso é desordem jurídica).

Nesse contexto, conclui-se que a tipicidade conglobante tem como consequência a transferência do estrito cumprimento de um dever legal e do exercício regular de direito da ilicitude para a tipicidade, na qualidade de causas de exclusão. Percebe-se que a legítima defesa e o estado de necessidade não migraram porque não são incentivados, mas sim tolerados por lei.

Dentre as excludentes da tipicidade, podemos destacar:

(A) Princípio da insignificância: como desdobramento lógico da fragmentariedade, temos o **princípio da insignificância**. Ainda que o legislador crie tipos incriminadores em observância aos princípios gerais do Direito Penal, poderá ocorrer situação em que a ofensa concretamente perpetrada seja diminuta, isto é, incapaz de atingir materialmente e de forma relevante e intolerável o bem jurídico protegido. Nesses casos, estaremos diante do que se denomina "infração bagatelar", ou "crime de bagatela".

O princípio da insignificância tem lugar no já analisado primeiro aspecto da tipicidade conglobante, a **tipicidade material**. Sendo formalmente típica a conduta e relevante a lesão, aplica-se a norma penal, ao passo que, havendo somente a subsunção legal, desacompanhada da tipicidade material, deve ela ser afastada, pois que estará o fato atingido pela atipicidade.

> **MUITA ATENÇÃO!**
>
> Os tribunais pátrios têm aceitado copiosamente o princípio da insignificância, que, no entanto, **não tem aplicação irrestrita**. Não é suficiente que o valor do bem subtraído seja irrelevante. Os tribunais superiores estabelecem alguns requisitos necessários para que se possa alegar a insignificância da conduta. São eles: **(A)** a mínima ofensividade da conduta do agente, **(B)** a ausência de periculosidade social da ação, **(C)** o reduzido grau de reprovabilidade do comportamento e, por fim, **(D)** a inexpressividade da lesão jurídica causada. Tendo em vista estes requisitos, em algumas situações específicas o princípio da insignificância não terá lugar, tendo sido afastado por diversas vezes pelo STF e pelo STJ (ex.: furto e receptação qualificados; roubo e outros delitos que envolvam violência ou grave ameaça; moeda falsa; posse de droga – para uso ou para comércio; violência doméstica e familiar contra a mulher – súmula 589 do STJ; crimes contra a Administração Pública – súmula 599 do STJ; exploração clandestina de internet via rádio – súmula 606 do STJ).

(B) Princípio da adequação social: idealizado por Hans Welzel, estabelece que, apesar de uma conduta se subsumir ao modelo legal, não será considerada típica se for socialmente adequada ou reconhecida, isto é, se estiver de acordo com a ordem social da vida historicamente condicionada. O princípio da adequação tem duas funções precípuas: a) de restringir o âmbito de abrangência do tipo penal (limitando sua interpretação ao excluir as condutas socialmente aceitas); b) de orientar o legislador na seleção dos bens jurídicos a serem tutelados, atuando, também, no processo de descriminalização de condutas.

Assim, o princípio da adequação social apresenta as mesmas funções do princípio da intervenção mínima, embora tenha fundamentos diversos – enquanto aquele se fundamenta na aceitação da conduta pela sociedade, este decorre da ínfima relevância da lesão ao bem jurídico.

EM RESUMO: O Fato Típico e seus elementos	
Elementos do fato típico	- Conduta; - Resultado; - Nexo causal; - Tipicidade.
Principais teorias sobre a conduta	- Causalista; - Neokantista; - Finalista; - Social da Ação; - Funcionalismo Moderado (Roxin); - Funcionalismo Radical (Jakobs).
Teoria adotada pelo Código Penal	Segundo a doutrina majoritária, adota-se a teoria finalista.

Formas da conduta	- Quanto à voluntariedade: » Dolosa; » Culposa; » Preterdolosa. - Quanto ao modo de execução: » Comissiva; » Omissiva; » Mista.
Exclusão da conduta	- Caso fortuito ou força maior; - Involuntariedade - Coação física irresistível (*vis absoluta*). - Não se confunde com a coação moral irresistível, que exclui a culpabilidade.
Erro de tipo	O agente ignora ou tem conhecimento equivocado da realidade. Cuida-se de ignorância ou erro que recai em elementares, circunstâncias ou quaisquer dados que se agregam a determinada figura típica.
Espécies de erro de tipo	- Essencial: o erro recai em dados principais do tipo penal. - Acidental: recai em dados secundários.
Espécies de erro de tipo essencial	- Inevitável: é imprevisível, excluindo o dolo (por não haver consciência) e a culpa (pois ausente a previsibilidade). - Evitável: é previsível, razão pela qual só exclui o dolo (por não existir consciência), mas provoca a punição por culpa (se tipificada como crime), diante da possibilidade de o agente conhecer o perigo.
Espécies de erro de tipo acidental	- Erro sobre o objeto (*error in objecto*): o agente se confunde sobre o objeto material (coisa), atingindo outro que não o desejado. - Erro quanto à pessoa (*error in persona*): o agente se confunde sobre a pessoa, atingindo outra que não a desejada.
Espécies de erro de tipo acidental	- Erro na execução: o agente representa bem a pessoa visada (não a confunde com outra), mas, por acidente ou erro no uso dos meios de execução, acaba atingindo pessoa diversa. - Resultado diverso do pretendido: o agente, também por acidente ou erro no uso dos meios de execução, atinge bem jurídico distinto daquele que pretendia atingir. - Erro sobre o nexo causal: o resultado desejado se produz, mas com nexo diverso, de maneira diferente da planejada pelo agente. Pode se dar por: » erro sobre o nexo causal em sentido estrito; » dolo geral. - O erro de tipo acidental não exclui o dolo, não exclui a culpa e não isenta o agente de pena.
Resultado	Pode ser: » naturalístico: presente em determinadas infrações; » normativo: indispensável em qualquer delito.

Nexo de causalidade	É o vínculo entre conduta e resultado.
Teorias adotadas no Código Penal	- Art. 13, *caput*: equivalência dos antecedentes causais ou da *'conditio sine qua non'*. - Art. 13, § 1º: causalidade adequada.
Concausas	Não se relacionam diretamente com a causa principal, mas atuam paralelamente, contribuindo para a ocorrência do resultado.
Espécies de concausas	- Absolutamente independente: origina-se de circunstâncias totalmente diversas da conduta principal. É considerada como se, por si só, houvesse produzido o resultado. Pode ser: » preexistente; » concomitante; » superveniente. Em nenhum caso o resultado é imputado ao agente. - Relativamente independente: origina-se da conduta praticada pelo agente, mas não se situa entre suas consequências diretas. O resultado é produzido só pela incidência da concausa, mas a independência é relativa porque, se eliminada hipoteticamente a atuação do agente, o resultado não teria ocorrido. Pode ser: » preexistente; » concomitante; » superveniente. Nas duas primeiras, o agente responde pelo resultado. Na terceira, se a concausa produz por si só o resultado, não há imputação.
Imputação objetiva	Tem a finalidade de delimitar a imputação do resultado, evitando o regresso ao infinito gerado pela causalidade simples (teoria da equivalência dos antecedentes causais) e aprimorando a causalidade adequada. Impõe um nexo normativo que pressupõe a criação ou o incremento de um risco proibido e a realização do risco no resultado, além de exigir que esse resultado fique dentro do alcance do tipo.
Tipicidade	- Teoria tradicional: a tipicidade é meramente formal. Consiste na subsunção do fato à norma. - Teoria moderna: a tipicidade é formal e material. É não apenas a subsunção do fato à norma, mas também um juízo de valor, consistente na relevância da lesão ou perigo de lesão ao bem jurídico tutelado. - Tipicidade conglobante: a tipicidade penal é a soma entre tipicidade formal e tipicidade conglobante, esta composta pela tipicidade material e pela antinormatividade do ato (ato não determinado ou não incentivado por lei).
Espécies de tipicidade formal	- Imediata: opera-se um ajuste entre o fato e a norma penal sem a dependência de dispositivo complementar. - Mediata: o ajuste entre o fato e a norma somente se realiza pela conjugação do tipo penal com uma norma de extensão, que pode ser: » temporal (art. 14, II, do CP); » pessoal e espacial (art. 29 do CP); » causal (art. 13, §2º, do CP).

✍ QUESTÃO

(Cespe – Policial Rodoviário Federal/2004) *No que é pertinente ao erro de tipo e ao erro de proibição, julgue o item abaixo.*

Considere a seguinte situação hipotética.

Um agente, por equívoco, pegou um relógio de ouro que estava sobre o balcão de uma joalheria, pensando que era o seu, quando, na realidade, pertencia a outro comprador.

Nessa situação, o agente responderá pelo crime de furto culposo.

GABARITO	ERRADO.
COMENTÁRIO	No exemplo citado no enunciado, se considerarmos inevitável o erro, excluem-se o dolo e a culpa. Se evitável, exclui-se apenas o dolo. Entretanto, em virtude de não haver a figura criminosa do furto culposo, o agente não pode ser punido (atipicidade da conduta).

CAPÍTULO V
CONSUMAÇÃO E TENTATIVA

Iter criminis, ou caminho percorrido pelo crime, é o conjunto das fases que se sucedem cronologicamente no desenvolvimento do crime doloso. É dividido em duas macrofases: a) interna (cogitação e atos preparatórios); b) externa (atos executórios e consumação). É na fase externa que incide a tentativa, caso em que o agente, iniciada a execução, não consuma o crime por circunstâncias alheias à sua vontade. Na busca da diferença entre atos preparatórios e de execução, existem várias teorias:

(A) **Teoria da hostilidade ao bem jurídico ou critério material**: atos executórios são aqueles que atacam o bem jurídico, criando-lhe uma situação concreta de perigo.

(B) **Teoria objetivo-formal**: atos executórios são aqueles que iniciam a realização do núcleo do tipo.

(C) **Teoria objetivo-material**: são atos executórios aqueles em que se inicia a prática do núcleo do tipo, bem como os atos imediatamente anteriores, com base na visão de terceira pessoa alheia à conduta criminosa.

(D) **Teoria objetivo-individual**: atos executórios são aqueles que, de acordo com o plano do agente, realizam-se no período imediatamente anterior ao começo da execução típica.

MUITA ATENÇÃO!

Os atos preparatórios, em **regra**, são **impuníveis**. Excepcionalmente, todavia, merecem punição, configurando delito autônomo. É o que ocorre, por exemplo, com o crime de associação criminosa (art. 288 do CP). Aquele que se reúne com três ou mais pessoas para planejar a prática de crimes está em plena fase de preparação (dos crimes futuros), mas já executando a formação de um grupo criminoso, comportamento que o legislador considera grave o suficiente para justificar a tipificação autônoma e independente dos delitos visados pela associação. O mesmo raciocínio serviu para a criação do tipo penal do art. 291 do CP.

Nos termos do que prescreve o artigo 14, I, do Código Penal, considera-se **consumado** o crime "quando nele se reúnem todos os elementos da sua definição legal". Tem-se, assim, um crime completo, perfeito, realizado por inteiro, coincidindo o fato concreto e o tipo legal.

O momento consumativo varia conforme a natureza do crime:

(A) **Crime material ou de resultado**: dá-se a consumação com o resultado naturalístico (ex.: homicídio, art. 121, CP e furto, art. 155, CP).

(B) **Crime formal ou de consumação antecipada**: consuma-se no momento da ação, sendo o resultado mero exaurimento (ex.: extorsão, art. 158, CP e extorsão mediante sequestro, art. 159, CP).

(C) **Crime de mera conduta (ou simples atividade)**: consuma-se no momento em que a conduta é praticada (ex.: violação de domicílio, art. 150, CP).

(D) **Crime permanente**: a consumação se protrai no tempo, prolongando-se até que o agente cesse a conduta delituosa (ex.: sequestro e cárcere privado, art. 148, CP).

(E) **Crime habitual**: exige-se a reiteração da conduta típica (ex.: curandeirismo, art. 284, CP).

(F) **Crime qualificado pelo resultado**: a consumação se dá com a produção do resultado que agrava especialmente a pena (ex.: lesão corporal seguida de morte, art. 129, §3º, CP).

(G) **Crime omissivo próprio**: consuma-se no momento em que o agente se abstém de realizar a conduta devida, imposta pelo tipo mandamental (ex.: omissão de socorro, art. 135, CP).

(H) **Crime omissivo impróprio**: a consumação ocorre com a produção do resultado naturalístico ("crime do garantidor", art. 13, §2º, CP).

O crime é considerado **tentado** quando, iniciada a execução, não se consuma por **circunstâncias alheias** à vontade do agente (artigo 14, II, do Código Penal). O nosso Código, como regra, adotou a teoria objetiva da tentativa, punida com a mesma pena do crime consumado, reduzida de 1/3 a 2/3 (o critério de diminuição é a maior ou menor aproximação da consumação).

São espécies de tentativa:

(A) **Quanto ao *iter criminis* percorrido**: **imperfeita ou inacabada** (o agente é impedido de prosseguir no seu intento, deixando de praticar todos os atos executórios à sua disposição); ou **perfeita, acabada, crime falho ou crime frustrado** (o agente, apesar de praticar todos os atos executórios à sua disposição, não consegue consumar o crime por circunstâncias alheias à sua vontade).

(B) **Quanto ao resultado produzido na vítima (objeto material): branca ou incruenta** (o golpe desferido não atinge o corpo da vítima); ou **vermelha ou cruenta** (a vítima é efetivamente atingida).

(C) **Quanto à possibilidade de alcançar o resultado**: **idônea** (o resultado, apesar de possível de ser alcançado, só não ocorre por circunstâncias alheias à vontade do agente); ou **inidônea** (a consumação é impossível por absoluta ineficácia do meio empregado ou por absoluta impropriedade do objeto material).

? **QUESTÃO:** Há crimes que não admitem a tentativa?

➥ ***RESPOSTA:*** *Sim, determinados crimes são incompatíveis com a circunstância de a consumação não ocorrer por circunstâncias alheias à vontade do agente. São eles: os crimes culposos, os preterdolosos, os unissubsistentes (cuja conduta não pode ser fracionada), os crimes de atentado (em que a lei equipara as formas tentada e consumada), os crimes habituais e os crimes condicionados ao implemento de um resultado (somente são puníveis - e já na forma consumada – se o evento descrito na norma ocorrer efetivamente).*

DICA IMPORTANTE

Há no *iter criminis* duas situações que podem evitar a consumação e que obstam até mesmo a punição pela tentativa. Trata-se da **desistência voluntária** e do **arrependimento eficaz**, também denominados *tentativa abandonada.*

Na **desistência voluntária**, o agente, por manifestação exclusiva do seu querer, desiste de prosseguir na execução da conduta criminosa. Trata-se da situação em que os atos executórios ainda não se esgotaram, mas o agente, voluntariamente, abandona o seu dolo inicial.

Em suma, são elementos da desistência voluntária: a) o início da execução; b) a não consumação por circunstâncias inerentes à vontade do agente (abandono do dolo de consumação de maneira voluntária). Presentes os requisitos, a consequência é a punição do agente pelos atos já praticados – se típicos.

Ocorre o **arrependimento eficaz** quando os atos executórios já foram todos praticados, porém, o agente, decidindo recuar na atividade delituosa corrida, desenvolve nova conduta com o objetivo de impedir a produção do resultado (consumação). Do exposto conclui-se: a) pressupõe o esgotamento dos atos executórios; b) só tem cabimento nos crimes materiais, nos quais o tipo penal exige a ocorrência do resultado naturalístico para a sua consumação.

Da mesma forma em que na desistência voluntária, para o reconhecimento do arrependimento ativo basta a voluntariedade. Deve, ainda, ser eficaz, isto é, a atuação do agente tem de ser capaz de evitar a produção do resultado. Presentes os seus requisitos (voluntariedade e eficácia do arrependimento), a consequência é a mesma da desistência voluntária: a responsabilização do agente pelos atos já praticados.

A doutrina discute a **natureza jurídica** da tentativa abandonada.

Para uns, trata-se de **causas de exclusão da tipicidade**. Para outros, **são causas pessoais extintivas da punibilidade**. Concordamos com a **segunda corrente** e logo alertamos que a discussão não é meramente acadêmica, refletindo, de forma substancial, na vida prática. Para os adeptos da primeira orientação (causa de exclusão da tipicidade), a desistência do autor beneficia a do partícipe, embora a do partícipe não beneficie o autor. Já para a segunda (causa pessoal extintiva da punibilidade), a desistência do autor não beneficia o partícipe nem vice-versa.

Caso ocorra a consumação, há situações em que o agente pode atenuar sua punição pela reparação do dano. Trata-se do **arrependimento posterior**.

O instituto está previsto no artigo 16 do CP. Para seu reconhecimento, impõem-se os seguintes requisitos:

(A) **Crime cometido sem violência ou grave ameaça à pessoa**: a violência à coisa não obsta o reconhecimento do instituto. Entende a doutrina, majoritariamente, que os crimes culposos, mesmo que violentos, admitem o benefício. Note-se que o STJ se orienta no sentido de que o reconhecimento do arrependimento posterior pressupõe que o crime seja patrimonial ou tenha efeitos patrimoniais, razão pela qual já decidiu que o instituto não se aplica no caso de homicídio culposo na direção de veículo automotor (STJ, REsp 1.561.276/BA, DJe 15/09/2016). No caso, o tribunal estabeleceu que a composição financeira firmada entre o autor do homicídio e a família da vítima não poderia ser tomada como reparação do dano porque não beneficiava, por motivos óbvios, a própria vítima do crime.

(B) **Reparação do dano ou restituição da coisa até o recebimento da denúncia ou queixa**: se a reparação for parcial, entende a doutrina majoritária que só pode ter efeito com a concordância da vítima.

(C) **Ato voluntário do agente**: mais uma vez, a lei dispensa espontaneidade. O STJ já decidiu que, no concurso de agentes, a reparação promovida por um deles se comunica aos demais (STJ, REsp 1.578.197/SP, DJe 09/05/2016).

A diminuição se opera na terceira fase de aplicação da sanção penal e tem como parâmetro a maior ou menor presteza (celeridade e voluntariedade) na reparação ou restituição.

São estas, em síntese, as diferenças entre desistência voluntária, arrependimento eficaz e arrependimento posterior.

	Desistência voluntária	Arrependimento eficaz	Arrependimento posterior
Previsão legal	Art. 15, 1ª parte, CP (tentativa qualificada).	Art. 15, 1ª parte, CP (tentativa qualificada).	Art. 16, CP.
Natureza jurídica	Causa de extinção da punibilidade (há divergência).	Causa de extinção da punibilidade (há divergência).	Causa geral de diminuição de pena.
Momento em que ocorre	O agente abandona o intento **antes de esgotar os atos executórios.**	O agente, **depois de esgotar os atos executórios** abandona o intento.	Ocorre depois da consumação.
Quanto à consumação	Não consumação por **circunstâncias *inerentes* à vontade do agente.**	Não consumação por **circunstâncias *inerentes* à vontade do agente.**	Há consumação do crime.
Consequência	O agente responde pelos atos até então praticados.	O agente responde pelos atos até então praticados.	Há redução da pena de 1/3 a 2/3.

Por fim, não podemos deixar de mencionar o **crime impossível**, também denominado *quase-crime*, *crime oco* ou *tentativa inidônea* e disciplinado no artigo 17 do CP. Duas são as suas formas:

(A) **Por ineficácia absoluta do meio**: neste caso, falta potencialidade causal, pois os instrumentos postos a serviço da conduta não são eficazes, em hipótese alguma, para a produção do resultado. Ex.: "A", para matar "B", se vale (sem saber) de uma arma de brinquedo.

(B) **Por impropriedade absoluta do objeto**: a pessoa ou a coisa que representa o ponto de incidência da ação delituosa (objeto material) não serve à consumação do delito. Ex.: "A" tenta praticar aborto contra mulher que não está grávida.

EM RESUMO: Consumação e Tentativa	
Iter criminis	Conjunto das fases que se sucedem cronologicamente no desenvolvimento do crime doloso. Tem uma fase interna (cogitação e atos preparatórios) e uma fase externa (atos executórios e consumação).
Teorias que diferenciam os atos preparatórios dos executórios	– Teoria da hostilidade ao bem jurídico; – Teoria objetivo-formal; – Teoria objetivo-material; – Teoria objetivo-individual.
Momentos consumativos conforme a natureza do crime	– Crime material: consuma-se com o resultado naturalístico. – Crime formal: consuma-se no momento da ação. – Crime de mera conduta: consuma-se no momento em que a conduta é praticada. – Crime permanente: a consumação se protrai no tempo.

Momentos consumativos conforme a natureza do crime	– Crime habitual: exige-se a reiteração da conduta típica. – Crime qualificado pelo resultado: a consumação se dá com a produção do resultado agravante. – Crime omissivo próprio: consuma-se no momento em que o agente se abstém de realizar a conduta devida. – Crime omissivo impróprio: a consumação ocorre com a produção do resultado naturalístico.
Espécies de tentativa	– **Quanto ao *iter criminis* percorrido:** » imperfeita ou inacabada: o agente não pratica todos os atos executórios. » perfeita ou acabada: apesar de praticar todos os atos executórios à sua disposição, o agente não consegue consumar o crime. – **Quanto ao resultado produzido na vítima:** » branca ou incruenta: a vítima não é atingida. » vermelha ou cruenta: a vítima é efetivamente atingida. » Quanto à possibilidade de alcançar o resultado: » idônea: o resultado é possível, mas não ocorre por circunstâncias alheias à vontade do agente. » inidônea: a consumação é impossível por absoluta ineficácia do meio empregado ou por absoluta impropriedade do objeto material.
Crimes que não admitem a tentativa	Os crimes culposos, os preterdolosos, os unissubsistentes, os crimes de atentado, os crimes habituais e os crimes condicionados ao implemento de um resultado.
Desistência voluntária	O agente, por manifestação exclusiva do seu querer, desiste de prosseguir na execução da conduta criminosa. Os atos executórios ainda não se esgotaram, mas o dolo inicial é voluntariamente abandonado. Não se pune a tentativa, mas somente os atos praticados até a desistência, se forem típicos.
Arrependimento eficaz	Os atos executórios já foram todos praticados, porém, o agente, decidindo recuar na atividade delituosa, pratica nova conduta e impede a consumação. Não se pune a tentativa, mas somente os atos praticados até o arrependimento, se forem típicos.
Natureza jurídica da desistência voluntária e do arrependimento eficaz	A doutrina, divergente, os trata como causas de exclusão da tipicidade ou causas pessoais extintivas da punibilidade.
Arrependimento posterior	Neste caso, a consumação já ocorreu, mas, se o agente repara o dano, pode ter a pena diminuída. Há três requisitos: – Crime cometido sem violência ou grave ameaça à pessoa; – Reparação do dano ou restituição da coisa até o recebimento da denúncia ou da queixa; – Ato voluntário do agente.
Crime impossível	A consumação é impossível em razão da ineficácia absoluta do meio ou da impropriedade absoluta do objeto material.

QUESTÃO

(Cespe – Policial Rodoviário Federal – DPRF/2013) *Com relação aos princípios, institutos e dispositivos da parte geral do Código Penal (CP), julgue o item seguinte.*

Considere a seguinte situação hipotética.

Joaquim, plenamente capaz, desferiu diversos golpes de facão contra Manoel, com o intuito de matá-lo, mas este, tendo sido socorrido e levado ao hospital, sobreviveu. Nessa situação hipotética, Joaquim responderá pela prática de homicídio tentado, com pena reduzida levando-se em conta a sanção prevista para o homicídio consumado.

GABARITO	CERTO.
COMENTÁRIO	O crime é considerado tentado quando, iniciada a execução, não se consuma por circunstâncias alheias à vontade do agente (artigo 14, II, do Código Penal). Cuida-se de norma de extensão temporal, ampliando a proibição contida nas normas penais incriminadoras a fatos humanos realizados de forma incompleta (adequação típica de subordinação mediata). No que concerne à punição da tentativa, nosso Código adotou, como regra, a teoria objetiva: pune-se com a mesma pena do crime consumado, reduzida de 1/3 a 2/3.

(Cespe – Policial Rodoviário Federal – DPRF/2013) *No que se refere aos delitos previstos na parte especial do CP, julgue o item.*

Considere a seguinte situação hipotética.

Pedro e Marcus, penalmente responsáveis, foram flagrados pela polícia enquanto subtraíam de Antônio, mediante ameaça com o emprego de arma de fogo, um aparelho celular e a importância de R$ 300,00. Pedro, que portava o celular da vítima, foi preso, mas Marcus conseguiu fugir com a importância subtraída.

Nessa situação hipotética, Pedro e Marcus, em conluio, praticaram o crime de roubo tentado.

GABARITO	ERRADO.
COMENTÁRIO	Nos termos do art. 14, I, do Código Penal, considera-se consumado o crime "quando nele se reúnem todos os elementos da sua definição legal". Por outro lado, o art. 29, caput, do Código Penal estabelece que quem, de qualquer modo, concorre para o crime incide nas penas a este cominadas, na medida de sua culpabilidade. Dessa forma, no exemplo do enunciado, em que Pedro e Marcus agiram com identidade de propósitos e unidade de desígnios para o cometimento do mesmo fato, há roubo consumado ainda que um dos agentes tenha sido preso sem conseguir completar sua parte na ação criminosa porque o outro fugiu levando consigo parte dos bens da vítima.

CAPÍTULO VI
ILICITUDE

Também denominada **antijuridicidade**, a ilicitude é o segundo substrato do conceito analítico de crime. Deve ser entendida como conduta típica não justificada, espelhando a relação de contrariedade entre o fato típico e o ordenamento jurídico como um todo.

> **MUITA ATENÇÃO!** Questão importante levantada pela doutrina diz respeito à relação entre a ilicitude e a tipicidade: comprovado o fato típico, qual a consequência no campo da ilicitude? Excluída a ilicitude, o fato permanece típico?

Quatro teorias debatem o tema:

(A) **Teoria da autonomia ou absoluta independência (Beling, 1906)**: para esta teoria, a tipicidade não tem qualquer relação com a ilicitude. Primeiro se comprova o fato típico para, num segundo momento, demonstrar a ilicitude. Trata-se, portanto, de substratos absolutamente independentes na construção analítica do crime. **Conclusão**: o fato típico não desperta juízo de valor no campo da ilicitude. Quando excluída a antijuridicidade, o fato permanece típico. Quando João mata Antônio, temos um fato típico, devendo ser analisada a ilicitude da conduta. Comprovada a legítima defesa, exclui-se a antijuridicidade do fato, que permanece típico.

(B) **Teoria da indiciariedade ou da *ratio cognoscendi* (Mayer, 1915)**: a existência do fato típico gera uma presunção (relativa) de que é também ilícito. Não há (ao contrário da anterior) uma absoluta independência entre esses dois substratos, mas uma relativa dependência. **Conclusão**: o fato típico desperta indícios de ilicitude, apesar de permanecer íntegro quando excluída a antijuridicidade do comportamento. Quando João mata Antônio, temos um fato típico e indícios de ilicitude da conduta. Comprovada a legítima defesa, exclui-se a antijuridicidade do fato, que, no entanto, permanece típico.

(C) **Teoria da absoluta dependência ou *ratio essendi* (Mezger, 1930)**: cria o conceito de tipo total do injusto, levando a ilicitude para o campo da tipicidade. Em outras palavras, a ilicitude é a essência da tipicidade, numa absoluta relação de dependência entre esses elementos do delito. **Conclusão**: não havendo ilicitude, não há fato típico. Quando João mata Antônio, temos um fato típico, o qual só permanece como tal se também ilícito. Comprovada a legítima defesa, exclui-se a antijuridicidade e a tipicidade do comportamento.

(D) **Teoria dos elementos negativos do tipo**: para esta teoria, o tipo penal é composto de elementos positivos (expressos) aos quais se somam elementos negativos (implícitos), relativos às causas excludentes de ilicitude. Para que o comportamento do agente seja típico, não basta que se realizem os elementos positivos expressos no tipo; é também necessário que não se caracterize nenhum dos elementos negativos. O crime de homicídio deverá ser lido: "matar alguém (elemento positivo expresso), desde que não esteja presente uma excludente de ilicitude (elemento negativo implícito)". **Conclusão:** para que o fato seja típico, os elementos negativos – excludentes de ilicitude – não podem existir. Constata-se uma absoluta relação de dependência entre o fato típico e a ilicitude, um pressupondo a existência do outro. Quando João mata Antônio, para que o fato seja típico, João não pode ter agido em legítima defesa.

? **QUESTÃO:** Qual a teoria adotada no Brasil sobre a relação entre a tipicidade e a ilicitude?

↳ ***RESPOSTA:*** *De acordo com a doutrina majoritária, o Brasil seguiu a teoria da indiciariedade ou da ratio cognoscendi. Assim, provada a tipicidade, há indícios de ilicitude (ou antijuridicidade). Essa suspeita provoca uma consequência importante: o ônus da prova sobre a existência da causa de exclusão da ilicitude é da defesa (de quem alega).*

A conduta humana formal e materialmente típica é, portanto, **somente indício de ilicitude**, que pode ser afastada se presente alguma causa excludente da antijuridicidade. Essas causas estão previstas, principalmente (e não exclusivamente), na Parte Geral do Código Penal, mais precisamente no seu artigo 23:

(A) Estado de necessidade: como se extrai do art. 24 do CP, são **requisitos objetivos** do estado de necessidade:

1) **perigo atual**: risco presente, real, gerado por fato humano, comportamento de animal (não provocado pelo dono) ou fato da natureza, sem destinatário certo;

2) **que a situação de perigo não tenha sido causada voluntariamente pelo agente**: não pode invocar estado de necessidade aquele que "provocou por sua vontade" o perigo. De acordo com as lições da maioria, a expressão "voluntariamente" é indicativa somente de dolo, não abrangendo a culpa em sentido estrito;

3) **salvar direito próprio ou alheio**: o estado de necessidade se configura quando o agente, diante da real situação de perigo, busca salvar direito próprio (estado de necessidade próprio) ou direito alheio (estado de necessidade de terceiro);

4) **inexistência de dever legal de enfrentar o perigo**: não podem invocar a justificante pessoas que, em razão da função ou ofício, têm o dever legal de enfrentar a situação de perigo (desde que possível de ser enfrentado), não lhes sendo lícito sacrificar bens alheios para a defesa do seu próprio direito;

5) **inevitabilidade do comportamento lesivo**: o comportamento deve ser absolutamente inevitável para salvar o direito próprio ou de terceiro diante da concreta situação de perigo;

6) **inexigibilidade de sacrifício do interesse ameaçado**: impõe-se a ponderação de bens, leia-se, a proporcionalidade entre o bem protegido e o bem sacrificado.

MUITA ATENÇÃO!

De acordo com a teoria unitária do estado de necessidade – adotada pelo Código Penal – se o comportamento do agente, diante de um perigo atual, busca evitar mal maior, sacrificando direito de **igual ou menor valor** que o protegido, pode-se invocar a descriminante do estado de necessidade; se o bem jurídico sacrificado for **mais valioso** que o protegido, haverá somente redução de pena.

7) **conhecimento da situação de fato justificante**: aos requisitos objetivos acima enunciados, a doutrina acrescenta um de caráter subjetivo, justamente o conhe-

cimento da situação de fato justificante (consciência e vontade de salvar direito próprio ou alheio).

(B) Legítima defesa: segundo se extrai do art. 25 do CP, são requisitos da legítima defesa:

1) **agressão injusta**: entende-se por agressão a conduta (ação ou omissão) humana que ataca ou coloca em perigo bens jurídicos de alguém. Injusta é a agressão contrária ao direito, não necessariamente típica;

2) **atual ou iminente**: agressão atual é a presente, a que está ocorrendo. Iminente é a que está prestes a ocorrer. Não se admite legítima defesa contra agressão passada (vingança) ou futura (mera suposição);

3) **uso moderado dos meios necessários**: com o presente requisito, o legislador quer assegurar proporcionalidade entre o ataque e a defesa. Para repelir a injusta agressão (ataque), deve o agredido usar de forma moderada o meio necessário que servirá na sua defesa (contra-ataque);

4) **proteção do direito próprio ou de outrem**: admite-se legítima defesa no resguardo de qualquer bem jurídico (vida, integridade física, honra, patrimônio, dignidade sexual etc.) próprio (legítima defesa própria ou *in persona*) ou alheio (legítima defesa de terceiro ou *ex persona*);

5) **conhecimento da situação de fato justificante**: deve o agente conhecer as circunstâncias do fato justificante, demonstrando ter ciência de que está agindo diante de um ataque atual ou iminente (requisito subjetivo).

(C) Estrito cumprimento de um dever legal: o agente público, no desempenho de suas atividades, não raras vezes é obrigado, por lei, a violar um bem jurídico. Essa intervenção lesiva, dentro de limites aceitáveis, estará justificada pelo estrito cumprimento do dever legal, não consubstanciando, portanto, crime (art. 23, III,1ª parte, do CP).

? QUESTÃO: O estrito cumprimento de um dever legal só pode ser invocado se fundamentado em lei em sentido estrito?

➥ ***RESPOSTA:*** *Não. O dever legal que fundamenta a descriminante é aquele* ***decorrente de lei em sentido lato****, ou seja, de qualquer diploma normativo emitido pela autoridade competente para deliberar a respeito. Assim, a conduta pode ser justificada pela lei em sentido estrito, pelo decreto ou pelo regulamento. De igual forma, a decisão judicial, que aplica a lei e obriga, evidentemente, ao cumprimento, pode servir de fundamento para se estabelecer a licitude sobre determinado fato típico. Também não podemos ignorar o ato administrativo emitido em estrita correspondência com a lei.*

(D) Exercício regular de direito: previsto no artigo 23, III, 2ª parte, do Código Penal, concretiza a máxima: "onde existe o direito não há crime". Esta causa de justificação compreende condutas do cidadão comum autorizadas pela existência de direito definido em lei e condicionadas à regularidade do exercício desse direito.

São requisitos desta justificante: a **proporcionalidade**, a **indispensabilidade** e o **conhecimento** do agente de que atua concretizando seu direito previsto em lei.

(E) Consentimento do ofendido: são requisitos para que o consentimento do ofendido atue como causa supralegal de exclusão da ilicitude:

1) **o dissentimento (não consentimento) não pode integrar o tipo penal (elementar do tipo)**;

> **MUITA ATENÇÃO!** Há situações em que o dissentimento do titular do bem jurídico é elementar do crime. Na violação de domicílio (art. 150 do CP), por exemplo, o crime está estruturado precisamente no dissentimento do proprietário ou do possuidor direto (elemento do tipo). Se o dissentimento é elementar, o consentimento do ofendido exclui a tipicidade; do contrário, o consentimento pode servir como causa extralegal de justificação.

2) **o ofendido tem de ser capaz**;

3) **o consentimento deve ser válido**: a validade do consentimento reside na liberdade e na consciência no momento da sua emissão;

4) **o bem deve ser disponível**: não se admite o consentimento quando ele versa sobre bem jurídico indisponível;

5) **o bem deve ser próprio**: não se pode consentir na lesão a bem alheio;

6) **o consentimento deve ser prévio ou simultâneo à lesão ao bem jurídico**;

7) **o consentimento deve ser expresso**: note-se que a doutrina tradicional não admite o consentimento tácito ou presumido. A doutrina moderna, entretanto, o tem admitido;

8) **ciência da situação de fato que autoriza a justificante**: como nas demais descriminantes, exige-se que o agente aja sabendo estar autorizado pela vítima (elemento subjetivo).

Logo depois de anunciar as causas justificantes da conduta típica, alerta o Código Penal: "O agente, em qualquer das hipóteses deste artigo, responderá pelo excesso doloso ou culposo" (art. 23, parágrafo único). O legislador, desse modo, demonstra sua preocupação quanto aos limites da ação/reação do agente.

A doutrina, em geral, classifica o excesso em:

(A) **Doloso**: ocorre quando o agente se propõe a ultrapassar os limites da causa justificante. Ex.: "A" é atacado por um seu desafeto desarmado e reage em legítima defesa para repelir a injusta agressão. Enquanto se defende, diante da oportunidade criada pelas circunstâncias, decide matar seu inimigo e se apodera de um revólver, alvejando mortalmente aquele indivíduo. Não obstante a ação inicial estivesse acobertada, houve excesso proposital, que enseja a imputação do resultado na forma de dolo.

(B) **Culposo**: decorre da inobservância do dever de cuidado enquanto o agente atua respaldado por alguma das causas excludentes da ilicitude. Ex.: "A" é atacado por alguém desarmado e, licitamente, põe-se a repelir a agressão injusta. Exibindo o agressor compleição física avantajada, o agredido se apossa de um pedaço de madeira para rechaçar os socos que receberia. Por falta de cuidado, no entanto, acaba atingindo a cabeça do agressor, que falece em virtude dos ferimentos. Neste caso, o agredido poderia ser responsabilizado por homicídio culposo.

(C) **Acidental**: é irrelevante penalmente porque decorre de caso fortuito ou força maior. Invocando exemplo semelhante aos anteriores, ocorreria excesso acidental se o agredido repelisse o agressor com um soco e este último sofresse, em razão da alteração de ânimo, um colapso cardíaco mortal. Neste caso, tratando-se de um caso fortuito, o agredido não responderia por excesso.

(D) Exculpante: relaciona-se com a profunda revolta de ânimo que acomete o agente. Neste caso, inicialmente, a conduta está respaldada pela justificante, mas a situação em que se encontra o sujeito faz surgir nele um estado de pânico que lhe retira a capacidade de atuar racionalmente. Alguém que, por exemplo, diante de um agressor armado, investe contra ele a ponto de causar sua inconsciência, mas, temeroso quanto à possibilidade de ser alvejado, continua a agredi-lo, comete fato típico e ilícito. Não obstante, pode ter a culpabilidade afastada por inexigibilidade de conduta diversa.

Note-se que embora os exemplos aqui citados se refiram à legítima defesa, o excesso pode ser relativo, em tese, a qualquer das causas eximentes. Não é menos verdade, contudo, que a legítima defesa é o seu palco mais recorrente, pois as situações que a envolvem normalmente tornam propícias reações desproporcionais em virtude da alteração anímica característica nesses casos.

EM RESUMO: Ilicitude	
Ilicitude	É o segundo substrato do conceito analítico de crime. Deve ser entendida como conduta típica não justificada, espelhando a relação de contrariedade entre o fato típico e o ordenamento jurídico como um todo.
Teorias sobre a relação tipicidade x ilicitude	– Teoria da autonomia ou absoluta independência: a tipicidade não tem qualquer relação com a ilicitude. – Teoria da indiciariedade ou da *ratio cognoscendi*: a existência do fato típico gera uma presunção (relativa) de que é também ilícito. Segundo a maioria da doutrina, é a teoria adotada no Brasil. – Teoria da absoluta dependência ou *ratio essendi*: a ilicitude é a essência da tipicidade, numa absoluta relação de dependência. – Teoria dos elementos negativos do tipo: o tipo penal é composto de elementos positivos (expressos) aos quais se somam elementos negativos (implícitos), relativos às causas excludentes de ilicitude.
Excludentes da ilicitude elencadas no art. 23 do Código Penal	– Estado de necessidade; – Legítima defesa; – Estrito cumprimento de um dever legal; – Exercício regular de um direito.
Estado de necessidade	Se há dois bens em perigo, permite-se que seja sacrificado um deles, pois a tutela penal, nas circunstâncias do caso concreto, não consegue proteger a ambos. São requisitos do estado de necessidade: » perigo atual; » que a situação de perigo não tenha sido causada voluntariamente pelo agente; » intenção de salvar direito próprio ou alheio; » inexistência de dever legal de enfrentar o perigo; » inevitabilidade do comportamento lesivo; » inexigibilidade de sacrifício do interesse ameaçado; » conhecimento da situação de fato justificante.

Legítima defesa	Consiste no ato de repelir uma agressão injusta. São requisitos da legítima defesa: » agressão injusta; » agressão atual ou iminente; » uso moderado dos meios necessários; » proteção do direito próprio ou de outrem; » conhecimento da situação de fato justificante.
Estrito cumprimento de um dever legal	A intervenção lesiva em determinados bens jurídicos, dentro de limites aceitáveis, é justificada pelo estrito cumprimento de um dever legal. A palavra "lei", neste caso, deve ser interpretada em sentido *lato*, abrangendo qualquer diploma normativo emitido pela autoridade competente.
Exercício regular de direito	Compreende condutas do cidadão comum, autorizadas pela existência de direito definido em lei e condicionadas à regularidade do exercício desse direito. O ato deve ser proporcional e indispensável. Além disso, o agente deve ter consciência de que atua concretizando seu direito previsto em lei.
Consentimento do ofendido	Não se pune a conduta porque o titular bem jurídico lesado emite seu consentimento válido. São requisitos da descriminante: » o dissentimento (não consentimento) não pode integrar o tipo penal (elementar do tipo); » o ofendido tem de ser capaz; » o consentimento deve ser válido; » o bem deve ser disponível; » o bem deve ser próprio; » o consentimento deve ser prévio ou simultâneo à lesão ao bem jurídico; » o consentimento deve ser expresso; » ciência da situação de fato que autoriza a justificante.
Excesso nas justificantes	Há excesso quando o agente extrapola os limites da causa excludente da ilicitude. A doutrina classifica o excesso em: » Doloso: o agente se propõe a ultrapassar os limites da causa justificante; » Culposo: decorre da inobservância do dever de cuidado enquanto o agente atua respaldado pela justificante; » Acidental: decorrente de caso fortuito ou força maior, é irrelevante penalmente; » Exculpante: relaciona-se com a profunda revolta de ânimo que acomete o agente.

✍ **QUESTÃO**

(Cespe – Policial Rodoviário Federal – PRF/2019) *Em decorrência de um homicídio doloso praticado com o uso de arma de fogo, policiais rodoviários federais foram comunicados de que o autor do delito se evadira por rodovia federal em um veículo cuja placa e características foram informadas. O veículo foi abordado por policiais rodoviários federais em um ponto de bloqueio montado cerca de 200 km do local do delito e que os policiais acreditavam estar na rota de fuga do homicida. Dada voz de prisão ao* *condutor do veículo, foi apreendida arma de fogo que estava em sua posse e que, supostamente, tinha sido utilizada no crime.*

Considerando essa situação hipotética, julgue o seguinte item.

Quanto ao sujeito ativo da prisão, o flagrante narrado é classificado como obrigatório, hipótese em que a ação de prender e as eventuais consequências físicas dela advindas em razão do uso da força se encontram abrigadas pela excludente de ilicitude denominada exercício regular de direito.

GABARITO	ERRADO.
COMENTÁRIO	O flagrante obrigatório ou compulsório existe na situação em que a autoridade, dada a natureza de suas funções, tem a obrigação de prender em flagrante, sob pena de cometer, na eventual inércia, crime de prevaricação, além de sujeitar-se à sanção na esfera administrativa. No exemplo do enunciado, em que os policiais rodoviários federais tinham a obrigação de prender o homicida, sua atuação se dá em estrito cumprimento de um dever legal.

CAPÍTULO VII
CULPABILIDADE

Conceitua-se a culpabilidade como o **juízo de reprovação** que recai na conduta típica e ilícita que o agente se propõe a realizar. Trata-se de um juízo relativo à **necessidade** de aplicação da sanção penal.

MUITA ATENÇÃO!

Para a corrente **bipartite**, a culpabilidade não é substrato do crime. O crime existe com os requisitos *fato típico* e *ilicitude*, mas só será ligado ao agente se este for *culpável*. Logo, de acordo com essa orientação, a culpabilidade aparece como pressuposto de aplicação da pena (a prova disso seria o fato de que ao se referir às causas de exclusão da culpabilidade o Código Penal trata de isenção de pena, não de inexistência de crime). Já a corrente **tripartite** ensina que a culpabilidade deve ser tratada como terceiro substrato do crime, com seu juízo de reprovação extraído da análise sobre como o sujeito ativo se situou e posicionou diante do episódio com o qual se envolveu (fato típico e ilicitude). A tipicidade, a ilicitude e a culpabilidade são não apenas pressupostos de aplicação da pena, mas elementos constitutivos do crime. Admitir crime sem culpabilidade é aceitar ser possível crime sem censura. É a corrente majoritária.

São, em resumo, as teorias da culpabilidade:

Teorias da Culpabilidade			
Teoria Psicológica da Culpabilidade	**Teoria Psicológica Normativa**	**Teoria Extremada da Culpabilidade**	**Teoria Limitada da Culpabilidade**
Base causalista	Base neokantista	Base finalista	Base finalista
Pressuposto: Imputabilidade **Espécies**: • dolo; e • culpa	**Elementos**: • Imputabilidade • Exigibilidade de conduta diversa • Culpa • Dolo normativo (composto de: consciência, vontade e consciência atual da ilicitude).	**Elementos**: • Imputabilidade • Exigibilidade de conduta diversa • Consciência (potencial) da ilicitude **Obs.1:** dolo e culpa migram para o fato típico. **Obs.2:** o dolo passou a ser **natural,** composto de: consciência e vontade). **Obs.3:** o elemento normativo do dolo deixa de ser elemento do dolo passando a ser elemento da própria culpabilidade, porém não mais atual, mas sim potencial.	**Elementos**: • Imputabilidade • Exigibilidade de conduta diversa • Consciência potencial da ilicitude **Obs.**: a teoria limitada diferencia-se da extremada em razão do entendimento acerca da natureza jurídica do art. 20, 1º do CP. T. Extremada – erro de proibição. T. Limitada – erro de tipo.

São elementos da culpabilidade:

(A) **Imputabilidade:** é a capacidade de imputação, ou seja, a possibilidade de se atribuir a alguém a responsabilidade pela prática de uma infração penal. A imputabilidade é elemento sem o qual "entende-se que o sujeito carece de liberdade e de faculdade para comportar-se de outro modo, como o que não é capaz de culpabilidade, sendo, portanto, inculpável" (Bitencourt, 2019, p. 468).

É excluída em virtude da **inimputabilidade por anomalia psíquica**, da **inimputabilidade em razão da idade** e da **inimputabilidade em razão da embriaguez acidental** (decorrente de caso fortuito ou força maior).

? **QUESTÃO:** A emoção e a paixão excluem a imputabilidade?

➥ ***RESPOSTA:*** *Segundo o art. 28, I, do CP, a emoção e a paixão* ***não*** *excluem a imputabilidade penal.* ***Emoção*** *é o estado súbito e passageiro, enquanto a* ***paixão*** *é o sentimento crônico e duradouro. Pode a emoção servir como circunstância atenuante, nos moldes do artigo 65, inciso III, c, ou como causa de diminuição de pena, como prescrevem os artigos 121, § 1º e 129, § 4º, ambos do Código Penal. Já a paixão, embora, por si, não seja uma excludente,* ***dependendo do grau e da capacidade de entendimento do agente****, pode ser encarada como* ***doença mental*** *(paixão patológica – art. 26, caput, CP).*

São dois os elementos que devem se fazer presentes para que haja imputabilidade: **intelectivo**, consistente na higidez psíquica que permita ao agente ter consciência do caráter ilícito do fato; e **volitivo**, em que o agente domina sua vontade, ou seja, exerce controle sobre a disposição surgida com o entendimento do caráter ilícito do fato, e se determina de acordo com esse entendimento.

Por fim, são três os critérios para definir a inimputabilidade:

(1) **Biológico**: considera apenas o desenvolvimento mental do agente (doença mental ou idade), independentemente se tinha, ao tempo da conduta, capacidade de entendimento e autodeterminação. Conclusão: basta ser portador de anomalia psíquica para ser inimputável.

(2) **Psicológico**: considera apenas se o agente, ao tempo da conduta, tinha a capacidade de entendimento e autodeterminação, independentemente de sua condição mental ou idade. Conclusão: não precisa ser portador de anomalia psíquica para ser inimputável.

(3) **Biopsicológico**: considera-se inimputável aquele que, em razão de sua condição mental (por doença mental ou desenvolvimento mental incompleto ou retardado), era, ao tempo da conduta, inteiramente incapaz de entender o caráter ilícito do fato ou de determinar-se de acordo com esse entendimento. Conclusão: não basta ser portador de anomalia psíquica para ser inimputável.

MUITA ATENÇÃO! O Código Penal adota, conforme o caso, os critérios biológico e biopsicológico, como veremos logo à frente.

(B) **Potencial consciência da ilicitude:** representa a possibilidade que tem o agente imputável de compreender a reprovabilidade da sua conduta. Note que não se exige do sujeito ativo uma compreensão técnica, um conhecimento jurídico sobre o enquadramento legal do evento praticado, mas apenas que tenha condições de perceber que o seu comportamento não encontra respaldo no direito, sendo por ele reprovado. Contenta-se com a percepção leiga, uma **valoração paralela na esfera do profano**. É excluída pelo **erro de proibição**.

(C) Exigibilidade de conduta diversa: para a reprovação social, não basta que o autor do fato lesivo seja imputável e tenha possibilidade de lhe conhecer o caráter ilícito. Exige-se, ainda, que nas circunstâncias tivesse a possibilidade de atuar de acordo com o ordenamento jurídico. É excluída pela **coação moral irresistível** e pela **obediência hierárquica**.

Para cada um desses elementos há causas de exclusão, como já adiantamos. São, resumidamente, as seguintes:

(A) Inimputabilidade em razão de anomalia psíquica: prevista no artigo 26, *caput*, do Código Penal, a inimputabilidade por anomalia psíquica significa a incapacidade de imputação daquele que, "por doença mental ou desenvolvimento mental incompleto ou retardado, era, ao tempo da ação ou da omissão, inteiramente incapaz de entender o caráter ilícito do fato ou de determinar-se de acordo com esse entendimento". Adotou-se, nesse tanto, o **critério biopsicológico**. Portanto, pode o doente mental ser considerado imputável – desde que a sua anomalia psíquica não se manifeste de maneira a comprometer sua autodeterminação ou capacidade intelectiva.

(B) Inimputabilidade em razão da idade: nos termos do artigo 27 do Código Penal, os menores de dezoito anos são penalmente inimputáveis. Adotou-se o **critério biológico**, levando-se em conta apenas o desenvolvimento mental do acusado (idade), independentemente de capacidade de entendimento e autodeterminação ao tempo da ação ou omissão.

(C) Inimputabilidade em razão da embriaguez: embriaguez é a intoxicação transitória causada pelo álcool ou substância de efeitos análogos. A exclusão da culpabilidade ocorre se a embriaguez é **completa e decorre de caso fortuito (o sujeito desconhece o efeito inebriante da substância que ingere) ou força maior (o sujeito é obrigado a ingerir a substância inebriante)**. Se incompleta, **não** exclui a culpabilidade, mas **diminui** a pena. Seguindo a orientação do nosso Código Penal, a embriaguez não acidental jamais exclui a imputabilidade (art. 28, II), seja ela completa ou incompleta.

MUITA ATENÇÃO!

Note-se que a embriaguez **patológica** é a doentia, que, conforme o caso concreto, pode ser tratada como **anomalia psíquica**, gerando a inimputabilidade do agente ou a redução de sua pena, **mas nos moldes do art. 26 do CP**.

E na embriaguez **preordenada** – completa ou incompleta –, em que o agente ingere bebida alcoólica ou consome substância de efeitos análogos com a **finalidade** de cometer um crime, **não** há exclusão da imputabilidade, tampouco redução de pena, mas a incidência de agravante (artigo 61, II, *l*, do Código Penal). O fundamento encontra-se no princípio da *actio libera in causa*, em que o ato transitório revestido de inconsciência (momento do crime, em que o agente se encontra embriagado) decorre de ato antecedente que foi livre na vontade (momento de ingestão da bebida ou substância análoga), transferindo-se para esse momento anterior a constatação da imputabilidade e da voluntariedade.

(D) Erro de proibição: a causa excludente (dirimente) da potencial consciência da ilicitude é o erro de proibição, positivado no artigo 21 do CP. É sabido que uma vez publicada no Diário Oficial da União, a lei se presume conhecida por todos. Logo, não nos é dado desconhecê-la. É possível, no entanto, que o agente, mesmo conhecendo a lei, incida em erro quanto à proibição do seu comportamento, valorando equivocadamente a reprovabilidade da sua conduta, podendo acarretar a exclusão da culpabilidade.

O erro pode ser **escusável** ou **inescusável**. É **escusável** quando o agente atua ou se omite sem ter a consciência da ilicitude do fato em situação na qual **não** é possível lhe exigir que tenha esta consciência. É, por outro lado, **inescusável**, nas palavras do Código Penal, "se o agente atua ou se omite sem a consciência da ilicitude do fato, quando lhe era possível, nas circunstâncias, ter ou atingir essa consciência" (art. 21, parágrafo único).

No caso do erro escusável, **afasta-se** a culpabilidade, ao passo que o erro inescusável acarreta apenas a **diminuição da pena** (de um sexto a um terço).

Por fim, o erro de proibição pode ser **direto** ou **indireto**. No **erro de proibição direto** o agente se equivoca quanto ao conteúdo de uma norma proibitiva, ou porque ignora a existência do tipo incriminador, ou porque não conhece completamente o seu conteúdo, ou porque não entende o seu âmbito de incidência (ex.: holandês, habituado a consumir maconha no seu país de origem, acredita ser possível utilizar a mesma droga no Brasil, equivocando-se quanto ao caráter proibido da sua conduta). No **erro de proibição indireto (descriminante putativa por erro de proibição)** o agente sabe que a conduta é típica, mas imagina presente uma norma permissiva, ora supondo existir uma causa excludente da ilicitude, ora supondo estar agindo nos limites da descriminante (ex.: "A", traído por sua mulher, acredita estar autorizado a matá-la para defender sua honra ferida).

(E) Coação irresistível: são dois os seus requisitos: a) coação moral: pode ser traduzida como ameaça, promessa de realizar um mal (não pode ser física, que exclui a própria conduta); b) irresistibilidade da coação: o coato, oprimido pelo medo, não pode subtrair-se, mas apenas sucumbir ante a violência moral, realizando a conduta criminosa para satisfazer a vontade do autor da coação. A responsabilidade penal desloca-se da figura do coagido para a do coator ("só *é* punível o autor da coação"). O coator responde pelo crime cometido (na condição de autor mediato), em concurso material com o crime de tortura, decorrente do constrangimento a que foi submetido o coagido.

MUITA ATENÇÃO!

A coação **moral** irresistível, que exclui culpabilidade, não se confunde com a coação **física** irresistível, excludente da conduta (fato típico).

(F) Obediência hierárquica: são requisitos da obediência hierárquica: a) ordem de superior hierárquico: é a manifestação de vontade emanada de um detentor de função pública dirigida a um agente público hierarquicamente inferior, destinada à realização de uma ação ou abstenção; b) ordem não seja manifestamente ilegal: apesar de ilegal, a ordem recebida tem aparência de legalidade, induzindo em erro o subordinado, que acaba por executá-la; c) estrita observância da ordem: o subordinado não pode exceder-se na execução do mandamento aparentemente legítimo, sob pena de responder pelo excesso. Na obediência hierárquica, a responsabilidade penal desloca-se da figura do subordinado para a do superior ("só *é* punível o autor da ordem"), na condição de autor mediato.

(G) Dirimentes supralegais: as dirimentes supralegais se fundamentam, basicamente, no fato de que a exigibilidade de conduta diversa é característica fundamental da culpabilidade, motivo pelo qual não é admissível que se estabeleça a responsabilidade penal em decorrência de comportamentos humanos inevitáveis. A inexigibilidade de conduta diversa aparece, portanto, como a válvula de escape para as dirimentes supralegais.

EM RESUMO: Culpabilidade	
Culpabilidade	É o juízo de reprovação que recai na conduta típica e ilícita que o agente se propõe a realizar. Trata-se de um juízo relativo à necessidade de aplicação da sanção penal.
Teorias bipartite e tripartite	– Teoria bipartite: a culpabilidade não é elemento do crime, mas apenas pressuposto para a aplicação da pena. O crime é apenas fato típico e ilícito. – Teoria tripartite: a culpabilidade é um elemento do crime, considerado um fato típico, ilícito e culpável.
Teorias da culpabilidade	– Teoria Psicológica da Culpabilidade; – Teoria Psicológica Normativa; – Teoria Extremada da Culpabilidade; – Teoria Limitada da Culpabilidade.
Elementos da culpabilidade	– Imputabilidade: é a capacidade de imputação. – Potencial consciência da ilicitude: possibilidade de compreender a reprovabilidade da conduta. – Exigibilidade de conduta diversa: possibilidade de atuar de acordo com o ordenamento jurídico.
Excludentes da culpabilidade	– Inimputabilidade em razão de anomalia psíquica: desenvolvimento mental incompleto ou retardado e inteira incapacidade de entender o caráter ilícito do fato e de determinar-se de acordo com esse entendimento. – Inimputabilidade em razão da idade: menor de dezoito anos. – Inimputabilidade em razão da embriaguez: completa, proveniente de caso fortuito ou força maior. – Erro de proibição: equívoco sobre a ilicitude do fato. – Coação irresistível: ameaça à qual o agente não pode se subtrair. – Obediência hierárquica: cumprimento de ordem hierárquica não manifestamente ilegal. – Dirimentes supralegais: situações que, embora não disciplinadas em lei, podem excluir a exigibilidade de conduta diversa.

✍ QUESTÕES

(Cespe – Policial Rodoviário Federal – DPRF/2013) *Com relação aos princípios, institutos e dispositivos da parte geral do Código Penal (CP), julgue o item seguinte.*

Considere que um indivíduo penalmente capaz, em total estado de embriaguez, decorrente de caso fortuito, atropele um pedestre, causando-lhe a morte. Nessa situação, a embriaguez não exclui a imputabilidade penal do agente.

GABARITO	ERRADO.
COMENTÁRIO	Embriaguez é a intoxicação transitória causada pelo álcool ou substância de efeitos análogos. A exclusão da culpabilidade ocorre se a embriaguez é completa e decorre de caso fortuito (o sujeito desconhece o efeito inebriante da substância que ingere) ou força maior (o sujeito é obrigado a ingerir a substância inebriante). Se incompleta, não exclui a culpabilidade, mas diminui a pena. Seguindo a orientação do nosso Código Penal, é a embriaguez não acidental que jamais exclui a imputabilidade (art. 28, II), seja ela completa ou incompleta.

(Cespe – Policial Rodoviário Federal – DPRF/2013) *Com relação aos princípios, institutos e dispositivos da parte geral do Código Penal (CP), julgue o item seguinte.*

O ordenamento jurídico brasileiro prevê a possibilidade de ocorrência de tipicidade sem antijuridicidade, assim como de antijuridicidade sem culpabilidade.

GABARITO	CERTO.
COMENTÁRIO	Sob o enfoque analítico, que leva em consideração os elementos estruturais que compõem a infração penal, prevalece o conceito segundo o qual crime é fato típico, ilícito e culpável, embora, como vimos, haja uma corrente doutrinária – bipartite – que não insere a culpabilidade no conceito de crime, que existiria com os requisitos fato típico e ilicitude, ligando-se ao agente se este for culpável. De qualquer forma, um elemento pode existir sem o outro, como ocorre, por exemplo, no homicídio cometido em legítima defesa, que é típico, mas não antijurídico; ou no homicídio cometido por agente inimputável, que é típico, antijurídico, mas não é culpável.

CAPÍTULO VIII
CONCURSO DE PESSOAS

Entende-se por concurso de pessoas (*concursus delinquentium*) a reunião de vários indivíduos que, agindo com identidade de propósitos, concorrem de forma relevante para a realização do mesmo evento.

Em regra, os delitos tipificados em nosso ordenamento penal são de **concurso eventual (ou unissubjetivos)**, podem ser executados por uma ou várias pessoas. Pode-se praticar os crimes de homicídio, furto, roubo, extorsão, estupro, etc. sem o concurso de ninguém. Mas temos, **excepcionalmente**, delitos de **concurso necessário (plurissubjetivos)**, nos quais figura como elementar do tipo a pluralidade de agentes (art. 288 do CP).

Nota-se, com facilidade, que a teoria do concurso de pessoas só tem interesse nos delitos unissubjetivos, pois nos plurissubjetivos a reunião de pessoas emana do próprio tipo penal.

Para que se caracterize o concurso de pessoas é indispensável a presença de **quatro** requisitos:

(A) **Pluralidade de agentes e de condutas**: a existência de diversos agentes, que empreendem condutas relevantes (não necessariamente iguais), é o requisito primário do concurso de pessoas. A atuação reunida dos agentes contribui de alguma forma para a cadeia causal, fazendo com que os vários concorrentes respondam pelo crime.

(B) **Relevância causal das condutas**: é necessário que cada uma das condutas empreendidas tenha relevância causal. Se algum dos agentes praticar um ato sem eficácia causal, não haverá concurso de pessoas (ao menos no que concerne a ele).

(C) **Liame subjetivo entre os agentes**: é também necessário que todos os agentes atuem conscientes de que estão reunidos para a prática da mesma infração.

(D) **Identidade de infração penal**: para que se configure o concurso de pessoas, todos os concorrentes devem contribuir para o mesmo evento.

Temos **três** teorias discutindo a forma de punição de condutas concorrentes:

(A) **Teoria monista (unitária ou igualitária)**: para essa teoria, ainda que o fato criminoso tenha sido praticado por vários agentes, conserva-se único e indivisível, sem qualquer distinção entre os sujeitos.

(B) **Teoria pluralista**: a cada um dos agentes se atribui conduta, elemento psicológico e resultado específicos, razão pela qual há delitos autônomos cominados individualmente. Haverá tantos crimes quantos sejam os agentes que concorrem para o fato.

(C) **Teoria dualista**: tem-se um crime para os executores do núcleo do tipo (autores) e outro aos que não o realizam, mas de qualquer modo concorrem para a sua execução (partícipes).

? QUESTÃO: Qual a teoria adotada no Brasil?

➜ ***RESPOSTA: A teoria adotada pelo Código Penal é a monista****, estabelecendo-se a existência de apenas um crime e a responsabilidade de todos os que concorrem para a sua prática. A* ***teoria***

***pluralista**, embora não adotada como regra, é uma exceção no Código Penal. Ex.: crime de aborto praticado por terceiro com o consentimento da gestante: apesar de concorrerem para o mesmo evento (aborto), a gestante responde na forma do artigo 124 e o provocador, de acordo com o artigo 126.*

Há diversas teorias que buscam diferenciar a autoria da participação:

(A) **Teoria subjetiva ou unitária**: não impõe distinção entre autor e partícipe, considerando autor todo aquele que de alguma forma contribui para a produção do resultado.

(B) **Teoria extensiva**: igualmente não distingue autor de partícipe, mas permite o estabelecimento de graus diversos de autoria, com a previsão de causas de diminuição conforme a relevância da contribuição.

(C) **Teoria objetiva ou dualista**: estabelece clara distinção entre autor e partícipe. Subdivide-se em:

(C.1) **Objetivo-formal**: autor é quem realiza a ação nuclear típica, e partícipe quem concorre de qualquer forma para o crime.

(C.2) **Objetivo-material**: autor é quem contribui objetivamente de forma mais efetiva para a ocorrência do resultado, não necessariamente praticando a ação nuclear típica. Partícipe, por outro lado, é o concorrente menos relevante para o desdobramento causal, ainda que sua conduta consista na realização do núcleo do tipo.

(D) **Teoria do domínio do fato**: autor é quem controla finalisticamente o fato, ou seja, quem decide a sua forma de execução, seu início, cessação e demais condições. Partícipe, por sua vez, será aquele que, embora colabore dolosamente para o alcance do resultado, não exerça domínio sobre a ação.

FIQUE POR DENTRO:

Há três aspectos sob os quais a teoria do domínio final do fato deve ser analisada:

(I) Domínio da ação: corresponde ao **autor imediato**, aquele que, por sua vontade, executa o núcleo do tipo.

(II) Domínio da vontade: neste caso, o agente se vale de terceira pessoa para a prática do crime. É caso de **autoria mediata**, que se verifica em três situações: **a) coação moral irresistível:** o coato, oprimido pelo medo, sucumbe ante a violência moral e pratica a conduta criminosa em favor de quem domina sua vontade; **b) erro determinado por terceiro:** erro não espontâneo que leva o provocado à prática do delito; **c) domínio da organização:** o comandante de uma organização criminosa emite ordens para o cometimento de infrações penais por subordinados (voltaremos a este tema à frente).

(III) Domínio funcional: retrata a situação em que, a partir de uma decisão conjunta de cometer a infração penal, duas ou mais pessoas atuam em colaboração, sendo que cada uma delas tem uma espécie de domínio sobre o todo. É o caso, por exemplo, em que dois indivíduos combinam a prática de um roubo e, enquanto um deles ameaça a vítima com a arma de fogo, o segundo subtrai os bens. Nesse caso, ocorre a chamada "imputação recíproca", em que ambos respondem pelo fato como um todo, não obstante cada um tenha praticado parte da conduta típica (Greco, Luis, 2014, p. 30).

De acordo com a maioria, o art. 29 do CP é campo fértil para a teoria **objetivo-formal**. É cada vez mais comum, no entanto, a adoção da teoria do domínio do fato, dependendo das características do crime.

Em resumo, temos o seguinte:

Autor é quem realiza a ação nuclear típica ou quem controla finalisticamente o fato. Verifica-se a coautoria nas hipóteses em que dois ou mais indivíduos, ligados subjetivamente, praticam a conduta (comissiva ou omissiva) que caracteriza o delito. A coautoria, em última instância, é a própria autoria delineada por vários indivíduos.

Autor mediato é o sujeito que, sem realizar diretamente a conduta descrita no tipo penal, comete o fato típico por ato de outra pessoa, utilizada como seu instrumento. Não se confunde com o partícipe, pois sua conduta não é acessória, mas principal; o autor mediato detém o domínio do fato, reservando ao executor apenas os atos materiais relativos à prática do crime.

Autor colateral é aquele que, ignorando a contribuição do outro, concentra sua conduta para o cometimento da mesma infração penal. Não há, no caso, vínculo subjetivo entre os agentes, que, se presente, faria incidir as regras do concurso de pessoas. Assim, João e Antônio se colocam de tocaia, no mesmo local, ignorando-se mutuamente, para matar José, e quando o alvo passa pelo local ambos disparam, causando a morte de José. Se houvesse vínculo psicológico entre os atiradores, seriam coautores do crime de homicídio (art. 121 do CP). No caso, ausente o vínculo, cada um responde individualmente, sendo que àquele que matou será imputado o homicídio consumado e ao outro será atribuída a tentativa.

O problema surge quando não é possível determinar quem foi o real causador da morte, advindo daí a **autoria incerta**. Utilizando o mesmo exemplo, suponhamos que não seja possível determinar qual dos agentes atocaiados efetivamente causou a morte da vítima. De acordo com Bitencourt: "[O Código Penal] ao adotar a *teoria da equivalência das condições* pensou ter resolvido a *vexata quaestio* da chamada *autoria incerta*, quando não houver ajuste entre os concorrentes (Exp. de Motivos n. 22). Foi um equívoco: a solução só ocorre para situações em que houver, pelo menos, a adesão à conduta alheia. A autoria incerta, que pode decorrer da autoria colateral, ficou sem solução. No exemplo supracitado, punir a ambos por homicídio é impossível, porque um deles ficou apenas na tentativa; absolvê-los também é inadmissível, porque ambos participaram de um crime de autoria conhecida. A solução será condená-los por tentativa de homicídio, abstraindo-se o resultado, cuja autoria é desconhecida" (Bitencourt, 2019, p. 583).

Partícipe é aquele que realiza atos que de alguma forma concorrem para o crime, sem ingressar na ação nuclear típica. A participação pode ocorrer por via moral ou material.

A participação **moral** se dá por **instigação** ou por **induzimento**. A **instigação** ocorre quando o partícipe reforça ideia já existente na mente do autor, estimulando-o à prática delituosa, sem nela tomar parte (pode se dar na cogitação, nos atos preparatórios e até durante a execução). O **induzimento** consiste em faz nascer no agente o propósito, até então inexistente, de cometer o crime (ocorre na cogitação).

A participação **material**, por sua vez, ocorre por meio do **auxílio ao autor do crime** (figura do cúmplice). O partícipe facilita a execução do delito, prestando adequada assistência ao autor principal, sem, contudo, tomar parte na execução da ação nuclear típica. Pode ser prestado durante os atos preparatórios ou executórios. Caso ocorra após a consumação, somente se considera o concurso de pessoas se tiver havido a combinação anterior.

Destacamos, ainda, que são quatro as teorias fundamentais da punição da conduta acessória:

(A) **Acessoriedade mínima**: é suficiente a prática, pelo autor, de fato típico para que a participação seja punível. Deve ser afastada, pois não se concebe a punição do partícipe se o autor agiu, por exemplo, amparado por legítima defesa, e, em última análise, não praticou infração penal.

(B) **Acessoriedade limitada (ou média)**: a punição do partícipe pressupõe apenas a prática de fato típico e ilícito, afastando-se a necessidade de que o agente seja culpável. Esta é a teoria mais aceita pela doutrina brasileira.

(C) **Acessoriedade máxima**: para a punição do partícipe, deve o fato ser típico, ilícito e cometido por agente culpável.

(D) **Hiperacessoriedade**: a punição do partícipe pressupõe a prática de fato típico, ilícito, por agente culpável, que seja efetivamente punido.

Ainda no tema relativo ao concurso de pessoas, destacam-se a **cooperação dolosamente distinta** e a **comunicabilidade das circunstâncias**.

Na **cooperação dolosamente distinta**, percebe-se o desvio subjetivo de condutas entre os agentes, em que um dos concorrentes do crime pretendia integrar ação criminosa menos grave do que aquela efetivamente praticada. Neste caso, ser-lhe-á aplicada a pena do crime que pretendia cometer, aumentada até metade na hipótese de ter sido previsível o resultado mais grave (art. 29, §2º). Tendo o Código Penal utilizado o termo "concorrentes", aplica-se a disposição tanto aos coautores quanto aos partícipes. Ex.: João determina a Antônio que mantenha Maria em cárcere privado, mas Antônio, excedendo o mandato, decide exigir o pagamento de resgate por parte da família de Maria. João responde apenas pelo cárcere privado (art. 148 do CP), e, se as circunstâncias demonstrarem a previsibilidade do resultado mais grave, aumenta-se sua pena.

No que tange à **comunicabilidade das circunstâncias**, extraem-se do art. 30 do CP **três** possibilidades:

(A) as circunstâncias e as condições de caráter pessoal, respeitantes exclusivamente ao agente que as ostenta, **não** se comunicam, ainda que integrem o conhecimento dos demais. Apenas o agente reincidente (condição pessoal) será alcançado pela agravante, mesmo que seus comparsas tenham ciência de sua vida pregressa.

(B) as circunstâncias e condições de caráter objetivo **sempre** se comunicam, desde que os demais agentes tenham conhecimento a seu respeito. Exemplo: João, Antônio e José combinam a prática de um roubo, sendo que João o faz ostentando arma de fogo, com a concordância dos demais. Neste caso, todos responderão por roubo majorado pelo emprego da arma, mesmo que apenas um deles a tenha utilizado.

(C) as elementares **sempre** se comunicam, tenham caráter objetivo ou subjetivo, com o pressuposto de que ingressem na esfera de conhecimento dos demais agentes. Exemplo: se um funcionário público, valendo-se das facilidades que lhe proporciona o cargo, se reúne com mais três indivíduos, estranhos à Administração, mas cientes da qualidade do comparsa, para subtrair bens de uma repartição pública, todos respondem por peculato, pois a qualidade de funcionário é elementar, e, se do conhecimento de todos, comunica-se para alcançá-los.

Por fim, de acordo com o disposto no art. 31 do Código Penal, não se pune, salvo disposição em contrário, o ajuste (acordo promovido entre duas ou mais pessoas), a determinação (ordem emanada de pessoa determinada), a instigação (reforço da ideia já existente na mente do autor) e o auxílio (assistência material), se o crime não chega, pelo menos, a ser tentado.

EM RESUMO: Concurso de Pessoas	
Conceito	É a reunião de vários agentes concorrendo de forma relevante para a realização do mesmo evento, agindo todos com identidade de propósitos.
Requisitos	– Pluralidade de agentes e de condutas; – Relevância causal das condutas; – Liame subjetivo entre os agentes; – Identidade de infração penal.
Teorias	– Monista: o fato é único e indivisível, mesmo que cometido por diversas pessoas. Adotada como regra no Código Penal. – Pluralista: há delitos autônomos cominados individualmente. Adotada excepcionalmente no Código Penal. – Dualista: há um crime para os autores e outro para os partícipes.
Teorias que diferenciam autoria de participação	– Teoria subjetiva ou unitária: não distingue o autor do partícipe. – Teoria extensiva: também não faz distinção, mas admite diversos graus de autoria. – Teoria objetiva ou dualista: distingue claramente o autor do partícipe. » Objetivo-formal: autor é quem pratica a ação nuclear típica; partícipe é quem concorre de qualquer forma. » Objetivo-material: autor é quem contribui de forma mais efetiva para o resultado, mesmo que não pratique a ação nuclear; partícipe é o que contribui de forma menos relevante. – Teoria do domínio do fato: autor é quem controla finalisticamente o fato; partícipe é quem, embora colabore dolosamente para o alcance do resultado, não exerce domínio sobre a ação. Aspectos em que pode ocorrer: » Domínio da ação: no caso de autoria imediata. » Domínio da vontade: no caso de autoria mediata (coação moral irresistível, erro determinado por terceiro, domínio da organização). » Domínio funcional: a partir de uma decisão conjunta de cometer a infração penal, duas ou mais pessoas atuam em colaboração, sendo que cada uma delas tem uma espécie de domínio sobre o todo.
Conceitos de autoria e de participação	– Autor: é quem realiza a ação nuclear típica ou quem controla finalisticamente o fato. » Autor mediato: sem realizar diretamente a conduta descrita no tipo penal, comete o fato típico por ato de outra pessoa, utilizada como seu instrumento. » Autor colateral: é aquele que, ignorando a contribuição do outro, concentra sua conduta para o cometimento da mesma infração penal. Ausente o vínculo subjetivo, não há, de fato, concurso de pessoas. – Partícipe: realiza atos que de alguma forma concorrem para o crime, sem ingressar na ação nuclear típica.

Modalidades de participação	– Moral » Instigação: o partícipe reforça ideia já existente na mente do autor; » Induzimento: o partícipe faz nascer no autor o propósito de cometer o crime. – Material » Auxílio: o partícipe facilita a execução do delito, prestando adequada assistência material ao autor.
Teorias sobre a punição da conduta acessória	– Acessoriedade mínima: é suficiente a prática, pelo autor, de fato típico para que a participação seja punível. – Acessoriedade limitada (ou média): a punição do partícipe pressupõe apenas a prática de fato típico e ilícito. É a teoria mais aceita. – Acessoriedade máxima: para a punição do partícipe, deve o fato ser típico, ilícito e cometido por agente culpável. – Hiperacessoriedade: a punição do partícipe pressupõe a prática de fato típico, ilícito, por agente culpável, que seja efetivamente punido.
Cooperação dolosamente distinta	É o desvio subjetivo de condutas entre os agentes, em que um dos concorrentes do crime pretendia integrar ação criminosa menos grave do que aquela efetivamente praticada. Neste caso, ser-lhe-á aplicada a pena do crime que pretendia cometer, aumentada até metade na hipótese de ter sido previsível o resultado mais grave.
Comunicabilidade das circunstâncias	– Circunstâncias e condições de caráter pessoal: não se comunicam. – Circunstâncias e condições de caráter objetivo: sempre se comunicam. – Elementares: sempre se comunicam, tenham caráter objetivo ou subjetivo.

✍ **QUESTÃO**

(Cespe – Policial Rodoviário Federal – DPRF/2013) *Com relação aos princípios, institutos e dispositivos da parte geral do Código Penal (CP), julgue o item seguinte.*

Em relação ao concurso de pessoas, o CP adota a teoria monista, segundo a qual todos os que contribuem para a prática de uma mesma infração penal cometem um único crime, distinguindo-se, entretanto, os autores do delito dos partícipes.

GABARITO	CERTO.
COMENTÁRIO	A teoria adotada como regra pelo Código Penal é, de fato, a monista, estabelecendo-se a existência de apenas um crime e a responsabilidade de todos os que concorrem para a sua prática. Distinguem-se, no geral, as figuras do autor e do partícipe porque, enquanto o primeiro pratica a ação nuclear típica, o segundo contribui de alguma forma para a ação principal.

CAPÍTULO IX
CONCURSO DE CRIMES

Dá-se o concurso de crimes quando o agente, com uma ou várias condutas (ação ou omissão), comete vários crimes. Nota-se, portanto, que o concurso de crimes é também um problema de concurso de penas.

A matéria está regulada nos arts. 69, 70 e 71 do CP, que anunciam as três espécies de concurso: **material**, **formal** e **continuidade delitiva**, respectivamente.

São, basicamente, três os sistemas que fundamentam a solução do problema da pena no concurso de crimes:

(A) Sistema do cúmulo material: por intermédio deste sistema, o juiz primeiro individualiza a pena de cada um dos crimes praticados pelo agente, e em seguida promove a soma. Adotamos o cúmulo material no **concurso material** (art. 69, CP), no **concurso formal impróprio** (art. 70, *caput*, 2ª parte, CP) e no **concurso das penas de multa** (art. 72, CP). Note-se, no entanto, que não se descarta doutrina lecionando que a regra do art. 72 do CP **não serve para o crime continuado**. Para fins de aplicação de pena, no direito brasileiro, o crime continuado, por ficção jurídica, é considerado crime único. Logo, aplica-se a pena de multa uma única vez. É também a orientação do STJ (HC 132.857/DF, DJe 18/06/2015).

(B) Sistema da exasperação: neste, o juiz aplica a pena mais grave dentre as cominadas para os vários crimes praticados pelo agente. Em seguida, majora essa pena de acordo com a fração anunciada em lei. Adotamos o sistema da exasperação no **concurso formal próprio** (art. 70, *caput*, 1ª parte, do CP) e na **continuidade delitiva** (art. 71, CP).

(C) Sistema da absorção: pelo sistema da absorção, a pena aplicada ao delito mais grave acaba por absorver as demais, que deixam de ser aplicadas.

Vejamos em seguida, resumidamente, as espécies de concurso de crimes.

(A) Concurso material: dá-se o concurso material (ou real) quando o agente, mediante mais de uma ação ou omissão, pratica dois ou mais crimes, idênticos ou não, aplicando-se cumulativamente as penas privativas de liberdade em que haja incorrido (art. 69 do CP).

São **requisitos** do concurso material a **pluralidade de condutas** e a **pluralidade de crimes**.

A doutrina classifica essa forma de concurso em:

a) **Homogêneo**: quando os crimes resultantes da pluralidade de condutas são da mesma espécie (ex.: dois furtos);

b) **Heterogêneo**: quando os crimes são de espécies distintas (ex.: estupro e roubo).

Como já alertado, na **aplicação da pena** o juiz seguirá o sistema do **cúmulo material**.

(B) Concurso formal: age em concurso formal o indivíduo que, mediante uma só ação ou omissão, pratica dois ou mais crimes, idênticos ou não (art. 70 do CP).

São, portanto, **requisitos** do concurso formal de delitos a **unicidade da conduta** e a **pluralidade de crimes.**

> **MUITA ATENÇÃO!**
> Embora se exija conduta única para a configuração do concurso formal, nada impede que essa conduta seja **fracionada em diversos atos**, no que se denomina **ação única desdobrada**. Ex.: João ingressa em ônibus coletivo e subtrai, mediante grave ameaça, os pertences pessoais dos passageiros. A conduta permanece única, praticada mediante diversos atos, caracterizando o concurso formal de delitos.

A doutrina classifica essa forma de concurso em:

a) **Homogêneo**: os crimes decorrentes da conduta única são da mesma espécie;

b) **Heterogêneo**: os crimes são de espécies distintas;

c) **Próprio, perfeito ou normal**: o agente, apesar de provocar dois ou mais resultados, não age com desígnios autônomos, isto é, não tem intenção independente em relação a cada crime;

d) **Impróprio, imperfeito ou anormal**: o sujeito age com desígnios autônomos. Esta espécie só tem cabimento nos crimes dolosos.

Nota-se que essas classificações **não são excludentes**. É perfeitamente possível que se verifique um concurso formal próprio ou impróprio e homogêneo ou heterogêneo.

As regras de **aplicação da pena** vão depender do tipo de concurso formal (se perfeito ou imperfeito).

No **concurso formal perfeito** incide o **sistema da exasperação**: o juiz aplica uma só pena, se idênticas, ou a maior, se diferentes, aumentada de um **sexto até metade**. Quanto maior o número de infrações, maior deve ser o aumento. Não se descarta, todavia, a hipótese de o sistema da exasperação se revelar prejudicial ao réu. Nesse caso, lembrando que o concurso formal foi criado para beneficiar o agente, deve o magistrado preferir o cúmulo das penas. Trata-se do denominado **"concurso material benéfico"**, estabelecido no artigo 70, parágrafo único, do Código Penal.

No **concurso formal imperfeito**, o agente pratica uma única conduta, mas seu objetivo é provocar dois ou mais crimes. Por haver desígnios autônomos, as penas deverão ser **somadas**, aplicando-se a mesma regra do concurso material de delitos.

(C) Continuidade delitiva: verifica-se quando o indivíduo, mediante pluralidade de condutas, realiza uma série de crimes da mesma espécie e que guardam entre si um elo de continuidade, em especial as mesmas condições de **tempo, lugar e maneira de execução** (art. 71 do CP).

O instituto é baseado em razões de **política criminal**. O juiz, em vez de aplicar as penas correspondentes aos vários delitos praticados em continuidade, considera, por ficção jurídica, somente para aplicação da pena, a prática de um só crime pelo agente, que deve ter a sua reprimenda majorada.

O crime continuado pode ser:

a) genérico ou comum: ocorre quando o agente, mediante mais de uma ação ou omissão, pratica dois ou mais crimes da **mesma espécie** e, pelas condições de tempo, lugar, maneira de execução e outras semelhantes, devem os subsequentes ser havidos como continuação do primeiro.

Tem como **requisitos** a **pluralidade de condutas**, a **pluralidade de crimes da mesma espécie** (aqueles que protegem igual bem jurídico: STJ, REsp 1.767.902/RJ, j. 13/12/2018), o **elo de continuidade** por meio das **mesmas condições de tempo** (no geral, alerta a jurisprudência que o intervalo entre as condutas não pode suplantar trinta dias, mas há quem defenda a aplicação das regras da continuidade em crimes tributários envolvendo o lançamento anual de tributos), **lugar** (para a jurisprudência, quando as condutas são cometidas na mesma comarca ou em comarcas vizinhas) e da **mesma maneira de execução** (trata-se de semelhança, não identidade), além de **outras circunstâncias semelhantes** (quaisquer outras circunstâncias das quais se possa concluir pela continuidade).

MUITA ATENÇÃO!

Os tribunais superiores, não sem razão, têm adotado a orientação de que **se exige também homogeneidade subjetiva**, imprescindível para distinguir crime continuado de habitualidade criminosa (STJ, AgRg no HC 426.556/MS, j. 22/03/2018; STF, HC 127.287/SP, j. 24/10/2017).

Verificados os requisitos acima, a **aplicação da pena** se dá conforme o sistema da exasperação: o juiz escolhe qualquer das penas, se idênticas, ou a maior delas, se distintas, **aumentando, na terceira fase da dosimetria, de 1/6 a 2/3**. O aumento levará em consideração a **quantidade de infrações** praticadas.

b) específico: está previsto no artigo 71, parágrafo único, do Código Penal: "Nos crimes dolosos, contra vítimas diferentes, cometidos com violência ou grave ameaça à pessoa, poderá o juiz, considerando a culpabilidade, os antecedentes, a conduta social e a personalidade do agente, bem como os motivos e as circunstâncias, aumentar a pena de um só dos crimes, se idênticas, ou a mais grave, se diversas, até o triplo, observadas as regras do parágrafo único do art. 70 e do art. 75 deste Código".

A principal característica da continuidade delitiva específica é exigir (**ao lado dos requisitos do crime continuado genérico**) que os **crimes sejam dolosos, com vítimas diferentes, cometidos com violência ou grave ameaça a pessoa**.

EM RESUMO: Concurso de Crimes	
Conceito	Dá-se o concurso de crimes quando o agente, com uma ou várias condutas (ação ou omissão), comete vários crimes.
Sistemas de aplicação da pena	- Cúmulo material: somam-se as penas. É aplicado no concurso material, no concurso formal impróprio e no concurso entre penas de multa (art. 72, CP), embora, neste último, haja orientação de que o cúmulo material não se aplica se há continuidade delitiva. - Exasperação: aplica-se a pena mais grave com majoração decorrente do concurso. É aplicado no concurso formal próprio e na continuidade delitiva. - Absorção: a pena do crime mais grave absorve as demais.
Espécies de concurso de crimes	- Concurso material: mais de uma ação ou omissão que dá ensejo à pratica dois ou mais crimes. É homogêneo se os crimes são da mesma espécie, ou heterogêneo se os crimes são de espécies distintas. - Concurso formal: uma ação ou omissão que dá ensejo a dois ou mais crimes. É homogêneo se os crimes são da mesma espécie, ou heterogêneo se os crimes são de espécies distintas. É próprio se o agente atua com desígnio único em relação aos vários crimes, ou impróprio, se há desígnios autônomos.

Espécies de concurso de crimes	- Continuidade delitiva: ficção jurídica que considera crime único a pluralidade de condutas que ensejam uma série de crimes da mesma espécie e que guardam entre si um elo de continuidade, em especial as mesmas condições de tempo, lugar e maneira de execução. É genérico quando cometido nos termos do *caput* do art. 71, e específico se cometido nos termos do parágrafo único: crimes dolosos, com vítimas diferentes, cometidos com violência ou grave ameaça a pessoa.

CAPÍTULO X
PUNIBILIDADE E SUAS CAUSAS DE EXTINÇÃO

Punibilidade é o direito que tem o Estado de aplicar a sanção penal cominada na norma incriminadora contra quem praticou a infração penal. Não integra, como se percebe, o conceito analítico de crime, pois se trata de sua **consequência jurídica** (efeito do crime).

O direito de punir **não é absoluto**. Praticado o injusto penal por um agente culpável, é possível a incidência de alguma causa extintiva da punibilidade fazendo com que o Estado não possa aplicar a sanção cominada no tipo penal. Trata-se, portanto, de um impeditivo ao poder punitivo estatal pelo decurso do tempo (prescrição, decadência) ou em virtude de circunstâncias que impossibilitem a punição (morte do agente) ou revelem o desinteresse por sua aplicação (anistia, indulto, renúncia, retratação).

O artigo 107 do Código Penal apresenta um rol **meramente exemplificativo** de causas que fazem desaparecer o direito de o Estado aplicar a pena, o que significa que outras normas podem dispor sobre o tema. É o que fazem, por exemplo, o artigo 312, §3º, do Código Penal – que permite a extinção da punibilidade pela reparação do dano no peculato culposo – e a Lei nº 13.254/16 – que estabelece diversas causas extintivas de punibilidade além daquelas elencadas no art. 107. Ademais, admite-se também **causa supralegal de extinção da punibilidade** (súmula nº 554 do STF).

Em síntese, podemos elencar as seguintes causas de extinção da punibilidade:

(A) Morte do agente: extingue-se a punibilidade pela morte do agente em decorrência do princípio *mors omnia solvit* (a morte tudo apaga) e do princípio constitucional da pessoalidade da pena.

(B) Anistia, graça e indulto: na **anistia** o Estado, por meio de lei penal, esquece um fato criminoso, apagando seus efeitos penais (principais e secundários). Os efeitos extrapenais, no entanto, são mantidos, podendo a sentença condenatória definitiva ser executada no juízo cível, por exemplo.

A doutrina, de modo geral, trata a **graça** e o **indulto** em conjunto, considerando as inúmeras semelhanças entre os dois institutos. Ambos são concedidos pelo Presidente da República, via decreto presidencial (art. 84, XII, CF/88 – ato administrativo), podendo ser delegada a atribuição aos Ministros de Estado, ao Procurador Geral da República ou ao Advogado Geral da União. Atingem apenas os efeitos executórios penais da condenação, subsistindo o crime, a condenação irrecorrível e seus efeitos secundários (penais e extrapenais). Sobre a extensão dos efeitos, o STJ editou a súmula 631, segundo a qual “O indulto extingue os efeitos primários da condenação (pretensão executória), mas não atinge os efeitos secundários, penais ou extrapenais”.

(C) *Abolitio criminis*: ninguém pode ser punido por fato que lei posterior deixa de considerar crime, cessando em virtude dela a execução e os efeitos penais da sentença condenatória (art. 2º CP).

(D) Decadência: consiste na perda do direito de ação pela consumação do termo prefixado pela lei para o oferecimento da queixa (nas ações penais de iniciativa privada) ou da representação (nas ações penais públicas condicionadas), demonstrando, claramente, a inércia do seu titular.

(E) Perempção: sanção processual ao querelante inerte ou negligente. Incide **somente** na ação penal privada exclusiva ou personalíssima – mas não na subsidiária da pública.

(F) Renúncia ao direito de agir: **ato unilateral do ofendido** (ou de seu representante legal) abdicando do direito de promover a ação penal privada. É possível sua aplicação, excepcionalmente, na ação pública condicionada a representação. É **sempre pré-processual** (antes do oferecimento da denúncia ou queixa), podendo ser expressa ou tácita.

(G) Perdão (aceito) do ofendido: tem por fundamento o **princípio da disponibilidade**, próprio da ação penal privada. É o ato pelo qual o ofendido ou seu representante legal desiste de prosseguir com o andamento de processo já em curso. É cabível **somente** na ação penal de iniciativa privada e pode ser **processual** (concedido no bojo dos autos) ou **extraprocessual** (em cartório, por exemplo), **expresso** ou **tácito**. É ato **bilateral**, não produzindo efeitos se o querelado o recusa.

(H) Retratação: retratar-se não significa, simplesmente, confessar o fato. É mais: é retirar totalmente o que disse. A retratação só é admitida nos casos expressamente previstos em lei, a saber: **calúnia** e **difamação** (antes da sentença), **falso testemunho** e **falsa perícia** (antes da sentença no processo em que ocorreu o ilícito).

(I) Perdão judicial: instituto pelo qual o juiz, não obstante a prática de um fato típico e antijurídico por um sujeito comprovadamente culpado, deixa de lhe aplicar, nas hipóteses taxativamente previstas em lei, o preceito sancionador cabível, levando em consideração determinadas circunstâncias que concorrem para o evento. Em casos tais, o Estado perde o interesse de punir. **Não** precisa ser aceito para gerar efeitos.

> **MUITA ATENÇÃO!** Sempre houve divergência a respeito da natureza jurídica do perdão judicial. Atualmente, o entendimento majoritário é de que se trata de causa extintiva da punibilidade (súmula nº 17 do STJ).

(J) Prescrição: a prescrição é a perda, em face do decurso do tempo, do direito de o Estado **punir** (prescrição da pretensão punitiva) ou **executar** uma punição já imposta (prescrição da pretensão executória).

Existem duas espécies de prescrição: da pretensão punitiva e da pretensão executória.

1) Prescrição da pretensão punitiva: ocorre antes do trânsito em julgado da sentença, impedindo o Estado de acionar o Poder Judiciário na busca da aplicação da lei penal ao fato cometido pelo agente, ou, caso exercido o direito de ação, impedindo-o de ver julgado, definitivamente, o processo em curso.

A prescrição da pretensão punitiva se divide em:

1.1) Propriamente dita (em abstrato), tratada no art. 109 do CP: sendo incerto o *quantum* (ou tipo) da pena que será fixada pelo juiz na sentença, o prazo prescricional é resultado da combinação da pena máxima prevista abstratamente no tipo imputado ao agente com a escala do art. 109. Para tanto, consideram-se as qualificadoras e as majorantes (no máximo) e as minorantes (no mínimo). Circunstâncias judiciais e agravantes e atenuantes **não são** consideradas, pois são adstritas aos limites de pena abstratamente cominados ao crime. O concurso de crimes **também não** é considerado, pois, nos termos do art. 119 do CP, a extinção da punibilidade recai em cada crime, separadamente.

A prescrição em abstrato se **inicia**: a) no dia em que o crime se consuma; b) no caso da tentativa, no dia em que se verifica o último ato configurador da tentativa; c) no crime permanente, no dia em que cessa a permanência; d) nos crimes de bigamia e falsificação ou alteração de assentamento do registro civil, no dia em que o crime se torna conhecido; e) nos crimes contra a dignidade sexual de crianças e adolescentes, previstos no Código Penal ou em legislação especial, na data em que a vítima completa dezoito anos, salvo se a esse tempo já houver sido proposta a ação penal.

São causas **suspensivas** do prazo prescricional (resolvida a causa suspensiva, a prescrição torna a correr **com o cômputo do tempo já decorrido**): a) o prazo fatal não corre enquanto não resolvida, em outro processo, questão de que dependa o reconhecimento da existência do crime (art. 116, I, do CP – ex.: réu que, processado por bigamia, questiona no juízo cível a validade do primeiro casamento); b) também não corre enquanto o agente cumpre pena no estrangeiro (art. 116, II, do CP); c) a terceira causa suspensiva foi inserida pela Lei 13.964/19 (Pacote Anticrime) no inciso III e impede o curso do prazo prescricional na pendência de embargos de declaração ou de recursos aos tribunais superiores, quando inadmissíveis. Evita-se, com isso, que embargos (no geral incapazes de modificar substancialmente a decisão) e recursos de índole extraordinária sejam utilizados como instrumentos meramente protelatórios para se alcançar a prescrição por meio do adiamento do julgamento final. Trata-se de causa suspensiva irretroativa, aplicando-se somente a fatos cometidos após sua entrada em vigor; d) a quarta hipótese de suspensão, também inserida pela Lei 13.964/19, incide enquanto não cumprido ou não rescindido o acordo de não persecução penal (ANPP); e) há também causas suspensivas esparsas, como os artigos 53, §§ 3° a 5°, da CF/88; 89, § 6°, da Lei n° 9.099/95; 366 e 386 do CPP.

MUITA ATENÇÃO!

A respeito da primeira causa suspensiva (art. 116, I), o STF, julgando questão de ordem no RE 966.177/RS, conferiu interpretação conforme ao dispositivo do Código Penal para determinar a suspensão do prazo prescricional **também nos casos em que reconhecida a repercussão geral em matéria criminal**. Concluiu-se que o trâmite dos recursos com repercussão geral reconhecida muitas vezes inviabilizava o exercício da ação penal pelo Ministério Público, contrariando, portanto, o princípio de que o confronto processual deve se basear na paridade de medidas de que dispõe cada uma das partes. Permitir o pleno curso da prescrição enquanto não decidida a questão prejudicial da repercussão contraria, dessa forma, o princípio da proporcionalidade.

No entanto, a suspensão de que trata a decisão **se aplica somente nas ações penais em curso**, não em inquéritos policiais nem em procedimentos investigatórios no âmbito do Ministério Público. E, mesmo nas ações penais, a suspensão não se aplica se o réu estiver preso, pois, nesta situação, tem maior relevância a razoável duração do processo, que não poderia ter sua marcha interrompida indefinidamente enquanto alguém sofre restrição de liberdade a título precário, sem a formação de culpa.

São causas **interruptivas** do prazo prescricional (o prazo volta a correr do começo): a) recebimento (e não oferecimento) da denúncia ou da queixa: o recebimento do aditamento não interrompe o prazo se não tiver havido a inclusão de novo crime. Se houver rejeição da denúncia ou queixa, e recurso modificar a decisão anterior, a interrupção se dá no dia do pronunciamento da instância superior; b) pronúncia: interrompe o prazo mesmo que o Tribunal do Júri venha a desclassificar o crime (súmula nº 191 do STJ); c) decisão confirmatória da pronúncia; d) publicação da sentença ou acórdão condenatórios recorríveis: há quem sustente que, tendo havido condenação em primeira instância, o acórdão que simplesmente a confirme, negando provimento ao recurso da defesa, ou que somente majore a pena, não interrompe o prazo prescricional.

Outra orientação sustenta que a interrupção do prazo prescricional se dá inclusive pelo acórdão que se limita a confirmar a condenação de primeira instância ou a aumentar a pena. O STF se orienta no sentido de que o acórdão confirmatório **também interrompe** a prescrição (STF, HC 176.473/RR, j. 27/04/2020). Os ministros que votaram pela tese da interrupção o fizeram sob o fundamento de que a prescrição é uma penalidade pela inércia estatal, que não se verifica quando atuam os órgãos de justiça criminal em segunda instância, mesmo que em caráter apenas reiterativo.

No STJ a orientação majoritária era de que o acórdão confirmatório não interrompia a prescrição, **mas ambas as turmas com competência criminal têm conformado seus julgamentos ao que decidiu o STF** (STJ, EDcl no AgRg no AREsp 1.625.691/MG, j. 02/06/2020; REsp 1.854.118/MG, j. 02/06/2020).

Mas, segundo o tribunal, essa orientação se aplica somente nos crimes cometidos posteriormente à Lei 11.596/07 (que conferiu nova redação ao art. 117, IV, do CP). Se o crime é anterior, deve ser aplicada a jurisprudência precedente, segundo a qual somente o acórdão que reformasse a sentença absolutória tinha efeito interruptivo (STJ, AgInt no REsp 1.883.145/PR, j. 06/10/2020).

1.2) Superveniente ou intercorrente, disposta no art. 110, § 1º: fixada a reprimenda, ainda que provisoriamente, o trânsito em julgado para a acusação (ou o desprovimento de seu recurso) faz desaparecer a razão para levar em conta a pena máxima, já que, mesmo diante do recurso da defesa, é proibida a *reformatio in pejus*. Surge, então, um novo norte, qual seja, a pena recorrível efetivamente aplicada.

A prescrição superveniente tem as seguintes características: a) pressupõe **sentença ou acórdão penal condenatórios**; b) pressupõe **trânsito em julgado para a acusação** no que se relaciona com a pena aplicada; c) tem como norte a **pena concretizada na sentença**; d) os **prazos** prescricionais são os **mesmos** do art. 109 do CP; e) o prazo se **inicia** com a **publicação** da sentença ou acórdão penal condenatórios e corre até a data do trânsito em julgado final.

1.3) Retroativa, prevista no art. 110, § 1º: tem por base a pena concreta. Apesar de reconhecida após o trânsito em julgado para a acusação, a prescrição retroativa tem por termo data anterior à da publicação da sentença, do que advém o adjetivo "retroativa". Antes, a prescrição retroativa podia ter como termo inicial data anterior ao recebimento da denúncia ou queixa. Atualmente, essa possibilidade não existe em virtude da alteração promovida pela Lei nº 12.234/10.

1.4) Virtual ou antecipada: trata-se de criação jurisprudencial, **sem amparo legal**, que tem por finalidade a **antecipação do reconhecimento da prescrição retroativa** diante da falta de interesse no prosseguimento da ação penal cuja sentença, dadas as circunstâncias do crime e as condições do próprio réu, fixará a pena em patamares mínimos, conduzindo o juízo, no futuro, ao certo reconhecimento da prescrição retroativa. Não é admitida pelos tribunais superiores (STF, HC 125.777/CE, DJe 01/08/2016; STJ, súmula nº 438).

2) Prescrição da pretensão executória: trata-se de prescrição de pena *in concreto* (pena efetivamente imposta), que tem como **pressuposto** sentença condenatória com **trânsito em**

julgado para ambas as partes (decisão definitiva, irrecorrível) e que se verifica dentro dos prazos estabelecidos pelo artigo 109 do Código Penal, os quais são aumentados de 1/3, se o condenado é reincidente.

A prescrição da pretensão executória se **inicia**: a) no dia em que transita em julgado a sentença condenatória para a acusação; b) no dia em que foi revogado o *sursis* ou o livramento condicional; c) no dia em que o preso evadiu-se do cárcere. A prescrição da pretensão executória será regulada com base no *quantum* restante da pena nos casos de revogação do livramento condicional ou evasão do condenado.

É causa **suspensiva** do prazo da prescrição da pretensão executória o fato de o agente estar preso por outro motivo. Há quem sustente que a expressão "outro motivo" abrange a prisão civil, pois a lei não especifica, e, de qualquer forma, o Estado está impedido de executar a pena. Há, no entanto, quem afirme que, justamente porque a lei não especifica, a interpretação deve ser restritiva, pois o contrário prejudica o agente.

As **causas de interrupção** da prescrição da pretensão executória são: a) o início ou continuação do cumprimento da pena; b) reincidência: trata-se aqui da reincidência **posterior** à condenação. A reincidência **anterior** aumenta o prazo da prescrição da pretensão executória em 1/3.

A prescrição da pena de multa se dá da seguinte forma:

Hipótese	Prescrição	Fundamento
A multa é a **única cominada**	Opera-se em dois anos, contados nos termos do art. 111 do CP	Art. 114, I, CP
A multa é a **única aplicada** na sentença	Opera-se em dois anos, contados da publicação da sentença ou acórdão penal condenatório até a data do trânsito em julgado (prescrição intercorrente) ou da data do recebimento da inicial acusatória até a publicação da sentença condenatória (prescrição retroativa)	Art. 114, I, CP
A multa é **cominada cumulativamente** com pena privativa de liberdade*	Prescreve no mesmo prazo da privativa de liberdade	Art. 114, II, CP
A multa é **aplicada cumulativamente** com pena privativa de liberdade	Prescreve no mesmo prazo da privativa de liberdade	Art. 114, II, CP
A multa é **cominada alternativamente** com pena privativa de liberdade	Prescreve no mesmo prazo da privativa de liberdade	Art. 114, II, CP

Finalmente, destacamos que os prazos prescricionais podem ser **reduzidos de metade** nas hipóteses mencionadas no artigo 115 do Código Penal: criminoso menor de vinte e um anos ao tempo do crime, ou, na data da sentença, maior de setenta anos. O STF decidiu que os setenta anos devem estar completos **na data da sentença, não do trânsito em julgado** (STF, HC 129.696/SP, j. 19/04/2016).

EM RESUMO: Punibilidade e suas causas de extinção	
Conceito de punibilidade	É o direito que tem o Estado de aplicar a sanção penal cominada na norma incriminadora contra quem praticou a infração penal. Não é um direito absoluto, pois há causas que o extinguem. O art. 107 do CP contém um rol exemplificativo das causas extintivas da punibilidade.
Morte do agente	Extingue a punibilidade em decorrência do princípio *mors omnia solvit* (a morte tudo apaga).
Anistia	É concedida por meio de lei penal que apaga os efeitos penais do fato criminoso.
Graça e indulto	São concedidos pelo Presidente da República e atingem apenas os efeitos executórios penais da condenação, subsistindo o crime, a condenação irrecorrível e seus efeitos secundários.
Abolitio criminis	Ninguém pode ser punido por fato que lei posterior deixa de considerar crime. Atinge a execução e os efeitos penais da sentença.
Decadência	Perda do direito de ação pela consumação do termo prefixado pela lei para o oferecimento da queixa ou da representação.
Perempção	Sanção processual ao querelante inerte ou negligente. Incide apenas na ação penal privada.
Renúncia ao direito de agir	O ofendido abdica unilateralmente do direito de promover a ação penal privada ou de oferecer representação.
Perdão do ofendido	O ofendido desiste de prosseguir com o andamento de processo já em curso. É ato bilateral cabível apenas na ação penal de iniciativa privada.
Retratação	O agente retira totalmente o que disse em crimes como calúnia, difamação, falso testemunho e falsa perícia.
Perdão judicial	Em razão das circunstâncias de determinado evento, o juiz deixa de aplicar, nas hipóteses taxativamente previstas em lei, o preceito sancionador cabível.
Prescrição	O decurso do tempo faz o Estado perder o direito de punir ou de executar uma punição já imposta.
Prescrição da pretensão punitiva	Ocorre antes do trânsito em julgado da sentença. Pode ser: - propriamente dita (em abstrato); - superveniente ou intercorrente; - retroativa; - virtual (antecipada): não é aceita pelos tribunais superiores.
Prescrição da pretensão executória	Ocorre após o trânsito em julgado para ambas as partes.
Prescrição da pena de multa	Ocorre na forma do art. 114, incisos I e II, do Código Penal.

CAPÍTULO XI
CRIMES CONTRA A PESSOA

1. HOMICÍDIO

Objetividade jurídica: tutela-se a vida extrauterina, iniciada com o parto.

Sujeito ativo: qualquer pessoa (crime comum).

Sujeito passivo: qualquer pessoa.

Conduta: matar pessoa após o seu nascimento, pouco importando tratar-se (ou não) de vida viável e independentemente das condições do ser humano.

Tipo subjetivo: a forma dolosa está prevista no *caput* e nos §§ 1º e 2º do art. 121, dispositivos que tratam, respectivamente, do homicídio simples, do homicídio privilegiado e do homicídio qualificado. O elemento subjetivo é o dolo, consistente na consciente vontade de realizar o tipo penal (matar alguém). Pode ser direto (o agente quer o resultado) ou eventual (o agente assume o risco de produzi-lo). A culpa vem tipificada no § 3º. O homicídio preterdoloso (dolo na lesão e culpa na morte) se ajusta ao disposto no art. 129, § 3º (lesão corporal seguida de morte).

Consumação e tentativa: consuma-se com a morte, caracterizada pela cessação da atividade encefálica do ofendido (crime material). Tratando-se de crime plurissubsistente (admite fracionamento da execução), a tentativa é possível. Admite-se a forma tentada, inclusive, no crime cometido com dolo eventual, já que equiparado, por lei, ao dolo direto (art. 18, I, do CP).

Homicídio privilegiado: o § 1º do art. 121 prevê três hipóteses em que o homicídio é privilegiado e tem sua pena diminuída (de 1/6 a 1/3):

a) Motivo de **relevante valor social**: diz respeito aos interesses de toda uma coletividade, logo, nobre e altruístico (ex.: indignação contra um traidor da pátria).

b) Motivo de **relevante valor moral**: liga-se aos interesses individuais, particulares do agente, entre eles os sentimentos de piedade, misericórdia e compaixão.

c) **Domínio de violenta emoção**: neste caso, o sujeito ativo, logo em seguida a injusta provocação da vítima, reage, de imediato, sob intenso choque emocional, capaz de anular sua capacidade de autocontrole durante o cometimento do crime.

Homicídio qualificado: o art. 121, § 2º, descreve sete qualificadoras. Algumas são subjetivas, ligadas aos motivos determinantes do crime, indiciários de depravação espiritual do agente: a) paga ou promessa de recompensa, ou outro motivo torpe (inc. I); b) motivo fútil (inc. II); c) para assegurar a execução, a ocultação, a impunidade ou vantagem de outro crime (inc. V); d) feminicídio (inc. VI); e) contra autoridade ou agente de segurança *em decorrência da função*, ou contra seu cônjuge, companheiro ou parente consanguíneo até terceiro grau, *em razão dessa condição* (inc. VII). Outras são relativas ao modo de execução ou a outras circunstâncias de caráter objetivo: a) emprego de veneno, fogo, explosivo, asfixia, tortura ou outro meio insidioso ou cruel, ou de que possa resultar perigo comum (inc. III); b) traição, emboscada, ou mediante dissimulação ou outro recurso que dificulte ou torne impossível a defesa do ofendido (inc. IV); c) contra autoridade ou agente de segurança *no exercício da função* (inc. VII).

Motivo torpe: é o motivo vil, ignóbil, repugnante e abjeto. A vingança pode ou não ser torpe, dependendo do caso concreto, embora seja um ato reprovável. Já se decidiu que quem se vinga da morte do filho, matando o assassino, não age por motivo torpe.

Motivo fútil: é o motivo desproporcional, insignificante, caso em que o agente executa o crime por mesquinharia.

Com emprego de veneno, fogo, explosivo, asfixia, tortura ou outro meio insidioso ou cruel, ou de que possa resultar perigo comum: o homicídio é qualificado quando cometido com emprego de veneno, fogo, explosivo, asfixia, tortura ou outro meio insidioso (dissimulado) ou cruel (aumenta inutilmente o sofrimento da vítima), ou de que possa resultar perigo comum (capaz de atingir número indeterminado de pessoas).

MUITA ATENÇÃO!

Note-se que se a morte é o fim colimado pelo agente e a tortura é o meio empregado, o crime é de homicídio qualificado. Se a tortura é o fim do agente, mas a morte advém culposamente, o crime é de tortura qualificada pela morte – art. 1º, § 3º da Lei 9.455/97 (crime preterdoloso).

À traição, de emboscada, ou mediante dissimulação ou outro recurso que dificulte ou torne impossível a defesa do ofendido: o homicídio é qualificado se o agente utiliza algum recurso que dificulte ou impossibilite a defesa da vítima, exemplificando o Código alguns modos particularmente insidiosos, como traição, emboscada e dissimulação, cabendo, desse modo, a interpretação analógica.

Para assegurar a execução, a ocultação, a impunidade ou vantagem de outro crime: é o caso de conexão (vínculo) entre o crime de homicídio e outros delitos. A doutrina subdivide a conexão em: a) *teleológica*, em que o homicídio é praticado para *assegurar a execução* de outro crime, *futuro*; b) *consequencial*, em que o homicídio visa a *assegurar a ocultação*, *a impunidade* ou *a vantagem* de outro crime, *passado*.

Feminicídio: a incidência da qualificadora reclama situação de violência praticada contra a mulher, em contexto caracterizado por relação de poder e submissão, praticada por homem ou mulher sobre mulher em situação de vulnerabilidade. De acordo com o § 2º-A do art. 121, a morte da mulher deve ser considerada em razão da condição do sexo feminino nos seguintes casos: I – violência doméstica e familiar; II – menosprezo ou discriminação à condição de mulher.

FIQUE POR DENTRO:

A natureza da qualificadora do feminicídio tem sido objeto de debate. Embora o texto da lei se refira ao homicídio cometido "por razões da condição de sexo feminino", o que sinaliza subjetividade, o STJ tem decidido que a qualificadora **tem natureza objetiva** (STJ, REsp 1.739.704/RS, j. 18/09/2018; AgRg no HC 440.945/MG, j. 05/06/2018).

Contra autoridade ou agente de segurança pública: qualifica-se o homicídio se cometido contra autoridade ou agente descrito nos arts. 142 e 144 da Constituição Federal, integrantes do sistema prisional e da Força Nacional de Segurança Pública, no exercício da função ou em decorrência dela, ou contra seu cônjuge, companheiro ou parente consanguíneo até 3º grau, em razão dessa condição. Trata-se de norma penal em branco, pois deve ser complementada pelos artigos 142 e 144 da Constituição Federal, que nos indicam alguns dos agentes de segurança pública cujo homicídio faz incidir a qualificadora: **a)** o art. 142 da CF/88 abrange as Forças Armadas, constituídas pela Marinha, pelo Exército e pela Aeronáutica, instituições nacionais permanentes e regulares, organizadas com base na hierarquia e na disciplina, sob a autoridade suprema do Presidente da República, e destinam-se à defesa da Pátria, à garantia dos poderes constitucionais e, por iniciativa de qualquer destes, da lei e da ordem; **b)** o art. 144 disciplina os órgãos de segurança pública: polícia federal, polícia rodoviária federal, polícia ferroviária federal, polícias civis, polícias militares e corpos de bombeiros militares, polícias penais federal, estaduais e distrital.

? QUESTÃO: Qual a natureza desta qualificadora?

➥ *RESPOSTA:* *Há três correntes:*

(A) *é objetiva, pois não se trata de motivação, isto é, não se exige que o homicídio ocorra em razão da condição da vítima. Considera-se objetivamente que a vítima é ligada ao exercício da segurança pública ou a quem a exerce.*

(B) *é subjetiva, pois a ligação da vítima com a segurança pública, tanto diretamente quanto pelo parentesco com quem exerce função na área, é o que fundamenta o homicídio e é o móvel do criminoso, que só mata porque se trata de alguém nesta condição, normalmente para demonstrar menosprezo, para criar sensação de insegurança no meio social ou para intimidar;*

(C) *é mista. Tratando-se de agente de segurança **no exercício da função**, a lei não pressupõe nenhuma motivação especial, não exige que o homicídio ocorra em virtude da condição da vítima, bastando que ela esteja exercendo sua atividade. Já nas situações em que o homicídio ocorre **em decorrência da função ou contra familiares** de quem exerce função de segurança pública a qualificadora é subjetiva, pois das expressões "em decorrência" e "em razão" não é possível desvincular a motivação especial, o fato de que o homicídio ocorre em virtude da condição da vítima.*

Homicídio culposo (§ 3º): ocorre o homicídio culposo quando o agente, com manifesta *imprudência*, *negligência* ou *imperícia*, deixa de empregar a atenção ou diligência de que é capaz, provocando, com sua conduta, o resultado lesivo (morte), previsto (culpa consciente) ou previsível (culpa inconsciente), porém jamais aceito ou querido.

Homicídio majorado (§ 4º): o art. 121, § 4º, na sua primeira parte, anuncia quatro causas de aumento (1/3) para o delito de homicídio **culposo**:

a) **inobservância de regra técnica de profissão, arte ou ofício:** nesta hipótese, diferentemente da imperícia (modalidade de culpa), o agente tem aptidão para desempenhar o seu mister, mas acaba por provocar a morte de alguém em razão do seu descaso, deliberadamente desatendendo aos conhecimentos técnicos que possui.

b) **omissão de socorro:** quando o agente, agindo com culpa, deixa de prestar socorro à vítima, podendo fazê-lo e não havendo qualquer risco pessoal a ele, terá a sua pena aumentada de um terço.

c) **não procurar diminuir as consequências do comportamento:** se o agente não procura diminuir as consequências do seu ato também terá a pena aumentada.

d) **foge para evitar a prisão em flagrante:** a fuga, para evitar a prisão em flagrante, é a última causa de exasperação. Esquivando-se de responder pelo ato praticado, demonstra o agente ausência de escrúpulo, bem como diminuta responsabilidade moral.

A segunda parte do § 4º do art. 121, **aplicada apenas aos delitos dolosos**, aumenta em 1/3 a pena do homicídio (simples, privilegiado ou qualificado) quando **praticado contra**

pessoa menor de 14 (quatorze) anos ou maior de 60 (sessenta) anos. É indispensável que a idade do ofendido ingresse na esfera de conhecimento do agente, sob pena de se caracterizar responsabilidade objetiva.

Perdão judicial (§ 5º): instituto pelo qual o juiz, não obstante a prática de um fato típico e antijurídico por um sujeito comprovadamente culpado, deixa de lhe aplicar, nas hipóteses *taxativamente* previstas em lei, o preceito sancionador cabível, levando em consideração determinadas circunstâncias que concorrem para o evento. Em casos tais, o Estado perde o interesse de punir. É causa extintiva de punibilidade (CP, art. 107, IX). O juiz, analisando as circunstâncias que envolvem o caso concreto, decide sobre a sua aplicação. Diferentemente do perdão do ofendido (CP, art. 107, V), o perdão judicial não precisa ser aceito para gerar efeitos (ato unilateral).

Majorante de pena (§ 6º): a pena é majorada de 1/3 até a 1/2 quando o homicídio é praticado por milícia privada, sob o pretexto de prestação de serviço de segurança, ou por grupo de extermínio.

Por grupo de extermínio entende-se a reunião de pessoas, matadores, "justiceiros" (civis ou não) que atuam na ausência ou leniência do poder público, tendo como finalidade a matança generalizada, a chacina de pessoas supostamente etiquetadas como marginais ou perigosas.

Por milícia armada entende-se o grupo armado de pessoas (civis ou não), tendo como finalidade (anunciada) devolver a segurança retirada das comunidades mais carentes, restaurando a paz. Para tanto, mediante coação, os agentes ocupam determinado espaço territorial. A proteção oferecida nesse espaço ignora o monopólio estatal de controle social, valendo-se de violência e grave ameaça.

MUITA ATENÇÃO!

Deve ser observado que o rol dos crimes hediondos não abrange o homicídio simples praticado por **milícia privada** (abrange apenas o praticado por **grupo de extermínio**), em que pese, na prática, ser muito difícil um homicídio com esses predicados ser julgado como "simples", apresentando-se, na esmagadora maioria das vezes, impregnado de circunstâncias qualificadoras (motivo torpe, motivo fútil, meio cruel etc.).

Majorante de pena (§ 7º): eleva-se de um terço até a metade a pena do feminicídio se o crime for praticado:

a) durante a gestação ou nos três meses posteriores ao parto: o aborto não é pressuposto da causa de aumento, e, caso do homicídio decorra a morte, querida ou aceita, do ser humano em gestação, o agente responderá, em concurso formal, pelo homicídio majorado e pelo aborto. Nesse sentido: STJ, REsp 1.860.829/RJ, j. 15/09/2020.

b) contra pessoa menor de catorze anos, maior de sessenta anos, com deficiência ou portadora de doenças degenerativas que acarretem condição limitante ou de vulnerabilidade física ou mental: ao se referir à idade da vítima (menor de catorze ou maior de sessenta anos) o dispositivo repete o § 4º do art. 121. Ressalta-se, porém, que, nesta majorante, diferentemente daquela do § 4º, em que o aumento é fixo em um terço, o aumento é variável de um terço à metade.

c) na presença física ou virtual de descendente ou de ascendente da vítima.

d) em descumprimento das medidas protetivas de urgência previstas nos incisos I, II e III do art. 22 da Lei Maria da Penha.

2. LESÃO CORPORAL

Objetividade jurídica: é a incolumidade pessoal do indivíduo, protegendo-o na sua saúde corporal, fisiológica e mental (atividade intelectiva, volitiva ou sentimental).

DICA IMPORTANTE

As lesões podem ser divididas **quanto ao elemento subjetivo** e **quanto à intensidade**:

1) Quanto ao elemento subjetivo:

a) dolosa simples (*caput*);

b) dolosa qualificada (§§ 1º, 2º e 3º);

c) dolosa privilegiada (§§ 4º e 5º);

d) culposa (§ 6º).

2) Quanto à intensidade:

a) leve (*caput*);

b) grave (§ 1º);

c) gravíssima (§ 2º);

d) seguida de morte (§ 3º).

Sujeito ativo: qualquer pessoa (crime comum).

Sujeito passivo: qualquer pessoa viva. Em dois casos a lei exige qualidade especial da vítima: ser mulher grávida (art. 129, § 1º, IV – lesão resulta em aceleração do parto; art. 129, § 2º, V – lesão resulta em aborto).

Conduta: consiste em ofender – direta ou indiretamente – a integridade corporal ou a saúde de outrem, quer causando uma enfermidade, quer agravando a que já existe. A dor é dispensável para a configuração do delito, mas influencia na fixação da pena. A pluralidade de ferimentos, no mesmo contexto fático, não desnatura a unidade do crime, mas também influencia na aplicação da pena.

Tipo subjetivo: o crime de lesão corporal é punido a título de dolo (*caput e* §§ 1º e 2º), culpa (§ 6º) e preterdolo (§§ 1º, 2º e 3º).

Consumação e tentativa: consuma-se o crime no instante em que a ofensa é praticada (crime material). A tentativa é admissível nas modalidades dolosas (crime plurissubsistente).

Lesão leve: por exclusão, a lesão será leve sempre que não se inserir em uma das definições dos §§ 1º, 2º ou 3º (lesão grave, gravíssima e seguida de morte). Trata-se de crime de menor potencial ofensivo.

MUITA ATENÇÃO!

A lesão corporal não se confunde com a contravenção penal de vias de fato. Configura contravenção a agressão física sem a intenção de lesionar (art. 21 do Dec. Lei 3.688/41).

Lesão grave (§ 1º): caso de crime qualificado pelo resultado, podendo o evento ser querido ou aceito pelo agente (dolo direto ou eventual) ou culposamente provocado (culpa), caso em que teremos o preterdolo.

a) **Incapacidade para as ocupações habituais, por mais de trinta dias:** entende-se por ocupação habitual qualquer atividade corporal costumeira, tradicional, não necessariamente ligada a trabalho.

b) **Perigo de vida:** o perigo precisa ser comprovado por perícia. A região da lesão, por si só, não indica perigo de vida.

MUITA ATENÇÃO!

Esta qualificadora **só admite o preterdolo** (dolo na conduta e culpa no resultado). Se o ofensor considerou, por um momento apenas, a possibilidade de matar a vítima (dolo no resultado), há crime de homicídio tentado.

c) **Debilidade permanente de membro, sentido ou função:** resultando do evento diminuição (redução) ou enfraquecimento da capacidade funcional de membro, sentido ou função, cuja recuperação seja incerta e por tempo indeterminado (não significa perpetuidade), a lesão será de natureza grave.

d) **Aceleração de parto:** para caracterizar esta qualificadora, é imprescindível que o agente saiba (ou possa saber) da situação gravídica da vítima.

Lesão gravíssima (§ 2º): a denominação "gravíssima" é conferida pela doutrina. Em regra, tais lesões são irreparáveis (ou de maior permanência).

a) **Incapacidade permanente para o trabalho:** aqui, ao contrário do que ocorre no inciso I do § 1º, a incapacidade é para o trabalho (labuta, profissão, emprego, ofício etc.) e é permanente (não mais temporária), absoluta (não basta ser relativa), duradoura no tempo e sem previsibilidade de cessação.

b) **Enfermidade incurável:** é a alteração permanente da saúde em geral por processo patológico, ou seja, a transmissão intencional de uma doença para a qual não existe cura no estágio atual da medicina. A doutrina também considera incurável a enfermidade se o restabelecimento da saúde depender de intervenções cirúrgicas arriscadas ou tratamentos incertos.

c) **Perda ou inutilização de membro, sentido ou função:** é circunstância mais grave do que a do parágrafo anterior, pois não mais se fala em debilidade, mas sim em perda (amputação ou mutilação) ou inutilização (membro, sentido ou função inoperante, isto é, sem qualquer capacidade de exercer suas atividades próprias). Tratando-se de órgãos duplos, a lesão, para ser qualificada como gravíssima, deve atingir ambos.

d) **Deformidade permanente:** caracteriza deformidade permanente o dano estético, aparente, considerável, irreparável pela própria força da natureza e capaz de provocar impressão vexatória (desconforto para quem olha e humilhação para a vítima).

e) **Aborto:** por fim, considera-se de natureza gravíssima a lesão se dela resulta o aborto. Trata-se de crime preterdoloso, havendo dolo na lesão e culpa na interrupção da gravidez. Não se confunde com o art. 127 do CP, pois este retrata situação diametralmente oposta (dolo no aborto e culpa na lesão corporal).

Lesão corporal seguida de morte (§ 3º): também chamada pela doutrina de "homicídio preterdoloso", esta modalidade de lesão corporal consiste em querer apenas ofender a integridade ou a saúde de alguém, mas disso acaba resultando a morte culposa. Não se trata de crime contra a vida, pois falta o *animus necandi*.

Lesão corporal dolosa privilegiada (§ 4º): há três situações – idênticas ao crime de homicídio – em que a lesão corporal é privilegiada e tem sua pena diminuída (de 1/6 a 1/3):

a) Motivo de **relevante valor social**: diz respeito aos interesses de toda uma coletividade, logo, nobre e altruístico.

b) Motivo de **relevante valor moral**: liga-se aos interesses individuais, particulares do agente, entre eles os sentimentos de piedade, misericórdia e compaixão.

c) **Domínio de violenta emoção**: neste caso, o sujeito ativo, logo em seguida a injusta provocação da vítima, reage, de imediato, sob intenso choque emocional, capaz de anular sua capacidade de autocontrole durante o cometimento do crime.

Lesão corporal culposa (§ 6º): é a que resulta de negligência, imprudência ou imperícia. Tem a mesma sistemática do crime de homicídio culposo, modificando-se apenas o resultado, já que, neste caso, a vítima não morre.

> **MUITA ATENÇÃO!**
>
> Na modalidade culposa, o grau da lesão sofrida (leve, grave ou gravíssima) **não interfere** na tipicidade, mas apenas na fixação da pena-base (art. 59 do CP).

Lesão corporal majorada (§ 7º): o § 7º, no caso de lesão corporal **culposa**, aumenta a pena de um terço se ocorrer qualquer das hipóteses do art. 121, § 4º, 1ª parte (se o crime resulta de inobservância de regra técnica de profissão, arte ou ofício, ou se o agente deixa de prestar imediato socorro à vítima, não procura diminuir as consequências do seu ato, ou foge para evitar prisão em flagrante).

Este mesmo parágrafo, no caso de lesão corporal **dolosa (ou preterdolosa)**, aumenta a pena de um terço se ocorrer qualquer das hipóteses do art. 121, § 4º, 2ª parte (delito praticado contra pessoa menor de catorze ou maior de sessenta anos).

O § 7º também aumenta a pena nos casos em que a lesão corporal é praticada por **milícia privada**, sob o pretexto de prestação de serviço de segurança, ou por **grupo de extermínio**. O grupo (em especial a milícia privada) que explora o terror pode querer impor seu "poder" paralelo por meio de "surras", sem buscar (ao menos num primeiro momento) a morte das vítimas.

Perdão judicial (§ 8º): na lesão corporal **culposa**, aplica-se o perdão judicial na mesma forma estabelecida para o homicídio culposo.

Violência doméstica e familiar (§ 9º): trata-se de qualificadora da lesão corporal **dolosa de natureza leve (art. 129, *caput*)**, cuja pena passa a ser de 3 meses a 3 anos de detenção (o crime deixa de ser de menor potencial ofensivo). Em suma, há violência doméstica, **para os efeitos desta qualificadora**, quando o crime é praticado:

a) **contra ascendente, descendente ou irmão:** não importa se o parentesco é natural ou não.

b) **contra cônjuge ou companheiro.**

c) **contra pessoa com quem o agente conviva ou tenha convivido**: exige-se que a lesão corporal tenha sido provocada **em razão** da vivência, atual ou pretérita.

d) **prevalecendo-se o agente das relações domésticas, de coabitação ou de hospitalidade:** sabendo que prevalecer tem o sentido de levar vantagem, aproveitar-se da condição (ou situação), pensamos que a qualificadora necessariamente pressupõe que o agente se valha da vantagem doméstica, de coabitação ou de hospitalidade em relação à vítima.

Se a vítima for portadora de deficiência, aumenta-se a pena em 1/3 (§ 11).

Violência doméstica e familiar (§ 10): se presentes as mesmas circunstâncias do parágrafo anterior, aumenta-se em 1/3 a pena da lesão corporal de natureza grave (§§ 1º e 2º) e da lesão corporal seguida de morte (§ 3º).

Lesão corporal contra autoridade ou agente de segurança pública (§ 12): majora-se a pena da lesão corporal (dolosa leve, grave, gravíssima ou seguida de morte) de um a dois terços quando praticada contra autoridade ou agente descrito nos arts. 142 e 144 da Constituição Federal, integrantes do sistema prisional e da Força Nacional de Segurança Pública, no exercício da função ou em decorrência dela, ou contra seu cônjuge, companheiro ou parente consanguíneo até 3º grau, em razão dessa condição. Trata-se, assim como na qualificadora relativa ao homicídio, de norma penal em branco a ser complementada pela Constituição Federal.

3. OMISSÃO DE SOCORRO

Objetividade jurídica: é a segurança do indivíduo, protegendo-se a vida e a saúde das pessoas que vivem em sociedade.

Sujeito ativo: qualquer pessoa (crime comum). Considerando que o dever de assistência é imposição que recai em todos, sem distinção, a omissão de socorro **não admite coautoria**. Dessa forma, se várias pessoas negam a assistência em conjunto, todas respondem autonomamente por sua própria omissão.

Sujeito passivo: segundo a enumeração do art. 135, são pessoas a quem a assistência deve ser prestada:

a) **Criança abandonada:** é a que foi deixada sem os cuidados de que necessitava para a sua subsistência;

b) **Criança extraviada:** é a que, por qualquer motivo, se acha perdida no caminho, fora do lugar de sua residência, sem saber como encontrá-lo.

c) **Pessoa inválida, ao desamparo:** é aquela sem vigor físico ou psíquico, necessitada de assistência, pois indefesa e sem resguardo, assim como o indivíduo seriamente doente (paralítico, cego etc.).

d) **Pessoa ferida:** apresenta lesões corporais de certa gravidade, provocadas dolosa ou culposamente por terceiros ou por si mesma.

e) **Pessoa em grave e iminente perigo:** aquela que, por qualquer motivo, corre o risco de sofrer algum mal ao seu bom estado. Esse risco deve ser grave e concreto, ou seja, de grandes proporções, prestes a desencadear-se.

Conduta: a omissão consiste em uma conduta inversa à que se podia e devia praticar. Pune-se, com a incriminação, a não prática de uma ação imposta pelo dever jurídico. Duas são as formas de praticar o crime:

a) o agente, deixando de atender ao que determinado pela norma, não presta auxílio pessoal à vítima (**assistência imediata**);

b) ou, quando sem condições de prestá-lo, não solicita socorro à autoridade pública (**assistência mediata**). O pedido de socorro, portanto, deve ser dirigido à autoridade competente (pessoa que representa o Poder Público), sem demora, isto é, logo que o agente encontre a vítima na situação de perigo descrito pelo tipo. A assistência tardia será apenas aparente (simulada), equivalendo à omissão do pedido.

MUITA ATENÇÃO! Não compete ao agente a escolha entre uma ou outra forma de assistência. Sempre que possível nas circunstâncias concretas, **deve adotar a assistência imediata**.

O art. 135 limita o dever de agir (socorrer), ao estabelecer a seguinte condição: "quando possível fazê-lo sem risco pessoal". Justifica-se a limitação porque o contrário consistiria em negar o estado de necessidade, aplicável a qualquer infração penal e que permite o sacrifício de um bem jurídico para a preservação de outro de valor equivalente ou superior.

O risco a que se refere o dispositivo deve ser pessoal (físico), concreto e iminente. O risco meramente patrimonial ou moral não exclui a tipicidade.

Tipo subjetivo: é a omissão dolosa, isto é, a vontade consciente de não prestar assistência (imediata ou mediata), quando possível fazê-lo sem risco pessoal. Pode o dolo ser direto (quer omitir socorro) ou eventual (assume o risco).

O tipo não admite a modalidade culposa.

Consumação e tentativa: consuma-se o crime no momento da omissão, em que o agente deixa de realizar a atividade devida (delito omissivo próprio). No primeiro caso (criança abandonada ou extraviada), ensina a doutrina que o crime é de perigo abstrato (ou presumido). Nos demais, de perigo concreto, devendo ser demonstrado o risco sofrido pela vítima certa e determinada.

Tratando-se de crime omissivo próprio, **a tentativa é inadmissível**, pois não há como fracionar o *iter criminis* (delito unissubsistente).

Causas de aumento de pena (parágrafo único): a pena é aumentada de metade se da omissão resulta lesão corporal de natureza grave, e triplicada, se resulta a morte. Aqui temos presente a figura do preterdolo (dolo no antecedente e culpa no consequente).

4. CALÚNIA

Objetividade jurídica: protege-se a honra **objetiva** da vítima, isto é, sua reputação perante terceiros.

Sujeito ativo: em regra, qualquer pessoa pode ser sujeito ativo deste crime. Excepcionalmente, entretanto, não podem ser autores pessoas que desfrutam de inviolabilidade (senadores, deputados, vereadores, **estes nos limites do município em que exerçam a vereança**).

MUITA ATENÇÃO! Os advogados, em razão do disposto no art. 7º, § 2º, do EOAB **não estão imunes ao delito de calúnia**, pertencendo ao raio da inviolabilidade profissional apenas a difamação e a injúria, desde que cometidas no exercício regular de suas atividades.

Sujeito passivo: qualquer pessoa, até mesmo o "desonrado" pode ser vítima deste crime. Para a maioria, **o menor (inimputável)** – que, segundo o ECA, pratica "conduta descrita como crime" (ato infracional) – pode ser vítima de calúnia.

A calúnia contra os **mortos** também é punida (art. 138, § 2º), mas, sendo a honra um atributo dos vivos, **seus parentes é que serão os sujeitos passivos**, interessados na preservação da sua memória.

Conduta: imputar a alguém, implícita ou explicitamente, mesmo que de forma reflexa, determinado fato criminoso, sabidamente falso. O agente, para tanto, pode utilizar-se de palavras, gestos ou escritos.

MUITA ATENÇÃO! A falsa imputação de **contravenção penal** não caracteriza calúnia, mas **difamação.**

O art. 138 faz referência expressa e induvidosa à imputação de *fato definido como crime*. Se é assim, somente pode ser imputado crime de calúnia a quem atribui falsamente a alguém um **fato específico**, bem descrito e marcado no tempo, pois, do contrário, restam apenas alusões, com as quais, em razão da natureza vaga, indireta e imprecisa o tipo penal não se contenta.

Há calúnia quando o fato imputado jamais ocorreu (falsidade que recai sobre fato) ou, real o acontecimento, se a pessoa apontada não foi sua autora (falsidade que recai sobre a autoria do fato).

O § 1º equipara a conduta daquele que, sabendo ser falsa a imputação, a propala ou divulga.

Tipo subjetivo: a intenção do agente é a de causar dano à honra objetiva da vítima. Na figura do *caput*, o dolo pode ser direto ou eventual; na do § 1º, somente direto.

Não pratica o crime (ausência de elemento subjetivo) aquele que age com intenção de brincar (*animus jocandi*), aconselhar (*animus consulendi*), narrar fato, próprio da testemunha (*animus narrandi*), corrigir (*animus corrigendi*) ou defender direito (*animus defendendi*).

Não se admite a forma culposa.

Consumação e tentativa: consuma-se no momento em que a imputação chega ao **conhecimento de terceira pessoa**. A tentativa é admitida quando a calúnia é proferida por escrito e este não chega a terceira pessoa por circunstâncias alheias à vontade do agente.

Exceção da verdade: em defesa do interesse da moralidade pública, o nosso Código admite a *exceptio veritatis*, isto é, a prova da verdade da imputação, e a consequente atipicidade da conduta. Entretanto a exceção da verdade **não poderá ser feita**:

I – se, constituindo o fato imputado crime de ação privada, o ofendido não foi condenado por sentença irrecorrível;

II – se o fato é imputado a Presidente da República ou chefe de governo estrangeiro;

III – se do crime imputado, embora de ação pública, o ofendido foi absolvido por sentença irrecorrível.

Exceção de notoriedade: o art. 523 do CPP faz menção à exceção de notoriedade do fato imputado. Consiste na oportunidade facultada ao réu de demonstrar que suas afirmações são do domínio público. A exceção de notoriedade é admitida tanto no crime de calúnia quanto no de difamação. Assim se explica: se o fato já é de domínio público, não há como atentar contra a honra objetiva.

5. DIFAMAÇÃO

Objetividade jurídica: assim como na calúnia, aqui também se protege a honra **objetiva** da vítima, isto é, sua reputação perante terceiros.

Sujeito ativo: qualquer pessoa não inviolável pode praticar este crime.

MUITA ATENÇÃO! Os advogados, no exercício da atividade profissional, **são invioláveis**, em razão do disposto no art. 7º, § 2º, do EOAB.

Sujeito passivo: qualquer pessoa.

Menores, loucos e desonrados podem ser sujeitos passivos.

Diferentemente da calúnia, **não se pune a difamação contra os mortos.**

Conduta: consiste na imputação de fato ofensivo à reputação de alguém, desde que tal fato **não seja criminoso**.

O art. 139 do CP não contém a expressão "propalar ou divulgar" a difamação. A omissão, à primeira vista, pode levar o incauto a pensar que o fato seria atípico. No entanto, todo aquele que propala ou divulga fato desonroso imputado a alguém acaba também por difamá-lo, isto é, pratica nova difamação.

Tipo subjetivo: a intenção do agente é a de causar dano à honra objetiva da vítima (*animus diffamandi*). O dolo pode ser direto ou eventual.

Não se admite a modalidade culposa.

Consumação e tentativa: o crime se consuma quando terceiro (ainda que um só) conhecer a imputação desonrosa. Trata-se de crime formal, consumando-se independentemente do dano à reputação do imputado.

A tentativa é possível apenas na forma escrita (carta difamatória interceptada pelo difamado).

Exceção da verdade: ao contrário do crime de calúnia, em que a possibilidade de o querelado fazer prova da verdade é a regra, **na difamação é exceção**, ou seja, só é admitida se a ofensa for proferida contra funcionário público no exercício de suas funções (art. 139, parágrafo único).

A Exposição de Motivos do Código Penal, no seu item 49, adverte que a disposição não alcança o "Presidente da República, ou chefe de governo estrangeiro, em visita ao país". As razões são as mesmas do art. 138, § 3º, II, do CP.

Exceção de notoriedade: a exemplo do crime anterior, parcela da doutrina tem sustentado que não se justifica punir alguém porque repetiu o que todos sabem e o que todos dizem, ou seja, fato de amplo domínio público.

6. INJÚRIA

Objetividade jurídica: é a honra **subjetiva** da vítima, ou seja, a autoestima, o que a pessoa pensa de si mesma, sua dignidade ou decoro.

Sujeito ativo: qualquer pessoa (crime comum), desde que não inviolável nas suas opiniões e palavras.

MUITA ATENÇÃO! Os advogados, no exercício da atividade profissional, **são invioláveis**, em razão do disposto no art. 7º, § 2º, do EOAB.

? **QUESTÃO:** É possível que alguém cometa autoinjúria?

↳ ***RESPOSTA:*** *A autoinjúria* ***não é crime****, a não ser que a ofensa atribuída a si mesmo transponha a honra subjetiva do próprio indivíduo (ex.: o agente brada ser filho de criminoso, ofendendo também o genitor).*

Sujeito passivo: qualquer pessoa capaz de compreender as ofensas prolatadas contra ela. Se a vítima não tem capacidade de compreender as qualidades negativas que lhe são atribuídas, não há o crime.

Os mortos não podem ser injuriados. No entanto, é perfeitamente possível injuriar pessoa viva denegrindo a imagem do morto, como, por exemplo, chamar uma mãe já falecida de "cafetina das filhas".

Conduta: consiste em insultar pessoa determinada, por ação (palavras ofensivas, gestos ou sinais) ou omissão (ignorar cumprimento de forma aviltante, por exemplo), ofendendo-lhe a dignidade ou o decoro.

Na injúria não há imputação de fatos criminosos (calúnia) ou desonrosos (difamação), mas **emissão de conceitos negativos** sobre a vítima (afirmações vagas, genéricas ou difusas).

Tipo subjetivo: exige a presença do dolo (direto ou eventual), inexistindo a forma culposa. É punível o *animus injuriandi*.

Segundo o STJ, não se caracteriza o crime se não há ao menos previsibilidade de que a ofensa à honra subjetiva chegue ao conhecimento da vítima. Um caso julgado envolvia duas pessoas que conversavam pelo telefone quando uma delas injuriou uma terceira pessoa, que, por acaso, estava ouvindo o diálogo pela extensão telefônica. Como não havia o propósito de ofender a honra subjetiva – pois as palavras não foram dirigidas a quem estava sendo ofendido –, julgou-se atípico o fato (STJ, REsp 1.765.673/SP, j. 26/05/2020).

Consumação e tentativa: consuma-se o crime com a chegada da informação ao conhecimento da pessoa à qual o agente queria ofender. A maioria da doutrina admite a tentativa apenas na forma escrita.

Exceções da verdade e de notoriedade: na injúria, como não há imputação de fato, mas a emissão de opinião sobre o ofendido, **a exceção da verdade nunca é permitida**. Também **não se admite a exceção de notoriedade**, tendo em vista que, ofendida a honra subjetiva, pouco importa que o conceito desonroso emitido contra a vítima seja de domínio público.

Provocação e retorsão: no § 1º do art. 140 o legislador estabeleceu, em certas circunstâncias, o **perdão judicial**.

O inciso I refere-se à injúria como forma de revide à provocação (criminosa ou não) da vítima; o inciso II trata da retorsão, ou seja, revidar injúria com outra injúria. Na primeira situação, há somente uma ofensa: a de quem reagiu à provocação; no segundo, há duas injúrias.

O perdão judicial, no primeiro caso (provocação), aproveita apenas àquele que revidou; já no segundo (retorsão), aproveita a todos os envolvidos (quem primeiro ofendeu e aquele que revidou).

Injúria real: o § 2º tipifica a injúria real, uma qualificadora do crime, na qual a injúria consiste em violência ou vias de fato, que, por sua natureza ou pelo meio empregado, se considerem aviltantes.

Injúria qualificada pelo preconceito: esta modalidade de injúria **não se confunde com o crime de racismo** (Lei 7.716/89):

	Injúria Preconceito (art. 140, § 3º)	**Racismo (Lei 7.716/89)**
Conduta	Xingamentos envolvendo raça, cor, etnia, religião, origem ou condição de pessoa idosa ou portadora de deficiência.	Segregação em função da raça ou da cor.
Prescrição	Prescritível (109 do CP).	Imprescritível (CF, art. 5º, XLII).
Fiança	Afiançável.	Inafiançável.
Ação penal	Pública, condicionada a representação.	Pública incondicionada.

MUITA ATENÇÃO! Não obstante as diferenças destacadas, o STJ já considerou que a injúria racial está na seara dos crimes relativos ao racismo e é também **imprescritível**, pois tem sentido de segregação, somando-se às definições da Lei nº 7.716/89, que não traz um rol taxativo (STJ, AgRg no Agravo em Recurso Especial nº 686.965/DF, j. 18/08/2015)

7. AÇÃO PENAL NOS CRIMES CONTRA A HONRA

AÇÃO PENAL			
Privada	**Pública condicionada**		**Pública incondicionada**
É a regra (art. 145, *caput*).	A requisição do ministro da justiça: • Se a vítima for o Presidente da República ou chefe de governo estrangeiro (art. 141, I).	A representação: • Se a ofensa for dirigida a funcionário público no exercício de suas funções. Exceção: súmula 714 STF; • Se for caso de injúria preconceito.	• Se a ofensa resultar em lesão corporal leve (art. 140, § 2º). Neste caso, após o advento da Lei 9.099/95 há doutrina lecionando que a ação penal deve ser pública *condicionada*, a mesma cabível no caso do art. 129, *caput*.

8. TRÁFICO DE PESSOAS

Objetividade jurídica: antes, o tráfico de pessoas estava localizado nos arts. 231 e 231-A, ambos do CP, restrito à finalidade de exploração sexual. No entanto, percebendo que os documentos internacionais assinados pelo Brasil dão ao delito um alcance bem maior, abrangendo outros tipos de exploração que não a sexual, a Lei 13.344/16 removeu o crime do Título VI – dos crimes contra a dignidade sexual –, migrando-o para o Capítulo IV do Título I, dos crimes contra a liberdade individual. Eis o bem jurídico tutelado. Contudo, outros bens aparecem no espectro de proteção, como a dignidade corporal, a dignidade sexual e o poder familiar.

Sujeito ativo: qualquer pessoa pode praticar o delito, seja atuando como "empresário" ou "funcionário" do comércio de pessoas, seja como consumidor do "produto" traficado.

Sujeito passivo: homem ou mulher pode figurar como vítima.

Conduta: o tipo é de conduta mista, constituído de oito verbos nucleares (alguns, inclusive, sinônimos), punindo-se o agente que *agenciar* (negociar, comerciar, servir de agente ou intermediário), *aliciar* (atrair, persuadir), *recrutar* (chamar pessoas), *transportar* (levar de um lugar para outro), *transferir* (mudar de um lugar para outro), *comprar* (adquirir a preço de dinheiro), *alojar* (acomodar) ou *acolher* (receber, aceitar, abrigar) pessoa, mediante grave ameaça, violência, coação, fraude ou abuso, com a finalidade de remover-lhe órgãos, tecidos ou partes do corpo, submetê-la a trabalho em condições análogas à de escravo, submetê-la a qualquer tipo de servidão, adoção ilegal ou exploração sexual.

? **QUESTÃO:** O consentimento do ofendido exclui o crime de tráfico de pessoas?

➥ ***RESPOSTA:*** *Antes da Lei 13.344/16, o emprego de violência (física e moral) ou fraude servia como majorante de pena. Nessa ordem, a maioria da doutrina lecionava que o consentimento da vítima era irrelevante para a tipificação do crime. Com o advento da Lei 13.344/16, o legislador migrou essas condutas do rol de majorantes para a execução alternativa do crime de tráfico de pessoas.* ***Sem violência, coação, fraude ou abuso, não há crime****. Diante desse novo cenário, o consentimento válido da pessoa exclui a tipicidade, seguindo, nesse ponto, o Protocolo Adicional à Convenção das Nações Unidas contra o Crime Organizado Transnacional relativo à Prevenção, Repressão e Punição do Tráfico de Pessoas, que, no artigo 3°, "a" e "b", alerta:*

a) "O recrutamento, o transporte, a transferência, o alojamento ou o acolhimento de pessoas, recorrendo à ameaça ou uso da força ou a outras formas de coação, ao rapto, à fraude, ao engano, ao abuso de autoridade ou à situação de vulnerabilidade ou à entrega ou aceitação de pagamentos ou benefícios para obter o consentimento de uma pessoa que tenha autoridade sobre outra para fins de exploração."

b) "O consentimento dado pela vítima de tráfico de pessoas tendo em vista qualquer tipo de exploração descrito na alínea a) do presente Artigo será considerada irrelevante se tiver sido utilizado qualquer um dos meios referidos na alínea a)".

O operador, portanto, ***deve aquilatar a validade do consentimento*** *do ofendido com base nas circunstâncias do caso concreto,* ***presumindo-se o dissenso****:*

1) se obtido o consentimento mediante ameaça ou uso da força ou a outras formas de coação, rapto – sequestro ou cárcere privado –, fraude, engano;

2) se o agente traficante abusou de autoridade para conquistar o assentimento da vítima;

3) se o ofendido que aprovou o seu comércio for vulnerável: no conceito de vulnerável, não devemos nos contentar com o conteúdo do art. 217-A do CP (pessoa menor de 14 anos, enferma ou com deficiência mental, ou que não pode oferecer resistência). É que no art. 218-B do CP – favorecimento à prostituição ou outra forma de exploração sexual – o menor de 18 anos também é alcançado pelo tipo, sendo irrelevante o seu consentimento. Estranho seria a vítima, de apenas 16 anos, que não pode consentir na sua prostituição, aquiescer validamente no tráfico para o mesmo fim. É preferível, portanto, o conceito de vulnerável como sendo o menor de 18 anos;

4) se o ofendido aquiesceu em troca de entrega ou aceitação de pagamentos ou benefícios.

> **MUITA ATENÇÃO!** Não se trata de crime habitual, bastando para sua caracterização que apenas uma vítima seja submetida à ação do agente.

A lei elenca como meios de execução a grave ameaça, a violência, a coação, a fraude e o abuso. A coação constante no tipo ficou redundante, pois se ajusta à grave ameaça (coação moral) ou à violência física (coação física). Se a intenção era ampliar para alcançar a chantagem emocional, o legislador deveria ter-se valido da elementar "qualquer forma de coação".

Tipo subjetivo: é o dolo, consistente na vontade consciente de praticar qualquer dos núcleos do tipo. É imprescindível, ainda, a finalidade especial (alternativa) de traficar a pessoa para:

a) **remover-lhe órgãos, tecidos ou partes do corpo:** a remoção de órgãos, tecidos ou partes do corpo é disciplinada pela Lei 9.434/97. Caso a remoção de órgãos, tecidos ou partes do corpo – vivo ou *post mortem* – seja efetuada sem que os preceitos legais sejam observados, há crime tipificado no art. 14 da Lei 9.434/97.

b) **submetê-la a trabalho em condições análogas à de escravo:** esta finalidade especial remete diretamente ao crime do art. 149 do Código Penal, que pune – com reclusão de dois a oito anos, além da multa e da pena correspondente a eventual violência – a conduta de reduzir alguém a condição análoga à de escravo, quer submetendo-o a trabalhos forçados ou a jornada exaustiva, quer sujeitando-o a condições degradantes de trabalho, quer restringindo, por qualquer meio, sua locomoção em razão de dívida contraída com o empregador ou preposto.

c) **submetê-la a qualquer tipo de servidão:** a finalidade de cometer o tráfico de pessoa para submetê-la a qualquer tipo de servidão não encontra correspondente específico tipificado autonomamente na legislação penal. A Convenção Suplementar sobre a Abolição da Escravatura, do Tráfico de Escravos e das Instituições e Práticas Análogas à Escravatura trata a servidão no mesmo contexto da escravidão.

d) **adoção ilegal:** outra finalidade do tráfico de pessoas pode ser a adoção ilegal. O tipo penal **não se restringe** ao tráfico de pessoa com o propósito de adotar ilegalmente um menor de idade. Não se há de negar, porém, que a adoção ilegal de menores mediante tráfico de pessoa representaria a esmagadora maioria dos casos. Isso em virtude do complexo processo de adoção de crianças e adolescentes, permeado por regras que visam à proteção do adotado, regras estas que não se repetem na adoção de adultos, a não ser no que se refere a diretrizes como a diferença mínima de idade entre adotante e adotado e a proibição de adoção de descendentes por ascendentes e entre irmãos.

e) **exploração sexual:** em termos gerais, o tráfico de pessoas para exploração sexual consiste no movimento clandestino e ilícito de pessoas através de fronteiras, com o objetivo de forçá-las a entrar em situações sexualmente opressoras e exploradoras, para lucro dos aliciadores e traficantes.

Consumação e tentativa: consuma-se o crime com a realização das ações previstas no tipo penal, **independentemente do efetivo exercício da finalidade que move o agente**.

Em algumas modalidades (transporte, transferência, acolhimento e alojamento) o crime é **permanente**, admitindo flagrante a qualquer tempo.

A tentativa é admitida.

Como vimos ao tratar da voluntariedade, o tipo traz diversas finalidades especiais que podem caracterizar, caso atingidas, figuras penais autônomas. Neste caso, não há absorção de uma figura penal por outra, **mas sim concurso material**, a exemplo do que ocorre entre o crime de associação criminosa e as eventuais infrações penais que o grupo cometa.

Causas de aumento de pena: a pena do tráfico de pessoas é aumentada de um terço até a metade se:

I – o crime for cometido por funcionário público no exercício de suas funções ou a pretexto de exercê-las: a causa de aumento incide tanto na situação em que o agente exerce sua função para praticar o crime quanto naquela em que pratica o crime se valendo de sua condição.

II – o crime for cometido contra crianças, adolescentes ou pessoa idosa ou com deficiência: criança é a pessoa com até doze anos de idade incompletos, e adolescente aquela entre doze e dezoito anos de idade (art. 2º da Lei 8.069/90); pessoa idosa é aquela com idade igual ou superior a sessenta anos (art. 1º da Lei 10.741/03); pessoa com deficiência, por fim, é aquela que tem impedimento de longo prazo de natureza física, mental, intelectual ou sensorial, o qual, em interação com uma ou mais barreiras, pode obstruir sua participação plena e efetiva na sociedade em igualdade de condições com as demais pessoas (art. 2º da Lei 13.146/15).

III – o agente se prevalecer de relações de parentesco, domésticas, de coabitação, de hospitalidade, de dependência econômica, de autoridade ou de superioridade hierárquica inerente ao exercício de emprego, cargo ou função: justifica-se a majoração da pena porque, nessas hipóteses, o agente se aproveita da proximidade que mantém com a vítima.

IV – a vítima do tráfico de pessoas for retirada do território nacional: temos aqui tipificado o tráfico transnacional de pessoas. Na disciplina normativa anterior este crime estava previsto num tipo autônomo (art. 231), com pena independente do tráfico interno (art. 231-A).

> **MUITA ATENÇÃO!**
>
> No tráfico transnacional, o legislador incorreu num erro grosseiro. Antes a lei punia como tal a conduta que promovesse ou facilitasse a **entrada ou a saída** da vítima traficada. Agora, pune como tráfico **apenas a conduta que visa a retirar a vítima do nosso território** ("exportação"). Diante desse quadro, pergunta-se: como lidar com o comportamento daquele que promove a entrada da vítima no nosso país na condição de objeto traficado ("importação")?
>
> Em respeito ao princípio da legalidade, certamente não configura o crime majorado (art. 149-A, § 1º., IV, CP), mas não deve ser tratado, obviamente, como um indiferente penal. Responde o traficante, a depender da conduta praticada, pela figura fundamental (art. 149-A do CP), mantendo, no entanto, o rótulo de tráfico transnacional (pois extrapola as fronteiras do nosso país), inclusive para fins de competência para o processo e julgamento (que, no caso de transnacionalidade, é da Justiça Federal).

O *território* a que se refere a lei não é apenas o espaço físico entre as fronteiras e o mar territorial nacional, mas compreende todos os lugares abrangidos pelo conceito jurídico do termo (art. 5º, §§ 1º e 2º, do CP).

> **MUITA ATENÇÃO!**
>
> O art. 149-A **não revogou** o art. 239 do ECA nas situações em que o tráfico internacional envolve criança ou adolescente. O crime do ECA pune as condutas de promover ou auxiliar a efetivação de ato destinado ao envio de criança ou adolescente para o exterior com inobservância das formalidades legais ou

> **MUITA ATENÇÃO!**
>
> com o fito de obter lucro. O crime se perfaz com qualquer procedimento ilícito destinado ao envio de menor de idade ao exterior, haja ou não intuito de lucro (aliás, se houver, caracteriza-se o crime mesmo que tenham sido cumpridas as formalidades legais para a saída do menor do Brasil), ao passo que o tráfico de pessoas deve ser cometido mediante grave ameaça, violência, coação, fraude ou abuso e com uma das cinco finalidades elencadas no tipo: remoção de órgãos, tecidos ou partes do corpo; submissão a trabalho em condições análogas à de escravo; submissão a qualquer tipo de servidão; adoção ilegal; ou exploração sexual. A situação em que o menor faz uma viagem internacional acompanhado de apenas um dos pais, e sem autorização do outro, já caracteriza o crime do ECA, o que demonstra a cabal diferença entre esse delito e o tráfico de pessoas.

Causa de diminuição de pena: a pena é reduzida de um a dois terços se o agente for primário (não reincidente) e não integrar organização criminosa (art. 1º, § 1º, da Lei 12.850/13).

EM RESUMO: Crimes contra a Pessoa	
Homicídio	▪ **Objetividade jurídica:** Vida extrauterina. ▪ **Sujeitos ativo e passivo:** Qualquer pessoa. ▪ **Conduta:** Matar pessoa após o seu nascimento. ▪ **Tipo subjetivo:** Dolo (direto ou eventual) de matar. Pune-se também a modalidade culposa. ▪ **Consumação e tentativa:** Consuma-se o crime com a morte. Admite-se a tentativa. **HOMICÍDIO PRIVILEGIADO** A pena pode ser diminuída de 1/6 a 1/3 no homicídio cometido: ▪ por motivo de relevante valor social; ▪ por motivo de relevante valor moral; ▪ sob domínio de violenta emoção. **HOMICÍDIO QUALIFICADO** A pena do homicídio passa a ser de reclusão de 12 a 30 anos se o crime é cometido: ▪ por motivo torpe; ▪ por motivo fútil; ▪ com emprego de veneno, fogo, explosivo, asfixia, tortura ou outro meio insidioso ou cruel, ou de que possa resultar perigo comum; ▪ à traição, de emboscada, ou mediante dissimulação ou outro recurso que dificulte ou torne impossível a defesa do ofendido; ▪ para assegurar a execução, a ocultação, a impunidade ou vantagem de outro crime; ▪ contra a mulher por razões da condição do sexo feminino; ▪ contra autoridade ou agente de segurança pública. **HOMICÍDIO CULPOSO** Decorrente de imprudência, negligência ou imperícia.

Homicídio	**HOMICÍDIO MAJORADO** **homicídio culposo (§ 4º)** → aumento de 1/3: ▪ inobservância de regra técnica de profissão, arte ou ofício; ▪ omissão de socorro; ▪ não procurar diminuir as consequências do comportamento; ▪ fuga para evitar a prisão em flagrante. **homicídio doloso (§ 4º)** → aumento de 1/3: ▪ praticado contra pessoa menor de 14 (quatorze) anos ou maior de 60 (sessenta) anos. § 6º → aumento de 1/3 a 1/2: » homicídio praticado por milícia privada, sob o pretexto de prestação de serviço de segurança, ou por grupo de extermínio. § 7º → aumento de 1/3 a 1/2 no feminicídio: » durante a gestação ou nos três meses posteriores ao parto; » contra pessoa menor de catorze anos, maior de sessenta anos, com deficiência ou portadora de doenças degenerativas que acarretem condição limitante ou de vulnerabilidade física ou mental; » na presença física ou virtual de descendente ou de ascendente da vítima; ▪ em descumprimento das medidas protetivas. **PERDÃO JUDICIAL** O juiz, não obstante a prática de um fato típico e antijurídico por um sujeito comprovadamente culpado, deixa de lhe aplicar, nas hipóteses *taxativamente* previstas em lei, o preceito sancionador cabível, levando em consideração determinadas circunstâncias que concorrem para o evento.
	▪ **Objetividade jurídica:** Incolumidade pessoal do indivíduo. ▪ **Sujeitos ativo e passivo:** Qualquer pessoa. ▪ **Conduta:** Ofender – direta ou indiretamente – a integridade corporal ou a saúde de alguém. ▪ **Tipo subjetivo:** O crime é punido a título de dolo (*caput e* §§ 1º e 2º), culpa (§ 6º) e preterdolo (§§ 1º, 2º e 3º). ▪ **Consumação e tentativa:** Consuma-se o crime com a prática da ofensa corporal. A tentativa é admissível nas modalidades dolosas. ▪ **Modalidades de lesão corporal:** – **Leve:** conceito extraído por exclusão. – **Grave:** é a lesão acrescida de uma das circunstâncias do § 1º: » Incapacidade para as ocupações habituais por mais de trinta dias; » Perigo de vida; » Debilidade permanente de membro, sentido ou função; » Aceleração de parto. – Gravíssima: é a lesão acrescida de uma das circunstâncias do § 2º: » Incapacidade permanente para o trabalho; » Enfermidade incurável;

Lesão Corporal	» Perda ou inutilização de membro, sentido ou função; » Deformidade permanente; » Aborto. – **Seguida de morte (§ 3º):** a lesão é dolosa, mas a morte decorre de culpa. **LESÃO CORPORAL PRIVILEGIADA** A pena pode ser diminuída de 1/6 a 1/3 na lesão corporal cometida: » por motivo de relevante valor social; » por motivo de relevante valor moral; » sob domínio de violenta emoção. **LESÃO CORPORAL CULPOSA** Decorrente de imprudência, negligência ou imperícia. **LESÃO CORPORAL MAJORADA** **lesão culposa (§ 7º)** → aumento de 1/3: » inobservância de regra técnica de profissão, arte ou ofício; » omissão de socorro; » não procurar diminuir as consequências do comportamento; » fuga para evitar a prisão em flagrante. **lesão dolosa (§ 7º)** → aumento de 1/3: » praticada contra pessoa menor de 14 (quatorze) anos ou maior de 60 (sessenta) anos; » praticada por milícia privada ou grupo de extermínio **VIOLÊNCIA DOMÉSTICA E FAMILIAR** O § 9º qualifica a lesão corporal dolosa leve cometida: » contra ascendente, descendente ou irmão: não importa se o parentesco é natural ou não; » contra cônjuge ou companheiro; » contra pessoa com quem o agente conviva ou tenha convivido: exige-se que a lesão corporal tenha sido provocada em razão da vivência, atual ou pretérita; » prevalecendo-se o agente das relações domésticas, de coabitação ou de hospitalidade. - Ainda quanto ao § 9º, se a vítima for portadora de deficiência, aumenta-se a pena em 1/3 (§ 11). - O § 10 traz causa de aumento de pena (1/3) para os crimes em que as situações do § 9º são identificadas nas lesões graves, gravíssimas e seguidas de morte. **LESÃO CORPORAL CONTRA AUTORIDADE OU AGENTE DE SEGURANÇA PÚBLICA** Majora-se de 1/3 a 2/3 a pena da lesão corporal (dolosa leve, grave, gravíssima ou seguida de morte) praticada contra autoridade ou agente descrito nos arts. 142 e 144 da Constituição Federal, integrantes do sistema prisional e da Força Nacional de Segurança Pública, no exercício da função ou em decorrência dela, ou contra seu cônjuge, companheiro ou parente consanguíneo até 3º grau, em razão dessa condição.

Lesão Corporal	**PERDÃO JUDICIAL** Na lesão corporal culposa, aplica-se o perdão judicial na mesma forma estabelecida para o homicídio culposo.
Omissão de Socorro	▪ **Objetividade jurídica:** A segurança do indivíduo. ▪ **Sujeitos ativo e passivo:** Sujeito ativo pode ser qualquer pessoa. Sujeitos passivos são: » Criança abandonada; » Criança extraviada; » Pessoa inválida ou ao desamparo; » Pessoa ferida; » Pessoa em grave e iminente perigo. ▪ **Conduta:** É a não prática de uma ação imposta pelo dever jurídico. O agente deixa de atender ao que determinado pela norma e não presta auxílio pessoal à vítima (assistência imediata), ou, sem condições de auxiliar diretamente, não solicita socorro à autoridade pública (assistência mediata). ▪ **Tipo subjetivo:** Vontade consciente de não prestar assistência (imediata ou mediata), quando possível fazê-lo sem risco pessoal. ▪ **Consumação e tentativa:** Consuma-se o crime no momento da omissão, em que o agente deixa de realizar a atividade devida. Tratando-se de crime omissivo próprio, a tentativa é inadmissível. ▪ **Causas de aumento de pena:** A pena é aumentada de metade se da omissão resulta lesão corporal de natureza grave, e triplicada, se resulta a morte. Trata-se de figura preterdolosa.
Calúnia	▪ **Objetividade jurídica:** Honra objetiva da vítima. ▪ **Sujeitos ativo e passivo:** Qualquer pessoa. ▪ **Conduta:** Imputar a alguém determinado fato criminoso, sabidamente falso. ▪ **Tipo subjetivo:** A intenção do agente é a de causar dano à honra objetiva da vítima. Não se pune a forma culposa. ▪ **Consumação e tentativa:** Consuma-se no momento em que a imputação chega ao conhecimento de terceira pessoa. A tentativa é admitida quando a calúnia é proferida por escrito e este não chega a terceira pessoa por circunstâncias alheias à vontade do agente. ▪ **Exceção da verdade:** O indivíduo a quem se atribui o crime de calúnia tem a oportunidade de provar que o fato por ele imputado realmente ocorreu, exceto: I – se, constituindo o fato imputado crime de ação privada, o ofendido não foi condenado por sentença irrecorrível; II – se o fato é imputado a Presidente da República ou chefe de governo estrangeiro; III – se do crime imputado, embora de ação pública, o ofendido foi absolvido por sentença irrecorrível. ▪ **Exceção de notoriedade:** Oportunidade facultada ao réu de demonstrar que suas afirmações são do domínio público.

<table>
<tr><td>Difamação</td><td>
▪ Objetividade jurídica: Honra objetiva da vítima.
▪ Sujeitos ativo e passivo: Qualquer pessoa.
▪ Conduta: Imputar fato (não criminoso) ofensivo à reputação de alguém.
▪ Consumação e tentativa: O crime se consuma quando terceiro (ainda que um só) conhecer a imputação desonrosa. A tentativa é possível apenas na forma escrita.
▪ Exceção da verdade: É medida excepcional no crime de difamação, permitida quando a ofensa é proferida contra funcionário público no exercício de suas funções.
▪ Exceção de notoriedade: Oportunidade facultada ao réu de demonstrar que suas afirmações são do domínio público.
</td></tr>
<tr><td>Injúria</td><td>
▪ Objetividade jurídica: Honra subjetiva da vítima.
▪ Sujeitos ativo e passivo: Qualquer pessoa pode praticar o crime, assim como qualquer pessoa capaz de compreender a ofensa pode ser vítima.
▪ Conduta: Insultar pessoa determinada, ofendendo-lhe a dignidade ou o decoro.
▪ Tipo subjetivo: A intenção do agente é a de causar dano à honra subjetiva da vítima.
▪ Consumação e tentativa: Consuma-se o crime com a chegada da informação ao conhecimento da pessoa à qual o agente queria ofender. Admite-se a tentativa apenas na forma escrita.
▪ Exceções da verdade e de notoriedade: Não são admitidas na injúria.
▪ Provocação e retorsão: O juiz pode deixar de aplicar a pena:
I - quando o ofendido, de forma reprovável, provocou diretamente a injúria;
II - no caso de retorsão imediata que consista em outra injúria.
▪ Injúria real: A injúria consiste em violência ou vias de fato, que, por sua natureza ou pelo meio empregado, se considerem aviltantes.
▪ Injúria qualificada pelo preconceito: Xingamentos envolvendo raça, cor, etnia, religião, origem ou condição de pessoa idosa ou portadora de deficiência.
</td></tr>
<tr><td>Ação Penal nos crimes contra a Honra</td><td>
AÇÃO PENAL PRIVADA
É a regra (art. 145, caput).
AÇÃO PENAL PÚBLICA CONDICIONADA
A requisição do ministro da justiça:
• Se a vítima for o Presidente da República ou chefe de governo estrangeiro (art. 141, I).
A representação:
• Se a ofensa for dirigida a funcionário público no exercício de suas funções. Exceção: súmula 714 STF;
• Se for caso de injúria preconceito.
AÇÃO PENAL PÚBLICA INCONDICIONADA
Se a ofensa resultar em lesão corporal leve (art. 140, § 2º). Neste caso, após o advento da Lei 9.099/95 há doutrina lecionando que a ação penal deve ser pública condicionada, a mesma cabível no caso do art. 129, caput.
</td></tr>
</table>

Tráfico de Pessoas	▪ **Objetividade jurídica:** A liberdade individual. ▪ **Sujeitos ativo e passivo:** Qualquer pessoa. ▪ **Conduta:** O crime consiste em agenciar, aliciar, recrutar, transportar, transferir, comprar, alojar ou acolher pessoa, mediante grave ameaça, violência, coação, fraude ou abuso. ▪ **Tipo subjetivo:** É o dolo, consistente na vontade consciente de praticar qualquer dos núcleos do tipo. É imprescindível, ainda, a finalidade especial (alternativa) de traficar a pessoa para remover órgãos, tecidos ou partes do corpo, submeter a trabalho em condições análogas à de escravo, submeter a qualquer tipo de servidão, adoção ilegal ou exploração sexual. ▪ **Consumação e tentativa:** Consuma-se o crime com a realização das ações previstas no tipo penal, independentemente do efetivo exercício da finalidade que move o agente. Em algumas modalidades (transporte, transferência, acolhimento e alojamento) o crime é permanente, admitindo flagrante a qualquer tempo. A tentativa é admitida. ▪ **Causas de aumento de pena:** A pena é aumentada de 1/3 a 1/2 se: I – o crime for cometido por funcionário público no exercício de suas funções ou a pretexto de exercê-las; II – o crime for cometido contra crianças, adolescentes ou pessoa idosa ou com deficiência; III – o agente se prevalecer de relações de parentesco, domésticas, de coabitação, de hospitalidade, de dependência econômica, de autoridade ou de superioridade hierárquica inerente ao exercício de emprego, cargo ou função; IV – a vítima do tráfico de pessoas for retirada do território nacional. ▪ **Causa de diminuição de pena:** Reduz-se de 1/3 a 2/3 a pena se o agente for primário (não reincidente) e não integrar organização criminosa (art. 1°, § 1°, da Lei 12.850/13).

✍ QUESTÕES

(Cespe – Policial Rodoviário Federal/2008 – Adaptada) *Acerca dos crimes contra a administração pública, do abuso de autoridade, do tráfico ilícito de entorpecentes e da competência, assinale a opção correta.*

Pratica crime contra a honra e não desacato o sujeito ativo que manda uma carta para a residência de um PRF, afirmando que este é o "maior apropriador do dinheiro público".

GABARITO	CERTO.
COMENTÁRIO	É pressuposto do crime de desacato que a ofensa seja praticada na presença do servidor vítima, isto é, que o ofendido esteja no local do ultraje, vendo, ouvindo ou de qualquer outro modo tomando conhecimento direto do que foi dito. Assim, não configura o desacato a ofensa por escrito, que, no caso do exemplo citado na assertiva, perfaz o crime de injúria, pois se trata de ofensa à honra subjetiva (não há calúnia porque não se imputou *fato* criminoso).

(Cespe – Policial Rodoviário Federal – PRF/2019) *Abordado determinado veículo em região de fronteira internacional, os policiais rodoviários federais suspeitaram da conduta do motorista: ele conduzia duas adolescentes com as quais não tinha nenhum grau de parentesco. Ao ser questionado, o condutor do veículo confessou que fora pago para conduzi-las a um país vizinho, onde seriam exploradas sexualmente. As adolescentes informaram que estavam sendo transportadas sob grave ameaça e que não haviam consentido com a realização da viagem e muito menos com seus propósitos finais.*

Considerando a situação hipotética apresentada, julgue o item a seguir.

A conduta do motorista do veículo se amolda ao tipo penal do tráfico de pessoas, em sua forma consumada, incidindo, nesse caso, causa de aumento de pena, em razão de as vítimas serem adolescentes.

GABARITO	CERTO.
COMENTÁRIO	O crime se consuma com a realização das ações previstas no tipo penal, *independentemente do efetivo exercício da finalidade que move o agente.* No exemplo do enunciado, ainda que o agente não tenha de fato atravessado a fronteira e levado as adolescentes a seu destino final para que fossem exploradas sexualmente, o crime é consumado porque a conduta se subsume à ação nuclear de *transportar.* A pena é majorada em virtude do disposto no § 1º, inc. II, do art. 149-A, que impõe aumento de um terço até a metade nos casos em que o crime é cometido contra criança, adolescente ou pessoa idosa ou com deficiência.

(Cespe – Policial Rodoviário Federal – PRF/2019) *No que se refere à Lei dos Crimes contra o Meio Ambiente e à legislação nacional acerca do tráfico de pessoas, julgue os próximos itens.*

A Política Nacional de Enfrentamento ao Tráfico de Pessoas é coordenada por vários órgãos da Presidência da República.

GABARITO	CERTO.
COMENTÁRIO	O Decreto 9.833/19 dispõe sobre o Comitê Nacional de Enfrentamento ao Tráfico de Pessoas – Conatrap. O órgão, incumbido de elaborar planos e estratégias para dar efetividade à Política Nacional de Enfrentamento ao Tráfico de Pessoas (Decreto 5.948/06), é composto pelo Secretário Nacional de Justiça do Ministério da Justiça e Segurança Pública (presidente), por representantes do Ministério das Relações Exteriores, do Ministério da Cidadania e do Ministério da Mulher, da Família e dos Direitos Humanos, e também por três representantes de organizações da sociedade civil ou de conselhos de políticas públicas, que exerçam atividades relevantes e relacionadas ao enfrentamento ao tráfico de pessoas. Note-se que, quando elaborada a questão, ainda vigorava o Decreto 7.901/13, que estabelecia coordenação tripartite entre o Ministério da Justiça, a Secretaria de Políticas para as Mulheres da Presidência da República e a Secretaria de Direitos Humanos da Presidência da República.

CAPÍTULO XII
CRIMES CONTRA O PATRIMÔNIO

1. FURTO

Objetividade jurídica: tutela-se não apenas a propriedade, mas também a posse e a detenção legítimas de coisa móvel.

Sujeito ativo: qualquer pessoa pode ser sujeito ativo do furto, salvo o próprio dono da coisa. Para a maioria, conforme o caso, o dono comete o crime de exercício arbitrário das próprias razões.

Sujeito passivo: qualquer pessoa, física ou jurídica, proprietária, possuidora ou detentora da coisa assenhorada.

Conduta: é punível a subtração, a retirada da coisa de quem a detém.

A coisa deve ser **alheia**. Deve ser também **móvel**. Para fins penais são considerados coisas móveis os bens capazes de ser transportados de um local para outro sem que percam sua real identidade (os navios, aeronaves e os materiais separados provisoriamente de um prédio são móveis para o Direito Penal, embora não o sejam para o Direito Civil).

Tipo subjetivo: pune-se a vontade consciente de apoderar-se definitivamente de coisa alheia, para si ou para outrem (*animus rem sibi habendi*).

? QUESTÃO: O furto de uso é crime?

➥ ***RESPOSTA:*** *O furto de uso é a subtração de coisa apenas para uso momentâneo, seguido da devolução ao proprietário. Faltando animus furandi, é um indiferente penal, desde que: a) a intenção, desde o início, seja de usar momentaneamente o objeto; b) a coisa não seja consumível; c) haja restituição imediata e integral à vítima.*

Consumação e tentativa: quanto à consumação, existem quatro correntes:

Contrectatio	Dá-se pelo simples contato entre o agente e a coisa (dispensa-se o deslocamento).
***Amotio* (ou *apprehensio*)**	Dá-se quando a coisa subtraída passa para o poder do agente, mesmo que num curto espaço de tempo, independentemente de deslocamento ou posse mansa e pacífica. **É a corrente majoritariamente adotada**, inclusive nos tribunais superiores.
Ablatio	Dá-se com o deslocamento da coisa de um lugar para outro.
Ilatio	A coisa deve ser levada ao local desejado pelo ladrão para ser mantida a salvo.

A tentativa é possível.

Causa de aumento de pena (§ 1º): aumenta-se de 1/3 a pena se o crime é praticado durante o repouso noturno. O critério para definir repouso noturno é variável, não se identificando com a noite, mas sim com o período em que a cidade ou local costumeiramente se recolhe para o descanso diário.

Para a maioria (inclusive STF e STJ), a incidência da majorante dispensa que a casa esteja habitada ou com moradores repousando. E já decidiu o STJ que a majorante se aplica inclusive para furtos cometidos na via pública, pois o que importa é o período de maior vulnerabilidade, não o local em que ocorre o fato (STJ, HC 162.305/DF, DJe 21/06/2010). O mesmo tribunal reconheceu também a incidência da majorante no furto de estabelecimentos comerciais (STJ, REsp. 1.193.074/MG, DJe 15/03/2013).

MUITA ATENÇÃO!

Discute-se se esta causa de aumento de pena (§ 1º) se aplica ao furto qualificado. Os tribunais superiores limitavam a incidência ao furto simples, previsto no *caput*. Mas o STJ decidiu ser possível a aplicação da majorante também no furto qualificado, pois não há incompatibilidade entre esta circunstância e aquelas que qualificam o delito, nem há prejuízo para a dosimetria da pena, tendo em vista que o juiz parte da pena base relativa à forma qualificada e faz incidir o aumento de um terço na terceira fase de aplicação. Além disso, não se justifica a imposição de óbice porque, lançando mão de critério de interpretação semelhante, o tribunal firmou o entendimento de que é possível aplicar sobre o furto qualificado o privilégio do § 2º do art. 155 (STJ, AgRg no REsp 1.658.584/MG, DJe 03/05/2017). O STF também já decidiu no mesmo sentido (STF, HC 130.952/MG, DJe 20/02/2017).

Furto privilegiado (§ 2º): a aplicação do privilégio precisa obedecer a dois critérios: ser o agente **primário** (não reincidente, ainda que tenha maus antecedentes) e ser de **pequeno valor** a coisa subtraída. O pequeno valor do prejuízo (requisito do furto privilegiado) **não se confunde com o prejuízo insignificante**. Este, se presente, exclui a tipicidade (material) pela incidência do princípio da insignificância.

MUITA ATENÇÃO!

Segundo a súmula 511 do STJ, "É possível o reconhecimento do privilégio previsto no § 2º do art. 155 do CP nos casos de crime de furto qualificado, se estiverem presentes a primariedade do agente, o pequeno valor da coisa e a qualificadora for de ordem objetiva". Nota-se que o enunciado destaca a aplicação do privilégio **somente diante de qualificadoras objetivas**. A ressalva foi feita porque, de acordo com a jurisprudência do tribunal, o abuso de confiança e a fraude têm natureza subjetiva (STJ, HC 200.895/RJ, DJe 27/05/2013; HC 462.322/SC, j. 27/11/2018).

Furto de energia (§ 3º): o furto consiste na subtração de coisa alheia móvel para si ou para outrem. O § 3º equipara à coisa móvel a energia elétrica e outras (genética, mecânica, térmica e a radioatividade), desde que tenham valor econômico.

Qualificadoras (§ 4º):

a) Destruição ou rompimento de obstáculo: se a violência for exercida contra o próprio objeto visado, não incide a qualificadora (ex.: quebrar vidro do veículo para furtar o próprio carro).

A Lei nº 10.406/02, que trata das infrações penais de repercussão interestadual ou internacional que exigem repressão uniforme, teve, no art. 1º, o inciso VI incluído pela Lei 13.124/15, que estabelece atribuição à Polícia Federal para investigar furto, roubo ou dano contra instituições financeiras, incluindo agências bancárias ou caixas eletrônicos, quando houver indícios da atuação de associação criminosa em mais de um Estado da Federação.

b) Abuso de confiança: não configura a qualificadora do abuso de confiança a simples relação de emprego ou de hospitalidade (RT 571/391). O agente deve se valer da confiança depositada para executar o crime, pois, se o cometeu nas mesmas circunstâncias em que qualquer pessoa poderia fazê-lo, a qualificadora não incide.

c) Fraude: o emprego da fraude visa a fazer **diminuir a vigilância** sobre a coisa, facilitando com isso a subtração. Não se confunde com o estelionato (art. 171 do CP):

Furto qualificado pela fraude	Estelionato
A fraude visa a diminuir a vigilância da vítima e possibilitar a subtração.	A fraude visa a fazer com que a vítima incida em erro e entregue voluntariamente o objeto ao agente.
A vontade de alterar a posse no furto é unilateral (apenas o agente quer).	A vontade de alterar a posse é bilateral (agente e vítima querem).

d) Escalada: é todo e qualquer meio anormal de o agente ingressar em determinado local (por um túnel ou pela chaminé, por exemplo). Não caracteriza a qualificadora a mera transposição de obstáculo facilmente vencível (ex.: saltar muro baixo).

e) Destreza: caracteriza a peculiar habilidade física ou manual utilizada na prática do crime, fazendo com que a vítima não perceba que está sendo despojada de seus bens (ex.: batedores de carteira).

f) Chave falsa: é o instrumento produzido para abrir fechaduras, ainda que não tenha o formato de uma chave. A ligação direta de veículo não é considerada chave falsa para fins de subsunção à qualificadora.

g) Concurso de pessoas: quanto ao concurso de pessoas, a circunstância de ser um dos comparsas inimputável não faz desaparecer a qualificadora.

Emprego de explosivo (§ 4º-A): a Lei 13.654/18 inseriu no art. 155 o § 4º-A, que comina pena de reclusão de 4 (quatro) a 10 (dez) anos – além da multa – se o furto é cometido com emprego de explosivo ou de artefato análogo que cause perigo comum. A partir da inserção do § 4º-A, a possibilidade de concurso entre os delitos de furto e de explosão deixa de existir para ceder lugar à qualificadora.

Note-se que o furto no qual se utiliza um artefato explosivo traz em si, necessariamente, o rompimento de obstáculo. É a existência do obstáculo, afinal, que torna necessária – ou ao menos conveniente – a explosão que abre o caminho para a subtração. Nesse caso, concorrem duas qualificadoras: a do rompimento de obstáculo e a do emprego do artefato explosivo. Apenas esta última, no entanto, deve ser considerada com a natureza de qualificadora, pois é a circunstância mais grave. O rompimento de obstáculo – assim como, eventualmente, a escalada e o concurso de pessoas, por exemplo – deve ser considerado na qualidade de circunstância judicial, no momento em que se aplica a pena-base, que parte da qualificadora mais grave.

Furto de veículo automotor (§ 5º): pune-se aquele que concorreu, de qualquer modo, para o crime patrimonial, sabendo que a intenção era o transporte do veículo para outro Estado ou país.

MUITA ATENÇÃO!

A pessoa contratada **apenas para o transporte**, não tendo concorrido de alguma forma para a subtração, responde **somente por receptação** ou **favorecimento real**, a depender do caso.

Note-se que se o agente **conseguir consumar a subtração**, mas for **detido antes de chegar** em outro Estado ou país, responderá por furto (simples ou qualificado por alguma das hipóteses do § 4º), mas não por tentativa de furto qualificado pelo § 5º, porque não se pode cogitar de tentativa em uma hipótese em que a subtração já se consumou.

Furto de animal (§ 6º): o furto é qualificado se o objeto material é semovente domesticável de produção, ainda que abatido ou dividido em partes no local da subtração. A opção legislativa de tratar o abigeato (subtração de animais) como qualificadora do furto elevou a pena para dois a cinco anos de reclusão.

? QUESTÃO: O que se entende por "semovente domesticável de produção"?

➥ ***RESPOSTA:*** *Os semoventes podem ser: a) silvestres; b) domesticáveis; c) domesticados. Os animais silvestres (de espécies nativas e migratórias, aquáticas ou terrestres)* ***estão excluídos****. Domesticáveis são os animais que podem ser amansados para conviver em harmonia com o homem. Embora a lei seja expressa apenas em relação a eles, é obvio que se incluem em sua incidência os domesticados, que, aliás, são o real objeto material dos furtos cuja recorrência ensejou a inserção da qualificadora e que deveriam integrar o texto normativo no lugar de "domesticáveis".*

Mas não é só, pois a lei também exige que sejam de produção, isto é, criados com finalidade alimentícia ou comercial em geral. Dessa forma, podem ser considerados semoventes de produção bois, porcos, carneiros, frangos e peixes destinados ao abate, assim como cães, gatos e cavalos criados para reprodução e venda.

Furto de substância explosiva (§ 7º): a Lei 13.654/18 inseriu no art. 155 o § 7º, que pune com reclusão de 4 (quatro) a 10 (dez anos) – além da multa – a subtração de substâncias explosivas ou de acessórios que, conjunta ou isoladamente, possibilitem sua fabricação, montagem ou emprego. Trata-se, portanto, de punir com mais gravidade **a subtração do próprio explosivo e de acessórios**, independentemente de sua utilização.

A aquisição de explosivos por criminosos que se dedicam a praticar furtos mediante o uso desses artefatos pode ocorrer de diversas formas. É possível que um grupo criminoso faça a aquisição de forma clandestina. Há notícias, por exemplo, de condenação de militares que promoviam a venda ilegal de explosivos a associações criminosas dedicadas à subtração de caixas eletrônicos.

Mas é também comum a subtração que vitima quem armazena os explosivos de forma legal. Em tais casos, é possível que se dê tanto por criminosos que atuam somente com a finalidade de suprir a demanda dos furtadores quanto pelo próprio grupo que utilizará os explosivos posteriormente. Nesta situação, não se aplica a consunção, pois, não obstante os explosivos sejam furtados para utilização em outra subtração, trata-se de condutas absolutamente distintas, que atingem patrimônios diversos e que, portanto, não se podem confundir. A imputação deve ser relativa ao furto qualificado do explosivo em concurso material com o furto qualificado pelo emprego do explosivo antes subtraído.

MUITA ATENÇÃO!

A Lei 13.964/19 (Pacote Anticrime) tornou hediondo o furto qualificado pelo emprego de explosivo (§ 4º-A), **mas não** o furto de substância explosiva (§ 7º).

2. ROUBO

Objetividade jurídica: o roubo é um crime complexo, unidade jurídica que se completa pela reunião de dois tipos penais: furto (art. 155 do CP) e constrangimento ilegal (art. 146 do CP). Tutelam-se, a um só tempo, o patrimônio e a liberdade individual da vítima.

Sujeito ativo: a exemplo do que estudamos no furto, também aqui qualquer pessoa pode praticar o crime, exceto o proprietário do bem, que pode ser responsabilizado por exercício arbitrário das próprias razões.

Sujeito passivo: é o proprietário, possuidor ou o mero detentor da coisa, bem como a pessoa contra quem se dirige a violência ou grave ameaça, ainda que desligada da lesão patrimonial (segurança pessoal do possuidor do bem móvel, por exemplo).

Conduta: duas formas de roubo estão previstas no tipo do art. 157: o roubo próprio (*caput*) e o impróprio (§ 1º).

Roubo próprio: aqui o agente, antes de apoderar-se do patrimônio alheio, emprega: a) violência; b) grave ameaça; c) qualquer outro meio capaz de impossibilitar a vítima de resistir ou defender-se.

Para que se caracterize a **violência** contra a pessoa, basta simples lesão leve ou vias de fato. A **ameaça** a que se refere o tipo é uma coação psicológica, a promessa de causar um mal injusto, grave e possível. O **outro meio** referido no tipo é a violência imprópria (emprego de drogas, soníferos, hipnose etc.).

> **MUITA ATENÇÃO!** Se é a própria vítima quem se coloca em uma condição que a incapacite de oferecer resistência, a eventual subtração **não será crime de roubo**, mas de furto.

Roubo impróprio (roubo por aproximação - § 1º): nesta modalidade, **após subtrair a coisa**, o agente constrange a vítima mediante violência ou grave ameaça para **assegurar a impunidade do crime ou a detenção do bem** (trata-se de um crime de furto que se transforma em roubo em face das circunstâncias do caso concreto).

Para que haja roubo impróprio é imprescindível o **prévio apoderamento da coisa**. Se o agente, sem apoderar-se do bem visado, é surpreendido pela vítima e emprega contra ela violência para conseguir fugir, não se caracteriza o roubo impróprio, mas furto tentado em concurso com crime contra a pessoa.

> **MUITA ATENÇÃO!** O roubo impróprio **só ocorre com o emprego de violência ou grave ameaça**. Não há roubo impróprio se o agente usa outro meio para reduzir ou afastar a possibilidade de resistência da vítima.

Tipo subjetivo: é o dolo, consistente na vontade consciente de apoderar-se, para si ou para outrem, mediante violência ou grave ameaça, de coisa alheia móvel. No roubo próprio, exige-se a presença do elemento subjetivo do tipo, que se consubstancia na finalidade de obtenção da coisa para si ou para outrem. Já na modalidade do § 1º, além desse fim especial, deve o agente empregar a violência para assegurar a impunidade do crime ou a detenção da coisa subtraída.

Para a maioria, o **roubo de uso** deve ser punido. Mas há quem sustente que essa conduta caracteriza apenas constrangimento ilegal.

Consumação e tentativa: temos de distinguir a situação em que a violência precede ou é concomitante à subtração patrimonial daquela em que é sucessiva. Na primeira (**roubo próprio**), a posição dos tribunais superiores é de que o crime se consuma com a subtração (o apoderamento) do bem mediante violência ou grave ameaça, dispensando o locupletamento do agente (súmula

582 do STJ). Se, após o emprego da violência pessoal, não puder o agente, por circunstâncias alheias à sua vontade, executar a subtração, reconhece-se a tentativa.

No **roubo impróprio** (violência que sucede a subtração), a consumação se verifica com o emprego da violência ou grave ameaça. No que diz respeito à tentativa, há duas correntes: a) não se admite, pois ou a violência é empregada, e tem-se a consumação, ou não é empregada, e o que se apresenta é o crime de furto (nesse sentido, *RT* 840/652); b) é possível quando o agente, após apoderar-se do bem, tenta empregar violência ou grave ameaça, mas não consegue.

Já decidiu o STF que o roubo cometido contra mais de uma pessoa, no mesmo contexto fático, caracteriza o concurso formal de delitos (STF, HC 112.871/DF, DJe 30/04/2013). Para o STJ, é possível o concurso formal, mas deve ser observada a **quantidade de patrimônios atingidos** pela subtração, não a quantidade de vítimas submetidas à conduta. Assim, se o agente subjuga duas ou mais pessoas para subtrair pertences de apenas uma delas, há só um crime de roubo (STJ, HC 363.933/SP, j. 20/06/2017). Se, no entanto, é atingido mais de um patrimônio, impõe-se o concurso formal (STJ, AgRg no REsp 1.243.675/SP, DJe 29/08/2016). Ressaltamos que o fato de serem as vítimas da mesma família não torna o crime único, incidindo, ainda assim, a regra do concurso formal (STJ, AgRg no AREsp 1.651.955/GO, j. 23/06/2020).

Causas de aumento de pena (§ 2º, § 2º-A e § 2º-B): são aplicáveis tanto ao roubo próprio (*caput*) quanto ao impróprio (§ 1º):

a) **emprego de arma:** originalmente, o emprego de arma (branca ou de fogo) aumentava de 1/3 a 1/2 a pena do roubo, na forma do inciso I do § 2º, que foi revogado pela Lei 13.654/18. A mesma lei inseriu no art. 157 o § 2º-A, que aumenta em 2/3 a pena do roubo cometido com o emprego de arma de fogo. Posteriormente, a Lei 13.964/19 (Pacote Anticrime) incluiu no § 2º o inciso VII, que majora a pena (novamente de 1/3 a 1/2) pelo emprego de arma branca, e inseriu no art. 157 o § 2º-B, que trata do emprego de arma de fogo de uso restrito ou proibido.

b) **concurso de pessoas:** computam-se os inimputáveis ou pessoas não identificadas que tenham participado do crime.

c) **transporte de valores:** o agente deve ter ciência de que a vítima transporta valores. Se, por exemplo, rouba uma mala em que se transportam joias, pensando que há somente roupas, não sofre o aumento de pena.

   O STJ tem decidido que o roubo cometido contra os Correios atrai a majorante (STJ, REsp 1.309.966/RJ, j. 26/08/2014). A competência para o julgamento do roubo cometido em agência dos Correios será determinada de acordo com a natureza daquele estabelecimento: se a agência é própria, o julgamento se dá na Justiça Federal; se franqueada, na Justiça Estadual, conforme tem decidido a Terceira Seção do STJ (CC 145.800/TO, j. 13/04/2016). Note-se que esse entendimento diz respeito ao roubo cometido contra o patrimônio da agência dos Correios, pois, no caso em que a subtração atinge os bens transportados por Sedex, por exemplo – ainda que por agente terceirizado –, o STJ considera que se trata de crime cometido contra o serviço postal, que atrai a competência da Justiça Federal (STJ, CC 133.571/SP, j. 24/09/2014).

d) **subtração de veículo automotor:** a exemplo da qualificadora no furto, a lei busca, com a severidade da pena, minimizar o recorrente roubo de veículos automotores e sua posterior remessa a outros Estados ou países.

e) **restrição à liberdade de locomoção:** se o agente mantém a vítima em seu poder, restringindo a sua liberdade, a pena também é aumentada. Para consumar o crime ou garantir o sucesso da fuga, o autor do roubo mantém a vítima em seu poder, restringindo a sua liberdade de locomoção.

> **MUITA ATENÇÃO!** A majorante não incide se a restrição da liberdade da vítima é desnecessária e por período prolongado, caso em que há roubo em concurso material com sequestro.

Em razão da modificação introduzida na Lei 8.072/90 pela Lei 13.964/19 (Pacote Anticrime), o roubo cometido com restrição à liberdade de locomoção da vítima se tornou hediondo.

f) **subtração de substância explosiva:** por meio da Lei 13.654/18, o § 2º do art. 157 passou a contar com o inciso VI, que aumenta a pena se a subtração for de substâncias explosivas ou de acessórios que, conjunta ou isoladamente, possibilitem sua fabricação, montagem ou emprego. Aplicam-se, no geral, os mesmos comentários tecidos à qualificadora do § 7º do art. 155, com a diferença de que aqui a subtração se dá mediante violência ou grave ameaça.

g) **emprego de arma branca:** a Lei 13.964/19 (Pacote Anticrime) inseriu no § 2º o inciso VII, que majora a pena do roubo cometido com emprego de arma branca, assim considerados todos os objetos confeccionados sem finalidade bélica, porém capazes de intimidar, ferir o próximo (ex.: faca de cozinha, navalha, foice, tesoura, guarda-chuva, pedra, pedaços de vidro, etc.).

h) **emprego de arma de fogo e de substância explosiva:** o § 2º-A, introduzido pela Lei 13.654/18, estabelece o aumento de 2/3 na pena em duas situações.

O inciso I majora a pena se a violência ou a ameaça é exercida com emprego de arma de fogo. De acordo com o § 2º-B, inserido no art. 157 pela Lei 13.964/19 (Pacote Anticrime), a pena é aplicada em **dobro** se a arma de fogo empregada for de **uso restrito ou proibido**.

O emprego da arma de fogo de uso restrito ou proibido que se restrinja ao contexto fático do roubo atrai apenas a majorante. Se a arma é utilizada tão somente para o cometimento do crime patrimonial, seu emprego é considerado apenas um meio para que se alcance o objetivo final. Se, contudo, a arma for localizada com o agente em outro momento, quando já não seja possível estabelecer uma ligação estreita com a subtração cometida, imputam-se em concurso o crime contra o patrimônio majorado e o crime relativo à arma de fogo (art. 16, *caput* ou § 2º, da Lei 10.826/03).

No mais, a Lei 13.964/19 (Pacote Anticrime) alterou o art. 1º da Lei 8.072/90 para inserir no rol dos crimes hediondos o roubo cometido com emprego de **qualquer arma de fogo** (§ 2º-A e § 2º-B).

Em resumo, o emprego de arma no crime de roubo pode ser assim representado:

Arma branca	Arma de fogo de uso permitido	Arma de fogo de uso restrito ou proibido
Aumento de 1/3 até 1/2	Aumento de 2/3	Aumento em dobro

No inciso II do § 2º-A existe outra majorante para as situações em que há destruição ou rompimento de obstáculo mediante o emprego de explosivo ou de artefato análogo que cause perigo comum. Trata-se aqui da situação na qual o agente emprega violência ou grave ameaça a pessoa para praticar a subtração por meio de explosivos. Imaginemos o caso em que um grupo criminoso invade um estabelecimento comercial durante o expediente, subjuga as pessoas presentes e instala um dispositivo explosivo para abrir um cofre. Antes da Lei 13.654/18 havia o crime de roubo em concurso com o de explosão, mas agora, sob pena de *bis in idem*, imputa-se apenas o roubo com pena majorada em dois terços.

MUITA ATENÇÃO!

A Lei 13.964/19 (Pacote Anticrime) tornou hediondo o furto qualificado pelo emprego de explosivo, **mas não o fez em relação ao roubo majorado pela mesma circunstância**, omissão inexplicável que torna desproporcionais as consequências penais para estes crimes. De fato, não é nada razoável impor um tratamento muito mais severo ao autor do furto e não o fazer ao autor do roubo, crime que, além do emprego de explosivo, carrega circunstâncias de especial gravidade como a violência e a grave ameaça a pessoa.

Roubo qualificado pelo resultado: o § 3º está dividido em dois incisos. O primeiro refere-se ao resultado lesão corporal de natureza grave (§§ 1º e 2º do art. 129 do CP); o segundo, ao resultado morte (latrocínio). A divisão em dois incisos foi promovida pela Lei 13.654/18, que também alterou a pena máxima relativa à primeira qualificadora, passando-a de quinze para dezoito anos. E a Lei 13.964/19 (Pacote Anticrime) alterou a Lei 8.072/90 para incluir no rol dos crimes hediondos o roubo do qual decorre lesão corporal grave. Antes, apenas o latrocínio era classificado como hediondo, mas, atualmente, ambas as qualificadoras têm esta natureza.

CONSUMAÇÃO DO LATROCÍNIO		
Morte	**Subtração**	**Latrocínio**
Consumada	Consumada	Consumado
Tentada	Tentada	Tentado
Consumada	Tentada	Consumado (súmula 610 do STF)
Tentada	Consumada	Tentado

3. EXTORSÃO

Objetividade jurídica: protege-se o patrimônio e, secundariamente, a inviolabilidade pessoal da vítima.

Sujeito ativo: não se exige nenhuma qualidade especial do agente, razão pela qual o crime pode ser cometido por qualquer pessoa.

Sujeito passivo: também qualquer pessoa pode ser vítima da extorsão.

Conduta: a conduta de constranger significa coagir alguém a fazer algo, tolerar que se faça ou deixar de fazê-lo. Dá-se mediante violência (física) ou grave ameaça.

Entende-se por violência o constrangimento físico da vítima (emprego de força sobre seu corpo), que lhe retira os meios de defesa. A grave ameaça consiste na intimidação, isto é, na coação psicológica, na promessa, direta ou indireta, implícita ou explícita, de castigo ou de malefício.

> **MUITA ATENÇÃO!**
>
> O crime de extorsão não se confunde com o de roubo: neste, o agente emprega violência ou grave ameaça **para subtrair o bem**, buscando imediata vantagem, **dispensando**, para tanto, a colaboração da vítima; já na extorsão o sujeito ativo emprega violência ou grave ameaça para fazer com que a vítima **lhe proporcione indevida vantagem** mediata (futura), sendo, portanto, de **suma importância a participação do constrangido**.

Tipo subjetivo: é o dolo, consistente na vontade consciente de constranger alguém, mediante violência ou grave ameaça, com o fim de obter indevida vantagem econômica, a fazer, tolerar que se faça ou deixar de fazer algo.

Se a finalidade é a obtenção de vantagem de natureza moral, o crime é de constrangimento ilegal; se a vantagem é de natureza sexual, o crime é de estupro; se a vantagem é devida, o crime é de exercício arbitrário das próprias razões.

Consumação e tentativa: a doutrina é divergente sobre o momento consumativo do delito. Para a maioria, o crime é formal (ou de consumação antecipada), perfazendo-se no momento em que o agente emprega os meios aptos a constranger a vítima a lhe proporcionar indevida vantagem econômica (o enriquecimento indevido constitui mero exaurimento, a ser considerado na fixação da pena). É a orientação adotada pelo STJ por meio da súmula 96, segundo a qual "O crime de extorsão consuma-se independentemente da obtenção da vantagem indevida".

Há, contudo, minoria sustentando a materialidade do crime, para o qual não bastaria o constrangimento com o emprego de violência ou grave ameaça. Além disso, seria indispensável a obtenção da vantagem indevida.

A tentativa é possível (delito plurissubsistente).

Causas de aumento de pena (§ 1º): aumenta-se a pena de 1/3 a 1/2 se o crime é cometido:

a) **por duas ou mais pessoas:** pela redação da majorante, conclui-se que a extorsão, diferentemente do que ocorre no roubo, só será majorada se houver, no mínimo, duas ou mais pessoas de fato executando o crime, excluindo-se eventuais partícipes.

b) **com emprego de arma:** o substantivo "arma" gera controvérsia na doutrina. Para uns, a expressão abrange somente os objetos produzidos (e destinados) com a finalidade bélica (ex.: arma de fogo). Outros, em interpretação extensiva, compreendem também os objetos confeccionados sem finalidade bélica, porém capazes de intimidar, ferir o próximo (ex.: faca de cozinha, navalha, foice, tesoura, guarda-chuva, pedra etc.). Prevalece na doutrina e na jurisprudência o sentido amplo, abrangendo as duas acepções (todo o objeto ou utensílio que sirva para matar, ferir ou ameaçar, seja qual for a forma ou o seu destino principal). Essa corrente, aliás, ganhou força com o advento da Lei 13.964/19. É que o legislador, no art. 157 do CP, diferencia arma de fogo de arma branca. Se o art. 158 do CP não o faz, a expressão deve ser tratada como gênero, alcançando qualquer instrumento capaz de servir ao ataque.

Extorsão qualificada (§ 2º): o crime será hediondo se da extorsão resultar lesão corporal grave ou a morte da vítima. A redação do dispositivo manda aplicar as regras do disposto no art. 157, § 3º.

Sequestro relâmpago (§ 3º): o § 3º do art. 158, introduzido pela Lei 11.923/2009, qualifica o crime quando cometido mediante a restrição da liberdade da vítima, e essa condição é necessária para a obtenção da vantagem econômica. A pena de reclusão passa a ser de 6 (seis) a 12 (doze) anos, além da multa. Se resulta lesão corporal grave ou morte, aplicam-se as penas previstas no art. 159, §§ 2º e 3º, respectivamente.

A privação/restrição da liberdade da vítima pode servir como meio para a prática de três crimes patrimoniais: roubo (art. 157, § 2º, V), extorsão comum (art. 158, § 3º) e extorsão mediante sequestro (art. 159). É preciso sempre analisar as circunstâncias do caso concreto:

	Roubo	Extorsão comum	Extorsão mediante sequestro
Núcleo	Subtrair com violência	Constranger com violência	Sequestrar
Colaboração da vítima	Dispensável	Indispensável (a vantagem depende de seu comportamento)	Dispensável (a vantagem depende de comportamento de terceira pessoa)

MUITA ATENÇÃO!

Na redação conferida ao art. 1º, inc. III, da Lei 8.072/90 pela Lei 13.964/19, o legislador se valeu da expressão "extorsão qualificada pela restrição da liberdade da vítima, ocorrência de lesão corporal ou morte", que evidencia a intenção de **abranger as qualificadoras** da lesão corporal de natureza grave e da morte (§ 2º), assim como a da restrição à liberdade da vítima (§ 3º). O dispositivo, no entanto, menciona entre parênteses apenas o § 3º, o que, a nosso ver, deve ser encarado apenas como falha de redação, jamais como propósito de eximir da hediondez o § 2º.

4. EXTORSÃO MEDIANTE SEQUESTRO

Objetividade jurídica: busca-se proteger o patrimônio e a liberdade de locomoção da vítima, bem como sua integridade física.

Sujeito ativo: qualquer pessoa pode praticar o crime.

Sujeito passivo: são vítimas tanto a pessoa que tem sua liberdade tolhida quanto a que sofre a lesão patrimonial em virtude da extorsão.

MUITA ATENÇÃO!

Se um animal é enclausurado e sua soltura é condicionada ao pagamento de resgate, há **crime de extorsão (art. 158)**, pois **somente pessoas** podem sofrer sequestro.

Conduta: no verbo nuclear *sequestrar* reside o tipo objetivo do delito. Significa impedir, mediante qualquer meio (violência, grave ameaça etc.), com a finalidade de obtenção de qualquer vantagem como condição ou preço do resgate, que alguém exercite o seu direito de ir e vir.

Muito embora a redação legal se refira a "qualquer vantagem", a doutrina ensina que somente o benefício econômico pode ser visado, pois se trata de delito patrimonial.

Se a vantagem é devida, há exercício arbitrário das próprias razões em concurso formal com sequestro (art. 148).

Há o crime ainda que a vítima não seja removida de um local para outro.

Tipo subjetivo: é o dolo, consistente na vontade consciente de privar a vítima de sua liberdade, aliado à finalidade de obter ilícita vantagem em troca da liberdade do sequestrado (elemento subjetivo específico).

Consumação e tentativa: consuma-se o crime com a privação da liberdade da vítima. O recebimento do resgate é um simples exaurimento, considerado pelo magistrado na dosagem da pena.

Trata-se de crime permanente, isto é, admite flagrante enquanto a vítima estiver privada de sua liberdade (art. 302, I, do CPP), começando a correr a prescrição somente depois de liberada a vítima (art. 111, III, do CP).

A tentativa é admissível (crime plurissubsistente).

O breve período de privação da liberdade da vítima **não descaracteriza o crime**, mas pode influenciar na fixação da pena.

Qualificadoras: o crime de extorsão mediante sequestro é qualificado nas seguintes hipóteses:

a) **a privação da liberdade da vítima ultrapassa o período de vinte e quatro horas:** considera-se que, quanto mais longo o período de cativeiro, maiores são os danos físicos e psicológicos sofridos pela vítima.

b) **o sequestrado é menor de dezoito ou maior de sessenta anos:** a qualificadora referente à idade do sequestrado leva em consideração, em primeiro lugar, a maior facilidade de que dispõem os agentes, já que, em geral, vítimas menores ou idosas possuem menor capacidade de resistência. Além disso, o sequestro de pessoas nessas circunstâncias é capaz de incutir maior temor nos familiares, causando abalos psicológicos de natureza ainda mais grave do que em circunstâncias diversas.

c) **crime cometido por associação criminosa:** aqui, como se pode notar, justifica-se a elevação da pena em razão da maior periculosidade ostentada pelos agentes, que atuam em grupo formado para a prática de crimes.

MUITA ATENÇÃO!

O art. 159, § 1º, do Código Penal ainda se refere ao crime de quadrilha ou bando, embora a Lei nº 12.850/13 tenha alterado o *nomen iuris* do delito tipificado no art. 288 para "associação criminosa", além de lhe modificar o número mínimo de integrantes, que passou a ser de três. Na prática, todavia, não há **nenhuma alteração** no trato da matéria, pois não houve *abolitio criminis*, incidindo o princípio da continuidade normativo-típica. Dessa forma, onde se lê, no § 1º do art. 159, "quadrilha ou bando", deve-se considerar "associação criminosa".

d) **lesão grave e morte:** quanto aos §§ 2º e 3º do art. 159, a exemplo do que ocorre no crime de roubo, a lesão corporal grave e a morte podem decorrer de culpa ou de dolo do agente e podem vitimar tanto o sequestrado quanto o extorquido, assim como qualquer outra pessoa, desde que, obviamente, inserida no contexto fático do delito.

Delação premiada: é causa especial de redução de pena (1/3 a 2/3). Seus requisitos são:

a) Que o crime tenha sido cometido em concurso de pessoas;

b) Que um dos concorrentes denuncie (esclareça, dê conhecimento) à autoridade (Delegado, Promotor, Juiz etc.);

c) Que o relato facilite a libertação do sequestrado: não é suficiente a mera intenção do agente).

Como se observa, o pagamento ou não do resgate **não se insere** dentre os requisitos da delação premiada. Portanto, independentemente da diminuição patrimonial, presentes os requisitos acima apontados, pode haver a redução de pena.

5. RECEPTAÇÃO

Objetividade jurídica: proteção do patrimônio de quem, com a receptação, vê seu bem mais distante de si. A administração da Justiça, ainda que de forma secundária, também é tutelada pela norma.

Sujeito ativo: pode ser qualquer pessoa que não houver concorrido, de alguma forma, para o crime anterior.

MUITA ATENÇÃO! Excepcionalmente, pode figurar como sujeito ativo o proprietário do bem, caso o objeto esteja na posse legítima de terceiro.

Sujeito passivo: é a mesma vítima do delito antecedente.

Conduta: o tipo penal deve ser dividido em duas partes:

a) **receptação própria (art. 180, *caput*, 1ª parte)**: o agente, sabendo ser a coisa produto de crime, a **adquire**, **recebe**, **transporta**, **conduz** ou **oculta**.

b) **receptação imprópria (art. 180, *caput*, 2ª parte):** o agente **influi para que terceiro**, de boa-fé, adquira, receba ou oculte a coisa produto de crime. Neste caso, o agente não é propriamente o receptador, mas aquele que incute no terceiro a ideia de adquirir, receber ou ocultar o bem obtido por meio de atividade criminosa (é o intermediário). Logicamente, o terceiro deve agir de boa-fé, pois, do contrário, atua como receptador próprio, e quem o influenciou responde como partícipe da conduta descrita na primeira parte do *caput*.

O objeto material da receptação é produto de **crime anterior** (mesmo que modificado ou alterado). Para que se configure a receptação (própria ou imprópria), é **imprescindível** a existência de delito precedente (a receptação é um crime acessório ou parasitário).

MUITA ATENÇÃO! Produto de contravenção penal **não gera receptação**, vedando-se a analogia incriminadora.

O STJ firmou a tese de que o talonário de cheques tem valor econômico, razão por que pode ser objeto de receptação (STJ, AREsp 1.040.873/MG, DJe 08/05/2017).

Receptação qualificada (§ 1º): trata-se de crime próprio, vez que somente pode ser praticado por quem exerce atividade comercial ou industrial (razão do rigorismo da pena). De acordo com o § 2º, à atividade comercial se equipara qualquer forma de comércio irregular ou clandestino, inclusive aquele exercido em residência. Assim, a atividade de vendedores ambulantes, por exemplo, que disponibilizam à venda produtos de contrabando, ainda que o façam em suas residências, caracteriza o delito.

Note-se que, para a incidência da qualificadora, **não basta ser comerciante** e adquirir um objeto produto de crime. O produto adquirido **deve estar ligado,** direta ou indiretamente, à atividade comercial exercida.

O § 1º traz diversas condutas típicas não presentes no *caput*. São elas: ter em depósito, desmontar, montar, remontar, vender, expor à venda e utilizar, de qualquer forma, coisa que deve saber ser produto de crime.

Tipo subjetivo: as condutas do *caput* são punidas a título de dolo. O agente **deve ter certeza** da origem criminosa da coisa (dolo direto). A dúvida, dependendo das circunstâncias, pode configurar a receptação culposa, tipificada no § 3º.

O tipo também exige um fim especial de agir, que é o de obter vantagem ilícita para si ou para outrem. Se alguém age como simples forma de auxiliar o autor do delito antecedente, pratica favorecimento real, e não receptação.

A figura qualificada do § 1º é punida a título de dolo, e a doutrina debate sobre a natureza da expressão "deve saber", contida no tipo. Para uns, trata-se somente de dolo eventual e, consequentemente, aquele que sabe (dolo direto) responde nas penas do *caput*. A desproporcionalidade gerada pela diferença entre as penas é resolvida com a declaração de inconstitucionalidade do preceito qualificado. Já para outros, a expressão "sabe" está contida em "deve saber", pois, se o legislador pretende punir mais severamente quem deveria ter conhecimento da origem criminosa do bem, é óbvia sua intenção de punir também quem conhece diretamente a proveniência da coisa.

Consumação e tentativa: a **receptação própria e a qualificada são crimes materiais**, consumando-se no momento em que a coisa é incluída na esfera de disponibilidade do agente. As condutas de transporte, condução e ocultação são formas permanentes do crime, possibilitando a prisão em flagrante a qualquer tempo.

A **modalidade imprópria de receptação é formal**, bastando a influência sobre o terceiro de boa-fé.

A doutrina, na sua maioria, explica ser admissível a tentativa somente na receptação própria.

Receptação culposa (§ 3º): a receptação é o **único crime contra o patrimônio que admite a modalidade culposa**, consistente na conduta daquele (qualquer pessoa) que adquirir ou receber coisa que, por sua natureza (sua essência) ou pela desproporção (manifesta, clara, flagrante) entre o valor e o preço, ou pela condição de quem a oferece (idade, aparência, profissão etc.), deve presumir-se obtida por meio criminoso. São circunstâncias **não cumulativas** que fazem presumir a qualidade espúria da coisa.

Perdão judicial e privilégio (5º): a primeira parte deste parágrafo autoriza o perdão judicial para o caso de receptação culposa (3º) se presentes dois requisitos:

a) ser o autor primário;

b) ter agido com culpa levíssima.

O valor da coisa **não é relevante** para a aplicação do benefício.

A segunda parte, **tratando-se de crime doloso**, remete o aplicador da lei ao art. 155, § 2º (causa de diminuição de pena de um a dois terços, ou aplicação de multa apenas). Requisitos:

a) ser o agente primário;

b) ser de pequeno o valor a coisa receptada.

Causa de aumento de pena (§ 6º): a Lei 13.531/17 alterou o § 6º para incluir na majorante o fato cometido contra o patrimônio do Distrito Federal, de autarquia, de fundação pública ou de empresa pública. Antes a pena era elevada somente nas hipóteses em que o agente praticava o crime contra bens e instalações do patrimônio da União, de Estado, de Município, de empresa concessionária de serviços públicos ou de sociedade de economia mista.

A majorante somente é aplicada nos casos em que a conduta do receptador se subsume aos preceitos existentes no *caput* do dispositivo, **excluindo-se a qualificadora e a forma culposa.**

<table>
<tr><th colspan="2">EM RESUMO: Crimes contra o Patrimônio</th></tr>
<tr><td>Furto</td><td>
▪ Objetividade jurídica: A propriedade, a posse e a detenção de coisa móvel.
▪ Sujeitos ativo e passivo: Qualquer pessoa.
▪ Conduta: É punível a subtração, a retirada da coisa de quem a detém. A coisa deve ser alheia e móvel.
▪ Tipo subjetivo: Pune-se a vontade consciente de apoderar-se definitivamente de coisa alheia, para si ou para outrem (animus rem sibi habendi).
▪ Furto de uso: é fato atípico.
▪ Consumação e tentativa: Adota-se a teoria da amotio, segundo a qual o crime se consuma quando a coisa subtraída passa para o poder do agente, mesmo que num curto espaço de tempo, independentemente de deslocamento ou posse mansa e pacífica.
▪ Causa de aumento de pena: Aumenta-se em 1/3 a pena se o crime é praticado durante o repouso noturno, compreendido como o período em que a cidade ou local costumeiramente se recolhe para o descanso diário.
FURTO PRIVILEGIADO
Deve obedecer a dois critérios:
▪ ser o agente primário;
▪ ser de pequeno valor a coisa subtraída.
FURTO DE ENERGIA
Equiparam-se à coisa móvel a energia elétrica e outras (genética, mecânica, térmica e a radioatividade), desde que tenham valor econômico.
FURTO QUALIFICADO
▪ a pena passa a ser de 2 a 8 anos de reclusão se o furto é cometido mediante (§ 4º):
» Destruição ou rompimento de obstáculo;
» Abuso de confiança;
» Fraude;
» Escalada;
» Destreza;
» Chave falsa;
» Concurso de pessoas.
▪ § 4º-A: a pena é de 4 a 10 anos de reclusão se o furto é cometido com emprego de explosivo ou de artefato análogo que cause perigo comum.
</td></tr>
</table>

Furto	▪ § 5º: a pena é 3 a 8 anos de reclusão se a subtração é de veículo automotor que venha a ser transportado para outro Estado ou para o exterior. ▪ § 6º: a pena é de 2 a 5 anos de reclusão se o furto é de semovente domesticável de produção. ▪ § 7º: a pena é de 4 a 10 anos de reclusão se o furto é de substâncias explosivas ou de acessórios que, conjunta ou isoladamente, possibilitem sua fabricação, montagem ou emprego.
Roubo	▪ **Objetividade jurídica:** A propriedade, a posse e a detenção de coisa móvel. ▪ **Sujeitos ativo e passivo:** Qualquer pessoa. ▪ **Conduta:** É punível a subtração cometida com violência ou grave ameaça, ou ainda com o emprego de algum meio que reduza a vítima à impossibilidade de resistência. » **Roubo próprio:** antes de se apoderar do bem, o agente emprega um dos três meios mencionados. » **Roubo impróprio:** depois de se apoderar do bem, o agente emprega violência ou ameaça para assegurar a impunidade ou a detenção do que subtraiu. ▪ **Tipo subjetivo:** É o dolo, consistente na vontade consciente de apoderar-se, para si ou para outrem, mediante violência ou grave ameaça, de coisa alheia móvel. » **Roubo próprio:** exige-se o elemento subjetivo específico de obter a coisa para si ou para outrem. » **Roubo impróprio:** além do fim especial anterior, o agente deve ter o propósito de assegurar a impunidade do crime ou a detenção da coisa subtraída. ▪ **Consumação e tentativa:** - Roubo próprio: consuma-se com a subtração do bem mediante violência ou grave ameaça, dispensando o locupletamento do agente. » **Roubo impróprio:** a consumação se verifica com o emprego da violência ou grave ameaça que se segue à subtração. » A tentativa é plenamente admissível no roubo próprio, mas é objeto de controvérsia no impróprio. ▪ **Causas de aumento de pena:** aumenta-se a pena de 1/3 a ½ (§ 2º): » se praticado o crime em concurso de pessoas; » se a vítima está em serviço de transporte de valores; » se a subtração é de veículo automotor que venha a ser transportado para outro Estado ou para o exterior; » no caso de restrição à liberdade de locomoção da vítima; » se a subtração é de substância explosiva; » se há emprego de arma branca. ▪ aumenta-se a pena em 2/3 (§ 2º-A): » se há emprego de arma de fogo; » se há rompimento de obstáculo pelo emprego de substância explosiva.

<table>
<tr><td>Roubo</td><td>
▪ § 2º-B: a pena é aplicada em dobro se a arma de fogo empregada é de uso restrito ou proibido.
ROUBO QUALIFICADO PELO RESULTADO
§ 3º: o roubo é qualificado se da violência resulta:
▪ lesão corporal grave: pena de reclusão de 7 a 18 anos, e multa
▪ morte: pena de reclusão de 20 a 30 anos, e multa.
</td></tr>
<tr><td>Extorsão</td><td>
▪ Objetividade jurídica: O patrimônio e, secundariamente, a inviolabilidade pessoal da vítima.
▪ Sujeitos ativo e passivo: Qualquer pessoa.
▪ Conduta: Constranger alguém, por meio de violência ou grave ameaça, a fazer algo, tolerar que se faça ou deixar de fazê-lo.
▪ Tipo subjetivo: É o dolo, consistente na vontade consciente de constranger alguém, mediante violência ou grave ameaça, com o fim de obter indevida vantagem econômica, a fazer, tolerar que se faça ou deixar de fazer algo.
▪ Consumação e tentativa: De acordo com a orientação majoritária, o crime se consuma com o constrangimento, independentemente da obtenção da vantagem visada (súmula 96 do STJ). A tentativa é admissível.
▪ Causas de aumento de pena: O § 1º do art. 158 aumenta a pena de 1/3 a 1/2 se o crime é cometido:
» por duas ou mais pessoas (que de fato executem a ação);
» com emprego de arma (branca ou de fogo).
EXTORSÃO QUALIFICADA
▪ § 2º: a pena é de reclusão de:
» 7 a 18 anos, e multa, se da violência resulta lesão corporal grave;
» 20 a 30 anos, e multa, se da violência resulta a morte.
▪ § 3º: a pena é de 6 a 12 anos no crime cometido mediante a restrição da liberdade da vítima, e essa condição é necessária para a obtenção da vantagem econômica. Caso dessa conduta decorra lesão corporal grave, a pena é de reclusão de 16 a 24 anos; se resulta a morte, é de 24 a 30 anos.
</td></tr>
<tr><td>Extorsão mediante sequestro</td><td>
▪ Objetividade jurídica: O patrimônio e a liberdade de locomoção da vítima, bem como sua integridade física.
▪ Sujeitos ativo e passivo: Qualquer pessoa. O sequestrado e a vítima da extorsão podem ser pessoas diferentes.
▪ Conduta: Impedir, mediante qualquer meio (violência, grave ameaça etc.), com a finalidade de obtenção de qualquer vantagem como condição ou preço do resgate, que alguém exercite o seu direito de ir e vir.
▪ Tipo subjetivo: É o dolo, consistente na vontade consciente de privar a vítima de sua liberdade, aliado à finalidade de obter ilícita vantagem em troca da liberdade do sequestrado.
▪ Consumação e tentativa: Consuma-se o crime com a privação da liberdade da vítima. O recebimento do resgate é simples exaurimento. A tentativa é admissível.
</td></tr>
</table>

<table>
<tr><td>Extorsão mediante sequestro</td><td>
▪ Qualificadoras: a pena é de reclusão de 12 a 20 anos se (§ 1º):
» a privação da liberdade da vítima ultrapassa o período de vinte e quatro horas;
» o sequestrado é menor de dezoito ou maior de sessenta anos;
» o crime é cometido por associação criminosa.
▪ § 2º: a pena é de reclusão de 16 a 24 anos se do fato resulta lesão corporal de natureza grave.
▪ § 3º: a pena é de reclusão de 24 a 30 anos se do fato resulta a morte.
▪ Delação premiada: A pena pode ser reduzida de 1/3 a 2/3 se um dos concorrentes do crime cometido em concurso de pessoas o comunica à autoridade e facilita a libertação da vítima. Não é um requisito da minorante que o resgate deixe de ser pago ou seja restituído.
</td></tr>
<tr><td>Receptação</td><td>
▪ Objetividade jurídica: O patrimônio de quem, com a receptação, vê seu bem mais distante de si. A regularidade da administração da Justiça, de forma secundária.
▪ Sujeitos ativo e passivo: Qualquer pessoa pode cometer o crime. O sujeito passivo é a mesma vítima do crime antecedente.
▪ Conduta: A receptação pode ser própria ou imprópria:
» receptação própria (art. 180, caput, 1ª parte): o agente, sabendo ser a coisa produto de crime, a adquire, recebe, transporta, conduz ou oculta.
» receptação imprópria (art. 180, caput, 2ª parte): o agente influi para que terceiro, de boa-fé, adquira, receba ou oculte a coisa produto de crime. Neste caso, o agente não é propriamente o receptador, mas o intermediário.
▪ É pressuposto da receptação a existência de um crime anterior. O produto de contravenção penal não é abrangido pelo tipo.
▪ Tipo subjetivo:
» Na conduta do caput, o agente deve atuar com dolo direto sobre a origem criminosa do bem. Deve ter também um fim especial de agir (obter vantagem ilícita para si ou para outrem).
» Na receptação qualificada, o agente deve atuar com dolo, mas há discussão a respeito da natureza do dolo na expressão "deve saber", contida no tipo penal.
» Pune-se também a modalidade culposa.
▪ Consumação e tentativa:
» Receptação própria e receptação qualificada: são crimes materiais, consumando-se no momento em que a coisa é incluída na esfera de disponibilidade do agente.
» Receptação imprópria: é crime formal, bastando a influência sobre o terceiro de boa-fé.
» De acordo com a maioria da doutrina, admite-se a tentativa apenas nas modalidades materiais.
</td></tr>
</table>

Receptação	▪ **Receptação qualificada:** É crime próprio, praticado por quem exerce atividade comercial ou industrial, às quais se equipara qualquer forma de comércio irregular ou clandestino, inclusive aquele exercido em residência. Mas não basta ser comerciante e adquirir um objeto produto de crime. O produto adquirido deve estar ligado, direta ou indiretamente, à atividade comercial exercida. ▪ **Receptação culposa:** Pune-se quem adquire ou recebe coisa que, por sua natureza (essência) ou pela desproporção (manifesta) entre o valor e o preço, ou pela condição de quem a oferece (idade, aparência, profissão etc.), deve presumir-se obtida por meio criminoso. ▪ **Perdão judicial:** É possível, na receptação culposa, se o autor é primário e se agiu com culpa levíssima. ▪ **Privilégio:** O agente pode ser beneficiado pelo mesmo privilégio do furto (art. 155, § 2º) se for primário e se a coisa receptada for de pequeno valor. ▪ **Causa de aumento de pena:** Aplica-se em dobro a pena quando o crime é cometido contra o patrimônio da União, de Estado, do Distrito Federal, de Município ou de autarquia, fundação pública, empresa pública, sociedade de economia mista ou empresa concessionária de serviços públicos. A majorante se aplica apenas às condutas do *caput*.

QUESTÕES

(Cespe – Policial Rodoviário Federal – DPRF/2013) *No que se refere aos delitos previstos na parte especial do CP, julgue o item.*

Em se tratando do crime de furto mediante fraude, a vítima, ludibriada, entrega, voluntariamente, a coisa ao agente. No crime de estelionato, a fraude é apenas uma forma de reduzir a vigilância exercida pela vítima sobre a coisa, de forma a permitir a sua retirada.

GABARITO	ERRADO.
COMENTÁRIO	A assertiva está errada porque inverte os conceitos de furto mediante fraude e de estelionato. Naquele, a fraude visa a diminuir a vigilância da vítima e possibilitar a subtração. O bem é retirado sem que a vítima perceba que está sendo despojada. No estelionato, a fraude visa a fazer com que a vítima incida em erro e entregue voluntariamente o objeto ao agente. A vontade de alterar a posse no furto é unilateral (apenas o agente quer); já no estelionato é bilateral (agente e vítima querem).

(Cespe – Policial Rodoviário Federal/2008 – Adaptada) *A respeito dos crimes contra o patrimônio, assinale a opção correta.*

Uma das distinções entre o crime de concussão e o de extorsão é que, no primeiro tipo penal, o funcionário público deve exigir a indevida vantagem sem o uso de violência ou de grave ameaça, que são elementos do segundo tipo penal referido.

GABARITO	CERTO.
COMENTÁRIO	No crime de concussão, a conduta nuclear típica é a de *exigir*. Na exigência feita pelo *intraneus* há sempre algum tipo de constrição, influência intimidativa sobre o particular ofendido, havendo necessariamente algo de coercitivo. O agente impõe, ordena, de forma intimidativa ou coativa, a vantagem que almeja e a que não faz jus. Não há, todavia, grave ameaça ou violência. A intimidação da exigência decorre da própria posição ocupada pelo funcionário público. Já no crime de extorsão, a conduta é a de constranger alguém, mediante violência ou grave ameaça, e com o intuito de obter para si ou para outrem indevida vantagem econômica, a fazer, tolerar que se faça ou deixar fazer alguma coisa.

(Cespe – Policial Rodoviário Federal/2004 – Adaptada) *Em cada um dos itens subsequentes, é apresentada uma situação hipotética a respeito dos crimes contra o patrimônio e a administração pública, seguida de uma assertiva a ser julgada.*

Um indivíduo, mediante violência e grave ameaça exercida com o emprego de um revólver municiado, exigiu que a vítima preenchesse e assinasse um cheque no valor de R$ 4 mil, entregando-o posteriormente para ser sacado no banco. Nessa situação, o indivíduo praticou um crime de roubo, com a causa de aumento de pena devido ao emprego de arma.

GABARITO	ERRADO.
COMENTÁRIO	A conduta descrita na assertiva consistem em *constranger*, isto é, obrigar, coagir alguém a fazer algo – no caso, preencher o cheque – com a finalidade de obter vantagem econômica. Devemos sempre atentar, como vimos acima, que a conduta da extorsão não se confunde com a do roubo, que consiste em subtrair.

(Cespe – Policial Rodoviário Federal/2008 – Adaptada) *A respeito dos crimes contra o patrimônio, assinale a opção correta.*

No crime de extorsão mediante sequestro, faz jus à delação premiada o coautor que delatou os comparsas e indicou o local do cativeiro, ainda que reste comprovado que a vítima tenha sido liberada após configurada a expectativa de êxito da prática delituosa, isto é, após o recebimento do dinheiro exigido como preço do resgate.

GABARITO	ERRADO.
COMENTÁRIO	Está errada a assertiva porque a delação premiada na extorsão mediante sequestro somente pode beneficiar o agente se efetivamente facilitar a libertação do sequestrado. Se a libertação ocorreu porque os demais receberam o resgate, não há diminuição da pena do delator.

CAPÍTULO XIII

CRIMES CONTRA A DIGNIDADE SEXUAL

1. ESTUPRO

Objetividade jurídica: tutela-se a dignidade sexual da vítima.

Sujeito ativo: qualquer pessoa pode praticar o crime.

Sujeito passivo: qualquer pessoa pode ser vítima do crime.

Conduta: pune-se o ato de libidinagem violento, coagido, obrigado, forçado, no qual o agente constrange a vítima à conjunção carnal (relação sexual normal entre sexos opostos) ou a praticar ou permitir que com ela se pratique outro ato libidinoso.

O tipo penal abrange não só o fato de o autor constranger sua vítima à prática de ato libidinoso (com efetiva participação do ofendido), como também a situação em que faz com que a vítima permita que com ela seja praticado tal ato (existe uma atitude passiva do ofendido).

Os meios de execução são a **violência** e a **grave ameaça**.

A **violência** deve ser material, isto é, emprego de força física suficientemente capaz de impedir a vítima de reagir.

A **grave ameaça** se dá através de violência moral, direta, justa ou injusta, situação em que a vítima não vê alternativa a não ser ceder ao ato sexual.

MUITA ATENÇÃO!

De acordo com a maioria da doutrina, **não há necessidade** de contato físico entre o autor e a vítima, cometendo o crime o agente que, para satisfazer a sua lascívia, ordena que a vítima explore seu próprio corpo (masturbando-se), somente para contemplação (tampouco há que se imaginar a vítima desnuda para a caracterização do crime – RT 429/380).

O STJ tem decidido que responde como partícipe do crime quem garante as condições para sua ocorrência, mas não ingressa diretamente na ação típica (por exemplo, cedendo imóvel para a prática do crime) (STJ, REsp 1.175.623/GO, j. 01/12/2015; REsp 1.799.010/GO, j. 23/04/2019).

A prática de conjunção carnal seguida de atos libidinosos (sexo anal, por exemplo), **no mesmo contexto fático e contra a mesma vítima, não provoca o concurso de crimes**, como ocorria antes da Lei 12.015/09. Os atos sexuais de naturezas diversas devem ser considerados na aplicação da pena-base. Aliás, o STJ vem decidindo que o autor de estupro e de atentado violento ao pudor, praticados no mesmo contexto fático e contra a mesma vítima, tem direito à aplicação retroativa da Lei 12.015/2009, de modo a ser reconhecida a ocorrência de crime único (STJ, HC 396.186/SP, DJe 31/08/2017).

Tipo subjetivo: somente o dolo, consistente na intenção de realizar atos de libidinagem mediante violência ou grave ameaça. Para a maioria da doutrina, não há elemento subjetivo específico.

Consumação e tentativa: o delito se consuma com a prática do ato de libidinagem buscado pelo agente. É possível a tentativa.

Qualificadoras (§ 1º e § 2º): é qualificado (reclusão de 8 a 12 anos) o estupro se a vítima tem menos de 18 anos de idade. Logicamente, a vítima deve ter idade **superior a 14 anos**, pois, se menor, há estupro de vulnerável (art. 217-A do CP).

Também é qualificado o estupro de que resulta **lesão grave** (reclusão de 8 a 12 anos) ou **morte** (reclusão 12 a 30 anos). Ambos os resultados mais graves **devem decorrer de culpa** (figuras preterdolosas).

Cadastro nacional de condenados: nos termos da Lei 14.069/20, a condenação pela prática de estupro provoca a inserção do agente no Cadastro Nacional de Pessoas Condenadas por Crime de Estupro, o qual deve conter ao menos as seguintes informações:

a) características físicas, fotos e dados de identificação datiloscópica: a Lei 12.037/09 admite a identificação criminal – que inclui o processo datiloscópico e o fotográfico (art. 5º) – em situações específicas, que não estão relacionadas à natureza do crime, mas sim à dúvida sobre a verdadeira identidade de quem é apontado como suspeito de um crime e à necessidade da identificação para as investigações policiais. A criação deste cadastro inclui uma forma de identificação obrigatória, ligada à natureza do crime cometido e que deve ser promovida após a condenação, caso não o tenha sido antes.

b) identificação do perfil genético: o art. 9º-A da Lei 7.210/84 impõe, desde 2012, a identificação do perfil genético de condenados por crimes dolosos cometidos com violência de natureza grave contra a pessoa ou por qualquer dos crimes hediondos ou equiparados (art. 1º da Lei nº 8.072/90). A coleta de perfil genético durante a fase de investigação policial obedece às disposições previstas na Lei 12.037/09, que permite a extração de material genético, mediante autorização judicial, caso seja essencial à investigação.

c) local de moradia e atividade laboral desenvolvida, nos últimos 3 (três) anos, em caso de concessão de livramento condicional: são condições obrigatórias para o livramento condicional que o condenado comunique periodicamente ao juiz sua ocupação e não mude do território da comarca onde tramita a execução sem autorização (art. 132, § 1º, da LEP). É possível, ainda, impor a obrigação de que o condenado não mude de residência sem a devida comunicação (§ 2º).

Nota-se que as informações contidas no cadastro criado pela Lei 14.069/20 de alguma forma já existiam, mas passam a ser compiladas especificamente com a finalidade de acompanhar criminosos sexuais.

2. IMPORTUNAÇÃO SEXUAL

Objetividade jurídica: tutela-se a dignidade sexual da vítima.

Sujeito ativo: trata-se de crime comum, que não exige nenhuma qualidade especial do sujeito ativo.

Sujeito passivo: qualquer pessoa pode ser vítima do delito.

MUITA ATENÇÃO! Note-se que praticar, na presença de alguém menor de 14 anos, ou induzi-lo a presenciar, conjunção carnal ou outro ato libidinoso, a fim de satisfazer lascívia própria ou de outrem, caracteriza o crime do art. 218-A do CP, punido com reclusão de dois a quatro anos.

Conduta: a Lei 13.718/18 introduziu no Código Penal o art. 215-A para tornar crime a importunação sexual. Antes do art. 215-A, condutas relativas à importunação de conotação sexual normalmente se subsumiam, conforme o caso, ao art. 61 ou ao art. 65 do Decreto-lei 3.688/41. O art. 61, revogado expressamente pela Lei 13.718/18, consistia em importunar alguém, em lugar público ou acessível ao público, de modo ofensivo ao pudor. Já o art. 65 pune a conduta de molestar alguém ou perturbar-lhe a tranquilidade, por acinte ou por motivo reprovável. A conduta tipificada neste dispositivo não tem necessariamente conotação sexual, razão por que não houve revogação, a não ser quanto a condutas que consistam em importunação sexual, que também passam a ser subsumir ao art. 215-A.

Consiste o crime em *praticar* (levar a efeito, fazer, realizar) contra alguém ato libidinoso – ação atentatória ao pudor – com propósito lascivo ou luxurioso.

? **QUESTÃO:** Qual a diferença da importunação sexual para o ato obsceno?

➥ ***RESPOSTA:*** *O tipo do art. 215-A exige que o ato libidinoso seja praticado* ***contra alguém****, ou seja, pressupõe uma* ***pessoa específica a quem deve se dirigir o ato de autossatisfação****. Assim é não só porque o crime está no capítulo relativo à liberdade sexual, da qual apenas indivíduos podem ser titulares, mas também porque somente dessa forma* ***se evita a confusão com o crime de ato obsceno****. Com efeito, responde por importunação sexual quem, por exemplo, se masturba em frente a alguém porque aquela pessoa lhe desperta um impulso sexual; mas responde por ato obsceno quem se masturba em uma praça pública sem visar a alguém específico, apenas para ultrajar ou chocar os frequentadores do local.*

O preceito secundário do art. 215-A contém subsidiariedade expressa: aplicam-se as penas da importunação sexual se a conduta **não caracteriza crime mais grave**. Por isso, a falta de anuência da vítima não pode consistir em nenhuma forma de constrangimento, que aqui deve ser compreendido no sentido próprio que lhe confere o tipo do estupro – obrigar alguém à prática de ato de libidinagem –, não no sentido usual, de mal-estar, de situação embaraçosa, ínsita ao próprio tipo do art. 215-A e um de seus fundamentos.

Tipo subjetivo: é o dolo, consistente na vontade consciente de praticar o ato libidinoso contra alguém.

O tipo ainda contém um elemento subjetivo específico: o crime se tipifica somente se o agente atuar com o objetivo de satisfazer a própria lascívia ou a de terceiro.

Consumação e tentativa: consuma-se o crime com a prática do ato libidinoso. Apesar de teoricamente possível, na prática nos parece improvável a caracterização da tentativa, pois, se o agente inicia a execução de qualquer ato libidinoso, há de se reconhecer a consumação. Antes disso, ocorrem apenas atos preparatórios.

3. ASSÉDIO SEXUAL

Objetividade jurídica: tutela-se a dignidade sexual do indivíduo e a liberdade de exercício do trabalho, o direito de não ser discriminado.

Sujeito ativo: o crime só pode ser praticado por superior hierárquico ou ascendente em relação de emprego, cargo ou função.

Sujeito passivo: do ofendido também se exige uma qualidade ou condição especial: ser subalterno (ou subordinado) do autor.

Note-se que o tipo penal não menciona o sexo dos envolvidos, razão pela qual **se admite o crime de assédio entre pessoas do mesmo sexo.**

Conduta: a ação típica do art. 216-A consiste em constranger alguém com o intuito de obter vantagem ou favor sexual, prevalecendo-se o agente da sua condição de superior hierárquico ou ascendência (condição de mando) inerentes ao exercício de emprego, cargo ou função. É, em resumo, a insistência importuna de alguém em posição privilegiada, que usa essa vantagem para obter favores sexuais de um subalterno.

Embora a ação nuclear típica seja "constranger", essa ação **não pode consistir em violência nem em grave ameaça**, pois, nesse caso, há estupro.

Segundo o STJ, "Insere-se no tipo penal de assédio sexual a conduta de professor que, em ambiente de sala de aula, aproxima-se de aluna e, com intuito de obter vantagem ou favorecimento sexual, toca partes de seu corpo (barriga e seios), por ser propósito do legislador penal punir aquele que se prevalece de sua autoridade moral e intelectual – dado que o docente naturalmente suscita reverência e vulnerabilidade e, não raro, alcança autoridade paternal – para auferir a vantagem de natureza sexual, pois o vínculo de confiança e admiração criado entre aluno e mestre implica inegável superioridade, capaz de alterar o ânimo da pessoa constrangida (STJ, REsp 1.759.135/SP, j. 13/08/2019).

Tipo subjetivo: é o dolo, consistente na vontade consciente de constranger a vítima, aliado à finalidade especial de obter vantagem ou favorecimento sexual.

Consumação e tentativa: há duas correntes:

a) **Crime formal:** consuma-se com o simples constrangimento (ainda que representado por um só ato), independentemente da obtenção da vantagem sexual visada.

b) **Crime habitual:** é imprescindível a prática de reiterados atos constrangedores. Neste caso, **não se admite a tentativa**.

Causa de aumento de pena: buscando conferir proteção mais ampla ao menor de idade, em especial quando na condição de aprendiz (art. 7º XXXIII, CF/88), a Lei 12.015/09 inseriu no tipo o § 2º, que aumenta a pena em até 1/3 se a vítima é menor de dezoito anos.

4. ESTUPRO DE VULNERÁVEL

Objetividade jurídica: tutela-se a dignidade sexual do vulnerável.

Sujeito ativo: qualquer pessoa (crime comum).

Sujeito passivo: deve ser pessoa menor de 14 anos (*caput*) ou pessoa que, portadora de enfermidade ou deficiência mental, é incapaz de discernimento para a prática do ato, ou que, por qualquer outra causa, não tem condições de oferecer resistência (§ 1º).

Conduta: pune-se no art. 217-A o agente que tem conjunção carnal ou pratica outro ato libidinoso com vítima menor de 14 anos (*caput*) ou portadora de enfermidade ou deficiência mental incapaz de discernimento para a prática do ato, ou que, por qualquer outra causa, não tem condições de oferecer resistência (§ 1º) – pouco importando, neste último caso, se a incapacidade foi ou não provocada pelo autor.

Trata-se de crime de execução livre.

A conduta de praticar atos libidinosos abrange o ato sexual em que a vítima adota um comportamento passivo (permitindo que com ela se pratiquem os atos) ou um comportamento ativo (praticando os atos de libidinagem). E o STJ já considerou perfeita a conduta típica em situação na qual a vítima foi encontrada nua na presença do autor do crime, que a contemplava lascivamente (STJ, RHC 70.976/MS, DJe 10/8/2016).

Ainda a respeito das formas pelas quais o delito pode ser cometido, baseando-se no julgado citado acima o Tribunal de Justiça do Rio Grande do Sul manteve condenação na qual um indivíduo havia induzido uma criança a praticar nela mesma atos libidinosos enquanto fazia transmissões ao vivo pela *internet* (TJRS, Apelação nº 70080331317, j. 30/01/2020).

Para compreender melhor este crime, façamos uma análise do tipo do art. 217-A no que concerne aos sujeitos passivos, não por acaso separados entre o *caput* e o § 1º:

a) **o menor de quatorze anos:** antes da entrada em vigor da Lei 12.015/09, o Código Penal considerava, pelo disposto art. 224, presumidamente violenta a relação sexual com menor de quatorze anos. Havia, então, extenso debate a respeito da natureza da presunção, isto é, se relativa ou absoluta. Com a edição da Lei 12.015/09, revogou-se o art. 224 do Código Penal e a regra da presunção de violência deixou de ser aplicada. A mesma lei incluiu no Código o art. 217-A, que **não menciona presunção de nenhuma ordem** e pune, no *caput*, a conduta de ter conjunção carnal ou praticar outro ato libidinoso com menor de quatorze anos. Não obstante, o debate permaneceu, mas sobre a presunção de vulnerabilidade. Atendendo ao propósito da lei, o STJ firmou a orientação de que **não é necessário apurar concretamente a vulnerabilidade**, como se extrai do enunciado da súmula 593 (que, segundo o tribunal, se aplica inclusive para crimes cometidos antes de sua edição (STJ, AgRg no REsp 1.765.591/ES, j. 23/04/2019). Posteriormente, a Lei 13.718/18 inseriu no próprio tipo penal **disposição expressa (§ 5º)** de que manter relação sexual com menor de quatorze anos **é sempre crime**, ainda que a vítima tenha consentido, ou mesmo que se demonstre sua experiência sexual anterior.

b) **aquele que, por enfermidade ou deficiência mental, não tem o necessário discernimento para a prática do ato, ou que, por qualquer outra causa, não pode oferecer resistência:** esta situação, extraída do § 1º do art. 217-A, em tudo difere da anterior – daí porque dissemos não ter sido por acaso que o legislador cindiu o tipo penal entre o *caput* e o § 1º para tratar do sujeito passivo do crime. Neste caso, assim como ocorria em relação ao menor de quatorze anos, o ordenamento anterior à Lei 12.015/09 presumia a violência por meio do mesmo art. 224 do Código Penal. Uma vez em vigor a referida lei, o tipo do § 1º do art. 217-A passou a punir o ato de ter conjunção carnal ou praticar outro ato libidinoso com alguém que, por enfermidade ou deficiência mental, **não tem o necessário discernimento para a prática do ato,** ou que, por qualquer outra causa, não pode oferecer resistência.

Iniciando pela última situação, em que a vítima não pode, por qualquer causa, oferecer resistência, podemos citar como exemplos os casos da pessoa que, embora não padeça de nenhuma anomalia mental, embriaga-se até a inconsciência e, inerte, é submetida ao ato sexual sem que possa resistir; e da pessoa que é induzida, por meio de drogas, à inconsciência por alguém que tem o propósito de com ela manter relação sexual não consentida.

No caso do deficiente mental, **considerada a redação do § 1º, não se pune a relação sexual pelo simples fato de ter sido praticada com alguém nessa condição**, como ocorre no caso do menor de quatorze anos. Aqui, caracteriza-se o crime se o agente mantém conjunção carnal ou pratica outro ato libidinoso com alguém que, **em virtude de enfermidade ou deficiência mental, não tem o necessário discernimento**. É imprescindível, portanto, ao contrário do que se verifica no *caput*, apurar concretamente se a pessoa portadora de enfermidade ou deficiência mental tinha ou não discernimento para a prática do ato.

No entanto, **o acréscimo do § 5º no art. 217-A provocou um conflito**. Com efeito, se essa disposição legal estabelece que se caracteriza o crime independentemente do consentimento da vítima, impede-se que se apure se a enfermidade ou a deficiência mental provoca a falta de discernimento para consentir.

Tipo subjetivo: o crime é punido a título de dolo. O agente deve ter ciência de que age contra uma pessoa vulnerável.

Consumação e tentativa: consuma-se o delito com a prática do ato de libidinagem. É possível a tentativa.

Qualificadoras: os §§ 3º e 4º trazem qualificadoras para o crime. Se da conduta resulta lesão corporal de natureza grave, a pena é de reclusão de 10 a 20 anos; se resulta a morte, a pena é de reclusão de 12 a 30 anos. Ambos os resultados mais graves **devem ser culposos** (os crimes são preterdolosos).

Cadastro nacional de condenados: a condenação por estupro de vulnerável também provoca a inserção do agente no Cadastro Nacional de Pessoas Condenadas por Crime de Estupro, do qual já tratamos nos comentários ao art. 213.

5. FAVORECIMENTO DA PROSTITUIÇÃO OU DE OUTRA FORMA DE EXPLORAÇÃO SEXUAL DE CRIANÇA OU ADOLESCENTE OU DE VULNERÁVEL

Objetividade jurídica: tutela-se a dignidade sexual de vulnerável submetido, induzido ou atraído à prostituição.

Sujeito ativo: trata-se de crime comum, que não pressupõe qualidade ou condição especial do agente.

Sujeito passivo: só pode ser vítima a pessoa menor de 18 anos ou que, por enfermidade ou deficiência mental, não tem o necessário discernimento para a prática do ato, seja homem ou mulher.

MUITA ATENÇÃO!

Embora o tipo penal não seja expresso, a vítima **não pode ser menor de 14 anos**, situação em que se tipifica o estupro de vulnerável. E, no que concerne à pessoa que, por enfermidade ou deficiência mental, não tem o necessário discernimento para a prática do ato, a exploração sexual **não pode consistir em conjunção carnal ou em atos libidinosos diversos**, que também provocam a punição por estupro de vulnerável.

Conduta: o art. 218-B contém seis ações nucleares típicas: submeter (sujeitar), induzir (inspirar, instigar), atrair (aliciar) a vítima à prostituição ou outra forma de exploração sexual, facilitá-la (proporcionar meios, afastar dificuldades), ou impedir (opor-se) ou dificultar (criar obstáculos) que alguém a abandone.

A conduta pode ser comissiva ou omissiva (quando o agente tem o dever jurídico de impedir que a vítima ingresse na prostituição e nada faz, aderindo subjetivamente à sua conduta). E o crime se perfaz **independentemente do consentimento** da vítima sobre o exercício da atividade.

MUITA ATENÇÃO!

Antes da Lei 12.015/09, submeter menor de 18 anos à exploração sexual se subsumia ao disposto no art. 244-A do ECA. A entrada em vigor do art. 218-B **revogou tacitamente** o dispositivo da lei especial.

Tipo subjetivo: é o dolo, sem o acréscimo de finalidade específica.

O § 1º, acrescentado pela Lei 12.015/09, dispõe que o propósito de lucro justifica a aplicação da pena de multa.

Consumação e tentativa: nas modalidades submeter, induzir, atrair e facilitar, consuma-se o delito no momento em que a vítima passa a se dedicar à prostituição, colocando-se, **de forma constante**, à disposição dos clientes, ainda que não tenha atendido nenhum.

Já na modalidade de impedir ou dificultar o abandono da prostituição, o crime se consuma no momento em que a vítima decide deixar a atividade e o agente a impede. A consumação se prolonga durante todo o período de embaraço (crime permanente).

A tentativa parece perfeitamente possível em todas as modalidades (o agente pratica os atos aptos a perfazer a conduta e não consegue seu propósito por circunstâncias alheias à sua vontade).

Figuras equiparadas (§ 2º): incorre nas mesmas penas:

a) quem pratica conjunção carnal ou outro ato libidinoso com pessoa menor de 18 e maior de 14 anos na situação descrita no *caput* (se menor de 14 anos, o crime é o do art. 217-A do CP).

Segundo o STJ, na figura equiparada, não se exige que o menor mantenha relacionamento habitual com determinada pessoa para que ela seja responsabilizada pelo crime. Basta um evento em que alguém pratique atos de libidinagem com menor entre 14 e 18 anos submetido a exploração sexual para que se tipifique o delito (STJ, HC 371.633/SP, j. 19/03/2019).

b) o proprietário, o gerente ou o responsável pelo local em que se verifiquem as práticas referidas no *caput*, constituindo efeito **obrigatório** da condenação a cassação da licença de localização e de funcionamento do estabelecimento (§ 3º).

EM RESUMO: Crimes contra a dignidade sexual	
Estupro	▪ **Objetividade jurídica:** Tutela-se a dignidade sexual da vítima. ▪ **Sujeitos ativo e passivo:** O crime pode ser praticado por qualquer pessoa contra também qualquer pessoa. ▪ **Conduta:** » Pune-se o ato de libidinagem violento, coagido, no qual o agente constrange a vítima à conjunção carnal ou a praticar ou permitir que com ela se pratique outro ato libidinoso.

<table>
<tr><td>Estupro</td><td>» Os meios de praticar o crime são a violência (força física) e a grave ameaça (coação moral).
» Não há necessidade de contato físico entre o autor e a vítima.
» A prática de conjunção carnal seguida de atos libidinosos (sexo anal, por exemplo), no mesmo contexto fático e contra a mesma vítima, não provoca o concurso de crimes.
▪ Tipo subjetivo: É o dolo, consistente na intenção de realizar atos de libidinagem mediante violência ou grave ameaça.
▪ Consumação e tentativa: O delito se consuma com a prática do ato de libidinagem buscado pelo agente. É possível a tentativa.
▪ Qualificadoras:
» A pena é de reclusão de 8 a 12 anos se a vítima é menor de 18 e maior de 14 anos, assim como se da conduta resulta lesão corporal grave (culposa).
» A pena é de reclusão de 12 a 30 anos se da conduta resulta a morte (culposa).
▪ Cadastro nacional de condenados: Nos termos da Lei 14.069/20, a condenação pela prática de estupro provoca a inserção do agente no Cadastro Nacional de Pessoas Condenadas por Crime de Estupro, o qual deve conter ao menos as seguintes informações:
» características físicas, fotos e dados de identificação datiloscópica;
» identificação do perfil genético;
» local de moradia e atividade laboral desenvolvida, nos últimos 3 (três) anos, em caso de concessão de livramento condicional.</td></tr>
<tr><td>Importunação sexual</td><td>▪ Objetividade jurídica: Tutela-se a dignidade sexual da vítima.
▪ Sujeitos ativo e passivo: O crime pode ser praticado por qualquer pessoa contra também qualquer pessoa.
▪ Conduta:
» Consiste o crime em praticar contra alguém ato libidinoso – ação atentatória ao pudor – com propósito lascivo ou luxurioso.
» Este crime se diferencia do ato obsceno porque deve ser cometido contra pessoa determinada.
» Somente se tipifica a importunação sexual se a conduta não caracteriza crime mais grave (o tipo é expressamente subsidiário).
▪ Tipo subjetivo: É o dolo, consistente na vontade consciente de praticar o ato libidinoso contra alguém. Há elemento subjetivo específico: o objetivo de satisfazer a própria lascívia ou a de terceiro.
▪ Consumação e tentativa: Consuma-se o crime com a prática do ato libidinoso. Apesar de teoricamente possível, a tentativa, na prática, é pouco provável.</td></tr>
<tr><td>Assédio Sexual</td><td>▪ Objetividade jurídica: Tutela-se a dignidade sexual do indivíduo e a liberdade de exercício do trabalho.
▪ Sujeitos ativo e passivo: O crime só pode ser praticado por superior hierárquico ou ascendente em relação de emprego, cargo ou função. Só pode ser vítima o indivíduo subalterno ou subordinado do autor. Autor e vítima podem ser pessoas do mesmo sexo.</td></tr>
</table>

Assédio Sexual	▪ **Conduta:** » A ação típica consiste em constranger alguém com o intuito de obter vantagem ou favor sexual, prevalecendo-se o agente da sua condição de superior hierárquico ou ascendência (condição de mando) inerentes ao exercício de emprego, cargo ou função. É, em resumo, a insistência importuna de alguém em posição privilegiada, que usa essa vantagem para obter favores sexuais de um subalterno. » O constrangimento não pode consistir em violência ou grave ameaça. » Segundo o STJ, pode haver assédio sexual entre professor e aluno. ▪ **Tipo subjetivo:** É o dolo, consistente na vontade consciente de constranger a vítima, aliado à finalidade especial de obter vantagem ou favorecimento sexual. ▪ **Consumação e tentativa:** Há duas correntes sobre o momento da consumação: » **Crime formal:** consuma-se com um simples ato de constrangimento; » **Crime habitual:** deve haver reiterados atos de constrangimento. Esta modalidade não admite a tentativa. ▪ **Causa de aumento de pena:** Aumenta-se em 1/3 a pena se a vítima é menor de 18 anos.
Estupro de Vulnerável	▪ **Objetividade jurídica:** Tutela-se a dignidade sexual do vulnerável. ▪ **Sujeitos ativo e passivo:** Qualquer pessoa pode cometer o crime. A vítima deve ser menor de 14 anos ou pessoa que, portadora de enfermidade ou deficiência mental, é incapaz de discernimento para a prática do ato, ou que, por qualquer outra causa, não tem condições de oferecer resistência. ▪ **Conduta:** » Pune-se quem tem conjunção carnal ou pratica outro ato libidinoso com vítima menor de 14 anos (*caput*) ou portadora de enfermidade ou deficiência mental incapaz de discernimento para a prática do ato, ou que, por qualquer outra causa, não tem condições de oferecer resistência (§ 1º) – pouco importando, neste último caso, se a incapacidade foi ou não provocada pelo autor. » No caso do menor de 14 anos, o crime se caracteriza independentemente de apuração sobre a capacidade de discernimento ou experiência sexual da vítima. » No caso do enfermo ou deficiente mental que não tem o necessário discernimento para a prática do ato, a redação do § 1º impõe que se apure a incapacidade de discernir. No entanto, a inserção do § 5º no art. 217-A criou um conflito, pois impede a apuração de circunstâncias que possam afastar o crime em razão do consentimento. ▪ **Tipo subjetivo:** O crime é punido a título de dolo. O agente deve ter ciência de que age contra uma pessoa vulnerável. ▪ **Consumação e tentativa:** Consuma-se o delito com a prática do ato de libidinagem. É possível a tentativa.

Estupro de Vulnerável	▪ **Qualificadoras:** » **se da conduta resulta lesão corporal grave (culposa) - § 3º:** pena de reclusão de 10 a 20 anos. » **se da conduta resulta a morte (culposa) - § 4º:** pena de reclusão de 12 a 30 anos. ▪ **Cadastro nacional de condenados:** A condenação por estupro de vulnerável também provoca a inserção do agente no Cadastro Nacional de Pessoas Condenadas por Crime de Estupro.
Favorecimento da prostituição ou de outra forma de exploração sexual de criança ou adolescente ou de vulnerável	▪ **Objetividade jurídica:** Tutela-se a dignidade sexual de vulnerável submetido, induzido ou atraído à prostituição. ▪ **Sujeitos ativo e passivo:** » Qualquer pessoa pode cometer o crime. Só pode ser vítima a pessoa menor de 18 anos ou que, por enfermidade ou deficiência mental, não tem o necessário discernimento para a prática do ato. » Se a vítima tem menos de 14 anos, quem a explora sexualmente pode responder como partícipe de estupro de vulnerável. » Se a vítima, por enfermidade ou deficiência mental, não tem o necessário discernimento para a prática do ato, e a exploração sexual envolve a prática de conjunção carnal ou atos libidinosos diversos, também há estupro de vulnerável. ▪ **Conduta:** » São tipificadas seis ações nucleares: submeter, induzir, atrair alguém à prostituição ou outra forma de exploração sexual, facilitá-la, ou impedir ou dificultar que alguém a abandone. » O art. 218-B do CP revogou tacitamente o art. 244-A do ECA. » O crime se perfaz ainda que a vítima consinta em exercer a atividade na qual é explorada. ▪ **Tipo subjetivo:** É o dolo, sem o acréscimo de finalidade específica. Se há intuito de lucro, aplica-se também a multa. ▪ **Consumação e tentativa:** » As condutas de submeter, induzir, atrair e facilitar se consumam no momento em que a vítima passa a se dedicar à prostituição, colocando-se, de forma constante, à disposição dos clientes. » As condutas de impedir e dificultar o abandono da prostituição se consumam no momento em que a vítima decide deixar a atividade e é impedida. Estas condutas são crimes permanentes. » A tentativa é admissível. ▪ **Formas equiparadas:** Incorre nas mesmas penas do *caput*: » quem pratica conjunção carnal ou outro ato libidinoso com pessoa menor de 18 e maior de 14 anos na situação descrita no *caput* (se o menor tem menos de 14 anos, o cliente comete estupro de vulnerável); » o proprietário, o gerente ou o responsável pelo local em que se verifiquem as práticas referidas no *caput*.

CAPÍTULO XIV

CRIMES CONTRA A INCOLUMIDADE PÚBLICA

1. INCÊNDIO

Objetividade jurídica: tutela-se a incolumidade pública, abalada pela ação incendiária.

Sujeito ativo: qualquer pessoa (crime comum).

Sujeito passivo: a coletividade (crime vago), bem como aqueles que, eventualmente, são atingidos (em sua vida, integridade pessoal ou patrimonial) pela prática incendiária.

Conduta: pune-se no art. 250 a conduta de causar (provocar) incêndio, expondo a perigo a vida, a integridade física ou o patrimônio de outrem. O incêndio é, portanto, um crime de **perigo concreto**.

A conduta pode ser praticada não só por ação, mas também por omissão, quando o agente, por exemplo, dá causa à ocorrência de um foco de incêndio por acidente e, podendo, deixa de evitar a propagação.

> **MUITA ATENÇÃO!**
>
> O crime de incêndio não se confunde com aquele tipificado no art. 16, § 1º, inciso III, da Lei nº 10.826/03, consistente em possuir, deter, fabricar ou empregar artefato explosivo ou incendiário, sem autorização ou em desacordo com determinação legal ou regulamentar. O delito de que trata o Estatuto do Desarmamento, ao contrário deste em estudo, **é de perigo abstrato**, contentando-se com a simples posse irregular de artefato incendiário; e, mesmo em caso de emprego, não se exige efetivo risco à vida, à integridade física ou ao patrimônio de outrem.

Tipo subjetivo: é o dolo, consistente na vontade consciente de praticar a ação típica. O agente deve saber que de seu ato resultará perigo comum. Não se exige finalidade especial do incendiário, mas, se existir, pode servir como causa de aumento de pena (art. 250, § 1º, I, do CP).

Consumação e tentativa: consuma-se o crime no momento em que o fogo se propala, **gerando efetivo, concreto perigo comum** pela sua capacidade de subsistência, expansão e resistência à debelação (dificuldade de extermínio), questão de fato a ser resolvida em cada caso concreto.

É pacífica a possibilidade da tentativa de incêndio doloso. Alguns exemplos bem esclarecem a questão: a mecha acesa é atirada para dentro de uma casa, mas não se comunica o fogo a objeto algum, porque os moradores conseguiram retirá-la a tempo; já predisposto o meio de eclosão do incêndio, é descoberto e inutilizado por terceiros.

Causas de aumento de pena: o § 1º do art. 250 traz diversas circunstâncias em que a pena é aumentada em um terço devido à ganância do agente ou à maior dificuldade na extinção do fogo.

O inciso I determina a majoração nos casos em que **o crime é praticado com intuito de obter vantagem pecuniária em proveito próprio ou alheio**.

O inciso II prevê o aumento da pena quando **o incêndio é praticado em determinados locais**, que, por sua natureza, podem servir como meios mais favoráveis à causação de perigo comum. São eles:

a) **em casa habitada ou destinada a habitação:** casa habitada é o edifício onde alguém mora ou exerce habitualmente alguma atividade, ainda que ali não resida. Casa destinada a habitação é o edifício construído para o fim de moradia.

b) **em edifício público ou destinado a uso público ou a obra de assistência social ou de cultura:** edifício público é o pertencente ou utilizado pela União, Estados, Distrito Federal ou Municípios (se o edifício estiver locado a particular, não incide majorante). Já o destinado a uso público é aquele que, embora particular, tem o acesso, condicionado ou não, ao público em geral (cinemas, teatro, igreja etc.).

c) **em embarcação, aeronave, comboio ou veículo de transporte coletivo:** aqui o incêndio é causado em meio de transporte de pessoas, público ou privado. Não tem relevância o fato de o veículo se encontrar, no momento da ação, sem utilização pelo público;

d) **em estação ferroviária ou aeródromo:** estação ferroviária e aeródromo são lugares destinados a chegada e partida, carga e descarga de trens ou aeronaves. Não majora a pena o fato de o incêndio ter sido praticado em estação rodoviária ou em instalações portuárias;

e) **em estaleiro, fábrica ou oficina:** no estaleiro são construídas embarcações. Fábrica é o estabelecimento de fins industriais. Oficina é o lugar em que se realizam trabalhos manuais. É dispensável a presença de pessoas no interior desses locais no momento do incêndio;

f) **em depósito de explosivo, combustível ou inflamável:** explosivo é toda substância que, em determinadas condições, produz, rapidamente, grande quantidade de gases e calor, assim exercendo pressão violenta sobre as coisas adjacentes (dinamite, pólvora negra, cordite etc.). Por inflamável entende-se toda substância que, em determinadas condições, produz chamas (hidrogênio, petróleo, álcool etc.). Considera-se combustível toda substância que arde em determinadas condições (lenha, carvão, palha etc.).

g) **em poço petrolífero ou galeria de mineração:** o mesmo fundamento que justifica o aumento de pena na alínea anterior pode ser aqui aplicado, já que um incêndio em campo petrolífero ou de mineração pode tomar proporções catastróficas com possibilidade exígua de controle;

h) **em lavoura, pastagem, mata ou floresta:** a Lei 9.605/98, em seu art. 41, prevê a conduta criminosa de provocar incêndio em mata ou floresta, cominando pena de dois a quatro anos de reclusão, e multa, se dolosa, e de seis meses a um ano, e multa, se culposa. Todavia, a ação somente irá se subsumir ao previsto na lei especial **se do fato não decorrer perigo comum**, pois, do contrário, será mais grave, submetendo-se o agente às penas do art. 250 do CP, na forma majorada. No que tange ao incêndio de lavoura ou pastagem, o agente responde sempre por este crime, pois a lei ambiental não trata dessa conduta.

Aplicam-se também ao crime de incêndio as disposições do art. 258 do Código Penal, que aumenta a pena do crime, doloso ou culposo, quando a conduta provoca morte (culposa) ou lesão corporal (culposa).

Forma culposa: o § 2º prevê pena menor (de seis meses a dois anos de detenção) se o incêndio é provocado culposamente, **e o agente não tem condições de evitar** que seu ato acarrete perigo comum. Se pode impedir a propagação, mas não o faz, o agente responde pelo incêndio na forma comissiva por omissão. As figuras majoradas do § 1º **não se aplicam** à modalidade culposa.

EM RESUMO: INCÊNDIO	
Objetividade jurídica	Tutela-se a incolumidade pública.
Sujeitos do crime	Qualquer pessoa pode cometer o crime. A vítima é a coletividade. Secundariamente, aqueles eventualmente atingidos pela prática incendiária.
Conduta	- Causar (provocar) incêndio, expondo a perigo concreto a vida, a integridade física ou o patrimônio de outrem. - A conduta pode ser praticada por ação ou por omissão.
Tipo subjetivo	É o dolo, consistente na vontade consciente de praticar a ação típica. Não se exige finalidade especial, que, se existir, pode majorar a pena.
Consumação e tentativa	Consuma-se o crime no momento em que o fogo se propala, gerando efetivo, concreto perigo comum. A tentativa é admissível.
Causas de aumento de pena	O § 1º aumenta a pena em um terço se o incêndio é praticado: - com intuito de obter vantagem pecuniária em proveito próprio ou alheio; - em casa habitada ou destinada a habitação; - em edifício público ou destinado a uso público ou a obra de assistência social ou de cultura; - em embarcação, aeronave, comboio ou veículo de transporte coletivo; - em estação ferroviária ou aeródromo; - em estaleiro, fábrica ou oficina; - em depósito de explosivo, combustível ou inflamável; - em poço petrolífero ou galeria de mineração; - em lavoura, pastagem, mata ou floresta.
Forma culposa	Ocorre quando o incêndio é provocado culposamente e o agente não tem condições de evitar que seu ato acarrete perigo comum.

2. EXPLOSÃO

Objetividade jurídica: tutela-se a incolumidade pública, colocada em risco diante da utilização de substâncias que podem provocar danos à integridade das pessoas e do patrimônio alheio.

Sujeito ativo: qualquer pessoa (crime comum).

Sujeito passivo: a coletividade, bem como pessoas eventualmente atingidas pela prática criminosa.

Conduta: consiste o crime do art. 251 em expor a perigo a vida, a integridade física ou o patrimônio de outrem mediante explosão, arremesso ou simples colocação de engenho de dinamite ou de substância de efeitos análogos. São, portanto, três as ações típicas:

a) na primeira, o agente provoca diretamente a explosão, que é a arrebentação repentina, violenta e ruidosa, causada pela libertação de um gás ou pela expansão abrupta de um corpo sólido, que, no processo, parte-se em pedaços;

b) na segunda, o agente, por meios próprios ou de aparelhos, arremessa o engenho explosivo;

c) por fim, o agente instala o explosivo em determinado local.

É **dispensável** a efetiva explosão, bastando que da ação ocorra **perigo concreto** à incolumidade pública.

> **MUITA ATENÇÃO!**
>
> O crime de explosão não se confunde com aquele tipificado no art. 16, § 1º, inciso III, da Lei nº 10.826/03, consistente em possuir, deter, fabricar ou empregar artefato explosivo ou incendiário, sem autorização ou em desacordo com determinação legal ou regulamentar. O delito de que trata o Estatuto do Desarmamento, ao contrário deste em estudo, é de **perigo abstrato**, contentando-se com a simples posse irregular de artefato explosivo; e, mesmo em caso de emprego, não se exige efetivo risco à vida, à integridade física ou ao patrimônio de outrem.

Por fim, deve ser lembrado que o emprego de explosivo ou de artefato análogo na prática de furto ou roubo **fica absorvido pelo crime patrimonial**, servindo como qualificadora no primeiro (art. 155, §4º-A) e como causa de aumento no segundo (art. 157, §2º-A, II).

Tipo subjetivo: é o dolo, consistente na vontade consciente de praticar uma das condutas elencadas no tipo. Não se exige finalidade especial do agente. Havendo fim específico animando a conduta – como, por exemplo, matar alguém –, diverge a doutrina se ocorre ou não o concurso formal de crimes.

Consumação e tentativa: o crime se consuma no momento em que a ação causa o perigo à coletividade. A tentativa, por se tratar de conduta fracionável em todas as modalidades, é perfeitamente admissível.

Figura privilegiada (§ 1º): se a substância utilizada não é dinamite ou explosivo de efeitos análogos, a pena é de reclusão de um a quatro anos. A constatação do crime na forma privilegiada depende de análise pericial, imprescindível para determinar se a substância utilizada era ou não de potencialidade lesiva própria ou análoga à da dinamite.

Causas de aumento de pena (§ 2º): o § 2º majora a pena em um terço se o crime é cometido nas circunstâncias de que trata o art. 250, § 1º, incisos I e II, já analisadas.

Aplicam-se também ao crime de explosão as disposições do art. 258 do Código Penal, que aumenta a pena do crime, doloso ou culposo, quando a conduta provoca morte (culposa) ou lesão corporal (culposa).

Modalidade culposa (§ 3º): a pena é diminuída pela prática do crime na forma culposa. A sanção varia conforme a natureza da substância que causa a explosão: se dinamite ou substância de efeitos análogos, a reprimenda é de detenção de seis meses a dois anos; nos demais casos, detenção de três meses a um ano.

Deve ser observado que a forma culposa **somente é típica em relação à explosão**, pois a lei não pune quem, por imprudência, negligência ou imperícia, apenas arremessa ou promove a colocação de substância explosiva.

EM RESUMO: EXPLOSÃO	
Objetividade jurídica	Tutela-se a incolumidade pública.
Sujeitos do crime	Qualquer pessoa pode cometer o crime. A vítima é a coletividade. Secundariamente, aqueles eventualmente atingidos pela prática criminosa.
Conduta	- Consiste o crime em expor a perigo a vida, a integridade física ou o patrimônio de outrem mediante: - explosão; - arremesso; - ou simples colocação de engenho de dinamite ou de substância de efeitos análogos. - Se a explosão é praticada como meio para o furto ou para o roubo, é absorvida pelo crime patrimonial, servindo como qualificadora no primeiro e como causa de aumento no segundo.
Tipo subjetivo	É o dolo, consistente na vontade consciente de praticar uma das ações típicas. Não se exige finalidade especial.
Consumação e tentativa	O crime se consuma no momento em que a ação causa o perigo à coletividade. A tentativa é admissível.
Causas de aumento de pena	Aplicam-se à explosão as mesmas causas de aumento do crime de incêndio.
Forma culposa	- A sanção varia conforme a natureza da substância que causa a explosão: se dinamite ou substância de efeitos análogos, a reprimenda é de detenção de seis meses a dois anos; nos demais casos, detenção de três meses a um ano. - A forma culposa só é típica na efetiva explosão.

3. INFRAÇÃO DE MEDIDA SANITÁRIA PREVENTIVA

Objetividade jurídica: tutela-se a incolumidade pública.

Sujeito ativo: qualquer pessoa (crime comum).

Sujeito passivo: a coletividade, bem como eventuais lesados pela conduta delituosa.

Conduta: o crime do art. 268 consiste em infringir (desrespeitar, transgredir) determinação do poder público (leis, decretos, portarias etc.), destinada a impedir a introdução ou a propagação de doença contagiosa, o que pode se dar de maneira comissiva ou omissiva.

Não é criminosa a violação de qualquer dispositivo de regulamentação sanitário, mas **única e tão somente daquele voltado ao impedimento de introdução ou propagação de doença contagiosa**. Além disso, é necessário sempre ter em mente o caráter subsidiário do Direito Penal, que, no caso, deve incidir apenas em situações em que o bem jurídico coletivo seja severamente exposto a perigo pela infração da medida sanitária.

O tipo penal trata do descumprimento de **determinação** do poder público. Logo, desatender a alguma **recomendação não pode ser considerado um ato criminoso.**

Trata-se de norma penal em branco, pois depende da existência de outra regra (determinação do poder público) para que possa ter eficácia jurídica e social. A regra complementar pode ser editada na forma de lei, decreto ou ato administrativo; e, obviamente, deve estar entre as competências do órgão da qual emana.

? **QUESTÃO:** *A revogação da norma sanitária retroage para tornar o fato atípico?*

➥ ***RESPOSTA:*** *A retroatividade benéfica no caso da revogação do complemento da norma penal em branco é um tanto controversa. A nosso ver, no caso específico do art. 268 tudo depende do contexto, isto é, se a norma foi ou não editada em caráter excepcional:*

a) Quando a legislação complementar não se reveste de excepcionalidade, sua revogação pode conduzir também à descriminalização. Digamos que o poder público revogue um ato administrativo por considerar que há outras medidas mais eficazes para evitar a propagação de uma doença contagiosa ordinária. Nesse caso, não nos parece razoável insistir na punição de alguém que tenha descumprido a medida revogada.

b) Já na legislação complementar de caráter excepcional a revogação não conduz à descriminalização. Se a revogação se impõe porque cessaram as circunstâncias excepcionais que haviam justificado a adoção de medidas específicas de contenção da doença em determinado período, aplica-se o disposto no art. 3º do Código Penal, que torna a complementação ultra-ativa, incidindo sobre fatos ocorridos durante sua vigência mesmo após a revogação.

Imaginemos medidas adotadas no ano de 2020 durante a pandemia do coronavírus. Em razão da Portaria 188, de 03 de fevereiro de 2020, emitida pelo Ministro da Saúde, que declarou emergência em saúde pública de importância nacional, e da Lei 13.979/20 (dispõe sobre as medidas para enfrentamento da emergência declarada), incontáveis normas foram editadas para estabelecer desde medidas restritivas ao funcionamento do comércio e ao direito de ir e vir até disposições que obrigavam os cidadãos a adotar determinadas condutas. Sem a pretensão de entrar no mérito da correção e da constitucionalidade de várias das normas editadas, podemos concluir, genericamente, que, cessada a situação de emergência e esgotadas as finalidades das ações de contenção da doença, eventuais procedimentos penais instaurados em virtude do descumprimento das regras de caráter sanitário não podem sofrer nenhum efeito extintivo da tipicidade.

Tipo subjetivo: é o dolo, consistente na vontade consciente de praticar a ação típica. Não se exige finalidade especial do sujeito ativo.

Consumação e tentativa: consuma-se o crime no momento em que é violada a determinação, tratando-se de crime de perigo abstrato (presumido diante da simples desobediência das determinações da autoridade competente).

A tentativa é admissível, em razão da possibilidade de fracionamento da conduta.

Causa de aumento de pena (parágrafo único): se o agente é funcionário da saúde pública ou exerce a profissão de médico, farmacêutico, dentista ou enfermeiro, a pena é aumentada de um terço.

EM RESUMO: INFRAÇÃO DE MEDIDA SANITÁRIA PREVENTIVA	
Objetividade jurídica	Tutela-se a incolumidade pública.
Sujeitos do crime	Qualquer pessoa pode cometer o crime. A vítima é a coletividade. Secundariamente, aqueles eventualmente atingidos pela conduta.
Conduta	- Consiste em infringir determinação do poder público (leis, decretos, portarias etc.), destinada a impedir a introdução ou a propagação de doença contagiosa. - A conduta pode ser comissiva ou omissiva. - O tipo é norma penal em branco, que depende de complementação por ato do poder público. - Não se pune a violação de simples recomendação, nem de atos que, embora relativos à regulamentação sanitária, não têm o propósito de impedir introdução ou propagação de doença contagiosa.
Tipo subjetivo	É o dolo, consistente na vontade consciente de praticar a ação típica. Não se exige finalidade especial do sujeito ativo.
Consumação e tentativa	Consuma-se o crime no momento em que é violada a determinação, tratando-se de crime de perigo abstrato. A tentativa é admissível.
Causa de aumento de pena	Se o agente é funcionário da saúde pública ou exerce a profissão de médico, farmacêutico, dentista ou enfermeiro, a pena é aumentada de um terço.

4. FALSIFICAÇÃO, CORRUPÇÃO, ADULTERAÇÃO OU ALTERAÇÃO DE PRODUTO DESTINADO A FINS TERAPÊUTICOS OU MEDICINAIS

Objetividade jurídica: tutela-se a incolumidade pública, mais precisamente no que diz respeito à saúde pública (individual ou coletiva).

Sujeito ativo: qualquer pessoa (crime comum).

Sujeito passivo: a coletividade e, secundariamente, eventuais lesados pela ação delituosa.

Conduta: o *caput* do art. 273 traz quatro ações nucleares: falsificar (conferir aparência enganadora), corromper (deteriorar), adulterar (modificar para pior, defraudar) ou alterar (modificar de qualquer forma) produto destinado a fins terapêuticos ou medicinais.

O § 1º traz diversas ações em que o agente incorre nas mesmas penas do *caput*. São elas: importar, vender, expor à venda, ter em depósito para vender ou, de qualquer forma, distribuir ou entregar a consumo o produto falsificado, corrompido, adulterado ou alterado. Aqui o sujeito ativo **não é o falsificador**. Se essas condutas são praticadas pelo próprio falsificador, devem ser tratadas como simples *post factum* impunível.

De acordo com o que estabelece o § 1º-A, incluem-se entre os produtos a que se refere o *caput*: os medicamentos (substâncias utilizadas no tratamento de enfermidades), as matérias-primas (substâncias a partir das quais são fabricados os medicamentos), os insumos farmacêuticos (outros componentes da produção dos medicamentos), os cosméticos (produtos que se destinam a manter ou melhorar a aparência), os saneantes (produtos purificadores, desinfetantes) e os de uso em diagnóstico (usados para a busca da cura e da causa da afecção).

> **MUITA ATENÇÃO!**
>
> O álcool pode ser registrado na ANVISA como saneante, cosmético ou medicamento, a depender da finalidade e das características do produto. O saneante, na qualidade de desinfetante de uso geral, é para limpeza em superfícies como mesas, cadeiras, maçanetas, corrimãos, e não deve ser utilizado para assepsia pessoal, pois pode provocar reações. O cosmético e o medicamento têm basicamente a mesma finalidade, ou seja, o uso pessoal, diferenciando-se apenas em algumas características relativas à produção e ao registro na ANVISA. A falsificação do álcool, líquido ou em gel, em qualquer das formas mencionadas, caracteriza o crime do art. 273

O § 1º-B impõe as mesmas penas do *caput* a quem importa, vende, expõe à venda, tem em depósito para vender ou, de qualquer forma, distribui ou entrega a consumo produtos que, **apesar de não falsificados, corrompidos, alterados ou adulterados**, encontram-se numa das seguintes condições:

I) **sem registro, quando exigível, no órgão de vigilância sanitária competente:** é o produto que, apesar de não corrompido, não foi devidamente registrado no órgão sanitário. Trata-se, pois, de norma penal em branco, pois a exigência de registro é determinada pelo poder público, por meio de regras próprias;

II) **em desacordo com a fórmula constante do registro previsto no inciso anterior:** nesta situação também não ocorre falsificação, mas o agente importa, vende, expõe à venda, tem em depósito para vender ou, de qualquer forma, distribui ou entrega a consumo produto cuja composição é diversa daquela que consta do registro no órgão sanitário;

III) **sem as características de identidade e qualidade admitidas para a sua comercialização:** é o produto que não conta com as características admitidas pelo poder público para ser comercializado;

IV) **com redução de seu valor terapêutico ou de sua atividade:** é o produto que não tem a eficácia necessária para o combate de determinada doença;

V) **de procedência ignorada:** é o que dificulta a fiscalização do órgão sanitário em razão da inexistência de dados acerca de sua origem;

VI) **adquiridos de estabelecimento sem licença da autoridade sanitária competente:** é o produto não necessariamente corrompido, mas originário do comércio clandestino, o que também dificulta a fiscalização pela autoridade sanitária.

> **MUITA ATENÇÃO!**
>
> A respeito do § 1º-B, como não se trata de produto falsificado, questiona-se a proporcionalidade da pena, pois o legislador pune com a mesma intensidade situações muito diferentes. Julgando *habeas corpus* que versava sobre a conduta tipificada no § 1º-B, inciso V, o STJ considerou inconstitucional a pena cominada em razão da desproporcionalidade em relação a condutas muito mais graves, como a extorsão mediante sequestro e o estupro de vulnerável. Concluiu o tribunal que, no lugar da reprimenda cominada no Código Penal, deve ser aplicada a do art. 33, *caput*, da Lei 11.343/06 (STJ, AI no HC 239.363/PR, DJe 10/4/2015). Seria cabível a minorante do tráfico privilegiado? Segundo tem decidido o STJ, a causa de diminuição é inadmissível (STJ, AgRg no REsp 1.757.035/SP, j. 14/05/2019).

Se o agente vende, expõe à venda, tem em depósito ou cede **substância destinada à falsificação** de produtos terapêuticos ou medicinais, o que normalmente seria caracterizado como simples atos preparatórios do art. 273 é punido na forma do art. 277 do Código Penal.

Tipo subjetivo: é o dolo, consistente na vontade consciente de cometer uma das condutas típicas. Não se exige nenhuma finalidade específica do agente.

Consumação e tentativa: consuma-se o crime com a simples prática de um dos núcleos do tipo. Trata-se de crime de **perigo abstrato**.

Admite-se a tentativa.

Forma culposa: o § 2º tipifica a situação em que, por imprudência, negligência ou imperícia, o agente pratica uma das condutas elencadas no art. 273. Há quem exclua da modalidade culposa a falsificação e a fabricação, que seriam incompatíveis com a culpa.

EM RESUMO: FALSIFICAÇÃO, CORRUPÇÃO, ADULTERAÇÃO OU ALTERAÇÃO DE PRODUTO DESTINADO A FINS TERAPÊUTICOS OU MEDICINAIS	
Objetividade jurídica	Tutela-se a incolumidade pública.
Sujeitos do crime	Qualquer pessoa pode cometer o crime. A vítima é a coletividade. Secundariamente, aqueles eventualmente atingidos pela conduta.
Conduta	- O *caput* do tipo penal contém quatro ações nucleares: falsificar, corromper, adulterar ou alterar produto destinado a fins terapêuticos ou medicinais. - O § 1º traz ações equiparadas *caput*: importar, vender, expor à venda, ter em depósito para vender ou, de qualquer forma, distribuir ou entregar a consumo o produto falsificado, corrompido, adulterado ou alterado. Essa modalidade é cometida por pessoa diversa do falsificador. - O § 1º-A inclui entre os produtos a que se refere o *caput*: os medicamentos, as matérias-primas, os insumos farmacêuticos, os cosméticos, os saneantes e os de uso em diagnóstico. - O § 1º-B não trata de produtos falsificados, corrompidos, alterados ou adulterados, mas de produtos de alguma forma irregulares em razão de sua procedência, da falta de registro ou de sua qualidade. Em razão disso, o STJ julgou desproporcional a pena cominada. - Vender, expor à venda, ter em depósito ou ceder substância destinada à falsificação de produtos terapêuticos ou medicinais não são simples atos preparatórios do art. 273, mas sim condutas tipificadas autonomamente no art. 277.
Tipo subjetivo	É o dolo, consistente na vontade consciente de cometer uma das condutas típicas. Não se exige nenhuma finalidade específica do agente.
Consumação e tentativa	Consuma-se o crime com a simples prática de um dos núcleos do tipo. Trata-se de crime de perigo abstrato. A tentativa é admissível.
Forma culposa	O § 2º tipifica a situação em que, por imprudência, negligência ou imperícia, o agente pratica uma das condutas elencadas no art. 273. Há quem exclua da modalidade culposa a falsificação e a fabricação, que seriam incompatíveis com a culpa.

CAPÍTULO XV
CRIMES CONTRA A FÉ PÚBLICA

1. MOEDA FALSA

Objetividade jurídica: tutela-se a fé pública no que tange à emissão de moeda.

Os tribunais superiores têm decidido que **não se aplica o princípio da insignificância** ao crime de moeda falsa, ainda que ínfimo o valor de face, pois o que se objetiva com a punição não é evitar prejuízos patrimoniais (âmbito de proteção do estelionato), mas manter a confiança da população na higidez da moeda.

A competência para julgamento deste crime é sempre da Justiça Federal, pois presente o interesse da União, titular do direito de emitir e fazer circular a moeda.

Sujeito ativo: qualquer pessoa (crime comum).

Sujeito passivo: é a coletividade, bem como, secundariamente, eventual lesado pela conduta do agente.

Conduta: pune-se no *caput* do art. 289 a conduta de quem falsifica, fabricando-a ou alterando-a, moeda metálica ou papel-moeda de curso legal no país ou no estrangeiro.

Modos de falsificar	
	Fabricar a moeda (manufaturando, fazendo a cunhagem): o próprio agente produz (cria) a moeda.
	Alterar a moeda (modificando, adulterando): utilizando uma peça verdadeira (autêntica), a altera (por exemplo, transforma uma cédula de um valor em outra de valor maior).

A conduta do agente pode recair em moedas metálicas ou em cédulas.

MUITA ATENÇÃO!

Não somente a moeda nacional pode ser objeto material do crime, mas **também a estrangeira**, sendo que ambas devem ter curso legal no Brasil ou no país de origem, querendo isto dizer que, circulando, a moeda não pode ser recusada como meio de pagamento.

A conduta do agente pode recair em moeda metálica ou papel-moeda.

É imprescindível que a falsificação seja convincente, isto é, **capaz de iludir os potenciais destinatários** (*imitatio veri*), pois, do contrário, a fé pública não é afetada.

MUITA ATENÇÃO!

Nem sempre a falsificação grosseira constitui um fato atípico, possível somente quando não há qualquer possibilidade de iludir alguém. Do contrário, pode se configurar o crime de estelionato, que atinge o patrimônio de uma pessoa

> **MUITA ATENÇÃO!** específica (não a fé pública). Esta, aliás, é a orientação do STJ na súmula 73: "A utilização de papel-moeda grosseiramente falsificado configura, em tese, o crime de estelionato, de competência da Justiça Estadual".

Tipo subjetivo: é o dolo, consistente na vontade consciente de praticar uma das ações típicas. Não se exige finalidade especial do agente.

Consumação e tentativa: o crime se consuma no momento da fabricação ou da alteração da moeda, desde que seja idônea a iludir. É **dispensável** que a moeda seja colocada em circulação.

É possível a tentativa.

Formas equiparadas (§ 1º): o § 1º do art. 289 traz figura equiparada ao *caput* ao cominar a mesma pena para quem, por conta própria ou alheia, importa (traz de fora do país), exporta (remete para fora do país), adquire (consegue de forma onerosa ou gratuita), vende (transfere a título oneroso), troca (entrega a alguém mediante o recebimento de outra coisa), cede (transfere a título gratuito), empresta (entrega a outrem para receber de volta posteriormente), guarda (preserva) ou introduz em circulação (faz com que circule como legítima) moeda falsa.

> **MUITA ATENÇÃO!** Somente pode ter sua conduta subsumida ao disposto neste parágrafo o **agente que não concorreu de algum modo para a falsificação** (do contrário, o comportamento posterior caracteriza *post factum* impunível).

Forma privilegiada (§ 2º): corresponde à conduta de quem, tendo recebido de boa-fé, como verdadeira, moeda falsa ou alterada, a restitui à circulação, depois de conhecer a falsidade. É imprescindível que o agente tenha **recebido a moeda de boa-fé**. Havendo má-fé no momento do recebimento, responde de acordo com o que dispõe o parágrafo anterior.

Na forma privilegiada, a consumação ocorre no momento em que a moeda falsa é **colocada em circulação**, sendo perfeitamente possível a tentativa.

Falsificação funcional (§ 3º): o § 3º não trata de circunstância qualificadora das condutas anteriores, mas de figura delituosa diversa (e mais grave, punida com reclusão, de três a quinze anos, e multa). Trata-se de crime próprio, pois só pode ser cometido por funcionário público (art. 327 do CP), diretor, gerente, ou fiscal de banco de emissão que fabrica, emite ou autoriza a fabricação ou emissão:

a) **de moeda com título ou peso inferior ao determinado em lei:** a moeda deve ser fabricada de acordo com o que determina a lei, que estabelece os componentes que integram o material, incluindo o seu peso. No caso, o título a que se refere a lei é a proporção ou teor da liga metálica que integra a matéria-prima da moeda;

b) **de papel-moeda em quantidade superior à autorizada:** neste caso, ao agente é outorgada a fabricação, a emissão ou a autorização para emitir ou fabricar determinada quantia de papel-moeda, mas ele o faz de forma exacerbada, ultrapassando os limites do que lhe foi permitido. Note-se que a lei não menciona, neste inciso, a moeda metálica, tornando atípica a conduta correspondente.

Desvio e circulação antecipada (§ 4º): equipara-se à conduta anterior (§ 3º). É punido quem desvia e faz circular moeda cuja circulação não estava ainda autorizada. Neste caso, havia sido autorizada somente a emissão da moeda, mas não sua circulação, que depende da análise de fatores econômicos. Nesta figura não se exige qualidade especial do agente, que pode ser qualquer pessoa.

2. CRIMES ASSIMILADOS AO DE MOEDA FALSA

Objetividade jurídica: tutela-se a fé pública.

A exemplo do anterior, a competência para o processo e julgamento deste crime é da Justiça Federal.

Sujeito ativo: qualquer pessoa (crime comum).

Sujeito passivo: a coletividade, bem como, secundariamente, aquele que vier e sofrer eventual prejuízo.

Conduta: as condutas puníveis no art. 290 são as de formar cédula, nota ou bilhete representativo de moeda com fragmentos de cédulas, notas ou bilhetes verdadeiros; suprimir, em nota, cédula ou bilhete recolhidos, para o fim de restituí-los à circulação, sinal indicativo de sua inutilização; restituir à circulação cédula, nota ou bilhete em tais condições, ou já recolhidos para o fim de inutilização. Do exposto, extrai-se a possibilidade de três condutas delituosas:

a) **formar cédula, nota ou bilhete representativo de moeda com fragmentos de cédulas, notas ou bilhetes verdadeiros:** utilizando frações de cédula, nota ou bilhete representativo de moeda, o agente elabora nova cédula, nota ou bilhete com aparência verdadeira.

> **MUITA ATENÇÃO!** Esta conduta não deve ser confundida com a alteração da cédula verdadeira, que constitui o crime do art. 289, mais grave.

b) **suprimir, em nota, cédula ou bilhete recolhidos, para o fim de restituí-los à circulação, sinal indicativo de sua inutilização:** o agente, com o intuito de novamente introduzir à circulação nota, cédula ou bilhete já recolhidos, elimina sinal que identifica a retirada.

c) **restituir à circulação cédula, nota ou bilhete em tais condições, ou já recolhidos para o fim de inutilização:** o agente restitui à circulação cédula, nota ou bilhete formado por fragmentos, como descrito no item "a", ou restitui à circulação nota, cédula ou bilhete que teve sinal identificador de recolhimento suprimido, ou ainda restitui nota, cédula ou bilhete que, embora não contasse com as características anteriores, haviam sido recolhidos para inutilização.

Se o agente, de qualquer modo, concorreu na formação ("a") ou supressão ("b") criminosa, a ação de restituir à circulação a cédula, a nota ou o bilhete ("c") constitui *post factum* impunível.

> **MUITA ATENÇÃO!** É imprescindível que a formação da moeda com fragmentos e a supressão do sinal indicativo sejam capazes de iludir (*imitatio veri*).

Tipo subjetivo: é o dolo, consistente na vontade consciente de praticar uma das ações típicas. Na conduta tipificada na segunda parte do *caput* (supressão), exige-se o elemento subjetivo especial do tipo, consistente na finalidade de restituir a moeda à circulação.

Consumação e tentativa: consuma-se o crime com a formação da cédula a partir dos fragmentos, com a supressão do sinal identificador de recolhimento, ou com a entrada da moeda em circulação. A ocorrência de dano não é exigida em nenhuma das situações.

A tentativa é admissível.

Qualificadora (parágrafo único): se o agente for funcionário público que trabalha na repartição onde o dinheiro se achava recolhido, ou nela tem fácil ingresso em razão do cargo, a pena máxima é aumentada para doze anos e multa.

3. PETRECHOS PARA FALSIFICAÇÃO DE MOEDA

Objetividade jurídica: tutela-se a fé pública envolvendo a emissão de moeda.

Trata-se de caso excepcional em que o legislador pune comportamentos ainda no estágio de preparação do crime de falsificação de moeda.

A competência para o processo e julgamento é da Justiça Federal.

Sujeito ativo: qualquer pessoa (crime comum).

Sujeito passivo: é a coletividade.

Conduta: punem-se no art. 291 as condutas de fabricar (criar, manufaturar), adquirir (obter), fornecer (proporcionar, entregar) a título oneroso ou gratuito, possuir (ter a posse ou a propriedade), guardar (conservar, abrigar) maquinismo, aparelho, instrumento ou qualquer objeto especialmente destinado à falsificação de moeda.

É imprescindível a realização de perícia para a formação da prova de que os petrechos podem ser destinados à falsificação. A respeito da destinação, decidiu o STJ que "A expressão *especialmente destinado*, ao contrário do alegado, não se refere a uma característica intrínseca ou inerente do objeto. Se assim fosse, só a posse ou guarda de maquinário exclusivamente voltado para a fabricação ou falsificação de moedas consubstanciaria o crime, o que implicaria a inviabilidade de sua consumação (crime impossível), pois nem mesmo o maquinário e insumos utilizados pela Casa de Moeda são direcionados exclusivamente para a fabricação de moedas [...]. Tal dicção está relacionada ao uso que o agente pretende dar a esse objeto, ou seja, a consumação depende da análise do elemento subjetivo do tipo (dolo), de modo que se o agente detém a posse de impressora, ainda que manufaturada visando ao uso doméstico, mas com o propósito de a utilizar precipuamente para contrafação de moeda, incorre no referido crime" (STJ, REsp 1.758.958/SP, j. 11/09/2018).

> **MUITA ATENÇÃO!**
>
> Na situação em que o sujeito é surpreendido com os petrechos, mas já concorreu para a contrafação de moeda, **o crime do art. 291 é absorvido pelo de moeda falsa (art. 289).**

Tipo subjetivo: o tipo subjetivo é o dolo, consistente na vontade consciente de praticar uma das condutas previstas no tipo penal.

Não se exige finalidade especial por parte do agente.

Consumação e tentativa: consuma-se o crime com a prática de qualquer um dos núcleos típicos. Alguns deles, aliás, constituem crimes permanentes (possuir e guardar).

A tentativa é possível, com algumas ressalvas. No fornecimento, por exemplo, o *conatus* será de difícil configuração, já que, em regra, ao tentar fornecer, o agente deve ter fabricado, adquirido, possuído ou guardado o petrecho.

4. FALSIFICAÇÃO DE DOCUMENTO PÚBLICO

Objetividade jurídica: tutela-se a fé pública.

Sujeito ativo: qualquer pessoa (crime comum).

Sujeito passivo: é a coletividade. O particular eventualmente prejudicado também poderá figurar no polo passivo.

Conduta: consubstancia-se o crime em falsificar (contrafazer) documento público, ou alterar (modificar) documento público verdadeiro.

A **falsificação** pode ser total, quando o documento é inteiramente criado, ou parcial, adicionando-se, nos espaços em branco da peça escrita, novos (e relevantes) elementos.

Na **alteração**, por sua vez, o agente modifica documento público existente (e verdadeiro), substituindo ou introduzindo dizeres inerentes à própria essência do documento.

FIQUE POR DENTRO:

O objeto material do crime é o *documento*, tradicionalmente definido como a peça escrita e impressa, elaborada na forma de coisa móvel, que condensa graficamente o pensamento de alguém, podendo provar um fato ou a realização de algum ato dotado de relevância jurídica.

Essa definição, no entanto, parece não ser mais suficiente devido à evolução das formas como documentos podem ser elaborados. De fato, não há como negar a relevância jurídica de documentos elaborados no formato eletrônico, atualmente utilizado nas mais variadas situações: processos judiciais tramitam inteiramente na forma digital e os atos praticados, assinados eletronicamente, são disponibilizados em formato PDF; é possível obter certidões de matrículas de imóveis digitalizadas; carteiras de habilitação e documentos de veículos são acessíveis por aplicativo no telefone celular e podem ser impressos pelo próprio titular. É óbvio que a falsificação de documentos dessa natureza não ser ignorada. A alteração de uma sentença ou da matrícula de um imóvel, por exemplo, pode ter efeitos jurídicos gravíssimos. Não há qualquer motivo razoável para afastar a tipicidade de uma falsificação dessa natureza, inclusive porque a autenticidade, a integridade e a validade jurídica de documentos em forma eletrônica são disciplinadas na Medida Provisória 2.200-2/01, cujo art. 10 é taxativo: "Consideram-se documentos públicos ou particulares, para todos os fins legais, os documentos eletrônicos de que trata esta Medida Provisória" (não se trata, no caso, de qualquer documento elaborado em formato eletrônico, mas somente daqueles que seguem os padrões de segurança e autenticidade que a medida provisória teve o propósito de garantir por meio da criação da Infra Estrutura de Chaves Públicas Brasileira).

Para os efeitos do art. 297, é preciso, ainda, que o documento seja *público*. Nesse tanto, a doutrina o classifica de duas formas:

a) *documento formal e substancialmente público*: emanado de agente público no exercício de suas funções e seu conteúdo diz respeito a questões inerentes ao interesse público (atos legislativos, executivos e judiciários);

b) *documento formalmente público, mas substancialmente privado*: aqui, o interesse é de natureza privada, mas o documento é emanado de entes públicos (atos praticados por escrivães, tabeliães etc.).

> **MUITA ATENÇÃO!** De acordo com o STJ, o crime se tipifica ainda que o documento seja **originário de outro país**, pois a lei não distingue o documento expedido por autoridade nacional daquele proveniente de órgão estrangeiro (REsp 1.568.954/SP, DJe 07/11/2016).

Os documentos escritos a lápis, ainda que emanados do funcionário no exercício de suas funções, não são considerados públicos, tendo em vista a insegurança em relação à manutenção de sua integridade. E nem mesmo são considerados documentos os apócrifos, vez que se o autor não se identifica, evidencia-se o propósito de que não pretende documentar aquele conteúdo.

A falsificação do documento deve ser apta a iludir, conforme já destacamos quando da análise dos outros delitos relacionados à fé pública. Se o documento falso for excessivamente grosseiro, não haverá crime de falsificação, podendo ocorrer, no entanto, estelionato. A prova da aptidão ilusória do documento se extrai da imprescindível perícia técnica.

O § 2º do artigo 297 equipara ao documento público:

a) **o emanado de entidade paraestatal:** pessoa jurídica de Direito Privado disposta paralelamente ao Estado para executar atividades de interesse público.

b) **o título ao portador ou transmissível por endosso:** é o cheque, a nota promissória, a letra de câmbio etc.

c) **as ações de sociedade comercial:** considera-se equiparada qualquer espécie de ação proveniente de sociedades anônimas e sociedades em comandita por ações (preferenciais ou não).

d) **os livros mercantis:** sejam obrigatórios ou facultativos;

e) **o testamento particular:** não estão abrangidos os codicilos.

Por fim, devemos lembrar que a falsificação de um documento pode acompanhar o delito de estelionato. Segundo a súmula 17 do STJ, "Quando o falso se exaure no estelionato, sem mais potencialidade lesiva, é por este absorvido".

? **QUESTÃO:** E se a falsificação é cometida após algum outro crime?

➥ ***RESPOSTA:*** *A solução apontada na súmula 17 não se repete quando a falsificação de documento ocorre* ***subsequentemente*** *à prática de outro crime. Se, por exemplo, o agente recepta determinado veículo roubado e falsifica os documentos para lhe conferir a aparência de legítimo proprietário, responde por ambos os delitos em concurso material. No mesmo exemplo, se o agente recepta o veículo, falsifica os documentos e adultera os sinais de identificação do veículo (placa e chassi), há três delitos.*

Tipo subjetivo: é o dolo. Não se exige nenhuma finalidade específica do agente.

Consumação e tentativa: consuma-se o crime com a prática de uma das ações nucleares típicas (falsificação ou alteração). É irrelevante, para a consumação, que o agente faça uso do documento que produziu ou alterou. Se o fizer, essa conduta – tipificada autonomamente no art. 304 do CP – será considerada *post factum* impunível.

Tratando-se de crime plurissubsistente, em que o *iter criminis* pode ser fracionado, a tentativa é admissível.

Causa de aumento de pena (§ 1º): aumenta-se a pena se o crime é cometido por funcionário público, desde que se prevaleça do cargo que ocupa.

Formas equiparadas (§ 3º): o § 3º equipara à falsificação de documento público aquela realizada em documentos previdenciários, fazendo incidir as mesmas penas previstas para a figura delitiva do *caput*. Note-se que a falsidade de que trata este parágrafo **não é a material, mas, sim, ideológica**, pois, embora seja formalmente verdadeiro o documento, o conteúdo ali inserido não o é.

O inciso I tipifica a conduta do agente que insere ou faz inserir, na folha de pagamento ou em documento de informações que seja destinado a fazer prova perante a Previdência Social, pessoa que não tem a qualidade de segurado obrigatório. O dispositivo procura evitar que a seguridade social seja submetida a graves prejuízos por pagamentos a pessoas que não são revestidas da qualidade de segurados.

Já o inciso II prevê punição para aquele que insere ou faz inserir, na Carteira de Trabalho ou em documento que deva produzir efeito perante a Previdência Social, declaração falsa ou diversa da que deveria ter sido escrita. Aqui, procura-se, mais uma vez, evitar que a seguridade social seja prejudicada por gastos indevidos ou por prejuízos na arrecadação. Isso porque a carteira de trabalho serve como base para se obter o valor das contribuições previdenciárias do empregado.

Por fim, o inciso III pune a conduta daquele que insere ou faz inserir, em documento contábil ou em qualquer outro documento relacionado com as obrigações da empresa perante a Previdência Social, declaração falsa ou diversa da que deveria ter constado. Aqui, a finalidade da lei é inibir as fraudes em relação aos lançamentos nos documentos das empresas, vez que é através deles que a Previdência Social irá determinar os valores a serem recolhidos pelo empregador.

Equiparação ao § 3º: finalmente, prevê o tipo, em seu § 4º, punição para o agente que omite, nos documentos elencados no § 3º, o nome do segurado e seus dados pessoais, bem como a remuneração e a vigência do contrato de trabalho ou de prestação de serviços. Trata-se de falso ideológico, praticado somente na forma omissiva.

5. FALSIFICAÇÃO DE DOCUMENTO PARTICULAR

Objetividade jurídica: tutela-se a fé pública.

Sujeito ativo: qualquer pessoa (crime comum).

Sujeito passivo: é a coletividade, bem como eventual terceiro prejudicado com a conduta do agente.

Conduta: consiste a ação delituosa em falsificar (contrafazer), no todo ou em parte, documento particular ou alterar (modificar) documento particular verdadeiro.

As condutas nucleares típicas são as mesmas do artigo 297, aplicando-se aqui os mesmos comentários dispensados àquele dispositivo. A distinção reside no objeto material (lá – art. 297 –, documento público; aqui – art. 298 –, particular).

O conceito de documento particular é obtido por exclusão, isto é, **todo aquele não compreendido como público ou equiparado a público.**

Aqui também é pertinente a extensão conceitual de que tratamos nos comentários ao art. 297. Há documentos particulares, como contratos, por exemplo, que podem ser elaborados e assinados no formato eletrônico seguindo padrões de segurança e autenticidade. A falsificação ou a alteração de um documento dessa natureza pode perfeitamente se inserir no tipo do art. 298.

Note-se que o parágrafo único, acrescentado pela Lei nº 12.737/12, equipara aos documentos particulares o cartão de crédito ou débito.

MUITA ATENÇÃO!

De acordo com o STJ, ainda que praticada antes da entrada em vigor da lei, **é típica** a conduta de falsificar, no todo ou em parte, cartão de crédito ou débito. Argumentou o tribunal que a expressão *documento particular*, contida no art. 298 do CP, é um elemento normativo que depende de valoração, sendo que a jurisprudência já admitia que os cartões de débito e crédito se inserissem no conceito de documento particular para efeito de proteção penal contra a falsificação. A lei unicamente passou a tratar de forma expressa o que os tribunais já aceitavam (STJ, REsp 1.578.479/SC, DJe 03/10/2016).

Assim como ocorre em todos os crimes que envolvem a fé pública, a falsificação deve ser apta a iludir, sendo que a comprovação deve ocorrer por meio de perícia.

Tipo subjetivo: é o dolo. Não se exige qualquer finalidade específica do agente.

Consumação e tentativa: a consumação do delito se dá no momento em que ocorre a contrafação, total ou parcial, ou a alteração do documento particular. É irrelevante, para a consumação, que o agente faça uso do documento que produziu ou alterou. Se o fizer, essa conduta – tipificada autonomamente no art. 304 do CP – será considerada *post factum* impunível.

É possível a tentativa.

6. FALSIDADE IDEOLÓGICA

Objetividade jurídica: tutela-se a fé pública.

Sujeito ativo: qualquer pessoa (crime comum).

Sujeito passivo: é a coletividade. Eventual prejudicado pela conduta do agente pode figurar como vítima secundária.

Conduta: pune-se quem omitir, em documento público ou particular, declaração que dele devia constar, ou nele inserir ou fazer inserir declaração falsa ou diversa da que devia ser escrita, com o fim de prejudicar direito, criar obrigação ou alterar a verdade sobre fato juridicamente relevante.

Trata-se de crime de ação múltipla, que pode ser cometido por meio de cinco ações:

a) **omitir declaração:** o agente, ao confeccionar o documento (público ou particular), deixa de mencionar informação que nele devia constar (crime omissivo puro);

b) **inserir declaração falsa:** o agente introduz ideia falsa no documento (público ou particular) que redige;

c) **inserir declaração diversa da que devia ser escrita:** na elaboração do documento, o agente substitui o conteúdo verdadeiro por outro que, embora contenha informações diversas, tem a mesma natureza;

d) **fazer inserir declaração falsa:** aqui a falsidade é mediata, pois o agente induz terceiro a inserir informação falsa no documento (público ou particular). Aquele que foi induzido pelo agente somente responde pela falsificação se, momento em que insere a declaração, tem consciência do conteúdo inverídico;

e) **fazer inserir declaração diversa da que devia constar:** trata-se também de falsidade mediata, em que o agente induz terceiro a substituir uma informação verdadeira por outra da mesma natureza.

Qualquer dessas condutas pode ter por objeto material tanto o documento impresso quanto o eletrônico, da mesma forma como já destacamos nos comentários aos crimes anteriores. Aliás, tratando-se de documentos eletrônicos, talvez a falsidade ideológica seja atualmente o crime de falso mais usual devido ao grande número de serviços públicos e privados prestados por meio do preenchimento de formulários em sistemas de *internet*.

Com efeito, é possível, por exemplo, abrir contas em bancos e corretoras de valores em processo remoto, sem o envio de nenhum documento físico, e certamente a inserção de declarações falsas ou diversas das que deveriam constar sobre renda e patrimônio equivale a fazer o mesmo na presença de um funcionário da instituição, em um documento impresso. Da mesma forma, há serviços públicos como renovação de carteira de habilitação ou contestação de infrações de trânsito que têm ao menos parte do procedimento no formato eletrônico. O indivíduo que, para se livrar da pontuação por infração de trânsito, indica falsamente no *site* do DETRAN outro motorista como condutor sem dúvida comete o crime de falsidade ideológica.

? QUESTÃO: A simulação, estabelecida no Código Civil como causa de nulidade do negócio jurídico, dá ensejo à falsidade ideológica?

➥ ***RESPOSTA:*** *O art. 167, § 1º, do Código Civil dispõe que haverá simulação nos negócios jurídicos quando: I – aparentarem conferir ou transmitir direitos a pessoas diversas daquelas às quais realmente se conferem, ou transmitem; II – contiverem declaração, confissão, condição ou cláusula não verdadeira; III – os instrumentos particulares forem antedatados, ou pós-datados.*

Imaginemos a situação em que o agente, com o propósito de transmitir por doação determinado imóvel à sua amante, simula com terceiro um contrato de compra e venda, sobre o qual é lavrada escritura, e posteriormente o bem é transmitido gratuitamente a quem efetivamente se destinava (amante). O negócio, nos termos da lei civil, é nulo porque simulado. Mas é possível falar em falsidade ideológica? Não há dúvida, pois, no ato em que foi lavrada a escritura, inseriu-se em documento público declaração falsa (que o imóvel seria transmitido por compra e venda) com o fim de alterar a verdade sobre fato juridicamente relevante (que se dava a transmissão a título gratuito a pessoa que não poderia receber o bem naquelas condições).

A exemplo do que ocorre com a falsidade material, também a ideológica deve ser apta a iludir. Se a informação inserida é de tal forma inconcebível, não há o crime do art. 299 do CP.

O STJ tem decidido reiteradamente que o ato de firmar declaração inverídica de pobreza para fins processuais não constitui falsidade ideológica (STJ, RHC 24.606/RS, DJe 02/06/2015). Já se decidiu também não haver o crime na inserção de dados inverídicos em petição judicial, vez que se trata de simples alegações, posteriormente debatidas em juízo (STF, HC 82605/GO, DJ 25/02/2003). Da mesma forma, o STJ considera que a inserção de informação falsa em currículo *Lattes* não caracteriza o crime de falsidade ideológica porque, tratando-se de página eletrônica em que o usuário insere informações apenas mediante o uso de login e senha, não é possível certificar a identidade de quem faz a inserção. Por isso, não se trata de um documento eletrônico (MP 2.200-2/2001). Além disso, o tribunal ponderou que as informações constantes do *Lattes* – como de qualquer outro currículo – são verificáveis, isto é, não fazem prova por si (STJ, RHC 81.451/RJ, DJe 31/8/2017).

Tipo subjetivo: o tipo subjetivo do delito é o dolo, consubstanciado na vontade consciente de agir de acordo com uma das condutas nucleares típicas. Exige-se, ainda, o elemento subjetivo específico, consistente no propósito de lesar direito, criar obrigação ou alterar a veracidade sobre o fato juridicamente relevante.

Consumação e tentativa: consuma-se o crime com a prática de uma das figuras típicas previstas no art. 299.

Tratando-se de crime formal, dispensa-se ocorrência de dano efetivo, sendo suficiente que o documento ideologicamente falso tenha potencialidade lesiva (se o falsário usa o documento, o crime previsto no art. 304 do CP fica absorvido).

Nas modalidades comissivas, o *iter criminis* pode ser fracionado, admitindo-se, por isso, a tentativa. Já a conduta de quem omite declaração que devia constar no documento não pode ser tentada, tendo em vista se tratar de crime omissivo puro.

Causa de aumento de pena (parágrafo único): se o agente é funcionário público, e comete o crime prevalecendo-se do cargo, aumenta-se a pena de sexta parte.

7. USO DE DOCUMENTO FALSO

Objetividade jurídica: tutela-se a fé pública.

Sujeito ativo: qualquer pessoa (crime comum).

Sujeito passivo: é a coletividade. A pessoa eventualmente prejudicada pelo uso do documento falso também pode figurar como vítima.

Conduta: consiste o crime em fazer uso, como se fossem verdadeiros, de quaisquer dos papéis falsificados ou alterados a que se referem os artigos 297 a 302 do Código Penal.

Apesar de haver corrente sustentando que, para a caracterização do crime, basta que o escrito saia da esfera de disponibilidade do agente, ainda que empregado em finalidade diversa daquela a que se destinava, de acordo com a maioria é imprescindível que o documento falso seja utilizado em sua específica destinação probatória.

Discute-se, também, se o crime se configura na hipótese em que a exibição do documento não parte do agente, mas de solicitação, revista pessoal ou exigência da autoridade. De acordo com a lição de Guilherme de Souza Nucci, "Há perfeita possibilidade de configuração do tipo penal quando a exibição de uma carteira de habilitação falsa, por exemplo, é feita a um policial rodoviário que exige a sua apresentação, por estar no exercício da sua função fiscalizadora. Assim é a posição majoritária: 'Reiterada é a jurisprudência desta corte e do STF no sentido de que há crime de uso de documento falso ainda quando o agente o exibe para a sua identificação em virtude de exigência por parte de autoridade policial' (STJ, Resp 193.210-DF, rel. José Arnaldo da Fonseca, 5ª T., 20.04.1999, v.u., DJ 24.05.1999, Seção 1, p. 190)" (Nucci, 2020, p. 1155).

MUITA ATENÇÃO!

O STJ já decidiu, no caso de Carteira Nacional de Habilitação, que o delito se configura com o simples porte, pois, "Exigindo o Código Nacional de Trânsito que o motorista 'porte' a carteira de habilitação e a exiba quando solicitado, portar a carteira para dirigir é uma das modalidades de uso desse documento" (STJ,

MUITA ATENÇÃO!

Resp. 606/SP, j. 06/11/89). O próprio tribunal, no entanto, **já excepcionou essa orientação** de acordo com as circunstâncias do caso concreto. Decidiu-se que "Se o investigado, em abordagem de rotina, afirma ao agente da Polícia Rodoviária Federal não possuir Carteira Nacional de Habilitação, identificando-se por meio de Carteira de Identidade, e, logo em seguida, o policial avista, em sua carteira aberta, documento similar à CNH que o investigado lhe entrega, admitindo tratar-se de documento falso, não há como se reconhecer na conduta, *a priori*, o elemento de vontade (de fazer uso de documento falso) necessário à caracterização do delito do art. 304 do CP, situação em que a apresentação do documento falso à autoridade policial federal não tem o condão de deslocar a competência para o julgamento da ação penal para a Justiça Federal" (STJ, CC 148.592/RJ, j. 08/02/2017).

Há situações em que, diante da autoridade pública, o agente apresenta documento falso para que sua verdadeira identidade permaneça incógnita e, dessa forma, passem ocultos seus antecedentes criminais. Sustentam alguns a inexistência de crime porque a conduta caracterizaria legítimo exercício do direito de defesa. Decidiu o STF, no entanto, que o uso de documento falso não se legitima pela autodefesa (STF, HC 111.706/SP, DJe 17/12/2012). É a mesma conclusão a que se chegou no crime de falsa identidade (art. 307 do CP), no qual o agente, **sem usar um documento falso**, se identifica falsamente para afastar de si a responsabilidade por eventual prática criminosa ou para ocultar seus antecedentes. A súmula 522 do STJ dispõe que a conduta é típica "ainda que em situação de alegada autodefesa".

Não obstante tenha pena mais grave, o crime de uso de documento falso pode ser absorvido pelo descaminho, desde que se trate de etapa executória deste último, nele exaurindo-se a potencialidade lesiva do falso (STJ, AgRg no REsp 1.349.157/RS, DJe 01/08/2018).

Tipo subjetivo: o tipo subjetivo é o dolo, consistente na vontade consciente de fazer uso do documento falso.

A dúvida do agente em relação à falsidade do documento não exclui o crime, que admite também o dolo eventual.

Não se exige finalidade específica.

Consumação e tentativa: o crime se consuma no momento em que o agente utiliza o documento, independentemente da obtenção do proveito.

Tendo em vista não haver possibilidade de fracionamento da conduta, a tentativa de uso é inadmissível.

EM RESUMO: Crimes contra a fé pública	
Moeda falsa	▪ **Objetividade jurídica:** É a fé pública no que tange à emissão de moeda. ▪ **Sujeitos ativo e passivo:** Qualquer pessoa pode cometer o crime. Sujeito passivo é a coletividade. ▪ **Conduta:** Falsificar, fabricando-a ou alterando-a, moeda metálica ou papel-moeda de curso legal no país ou no estrangeiro. É imprescindível que a falsificação tenha a capacidade de iludir, pois, do contrário, o fato é atípico ou, conforme a situação, pode caracterizar apenas estelionato. ▪ **Tipo subjetivo:** É o dolo, consistente na vontade consciente de praticar uma das ações típicas. Não se exige finalidade especial do agente.

Moeda falsa	▪ **Consumação e tentativa:** O crime se consuma no momento da fabricação ou da alteração da moeda. É dispensável que a moeda seja colocada em circulação. É admissível a tentativa. ▪ **Formas equiparadas:** Equiparam-se ao *caput* as condutas de quem importa (traz de fora do país), exporta (remete para fora do país), adquire (consegue de forma onerosa ou gratuita), vende (transfere a título oneroso), troca (entrega a alguém mediante o recebimento de outra coisa), cede (transfere a título gratuito), empresta (entrega a outrem para receber de volta posteriormente), guarda (preserva) ou introduz em circulação (faz com que circule como legítima) moeda falsa. ▪ **Forma privilegiada:** » É punido menos severamente quem, tendo recebido de boa-fé, como verdadeira, moeda falsa ou alterada, a restitui à circulação, depois de conhecer a falsidade. Havendo má-fé no momento do recebimento, o agente responde de acordo com o que dispõe o parágrafo anterior. » Na forma privilegiada, a consumação ocorre no momento em que a moeda falsa é colocada em circulação, sendo perfeitamente possível a tentativa. ▪ **Falsificação funcional:** Não se trata de uma qualificadora, mas de uma figura autônoma que pune de forma mais severa quem, no exercício da função, fabrica, emite ou autoriza a fabricação de: » de moeda com título ou peso inferior ao determinado em lei; » de papel-moeda em quantidade superior à autorizada. ▪ **Desvio e circulação antecipada:** Equipara-se ao § 3º a conduta de quem desvia e faz circular moeda cuja circulação não estava ainda autorizada. Embora a conduta seja equiparada, neste caso não se trata de crime próprio.
Crimes assemelhados ao de moeda falsa	▪ **Objetividade jurídica:** É a fé pública no que tange à emissão de moeda. ▪ **Sujeitos ativo e passivo:** Qualquer pessoa pode cometer o crime. Sujeito passivo é a coletividade. ▪ **Conduta:** O tipo pode ser dividido em três partes: » formar cédula, nota ou bilhete representativo de moeda com fragmentos de cédulas, notas ou bilhetes verdadeiros » suprimir, em nota, cédula ou bilhete recolhidos, para o fim de restituí-los à circulação, sinal indicativo de sua inutilização » restituir à circulação cédula, nota ou bilhete em tais condições, ou já recolhidos para o fim de inutilização. ▪ **Tipo subjetivo:** É o dolo, consistente na vontade consciente de praticar uma das ações típicas. Na conduta tipificada na segunda parte do *caput* (supressão), exige-se o elemento subjetivo especial do tipo, consistente na finalidade de restituir a moeda à circulação. ▪ **Consumação e tentativa:** Consuma-se o crime com a formação da cédula a partir dos fragmentos, com a supressão do sinal identificador de recolhimento, ou com a entrada da moeda em circulação. A tentativa é admissível. ▪ **Qualificadora:** O parágrafo único do art. 290 eleva a pena máxima para doze anos se o agente for funcionário público que trabalha na repartição onde o dinheiro se achava recolhido, ou nela tem fácil ingresso em razão do cargo.

<table>
<tr><td>Petrechos para falsificação de moeda</td><td>
▪ Objetividade jurídica: É a fé pública no que tange à emissão de moeda.
▪ Sujeitos ativo e passivo: Qualquer pessoa pode praticar o crime. Sujeito passivo é coletividade.
▪ Conduta:
» São punidas as condutas de fabricar (criar, manufaturar), adquirir (obter), fornecer (proporcionar, entregar) a título oneroso ou gratuito, possuir (ter a posse ou a propriedade), guardar (conservar, abrigar) maquinismo, aparelho, instrumento ou qualquer objeto especialmente destinado à falsificação de moeda.
» Segundo o STJ, o objeto não precisa ter sido fabricado com o propósito específico de produzir moeda, o que tornaria praticamente impossível a caracterização do crime. Deve ser analisada a finalidade do agente na utilização.
▪ Tipo subjetivo: É o dolo, consistente na vontade consciente de praticar uma das ações típicas. Não se exige finalidade especial.
▪ Consumação e tentativa: A consumação se dá com a prática de qualquer um dos núcleos típicos, dentre os quais há crimes permanentes (possuir e guardar). A tentativa é possível, com a ressalva sobre condutas que, embora tentadas, são provavelmente antecedidas de outras já suficientes para consumar o crime.
</td></tr>
<tr><td>Falsificação de documento público</td><td>
▪ Objetividade jurídica: É a fé pública.
▪ Sujeitos ativo e passivo: Qualquer pessoa pode praticar o crime. Sujeito passivo é coletividade.
▪ Conduta:
» Consiste o crime em falsificar (contrafazer) documento público, ou alterar (modificar) documento público verdadeiro.
» A falsificação é total quando o documento é inteiramente criado, ou parcial, quando o agente insere nos espaços em branco novas informações.
» A alteração consiste em modificar documento verdadeiro substituindo ou introduzindo dizeres inerentes à própria essência do documento.
» No conceito de documento podem ser incluídos os elaborados no formato eletrônico (MP 2.220-2/01).
» O documento pode ser formal e substancialmente público (emanado de agente público sobre questão de interesse público) ou formalmente público, mas substancialmente privado (emanado de agente público sobre questão de interesse privado).
» São equiparados a documentos públicos:
- o emanado de entidade paraestatal;
- o título ao portador ou transmissível por endosso;
- as ações de sociedade comercial;
- os livros mercantis;
- o testamento particular.
» Se a falsificação é seguida de estelionato, e sua potencialidade lesiva se esgota nesse crime, é absorvida por ele (súmula 17 STJ).
</td></tr>
</table>

Falsificação de documento público	▪ **Tipo subjetivo:** É o dolo, consistente na vontade consciente de praticar uma das ações típicas. Não se exige finalidade especial. ▪ **Consumação e tentativa:** Consuma-se o crime com a prática de uma das ações nucleares típicas (falsificação ou alteração). É irrelevante, para a consumação, que o agente faça uso do documento que produziu ou alterou. A tentativa é admissível. ▪ **Causa de aumento de pena:** Aumenta-se a pena se o crime é cometido por funcionário público, desde que se prevaleça do cargo que ocupa. ▪ **Formas equiparadas:** Embora seja uma equiparação à falsificação material, o § 3º elenca falsidades ideológicas, consistentes nas condutas de inserir ou fazer inserir: I – na folha de pagamento ou em documento de informações que seja destinado a fazer prova perante a previdência social, pessoa que não possua a qualidade de segurado obrigatório; II – na Carteira de Trabalho e Previdência Social do empregado ou em documento que deva produzir efeito perante a previdência social, declaração falsa ou diversa da que deveria ter sido escrita; III – em documento contábil ou em qualquer outro documento relacionado com as obrigações da empresa perante a previdência social, declaração falsa ou diversa da que deveria ter constado. ▪ **Equiparação ao § 3º:** Omitir, nos documentos elencados no § 3º, o nome do segurado e seus dados pessoais, bem como a remuneração e a vigência do contrato de trabalho ou de prestação de serviços. Trata-se também de falso ideológico, praticado somente na forma omissiva.
Falsificação de documento particular	▪ **Objetividade jurídica:** É a fé pública. ▪ **Sujeitos ativo e passivo:** Qualquer pessoa pode praticar o crime. Sujeito passivo é coletividade. ▪ **Conduta:** » Consiste o crime em falsificar (contrafazer) documento particular, ou alterar (modificar) documento particular verdadeiro. » A falsificação é total quando o documento é inteiramente criado, ou parcial, quando o agente insere nos espaços em branco novas informações. » A alteração consiste em modificar documento verdadeiro substituindo ou introduzindo dizeres inerentes à própria essência do documento. » Equipara-se aos documentos particulares o cartão de crédito ou débito. » No conceito de documento podem ser incluídos os elaborados no formato eletrônico (MP 2.220-2/01). » Se a falsificação é seguida de estelionato, e sua potencialidade lesiva se esgota nesse crime, é absorvida por ele (súmula 17 STJ). ▪ **Tipo subjetivo:** É o dolo, consistente na vontade consciente de praticar uma das ações típicas. Não se exige finalidade especial. ▪ **Consumação e tentativa:** Consuma-se o crime com a prática de uma das ações nucleares típicas (falsificação ou alteração). É irrelevante, para a consumação, que o agente faça uso do documento que produziu ou alterou. A tentativa é admissível.

Falsidade Ideológica	▪ **Objetividade jurídica:** É a fé pública. ▪ **Sujeitos ativo e passivo:** Qualquer pessoa pode praticar o crime. Sujeito passivo é coletividade. ▪ **Conduta:** Há cinco condutas que caracterizam o crime: » omitir declaração: deixa-se de mencionar informação que devia constar no documento (crime omissivo puro); » inserir declaração falsa: introduz-se ideia falsa enquanto o documento é redigido; » inserir declaração diversa da que devia ser escrita: na elaboração do documento, substitui-se o conteúdo verdadeiro por outro que, embora contenha informações diversas, tem a mesma natureza; » fazer inserir declaração falsa: induz-se terceiro a inserir informação falsa no documento; » fazer inserir declaração diversa da que devia constar: na elaboração do documento, induz-se terceiro a substituir uma informação verdadeira por outra da mesma natureza. » No conceito de documento podem ser incluídos os preenchidos no formato eletrônico (MP 2.220-2/01). » Se a falsidade é seguida de estelionato, e sua potencialidade lesiva se esgota nesse crime, é absorvida por ele (súmula 17 STJ). ▪ **Tipo subjetivo:** É o dolo, consistente na vontade consciente de praticar uma das ações típicas. Há elemento subjetivo específico, consistente no propósito de lesar direito, criar obrigação ou alterar a veracidade sobre o fato juridicamente relevante. ▪ **Consumação e tentativa:** Consuma-se o crime com a prática de uma das figuras típicas. Nas modalidades comissivas, o *iter criminis* pode ser fracionado, admitindo-se, por isso, a tentativa. Já a conduta de quem omite declaração que devia constar no documento não pode ser tentada, tendo em vista se tratar de crime omissivo puro. ▪ **Causa de aumento de pena:** O parágrafo único do art. 299 aumenta a pena de sexta parte se o agente é funcionário público e comete o crime prevalecendo-se do cargo.
Uso de Documento Falso	▪ **Objetividade jurídica:** É a fé pública. ▪ **Sujeitos ativo e passivo:** Qualquer pessoa pode praticar o crime. Sujeito passivo é coletividade. ▪ **Conduta:** » Consiste o crime em fazer uso, como se fossem verdadeiros, de quaisquer dos papéis falsificados ou alterados a que se referem os artigos 297 a 302 do Código Penal. » Há controvérsia a respeito da caracterização do crime se o documento é exigido pela autoridade em atividade de fiscalização. O STJ tem decisões no sentido de que o simples porte de CNH falsificada é típico, mas também já afastou a tipicidade em situação na qual havia evidência de que o agente não pretendia fazer uso do documento.

Uso de Documento Falso	» A apresentação de documento falso à autoridade para omitir antecedentes penais é criminosa, assim como o ato de irrogar-se falsa identidade com o mesmo propósito. » O uso de documento falso pode ser absorvido pelo descaminho, desde que a potencialidade lesiva do documento se esgote neste crime. ▪ **Tipo subjetivo:** Consiste na vontade consciente de fazer uso do documento falso. Não se exige finalidade específica. ▪ **Consumação e tentativa:** O crime se consuma no momento em que o agente utiliza o documento, independentemente da obtenção do proveito. Tendo em vista não haver possibilidade de fracionamento da conduta, a tentativa de uso é inadmissível.

CAPÍTULO XVI

CRIMES CONTRA A ADMINISTRAÇÃO PÚBLICA

1. PECULATO

Objetividade jurídica: tutela-se a moralidade e o patrimônio da Administração Pública.

Sujeito ativo: o crime é próprio, pois só pode ser cometido por funcionário público (no sentido amplo trazido pelo art. 327 do CP).

O particular que, sabendo da qualidade funcional do agente, concorre, de qualquer modo, para o evento, responde por força do art. 30 do CP.

Sujeito passivo: é o Estado, lesado no seu patrimônio e moralmente. Se o bem apropriado for de propriedade particular, também ele será vítima do crime (secundária).

Conduta: o *caput* do art. 312 pune o que a doutrina denomina **"peculato próprio"**, cuja ação material consiste na apropriação ou no desvio de dinheiro, valor ou qualquer outro bem móvel, público ou particular, de que tem o funcionário a posse em razão do cargo. No *caput* há, portanto, duas formas de peculato:

a) na primeira parte do *caput* pune-se o peculato apropriação, no qual o agente se apodera de coisa que tem sob sua posse legítima, passando, arbitrariamente, a comportar-se como se dono fosse (*uti dominus*).

Exige o tipo que o agente inverta a posse alcançada "em razão do cargo", ou seja, não há peculato quando a entrega do bem ocorre meramente "por ocasião do cargo", sem qualquer vínculo com a competência funcional exercida pelo agente. Inexistindo relação entre a posse invertida e o ofício desempenhado pelo agente, configura-se o delito de apropriação indébita; alcançada a posse da coisa por meio fraudulento, há o crime de estelionato; se, entretanto, a posse decorre de violência ou grave ameaça, há roubo.

b) na segunda parte do *caput* incrimina-se o peculato desvio, caso em que o funcionário confere destinação diversa à coisa, em benefício próprio ou alheio, com a obtenção de proveito material ou moral, auferindo vantagem.

MUITA ATENÇÃO!

Se há desvio de verba **em proveito da própria Administração Pública**, com **utilização diversa da prevista** para sua destinação, temos o crime do art. 315 do CP.

O STJ firmou a tese de que reiterados desvios oriundos da mesma causa, como, por exemplo, de um contrato administrativo a partir do qual diversas somas são desviadas, não podem ser considerados como crime único com sucessivos exaurimentos. Identificadas as circunstâncias do art. 71 do CP, há crime continuado (STJ, AgRg no REsp 1.045.631/SP, j. 08/11/2011). O tribunal também decidiu que comete o crime o administrador público que ordena o desconto de parcelas de empréstimos consignados dos salários de servidores públicos e não as repassa à instituição financeira que concedeu o crédito (STJ, AP 814/DF, j. 06/11/2019).

O **§ 1º do art. 312 traz a figura do peculato furto**, também chamada de **"peculato impróprio"**. Caracteriza-se não pela apropriação ou desvio, mas pela subtração de coisa pública ou privada sob guarda ou custódia da Administração.

Importante destacar que nesta situação o agente não tem a posse da coisa, mas se vale da facilidade que a condição de funcionário lhe concede para subtraí-la (ou concorrer para que seja subtraída) do ente público.

É farta a jurisprudência no sentido de que o bem jurídico protegido no tipo penal (moral administrativa) é **incompatível com o princípio da insignificância**. É o que estabelece a súmula 599 do STJ, segundo a qual "O princípio da insignificância é inaplicável aos crimes contra a administração pública".

Tipo subjetivo: pune-se a conduta dolosa, expressada pela vontade consciente de transformar a posse da coisa em domínio (peculato apropriação), de desviar a coisa em proveito próprio ou de terceiro (peculato desvio) ou de subtrair, ou concorrer para que seja subtraída, para si ou para outrem, coisa pública ou privada sob a guarda da Administração.

O peculato desvio contém um elemento subjetivo específico, pois o funcionário público deve praticar a conduta em proveito próprio ou alheio.

Consumação e tentativa: na primeira modalidade (apropriação), consuma-se o delito no momento em que o funcionário se apropria do dinheiro, valor ou bem móvel de que tem posse em razão do cargo.

No caso do desvio, ocorre a consumação quando o funcionário altera o destino normal da coisa, pública ou particular, empregando-a em fins outros que não o próprio.

A consumação do peculato furto ocorre com a efetiva subtração da coisa, dispensando posse mansa e pacífica do bem, seguindo a mesma linha doutrinária do crime de furto (teoria da *amotio*).

A tentativa é admissível.

Peculato culposo (§ 2º): será punido de acordo do § 2º do art. 312 o funcionário público que, por meio de manifesta negligência, imprudência ou imperícia, infringindo dever de cuidado objetivo, criar condições favoráveis à prática do peculato doloso, em qualquer de suas modalidades (apropriação, desvio, subtração).

O crime se consuma no momento em que se aperfeiçoa a conduta dolosa do terceiro, havendo necessidade da existência de nexo causal entre os delitos, de maneira que o primeiro tenha possibilitado a prática do segundo.

Recuperação do dano (§ 3º): no **peculato culposo**, se a reparação do dano precede a sentença irrecorrível, extingue a punibilidade; se lhe é posterior, reduz de metade a pena imposta.

? QUESTÃO: A reparação do dano tem alguma influência na pena do peculato doloso?

➥ ***RESPOSTA:*** *Considerando que o peculato não é uma infração contra o patrimônio, mas contra o bom nome da Administração, há quem sustente que o ressarcimento do dano ou a restituição da coisa, por ato voluntário do agente, até o recebimento da denúncia, não importa em* *arrependimento posterior (art. 16 do CP), servindo somente como atenuante de pena, segundo o que disposto no art. 65, III, b, do CP (RT 659/253). Em sentido contrário, decidiu o STJ que "É devido o reconhecimento da causa de diminuição de pena do arrependimento posterior, previsto no art. 16 do Código Penal, ao crime de peculato doloso, em suas diversas vertentes, desde que procedida pelo agente, de forma voluntária, a restituição da coisa, apropriada ou desviada, ou reparado o dano o Erário, até o recebimento da denúncia, sob pena de se configurar aplicação da atenuante genérica estatuída no art. 65, inciso III, alínea b, do CP" (STJ, AgRg no AREsp 1.467.975/DF, j. 23/06/2020).*

2. CONCUSSÃO

Objetividade jurídica: tutela-se, principalmente, a moralidade administrativa. Secundariamente, protege-se o patrimônio do particular constrangido pelo ato criminoso do agente.

Sujeito ativo: o sujeito ativo do delito é o funcionário público no sentido amplo do art. 327 do CP, incluindo também aquele que, apenas nomeado, embora ainda não esteja no exercício da sua função, atua criminosamente em razão dela. O particular pode concorrer para a prática delituosa, desde que conhecedor da circunstância subjetiva elementar do tipo (art. 30 do CP).

Sujeito passivo: é a Administração Pública, concomitantemente com a pessoa constrangida.

Conduta: a conduta típica consiste em exigir, por si ou por interposta pessoa, explícita ou implicitamente, vantagem indevida, abusando da própria autoridade pública como meio de coação (*metus publicae potestatis*).

Na exigência feita pelo *intraneus* há sempre algum tipo de constrição, influência intimidativa sobre o particular ofendido, havendo necessariamente algo de coercitivo. O agente impõe, ordena, de forma intimidativa ou coativa, a vantagem que almeja e a que não faz jus. É preciso, porém, **bem diferenciar exigência de solicitação**, porque, no caso de mero pedido, o crime é outro: corrupção passiva, tipificado no art. 317 do CP.

Ao se referir a "vantagem indevida", a lei buscou incriminar qualquer tipo de proveito proibido, ainda que não econômico ou patrimonial, como, v.g., sentimental, sexual etc. Há, porém, quem lecione que o conteúdo da vantagem indevida deve ser, necessariamente, de natureza econômica.

Tratando-se de vantagem devida, o agente responde por outro crime. Dessa forma, se a devida vantagem consiste na arrecadação de tributo ou contribuição social, tendo o agente empregado na sua cobrança meio vexatório ou gravoso, há excesso de exação, que estudaremos à frente. A exigência de qualquer outro proveito legítimo, que não tributo ou contribuição social, configura exercício arbitrário das próprias razões (sob a vigência da Lei 4.898/65, esta conduta poderia se subsumir ao art. 4º, alínea *h*, mas a Lei 13.869/19 revogou a lei anterior e não contém disposição semelhante no âmbito do abuso de autoridade).

MUITA ATENÇÃO! Neste ponto aproveitamos para destacar alguns traços distintivos entre o crime de concussão e a espécie de abuso de autoridade tipificada no art. 33 da Lei 13.869/19.

No *caput* do art. 33, a lei especial pune o agente público que, com a finalidade específica de prejudicar outrem ou beneficiar a si mesmo ou a terceiro, ou, ainda, por mero capricho ou satisfação pessoal, exigir informação ou cumprimento de obrigação, inclusive o dever de fazer ou de não fazer, sem expresso amparo legal. Este tipo penal **não se confunde com a concussão, porque não envolve a exigência de vantagem indevida.** A finalidade específica de beneficiar a si mesmo ou a terceiro – um pressuposto de todos os tipos penais de abuso de autoridade – não consiste em obter alguma vantagem direta como contraprestação, pois, no caso, o benefício consiste na própria obtenção da informação exigida ou no cumprimento de obrigação sem amparo legal.

O parágrafo único do art. 33 da Lei de Abuso de Autoridade pune por sua vez o indivíduo que se utiliza de cargo ou função pública ou invoca a condição de agente público para se eximir de obrigação legal ou para obter vantagem ou privilégio indevido. Temos aqui a conduta popularmente conhecida como "carteirada", por meio da qual o agente, valendo-se ou invocando sua condição funcional, busca vantagem ou tratamento diferenciado que extrapola seus direitos, como, por exemplo, ser tratado por determinados pronomes de tratamento, não enfrentar filas, não ser autuado quando infringe normas de trânsito, ficar isento do valor de ingressos etc. Neste caso, ao contrário do que ocorre na concussão, a vantagem não envolve diretamente o desempenho da função. O indivíduo invoca sua condição de agente público sem comercializá-la. Além disso, a disposição do parágrafo único não se caracteriza pela *exigência* de vantagem, mas apenas pela invocação da condição de agente público para fins ilícitos. Não está num contexto de coerção ou intimidação.

MUITA ATENÇÃO!

É inegável que o crime de extorsão (art. 158 CP) e o de concussão guardam acentuada afinidade. Traduzem ambos a exigência de uma vantagem indevida, mas a figura típica da concussão tem um *plus* representado pela qualidade de servidor público do agente que, nessa qualidade, reclama para si, em razão de sua função e servindo-se dela, a vantagem ilegítima. Mas não é essa a única nota distintiva. Na concussão, o agente exige a vantagem (e exigir é impor como obrigação, reclamar imperiosamente), **mas não constrange com violência ou grave ameaça**. O funcionário impõe à vítima a prestação da vantagem indevida e esta cede-lhe às exigências exclusivamente *metus auctoritatis causa*, não constrangida por promessas de violência ou de algum mal futuro. Já na extorsão, bem ao contrário, o agente constrange alguém, mediante violência ou grave ameaça, a fazer, tolerar que se faça ou deixar de fazer alguma coisa, obtendo, por esse meio, também, uma indevida vantagem econômica. Vê-se que, sem violência ou ameaça, não há extorsão; com o emprego de violência ou ameaça, o crime é o de extorsão **ainda que o agente seja funcionário público e atue no exercício ou em razão de suas funções.**

Tipo subjetivo: é o dolo de exigir vantagem indevida.

Consumação e tentativa: consuma-se o crime com a exigência da vantagem indevida pelo agente criminoso (crime formal). **A obtenção de proveito é mero exaurimento.**

Fracionado o *iter criminis*, admite-se a tentativa.

Excesso de exação (§§ 1º e 2º): o § 1º traz duas condutas puníveis:

a) Cobrança de tributo que o agente **sabe** (dolo direto) ou **deveria saber** (dolo eventual) indevido.

b) Cobrança de tributo devido, mas por meio vexatório ou gravoso, que a lei não autoriza.

Pune-se, no excesso de exação, o funcionário que se excede na cobrança de tributo ou contribuição social, seja porque cobra demandando imperiosamente o que não é devido, ou, mesmo que devido, utiliza-se de meio vergonhoso (vexatório) ou que traz ao contribuinte maiores ônus.

No § 1º o tributo, depois de exigido, **é encaminhado aos cofres públicos**. Trata-se de norma penal em branco imprópria ou homogênea, pois o complemento (definição de tributo e de contribuição social) emana do próprio legislador, embora em instância diversa. O § 2º eleva a pena para a situação em que o funcionário **desvia em proveito próprio ou de outrem** o que recebeu indevidamente para recolher aos cofres públicos.

Se o crime consiste na indevida exigência de tributo ou contribuição social, consuma-se no momento em que a ilícita cobrança é dirigida ao particular, sendo **dispensável** o recebimento de qualquer valor (crime formal). A tentativa pode ocorrer na exigência por escrito que não chega ao conhecimento do destinatário por circunstâncias alheias à vontade do agente.

Na cobrança vexatória ou gravosa, consuma-se o delito com o emprego do meio constrangedor, independentemente do recebimento do valor cobrado. A exemplo da forma anterior, o *conatus* será admitido de acordo com os meios empregados pelo agente.

3. CORRUPÇÃO PASSIVA

Objetividade jurídica: tutela-se a moralidade administrativa.

Sujeito ativo: o agente deve ser funcionário público (art. 327 do CP), incluindo quem, apenas nomeado, embora ainda não esteja no exercício da sua função, atua criminosamente em razão dela. O particular colaborador responde pelo crime, desde que ciente das qualidades do agente público autor (art. 30 do CP).

Sujeito passivo: é a Administração Pública.

MUITA ATENÇÃO! O particular só pode ser considerado sujeito passivo secundário se a corrupção partir do funcionário corrupto. Se o particular oferecer ou prometer vantagem, responderá por corrupção ativa (art. 333 do CP), um caso típico de exceção pluralista à teoria monista ou unitária do concurso de pessoas (art. 29 do CP).

Conduta: são três as condutas típicas: solicitar (pedir), explícita ou implicitamente, vantagem indevida; receber referida vantagem; ou aceitar promessa de vantagem, anuindo com futuro recebimento.

Na primeira situação, a corrupção parte do funcionário público; é ele quem toma a iniciativa da mercancia, requerendo que a vantagem lhe seja concedida ou a promessa lhe seja feita. Aqui reside a diferença marcante entre os crimes dos arts. 316, *caput* e 317 do CP. A ação do funcionário, **no caso da concussão, representa uma exigência**, seguida ou não do recebimento, e, **no caso da corrupção passiva, representa uma solicitação** (pedido), de igual modo seguida ou não do recebimento.

Já na segunda situação se pressupõe uma dação voluntária. A iniciativa é do corruptor, que pode transferir a vantagem até de modo simbólico. Receber e dar são ideias correlatas: a primeira depende da segunda.

A última conduta se refere à aceitação de promessa de uma vantagem indevida. A palavra "promessa" deve ser entendida na sua acepção vulgar (consentir, anuir). Também aqui se pressupõe a corrupção do particular que faz a promessa.

Existe corrupção ainda que a vantagem seja entregue ou prometida não diretamente ao funcionário, mas a um familiar seu (mulher, filhos etc.).

A doutrina ensina que, para a existência do crime, deve haver um nexo entre a vantagem solicitada ou aceita e a atividade exercida pelo corrupto. Assim, embora funcionário público, caso o agente não seja competente para a realização do ato comercializado, não há crime de corrupção, faltando-lhe um dos extremos legais constitutivos do tipo, podendo, nessa hipótese, ocorrer exploração de prestígio, estelionato etc.

Em julgamento de recurso especial, no entanto, o STJ afastou o requisito do nexo entre a comercialização do ato e a atribuição do funcionário público para praticá-lo. No caso julgado, dois funcionários públicos que trabalhavam em um aeroporto aceitaram vantagem indevida para facilitar o ingresso irregular de estrangeiro em território nacional, embora não exercessem função de controle imigratório. Para o STJ, tais indivíduos cometeram o crime de corrupção passiva, ainda que sua função não pudesse ser diretamente utilizada para que fosse atingido o propósito do corruptor. Argumentou-se na decisão que se faz necessária uma mudança de perspectiva para conferir maior possibilidade de punição adequada a atos relativos ao comércio da função pública, o que se faz tanto para prestigiar a probidade administrativa quanto para potencializar os princípios da proporcionalidade e da isonomia (STJ, REsp 1.745.410/SP, j. 02/10/2018).

Classifica-se como **imprópria** a corrupção que visa à prática de **ato legítimo**, e, como **própria**, a que tiver por finalidade a realização de **ato ilegítimo**.

Se a vantagem ou recompensa é dada ou prometida em vista de uma ação, positiva ou negativa, **futura**, a corrupção é **antecedente**; se é dada ou prometida por uma ação, positiva ou negativa, **já realizada**, a corrupção é **subsequente**.

Tipo subjetivo: é o dolo, consistente na vontade consciente de praticar uma das condutas previstas no tipo. Há ainda um elemento subjetivo específico extraído da expressão "para si ou para outrem", que deve permear a conduta típica.

Consumação e tentativa: nas condutas de solicitar e aceitar promessa de vantagem, o crime é de natureza formal, consumando-se ainda que a gratificação não se concretize. Já na conduta de receber, o crime é material, exigindo efetivo enriquecimento ilícito do autor.

Admite-se a tentativa apenas na solicitação, quando formulada por meio escrito que não chegue ao destinatário por circunstâncias alheias à vontade do agente.

Causa de aumento de pena (§ 1º): a pena é aumentada em 1/3 se o corrupto retarda ou deixa de praticar ato de ofício ou o pratica com infração do dever funcional. O que seria mero exaurimento é considerado majorante de pena (exaurimento penalizado). Aqui, o agente cumpre o prometido, realizando a pretensão do corruptor.

MUITA ATENÇÃO!

Se a violação praticada pelo agente público constitui, por si só, um novo crime, há concurso formal ou material (a depender do caso concreto) entre a corrupção passiva e a infração dela resultante. Nessa hipótese, no entanto, a corrupção deixa de ser majorada, pois, do contrário, estaríamos no campo do *bis in idem*, considerando o mesmo fato duas vezes em prejuízo do agente.

Corrupção passiva privilegiada (§ 2º): é privilegiado o crime (detenção de 3 meses a 1 ano) se o agente pratica, deixa de praticar ou retarda ato de ofício, com infração de dever funcional, cedendo a pedido, pressão ou influência de outrem (art. 317, § 2º, do CP), **sem receber vantagem indevida**. Nesta figura, o agente, **sem a finalidade de satisfazer interesse próprio**, cede a pedido, pressão ou influência de alguém.

As condutas de praticar, deixar de praticar ou retardar ato de ofício com infração de dever funcional estão previstas tanto na corrupção passiva privilegiada (§ 2º) quanto na causa de aumento de pena (§ 1º). O que diferencia a subsunção do fato à norma é a existência ou não de vantagem ou promessa indevida.

4. FACILITAÇÃO DE CONTRABANDO OU DESCAMINHO

Objetividade jurídica: tutela-se a Administração Pública.

Sujeito ativo: somente o funcionário público **incumbido de impedir a prática de contrabando ou descaminho**. Se não tem essa atribuição funcional, o agente responde pelo delito de descaminho ou pelo de contrabando (art. 334 ou 334-A do CP), conforme o caso, na condição de partícipe.

Em razão do que estatui o art. 30 do CP, é possível a participação de terceiro.

Sujeito passivo: é a Administração Pública.

Conduta: a conduta criminosa consiste em facilitar, por ação ou omissão, o contrabando (entrada ou saída de mercadorias proibidas do país) ou o descaminho (fraude empregada para elidir o pagamento de impostos de importação, exportação ou consumo).

O que em regra caracterizaria participação nos crimes de descaminho ou de contrabando (arts. 334 ou 334-A do CP), aqui é incriminado de forma autônoma, em uma figura especial para punir o funcionário público incumbido da prevenção e/ou repressão a esses crimes. Excepciona-se, como em outros casos, a teoria monista ou unitária trazida pelo art. 29 do CP.

Aliás, tendo o legislador, com a Lei 13.008/14, alterado a sistemática dos crimes de contrabando e descaminho, punindo aquele (contrabando) com reclusão de 2 a 5 anos e este (descaminho) com reclusão de 1 a 4 anos, deveria ter alterado também a pena do art. 318, punindo o facilitador com pena mais grave quando o crime facilitado fosse contrabando, respeitando, assim, a proporcionalidade e a razoabilidade.

Tipo subjetivo: é o dolo, ou seja, a vontade de facilitar o contrabando ou o descaminho, consciente de estar infringindo o dever funcional. Não há modalidade culposa.

Consumação e tentativa: consuma-se o crime com a efetiva facilitação, pouco importando se o contrabando ou o descaminho se completou (crime formal ou de consumação antecipada). A tentativa é possível quando o crime for praticado de forma comissiva.

5. PREVARICAÇÃO

Objetividade jurídica: tutela-se a Administração Pública contra os comportamentos de funcionários desidiosos.

Sujeito ativo: só pode ser o funcionário público (art. 327 do CP). Admite-se a participação de terceiro não qualificado, desde que conhecedor da condição funcional do agente público (art. 30 do CP).

Sujeito passivo: é a Administração Pública, atingida com a conduta irregular do funcionário, que pode ofender também interesses de particulares.

Conduta: há três formas de praticar o crime:

a) retardar (atrasar, procrastinar) **indevidamente** ato de ofício;

b) deixar de praticar **indevidamente** ato de ofício;

c) praticar ato de ofício de **forma ilegal**. É necessário que o ato praticado se revele **contra disposição expressa de lei** (norma penal em branco).

Na hipótese de haver certa discricionariedade na conduta escolhida, não há crime. Assim, por exemplo, o delegado de polícia que expede portaria para apurar melhor um fato delituoso em vez de autuar em flagrante os suspeitos do crime faz opção justificável, que se insere no âmbito de suas atribuições.

É necessário, ainda, que o funcionário tenha atribuição para a prática do ato, vez que, se o ato praticado, omitido ou retardado não era da sua competência, não pode haver violação ao dever funcional.

> **MUITA ATENÇÃO!** A prevaricação não se confunde com a corrupção passiva privilegiada (§ 2º do art. 317). Nesta, o funcionário **atende a pedido ou influência de outrem**. Na prevaricação não há tal pedido ou influência. O agente busca **satisfazer interesse ou sentimento pessoal**.

Tipo subjetivo: é o dolo do agente, ou seja, a vontade consciente de retardar, omitir ou praticar ilegalmente ato de ofício, acrescido do intuito de satisfazer interesse ou sentimento pessoal (elemento subjetivo específico), colocado acima do interesse público.

Consumação e tentativa: consuma-se o crime com o retardamento, a omissão ou a prática do ato, sendo **dispensável** a satisfação do interesse visado pelo servidor.

É possível a tentativa apenas na forma comissiva, em que a conduta admite o fracionamento.

6. RESISTÊNCIA

Objetividade jurídica: tutela-se o prestígio e a autoridade inerentes às atividades desempenhadas pelos funcionários da Administração Pública.

Sujeito ativo: qualquer pessoa (crime comum).

> **MUITA ATENÇÃO!** O sujeito ativo pode ser inclusive pessoa alheia à execução do ato legal. Exemplo: pai que procura resistir à prisão legítima do filho mediante violência ou ameaça.

Sujeito passivo: é a Administração Pública. Secundariamente, também é vítima o funcionário público agredido ou ameaçado, assim como eventual particular que o esteja auxiliando na prática do ato legal.

Conduta: a conduta consiste em opor-se, positivamente, à execução de ato legal, mediante violência (emprego de força física) ou ameaça (constrangimento moral, não necessariamente grave), contra a pessoa do funcionário executor ou terceiro que o auxilia, representantes da força pública.

? QUESTÃO: Admite-se também a punição da resistência passiva?

RESPOSTA: A oposição à execução do ato legal deve ser ***positiva.*** *Não há o crime na chamada "resistência passiva", destituída de qualquer conduta agressiva por parte do agente, como ocorre na simples fuga, na recusa em fornecer nome ou em abrir portas ou em xingamentos, que podem configurar, conforme o caso, os crimes de desobediência (art. 330) ou de desacato (art. 331).*

Os atos de resistência devem ser empregados **durante a execução do ato legal**. Se empregados antes ou após, outro pode ser o crime (arts. 147 ou 352, por exemplo).

O ato resistido deve ser **legal** (substancial e formalmente conforme a lei), ainda que injusto.

Quanto ao servidor ofendido, o tipo não deixa dúvidas de que deve ser pessoa **competente para a execução** do ato resistido. Já o particular deve estar auxiliando o servidor, ainda que não tenha sido solicitado (o que importa é o interesse de que se cumpra o ato legal).

MUITA ATENÇÃO!

O emprego de violência ou ameaça contra dois ou mais servidores **não desnatura** a unidade do crime, mas influencia na fixação da pena-base.

Tipo subjetivo: é o dolo de opor-se a execução de ato legal.

Consumação e tentativa: o delito se consuma com a prática de violência ou ameaça, ainda que frustrada a oposição para impedir a execução do ato (delito formal ou de consumação antecipada). Aliás, o sucesso do opositor redunda em pena qualificada (§ 1º).

A tentativa é possível.

FIQUE POR DENTRO:

Não raras vezes, abordagens policiais culminam não só em resistência à prática do ato legal como em ofensas aos agentes públicos. São, no geral, situações em que policiais interpelam indivíduos que apresentam alguma forma de comportamento inadequado como embriaguez na direção de veículo, direção perigosa, porte de drogas, vandalismo, e que, em razão da alteração de ânimos característica dessas situações, recusam-se a se submeter à ação policial e se voltam contra seus executores. Há quem sustente que, uma vez cometida a ofensa verbal em conjunto com a conduta positiva de resistir à execução do ato legal, a primeira conduta deve ser absorvida pela segunda (ainda que a pena desta seja menor), porque, afinal, tudo se insere na finalidade de não se ver submetido ao ato legal executado pelo agente público.

Em decisão proferida em *habeas corpus*, o STJ **afastou a consunção** entre os delitos, embora **não tenha negado essa possibilidade a depender das circunstâncias do caso concreto**. O impetrante havia sido denunciado porque, na ocasião em que conduzia seu veículo de forma perigosa, recebera ordem de parada e fora interceptado por policiais militares. Em seguida, diante da abordagem sofrida, ofendeu os policiais e ofereceu vantagem ilícita para que o deixassem seguir viagem, mas, dada a voz de prisão em flagrante, passou a resistir violentamente à ação policial. Proferida e confirmada a sentença condenatória, a Defensoria Pública impetrou o remédio heroico com a pretensão de que o crime de desacato fosse absorvido. O tribunal considerou, no entanto, que o caso julgado não era compatível com a consunção, pois as ofensas haviam sido proferidas muito antes de ocorrer a resistência (STJ, HC 380.029/RS, j. 22/05/2018).

Forma qualificada (§ 1º): o sucesso do opositor (frustração da realização do ato), que seria mero exaurimento do delito, redunda em pena qualificada.

Concurso de crimes (§ 2º): em razão do disposto no § 2º, a pena da resistência é aplicável sem prejuízo das correspondentes à violência (lesão corporal ou homicídio).

Evidentemente, não se trata de um concurso material de crimes, em que teríamos duas condutas distintas produzindo pluralidade de resultados (resistência e lesão corporal). Não se pode falar, também, em concurso formal propriamente dito, considerando que o sistema a ser aplicado não é o da exasperação, mas o da cumulação de penas. Assim, pensamos que a situação melhor se subsume ao concurso formal impróprio (art. 70, *caput*, segunda parte, do CP), caso em que o agente, mediante uma só conduta, porém com desígnios autônomos, provoca dois ou mais resultados, somando-se as reprimendas.

7. DESOBEDIÊNCIA

Objetividade jurídica: tutelam-se o prestígio e a autoridade inerentes às atividades desempenhadas pelos funcionários da Administração Pública.

Sujeito ativo: qualquer pessoa (crime comum).

> **MUITA ATENÇÃO!**
>
> De acordo com a orientação majoritária, o servidor público também pode ser sujeito ativo, **desde que a ordem recebida não se refira a funções suas**, pois, em tal situação, pode haver prevaricação. Em suma: se o agente deve cumprir a ordem por dever de ofício, mas a desobedece para a satisfação de um interesse pessoal, tipifica-se, em tese, a prevaricação. Se deve acatar a ordem sem que haja vínculo com sua função, há desobediência.

Sujeito passivo: é a Administração Pública, desprestigiada na sua autoridade. Secundariamente, é vítima o funcionário autor da ordem desobedecida.

Conduta: pune-se a conduta de quem deliberadamente desobedece (descumpre, não atende) a uma ordem legal de funcionário público competente para cumpri-la (é a resistência pacífica).

Do exposto, a caracterização do crime depende:

a) de o funcionário público emitir uma ordem (por escrito, palavras ou gestos), **diretamente ao destinatário**, não bastando simples pedido ou solicitação;

b) de a ordem emanada ser **individualizada** (dirigida a pessoa determinada), **substancial e formalmente legal** (ainda que injusta) e executada por **funcionário competente**;

c) de o destinatário **ter o dever de atendê-la**. A desobediência pode ser **comissiva** ou **omissiva**, de acordo com a ordem que é imposta ao particular. Se a ordem é de fazer, e o agente não a atende, tem-se a desobediência omissiva; se a ordem é de não fazer, mas o agente faz, tem-se a desobediência comissiva;

d) segundo a orientação majoritária, de não haver sanção especial para o não cumprimento da ordem. De acordo com decisões do STJ, o motorista que desobedece à ordem de parada emitida por **policiais desempenhando apenas a função de fiscalização de trânsito** não comete o crime porque o Código de Trânsito sanciona administrativamente a conduta (STJ, AgRg no REsp 1.805.782/MS, j. 18/06/2019). Se, no entanto, os policiais estão em **patrulhamento ostensivo, no desempenho típico de suas funções**, a conduta evasiva do motorista caracteriza o crime de desobediência (STJ, HC 369.082/SC, j. 27/06/2017).

Tipo subjetivo: é o dolo, consistente na vontade consciente de não atender a ordem legal emanada de funcionário público.

Não se configura o crime quando o agente atua com o **propósito de não produzir prova contra si mesmo** (desdobramento lógico da garantia constitucional ao silêncio). Assim, é atípica, por exemplo, a recusa ao exame de dosagem alcoólica na apuração do crime de embriaguez na direção de veículo automotor.

Consumação e tentativa: consuma-se o crime com a desobediência da ordem legal.

Se a ordem consiste em dar ou em fazer algo, a consumação se dá com a omissão do agente que se absteve de praticar o ato no prazo marcado, ou, dependendo das circunstâncias, em um prazo juridicamente relevante. Já se a ordem consiste em não fazer algo, o delito se consuma com a ação proibida.

A tentativa só é admitida na forma comissiva, ou seja, com a ação proibida.

8. DESACATO

Objetividade jurídica: tutelam-se o prestígio e a autoridade inerentes às atividades desempenhadas pelos funcionários da Administração Pública.

Sujeito ativo: qualquer pessoa (crime comum). Discute-se se o funcionário público também pode cometer o crime. Há três orientações: a) não é possível que um funcionário público desacate outro, pois o crime só pode ser cometido pelo particular; b) o funcionário público pode cometer desacato, desde que a ofensa seja dirigida a seu superior hierárquico; c) é plenamente possível que o funcionário público pratique desacato, pois, de qualquer forma, há ofensa ao prestígio da Administração Pública.

Sujeito passivo: é a Administração Pública e, secundariamente, o servidor ofendido, vez que a ofensa macula sua honra profissional.

> **MUITA ATENÇÃO!**
>
> É vítima somente o funcionário público definido no *caput* do art. 327 do CP. Não se abrange o equiparado.

Conduta: a conduta punida é de desacatar funcionário público no **exercício da função** ou **em razão dela**.

> **MUITA ATENÇÃO!**
>
> É imprescindível que a ofensa seja praticada **na presença do servidor público**, isto é, que o ofendido esteja no local do ultraje, vendo, ouvindo ou de qualquer outro modo tomando **conhecimento direto** do que foi dito. Não há desacato, mas apenas delito contra a honra em condutas como insultos por telefone, pela imprensa, por escrito, em razões de recurso, etc.

O crime pode ser praticado por ação (ex.: xingamento) ou omissão (ex.: não responder a cumprimento de forma aviltante, por exemplo).

> **FIQUE POR DENTRO:**
>
> Há quem sustente que a tipificação penal do desacato é incompatível com a ordem constitucional e com a legislação internacional de que o Brasil faz parte. Quanto à ofensa à ordem constitucional, argumenta-se que se trata de tipificação de caráter autoritário, que visa afinal a impedir – ou ao menos a desencorajar – manifestações contrárias às práticas de agentes estatais. E, no que concerne à

FIQUE POR DENTRO:

legislação internacional, a Convenção Americana sobre os Direitos Humanos – à qual o Brasil aderiu por meio do Decreto nº 678/92 – garante, no artigo 13, a liberdade de pensamento e expressão, e a Comissão Interamericana de Direitos Humanos já se manifestou no sentido de que a legislação de desacato vigente no continente americano contraria os termos da Convenção.

Após certa controvérsia, o STJ concluiu que o desacato **continua sendo crime**. A tipificação penal da ofensa contra o funcionário público no exercício de suas funções é uma proteção adicional que não impede a liberdade de expressão, desde que exercida sem exageros. E afastar a figura criminosa do desacato não traria mudança significativa nos limites do direito de expressão, pois o exagero poderia de qualquer forma ser punido como injúria majorada. Logo, o esforço para discernir a censura do insulto permaneceria (STJ, HC 379.269/MS, j. 24/05/2017). Posteriormente, o STF **encampou a tese de que a tipificação do desacato permanece hígida**, pois o tratamento conferido à liberdade de expressão pela norma de direito internacional não difere daquele disposto na Constituição Federal. O direito não é absoluto, tanto que o ordenamento constitucional tutela a honra e a intimidade, em face das quais a liberdade de manifestação do pensamento sofre limitações e pode ser objeto de punição no caso de abuso (STF, ADPF 496/DF, j. 22/06/2020).

Tipo subjetivo: é o dolo, consistente na vontade deliberada de desprestigiar a função exercida pelo funcionário público. No crime de desacato, o fato de o agente estar nervoso e ter perdido o autocontrole **não é suficiente para afastar o dolo**, principalmente considerando que, normalmente, ofensas não são mesmo proferidas em perfeito controle e com ânimo refletido.

Consumação e tentativa: consuma-se o crime no momento em que o funcionário público toma conhecimento (direto) do ato humilhante e ofensivo. Pouco importa se o funcionário público efetivamente se sentiu menosprezado ou se agiu com indiferença.

Sendo indispensável a presença da vítima no momento da ofensa, parcela da doutrina considera impossível a tentativa.

9. CORRUPÇÃO ATIVA

Objetividade jurídica: tutela-se a probidade administrativa.

Sujeito ativo: qualquer pessoa (crime comum).

Sujeito passivo: é a Administração Pública.

Conduta: trata-se de crime de ação múltipla, composto de dois núcleos alternativos: oferecer (apresentar) ou prometer (obrigar-se a dar) a funcionário público vantagem indevida, com o fim de ver retardado, omitido ou praticado ato funcional.

MUITA ATENÇÃO!

O tipo penal contém a expressão "para determiná-lo [o funcionário público] a praticar, omitir ou retardar ato de ofício". Conclui-se que o particular **não é alcançado** pela figura típica quando oferece ou promete vantagem, ou a entrega efetivamente ao funcionário **depois de ter ele praticado o desejado ato**. Ao contrário do que acontece no art. 317 do CP, pune-se **somente a corrupção ativa antecedente**, mas não a subsequente.

O tipo **não pune** a conduta de dar ou entregar vantagem indevida **em decorrência da solicitação** do funcionário público (que comete a corrupção passiva na modalidade de "solicitar").

O ato de corrupção pode ser praticado de forma escrita, oral ou mesmo por gestos.

Não se configura a infração penal quando a oferta ou a promessa tem o fim de impedir ou retardar **ato ilegal**.

MUITA ATENÇÃO! A corrupção ativa **independe da passiva**, isto é, a bilateralidade **não é requisito** indispensável. A corrupção pode perfeitamente se apresentar de maneira unilateral (só a ativa ou só a passiva).

Tipo subjetivo: é o dolo, consistente na vontade de praticar um dos núcleos do tipo (oferecer ou prometer vantagem indevida), aliado ao fim especial de conseguir do servidor a prática, a omissão ou o retardamento do ato de ofício.

Consumação e tentativa: o crime se consuma no momento em que o funcionário público toma conhecimento da oferta ou da promessa, ainda que a recuse.

A tentativa é admitida na forma escrita.

Causa de aumento de pena (parágrafo único): a pena é aumentada de 1/3 se o servidor corrupto realiza a pretensão do corruptor. No entanto, **somente incide a majorante se o ato praticado tem natureza ilícita**. Se o funcionário público pratica o ato de acordo com seu dever funcional, o agente é punido somente pela conduta tipificada no *caput*.

10. DESCAMINHO

Objetividade jurídica: tutela-se a Administração Pública, mais especificamente o seu interesse na higidez do erário.

Sujeito ativo: qualquer pessoa (crime comum). Lembramos que o funcionário público encarregado da prevenção ou da repressão ao descaminho que auxilia o autor deste delito não é tratado como concorrente, mas sim como autor da conduta tipificada no art. 318 do Código Penal (facilitação de contrabando ou descaminho).

Sujeito passivo: é a Administração Pública.

Conduta: o tipo do art. 334 antes punia duas condutas: o contrabando e o descaminho. Alterado pela Lei nº 13.008/14, o dispositivo se resume a tipificar o descaminho, resultado da cisão topográfica de condutas que, na essência, não se confundiam. Não obstante, é oportuno efetuar, desde já, a necessária diferenciação entre as duas figuras delitivas:

Crime	Objeto material	Conduta
Contrabando	Mercadoria proibida	Consiste em importar ou exportar mercadorias absoluta ou relativamente proibidas de circularem no país.
Descaminho	Bem lícito	Iludir, no todo ou em parte, o pagamento de direito ou imposto devido pela entrada, pela saída ou pelo consumo de mercadoria.

Há certa controvérsia a respeito da necessidade de esgotamento da via administrativa (definitiva constituição do tributo iludido) para que se caracterize o crime de descaminho.

Sabe-se que o STF consolidou a orientação de que a constituição definitiva do crédito tributário, nos crimes materiais contra a ordem tributária, é condição para a tipicidade (súmula vinculante nº 24). Daí surge a QUESTÃO: isso se estende ao descaminho? A resposta pressupõe a solução de outra indagação: o descaminho é crime formal ou material?

A orientação majoritária é de que se trata de crime formal, e, portanto, **não se exige efetivo prejuízo ao erário para a tipificação**; basta a ilusão de direito ou imposto. Em decorrência disso, o esgotamento da via administrativa é **dispensável** (STF, RHC 119.960/SP. J. 13/05/2014). O STJ segue a mesma linha (STJ, RHC 47.893/SP, DJe 17/02/2017).

FIQUE POR DENTRO:

Os tribunais superiores admitem a aplicação do princípio da insignificância nas situações em que as mercadorias apreendidas são em pequena quantidade, com valores ínfimos e sem destinação comercial. Isso porque, em virtude do baixo valor dos tributos incidentes sobre tais bens, o fisco não promove a execução de seus créditos, utilizando-se do já conhecido argumento de que a instauração de um processo executivo fiscal, diante de um valor irrelevante a ser recebido, não será compensada no momento do pagamento. Mas qual é o valor limite para que a conduta seja considerada irrelevante?

De acordo com reiteradas decisões do STF, o valor do tributo iludido não pode ultrapassar os R$ 20.000,00, correspondentes ao piso imposto pelo Ministério da Fazenda, por meio de portaria, para as execuções fiscais (STF, HC 139.393/PR, DJe 02/05/2017). Após alguma controvérsia, o STJ adequou sua jurisprudência à da corte constitucional (STJ, REsp 1.709.029/MG, j. 28/02/2018).

No entanto, embora ainda não seja possível falar em nova mudança definitiva de orientação, temos decisões sinalizando que o STF pode modificar sua postura diante de situações relativas à importação de mercadorias sem o pagamento de impostos. Com efeito, no julgamento do HC 128.063/PR, em 10/04/2018, a Primeira Turma decidiu que norma relativa à ação fiscal não tem influência na atuação do Ministério Público na seara penal. Em seu voto, o ministro Alexandre de Moraes destacou que o altíssimo número de casos de importações irregulares evidencia a inadequação de aplicar o princípio da insignificância com fundamento em norma de execução fiscal, que, inclusive, não veda peremptoriamente a execução abaixo dos limites a que se refere, mas permite que se adote uma estratégia para que sejam cobrados somente os créditos com maior chance de pagamento. Seguiu a mesma linha o julgamento do HC 144.193 AgR/SP (j. 15/04/2020).

Tendo em vista os argumentos lançados, nota-se nessas decisões a tendência de pura e simplesmente vedar o princípio da insignificância ao menos na grande maioria dos crimes de descaminho, pois se descartou a influência não só das portarias ministeriais sobre cobrança tributária, mas também de leis relativas à execução fiscal, que não poderiam limitar a ação penal. Assim, somente se inseriria no âmbito da insignificância o não pagamento de tributo de valor realmente baixo, que se adequasse aos mesmos critérios já utilizados em outros crimes para a análise da irrelevância penal.

A respeito, ainda, do descaminho, já decidiu o STJ que nas situações em que esse crime é precedido de falsidade ideológica (o agente declara falsamente o valor da mercadoria que importa), o crime contra a fé pública é absorvido (STJ, AgRg no AREsp 100.322/SP, j. 25/02/2014).

Tipo subjetivo: é o dolo, consistente na vontade de praticar a ação nuclear típica.

Consumação e tentativa: o descaminho se aperfeiçoa com a liberação, pela alfândega, sem o pagamento dos impostos inerentes. Se a entrada ou a saída da mercadoria do território nacional ocorre por outros meios que não os alfandegários, a consumação se dá no ato de entrada ou de saída.

Aliás, a competência para o processo e julgamento por crime de descaminho se define pela prevenção do juízo federal do lugar da apreensão dos bens (Súmula 151 do STJ).

Admite-se a tentativa quando o agente emprega os meios necessários, mas não consegue iludir a autoridade.

Formas equiparadas (§ 1º): incorre na mesma pena do *caput* quem:

a) **pratica navegação de cabotagem fora dos casos permitidos em lei:** é a navegação costeira, ou entre cabos e portos do mesmo país. É crime se a navegação se der fora dos casos permitidos em lei (norma penal em branco).

b) **pratica fato assimilado, em lei especial, a descaminho:** é o caso do art. 39 do Decreto-lei nº 288/67, que dispõe: "Será considerado contrabando a saída de mercadorias da Zona Franca sem a autorização legal expedida pelas autoridades competentes". Embora não faça referência expressa, o dispositivo abarca também o descaminho.

c) **vende, expõe à venda, mantém em depósito ou, de qualquer forma, utiliza em proveito próprio ou alheio, no exercício de atividade comercial ou industrial, mercadoria de procedência estrangeira que introduziu clandestinamente no País ou importou fraudulentamente ou que sabe ser produto de introdução clandestina no território nacional ou de importação fraudulenta por parte de outrem**: nesta alínea são tipificadas duas condutas:

   1) na primeira parte, pune-se o autor do descaminho que, no exercício do comércio ou de atividade industrial, vende, expõe à venda, mantém em depósito ou utiliza em proveito próprio ou alheio a mercadoria que ilicitamente introduziu no país. Trata-se, na verdade, de clara progressão criminosa do próprio delito de descaminho;

   2) a segunda parte do dispositivo desperta maior interesse, punindo uma modalidade especial de receptação, isto é, a conduta do comerciante (ou industriário) que vende, expõe à venda, mantém em depósito ou, de qualquer forma, utiliza em proveito próprio ou alheio, mercadorias de origem clandestina ou fraudulenta. É claro que a origem obscura das mercadorias deve ser do conhecimento daquele que pratica a ação, pois do contrário haveria responsabilidade penal objetiva.

d) **adquire, recebe ou oculta, em proveito próprio ou alheio, no exercício de atividade comercial ou industrial, mercadoria de procedência estrangeira, desacompanhada de documentação legal ou acompanhada de documentos que sabe serem falsos:** a presente conduta é semelhante àquela tipificada na alínea anterior (modalidade especial de receptação) ao punir quem adquire, recebe ou oculta mercadoria com procedência clandestina ou fraudulenta. Da mesma forma, exige-se o exercício da atividade comercial ou industrial, bem como a ciência do agente acerca da origem das mercadorias.

Segundo o STJ, o julgamento desta figura criminosa compete à Justiça Federal, em virtude de sua equiparação ao descaminho (STJ, CC 159.680/MG, j. 08/08/2018).

Cláusula de equiparação (§ 2º): nos termos do disposto no § 2º, equipara-se às atividades comerciais, para os efeitos deste artigo, qualquer forma de comércio irregular ou clandestino de mercadorias estrangeiras, inclusive o exercido em residências.

Causa de aumento de pena (§ 3º): o § 3º dispõe sobre a causa de aumento de pena (em dobro) para as situações em que o descaminho é praticado com a utilização de transporte aéreo, marítimo ou fluvial. Na vigência da lei anterior, apenas o transporte aéreo servia para aumentar a pena, mas a Lei nº 13.008/14 acrescentou os transportes marítimo e fluvial como fundamentos para a majoração.

Nesse caso, o meio utilizado pelo agente para a prática do crime torna mais difíceis a fiscalização e a repressão do crime, justificando, assim, o aumento de pena. Contudo, grande parte da doutrina sustenta, quanto ao transporte aéreo, que a majorante se limita aos voos clandestinos, excluídos os regulares, de carreira, sobre os quais já existe a fiscalização aduaneira, não havendo motivo para a agravação da pena. O STJ, no entanto, tem decidido que a majorante se aplica inclusive no descaminho cometido por meio de voos regulares (STJ, HC 390.899/SP, DJe 28/11/2017).

11. CONTRABANDO

Objetividade jurídica: o trânsito de mercadorias pelas fronteiras do país pode sofrer determinadas limitações decorrentes de interesses tributários, industriais, de saúde pública etc. É comum que produtos sejam simplesmente vetados (porque considerados nocivos, como, por exemplo, produtos que reproduzem a forma de cigarros ou similares e sejam destinados ao público infanto-juvenil – Lei 12.921/13) ou passem por procedimentos específicos de importação para garantir que sua entrada no território nacional não provoque nenhum mal (como na importação de cigarros, combustível e armas).

Os procedimentos administrativos que levam à perda dos bens apreendidos e à imposição de multa aos responsáveis são insuficientes para garantir o cumprimento das regras limitadoras do trânsito de mercadorias, razão por que o Direito Penal é chamado a intervir por meio da tipificação do contrabando. Tutela-se, com isso, a Administração Pública, mais especificamente seu bem estar econômico e seu interesse em controlar os produtos que cruzam as fronteiras nacionais.

Sujeito ativo: pode ser qualquer pessoa (crime comum). Lembramos que o funcionário público encarregado da prevenção ou da repressão ao contrabando que auxilia o autor deste delito não é tratado como concorrente, mas sim como autor da conduta tipificada no art. 318 do Código Penal (facilitação de contrabando ou descaminho).

Sujeito passivo: é a Administração Pública.

Conduta: o tipo do art. 334-A pune o contrabando, isto é, a clandestina importação ou exportação de mercadorias cuja entrada no país, ou a saída dele, é **absoluta** ou **relativamente** proibida. Embora o mais comum seja a entrada de mercadorias irregulares no país, as regras que disciplinam o trânsito aduaneiro se dedicam **também à saída delas**. Por isso, o crime de contrabando consiste tanto em importar quanto em exportar mercadorias proibidas.

Na execução do contrabando, o agente, por qualquer meio, *importa* ou *exporta* mercadoria (coisa móvel), absoluta ou relativamente proibida. A entrada ou a saída da mercadoria pode ser **fraudulenta** ou **clandestina**. Nesta última, também denominada **"contrabando impróprio"**, o agente faz com que a mercadoria ingresse (ou saia) do país sem passar pela zona alfandegária, utilizando, por exemplo, sítios desertos, longe das vistas das autoridades. No **contrabando próprio** (fraudulento), o agente traz (ou exporta) o produto valendo-se da repartição alfandegária.

? **QUESTÃO:** Mas o que é mercadoria proibida?

↳ ***RESPOSTA:*** *O Código Penal não define quais são as mercadorias de importação ou exportação proibida, nem faria sentido que definisse, pois as circunstâncias que obrigam o poder público a impedir ou a limitar o trânsito de mercadorias são dinâmicas e devem ser analisadas com frequência. Não é recomendável que isso seja feito por meio da alteração constante do tipo penal. Por isso,* ***o tipo do contrabando é uma norma penal em branco****, cumprindo à legislação especial (extrapenal) complementá-lo apontando as mercadorias relativa ou absolutamente proibidas de entrar ou sair do nosso país.*

Um exemplo dessa análise frequente e circunstancial sobre a limitação do trânsito de mercadorias é a Lei 13.993/20. O motivo para a edição dessa lei foi a pandemia de coronavírus, que levou à necessidade de milhares de atendimentos simultâneos nos quais havia produtos essenciais tanto para a proteção de médicos, enfermeiros e outros profissionais quanto para o tratamento de pacientes, que, normalmente, encontravam-se em estado crítico. O § 1º do art. 1º proibiu a exportação de diversos produtos e equipamentos ligados à saúde durante a Emergência em Saúde Pública de Importância Nacional. Trata-se, portanto, de norma penal complementar (porque adiciona um componente essencial ao tipo) de caráter excepcional (art. 3º do CP).

MUITA ATENÇÃO!

Há produtos e mercadorias cuja importação irregular tipifica crime diverso, previsto em norma específica, como, por exemplo, a criminosa importação ou exportação de drogas (Lei 11.343/2006) ou de armas (Lei 10.826/2003). Se o agente, *por motivos políticos*, importa ou introduz, no território nacional, por qualquer forma, sem autorização da autoridade federal competente, armamento ou material militar privativo das Forças Armadas, o fato deve ser enquadrado no art. 12, *caput*, da Lei 7.170/83 (Lei de Segurança Nacional).

? **QUESTÃO:** Admite-se o princípio da insignificância no contrabando?

↳ ***RESPOSTA:*** *Os tribunais superiores* ***não têm admitido*** *a excludente da tipicidade material neste crime. Já se confirmou a tipicidade da importação: a) de cigarros, ainda que em quantidade pequena (STF, HC 131.205/MG, j. 06/09/2016; STJ, AgRg no AREsp 697.456/SC, j. 11/10/2016); b) de medicamentos (STJ, AgRg no REsp 1.500.691/SP, j. 11/10/2016); c) de arma de pressão, independentemente do calibre (STJ, AgRg no REsp 1.479.836/RS, j. 24/08/2016); d) de peças de máquinas de jogo – "caça-níqueis" (STJ, EREsp 1.230.325/RS, j. 16/10/2014). Mas, no caso de medicamentos, o STJ já decidiu que* ***se aplica o princípio da insignificância*** *se o produto for para* ***uso pessoal e em pequena quantidade*** *(AgRg no REsp 1.572.314/RS, DJe 10/02/2017).*

Tipo subjetivo: é o dolo, consistente na vontade de praticar uma das ações nucleares do tipo.

Consumação e tentativa: na importação ou exportação de mercadoria proibida com passagem pelos órgãos alfandegários, o delito se consuma quando transposta a barreira fiscal (liberada pela autoridade competente), mesmo que a mercadoria não tenha chegado ao seu destino.

Se a mercadoria ingressa ou sai por meios ocultos (clandestinos), a consumação depende da transposição das fronteiras do país.

A competência para o processo e julgamento por crime de contrabando, à semelhança do delito anterior, é definida pela prevenção do juízo federal do lugar em que apreendidos os bens (Súmula 151 do STJ).

A tentativa pode ocorrer quando, por exemplo, preparado para entrar ou sair do país com a mercadoria proibida, o agente tem sua conduta interrompida por circunstâncias alheias à sua vontade.

Formas equiparadas (§ 1º): o § 1º prevê fatos assimilados a contrabando, punindo quem:

a) **pratica fato assimilado, em lei especial, a contrabando:** pode ser invocado o mesmo exemplo do descaminho, ou seja, o art. 39 do Decreto-lei nº 288/67, neste caso caracterizado pela simples saída de mercadorias da Zona Franca sem a autorização legal, independentemente do emprego de manobras para iludir tributos.

b) **importa ou exporta clandestinamente mercadoria que dependa de registro, análise ou autorização de órgão público competente:** é o caso, por exemplo, de fertilizantes, corretivos, inoculantes ou biofertilizantes, que devem ser registrados pelos estabelecimentos produtores e importadores no Ministério da Agricultura, Pecuária e Abastecimento, conforme determina o art. 8º do Anexo ao Decreto nº 4.954/04.

c) **reinsere no território nacional mercadoria brasileira destinada à exportação:** a proibição pode compreender produto nacional, isto é, fabricado no Brasil e, porque proibida a sua venda no território nacional, destinado exclusivamente à exportação. Nesse caso, a posterior reintrodução da mercadoria no nosso território configura o delito.

d) **vende, expõe à venda, mantém em depósito ou, de qualquer forma, utiliza em proveito próprio ou alheio, no exercício de atividade comercial ou industrial, mercadoria proibida pela lei brasileira:** esta figura guarda semelhança com a do art. 334, § 1º, inciso III, diferenciando-se pelo fato de que, neste caso, a mercadoria, em vez de ter procedência clandestina ou fraudulenta, é proibida.

e) **adquire, recebe ou oculta, em proveito próprio ou alheio, no exercício de atividade comercial ou industrial, mercadoria proibida pela lei brasileira:** neste caso, há semelhança com o disposto no art. 334, § 1º, inciso IV, mas aqui se trata de mercadoria proibida.

Cláusula de equiparação (§ 2º): equipara-se às atividades comerciais, para os efeitos deste artigo, qualquer forma de comércio irregular ou clandestino de mercadorias estrangeiras, inclusive o exercido em residências. Desse modo, com a ampliação trazida pelo parágrafo, podem praticar as figuras equiparadas os camelôs ou comerciantes de "fundo de quintal", por exemplo.

Causa de aumento de pena (§ 3º): aplica-se em dobro a pena se o crime de contrabando é praticado em transporte aéreo, marítimo ou fluvial. Na vigência da lei anterior, apenas o transporte aéreo servia para aumentar a pena, mas a Lei nº 13.008/14 acrescentou os transportes marítimo e fluvial como fundamentos para a majoração.

Nesses casos, o meio utilizado pelo agente para a prática do crime torna mais difíceis a fiscalização e a repressão do crime, justificando o aumento de pena.

EM RESUMO: Crimes contra a Administração Pública	
Peculato	▪ **Objetividade jurídica:** A moralidade e o patrimônio da Administração Pública. ▪ **Sujeitos ativo e passivo:** Somente o funcionário público pode ser sujeito ativo, mas o particular pode atuar em concurso (art. 30 do CP). Sujeito passivo é o Estado. ▪ **Conduta:** Há três modalidades de peculato no art. 312: » primeira parte do *caput*: peculato apropriação, no qual o agente se apodera de coisa que tem sob sua posse legítima, passando, arbitrariamente, a comportar-se como se dono fosse;

<table>
<tr><td>Peculato</td><td>» segunda parte do caput: peculato desvio, na qual o funcionário confere destinação diversa à coisa, em benefício próprio ou alheio.
» § 1º: peculato furto: o funcionário subtrai coisa pública ou privada sob guarda ou custódia da Administração.
» A orientação majoritária é de que o princípio da insignificância é inaplicável no peculato (súmula 599 do STJ).
▪ Tipo subjetivo:
» Pune-se a conduta dolosa, expressada pela vontade consciente de transformar a posse da coisa em domínio (peculato apropriação), de desviar a coisa em proveito próprio ou de terceiro (peculato desvio) ou de subtrair, ou concorrer para que seja subtraída, para si ou para outrem, coisa pública ou privada sob a guarda da Administração.
» O peculato desvio pressupõe um elemento subjetivo específico, pois o funcionário público deve praticar a conduta em proveito próprio ou alheio.
▪ Consumação e tentativa:
» Peculato apropriação: consuma-se no momento em que o funcionário se apropria do dinheiro, valor ou bem móvel de que tem posse em razão do cargo.
» Peculato desvio: consuma-se quando o funcionário altera o destino normal da coisa, pública ou particular, empregando-a em fins outros que não o próprio.
» Peculato furto: consuma-se com a efetiva subtração da coisa, dispensando posse mansa e pacífica do bem, seguindo a mesma linha doutrinária do crime de furto (teoria da amotio).
» A tentativa é admissível em todas as modalidades.
▪ Peculato culposo:
» É punido o funcionário público que, por meio de manifesta negligência, imprudência ou imperícia, infringindo dever de cuidado objetivo, cria condições favoráveis à prática do peculato doloso, em qualquer de suas modalidades (apropriação, desvio, subtração).
» Esta modalidade se consuma no momento em que se aperfeiçoa a conduta dolosa do terceiro.
▪ Recuperação do dano:
» No peculato culposo, se a reparação do dano precede a sentença irrecorrível, extingue a punibilidade; se lhe é posterior, reduz de metade a pena imposta.
» No peculato doloso não há o mesmo benefício, mas, segundo já decidiu o STJ, o agente pode se beneficiar do arrependimento posterior.</td></tr>
<tr><td>Concussão</td><td>▪ Objetividade jurídica: Principalmente, a moralidade administrativa. Secundariamente, protege-se o patrimônio do particular constrangido pelo ato criminoso do agente.
▪ Sujeitos ativo e passivo: Somente o funcionário público pode ser sujeito ativo, mas o particular pode atuar em concurso (art. 30 do CP). Sujeito passivo é o Estado, concomitantemente com a pessoa constrangida.</td></tr>
</table>

Concussão	▪ **Conduta:** » Consiste em exigir, por si ou por interposta pessoa, explícita ou implicitamente, vantagem indevida, abusando da própria autoridade pública como meio de coação (*metus publicae potestatis*). » A vantagem deve ser indevida, pois, do contrário, pode haver excesso de exação ou exercício arbitrário das próprias razões, conforme o caso. » A concussão não se confunde com o tipo do art. 33 da Lei 13.869/19, que não envolve a exigência de vantagem indevida. » A exigência que caracteriza a concussão não pode consistir em grave ameaça, situação em que se tipifica a extorsão. ▪ **Tipo subjetivo:** É o dolo de exigir vantagem indevida. ▪ **Consumação e tentativa:** Consuma-se o crime com a exigência da vantagem indevida pelo agente público (crime formal). A obtenção de proveito é mero exaurimento. A tentativa é possível. ▪ **Excesso de exação:** » O § 1º traz duas condutas puníveis: » Cobrança de tributo que o agente sabe (dolo direto) ou deveria saber (dolo eventual) indevido; » Cobrança de tributo devido, mas por meio vexatório ou gravoso, que a lei não autoriza. » No § 1º o tributo, depois de exigido, é encaminhado aos cofres públicos. O § 2º eleva a pena para a situação em que o funcionário desvia em proveito próprio ou de outrem o que recebeu indevidamente para recolher aos cofres públicos. » Esta modalidade se consuma com a cobrança ilícita dirigida ao particular ou com o emprego do meio constrangedor, conforme o caso. A tentativa também é admissível.
Corrupção Passiva	▪ **Objetividade jurídica:** Tutela-se a moralidade administrativa. ▪ **Sujeitos ativo e passivo:** Somente o funcionário público pode ser sujeito ativo. O particular pode atuar em concurso (art. 30 do CP). Sujeito passivo é a Administração Pública. ▪ **Conduta:** » São três as condutas típicas: solicitar (pedir), explícita ou implicitamente, vantagem indevida; receber referida vantagem; ou aceitar promessa de vantagem, anuindo com futuro recebimento. » Segundo a doutrina, deve haver um nexo entre a vantagem solicitada ou aceita e a atividade pública exercida pelo agente. Mas o STJ já decidiu que essa relação é dispensável. » A corrupção é imprópria se visa à prática de ato legítimo; é própria se tiver por finalidade a realização de ato ilegítimo. » Se a vantagem ou recompensa é dada ou prometida em vista de uma ação, positiva ou negativa, futura, a corrupção é antecedente; se é dada ou prometida por uma ação, positiva ou negativa, já realizada, a corrupção é subsequente.

Corrupção Passiva	▪ **Tipo subjetivo:** É o dolo, consistente na vontade consciente de praticar uma das condutas previstas no tipo. Há ainda um elemento subjetivo específico extraído da expressão "para si ou para outrem". ▪ **Consumação e tentativa:** Nas condutas de solicitar e aceitar promessa de vantagem, o crime é de natureza formal, consumando-se ainda que a gratificação não se concretize. Já na conduta de receber, o crime é material, exigindo efetivo enriquecimento ilícito do autor. Admite-se a tentativa apenas na solicitação, quando formulada por meio escrito. ▪ **Causa de aumento de pena:** » A corrupção tem a pena elevada em 1/3 se o corrupto retarda ou deixa de praticar ato de ofício ou o pratica com infração do dever funcional. Pune-se, aqui, o exaurimento do crime. » Se a violação praticada pelo agente público constitui um crime autônomo, imputam-se em concurso a corrupção e o outro crime, afastando-se a causa de aumento. ▪ **Corrupção passiva privilegiada:** O crime é punido com detenção de 3 meses a 1 ano se o agente pratica, deixa de praticar ou retarda ato de ofício, com infração de dever funcional, cedendo a pedido, pressão ou influência de outrem (art. 317, § 2º, do CP), sem a finalidade de satisfazer interesse próprio.
Facilitação de contrabando ou descaminho	▪ **Objetividade jurídica:** Tutela-se a Administração Pública. ▪ **Sujeitos ativo e passivo:** Somente o funcionário público incumbido de impedir a prática de contrabando ou descaminho pode ser sujeito ativo. O particular pode atuar em concurso. Sujeito passivo é a Administração Pública. ▪ **Conduta:** » A conduta criminosa consiste em facilitar, por ação ou omissão, o contrabando (entrada ou saída de mercadorias proibidas do país) ou o descaminho (fraude empregada para elidir o pagamento de impostos de importação, exportação ou consumo). » Trata-se de uma exceção pluralista à teoria monista, pois o que seria punido como participação no contrabando ou no descaminho é tipificado de forma autônoma. ▪ **Tipo subjetivo:** É o dolo, ou seja, a vontade de facilitar o contrabando ou o descaminho, consciente de estar infringindo o dever funcional. ▪ **Consumação e tentativa:** Consuma-se o crime com a efetiva facilitação, pouco importando se o contrabando ou o descaminho se completou.
Prevaricação	▪ **Objetividade jurídica:** Tutela-se a Administração Pública. ▪ **Sujeitos ativo e passivo:** Somente o funcionário público incumbido da prática do ato pode ser sujeito ativo. O particular pode atuar em concurso. Sujeito passivo é a Administração Pública. ▪ **Conduta:** Há três formas de praticar o crime: » retardar (atrasar, procrastinar) indevidamente ato de ofício; » deixar de praticar indevidamente ato de ofício; » praticar ato de ofício de forma ilegal. É necessário que o ato praticado se revele contra disposição expressa de lei.

<table>
<tr><td>Prevaricação</td><td>
» A prevaricação não se confunde com a corrupção passiva privilegiada, na qual o agente não atua para satisfazer interesse ou sentimento pessoal, mas atende a pedido ou influência de outra pessoa.
▪ Tipo subjetivo: É o dolo do agente, ou seja, a vontade consciente de retardar, omitir ou praticar ilegalmente ato de ofício, acrescido do intuito específico de satisfazer interesse ou sentimento pessoal.
▪ Consumação e tentativa: Consuma-se o crime com o retardamento, a omissão ou a prática do ato, sendo dispensável a satisfação do interesse visado pelo servidor. É possível a tentativa apenas na forma comissiva, em que a conduta admite o fracionamento.
</td></tr>
<tr><td>Resistência</td><td>
▪ Objetividade jurídica: Tutelam-se o prestígio e a autoridade da Administração Pública.
▪ Sujeitos ativo e passivo: Qualquer pessoa pode ser sujeito ativo. Sujeito passivo é a Administração Pública. Secundariamente, são vítimas o funcionário público agredido ou ameaçado e o particular que o esteja auxiliando na prática do ato.
▪ Conduta:
» A conduta consiste em opor-se, positivamente, à execução de ato legal, mediante violência ou ameaça, contra a pessoa do funcionário executor ou terceiro que o auxilia.
» Não se pune a denominada “resistência passiva”.
» A resistência deve ser cometida durante a execução do ato legal, pois, se anterior ou posterior, outro pode ser o crime.
» O servidor que sofre a oposição deve ser competente para executar o ato legal.
» A oposição contra mais de um funcionário público não desnatura a unidade do crime.
▪ Tipo subjetivo: É o dolo de opor-se a execução de ato legal.
▪ Consumação e tentativa: O delito se consuma com a prática de violência ou ameaça, ainda que frustrada a oposição para impedir a execução do ato.
▪ Forma qualificada: O sucesso do opositor (frustração da realização do ato), que seria mero exaurimento do delito, redunda em pena qualificada.
▪ Concurso de crimes: Em razão do disposto no § 2º, a pena da resistência é aplicável sem prejuízo das correspondentes à violência (lesão corporal ou homicídio). Trata-se de concurso formal impróprio.
</td></tr>
<tr><td>Desobediência</td><td>
▪ Objetividade jurídica: Tutelam-se o prestígio e a autoridade da Administração Pública.
▪ Sujeitos ativo e passivo: Qualquer pessoa pode ser sujeito ativo, inclusive o funcionário público, dependendo das circunstâncias. Sujeito passivo é a Administração Pública. Secundariamente, o funcionário público que teve a ordem descumprida.
▪ Conduta:
» A conduta consiste em desobedecer a uma ordem legal de funcionário público competente para cumpri-la. A caracterização do crime depende:
</td></tr>
</table>

<table>
<tr><td>Desobediência</td><td>– de o funcionário público emitir uma ordem diretamente ao destinatário;
– de a ordem emanada ser individualizada, substancial e formalmente legal e executada por funcionário competente;
– de o destinatário ter o dever de atendê-la;
– segundo a orientação majoritária, de não haver sanção especial para o não cumprimento da ordem.
» A desobediência pode ser comissiva ou omissiva, de acordo com a ordem que é imposta ao particular. Se a ordem é de fazer, e o agente não a atende, tem-se a desobediência omissiva; se a ordem é de não fazer, mas o agente faz, tem-se a desobediência comissiva.
▪ Tipo subjetivo: É o dolo, consistente na vontade consciente de não atender a ordem legal emanada de funcionário público. Se o agente atua com o propósito de não produzir prova contra si mesmo, não há crime.
▪ Consumação e tentativa: Se a ordem consiste em dar ou em fazer algo, a consumação se dá com a omissão do agente que se absteve de praticar o ato no prazo marcado, ou, dependendo das circunstâncias, em um prazo juridicamente relevante. Já se a ordem consiste em não fazer algo, o delito se consuma com a ação proibida. A tentativa é admissível na desobediência comissiva.</td></tr>
<tr><td>Desacato</td><td>▪ Objetividade jurídica: Tutelam-se o prestígio e a autoridade da Administração Pública.
▪ Sujeitos ativo e passivo: Qualquer pessoa pode ser sujeito ativo. Há controvérsia a respeito da possibilidade de o funcionário público cometer o crime. Sujeito passivo é a Administração Pública. Secundariamente, o funcionário público ofendido (aplica-se a definição restrita do caput do art. 327).
▪ Conduta:
» A conduta punida é de desacatar funcionário público no exercício da função ou em razão dela.
» É imprescindível que a ofensa seja proferida na presença do funcionário público.
» O crime pode ser cometido por ação ou omissão.
» O STJ e o STF consideram que a punição do desacato é compatível com as normas constitucionais e internacionais que garantem a livre expressão.
▪ Tipo subjetivo: É o dolo, consistente na vontade deliberada de desprestigiar a função exercida pelo funcionário público. A alteração de ânimo do agente ao proferir a ofensa não afasta o dolo.
▪ Consumação e tentativa: Consuma-se o crime no momento em que o funcionário público toma conhecimento (direto) do ato humilhante e ofensivo. Para parcela da doutrina, não se admite a tentativa.</td></tr>
<tr><td>Corrupção ativa</td><td>▪ Objetividade jurídica: Tutela-se a probidade administrativa.
▪ Sujeitos ativo e passivo: Qualquer pessoa pode ser sujeito ativo. Sujeito passivo é a Administração Pública.</td></tr>
</table>

Corrupção ativa	▪ **Conduta:** » Trata-se de crime de ação múltipla, composto de dois núcleos alternativos: oferecer (apresentar) ou prometer (obrigar-se a dar) a funcionário público vantagem indevida, com o fim de ver retardado, omitido ou praticado ato funcional. » Pune-se apenas a corrupção ativa antecedente. » O tipo penal não contempla a conduta de entregar vantagem anteriormente solicitada pelo funcionário público. » Não há corrupção ativa quando a oferta de vantagem visa a impedir a prática de um ato ilegal. » A corrupção ativa independe da passiva, ou seja, é dispensável a bilateralidade. ▪ **Tipo subjetivo:** É o dolo, consistente na vontade de praticar um dos núcleos do tipo (oferecer ou prometer vantagem indevida), aliado ao fim especial de conseguir do servidor a prática, a omissão ou o retardamento do ato de ofício. ▪ **Consumação e tentativa:** O crime se consuma no momento em que o funcionário público toma conhecimento da oferta ou da promessa, ainda que a recuse. A tentativa é admitida na forma escrita. ▪ **Causa de aumento de pena:** A pena é aumentada de 1/3 se o servidor corrupto realiza a pretensão do corruptor. No entanto, somente incide a majorante se o ato praticado tem natureza ilícita.
Descaminho	▪ **Objetividade jurídica:** Tutela-se a Administração Pública, mais especificamente o seu interesse na higidez do erário. ▪ **Sujeitos ativo e passivo:** Qualquer pessoa pode ser sujeito ativo. O funcionário público que concorre para o descaminho responde na forma do art. 318 do CP. Sujeito passivo é a Administração Pública. ▪ **Conduta:** » O crime consiste em iludir, no todo ou em parte, o pagamento de direito ou imposto devido pela entrada, pela saída ou pelo consumo de mercadoria. » De acordo com a orientação majoritária, o crime se aperfeiçoa independentemente de efetivo prejuízo ao erário e é dispensável, para a tipificação, o esgotamento da via administrativa. » Embora se admita o princípio da insignificância nos casos em que o tributo iludido não ultrapassa R$ 20.000,00, o STF tem proferido decisões que afastam a influência das normas fazendária na análise da tipicidade. » A falsidade ideológica cometida como meio para o descaminho pode ser absorvida. ▪ **Tipo subjetivo:** É o dolo, consistente na vontade de praticar a ação nuclear típica. ▪ **Consumação e tentativa:** O descaminho se aperfeiçoa com a liberação, pela alfândega, sem o pagamento dos impostos inerentes. Se a entrada ou a saída da mercadoria do território nacional ocorre por outros meios que não os alfandegários, a consumação se dá no ato de entrada ou de saída. Admite-se a tentativa.

Descaminho	▪ **Formas equiparadas:** São punidas com as mesmas penas do *caput* as condutas de quem: » pratica navegação de cabotagem fora dos casos permitidos em lei; » pratica fato assimilado, em lei especial, a descaminho; » vende, expõe à venda, mantém em depósito ou, de qualquer forma, utiliza em proveito próprio ou alheio, no exercício de atividade comercial ou industrial, mercadoria de procedência estrangeira que: 1) introduziu clandestinamente no País ou importou fraudulentamente (progressão criminosa do descaminho); ou 2) sabe ser produto de introdução clandestina no território nacional ou de importação fraudulenta por parte de outrem (modalidade especial de receptação); » adquire, recebe ou oculta, em proveito próprio ou alheio, no exercício de atividade comercial ou industrial, mercadoria de procedência estrangeira, desacompanhada de documentação legal ou acompanhada de documentos que sabe serem falsos (modalidade especial de receptação). ▪ **Cláusula de equiparação:** Nos termos do disposto no § 2º, equipara-se às atividades comerciais, para os efeitos deste artigo, qualquer forma de comércio irregular ou clandestino de mercadorias estrangeiras, inclusive o exercido em residências. ▪ **Causa de aumento de pena:** Aplica-se a pena em dobro nas situações em que o descaminho é praticado com a utilização de transporte aéreo, marítimo ou fluvial. O STJ decidiu que a majorante se aplica inclusive no caso de voos regulares.
Contrabando	▪ **Objetividade jurídica:** Tutela-se a Administração Pública, mais especificamente o seu interesse na higidez do erário e no controle de produtos que cruzam as fronteiras nacionais. ▪ **Sujeitos ativo e passivo:** Qualquer pessoa pode ser sujeito ativo. O funcionário público que concorre para o contrabando responde na forma do art. 318 do CP. Sujeito passivo é a Administração Pública. ▪ **Conduta:** » A conduta consiste na clandestina importação ou exportação de mercadorias cuja entrada no país, ou a saída dele, é absoluta ou relativamente proibida. » A entrada ou a saída pode ser fraudulenta (contrabando próprio) ou clandestina (contrabando impróprio). É fraudulenta quando o agente traz (ou exporta) o produto valendo-se da repartição alfandegária. É clandestina quando o agente faz com que a mercadoria ingresse (ou saia) do país meios ocultos. » É considerada mercadoria proibida o que normas complementares assim determinarem. O tipo penal do contrabando é norma penal em branco. » No geral, o princípio da insignificância não é admitido no contrabando. ▪ **Tipo subjetivo:** É o dolo, consistente na vontade de praticar uma das ações nucleares típicas.

Contrabando	▪ **Consumação e tentativa:** Na importação ou exportação de mercadoria proibida com passagem pelos órgãos alfandegários, o delito se consuma quando transposta a barreira fiscal (liberada pela autoridade competente). Se a mercadoria ingressa ou sai por meios ocultos (clandestinos), a consumação depende da transposição das fronteiras do país. A tentativa é admissível. ▪ **Formas equiparadas:** São punidas com as mesmas penas do *caput* as condutas de quem: » pratica fato assimilado, em lei especial, a contrabando; » importa ou exporta clandestinamente mercadoria que dependa de registro, análise ou autorização de órgão público competente; » reinsere no território nacional mercadoria brasileira destinada à exportação; » vende, expõe à venda, mantém em depósito ou, de qualquer forma, utiliza em proveito próprio ou alheio, no exercício de atividade comercial ou industrial, mercadoria proibida pela lei brasileira; » adquire, recebe ou oculta, em proveito próprio ou alheio, no exercício de atividade comercial ou industrial, mercadoria proibida pela lei brasileira. ▪ **Cláusula de equiparação:** Nos termos do disposto no § 2º, equipara-se às atividades comerciais, para os efeitos deste artigo, qualquer forma de comércio irregular ou clandestino de mercadorias estrangeiras, inclusive o exercido em residências. ▪ **Causa de aumento de pena:** Aplica-se a pena em dobro nas situações em que o contrabando é praticado com a utilização de transporte aéreo, marítimo ou fluvial.

QUESTÕES

(Cespe – Policial Rodoviário Federal – DPRF/2013) *No que se refere aos delitos previstos na parte especial do CP, julgue o item.*

Considere a seguinte situação hipotética. Aproveitando-se da facilidade do cargo por ele exercido em determinado órgão público, Artur, servidor público, em conluio com Maria, penalmente responsável, subtraiu dinheiro da repartição pública onde trabalha. Maria, que recebeu parte do dinheiro subtraído, desconhecia ser Artur funcionário público. Nessa situação hipotética, Artur cometeu o crime de peculato e Maria, o delito de furto.

GABARITO	CERTO.
COMENTÁRIO	O peculato só pode ser cometido por funcionário público (art. 327 do CP). Apesar de próprio, o crime admite o concurso de pessoas estranhas aos quadros da Administração, *ex vi* do disposto no art. 30 do CP, salientando-se apenas que deve a condição pessoal do autor ingressar na esfera de conhecimento do *extraneus*. Caso contrário, responde este último por outro crime, como no exemplo do enunciado.

(Cespe – Policial Rodoviário Federal – DPRF/2013) *No que se refere aos delitos previstos na parte especial do CP, julgue o item.*

O crime de concussão configura-se com a exigência, por funcionário público, de vantagem indevida, ao passo que, para a configuração do crime de corrupção passiva, basta que ele solicite ou receba a vantagem, ou, ainda, aceite promessa de recebê-la.

GABARITO	CERTO.
COMENTÁRIO	O crime de concussão consiste em exigir, para si ou para outrem, direta ou indiretamente, ainda que fora da função ou antes de assumi-la, mas em razão dela, vantagem indevida. Há imposição por parte do agente público, que atua com o intuito de intimidar para obter a vantagem. Já no crime de corrupção passiva são três as condutas típicas: *solicitar* (pedir), explícita ou implicitamente, vantagem indevida; *receber* referida vantagem; e, por fim, *aceitar promessa* de tal vantagem, anuindo com futuro recebimento.

(Cespe – Policial Rodoviário Federal – PRF/2019) *Em uma rodovia federal, próxima à fronteira do Brasil com o Paraguai, um caminhão foi parado e vistoriado por policiais rodoviários federais. Além do motorista e de um passageiro, o veículo transportava, ilegalmente, grande quantidade de mercadoria lícita de procedência estrangeira, mas sem o pagamento dos devidos impostos de importação. O motorista, penalmente imputável e proprietário do caminhão, admitiu a propriedade dos produtos. O passageiro, que se identificou como servidor público alfandegário lotado no posto de fiscalização fronteiriço pelo qual o veículo havia passado para adentrar no território nacional, alegou desconhecer a existência dos produtos no caminhão e que apenas pegou carona com o motorista.*

Tendo como referência essa situação hipotética, julgue os itens a seguir.

A conduta do motorista configura crime de descaminho em sua forma consumada, ainda que não tenha havido constituição definitiva do crédito tributário e a ocorrência de efetivo prejuízo ao erário.

GABARITO	CERTO.
COMENTÁRIO	Como destacamos nos comentários ao crime, a orientação majoritária é de que o descaminho se tipifica independentemente de efetivo prejuízo ao erário, dispensada a constituição definitiva do crédito tributário (esgotamento da via administrativa).

Caso fique comprovada a participação do servidor público na conduta delituosa, ele responderá pelo delito de descaminho em sua forma qualificada: ela tinha o dever funcional de prevenir e de reprimir o crime.

GABARITO	ERRADO.
COMENTÁRIO	O art. 318 do CP tipifica a conduta de facilitar, com infração de dever funcional, a prática de contrabando ou descaminho. O que, em regra, seria participação na prática daqueles crimes, o art. 318 tipifica autonomamente, criando uma figura especial em atenção à circunstância de ser o agente funcionário público incumbido da prevenção e da repressão ao descaminho e ao contrabando. Excepciona-se a teoria monista ou unitária trazida pelo art. 29 do CP.

REFERÊNCIAS BIBLIOGRÁFICAS

BITENCOURT, Cezar Roberto. Tratado de Direito Penal – Parte Especial. 19 ed. São Paulo: Saraiva, 2019. v. 2.

__________. Tratado de Direito Penal – Parte Especial. 7ª ed. São Paulo: Saraiva, 2011. Vol. 3.

__________. Tratado de Direito Penal – Parte Especial. 13ª ed. São Paulo: Saraiva, 2019. Vol. 4.

__________. Tratado de Direito Penal – Parte Especial. 5ª ed. São Paulo: Saraiva, 2011. Vol. 5.

__________. Tratado de Direito Penal – Parte Geral. 25ª ed. São Paulo: Saraiva: 2019.

CAPEZ, Fernando. Curso de Direito Penal – Parte Especial. 4ª ed. São Paulo: Saraiva, 2004. v. 2.

__________. Curso de Direito Penal – Parte Especial. 2ª ed. São Paulo: Saraiva, 2004. v. 3.

GRECO, Luis, LEITE, Alaor, TEIXEIRA, Adriano, ASSIS, Augusto. Autoria como domínio do fato: estudos introdutórios sobre o concurso de pessoas no direito penal brasileiro. 1. ed. São Paulo: Marcial Pons, 2014.

__________. Um panorama da Teoria da Imputação Objetiva. 1. ed. Rio de Janeiro: Lumen Juris, 2005.

GRECO, Rogério. Curso de Direito Penal: Parte Especial. 10ª ed. Rio de Janeiro: Impetus, 2014. v. 2.

__________. Curso de Direito Penal – Parte Especial. 11ª ed. Rio de Janeiro: Impetus, 2014. v. 3.

__________. Curso de Direito Penal – Parte Especial. 10ª ed. Rio de Janeiro: Impetus, 2014. v. 4.

__________. Curso de Direito Penal – Parte Geral. 15ª ed. Rio de Janeiro: Impetus, 2013.

HUNGRIA, Nelson. Comentários ao Código Penal. Rio de Janeiro: Forense, 1949. Vol. 1.

JESUS, Damásio de. Direito Penal – Parte Geral. 33ª ed. São Paulo: Saraiva, 2013. Vol. 1.

MASSON, Cléber. Direito Penal Esquematizado – Parte Geral. 2ª ed. São Paulo: Método, 2009.

MIRABETE, Julio Fabbrini. Manual de Direito Penal – Parte Geral. 23ªed. São Paulo: Ed. Atlas, 2006.

NUCCI, Guilherme de Souza. Código Penal Comentado. 20ª ed. Rio de Janeiro: Forense, 2020.

ZAFFARONI, Eugênio Raúl; PIERANGELI, José Henrique. Manual de Direito Penal Brasileiro – Parte Geral. 8. ed. São Paulo: RT, 2009.

DIREITO PROCESSUAL PENAL

MARÍLIA DE MORAIS CAVALCANTI

CAPÍTULO I

APLICAÇÃO DA LEI PROCESSUAL NO TEMPO, NO ESPAÇO E EM RELAÇÃO ÀS PESSOAS

1. APLICAÇÃO DA LEI PROCESSUAL PENAL

Com relação à **aplicação da lei processual penal no tempo**, o art. 2º do CPP adotou a regra do "**tempus regit actum**", segundo a qual a lei processual penal será aplicada tão logo entre em vigor, sem prejuízo dos atos já praticados. Desse modo, não importa o momento da prática do delito, mas sim o momento da prática do ato processual. Dessa regra, decorrem dois efeitos: (i) os atos processuais praticados sob a vigência da lei anterior são considerados válidos; (ii) as normas processuais têm aplicação imediata.

Por outro lado, no que se refere à **lei penal no espaço,** enquanto à lei penal aplica-se o princípio da territorialidade e da extraterritorialidade, o CPP adota, via de regra, o **princípio da territorialidade**, já que a atividade jurisdicional é um dos aspectos da soberania nacional, logo, não pode ser exercida além das fronteiras do respectivo Estado. As exceções estão previstas nos incisos do art. 1º do CPP.

2. CONTAGEM DOS PRAZOS

Consoante previsão do art. 798, §1º, do CPP, no processo penal os prazos são contados da seguinte forma: não se computa o dia de início (dies a quo), mas computa-se o dia do final (dies ad quem). Além disso, diferentemente do disposto no Código de Processo Civil, no qual os prazos processuais devem ser contados apenas em dias úteis, o prazo processual penal deve ser contado em dias corridos, haja vista disposição expressa no art. 798, caput, do CPP.

Destaca-se que a contagem se inicia no dia útil seguinte ao da intimação, desde que na data haja expediente forense. Caso contrário, prorroga-se para o dia útil seguinte (art. 798, §3º, do CPP).

EM RESUMO: Aplicação da lei processual penal no tempo e no espaço. Contagem de prazos	
Eficácia da lei processual penal no espaço	**Regra geral: princípio da territorialidade** (art. 1º do Código de Processo Penal).
Eficácia da lei processual penal no tempo	O art. 2º do CPP adotou a regra do **"tempus regit actum"**, segundo a qual a lei processual penal será aplicada tão logo entre em vigor, sem prejuízo dos atos já praticados.

EM RESUMO: Aplicação da lei processual penal no tempo e no espaço. Contagem de prazos	
Interpretação da lei processual penal	O art. 3º do Código de Processo Penal prevê que "a lei processual penal **admitirá interpretação extensiva e aplicação analógica**, bem como o suplemento dos princípios gerais de direito".
Contagem de prazos	Os prazos processuais penais são contados em dias corridos. Não se computa o dia de início, mas se inclui o dia do final (art. 798 do CPP).

✍ QUESTÃO

(Cespe – Policial Rodoviário Federal – DPRF/2013) *No que concerne às disposições preliminares do Código de Processo Penal (CPP), ao inquérito policial e à ação penal, julgue o próximo item.*

Tratando-se de lei processual penal, não se admite, salvo para beneficiar o réu, a aplicação analógica.

GABARITO	ERRADO.
COMENTÁRIO	O art. 3º do Código de Processo Penal prevê que "a lei processual penal **admitirá interpretação extensiva e aplicação analógica**, bem como o suplemento dos princípios gerais de direito".

CAPÍTULO II

INQUÉRITO POLICIAL

1. CONCEITO E CARACTERÍSTICAS

O inquérito policial é um procedimento **administrativo**, **preliminar** e **informativo**, presidido por autoridade policial, com a finalidade de apurar autoria, materialidade, circunstâncias e fontes de prova para formar a opinião delitiva do titular da ação penal e fornecer indícios/ justa causa para cautelares.

Trata-se de procedimento **dispensável**. Isso porque, há casos em que é dispensável a investigação preliminar, seja através de inquérito ou qualquer outra forma de investigação penal (arts. 46, § 1º e 39, § 5º, ambos do CPP).

Importante destacar que não se **admite a condenação fundada, exclusivamente, nas informações colhidas no inquérito policial**, como prevê expressamente o art. 155 do CPP. Dessa forma, o juiz não pode fundamentar sua decisão exclusivamente nos elementos colhidos na investigação, **ressalvadas** as provas cautelares, não repetíveis e antecipadas.

1.1 Provas Irrepetíveis: são aquelas provas de iminente perecimento que não tem como ser refeitas na fase processual (a evidência do fato desaparece depois). Exemplo: constatação de embriaguez ao volante.

1.2 Provas Cautelares: a cautelaridade é justificada pela necessidade e urgência e, normalmente, contam com a intervenção judicial. **Exemplo:** interceptação telefônica.

1.3 Incidente de Produção Antecipada de Prova: instaurado perante o magistrado e respeitado o contraditório e ampla defesa e o fruto do incidente poderá ser usado validamente na fase processual. Conta com a intervenção das futuras partes do processo.

MUITA ATENÇÃO! O **Inquérito Policial** continua sendo o principal instrumento de que se vale o Estado para investigação de infrações penais, no entanto, atualmente, se reconhece a importância de **outros instrumentos investigatórios.** É o caso do Procedimento de Investigação Criminal (PIC) presidido pelo Ministério Público.

PRINCIPAIS CARACTERÍSTICAS DO INQUÉRITO POLICIAL	
Inquisitivo	Não há contraditório e ampla defesa.
Escrito	Os atos orais devem ser reduzidos a termo.
Inexistência de nulidade	Os vícios acaso existentes não afetam a ação penal a que deu origem. Segundo jurisprudência firmada no STF, as **nulidades processuais estão relacionadas apenas a defeitos de ordem jurídica pelos quais são afetados os atos praticados ao longo da ação penal condenatória**.

Sigiloso	Não há publicidade. **Súmula vinculante nº 14** – "é direito do defensor, no interesse do representado, ter acesso amplo aos elementos de prova que, já documentados em procedimento investigatório realizado por órgão com competência de polícia judiciária, digam respeito ao exercício do direito de defesa".
Indisponibilidade	Consoante art. 17 do CPP, a autoridade policial **não** pode determinar o arquivamento do inquérito policial, mesmo que inexistam indícios suficientes de autoria e materialidade.

A **discricionariedade** também é uma característica do inquérito policial, pois cabe à autoridade policial determinar a diligência de acordo com o caso concreto e no interesse da investigação. Nos termos do art. 14 do CPP, "o ofendido, ou seu representante legal, e o indiciado poderão requerer qualquer diligência que será realizada, ou não, a juízo da autoridade". Excepcionalmente, a lei impõe obrigatoriedade da realização de determinadas diligências, como no caso do exame de corpo de delito para os crimes que deixam vestígios.

FIQUE POR DENTRO!

Elementos de informação – são aqueles produzidos na fase de investigação, na qual não é obrigatório o contraditório e a ampla defesa. Nesse caso, o juiz só intervém quando houver cláusula de reserva de jurisdição (exemplos: interceptação telefônica, prisão temporária, etc.). Têm como finalidade a formação da convicção (opinio delicti) e fornecer justificativa às medidas cautelares. ATENÇÃO: a força probatória do inquérito policial é **endoprocedimental,** exigindo-se a confirmação na fase processual, quando oportunizados o contraditório a ampla defesa.

Prova – via de regra, é produzida no âmbito do processo (exceções: cautelares, irrepetíveis e antecipadas). Exige-se a observância do contraditório e da ampla defesa durante o curso do processo.

2. INÍCIO DO INQUÉRITO POLICIAL

Primeiramente, vale dizer que compete à polícia judiciária a presidência do inquérito policial, mas cabe ao Ministério Público, no controle externo da atividade policial, acompanhar a regularidade da investigação, sem que isso implique em qualquer submissão hierárquica.

O inquérito policial tem início a partir do momento em que a autoridade policial tem ciência da ocorrência de um fato que seria infração penal, a chamada ***notitia criminis***. A instauração do inquérito pode se dar:

a) **De ofício** (art. 5º, I, do CPP): ***notitia criminis* de cognição direta** - tem lugar quando a autoridade policial toma conhecimento direto e pessoal da infração penal. Neste caso, é editada uma portaria, determinando as providências iniciais a serem tomadas. Tem cabimento apenas nos crimes de **ação penal pública incondicionada.**

b) **Por requisição do juiz ou do Ministério Público** (art. 5º, II, do CPP): ***notitia criminis* de cognição indireta.**

c) Por requerimento do ofendido ou de seu representante legal (art. 5º, II, do CPP): ***notitia criminis* de cognição indireta** - diferentemente da requisição (que é uma ordem), nos casos de requerimento, se não houver elementos suficientes, a autoridade policial pode **indeferir** o pedido de instauração do inquérito, caso em que, de acordo com o art. 5º, § 2º, do CPP, cabe recurso para o chefe de polícia. Admite-se a instauração do inquérito através dessa modalidade nas **ações penais públicas e privadas**.

d) **Por lavratura do auto de prisão em flagrante:** *notitia criminis* de cognição coercitiva – A instauração do inquérito se dá com a apresentação do preso à autoridade policial.

e) ***Delatio criminis*** (art. 5º, §3º, do CPP): oferecida por qualquer do povo.

MUITA ATENÇÃO!

É possível instaurar inquérito policial com base em **denúncia anônima**. No entanto, deve a autoridade policial, antes de instaurar o inquérito policial, verificar a procedência e veracidade das informações por ela veiculadas (HC 106152/MS). Antes de proceder à instauração formal do inquérito policial, deve-se realizar uma investigação preliminar a fim de constatar a plausibilidade da denúncia anônima. (BRASILEIRO, 2015)

Tratando-se de crime de ação pública condicionada ou, ainda, crime de ação penal privada, o inquérito só poderá ter início com a representação ou o requerimento, respectivamente (art. 5º, §§4º e 5º, do CPP).

3. PROCEDIMENTO

Logo que a autoridade policial tiver conhecimento da prática de infração penal, deverá providenciar as seguintes **diligências investigatórias**: a) dirigir-se ao local, providenciando para que não se alterem o estado e conservação das coisas, até a chegada dos peritos criminais; b) apreender os objetos que tiverem relação com o fato, após liberados pelos peritos criminais; c) colher todas as provas que servirem para o esclarecimento do fato e suas circunstâncias; d) ouvir o ofendido; e) ouvir o indiciado, devendo o respectivo termo ser assinado por duas testemunhas que lhe tenham ouvido a leitura; f) proceder a reconhecimento de pessoas e coisas e a acareações; g) determinar, se for caso, que se proceda a exame de corpo de delito e a quaisquer outras perícias; h) ordenar a identificação do indiciado pelo processo datiloscópico, se possível, e fazer juntar aos autos sua folha de antecedentes; i) averiguar a vida pregressa do indiciado, sob o ponto de vista individual, familiar e social, sua condição econômica, sua atitude e estado de ânimo antes e depois do crime e durante ele, e quaisquer outros elementos que contribuírem para a apreciação do seu temperamento e caráter; j) colher informações sobre a existência de filhos, respectivas idades e se possuem alguma deficiência e o nome e o contato de eventual responsável pelos cuidados dos filhos, indicado pela pessoa presa.

Poderá, ainda, proceder à reprodução simulada dos fatos, desde que esta não contrarie a moralidade ou a ordem pública (art. 7º do CPP).

FIQUE POR DENTRO:

O STF (ADPF 395/DF) declarou que a expressão "para o interrogatório", prevista no art. 260 do CPP, não foi recepcionada pela Constituição Federal. Logo, caso seja determinada a **condução coercitiva de investigados** ou de réus para interrogatório, tal conduta poderá ensejar: a responsabilidade disciplinar, civil e penal do agente ou da autoridade, a ilicitude das provas obtidas e/ou a responsabilidade civil do Estado.

MUITA ATENÇÃO!

Nos casos em que servidores vinculados aos órgãos **segurança pública**, dispostos no art. 144 da Constituição Federal (inclusive os servidores da Polícia Rodoviária Federal), figurarem como investigados em inquéritos policiais, inquéritos policiais militares e demais procedimentos extrajudiciais, cujo objeto for a **investigação** de

MUITA ATENÇÃO!

fatos relacionados ao uso da força letal praticados no exercício profissional, de forma consumada ou tentada, incluindo as situações excludentes de ilicitude (art. 23 do CP), o indiciado poderá constituir defensor.

Ainda de acordo com o art. 14-A, §1º, do CPP, os referidos servidores, quando investigados, deverão ser citados da instauração do procedimento investigatório, podendo constituir defensor no prazo de até 48 horas a contar do recebimento da citação. Se esgotado o prazo, com ausência de nomeação de defensor pelo investigado, a autoridade responsável pela investigação deverá intimar a instituição a que estava vinculado o investigado à época da ocorrência dos fatos, para que essa, no prazo de 48 horas, indique defensor para a representação do investigado.

PRAZO PARA CONCLUSÃO DO INQUÉRITO POLICIAL	
IP perante a Justiça Federal	**Réu solto:** 30 dias (prorrogáveis). **Réu preso:** 15 dias (duplicável).
IP perante a Justiça Estadual	**Réu solto:** 30 dias (prorrogáveis). **Réu preso:** 10 dias.
Lei de drogas (11.343/06)	**Réu solto:** 90 dias (duplicável). **Réu preso:** 30 dias (duplicável).

MUITA ATENÇÃO!

A **Lei nº 13.964/19**, promulgada no final do ano de 2019, promoveu inúmeras alterações na legislação penal e processual penal brasileira. Dentre elas, inclui-se a possibilidade de o juiz prorrogar, por uma única vez, a duração do inquérito, referente a **investigado preso**, por até 15 (quinze) dias, após o que, se ainda assim a investigação não for concluída, a prisão será imediatamente relaxada (art. 3º-B, §2º, do CPP).

Ao final do inquérito, observadas as providências previstas no art. 6º, o delegado de polícia deverá apresentar relatório final, com a indicação do que foi apurado no curso da investigação. Via de regra, é também nesse momento que será feito o **indiciamento**, considerado um **ato privativo da autoridade policial**, no qual há o direcionamento da investigação para determinada pessoa, diante de indícios de autoria e materialidade.

Para indiciar alguém não é necessária a certeza de sua autoria, devendo haver **prova da existência do crime** e apenas **indícios de sua autoria**. São duas as espécies de indiciamento:

***Indiciamento direto*:** ocorre quando o **indiciado está presente**. Ocorre geralmente quando o interrogatório é o último ato do inquérito. O acusado já sai da delegacia indiciado;

***Indiciamento indireto*:** ocorre quando o **indiciado está ausente**. Exemplo: quando o acusado está foragido.

Vale lembrar que o indiciamento é um **ato privativo** do delegado de polícia. Logo, por se tratar de medida ínsita à fase investigatória, o juiz ou o membro do Ministério Público NÃO podem requisitá-lo.

MUITA ATENÇÃO!

Via de regra, a autoridade com foro por prerrogativa de função pode ser indiciada. Existem duas exceções previstas em lei:

- Magistrados (art. 33, parágrafo único, da LC 35/79);

MUITA ATENÇÃO!

- Membros do Ministério Público (art. 18, parágrafo único, da LC 75/93 e art. 41, parágrafo único, da Lei nº 8.625/93).

Muito cuidado para **não confundir**! Excetuadas as hipóteses legais, é plenamente **possível o indiciamento de autoridades com foro por prerrogativa de função** (se o crime tiver sido praticado durante o exercício do mandato e esteja relacionado com as funções ocupadas). Contudo, é indispensável que a autoridade policial obtenha uma **autorização** do Tribunal competente para julgar esta autoridade. Percebam que o indiciamento continua sendo privativo da autoridade policial, sendo necessário apenas a autorização do judiciário.

MUITA ATENÇÃO!

De acordo com o STF, participação do membro do Ministério Público na fase investigatória não acarreta, por si só, seu impedimento ou sua suspeição para o oferecimento da denúncia (HC nº 85011).

A **suspeição** de autoridade policial **não é motivo de nulidade do processo**, pois o inquérito é **mera peça informativa**, de que se serve o Ministério Público para o início da ação penal. (STF, RHC 131450/DF, DJ 3/5/2016).

Vale destacar os arts. 13-A e 13-B do CPP, acrescentados pela Lei nº 13.344/2016, que permitem ao Delegado de Polícia e ao Ministério Público a requisição de informações e dados telefônicos para subsidiarem investigações de determinados crimes, como o tráfico de pessoas (art. 149-A do CP).

De um lado, o art. 13-A do CPP permite, nos casos dos crimes nele previstos (sequestro ou cárcere privado, redução à condição análoga à de escravo, tráfico de pessoas, extorsão com restrição da liberdade, extorsão mediante sequestro e tráfico internacional de crianças), que o membro do parquet ou a autoridade policial requisitem de quaisquer órgãos do poder público ou de empresas privadas, dados e informações cadastrais da vítima ou de suspeito.

Já o art. 13-B do CPP está relacionado apenas aos crimes de tráfico de pessoas, permitindo, via de regra, mediante autorização judicial, a requisição às empresas prestadoras de serviço de telecomunicações e/ou telemática para que disponibilizem imediatamente os meios técnicos adequados – como sinais, informações e outros – que permitam a localização da vítima ou dos suspeitos do delito em curso. Excepcionalmente, se a autoridade judicial não se manifesta no prazo de 12 (doze) horas, a autoridade competente pode requisitar diretamente às referidas empresas, bastando a comunicação imediata ao juiz.

Outra importante alteração no CPP diz respeito ao **arquivamento do inquérito policial**. Anteriormente, caso o juiz discordasse do pedido de arquivamento do inquérito, ele enviaria os autos ao Procurador Geral de Justiça. Por outro lado, consoante redação atual do art. 28, ordenado o arquivamento do inquérito policial ou de quaisquer elementos informativos da mesma natureza, o órgão do Ministério Público comunicará à vítima, ao investigado e à autoridade policial e encaminhará os autos para a instância de revisão ministerial para fins de homologação, na forma da lei. Ou seja, o arquivamento será realizado pelo próprio Ministério Público e não mais requerido ao juiz[1].

---

1 O Min. Luiz Fux, do STF, de forma monocrática, decidiu: *"concedo medida cautelar requerida nos autos da ADI 6305, e suspendo* sine die *a eficácia,* ad referendum *do Plenário, (b1) da alteração do procedimento de arquivamento do inquérito policial (28,* caput, *Código de Processo Penal).*

MOTIVO DO ARQUIVAMENTO	É POSSÍVEL DESARQUIVAR?
1) Insuficiência de provas	SIM (Súmula 524-STF)
2) Ausência de pressuposto processual ou de condição da ação penal	SIM
3) Falta de justa causa para a ação penal (não há indícios de autoria ou prova da materialidade)	SIM
4) Atipicidade	NÃO
5) Existência manifesta de causa excludente de ilicitude	STJ: NÃO (REsp 791471/RJ) STF: SIM (HC 125101/SP)
6) Existência manifesta de causa excludente de culpabilidade	NÃO (Posição da doutrina).
7) Existência manifesta de causa extintiva da punibilidade	NÃO (STJ, HC 307.562/RS) (STF, Pet 3943) Exceção: certidão de óbito falsa.

**Tabela extraída do site https://www.dizerodireito.com.br/*

No caso de arquivamento do inquérito por falta de base para a denúncia (insuficiência de provas), a autoridade policial poderá proceder a novas pesquisas, desde que tenha **notícia de novas provas.** Da nova investigação, acaso se efetive o surgimento de provas substancialmente inovadoras, torna-se possível a propositura de ação penal (súmula nº 524 do STF).

FIQUE POR DENTRO: A Lei nº 13.964/19 (Lei Anticrime) acrescentou o art. 28-A ao CPP que prevê expressamente o acordo de não persecução penal. Não sendo caso de arquivamento e tendo o investigado **confessado** formal e circunstancialmente a prática de infração penal **sem violência ou grave ameaça** e com **pena mínima** inferior a 4 (quatro) anos, o Ministério Público poderá propor acordo de não persecução penal, desde que necessário e suficiente para reprovação e prevenção do crime. Nesse caso, devem ser fixadas condições cumulativas ou alternativas. Exige-se a homologação judicial, em audiência, cabendo ao juiz verificar a sua voluntariedade, por meio da oitiva do investigado, na presença do seu defensor, bem como sua legalidade. Se o juiz considerar inadequadas, insuficientes ou abusivas as condições da proposta do acordo de não persecução penal, devolverá os autos ao Ministério Público para que seja reformulada a proposta de acordo, com concordância do investigado e seu defensor (art. 28-A, §§ 4º e 5º do CPP).

Uma vez concluídas as investigações, os autos do inquérito são remetidos ao juiz, que dará vistas ao Ministério Público (art. 10, §1º, do CPP).

Nos crimes de ação penal pública o promotor pode: oferecer a denúncia; promover o arquivamento; requisitar diligências indispensáveis para a formação da sua convicção; alegar incompetência do juízo e requerer remessa dos autos ao juízo competente; suscitar conflito de competência ou conflito de atribuições.

MUITA ATENÇÃO! O Ministério Público não poderá requerer a devolução do inquérito à autoridade policial, senão para novas diligências, imprescindíveis ao oferecimento da denúncia.

Por sua vez, nos crimes em que não couber ação pública, os autos do inquérito serão remetidos ao juízo competente, onde aguardarão a iniciativa do ofendido ou de seu representante legal, ou serão entregues ao requerente, se o pedir, mediante traslado (art. 19 do CPP).

EM RESUMO: Inquérito Policial	
CARACTERÍSTICAS	• Inquisitivo; • Escrito; • Sigiloso; • Indisponível; • Não enseja nulidade do processo.
FORMAS DE INÍCIO	A instauração do inquérito pode se dar: • **De ofício** (art. 5º, I, do CPP): quando a autoridade policial toma conhecimento direto e pessoal da infração penal. Tem cabimento apenas nos crimes de **ação penal pública incondicionada.** • **Por requisição do juiz ou do Ministério Público** (art. 5º, II, do CPP): ***notitia criminis* de cognição indireta.** • Por requerimento do ofendido ou de seu representante legal (art. 5º, II, do CPP): ***notitia criminis* de cognição indireta** - admite-se a instauração do inquérito através dessa modalidade nas **ações penais públicas e privadas.** • **Por lavratura do auto de prisão em flagrante**: *notitia criminis* de cognição coercitiva – A instauração do inquérito se dá com a apresentação do preso à autoridade policial. • ***Delatio criminis*** (art. 5º, §3º, do CPP): oferecida por qualquer do povo.

QUESTÃO

(Cespe – Policial Rodoviário Federal – DPRF/2013) *No que concerne às disposições preliminares do Código de Processo Penal (CPP), ao inquérito policial e à ação penal, julgue o próximo item.*

O Ministério Público pode oferecer a denúncia ainda que não disponha do inquérito relatado pela autoridade policial.

GABARITO	CERTO.
COMENTÁRIO	O inquérito policial não é peça obrigatória da persecução penal, podendo ser dispensado caso o Ministério Público já tenha formado a *"opinio delicti"*, ou seja, se já existe justa causa para a apresentação da denúncia. É o que ocorre, por exemplo, na disposição do art. 39, §5º, do CPP.

CAPÍTULO III
AÇÃO PENAL

1. CONCEITO E CLASSIFICAÇÕES

A **ação penal** costuma ser classificada como **pública** (quando somente puder ser exercida pelo Ministério Público) ou **privada** (quando somente puder ser exercida pela vítima ou por seu representante legal).

A **ação penal pública** subdivide-se em:

A **Ação Penal Pública Incondicionada**: quando o oferecimento da denúncia não depende de qualquer condição específica. Trata-se da **regra geral** em nosso ordenamento jurídico (art. 100 do Código Penal);

B **Ação Penal Pública Condicionada**: nas hipóteses em que a lei condiciona a atuação do Ministério Público à **representação** da vítima (ou de seu representante legal) ou à **requisição** do Ministro da Justiça.

MUITA ATENÇÃO!

A **representação** do ofendido é uma condição de procedibilidade para o exercício da ação penal pública condicionada. Em regra, deve ser oferecida no prazo decadencial de 6 (seis) meses, contados do conhecimento da autoria (art. 38 do CPP). Tratando-se de ação penal privada subsidiária da pública, o prazo será contado a partir do dia em que se esgotar o prazo para oferecimento da denúncia pelo *"parquet"*. Quanto à legitimidade, a representação pode ser feita pessoalmente ou por procurador e deve ser dirigida à autoridade policial, ao juiz ou ao membro do Ministério Público. Nos termos do art. 25 do CPP, cabe **retratação** da representação até ANTES do **oferecimento** da denúncia.

Por sua vez, a **ação penal privada** compreende as seguintes espécies:

A **Ação Penal Privada Exclusiva**: quando a ação penal somente puder ser promovida pela **vítima** ou por seu **representante legal** (caso a vítima seja menor ou incapaz). Em se tratando de ação penal privada, esta é a regra geral (art. 30 do CPP);

B **Ação Penal Privada Personalíssima:** quando **somente a vítima** puder promover a ação penal. Nesse caso, não se admite que outra pessoa ofereça queixa-crime no lugar da vítima ou prossiga com a ação penal que tenha sido previamente instaurada por ela (mesmo que a vítima seja menor ou incapaz, que a mesma tenha falecido ou, ainda, que ela tenha sido declarada ausente por decisão judicial). É o que ocorre no crime de Induzimento a Erro Essencial ou Ocultação de Impedimento (art. 236, parágrafo único, do Código Penal);

MUITA ATENÇÃO!

O crime de adultério (que estava previsto no art. 240 do Código Penal) também era de Ação Penal Privada Personalíssima, entretanto o mencionado delito acabou sendo revogado pela Lei nº 11.106/2005.

C Ação Penal Privada Subsidiária da Pública (também chamada de Ação Penal Acidentalmente Privada): cabível em caso de **inércia do Ministério Público** diante de um crime de ação penal pública (condicionada ou incondicionada). Trata-se, portanto, da única **exceção à regra de que a ação penal pública somente pode ser promovida pelo Ministério Público** (art. 129, inciso I, da CF/88 c/c art. 5º, inciso LIX, da CF/88). Encontra-se regulada no art. 29 do Código de Processo Penal, segundo o qual "**será admitida ação privada nos crimes de ação pública, se esta não for intentada no prazo legal**, cabendo ao Ministério Público aditar a queixa, repudiá-la e oferecer denúncia substitutiva, intervir em todos os termos do processo, fornecer elementos de prova, interpor recurso e, a todo tempo, no caso de negligência do querelante, retomar a ação como parte principal".

Para uma facilitar o estudo da matéria, observe o seguinte **quadro comparativo entre os princípios** que orientam a ação penal pública e aqueles que regem a ação penal privada:

Quadro Comparativo dos Princípios da Ação Penal

AÇÃO PENAL PÚBLICA	AÇÃO PENAL PRIVADA
Princípio da Obrigatoriedade: havendo indícios de autoria e prova da materialidade de um fato típico, o Ministério Público **é obrigado a ajuizar a ação penal**, salvo se estiver presente alguma causa extintiva da punibilidade (ex.: prescrição etc.).	**Princípio da Oportunidade (ou Conveniência)**: cabe à vítima (ou a seu representante legal) analisar a conveniência e a oportunidade de processar o agressor, no caso concreto, para **decidir se irá ou não propor a ação penal**.
Princípio da Indisponibilidade: o Ministério Público **não pode desistir** da ação penal após o recebimento da denúncia (momento em que se considera instaurada a ação penal).	**Princípio da Disponibilidade**: mesmo que a ação penal já tenha sido instaurada, a vítima **pode desistir** de processar o agressor.
Princípio da Divisibilidade** (<u>de acordo com o entendimento do STJ</u>): pode ser que já existam elementos suficientes de prova em relação a alguns dos agentes, mas que ainda seja necessário aprofundar as investigações em relação a outros. Por isso, o Ministério Público, titular da ação penal pública, pode, desde logo, oferecer denúncia contra aqueles agentes em relação aos quais já dispõe de elementos suficientes de prova e, posteriormente, aditar a denúncia ou mesmo de oferecer uma nova denúncia contra os demais.	**Princípio da Indivisibilidade**: caso a vítima (ou o representante legal da mesma) decida **propor a ação penal privada**, deverá fazê-lo **contra todos os agressores de maneira indistinta** (ela não pode escolher processar "fulano" e deixar de processar "beltrano"), cabendo ao Ministério Público velar pela indivisibilidade da ação penal privada, nos termos do art. 48 do CPP.

*** **<u>ATENÇÃO:</u>** <u>parte da Doutrina entende que a ação penal pública é regida pelo princípio da indivisibilidade</u> e que, havendo elementos probatórios quanto a coautores e partícipes, o Ministério Público está obrigado a oferecer, desde logo, denúncia contra todos eles. Entretanto, **o Superior Tribunal de Justiça (STJ) adota o entendimento de que a ação penal pública é regida pelo princípio da divisibilidade**, com a justificativa de que o Ministério Público, titular da ação penal pública, pode aditar a denúncia (antes da sentença) ou, ainda, oferecer nova denúncia a qualquer tempo.*

MUITA ATENÇÃO!

A **ação penal privada subsidiária** (que somente é cabível em caso de inércia do Ministério Público), embora receba a denominação de privada (porque é iniciada pela vítima ou por seu representante legal), **deve observar os princípios que regem a ação penal pública**.

2. DENÚNCIA E QUEIXA NO PROCESSO PENAL

A denúncia é a peça que dá início à ação penal pública. Por sua vez, a queixa-crime é a peça acusatória da ação penal privada.

Os requisitos formais para oferecimento de ambas as peças estão previstos no art. 41 do CPP. Vejamos:

- **Exposição do fato criminoso, com todas as suas circunstâncias.** Tal exigência possibilita o exercício da ampla defesa pelo acusado. Caso a peça não contenha a narrativa dos fatos ou o faça de modo frágil, deve ser considerada inepta e ensejará a sua rejeição.

> **MUITA ATENÇÃO!** Nos termos do art. 385 do CPP é possível que não se inclua na inicial as circunstâncias agravantes, que podem até ser reconhecidas de ofício pelo juiz.

- **Qualificação do acusado ou esclarecimentos pelos quais possa identifica-lo.**
- **Classificação do crime.** Trata-se da definição jurídica do fato. Não vincula o juiz ou a defesa, já que o acusado se defende dos fatos imputados. Nesse ponto, importante mencionar dois institutos que estão relacionados ao princípio da congruência.

EMENDATIO LIBELLI	MUTATIO LIBELLI
➢ autor da ação penal, na peça inicial, narra corretamente os fatos, mas se equivoca na tipificação jurídica dos mesmos. *Art. 383. O juiz, sem modificar a descrição do fato contida na denúncia ou queixa, poderá atribuir-lhe definição jurídica diversa, ainda que, em consequência, tenha de aplicar pena mais grave.*	• O autor da ação penal, na peça inicial, narra os fatos e os tipifica corretamente. Contudo, com o resultado da instrução penal, surge prova nova a respeito de elemento ou circunstância da infração penal não contida na inicial acusatória. *Art. 384. Encerrada a instrução probatória, se entender cabível nova definição jurídica do fato, em consequência de prova existente nos autos de elemento ou circunstância da infração penal não contida na acusação, o Ministério Público deverá aditar a denúncia ou queixa, no prazo de 5 (cinco) dias, se em virtude desta houver sido instaurado o processo em crime de ação pública, reduzindo-se a termo o aditamento, quando feito oralmente.* § 1º *Não procedendo o órgão do Ministério Público ao aditamento, aplica-se o art. 28 deste Código.* § 2º Ouvido o defensor do acusado no prazo de *5 (cinco) dias e admitido o aditamento, o juiz, a requerimento de qualquer das partes, designará dia e hora para continuação da audiência, com inquirição de testemunhas, novo interrogatório do acusado, realização de debates e julgamento.* § 3º Aplicam-se as disposições dos §§ 1º e 2º do art. 383 *ao caput deste artigo.*

	§ 4º Havendo aditamento, cada parte poderá arrolar até *3 (três) testemunhas, no prazo de 5 (cinco) dias, ficando o juiz, na sentença, adstrito aos termos do aditamento.* § 5º Não recebido o aditamento, o processo prosseguirá.
Tendo em vista que não se opera alteração na narrativa dos fatos (o réu se defende dos fatos), permite-se o conserto da tipificação jurídica de ofício pelo juiz, sem necessidade de aditamento à denúncia.	Tendo em vista que se opera alteração na narrativa dos fatos, não se permite o conserto da tipificação jurídica de ofício pelo juiz. Exige-se aditamento da denúncia.
Pode ser aplicada na segunda instância	NÃO pode ser aplicada na segunda instância.
Para o STF, o momento correto para que o juiz opera a *emendatio libelli* é o da prolação da sentença. Excepcionalmente, se em benefício do réu, permite-se a *emedatio* no momento do recebimento da denúncia/queixa.	Se o MP não procede ao aditamento da denúncia, o juiz deve seguir o procedimento do art. 28 do CPP.

O **princípio da congruência** preconiza que o acusado se defende dos fatos descritos na denúncia e não da capitulação jurídica nela estabelecida. Como decorrência desse princípio, exige-se que o fato imputado ao réu na peça acusatória corresponda ao fato reconhecido pelo juiz, na sentença.

MUITA ATENÇÃO!

Súmula 453, do STF: Não se aplicam à segunda instância o art. 384 e parágrafo único do Código de Processo Penal, que possibilitam dar nova definição jurídica ao fato delituoso, em virtude de circunstância elementar não contida, explícita ou implicitamente, na denúncia ou queixa.

2.1 Rol de testemunhas

Cumpre destacar o art. 44 do CPP, segundo o qual a queixa-crime deve estar acompanhada de **procuração com poderes especiais**, na qual conste o nome do querelado e a menção ao fato criminoso.

Por fim, importante memorizar o prazo para oferecimento da denúncia (art. 46 do CPP). Se o réu está **preso**, em regra, o prazo para oferecimento é de **5 (cinco) dias**. Estando **solto**, o prazo é de **15 (quinze) dias**.

2.2 Renúncia ao Direito de Queixa x Perdão do Ofendido

Em se tratando de **ação penal privada**, é preciso ter cuidado para não confundir a **renúncia ao direito de queixa** com o **perdão do ofendido**. Observe o quadro abaixo:

Ação Penal PRIVADA	
Renúncia ao Direito de Queixa	**Perdão do Ofendido**
A ação penal privada **ainda não se iniciou** (o ofendido abdica do seu direito de prestar queixa contra o agressor).	Ocorre **no curso de um processo penal** (a ação penal privada **já está instaurada** contra determinada pessoa).

Ação Penal PRIVADA	
Renúncia ao Direito de Queixa	**Perdão do Ofendido**
Está relacionada com o princípio da **oportunidade (ou conveniência).**	Está relacionada com o princípio da **disponibilidade.**
Trata-se de **ato unilateral** (que **não depende da aceitação** do agressor).	Trata-se de **ato bilateral** (que **depende da aceitação** da pessoa que está sendo acusada na ação penal privada, sendo importante salientar que **o silêncio será interpretado como aceitação**). Frise-se, porém, que a aceitação do perdão **não implica em assunção de culpa** e, portanto, não repercute na responsabilização civil do agente.
Constitui **causa extintiva da punibilidade** (art. 107, inciso V, do CP) na **ação penal exclusivamente privada** e na **ação penal privada personalíssima.**	
NÃO SE APLICA à ação penal privada SUBSIDIÁRIA, pois a titularidade da ação penal continua sendo do Ministério Público, que poderá oferecer denúncia enquanto não expirar o prazo prescricional.	**NÃO SE APLICA à ação penal privada SUBSIDIÁRIA**, pois a titularidade continua sendo do Ministério Público, que deverá assumir a ação como parte principal.
Em virtude do princípio da **indivisibilidade** a renúncia concedida em favor de qualquer dos coautores ou partícipes do delito, estende-se aos demais.	Em virtude do princípio da **indivisibilidade** o perdão concedido em relação a qualquer dos coautores ou partícipes do delito, estende-se aos demais (salvo em relação àqueles que recusarem o perdão, pois, como visto anteriormente, trata-se de ato bilateral).
A renúncia oferecida por uma das vítimas não afeta o direito que as demais vítimas possuem de oferecer queixa contra o agressor	O perdão oferecido por uma das vítimas não afeta o direito que as demais vítimas possuem de continuar com o processo.

2.3 Decadência

A <u>decadência</u> é a **perda do direito de ação** (ou seja, de **oferecer queixa** nos crimes de **ação penal privada**) ou de **representação** (nos crimes de **ação penal pública condicionada**) em virtude do seu **não exercício no prazo legal**. Trata-se de uma **causa de extinção da punibilidade** (art. 107, inciso IV, do CP).

2.4 Perempção

Já a <u>perempção</u> é a **perda do direito de prosseguir no exercício da ação penal <u>privada</u>** em virtude de **negligência**, nas seguintes hipóteses (art. 60 do CPP):

A Se, iniciada a ação penal privada (exclusiva ou personalíssima), **o querelante deixar de promover o andamento do processo durante 30 (trinta) dias seguidos;**

B Quando, falecendo o querelante, ou sobrevindo sua incapacidade, **não comparecer em juízo, para prosseguir no processo, dentro do prazo de 60 (sessenta) dias, qualquer das pessoas a quem couber fazê-lo (cônjuge, ascendente, descendente ou irmão** – art. 31 do CPP), ressalvado o disposto no art. 36 do CPP;

C Se o querelante **deixar de comparecer, sem motivo justificado, a qualquer ato do processo a que deva estar presente**, ou **deixar de formular o pedido de condenação nas alegações finais**;

D Quando o querelante for **pessoa jurídica** e esta **se extinguir sem deixar sucessor**.

MUITA ATENÇÃO!

A Lei n° 13.718/18 alterou a redação do art. 225 do Código Penal, passando a dispor que todos os **crimes contra a dignidade sexual** são de **ação pública incondicionada**. Verifica-se que essa não é a primeira mudança legislativa relacionada ao tema. Em 2009, a Lei n° 12.015 previu que a regra geral no estupro seria a ação pública condicionada à representação e, apenas em situações excepcionais (exemplo: estupro de vulnerável), a ação seria pública incondicionada. Dessa forma, de acordo com o entendimento jurisprudencial, o regramento da ação penal no caso de estupro após a Lei n° 12.015/2009 (e antes da Lei n° 13.718/18) era o seguinte:

REGRA	EXCEÇÕES
ação penal condicionada à representação.	• Vítima menor de 18 anos: incondicionada. • Vítima vulnerável: incondicionada. • Se foi praticado mediante violência real: incondicionada (Súmula 608-STF). • Se resultou lesão corporal grave ou morte: polêmica. Prevalece que deve ser aplicado o mesmo raciocínio da Súmula 608-STF.

Como foi dito, na Lei n° 13.718/18, o legislador optou por acabar com a ação penal condicionada nos crimes sexuais. Consoante a nova redação do art. 225 do CP, "nos crimes definidos nos Capítulos I e II deste Título, procede-se mediante ação penal pública incondicionada".

Importante acrescentar que a Lei nº 13.718/2018 entrou em vigor na data de sua publicação (25/09/2018). Tratando-se de lei penal mais gravosa, ela é irretroativa, não alcançando fatos praticados antes da sua vigência. Essa regra de irretroatividade vale, inclusive, para as ações penais. Assim, por exemplo, se, em 24/09/2018, o agente cometeu contra uma mulher maior de 18 anos um assédio sexual (art. 216-A do CP), a ação penal continua sendo pública condicionada à representação.

A Lei denominada "Pacote Anticrime" acrescenta, no Código de Processo Penal, o art. 28-A, positivando o **acordo de não persecução** com os seguintes requisitos: a) não ser caso de arquivamento; b) o investigado ter confessado formal e circunstancialmente; c) infração penal sem violência ou grave ameaça; d) pena **mínima** inferior a 4 (quatro) anos; e) proposta do Ministério Público; f) fixação de algumas condições.

EM RESUMO: Ação Penal	
Classificação	A ação penal costuma ser dividida em: • **Ação penal pública**: só pode ser promovida pelo Ministério Público e subdivide-se em: o Ação Penal Pública Incondicionada (regra geral); o Ação Penal Pública Condicionada.

Classificação	• **Ação penal privada**, que se subdivide em: o Ação Penal Privada Exclusiva (que somente pode ser exercida pela vítima: ou por seu representante legal); o Ação Penal Privada Personalíssima (que somente pode ser exercida pela vítima); o Ação Penal Privada Subsidiária da Pública (cabível em caso de inércia do Ministério Público).
Princípios	• A ação penal pública rege-se pelos princípios da obrigatoriedade, indisponibilidade e divisibilidade (este último com base no entendimento do STJ). • A ação penal privada rege-se pelos princípios da oportunidade (ou conveniência), disponibilidade e indivisibilidade.

✍ **QUESTÃO**

(Cespe – Policial Rodoviário Federal – DPRF/2013) *No que concerne às disposições preliminares do Código de Processo Penal (CPP), ao inquérito policial e à ação penal, julgue o próximo item.*

Após regular instrução processual, mesmo que se convença da falta de prova de autoria do crime que inicialmente atribuíra ao acusado, não poderá o Ministério Público desistir da ação penal.

GABARITO	CERTO.
COMENTÁRIO	Trata-se do princípio da indivisibilidade da ação penal, segundo o qual o Ministério Público **não pode desistir** da ação penal após o recebimento da denúncia.

CAPÍTULO IV

TERMO CIRCUNSTANCIADO DE OCORRÊNCIA

1. TERMO CIRCUNSTANCIADO DE OCORRÊNCIA (TCO)

Em se tratando de uma infração de menor potencial ofensivo, a autoridade policial, ao invés de instaurar um inquérito policial, deverá lavrar um **Termo Circunstanciado de Ocorrência (TCO)**, contendo todas as informações relevantes à apuração do fato delituoso, o qual deverá ser imediatamente encaminhado ao juizado, com o autor do fato e a vítima, providenciando-se as requisições dos exames periciais necessários, nos termos do art. 69, *caput*, da Lei nº 9.099/95. Nesse caso, se o autor do fato for imediatamente encaminhado ao juizado **ou** assumir o compromisso de a ele comparecer, não se imporá prisão em flagrante, nem se exigirá fiança.

A parte final do parágrafo único do art. 69 da Lei nº 9.099/95, segundo a qual "(...) Em caso de **violência doméstica**, o juiz poderá determinar, como medida de cautela, seu afastamento do lar, domicílio ou local de convivência com a vítima" **foi tacitamente revogada pela Lei 11.340/2006**, que elevou a pena máxima para o delito de lesão corporal leve qualificada pela violência doméstica, fazendo com que a mesma não seja mais considerada uma infração penal de menor potencial ofensivo.

> **MUITA ATENÇÃO!**
>
> As **infrações penais de menor potencial ofensivo** (art. 98, I, da CF) são aquelas com pena cominada de até 2 (dois) anos, cumulada ou não com multa, além de todas as contravenções (art. 61 da Lei 9.099/95).
>
> O art. 109, inciso IV, da CF/88 excluiu as contravenções penais da competência criminal da Justiça Federal. Por esse motivo, os Juizados Especiais Criminais Federais não têm competência para julgar esse tipo de infração penal. Isso significa que todas as **contravenções penais** são da competência dos Juizados Especiais Criminais **Estaduais**.

2. ATOS PROCESSUAIS: FORMA, LUGAR E TEMPO

Os **atos processuais** serão **públicos** e **poderão realizar-se em horário noturno** e em **qualquer dia da semana**, conforme dispuserem as normas de organização judiciária (art. 64 da Lei nº 9.099/95).

Em respeito aos princípios norteadores da tramitação dos processos perante os Juizados Especiais Criminais, os **atos processuais** deverão ser simplificados (art. 65 a 68, da Lei nº 9.099/95):

A serão considerados **válidos** sempre que atenderem às suas **finalidades**;

B não será pronunciada qualquer **nulidade** que não tenha gerado **prejuízo**;

C somente serão **registrados por escrito** os atos considerados **essenciais;**

D os atos realizados em **audiência de instrução e julgamento** poderão ser **gravados** em fita magnética ou equivalente;

E a **prática de atos** processuais **em outras comarcas** poderá ser **solicitada por qualquer meio hábil** de comunicação;

F a **citação** será **pessoal** e será realizada **no próprio Juizado**, sempre que possível, **ou por mandado**. Todavia, se o acusado não for encontrado para ser citado, o Juiz encaminhará as peças existentes ao Juízo comum, para que seja adotado o procedimento previsto em lei;

G a **intimação** será realizada **por correspondência**, com aviso de recebimento pessoal ou, em caso de pessoa jurídica ou firma individual, mediante **entrega ao encarregado da recepção** (o qual deverá ser identificado), ou ainda por **qualquer meio idôneo** de comunicação;

H tanto no mandado de citação como no ato de intimação do acusado, constará a necessidade dele ser comparecimento acompanhado de advogado, com a advertência de que, **na falta de um advogado constituído, será designado defensor público** para patrocinar a sua defesa.

EM RESUMO: Termo Circunstanciado de Ocorrência
• Utilizado nas infrações de menor potencial ofensivo (pena máxima de até 2 anos).
• Não se impõe prisão em flagrante ou fiança se autor do fato for imediatamente encaminhado ao juizado **ou** assumir o compromisso de a ele comparecer.
• Atos processuais: públicos; podem ser realizados em horário noturno e em qualquer dia da semana;

CAPÍTULO V
PROVA

1. NOÇÕES

Prova é "todo meio de se demonstrar, evidenciar uma verdade". Segundo Guilherme Nucci, a palavra prova, na análise conceitual, admite três acepções, quais sejam:

a) **Ato de provar:** envolve o próprio procedimento probatório, no qual se verifica a exatidão e a verdade do fato que se pretende provar.

b) **Meio probatório:** instrumento utilizado para demonstração do que foi alegado. Exemplos: testemunha, perícia, etc.

c) **Resultado da ação de provar:** a prova representa a própria finalidade almejada, qual seja o convencimento do julgador. É o resultado da atividade probatória.

2. SISTEMAS DE APRECIAÇÃO DA PROVA

a) **Prova tarifada**: é quando o legislador já determina a espécie de prova para aquele caso em concreto. **Exemplo:** se a infração deixar vestígio, exige-se o exame de corpo e delito.

b) **Livre persuasão racional do juiz**: o juiz fica livre para produzir a prova que entender mais válida para aquele caso concreto, assim como a acusação e a defesa poderão requerer provas que entendam hábeis a provar suas alegações. É a regra no direito brasileiro.

c) **Sistema da íntima convicção do juiz**: "há valoração livre do magistrado, significando não haver necessidade de motivação para suas decisões". Aplicado apenas no Tribunal do Júri, no qual os jurados não motivam seus votos (são sigilosos).

3. REQUISITOS E ÔNUS DA PROVA

Consoante art. 156 do CPP, a **prova da alegação** incumbirá a quem a fizer, sendo, porém, facultado ao juiz de ofício: a) ordenar, mesmo antes de iniciada a ação penal, a produção antecipada de provas consideradas urgentes e relevantes, observando a necessidade, adequação e proporcionalidade da medida; b) determinar, no curso da instrução, ou antes de proferir sentença, a realização de diligências para dirimir dúvida sobre ponto relevante.

Prevalece na doutrina o entendimento de que cabe a parte autora o ônus de **demonstrar a existência do fato típico**, e não ao réu de provar a sua inocência (princípio da presunção de inocência). Trata-se de regramento de julgamento decorrente do princípio do "in dubio pro reo", segundo a qual, o juiz deve absolver o réu sempre que houver dúvida razoável sobre fato relevante que interesse à solução do processo (art. 386, II, V, VI e VII). Logo, a acusação que tem o ônus de provar a existência do crime. Segundo Fernando Capez, "cabe provar a quem tem interesse em afirmar" (CAPEZ, 2017, p. 407).

É ônus da defesa a prova da existência de excludentes de ilicitude e culpabilidade, embora, nos termos do art. 386, VI, do CPP, seja cabível a absolvição diante da mera existência de dúvida acerca das referidas excludentes. Também é ônus da defesa da prova de circunstâncias que reduzam a pena ou extingam a punibilidade.

ÔNUS PROBATÓRIO	
ACUSAÇÃO	**FATOS CONSTITUTIVOS** - Fato típico - Autoria ou participação - Relação de causalidade - Dolo ou culpa
DEFESA	**FATOS IMPEDITIVOS, EXTINTIVOS OU MODIFICATIVOS** - Excludentes de ilicitude - Excludentes de culpabilidade - Causa extintiva da punibilidade

O código de processo penal no Brasil adotou o **sistema acusatório**, no qual há a separação das funções de acusar, defender e julgar. No tocante à gestão da prova, durante o curso do processo, permite-se a atuação apenas subsidiária do juiz, nos casos dos incisos I e II do art. 156.

4. INADMISSIBILIDADE DE PROVAS OBTIDAS POR MEIOS ILÍCITOS

De acordo com o art. 5º, LVI, da CF, são inadmissíveis, no processo, as provas obtidas por meios ilícitos. Por sua vez, o art. 157 do CPP determina o **desentranhamento** dos autos das provas consideradas ilícitas.

Acrescenta-se, ainda, que o art. 157, §1º, do CPP consagrou expressamente a impossibilidade de utilização também das **provas ilícitas por derivação (frutos da árvore envenenada).** De acordo com esta, provas ilícitas por derivação são os meios probatórios que, não obstante produzidos, validamente, em momento posterior, encontram-se afetados pelo vício da ilicitude originária, que a eles se transmite, contaminando-os, por efeito de repercussão causal. Não obstante, não há ilicitude quando não evidenciado o nexo de causalidade entre as provas, ou quando as derivadas puderem ser obtidas por uma fonte independente das primeiras.

DICA IMPORTANTE

A Lei nº 13.964/19 (pacote anticrime) incluiu o § 5º no art. 157 do CPP, segundo o qual o juiz que conhecer do conteúdo da prova declarada inadmissível **não** poderá proferir a sentença ou acórdão.

Em regra, o juiz só pode se utilizar das provas produzidas ao longo do processo penal, pois são submetidas ao contraditório. Contudo, excepcionalmente, admite-se a utilização de provas produzidas no inquérito policial para a formação da convicção do juiz, desde que sejam provas **cautelares, não repetíveis** ou **antecipadas** (art. 155 do CPP).

MUITA ATENÇÃO!

QUEBRA DA CADEIA DE CUSTÓDIA

Considera-se cadeia de custódia o conjunto de todos os procedimentos utilizados para manter e documentar a história cronológica do vestígio coletado em locais ou em vítimas de crimes, para rastrear sua posse e manuseio a partir de seu reconhecimento até o descarte (art. 158-A do CPP).

O início da cadeia de custódia dá-se com a **preservação do local de crime** ou com procedimentos policiais ou periciais nos quais seja detectada a existência de vestígio.

5. ESPÉCIES DE PROVA

São **espécies de provas** previstas no CPP: a) exame de corpo e delito, e das perícias em geral; b) interrogatório do acusado; c) confissão do acusado; d) depoimento do ofendido; e) depoimento das testemunhas; f) do reconhecimento das pessoas e coisas; g) acareação; h) dos documentos; i) dos indícios; j) da busca e apreensão.

DICA IMPORTANTE

O código de processo penal não apresenta um rol taxativo dos meios de prova. Desse modo, são admitidos todos os meios de prova **lícitos** (art. 157 do CPP), ainda que não previstos na lei. Vejamos:

- Meios de prova **típicos**: são os que possuem previsão na lei (arts. 158 a 250 do CPP).
- Meios de prova **atípicos**: são aqueles não previstos em lei, mas que são admitidos se lícitos.

5.1. Preservação do Local do Crime

Assim que tiver conhecimento da infração penal, a autoridade policial deve se dirigir ao local do crime e, dentre outras atribuições, providenciar para que não se alterem o estado e conservação das coisas até a chegada do perito criminal. Isso porque os elementos materiais encontrados, desde que devidamente preservados, irão proporcionar a interpretação correta dos acontecimentos.

A preservação do local tem início com a chegada do primeiro policial no local do crime e terá fim com a liberação da custódia pela polícia.

A perícia é espécie de prova técnica que "visa evidenciar a existência de fatos cuja certeza, segundo a lei, somente seria possível a partir de conhecimentos científicos". São espécies: exame de corpo de delito; exame de sanidade mental; constatação da idade do acusado.

Nos termos do art. 158 do CPP, quando a infração deixar vestígios, será indispensável o **exame de corpo de delito**, direto ou indireto, não podendo supri-lo a confissão do acusado. Ou seja, se a infração penal deixar vestígios, necessariamente deve ser feito o exame de corpo de delito, a qualquer dia e a qualquer hora (art. 161 do CPP).

Deverá ser concedida prioridade à realização do exame de corpo de delito quando se tratar de crime que envolva: a) violência doméstica e familiar contra mulher; b) violência contra criança, adolescente, idoso ou pessoa com deficiência (art. 158, parágrafo único, do CPP).

O exame de corpo de delito e outras perícias serão realizados por perito oficial, portador de diploma de curso superior (art. 159 do CPP). Na falta de perito oficial, o exame será realizado por 2 (duas) pessoas idôneas, portadoras de diploma de curso superior preferencialmente na área específica, dentre as que tiverem habilitação técnica relacionada com a natureza do exame, após prestarem compromisso.

Ademais, o referido exame pode ser feito de forma **direta** (quando os peritos têm contato diretamente) ou **indireta** (realizado quando os vestígios desaparecerem, através de outros meios de prova, como a testemunhal – art. 167 do CPP).

6. PRINCIPAIS PROVAS EM ESPÉCIE

6.1 Prova pericial (arts. 158 a 184 do CPP)

Trata-se de prova técnica que "visa evidenciar a existência de fatos cuja certeza, segundo a lei, somente seria possível a partir de conhecimentos científicos".

São espécies: exame de corpo de delito; exame de sanidade mental; constatação da idade do acusado.

Vamos tratar aqui da espécie de perícia mais cobrada nas provas: exame de corpo de delito.

Se a infração penal deixar vestígios, necessariamente deve ser feito o exame de corpo de delito (art. 158 do CPP).

Deverá ser concedida prioridade à realização do exame de corpo de delito quando se tratar de crime que envolva: a) violência doméstica e familiar contra mulher; b) violência contra criança, adolescente, idoso ou pessoa com deficiência (art. 158, parágrafo único, do CPP).

O exame de corpo de delito e outras perícias serão **realizados por perito oficial**, portador de diploma de curso superior. Na falta de perito oficial, o exame será **realizado por 2 (duas) pessoas idôneas**, portadoras de diploma de curso superior preferencialmente na área específica.

O exame de corpo de corpo de delito pode ser feito de forma **direta** (quando os peritos têm contato diretamente) ou **indireta** (realizado quando os vestígios desaparecerem, através de outros meios de prova, como a testemunhal).

MUITA ATENÇÃO!

O juiz NÃO está adstrito ao laudo apresentado pelo perito (livre convencimento motivado).

6.2 Interrogatório (arts. 185 e 196 do CPP)

Interrogatório é o momento da persecução penal em que o imputado poderá, se desejar, apresentar a sua versão dos fatos, como expressão concreta do exercício da sua autodefesa.

Há divergências quanto à **natureza jurídica** do interrogatório. Para uma primeira posição, considera-se o interrogatório do réu como um meio de prova, pois que se encontra, topograficamente, enquadrado no Capítulo III, Título VII. Por outro lado, há posição que enquadra o interrogatório como meio de defesa. Nesse caso, segundo Eugênio Pacelli, a análise constitucional faz concluir que não mais subsistem consequências processuais que permeiam o procedimento do interrogatório, como eventual condução coercitiva (art. 260, do CPP).

MUITA ATENÇÃO!

O STF declarou que a expressão "para o interrogatório" prevista no art. 260 do CPP não foi recepcionada pela Constituição Federal. Assim, não se pode fazer a condução coercitiva do investigado ou réu com o objetivo de submetê-lo ao interrogatório sobre os fatos. STF. Plenário. ADPF 395/DF e ADPF 444/DF, Rel. Min. Gilmar Mendes, julgados em 13 e 14/6/2018.

Trata-se de ato **personalíssimo** e regido pela **judicialidade**, pois apenas o próprio acusado poderá prestar depoimento e deverá fazê-lo necessariamente na presença de um juiz.

O acusado pode se **calar**, sem que o silêncio seja interpretado em seu desfavor, bem como **mentir**, em decorrência do direito constitucional ao silêncio (art. 5º, LXIII, da CF). **ATENÇÃO**: o acusado NÃO poderá mentir na primeira parte do interrogatório judicial, referente às perguntas sobre sua qualificação pessoal (art. 187, §1º). Ademais, não é permitido, na segunda parte do interrogatório, que o réu formule imputação falsa a terceiros ou mesmo auto imputação falsa (súmula nº 522 do STJ).

> MUITA ATENÇÃO!
>
> **Súmula n° 522 do STJ:** A conduta de atribuir-se falsa identidade perante autoridade policial é típica, ainda que em situação de alegada autodefesa.

De acordo com o art. 400 do CPP, nos procedimentos ordinário e sumário, o interrogatório é o último ato de instrução praticado. Para o plenário do STF (HC 127900/AM), essa regra também deve ser aplicada nos processos penais militares, eleitorais e todos os demais procedimentos penais regidos por legislação especial.

> MUITA ATENÇÃO!
>
> Essa tese acima exposta (interrogatório como último ato da instrução em todos os procedimentos penais) só se tornou obrigatória a partir da data de publicação da ata de julgamento do HC 127900/AM pelo STF, ou seja, do dia 11/03/2016 em diante. Os interrogatórios realizados nos processos penais militares, eleitorais e da lei de drogas até o dia 10/03/2016 são válidos mesmo que tenham sido efetivados como o primeiro ato da instrução.

O interrogatório necessariamente deve ser **acompanhado por defensor**, ainda que dativo, sob pena de nulidade. Ademais, o réu tem direito a **entrevista prévia** e reservada com o seu defensor.

6.3 Confissão (arts. 197 a 200 do CPP)

A confissão consiste no reconhecimento por parte do réu dos fatos narrados na peça acusatória. Assim como os demais meios de prova, possui **valor relativo**, e deve ser analisada em conjunto com os demais elementos do processo (art. 197 do CPP). Além disso, se o crime deixar vestígios, a materialidade não pode ser provada pela confissão, sendo imprescindível a realização do exame de corpo de delito (art. 158 do CPP).

São **características** da confissão:

a) Retratabilidade: o acusado pode se retratar da confissão (art. 200, do CPP).

b) Divisibilidade: o juiz pode considerar apenas parte da confissão, de acordo com o livre convencimento (art. 200 do CPP).

c) Personalíssima: somente o acusado pode confessar o fato delituoso, sendo vedada a confissão por procuração.

> MUITA ATENÇÃO!
>
> O **art. 5º, LXIII, da CF** assegura o direito fundamental ao silêncio, de modo que todo acusado tem o direito de permanecer calado, sem que essa opção possa prejudicá-lo. Desse modo, não é admitida a **confissão ficta ou presumida** no processo penal.

Dentre as **classificações** mais relevantes da confissão, destacam-se as seguintes:

CONFISSÃO PARCIAL	CONFISSÃO QUALIFICADA	CONFISSÃO RETRATADA
A confissão parcial ocorre quando o réu confessa apenas parcialmente os fatos narrados na denúncia. Ex.: o réu foi denunciado por furto qualificado pelo rompimento de obstáculo (art. 155, § 4º, I, do CP). Ele confessa a subtração do bem, mas nega que tenha arrombado a casa	A confissão qualificada ocorre quando o réu admite a prática do fato, no entanto, alega em sua defesa um motivo que excluiria o crime ou o isentaria de pena. Ex.: eu matei sim, mas foi em legítima defesa. Obs.: por serem muito próximos os conceitos, alguns autores apresentam a confissão parcial e a qualificada como sinônimas.	A chamada confissão retratada ocorre quando o agente confessa a prática do delito e, posteriormente, se retrata, negando a autoria. Ex.: durante o inquérito policial, João confessa o crime, mas em juízo volta atrás e se retrata, negando a imputação e dizendo que foi torturado pelos policiais.
ATENUA A PENA, se for utilizada no convencimento.	**ATENUA A PENA, se for utilizada no convencimento.**	**ATENUA A PENA, se for utilizada no convencimento.**

MUITA ATENÇÃO!

Súmula nº 545, do STJ – "quando a confissão for utilizada para a formação do convencimento do julgador, o réu fará jus à atenuante prevista no art. 65, III, d, do Código Penal.

6.4 Declarações do ofendido (art. 201 do CPP)

Nos termos do art. 201 do CPP, sempre que possível, o ofendido será qualificado e perguntado sobre as circunstâncias da infração, quem seja ou presuma ser o seu autor e as provas que possa indicar. Nesse caso, por estar diretamente envolvido no fato, o ofendido **não presta o compromisso de dizer a verdade**.

Destaca-se que o art. 201, § 1º, do CPP, prevê a possibilidade de condução coercitiva da vítima, caso seja devidamente intimada e deixe de comparecer para prestar declarações.

6.5 Prova testemunhal (arts. 202 a 225 do CPP)

Testemunha é a "pessoa que declara **em juízo** o que sabe acerca dos fatos, em face das percepções colhidas sensorialmente acerca dos mesmos". Toda pessoa tem capacidade para testemunhar, cabendo ao juiz valorar o teor de cada depoimento (art. 202 do CPP).

O número de testemunhas a serem ouvidas a requerimento das partes varia de acordo com o procedimento. No procedimento comum ordinário são **8 (oito) testemunhas** para cada fato criminoso. Nesse número não será computada a pessoa que nada souber com relação à causa (**testemunha inócua**). Além das indicadas pelas partes, segundo o art. 209 do CPP, é permitido ao juiz ouvir as testemunhas que entender pertinente (são as chamadas **testemunhas do juízo**).

São características da prova testemunhal:

a) **Judicialidade**: deve ser produzida em juízo;

b) **Oralidade**: não pode produzida, via de regra, ser por escrito. Exceções: o surdo-mudo (art. 223, parágrafo único, do CPP) e algumas autoridades podem prestar depoimento por escrito (art. 221 do CPP);

c) **Individualidade**: cada testemunha é ouvida separadamente, devendo o juiz cuidar para que não haja comunicação entre elas (art. 210 do CPP);

d) **Objetividade**: as testemunhas não podem emitir opiniões, salvo quando inseparáveis da narrativa do fato delituoso (art. 213 do CPP).

Via de regra, a testemunha tem o **compromisso de dizer a verdade.** Além disso, não tem direito constitucional ao silêncio, exceto se os fatos podem incriminá-la.

O art. 208 do CPP excepciona do dever de prestar compromisso: doentes, deficientes mentais, menores de 14 anos e as pessoas mencionadas no art. 206 (ascendente, descendente, afim em linha reta, o cônjuge (ainda que separado), irmão, pai, mãe e filho adotivo **do réu**). Se não for possível, de outro modo, obter-se ou integrar-se a prova do fato e de suas circunstâncias, as pessoas citadas no art. 206 do CPP poderão depor, na qualidade de **informantes** (sem prestar compromisso de dizer a verdade).

São **proibidas** de depor as pessoas que, em razão de função, ministério, ofício ou profissão, devam guardar segredo, salvo se, desobrigadas pela parte interessada, quiserem dar o seu testemunho.

O depoimento **só deve ser prestado oralmente**, não sendo permitido à testemunha trazê-lo por escrito, salvo consulta a apontamentos (art. 204, parágrafo único, do CPP). **Exceções:** mudo, Presidente da República e outras autoridades, que devem ou podem depor por escrito (art. 221, § 1º, do CPP).

O art. 212 do CPP adotou o **sistema chamado de *cross-examination* ou de inquirição direta,** de modo que as partes podem formular perguntas diretamente às testemunhas. No decorrer da produção da prova, a testemunha será inquirida primeiramente pela parte que a arrolou. Posteriormente, será inquirida pela parte contrária. Ao final, cabe ao juiz fazer as perguntas que entender pertinentes à testemunha.

MUITA ATENÇÃO!

A testemunha pode ser ouvida por **carta precatória**. Nesse caso, NÃO há suspensão do processo. Além disso, as partes devem ser intimadas apenas e tão somente acerca da expedição da carta precatória.

Súmula nº 155, do STF: É relativa a nulidade do processo criminal por falta de intimação da expedição de precatória para inquirição de testemunha.

Súmula nº 273, do STJ: Intimada a defesa da expedição da carta precatória, torna-se desnecessária intimação da data da audiência no juízo deprecado.

É possível, ainda, a oitiva da testemunha que reside fora do juízo por videoconferência caso o juiz perceba que a presença do réu possa causar humilhação, temor ou sério constrangimento.

As pessoas impossibilitadas de comparecerem para depor, por velhice ou enfermidade, podem ser ouvidas no local em que se encontram (art. 220 do CPP).

Também é dever da testemunha comparecer, após devidamente intimada, à audiência de instrução e julgamento. Acaso não compareça de forma injustificada, poderá ser **conduzida coercitivamente**, bem como se sujeitará ao pagamento de **multa** (arts. 218 e 458 do CPP).

Atenção para as seguintes **situações especiais** que costumam ser bastante cobradas em provas objetivas:

I. O caput do art. 221 do CPP, apresenta um rol de autoridades que, em razão da importância do cargo ou da função desempenhada, poderão agendar local, dia e hora para prestar depoimento. **Essa garantia do art. 221 NÃO é aplicada quando a autoridade é convocada para ser ouvida na condição de investigado ou de acusado** (HC 250.970-SP).

II. Funcionário público: deve ser intimado pessoalmente, mas o chefe da repartição também será comunicado para que tome providências em homenagem ao princípio da continuidade do serviço público.

III. Militar: será requisitado ao seu superior em respeito à hierarquia militar.

6.6 Reconhecimento de pessoas e coisas (arts. 226 a 228 do CPP)

Trata-se da identificação de pessoas e coisas relacionadas à infração penal e que poderá ser realizada tanto na fase policial, sob a presidência da autoridade policial, quanto na fase judicial, sob a presidência da autoridade judiciária. Em qualquer caso, deve ser realizada de acordo com o procedimento previsto no art. 226 do CPP.

A pessoa a quem couber o reconhecimento será convidada a descrever o suspeito. Posteriormente, coloca-se aquele que se pretende reconhecer ao lado de outras pessoas com características físicas semelhantes.

Caso haja receio ou intimidação entre a pessoa que realizará o reconhecimento e o suspeito, a autoridade deve providenciar para que ambos não se vejam. Ademais, sendo várias as pessoas chamadas para efetuar o reconhecimento da pessoa ou do objeto, cada uma deve fazê-lo em separado.

Por fim, deve-se lavrar auto pormenorizado de todo o procedimento.

Quanto ao reconhecimento de objetos, observa-se o disposto no art. 226 do CPP no que couber.

6.7 Da acareação (arts. 229 e 230 do CPP)

Consiste na confrontação dos depoimentos prestados, colocando frente a frente pessoas, para que esclareçam divergências relevantes em seus relatos. Será admitida entre acusados, entre acusado e testemunha, entre testemunhas, entre acusado ou testemunha e a pessoa ofendida, e entre as pessoas ofendidas.

6.8 Da prova documental (arts. 231 e 238 do CPP)

Trata-se de meio de prova que, via de regra, poderá ser apresentado pelas partes em qualquer fase do processo.

Nos termos do art. 232 do CPP, consideram-se documentos quaisquer escritos, instrumentos ou papéis, públicos ou particulares. Tal conceito foi ampliado, de modo que, atualmente são considerados documentos fotografias, vídeos, desenhos e pinturas.

Não serão admitidas em juízo as cartas particulares interceptadas por meios criminosos (art. 233 do CPP), exceto se utilizadas pelo próprio destinatário para defesa de seu direito, independentemente de consentimento do signatário.

O art. 234 do CPP autoriza que o juiz requisite, de ofício, a juntada aos autos de documento relativo a ponto da acusação ou defesa relevante para solucionar dúvida sobre ponto relevante.

Uma vez contestada a autenticidade de letra ou assinatura de documentos particulares, cabe submetê-las ao exame pericial (art. 235 do CPP).

6.9 Dos indícios (art. 239 do CPP)

Consoante art. 239 do CPP, considera-se indício a circunstância conhecida e provada, que, tendo relação com o fato, autorize, por indução, concluir-se a existência de outra ou outras circunstâncias.

6.10 Busca e apreensão (art. 240 a 250 do CPP)

"Meio de prova cautelar, que visa o acautelamento do material probatório, de coisa, de animais e até de pessoas, que não estejam ao alcance, espontâneo, da justiça". São espécies de busca e apreensão:

a) domiciliar;

b) pessoal.

Trata-se de medida excepcional, já que implica na quebra da inviolabilidade (pessoal ou do domicílio) do acusado ou de terceiros. Deve-se, portanto, comprovar a **urgência** e a **necessidade** da medida.

A busca e apreensão domiciliar ocorre na **"casa",** para os fins dispostos no art. 240, §1º, do CPP (rol exemplificativo). Para efetivação dessa medida, a Constituição exige **autorização judicial**.

> *XI - a casa é asilo inviolável do indivíduo, ninguém nela podendo penetrar sem consentimento do morador, salvo em caso de flagrante delito ou desastre, ou para prestar socorro, ou, durante o dia, por determinação judicial.*

Por sua vez, o conceito de casa: é amplo e abrange:

a) a casa, incluindo toda a sua estrutura, como o quintal, a garagem, o porão, a quadra etc.

b) os compartimentos de natureza profissional, desde que fechado o acesso ao público em geral, como escritórios, gabinetes, consultórios etc.

c) os aposentos de habitação coletiva, ainda que de ocupação temporária, como quartos de hotel, motel, pensão, pousada etc.

Via de regra, a busca domiciliar será cumprida **durante o dia**, exceto se o morador consentir que seja realizada durante a noite.

Excepcionalmente, se estiver sendo cometido crime em flagrante delito na residência, admite-se o ingresso na residência alheia a qualquer tempo, dia ou noite, independentemente da existência de um mandado judicial de busca e apreensão.

MUITA ATENÇÃO!

Para o STJ, a existência de denúncia anônima da prática de tráfico de drogas e a subsequente fuga do acusado ao avistar a polícia, por si sós, não autorizam o ingresso policial no domicílio do acusado sem o seu consentimento ou sem determinação judicial (STJ, RHC 89853/SP, julgado em 18/02/2020).

Em resumo, nos termos do art. 5º, inciso XI, da CF, só será admitida a entrada no domicílio, sem o consentimento do morador, nas seguintes hipóteses:

a) Durante o **DIA**

– Em caso de flagrante delito;

– Em caso de desastre;

– Para prestar socorro

– Para cumprir determinação judicial

b) Durante a **NOITE**

– Em caso de flagrante delito;

– Em caso de desastre;

– Para prestar socorro

O mandado de busca e apreensão não pode ser genérico, exigindo-se a delimitação do local de cumprimento, da autoridade que irá cumpri-lo, motivos e fins da diligência. Nesse sentido, o STJ (AgRg no HC 435.434/RJ) decidiu pela ilegalidade da decisão judicial que autoriza busca e apreensão coletiva em residências, feita de forma genérica e indiscriminada.

Importante destacar que o art. 250 do CPP autoriza que a autoridade policial ou seus agentes penetrem no território de jurisdição alheia, ainda que de outro Estado, quando, para o fim da apreensão, forem no seguimento de pessoa ou coisa.

Quanto à busca e apreensão pessoal, esta **não exige ordem judicial** (regra) para a sua efetivação, desde que presentes razões de natureza cautelar.

EM RESUMO: Prova	
Conceito: segundo Nestor Távora, prova é "tudo aquilo que contribui para a formação do convencimento do magistrado".	
Sistemas de apreciação da prova	**a) Prova tarifada.** **b) Livre persuasão racional do juiz**. É a regra no direito brasileiro. **c) Sistema da íntima convicção do juiz.**
Provas ilícitas	**Regra:** são inadmissíveis, no processo, as provas obtidas por meios ilícitos (art. 5º, LVI, da CF). **Teoria dos frutos da árvore envenenada**: os efeitos da ilicitude transcendem a prova ilícita, atingindo as que dela decorrerem. **Exceções:** a) Prova absolutamente independente; b) Descoberta inevitável.
Espécies de provas	a) exame de corpo e delito, e das perícias em geral; b) interrogatório do acusado; c) confissão do acusado; d) depoimento do ofendido; e) depoimento das testemunhas; f) do reconhecimento das pessoas e coisas; g) acareação; h) dos documentos; i) dos indícios; j) da busca e apreensão.

QUESTÕES

(Cespe – Policial Rodoviário Federal – PRF/2019) *Com relação aos meios de prova e os procedimentos inerentes a sua colheita, no âmbito da investigação criminal, julgue os próximos itens.*

A boleia de um caminhão, utilizada pelo motorista, ainda que provisoriamente, como dormitório e local de guarda de seus objetos pessoais em longas viagens, não poderá ser objeto de busca e apreensão sem a competente ordem judicial na hipótese de fiscalização policial com a finalidade de revista específica àquele veículo.

GABARITO	ANULADO.
COMENTÁRIO	Não há previsão expressa no Código de Processo Penal acerca da busca e apreensão realizada em veículos. No entanto, a doutrina e a jurisprudência têm se posicionado no sentido de equiparar à busca e apreensão pessoal, dispensando, via de regra, a necessidade de autorização judicial quando presentes razões de natureza cautelar. Excepcionalmente, exige-se a autorização judicial se o veículo for destinado à habitação do indivíduo (STF, RHC 117767/DF, julgado em 11/10/2016). Quanto à possibilidade de a boleia de um caminhão ser equiparada ao domicílio há divergência na jurisprudência e na doutrina (STJ, HC 216437-DF e STJ, AgRg no REsp 1362124). O Cebraspe justificou a anulação da questão em virtude de o entendimento da matéria abordado na assertiva não ser unânime.

A entrada forçada em determinado domicílio é lícita, mesmo sem mandado judicial e ainda que durante a noite, caso esteja ocorrendo, dentro da casa, situação de flagrante delito nas modalidades próprio, impróprio ou ficto.

GABARITO	CERTO.
COMENTÁRIO	Nos termos do art. 5º, inciso XI, da CF, será admitida a entrada no domicílio, sem o consentimento do morador, ainda que durante a noite, se estiver ocorrendo, dentro da casa, situação de flagrante delito. Destaca-se que o referido inciso não diferencia as modalidades de flagrante, logo, a entrada forçada será lícita independentemente de o flagrante ser próprio, impróprio ou ficto.

(Cespe – Policial Rodoviário Federal – DPRF/2013) *Com base no disposto no CPP e na jurisprudência do Superior Tribunal de Justiça, julgue o seguinte item.*

A prova declarada inadmissível pela autoridade judicial por ter sido obtida por meios ilícitos deve ser juntada em autos apartados dos principais, não podendo servir de fundamento à condenação do réu.

GABARITO	ERRADO.
COMENTÁRIO	O art. 157 do CPP dispõe que as provas ilícitas são inadmissíveis e devem ser **desentranhadas** do processo.

CAPÍTULO VI
PRISÃO

1. NOÇÕES INTRODUTÓRIAS

Antes da Lei nº 12.403/11, o Brasil adotava o sistema bipolar, caracterizado pelas prisões cautelares de um lado e pela liberdade provisória do outro. A referida lei operou uma verdadeira reforma no Código de Processo Penal em 2011 e, atualmente, podemos dizer que a prisão processual passou a ser apenas uma das espécies do gênero medidas cautelares.

As medidas cautelares no processo penal almejam preservar a eficiência da investigação policial e/ou da persecução penal em juízo. São decretadas judicialmente de forma antecipada, com a finalidade de resguardar determinado resultado útil futuro, desde que presentes o *"fumus comissi delicti"* e o *"periculum libertatis"*.

Em virtude da previsão de outras medidas cautelares alternativas à prisão, esta tornou-se medida excepcional (***ultima ratio***), cabível apenas se inócuas aquelas (art. 282, §6º, CPP).

MUITA ATENÇÃO! A Lei nº 12.403/11 tem **caráter híbrido** (norma processual penal mista). Logo, sendo benéfica ao réu, deve ser aplicada retroativamente.

O art. 282 do CPP elenca os requisitos a serem observados para a concessão de uma medida cautelar. Trata-se de verdadeira normatização do **princípio da proporcionalidade** (necessidade + adequação), devendo ser seguido para toda medida cautelar, inclusive as prisões.

Em caso de descumprimento de qualquer das obrigações impostas, o juiz, **mediante requerimento** do Ministério Público, seu assistente ou do querelante, poderá substituir a medida, impor outra em cumulação, ou, em último caso, decretar a prisão preventiva (art. 282, §4º, CPP). Tal regramento, traduz a **fungibilidade entre as medidas cautelares.**

2. PRISÃO

Prisão é a restrição da liberdade de locomoção, fruto de uma autuação em flagrante, de uma ordem judicial motivada ou, ainda, de uma transgressão militar ou crime propriamente militar, hábil a comprometer o nosso direito de ir, vir ou ficar.

- **Prisão pena** (*carcer ad poenam*): é aquela que decorre do trânsito em julgado da sentença condenatória. Fruto de um título definitivo.
- **Prisão sem pena** (*carcer ad custodiam*): é aquela admitida antes do trânsito em julgado, ou seja, no curso do inquérito ou no curso do processo. São modalidades de prisão sem pena: a) flagrante; b) preventiva; c) temporária.

2.1. Prisão Temporária

2.1.1 Noções

A prisão temporária, regulamentada pela Lei nº 7.960/89, "visa assegurar uma eficaz investigação policial, quando se tratar de apuração de infração penal de natureza grave". É a prisão cautelar cabível **exclusivamente na fase investigativa** (diferente da prisão preventiva), decretada pelo juiz a requerimento do MP ou por representação da autoridade policial, **com prazo**, desde que presentes os requisitos do art. 1° da Lei nº 7.960/89.

NÃO é cabível a decretação da prisão temporária de ofício pelo juiz!

2.1.2 Requisitos

I) ser imprescindível ao inquérito policial;

II) se o indivíduo não possui residência fixa ou identificação civil;

III) indícios de autoria ou de participação em um dos crimes graves previstos em lei (art. 1º, Lei nº 8.072/90 (crimes hediondos); e art. 1º, III, Lei nº 7.960/89).

É preciso haver uma CONJUGAÇÃO DE INCISOS. Para decretar a temporária o inciso III deve estar sempre presente e será somado ao I **ou** ao II. Logo, o inciso III SEMPRE deve estar presente (**princípio da taxatividade**)!

2.1.3 Prazo de Duração

- **Crimes comuns**: ***5 dias***, prorrogáveis uma vez por mais 5 dias.
- **Crimes hediondos e assemelhados** (tráfico, tortura e terrorismo): ***30 dias***, prorrogáveis uma vez por mais 30 dias.

Só haverá prorrogação em caso de extrema e comprovada necessidade, mediante decisão judicial fundamentada **(princípio da inadmissibilidade de renovação automática)**. Ademais, decorrido o prazo, o preso deverá ser imediatamente posto em liberdade, independentemente de alvará de soltura.

2.2. Prisão em Flagrante

2.2.1 Noções

Flagrante é a ferramenta constitucionalmente assegurada (art. 5º, LXI, CF) que autoriza a captura daquele que é surpreendido praticando o delito, servindo como instrumento de proteção social.

Trata-se de prisão de caráter administrativo, já que dispensa ordem judicial. Em um segundo momento, será submetida à análise judicial da sua legalidade, revelando seu caráter judicial. Logo, tem natureza jurídica de **ato complexo**.

2.2.2 Espécies de flagrante

São espécies de flagrante:

A **Flagrante Obrigatório**: é aquele inerente à atuação das **forças policiais**, caracterizando o estrito cumprimento de um dever legal (art. 301, CPP).

B **Flagrante Facultativo**: é aquele inerente à atuação de **qualquer pessoa do povo**, sendo uma mera liberalidade (art. 301, CPP)

C **Flagrante próprio (ou real)**: aquele em que o agente está **cometendo** a infração penal ou que **acaba de cometê-la.** (art. 302, incisos I e II)

D **Flagrante impróprio (irreal ou quase flagrante)**: aquele que o agente é **perseguido**, **logo após**, pela autoridade, pelo ofendido ou por qualquer pessoa, em situação que faça presumir ser autor da infração. (art. 302, inciso III)

E **Flagrante presumido (ficto ou assimilado)**: aquele em que o agente é encontrado, **logo depois**, com ***instrumentos***, armas, objetos ou papéis que façam ***presumir*** ser ele autor da infração. (art. 302, inciso IV)

F **Flagrante preparado (ou provocado ou crime de ensaio)**: ocorre quando um agente provocador induz ou instiga alguém a cometer uma infração penal, somente para assim poder prendê-lo. Configura **crime impossível.**

Súmula nº 145 do STF: Não há crime, quando a preparação do flagrante pela polícia torna impossível a sua consumação).

Súmula nº 567 do STJ: Sistema de vigilância realizado por monitoramento eletrônico ou por existência de segurança no interior de estabelecimento comercial, por si só, não torna impossível a configuração do crime de furto.

G **Flagrante forjado (ou urdido)**: é totalmente artificial, pois integralmente composto por terceiros (não há qualquer comportamento do sujeito que vem a ser preso). É ilegal.

H **Flagrante diferido (postergado ou ação controlada)**: autoriza a postergação do flagrante, na expectativa de promover a captura no momento mais oportuno para o obtenção de maiores dados e informações a respeito do funcionamento, dos componentes e da atuação de uma organização criminosa. Possui previsão expressa, por exemplo, na lei de lavagem de capitais (art. 4º-B, Lei 9.613/98), na lei de organização criminosa (arts. 8º e 9º, Lei 12.850/13) e na lei de tóxicos (art. 53, II, Lei 11.343/06).

2.2.3 Formalização da prisão em flagrante

A partir da captura do agente, tem início o procedimento de formalização da prisão em flagrante, consoante disposto nos arts. 304 a 306 do CPP. Vejamos as fases desse procedimento:

a) Primeiramente, há a **apresentação do preso à autoridade policial** do local onde ocorrer a captura. Exige-se a **imediata comunicação à família do preso** ou pessoa por ele indicada (art. 5º, LXIII, CF), bem como **ao juiz e ao Ministério Público**;

b) Em seguida, procederá à **oitiva do condutor** (aquele que levou o preso até a autoridade policial);

c) **Oitiva das testemunhas** (que tenham conhecimento do ocorrido e acompanharam o condutor). Não existindo testemunhas do fato, poderão ser utilizadas duas pessoas que testemunharam a apresentação do preso à autoridade policial. Por fim, destaca-se que não há impedimento para que os policiais sirvam como testemunhas;

d) **Oitiva do conduzido.** É imprescindível que o preso seja previamente cientificado de seus direitos, como o de comunicação da prisão à pessoa que indicar, de possibilidade de assistência de advogado, e de permanecer calado (art. 5º, LXII a LXIV, da CF);

e) **Remessa do auto de prisão em flagrante à autoridade judiciária competente, em 24 (vinte e quatro) horas.** Uma vez recebido o auto de prisão em flagrante, o juiz, no prazo máximo de vinte e quatro horas, deve realizar a **audiência de custódia** com a presença do acusado, seu advogado constituído ou membro da Defensoria Pública e o membro do Ministério Público. Nessa audiência, o juiz deverá, fundamentadamente: relaxar a prisão ilegal, converter a prisão em flagrante em preventiva ou conceder liberdade provisória, com ou sem fiança.

f) **Caso o autuado não possua advogado, cópia do auto de prisão em flagrante deve ser remetida à defensoria pública** (art. 306, § 1º, do CPP);

g) **Entrega da nota de culpa ao preso.** Nota de culpa é o documento que informa os responsáveis pela sua prisão e o motivo desta. Deve ser entregue ao preso em até 24 (vinte e quatro) horas após a sua captura.

> **AUDIÊNCIA DE CUSTÓDIA**
>
> **MUITA ATENÇÃO!**
>
> Consiste no direito que a pessoa presa em flagrante possui de ser conduzida, sem demora, à presença de uma autoridade judicial (magistrado) que irá analisar se os direitos fundamentais dessa pessoa foram respeitados (ex.: se não houve tortura), se a prisão em flagrante foi legal e se a prisão cautelar deve ser decretada ou se o preso poderá receber a liberdade provisória ou medida cautelar diversa da prisão.
>
> Trata-se de instrumento previsto na Convenção Americana de Direitos Humanos (Pacto de São José da Costa Rica), promulgada no Brasil pelo Decreto 678/92. Possui regulamentação na Resolução nº 213/2015 do CNJ. Tal resolução determina a obrigatoriedade de apresentação pessoal do preso em flagrante, como também daquele preso por mandado de prisão, a um juiz no **prazo de 24 horas**. A resolução nº 213/2015 do CNJ encontra-se respaldada pelo STF.
>
> A Lei nº 13.964/2019 promoveu inúmeras alterações na legislação processual penal, dentre elas, passou a prever expressamente a obrigatoriedade da audiência de custódia. Vejamos o teor do art. 310 do CPP:
>
> "Art. 310. Após receber o auto de prisão em flagrante, no prazo máximo de até 24 (vinte e quatro) horas após a realização da prisão, o juiz deverá promover audiência de custódia com a presença do acusado, seu advogado constituído ou membro da Defensoria Pública e o membro do Ministério Público, e, nessa audiência, o juiz deverá, fundamentadamente:

2.3. Prisão Preventiva

2.3.1 Noções

É uma prisão cautelar cabível **durante toda a persecução penal** (investigação ou ação penal), decretada pelo **juiz**, a requerimento do Ministério Público, do querelante ou do assistente, ou por representação da autoridade policial (art. 311 do CPP). Com o advento da Lei nº 13.964/19 não se admite mais a decretação da prisão preventiva de ofício pelo juiz. Por outro lado, o juiz poderá decretar a **revogação** da prisão preventiva de ofício (na fase investigativa ou processual).

> **MUITA ATENÇÃO!**
>
> Os tribunais superiores entendem que a lei nº 13.964/19, ao suprimir a expressão "de ofício" que constava no art. 311 do CPP, vedou de forma absoluta a decretação da prisão preventiva de ofício. Assim, tornou-se inviável, até mesmo no âmbito da audiência de custódia, a conversão, de ofício, da prisão em flagrante em preventiva. É imprescindível requerimento do Ministério Público, da autoridade policial ou, ainda, do querelante ou assistente do Ministério Público (STJ, HC 590039/GO; STF, HC 188888/MG).

2.3.2 Pressupostos da prisão preventiva

A prisão preventiva poderá ser decretada como **garantia da ordem pública, da ordem econômica**, por **conveniência da instrução criminal** ou para **assegurar a aplicação da lei penal**, quando houver prova da existência do crime e indício suficiente de autoria e de perigo gerado pelo estado de liberdade do imputado.

> **MUITA ATENÇÃO!** Não será admitida a decretação da prisão preventiva com a finalidade de antecipação de cumprimento de pena ou como decorrência imediata de investigação criminal ou da apresentação ou recebimento de denúncia.

2.3.3 Cabimento da prisão preventiva

- **Em crime doloso com pena superior a 4 anos**, pouco importa se de reclusão ou detenção. Tal requisito é exigido em homenagem ao **princípio da proporcionalidade**, a fim de evitar que o acusado/investigado seja punido de forma mais rigorosa do que quando efetivamente condenado.
- **Excepcionalmente, a preventiva pode ser decretada independentemente da quantidade de pena,** nas seguintes hipóteses: a) reincidente em crime doloso; b) ausência de identificação civil; c) descumprimento de medida protetiva no âmbito da violência doméstica (art. 313, III, CPP): ou seja, nesse caso, só pode ser decretada se anteriormente já foi fixada medida protetiva de natureza penal.

> **MUITA ATENÇÃO!** Decretada a prisão preventiva, deverá o órgão emissor da decisão **revisar a necessidade de sua manutenção a cada 90 (noventa) dias**, mediante decisão fundamentada, de ofício, sob pena de tornar a prisão ilegal (art. 316, parágrafo único, CPP).

2.4 Prisão Domiciliar

O Código de Processo Penal, ao tratar da prisão domiciliar, prevê a possibilidade de o réu, ao invés de ficar em prisão preventiva, permanecer recolhido em sua residência. Trata-se de uma medida cautelar que substitui a prisão preventiva pelo recolhimento da pessoa em sua residência (arts. 317 e 318 do CPP). Não se confunde com a prisão domiciliar prevista no art. 117 da Lei de Execução Penal.

O juiz poderá substituir a prisão preventiva pela domiciliar quando o agente for:

I — ***Maior de 80 anos;***

II — ***Extremamente debilitado*** *por motivo de* ***doença grave;***

III — ***Imprescindível aos cuidados especiais de pessoa menor de 6 anos de idade ou com deficiência;***

IV — ***Gestante;***

V — ***Mulher com filho de até 12 (doze) anos de idade incompletos;***

VI — ***Homem, caso seja o único responsável pelos cuidados do filho de até 12 (doze) anos de idade incompletos***

A prisão preventiva imposta à mulher gestante ou que for mãe ou responsável por crianças ou pessoas com deficiência será substituída por prisão domiciliar, desde que: a) não tenha cometido crime com violência ou grave ameaça a pessoa; b) não tenha cometido o crime contra seu filho ou dependente.

EM RESUMO: Prisões e Medidas Cautelares	
Prisões	A prisão processual passou a ser apenas uma das espécies do gênero medidas cautelares. Em virtude da previsão de outras medidas cautelares alternativas à prisão, esta tornou-se medida excepcional (*ultima ratio*), cabível apenas se inócuas aquelas (art. 282, §6º, CPP). • **Prisão pena** (*carcer ad poenam*): decorre do trânsito em julgado da sentença condenatória. • **Prisão sem pena** (*carcer ad custodiam*): admitida antes do trânsito em julgado, ou seja, no curso do inquérito ou no curso do processo. São modalidades de prisão sem pena: a) flagrante; b) preventiva; c) temporária. Prisão temporária • Cabível **exclusivamente na fase investigativa**, decretada pelo juiz a requerimento do MP ou por representação da autoridade policial, **com prazo**, desde que presentes os requisitos do art. 1° da Lei n° 7.960/89. • **Crimes comuns**: ***5 dias***, prorrogáveis uma vez por mais 5 dias. **Crimes hediondos e assemelhados**: ***30 dias***, prorrogáveis uma vez por mais 30 dias. **Prisão em flagrante** • Autoriza a captura daquele que é surpreendido praticando o delito. • **Espécies de flagrante:** a) obrigatório; b) facultativo; c) próprio; d) impróprio; e) presumido; f) preparado; g) forjado; h) diferido. • **Audiência de custódia:** após receber o auto de prisão em flagrante, no prazo máximo de até 24 (vinte e quatro) horas após a realização da prisão, o juiz deverá promover audiência de custódia com a presença do acusado, seu advogado constituído ou membro da Defensoria Pública e o membro do Ministério Público (art. 310 do CPP). **Prisão preventiva** • Prisão cautelar cabível durante toda a persecução penal (investigação ou ação penal), decretada pelo juiz, **a requerimento** do Ministério Público, do querelante ou do assistente, ou por **representação** da autoridade policial. • Decretada como **garantia da ordem pública**, **da ordem econômica**, por **conveniência da instrução criminal** ou para **assegurar a aplicação da lei penal**, quando houver prova da existência do crime e indício suficiente de autoria e de perigo gerado pelo estado de liberdade do imputado. • Impõe-se a **revisão da necessidade de sua manutenção a cada 90 (noventa) dias**, mediante decisão fundamentada do juiz.
Medidas cautelares	• Almejam preservar a eficiência da investigação policial e/ou da persecução penal em juízo. Previstas no rol do art. 319 do CPP. • São medidas sempre concedidas pelo juiz, salvo a fiança, que pode ser arbitrada pelo delegado quando a pena máxima do crime não ultrapassar 4 anos. • Há fungibilidade entre as medidas cautelares.

✍ QUESTÕES

(Cespe – Policial Rodoviário Federal – DPRF/2013) *A respeito das espécies de prisão e do habeas corpus, julgue o item que se segue.*

A prisão temporária só poderá ser decretada mediante representação da autoridade policial ou a requerimento do Ministério Público, vedada sua decretação de ofício pelo juiz.

GABARITO	CERTO.
COMENTÁRIO	Consoante art. 2º da Lei nº 7.960/89, a prisão temporária será decretada pelo Juiz, **em face da representação da autoridade policial ou de requerimento do Ministério Público**, e terá o prazo de 5 (cinco) dias, prorrogável por igual período em caso de extrema e comprovada necessidade.

(Cespe – Policial Rodoviário Federal – PRF/2019) *Em decorrência de um homicídio doloso praticado com o uso de arma de fogo, policiais rodoviários federais foram comunicados de que o autor do delito se evadira por rodovia federal em um veículo cuja placa e características foram informadas. O veículo foi abordado por policiais rodoviários federais em um ponto de bloqueio montado cerca de 200 km do local do delito e que os policiais acreditavam estar na rota de fuga do homicida. Dada voz de prisão ao condutor do veículo, foi apreendida arma de fogo que estava em sua posse e que, supostamente, tinha sido utilizada no crime.*

Considerando essa situação hipotética, julgue os seguintes itens.

De acordo com a classificação doutrinária dominante, a situação configura hipótese de flagrante presumido ou ficto.

GABARITO	CERTO.
COMENTÁRIO	Trata-se da espécie de flagrante prevista no art. 302, IV, do CPP, uma vez que o autor do delito foi encontrado "logo depois, com instrumentos, **armas**, objetos ou papéis que façam presumir ser ele o autor da infração".

Durante o procedimento de lavratura do auto de prisão em flagrante pela autoridade policial competente, o policial rodoviário responsável pela prisão e condução do preso deverá ser ouvido logo após a oitiva das testemunhas e o interrogatório do preso.

GABARITO	ERRADO.
COMENTÁRIO	Logo após a apresentação do preso à autoridade policial e a imediata comunicação à família, ao juiz e ao Ministério Público, deve-se proceder à oitiva do **condutor** (no caso da questão, o policial rodoviário responsável pela prisão e condução do preso). Em seguida, haverá a oitiva das testemunhas e o interrogatório do acusado (art. 304 do CPP).

CAPÍTULO VII

IDENTIFICAÇÃO CRIMINAL

1. NOÇÕES GERAIS

O art. 5º, LVIII, dispõe que o civilmente identificado não será submetido a identificação criminal, salvo nas hipóteses previstas em lei.

É por meio da identificação criminal que são levantados dados válidos e confiáveis das características do provável autor de um ilícito penal.

Via de regra, aquele que possuir identificação civil não pode ser submetido à identificação criminal. Por sua vez, o art. 2º da lei nº 12.037/09 enumera os documentos considerados suficientes para atestar a identificação civil. Vejamos:

a) carteira de identidade;

b) carteira de trabalho;

c) carteira profissional;

d) passaporte;

e) carteira de identificação funcional;

f) outro **documento público** que permita a identificação do indiciado.

Excepcionalmente, até mesmo aquele que apresentar documento de identificação poderá ser identificado criminalmente quando: o documento apresentar rasura ou tiver indício de falsificação; o documento apresentado for insuficiente para identificar cabalmente o indiciado; o indiciado portar documentos de identidade distintos, com informações conflitantes entre si; a identificação criminal for essencial às investigações policiais, segundo despacho da autoridade judiciária competente, que decidirá de ofício ou mediante representação da autoridade policial, do Ministério Público ou da defesa; constar de registros policiais o uso de outros nomes ou diferentes qualificações; o estado de conservação ou a distância temporal ou da localidade da expedição do documento apresentado impossibilite a completa identificação dos caracteres essenciais.

De todo modo, quando houver necessidade de identificação criminal, a autoridade encarregada deve tomar as providências necessárias para evitar o constrangimento do identificado.

A identificação criminal incluirá o processo datiloscópico (colheita de impressões digitais) e o fotográfico, que serão juntados aos autos da comunicação da prisão em flagrante, ou do inquérito policial ou outra forma de investigação.

MUITA ATENÇÃO!

No caso de não oferecimento da denúncia, ou sua rejeição, ou absolvição, é facultado ao indiciado ou ao réu, após o arquivamento definitivo do inquérito, ou trânsito em julgado da sentença, **requerer a retirada da identificação fotográfica do inquérito ou processo**, desde que apresente provas de sua identificação civil.

Por fim, a lei nº 13.964/19 autorizou a criação do Banco Nacional Multibiométrico e de Impressões Digitais com o objetivo de armazenar, de forma sigilosa, dados de registros biométricos, de impressões digitais e, quando possível, de íris, face e voz, para subsidiar investigações criminais federais, estaduais ou distritais.

A autoridade policial e o Ministério Público poderão requerer ao juiz competente, no caso de inquérito ou ação penal instaurados, o acesso ao Banco Nacional Multibiométrico e de Impressões Digitais.

2. IDENTIFICAÇÃO GENÉTICA

Na hipótese do inciso IV, do art. 3º, da lei nº 12.037, que permite, através de despacho da autoridade judicial competente, a identificação criminal quando esta for essencial às investigações policiais, a identificação criminal poderá incluir a coleta de material biológico para a obtenção do perfil genético. Por sua vez, os dados relacionados à coleta do perfil genético deverão ser armazenados em banco de dados de perfis genéticos, gerenciado por unidade oficial de perícia criminal.

MUITA ATENÇÃO!

- As informações genéticas armazenadas **n**ão poderão revelar traços somáticos ou comportamentais das pessoas, exceto determinação genética de gênero, consoante as normas constitucionais e internacionais sobre direitos humanos, genoma humano e dados genéticos.
- Os dados constantes dos bancos de dados de perfis genéticos terão **caráter sigiloso**, respondendo civil, penal e administrativamente aquele que permitir ou promover sua utilização para fins diversos dos previstos nesta Lei ou em decisão judicial.

Ademais, a **exclusão** dos perfis genéticos dos bancos de dados ocorrerá no caso de **absolvição do acusado** ou, ainda, no caso de condenação, mediante requerimento, após decorridos **20 (vinte) anos do cumprimento da pena.**

EM RESUMO: Identificação Criminal
• Regra: aquele que possuir identificação civil não pode ser submetido à identificação criminal.
• Exceções: documento apresentar rasura ou tiver indício de falsificação; documento apresentado for insuficiente para identificação cabal do indiciado; indiciado portar documentos de identidade com informações conflitantes; identificação criminal for essencial às investigações policiais, segundo despacho da autoridade judiciária competente, que decidirá de ofício ou mediante representação da autoridade policial, do Ministério Público ou da defesa; constar de registros policiais o uso de outros nomes ou diferentes qualificações; o estado de conservação ou a distância temporal ou da localidade da expedição do documento apresentado impossibilite a completa identificação dos caracteres essenciais.
• Identificação genética – a identificação criminal poderá incluir a coleta de material biológico para a obtenção do perfil genético na hipótese do art. 3º, IV, da lei nº 12.037.

CAPÍTULO VIII

DILIGÊNCIAS INVESTIGATÓRIAS

O inquérito policial é um procedimento **administrativo**, **preliminar** e **informativo**, presidido por autoridade policial, com a finalidade de apurar autoria, materialidade, circunstâncias e fontes de prova para formar a opinião delitiva do titular da ação penal e fornecer indícios/ justa causa para cautelares.

Trata-se de procedimento **dispensável**. Isso porque, há casos em que é dispensável a investigação preliminar, seja através de inquérito ou qualquer outra forma de investigação penal (arts. 46, § 1º e 39, § 5º, ambos do CPP).

> **MUITA ATENÇÃO!**
>
> O **Inquérito Policial** continua sendo o principal instrumento de que se vale o Estado para investigação de infrações penais, no entanto, atualmente, se reconhece a importância de **outros instrumentos investigatórios.** É o caso do Procedimento de Investigação Criminal (PIC) presidido pelo Ministério Público.

Logo que a autoridade policial tiver conhecimento da prática de infração penal, deverá providenciar as seguintes **diligências investigatórias**:

a) dirigir-se ao local, providenciando para que não se alterem o estado e conservação das coisas, até a chegada dos peritos criminais;

b) apreender os objetos que tiverem relação com o fato, após liberados pelos peritos criminais;

c) colher todas as provas que servirem para o esclarecimento do fato e suas circunstâncias;

d) ouvir o ofendido;

e) ouvir o indiciado, devendo o respectivo termo ser assinado por duas testemunhas que lhe tenham ouvido a leitura;

f) proceder a reconhecimento de pessoas e coisas e a acareações;

g) determinar, se for caso, que se proceda a exame de corpo de delito e a quaisquer outras perícias;

h) ordenar a identificação do indiciado pelo processo datiloscópico, se possível, e fazer juntar aos autos sua folha de antecedentes;

i) averiguar a vida pregressa do indiciado, sob o ponto de vista individual, familiar e social, sua condição econômica, sua atitude e estado de ânimo antes e depois do crime e durante ele, e quaisquer outros elementos que contribuírem para a apreciação do seu temperamento e caráter;

j) colher informações sobre a existência de filhos, respectivas idades e se possuem alguma deficiência e o nome e o contato de eventual responsável pelos cuidados dos filhos, indicado pela pessoa presa.

Poderá, ainda, proceder à reprodução simulada dos fatos, desde que esta não contrarie a moralidade ou a ordem pública (art. 7º do CPP).

> **FIQUE POR DENTRO:** O STF (ADPF 395/DF) declarou que a expressão "para o interrogatório", prevista no art. 260 do CPP, não foi recepcionada pela Constituição Federal. Logo, caso seja determinada a **condução coercitiva de investigados** ou de réus para interrogatório, tal conduta poderá ensejar: a responsabilidade disciplinar, civil e penal do agente ou da autoridade, a ilicitude das provas obtidas e/ou a responsabilidade civil do Estado.

Ao final do inquérito, observadas as providências previstas no art. 6º, o delegado de polícia deverá apresentar relatório final, com a indicação do que foi apurado no curso da investigação. Via de regra, é também nesse momento que será feito o **indiciamento**, considerado um **ato privativo da autoridade policial**, no qual há o direcionamento da investigação para determinada pessoa, diante de indícios de autoria e materialidade.

Ademais, incumbirá ainda à autoridade policial:

a) fornecer às autoridades judiciárias as informações necessárias à instrução e julgamento dos processos;

b) realizar as diligências requisitadas pelo juiz ou pelo Ministério Público;

c) cumprir os mandados de prisão expedidos pelas autoridades judiciárias;

d) representar acerca da prisão preventiva.

Vale destacar os arts. 13-A e 13-B do CPP, acrescentados pela Lei nº 13.344/2016, que permitem ao Delegado de Polícia e ao Ministério Público a requisição de informações e dados telefônicos para subsidiarem investigações de determinados crimes, como o tráfico de pessoas (art. 149-A do CP).

De um lado, o art. 13-A do CPP permite, nos casos dos crimes nele previstos (sequestro ou cárcere privado, redução à condição análoga à de escravo, tráfico de pessoas, extorsão com restrição da liberdade, extorsão mediante sequestro e tráfico internacional de crianças), que o membro do parquet ou a autoridade policial requisitem de quaisquer órgãos do poder público ou de empresas privadas, dados e informações cadastrais da vítima ou de suspeito.

Já o art. 13-B do CPP está relacionado apenas aos crimes de tráfico de pessoas, permitindo, via de regra, mediante autorização judicial, a requisição às empresas prestadoras de serviço de telecomunicações e/ou telemática para que disponibilizem imediatamente os meios técnicos adequados – como sinais, informações e outros – que permitam a localização da vítima ou dos suspeitos do delito em curso. Excepcionalmente, se a autoridade judicial não se manifesta no prazo de 12 (doze) horas, a autoridade competente pode requisitar diretamente às referidas empresas, bastando a comunicação imediata ao juiz.

EM RESUMO: Diligências Investigatórias
– Logo que a autoridade policial tiver conhecimento da prática de infração penal, deverá providenciar as seguintes **diligências investigatórias**:
a) dirigir-se ao local, providenciando para que não se alterem o estado e conservação das coisas, até a chegada dos peritos criminais;

b) apreender os objetos que tiverem relação com o fato, após liberados pelos peritos criminais;

c) colher todas as provas que servirem para o esclarecimento do fato e suas circunstâncias;

d) ouvir o ofendido;

e) ouvir o indiciado, devendo o respectivo termo ser assinado por duas testemunhas que lhe tenham ouvido a leitura;

f) proceder a reconhecimento de pessoas e coisas e a acareações;

g) determinar, se for caso, que se proceda a exame de corpo de delito e a quaisquer outras perícias;

h) ordenar a identificação do indiciado pelo processo datiloscópico, se possível, e fazer juntar aos autos sua folha de antecedentes;

i) averiguar a vida pregressa do indiciado, sob o ponto de vista individual, familiar e social, sua condição econômica, sua atitude e estado de ânimo antes e depois do crime e durante ele, e quaisquer outros elementos que contribuírem para a apreciação do seu temperamento e caráter;

j) colher informações sobre a existência de filhos, respectivas idades e se possuem alguma deficiência e o nome e o contato de eventual responsável pelos cuidados dos filhos, indicado pela pessoa presa.

– Incumbirá ainda à autoridade policial:

a) fornecer às autoridades judiciárias as informações necessárias à instrução e julgamento dos processos;

b) realizar as diligências requisitadas pelo juiz ou pelo Ministério Público;

c) cumprir os mandados de prisão expedidos pelas autoridades judiciárias;

d) representar acerca da prisão preventiva.

LEGISLAÇÃO ESPECIAL

RICARDO FERRACINI

CAPÍTULO I

LEI 10.826/2003 (ESTATUTO DO DESARMAMENTO)

1. CRIMES FORMAIS DO ESTATUTO DO DESARMAMENTO

Os crimes dos arts. 12, 13, 14, 15, 16 do estatuto do desarmamento são todos crimes formais.

2. CRIME DE POSSE IRREGULAR DE ARMA DE FOGO DE USO PERMITIDO (ART. 12 DA LEI 10.826/03)

É típico pelo art. 12 do Estatuto do Desarmamento possuir ou manter sob sua guarda arma de fogo, acessório ou munição, de uso permitido, em desacordo com determinação legal ou regulamentar, no interior de sua residência ou dependência desta, ou, ainda no seu local de trabalho, desde que seja o titular ou o responsável legal do estabelecimento ou empresa.

É um crime comum, de mera conduta, permanente e de perigo abstrato.

O Certificado de Registro de Arma de fogo autoriza o proprietário a manter a arma de fogo exclusivamente no interior de sua residência ou nas dependências desta, ou, ainda, de seu local de trabalho, desde que seja ele o titular ou o responsável legal pelo estabelecimento ou pela empresa.

2.1 Definições de situações em que o Certificado de Registro de Arma de fogo possibilita a posse de arma (Decreto 9.845/2019, art. 4º, § 1º, I a IV)

a) **interior da residência ou dependências desta**: toda a extensão da área particular do imóvel, edificada ou não, em que resida o titular do registro, inclusive quando se tratar de imóvel rural;

b) **interior do local de trabalho**: toda a extensão da área particular do imóvel, edificada ou não, em que esteja instalada a pessoa jurídica, registrada como sua sede ou filial;

c) **titular do estabelecimento ou da empresa**: aquele assim definido no contrato social; e

d) **responsável legal pelo estabelecimento ou pela empresa**: aquele designado em contrato individual de trabalho, com poderes de gerência.

2.2 Diferença entre POSSE X PORTE de arma

Tem entendido a jurisprudência que existe diferença entre POSSE e PORTE de arma.

POSSE	PORTE
Pressupõe que a arma esteja no interior da residência ou local de trabalho daquele que comete o crime.	Pressupõe que a arma esteja fora do local de trabalho ou da residência do sujeito ativo.

FIQUE POR DENTRO:

"Não se pode confundir posse de arma de fogo com o porte de arma de fogo. Com o advento do Estatuto do Desarmamento, tais condutas restaram bem delineadas. A posse consiste em manter no interior de residência (ou dependência desta) ou no local de trabalho a arma de fogo. O porte, por sua vez, pressupõe que a arma de fogo esteja fora da residência ou local de trabalho" (STJ – 5ª Turma HC 53.144/PR, Relator Ministro Félix Fischer, dj. 23.5.2006 e dju 7.8.2006 – RT 854/564).

2.3 Posse de arma de fogo em residência de terceira pessoa e para moradores rurais

Não há que se falar em POSSE de arma de fogo no interior de residência que não seja do sujeito ativo. Neste caso, tecnicamente se fala em PORTE de arma de fogo e a responsabilidade criminal atinge o art. 14 da Lei 10.826/03 e não o art. 12 do mesmo diploma.

Já nos casos de moradores rurais, com a inovação trazida pela Lei 13.870/19, aos residentes em área rural considera-se residência ou domicílio toda a extensão do respectivo imóvel rural (art. 5º, § 5º da Lei 10.826/03).

2.4 Posse de arma de fogo e Registro Vencido

Manter sob guarda, no interior de sua residência, arma de fogo de uso permitido com registro vencido não configura o crime do art. 12 da Lei 10.826/2003 (Estatuto do Desarmamento), segundo a jurisprudência do STJ.

MUITA ATENÇÃO!

Este entendimento é diverso para o crime de Porte de arma de fogo (art. 14 da Lei 10.826/03) com registro Vencido.

O porte de arma de fogo com registro vencido, ao contrário da posse de arma de fogo com registro vencido, é típico segundo o STJ, o que aparenta lógica, uma vez que o registro legitima a posse no interior da residência ou do trabalho, mas não o porte em área externa, sendo para tal, além do registro, necessário o porte de arma. Neste sentido: *PENAL. AGRAVO REGIMENTAL NO AGRAVO EM RECURSO ESPECIAL. CRIME DE PORTE ILEGAL DE ARMA DE FOGO. POLICIAL MILITAR. REGISTRO VENCIDO. ATIPICIDADE DA CONDUTA. TESE INAPLICÁVEL. AGRAVO REGIMENTAL IMPROVIDO. 1. "O entendimento firmado pelo Superior Tribunal de Justiça no julgamento da APn n. 686/AP (Rel. Ministro JOÃO OTÁVIO DE NORONHA, Corte Especial, DJe 29/10/2015) é restrito ao delito de posse ilegal de arma de fogo de uso permitido (art. 12 da Lei 10.826/2003), não se aplicando ao crime de porte ilegal de arma de fogo (art. 14 da Lei 10.826/2003), muito menos ao delito de porte ilegal de arma de fogo de uso restrito (art. 16 da Lei 10.826/2003), cujas elementares são diversas e a reprovabilidade mais intensa" (RHC n. 63.686/DF, relator Ministro REYNALDO SOARES DA FONSECA, QUINTA TURMA, DJe 22/2/2017). 2. Agravo regimental a que se nega provimento. (AgRg no AREsp 885.281/ES, Rel. Ministro ANTONIO SALDANHA PALHEIRO, SEXTA TURMA, julgado em 28/04/2020, DJe 08/05/2020).*

2.5 Delegado que mantém arma de fogo em residência sem registro

Mesmo as pessoas autorizadas a deter a posse de arma de fogo, caso não as tenha registrado, cometem o delito do art. 12 da Lei 10.826/03. Neste sentido: STJ. 6ª Turma. RHC 70141-RJ, Rel. Min. Rogério Schietti Cruz, julgado em 7/2/2017 (STJ – Informativo 597).

Há discussão para os casos das carreiras que detém legislação própria regulamentadora sobre o porte, como o Ministério Público, pois para alguns doutrinadores, o que a lei específica não limita, não poderia ser limitado pela lei geral.

2.6 Crime porte munição

O crime de perigo abstrato. Desnecessária a comprovação da existência de arma que poderia utilizá-la.

3. COMPETÊNCIA DE JURISDIÇÃO PARA JULGAMENTO DOS CRIMES DO ESTATUTO DO DESARMAMENTO

A competência para o processamento dos crimes da Lei 10.826/03, em regra, é da Justiça Estadual e não da Justiça Federal.

4. LIBERDADE PROVISÓRIA PARA OS CRIMES DOS ARTS. 14 E 15 DA LEI 10.826/03

As vedações legais foram declaradas INCONSTITUCIONAIS pelo STF.

5. CONFLITO APARENTE DE NORMAS ART. 242 ESTATUTO DA CRIANÇA E DO ADOLESCENTE X ART. 16, PARÁGRAFO ÚNICO DA LEI 10.826/03

O tipo penal do art. 16, parágrafo único V da Lei 10.826/03 (vender, entregar ou fornecer arma de fogo, munição ou acessório a criança e adolescente) derrogou o art. 242 do ECA que tratava da mesma matéria. Para armas brancas vale o art. 242 do ECA.

6. QUESTÕES PRÁTICAS

A **Arma Defeituosa:** Comprovada a ineficácia da arma de fogo, tem entendido o STJ que não é considerado típica a conduta de quem a porte.

B **Arma Desmuniciada ou Desmontada:** O STJ e o STF mantêm o entendimento de que a arma de fogo desmuniciada ou desmontada é apta para a configuração dos delitos previstos no Estatuto do Desarmamento. Trata-se de rol de crimes de perigo abstrato.

C **Necessidade de perícia não é obrigatória:** Os tribunais superiores entendem não ser obrigatória a perícia da arma para comprovar sua aptidão para configuração dos crimes.

D **Princípio da insignificância:** Os tribunais superiores afastavam, de uma maneira geral, o reconhecimento do princípio da insignificância até para o porte de munição.

MUITA ATENÇÃO!

Recentes julgados do STF têm entendido como compatível a aceitação do princípio da insignificância para os casos de porte ou posse de munição, ainda que de uso restrito, em situações excepcionais, a serem observadas como exceção à regra de que o porte ou a posse de munição de uso restrito é crime de mera conduta. Este novo entendimento passou a ser encampado pela 6ª Turma do STJ. Um exemplo foi trazido pela 2ª Turma do STF ao entender que o uso de munição como pingente, não configuraria o delito (STF – Informativo 826). Mais recentemente a 6ª Turma do STJ ampliou este entendimento mais benevolente e atualmente entende que admite-se *"a aplicação **do** princípio da insignificância aos crimes previstos na Lei n. 10.826/2003, esclarecendo que a ínfima quantidade de munição apreendida, aliada à ausência de artefato bélico apto ao disparo, evidencia a inexistência de riscos à incolumidade pública"* (STJ – AgRg no HC 612.341/SC, Rel. Ministro ANTONIO SALDANHA PALHEIRO, SEXTA TURMA, julgado em 03/11/2020, DJe 16/11/2020).

E **Posse conjunta armas raspada, uso restrito e numerada:** O STJ definiu que caso a pessoa pratique uma elementar do tipo penal com armas tipificadas em situações diferenciadas (exemplo: arma numerada, arma com numeração raspada e arma de uso restrito) a responsabilidade penal é diferenciada e deverá ser condenada em concurso de crimes (concurso formal), por crimes diferenciados, visto que as condutas atingem bem jurídicos diversos (STJ. 5ª Turma. AgRg nos EDcl no AREsp 1122758/MG, Rel. Min. Jorge Mussi, julgado em 24/04/2018. STJ. 5ª Turma. AgRg no REsp 1619960/MG, Rel. Min. Reynaldo Soares da Fonseca, julgado em 27/06/2017. STJ – AgRg no REsp 1547489/MG – Rel. Sebastião Reis Júnior – DJ 28/6/2016 e DJE 3/8/2016).

F **Posse ou porte conjunto de arma de fogo de uso restrito e arma de fogo de uso proibido:** Os tribunais superiores eram unânimes na situação de que a posse de armas de uso restrito e proibido pela mesma pessoa configuraria crime único, cabendo o aumento de pena relativa a base da fixação penal. No entanto, como visto acima o STJ definiu que caso a pessoa pratique uma elementar do tipo penal com armas tipificadas em situações diferenciadas a responsabilidade penal é diferenciada e deverá ser condenada em concurso de crimes (concurso formal). Com a modificação da legislação tipificando de maneira diferenciada e mais gravosa o porte de arma de fogo de uso proibido (art. 16, § 2º da Lei 10.826/03) em relação ao crime de porte de arma de uso restrito (art. 16, "caput" da Lei 10.826/03), tem-se que, quando o agente estiver portando uma arma de uso restrito e uma arma de uso proibido, responderá pelos delitos do art. 16 "caput" e do art. 16, § 2º da Lei 10.826/03 respectivamente, em concurso formal de delitos, e não mais por crime único, como havia anteriormente a responsabilização no entendimento antigo.

7. CRIME DE OMISSÃO DE CAUTELA DE ARMA DE FOGO (ART. 13 DA LEI 10.826/03)

Diz a lei que é típico o ato de "Deixar de observar as cautelas necessárias para impedir que menor de 18 (dezoito) anos ou pessoa portadora de deficiência mental se apodere de arma de fogo que esteja sob sua posse ou que seja de sua propriedade".

O art. 3º, VIII do Decreto 9.845/2019 estabelece como condição para a aquisição do porte de arma a apresentação de "declaração de que possui lugar seguro para armazenamento das armas de fogo das quais seja proprietário de modo a adotar as medidas necessárias para impedir que menor de dezoito anos de idade ou pessoa com deficiência mental se apodere de arma de fogo que esteja sob sua posse ou que seja de sua propriedade nos termos do disposto no art. 13 da Lei nº 10.826, de 2003".

A Caso de omissão de cautela de guarda de arma desmuniciada: Tratando-se em tese, de crime de perigo abstrato e tendo como objeto jurídico a paz social e a ordem pública em primeiro plano e a incolumidade física do menor de 18 anos ou do deficiente mental em segundo plano, há que se considerar que o fato da arma estar desmuniciada não afasta a tipicidade do crime. Como dito, o perigo é abstrato e não há a necessidade de comprovação do dano material ao sujeito passivo.

MUITA ATENÇÃO!

Tem entendido o STJ de forma diversa e colocado que: *"Inexistência de omissão de cautela na guarda da arma de fogo a justificar a denúncia, visto que o relatório policial registra que a arma estava guardada no móvel do quarto de casal desmuniciada e a munição guardada separadamente"* (STJ – Corte Especial – Apn 394/RN – Ação Penal 2004/0174295-0 – Relator Ministro Ari Pargendler – Relator para Acórdão Ministro José Delgado, dj. 15.3.2006, dje 7.8.2008).

B Crime equiparado a Omissão de Cautela de Arma de Fogo por proprietário de empresa de segurança ou transporte de valores (art. 13, parágrafo único da Lei 10.826/03): Prevê como crime equiparado ao art. 13 as situações em que "o proprietário ou diretor responsável de empresa de segurança e transporte de valores que deixarem de registrar ocorrência policial e de comunicar à Polícia Federal perda, furto, roubo ou outras formas de extravio de arma de fogo, acessório ou munição que estejam sob sua guarda, nas primeiras 24 (vinte quatro) horas depois de ocorrido o fato".

8. CRIME DE PORTE DE ARMA DE FOGO (ART. 14 DA LEI 10.826/03)

O art. 14 prevê como típica a conduta de "Portar, deter, adquirir, fornecer, receber, ter em depósito, transportar, ceder, ainda que gratuitamente, emprestar, remeter, empregar, manter sob guarda ou ocultar arma de fogo, acessório ou munição, de uso permitido, sem autorização e em desacordo com determinação legal ou regulamentar".

É crime formal, de ação múltipla, comissivo, instantâneo ou permanente (dependendo da conduta) e de perigo abstrato.

A Casuística: O porte de arma por profissional de segurança privada que detém autorização para o porte de arma durante o curso de seu trabalho, não tem estendido este direito para o trânsito até sua residência. Neste sentido: STJ. 5ª Turma. REsp 1456633-RS, Rel. Min. Reynaldo Soares da Fonseca, julgado em 5/4/2016 (STJ – Informativo 581).

9. CRIME DE DISPARO DE ARMA DE FOGO (ART. 15 DA LEI 10.826/03)

É típico o ato de "Disparar arma de fogo ou acionar munição em lugar habitado ou em suas adjacências, em via pública ou em direção a ela, desde que essa conduta não tenha como finalidade a prática de outro crime".

Assim o disparo é típico quando feito em: a) Lugar habitado; b) Adjacência de lugar habitado; c) Via pública; d) Qualquer local, mas EM DIREÇÃO a via pública.

Lugar habitado não significa lugar onde no momento do disparo de arma de fogo haja pessoa em seu interior. Basta que o local seja ocupado habitualmente por pessoas para que se caracterize o crime tratado. Neste sentido NUCCI ao colocar que *"cremos que havendo residência por perto, estando ela com pessoas ou não, é vedada a produção de disparos, o que significa ser delito de perigo abstrato e não concreto. Em outras palavras, não cabe ao agente buscar provar que, embora em lugar povoado, seus tiros não acertariam ninguém, pois as casas estavam vazias".* (NUCCI, ob. cit., p. 262)

10. POSSE OU PORTE DE ARMA DE FOGO DE USO RESTRITO (ART. 16, CAPUT DA LEI 10.826/03, COM A REDAÇÃO DA LEI 13.964/2019)

Este delito tipifica o ato de possuir, deter, portar, adquirir, fornecer, receber, ter em depósito, transportar, ceder, ainda que gratuitamente, emprestar, remeter, empregar, manter sob sua guarda ou ocultar arma de fogo, acessório ou munição de uso restrito, sem autorização e em desacordo com determinação legal ou regulamentar.

FIQUE POR DENTRO:

DIFERENCIAÇÃO PELA LEI 13.964/2019 DA ARMA DE USO RESTRITO PARA A ARMA DE USO PROIBIDO

O Pacote Anticrime criou uma diferenciação entre a punição de arma de fogo de uso restrito e de uso proibido (ver definições acima). As elementares do crime do art. 16, "caput" e § 1º da lei 10.826/03 são aplicáveis às armas com uso RESTRITO. Caso a arma for de uso PROIBIDO, existirá uma causa de aumento de pena prevista no § 2º, que retira a punição de 3 a 6 anos de reclusão e multa para 4 a 12 anos de reclusão e multa.

Trata-se de crime comum, perigo abstrato, formal (mera conduta), doloso, instantâneo ou permanente (dependendo da conduta).

10.1 Crime Hediondo

O crime previsto no art. 16 da Lei nº 10.826, de 22 de dezembro de 2003, foi incluído no rol de crimes hediondos pela Lei nº 13.497/2017, sendo posteriormente alterado pela Lei 13.964/2019 (Pacote Anticrime). Segundo o art. 1º, parágrafo único, II da Lei 8.072/90, com a redação data pela lei 13.964/2019, *"o crime de posse ou porte ilegal de arma de fogo de uso PROIBIDO, previsto no art. 16 da Lei nº 10.826, de 22 de dezembro de 2003"* é crime hediondo.

A Lei 13.497/17, quando alterou a lei dos crimes hediondos, referia-se apenas a arma de uso RESTRITO e não proibido, o que possibilitava interpretação, pelo fato da redação do art. 16, "caput" da Lei 10.826/03 referir-se tanto a armas de uso restrito e proibido. A Lei 13.964/19 (Pacote Anticrime) alterou ambas as legislações, ou seja, Lei de Armas e Lei de Crimes Hediondos. Para a Lei de Armas, criou a diferenciação entre crime de porte e posse de arma de uso RESTRITO (art. 16, "caput") – pena de 3 a 6 anos de reclusão e multa – para porte e posse de arma de uso PROIBIDO (art. 16, § 2º) – pena de 4 a 12 anos de reclusão e multa. Assim, tem-se que é apenas hediondo o crime do art. 16, § 2º da Lei 10.826/03 (porte ou posse de arma de uso PROIBIDO), não sendo hediondo o crime de porte ou posse de arma de fogo de uso RESTRITO.

A inovação trazida pela Lei 13.964/19 (Pacote Anticrime), alterando o determinado pela Lei 13.497/17 na redação do art. 16 da Lei 10.826/03 (Lei de Armas) indica que aqueles que haviam tido o reconhecimento da hediondez de sua prática no porte ou posse de arma de fogo de uso RESTRITO tiveram uma inovação benéfica, e portanto, não podem ser mais tratados com as restrições anteriormente indicadas. É HEDIONDO APENAS O PORTE DE ARMA DE USO PROIBIDO (art. 16, § 2º da Lei 10.826/03).

Para o STJ, ANTERIORMENTE AO PACOTE ANTICRIME, eram hediondos os crimes do art. 16 da Lei nº 10.826/2003, inserida pela Lei nº 13.497/2017, abrangendo tanto os tipos do *caput* e as condutas equiparadas previstas no seu parágrafo único. STJ. 6ª Turma. HC 526916-SP, Rel. Min. Nefi Cordeiro, julgado em 01/10/2019 (Informativo 657). Com a nova redação trazida pela Pacote Anticrime somente é crime hediondo a posse ou porte ilegal de arma de fogo de uso proibido; não sendo mais crime a posse ou porte ilegal de arma de fogo de uso restrito. Isso significa que as pessoas condenadas pelo art. 16 do Estatuto do Desarmamento por condutas envolvendo armas de fogo de uso restrito não mais poderão receber o tratamento destinado aos crimes hediondos. Tais crimes deixaram de ser hediondos. Houve, portanto, *Novatio legis in mellius.*

O crime do art. 16, "caput" é tido como crime de maior potencial ofensivo, ou seja, tem variação de pena de 3 a 6 anos de reclusão e multa.

10.2 Crimes equiparados ao art. 16 "caput" da Lei 10.826/03

10.2.1 Art. 16, §1º, I

Tipifica o ato de suprimir ou alterar marca, numeração ou qualquer sinal de identificação de arma de fogo ou artefato.

Aquele que pratica o tipo penal do art. 16, parágrafo único I da Lei 10.826/03 deve responder por concurso material de crimes com os delitos do art. 14 ou 16, "caput" da Lei 10.826/03. Estes delitos não são crime meio para a prática do tipo penal do art. 16, parágrafo único I da Lei 10.826/03 e este delito atinge objeto jurídico diferenciado dos delitos dos arts. 14 e 16, parágrafo único da Lei 10.826/03, pois fere também o poder estatal de fiscalização das armas.

10.2.2 Art. 16, § 1º, II

Tipifica o ato de modificar as características de arma de fogo, de forma a torná-la equivalente a arma de fogo de uso proibido ou restrito ou para fins de dificultar ou de qualquer modo induzir a erro autoridade policial, perito ou juiz.

Trata-se de conduta com fim específico. O agente deve estar na posse de arma de fogo de uso permitido e modificá-la com os fins específicos de: a) Torná-la equivalente a arma de fogo de uso proibido ou restrito; b) Dificultar ou induzir a erro autoridade policial, perito ou juiz.

A simples modificação da arma de fogo que não a torne equivalente a outra de uso restrito e ainda que não tenha os fins de dificultar ou induzir a erro a autoridade policial, perito ou juiz não é típica.

10.2.3 Art. 16, § 1º, III

Tipifica o ato de possuir, detiver, fabricar ou empregar artefato explosivo ou incendiário, sem autorização ou em desacordo com determinação legal ou regulamentar.

O Regulamento para a Fiscalização de Produtos Controlados (R-105) refere-se a "Acessório Explosivo" (art. 3º, III) e o define como "engenho não muito sensível, de elevada energia de ativação, que tem por finalidade fornecer energia suficiente à continuidade de um trem explosivo e que necessita de um acessório iniciador para ser ativado". Refere-se ainda ao termo "incendiário" apenas quando analisa o "agente químico de guerra". No entanto, basta que o agente possua, detenha, fabrique ou empregue um artefato incendiário qualquer em desacordo com a regulamentação legal ou normativa supra legal que responderá pelo crime tratado. Exemplo: é exemplo clássico o emprego do coquetel molotov em confrontos.

Nos casos de granada de gás lacrimogêneo ou gás de pimenta, o porte deste tipo de objeto não configura o crime do art. 16, parágrafo único III da Lei 10.826/03, pois não se enquadram na definição de artefato explosivo (STJ. 6ª Turma. REsp 1627028/SP, Rel. Min. Maria Thereza de Assis Moura, julgado em 21/02/2017 (STJ – Informativo 599).

A Confronto com o art. 253 do Código Penal: O tipo penal do art. 253 do Código Penal abarca os atos de "Fabricar, fornecer, adquirir, possuir ou transportar, sem licença da autoridade, substância ou engenho explosivo, gás tóxico ou asfixiante, ou material destinado à sua fabricação".

Existiu mera derrogação (revogação parcial) do art. 253 do Código Penal pelo art. 16, parágrafo único III da Lei 10.826/03. A previsão do art. 253 do Código Penal se encaixa como crime de menor potencial ofensivo tendo pena com variação de 6 meses a 2 anos e multa.

B Necessidade de perícia para a constatação do crime: O entendimento que passou a ser dominante nos tribunais superiores é o de que a perícia não é necessária para a constatação da materialidade do crime tratado, podendo ser substituída por outra prova válida em processo penal, uma vez que o crime praticado nos autos fere a segurança pública e a paz social e não a incolumidade física do indivíduo.

FIQUE POR DENTRO:

"O objeto jurídico tutelado em relação à conduta de possuir artefato explosivo ou incendiário não é a incolumidade física, e sim a segurança pública e a paz social, colocados em risco com a prática do ato à deriva do controle estatal, sendo desnecessária, portanto, perícia para atestar a lesividade daquele artigo e, por conseguinte, caracterizar o crime do art. 16, parágrafo único, III, da Lei 10.826/03. O raciocínio é o mesmo daquele desenvolvido por esta Corte Superior de Justiça para o porte de arma de fogo, acessórios e munição" (STJ – 5ª Turma – REsp 1350196/MG – Relatora Ministra Laurita Vaz – dj. 19.2.2013 e dje 28.2.2013 – JC 204/294).

10.2.4 Art. 16, § 1º, IV da Lei 10.826/03

Tipificado o ato de portar, possuir, adquirir, transportar ou fornecer arma de fogo com numeração, marca ou qualquer outro sinal de identificação raspado, suprimido ou adulterado.

A lei penal não diferencia se os atos podem ser praticados com armas de uso permitido ou restrito. Assim o sendo, basta que as condutas previstas no tipo penal sejam praticadas com quaisquer dos tipos armas citados para serem consideradas crime. Com relação à arma de fogo de uso restrito ou proibido pouca diferença vai existir na questão de punição destas atitudes delitivas, pois a pena prevista para ambos os crimes (art. 16, "caput" e art. 16, parágrafo único IV da Lei 10.826/03) são idênticas. Já no tocante a arma de fogo de uso permitido, o aumento da pena prevista em preceito secundário é bastante significativo saltando de 2 a 4 anos de reclusão para 3 a 6 anos de reclusão.

A Possuir arma de fogo com numeração raspada no interior de residência: A lei diferencia as atitudes de possuir e portar arma de fogo. Assim o sendo, possuir, entende-se como o ato de manter a arma no interior de sua residência verbo que foi previsto apenas no tipo penal do art. 12 e não do art. 14 que se refere a portar. Assim o sendo, quando o art. 16, parágrafo único IV da Lei 10.826/03 traz a elementar "possuir", indica que aquele que mantém em sua residência a arma de fogo com numeração raspada responde por este último crime citado e não pelo do art. 12 da Lei 10.826/03.

10.2.5 Art. 16, § 1º, V da Lei 10.826/03

Tipifica o ato de "vender, entregar ou fornecer, ainda que gratuitamente, arma de fogo, acessório, munição ou explosivo a criança ou adolescente".

A Confronto aparente com o art. 242 da Lei 8.069/90 (com a redação dada pela Lei 10.764/03): O art. 242 do ECA tipifica a conduta de "vender, fornecer ainda que gratuitamente ou entregar, de qualquer forma, a criança ou adolescente arma, munição ou explosivo". Como a previsão do art. 16, § 1º V da lei 10.826/03 é posterior, houve a derrogação do art. 242 do ECA pela lei de armas. Observa-se que com a alteração que já havia ocorrido no art. 242 do ECA pela Lei 10.764/03 o preceito secundário de ambas as redações (art. 242 ECA e art. 16, parágrafo único, V da Lei 10.826/03) são idênticos na parte da pena privativa de liberdade e preveem 3 a 6 anos de reclusão. Ocorre que a pena do art. 16, § 1º, V da Lei 10.826/03, modificado pela Lei 13.964/19, traz o acréscimo da pena de MULTA, que não era prevista no ECA.

Fala-se em derrogação do art. 242 ECA pela Lei 10.826/03, pois, na redação do art. 242 inexiste qualquer menção a arma "DE FOGO", referindo-se apenas a "ARMAS". Assim o sendo, no tocante, às consideradas armas impróprias ou "brancas" será possível a tipificação penal no art. 242 do ECA.

B Arma de pressão por ar comprimido ou mola (espingarda de chumbinho): A arma de pressão por ação de gás comprimido ou por ação de mola de calibre inferior a 6mm é de uso permitido e seu porte seja livre em todo o território nacional não necessitando de registro. Não é considerada arma de fogo, mas é considerada arma pelo Regulamento 105 (art. 3º, XV) do Decreto 3.665/2000. Assim o fornecimento deste tipo de arma para adolescente tipifica o crime do art. 242 do ECA que detém pena idêntica, como já dito ao do art. 16, parágrafo único IV da Lei 10.826/03.

10.2.6 Art. 16, § 1º VI da Lei 10.826/03

Tipifica "produzir, recarregar ou reciclar, sem autorização legal, ou adulterar, de qualquer forma, munição ou explosivo".

11. CASUÍSTICA

A Posse conjunta de várias armas mesmo calibre e em mesma situação de legalidade (numerada, raspada ou uso restrito): Trata-se de crime único com valoração da conduta na fixação da pena

B Posse de arma e explosivos: A posse de arma e explosivos conjuntamente indica a prática de crimes diversos.

C Destino das armas apreendidas em processo penal: As armas apreendidas no processo penal devem ser remetidas para o Comando do Exército para destruição.

D Arma de brinquedo: O porte ou posse não é proibido. A fabricação, venda, comercialização de simulacro que pode gerar confusão é proibida.

12. COMÉRCIO ILEGAL DE ARMA DE FOGO (ART. 17 DA LEI 10.826/03)

A lei prevê como crime o ato de *"Adquirir, alugar, receber, transportar, conduzir, ocultar, ter em depósito, desmontar, montar, remontar, adulterar, vender, expor à venda, ou de qualquer forma utilizar, em proveito próprio ou alheio, no exercício de atividade comercial ou industrial, arma de fogo, acessório ou munição, sem autorização ou em desacordo com determinação legal ou regulamentar"*.

A Lei 13.964/19 (Pacote Anticrime) alterou a pena do delito tratado de 4 a 8 anos e multa, para 6 a 12 anos e multa.

A Equiparação de atividade comercial ou industrial (art. 17, § 1º da Lei 10.826/03): Equipara-se à atividade comercial ou industrial, para efeito deste artigo, qualquer forma de prestação de serviços, fabricação ou comércio irregular ou clandestino, inclusive o exercido em residência.

B Crime equiparado ao Comércio Ilegal de Arma de Fogo: A Lei 13.964/19 (Pacote Anticrime) incluiu o § 2º no Art. 17 da Lei 10.826/03 e indica que "incorre na mesma pena quem vende ou entrega arma de fogo, acessório ou munição, sem autorização ou em desacordo com a determinação legal ou regulamentar, a agente policial disfarçado, quando presentes elementos probatórios razoáveis de conduta criminal preexistente".

C Crimes hediondos: A Lei 13.964/19 (Pacote Anticrime) ainda incluiu o art. 1º, parágrafo único III na Lei 8.072/90 que indicou ser hediondo o crime do art. 17 da Lei 10.826/03. Não existe menção sobre diferenciação entre o "caput" e o § 2º (crime equiparado) do art. 17 da Lei de Armas, mas a *mens legis* é clara, por ter sido alterada pela mesma legislação, que ambos os delitos sejam hediondos e não apenas o "caput" do art. 17.

13. TRÁFICO INTERNACIONAL DE ARMA DE FOGO (ART. 18 DA LEI 10.826/03)

É criminosa a atividade de "Importar, exportar, favorecer a entrada ou saída do território nacional, a qualquer título, de arma de fogo, acessório ou munição, sem autorização da autoridade competente". Houve também elevação da pena derivada do Pacote Anticrime para este tipo penal de 4 a 8 anos de reclusão e multa para 8 a 16 anos de reclusão e multa.

A Crime equiparado ao Tráfico Internacional de Arma de Fogo: O pacote Anticrime também gerou o acréscimo da figura do crime equiparado ao Tráfico Internacional de Arma de fogo, até então inexistente. Agora é crime e incorre na mesma pena, do delito do "caput" "quem vende ou entrega arma de fogo, acessório ou munição, em operação de importação, sem autorização da autoridade competente, a agente policial disfarçado, quando presentes elementos probatórios razoáveis de conduta criminal preexistente (art. 18, parágrafo único da Lei 10.826/03).

B Flagrante preparado e as figuras do art. 17, § 2º e 18, parágrafo único da Lei 10.826/03: As figuras criadas pelos arts. 17, § 2º e Art. 18, parágrafo único da Lei 10.826/03 visam atingir e evitar as argumentações da impossibilidade de criminalização dos atos narrados diante da atuação de policial "disfarçado" pela suposta ocorrência de flagrante preparado, de acordo com a Súmula 145 do STF ("não há crime quando a preparação do flagrante pela polícia torna impossível a sua consumação"). Nestes casos, a legislação faz a ressalva de que não será isento de caracterização típica o ato de quem pratica as condutas do art. 17, § 2º ou do art. 18, parágrafo único da Lei 10.826/03, a policiais disfarçados, desde que, presentes elementos probatórios razoáveis de conduta criminal preexistente. Assim, na realidade, a conduta criminal já estava consumada anteriormente aos atos tomados, que são meros exaurimentos (embora típicos), portanto, não retiram a tipicidade da conduta anterior. Ambas mostram-se normas muito mais explicativas do que de tipificação delitiva.

C **"Agentes disfarçados" e "Agentes Infiltrados":** As previsões dos arts. 17, § 2º e 18, parágrafo único da Lei 10.826/03 não se dão relativas às presenças de "Agentes Infiltrados" indicados pelo art. 10 Lei 12.850/03. Para os agentes infiltrados há necessidade de *"circunstanciada, motivada e sigilosa autorização judicial, que estabelecerá seus limites"*. O "Agente Disfarçado" detém atuação pontual para o caso concreto em que realiza a interseção das atividades previstas no art. 17, § 2º e 18, parágrafo único da Lei 10.826/03. Trata-se de nova figura criada pela Lei 13.964/19, que possibilita a atuação de agentes policiais em situações pontuais da prisão em flagrante e não de investigação em largo período de tempo.

14. CAUSAS DE AUMENTO DE PENA ESPECÍFICA PARA OS CRIMES DOS ARTS. 17 E 18 DA LEI 10.826/03

Nos crimes previstos nos arts. 17 e 18, a pena é aumentada da metade se a arma de fogo, acessório ou munição forem de uso PROIBIDO OU RESTRITO.

15. CAUSAS DE AUMENTO DE PENA DOS ARTS. 14, 15, 16, 17 E 18

A pena dos crimes indicados é aumentada quando:

a) forem praticados por integrantes:

- das Forças Armadas;
- Dos órgãos indicados no art. 144, I a V da CF/88 e os da Força Nacional de Segurança Pública (FNSP);
- Guardas municipais;
- os agentes operacionais da Agência Brasileira de Inteligência e os agentes do Departamento de Segurança do Gabinete de Segurança Institucional da Presidência da República;
- os integrantes dos órgãos policiais referidos no art. 51, IV, e no art. 52, XIII, da Constituição Federal;
- os integrantes do quadro efetivo dos agentes e guardas prisionais, os integrantes das escoltas de presos e as guardas portuárias;
- as empresas de segurança privada e de transporte de valores constituídas, nos termos desta Lei;
- os integrantes das entidades de desporto legalmente constituídas, cujas atividades esportivas demandem o uso de armas de fogo, na forma do regulamento desta Lei, observando-se, no que couber, a legislação ambiental.
- integrantes das Carreiras de Auditoria da Receita Federal do Brasil e de Auditoria-Fiscal do Trabalho, cargos de Auditor-Fiscal e Analista Tributário.

- Integrantes dos tribunais do Poder Judiciário descritos no art. 92 da Constituição Federal e os Ministérios Públicos da União e dos Estados.

b) o agente for reincidente específico em crimes dessa natureza.

> **MUITA ATENÇÃO!** As causas de aumento acima não atingem o crime do art. 12 da Lei 10.826/03 (posse de arma de fogo).

16. LIBERDADE PROVISÓRIA E FIANÇA

Embora a Lei 10.826/03 em sua redação original vedava a liberdade provisória para os crimes dos arts. 16 a 18 e ainda não permita fiança para o crime do art. 14 (quando a arma não estiver registrada em nome do agente) e do art. 15, tais vedações foram julgadas inconstitucionais pela ADIN 3.112-1, no ano de 2007.

17. TESES DO SUPERIOR TRIBUNAL DE JUSTIÇA – STJ

1. O simples fato de possuir ou portar munição caracteriza os delitos previstos nos arts. 12, 14 e 16 da Lei 10.826/2003, por se tratar de crime de perigo abstrato e de mera conduta, sendo prescindível a demonstração de lesão ou de perigo concreto ao bem jurídico tutelado, que é a incolumidade pública.

2. A apreensão de ínfima quantidade de munição desacompanhada de arma de fogo, excepcionalmente, a depender da análise do caso concreto, pode levar ao reconhecimento de atipicidade da conduta, diante da ausência de exposição de risco ao bem jurídico tutelado pela norma.

3. Demonstrada por laudo pericial a inaptidão da arma de fogo para o disparo, é atípica a conduta de portar ou de possuir arma de fogo, diante da ausência de afetação do bem jurídico incolumidade pública, tratando-se de crime impossível pela ineficácia absoluta do meio.

4. A conduta de possuir, portar, adquirir, transportar ou fornecer arma de fogo, seja de uso permitido, restrito ou proibido, com numeração, marca ou qualquer outro sinal de identificação raspado, suprimido ou adulterado, implica a condenação pelo crime estabelecido no art. 16, parágrafo único, IV, do Estatuto do Desarmamento.

5. O crime de comércio ilegal de arma de fogo, acessório ou munição (art. 17 da Lei 10.826/2003) é delito de tipo misto alternativo e de perigo abstrato, bastando para sua caracterização a prática de um dos núcleos do tipo penal, sendo prescindível a demonstração de lesão ou de perigo concreto ao bem jurídico tutelado, que é a incolumidade pública.

6. O delito de comércio ilegal de arma de fogo, acessório ou munição, tipificado no art. 17, caput e parágrafo único, da Lei de Armas, nunca foi abrangido pela *abolitio criminis* temporária prevista nos arts. 5º, § 3º, e 30 da Lei de Armas ou nos diplomas legais que prorrogaram os prazos previstos nos referidos dispositivos.

7. Compete à Justiça Federal o julgamento do crime de tráfico internacional de arma de fogo, acessório ou munição, em razão do que dispõe o art. 109, inciso V, da Cons-

tituição Federal, haja vista que este crime está inserido em tratado internacional de que o Brasil é signatário.

8. O crime de tráfico internacional de arma de fogo, acessório ou munição, tipificado no art. 18 da Lei 10.826/03, é de perigo abstrato ou de mera conduta e visa a proteger a segurança pública e a paz social.

9. Para a configuração do tráfico internacional de arma de fogo, acessório ou munição não basta apenas a procedência estrangeira do artefato, sendo necessário que se comprove a internacionalidade da ação.

10. É típica a conduta de importar arma de fogo, acessório ou munição sem autorização da autoridade competente, nos termos do art. 18 da Lei 10.826/2003, mesmo que o réu detenha o porte legal da arma, em razão do alto grau de reprovabilidade da conduta.

11. O crime de posse irregular de arma de fogo, acessório ou munição de uso permitido (art. 12 da Lei 10.826/2003) é de perigo abstrato, prescindindo de demonstração de efetiva situação de perigo, porquanto o objeto jurídico tutelado não é a incolumidade física e sim a segurança pública e a paz social.

12. O crime de porte ilegal de arma de fogo, acessório ou munição de uso permitido (art. 14 da Lei 10.826/2003) é de perigo abstrato e de mera conduta, bastando para sua caracterização a prática de um dos núcleos do tipo penal, sendo desnecessária a realização de perícia.

13. O art. 14 da Lei 10.826/2003 é norma penal em branco, que exige complementação por meio de ato regulador, com vistas a fornecer parâmetros e critérios legais para a penalização das condutas ali descritas.

14. O crime de disparo de arma de fogo (art. 15 da Lei 10.826/2003) é crime de perigo abstrato, que presume a ocorrência de dano à segurança pública e prescinde, para sua caracterização, de comprovação da lesividade ao bem jurídico tutelado.

15. O crime de posse ou porte ilegal de arma de fogo, acessório ou munição de uso restrito (art. 16, caput, da Lei 10.826/2003) é crime de perigo abstrato, que presume a ocorrência de dano à segurança pública e prescinde, para sua caracterização, de resultado naturalístico à incolumidade física de outrem.

16. A *Abolitio criminis* temporária prevista na Lei 10.826/2003 aplica-se ao crime de posse de arma de fogo de uso permitido com numeração, marca ou qualquer outro sinal de identificação raspado, suprimido ou adulterado, praticado somente até 23/10/2005. (Súmula n. 513/STJ) (Tese julgada sob o rito do art. 543-C do CPC/1973 – TEMA 596)

17. São atípicas as condutas descritas nos arts. 12 e 16 da Lei 10.826/2003, praticadas entre 23/12/2003 e 23/10/2005, mas, a partir desta data, até 31/12/2009, somente é atípica a conduta do art. 12, desde que a arma de fogo seja apta a ser registrada (numeração íntegra).

18. A regra dos arts. 30 e 32 da Lei 10.826/2003 alcança, também, os crimes de posse ilegal de arma de fogo praticados sob a vigência da Lei n. 9.437/1997, em respeito ao princípio da retroatividade da lei penal mais benéfica.

19. A forma qualificada do art. 10, § 3º, IV, da Lei 9.437/1997, que foi suprimida do ordenamento jurídico com o advento da Lei 10.826/03, não tem o condão de tornar atípica a conduta, mas apenas de desclassificar o delito para a forma simples, prevista no caput do dispositivo legal mencionado.

20. Não se aplica o princípio da consunção quando os delitos de posse ilegal de arma de fogo e disparo de arma em via pública são praticados em momentos diversos e em contextos distintos.

21. A simples conduta de possuir ou de portar arma, acessório ou munição é suficiente para a configuração dos delitos previstos nos arts. 12, 14 e 16 da Lei 10.826/2003, sendo inaplicável o princípio da insignificância.

22. Independentemente da quantidade de arma de fogo, de acessórios ou de munição, não é possível a desclassificação do crime de tráfico internacional de arma de fogo (art. 18 da Lei de Armas) para o delito de contrabando (art. 334-A do Código Penal), em respeito ao princípio da especialidade.

CAPÍTULO II
LEI 5.553/1968 (APRESENTAÇÃO E USO DE DOCUMENTOS DE IDENTIFICAÇÃO PESSOAL)

1. VEDAÇÃO DE RETENÇÃO DE DOCUMENTO

A retenção de documento de identificação pessoal é vedada em todos os âmbitos por quem quer que seja. Assim, nenhuma pessoa física ou jurídica, seja de direito público ou privado poderá reter documentos de identificação pessoal.

1.2. Retenção atinge a fotocópia autenticada

A cópia autenticada é considerada documento e, portanto, também não pode ser retida, conforme anteriormente indicado.

A lei ainda veda que o documento de "pública forma" seja retido nos mesmos moldes dos documentos anteriores. Documento de pública forma é aquela cópia de um documento feita por um Tabelião ou Escrivão que faz constar palavra por palavra tudo o que contém o documento original, ou seja, uma transcrição palavra por palavra do conteúdo do documento original levado ao cartório. Uma cópia *Ipsis litteris* documento original.

A lei indica como documentos que impossibilita a retenção o comprovante de quitação com o serviço militar, título de eleitor, carteira profissional, certidão de registro de nascimento, certidão de casamento, comprovante de naturalização e carteira de identidade de estrangeiro.

Este rol, no entanto, não é taxativo, cabendo sua extensão como as carteiras identificadoras de órgãos públicos, como as de Policiais Militares, Policiais Civis, Magistrados, membros do Ministério Público, etc.

2. PRAZO QUE PODERÁ SER RETIDO O DOCUMENTO QUANDO NECESSÁRIO PARA ATOS

Em determinado atos, o documento de identificação pode ser necessário para que seja realizado na forma como pretendido. Podem ser exemplos a lavratura de uma escritura de compra e venda de imóvel, etc. Nestes casos a lei possibilita o **prazo máximo de 5 (cinco)** dias para que todos os dados do proprietário do documento sejam extraídos por parte de quem deles necessite, cabendo a esta pessoa (física ou jurídica) que exigiu o documento, a devolução ao proprietário.

A **Extensão do prazo para retenção:** A retenção de documento identificador além do prazo acima reportado apenas poderá ocorrer por determinação judicial.

B Ingresso em órgãos públicos ou particulares: Quando for exigida a identificação pessoal para o ingresso em órgãos públicos ou particulares, não vale o prazo de retenção acima indicado. Nestes casos, os dados do portador do documento deverão ser anotados e o documento **imediatamente** devolvido.

3. CONTRAVENÇÃO PENAL DE RETENÇÃO INDEVIDA DE DOCUMENTO DE IDENTIFICAÇÃO

A pessoa física responsável pela retenção indevida (fora dos prazos indicados nos itens anteriores) responderá por contravenção penal prevista no art. 3º da Lei 5.553/1968. A pena é de 1 a 3 meses de PRISÃO SIMPLES e multa.

Trata-se assim de delito de menor potencial ofensivo nos termos do art. 61 da Lei 9.099/95, passível portanto de transação penal (art. 76 da Lei 9.099/95).

3.1 Contravenção quando cometida por preposto de Pessoa Jurídica

Se a contravenção for cometida por preposto ou agente de pessoa jurídica, será considerado responsável pela infração penal quem tiver ordenado a prática delitiva.

Evidentemente, tal interpretação que é exposta pela lei dar-se-á nos casos de que o preposto ou agente de pessoa jurídica que execute o ato não tenha qualquer conhecimento de sua ilegalidade da prática contravencional e não tenha anuído à ela, pois caso contrário, responderá em concurso de pessoas com aquele que lhe ordenou. A responsabilização pessoal do preposto ou agente de pessoa jurídica também se dará quando ocorrer desobediência ou inobservância de ordens ou instruções expressas. Neste caso, o preposto ou agente de pessoa jurídica responde isoladamente pela contravenção penal.

CAPÍTULO III

LEI 13.869/2019 (ABUSO DE AUTORIDADE)

1. REVOGAÇÃO

A Lei 13.869/19 revogou a Lei 4.898/65 (antiga lei de abuso de autoridade) e ainda os arts. 150, § 2º (violação de domicílio com inobservância do disposto em lei ou com abuso de autoridade) e 350 (exercício arbitrário ou abuso de poder) do Código Penal.

> **MUITA ATENÇÃO!**
>
> **AÇÕES DIRETAS DE INCONSTITUCIONALIDADE**
>
> Existem sete ações diretas de inconstitucionalidades a serem julgadas em face da lei de abuso de autoridade, pendentes de decisão.

2. SUJEITOS ATIVOS

São definidos como sujeitos ativos da lei de Abuso de Autoridade o agente público, servidor ou não, que, no exercício de suas funções ou a pretexto de exercê-las, abuse do poder que lhe tenha sido atribuído. O art. 2º da lei ainda especifica como sujeitos ativos "qualquer agente público, servidor ou não, da administração direta, indireta ou fundacional de qualquer dos Poderes da União, dos Estados, do Distrito Federal, dos Municípios e de Território, compreendendo, mas não se limitando a: I – servidores públicos e militares ou pessoas a eles equiparadas; II – membros do Poder Legislativo; III – membros do Poder Executivo; IV – membros do Poder Judiciário; V – membros do Ministério Público; VI – membros dos tribunais ou conselhos de contas.

3. DEFINIÇÃO DE AGENTE PÚBLICO PARA A LEI

Define a lei como agente público todo aquele que exerce, ainda que transitoriamente ou sem remuneração, por eleição, nomeação, designação, contratação ou qualquer outra forma de investidura ou vínculo, mandato, cargo, emprego ou função em órgão ou entidade abrangidos pelo caput deste artigo (art. 2º, parágrafo único).

4. AÇÃO PENAL

A redação da lei original trazia a menção de que a ação competente para a apuração dos crimes seria pública incondicionada. O art. 3º que trazia tal redação foi vetado, com a justificativa de que o art. 100 CP, já faz a previsão de que todas as vezes que a Lei não prevê de forma diferente, a ação competente será pública incondicionada. Assim, não há dúvidas neste sentido.

A **Ação penal privada subsidiária da pública:** A redação original da lei previa em seu art. 3º, § 1º que *"será admitida a ação privada se a ação penal pública não for intentada no prazo legal, cabendo ao Ministério Público aditar a queixa, repudiá-la e oferecer denúncia substitutiva, intervir em todos os termos do processo, fornecer elementos de prova, interpor, recurso e a todo tempo, no caso de negligência do querelante, retomar a ação como parte principal"*. Existia ainda a menção de que *"a ação penal privada subsidiária da pública seria intentada no prazo de 6 meses, após o vencimento do prazo para o oferecimento da denúncia"*. Este artigo foi vetado, fundamentado no fato de já existir regulamentação sobre a atuação da ação penal privada subsidiária da pública no ordenamento nacional. Assim ela continua sendo possível, como não poderia deixar de ser, visto que direito fundamental do cidadão (art. 5º, LIX da CF/88).

5. EFEITOS DA CONDENAÇÃO EM CRIMES DE ABUSO DE AUTORIDADE

EFEITOS GENÉRICOS E ESPECÍFICOS DA CONDENAÇÃO EM CRIMES COMUNS	EFEITOS DA CONDENAÇÃO EM CRIMES DE ABUSO DE AUTORIDADE
» tornar certa a obrigação de indenizar o dano causado pelo crime (art. 91, I CP). Observação: A fixação do valor mínimo de indenização pelo juízo, advém do art. 387, IV CPP, mas apenas poder ocorrer quando requerida na denúncia ou na queixa crime.	» tornar certa a obrigação de indenizar o dano causado pelo crime, devendo o juiz, a requerimento do ofendido, fixar na sentença o valor mínimo para reparação dos danos causados pela infração, considerando os prejuízos por ele sofridos (art. 4º, I, Lei 13.869/19). Observação: a lei determina que o requerimento de indenização mínima para os crimes de abuso de autoridade deve partir do ofendido. Porém, sendo a ação necessariamente pública incondicionada, tem-se que o pedido deve ser feito pelo Ministério Público na denúncia, independentemente de requisição prévia por parte do ofendido em sede inquisitorial.
I – a perda de cargo, função pública ou mandato eletivo: a) quando aplicada pena privativa de liberdade <u>por tempo igual ou superior a um ano,</u> nos crimes praticados com abuso de poder ou violação de dever para com a Administração Pública; b) quando for aplicada <u>pena privativa de liberdade por tempo superior a 4 (quatro) anos</u> nos demais casos (art. 92, I, "a" e "b" CP). **ATENÇÃO**: para os crimes comuns não há previsão de inabilitação para cargo, função ou mandato.	a) a inabilitação para o exercício de cargo, mandato ou função pública, pelo período de 1 (um) a 5 (cinco) anos, <u>independentemente do tempo de condenação</u> (art. 4º, I da Lei 13.869/19). b) a perda do cargo, do mandato ou da função pública, <u>independentemente do tempo de condenação</u> (art. 4º, I da Lei 13.869/19). **ATENÇÃO**: A nova lei assim prevê não apenas a perda do cargo, mandato ou função pública para quem já é agente público, como inabilita de um a cinco anos o ingresso em cargo, mandato ou função pública àquele que não era agente público quando do cometimento do delito.

» Os efeitos específicos (art. 92 CP) não são automáticos, devendo ser motivadamente declarados na sentença. NÃO SÃO CONDICIONADOS A REINCIDÊNCIA.	» Os efeitos específicos da lei de crimes de abuso de autoridade SÃO CONDICIONADOS À OCORRÊNCIA DE REINCIDÊNCIA ESPECÍFICA EM CRIME DE ABUSO DE AUTORIDADE e não são automáticos, devendo ser declarados motivadamente na sentença. O único que não necessita ser declarado é o efeito genérico de tornar certo o dever de reparação do dano, mas o montante mínimo a ser fixado deverá ser requerido na inicial e NÃO será automaticamente fixado.

6. PENAS RESTRITIVAS DE DIREITO

O art. 5º da Lei 13.869/19 prevê a existência de duas penas restritivas de direitos, quais sejam:

» prestação de serviços à comunidade ou a entidades públicas;

» suspensão do exercício do cargo, da função ou do mandato, pelo prazo de 1 (um) a 6 (seis) meses, com a perda dos vencimentos e das vantagens.

A **Forma de aplicação das penas restritivas de direito:** As penas restritivas de direito podem ser aplicadas cumulativa ou isoladamente.

7. INDEPENDÊNCIA DAS INSTÂNCIAS

As penas previstas na esfera criminal da nova lei de abuso de autoridade são aplicadas autonomamente em razão das sanções cíveis e criminais. No entanto, quanto ao mérito, decidido em esfera criminal, é impossível que seja rediscutido tanto no juízo cível quanto no administrativo.

8. EFEITOS DA COISA JULGADA DO JUÍZO CRIMINAL NOS JUÍZOS CÍVEL E ADMINISTRATIVO

Faz coisa julgada em âmbito cível, assim como no administrativo-disciplinar, a sentença penal que reconhecer ter sido o ato praticado em estado de necessidade, em legítima defesa, em estrito cumprimento de dever legal ou no exercício regular de direito (art. 8º da Lei 13.869/19).

9. CRIME DE DECRETAÇÃO DE MEDIDA PRIVATIVA DE LIBERDADE EM DESCONFORMIDADE COM AS HIPÓTESES LEGAIS

O art. 9º da Lei 13.689/19, que foi vetado pela presidência e teve o veto derrubado pelo Congresso, prevê como crime *"Decretar medida de privação da liberdade em manifesta desconformidade com as hipóteses legais"*, prevendo a pena de 1 a 4 anos de detenção para o delito. Como o tipo penal fala em *"medida de privação de liberdade"* e não pena, seria em tese impossível a extensão analógica. Assim, o crime refere-se a medidas de segurança do Código Penal, medidas cautelares das legislações penais esparsas e do Código de Processo Penal e ainda, no caso do juízo da infância as medidas sócio-educativas previstas no Estatuto da Criança e do Adolescente, neste caso tanto em fase processual como em situação definitiva.

A Crimes equiparados ao art. 9º da Lei 13.689/19: São equiparados ao crime tratado as decisões que: I – relaxar a prisão manifestamente ilegal; II – substituir a prisão preventiva por medida cautelar diversa ou de conceder liberdade provisória, quando manifestamente cabível; III – deferir liminar ou ordem de habeas corpus, quando manifestamente cabível. Trata-se de rol de crimes penais abertos com elementos normativos inseridos que geram clara insegurança jurídica, como "manifestamente ilegal", "manifestamente cabível", uma vez que tais decisões geram análise amplamente subjetiva do intérprete não apenas da decisão como ainda do tipo penal tratado.

10. CRIME DE CONDUÇÃO COERCITIVA DESCABIDA

"Decretar a condução coercitiva de testemunha ou investigado manifestamente descabida ou sem prévia intimação de comparecimento ao juízo: Pena – detenção, de 1 (um) a 4 (quatro) anos, e multa" (art. 10).

10.1 Situações regulares de condução coercitiva para investigados ou réus

O CPP prevê a medida de condução coercitiva para os réus no art. 260 CPP, ao colocar que "*se o acusado não atender à intimação para o interrogatório, reconhecimento ou qualquer outro ato que, sem ele, não possa ser realizado, a autoridade poderá mandar conduzi-lo à sua presença*".

FIQUE POR DENTRO: Na Arguição de Descumprimento de Preceito Fundamental 395, o STF, por maioria de votos pela *"não recepção da expressão "para o interrogatório", constante do art. 260 do CPP, e declarar a incompatibilidade com a Constituição Federal da condução coercitiva de investigados ou de réus para interrogatório, sob pena de responsabilidade disciplinar, civil e penal do agente ou da autoridade e de ilicitude das provas obtidas, sem prejuízo da responsabilidade civil do Estado. O Tribunal destacou, ainda, que esta decisão não desconstitui interrogatórios realizados até a data do presente julgamento, mesmo que os interrogados tenham sido coercitivamente conduzidos para tal ato"* (j. 14/6/2018 e public 22/5/2019).

10.2 Condução coercitiva no procedimento especial do júri: "Nenhum ato será adiado, salvo quando imprescindível à prova faltante, determinando o juiz a condução coercitiva de quem deva comparecer" (art. 411, § 7º CPP).

10.3 Condução coercitiva de testemunhas

O art. 218 do CPP demonstra que "*Se, regularmente intimada, a testemunha deixar de comparecer sem motivo justificado, o juiz poderá requisitar à autoridade policial a sua apresentação ou determinar seja conduzida por oficial de justiça, que poderá solicitar o auxílio da força pública*". O art. 461, § 1º CPP determina que "*Se, intimada, a testemunha não comparecer, o juiz presidente suspenderá os trabalhos e mandará conduzi-la ou adiará o julgamento para o primeiro dia desimpedido, ordenando a sua condução*". Também no processo sumário há previsão legal indicativa de que "*Nenhum ato será adiado, salvo quando imprescindível a prova faltante, determinando o juiz a condução coercitiva de quem deva comparecer*".

10.4 Condução coercitiva do ofendido

"*Se, intimado para esse fim, deixar de comparecer sem motivo justo, o ofendido poderá ser conduzido à presença da autoridade*" (art. 201, § 1º CPP).

11. AUSÊNCIA REGULAR DE COMUNICAÇÃO DE FLAGRANTE

Deixar de comunicar prisão em flagrante à autoridade judiciária no prazo legal. Pena – detenção, de 6 (seis) meses a 2 (dois) anos, e multa (Art. 12).

12. FORMA DE COMUNICAÇÃO REGULAR DO FLAGRANTE

Segundo prevê o art. 306, §§ 1º e 2º do CPP, A prisão de qualquer pessoa e o local onde se encontre será comunicada **imediatamente** ao juiz competente, ao Ministério Público e à família do preso ou à pessoa por ele indicada. A comunicação do flagrante se dá através de ofício direcionado ao Ministério Público, ao Juízo por parte da autoridade policial judiciária.

12.1 Crimes equiparados a Ausência regular de comunicação de flagrante: são crimes equiparados a ausência regular de flagrante:

a) **deixar de comunicar, imediatamente, a execução de prisão temporária ou preventiva à autoridade judiciária que a decretou:** são os casos em que são decretadas medidas cautelares privativas de liberdade como as prisões temporária e preventivas. Determinada a execução por parte do juízo à polícia judiciária ou ao Ministério Público, cabe ao que receber a ordem de efetivação a prisão, a comunicação imediata de sua efetivação.

b) **deixar de comunicar, imediatamente, a prisão de qualquer pessoa e o local onde se encontra à sua família ou à pessoa por ela indicada:** o art. 306, "caput" do CPP determina que o prazo válido de comunicação ao Ministério Público e ao Judiciário é o mesmo para a comunicação da família do preso ou pessoa por ele indicada, ou seja, devem ser comunicados de imediato, sob pena de caracterização do delito tratado.

c) **deixar de entregar ao preso, no prazo de 24 (vinte e quatro) horas, a nota de culpa, assinada pela autoridade, com o motivo da prisão e os nomes do condutor e das testemunhas**: a determinação de entrega de nota de culpa advém da previsão trazida pelo art. 306, § 1º CPP que prevê: *"será entregue ao preso, mediante recibo, a nota de culpa, assinada pela autoridade, com o motivo da prisão, o nome do condutor e os das testemunhas"*.

d) **prolongar a execução de pena privativa de liberdade, de prisão temporária, de prisão preventiva, de medida de segurança ou de internação, deixando, sem motivo justo e excepcionalíssimo, de executar o alvará de soltura imediatamente após recebido ou de promover a soltura do preso quando esgotado o prazo judicial ou legal:** a lei indica como excludente de tipicidade apenas os motivos "justo e excepcionalíssimo" para que o responsável não realize ou prolongue a execução de pena privativa de liberdade, de prisão temporária, de prisão preventiva, de medida de segurança ou de internação, quando existam o alvará de soltura ou o esgotamento do prazo judicial ou legal. Observa-se que para este último item (esgotamento do prazo judicial ou legal), não há a necessidade de autorização judicial para a realização da soltura, cabendo meramente a autoridade responsável cumprir o prazo anteriormente determinado na prisão cautelar ou definitiva. Isto, no entanto, não gera a possibilidade de afetação da progressão de regime de penas. Tal benefício detém a necessidade de verificação de requisitos subjetivos e objetivos para ser definido, portanto, o mero prazo processual não detém qualquer efetividade sobre o direito do preso em progressão, não podendo, por óbvio, gerar ato típico à autoridade que não o efetivar, antes da decisão judicial.

13. CONSTRANGIMENTO DE PRESO OU DETENTO MEDIANTE VIOLÊNCIA OU GRAVE AMEAÇA

Determina o art. 13 da Lei 13.689/19 que é crime "Constranger o preso ou o detento, mediante violência, grave ameaça ou redução de sua capacidade de resistência, a: a) exibir-se ou ter seu corpo ou parte dele exibido à curiosidade pública; b) submeter-se a situação vexatória ou a constrangimento não autorizado em lei; c) produzir prova contra si mesmo ou contra terceiro. Pena: detenção, de 1 a 4 anos, e multa, sem prejuízo da pena cominada à violência.

14. CONSTRANGIMENTO ILEGAL PARA QUEBRA DE SEGREDO

O art. 15 prevê como crime o ato de *"Constranger a depor, sob ameaça de prisão, pessoa que, em razão de função, ministério, ofício ou profissão, deva guardar segredo ou resguardar sigilo"*. Pena: prevista de 1 a 4 anos e multa. Os crimes equiparados a este delito estavam vetados pelo Executivo, mas voltaram ao texto da lei pela derrubada dos vetos pelo Congresso Nacional. São previstos como crimes equiparados: Prosseguir "com o interrogatório: I – de pessoa que tenha decidido exercer o direito ao silêncio; ou II – de pessoa que tenha optado por ser assistida por advogado ou defensor público, sem a presença de seu patrono.

15. DEIXAR DE IDENTIFICAR-SE AO PRESO QUANDO DE SUA CAPTURA (ART. 16)

Foi tipificada ainda a conduta de *"Deixar de identificar-se ou identificar-se falsamente ao preso por ocasião de sua captura ou quando deva fazê-lo durante sua detenção ou prisão"*. Pena – detenção, de 6 meses a 2 anos, e multa. É equiparado a tal crime o delito de quem *"como responsável por interrogatório em sede de procedimento investigatório de infração penal, deixa de identificar-se ao preso ou atribui a si mesmo falsa identidade, cargo ou função"*. Também tratava-se de texto vetado pelo executivo derrubado pelo Congresso Nacional.

16. SUBMISSÃO A INTERROGATÓRIO EM PERÍODO NOTURNO

O art. 18 traz novo tipo penal indicando como crime o ato de *"Submeter o preso a interrogatório policial durante o período de repouso noturno, salvo se capturado em flagrante delito ou se ele, devidamente assistido, consentir em prestar declarações"*. Pena – detenção, de 6 (seis) meses a 2 (dois) anos, e multa.

17. IMPEDIR PEDIDO DE LIBERDADE

O Art. 19 prevê como crimes os atos de *"Impedir ou retardar, injustificadamente, o envio de pleito de preso à autoridade judiciária competente para a apreciação da legalidade de sua prisão ou das circunstâncias de sua custódia"*. Pena – detenção, de 1 (um) a 4 (quatro) anos, e multa. O crime do "caput", aparentemente, destina-se a membros do Ministério Público, da Polícia Judiciária, carcereiros, agentes de segurança penitenciária, diretores de penitenciárias, policiais militares que tenham recebido algum pleito regularmente e não os tenham remetido ao Poder judiciário para a análise de pedido. Para os magistrados, existe a previsão específica no Parágrafo único do artigo mencionado, ao colocar que: *"Incorre na mesma pena o magistrado que, ciente do impedimento ou da demora, deixa de tomar as providências tendentes a saná-lo ou, não sendo competente para decidir sobre a prisão, deixa de enviar o pedido à autoridade judiciária que o seja"*.

18. IMPEDIR ENTREVISTA PESSOAL DO PRESO COM ADVOGADO (ART. 20)

Impedir, sem justa causa, a entrevista pessoal e reservada do preso com seu advogado. Pena de detenção de 6 meses a 2 anos e multa. A entrevista do preso com seu advogado é assegurada pela legislação através do art. 41, IX da Lei 7.210/84 (Lei de Execução Penal), ainda pelo art. 7º, III da Lei 8.906/94 (Estatuto da Advocacia e da Ordem dos Advogados do Brasil) e quando do interrogatório, através do art. 185, § 5º do Código de Processo Penal.

19. CRIME EQUIPARADO AO ART. 20 DA LEI 13.869/19

"Incorre na mesma pena quem impede o preso, o réu solto ou o investigado de entrevistar-se pessoal e reservadamente com seu advogado ou defensor, por prazo razoável, antes de audiência judicial, e de sentar-se ao seu lado e com ele comunicar-se durante a audiência, salvo no curso de interrogatório ou no caso de audiência realizada por videoconferência". Observa-se neste ponto que o tipo penal vai além da previsão do art. 185, § 5º CPP. Este dispositivo processual prevê que *"Em qualquer modalidade de interrogatório, o juiz garantirá ao réu o direito de entrevista prévia e reservada com o seu defensor; se realizado por videoconferência, fica também garantido o acesso a canais telefônicos reservados para comunicação entre o defensor que esteja no presídio e o advogado presente na sala de audiência do Fórum, e entre este e o preso".* Portanto, a previsão processual dá ao direito à entrevista reservada para as audiências de interrogatório. O tipo penal prevê como crime a não permissão de entrevista pessoal e reservada com advogado ou defensor, previamente a AUDIÊNCIA JUDICIAL, portanto, a qualquer audiência judicial e não apenas naquelas em que ocorram o interrogatório. Embora em tese a audiência seja uma, em muitos casos na prática ela acaba sendo cindida pela ausência de testemunha que uma das partes insiste, existência de pendências de cartas precatórias, entre outras possibilidades. Também nestes casos portanto, a vedação de consulta com o advogado de maneira reservada, mesmo que o réu não tenha que se manifestar pessoalmente no processo, é prevista como crime. Ainda foi tipificada a negativa de permissão de que o réu comunique-se com o advogado DURANTE a audiência e ainda que sente-se AO LADO de seu defensor. O único momento em que o defensor não poderá manter contato com o réu é DURANTE o interrogatório, pois já se entrevistou anteriormente. Mais uma vez, tipificou-se um elemento normativo do tipo penal de maneira aberta, causando insegurança jurídica. A expressão "prazo razoável" é indesejável para criminalização de condutas penais, gerando uma vasta possibilidade de interpretação e, consequentemente insegurança jurídica latente.

20. PRISÃO DE PESSOAS DE SEXOS DIVERSOS EM MESMA CELA DE CONFINAMENTO (ART. 21 DA LEI 13869/2019)

A previsão típica indica ser crime: "Manter presos de ambos os sexos na mesma cela ou espaço de confinamento". Pena – detenção, de 1 (um) a 4 (quatro) anos, e multa. Certamente teremos muita discussão sobre este tipo penal no tocante a indicação de gênero. Observe que o tipo penal restringe a diversificação BIOLÓGICA em celas, quando utiliza a elementar SEXO e não GÊNERO. Há que se interpretar este tipo penal dentro da decisão do STF no Recurso Extraordinário 670.422.

Segundo tal decisão: *"i) O transgênero tem direito fundamental subjetivo à alteração de seu prenome e de sua classificação de gênero no registro civil, não se exigindo, para tanto, nada além da manifestação de vontade do indivíduo, o qual pode-*

rá exercer tal faculdade tanto pela via judicial como diretamente pela via administrativa; ii) Essa alteração deve ser averbada à margem do assento de nascimento, vedada a inclusão do termo 'transgênero'; iii) Nas certidões do registro não constará nenhuma observação sobre a origem do ato, vedada a expedição de certidão de inteiro teor, salvo a requerimento do próprio interessado ou por determinação judicial; iv) Efetuando-se o procedimento pela via judicial, caberá ao magistrado determinar de ofício ou a requerimento do interessado a expedição de mandados específicos para a alteração dos demais registros nos órgãos públicos ou privados pertinentes, os quais deverão preservar o sigilo sobre a origem dos atos".

Assim, evidencia-se que, embora o tipo penal indique a elementar SEXO, o fez com impropriedade, quando deveria indicar a elementar GÊNERO. A elementar SEXO deverá assim ser entendida como gênero, não sendo cabível, por temor de recair no tipo penal tratado, a destinação de presos transgêneros para celas onde encontram-se pessoas de seu sexo biológico. A autoridade penitenciária e carcerária que direcionar o preso transgênero para a cela de opção de seu gênero, não cometerá certamente qualquer tipo delitivo.

FIQUE POR DENTRO:

O STF decidiu na Medida Cautelar de Arguição de Descumprimento de Preceito Fundamental 527-DF, que teve como relator o Ministro Luis Roberto Barroso, conforme observa-se: *"DIREITO DAS PESSOAS LGBTI. ARGUIÇÃO DE DESCUMPRIMENTO DE PRECEITO FUNDAMENTAL. TRANSEXUAIS E TRAVESTIS. UNIDADES PRISIONAIS EM QUE DEVE OCORRER O CUMPRIMENTO DE PENA. PROTEÇÃO CONTRA ABUSOS FÍSICOS E PSÍQUICOS. PRINCÍPIOS DE YOGYAKARTA. 1. Interpretação judicial controvertida da Resolução Conjunta da Presidência da República e do Conselho de Combate à Discriminação nº 1/2014, acerca das unidades prisionais e demais condições em que deve ocorrer o cumprimento de pena de transexuais e travestis. 2. Transexuais são pessoas que se identificam com o gênero oposto ao seu sexo biológico. Percebem seu corpo como inadequado e buscam ajustá-lo à imagem de gênero que têm de si. Travestis são pessoas que se apresentam para o mundo com gênero oposto àquele correspondente a seu sexo biológico, mas não percebem seu corpo como inadequado e não desejam modificá-lo. 3. Direito das transexuais femininas ao cumprimento de pena em presídios femininos, de acordo com a sua identidade de gênero. Incidência do direito à dignidade humana, à autonomia, à liberdade, à igualdade, à saúde, vedação à tortura e ao tratamento degradante e desumano (CF/1988, art. 1º, III; e art. 5º, caput, III). Normas internacionais e Princípios de Yogyakarta. Precedentes: ADI 4275, red. p/ acórdão Min. Edson Fachin; RE 670.422, rel. Min. Dias Toffoli. 4. Divergência quanto ao tratamento a ser conferido às travestis. Notícia de minuta de resolução em debate entre órgãos com expertise na matéria. Insuficiência das informações constantes dos autos para proporcionar uma decisão segura. Necessidade de complementação da instrução do feito quanto a este ponto. Presença de periculum in mora inverso. 5. Cautelar parcialmente deferida para assegurar que transexuais femininas cumpram pena em presídio feminino. (STF – ADPF 527-DF – Relator Ministro Roberto Barroso, j. 26/6/2019).*

21. MANUTENÇÃO EM MESMA CELA DE CRIANÇA OU ADOLESCENTE E ADULTOS OU AMBIENTE INADEQUADO

Trata-se de crime equiparado ao anterior. *Incorre na mesma pena quem mantém, na mesma cela, criança ou adolescente na companhia de maior de idade ou em ambiente inadequado, observado o disposto na* *Lei nº 8.069, de 13 de julho de 1990* (Estatuto da Criança e do Adolescente).

Quanto à manutenção de criança, adolescente e adulto em mesma cela, a situação ora trazida merece cabimento exclusivamente nos casos em que o ECA prevê a possibilidade de manutenção do adolescente em repartição policial, que é aquela do 185 do ECA. Prevê tal dispositivo que "*Sendo impossível a pronta transferência, o adolescente aguardará sua remoção em repartição policial, desde que em seção isolada dos adultos e com instalações apropriadas, não podendo ultrapassar o prazo máximo de cinco dias, sob pena de responsabilidade*".

Não haveria cabimento em situação diversa da ora tratada, para tal previsão, uma vez que é impossível, por si só, a mantença de criança ou adolescente em ambiente prisional, fora a permitida em lei. Caso seja mantida, fora destas condições traçadas acima, ainda que em cela separada, responderá a autoridade que assim determinar, pelo crime do art. 19, parágrafo único, uma vez que está caracterizado o "ambiente inadequado".

22. VIOLAÇÃO DE DOMICÍLIO COM ABUSO DE AUTORIDADE (ART. 22)

Foi tipificada a conduta de "*Art. 22. Invadir ou adentrar, clandestina ou astuciosamente, ou à revelia da vontade do ocupante, imóvel alheio ou suas dependências, ou nele permanecer nas mesmas condições, sem determinação judicial ou fora das condições estabelecidas em lei. Pena – detenção, de 1 (um) a 4 (quatro) anos, e multa*".

A previsão para o ingresso em residência é derivação do direito fundamental trazido pelo art. 5º, XI da Constituição Federal. Dispõe que: "*a casa é asilo inviolável do indivíduo, ninguém nela podendo penetrar sem consentimento do morador, salvo em caso de flagrante delito ou desastre, ou para prestar socorro, ou, durante o dia, por determinação judicial*".

O tipo penal coaduna com a decisão de Repercussão Geral do STF que fixou a Tese nº 280, aduzindo que "*a entrada forçada em domicílio sem mandado judicial só é lícita, mesmo em período noturno, quando amparada em fundadas razões, devidamente justificadas a posteriori, que indiquem que dentro da casa ocorre situação de flagrante delito, sob pena de responsabilidade disciplinar, civil e penal do agente ou da autoridade, e de nulidade dos atos praticados*".

23. CRIMES EQUIPARADOS AOS DE VIOLAÇÃO DE DOMICÍLIO (ART. 22, § 1º, I E III)

São equiparados ao crime de violação de domicílio os atos de:

a) ***"coagir alguém, mediante violência ou grave ameaça, a franquear-lhe o acesso a imóvel ou suas dependências":*** a situação visa coibir a ocorrência prática de policiais, guardas municipais e outros agentes públicos com indicação de imposição física e psíquica ao proprietário de imóvel, para que permita o ingresso no interior de suas dependências, e com tal atitude, legitimar a atuação sem mandado judicial de busca e apreensão.

b) ***"cumprir mandado de busca e apreensão domiciliar após as 21h (vinte e uma horas) ou antes das 5h (cinco horas)":*** para a configuração deste delito, o agente detém o mandado judicial de busca e apreensão em sua posse, mas o cumpre em período entre as 21 horas e 5 horas.

Este tipo penal atinge vasta discussão e certamente terá arguição de inconstitucionalidade. Isto porque o art. 5º, XI prevê a possibilidade de ingresso em domicílio sem autorização do morador nas seguintes situações:

a) *flagrante delito;*

b) *desastre;*

c) *para prestar socorro;*

d) ***durante o dia,*** *por determinação judicial.*

Observando a última hipótese, tem-se que o cumprimento do mandado judicial de busca e apreensão deve ocorrer **durante o dia**. Há longa discussão sobre a definição de *dia* na doutrina, onde a divergência se dá em um critério fixo, onde muitos indicam o período entre as 18:00 horas até as 6:00 hrs do dia posterior e outros conceituam sobre o período em que ainda exista a luz solar. O STF decidiu que o dia está inserido entre a aurora (nascimento) e o crepúsculo (por do sol). Rara a possibilidade no país assim de existir luz solar até as 21:00 horas ou ainda as 5:00 hrs, o que afastaria de conceito de dia a previsão trazida no tipo penal.

Surge a QUESTÃO: sendo cumprido o mandado de prisão domiciliar em período em que não exista mais luz solar (após o crepúsculo ou após as 18:00 hrs), mas antes das 21:00 hrs, haveria abuso de autoridade? A resposta certamente é negativa. Ainda que seja irregular a busca dentro deste período, e o é, pois feito à noite, não existe tipificação penal para a conduta tratada, e por conseguinte, em respeito ao princípio da Reserva Legal, não há que se falar em prática delitiva por parte do agente.

24. CAUSAS EXCLUDENTES DE ANTIJURIDICIDADE PREVISTAS LEGALMENTE PARA O CRIME DE VIOLAÇÃO DE DOMICÍLIO EM ABUSO DE AUTORIDADE

A lei prevê causas excludentes de antijuridicidade para o crime tratado, sendo, por óbvio, feitas de maneira exemplificativas. São elas:

a) prestação de socorro;

b) fundados indícios que indiquem a necessidade do ingresso em razão de situação de flagrante delito;

c) desastre.

25. FRAUDE PROCESSUAL EM ABUSO DE AUTORIDADE (ART. 23)

"Inovar artificiosamente, no curso de diligência, de investigação ou de processo, o estado de lugar, de coisa ou de pessoa, com o fim de eximir-se de responsabilidade ou de responsabilizar criminalmente alguém ou agravar-lhe a responsabilidade. Pena – detenção, de 1 (um) a 4 (quatro) anos, e multa. Parágrafo único. Incorre na mesma pena quem pratica a conduta com o intuito de: I – eximir-se de responsabilidade civil ou administrativa por excesso praticado no curso de diligência; II – omitir dados ou informações ou divulgar dados ou informações incompletos para desviar o curso da investigação, da diligência ou do processo".

26. DIFERENÇAS ENTRE O CRIME DE FRAUDE PROCESSUAL EM ABUSO DE AUTORIDADE E A FRAUDE PROCESSUAL DO ART. 347 DO CÓDIGO PENAL

FRAUDE PROCESSUAL EM ABUSO DE AUTORIDADE	FRAUDE PROCESSUAL EM CRIME COMUM
Inovação fraudulenta dá-se no curso de diligência, de investigação ou do processo	Inovação fraudulenta dá-se no curso do processo para os casos civil e administrativo e APENAS no caso penal, quando não estiver iniciado.
Inovação fraudulenta dá-se quando pelo menos houver o *"curso de diligência, de investigação ou de processo"*, portanto, anteriormente aos inícios de tais situações, não se caracteriza o delito.	Inovação fraudulenta no caso criminal será considerada MESMO QUE não tenham sido iniciadas as diligências, investigações ou o processo.
Se dá com dolo específico para: a) eximir-se de responsabilidade criminal b) responsabilizar criminalmente alguém c) agravar a responsabilidade criminal de alguém d) eximir-se de responsabilidade civil ou administrativa por excesso praticado no curso de diligência.	Se dá para "induzir a erro o juiz ou o perito". Não se exige aqui um fim específico no resultado da decisão judicial ou pericial.
Pena: 1 a 4 anos de detenção e multa para todos os casos.	**Pena:** 3 meses a 2 anos de detenção e multa (caso atingir processo cível ou administrativo). **Pena:** 6 meses a 4 anos de detenção e multa (caso atingir processo criminal).

27. FRAUDE COM OMISSÃO OU DIVULGAÇÃO INCOMPLETA DE DADOS (ART. 23, II)

É considerado crime equiparado à fraude processual cometida com abuso de autoridade o ato de "*omitir dados ou informações ou divulgar dados ou informações incompletos para desviar o curso da investigação, da diligência ou do processo*".

28. FRAUDE EM APURAÇÃO EM ENTIDADE HOSPITALAR (ART. 24)

Prevê a lei de abuso de autoridade uma nova forma de fraude na apuração de crimes o ato de "*Constranger, sob violência ou grave ameaça, funcionário ou empregado de instituição hospitalar pública ou privada a admitir para tratamento pessoa cujo óbito já tenha ocorrido, com o fim de alterar local ou momento de crime, prejudicando sua apuração*". Pena – detenção, de 1 a 4 anos, e multa, além da pena correspondente à violência.

Quis o legislador especificar este tipo de fraude que poderia ser caracterizada já no tipo penal anterior, inclusive porque a pena prevista é a mesma.

29. PRODUÇÃO DE PROVA ILÍCITA EM PROCEDIMENTO INVESTIGATIVO OU DE FISCALIZAÇÃO (ART. 25)

A previsão indica como crime *"Proceder à obtenção de prova, em procedimento de investigação ou fiscalização, por meio manifestamente ilícito"*. Pena: detenção, de 1 a 4 anos, e multa.

Não se exige que esta produção de prova ilícita seja feita em procedimento criminal, podendo ser em qualquer investigação, como apurações cíveis ou administrativas, desde que feita no curso de um procedimento de investigação ou fiscalização. Certamente surgirão discussões sobre a elementar "procedimento", se trata-se de algo formal, ou seja, uma instauração formalizada de investigação ou fiscalização, ou se em qualquer atuação investigativa ou fiscalizatória, ainda que clandestina. Em nosso entendimento, como a elementar é expressa com indicação de se tratar de prova ilícita *"em procedimento de investigação ou fiscalização"* e o crime é direcionado a autoridades, esta interpretação deveria ser restrita aos procedimentos formais.

Há que se indicar ainda que trata-se de uma norma geral, que pode ser especializada em determinadas práticas ilícitas que estejam previstas em legislação própria, como o caso de interceptação telefônica ilícita previsto pelo art. 10 da Lei 9.296/96, que inclusive foi modificado pela própria Lei 13.869/19.

30. USO DE PROVA ILÍCITA (ART. 25, PARÁGRAFO ÚNICO)

"Incorre na mesma pena quem faz uso de prova, em desfavor do investigado ou fiscalizado, com prévio conhecimento de sua ilicitude". É criminosa a atitude não apenas da produção de prova ilícita, como ainda o uso da prova ilícita, quando o agente tiver conhecimento de sua origem. Evidente que aquele que detém o conhecimento de que a prova é ilícita no curso do processo ou da investigação e permanece a utilizando, pratica também o delito. A menção "prévio conhecimento" refere-se a antecedência do uso e não do início do procedimento formalizado.

31. REQUISIÇÃO DE INSTAURAÇÃO DE PROCEDIMENTO INVESTIGATÓRIO SEM INDÍCIOS (ART. 27)

É crime o ato de *"Requisitar instauração ou instaurar procedimento investigatório de infração penal ou administrativa, em desfavor de alguém, à falta de qualquer indício da prática de crime, de ilícito funcional ou de infração administrativa"*. Pena: detenção, de 6 meses a 2 anos, e multa. Trata-se de crime próprio. Só pode "requisitar" a instauração ou "instaurar" quem detenha atribuição legal específica para tais atos.

32. SINDICÂNCIA OU INVESTIGAÇÃO PRELIMINAR SUMÁRIA

A lei retira a tipificação dos casos de investigações sumárias, para a primeira apuração da notícia recebida, mesmo antes de se instaurar o procedimento investigatório. Indica no art. 27, parágrafo único que *"Não há crime quando se tratar de sindicância ou investigação preliminar sumária, devidamente justificada"*.

33. DIVULGAÇÃO DE TRECHOS DE GRAVAÇÃO NÃO APROVEITADO NA INVESTIGAÇÃO (ART. 28)

"Divulgar gravação ou trecho de gravação sem relação com a prova que se pretenda produzir, expondo a intimidade ou a vida privada ou ferindo a honra ou a imagem do investigado ou acusado".

Pena: detenção, de 1 a 4 anos, e multa. Observa-se que também deve existir o dolo específico de exposição da intimidade ou da vida privada, ou ainda com o ferir a honra ou imagem do investigado. Quando a divulgação de trecho não aproveitado não se der com tais propostas ou não qualquer vinculação com estes fins, torna-se atípico o fato.

34. PRESTAÇÃO DE INFORMAÇÕES FALSAS (ART. 29)

"Prestar informação falsa sobre procedimento judicial, policial, fiscal ou administrativo com o fim de prejudicar interesse de investigado". Pena – detenção, de 6 (seis) meses a 2 (dois) anos, e multa. Dá-se quando a informação é prestada falsamente com nítido intuito de prejudicar o interesse e a defesa do investigado. O investigado detém o direito de ter o conhecimento amplo dos procedimentos judiciais, fiscais ou administrativos que corram contra ele para a possibilidade do exercício de sua defesa ampla. A prestação de informações falsas com intuito de prejudicar seus interesses, passa a ser crime.

35. DAR INÍCIO A PERSECUÇÃO SEM JUSTA CAUSA (ART. 30)

"Dar início ou proceder à persecução penal, civil ou administrativa sem justa causa fundamentada ou contra quem sabe inocente": Pena – detenção, de 1 (um) a 4 (quatro) anos, e multa. Também tratava-se de tipo penal que sofreu veto presidencial, mas foi derrubado pelo Congresso Nacional. Fica mais uma vez caracterizado neste delito, o dolo específico do conhecimento da ausência de justa causa e ainda de saber ser uma pessoa inocente.

36. INSTAURAÇÃO DE INQUÉRITO POLICIAL PARA PESSOAS COM PRERROGATIVA DE FUNÇÃO

Importante salientar neste ponto que a jurisprudência do STJ e do STF é pacífica no sentido de que é desnecessária *"a prévia autorização do Judiciário para a instauração de inquérito ou procedimento investigatório criminal contra agente com foro por prerrogativa de função, dada a inexistência de norma constitucional ou infraconstitucional nesse sentido, conclusão que revela a observância ao sistema acusatório adotado pelo Brasil, que prima pela distribuição das funções de acusar, defender e julgar a órgãos distintos" (STJ AgRg no HC 404.228/RJ, Rel. Ministro JORGE MUSSI, QUINTA TURMA, julgado em 01/03/2018, DJe 07/03/2018).*

37. NOTÍCIA ANÔNIMA EM CASOS DE INVESTIGAÇÃO POLICIAL OU POR PARTE DO MINISTÉRIO PÚBLICO

"É pacificada a jurisprudência do STF e do STJ no sentido de "denúncia anônima" (notitia criminis inqualificada) não é, por si só, meio idôneo à instauração de inquérito policial, prestando-se, no entanto, a embasar procedimentos investigatórios preliminares em busca de indícios que corroborem as informações prestadas, os quais tornam legítima a persecução criminal" (STJ – AgRg no AREsp 1287096/GO, Rel. Ministro ANTONIO SALDANHA PALHEIRO, SEXTA TURMA, julgado em 20/08/2019, DJe 03/09/2019).

38. NOTÍCIA ANÔNIMA EM CASOS DE INQUÉRITO CIVIL

O STJ decidiu que *"Não é possível impedir o prosseguimento de inquérito civil instaurado com a finalidade de apurar possível incompatibilidade entre a evolução patrimonial de vereadores e seus respectivos rendimentos, ainda que o referido procedimento tenha-se originado a partir de denúncia anônima, na hipótese em que realizadas administrativamente as investigações necessárias para a formação de juízo de valor sobre a veracidade da notícia. A CF impôs ao MP o dever de promover o inquérito civil e a ação civil pública para a proteção do patrimônio público e social, do meio ambiente e de outros interesses difusos e coletivos (art. 129, III). O dever constitucional deve ser compatibilizado com a vedação ao anonimato (art. 5º, IV, CF), com base no princípio da concordância prática. Nos termos do art. 22 da Lei 8.429/1992, o MP pode, mesmo de ofício, requisitar a instauração de inquérito policial ou procedimento administrativo para apurar qualquer ilícito previsto no mencionado diploma legal. Ressalte-se que o art. 13 dessa lei obriga os agentes públicos a disponibilizar periodicamente informações sobre seus bens e evolução patrimonial. Vale destacar que os agentes políticos sujeitam-se a uma diminuição na esfera de privacidade e intimidade, de modo que se mostra ilegítima a pretensão de não revelar fatos relacionados à evolução patrimonial. Precedentes citados: RMS 37.166-SP, Primeira Turma, DJe 15/4/2013; e RMS 30.510-RJ, Segunda Turma, DJe 10/2/2010. RMS 38.010-RJ, Rel. Min. Herman Benjamin, julgado em 4/4/2013 (Informativo 522).*

39. PROCRASTINAÇÃO DE INVESTIGAÇÃO (ART. 31)

"Estender injustificadamente a investigação, procrastinando-a em prejuízo do investigado ou fiscalizado". Pena: detenção, de 6 (seis) meses a 2 (dois) anos, e multa. O dolo de procrastinação neste caso deve ser comprovado. A procrastinação não pode ser, e não é confundível, com a longa apuração de determinado fato delitivo ou fiscalizado. Existem investigações extremamente árduas e a insistência nesta apuração, não é sinônimo de procrastinação.

Detalhe importante neste tipo penal é o fato da procrastinação injustificada da investigação somente ser criminosa quando se der EM PREJUÍZO do investigado ou fiscalizado. Assim se o agente público procrastinar uma investigação com o fim de obtenção da prescrição favorável a um determinado investigado, não responderá pelo crime de abuso de autoridade, mas por crime comum como a prevaricação, ou a corrupção passiva, dependendo da situação.

40. FALTA DE MOTIVAÇÃO PARA EXTENSÃO DE PROCEDIMENTO (ART. 31, PARÁGRAFO ÚNICO)

"Incorre na mesma pena quem, inexistindo prazo para execução ou conclusão de procedimento, o estende de forma imotivada, procrastinando-o em prejuízo do investigado ou do fiscalizado". A previsão tratada se dá para os casos de extensão de investigações em procedimentos investigatórios, inquéritos civis, inquéritos policiais, sindicâncias, e outro procedimentos formais, sem que haja concretizada a motivação desta extensão, mas com o dolo de prejudicar o investigado ou fiscalizado.

Neste ponto, mais uma vez é necessário diferenciar o fato da necessidade do dolo específico no sentido de prejudicar um investigado ou fiscalizado com a procrastinação. Evidentemente, situações de excesso de trabalho, tão comum em Delegacias de Polícia, Promotorias de Justiça, Sessões administrativas, por si só, não tipificam esta conduta.

41. NEGATIVA DE ACESSO A INVESTIGAÇÃO PRELIMINAR

"Negar ao interessado, seu defensor ou advogado acesso aos autos de investigação preliminar, ao termo circunstanciado, ao inquérito ou a qualquer outro procedimento investigatório de infração penal, civil ou administrativa, assim como impedir a obtenção de cópias, ressalvado o acesso a peças

relativas a diligências em curso, ou que indiquem a realização de diligências futuras, cujo sigilo seja imprescindível. Pena – detenção, de 6 (seis) meses a 2 (dois) anos, e multa".

42. ACESSO AO ADVOGADO DE PROCEDIMENTO INVESTIGATÓRIO NÃO É ILIMITADO

É jurisprudência dos tribunais superiores a posição que o procedimento investigatório *"não pode ser acoimado de ilegal, pois, como visto, o acesso ao procedimento investigatório pelos advogados não é ilimitado, sendo que o conhecimento das medidas ainda em implementação pode frustrá-las, motivo pelo qual apenas após o respectivo cumprimento é que se pode falar em publicidade para o acusado e seus patronos" (STJ – AgRg no HC 506.890/SP, Rel. Ministro JORGE MUSSI, QUINTA TURMA, julgado em 16/05/2019, DJe 24/05/2019).*

43. EXIGÊNCIA DE INFORMAÇÃO OU CUMPRIMENTO DE OBRIGAÇÃO INDEVIDA (ART. 33)

Mostra-se delitiva a conduta de *"Exigir informação ou cumprimento de obrigação, inclusive o dever de fazer ou de não fazer, sem expresso amparo legal"*. Pena: detenção de 6 meses a 2 anos, e multa.

44. UTILIZAÇÃO INDEVIDA DE CARGO OU FUNÇÃO PÚBLICA (ART. 33, PARÁGRAFO ÚNICO)

"Incorre na mesma pena quem se utiliza de cargo ou função pública ou invoca a condição de agente público para se eximir de obrigação legal ou para obter vantagem ou privilégio indevido". Este tipo penal prevê os chamados "favores" e "benefícios" solicitados por funcionários públicos de maneira indevida. São os casos das "carteiradas", etc.

45. INDISPONIBILIDADE DE ATIVOS FINANCEIROS EM EXCESSO (ART. 36)

"Decretar, em processo judicial, a indisponibilidade de ativos financeiros em quantia que extrapole exacerbadamente o valor estimado para a satisfação da dívida da parte e, ante a demonstração, pela parte, da excessividade da medida, deixar de corrigi-la". Pena detenção, de 1 a 4 anos, e multa.

Trata-se de tipo penal com vários elementos normativos que destacam interpretação bastante subjetiva como "exacerbadamente" e "excessividade". Outro ponto de muita insegurança jurídica no tipo penal é o fato da previsão de que a demonstração do excesso da medida deve partir da "parte" que está sendo prejudicada. Evidentemente que não há como se caracterizar o delito pelo simples entendimento da parte que está sendo investigada e sofra o prejuízo com o excesso da medida. A investigação criminal continua sendo de responsabilidade da Polícia Judiciária e do Ministério Público, cabendo à parte que sente-se prejudicada, demonstrar, no próprio processo ou procedimento, que existe um excesso decretado de maneira dolosa pelo juízo, com o fim de prejudica-la.

? **QUESTÃO:** É possível que o excesso seja caracterizado por investigação e não por demonstração da excessividade pela parte?

↳ ***RESPOSTA:*** *Entendemos que sim. Embora o tipo penal indique que após a demonstração de excessividade da parte prejudicada o crime passa a ser caracterizado com a mantença da* *quantidade anteriormente decretada de indisponibilidade de bens, certamente se houver provas desta decretação excessiva de maneira dolosa por quem a decretou, mesmo por meios outros que não a demonstração pela parte, o crime estará caracterizado.*

46. PROCRASTINAÇÃO DE ANÁLISE PROCESSUAL EM ÓRGÃO COLEGIADO (ART. 37)

A lei prevê o crime no ato de *"Demorar demasiada e injustificadamente no exame de processo de que tenha requerido vista em órgão colegiado, com o intuito de procrastinar seu andamento ou retardar o julgamento"*. Pena: detenção, de 6 meses a 2 anos, e multa.

47. ATRIBUIÇÃO DE CULPA ANTECIPADA POR MEIO DE COMUNICAÇÃO (ART. 38)

Foi artigo vetado também por parte do executivo e, posteriormente, com veto derrubado a tipificação de *"Antecipar o responsável pelas investigações, por meio de comunicação, inclusive rede social, atribuição de culpa, antes de concluídas as apurações e formalizada a acusação". Pena – detenção, de 6 meses a 2 anos, e multa.*

48. ENUNCIADOS DO CONSELHO NACIONAL DE PROCURADORES GERAIS DOS MINISTÉRIOS PÚBLICOS DOS ESTADOS E DA UNIÃO (CNPG) E DO GRUPO NACIONAL DE COORDENADORES DE CENTRO DE APOIO CRIMINAL (GNCCRIM)

» **ENUNCIADO #1 (art. 1º):** Os tipos incriminadores da Lei de Abuso de Autoridade exigem elemento subjetivo diverso do mero dolo, restringindo o alcance da norma.

» **ENUNCIADO #2 (art. 1º):** A divergência na interpretação de lei ou na avaliação de fatos e provas, salvo quando teratológica, não configura abuso de autoridade, ficando excluído o dolo.

» **ENUNCIADO #3 (art. 3º):** Os crimes da Lei de Abuso de Autoridade são perseguidos mediante ação penal pública incondicionada. A queixa subsidiária pressupõe comprovada GRUPO NACIONAL DE COORDENADORES DE CENTRO DE APOIO CRIMINAL – GNCCRIM 2 inércia do Ministério Público, caracterizada pela inexistência de qualquer manifestação ministerial.

» **ENUNCIADO #4 (art. 4º):** O requerimento do ofendido para a reparação dos danos causados pela infração penal dispensa qualquer rigor formal.

» **ENUNCIADO #5 (art. 9º):** O sujeito ativo do art. 9º., "caput", da Lei de Abuso de Autoridade, diferentemente do parágrafo único, não alcança somente autoridade judiciária. O verbo nuclear "decretar" tem o sentido de determinar, decidir e ordenar medida de privação da liberdade em manifesta desconformidade com as hipóteses legais.

» **ENUNCIADO #6 (art. 10):** Os investigados e réus não podem ser conduzidos coercitivamente à presença da autoridade policial ou judicial para serem interrogados. Outras hipóteses de condução coercitiva, mesmo de investigados ou réus para atos diversos do interrogatório, são possíveis, observando-se as formalidades legais. • Enunciado de acordo com as ADPFs 395 e 444.

» **ENUNCIADO #7 (art. 10):** GRUPO NACIONAL DE COORDENADORES DE CENTRO DE APOIO CRIMINAL – GNCCRIM 3 A condução coercitiva pressupõe motivação e descumprimento de prévia notificação.

» **ENUNCIADO #8 (art. 12):** Com o fim de preservar a sua identidade, imagem e dados pessoais, é possível, nas exceções legais, que da nota de culpa não conste o nome do condutor, das testemunhas e das vítimas.

» **ENUNCIADO #9 (art. 12):** A execução imediata do alvará de soltura deve ocorrer após o cumprimento dos procedimentos de segurança necessários, incluindo a checagem sobre a existência de outras ordens de prisão e da autenticidade do próprio alvará.

» **ENUNCIADO #10 (art. 13):** Constranger o preso ou o detento, mediante violência ou grave ameaça, a produzir prova contra si mesmo ou contra terceiro pode configurar delito de abuso de autoridade (Lei 13.869/19) ou crime de tortura (Lei 9.455/97), a depender das circunstâncias do caso concreto.

» **ENUNCIADO #11 (art. 18):** Para efeitos do artigo 18 da Lei de Abuso de Autoridade, compreende-se por repouso noturno o período de 21h00 a 5h00, nos termos do artigo 22, § 1°, III, da mesma Lei.

» **ENUNCIADO #12 (art. 18):** Ressalvadas as hipóteses de prisão em flagrante e concordância do interrogado devidamente assistido, o interrogatório extrajudicial do preso iniciado antes, não pode adentrar o período de repouso noturno, devendo ser o ato encerrado e, se necessário, complementado no dia seguinte.

» **ENUNCIADO #13 (art. 21):** A violação à regra de separação de custodiados, acompanhada de sofrimento físico ou mental do preso, conforme as circunstâncias do caso, não tipifica o crime do art. 21 da Lei de Abuso de Autoridade, mas o delito de tortura (art. 1º, caput, inciso I, da Lei nº 9.455/97), infração penal equiparada a hediondo, sofrendo os consectários da Lei 8.072/1990.

» **ENUNCIADO #14 (art. 22):** A elementar "imóvel" do artigo 22 da Lei de Abuso de Autoridade deve ser conceituada nos termos do artigo 79 do Código Civil.

» **ENUNCIADO #15 (art. 22):** O mandado de busca e apreensão deverá ser cumprido durante o dia (art. 5º., XI, CF/88). Mesmo havendo luz solar, veda-se seu cumprimento entre 21h00 e 5h00, sob pena de caracterizar abuso de autoridade (art. 22, §1º., inc. III).

» **ENUNCIADO #16 (art. 25):** Ressalvadas situações excepcionais pacificadas, o uso da prova derivada da ilícita está abrangido pelo tipo penal incriminador do art. 25 da Lei de Abuso de Autoridade, devendo o agente ter conhecimento inequívoco da sua origem e do nexo de relação entre a prova ilícita e aquela dela derivada.

» **ENUNCIADO #17 (art. 27):** A configuração do abuso de autoridade pela deflagração de investigação criminal com base em matéria jornalística, necessariamente, há de ser avaliada a partir dos critérios interpretativos trazidos pela Lei (art. 1º, § 1º) e da flagrante ausência de standard probatório mínimo que a justifique.

» **ENUNCIADO #18 (art. 28):** O crime do art. 28 da Lei de Abuso de Autoridade (Divulgar gravação ou trecho de gravação sem relação com a prova que se pretenda produzir, expondo a intimidade ou a vida privada ou ferindo a honra ou a imagem do investigado ou acusado) pressupõe interceptação legal (legítima e lícita), ocorrendo abuso no manuseio do conteúdo obtido com a medida.

» **ENUNCIADO #19 (ART. 29):** O legislador, na tipificação do crime do art. 29 da Lei de Abuso de Autoridade, optou por restringir o alcance do tipo, pressupondo por parte do agente a finalidade única de prejudicar interesse de investigado. Agindo com a finalidade de beneficiar, pode responder por outro delito, como prevaricação (art. 319 do CP), a depender das circunstâncias do caso concreto.

» **ENUNCIADO #20 (art. 30):** O crime do art. 30 da Lei de Abuso de Autoridade deve ser declarado, incidentalmente, inconstitucional. Não apenas em razão da elementar "justa causa" ser expressão vaga e indeterminada, como também porque gera retrocesso na tutela dos bens jurídicos envolvidos, já protegidos pelo art. 339 do CP, punido, inclusive, com pena em dobro.

» **ENUNCIADO #21 (art. 31):** A elementar "injustificadamente" deve ser interpretada no sentido de que o excesso de prazo na instrução do procedimento investigatório não resultará de simples operação aritmética, impondo-se considerar a complexidade do feito, atos procrastinatórios não atribuíveis ao presidente da investigação e ao número de pessoas envolvidas na apuração. Todos fatores que, analisados em conjunto ou separadamente, indicam ser, ou não, razoável o prazo para o seu encerramento.

» **ENUNCIADO #22 (art. 33):** Quem se utiliza de cargo ou função pública ou invoca a condição de agente público para se eximir de obrigação legal ou para obter vantagem ou privilégio indevido pratica abuso de autoridade (art. 33, parágrafo único) se o comportamento não estiver atrelado à finalidade de contraprestação do agente ou autoridade. Caso contrário, outro será o crime, como corrupção passiva (art. 317 do CP).

» **ENUNCIADO #23 (art. 36):** O delito do art. 36 da Lei de Abuso de Autoridade (abusiva indisponibilidade de ativos financeiros) pressupõe, objetivamente, uma ação (decretar) seguida de uma omissão (deixar de corrigir).

» **ENUNCIADO #24 (art. 39):** Os crimes de abuso de autoridade com pena máxima superior a dois anos, salvo no caso de foro por prerrogativa de função, são processados pelo rito dos crimes funcionais, observando-se a defesa preliminar do art. 514 do CPP.

» **ENUNCIADO #25 (art. 39):** Por ser privativa do servidor público, o particular concorrente no crime de abuso de autoridade não faz jus à preliminar contestação prevista no art. 514 do CPP.

» **ENUNCIADO #26 (art. 39):** A inobservância do disposto no artigo 514 do CPP é causa de nulidade relativa, devendo ser alegada no tempo oportuno, comprovando-se o prejuízo, sob pena de preclusão.

» **ENUNCIADO #27 (art. 39):** A formalidade do art. 514 do CPP é dispensável quando a denúncia envolver, além do crime funcional, delito de outra natureza, ambos em concurso.

» **ENUNCIADO #28 (ANPP):** Crimes de abuso de autoridade, cometidos sem violência ou grave ameaça à pessoa, presentes os pressupostos do art. 18 da Res. 181/17 do CNMP, admitirão o acordo de não persecução penal, salvo se a sua celebração não atender ao que seja necessário e suficiente para a reprovação e prevenção do crime.

» **ENUNCIADO #29 (representações indevidas):** Representações indevidas por abuso de autoridade podem, em tese, caracterizar crime de denunciação caluniosa (CP, art.

339), dano civil indenizável (CC, art. 953) e, caso o reclamante seja agente público, infração disciplinar ou político-administrativa.

» **ENUNCIADO #30 (art. 256 CPP):** A representação indevida por abuso de autoridade contra juiz, promotor de Justiça, delegados ou agentes públicos em geral, não enseja, por si só, a suspeição ante a aplicação da regra de que ninguém pode se beneficiar da própria torpeza, nos termos do que disposto, inclusive, no art. 256 do CPP.

CAPÍTULO IV
LEI 9.455/97 (CRIMES DE TORTURA)

1. CONVENÇÃO CONTRA A TORTURA E OUTROS TRATAMENTOS OU PENAS CRUÉIS, DESUMANOS OU DEGRADANTES DA ASSEMBLEIA GERAL DA ONU

A Convenção foi adotada pela ONU em 10 de dezembro de 1984, assinada pelo Brasil em 1985 e ratificada em 1986.

2. DETERMINAÇÃO DA CONVENÇÃO SOBRE PROVIDÊNCIAS LEGISLATIVAS

Determina a Convenção que "Cada Estado tomará medidas eficazes de caráter legislativo, administrativo, judicial ou de outra natureza, a fim de impedir a prática de atos de tortura em qualquer território sob sua jurisdição" (art. 2º, § 1º). E acrescenta: "Em nenhum caso poderão invocar-se circunstâncias excepcionais, como ameaça ou estado de guerra, instabilidade política interna ou qualquer outra emergência pública, como justificação para a tortura" (art. 2º, § 2º).

3. TIPIFICAÇÕES DA LEI NACIONAL

Obedecendo a Convenção da ONU, a Lei 9.455/97 decidiu por realizar uma tipificação diferenciada sobre os crimes de torturas, inclusive com penas diversas, indicando, portanto, gravidades diferenciadas nas práticas tratadas.

4. TIPOS DE TORTURA:

A doutrina divide os tipos de tortura da seguinte maneira:

A **Tortura prova:** constranger alguém com emprego de violência ou grave ameaça, causando-lhe sofrimento físico ou mental com o fim de obter informação, declaração ou confissão da vítima ou de terceira pessoa (Pena: reclusão de 2 a 8 anos);

B **Tortura para a prática de crime:** constranger alguém com emprego de violência ou grave ameaça, causando-lhe sofrimento físico ou mental com o fim de provocar ação ou omissão de natureza criminosa (Pena: reclusão de 2 a 8 anos);

C **Tortura discriminatória:** constranger alguém com emprego de violência ou grave ameaça, causando-lhe sofrimento físico ou mental em razão de discriminação racial ou religiosa (Pena: reclusão de 2 a 8 anos);

D **Tortura castigo:** submeter alguém, sob sua guarda, poder ou autoridade, com emprego de violência ou grave ameaça, a intenso sofrimento físico ou mental, como forma de aplicar castigo pessoal ou medida de caráter preventivo (Pena: reclusão de 2 a 8 anos);

» **Crime próprio:** Somente pode ser sujeito ativo do crime de tortura-castigo aquele que detiver outra pessoa sob sua guarda, poder ou autoridade (crime próprio). Neste sentido: STJ. 6ª Turma. REsp 1738264-DF, Rel. Min. Sebastião Reis Júnior, julgado em 23/08/2018 (STJ – Informativo 633).

E Tortura do preso ou pessoa submetida a medida de segurança (tortura equiparada ou imprópria): submeter pessoa presa ou sujeita a medida de segurança a sofrimento físico ou mental, por intermédio da prática de ato não previsto em lei ou não resultante de medida legal (Pena: reclusão de 2 a 8 anos);

F Tortura omissão: aquele que se omite nos casos acima de tortura tendo o dever de evitar o ato comete crime, mas sua tipificação é diferenciada, sendo mais branda (Pena de 1 a 4 anos).

4.1 Formas qualificadas

São formas qualificadas da tortura:

a) se resulta lesão corporal grave ou gravíssima (pena de 4 a 10 anos)

b) se resulta morte (pena 8 a 16 anos).

4.2 Causas de aumento de pena

São causa de aumento de pena:

a) se o crime é cometido por agente público;

b) se o crime é cometido contra criança, gestante, portador de deficiência, adolescente ou maior de 60 (sessenta) anos.

» **Tortura em situação de violência doméstica e agravante:** Entende o STJ que no caso de crime de tortura contra criança em situação de violência doméstica e familiar, não configura *bis in idem* a aplicação conjunta da causa de aumento de pena prevista no art. 1º, § 4º, II, da Lei nº 9.455/1997 (Lei de Tortura) e da agravante genérica estatuída no art. 61, II, "f", do Código Penal. Neste sentido: STJ. 6ª Turma. HC 362634-RJ, Rel. Min. Maria Thereza de Assis Moura, julgado em 16/8/2016 (STJ – Informativo 589).

c) se o crime é cometido mediante sequestro.

5. EFEITOS DA CONDENAÇÃO. PERDA DE CARGO. AUTOMATICIDADE

A condenação acarretará a perda do cargo, função ou emprego público e a interdição para seu exercício pelo dobro do prazo da pena aplicada. O STF entende que estes efeitos são imediatos e não necessitam ser declarados em sentença por inexistência de exigência legal.

MUITA ATENÇÃO! Este efeito **é automático** e não depende de decretação na sentença condenatória, inclusive atingindo o autor do crime do art. 1º, § 2º da Lei 9.455/97 (crime de omissão do dever de evitar a tortura).

6. SUJEITO ATIVO

A tortura é crime comum. Qualquer pessoa pode ser autora do delito.

7. CRIME EQUIPARADO A HEDIONDO

A tortura não é um crime hediondo e sim crime equiparado a hediondo e tem as restrições previstas na Lei 8.072/90.

8. FIANÇA, GRAÇA E ANISTIA

O autor do crime de tortura é insuscetível a fiança, graça e anistia.

9. INDULTO

A CF/88 não prevê a insuscetibilidade de indulto para os hediondos. A Lei 8.072/90 prevê. Doutrina diverge sobre a constitucionalidade da lei. STF entendeu ser possível a vedação por lei ordinária. STJ entende que a concessão do indulto é possível para hediondo, desde que, expressamente prevista no Decreto Presidencial de concessão do indulto.

10. REGIME DE CUMPRIMENTO DE PENA

Seria o inicial fechado, para a lei. Porém, aqui também existem as discussões atinentes aos crimes hediondos na jurisprudência. O STF atualmente entende como possível o início do cumprimento de penas para os crimes hediondos em regime diverso do fechado.

11. COMPETÊNCIA PARA APURAÇÃO DE TORTURA PRATICADA POR POLICIAIS CIVIS OU MILITARES ESTADUAIS

A competência é da Justiça Estadual. Não há que se falar em interesse da União para a apuração de crime contra os direitos humanos. Para os policiais federais, obviamente, a competência é da Justiça Federal.

12. EXTRATERRITORIALIDADE

Lei aplica-se ainda quando o crime não tenha sido cometido em território nacional, sendo a vítima brasileira ou encontrando-se o agente em local sob jurisdição brasileira.

CAPÍTULO V

LEI 8.069/90 (CRIMES DO ECA)

1. LEI DE ABUSO DE AUTORIDADE E ALTERAÇÃO DOS EFEITOS DA CONDENAÇÃO PELA PRÁTICA DE CRIMES DO ECA

A Lei 13.869/19 determinou a inserção do art. 227-A da Lei 8.069/90. Segundo este dispositivo, para que ocorra a perda de cargo, função pública ou mandato eletivo do autor de um crime previsto no ECA, há necessidade de caracterização de REINCIDÊNCIA. Ou seja, o agente ao vir a ser condenado pelo crime previsto no ECA necessitará de ser REINCIDENTE para sofrer os efeitos previstos no art. 92, I do Código Penal. Nota-se que a lei não vincula tal efeito à reincidência específica e sim a mera reincidência.

2. QUANTIDADE DA PENA PARA A PERDA DE CARGO, FUNÇÃO PÚBLICA OU MANDATO ELETIVO DO AUTOR DE UM CRIME PREVISTO NO ECA

Embora a Lei 13.869/19 exija a reincidência como característica do autor que venha a cometer um crime previsto no ECA para os efeitos do art. 92, I do CP, exigência esta não feita a outros crimes pela legislação, ela inova mais uma vez quanto aos crimes do ECA ao indicar que o réu que seja reincidente e venha a praticar um crime previsto no ECA, suportará os efeitos do art. 92, I CP, INDEPENDENTEMENTE da pena aplicada na reincidência. Há que se lembrar que para os crimes comuns a perda de cargo, função ou mandato eletivo se dará: a) quando aplicada pena privativa de liberdade por tempo igual ou superior a um ano, nos crimes praticados com abuso de poder ou violação de dever para com a Administração Pública; b) quando for aplicada a pena privativa de liberdade por tempo superior a 4 (quatro) anos nos demais casos. A Lei 13.869/19 criou uma nova possibilidade de perda de carga, função ou mandato, portanto, com uma condenação a qualquer pena por crime do ECA, desde que o réu seja reincidente. Como a legislação sequer entrou em vigor, haverá certamente discussões sobre a constitucionalidade de vedação de perda de cargo, função ou mandato para os crimes do ECA que cumpram os requisitos do art. 92, I, alíneas "a" e "b" do Código Penal, pois haveria a exigência da reincidência tornando mais brandos os efeitos da condenação de um crime comum que um crime praticado contra criança e adolescentes apenados com igual intensidade. Dentro dos princípios de proteção integral, da prioridade absoluta e do melhor interesse, seria questionável este tratamento diferenciado trazido pela legislação.

MUITA ATENÇÃO!

AÇÃO PRÓPRIA PARA OS CRIMES DO ECA

TODOS os crimes são processados por ação penal pública incondicionada.

3. VARA COMPETENTE PARA O PROCESSAMENTO

STF decidiu que a lei de organização judiciária é que define em qual vara será feito este processamento. Não necessariamente na vara da Infância e Juventude, portanto.

4. CRIMES PRÓPRIOS QUE ATINGEM AUTORIDADES PREVISTOS NO ECA

São eles:

a) Privar a criança ou o adolescente de sua liberdade, procedendo à sua apreensão sem estar em flagrante de ato infracional ou inexistindo ordem escrita da autoridade judiciária competente (Pena: 6 meses a 2 anos de detenção);

b) Proceder a apreensão de criança ou adolescente sem as formalidades legais (Pena: 6 meses a 2 anos de detenção);

c) Deixar a autoridade policial responsável pela apreensão de criança ou adolescente de fazer imediata comunicação à autoridade judiciária competente e à família do apreendido ou à pessoa por ele indicada (Pena: 6 meses a 2 anos de detenção);

d) Submeter criança ou adolescente sob sua autoridade, guarda ou vigilância a vexame ou a constrangimento (Pena: 6 meses a 2 anos de detenção);

e) Deixar a autoridade competente, sem justa causa, de ordenar a imediata liberação de criança ou adolescente, tão logo tenha conhecimento da ilegalidade da apreensão (Pena: 6 meses a 2 anos de detenção);

f) Descumprir, injustificadamente, prazo fixado nesta Lei em benefício de adolescente privado de liberdade (Pena: 6 meses a 2 anos de detenção).

5. DESNECESSIDADE DO CONSENTIMENTO PARA CONFIGURAÇÃO DO CRIME DO ART. 240 DO ECA

A lei prevê como crime "Produzir, reproduzir, dirigir, fotografar, filmar ou registrar, por qualquer meio, cena de sexo explícito ou pornográfica, envolvendo criança ou adolescente". O consentimento da criança ou adolescente não é exculpante. Delito é formal. Posição STJ.

6. O ART. 240 DO ECA TRATA-SE DE CRIME FORMAL

"Produzir, reproduzir, dirigir, fotografar, filmar ou registrar, por qualquer meio, cena de sexo explícito ou pornográfica, envolvendo criança ou adolescente" indica ser crime formal, não dependendo assim de apresentação de resultado naturalístico. Não se cobra a existência de afetação da personalidade ou abalo psíquico da vítima para a configuração do crime.

? **QUESTÃO:** No caso de existência de duas crianças ou adolescentes na prática do crime do art. 240 do ECA, se está diante de concurso de crimes ou crime único?

➥ ***RESPOSTA:*** *Entende o STJ que existindo pluralidade de vítimas na prática do crime do art. 240 ECA, está-se diante de crime único e não concurso de delitos. Neste caso, no entanto, a fixação da pena deverá levar em conta a pluralidade de vítimas para mensurar a pena base, nos termos das consequências prevista pelo art. 59 do Código Penal como circunstância judicial.*

? **QUESTÃO:** Prática de mais de uma das elementares do art. 240 ECA caracteriza crime único ou concurso de delitos?

➥ ***RESPOSTA:*** *O art. 240 ECA prevê os atos de "Produzir, reproduzir, dirigir, fotografar, filmar ou registrar, por qualquer meio, cena de sexo explícito ou pornográfica, envolvendo criança ou adolescente". A prática de duas das elementares do tipo penal caracteriza, segundo o STJ, crime único e não concurso de delitos (STJ. 5ª Turma. PExt no HC 438080-MG, Rel. Min. Ribeiro Dantas, julgado em 27/08/2019 – Informativo 655), cabendo, mais uma vez, que sopesar a conduta na primeira fase de fixação da pena do agente como circunstância judicial desabonadora.*

7. CRIMES DO ART. 240 E 241-B DO ECA QUANDO A VÍTIMA ESTÁ VESTIDA

Entende o STJ os atos de fotografar cena e armazenar fotografia de criança ou adolescente em situações sensuais, salientando órgãos genitais, seios, nádegas, ainda que a criança ou adolescente não estejam nus, não impede a configuração dos delitos dos arts. 240 e 241-B do ECA, quando a finalidade for libidinosa, com exploração da sexualidade infantil de maneira obscena e pornográfica. (STJ. 6ª Turma. REsp 1543267-SC, Rel. Min. Maria Thereza de Assis Moura, julgado em 3/12/2015 – Informativo 577).

? **QUESTÃO:** Crimes do art. 241 e 241-B do ECA estabelece-se o princípio da consunção necessariamente?

➥ ***RESPOSTA:*** *Entende o STJ que "Há autonomia dos tipos penais trazidos nos arts. 241 e 241-B, ambos do Estatuto da Criança e do Adolescente, uma vez que o crime no art. 241-B não configura fase normal nem meio de execução para o crime do art. 241. De fato, é possível que alguém venda sem efetivar armazenamento, como pode realizar o armazenamento sem a comercialização. Ou seja, são efetivamente verbos e condutas distintas, que podem ter aplicação autônoma" (STJ – AgRg no AREsp 1714855/RJ, Rel. Ministro Reynaldo Soares da Fonseca, 5ª Turma, julgado em 27/10/2020, DJe 12/11/2020).*

8. CRIMES COM CENAS DE SEXO EXPLÍCITO OU PORNOGRAFIA ENVOLVENDO CRIANÇA OU ADOLESCENTE

São eles:

a) Vender ou expor à venda fotografia, vídeo ou outro registro que contenha cena de sexo explícito ou pornográfica envolvendo criança ou adolescente (Pena 4 a 8 anos de reclusão e multa). Crime formal. Desnecessário fim de lucro;

b) Oferecer, trocar, disponibilizar, transmitir, distribuir, publicar ou divulgar por qualquer meio, inclusive por meio de sistema de informática ou telemático, fotografia, vídeo ou outro registro que contenha cena de sexo explícito ou pornográfica envolvendo criança ou adolescente (Pena: 3 a 6 anos de reclusão e multa);

» **Fixação da pena base e quantidade de material divulgado:** O STJ entende que a quantidade de material pornográfico compartilhado é circunstância judicial a ser sopesada para a fixação da pena base do agente. *"In casu, o elevadíssimo número de material compartilhado, seu conteúdo repugnante, o modus operandi revelador do profissionalismo do agente e a revitimização de milhares de crianças constituem elementos que extrapolam em muito o tipo penal do art. 241-A do Estatuto da*

Criança e do Adolescente e autorizam o aumento da pena basilar. (STJ – AgRg no AREsp 1636214/BA, Rel. Ministro Reynaldo Soares da Fonseca – 5ª Turma, julgado em 26/05/2020, DJe 02/06/2020).

c) assegurar os meios ou serviços para o armazenamento das fotografias, cenas ou imagens de que trata o caput deste artigo (Pena: 3 a 6 anos de reclusão e multa);

» **Concurso de crimes entre os delitos dos arts. 241-A e 241-B da lei 8.069/90:** não é aplicável de maneira imediata o princípio da consunção entre o crime do art. 241-B do ECA para quem armazena arquivos digitais contendo cena de sexo explícito e pornográfica envolvendo crianças e adolescentes e o crime do art. 241-A do mesmo estatuto. O cometimento de um dos crimes, não passa necessariamente pelo outro. É possível, no entanto, a aplicação da consunção (absorção) dependendo do caso fático, quando existir correlação entre os crimes. A questão, portanto, é probatória. Se comprovada a autonomia de casa um dos crimes, não haverá aplicação do princípio da consunção, caso contrário, se forem crimes interdependentes, poderá ser aplicada. Essa é a posição do STJ (vide STJ. 6ª Turma. REsp 1579578-PR, Rel. Min. Rogerio Schietti Cruz, julgado em 04/02/2020 – Informativo 666).

d) assegurar, por qualquer meio, o acesso por rede de computadores às fotografias, cenas ou imagens de que trata o caput deste artigo (Pena: 3 a 6 meses de reclusão e multa).

MUITA ATENÇÃO!

Condição de procedibilidade para os crimes dos itens "c" e "d" acima: o responsável legal pela prestação do serviço somente será punido quando, oficialmente notificado, deixa de desabilitar o acesso ao conteúdo ilícito.

e) Adquirir, possuir ou armazenar, por qualquer meio, fotografia, vídeo ou outra forma de registro que contenha cena de sexo explícito ou pornográfica envolvendo criança ou adolescente (Pena: 1 a 4 anos de reclusão e multa);

f) Simular a participação de criança ou adolescente em cena de sexo explícito ou pornográfica por meio de adulteração, montagem ou modificação de fotografia, vídeo ou qualquer outra forma de representação visual (Pena: 1 a 3 anos e multa);

g) vender, expor à venda, disponibilizar, distribuir, publicar ou divulgar por qualquer meio, adquirir, possuir ou armazenar adulteração, montagem ou modificação de fotografia, vídeo ou qualquer outra forma de representação visual com a participação de criança ou adolescente em cena de sexo explícito ou pornográfica (Pena: 1 a 3 anos e multa).

9. CRIMES DE ALICIAMENTO (ATENÇÃO DOLO ESPECÍFICO)

São criminosas as seguintes condutas (penas de 1 a 3 anos de reclusão e multa).

a) aliciar, assediar, instigar ou constranger, por qualquer meio de comunicação, criança, com o fim de com ela praticar ato libidinoso;

b) facilitar ou induzir o acesso à criança de material contendo cena de sexo explícito ou pornográfica com o fim de com ela praticar ato libidinoso;

c) aliciar, assediar, instigar ou constranger, por qualquer meio de comunicação, criança com o fim de induzi-la a se exibir de forma pornográfica ou sexualmente explícita.

10. REPASSE DE ARMA, MUNIÇÃO OU EXPLOSIVO

A entrega, ainda que gratuita para criança ou adolescente é crime apenado com 3 a 6 anos de reclusão.

11. FORNECIMENTO DE BEBIDA ALCOÓLICA OU PRODUTO QUE CAUSE DEPENDÊNCIA

São típicos os atos de vender, fornecer, servir, ministrar ou entregar, ainda que gratuitamente e de qualquer forma para criança ou adolescente.

MUITA ATENÇÃO!

Situações de produtos impróprios para a ingestão aqui se encaixa.
Ex.: cola de sapateiro. (Pena: 2 a 4 anos de reclusão).
Não admite a suspensão condicional do processo.

? **QUESTÃO:** Art. 243 ECA. Crime de perigo concreto ou abstrato?

↳ ***RESPOSTA:*** *Há precedentes no STJ em ambos os sentidos. Recentemente a 5ª Turma do STJ decidiu que "O delito previsto no art. 243 do Estatuto da Criança e do Adolescente se consuma com a efetiva venda, ministração ou entrega à criança ou adolescente, de produtos cujos componentes possam causar dependência física ou psíquica. É, portanto, crime de perigo concreto, devendo haver perícia avaliando a potencialidade da substância" (STJ – AgInt no REsp 1621246/SC, Rel. Ministro FELIX FISCHER, QUINTA TURMA, julgado em 03/04/2018, DJe 06/04/2018).*

12. FOGOS DE ARTIFÍCIO

São punidos os atos de vender, fornecer ainda que gratuitamente ou entregá-los a criança e adolescente, a menos que de reduzido potencial.

FIQUE POR DENTRO:

PROSTITUIÇÃO INFANTIL

A Lei 13.440/2017 alterou o preceito secundário do crime de Submissão de criança e adolescente à prostituição ou à exploração sexual. Consigna agora que a pena é de reclusão de quatro a dez anos e multa, além da perda de bens e valores utilizados na prática criminosa em favor do Fundo dos Direitos da Criança e do Adolescente da unidade da Federação (Estado ou Distrito Federal) em que foi cometido o crime, ressalvado o direito de terceiro de boa-fé.

13. CORRUPÇÃO DE MENORES (ART. 244-B)

Praticar em conjunto ou induzir criança ou adolescente a praticar infração penal.

MUITA ATENÇÃO!

A elementar "infração penal" atinge crimes e contravenções.

A **Comprovação da menoridade para configuração do delito do art. 244-B:** Segundo a jurisprudência do STJ não é necessária a juntada no processo criminal de certidão de nascimento ou Cédula de Identidade para a comprovação da menoridade de adolescente ou criança para a configuração do crime de corrupção de menores, sendo aceito qualquer outro tipo de prova. Neste sentido: *"A comprovação da menoridade, para fins de tipificação do delito previsto no art. 244-B do Estatuto da Criança e do Adolescente, não exige obrigatoriamente a apresentação de documentos oficiais, podendo esta circunstância elementar ser comprovada por outros documento idôneos, tais como o boletim de ocorrência policial e auto de apreensão do adolescente (AgRg no AREsp n. 1.487.060/MG, Ministro Jorge Mussi, Quinta Turma, DJe 2/8/2019). 7. A menoridade para fins de tipificação do crime previsto no art. 244-B da Lei n. 8.069/1990 pode ser comprovada por outros meios idôneos, não se exigindo seja realizada somente por certidão de nascimento ou carteira de identidade. Precedentes: HC n. 92.014, Min. Menezes de Direito, Primeira Turma, DJe 21/11/2008, e HC n. 121.709, Min. Ricardo Lewandowski, Segunda Turma, DJe 12/6/2014 (STF: HC n. 124.132/MG, Ministro Luiz Fux, Segunda Turma, DJe 17/11/2014). 8. Agravo regimental improvido. (STJ – AgRg no REsp 1841578/DF, Rel. Ministro Sebastião Reis Júnior, 6ª Turma, julgado em 25/08/2020, DJe 02/09/2020).*

Súmula 500 STJ: A configuração do crime do art. 244-B do ECA (corrupção de menores) independe da prova da efetiva corrupção do menor, por se tratar de crime formal.

? QUESTÃO: Crime de corrupção de menores que atinge duas crianças ou adolescentes. Crime único ou concurso de crimes?

➥ ***RESPOSTA:*** *Se o agente pratica um crime ou contravenção penal qualquer em concurso de agentes com dois adolescentes, duas crianças ou uma criança e um adolescente responderá pelo delito praticado em concurso com DUAS corrupções de menores. O número dos crimes de corrupção de menores serão tantos quanto forem as crianças e/ou adolescentes que estiverem em concurso de agentes com o autor do crime ou contravenção penal. Nesse sentido: STJ. 6ª Turma.REsp 1680114-GO, Rel. Min. Sebastião Reis Júnior, julgado em 10/10/2017 (Informativo 613).*

C **Tráfico de drogas e corrupção de menores:** É possível a existência do tráfico de drogas em concurso de crimes com a corrupção de menores? Segundo o STJ, o princípio da especialidade deverá ser aqui aplicado. Assim, o réu poderá ser condenado pelo crime de corrupção de menores, desde que a conduta praticada conjuntamente ao adolescente ou criança não esteja tipificada nos arts. 33 a 37 e sim em outro dispositivo da lei 11.343/06. Caso estiver, caberá apenas a majoração da sua pena com base no art. 40, VI, da Lei n. 11.343/2006.

14. MAUS ANTECEDENTES E ATOS INFRACIONAIS

O STJ firmou posicionamento no sentido de que a prática, em sua época de adolescente, de atos infracionais por parte de um réu em processo penal, ainda que tenham ensejado a aplicação de medidas socioeducativas restritivas de liberdade, como a internação, não pode ser fundamento para que sua pena base seja aumentada do mínimo legal, nem sequer podem ser utilizada por argumentação em plenário do júri. (STJ – 6ª Turma – HC 342455 – DF – Relatora Maria Thereza de Assis Moura – DJ 23.02.2016 e DJE 02.03.2016).

15. PRISÃO CAUTELAR FUNDAMENTADA EM ATOS INFRACIONAIS ANTERIORES PRATICADOS PELO RÉU. POSSIBILIDADE.

O STJ entendeu (Informativo 585) que é possível que a prática de ato infracional durante a adolescência sirva de parâmetro para que seja decretada a prisão preventiva posterior do réu, mas estabelece os seguintes critérios orientadores:

a) a particular gravidade concreta do ato infracional, não bastando mencionar sua equivalência a crime abstratamente considerado grave;

b) a distância temporal entre o ato infracional e o crime que deu origem ao processo (ou inquérito policial) no qual se deve decidir sobre a decretação da prisão preventiva; e

c) a comprovação desse ato infracional anterior, de sorte a não pairar dúvidas sobre o reconhecimento judicial de sua ocorrência.

16. COMPETÊNCIA. CRIME CONSISTENTE EM DISPONIBILIZAR OU ADQUIRIR MATERIAL PORNOGRÁFICO ENVOLVENDO CRIANÇA OU ADOLESCENTE PELA INTERNET

O STF, no julgamento do RE 628.624/SP, em sede de repercussão geral, firmou a tese de que "compete à Justiça Federal processar e julgar os crimes consistentes em disponibilizar ou adquirir material pornográfico envolvendo criança ou adolescente (arts. 241, 241-A e 241-B da Lei n. 8.069/1990) quando praticados por meio da rede mundial de computadores".

17. ESTATUTO DA PRIMEIRA INFÂNCIA E SUBSTITUIÇÃO DA PRISÃO PREVENTIVA

O chamado Estatuto da Primeira Infância (Lei 13.257/2016) alterou a previsão do art. 318 do Código de Processo Penal e inseriu três novas hipóteses em que o juiz poderá substituir a prisão preventiva pela prisão domiciliar visando o benefício da primeira infância. São elas os casos de gestante; mulher com filho de até 12 (doze) anos de idade incompletos e homem, caso seja o único responsável pelos cuidados do filho de até 12 (doze) anos de idade incompletos.

18. *HABEAS CORPUS* COLETIVO 143.641/SP

Em 20/02/2018, nos autos do HC 143.641/SP (Rel. Ministro Ricardo Lewandowski, pendente de publicação), a 2ª Turma do Supremo Tribunal Federal concedeu *Habeas corpus* coletivo para determinar a substituição da prisão preventiva pela domiciliar de todas as mulheres presas, gestantes, puérperas, ou mães de crianças e deficientes.

19. LEI 13769/18

A Lei 13.769/18 inseriu o art. 318-A no Código de Processo Penal. Nele restou previsto que: Art. 318-A. A prisão preventiva imposta à mulher gestante ou que for mãe ou responsável por crianças ou pessoas com deficiência será substituída por prisão domiciliar, desde que: I – não tenha cometido crime com violência ou grave ameaça a pessoa; II – não tenha cometido o crime contra seu filho ou dependente.

DIFERENÇAS ENTRE O ENTENDIMENTO DO HC 143.641 E A LEI 13.769/18	
EXCEÇÕES HC 143.641	**EXCEÇÕES LEI 13.769/18**
a) crimes cometidos mediante violência ou grave ameaça; **b)** delitos perpetrados contra os descendentes; **c)** em situações excepcionalíssimas, as quais deverão ser devidamente fundamentadas.	a) não tenha cometido crime com violência ou grave ameaça a pessoa b) não tenha cometido o crime contra seu filho ou dependente.

? **QUESTÃO:** A terceira opção de situações excepcionalíssimas que era prevista no HC 143.641 ainda é possível de ser aceita?

↳ ***RESPOSTA:*** *Embora haja divergência jurisprudencial e doutrinária sobre o tema, entendemos que a fundamentação do Habeas corpus deve ser mantida. Situações excepcionalíssimas, onde os demais requisitos da prisão preventiva previstos no art. 312 do Código de Processo Penal estejam presentes, e geram a necessidade de atuação estatal diferenciada, legitimam a decretação da prisão preventiva. Um exemplo claro de situação excepcionalíssima trazido na prática é o desenvolvimento do tráfico de drogas em larga escala pela mulher na mesma casa em que mantém a guarda das crianças. Evidente que se a pessoa pratica crime equiparado a hediondo, colocando em risco não apenas a saúde pública, mas a do próprio infante, não pode ter sua presença como essencial para o pleno desenvolvimento da forma psíquica e física do infante, daí, a previsão legal não ser cabível.*

20. ESCUTA ESPECIALIZADA PREVISTA NA LEI 13.431/2017

É o procedimento de entrevista sobre situação de violência com criança ou adolescente perante órgão da rede de proteção, limitado o relato estritamente ao necessário para o cumprimento de sua finalidade (art. 7º).

21. DEPOIMENTO ESPECIAL

É o procedimento de oitiva de criança ou adolescente vítima ou testemunha de violência perante autoridade policial ou judiciária (art. 8º).

22. O QUE SE CONSIDERA VIOLÊNCIA COM A CRIANÇA OU ADOLESCENTE PARA A LEI 13.431/2017

Várias são as hipóteses trazidas pela lei que não se restringe à consideração de violência física. Observe:

a) **violência física**: é aquela praticada em face da criança ou ao adolescente que ofenda sua integridade ou saúde corporal ou que lhe cause sofrimento físico;

b) **violência psicológica:** considera-se:

- qualquer conduta de discriminação, depreciação ou desrespeito em relação à criança ou ao adolescente mediante ameaça, constrangimento, humilhação, manipulação, isolamento, agressão verbal e xingamento, ridicularização, indiferença, exploração ou intimidação sistemática (bullying) que possa comprometer seu desenvolvimento psíquico ou emocional;
- o ato de alienação parental, assim entendido como a interferência na formação psicológica da criança ou do adolescente, promovida ou induzida por um dos genitores, pelos avós ou por quem os tenha sob sua autoridade, guarda ou vigilância, que leve ao repúdio de genitor ou que cause prejuízo ao estabelecimento ou à manutenção de vínculo com este;
- qualquer conduta que exponha a criança ou o adolescente, direta ou indiretamente, a crime violento contra membro de sua família ou de sua rede de apoio,

independentemente do ambiente em que cometido, particularmente quando isto a torna testemunha;

c) **violência sexual**: considera-se qualquer conduta que constranja a criança ou o adolescente a praticar ou presenciar conjunção carnal ou qualquer outro ato libidinoso, inclusive exposição do corpo em foto ou vídeo por meio eletrônico ou não, que compreenda:

- abuso sexual, entendido como toda ação que se utiliza da criança ou do adolescente para fins sexuais, seja conjunção carnal ou outro ato libidinoso, realizado de modo presencial ou por meio eletrônico, para estimulação sexual do agente ou de terceiro;
- exploração sexual comercial, entendida como o uso da criança ou do adolescente em atividade sexual em troca de remuneração ou qualquer outra forma de compensação, de forma independente ou sob patrocínio, apoio ou incentivo de terceiro, seja de modo presencial ou por meio eletrônico;
- tráfico de pessoas, entendido como o recrutamento, o transporte, a transferência, o alojamento ou o acolhimento da criança ou do adolescente, dentro do território nacional ou para o estrangeiro, com o fim de exploração sexual, mediante ameaça, uso de força ou outra forma de coação, rapto, fraude, engano, abuso de autoridade, aproveitamento de situação de vulnerabilidade ou entrega ou aceitação de pagamento, entre os casos previstos na legislação.

d) **violência institucional**: é aquela praticada por instituição pública ou conveniada, inclusive quando gerar revitimização.

23. *HABEAS CORPUS* COLETIVO 165.704/SP

Tomando como base o princípio da igualdade, e diante da decisão trazida pelo acima citado HC 143.641. Em decisão unânime, a 2ª Turma do Supremo Tribunal Federal (STF), em 20/10/2020 concedeu HC coletivo para determinar a substituição da prisão cautelar por domiciliar dos pais e responsáveis por crianças menores de 12 anos e pessoas com deficiência, desde que cumpridos os requisitos previstos no artigo 318 do Código de Processo Penal (CPP) e outras condicionantes.

24. DEPOIMENTO DISTANTE DO AUTOR DA VIOLÊNCIA

É direito da criança e do adolescente o depoimento em resguardo de qualquer contato (mesmo o visual) com a pessoa investigada e suposto autor da violência que sofreu, ou com qualquer outra pessoa que represente ameaça, coação ou constrangimento.

25. LOCAL DE FEITURA DA ESCUTA E DEPOIMENTO ESPECIALIZADO

A escuta e o depoimento especializado não serão feitos em sala de audiência. Exige a lei que se deem em local apropriado e acolhedor, com infraestrutura e espaço físico que garantam a privacidade da criança ou do adolescente vítima ou testemunha de violência.

26. CARACTERÍSTICAS DO DEPOIMENTO ESPECIAL

O depoimento especial de criança e adolescente será regido da seguinte maneira:

a) sempre que possível (portanto, há exceções), deverá ser feito uma ÚNICA vez;

b) deverá se feito como produção de prova judicial antecipada, garantida a ampla defesa e o contraditório.

27. SITUAÇÃO DE RITO CAUTELAR PARA O DEPOIMENTO ESPECIAL

a) quando a criança tiver menos de 7 (sete) anos;

b) em caso de violência sexual.

28. SITUAÇÓES EM QUE ADMITEM EXCEÇÓES À REPETIÇÃO DO DEPOIMENTO DA CRIANÇA E DO ADOLESCENTE (ART. 11, § 2º DA LEI 13.431/17)

a) imprescindibilidade justificada pela autoridade competente;

b) concordância da vítima, ou da testemunha, ou de seu representante legal

29. CONDIÇÕES CUMULATIVAS

As condições do art. 11, § 2º da Lei 13.431/17 para o novo depoimento da vítima ou testemunha adolescente ou criança devem estar presentes de maneira concomitante, não sendo alternativas.

30. PROCEDIMENTO TRAÇADO PARA O DEPOIMENTO ESPECIAL

O depoimento especial seguirá o seguinte rito:

a) **Esclarecimento sobre o depoimento, sem a leitura da denúncia ou de qualquer ato processual:** os profissionais especializados esclarecerão a criança ou o adolescente sobre a tomada do depoimento especial, informando-lhe os seus direitos e os procedimentos a serem adotados e planejando sua participação, sendo vedada a leitura da denúncia ou de outras peças processuais;

b) **Preservação da livre narrativa, garantida a interveniência do profissional:** é assegurada à criança ou ao adolescente a livre narrativa sobre a situação de violência, podendo o profissional especializado intervir quando necessário, utilizando técnicas que permitam a elucidação dos fatos;

c) **Acompanhamento em sala de audiência da transmissão do depoimento:** no curso do processo judicial, o depoimento especial será transmitido em tempo real para a sala de audiência, preservado o sigilo;

d) **Perguntas complementares:** o Ministério Público e a Defesa poderão indicar ao juiz que preside a audiência questões que entendam necessárias para avaliação de pertinência. Estas perguntas serão feitas por blocos.

e) **Literalidade da transmissão das perguntas à vítima ou testemunha por parte do profissional habilitado:** inexiste a obrigação de repasse das perguntas de maneira literal, sendo possível a adaptação por parte do profissional.

f) **Gravação:** todo o depoimento é gravado.

A **Depoimento direto ao juízo. Possibilidade:** Caso a vítima ou a testemunha pretenda realizar o depoimento direto ao juízo, tal será possibilitado, cabendo ao magistrado que presidir a audiência preservar a intimidade e privacidade da criança ou do adolescente.

B **Presença do autor do delito em sala de audiência:** Como colocado acima, é direito da criança e do adolescente o depoimento em resguardo de qualquer contato (mesmo o visual) com a pessoa investigada e suposto autor da violência que sofreu, ou com qualquer outra pessoa que represente ameaça, coação ou constrangimento. No entanto, não se trata de situação que afaste necessariamente o réu de audiência. Isto porque, a mesma legislação, no art. 13, § 2º coloca que: "*O profissional especializado comunicará ao juiz se verificar que a presença, na sala de audiência, do autor da violência pode prejudicar o depoimento especial ou colocar o depoente em situação de risco, caso em que, fazendo constar em termo, será autorizado o afastamento do imputado*". Assim, ainda que não tenha se entendido pelo afastamento do autor da violência por parte da vítima, testemunha ou seu representante, é possível que o assistente técnico que acompanhe o depoimento ou a escuta, opte pela retirada do autor da sala de audiência. Como a lei não excepciona a situação, tal fato poderá ocorrer tanto quanto o depoimento ocorrer em sala separada, como ainda quando a vítima ou testemunha optar em prestar o depoimento diretamente ao juízo.

C **Segredo de Justiça:** O depoimento especial, independentemente da situação em que for prestado e do crime a ele vinculado, obedecerá o segredo de Justiça.

31. CRIME DE VIOLAÇÃO DE SEGREDO DE JUSTIÇA (ART. 24 DA LEI 13.431/17)

O Art. 24 da lei coloca que é crime: "*Violar sigilo processual, permitindo que depoimento de criança ou adolescente seja assistido por pessoa estranha ao processo, sem autorização judicial e sem o consentimento do depoente ou de seu representante legal". Pena – reclusão, de 1 (um) a 4 (quatro) anos, e multa.*

CAPÍTULO VI
LEI 13.343/06 (SISTEMA NACIONAL DE POLÍTICAS PÚBLICAS SOBRE DROGAS)

1. PENAS PREVISTAS PARA O ART. 28 (PORTE DROGA)

O art. 28 da Lei 11.343/06 não detém pena privativa de liberdade prevista quando de seu cometimento. São penas previstas: I – advertência sobre os efeitos das drogas; II – prestação de serviços à comunidade; III – medida educativa de comparecimento a programa ou curso educativo. Podem ser aplicadas alternativa ou cumulativamente.

2. SEMEAR, CULTIVAR E COLHER PLANTAS DESTINADAS À PREPARAÇÃO DE PEQUENA QUANTIDADE DE SUBSTÂNCIA OU PRODUTO CAPAZ DE CAUSAR DEPENDÊNCIA FÍSICA OU PSÍQUICA

Trata-se de delito equiparado ao art. 28 da Lei 11.343/06 previsto no § 1º que consertou erro anterior de não previsão por parte da legislação precedente.

3. PENA MÁXIMA PARA OS CRIMES DO ART. 28 E PARÁGRAFOS

A pena máxima prevista para os crimes dos arts. 28, "caput" e 28, § 1º da Lei 11.343/06 é de 5 meses de prestação de serviços à comunidade quando o réu for primário e em 10 meses de prestação de serviços à comunidade quando o réu for reincidente (Art. 28, §§ 3º e 4º da Lei 11.343/06).

A **Pena máxima e Reincidência. Reincidência Específica:** O art. 28, § 4º da Lei 11.343/06 indica que em caso de reincidência, as penas previstas de prestação de serviços à comunidade e medida educativa de comparecimento a programa ou curso educativo serão aplicadas pelo prazo máximo de 10 (dez) meses. Esta reincidência aqui mencionada é a ESPECÍFICA, segundo o entendimento do STJ (STJ. 6ª Turma. REsp 1771304-ES, Rel. Min. Nefi Cordeiro, julgado em 10/12/2019) (Informativo 662).

B **Local de prestação de serviços à comunidade:** Preferencialmente, este tipo de pena, para as condenações decorrentes das previsões dos arts. 28 "caput" e 28 § 1º da lei de tóxicos será cumprida em programas comunitários, entidades educacionais ou assistenciais, hospitais, estabelecimentos congêneres, públicos ou privados sem fins lucrativos, que se ocupem, preferencialmente, da prevenção do consumo ou da recuperação de usuários e dependentes de drogas.

C **Descumprimento da pena fixada para o art. 28 (porte droga):** A lei indica que para a garantia da pena aplicada poderão ser utilizadas a admoestação verbal e a fixação de multa (art.

Art. 28, § 6º). Não existe assim a possibilidade de conversão da pena fixada para pena privativa de liberdade, uma vez que não é prevista no preceito secundário deste delito.

D Crime do art. 28 e Lei 9.099/95: O crime do art. 28 da lei de tóxicos é crime de menor potencial ofensivo, posição pacífica na jurisprudência.

E Revogação da suspensão condicional do processo quando da prática de delito do art. 28 da Lei 11.343/06: Por determinação do art. 83, § 3º da Lei 9.099/95, a suspensão condicional do processo será obrigatoriamente revogada quando houver a prática de um novo crime no curso do período de provas de 2 a 4 anos estabelecido. No entanto, é facultada a revogação do benefício quando aquele que o goze venha a cometer uma contravenção penal no curso do período de provas (art. 89, § 4º da Lei 9.099/95). O STJ entende que, se durante o curso do período de provas da suspensão condicional do processo, aquele que goze de tal benefício vier a praticar o crime do art. 28 da Lei 11.343/06, embora este seja tratado pela legislação como crime e não como contravenção penal, a revogação será facultativa. Isto porque o tratamento legislativo é mais brando com o porte de droga para consumo próprio do que com várias das contravenções penais, e exigir a revogação como obrigatória geraria uma incongruência legal e feriria o princípio da proporcionalidade. Neste sentido STJ. 5ª Turma. REsp 1795962-SP, Rel. Min. Ribeiro Dantas, julgado em 10/03/2020 (Informativo 668).

4. TRATAMENTO DO USUÁRIO

A Lei 13.840/2019 alterou e inovou a política de tratamento do usuário de drogas. Segundo a disposição trazida pelo art. 23 -A da Lei 11.343/06, o tratamento do usuário ou dependente de drogas deverá ser ordenado em uma rede de atenção à saúde, com prioridade para as modalidades de tratamento ambulatorial. **A internação será sempre excepcional e realizada em unidades de saúde e hospitais gerais** nos termos de normas dispostas pela União e articuladas com os serviços de assistência social.

5. ETAPAS NECESSÁRIAS PARA O TRATAMENTO EM INTERNAÇÃO

O tratamento em internação deverá passar por etapas que permitam:

a) articular a atenção com ações preventivas que atinjam toda a população;

b) orientar-se por protocolos técnicos predefinidos, baseados em evidências científicas, oferecendo atendimento individualizado ao usuário ou dependente de drogas com abordagem preventiva e, sempre que indicado, ambulatorial;

c) preparar para a reinserção social e econômica, respeitando as habilidades e projetos individuais por meio de programas que articulem educação, capacitação para o trabalho, esporte, cultura e acompanhamento individualizado;

d) acompanhar os resultados pelo SUS, Suas e Sisnad, de forma articulada.

6. LOCAIS DE INTERNAÇÃO PARA O TRATAMENTO DE DEPENDENTES DE DROGA

Determina a lei que as internações poderão ocorrer apenas em unidades de saúde ou hospitais gerais, dotados de equipes multidisciplinares e deverá ser obrigatoriamente autorizada por médico devidamente registrado no Conselho Regional de Medicina do Estado onde se **localize o estabelecimento no qual se dará a internação.**

7. TIPOS DE INTERNAÇÃO PARA DEPENDENTES DE DROGAS

A lei prevê dois tipos de internação:

a) **internação voluntária:** aquela que se dá com o consentimento do dependente de drogas;

b) **internação involuntária:** aquela que se dá, sem o consentimento do dependente, a pedido de **familiar ou do responsável legal ou, na absoluta falta deste, de servidor público da área de saúde**, da assistência social ou dos órgãos públicos integrantes do Sisnad, com exceção de servidores da área de segurança pública, que constate a existência de motivos que justifiquem a medida.

7.1 Exigências da internação voluntária

a) deverá ser precedida de **declaração escrita da pessoa solicitante** de que optou por este regime de tratamento;

b) seu término dar-se-á por determinação **do médico responsável** ou **por solicitação escrita da pessoa que deseja interromper o tratamento.**

7.2 Exigências da internação involuntária

a) deve ser realizada após a formalização da decisão por **médico responsável**;

b) será indicada depois da avaliação sobre o tipo de droga utilizada, o padrão de uso e na hipótese comprovada da impossibilidade de utilização de outras alternativas terapêuticas previstas na rede de atenção à saúde;

c) **perdurará apenas pelo tempo necessário à desintoxicação**, no prazo máximo **de 90 (noventa) dias**, tendo seu **término determinado pelo médico responsável**;

d) a **família ou o representante legal** poderá, a qualquer tempo, requerer ao médico a interrupção do tratamento.

7.3 Internação sempre como recurso subsidiário

Determina a legislação que a internação, seja ela voluntária ou involuntária, apenas poderá ocorrer quando os recursos extra-hospitalares forem inadequados.

7.4 Comunicação da internação ao Ministério Público, Defensoria e demais órgãos

Seja as internações ***voluntárias ou involuntárias*, deverão ser comunicadas ao Ministério Público no prazo máximo de 72 horas**, assim como à Defensoria Pública e aos demais órgãos de fiscalização, sempre por sistema de informatização. Este sistema é sigiloso.

7.5 Internação em comunidades terapêuticas

Quaisquer dos tipos de internação são **vedados** nas chamadas "Comunidades Terapêuticas Acolhedoras".

8. PLANO INDIVIDUAL DE ATENDIMENTO

A Lei 13.840/19 também previu um planejamento e execução de projeto terapêutico individual para o tratamento de drogas. Para ser realizado na rede de atenção à saúde dependerá de:

a) *avaliação prévia por equipe técnica multidisciplinar e multisetorial* que avalie o tipo de droga e padrão de seu uso e ainda o risco à saúde física e mental, não apenas do usuário, como das pessoas com as quais convive; e

b) *elaboração de um Plano Individual de Atendimento – PIA.*

9. ACOLHIMENTO EM COMUNIDADE TERAPÊUTICA ACOLHEDORA

Não há que se confundir a Internação com o Acolhimento em Comunidade Terapêutica Acolhedora. Este acolhimento caracteriza-se pelos seguintes itens:

a) oferta de projetos terapêuticos ao usuário ou dependente de drogas que visam à abstinência;

b) adesão e permanência voluntária, formalizadas por escrito, entendida como uma etapa transitória para a reinserção social e econômica do usuário ou dependente de drogas;

c) ambiente residencial, propício à formação de vínculos, com a convivência entre os pares, atividades práticas de valor educativo e a promoção do desenvolvimento pessoal, vocacionada para acolhimento ao usuário ou dependente de drogas em vulnerabilidade social;

d) avaliação médica prévia;

e) elaboração de plano individual de atendimento na forma do art. 23-B desta Lei;

f) vedação de isolamento físico do usuário ou dependente de drogas.

10. PRINCÍPIO DA INSIGNIFICÂNCIA

Os tribunais superiores mantinham posicionamento no sentido de não ser aplicado o princípio da insignificância para o crime do art. 28. No entanto, a precedente no STF, em julgado da 1ª Turma, onde foi reconhecido o princípio da insignificância (HC 110.475/SC, Rel. Min. Dias Toffoli, julgado em 14/02/2012).

11. PRINCÍPIO DO *NON OLET*

Pelo art. 118 do Código Tributário, ainda que uma atividade seja ilícita, por ter gerado receita, deveria ser tributada. Os Tribunais Superiores, no entanto, têm negado tal princípio para o tráfico de drogas. Existe decisão do STF, ainda assim, no sentido de aplicação do princípio do *non olet* para o caso do tráfico de drogas.

12. MATÉRIA PRIMA, INSUMO OU PRODUTO QUÍMICO PARA PREPARAÇÃO DA DROGA

Quem importa, exporta, remete, produz, fabrica, adquire, vende, expõe à venda, oferece, fornece, tem em depósito, transporta, traz consigo ou guarda, ainda que gratuitamente, sem autorização ou em desacordo com determinação legal ou regulamentar, matéria prima, insumo ou produto químico para preparação da droga, responde por pena IDÊNTICA ao tráfico.

13. SEMEAR, CULTIVAR OU COLHER PLANTAS QUE SÃO MATÉRIAS PRIMAS PARA A TRANSFORMAÇÃO EM DROGA

Se for para uso próprio responde por pena idêntica ao art. 28. Se for para o tráfico, responde por pena idêntica ao tráfico.

14. PRESCRIÇÃO

Os delitos que encontram-se previstos no art. 28, "caput" e 28, § 1º da Lei 11.343/06 detêm prescrição fixada em 2 anos, portanto menor que a prescrição mínima prevista para os crimes comuns.

15. AÇÃO PENAL

Os delitos que encontram-se previstos no art. 28, "caput" e 28, § 1º da Lei 11.343/06 serão processados através de ação penal pública incondicionada.

16. PROCEDIMENTO PRÓPRIO

Os delitos que encontram-se previstos no art. 28, "caput" e 28, § 1º da Lei 11.343/06 serão processados através do rito sumaríssimo, através do Juizado Especial Criminal, cabendo por conseguinte a lavratura de termo circunstanciado quando da apuração do cometimento delitivo, sendo dispensada a prisão em flagrante desde que o autor do delito se comprometa ao comparecimento em juízo quando da apuração delitiva.

17. TRANSAÇÃO PENAL

A transação penal é cabível para os delitos que encontram-se previstos no art. 28, "caput" e 28, § 1º da Lei 11.343/06, sendo possível a aplicação das mesmas penas previstas para os crimes principais, inclusive a prestação de serviços à comunidade.

18. TRATAMENTO ESPECIALIZADO

Os arts. 45 a 47 preveem o tratamento especializado para os casos de dependente químico inimputável e semi-imputável NÃO aparece, na Lei de Drogas, como sanção a ser imposta ao usuário.

19. TRATAMENTO DISPONIBILIZADO PELO PODER PÚBLICO

O art. 28, § 7º da Lei 11.343/06 difere-se da indicação anterior e requer o tratamento para dependentes, incluindo os praticantes dos delitos tipificados no art. 28 da Lei 11.343/06 indicando que o juiz determinará ao Poder Público que coloque à disposição do infrator, gratuitamente, estabelecimento de saúde, preferencialmente ambulatorial, para tratamento especializado.

20. TRATAMENTO FACULTADO AO INFRATOR

Conforme a indicação do art. 28, § 7º da lei de drogas, o tratamento deverá ser FACULTADO (colocado à disposição) do infrator, **mas não imposto pelo poder público.**

21. PORTE DE DROGA E DESCRIMINALIZAÇÃO

O STF entendeu como de Repercussão Geral a decisão do Recurso Extraordinário 635659 que discute a inconstitucionalidade do artigo 28 da Lei de Drogas (Lei 11.343/2006). É relator o Ministro Gilmar Mendes que já votou pela inconstitucionalidade do tipo penal. O julgamento atualmente está interrompido e não houve determinação de suspensão das ações penais em curso sobre o tipo penal tratado por parte do Relator.

22. CONDENAÇÃO ANTERIOR POR PORTE DE ENTORPECENTES E REINCIDÊNCIA

A condenação anterior por prática do crime do art. 28 da Lei 11.343/06 segundo **ANTERIOR** posicionamento da 6ª Turma do STJ geraria a reincidência e, portanto, impediria a aplicação da causa de diminuição de pena prevista no art. 33, § 4º da Lei 11.343/06. Nota-se: *"Constatada a existência de condenação anterior e definitiva em desfavor do recorrido pela prática da conduta prevista no art. 28 da Lei n. 11.343/2006, fica caracterizada a reincidência e não é possível a aplicação, em seu favor, da causa especial de diminuição de pena prevista no § 4º do art. 33 da Lei n. 11.343/2006, por expressa vedação legal"* (STJ – 6ª Turma – Resp 1500884/SP – Relator Ministro Rogério Schietti Cruz – DJ 24/11/2015 e DJE 7/12/2015).

FIQUE POR DENTRO:

A 6ª Turma alterou em 2018 seu posicionamento e passou a entender que não há mais reincidência na condenação anterior pela prática do porte de entorpecentes. Neste sentido: STJ. 5ª Turma. HC 453437/SP, Rel. Min. Reynaldo Soares da Fonseca, julgado em 04/10/2018. STJ. 5ª Turma. AgRg-AREsp 1.366.654/SP, Rel. Min. Ribeiro Dantas, julgado em 13/12/2018. STJ. 6ª Turma. REsp 1672654/SP, Rel. Min. Maria Thereza de Assis Moura, julgado em 21/08/2018 (STJ Informativo 632).

23. FINALIDADE DAS PLANTAÇÕES

De acordo com o art. 32 da Lei de Drogas (com redação dada pela Lei nº 12.961/14), as plantações ilícitas serão imediatamente destruídas pelo delegado de polícia, por incineração, observado o prazo máximo de trinta dias, devendo ser recolhida quantidade suficiente para exame pericial. De tudo deverá ser lavrado auto de levantamento das condições encontradas, com a delimitação do local, asseguradas as medidas necessárias para a preservação da prova.

24. FORNECIMENTO PARA CONSUMO CONJUNTO DE DROGA COM CONHECIDO

Se for sem fim lucrativo, responde pelo delito do art. 33, § 3º, com pena de detenção, de 6 (seis) meses a 1 (um) ano, e pagamento de 700 (setecentos) a 1.500 (mil e quinhentos) dias-multa, sem prejuízo das penas previstas no art. 28.

25. TRÁFICO DE DROGAS. CRIME DE AÇÃO MÚLTIPLA

O tráfico de droga é crime de ação múltipla, contemplando as condutas de importar, exportar, remeter, preparar, produzir, fabricar, adquirir, vender, expor à venda, oferecer, ter em depósito, transportar, trazer consigo, guardar, prescrever, ministrar, entregar a consumo ou fornecer drogas, ainda que gratuitamente, sem autorização ou em desacordo com determinação legal ou regulamentar.

26. FATORES PROBATÓRIOS PARA CONCLUIR PELA TIPIFICAÇÃO DO TRÁFICO DE DROGAS

Determina o art. 52, I da Lei 11.343/06 que a autoridade policial ao findar o inquérito policial que lhe cabe indicará em seu relatório as circunstâncias do fato, justificando as razões que a levaram à classificação do delito, indicando a quantidade e natureza da substância ou do produto apreendido, o local e as condições em que se desenvolveu a ação criminosa, as circunstâncias da prisão, a conduta, a qualificação e os antecedentes do agente.

A **Condenação sem apreensão da droga:** O STJ tem entendido que a condenação do réu por tráfico de droga prescinde da apreensão do entorpecente se existirem outros meios de prova aptos para alicerçar a condenação penal. Neste sentido: STJ. 5ª Turma. AgRg no AREsp 116262/GO, Rel. Min. Jorge Mussi, julgado em 06/11/2018.

27. NORMA PENAL EM BRANCO

A elementar "sem autorização ou em desacordo com determinação legal ou regulamentar" do tipo penal do art. 33, "caput" da Lei 11.343/06 indica que o delito deve ser complementado por normativo legal ou infralegal, tratando-se pois de uma norma pena em branco. Normalmente, existe regulamentação realizada através de portaria (como a Portaria 344/98 da Agência Nacional de Vigilância Sanitária que era vigente quando da promulgação da Lei 11.346/06), mas ainda é possível que outros normativos infralegais e até uma legislação própria prevejam as drogas que serão consideradas para a tipificação do delito de tráfico.

28. CRIMES INSTANTÂNEOS E PERMANENTES

As condutas tipificadas no art. 33 da Lei 11.343/06 poderá ser instantânea ou ainda permanente, dependendo da situação em que se enquadre. Exemplo: quando o traficante o ato do tráfico será instantâneo, mas quando guarda determinada quantia de droga, detém conduta permanente.

29. CRIMES EQUIPARADOS AO TRÁFICO DE DROGAS PELO ART. 33, § 1º DA LEI 11.343/06

Responde pelas mesmas penas do tráfico de drogas quem:

a) importa, exporta, remete, produz, fabrica, adquire, vende, expõe à venda, oferece, fornece, tem em depósito, transporta, traz consigo ou guarda, ainda que gratuitamente, sem autorização ou em desacordo com determinação legal ou regulamentar, matéria-prima, insumo ou produto químico destinado à preparação de drogas;

b) semeia, cultiva ou faz a colheita, sem autorização ou em desacordo com determinação legal ou regulamentar, de plantas que se constituam em matéria-prima para a preparação de drogas;

c) utiliza local ou bem de qualquer natureza de que tem a propriedade, posse, administração, guarda ou vigilância, ou consente que outrem dele se utilize, ainda que gratuitamente, sem autorização ou em desacordo com determinação legal ou regulamentar, para o tráfico ilícito de drogas.

d) vende ou entrega drogas ou matéria-prima, insumo ou produto químico destinado à preparação de drogas, sem autorização ou em desacordo com a determinação legal ou regulamentar, a agente policial disfarçado, quando presentes elementos probatórios razoáveis de conduta criminal preexistente (crime inserido pela lei 13.964/2019 – Pacote Anticrime).

30. TRANSPORTE DE FOLHA DE COCA CARACTERIZA O CRIME DO ART. 33, § 1º DA LEI 11.343/06

Segundo posicionamento trazido pelo STJ – 3ª Seção. CC 172464-MS, Rel. Min. Reynaldo Soares da Fonseca, julgado em 10/06/2020 (Informativo 673), o transporte de folha de coca caracteriza o delito tipificado no § 1º, I, do art. 33 da Lei nº 11.343/2006, que criminaliza o transporte de matéria-prima destinada à preparação de drogas. A folha de coca por si só, não é considerada droga, mas pode ser considerada como insumo ou matéria prima para a transformação em cocaína.

31. FLAGRANTE PREPARADO E CRIME DO ART. 33, § 1º, VI DA LEI 11.343/06

O flagrante preparado é nulo de acordo com a previsão da Súmula 145 do STF. No entanto, diante de se tratar de crime de múltipla conduta, muitas vezes quando uma conduta é preparada por policiais, o crime de tráfico já está consumado por conduta anterior, possibilitando assim a prisão do traficante. Exemplo: Policial que aproxima-se do traficante para a compra da droga e quando este a vende, é preso em flagrante. A venda da droga está viciada pela preparação do flagrante, no entanto, anteriormente, o traficante trazia consigo a droga e portanto, praticou outra elementar do tipo penal, recaindo em crime permanente, portanto, passível de prisão. Este primeiro ato de trazer consigo a droga, não foi maculado pela preparação do flagrante. O art. 33, § 1º, VI da Lei 11.343/06, com a redação da Lei 13.964/2019 aprofundou-se neste tema indicando que a venda de drogas ou matérias prima, insumo ou produto químico destinado à preparação de drogas a agente policial disfarçado, não elide de pena o agente, desde que os elementos probatórios indiquem que o agente criminoso já praticava anteriormente tal conduta.

32. CONDIÇÕES PARA O TRÁFICO PRIVILEGIADO (ART. 33, § 4º)

Agente seja a) primário, b) de bons antecedentes, c) não se dedique às atividades criminosas nem integre organização criminosa. Gera diminuição de 1/6 a 2/3 da pena.

33. FIXAÇÃO DA PENA E TRÁFICO DE DROGAS

Os critérios de natureza, variedade e quantidade de drogas podem servir apenas para uma das fases de fixação da pena. Se a pena base for aumentada com fundamento em tais critérios na primeira fase de fixação da pena, este mesmo critério não poderá ser utilizado para afastar a causa de diminuição do art. 33, § 4º da lei de tóxicos, pois caracterizaria *bis in idem*, conforme entendimento sedimentado pelo STF.

34. CRITÉRIO PARA A APLICAÇÃO DO ART. 33, § 4º DA LEI 11.343/06 PARA O STJ

Para o STJ, esta causa de diminuição de pena atinge apenas o traficante inicial, aquele que não se dedica ao tráfico e o faz apenas de maneira pontual, absolutamente esporádica. O traficante rotineiro, ainda que primário, não merece o benefício.

35. AÇÕES EM CURSO, INQUÉRITOS POLICIAIS E ATOS INFRACIONAIS PARA O AFASTAMENTO DA APLICAÇÃO DO ART. 33, § 4º DA LEI 11.343/06

Os Tribunais Superiores estão divergindo sobre a matéria:

- **STJ:** o STJ tem entendimento no sentido de que "É possível a utilização de inquéritos policiais e/ou ações penais em curso para formação da convicção de que o réu se dedica a atividades criminosas, de modo a afastar o benefício legal *previsto no artigo 33, § 4º, da Lei11.343/06"*. Este entendimento também se replica na questão do réu ter antecedentes de práticas de atos infracionais quando adolescente de maneira habitual, em curto espaço de tempo do crime de tráfico como imputável (crime cometido logo após a maioridade ser atingida).
- **STF:** o STF, em ambas as turmas, tem divergido do posicionamento do STJ. Em julgado de fevereiro de 2020 o STF indicou seria impossível negar a aplicação da causa do art. 33, § 4º, da Lei nº 11.343/2006, com fundamento no fato de o réu responder a inquéritos policiais ou processos criminais em andamento, mesmo que estejam em fase recursal, sob pena de violação ao art. 5º, LIV (princípio da presunção de não culpabilidade). STF. 1ª Turma. HC 173806/MG, Rel. Min. Marco Aurélio, julgado em 18/2/2020 (Informativo 967). STF. 2ª Turma. HC 144309 AgR, Rel. Min. Ricardo Lewandowski, julgado em 19/11/2018.

36. PROVA DE DEDICAÇÃO ÀS ATIVIDADES ILÍCITAS E ÔNUS DA PROVA

O STF entendeu que cabe ao Ministério Público a comprovação de que o réu se dedicava a atividades ilícitas para que lhe seja retirada a possibilidade de reconhecimento do tráfico privilegiado (art. 33, § 4º da Lei 11.343/06) e pairando ao réu a presunção contrária como benefício. O ônus da quebra desta presunção é da acusação. (STF. 2ª Turma. HC 154694 AgR/SP, Relator Ministro Edson Fachin, com relatoria do acórdão do Ministro Gilmar Mendes, julgado em 4/2/2020) (Informativo 965).

37. QUANTIDADE DE DROGA E AFASTAMENTO DA CAUSA DE DIMINUIÇÃO DE PENA DO ART. 33, § 4º DA LEI 11.343/06

Há posicionamento dentro do STF indicativo de que a grande quantidade de drogas apreendida em posse do réu serve como indicativo de sua ligação rotineira com o tráfico e, portanto, retiraria a possibilidade de aplicação da minorante do art. 33, § 4º da Lei 11.343/06. No entanto, existem divergências no próprio STF no sentido de que a quantidade de droga como fator isolado, não pode servir como causa de afastamento de diminuição prevista no dispositivo citado. Sobre o tema vale a indicação de posicionamentos nos sentidos colocados: HC 130981/

MS, Rel. Min. Marco Aurélio, julgado em 18/10/2016. STF. Informativo 844 (Possibilidade do afastamento pela quantidade). De outro lado (STF – HC 138138/SP, Rel. Min. Ricardo Lewandowski, julgado em 29/11/2016. STF Informativo 849(impossibilidade de afastamento apenas com a análise de quantidade).

FIQUE POR DENTRO:

Decisão recente do STJ sobre o tema, permite a possibilidade TANTO DO AUMENTO DE PENA BASE quanto DO AFASTAMENTO DA CAUSA DE DIMINUIÇÃO DE PENA para o tráfico de drogas de GRANDES QUANTIDADES

Observe o julgamento: RECURSO ESPECIAL Nº 1.807.278 – SP (2019/0104713-6) RELATOR : MINISTRO JORGE MUSSI RECORRENTE : MINISTÉRIO PÚBLICO DO ESTADO DE SÃO PAULO RECORRIDO : VALDEMIR VIRIATO DE LIMA RECORRIDO : PERLA ELIZABETH MARTINEZ LOPEZ ADVOGADOS : SILBERTO EDUARDO MAZIEIRO – SP157832 VICTOR COELHO DIAS – SP276465 DECISÃO Trata-se de recurso especial interposto pelo MINISTÉRIO PÚBLICO DO ESTADO DE SÃO PAULO, fundamentado na alínea c do permissivo constitucional, contra acórdão proferido pelo Tribunal de Justiça local que deu parcial provimento ao apelo defensivo. Depreende-se da análise dos autos que Perla Elizabeth Martinez Lopez e Valdemir Viriato de Lima foram condenados às penas de 7 (sete) anos, 3 (três) meses e 15 (quinze) dias de reclusão, em regime inicial fechado, e 729 (setecentos e vinte e nove) dias-multa, como incursos nos arts. 33, caput, e 40, V, ambos da Lei 11.343/2006, porque transportavam 79 (setenta e nove) tabletes de maconha, totalizando aproximadamente 79,600 kg (setenta e nove quilos e seiscentos gramas) do entorpecente. O Tribunal a quo deu provimento parcial à apelação da defesa tão somente para redimensionar a reprimenda para 5 (cinco) anos e 10 (dez) meses de reclusão, em regime inicial fechado, e 583 (quinhentos e oitenta e três) dias-multa, porque entendeu que uma mesma circunstância judicial não pode justificar concomitantemente a elevação da pena-base e o afastamento do redutor do tráfico privilegiado (e-STJ fls. 492-514). Nas razões do recurso especial, o Parquet alega violação do art. 59 do Código Penal e dos arts. 33, § 4º, e 42, ambos da Lei de Drogas. Sustenta, em síntese, que a quantidade de drogas pode ser usada simultaneamente para exasperar a pena-base e afastar o redutor do tráfico privilegiado. Requer, ao final, o provimento do especial para que seja restabelecida a sentença (e-STJ fls. 521-549). Após o juízo prévio de admissibilidade (e-STJ fls. 569-570), os autos ascenderam a esta Corte Superior de Justiça. Instado a se manifestar, o Ministério Público Federal opinou pelo provimento do inconformismo (e-STJ fls. 580-582). É o relatório. Decido. Satisfeitos os pressupostos de admissibilidade, passa-se ao exame recursal. No presente caso, a Corte a quo, ao apreciar a questão, asseverou (e-STJ fls. 505-506 – destaques acrescidos): [...] Passo à análise das reprimendas impostas, que merecem algum reparo. As penas-base dos apelantes foram fixadas em 1/4 (um quarto) acima do mínimo, à luz da grande quantidade droga apreendida. Todavia, para que não se configure bis in idem, registro que uma mesma circunstância não pode, por si só, justificar a elevação da pena-base e o afastamento da redução de pena na terceira dosimétrica, tal como se procedeu na r. sentença. Considerar isoladamente a quantidade de drogas apreendidas para recrudescimento da pena-base, portanto, induziria dupla incidência penal caso esta mesma circunstância viesse a fundamentar a negativa da redução decorrente do disposto no artigo 33, §4e, da Lei 11.343/06. Nesse sentido é o entendimento do Supremo Tribunal Federal (RE 666.334-RG, Rei. Min. Gilmar Mendes, com repercussão geral reconhecida, julg. em 03.04.2014). Destarte, mantida em aparte a circunstância referente à quantidade das drogas, para livre incidência na última fase da dosimetria, ficam reduzidas as penas-base para o piso, de 5 anos de reclusão com 500 dias-multa mínimos. Depreende-se do excerto transcrito que o acórdão recorrido está em dissonância com o entendimento firmado neste Superior Tribunal de que "a utilização concomitante da quantidade de droga apreendida para a elevação da pena-base, na primeira fase da dosimetria, e para o afastamento da incidência da minorante prevista no § 4º do art. 33 da Lei de Drogas, na terceira fase, por demonstrar que o acusado se dedica a atividades criminosas ou integra organização criminosa, não configura bis in idem" (AgRg no AREsp 857.658/SP, Rel. Ministro SEBASTIÃO REIS JÚNIOR, SEXTA TURMA, julgado em 25/10/2016, DJe 18/11/2016). A propósito (destaques acrescidos): PENAL. HABEAS CORPUS SUBSTITUTIVO DE RECURSO ESPECIAL. NÃO CABIMENTO. TRÁFICO DE DROGAS. DOSIMETRIA. QUANTIDADE DE DROGA UTILIZADA PARA ELEVAÇÃO DA PENA-BASE (ART. 42, LAD) E DEDICAÇÃO À ATIVIDADE CRIMINOSA PARA O AFASTAMENTO DA REDUTORA DO TRÁFICO. FUNDAMENTOS DIVERSOS. POSSIBILIDADE. BIS IN IDEM NÃO CONFIGURADO. VIOLAÇÃO DO ART. 617, DO CPP. INOCORRÊNCIA. PLEITOS DA ACUSAÇÃO DEVIDAMENTE FORMULADOS NO RECURSO DE APELAÇÃO. AUSÊNCIA DE REFORMATIO IN PEJUS. EFEITO DEVOLUTIVO DA APELAÇÃO. PRECEDENTES PLEITO DE ABRANDAMENTO DO REGIME PRISIONAL. DESCABIMENTO. REGIME FECHADO FIXADO COM BASE NA GRAVIDADE CONCRETA DO DELITO. QUANTIDADE DE DROGAS APREENDIDAS. FUNDAMENTAÇÃO IDÔNEA. PRECEDENTES. WRIT NÃO CONHECIDO. [...] V – Por ocasião do julgamento do ARE n. 666.334/AM, o eg. Supremo Tribunal Federal reconheceu a repercussão geral da matéria referente à valoração da natureza e da quantidade da droga na dosimetria relativa ao delito de tráfico de entorpecentes e, reafirmando sua jurisprudência, fixou entendimento segundo o qual fica evidenciado o bis in idem quando a valoração em tela opera-se na primeira e terceira fases do cálculo da pena. VI – Cabe às instâncias ordinárias, ao promover a dosimetria, considerar a quantidade e a natureza da droga no momento que melhor lhe aprouver, podendo valorá-las na primeira fase da dosimetria, para exasperar a pena-base, ou na terceira fase, para afastar o redutor do tráfico privilegiado ou modular a sua fração, mas nunca em ambas as fases, sob pena de bis in idem. VII – A col. Suprema Corte preocupou-se em evitar a dupla valoração da quantidade de entorpecentes na exasperação da pena-base e na definição do patamar da fração da causa de diminuição prevista no § 4º do art. 33 da Lei 11.343/2006. VIII – Na hipótese, a majoração da pena-base está fundada na quantidade de drogas apreendidas, ao passo que o afastamento da minorante ocorreu pela dedicação às atividades criminosas. Fatos distintos, portanto, inexistindo bis in idem. [...] Habeas corpus não conhecido. (HC 483.227/SC, Rel. Ministro FELIX FISCHER, QUINTA TURMA, julgado em 12/03/2019, DJe 19/03/2019) PENAL. AGRAVO REGIMENTAL NO AGRAVO EM RECURSO ESPECIAL. TRÁFICO DE DROGAS. DOSIMETRIA DA PENA. CAUSA DE DIMINUIÇÃO DO § 4º DO ART. 33 DA LEI N. 11.343/2006. APLICAÇÃO. IMPOSSIBILIDADE. DEDICAÇÃO DO RÉU À ATIVIDADE CRIMINOSA. INCIDÊNCIA DO VERBETE N. 7 DO SUPERIOR TRIBUNAL DE JUSTIÇA – STJ. AGRAVO REGIMENTAL DESPROVIDO. 1. O Tribunal a quo afastou o benefício, concluindo que o agravante se dedica à atividade criminosa, de modo que entender de forma diversa, como pretendido, demandaria o revolvimento das provas carreadas aos autos, procedimento sabidamente inviável na instância especial. Inafastável, assim, a aplicação do enunciado n. 7 da Súmula desta Corte. 2. A utilização concomitante da quantidade de droga apreendida para elevar a pena-base (primeira fase) e para afastar a incidência da minorante prevista no § 4º do art. 33 da Lei de Drogas (terceira fase) – por demonstrar que o acusado se dedica a atividades criminosas ou integra organização criminosa, não configura bis in idem. Documento: 99466190 – Despacho / Decisão – Site certificado – DJe: 14/08/2019 Página 3 de 4 Superior Tribunal de Justiça Agravo regimental

FIQUE POR DENTRO:

FIQUE POR DENTRO: desprovido. (AgRg no AREsp 1294081/PI, Rel. Ministro JOEL ILAN PACIORNIK, QUINTA TURMA, julgado em 16/08/2018, DJe 27/08/2018). Ante o exposto, com fundamento no art. 255, § 4º, III, do Regimento Interno do Superior Tribunal de Justiça, dá-se provimento ao recurso especial para restabelecer a sentença. Publique-se. Intimem-se. Brasília (DF), 09 de agosto de 2019. MINISTRO JORGE MUSSI Relator.

38. CAUSA DE DIMINUIÇÃO DE PENA DO ART. 33, § 4º E "MULAS"

Entendeu o STF que é possível a aplicação da causa de diminuição também para as "Mulas" (pessoas que servem exclusivamente para fazer o transporte de drogas de um ponto a outro por determinação do traficante principal que é quem recebe a grande parte do lucro com o comércio ilícito). Neste sentido: STF. 1ª Turma. RHC 118008/SP, rel. Min. Rosa Weber, julgado em 24/9/2013 (STF. Informativo 721). STF. 1ª Turma. HC 124107/SP, Rel. Min. Dias Toffoli, julgado em 4/11/2014 (STF. Informativo 766). STJ. 5ª Turma. AgRg no AREsp 606431/SP, Rel. Min. Ribeiro Dantas, julgado em 01/06/2017.

39. RETROATIVIDADE DA LEI 11.343/06. SÚMULA 501 STJ

"É cabível a aplicação retroativa da Lei 11.343/2006, desde que o resultado da incidência das suas disposições, na íntegra, seja mais favorável ao réu do que o advindo da aplicação da Lei 6.368/1976, sendo vedada a combinação de leis".

FIQUE POR DENTRO:

Tráfico Privilegiado e Lei Crimes Hediondo: o STJ entendia que continuava sendo equiparado a crime hediondo o "tráfico privilegiado. (Súmula 512 – a "aplicação da causa de diminuição de pena prevista no art. 33, § 4º da lei 11.343/06 não afasta a hediondez do crime de tráfico de drogas). Porém, recente decisão do STF (set/2016) entendeu que o chamado Tráfico de Drogas Privilegiado NÃO É equiparado a hediondo. Assim sendo, o STJ CANCELOU a Súmula 512.

Tráfico Privilegiado e Pacote Anticrime: O art. 112, § 5º da Lei de Execução Penal, com a alteração que lhe foi dada pela Lei 13.964/2019 (Pacote Anticrime) indica que o tráfico privilegiado NÃO será considerado hediondo para os fins de progressão penal. Portanto, **a questão deixou de ser meramente uma interpretação jurisprudencial**.

40. FIXAÇÃO DE REGIME INICIAL DE CUMPRIMENTO DE PENA E TRÁFICO PRIVILEGIADO

O tráfico privilegiado comporta, como visto, por não ser hediondo, todas as formas de regime iniciais de cumprimento de pena, inclusive a substituição da pena privativa de liberdade por restritivas de direito, segundo o entendimento do STF. Assim sendo, é impossível a fixação do regime semiaberto como inaugural para o crime de tráfico de drogas privilegiado pautando-se meramente pela abstração da conduta (gravidade abstrata). Neste sentido o STF: STF. 1ª Turma. HC 163231/SP, Relator Ministro Marco Aurélio, redação para o acórdão do Ministro Alexandre de Moraes, julgado em 25/6/2019 (Informativo 945).

41. ATENUANTE DE CONFISSÃO E TRÁFICO DE DROGAS. SÚMULA 630 STJ

Diz a Súmula 630 do STJ que: A incidência da atenuante da confissão espontânea no crime de tráfico ilícito de entorpecentes exige o reconhecimento da traficância pelo acusado, não bastando a mera admissão da posse ou propriedade para uso próprio.

42. CRIME DO ART. 34

Fabricar, adquirir, utilizar, transportar, oferecer, vender, distribuir, entregar a qualquer título, possuir, guardar ou fornecer, ainda que gratuitamente, maquinário, aparelho, instrumento ou qualquer objeto destinado à fabricação, preparação, produção ou transformação de drogas, sem autorização ou em desacordo com determinação legal ou regulamentar é crime subsidiário ao tráfico de drogas.

43. CRIME DE ASSOCIAÇÃO PARA O TRÁFICO

Exige APENAS a associação de DUAS pessoas para a configuração do delito.

A Causas de aumento de pena para os crimes do art. 33 a 37: I – a natureza, a procedência da substância ou do produto apreendido e as circunstâncias do fato evidenciarem a transnacionalidade do delito; II – o agente praticar o crime prevalecendo-se de função pública ou no desempenho de missão de educação, poder familiar, guarda ou vigilância; III – a infração tiver sido cometida nas dependências ou imediações de estabelecimentos prisionais, de ensino ou hospitalares, de sedes de entidades estudantis, sociais, culturais, recreativas, esportivas, ou beneficentes, de locais de trabalho coletivo, de recintos onde se realizem espetáculos ou diversões de qualquer natureza, de serviços de tratamento de dependentes de drogas ou de reinserção social, de unidades militares ou policiais ou em transportes públicos; IV – o crime tiver sido praticado com violência, grave ameaça, emprego de arma de fogo, ou qualquer processo de intimidação difusa ou coletiva; V – caracterizado o tráfico entre Estados da Federação ou entre estes e o Distrito Federal; VI – sua prática envolver ou visar a atingir criança ou adolescente ou a quem tenha, por qualquer motivo, diminuída ou suprimida a capacidade de entendimento e determinação; VII – o agente financiar ou custear a prática do crime.

44. TRÁFICO DE DROGAS COMETIDO NAS PROXIMIDADES DE IGREJA E CAUSA DE AUMENTO DE PENA DO ART. 40, III DA LEI 11.343/06

O tráfico de drogas cometido em local próximo a igrejas não foi previsto no rol elencado pelo inciso III do art. 40 da Lei nº 11.343/2006, como causa de aumento de pena. Assim, entende o STJ que tal aplicação nesta situação caracterizaria analogia *in malam partem*, não sendo portanto permitida. Neste sentido: STJ. 6ª Turma. HC 528851-SP, Rel. Min. Rogerio Schietti Cruz, julgado em 05/05/2020 (Informativo 671).

45. SÚMULA 587 STJ

Para a incidência da majorante prevista no art. 40, V, da Lei 11.343/2006, é desnecessária a efetiva transposição de fronteiras entre estados da Federação, sendo suficiente a demonstração inequívoca da intenção de realizar o tráfico interestadual.

46. TRÁFICO PRATICADO COM ESCOLA FECHADA E INEXISTÊNCIA DE PESSOAS EM SEU INTERIOR

É firme a posição no STJ no sentido de que a prática do tráfico de drogas nas proximidades de escolas prescinde da comprovação de que visaria atingir alguma pessoa que ali frequentasse. Trata-se de causa de aumento de pena de perigo abstrato, sendo suficiente que a prática ilícita tenha ocorrido em locais próximos, ou seja, nas imediações de tais estabelecimentos, diante da exposição de pessoas ao risco inerente à atividade criminosa da narcotraficância. STJ. 6ª Turma. AgRg no REsp 1558551/MG, Rel. Min. Nefi Cordeiro, julgado em 12/09/2017. STJ. 6ª Turma. HC 359088/SP. Maria Thereza de Assis Moura, julgado em 04/10/2016. No entanto, estando a escola fechada e não existindo frequentadores, pelo fato de não existir facilidade maior ao traficante diante da aglomeração de pessoas, a causa de aumento de pena não deve ser aplicada. Neste sentido: STJ. 6ª Turma. REsp 1719792-MG, Rel. Min. Maria Thereza de Assis Moura, julgado em 13/03/2018 (STJ. Informativo 622).

FIQUE POR DENTRO:

Tráfico de drogas nas imediações de presídios

É posicionamento pacificado no STF que ocorrendo o tráfico de drogas nas imediações de presídios, ocorrerá o aumento da pena diante da causa prevista no art. 40, III da lei 11.343/06, independentemente da pessoa atingida pelo tráfico. Neste sentido: STF. 2ª Turma. HC 138944/SC, Rel. Min. Dias Toffoli, julgado em 21/3/2017 (STF. Informativo 858).

Tráfico de drogas nas imediações de presídios

Segundo o STJ, não é necessário que a droga em si circule pelas imediações físicas ou pelo próprio presídio para que seja caracterizada a majorante, bastando que a prática do tráfico ocorra nas imediações ou no interior do presídio. Ou seja, se um agente comanda o tráfico de drogas do interior de um presídio, ainda que a droga não tenha circulado nas imediações e no interior deste presídio (por exemplo, com a utilização clandestina de celulares), é possível o reconhecimento da majorante (STJ. 5ª Turma. HC 440888-MS, Rel. Min. Joel Ilan Paciornik, julgado em 15/10/2019 (Informativo 659).

47. CRIME DE TRÁFICO DE DROGAS E CORRUPÇÃO DE MENORES (ART. 244-B DA LEI 8.069/90)

Segundo o STJ (Info 595) "*Na hipótese de o delito praticado pelo agente e pelo menor de 18 anos não estar previsto nos arts. 33 a 37 da Lei de Drogas*, o réu poderá ser condenado pelo crime de corrupção de menores, porém, se a conduta estiver tipificada em um desses artigos (33 a 37), não será possível a condenação por aquele delito, mas apenas a *majoração da sua pena com base no art. 40, VI, da Lei* n. 11.343/2006". A interpretação vale-se aqui do princípio da especialidade.

48. LAUDO PERICIAL PARA CONDENAÇÃO

Laudo pericial para condenação: segundo o entendimento firmado de maneira pacífica pelo STJ, existe a necessidade da juntada do laudo químico toxicológico para a confirmação da materialidade do crime de tráfico de drogas. A condenação que detém mero suporte no laudo de constatação pode ser tida como embasamento apenas em situações excepcionais. Neste sentido: *"AGRAVO REGIMENTAL NO RECURSO ESPECIAL. TRÁFICO DE DROGAS. AUSÊNCIA DE LAUDO TOXICOLÓGICO DEFINITIVO. ABSOLVIÇÃO.*

I – A jurisprudência desta Corte recentemente pacificou o entendimento no sentido de ser imprescindível a juntada do laudo toxicológico definitivo para a configuração do delito de tráfico, sob pena de absolvição por ausência de comprovação de materialidade delitiva. II – "Somente em situação excepcional poderá a materialidade do crime de drogas ser suportada por laudo de constatação, quando permita grau de certeza idêntico ao do laudo definitivo, pois elaborado por perito oficial, em procedimento e com conclusões equivalentes" (HC n. 350.996/RJ, Terceira Seção, Rel. Min. Nefi Cordeiro, DJe de 29/8/2016). III – In casu, a ressalva não se enquadra na hipótese vertente, porquanto não há informação, no v. acórdão recorrido, de que o laudo preliminar detinha os caracteres de definitivo, notadamente no sentido de atestar a qualificação acadêmica dos profissionais que o elaboraram e a natureza do material apreendido. Agravo regimental desprovido. (STJ – 5ª Turma – AgRg no REsp 1584209/MG, Relator Ministro FELIX FISCHER, dj. 22.11.2016 e dje 30.11.2016).

49. TRÁFICO INTERNACIONAL. COMPETÊNCIA DE JULGAMENTO. SÚMULA 528 STJ

Compete ao juiz federal do local da apreensão da droga remetida do exterior pela via postal processar e julgar o crime de tráfico internacional.

50. PRINCÍPIO DA INSIGNIFICÂNCIA. IMPORTAÇÃO DE SEMENTES

O STF entendeu que não configura crime de tráfico de entorpecentes a pequena importação de sementes. Neste sentido: STF. 2ª Turma. HC 144161/SP, Rel. Min. Gilmar Mendes, julgado em 11/9/2018 (STF: Informativo 915).

51. SÚMULA 607 STJ

A majorante do tráfico transnacional de drogas (art. 40, I, da Lei 11.343/2006) configura-se com a prova da destinação internacional das drogas, ainda que não consumada a transposição de fronteiras.

52. QUANTIDADE DE DROGA E FUNDAMENTAÇÃO PARA PRISÃO CAUTELAR

O STJ vem entendendo que a grande quantidade de droga é fundamento lícito para a decretação de prisão cautelar (prisão preventiva em decretação ou conversão da prisão em flagrante), diante da caracterização de maior risco à saúde pública e ferimento da ordem pública de maneira diferenciada.

53. DESTRUIÇÃO DA DROGA APREENDIDA

Após o recebimento do auto de prisão em flagrante, o juiz analisará a regularidade do laudo de constatação e determinará a destruição do restante apreendido da droga, determinando a guarda de amostra necessária à realização do laudo definitivo. A destruição deverá ser feita pelo Delegado de Polícia na presença de membro do Ministério Público e ainda de autoridade da vigilância sanitária.

54. PRAZO PARA A DESTRUIÇÃO DAS DROGAS APREENDIDAS

Duas situações existem:

a) **Caso de prisão em flagrante:** após o recebimento da prisão em flagrante, o juiz terá o prazo de 10 dias para certificar a regularidade do laudo de constatação e determinar a destruição das drogas, guardando amostras necessárias para a realização do laudo definitivo. Após este período, o Delegado de Polícia detém 15 dias de prazo para a destruição das drogas, que será feita na presença de representante do Ministério Público.

b) **Casos de inquérito policial sem a prisão em flagrante:** 30 dias contatados da data da apreensão, mantendo-se as amostras necessárias para a realização do laudo definitivo e deverá ser feita por incineração.

55. PRAZO PARA A CONCLUSÃO DO INQUÉRITO POLICIAL NO CASO DE APREENSÃO DE DROGAS

O prazo é 30 dias para réu preso e 90 dias para réu solto.

56. EXPEDIENTES QUE PODERÃO SER UTILIZADOS NA PERSECUÇÃO INVESTIGATÓRIA DO TRÁFICO DE DROGAS

Através de autorização judicial será possível: a) a infiltração por agentes de polícia, em tarefas de investigação, constituída pelos órgãos especializados pertinentes; b) a não-atuação policial sobre os portadores de drogas, seus precursores químicos ou outros produtos utilizados em sua produção, que se encontrem no território brasileiro, com a finalidade de identificar e responsabilizar maior número de integrantes de operações de tráfico e distribuição, sem prejuízo da ação penal cabível. Nesta última hipótese a autorização será possível quando sejam conhecidos o itinerário provável e a identificação dos agentes do delito ou de colaboradores.

57. APREENSÃO DE BENS DURANTE AS INVESTIGAÇÕES DE TRÁFICO DE DROGA

Quando apreendidos veículos, embarcações, aeronaves e quaisquer outros meios de transporte e dos maquinários, utensílios, instrumentos e objetos de qualquer natureza utilizados para a prática dos crimes da lei de drogas, deverá ser realizada pela autoridade policial responsável ou pelo Ministério Público quando as investigações estiverem sob sua responsabilidade, a imediata comunicação ao juízo competente.

58. ALIENAÇÃO DOS BENS APREENDIDOS

Após a apreensão e comunicação feita ao juízo, caberá a este no prazo de 30 dias, determinar a alienação dos bens. Este dispositivo não recai sobre os armamentos apreendidos, diante da especificidade de lei sobre o tema. A alienação ocorrerá em autos apartados do principal.

59. VALORES DA ALIENAÇÃO

Os valores das alienações dos bens permanecerão em contas judiciais remuneradas e após a sentença serão convertidos para o FUNAD.

60. UTILIZAÇÃO DE BENS APREENDIDOS

A Lei 13.840/19 também inovou tal tema e determinou que comprovado o interesse público na utilização de veículos, embarcações, aeronaves e quaisquer outros meios de transporte e dos maquinários, utensílios, instrumentos e objetos de qualquer natureza utilizados para a prática dos crimes da lei de tóxicos, os órgãos de polícia judiciária, militar e rodoviária poderão deles fazer uso, sob sua responsabilidade e com o objetivo de sua conservação, mediante autorização judicial, ouvido o Ministério Público e garantida a prévia avaliação dos respectivos bens. Cabe ao órgão responsável pela utilização informar o estágio de conservação periodicamente ao juízo. Se houver depreciação, caberá uma indenização pelo órgão que utilizou o bem.

61. CONFISCO DE BEM QUE NÃO É UTILIZADO REITERADAMENTE PARA O TRÁFICO DE DROGAS

Entendeu o STF com Repercussão Geral que é possível o confisco do bem utilizado para o tráfico de drogas, ainda que não comprovado que tal utilização daquele bem fosse feita de maneira reiterada por parte dos traficantes. Também não é necessária a indicação de qualquer modificação física no bem para adaptação ao tráfico de drogas para que seja possibilitado seu confisco. Basta a utilização para o fim ilícito da lei de drogas. Neste sentido: STF. Plenário. RE 638491/PR, Rel. Min. Luiz Fux, julgado em 17/5/2017 (repercussão geral) (STF. Informativo 865).

62. REINCIDÊNCIA. PORTE DROGA COM EXTINÇÃO DA PUNIBILIDADE APÓS DESCLASSIFICAÇÃO

Entende o STJ que "É inviável o reconhecimento de reincidência com base em único processo anterior em desfavor do réu, no qual – após desclassificar o delito de tráfico para porte de substância entorpecente para consumo próprio – o juízo extinguiu a punibilidade por considerar que o tempo da prisão provisória seria mais que suficiente para compensar *eventual condenação*" (Info 619 STJ). No entanto, tem entendido o STJ que a condenação anterior por porte de droga, é apta para gerar a reincidência.

63. POSSIBILIDADE DE FIXAÇÃO DE REGIME DIVERSO DO FECHADO PARA CONDENAÇÕES POR TRÁFICO DE DROGAS

O STJ e o STF pacificaram a possibilidade de fixação de regime diverso do fechado para a condenação por tráfico de drogas. O STF manifestou posicionamento inclusive no sentido de que a condenação entre 4 e 8 anos enseja a fixação do regime semiaberto, a réu que não detenha circunstâncias judiciais desabonadoras ou que não seja reincidente. Neste sentido: STF. 2ª Turma. HC 140441/MG, Rel. Min. Ricardo Lewandowski, julgado em 28/3/2017 (STF: Informativo 859).

64. COOPERAÇÃO INTERNACIONAL

O Brasil poderá prestar colaboração internacional e ainda solicitar a outros países e organizações internacionais envolvendo: I – intercâmbio de informações sobre legislações, experiências, projetos e programas voltados para atividades de prevenção do uso indevido, de atenção e de reinserção social de usuários e dependentes de drogas; II – intercâmbio de inteligência policial sobre produção e tráfico de drogas e delitos conexos, em especial o tráfico de armas, a lavagem de dinheiro e o desvio de precursores químicos; III – intercâmbio de informações policiais e judiciais sobre produtores e traficantes de drogas e seus precursores químicos.

65. INTERROGATÓRIO NA LEI DE TÓXICOS

Embora o rito trazido pelo art. 55 e seguintes da Lei 11.343/06 preveja como inaugural o interrogatório dentro da lei de tóxicos, o entendimento pacificado nas cortes superiores é que deve ser feito após as oitivas das testemunhas, como último ato desta instrução. O STF firmou posicionamento neste sentido. Observe: STF. Plenário. HC 127900/AM, Rel. Min. Dias Toffoli, julgado em 3/3/2016 (STF. Informativo 816). Também o STJ seguiu tal entendimento. Vide: STJ. 6ª Turma. HC 403.550/SP, Rel. Min. Maria Thereza de Assis Moura, julgado em 15/08/2017.

66. JURISPRUDÊNCIA EM TESE DO STJ I

» O tráfico de drogas é crime de ação múltipla e a prática de um dos verbos contidos no art. 33, *caput*, é suficiente para a consumação da infração, sendo prescindível a realização de atos de venda do entorpecente.

» Não é cabível a concessão de indulto ao crime de tráfico de drogas, ainda que tenha sido aplicada a causa de diminuição prevista no art. 33, § 4º, da Lei n. 11.343/06.

» A condenação simultânea nos crimes de tráfico e associação para o tráfico afasta a incidência da causa especial de diminuição prevista no art. 33, §4º, da Lei n. 11.343/06 por estar evidenciada dedicação a atividades criminosas ou participação em organização criminosa.

» O agente que transporta entorpecente no exercício da função de "mula" integra organização criminosa, o que afasta a aplicação da minorante estabelecida no art. 33, § 4º, da Lei n. 11.343/06.

» É possível que a causa de diminuição estabelecida no art. 33, § 4º, da Lei n. 11.343/06 seja fixada em patamar diverso do máximo de 2/3, em razão da qualidade e da quantidade de droga apreendida.

» O juiz pode fixar regime inicial mais gravoso do que aquele relacionado unicamente com o *quantum* da pena ao considerar a natureza ou a quantidade da droga.

» A Lei n. 11.343/06 aboliu a majorante da associação eventual para o tráfico prevista no artigo 18, III, primeira parte, da Lei n. 6.368/76.

» A incidência de mais de uma causa de aumento prevista no art. 40 da Lei n. 11.343/06 não implica a automática majoração da pena acima do mínimo (2/3) na terceira fase, pois a sua exasperação exige fundamentação concreta.

» O art. 40 da Lei n. 11.343/06 conferiu tratamento mais favorável às causas especiais de aumento de pena, devendo ser aplicado retroativamente aos delitos cometidos sob a égide da Lei n. 6.368/76.

» Não acarreta *bis in idem* a incidência simultânea das majorantes previstas no art. 40 aos crimes de tráfico de drogas e de associação para fins de tráfico, porquanto são delitos autônomos, cujas penas devem ser calculadas e fixadas separadamente.

» Não há *bis in idem* na aplicação da causa de aumento de pena pela transnacionalidade (art. 40, I, da Lei n. 11.343/06) com as condutas de importar e exportar previstas no *caput* do art. 33 da Lei de Drogas, porquanto o simples fato de o agente trazer consigo a droga já conduz à configuração da tipicidade formal do crime de tráfico.

» Configura-se a transnacionalidade do tráfico de drogas com a comprovação de que a substância tinha como destino ou origem outro país, independentemente da efetiva transposição de fronteiras.

» Para a incidência da majorante prevista no art. 40, V, da Lei n. 11.343/06 é desnecessária a efetiva transposição de fronteiras entre estados, sendo suficiente a demonstração inequívoca da intenção de realizar o tráfico interestadual.

» As condutas anteriormente descritas no art. 12, § 2º, III, da Lei n. 6.368/76 foram mantidas pela nova Lei de Drogas, razão pela qual não há que se falar em *abolitio criminis*.

» A inobservância do rito procedimental que prevê a apresentação de defesa prévia antes do recebimento da denúncia gera nulidade relativa desde que demonstrados eventuais prejuízos suportados pela defesa.

» É dispensável a expedição de mandado de busca e apreensão domiciliar quando se trata de flagrante de crime permanente, como é o caso do tráfico ilícito de entorpecentes na modalidade guardar ou ter em depósito.

» A posse de substância entorpecente para uso próprio configura crime doloso e, quando cometido no interior do estabelecimento prisional constitui falta grave, nos termos do art. 52 da Lei de Execução Penal LEP (Lei n. 7.210/84).

» A comprovação da materialidade do delito de posse de drogas para uso próprio (artigo 28 da Lei n.11.343/06) exige a elaboração de laudo de constatação da substância entorpecente que evidencie a natureza e a quantidade da substância apreendida.

» O laudo pericial definitivo atestando a ilicitude da droga afasta eventuais irregularidades do laudo preliminar realizado na fase de investigação.

» O laudo de constatação preliminar da substância entorpecente constitui condição de procedibilidade para apuração do crime de tráfico de drogas.

67. JURISPRUDÊNCIA EM TESE DO STJ II

» O tráfico de drogas é crime de ação múltipla e a prática de um dos verbos contidos no art. 33, *caput*, é suficiente para a consumação da infração, sendo prescindível a realização de atos de venda do entorpecente.

» Não é cabível a concessão de indulto ao crime de tráfico de drogas, ainda que tenha sido aplicada a causa de diminuição prevista no art. 33, § 4º, da Lei n. 11.343/06.

» A condenação simultânea nos crimes de tráfico e associação para o tráfico afasta a incidência da causa especial de diminuição prevista no art. 33, §4º, da Lei n. 11.343/06 por estar evidenciada dedicação a atividades criminosas ou participação em organização criminosa.

» O agente que transporta entorpecente no exercício da função de "mula" integra organização criminosa, o que afasta a aplicação da minorante estabelecida no art. 33, § 4º, da Lei n. 11.343/06.

» É possível que a causa de diminuição estabelecida no art. 33, § 4º, da Lei n. 11.343/06 seja fixada em patamar diverso do máximo de 2/3, em razão da qualidade e da quantidade de droga apreendida.

» O juiz pode fixar regime inicial mais gravoso do que aquele relacionado unicamente com o *quantum* da pena ao considerar a natureza ou a quantidade da droga.

» A Lei n. 11.343/06 aboliu a majorante da associação eventual para o tráfico prevista no artigo 18, III, primeira parte, da Lei n. 6.368/76.

» A incidência de mais de uma causa de aumento prevista no art. 40 da Lei n. 11.343/06 não implica a automática majoração da pena acima do mínimo (2/3) na terceira fase, pois a sua exasperação exige fundamentação concreta.

» O art. 40 da Lei n. 11.343/06 conferiu tratamento mais favorável às causas especiais de aumento de pena, devendo ser aplicado retroativamente aos delitos cometidos sob a égide da Lei n. 6.368/76.

» Não acarreta *bis in idem* a incidência simultânea das majorantes previstas no art. 40 aos crimes de tráfico de drogas e de associação para fins de tráfico, porquanto são delitos autônomos, cujas penas devem ser calculadas e fixadas separadamente.

» Não há *bis in idem* na aplicação da causa de aumento de pena pela transnacionalidade (art. 40, I, da Lei n. 11.343/06) com as condutas de importar e exportar previstas no *caput* do art. 33 da Lei de Drogas, porquanto o simples fato de o agente trazer consigo a droga já conduz à configuração da tipicidade formal do crime de tráfico.

» Configura-se a transnacionalidade do tráfico de drogas com a comprovação de que a substância tinha como destino ou origem outro país, independentemente da efetiva transposição de fronteiras.

» Para a incidência da majorante prevista no art. 40, V, da Lei n. 11.343/06 é desnecessária a efetiva transposição de fronteiras entre estados, sendo suficiente a demonstração inequívoca da intenção de realizar o tráfico interestadual.

» As condutas anteriormente descritas no art. 12, § 2º, III, da Lei n. 6.368/76 foram mantidas pela nova Lei de Drogas, razão pela qual não há que se falar em *abolitio criminis*.

» A inobservância do rito procedimental que prevê a apresentação de defesa prévia antes do recebimento da denúncia gera nulidade relativa desde que demonstrados eventuais prejuízos suportados pela defesa.

» É dispensável a expedição de mandado de busca e apreensão domiciliar quando se trata de flagrante de crime permanente, como é o caso do tráfico ilícito de entorpecentes na modalidade guardar ou ter em depósito.

» A posse de substância entorpecente para uso próprio configura crime doloso e, quando cometido no interior do estabelecimento prisional constitui falta grave, nos termos do art. 52 da Lei de Execução Penal LEP (Lei n. 7.210/84).

» A comprovação da materialidade do delito de posse de drogas para uso próprio (artigo 28 da Lei n.11.343/06) exige a elaboração de laudo de constatação da substância entorpecente que evidencie a natureza e a quantidade da substância apreendida.

» O laudo pericial definitivo atestando a ilicitude da droga afasta eventuais irregularidades do laudo preliminar realizado na fase de investigação.

» O laudo de constatação preliminar da substância entorpecente constitui condição de procedibilidade para apuração do crime de tráfico de drogas.

68. JURISPRUDÊNCIA EM TESE DO STJ III

» O crime de financiar ou custear o tráfico ilícito de drogas (art. 36 da Lei n. 11.343/2006) é delito autônomo aplicável ao agente que não tem participação direta na execução do tráfico e que se limita a fornecer os recursos necessários para subsidiar as infrações a que se referem os art. 33, *caput* e § 1º, e art. 34 da Lei de Drogas.

» O agente que atua diretamente na traficância e que também financia ou custeia a aquisição de drogas deve responder pelo crime previsto no art. 33, *caput*, com a incidência da causa de aumento de pena prevista no art. 40, inciso VII, da Lei n. 11.343/2006, afastando-se, por conseguinte, a conduta autônoma prevista no art. 36 da referida legislação.

» O crime de colaboração com o tráfico, art. 37 da Lei n. 11.343/2006, é um tipo penal subsidiário em relação aos delitos dos arts. 33 e 35 e tem como destinatário o agente que colabora como informante, de forma esporádica, eventual, sem vínculo efetivo, para o êxito da atividade de grupo, de associação ou de organização criminosa destinados à prática de qualquer dos delitos previstos nos arts. 33, *caput* e § 1º, e 34 da Lei de Drogas.

» O rol previsto no inciso III do art. 40 da Lei n. 11.343/2006 não deve ser encarado como taxativo, pois o objetivo da lei é proteger espaços que promovam a aglomeração de pessoas, circunstância que facilita a ação criminosa.

» A causa de aumento de pena prevista no inciso III do art. 40 da Lei de Drogas possui natureza objetiva e se aplica em função do lugar do cometimento do delito, sendo despicienda a comprovação efetiva do tráfico ou de que o crime visava a atingir os frequentadores desses locais.

» A incidência da majorante prevista no art. 40, inciso III, da Lei n 11.343/2006 pode ser excepcionalmente afastada na hipótese de não existir nenhuma indicação de que houve o aproveitamento da aglomeração de pessoas ou a exposição dos frequentadores do local para a disseminação de drogas, verificando-se, caso a caso, as condições de dia, local e horário da prática do delito.

» Para a caracterização da causa de aumento de pena do art. 40, inciso III, da Lei n. 11.343/2006, é necessária a efetiva oferta ou a comercialização da droga no interior de veículo público, não bastando, para a sua incidência, o fato de o agente ter se utilizado dele como meio de locomoção e de transporte da substância ilícita.

» 8) A incidência da majorante da segunda parte do inciso III do art. 18 da Lei n. 6. 368/1976 – "visar [o crime] a menores de 21 (vinte e um) anos" -, segue contemplada no art. 40, inciso VI, da nova Lei de Drogas – "sua prática envolver ou visar a atingir criança ou adolescente" -, não restando configurada a *abolitio criminis*.

» 9) O ato infracional análogo ao tráfico de drogas, por si só, não conduz obrigatoriamente à imposição de medida socioeducativa de internação do adolescente. (Súmula n. 492/STJ).

» 10) Configura ofensa ao princípio da proteção integral a aplicação de medida de semiliberdade ao adolescente pela prática de ato infracional análogo ao crime previsto no art. 28 da Lei n. 11.343/2006.

» 11) O crime de uso de entorpecente para consumo próprio, previsto no art. 28 da Lei n. 11.343/2006, é de menor potencial ofensivo, o que determina a competência do juizado especial estadual, já que ele não está previsto em tratado internacional e o art. 70 da Lei de Drogas não o inclui dentre os que devem ser julgados pela justiça federal.

» 12) A conduta prevista no art. 28 da Lei n. 11.343/2006 admite tanto a transação penal quanto a suspensão condicional do processo.

69. JURISPRUDÊNCIA EM TESE DO STJ IV

» Para a configuração do delito de tráfico de drogas previsto no caput do art. 33 da Lei n. 11.343/2006, é desnecessária a aferição do grau de pureza da substância apreendida.

» Para fins de fixação da pena, não há necessidade de se aferir o grau de pureza da substância apreendida uma vez que o art. 42 da Lei de Drogas estabelece como critérios "a natureza e a quantidade da substância".

» **É imprescindível a confecção do laudo toxicológico para comprovar a materialidade da infração disciplinar e a natureza da substância encontrada com o apenado no interior de estabelecimento prisional.**

» A falta da assinatura do perito criminal no laudo toxicológico é mera irregularidade que não tem o condão de anular o referido exame.

» **É possível a aplicação do princípio da consunção entre os crimes previstos no § 1º do art. 33 e/ou no art. 34 pelo tipificado no caput do art. 33 da Lei 11. 343/2006, desde que não caracterizada a existência de contextos autônomos e coexistentes, aptos a vulnerar o bem jurídico tutelado de forma distinta.**

» Quando o agente no exercício irregular da medicina prescreve substância caracterizada como droga, resta configurado, em tese, o delito do art. 282 do Código Penal – CP, em concurso formal com o do art. 33, caput, da Lei n. 11. 343/2006.

» **É cabível a aplicação cumulativa das causas de aumento relativas à transnacionalidade e à interestadualidade do delito, previstas nos incisos I e V do art. 40 da Lei de Drogas, quando evidenciado que a droga proveniente do exterior se destina a mais de um estado da federação, sendo o intuito dos agentes distribuir o entorpecente estrangeiro por mais de uma localidade do país.**

» Para a configuração do crime de associação para o tráfico de drogas, previsto no art. 35 da Lei n. 11.343/2006, é irrelevante a apreensão de drogas na posse direta do agente.

» Em se tratando de condenado pelo delito previsto no art. 14 da Lei n. 6. 368/1976, deve-se observar as reprimendas mínima e máxima estabelecidas pelo art. 8º da Lei n. 8.072/1990 (3 a 6 anos de reclusão), por ser norma penal mais benéfica ao réu, impondo-se, inclusive, se for o caso, a exclusão da pena de multa.

» A expropriação de bens em favor da União, decorrente da prática de crime de tráfico ilícito de entorpecentes, constitui efeito automático da sentença penal condenatória.

» Não viola o princípio da dignidade da pessoa humana a revista íntima realizada conforme as normas administrativas que disciplinam a atividade fiscalizatória, quando houver fundada suspeita de que o visitante esteja transportando drogas ou outros itens proibidos para o interior do estabelecimento prisional.

CAPÍTULO VII

LEI 9.605/98 (LEI DOS CRIMES CONTRA O MEIO AMBIENTE)

1. RESPONSABILIDADE DA PESSOA JURÍDICA EM RELAÇÃO À PESSOA FÍSICA

A responsabilidade da Pessoa Jurídica NÃO exclui da responsabilidade da pessoa física em quaisquer das esferas, mesmo na penal (art. 3º, parágrafo único da lei 9.605/97).

2. TEORIA DA DUPLA IMPUTAÇÃO. POSIÇÃO DO STJ QUANTO À POSSIBILIDADE DE RESPONSABILIZAÇÃO DA PESSOA JURÍDICA EM CRIMES AMBIENTAIS. ALTERAÇÃO DA POSIÇÃO ANTERIOR PELO STJ

O STJ, incialmente, tinha firmado posicionamento no sentido da necessidade de dupla imputação, ou seja, é possível a responsabilidade penal da pessoa jurídica em crimes ambientais DESDE QUE haja a imputação simultânea do ente moral e da pessoa natural que atua em seu nome ou em seu benefício. NO ENTANTO, diante do posicionamento em sentido contrário do STF ter se tornado pacífico em sentido contrário (ver indicação abaixo), o STJ alterou sua posição original e passou a entender que é possível a responsabilização da Pessoa Jurídica AINDA QUE não indicada a corresponsabilidade de pessoa física.

3. POSIÇÃO DO STF QUANTO A POSSIBILIDADE DE RESPONSABILIZAÇÃO DA PESSOA JURÍDICA EM CRIMES AMBIENTAIS

É possível a responsabilização AINDA QUE não indicada a corresponsabilidade de pessoa física que atue em seu nome ou benefício.

4. POSIÇÃO DO STF QUANTO A POSSIBILIDADE DE CORRESPONSABILIDADE DAS PESSOAS FÍSICAS E JURÍDICAS EM CRIMES AMBIENTAIS CULPOSOS

Inexistindo nexo de causalidade pela simples atividade da empresa, NÃO responde o dirigente no caso de crime culposo inerente a atividade da empresa. Impossível a atribuição dos mesmos riscos à pessoa física e jurídica.

5. TIPOS DE PENAS PREVISTAS PARA AS PESSOAS JURÍDICAS QUE COMETEM CRIMES AMBIENTAIS

As penas previstas para Pessoas Jurídicas são:

a) multa;

b) penas restritivas de direito e;

c) prestação de serviços à comunidade.

5.1- Penas restritivas de direito para Pessoas Jurídicas que cometem crimes ambientais

a) Suspensão parcial ou total de atividades;

b) Interdição temporária de estabelecimento, obra ou atividade; e

c) Proibição de contratar com o Poder Público, bem como dele obter subsídios, subvenções ou doações.

5.2- Condições para a aplicação das penas restritivas de Direito tanto para a Pessoa Física quanto para a Pessoa Jurídica

a) tratar-se de crime culposo ou for aplicada a pena privativa de liberdade inferior a quatro anos;

b) a culpabilidade, os antecedentes, a conduta social e a personalidade do condenado, bem como os motivos e as circunstâncias do crime indicarem que a substituição seja suficiente para efeitos de reprovação e prevenção do crime.

5.3- Duração das penas restritivas de direito

Terão a mesma duração da pena privativa de liberdade substituída (art. 7º, parágrafo único).

5.4- Prestação de Serviços à comunidade

"A prestação de serviços à comunidade consiste na atribuição ao condenado de tarefas gratuitas junto a parques e jardins públicos e unidades de conservação, e, no caso de dano da coisa particular, pública ou tombada, na restauração desta, se possível" (art. 9º). Aplicáveis a pessoas físicas e jurídicas.

5.5- Penas de Interdição Temporária de Direitos

"As penas de interdição temporária de direito são (aplicáveis apenas às pessoas jurídicas):

a) a proibição de o condenado contratar com o Poder Público;

b) a proibição de receber incentivos fiscais ou quaisquer outros benefícios;

c) a proibição de participar de licitações, pelo prazo de cinco anos, no caso de crimes dolosos, e de três anos, no de crimes culposos".

5.6- Prestação Pecuniária

"Consiste no pagamento em dinheiro à vítima ou à entidade pública ou privada com fim social, de importância, fixada pelo juiz" (art. 12 da Lei 9.608/98). Aplicáveis às pessoas físicas e jurídicas.

5.7- Valor da Prestação Pecuniária

O valor pago não será inferior a um salário mínimo nem superior a trezentos e sessenta salários mínimos. O valor pago será deduzido do montante de eventual reparação civil a que for condenado o infrator (art. 12 e parágrafo único). Aplicáveis a pessoas físicas e jurídicas.

5.7.1- Dedução no caso de eventual condenação por reparação de danos

O art. 12 da Lei 9.605/98 ainda reporta que "*O valor pago será deduzido do montante de eventual reparação civil a que for condenado o infrator*".

5.8- Recolhimento Domiciliar

Baseia-se na autodisciplina e senso de responsabilidade do condenado, que deverá, sem vigilância, trabalhar, frequentar curso ou exercer atividade autorizada, permanecendo recolhido nos dias e horários de folga em residência ou em qualquer local destinado a sua moradia habitual, conforme estabelecido na sentença condenatória (art. 13). Aplicáveis, por óbvio, apenas às pessoas físicas.

5.9- Situações de aplicação da suspensão parcial ou total das atividades da Pessoa Jurídica em caso de condenação

A suspensão de atividades será aplicada quando estas não estiverem obedecendo às disposições legais ou regulamentares, relativas à proteção do meio ambiente (art. 22, § 1º da Lei 9.605/98).

5.10- Situações de aplicação da interdição temporária de estabelecimento, obra ou atividade

A interdição será aplicada quando o estabelecimento, obra ou atividade estiver funcionando sem a devida autorização, ou em desacordo com a concedida, ou com violação de disposição legal ou regulamentar (art. 22, § 2º da Lei 9.605/98).

5.11- Período de proibição de contratar com o Poder Público ou obter dele subsídios, subvenções ou doações

A proibição de contratar com o Poder Público e dele obter subsídios, subvenções ou doações não poderá exceder o prazo de 10 anos (art. 22, § 3º da Lei 9.605/98).

5.11.1- Diferença de período de impossibilidade de contratação com o Poder Público ou obter dele subsídios, subvenções ou doações

O período para pessoa física segundo o art. 10 da Lei 9.605/98 é de cinco anos, no caso de crimes dolosos, e de três anos, no de crimes culposos. Já para a Pessoa Jurídica o prazo é muito mais elevado podendo atingir a 10 anos, não sendo diferenciado pela lei entre a situação culposa e dolosa do crime cometido, ou seja, em tese, mesmo nos crimes culposos a Pessoa Jurídica poderá ser atingida com o impedimento até 10 anos.

5.12- Tipos de prestação de serviços à comunidade a serem aplicados a Pessoa Jurídica quando condenada criminalmente

São eles:

a) Custeio de Programas e Projetos Ambientais;

b) Execução de Obras de Repercussão em Áreas Degradadas;

c) Manutenção de Espaços Públicos; e

d) Contribuições a Entidades Ambientais ou Culturais Públicas.

5.13- Pena de multa

A multa será calculada conforme determina o Código Penal; se revelar-se ineficaz, ainda que aplicada no valor máximo, poderá ser aumentada até três vezes, tendo em vista o valor da vantagem econômica auferida.

5.14- Preceitos Secundários dos Tipos Penais e punição da Pessoa Jurídica

Todos os tipos penais previstos na lei 9.605/98 detêm penas restritivas de liberdade e multa previstas em preceitos secundários, indicando assim que suas previsões deram-se visando a pessoa física. A ação penal pública assim, assim, deverá identificar o crime praticado e imputado a pessoa jurídica, *"apurar as consequências e a extensão dos danos para depois escolher a melhor pena dentre as aplicáveis à pessoa jurídica"*. (SIRVINSKAS, 1998, pg. 25)

5.15- A Reparação do Dano, a comunicação prévia pelo agente do perigo iminente de degradação ambiental e a limitação significativa da degradação ambiental causada

Todas as hipóteses não isentam o autor (pessoa física ou jurídica) de pena, sendo mera circunstância atenuante (art. 14, II e III da Lei 8.605/98).

6. SUSPENSÃO CONDICIONAL DA PENA ("SURSIS")

O "sursis" para os crimes ambientais dar-se-á nos casos de condenações de penas privativas de liberdade não superior a 3 anos (art. 16 da Lei 9.605/98). As condições impostas para o período de provas devem ser relacionadas à proteção do meio ambiente.

7. SUSPENSÃO CONDICIONAL DO PROCESSO EM CRIMES AMBIENTAIS. ERRO NA REDAÇÃO DO ART. 28, "CAPUT" DA LEI 9.605/98

Como bem reporta NUCCI, a redação do "caput" do art. 28 da Lei 9.605/98 encontra-se equivocada quando condiciona a concessão do benefício da suspensão condicional do processo "aos crimes de menor potencial ofensivo". (NUCCI, ob. cit., pg. 502)

Crimes de menor potencial ofensivo, de conformidade com o art. 61 da Lei 9.099/95 são aqueles que detenham pena máxima em abstrato de até 2 anos, cumulados ou não com multa. Na realidade o art. 89 da Lei 9.099/95 beneficia todos os crimes que detenham pena mínima em abstrato de até 1 ano, independentemente de serem ou não de menor potencial ofensivo. Assim o art. 28 se equivoca com a expressão lançada e não causa restrição diferenciada para os crimes ambientais em relação aos crimes comuns.

7.1- Laudo de constatação

Trata-se de figura crucial para a suspensão condicional do processo nos casos de crimes ambientais. Nos casos de crimes comuns, o art. 89, § 1º, I da Lei 9.099/95 estipula que a reparação do dano é causa obrigatória durante o período de provas para a concessão do benefício e consequente extinção da punibilidade do réu. Nos crimes ambientais, esta reparação do dano apenas será comprovada através da emissão do laudo de constatação por órgão competente, indicando que o dano foi sanado, ou que foram tomadas as providências exigidas para tanto.

7.2- Impossibilidade de reparação do dano

A única hipótese em que será aceita a não reparação do dano ambiental é a impossibilidade de fazê-lo por parte daquele que agrediu o meio ambiente.

7.3- Prorrogação do Período de Provas

Determina o art. 28, II da Lei 9.605/98 que *"na hipótese de o laudo de constatação comprovar não ter sido completa a reparação, o prazo de suspensão do processo será prorrogado, até o período máximo* – o art. 89, "caput" da Lei 9.099/95 prevê o período de provas de 2 a 4 anos – *previsto no artigo referido no caput, acrescido de mais um ano, com suspensão do prazo da prescrição"*. Assim, entende-se possível a primeira prorrogação até o prazo de 4 anos normais do art. 89 da lei 9099/95 somados de outros 5 anos, no máximo derivados da primeira prorrogação da lei 9.605/98, atingindo pois, 9 anos.

7.4- Condições da suspensão condicional do processo na prorrogação

Na prorrogação não se aplicam as condições estabelecidas nos incisos II a IV do art. 89 da Lei 9.099/95. As condições citadas são: proibição de frequentar determinados lugares; proibição de ausentar-se da comarca onde reside, sem autorização do juiz; e comparecimento pessoal e obrigatório para informar e justificar suas atividades.

7.5- Laudo de constatação após período de prorrogação

Findo o prazo de prorrogação, proceder-se-á à lavratura de novo laudo de constatação de reparação do dano ambiental, podendo, conforme seu resultado, ser novamente prorrogado o período de suspensão, até o máximo previsto no inciso II do art. 28 da Lei 9.605/98 (ou seja, 4 anos, com a prorrogação de mais um ano). Com esta nova prorrogação, o período de 9 anos anteriormente fixado pode chegar a 14 anos de suspensão condicional do processo.

7.6- Esgotamento do prazo máximo de prorrogação da suspensão condicional do processo

"Esgotado o prazo máximo de prorrogação, a declaração de extinção de punibilidade dependerá de laudo de constatação que comprove ter o acusado tomado as providências necessárias à reparação integral do dano" (art. 28, V da Lei 9.605/98).

7.7- Caso esgotada a segunda prorrogação sem a reparação do dano o que ocorre?

Volta-se a regular instrução do processo penal, já que a prescrição mantém-se também suspensa.

8. CIRCUNSTÂNCIAS JUDICIAIS DA LEI 9.605/98 ESPECIAIS PARA OS CRIMES AMBIENTAIS

Quanto da fixação da pena base (1ª fase de fixação da pena de acordo com o art. 68 do Código Penal) de pessoa que cometeu e foi condenada por crime contra o meio ambiente, a Lei 9.605/98, em seu art. 6º, determina que sejam avaliadas três circunstâncias judiciais que extrapolam aquelas previstas no art. 59 do Código Penal, quais sejam: a) a gravidade do fato, tendo em vista os motivos da infração e suas consequências para a saúde pública e para o meio ambiente; b) os antecedentes do infrator quanto ao cumprimento da legislação de interesse ambiental; c) a situação econômica do infrator, no caso de multa.

9. DESTINO DADO AOS ANIMAIS APREENDIDOS NA PRÁTICA DE DELITOS OU INFRAÇÕES ADMINISTRATIVAS

O art. 25, § 1º da Lei 9.605/98 determina que *"Os animais serão prioritariamente libertados em seu habitat ou, sendo tal medida inviável ou não recomendável por questões sanitárias, entregues a jardins zoológicos, fundações ou entidades assemelhadas, para guarda e cuidados sob a responsabilidade de técnicos habilitados"*. Houve recente alteração neste tópico da Lei 9.605/98 pela lei nº 13.052, de 2014. Acrescentou-se as menções "prioritariamente libertados" em seu habitat, ao invés da antiga redação que determinada a libertação no habitat do animal. Incluiu-se ainda a menção de que quando "*inviável ou não recomendável por questões sanitárias*" a entrega do animal ao habitat, somente então, será possível para jardins zoológicos, fundações ou entidades assemelhadas, para a guarda e cuidados.

10. RESPONSABILIDADE DO ÓRGÃO AUTUANTE PARA COM OS ANIMAIS APREENDIDOS

A Lei 13.052/14 trouxe também nova redação ao art. 25, § 2º determinando que "*Até que os animais sejam entregues às instituições mencionadas no § 1º deste artigo, o órgão autuante zelará para que eles sejam mantidos em condições adequadas de acondicionamento e transporte que garantam o seu bem-estar físico*".

11. CIRCUNSTÂNCIAS AGRAVANTES GENÉRICAS DOS CRIMES AMBIENTAIS

São circunstâncias que agravam a pena, quando não constituem ou qualificam o crime: a) reincidência nos crimes de natureza ambiental; b) ter o agente cometido a infração: c) para obter vantagem pecuniária; d) coagindo outrem para a execução material da infração; e) afetando ou expondo a perigo, de maneira grave, a saúde pública ou o meio ambiente; f) concorrendo para danos à propriedade alheia; g) atingindo áreas de unidades de conservação ou áreas sujeitas, por ato do Poder Público, a regime especial de uso; h) atingindo áreas urbanas ou quaisquer assentamentos humanos; i) em período de defeso à fauna; j) em domingos ou feriados; k) à noite; l) em épocas de seca ou inundações; m) no interior do espaço territorial especialmente protegido; n) com o emprego de métodos cruéis para abate ou captura de animais; o) mediante fraude ou abuso de confiança; p) mediante abuso do direito de licença, permissão ou autorização ambiental; q) no interesse de pessoa jurídica mantida, total ou parcialmente, por verbas públicas ou beneficiada por incentivos fiscais; r) atingindo espécies ameaçadas, listadas em relatórios oficiais das autoridades competentes; s) facilitada por funcionário público no exercício de suas funções.

12. CIRCUNSTÂNCIAS ATENUANTES GENÉRICAS DOS CRIMES AMBIENTAIS

São circunstâncias atenuantes genéricas: a) baixo grau de instrução ou escolaridade do agente; b) arrependimento do infrator, manifestado pela espontânea reparação do dano, ou limitação significativa da degradação ambiental causada; c) comunicação prévia pelo agente do perigo iminente de degradação ambiental; d) colaboração com os agentes encarregados da vigilância e do controle ambiental.

13. CAUSA DE EXCLUSÃO DE ILICITUDE RELATIVA AO CRIME DE PICHAÇÃO OU CONSPURCAÇÃO DE EDIFICAÇÃO OU MONUMENTO URBANO (ART. 65 DA LEI 9.605/98)

A prática de grafite é não será considerada ilícita desde que as seguintes condições prevaleçam concomitantemente: a) Quando visar a valorização do patrimônio público ou privado mediante manifestação artística; b) Haja consentimento do proprietário e quanto couber do locatário ou arrendatário do bem privado; c) Haja autorização do órgão competente no caso de bem público; d) Exista a observância das posturas municipais e das normas editadas pelos órgãos governamentais responsáveis pela preservação e conservação do patrimônio histórico e artístico nacional.

14. COMPETÊNCIA. POLUIÇÃO EM RIO INTERESTADUAL

Caso a poluição for causada em rio interestadual a Competência de jurisdição para a apuração do crime será da Justiça Federal.

15. SÃO MODALIDADES EQUIPARADAS EM CRIMES CONTRA A FAUNA (APENADOS DA MESMA FORMA) (ART. 29, "CAPUT" I A III DA LEI 9.605/98)

a) Matar, perseguir, caçar, apanhar, utilizar espécimes da fauna silvestre, nativos ou em rota migratória, sem a devida permissão, licença ou autorização da autoridade competente, ou em desacordo com a obtida; b) quem impede a procriação da fauna, sem licença, autorização ou em desacordo com a obtida; c) quem modifica, danifica ou destrói ninho, abrigo ou criadouro natural; d) quem vende, expõe à venda, exporta ou adquire, guarda, tem em cativeiro ou depósito, utiliza ou transporta ovos, larvas ou espécimes da fauna silvestre, nativa ou em rota migratória, bem como produtos e objetos dela oriundos, provenientes de criadouros não autorizados ou sem a devida permissão, licença ou autorização da autoridade competente.

16. CAÇA PROFISSIONAL

Também é causa de aumento de pena do art. 29 da Lei 9.605/98, mas triplica a pena fixada.

17. TIPOS DE CAÇA

São tipos de caça: a) *Caça profissional:* é proibida pelo art. 2º da Lei 5.197/67 b) *Caça esportiva ou amadorista:* é permitida pelo art. 6º, alínea "a" e 8º da Lei 5.197/67 e deverá ser regulamentada por órgão federal.

18. PERDÃO JUDICIAL

No caso de guarda doméstica de espécie silvestre não considerada ameaçada de extinção, pode o juiz, considerando as circunstâncias, deixar de aplicar a pena (art. 29, § 1º da Lei 9.605/98).

19. DEFINIÇÃO DE ESPÉCIME DA FAUNA SILVESTRE:

São espécimes da fauna silvestre todos aqueles pertencentes às espécies nativas, migratórias e quaisquer outras, aquáticas ou terrestres, que tenham todo ou parte de seu ciclo de vida ocorrendo dentro dos limites do território brasileiro, ou águas jurisdicionais brasileiras (art. 29, § 2º).

20. ÓRGÃO COMPETENTE PARA LISTAR OS ESPÉCIMES DA FAUNA SILVESTRE OU DEMAIS CLASSIFICAÇÕES DESTES ESPÉCIMES

É o IBAMA pela atribuição que lhe concede o Decreto-Lei 3.607/2000.

21. CAUSAS DE AUMENTO DE PENA

A pena do crime do art. 29 da Lei 9.605/98 aumenta-se da metade quando o delito é cometido: a) contra espécie rara ou considerada ameaçada de extinção, ainda que somente no local da infração; b) em período proibido à caça; c) durante a noite; d) com abuso de licença; e) em unidade de conservação; f) com emprego de métodos ou instrumentos capazes de provocar destruição em massa.

22. COMPETÊNCIA PARA JULGAMENTO DE CRIMES CONTRA A FAUNA

O STJ cancelou a antiga Súmula 91 que determinava ser da Justiça Federal a competência para o julgamento de crimes contra a fauna. Atualmente, o STJ firma posicionamento no sentido de que a competência é da Justiça Estadual, desde que não exista interesse da União Federal (caso, por exemplo, de crimes praticados em reservas indígenas). Neste sentido: *"A competência da Justiça Federal, expressa no art. 109, inciso IV, da Constituição Federal, restringe-se às hipóteses em que os crimes ambientais são perpetrados em detrimento de bens, serviços ou interesses da União, ou de suas autarquias ou empresas públicas"* (STJ – 3ª Seção – Relator Ministro Félix Fischer – CC 136142/PR CONFLITO DE COMPETENCIA 2014/0244796-1, dj 14.11.2014 e dje 24.11.2014).

23. PRINCÍPIO DA INSIGNIFICÂNCIA

A doutrina em sua grande parte admite a aplicação. Também a jurisprudência do Superior Tribunal de Justiça tem admitido nos casos onde o crime não detém força suficiente para atingir o meio ambiente de maneira significativa, tratando-se de caso isolado. (MARCÃO, 2013, pags. 35/41) (DELMANTO, ob. cit. pag. 543 e 552/553) (NUCCI, ob. cit. 507).

FIQUE POR DENTRO:

"Esta Corte Superior, em precedentes de ambas as Turmas que compõem a sua Terceira Seção, tem admitido a aplicação do princípio da insignificância quando demonstrada, a partir do exame do caso concreto, a ínfima lesividade ao bem ambiental tutelado pela norma. Precedentes. 2. Muito embora a tutela penal ambiental objetive proteger bem jurídico de indiscutível valor social, sabido que toda intervenção estatal deverá ocorrer com estrita observância dos postulados fundamentais do Direito Penal, notadamente dos princípios da fragmentariedade e da intervenção mínima. 3. A aplicação do princípio da insignificância (ou a admissão da ocorrência de um crime de bagatela) reflete o entendimento de que o Direito Penal deve intervir somente nos casos em que a conduta ocasionar lesão jurídica de certa gravidade, permitindo a afirmação da atipicidade material nos casos de perturbações jurídicas mínimas ou leves, consideradas também em razão do grau de afetação da ordem social que ocasionem" (STJ – 5ª Turma – Relator JORGE MUSSI – AgRg no REsp 1263800/SC AGRAVO REGIMENTAL NO RECURSO ESPECIAL 2011/0154972-9, dj 12.08.2014 e dje 21.08.2014).

23.1- Exemplo de situação de aplicação do princípio da insignificância em matéria ambiental

Não se configura o crime previsto no art. 34 da Lei nº 9.605/98 na hipótese em que há a devolução do único peixe – ainda vivo – ao rio em que foi pescado. STJ. 6ª Turma. REsp 1.409.051-SC, Rel. Min. Nefi Cordeiro, julgado em 20/4/2017 (STJ – Informativo 602).

24. CAUSAS DE EXCLUSÃO DA ILICITUDE DOS CRIMES AMBIENTAIS CONTRA FAUNA

São situações (não exaustivas) de exclusão da ilicitude dos crimes ambientais (art. 37 da Lei 9.605/98): a) em estado de necessidade, para saciar a fome do agente ou de sua família; b) para proteger lavouras, pomares e rebanhos da ação predatória ou destruidora de animais, desde que legal e expressamente autorizado pela autoridade competente; c) por ser nocivo o animal, desde que assim caracterizado pelo órgão competente.

25. CRIMES DE MAUS-TRATOS A ANIMAIS (ART. 32 DA LEI 9.605/98)

O crime de maus-tratos a animais prevê quatro atuações em suas elementares: Praticar ato de abuso; praticar maus-tratos, ferir ou mutilar.

26. ANIMAIS QUE PODEM SER ATINGIDOS PELOS MAUS-TRATOS

Animais silvestres, domésticos ou domesticados, nativos ou exóticos. Para NUCCI, a previsão do art. 32 afasta a aplicação da Lei 9.605/98 para todos os animais que não sejam os silvestres, pois a vírgula colocada após a previsão legal "animais silvestres" no tipo penal serviria meramente para explicitar que estes podem ser domésticos ou domesticados. Esclarece que para ele, animal doméstico seria o "criado dentro de casa desde pequeno", o domesticado seria o animal "amansado, domado", o nativo aquele "oriundo da fauna brasileira" e o exótico o "oriundo da fauna estrangeira". (NUCCI, 2006, pg. 514)

Firma posicionamento assim o autor no sentido de que maus-tratos a animais domésticos não silvestres teria a aplicação da previsão do art. 64 da Lei de Contravenções Penais que ainda não restou revogada. Esta também é a posição de SIRVINSKAS. (SIRVINSKAS, ob. cit, pg. 54). A posição, porém, não ganha amparo em recentes julgamentos do STJ no tocante as "brigas de galo". O galo, pela avaliação feita pelos autores acima citados não seria um animal silvestre, assim os maus-tratos a que fosse submetido estaria a caracterizar a contravenção penal do art. 64 do Decreto Lei 3688/41. Observa-se: *"AÇÃO PENAL. DESEMBARGADOR DO TRE/MT. CRIME DO ART. 32, C.C. O § 2º, DA LEI nº 9.605/98. "RINHAS DE GALO". EFETIVO MAUS-TRATOS A ANIMAIS CONFIGURADO. MATERIALIDADE DELITIVA COMPROVADA. EXISTÊNCIA DE ELEMENTOS DE PROVA DE AUTORIA. JUSTA CAUSA CONFIGURADA. DENÚNCIA RECEBIDA. 1. A materialidade delitiva está fartamente comprovada no laudo técnico, elaborado pela Polícia Federal, e na perícia, realizada por técnicos do IBAMA, que corroboraram a narrativa da autoridade policial federal que conduziu a diligência no local em que ocorriam as chamadas "rinhas de galo", onde foi confirmada a ocorrência de maus-tratos a animais, conduta inserta no art. 32, c.c. o § 2º, da Lei nº 9.605/98" (STJ – CE – Corte Especial* – Apn 680/MT AÇÃO PENAL 2010/0192075-8, Relatora Laurita Vaz – dj. 16.10.2013 e dje 29.10.2013). Assim o sendo, as brigas de galo e os maus-tratos a animais domésticos pelo STJ vêm recebendo entendimento de que configuram o crime do art. 32 da lei 9.605/98 e não mera contravenção penal. Concordando com o posicionamento do STJ está a doutrina de MARCÃO ao colocar que *"Há que se destacar na hipótese em comento que na redação típica o legislador não se referiu aos animais domésticos ou domesticados, nativos ou exóticos, como simples espécies do gênero animais silvestres. Há um sentido maior e a interpretação a ser empregada para melhor compreensão do tipo objetivo deve buscar a harmonia do sistema punitivo. Adotar pensamento contrário ao que sustentamos, na aplicação prática do sistema legal vigente, acarretaria odiosa e inaceitável diversidade de tratamento entre as diversas classificações por gênero, espécie ou subespécie, em decorrência do confronto com o dispositivo do art. 64 da LCP"*. (MARCÃO, 2013, pg. 84) É a posição que adotamos. A lei não cria mera explicitação do termo "silvestre" ao colocar os termos domésticos ou domesticados. O tipo penal é escrito de forma a abranger os maus-tratos em face de qualquer animal, não se entendendo dentro do sistema protetivo ambiental que pudessem ser excluídos de tal proteção os animais domésticos que não são considerados silvestres.

27. MODALIDADES EQUIPARADAS EM CRIMES CONTRA A FAUNA RELATIVOS À PESCA (ART. 34, PARÁGRAFO ÚNICO DA LEI 9.605/98)

Modalidades equiparadas são: a) Pescar em período no qual a pesca seja proibida ou em lugares interditados por órgão competente; b) pescar espécies que devam ser preservadas ou espécimes com tamanhos inferiores aos permitidos; c) pescar quantidades superiores às permitidas, ou mediante a utilização de aparelhos, petrechos, técnicas e métodos não permitidos; d) transportar, comercializar, beneficiar ou industrializar espécimes provenientes da coleta, apanha e pesca proibidas.

28. CLASSIFICAÇÃO DO CRIME DE PESCA

Parte da doutrina entende que são crimes formais. Porém grande parte da doutrina opta pela classificação como crimes materiais. Respeitando as divergências, entendo tratar-se de crimes materiais e não formais, sendo necessário além a conduta o ferimento do meio ambiente ou da saúde pública para a caracterização do delito de forma efetiva.

29. EXEMPLOS DE APARELHOS, PETRECHOS, TÉCNICAS E MÉTODOS NÃO PERMITIDOS PARA PESCA

São exemplos: arrasto, rede, tarrafa.

30. MANEIRAS CRIMINOSAS DE PESCA (ART. 35 DA LEI 9.605/98)

a) Mediante explosivos ou substâncias que, em contato com a água, produzam efeito semelhante; b) Mediante substâncias tóxicas, ou outro meio proibido pela autoridade competente.

31. PESCA E PRINCÍPIO DA INSIGNIFICÂNCIA

O STJ admite o reconhecimento de princípio da insignificância para o crime de pesca em local proibido quando não existir dano efetivo ao meio ambiente. Ex. *"Não se configura o **crime*** **previsto no art. 34 da Lei n. 9.605/1998 na hipótese em há a devolução do único peixe – ainda vivo – ao rio em que foi pescado"** (Info. 602 STJ).

32. DESTRUIÇÃO OU DANO EM FLORESTA. ART. 38 DA LEI 9.605/98

É crime de acordo com o art. 38 da lei 9.605/98 *"Destruir ou danificar floresta considerada de preservação permanente, mesmo que em formação, ou utilizá-la com infringência das normas de proteção"*.

32.1- Forma culposa de destruição ou dano em floresta

A prática culposa de destruição ou dano de floresta gera a diminuição de pena de metade em relação ao crime doloso.

33. ÁREA DE PRESERVAÇÃO PERMANENTE

"Área de Preservação Permanente – APP: área protegida, coberta ou não por vegetação nativa, com a função ambiental de preservar os recursos hídricos, a paisagem, a estabilidade geológica e a biodiversidade, facilitar o fluxo gênico de fauna e flora, proteger o solo e assegurar o bem-estar das populações humanas" (art. 3º, II da Lei 12.651/12).

34. SÃO ÁREAS DE PRESERVAÇÃO PERMANENTE (ART. 4º DA LEI 12.651/12)

São áreas de PP: a) as faixas marginais de qualquer curso d'água natural perene e intermitente, excluídos os efêmeros, desde a borda da calha do leito regular, em largura mínima de: 30 (trinta) metros, para os cursos d'água de menos de 10 (dez) metros de largura; 50 (cinquenta) metros, para os cursos d'água que tenham de 10 (dez) a 50 (cinquenta) metros de largura; 100 (cem) metros, para os cursos d'água que tenham de 50 (cinquenta) a 200 (duzentos) metros de largura; 200 (duzentos) metros, para os cursos d'água que tenham de 200 (duzentos) a 600 (seiscentos) metros de largura; 500 (quinhentos) metros, para os cursos d'água que tenham largura superior a 600 (seiscentos) metros; b) as áreas no entorno dos lagos e lagoas naturais, em faixa com largura mínima de: 100 (cem) metros, em zonas rurais, exceto para o corpo d'água com até 20 (vinte) hectares de superfície, cuja faixa marginal será de 50 (cinquenta) metros; 30 (trinta) metros, em zonas urbanas; c)as áreas no entorno dos reservatórios d'água artificiais, decorrentes de barramento ou represamento de cursos d'água naturais, na faixa definida na licença ambiental do empreendimento; d) as áreas no entorno das nascentes e dos olhos d'água perenes, qualquer que seja sua situação topográfica, no raio mínimo de 50 (cinquenta) metros; e) as encostas ou partes destas com declividade superior a 45°, equivalente a 100% (cem por cento) na linha de maior declive; f) as restingas, como fixadoras de dunas ou estabilizadoras de mangues; g) os manguezais, em toda a sua extensão; h) as bordas dos tabuleiros ou chapadas, até a linha de ruptura do relevo, em faixa nunca inferior a 100 (cem) metros em projeções horizontais; i) no topo de morros, montes, montanhas e serras, com altura mínima de 100 (cem) metros e inclinação média maior que 25°, as áreas delimitadas a partir da curva de nível correspondente a 2/3 (dois terços) da altura mínima da elevação sempre em relação à base, sendo esta definida pelo plano horizontal determinado por planície ou espelho d'água adjacente ou, nos relevos ondulados, pela cota do ponto de sela mais próximo da elevação; j) as áreas em altitude superior a 1.800 (mil e oitocentos) metros, qualquer que seja a vegetação; k) em veredas, a faixa marginal, em projeção horizontal, com largura mínima de 50 (cinquenta) metros, a partir do espaço permanentemente brejoso e encharcado.

35. TERMO DE AJUSTAMENTO DE CONDUTA E AÇÃO PENAL PÚBLICA

O termo de ajustamento de conduta não afasta a possibilidade de propositura da Ação Penal Pública, ainda que tenha sido lavrado pelo próprio Ministério Público, uma vez que o ordenamento nacional protege a chamada independência de instâncias. Neste sentido: STJ. Corte Especial. APn 888-DF, Rel. Min. Nancy Andrighi, julgado em 02/05/2018 (STJ – Informativo 625).

36. CRIME DE POLUIÇÃO. CRIME DO ART. 54 DA LEI 9.605/98

Causar poluição de qualquer natureza em níveis tais que resultem ou possam resultar em danos à saúde humana, ou que provoquem a mortandade de animais ou a destruição significativa da flora (art. 54 da Lei 9.605/98).

A **Delito Formal:** O art. 54 da Lei 9.605/97, em sua primeira parte é delito formal, sendo suficiente a potencialidade de dano à saúde humana para sua configuração, sendo inclusive desnecessária a realização pericial. Neste sentido: STJ. 3ª Seção. EREsp 1417279-SC, Rel. Min. Joel Ilan Paciornik, julgado em 11/04/2018 (STJ – Informativo 624).

B **Formas qualificadas do crime de poluição:** São formas qualificadas: a) tornar uma área, urbana ou rural, imprópria para a ocupação humana b) causar poluição atmosférica que provoque a retirada, ainda que momentânea, dos habitantes das áreas afetadas, ou que cause danos diretos à saúde da população; c) causar poluição hídrica que torne necessária a interrupção do abastecimento público de água de uma comunidade; d) dificultar ou impedir o uso público das praias; e) ocorrer por lançamento de resíduos sólidos, líquidos ou gasosos, ou detritos, óleos ou substâncias oleosas, em desacordo com as exigências estabelecidas em leis ou regulamentos.

C **Crime material e formal concomitantemente:** Conforme coloca NUCCI, trata-se de crime material, sendo necessária a demonstração do prejuízo à natureza (mortandade de animais ou destruição da flora), mas é formal com relação à saúde humana, sendo necessária apenas a demonstração do perigo de dano à saúde humana, já que a elementar do tipo penal indica o verbo "poder" causar dano a saúde humana. (NUCCI, ob. cit. pg. 554)

D **Crime de poluição qualificada, ausência de reparação do dano e situação de permanência:** Entendeu o STJ que os crimes previstos nos arts. 54, § 2º, I, II, III e IV e § 3º e. 56, § 1º, I e II, tendo ainda a aplicação da causa de aumento de pena do art. 58, I, da Lei nº 9.605/98 são crimes de natureza permanente. Assim, se o autor é notificado e não reparado o dano, tem-se que o continua praticando, diante de seu dever de reparação que foi rompido por sua omissão que é dolosa (Vide: STJ. 5ª Turma. AgRg no REsp 1847097-PA, Rel. Min. Joel Ilan Paciornik, julgado em 05/03/2020 Informativo 667).

37. FORMA DE COMETIMENTO POR OMISSÃO DO CRIME DE POLUIÇÃO

Determina o parágrafo único do art. 54 da Lei 9.605/98 que *"Incorre nas mesmas penas previstas no parágrafo anterior quem deixar de adotar, quando assim o exigir a autoridade competente, medidas de precaução em caso de risco de dano ambiental grave ou irreversível"*.

A **Poluição por omissão:** Trata-se de crime omissivo próprio e de mera conduta.

B **Forma culposa de poluição:** É prevista a forma culposa de poluição, sendo caracterizado como delito de menor potencial ofensivo com variação penal de 6 meses a 1 ano de detenção e multa.

FIQUE POR DENTRO:

POLUIÇÃO SONORA PARA O STJ

Embora o próprio STJ tenha anteriormente decidido no sentido de que o art. 54 da Lei 9.605/98 não enquadraria os casos de poluição sonora, este entendimento foi alterado. Atualmente o STJ tem indicado a possibilidade de reconhecimento

FIQUE POR DENTRO:

da poluição sonora como crime ambiental. Neste sentido: *"Não é possível o trancamento da ação penal, mediante concessão de habeas corpus de ofício, quando o paciente tiver sido denunciado como incurso nas penas do art. 54 da Lei 9.605/1998 em face da conduta de causar poluição sonora. Isso porque o entendimento do STJ é de que o termo poluição de "qualquer natureza", como constante no tipo do dispositivo legal, pode ser compreendido como poluição de caráter sonoro. Ademais, para que se caracterize o delito previsto no referido art. 54, a poluição gerada deve ter o condão de, ao menos, poder causar danos à saúde humana. (STJ – 6ª Turma – HC 134163 / PE HABEAS CORPUS 2009/0072251-7 – Relator Ministro OG Fernandes – dj. 18.12.2012, dje 7.8.2014). (VOTO VENCIDO) (MIN. MARIA THEREZA DE ASSIS MOURA).*

"É possível o trancamento da ação penal, mediante concessão de habeas corpus de ofício, quando o paciente tiver sido denunciado como incurso nas penas do art. 54 da Lei 9.605/1998 em face da conduta de causar poluição sonora. Isso porque, consoante precedente desta Corte, a conduta de provocar ruídos ou sons em desacordo com os limites impostos em regulamento administrativo não se enquadra no art. 54 da Lei de Crimes Ambientais".

38. COMPETÊNCIA. POLUIÇÃO EM RIO INTERESTADUAL

Caso a poluição for causada em rio interestadual a Competência de jurisdição para a apuração do crime será da Justiça Federal.

39. CRIME DO ART. 56 DA LEI 9.605/03

Produzir, processar, embalar, importar, exportar, comercializar, fornecer, transportar, armazenar, guardar, ter em depósito ou usar produto ou substância tóxica, perigosa ou nociva à saúde humana ou ao meio ambiente, em desacordo com as exigências estabelecidas em leis ou nos seus regulamentos.

40. ART. 56 DA LEI 9.605/03. CRIME FORMAL PARA O STJ

Segundo entendimento do STJ, "*O crime previsto no art. 56, caput da Lei n. 9.605/1998 é de perigo abstrato, sendo dispensável a produção de prova pericial para atestar a nocividade ou a periculosidade dos produtos transportados, bastando que estes estejam elencados na Resolução n. 420/2004 da ANTT*" (STJ – Informativo 613).

41. ART. 60 DA LEI 9.605/03

Construir, reformar, ampliar, instalar ou fazer funcionar, em qualquer parte do território nacional, estabelecimentos, obras ou serviços potencialmente poluidores, sem licença ou autorização dos órgãos ambientais competentes, ou contrariando as normas legais e regulamentares pertinentes. Trata-se de delito de perigo abstrato, não havendo necessidade de comprovação do perigo concreto e, portanto, de produção de prova pericial.

CAPÍTULO VIII

LEI 8.072/90 (CRIMES HEDIONDOS)

1. HOMICÍDIO COMO CRIME HEDIONDO

O homicídio simples ou qualificado quando praticado em atividade típica de grupo de extermínio, mesmo que só houver um só agente (chamado de homicídio condicionado) e o homicídio qualificado em geral. Homicídio simples fora da situação acima não é crime hediondo.

A **Feminicídio:** Por ser uma forma de homicídio qualificado é crime hediondo.

B **Homicídio qualificado privilegiado:** O STJ e o STF entendem que NÃO configura crime hediondo. Existe doutrina contrária à esta posição.

2. LESÕES CORPORAIS COMO CRIME HEDIONDO

Os crimes de lesão corporal dolosa de natureza gravíssima (art. 129, § 2º) e lesão corporal seguida de morte (art. 129, § 3º), DESDE QUE praticados contra autoridades ou agentes descritos nos arts. 142 (membros forças armadas) e 144 (policiais federais, civis e militares, guardas municipais e agentes de trânsito) da Constituição Federal, integrantes do sistema prisional e da Força Nacional de Segurança Pública, no exercício da função ou em decorrência dela, ou contra seu cônjuge, companheiro ou parente consanguíneo até terceiro grau, em razão dessa condição.

3. ROUBO

A Lei 13.964/2019 alterou a Lei 8.072/90 e inseriu algumas figuras ligadas ao roubo no rol dos hediondos:

a) circunstanciado pela restrição de liberdade da vítima (art. 157, § 2º, inciso V);

b) circunstanciado pelo emprego de arma de fogo (art. 157, § 2º-A, inciso I);

c) circunstanciado pelo emprego de arma de fogo de uso proibido ou restrito (art. 157, § 2º-B);

c) Latrocínio: roubo qualificado pelo resultado lesão corporal grave ou morte (art. 157, § 3º).

MUITA ATENÇÃO!

O roubo seguido de lesão corporal grave não era crime hediondo até a Lei 13.964/2019.

4. EXTORSÃO QUALIFICADA

Passou a ser hediondo, a partir da Lei 13.964/2019 (Pacote Anticrime) a extorsão qualificada pela restrição da liberdade da vítima, ocorrência de lesão corporal ou morte (art. 158, § 3º).

5. EXTORSÃO MEDIANTE SEQUESTRO

É crime hediondo em todas suas hipóteses (simples; se durar mais de 24 horas; se cometido contra pessoa menor de 18 anos ou maior de 60 anos; se cometido por associação criminosa; se resultar lesão grave e se resultar morte).

6. ESTUPRO E ESTUPRO DE VULNERÁVEL

Sempre serão crimes hediondos, não importa se simples ou qualificados.

7. GENOCÍDIO

É crime hediondo, seja tentado ou consumado.

8. CRIME DE POSSE DE ARMA DE USO PROIBIDO COMO CRIME HEDIONDO E DÚVIDAS DERIVADAS AO TEMA

8.1. Dúvida criada com a lei de crimes hediondos e as alterações das Leis 13.497/17 e 13.964/19

A Lei 13.497/17, quando alterou a lei dos crimes hediondos, referia-se apenas a arma de uso RESTRITO e não proibido, o que possibilitava interpretação, pelo fato da redação do art. 16, "caput" da Lei 10.826/03 referir-se tanto a armas de uso restrito e proibido. A Lei 13.964/19 (Pacote Anticrime) alterou ambas as legislações, ou seja, Lei de Armas e Lei de Crimes Hediondos. Para a Lei de Armas, criou a diferenciação entre crime de porte e posse de arma de uso RESTRITO (art. 16, "caput") – pena de 3 a 6 anos de reclusão e multa – para porte e posse de arma de uso PROIBIDO (art. 16, § 2º) – pena de 4 a 12 anos de reclusão e multa. Assim, tem-se que é apenas hediondo o crime do art. 16, § 2º da Lei 10.826/03 (porte ou posse de arma de uso PROIBIDO), não sendo hediondo o crime de porte ou posse de arma de fogo de uso RESTRITO.

8.2. *Novattio legis in mellius*

A inovação trazida pela Lei 13.964/19 (Pacote Anticrime), alterando o determinado pela Lei 13.497/17 na redação do art. 16 da Lei 10.826/03 (Lei de Armas) indica que aqueles que haviam tido o reconhecimento da hediondez de sua prática no porte ou posse de arma de fogo de uso RESTRITO tiveram uma inovação benéfica, e portanto, não podem ser mais tratados com as restrições anteriormente indicadas. É HEDIONDO APENAS O PORTE DE ARMA DE USO PROIBIDO (art. 16, § 2º da Lei 10.826/03).

POSIÇÃO DO STJ SOBRE A *NOVATIO LEGIS IN MELLIUS*

MUITA ATENÇÃO!

Para o STJ, ANTERIORMENTE AO PACOTE ANTICRIME, eram hediondos os crimes do art. 16 da Lei 10.826/2003, inserida pela Lei 13.497/2017, abrangendo tanto os tipos do *caput* e as condutas equiparadas previstas no seu parágrafo único. STJ. 6ª Turma. HC 526916-SP, Rel. Min. Nefi Cordeiro, julgado em 01/10/2019 (Informativo 657).

Com a nova redação trazida pela Pacote Anticrime somente é crime hediondo a posse ou porte ilegal de arma de fogo de uso proibido; não sendo mais crime a posse ou porte ilegal de arma de fogo de uso restrito. Isso significa que as pessoas condenadas pelo art. 16 do Estatuto do Desarmamento por condutas envolvendo armas de fogo de uso restrito não mais poderão receber o tratamento destinado aos crimes hediondos. Tais crimes deixaram de ser hediondos. Houve, portanto, *Novatio legis in mellius*.

9. FALSIFICAÇÃO, CORRUPÇÃO, ADULTERAÇÃO OU ALTERAÇÃO DE PRODUTO DESTINADO A FINS TERAPÊUTICOS OU MEDICINAIS (ART. 273, *CAPUT*, § 1º, § 1º-A E § 1º-B) – ART. 1º, VII-B

Segundo o entendimento do STJ "*em atenção ao princípio constitucional da proporcionalidade e razoabilidade das leis restritivas de direitos (CF, art. 5º, LIV), é imprescindível a atuação do Judiciário para corrigir o exagero e ajustar a pena de "reclusão, de 10 (dez) a 15 (quinze) anos, e multa" abstratamente cominada à conduta inscrita no art. 273, § 1º-B, V, do CP, referente ao crime* de ter em depósito, para venda, produto destinado a fins terapêuticos ou medicinais de procedência ignorada. Isso porque, se esse delito for comparado, por exemplo, com o *crime* de tráfico ilícito de drogas (notoriamente mais grave e cujo bem jurídico também é a saúde pública), percebe-se a total falta de razoabilidade do preceito secundário do art. 273, § 1º-B, do CP, sobretudo após a edição da Lei 11.343/2006 (Lei de Drogas), que, apesar de ter aumentado a pena mínima de *3 para 5 anos, introduziu a possibilidade de redução da reprimenda, quando aplicável o § 4º do art. 33, de 1/6 a 2/3*". Assim, segundo o STJ, em um remendo legislativo que a muitos doutrinadores indica-se incabível, deve ser aplicado o preceito secundário do art. 33, "caput" da Lei 11.343/06 para o crime tipificado no art. 273, § 1º-B, V do Código Penal, admitindo-se ainda, a aplicação do art. 33, § 4º da Lei 11.343/06, e as demais decorrências já reconhecidas pelo STF e STJ, como a fixação de regime diferenciado do fechado e a possibilidade de substituição da pena privativa de liberdade por restritivas de direito.

10. FAVORECIMENTO DA PROSTITUIÇÃO OU DE OUTRA FORMA DE EXPLORAÇÃO SEXUAL DE CRIANÇA OU ADOLESCENTE OU DE VULNERÁVEL

É crime hediondo tanto na sua forma direta no "caput", quanto das equiparadas trazidas pelos parágrafos 1º e 2º do art. 218-B do Código Penal.

11. FURTO QUALIFICADO PELO EMPREGO DE EXPLOSIVO OU DE ARTEFATO ANÁLOGO QUE CAUSE PERIGO COMUM (ART. 155, § 4º-A)

A Lei 13.964/2019 inseriu o furto qualificado tratado no rol dos crimes hediondos.

12. INSERÇÃO DE CRIMES CONSIDERADOS HEDIONDOS PELO PACOTE ANTICRIME (LEI 13.964/2019) NO PARÁGRAFO ÚNICO DO ART. 1º DA LEI 8.072/90, AUMENTANDO O ROL ANTERIOR QUE ERA FORMADO PELO GENOCÍDIO E PELO CRIME DE POSSE OU PORTE ILEGAL DE ARMA DE FOGO DE USO PROIBIDO

Agora passam a ser considerados hediondos neste rol:

a) o crime de genocídio, previsto nos arts. 1º, 2º e 3º da Lei nº 2.889, de 1º de outubro de 1956;

b) o crime de posse ou porte ilegal de arma de fogo de uso proibido, previsto no art. 16 da Lei nº 10.826, de 22 de dezembro de 2003;

c) o crime de comércio ilegal de armas de fogo, previsto no art. 17 da Lei nº 10.826, de 22 de dezembro de 2003;

d) o crime de tráfico internacional de arma de fogo, acessório ou munição, previsto no art. 18 da Lei nº 10.826, de 22 de dezembro de 2003;

e) o crime de organização criminosa, quando direcionado à prática de crime hediondo ou equiparado.

MUITA ATENÇÃO!

Tráfico de drogas, crime de tortura e terrorismo NÃO SÃO CRIMES HEDIONDOS. São considerados, porém, crimes EQUIPARADOS AOS HEDIONDOS.

MUITA ATENÇÃO!

Tráfico de drogas Privilegiado e Lei de Crimes Hediondos: Tráfico de drogas privilegiado (art. 33, § 4º da lei 11.343/06): para o STJ ERA equiparado a crime hediondo (Súmula 512 – a "aplicação da causa de diminuição de pena prevista no art. 33, § 4º da lei 11.343/06 não afasta a hediondez do crime de tráfico de drogas). PORÉM, decisão do STF (set/2016) entendeu que NÃO É equiparado a hediondo o tráfico de drogas privilegiado. A Súmula 512 do STJ foi CANCELADA em novembro de 2016.

Pacote Anticrime: O art. 112, § 5º da Lei de Execução Penal, com a alteração que lhe foi dada pela Lei 13.964/2019 (Pacote Anticrime) indica que o tráfico privilegiado NÃO será considerado hediondo para os fins de progressão penal. Portanto, a questão **deixou de ser meramente uma interpretação jurisprudencial**.

13. ANISTIA, GRAÇA E FIANÇA

Os crimes hediondos e os equiparados são insuscetíveis destes benefícios.

14. INDULTO PARA CRIME HEDIONDO

A CF/88 não prevê a insuscetibilidade de indulto para os hediondos. A Lei 8.072/90 prevê. A doutrina diverge sobre a constitucionalidade da lei. STF entendeu ser possível a vedação por lei ordinária. STJ entende que a concessão do indulto é possível para hediondo, desde que, expressamente prevista no Decreto Presidencial de concessão do indulto.

15. REGIME DE CUMPRIMENTO DE PENA

O art. 2º, § 1º da Lei 8.072/90 prevê o início de pena em regime inicial fechado. Alterou-se a previsão original do cumprimento em regime integralmente fechado. STF, no entanto, entende como possível a fixação de outro regime mais brando (semiaberto ou aberto) para início de cumprimento de penas dos crimes hediondos, desde que fundamentado.

16. SUBSTITUIÇÃO DA PENA PRIVATIVA DE LIBERDADE POR RESTRITIVAS DE DIREITO

O STF decidiu com repercussão geral que "É *inconstitucional a vedação à conversão da pena privativa de liberdade em restritiva de direitos, prevista nos artigos 33, § 4º, e 44, caput, da Lei 11.343/2006*".

A posição do STF atual é a de que, em tese, é possível a substituição da pena privativa de liberdade por restritivas de direito MESMO A CRIMES HEDIONDOS.

17. PROGRESSÃO DE REGIME DE CUMPRIMENTO PENA PARA AUTOR DE CRIME HEDIONDO

- após o cumprimento de 40% da pena, se o apenado for condenado pela prática de crime hediondo ou equiparado, se for primário;
- após o cumprimento de 50% da pena, se o apenado for condenado pela prática de crime hediondo ou equiparado, com resultado morte, se for primário, vedado o livramento condicional;
- após o cumprimento de 60% da pena, se o apenado for reincidente na prática de crime hediondo ou equiparado;
- após o cumprimento de 70% da pena, se o apenado for reincidente em crime hediondo ou equiparado com resultado morte, vedado o livramento condicional.

18. REQUISITOS PARA A PROGRESSÃO DA PENA PARA AUTOR (A) DE CRIME HEDIONDO QUE SEJA GESTANTE, MÃE OU RESPONSÁVEL POR CRIANÇAS OU PESSOAS COM DEFICIÊNCIA

Os requisitos para progressão de regime são, cumulativamente:

a) não ter cometido crime com violência ou grave ameaça a pessoa;

b) não ter cometido o crime contra seu filho ou dependente;

c) ter cumprido ao menos 1/8 (um oitavo) da pena no regime anterior;

d) ser primária e ter bom comportamento carcerário, comprovado pelo diretor do estabelecimento;

e) não ter integrado organização criminosa.

19. REVOGAÇÃO DO BENEFÍCIO EM CASO DE FALTA GRAVE

O benefício concedido a gestantes ou mulheres que tenham cometido crime hediondo e tenham cumprido os requisitos acima será revogado em caso de falta grave ou novo crime doloso cometido.

20. RECURSO EM LIBERDADE

Depende da fundamentação judicial a concessão ou não.

21. PRISÃO TEMPORÁRIA

O prazo de duração é de 30 dias (e não 5 dias como nos crimes comuns), sendo possível prorrogação por igual período.

22. SAÍDA TEMPORÁRIA

> **MUITA ATENÇÃO!** Não terá direito à saída temporária o condenado que cumpre pena por praticar crime hediondo com resultado morte.

23. LIVRAMENTO CONDICIONAL E CRIMES HEDIONDOS

Possível para os condenados em crimes hediondos ou equiparados com o cumprimento de 2/3 da pena, exceto em duas situações, em que o benefício é vedado:

a) condenado pela prática de crime hediondo ou equiparado com resultado morte;

b) condenado for reincidente na prática de crime hediondo ou equiparado.

CAPÍTULO IX

LEI 9.099/95 (JUIZADO ESPECIAIS CRIMINAIS)

1. COMPETÊNCIA LEGISLATIVA

Determina o art. 24, X da Constituição Federal que compete à União, aos Estados e ao Distrito Federal legislar CONCORRENTEMENTE sobre criação, funcionamento e processo do juizado de pequenas causas.

2. CRIAÇÃO

O art. 98, I da Constituição Federal reporta que a União, o Distrito Federal e os Territórios, e os Estados criarão juizados especiais, providos por juízes togados, ou togados e leigos, competentes para a conciliação, o julgamento e a execução de causas cíveis de menor complexidade e infrações penais de menor potencial ofensivo, mediante os procedimentos oral e sumariíssimo, permitidos, nas hipóteses previstas em lei, a transação e o julgamento de recursos por turmas de juízes de primeiro grau.

3. JUSTIÇA FEDERAL

Lei federal disporá sobre a criação de juizados especiais no âmbito da Justiça Federal (art. 98, § 1º da Constituição Federal).

4. LEGISLAÇÃO ESTADUAL E LEGISLAÇÃO FEDERAL

Em âmbito da Legislação Estadual instituiu-se a Lei 9.099/95 e em âmbito Federal a Lei 10.259/01, sendo que esta admite a aplicação da Lei 9.099/95 em tudo o que não lhe contrastar (art. 1º), visto que lei posterior.

5. JUIZADO ESPECIAL CRIMINAL É ÓRGÃO DA JUSTIÇA ORDINÁRIA

O art. 1º da Lei 9.099/95 determinar que o Juizado Especial Criminal é órgão da Justiça Ordinária, sendo que o se entende atualmente como a denominação "Justiça Comum". Assim o sendo, as Justiças Eleitoral e Militar, em tese, não deteriam o Juizado Especial como um de seus órgãos, o que na realidade não ocorre atualmente pela edição da Lei 11.313/06.

MUITA ATENÇÃO!

MIRABETE, anteriormente a promulgação da Lei 11.313/06 escreveu que "Por força do citado dispositivo, que se refere exclusivamente à Justiça Ordinária, é inadmissível a criança de Juizados Especiais Criminais na Justiça Especial, ou seja, na Justiça Militar e na Justiça Eleitoral. Excluindo tacitamente esta possibilidade, deve-se concluir, apesar de opiniões em contrário, que no âmbito dessas Justiças, de ilícitos castrenses e eleitorais, não se aplicam os dispositivos referentes à composição dos danos sofridos pela vítima (conciliação) e à proposta de aplicação imediata de pena não privativa de liberdade (transação), medidas reservadas exclusivamente na lei aos ilícitos penais de competência dos Juizados Especiais Criminais" (MIRABETE, Julio Fabbrini, in Juizados Especiais Criminais, 3ª edição, Editora Atlas, SP, 1998, p. 17). Veremos que atualmente este posicionamento não prevalece.

6. ALTERAÇÃO DO ART. 61 DA LEI 9.099/95 E O REFLEXO SOBRE A VEDAÇÃO DE APLICAÇÃO NAS JUSTIÇAS ESPECIAIS

A antiga redação do art. 61 da Lei 9.099/95 determinava que *"Consideram-se infrações penais de menor potencial ofensivo, para os efeitos desta lei as contravenções penais e os crimes a que a lei comine pena máxima não superior a um ano, excetuados os casos em a lei preveja procedimento especial"*. A Lei 11.313/06 alterou este dispositivo da legislação e inseriu os seguintes dizeres: *Consideram-se infrações penais de menor potencial ofensivo, para os efeitos desta Lei, as contravenções penais e os crimes a que a lei comine pena máxima não superior a 2 (dois) anos, cumulada ou não com multa.* Assim o sendo, além de redefinir o conceito de infração de menor potencial ofensivo, a Lei 11.313/06 suprimiu a menção expressa da redação anterior do artigo que excetuava a aplicação da Lei 9.099/95 para aquelas legislações que previam procedimento especial.

7. JUSTIÇA MILITAR

No tocante a Justiça Militar a questão foi resolvida com um artigo expresso pela Lei 9.839/99 que foi inserido na Lei 9.099/95, com a numeração 90-A. O art. 90-A determina que as disposições desta Lei 9.099/95 não se aplicam no âmbito da Justiça Militar.

7.1. Casos de conexão

Em casos de conexão entre crimes da Justiça Militar e do Juizado Especial Criminal aplica-se a regra do art. 79 do Código de Processo Penal, e não se perfaz a conexão. Assim sendo, eventual transação penal no Juizado Especial criminal não elide as apurações dos crimes da Justiça Militar, sendo esta posição pacífica do STJ.

FIQUE POR DENTRO:

"Mesmo havendo a conexão entre o crime de abuso de autoridade, de competência da Justiça comum e de lesão corporal leve e violação de domicílio, previsto no Código Penal Militar, não é possível o seu julgamento por uma única das Justiças, diante de vedação expressa. O crime de abuso de autoridade deve ser examinado pelo Juizado Especial e os de invasão de domicílio e lesão corporal leve pela Justiça Militar. A transação penal ofertada aceita e homologada no Juizado Especial não constitui causa de extinção da punibilidade em relação aos crimes de lesões corporais leves e invasão de domicílio, previstos no Código Penal Militar" (STJ – 5ª Turma – HC 81752/RS – Relator(a) Ministra JANE SILVA (DESEMBARGADORA CONVOCADA DO TJ/MG) – dj 27.9.2007 e dje 15.10.2007, p. 324.

MUITA ATENÇÃO!

TESE STJ

O STJ divulgou como tese do tribunal que "**É constitucional o artigo 90-A da Lei 9.099/95, que veda a aplicação desta aos crimes militares**".

8. CRIME ELEITORAL

O entendimento jurisprudencial e doutrinário no sentido de que após a alteração do art. 61 da Lei 9.099/95 por parte da Lei 11.313/06, retirando a vedação da aplicação da lei dos juizados especiais criminais aos crimes que sejam processados por ritos especiais, os praticantes de crimes eleitorais de pequeno potencial ofensivo possam receber a transação penal e/ou a suspensão condicional do processo e aqueles que cometam crimes eleitorais que detenham pena mínima de um ano ou menos possam ser agraciados com a suspensão condicional do processo. Ocorre que existe séria doutrina que aponta a impossibilidade de oferta do benefício do art. 89 da Lei 9.099/95 para aqueles que cometam o crime de **corrupção eleitoral ativa** diante da gravidade do delito. Segundo esta doutrina "as consequências reservadas no campo administrativo eleitoral ao responsável por suposta corrupção eleitoral ativa (...) impedem a formalização da proposta de **suspensão condicional do processo** por parte do titular da ação penal". (PONTE, 2008, p. 113)

9. INFRAÇÕES DE MENOR POTENCIAL OFENSIVO

Diante da redação dada pela Lei 11.313/06 ao art. 61 da Lei 9.099/95 "Consideram-se infrações penais de menor potencial ofensivo, para os efeitos desta Lei, as contravenções penais e os crimes a que a lei comine pena máxima não superior a 2 (dois) anos, cumulada ou não com multa".

10. PRINCÍPIOS QUE NORTEIAM O JUIZADO ESPECIAL CRIMINAL (ART. 62 DA LEI 9.099/95)

São princípios que norteiam o Juizado Especial Criminal:

a) Oralidade;

b) Simplicidade (princípio inserido no art. 62 pela Lei 13.603/2018);

c) Informalidade;

d) Economia processual;

e) Celeridade;

f) Buscando sempre a conciliação ou a transação e a não aplicação da pena privativa de liberdade.

11. COMPOSIÇÃO DO JUIZADO ESPECIAL CRIMINAL

Segundo o art. 60 da Lei 9.099/95, o Juizado Especial Criminal será provido por juízes togados ou togados e leigos. A forma de cada Juizado Especial Criminal assim será organizada pela Lei de Organização Judiciária de cada um dos Estados e ainda pela União Federal, Distrito Federal e Territórios. Diante da lei tratada, será impossível, porém, a composição do JECRIM apenas com juízes leigos. É possível o colegiado entre leigos e togados, ou apenas a atuação do juiz togado, mas nunca apenas a dos leigos.

12. COMPETÊNCIA DO JUIZADO ESPECIAL CRIMINAL

É de competência do Juizado Especial Criminal, no tocante as infrações de menor potencial ofensivo, segundo o art. 60, respeitadas as regras de conexão e continência:

a) a conciliação;

b) o julgamento; e

c) a execução.

13. COMPETÊNCIA ABSOLUTA

A competência do Juizado Especial Criminal é de natureza material e, portanto, absoluta, caracterizando nulidade absoluta em caso de desrespeito. Neste sentido a doutrina de GRINOVER ao colocar que *"A Competência do Juizado, restrita às infrações de menor potencial ofensivo, é de natureza material e, por isso, absoluta. Não é possível, portanto, que nele sejam processadas outras infrações e, se isso suceder, haverá nulidade absoluta"*. (GRINOVER, 1996, p. 73)

Existem, contudo, previsões de deslocamento de competência do Juizado Especial Criminal para o Juizado Comum, que excepcionam a regra, mas são previstas de forma expressa pela legislação. Para esta parte da doutrina, a competência seria absoluta pois deriva de mandamento constitucional previsto no art. 98, I da Lei 9.099/95.

13.1. Entendimento do STJ

Segundo o STJ: PROCESSUAL CIVIL. AGRAVO INTERNO NO RECURSO ESPECIAL. CÓDIGO DE PROCESSO CIVIL DE 2015. APLICABILIDADE. CONFLITO DE COMPETÊNCIA. LEI N. 10.259/001. JUIZADOS CIVEIS E CRIMINAIS NO ÂMBITO DA JUSTIÇA FEDERAL. COMPETÊNCIA ABSOLUTA. EXCEÇÃO. ANULAÇÃO DE ATO ADMINISTRATIVO. ARGUMENTOS INSUFICIENTES PARA DESCONSTITUIR A DECISÃO ATACADA. AGRAVO INTERNO CONTRA DECISÃO FUNDAMENTADA NAS SÚMULAS 83 E 568/STJ (PRECEDENTE JULGADO SOB O REGIME DA REPERCUSSÃO GERAL, SOB O RITO DOS RECURSOS REPETITIVOS OU QUANDO HÁ JURISPRUDÊNCIA PACÍFICA SOBRE O TEMA). MANIFESTA IMPROCEDÊNCIA. APLICAÇÃO DE MULTA. ART. 1.021, § 4º, DO CÓDIGO DE PROCESSO CIVIL DE 2015. CABIMENTO. I – Consoante o decidido pelo Plenário desta Corte na sessão realizada em 09.03.2016, o regime recursal será determinado pela data da publicação do provimento jurisdicional impugnado. In casu, aplica-se o Código de Processo Civil de 2015. II – **A Lei n. 10.259/01, que instituiu os Juizados Cíveis e Criminais no âmbito da Justiça Federal, estabeleceu que a competência desses Juizados tem natureza absoluta** e que, em matéria cível obedece como regra geral a do valor da causa. III – O acórdão recorrido adotou entendimento consolidado nesta Corte, segundo o qual a mencionada regra poderá ser afastada, com base no art. 3º, § 1º, III, da Lei n. 10.259/01, desde que a pretensão inicial vise diretamente à anulação do ato administrativo, o que não é a hipótese dos autos, já que eventual invalidação ocorrerá de maneira reflexa. IV – Não apresentação de argumentos suficientes para desconstituir a decisão recorrida. V – Em regra, descabe a imposição da multa prevista no art. 1.021, § 4º, do Código de Processo Civil de 2015 em razão do mero improvimento do Agravo Interno em votação unânime, sendo necessária a configuração da manifesta inadmissibilidade ou improcedência do recurso a autorizar sua aplicação. VI – Considera-se manifestamente improcedente e enseja a aplicação da multa prevista no art. 1.021, § 4º, do Código de Processo Civil de 2015 nos casos em que o Agravo Interno foi interposto contra decisão fundamentada em precedente da 1ª Seção. VII – Agravo Interno improvido, com aplicação de multa de 1% (um por cento) sobre o valor atualizado da causa. (STJ – AgInt no REsp 1695271/SP, Rel. Ministra REGINA HELENA COSTA, PRIMEIRA TURMA, julgado em 12/12/2017, DJe 15/12/2017).

13.2. Posição contrária. Competência relativa

Existe grande parte da doutrina que defende o entendimento de que a competência do Juizado Especial é relativa. Tal entendimento vem baseado na previsão de exceções da própria Lei 9.099/95. Portanto, para tal parte da doutrina, se há exceções (e passíveis de análise de entendimento em caso concreto, como a questão da complexidade do tema tratado no processo), não se poderia falar em competência absoluta. Houve entendimentos do STJ que comungaram desta posição (STJ – RHC 16.435/BA – 6ª Turma – Relator Ministro Hamilton Carvalhido – DJE 31/3/2008), mas a tendência atual do STJ é que a competência seja absoluta.

13.3. Nossa posição

Embora exista competência trazida de mandamento constitucional (art. 98, I da Constituição Federal), a competência é relativa. Isto porque se há espaço para a alteração de acordo com o entendimento do caso concreto diante de sua complexidade, não se pode firmar a posição de que caberia a nulidade. A complexidade do caso pode ser verificada por um juízo e não por outro, dependendo assim de um grau de subjetividade bastante acentuado. Firmar posicionamento no sentido de que a nulidade é absoluta, traz um grau de incerteza extremamente exacerbado para tais situações, inclusive em grau recursal. No mais, ainda que não estejamos em situação de complexidade do caso concreto e o rito adotado, tão como o Juízo processado sejam os comuns, respeitando-se a condição as previsões de benefícios da composição civil, transação penal e suspensão condicional do processo, descaberia se falar em nulidade processual pela adoção de rito mais amplo, onde se garantiria todos o direito da ampla defesa do réu. O ponto crucial é não alijar o réu da oferta dos benefícios previstos pela Lei 9.099/95. Sendo estes respeitados, a mera alternância de Juízo ou rito, não poderia gerar a nulidade processual, caso não demonstrado prejuízo concreto ao réu.

13.4. STJ

Contrariando seu próprio entendimento colocado anteriormente no sentido de que a competência do Juizado Especial Criminal seria absoluta, o STJ tem entendido como necessária a comprovação de que há prejuízo na não adoção do rito sumaríssimo, para que seja decretada a nulidade processual.

FIQUE POR DENTRO:

PENAL E PROCESSO PENAL. AGRAVO REGIMENTAL NO RECURSO EM HABEAS CORPUS. INEXISTÊNCIA DE ARGUMENTOS HÁBEIS A DESCONSTITUIR A DECISÃO IMPUGNADA. RECEBIMENTO DA DENÚNCIA ANTES DA INTIMAÇÃO DO RÉU, EM INVERSÃO DA REGRA CONTIDA NO ART. 81 DA LEI N. 9.099/95. ADOÇÃO RITO PROCESSUAL ORDINÁRIO. NULIDADE. NÃO OCORRÊNCIA. MOTIVAÇÃO IDÔNEA. PECULIARIDADES DO CASO CONCRETO. AUSÊNCIA DE DEMONSTRAÇÃO DE PREJUÍZO À DEFESA. PRINCÍPIO DA PAS DE NULLITÉ SANS GRIEF. AGRAVO REGIMENTAL DESPROVIDO. 1. Não obstante os esforços do agravante, a decisão deve ser mantida por seus próprios fundamentos. 2. No caso, a Magistrada de origem afirmou a impossibilidade da adoção do rito de que

FIQUE POR DENTRO: *cuida a Lei n. 9.099/95 – que permite a transação penal ou a suspensão condicional do processo -, sob o fundamento de que o acusado respondia a duas outras ações penais na Justiça Federal. Nesse contexto, manifesta, portanto, a competência da Justiça comum ordinária. Ademais, a adoção do procedimento comum ordinário, em hipótese em que o delito em apuração se revela de menor potencial ofensivo e, por tal razão, estaria sujeito ao processamento nos moldes da lei especial – Lei n. 9.099/95, não configura, por si só, nulidade processual, exceto se devidamente demonstrado efetivo prejuízo à defesa, o que não ocorreu na espécie. Na forma do artigo 563 do Código de Processo Penal – CPP, "nenhum ato será declarado nulo, se da nulidade não resultar prejuízo para a acusação ou para a defesa". Trata-se da consagração, na esfera processual penal, do brocardo jurídico pas de nullité sans grief. Agravo regimental desprovido. (STJ – AgRg no RHC 67.727/PE, Rel. Ministro JOEL ILAN PACIORNIK, QUINTA TURMA, julgado em 12/06/2018, DJe 25/06/2018).*

14. REGRAS DE CONEXÃO E CONTINÊNCIA

A Lei 11.313/06, nas profícuas alterações que realizou na Lei 9.099/95, inseriu no art. 60 a expressão *"respeitadas as regras de conexão e continência"*. Esta inserção significa que existindo conexão ou continência de infrações, a competência será determinada pelas regras previstas no Código de Processo Penal.

14.1. Competência por CONEXÃO

Segundo o art. 76 do Código de Processo Penal a competência será determinada por conexão se:

- ocorrendo duas ou mais infrações houverem sido praticadas:
  - a) ao mesmo tempo, por várias pessoas reunidas;
  - b) por várias pessoas em concurso, embora diverso o tempo e o lugar;
  - c) por várias pessoas, umas contra as outras;
- se, no mesmo caso:
  - a) houverem sido umas praticadas para facilitar ou ocultar as outras;
  - b) para conseguir impunidade ou vantagem em relação a qualquer delas;
- quando a prova de uma infração ou de qualquer de suas circunstâncias elementares influir na prova de outra infração.

14.2. Competência por CONTINÊNCIA

Segundo o art. 77 do Código de Processo Penal a competência se estabelece por continência nas seguintes ocasiões:

a) Duas ou mais pessoas acusadas pela mesma infração;

b) No caso de infração cometida em concurso formal;

c) No caso de infração cometida por erro de execução;

d) No caso de infração cometia que tenha resultado diverso do pretendido;

14.3. Regras para a determinação de competência por conexão ou continência (art. 78 do Código de Processo Penal)

a) no concurso entre a competência do júri e a de outro órgão da jurisdição comum, prevalecerá a competência do júri;

b) no concurso de jurisdições da mesma categoria:

I. preponderará a do lugar da infração, à qual for cominada a pena mais grave;

II. prevalecerá a do lugar em que houver ocorrido o maior número de infrações, se as respectivas penas forem de igual gravidade;

III. firmar-se-á a competência pela prevenção, nos outros casos.

14.4. Exceções

A conexão e a continência importarão unidade de processo e julgamento, salvo (art. 79): a) no concurso entre a jurisdição comum e a militar; b) no concurso entre a jurisdição comum e a do juízo de menores (atual Juízo da Infância e Adolescentes – Lei 8.069/90).

14.5. Transação penal e Composição Civil em casos de conexão ou continência de processos

Na reunião de processos, perante o juízo comum ou o tribunal do júri, decorrentes da aplicação das regras de conexão e continência, observar-se-ão os institutos da transação penal e da composição dos danos civis. Assim o sendo, mesmo que sejam conexos os processos, fazendo jus o réu ao benefício da transação penal está deverá ser ofertada no processo que caberia a competência do Juizado Especial Criminal, previamente a conexão. Já a composição civil deverá obrigatoriamente de ser ofertada para o processo que caberia a competência do Juizado Especial Criminal, sob pena de nulidade.

FIQUE POR DENTRO:

"Tratando-se de causa complexa, que dependeu de vultoso inquérito policial, e configurada a conexão entre os delitos praticados pelos denunciados, com diversidade de ritos e Juízos para os processamento e julgamento dos capitulados na denúncia, a ação penal deve ser processada na Justiça Federal Comum respeitadas, todavia, as regras de conexão e continência. A transação é instituto despenalizador, pré-processual, que deve ser ofertada pelo Ministério Público antes mesmo do início da ação penal, durante a audiência prévia de conciliação. O recebimento da peça inicial acusatória pela Corte de origem deveria ter observado o rito procedimental previsto na referida legislação e possibilitado ao Ministério Público opinar quanto à possibilidade ou não de oferecimento do benefício da transação penal ao paciente. 5. Deve ser cassada a denúncia oferecida em desfavor do paciente, para possibilitar-lhe a realização de proposta de transação penal, surgindo, nesse novo contexto, a possibilidade de ocorrência de prescrição no caso concreto". (STJ – 5 ª Turma – HC 201310 / SP Ministro ADILSON VIEIRA MACABU – dj. 19.06.2012 e dje 29.06.2012).

15. INFRAÇÃO PENAL DE MENOR POTENCIAL OFENSIVO

Consideram-se infrações penais de menor potencial ofensivo, para os efeitos desta Lei, as contravenções penais e os crimes a que a lei comine pena máxima não superior a 2 (dois) anos, cumulada ou não com multa (art. 61 da Lei 9.099/95).

15.1. Contravenções penais

Entende a doutrina que TODAS as contravenções penais, independentemente da quantidade da pena que lhe for cominada em seu preceito secundário, será considerada infração de menor potencial ofensivo, diante de sua natureza menos lesiva e da forma de previsão da letra do art. 61. (GRINOVER, 1996, p. 66)

15.2. Crimes de trânsito (art. 303 – lesão corporal culposa)

A Lei 9.503/97 determina que "Aplica-se aos crimes de trânsito de lesão corporal culposa o disposto nos arts. 74, 76 e 88 da Lei 9.099, de 26 de setembro de 1995, exceto se o agente estiver: a) sob a influência de álcool ou qualquer outra substância psicoativa que determine dependência; b) participando, em via pública, de corrida, disputa ou competição automobilística, de exibição ou demonstração de perícia em manobra de veículo automotor, não autorizada pela autoridade competente; c) transitando em velocidade superior à máxima permitida para a via em 50 km/h (cinquenta quilômetros por hora).

15.3. Crimes do Estatuto do Idoso

A Aplicação diferenciada da Lei 9.099/95 para os crimes do Estatuto do Idoso prevista INICIALMENTE (modificada por ADIN 3096-5): De uma maneira até contraditória, visto a maior vulnerabilidade da vítima (idoso), a Lei 10.741 inovou e admitiu a aplicação da Lei 9.099/95 e seus benefícios para os crimes nela previstos cuja pena máxima nela prevista não ultrapasse a 4 anos. Diz o art. 94 da lei que *"Aos crimes previstos nesta Lei, cuja pena máxima privativa de liberdade não ultrapasse 4 (quatro) anos, aplica-se o procedimento previsto na Lei 9.099, de 26 de setembro de 1995, e, subsidiariamente, no que couber, as disposições do Código Penal e do Código de Processo Penal"*.

B A ação direta de inconstitucionalidade para o art. 94 do Estatuto do Idoso e a NÃO APLICAÇÃO DOS BENEFÍCIOS DO ART. 76 e 89 da Lei 9.099/95 para os crimes com pena até 4 anos: Diante da incongruência citada acima, onde se beneficiaria de forma diferenciada autores de crimes contra idosos em detrimento de crimes comuns, de conformidade com as previstos do art. 94 da Lei 10.741 e 61 da Lei 9.099/95, a Procuradoria Geral da República propôs em 19 de dezembro de 2003 a Ação direta de Inconstitucionalidade 3.096-5, junto ao Supremo Tribunal Federal, tendo como relatora a Ministra Carmen Lúcia. A ação, que detinha além do art. 94 outro dispositivo legal questionado, julgou inconstitucional a diferenciação feita pelo Estatuto do idoso, determinando que a interpretação do art. 94 da Lei 10.741 excluísse a aplicação dos arts. 76 (benefício da transação penal) e 89 (benefício da suspensão condicional do processo). Dispõe a ementa da decisão do STF que: *"AÇÃO DIRETA DE INCONSTITUCIONALIDADE. ARTIGOS 39 E 94 DA LEI 10.741/2003 (ESTATUTO DO IDOSO). RESTRIÇÃO À GRATUIDADE DO TRANSPORTE COLETIVO. SERVIÇOS DE TRANSPORTE SELETIVOS E ESPECIAIS. APLICABILIDADE DOS PROCEDIMENTOS PREVISTOS NA LEI 9.099/1995 AOS CRIMES COMETIDOS CONTRA IDOSOS. 1. No julgamento da Ação Direta de Inconstitucionalidade 3.768/DF, o Supremo Tribunal Federal julgou constitucional o art. 39 da Lei 10.741/2003. Não conhecimento da ação direta de inconstitucionalidade nessa parte. 2. Art. 94 da Lei nº 10.741/2003: interpretação conforme à Constituição do Brasil, com redução de texto, para suprimir a expressão "do Código Penal e". Aplicação apenas do procedimento sumaríssimo previsto na Lei nº 9.099/95: benefício do idoso com a celeridade processual. Impossibilidade de aplicação de quaisquer medidas despenalizadoras e de interpretação benéfica ao autor do crime. 3. Ação direta de inconstitucionalidade julgada parcialmente procedente para dar interpretação conforme à Constituição do Brasil, com redução de texto, ao art. 94 da Lei nº 10.741/2003"* (Acórdão j. 16.6.2010 e dj de 3.9.2010).

C Conclusão após a ADIN 3096-5: Assim sendo, o art. 94 da Lei 10.741/03 detém a seguinte leitura: a Lei 9.099/95 aplica-se para os crimes da Lei 10.741/03 excetuando os benefícios da transação penal (art. 76 da Lei 9.099/95) e da suspensão condicional do processo (art. 89 da Lei 9.099/95). Os procedimentos para o processamento de crimes contra os idosos, portanto, são do Juizado Especial Criminal.

15.4. Crimes de pena de multa alternativa

Ainda que parte da doutrina entenda como possível a aplicação das regras da Lei 9.099/95 nos casos de crimes que detenham a pena abstrata maior de 2 anos, mas que tenham a pena de multa como pena ALTERNATIVA, o STJ entendeu de forma contrária: *"Incabível o oferecimento do benefício da transação penal, previsto na Lei nº 9.099/95, ao denunciado por delito cuja pena máxima é superior a dois anos, independente da previsão de pena alternativa de multa"* (STJ – 5ª Turma, AgRg no Resp 1265395 – Ministra Laurita Vaz, dj. 18.3.2014 e dje 28.3.2014).

15.5. Crime de porte de droga

Conforme jurisprudência sedimentada nos Tribunais Superiores, o porte de droga (art. 28 da Lei 11.343/06) mantém-se como crime, tendo sofrido mera despenalização. Neste sentido: *"Com o advento da nova Lei de Drogas, não houve descriminalização da conduta de porte de substância entorpecente para consumo pessoal, mas mera despenalização. Precedentes do STF e deste Superior Tribunal"* (STJ – 5ª Turma, HC 163287/SP – Relator Ministro Jorge Mussi – dj. 14.6.2011 e dje 28.6.2011). Assim o sendo, a competência para seu processamento é do Juizado Especial Criminal, por se tratar de infração de menor potencial ofensivo. Também assim decidiu o STJ: *"CONFLITO NEGATIVO DE COMPETÊNCIA. PORTE DE SUBSTÂNCIA ENTORPECENTE PARA USO PRÓPRIO. INFRAÇÃO PENAL DE MENOR POTENCIAL OFENSIVO, DE ACORDO COM A LEI nº 10.259/01. COMPETÊNCIA RATIONE MATERIAE. VARA ESPECIALIZADA. JUSTIÇA COMUM. COMPETÊNCIA DOS JUIZADOS ESPECIAIS CRIMINAIS. Tratando-se de infração penal de menor potencial ofensivo e pertencendo a Vara especializada à Justiça Comum, é do Juizado Especial Criminal a competência para o processamento e julgamento de feito, sob pena de nulidade. 2. Conflito conhecido para declarar competente o Juízo de Direito do Nono Juizado Especial Cível e Criminal de Maceió/AL, o suscitante"* (STJ – CC – 3ª Seção – 88787 – Relator Ministra Maria Thereza de Assis Moura, dj. 14.5.2008, dje 27.5.2008).

MUITA ATENÇÃO!

- **Tese do STJ:** *"O crime de uso de entorpecente para consumo próprio, previsto no artigo 28 da Lei 11.343/06, é de menor potencial ofensivo, o que determina a competência do juizado especial estadual, já que ele não está previsto em tratado internacional e o artigo 70 da Lei 11.343/06 não o inclui dentre os que devem ser julgados pela justiça federal".*
- **Tese do STJ:** *"A conduta prevista no artigo 28 da Lei 11.343/06 admite tanto a transação penal quanto a suspensão condicional do processo".*

15.6. Concurso de Crimes

Para a fixação da competência do Juizado Especial Criminal em casos de concursos de crimes, somar-se-á a pena máxima em abstrato de todos os crimes, fixando-se a competência de acordo com a pena máxima oriunda desta soma. A regra deve ser estabelecida para todos os tipos de concursos de crimes (material, formal e continuado). Assim se, por exemplo, tem-se o concurso de crimes entre o art. 329 do Código Penal com o art. 331 do mesmo diploma, ambos que separadamente detêm penas abstratas inferiores ou igual a 2 anos de detenção, a competência será fixada ao Juízo Comum (Ordinário) e não ao Juizado Especial Criminal. Neste sentido o

STJ: *"Na linha da jurisprudência desta eg. Corte, tratando-se de concurso de crimes, a pena considerada para fins de fixação da competência do Juizado Especial Criminal será o resultado da soma, em concurso material, ou a exasperação, na hipótese de concurso formal ou crime continuado, das penas máximas cominadas aos delitos, caso em que, ultrapassado o patamar de 2 (dois) anos, afasta-se a competência do Juizado Especial. (Precedentes)"* (STJ – 5ª Turma – RHC 35440/SC – Relator Ministro Félix Fischer – dj. 16.12.2014 e dje 2.2.2015).

MUITA ATENÇÃO!

- **Súmula 82 do Tribunal de Justiça de São Paulo:** *"Compete ao Juízo Criminal Comum processar e julgar ação na qual se imputam ao réu crimes cuja soma das penas máximas ultrapassa o limite de 02 (dois) anos previsto no art. 61 da Lei 9.099/95".*
- **Teses do STJ:** Segundo tese divulgada pelo STJ *"Na hipótese de apuração de delitos de menor potencial ofensivo, deve-se considerar a soma das penas máximas em abstrato em concurso material, ou, ainda, a devida exasperação, no caso de crime continuado ou de concurso formal, e ao se verificar que o resultado da adição é superior a dois anos, afasta-se a competência do Juizado Especial Criminal".*

15.7. Crimes de Violência Doméstica e Familiar contra a Mulher

Determinar o art. 41 da Lei 11.343/06 que *"Aos crimes praticados com violência doméstica e familiar contra a mulher, independentemente da pena prevista, não se aplica a Lei nº 9.099, de 26 de setembro de 1995"*.

16. COMPETÊNCIA PARA A EXECUÇÃO DE PENA PELO JUIZADO ESPECIAL CRIMINAL

Tem se entendido que cabe ao Juizado Especial Criminal a execução da pena restritiva de direitos ou de multa, e não a privativa de liberdade. Esta competência lhe cabe, ainda que o réu esteja preso por outro processo no juízo comum. Neste sentido a Súmula 81 do Tribunal de Justiça de São Paulo: *"Compete ao Juízo do Juizado Especial Criminal executar seus julgados apenas quando a pena aplicada é de multa ou restritiva de direitos, sendo irrelevante o fato de o réu estar preso em razão de outro processo"*.

17. OBJETIVOS PRINCIPAIS DO JUIZADO ESPECIAL CRIMINAL (SEMPRE QUE POSSÍVEL)

a) Reparação dos danos sofridos pela vítima;

b) Aplicação da pena não privativa de liberdade.

18. COMPETÊNCIA TERRITORIAL (ART. 63 DA LEI 9.099/95)

"A competência do Juizado será determinada pelo lugar em que foi praticada a infração penal".

19. INOVAÇÃO EM RELAÇÃO AO CÓDIGO DE PROCESSO PENAL

O Código Penal adota como regra para a fixação da competência territorial a determinação trazida em seu art. 70 segundo qual *"a competência será, de regra, determinada pelo lugar em que se consumar a infração, ou, no caso de tentativa, pelo lugar em que for praticado o último ato de execução"*. Já a Lei 9.099/95 altera esta regra e determina que *"A competência do Juizado será determinada pelo lugar em que foi praticada a infração penal"*.

20. TEORIAS PARA A FIXAÇÃO DE COMPETÊNCIA

a) **Teoria da Atividade:** a competência é fixada pelo local onde deu-se a ação ou omissão tida como típica;

b) **Teoria do Resultado:** a competência é fixada pelo local onde deu-se o resultado da ação típica (é a teoria adotada pelo CPP);

c) **Teoria mista ou da Ubiquidade:** tanto pode ser o lugar do crime onde se deu a ação ou omissão como o local onde se deu o resultado.

? **QUESTÃO:** Qual a teoria adotada pela Lei 9.099/95?

➥ **RESPOSTA:** ***1ª posição:*** *para GRINOVER, et al, a teoria adotada pela Lei 9.099/95 é a teoria da atividade. A competência territorial (de foro) "será estabelecida pelo lugar em que for praticada a infração penal, ou seja, onde esgotados todos os meios ao alcance do autor, independentemente do lugar onde venha a ocorre o resultado". Assim, é o local da omissão ou da ação que estabelece a competência territorial. (GRINOVER, 1996, p. 74) É também a posição de DELMANTO.*

2º posição: *para NUCCI a Lei 9.099/95 trouxe uma redação "ambígua" no art. 63. Entende que o termo utilizado para ação ou omissão "praticada" não lhes dá referência, podendo se referir ao local da ação ou omissão ou ainda ao local do resultado. Assim, reputa que como não houve a opção por parte do legislador, a teoria adotada é a teoria mista, podendo ser fixada a competência tanto em razão da atividade quanto em razão do resultado. (NUCCI, p. 370-371) É também a posição de MIRABETE.*

21. PUBLICIDADE

O art. 64 da Lei 9.099/95 determina que "*Os atos processuais serão públicos e poderão realizar-se em horário noturno e em qualquer dia da semana, conforme dispuserem as normas de organização judiciária*".

22. FUNDAMENTOS CONSTITUCIONAIS

Dois são os fundamentos constitucionais do art. 64 da Lei 9.099/95:

a) **Art. 5º, LX:** *"a lei só poderá restringir a publicidade dos atos processuais quando a defesa da intimidade ou o interesse social o exigirem";*

b) **Art. 93, IX:** "todos os julgamentos dos órgãos do Poder Judiciário serão públicos, e fundamentadas todas as decisões, sob pena de nulidade, podendo a lei limitar a presença, em determinados atos, às próprias partes e a seus advogados, ou somente a estes, em casos nos quais a preservação do direito à intimidade do interessado no sigilo não prejudique o interesse público à informação".

23. NULIDADES NO JUIZADO ESPECIAL CRIMINAL

O art. 65 da Lei 9.099/95 determina que: *"Os atos processuais serão válidos sempre que preencherem as finalidades para as quais foram realizados, atendidos os critérios indicados no art. 62 desta Lei. § 1º Não se pronunciará qualquer nulidade sem que tenha havido prejuízo".*

A **Repete-se regra básica do CPP:** A ausência de decretação de nulidade nos casos de inexistência de prejuízo é regra básica processual penal e vem estampada no art. 563 do CPP:

"Nenhum ato será declarado nulo, se da nulidade não resultar prejuízo para a acusação ou para a defesa". No juizado especial criminal, onde um dos princípios é a informalidade, a regra ganha ainda mais corpo.

24. PRINCÍPIOS QUE EMBASAM O ART. 65 DA LEI 9.099/95

a) **Princípio da finalidade:** se o ato processual for praticado de outra forma que não a legalmente prevista, mas atingir seu fim, não se decretará sua nulidade. É o que vem disposto no art. 572, II CPP ao colocar que as nulidades serão sanadas *"se, praticado por outra forma, o ato tiver atingido o seu fim"*;

b) **Princípio do prejuízo:** se embora visível a falha do ato processual, este não causar prejuízo à parte, não será decretada sua nulidade (art. 563 do CPP). Os casos de nulidade absoluta, prescindem de comprovação, visto que existe presunção do prejuízo sofrido a uma das partes ou à Justiça.

25. ADOÇÃO DE RITO DIVERSO DO PREVISTO NA LEI 9.099/95. NULIDADE RELATIVA. NECESSIDADE DE COMPROVAÇÃO DE PREJUÍZO

O STJ tem firmado posicionamento no sentido de que a adoção de rito diferenciado do sumaríssimo estabelecido pela Lei 9.099/95 (caso típico da adoção de ritos especiais, como o da Lei 11.343/06, por exemplo) não gera nulidade absoluta, cabendo a parte que se julga prejudicada a comprovação do prejuízo.

FIQUE POR DENTRO:

"Tratando-se de writ impetrado antes da alteração do entendimento jurisprudencial, o alegado constrangimento ilegal será enfrentado para que se analise a possibilidade de eventual concessão de habeas corpus de ofício. PORTE ILEGAL DE DROGA PARA CONSUMO PRÓPRIO (ARTIGO 28 DA LEI 11.343/2006). ALEGADA INOBSERVÂNCIA DO RITO PREVISTO NO ARTIGO 81 DA LEI 9.099/1995). INTERROGATÓRIO DO ACUSADO NO INÍCIO DA AUDIÊNCIA. NOVA INQUIRIÇÃO APÓS A OITIVA DA TESTEMUNHA. PREJUÍZO NÃO DEMONSTRADO. MÁCULA NÃO CARACTERIZADA. 1. Conquanto o princípio do devido processo legal compreenda a garantia ao procedimento tipificado em lei, não se admitindo a inversão da ordem processual ou a adoção de um rito por outro, não se pode olvidar que as regras procedimentais não possuem vida própria, servindo ao regular desenvolvimento do processo, possibilitando a aplicação do direito ao caso concreto. 2. Assim, a eventual inversão de algum ato processual ou a adoção do procedimento ordinário em detrimento de rito especial só podem conduzir à nulidade do processo se houver prejuízo às partes. 3. Na hipótese vertente, muito embora o artigo 81 da Lei 9.099/1995 preveja que o acusado será interrogado apenas após a inquirição da vítima e das testemunhas de acusação e defesa, o certo é que, apesar de ter sido ouvido logo no início da audiência de instrução, o paciente foi reinterrogado ao término do referido ato, quando reiterou os termos do depoimento inicialmente prestado, o que afasta o prejuízo aventado pelo impetrante, até mesmo porque poderia ter permanecido em silêncio quando foram colhidas suas primeiras declarações. APONTADA VIOLAÇÃO AO ARTIGO 212 DO CÓDIGO DE PROCESSO PENAL. MAGISTRADA QUE TERIA INDUZIDO A RESPOSTA DA TESTEMUNHA. AUSÊNCIA DE ARGUIÇÃO OPORTUNA. PRECLUSÃO. 1. Nos termos do artigo 571, inciso VIII, do Código de Processo Penal, as nulidades ocorridas em audiência deverão ser argüidas assim que ocorrerem" (STJ – 5ª Turma – HC 243681/SP – Relator JORGE MUSSI – dj. 19.11.2013 e dje 5.12.2013).

26. PRÁTICA DE ATOS PROCESSUAIS EM COMARCAS DIVERSAS

A Lei 9.099/95 reporta que *"A prática de atos processuais em outras comarcas poderá ser solicitada por qualquer meio hábil de comunicação"*.

26.1. Carta precatória

A carta precatória pode ser utilizada no Juizado Especial Criminal, mas não é necessariamente o meio necessário para que atos sejam praticados em comarcas distintas, podendo assim ser suprida por qualquer meio de comunicação, como um mero telefonema, por exemplo.

26.2. Citação em comarca diversa

A citação deve ser um ato pessoal, como determina o art. 66 da Lei 9.099/95, mesmo sendo em comarca diversa.

27. ATOS NECESSARIAMENTE ESCRITOS

Como o Juizado Especial Criminal prima pelo princípio da oralidade, os atos escritos são exceção. Serão assim reduzidos a atos escritos "exclusivamente os atos havidos por essenciais" (art. 65, § 3º da Lei 9.099/95).

28. GRAVAÇÃO EM FITA MAGNÉTICA

Os atos processuais em audiência de instrução e julgamento poderão ser gravados em fita magnética ou equivalente. Esta norma criada pela Lei 9.099/95, acabou por alterar o CPP que passou a admiti-la expressamente em seu art. 405, § 1º:

Art. 405, § 1º do CPP: "Do ocorrido em audiência será lavrado termo em livro próprio, assinado pelo juiz e pelas partes, contendo breve resumo dos fatos relevantes nela ocorridos" (Redação dada pela Lei nº 11.719, de 2008).

29. CITAÇÃO (ART. 66 DA LEI 9.099/95)

"A citação será pessoal e far-se-á no próprio Juizado, sempre que possível, ou por mandado".

A **Citação pessoal obrigatória:** O Juizado Especial criminal não admite qualquer forma de citação ficta. Ela deve ser pessoal, sob pena de ser considerada *querela nullitatis insanabilis.*

B **Citação do réu em comarca diversa:** Não se aplica com relação à citação à informalidade para a prática de atos processuais previstas no art. 65, no tocante à possibilidade de ser feita por qualquer meio hábil. A citação deve ser feita pessoalmente, embora não necessariamente através de carta precatória. Exemplo: o réu poderá ser citado no próprio cartório do Juizado Especial Criminal em eventual comparecimento, certificando o serventuário e remetendo tal certidão ao juízo onde o processo corre.

C **Citação por hora certa. Possibilidade. Alteração posicionamento jurisprudência:** O STJ detinha posicionamento anterior no sentido da impossibilidade da citação por hora certa no Juizado Especial Criminal. No entanto, o STF, em agosto de 2016, alterou tal posicionamento e decidiu ser constitucional a citação por hora certa no juizado especial criminal, dando Repercussão Geral a tal julgamento (Tema 613). Trouxe a ementa que: *"CITAÇÃO POR HORA CERTA – ARTIGO 362 DO CÓDIGO DE PROCESSO PENAL – CONSTITUCIONALIDADE DECLARADA NA ORIGEM – RECURSO EXTRAORDINÁRIO – REPERCUSSÃO GERAL*

CONFIGURADA. Possui repercussão geral a controvérsia acerca da constitucionalidade, ou não, da citação por hora certa, prevista no artigo 362 do Código de Processo Penal" (STF – Tribunal Pleno – RE 635.145 RG/RS – Relator Ministro Marco Aurélio – DJ 8.11.2012 e DJE 27.2.2013).

D Citação por mandado e citação pessoal: A citação por mandado é também uma forma de citação pessoal, visto que feita por Oficial de Justiça. Outra foram de citação pessoal é a feita diretamente em cartório do Juizado Especial Criminal com o comparecimento do réu.

E Réu não encontrado para a citação: *"Não encontrado o acusado para ser citado, o Juiz encaminhará as peças existentes ao Juízo comum para adoção do procedimento previsto em lei"* (art. 66, parágrafo único da Lei 9.099/95).

F Citação por edital: O Juizado Especial Criminal assim não admite a citação por edital. Caso o réu não for encontrado, os autos deverão ser remetidos ao Juízo Comum para que naquele Juízo seja procedida a citação editalícia.

G Necessidade de serem esgotados todos os meios de localização do réu: A remessa dos autos ao Juízo Comum (Ordinário) apenas ocorrerá quando forem esgotados todos os meios hábeis para a localização do réu. Antes disso, devem os autos permanecer em Juizado Especial Criminal na tentativa de localização do processado.

FIQUE POR DENTRO:

Posição do STJ: Neste sentido o STJ: *"A citação por edital somente deve ser efetuada quando esgotados todos os meios disponíveis para se encontrar pessoalmente o réu. 2. O tema ganha relevo quando se trata de crime de menor potencial ofensivo, mormente porque o rito sumaríssimo não comporta a chamada citação ficta, a qual, afigurando-se necessária, importa na declinação da competência do Juizado Especial Criminal para a Justiça comum, nos termos do parágrafo único do art. 66 da Lei nº 9.099/95".* (STJ – 5ª Turma – HC 224343/MS – Relator Ministro Jorge Mussi – dj. 25.9.2012 e dje 9.10.2012. RSTJ 228/659).

MUITA ATENÇÃO!

Súmula 80 do TJ/SP: *"Não se viabiliza o deslocamento da competência do Juizado Especial Criminal para o Juízo Comum, enquanto não esgotada a jurisdição do primeiro, oferecida a denúncia e frustrada a tentativa de citação pessoal (Lei nº 9.099/95, art. 66, parágrafo único)".*

H Localização do réu após o recebimento dos autos no Juízo Comum: Após terem sido esgotados todos os meios hábeis de localização do réu para a citação e ter sido o processo remetido ao Juízo Comum, não cabe sua devolução para o Juizado Especial Criminal no caso de eventual localização do réu posteriormente. Ocorre o que se conceituou chamar de *Perpetuatio jurisdictionis*, ou seja, a jurisdição corretamente transferida para outro juízo ali se perpetua, não cabendo a transferência, sob pena de ferir-se o princípio do juiz natural.

MUITA ATENÇÃO!

Súmula 79 do TJ/SP: *"Não se viabiliza o restabelecimento de competência justificadamente declinada pelo Juízo da Vara do Juizado Especial Criminal, à vista da não localização do réu (Lei nº 9.099/95, art. 66, parágrafo único), quando de sua superveniente localização, ante a caracterização da "perpetuatio jurisdictionis".*

30. INTIMAÇÃO (ART. 67 DA LEI 9.099/95)

"A intimação far-se-á por correspondência, com aviso de recebimento pessoal ou, tratando-se de pessoa jurídica ou firma individual, mediante entrega ao encarregado da recepção, que será obriga-

toriamente identificado, ou, sendo necessário, por oficial de justiça, independentemente de mandado ou carta precatória, ou ainda por qualquer meio idôneo de comunicação".

30.1. Intimação pessoa física

Pode ser feita por duas formas:

a) **Correspondência com aviso de recebimento:** deve ser tentada pelo princípio da celeridade, informalidade e economia processual a intimação primeiramente por correspondência, somente se legitimando a intimação por mandado em caso de frustração da primeira;

b) **Por mandado:** caso seja impossibilitada a intimação por correspondência. Exemplo: serviço postal tenta por mais de três vezes a entrega da correspondência, mas não localiza a pessoa a ser intimada, devolvendo a postagem.

30.2. Intimação pessoa jurídica

Pode ser feita de duas maneiras:

a) **Correspondência entregue ao encarregado na recepção:** a pessoa a quem se entrega a intimação deve ser identificada como empregado da empresa ou de empresa contratada pela pessoa jurídica a ser intimada.

b) **Por mandado:** deve ser tentada primeiramente a intimação por via postal, como no caso das pessoas físicas, e somente com o insucesso desta se buscada a intimação por mandado.

30.3. Intimação dos atos em audiência (art. 67, parágrafo único)

"*Dos atos praticados em audiência considerar-se-ão desde logo cientes as partes, os interessados e defensores*", o que se faz primando pelo princípio da celeridade.

30.4. Intimação de pessoa diversa daquela que deveria ser intimada e nulidade

A informalidade que preceitua a Lei 9.099/95 não significa descumprimento de regras. Quando a pessoa a ser intimada é diversa daquela que deveria ser, não há publicidade suficiente que garanta a ampla defesa do réu, seja ela em sua parte técnica ou pessoal, e por conseguinte, gera-se nulidade absoluta.

FIQUE POR DENTRO:

Posição do STJ: *"CRIMINAL. RHC. LEI Nº 9.099/95. INTIMAÇÃO VIA TELEFÔNICA. VALIDADE. INTIMAÇÃO NÃO PROCEDIDA COM AS CAUTELAS NECESSÁRIAS. PREJUÍZO. NULIDADE CONFIGURADA. RECURSO PROVIDO. I – Os procedimentos da Lei nº 9.099/95 são regidos pela informalidade, contemplando a intimação por "qualquer meio idôneo de intimação" – art. 67 da Lei nº 9.099/95, incluindo-se, aí, a intimação via telefônica. II – A par da informalidade, a intimação deve ser realizada com as cautelas necessárias à obtenção de sua finalidade. III – Evidenciada a ocorrência de prejuízo para a defesa, é de rigor a anulação da intimação realizada em pessoa diversa daquela que se pretendia intimar. IV – Recurso provido para declarar a nulidade do feito, a partir da audiência preliminar"* (STJ – 5ª Turma – RHC 11847/SP – Relator Ministro Gilson Dipp, dj. 26.2.2002 e dje 8.4.2002, LEXSTJ 156/276 e RSTJ 160/437).

30.5. Intimação por edital. Impossibilidade.

A Lei 9.099/95 proíbe a citação ficta. Tomando-se como parâmetro tal situação, fica impossibilitada ainda a intimação por via editalícia. Tem entendido a jurisprudência, porém, que não é legítima a remessa dos autos ao juízo comum para a intimação editalícia, devendo o feito aguardar em juízo especial criminal a localização do réu.

FIQUE POR DENTRO:

Posição do STJ: *"RESP – INTIMAÇÃO POR EDITAL – LEI 9.099/95 – IMPOSSIBILIDADE. – Esgotados os meios de procura pessoal do ofendido para o oferecimento da representação, nos moldes do preconizado nos arts. 88 e 91 da Lei 9.099/95, sobresta-se o feito, aguardando-se a prescrição da pretensão punitiva ou o seu eventual comparecimento, sendo inadmissível, nesses casos, a citação editalícia. – Recurso provido para que seja invalidada a citação por edital da vítima com a conseqüente nulidade da extinção da punibilidade pela decadência, devendo a ação penal nº 531/94 retornar à 1a. Vara da Circunscrição Judiciária da Ceilândia/DF e ali permanecer até a efetiva intimação da vítima ou o decurso do prazo prescricional"* (STJ – 5ª Turma – Recurso Especial 150811/DF – Ministro Jorge Scartezzini – dj. 14.9.1999 e dje 25.10.1999, p. 115).

30.6. Necessidade de comparecimento com advogado

Do ato de intimação do autor do fato e do mandado de citação do acusado, constará a necessidade de seu comparecimento acompanhado de advogado, com a advertência de que, na sua falta, ser-lhe-á designado defensor público (art. 68 da Lei 9.099/95).

DA FASE PRELIMINAR

1. LAVRATURA DO TERMO CIRCUNSTANCIADO

"A autoridade policial que tomar conhecimento da ocorrência lavrará termo circunstanciado e o encaminhará imediatamente ao Juizado, com o autor do fato e a vítima, providenciando-se as requisições dos exames periciais necessários" (art. 69 da Lei 9.099/95).

2. A EXPRESSÃO AUTORIDADE POLICIAL

Entende a doutrina que a expressão autoridade policial trazida no art. 69 não se refere apenas e tão somente à autoridade de Polícia Judiciária, mas também a qualquer autoridade policial admitida constitucionalmente.

2.1. Art. 6º do Decreto 10.073/2019

O art. 6º do Decreto 10.073/2019 da Presidência da República, dentro da interpretação doutrinária colocada no item 25, ratificou a competência ao Policial Rodoviário Federal na lavratura de Termos Circunstanciados. A Associação Nacional dos Delegados de Polícia Judiciária ajuizou no Supremo Tribunal Federal (STF) Ação Direta de Inconstitucionalidade (ADI 6264) contra o citado dispositivo normativo.

Para a entidade, a Associação Nacional dos Delegados de Polícia Judiciária a medida viola dois dispositivos do artigo 144 da Constituição Federal, uma vez que o parágrafo 4º, que atribui às polícias civis as funções de polícia judiciária e a apuração de infrações penais, e os incisos I e IV do parágrafo 1º, no trecho que prevê a competência da polícia judiciária e da polícia federal para a apuração de infrações penais. Argumenta a ANDPJ que a competência da Polícia

Rodoviária Federal diz respeito apenas ao serviço de patrulhamento ostensivo em ferrovias e rodovias federais.

Em âmbito estadual, a Polícia Militar já atuava para a lavratura de Termos Circunstanciados diretamente, em determinadas situações, mas há necessidade de se aguardar o julgamento da ADI que detém como relator o Ministro Luís Roberto Barroso.

2.2. IX Conclusão da Comissão Nacional da Escola Superior da Magistratura

Ainda sobre o tema a IX Conclusão da Comissão Nacional da Escola Superior da Magistratura deu-se no seguinte sentido: *"A expressão autoridade policial referida no art. 69 compreende todas as autoridades reconhecidas por lei, podendo a Secretaria do Juizado proceder à lavratura do termo de ocorrência e tomar as providências devidas no referido artigo".* (GRINOVER, 1996, p. 97)

3. DEFINIÇÃO DE TERMO CIRCUNSTANCIADO

Termo circunstanciado e a peça formalizada pela autoridade policial que noticia a prática de crime de menor potencial ofensivo que conterá dados de qualificação do autor, da vítima e das testemunhas, com indicações de suas versões, quando possível, informação sobre eventual perícia requisitada, além de detalhes indicativos do dia, hora, local e descrição da suposta infração penal cometida.

4. PROCEDIMENTO APÓS A LAVRATURA DO TERMO CIRCUNSTANCIADO

Assim que fora lavrado o termo circunstanciado, a autoridade policial que o fizer deverá encaminhá-lo, juntamente com as partes envolvidas, ao Juizado Especial Criminal. Nesse momento, se necessário, a autoridade requisitará os exames periciais.

5. INQUÉRITO POLICIAL E INFRAÇÃO DE MENOR POTENCIAL OFENSIVO

Diante da previsão legal do art. 69 da Lei 9.099/95 não é possível a realização da instauração de inquérito policial para a apuração de infração de menor potencial ofensivo, a não ser que ocorra uma complexidade de causa que necessite de maior poder investigatório. Neste caso, mostrar-se-ia possível a instauração de inquérito policial, salientando assim que se trata claramente de exceção à regra que é a instauração de termo circunstanciado.

FIQUE POR DENTRO:

Posição do STJ: "PROCESSUAL PENAL. HABEAS CORPUS. ART. 203 DO CP. TRANCAMENTO DE INQUÉRITO. FALTA DE JUSTA CAUSA. LEI 9.099/95. POSSIBILIDADE DE INSTAURAÇÃO DE INQUÉRITO POLICIAL. I – O trancamento de inquérito, conquanto possível, cabe apenas nas hipóteses excepcionais em que, 'prima facie', mostra-se evidente a atipicidade do fato ou a inexistência de autoria por parte do indiciado, não sendo cabível quando há apuração plausível de conduta que, em tese, constitui prática de crime, como ocorreu na espécie. II – Não obstante a regra de que nos feitos de competência dos juizados especiais criminais deva se proceder à lavratura do termo circunstanciado, a Lei 9.099/95, a teor do seu art. 77, § 2º, não veda a instauração do inquérito policial nas hipóteses em que a complexidade ou as circunstâncias do caso não permitam a formulação da denúncia. Ordem denegada" (STJ – 5ª Turma – HC 26988/SP – Relator Félix Fischer – dj. 21.8.2003 e dje 28.10.2003).

6. POSSIBILIDADE DE PEDIDOS DE DILIGÊNCIA DO MINISTÉRIO PÚBLICO EM TERMO CIRCUNSTANCIADO

Em tese, pela previsão trazida pelo art. 69, quando a autoridade policial encaminha as partes ao Juizado Criminal juntamente com a lavratura do termo circunstanciado, seria obrigatória a análise por parte do Ministério Público da possibilidade de oferecimento da transação penal, composição civil, arquivamento ou propositura da denúncia. No entanto, caso não esteja convencido o Ministério Público da configuração de delito e observe necessária a produção de prova menor, para a sequência do termo circunstanciado, nada impede que tal diligência seja solicitada para a autoridade policial, que não poderá se eximir de cumpri-la. Porém, se ao analisar o termo circunstanciado, observar o Ministério Público a existência de várias outras diligências pendentes para que seu convencimento seja formado, deverá remeter os autos ao Juízo Comum para a instauração de inquérito policial, ainda que o crime seja de menor potencial ofensivo, diante de sua complexidade.

FIQUE POR DENTRO:

Posição do STJ: "Se o termo circunstanciado não oferece elementos suficientes para o imediato oferecimento da denúncia, fazendo-se necessárias outras investigações e diligências, as peças deverão ser remetidas ao Juízo Criminal comum, na forma preconizada pelo art. 77, § 2º, da Lei 9.099/95. (...) O retorno dos autos à esfera policial, no caso de a complexidade do feito ensejar a remessa dos autos à Justiça Comum, é uma faculdade do Ministério Público, até porque este prescinde da instauração de inquérito para propor a ação penal" (STJ – 5ª Turma – RHC 17504/MT – Relator Ministro Gilson Dipp, dj 17.5.2005, dje 6.6.2005, p. 347).

7. INDICIAMENTO

Segundo o ensinamento de GRINOVER et al *"A lei, nos artigos que disciplinam os atos anteriores à instauração do processo, inclusive naqueles que cuidam da audiência preliminar, usa a denominação "autor do fato"*. Nota-se, primeiramente, que não falou em indiciado, nem em suspeito. Com isso, ficou afastado o indiciamento nas causas de competência do Juizado". (GRINOVER, 1996, p. 85)

O art. 69 da Lei 9.099/95 segue assim esta esteira. Não determina o indiciamento do autor do fato que é levado ao Juizado Criminal quando da lavratura do termo circunstanciado. Para DELMANTO, ainda que exista a remessa ao Juízo Comum para a apuração do caso, por sua complexidade, não seria cabível o indiciamento, visto a não previsão legal, podendo ser caracterizado como constrangimento ilegal. (DELMANTO, *et al.* ob. cit. p. 347)

FIQUE POR DENTRO:

Posição STJ: "HABEAS CORPUS. LEI nº 9.099/95, ART. 69. INDICIAMENTO POSTERIOR. PROPOSTA DE SUSPENSÃO JÁ ACEITA. CONSTRANGIMENTO. ORDEM CONCEDIDA. Pela ótica da Lei nº 9.099/95, art. 69, uma das características do procedimento dos crimes de menor potencial ofensivo, submetido à competência dos Juizados Especiais, é a desnecessidade do inquérito policial, significando dizer que o indiciamento do autor do fato não resulta em medida mais coerente, ainda mais quando já aceita proposta de suspensão condicional. Ordem concedida para desconstituir o indiciamento do Paciente" (STJ – 5ª Turma – HC 25557/SP – Relator Ministro José Arnaldo da Fonseca – dj 28.10.2003 e dje 24.11.2003).

8. DESNECESSIDADE DE PRISÃO EM FLAGRANTE E FIANÇA

"Ao autor do fato que, após a lavratura do termo, for imediatamente encaminhado ao juizado ou assumir o compromisso de a ele comparecer, não se imporá prisão em flagrante, nem se exigirá fiança" (art. 69, parágrafo único, 1ª parte da Lei 9.099/95).

9. IMPOSSIBILIDADE DE REALIZAÇÃO DE AUDIÊNCIA QUANDO DO ENCAMINHAMENTO AO JUIZADO ESPECIAL CRIMINAL

Caso inexista a possibilidade de realização imediata de audiência quando do encaminhamento das partes ao Juizado, o Juiz designará outra data, saindo todos do local intimados (fls. 70 da Lei 9.099/95).

10. CASO DE NÃO COMPARECIMENTO DE UM DOS ENVOLVIDOS APÓS ENCAMINHAMENTO PELA AUTORIDADE POLICIAL

Juiz redesignará a audiência e determinará sua intimação ou de seu responsável civil para tal ato (art. 71).

11. PESSOAS QUE DEVERÃO ESTAR PRESENTES EM UMA AUDIÊNCIA PRELIMINAR (ART. 72 DA LEI 9.099/95)

a) Magistrado;

b) Membro do Ministério Público;

c) Autor do fato;

d) Vítima (e responsável civil se o caso);

e) Advogados.

12. EXPLANAÇÃO INICIAL EM AUDIÊNCIA PRELIMINAR

No início de audiência o juiz explanará as possibilidades de composição civil e da aplicação imediata de pena não privativa de liberdade (art. 72, 2ª parte da Lei 9.099/95).

13. FASE PRÉ-PROCESSUAL

Como explanado pela própria lei, neste ponto ainda inexiste um processo instaurado. Trata-se de fase pré-processual, não existindo a denúncia.

14. PRESENÇA NÃO OBRIGATÓRIA

A presença das partes não é obrigatória na audiência preliminar.

15. AUSÊNCIA DO AUTOR DOS FATOS

Não comparecendo o autor dos fatos, subentende-se que este não detém interesse quer na composição civil, quer na transação penal, sendo que o próximo ato a ser praticado deve ser, em regra, a denúncia por parte do membro do Ministério Público. A ausência do autor do fato, porém, como coloca GRINOVER, poderá fazer com que perca os benefícios da inexigência de fiança ou da não decretação da prisão preventiva, caso estiverem presentes requisitos para tanto. Não haverá condução coercitiva. (GRINOVER, 1996, p. 107)

16. AUSÊNCIA DA VÍTIMA

Caso a vítima não comparecer, subentende-se que esta não detém interesse na composição civil. Não é cabível pois a condução coercitiva, como bem coloca NUCCI. (NUCCI, 2006, p. 381) Esta ausência não impede que a vítima venha a se compor com o denunciado já durante o processo.

17. AUDIÊNCIA DE CONCILIAÇÃO (ART. 73 DA LEI 9.099/95)

A conciliação será conduzida pelo Juiz ou por conciliador sob sua orientação.

18. CONCILIADORES (ART. 73, PARÁGRAFO ÚNICO DA LEI 9.099/95)

Os conciliadores são auxiliares da Justiça, recrutados, na forma da lei local, preferentemente entre bacharéis em Direito, excluídos os que exerçam funções na administração da Justiça Criminal.

19. FORMAS DE CONCILIAÇÃO

A conciliação poderá se dar:

a) com a oferta da transação penal;

b) com a composição civil entre as partes.

20. REGULAMENTAÇÃO DA AUDIÊNCIA DE CONCILIAÇÃO

A regulamentação da audiência de conciliação (se será presidida pelo juiz togado apenas ou por este e conciliadores, etc.) será feita pelas legislações de cada Estado da Federação, inclusive delegando-se tal função às normas do Tribunal de Justiça do ente federativo.

21. REQUISITOS E CARACTERÍSTICAS DA COMPOSIÇÃO CIVIL (ART. 74 DA LEI 9.099/95)

a) **Redução a termo escrito**: necessariamente será reduzia a termo escrito em audiência;

b) **Homologação judicial:** necessariamente será homologada pelo juiz togado;

c) **Será homologada por sentença:** o ato de homologação é a sentença que detém como característica ser IRRECORRÍVEL. São possíveis porém os Embargos Declaratórios da decisão. (GRINOVER, 1996, p. 119) Em sentido contrário: NUCCI. (NUCCI, 2006, pg. 514)

d) **Eficácia da sentença:** a sentença detém eficácia de título a ser executado no juízo CÍVEL competente e não no próprio Juizado Criminal.

22. EFEITO DA COMPOSIÇÃO CÍVEL PARA OS CRIMES DE AÇÃO PENAL PRIVADA OU DE AÇÃO PENAL PÚBLICA CONDICIONADA À REPRESENTAÇÃO (ART. 74, PARÁGRAFO ÚNICO DA LEI 9.099/95)

"Tratando-se de ação penal de iniciativa privada ou de ação penal pública condicionada à representação, o acordo homologado acarreta a renúncia ao direito de queixa ou representação". É a chamada RENÚNCIA TÁCITA.

23. EFEITO NA AÇÃO PENAL PÚBLICA INCONDICIONADA

A legislação não prevê esses efeitos. É possível se entender, nos casos cabíveis que possa surtir os efeitos do art. 16 do Código Penal (arrependimento posterior), mas isto após eventual condenação. Assim, ainda que ocorra a composição civil em casos de crimes de ação penal pública incondicionada, não se retira do Ministério Público a legitimidade de propositura da ação penal, ressalvando a possibilidade de oferta da transação penal, se cabível, por parte do Membro do Ministério Público.

24. CASO DE INEXISTÊNCIA DE COMPOSIÇÃO CIVIL (ART. 75 DA LEI 9.099/95)

"Não obtida a composição dos danos civis, será dada imediatamente ao ofendido a oportunidade de exercer o direito de representação verbal, que será reduzida a termo".

25. MOMENTO DA REPRESENTAÇÃO

Quando se fala em abertura imediata de oportunidade para que seja oferecida a representação no momento da audiência de conciliação, não quer se colocar que seja o último momento para que tal seja realizada. Apenas é oportunizada a possibilidade que poderá ou não ser exercida pela vítima naquele momento.

A Não oferecimento no momento: *"O não oferecimento da representação na audiência preliminar não implica decadência do direito, que poderá ser exercido no prazo previsto em lei" (art. 75, parágrafo único da Lei 9.099/95).*

B Prazo previsto em lei: De acordo com o que preveem os arts. 38 do CPP e 103 do CP, *"salvo disposição em contrário, o ofendido, ou seu representante legal, decairá no direito de queixa ou de representação, se não o exercer dentro do prazo de seis meses, contado do dia em que vier a saber quem é o autor do crime, ou, no caso do art. 29* – ação penal privada subsidiária – *do dia em que se esgotar o prazo para o oferecimento da denúncia".*

26. CASOS DE AÇÃO PENAL PRIVADA

Embora a lei fale apenas em situação de ação penal pública condicionada à representação, será facultada a vítima, através de seu advogado, a oferta da queixa crime assim que não existir a composição civil, ou caso não seja ali ofertada, manter-se-á o prazo decadencial na forma estabelecida pelo art. 38 do CPP e 103 do CP.

27. TRANSAÇÃO PENAL (ART. 76 DA LEI 9.099/95)

"Havendo representação ou tratando-se de crime de ação penal pública incondicionada, não sendo caso de arquivamento, o Ministério Público poderá propor a aplicação imediata de pena restritiva de direitos ou multas, a ser especificada na proposta".

28. PRESSUPOSTOS DENTRO DO TERMO CIRCUNSTANCIADO PARA A OFERTA DA TRANSAÇÃO PENAL PELO MINISTÉRIO PÚBLICO

a) ***Composição civil infrutífera*:** isso para os casos de ação penal pública condicionada a representação ou ação penal privada, visto que nos casos da ação penal pública incondicionada, como visto, não ocorrerá a perda do direito de propositura da denúncia pelo Ministério Público.

b) ***Existir a representação processual ou se tratar de ação penal pública incondicionada*:** no caso de crime afeto a ação penal pública condicionada a representação, entende-se assim que enquanto inexistir a representação, não é possível a propositura da transação penal

c) **Não for o caso de arquivamento:** caso for situação típica de arquivamento, o membro do Ministério público deverá promovê-lo e não levar a situação para a audiência preliminar visando a oferta de transação penal.

29. TRANSAÇÃO NOS CASOS DE AÇÕES PENAIS PRIVADAS

Embora a lei não preveja, seria absolutamente inconstitucional diferenciar-se um direito do acusado simplesmente pelo tipo de ação que lhe cabe ser processado. Assim é pacífica a posição na jurisprudência no sentido do cabimento da transação penal também para os crimes afetos a ação penal privada[1].

- **Posição do STJ:**

  a) **caso de expressa manifestação contrária do querelante:** *"Havendo manifestação contrária do querelante, em ação penal privada, de que não tem interesse na aplicação de qualquer instituto penal despenalizador, não são aplicáveis os institutos da transação penal e do sursis processual. – Recurso especial desprovido"* (STJ – 5ª Turma – REsp 1374213/MG – Ministro Campos Marques – dj 13.8.2013, dju 19.8.2013 – REVJUR 430/149).

- **Posições divergentes quanto à forma de oferecimento da transação penal para os casos de ação penal privada:** A doutrina e a jurisprudência ainda divergem sobre o tema, sendo firmadas duas posições:

  a) **A oferta deve partir da vítima (querelante na queixa):** neste caso é a própria vítima que a partir do momento da oferta da queixa crime se torna possibilitada de oferecer a transação penal diretamente ao querelado. Neste caso, inexistiria sequer a necessidade de concordância por parte do Ministério Público.

1 Essa é a posição da Comissão Nacional da Escola Superior da Magistratura (XI Conclusão).

b) **A oferta parte do Ministério Público, desde que não haja oposição da vítima (querelante):** assim o sendo, o Ministério Público abre a possibilidade de manifestação da vítima no tocante a concordância da oferta de transação penal, que é pelo Ministério Público elaborada, e com a concordância do querelante, o membro do Ministério Público é quem faz a oferta da transação penal. É a nossa posição.

FIQUE POR DENTRO:

Posição do STJ: A legitimidade é da querelante para a propositura da transação penal em ação penal privada, cabendo ao Ministério Público apenas de forma suplementar, caso inexistir oposição. Neste sentido: *"PENAL. AGRAVO REGIMENTAL EM RECURSO ESPECIAL. AÇÃO PENAL PRIVADA. TRANSAÇÃO PENAL. AUSÊNCIA DE INTERESSE DO QUERELANTE. PROSSEGUIMENTO DO FEITO. POSSIBILIDADE. 1. Embora admitida a possibilidade de transação penal em ação penal privada, este não é um direito subjetivo do querelado, competindo ao querelante a sua propositura. 2. Agravo regimental a que se nega provimento".* (STJ – 6ª Turma – AgRg no REsp 1356229 – Ministra Alderita Ramos de Oliveira – dj 19.3.2013, dje 26.3.2013).

30. MOMENTO DA OFERTA DA TRANSAÇÃO PENAL NOS CASOS DE QUEIXA CRIME

Segundo o entendimento do STJ *"Deve ser rejeitada a queixa-crime que, oferecida antes de qualquer procedimento prévio, impute a prática de infração de menor potencial ofensivo com base apenas na versão do autor e na indicação de rol de testemunhas, desacompanhada de Termo Circunstanciado ou de qualquer outro documento hábil a demonstrar, ainda que de modo indiciário, a autoria e a materialidade do crime* (STJ – RHC 61.822-DF, Rel. Min. Felix Fischer, julgado em 17/12/2015, DJe 25/2/2016) – Informativo 577. Assim o sendo, o momento correto da oferta da transação penal dar-se-á após a instauração do termo circunstanciado e antes do oferecimento da queixa-crime, devendo partir da vítima do crime e futura querelante, a manifestação dentro do termo circunstanciado no sentido de ser ou não ofertada a transação penal.

31. SILÊNCIO DO QUERELANTE EM RELAÇÃO A PROPOSTA DE TRANSAÇÃO PENAL

Cabe ao querelante a manifestação de oferecimento da transação penal ou não. Não sendo feita formulada, o fato não impede o regular prosseguimento da queixa-crime, ainda que sequer tenha sido manifesta a intenção do querelante em fazê-la. Neste sentido é o entendimento do STJ: *"A jurisprudência dos Tribunais Superiores admite a aplicação da transação penal às ações penais privadas. Nesse caso, a legitimidade para formular a proposta é do ofendido, e o silêncio do querelante não constitui óbice ao prosseguimento da ação penal".* (STJ – RHC 102.381/BA, Rel. Ministro FELIX FISCHER, QUINTA TURMA, julgado em 09/10/2018, DJe 17/10/2018).

32. TRANSAÇÃO PENAL NOS CASOS DE CRIMES CONTRA A HONRA DE FUNCIONÁRIO PÚBLICO. LEGITIMIDADE DE PROPOSIÇÃO

Segundo a súmula 714 do STF: *"É concorrente a legitimidade do ofendido, mediante queixa, e do Ministério Público, condicionada à representação do ofendido, para a ação penal por crime contra a honra de servidor público em razão do exercício de suas funções".* Esta legitimidade indica reflexo no oferecimento das medidas despenalizadoras, entre elas a transação penal, cabendo assim a legitimidade também concorrente, sendo possível a proposta por parte do Ministério Público apenas em caso de representação do ofendido.

33. TRANSAÇÃO PENAL E ATUAÇÃO DO MINISTÉRIO PÚBLICO. PODER OU DEVER?

A letra da lei fala que o Ministério Público PODERÁ ofertar a transação penal. duas posições doutrinárias e jurisprudenciais existem sobre o tema:

a) **Direito Público subjetivo do autor do fato:** para parte da doutrina, preenchidos os requisitos estabelecidos em lei, trata-se de um dever do Ministério Público a oferta da transação penal, não podendo este recusá-la, ainda que motivadamente. Neste sentido DELMANTO. (DELMANTO, Roberto, ob. cit. p. 353)

b) **Ato discricionário do Ministério Público:** neste caso cabe ao Ministério Público avalizar a situação em concreto que lhe é submetida e, desde que fundamentadamente, poderá recusar-se a oferecer a transação penal. Neste sentido, dentre outros NUCCI. (NUCCI, 2006, p. 386/387) Esta é nossa posição.

FIQUE POR DENTRO:

Posição do STJ: *"A transação penal, assim como a suspensão condicional do processo, não se trata de direito público subjetivo do acusado, mas sim de poder-dever do Ministério Público (Precedentes desta e. Corte e do c. Supremo Tribunal Federal)"* (STJ – CE – Corte Especial – APn 634/RJ – Relator Ministro Félix Fischer – dj. 21.3.2012 e dje 3.4.2012 – RSTJ 226/19).

? **QUESTÃO:** Caso o Ministério Público não ofereça a transação penal é possível o juiz oferecê-la diretamente?

RESPOSTA: *Embora tenham surgido algumas posições favoráveis à oferta direta da transação penal por parte do magistrado, nos casos em que o Membro do Ministério Público não oferta a transação penal e justifica-se, atualmente é pacífico na doutrina e jurisprudência que NÃO É CABÍVEL a oferta direta de transação penal por parte do magistrado*[2]*. Não existindo concordância com a postura tomada pelo membro do Ministério Público em recusar a transação penal, cabe a remessa dos autos a Procuradoria Geral do Ministério Público em analogia ao que dispõe o art. 28 CPP*[3].

2 A Comissão Nacional da Escola Superior da Magistratura, em sua conclusão XIII, havia entendido no sentido contrário, de que seria possível a propositura direta por parte do juiz, quando o Ministério Público fosse contrário. Essa posição atualmente já encontra-se completamente superada.

3 Art. 28 CPP: *"Se o órgão do Ministério Público, ao invés de apresentar a denúncia, requerer o arquivamento do inquérito policial ou de quaisquer peças de informação, o juiz, no caso de considerar improcedentes as razões invocadas, fará remessa do inquérito ou peças de informação ao procurador-geral, e este oferecerá a denúncia, designará outro órgão do Ministério Público para oferecê-la, ou insistirá no pedido de arquivamento, ao qual só então estará o juiz obrigado a atender".*

FIQUE POR DENTRO:

Posição STJ: *"É defeso ao juiz oferecer a proposta de transação penal, de ofício ou a requerimento da parte, uma vez que esse ato é privativo do representante do Parquet, titular da ação penal pública. Havendo recusa injustificada do órgão de acusação acerca do oferecimento da proposta de transação penal, ou divergência entre este e o Magistrado sobre o seu cabimento, os autos devem ser encaminhados ao Procurador-Geral de Justiça, em aplicação analógica ao disposto no art. 28 do CPP"* (STJ – 5ª Turma – REsp 7377688/SP – Relator Ministro Gilson Dipp, dj. 19.9.2006 e dje 16.10.2006 – p. 418).

34. O OFENDIDO PODE DISCUTIR A TRANSAÇÃO PENAL COM O MINISTÉRIO PÚBLICO

A lei é expressa no sentido de que apenas cabe ao membro do Ministério Público a oferta da transação penal, não existindo possibilidade de contraponto por parte do autor dos fatos[4].

35. TIPOS DE PENAS PREVISTAS

A lei faculta a oferta de transação penal em pena restritiva de direito ou multa. Assim VEDA COMPLETAMENTE a proposta de pena privativa de liberdade.

36. OUTRAS PENALIDADES PREVISTAS EM LEGISLAÇÃO ESPECIAL

É possível a oferta em transação penal também de outras penalidades previstas em preceitos secundários que indicam ser menos rígidas que a multa e a pena privativa de liberdade, como é o caso da advertência no cometimento do crime do art. 28 da Lei 11.343/06. Isso porque a lei tem como princípio a proposta de pena mais severa ao autor dos fatos, dependendo da situação concreta, desestimularia a ele a aceitação da proposta de transação que é objetivo crucial de sua criação.

37. POSSIBILIDADE DO JUIZ REDUZIR A MULTA

Nas hipóteses de ser a pena de multa a única aplicável, o Juiz poderá reduzi-la até a metade. A própria lei prevê tal redução no art. 76, § 1º da Lei 9.099/95, não havendo assim que se falar, neste ponto em remessa dos autos em analogia ao art. 28 do Código de Processo Penal.

38. REQUISITOS PARA SE FAZER JUS A TRANSAÇÃO PENAL

a) Não ter sido o autor da infração condenado, pela prática de crime, à pena privativa de liberdade, por sentença definitiva:

- **Condenação por Prática de Crime:** a lei veda assim a proposta de transação penal desde que o autor dos fatos tenha sido condenado por prática de CRIME anterior. Assim mostra-se possível a oferta quando condenado por contravenção penal, cabendo a análise dos demais requisitos, ao Ministério Público;
- **Condenação a pena Privativa de Liberdade:** assim, se o averiguado for condenado a pena de multa ou restritiva de direito, ou ainda, de advertência, será possível nova oferta de transação penal, em tese.

4 Neste sentido GRINOVER, Ada Pellegrini, *et al*, ob. cit., pg. 133. Em sentido contrário DELMANTO, Roberto *et al*, ob. cit. pg. 353.

- **Condenação por sentença definitiva:** na esteira do que vem decidindo o STJ de maneira reiterada, a condenação em primeira instância, processos em andamento e inquéritos civis não são considerados maus antecedentes e aqui não vedam a oferta de transação penal (salienta-se que contraditoriamente, como se verá adiante, a lei veda a possibilidade de oferta da suspensão condicional do processo para os casos em que o réu encontre-se com processo em curso).

b) Não ter sido o agente beneficiado anteriormente, no prazo de cinco anos, pela aplicação de pena restritiva ou multa, nos termos deste artigo: por tal motivo registra-se a transação penal, sendo esta a única vedação e motivo pelo qual pode-se registrar o benefício. Caso ocorra a conciliação por via de composição civil, inexiste qualquer tipo de impedimento de oferta de transação penal.

c) Indicarem os antecedentes, a conduta social e a personalidade do agente, bem como os motivos e as circunstâncias, ser necessária e suficiente a adoção da medida: é a chamada análise das circunstâncias judiciais do autor dos fatos e do fato em concreto.

39. IMPOSSIBILIDADE DE OFERTA DA TRANSAÇÃO PENAL COM A PRESENÇA DE UMA DAS CAUSAS

Os requisitos acima devem ser integralmente cumpridos pelo autor dos fatos para fazer jus à proposta de transação. Existindo uma das causas impeditivas, já não mais será possível.

40. APRECIAÇÃO DA PROPOSTA DE TRANSAÇÃO PELO JUIZ (ART. 76, § 3º DA LEI 9.099/95)

"Aceita a proposta pelo autor da infração e seu defensor, será submetida à apreciação do Juiz".

41. HOMOLOGAÇÃO JUDICIAL DA TRANSAÇÃO PENAL (ART. 76, § 4º DA LEI 9.099/95)

"Acolhendo a proposta do Ministério Público aceita pelo autor da infração, o Juiz aplicará a pena restritiva de direitos ou multa, que não importará em reincidência, sendo registrada apenas para impedir novamente o mesmo benefício no prazo de cinco anos".

42. INEXISTÊNCIA DE EFEITO DE REINCIDÊNCIA

A aceitação da transação penal não gera efeito de reincidência, tão menos de maus antecedentes ao autor dos fatos que a aceita. Único gravame que lhe perdurará é a impossibilidade de oferta do mesmo benefício no prazo de cinco anos.

FIQUE POR DENTRO:

Posição STJ: *"Ações penais em andamento ou sem certificação do trânsito em julgado (Súmula 444/STJ), registro decorrente da aceitação de transação penal proposta pelo Ministério Público, bem como ações penais em que houve a extinção da punibilidade e inquéritos arquivados, não podem ser utilizados como maus antecedentes, má conduta social ou personalidade desajustada para fins de elevação da pena-base. Precedentes".* (STJ – 6ª Turma – HC 242125/PE – Relator Ministro Sebastião Reis Júnior – dj 12.8.2014 e dje 27.8.2014) (grifamos).

43. APELAÇÃO DA DECISÃO QUE FIXA A PENA EM TRANSAÇÃO PENAL (ART. 76, § 5º DA LEI 9.099/95)

Contrariamente aos casos de conciliação por composição civil que é irrecorrível, a sentença que fixa a pena em transação penal é RECORRÍVEL por APELAÇÃO. Entendemos que neste caso, existirá apenas interesse recursal no caso em que houver falha na homologação do transacionado, ou seja, quando a sentença não constar exatamente o que restou transacionado, ou quando houver algum tipo de vício de vontade. Caso contrário, inexistiria interesse recursal pela parte que consentiu na aceitação da transação penal.

44. SITUAÇÃO EM QUE O JUIZ RECUSA-SE A HOMOLOGAR O ACORDO

Nesse caso, como bem coloca GRINOVER, inexiste previsão recursal. Trata-se de uma decisão judicial interlocutória, pois não se caracteriza como sentença e que apenas poderá ser atacada mediante mandado de segurança. (GRINOVER, 1996, p. 135/136)

> **MUITA ATENÇÃO!**
>
> **Posição contrária:** Para parte da doutrina, é cabível o recurso de apelação também na situação em que o juiz recusa-se a homologar o acordo. Neste caso, caberia a aplicação subsidiária do art. 593, II do Código de Processo Penal, tratando-se da chamada "decisão interlocutória mista".

45. EFEITOS DA SANÇÃO DERIVADA DA TRANSAÇÃO PENAL (ART. 76, § 6º DA LEI 9.099/95)

"A imposição da sanção de que trata o § 4º deste artigo não constará de certidão de antecedentes criminais, salvo para os fins previstos no mesmo dispositivo, e não terá efeitos civis, cabendo aos interessados propor ação cabível no juízo cível".

> **FIQUE POR DENTRO:**
>
> **Posição STJ:** *"É ilegal o aumento implementado à pena-base, a título de maus antecedentes, com fundamento em registro decorrente da aceitação de transação penal proposta pelo Ministério Público, pois tal anotação não serve para gerar reincidência nem mesmo para configurar antecedente criminal, conforme preceitua o art. 76, §§ 4º e 6º, da Lei nº 9.099/95"* (STJ – 5ª Turma – HC 193681/SP – Relatora Ministra Laurita Vaz – dj 22.10.2013 e dje 5.11.2013).

46. DESCUMPRIMENTO DA SENTENÇA DE HOMOLOGAÇÃO DA TRANSAÇÃO PENAL POR PARTE DO AUTOR DOS FATOS

Muito se discute sobre o efeito do descumprimento da transação penal por parte do autor dos fatos. Duas posições são tomadas pela doutrina.

a) **Homologação cria título executivo:** a homologação da sentença cria um título executivo visto que trata-se de sentença, cabendo assim a execução da transação penal.

b) **Homologação não cria título executivo:** a decisão não é uma sentença terminativa condenatória, pois não houve o devido processo penal. Assim o sendo, em caso de não cumprimento da transação penal, caberá ao Ministério Público a propositura da ação penal correspondente, ou ao titular da ação penal privada, promover a queixa crime.

FIQUE POR DENTRO:

Posição dos Tribunais superiores: inexiste ferimento de preceitos constitucionais a propositura da ação penal em caso de descumprimento da transação penal.

Posição STF: *'EMENTA: AÇÃO PENAL. Juizados Especiais Criminais. Transação penal. Art. 76 da Lei nº 9.099/95. Condições não cumpridas. Propositura de ação penal. Possibilidade. Jurisprudência reafirmada. Repercussão geral reconhecida. Recurso extraordinário improvido. Aplicação do art. 543-B, § 3º, do CPC. Não fere os preceitos constitucionais a propositura de ação penal em decorrência do não cumprimento das condições estabelecidas em transação penal".* (RE 602072 QO-RG (Repercusão Geral)/ RS REPERCUSSÃO GERAL NA QUESTÃO DE ORDEM NO RECURSO EXTRAORDINÁRIO Relator: Ministro CEZAR PELUSO Julgamento: 19/11/2009) .

Posição STJ: *"O plenário do Supremo Tribunal Federal, reconhecendo a repercussão geral do tema, decidiu, no RE 602.072/RS, que "não fere os preceitos constitucionais a propositura de ação penal em decorrência do não cumprimento das condições estabelecidas em transação penal". – Esta Corte Superior, por sua vez, cumprindo sua função de uniformização da jurisprudência, passou a adotar tal posicionamento, entendendo que o descumprimento as condições impostas na transação penal prevista no art. 76 da Lei 9.099/1995 acarreta o prosseguimento da ação penal, vez que a sentença homologatória da referida transação não faz coisa julgada material. Habeas corpus não conhecido".* (STJ – 5ª Turma – HC 216566/MS – Relatora Ministra Marilza Maynard, dj 14.5.2013 e dje 20.5.2013).

47. DESCUMPRIMENTO DE TRANSAÇÃO PENAL E CRIME DE DESOBEDIÊNCIA

O descumprimento da transação penal não pode gerar a caracterização de crime de desobediência, uma vez que trata-se de faculdade do autor dos fatos aceitá-la ou não, portanto, também lhe cabe a faculdade de cumprir ou não o determinado, arcando em caso de descumprimento com a responsabilidade processual que será decorrente de tal ato.

FIQUE POR DENTRO:

Posição do STJ: *"PENAL E PROCESSUAL. CRIME DE MENOR POTENCIAL LESIVO. LEI 9.099/95. TRANSAÇÃO PENAL HOMOLOGADA. DESCUMPRIMENTO. DENÚNCIA. CRIME DE DESOBEDIÊNCIA. IMPOSSIBILIDADE. 1. O descumprimento da transação penal, em razão dos efeitos da coisa julgada material e formal do acordo, não permite o oferecimento de denúncia por parte do ministério público e, muito menos, rende ensejo ao crime de desobediência"* (STJ – HC 97642/ES – 6ª Turma – Relatora Ministra Maria Thereza de Assis Moura, dj. 5.8.2010 e dje 23.8.2010). **observação**: a decisão citada foi prolatada antes da uniformização de jurisprudência do STJ no tocante a possibilidade de oferecimento de denúncia por parte do Ministério Público quando não cumprida a transação penal, daí o voto entendendo que a transação deveria sofrer execução de multa como dívida ativa.

MUITA ATENÇÃO!

Súmula Vinculante 35 STF: A homologação da transação penal prevista no artigo 76 da Lei 9.099/1995 não faz coisa julgada material e, descumpridas suas cláusulas, retoma-se a situação anterior, possibilitando-se ao Ministério Público a continuidade da persecução penal mediante oferecimento de denúncia ou requisição de inquérito policial.

PROCEDIMENTO SUMARÍSSIMO

1. PROCEDIMENTO SUMARÍSSIMO

Foi o nome determinado ao procedimento que visa processar os crimes de menor potencial ofensivo.

? **QUESTÃO:** Quando ocorrerá a denúncia no procedimento sumaríssimo? (art. 77, "caput" da Lei 9.099/95)

➥ **RESPOSTA:** *"Na ação penal de iniciativa pública, quando não houver aplicação de pena, pela ausência do autor do fato, ou pela não ocorrência da hipótese prevista no art. 76 desta Lei, o Ministério Público oferecerá ao Juiz, de imediato, denúncia oral, se não houver necessidade de diligências imprescindíveis". As hipóteses de ação penal (oferta oral de denúncia ou queixa crime) dar-se-ão assim quando:*

a) Inexistir a composição civil e não for possível a oferta da transação penal ao autor do fato, por este não lhe fazer jus;

b) Inexistir a composição civil e sendo possível a oferta da transação penal ao autor do fato, este não a aceitar;

c) Existir a composição civil, mas o crime foi afeto a ação penal pública incondicionada e o autor do fato não fizer jus à transação penal;

d) Existir a composição civil, mas o crime foi afeto a ação penal pública incondicionada e o autor fazendo jus à transação penal, não a aceitar (hipótese rara);

e) Não existir a composição civil em crime afeto a ação penal privada e o querelante se manifestar contrariamente à oferta de transação penal;

f) O autor do fato, mesmo fazendo jus à transação penal, não comparece em audiência preliminar.

2. DENÚNCIA ORAL

A denúncia deverá ser feita de forma oral, no término da audiência de transação penal que não restou frutífera.

3. PEDIDO DE DILIGÊNCIA

Nos casos de ação penal pública, o Ministério Público, ao invés de promover a denúncia oral, poderá requerer diligências se imprescindíveis, voltando os autos assim à Polícia Judiciária.

4. DISCORDÂNCIA DO MAGISTRADO NO CASO DE PEDIDO DE DILIGÊNCIAS

Existe divergência na doutrina neste ponto. Para GRINOVER, não há ao magistrado a possibilidade de interferência neste ponto, devendo remeter os autos a Polícia Judiciária, pois o Ministério Público é senhor da ação penal e lhe cabe o convencimento da possibilidade de sua propositura e causaria um retardamento do procedimento que incompatível com sua índole, sendo impossível aqui a aplicação do art. 28 do Código de Processo Penal. (GRINOVER, 1996,

p. 139) Já NUCCI entende ser possível a aplicação do art. 28 do Código de Processo Penal em analogia. Esta última é a nossa posição. (NUCCI, 2006, p. 325)

5. REQUISITOS DA DENÚNCIA

Embora a lei não preveja, e seja um procedimento informal, os requisitos da denúncia são os mesmos estabelecidos para aquela que é formulada em quaisquer dos procedimentos do processo penal brasileiro, previstos no art. 41 do Código de Processo Penal, quais sejam:

a) Exposição do fato criminoso com todas suas circunstâncias;

b) Qualificação do acusado ou esclarecimentos pelos quais se possa identificá-lo;

c) Classificação do crime;

d) Rol de testemunhas.

6. BASE PARA O OFERECIMENTO DA DENÚNCIA

"Para o oferecimento da denúncia, que será elaborada com base no termo de ocorrência referido no art. 69 desta Lei, com dispensa do inquérito policial, prescindir-se-á do exame do corpo de delito quando a materialidade do crime estiver aferida por boletim médico ou prova equivalente" (art. 77, § 1º da Lei 9.099/95).

7. INQUÉRITO POLICIAL

Não se realiza o inquérito policial para os crimes de pequeno potencial ofensivo.

A **Não se trata de exceção à regra do art. 158 do CPP:** Determina o art. 158 do CPP que *"Quando a infração deixar vestígios, será indispensável o exame de corpo de delito, direto ou indireto, não podendo supri-lo a confissão do acusado"*. O que a Lei 9.099/95 prevê é que para O OFERECIMENTO DA DENÚNCIA, nos procedimentos ordinário e sumário o exame de corpo de delito será prescindível. Assim o laudo pericial de exame de corpo de delito deverá ser juntado aos autos sob pena de nulidade (art. 564, III, alínea "b" do Código de Processo Penal).

8. CASO DE IMPOSSIBILIDADE DE DETECÇÃO DA CLASSIFICAÇÃO DO CRIME NA AUSÊNCIA DO EXAME DE CORPO DE DELITO

Nestes casos, quando impossível a detecção da classificação do crime sem o exame de corpo de delito, deve o Ministério Público, pela complexidade dos fatos, remeter os autos ao Juízo comum, até que o exame seja juntado e identificado o crime a ser processado.

9. SITUAÇÃO DE COMPLEXIDADE. ENCAMINHAMENTO AO JUÍZO COMUM (ART. 77, § 2º DA LEI 9.099/95)

"Se a complexidade ou circunstâncias do caso não permitirem a formulação da denúncia, o Ministério Público poderá requerer ao Juiz o encaminhamento das peças existentes, na forma do parágrafo único do art. 66 desta Lei". Assim, se os princípios trazidos pela Lei 9.099/95 (oralidade, celeridade) não estiverem presentes na situação, descabe a continuidade da apuração dos fatos via juizado especial criminal.

10. DISCORDÂNCIA DO JUÍZO NA REQUISIÇÃO POR PARTE DO MINISTÉRIO PÚBLICO NA REMESSA DOS AUTOS AO JUÍZO COMUM

Cabe a aplicação analógica do art. 28 do Código de Processo Penal.

11. ADOÇÃO DO PROCEDIMENTO SUMÁRIO NO JUÍZO COMUM APÓS A REMESSA DO PROCESSO PELO JUIZADO ESPECIAL CRIMINAL

Art. 538 CPP: *"Nas infrações penais de menor potencial ofensivo, quando o juizado especial criminal encaminhar ao juízo comum as peças existentes para a adoção de outro procedimento, observar-se-á o procedimento sumário previsto neste Capítulo"*.

12. QUEIXA CRIME ORAL

"Na ação penal de iniciativa do ofendido poderá ser oferecida queixa oral, cabendo ao Juiz verificar se a complexidade e as circunstâncias do caso determinam a adoção das providências previstas no parágrafo único do art. 66 desta Lei". Segue-se o mesmo raciocínio realizado para os crimes de ação pena pública incondicionada.

13. SEQUÊNCIA IMEDIATA DE PROCEDIMENTO APÓS OFERECIMENTO DA DENÚNCIA OU QUEIXA (ART. 78 DA LEI 9.099/95)

"Oferecida a denúncia ou queixa, será reduzida a termo, entregando-se cópia ao acusado, que com ela ficará citado e imediatamente cientificado da designação de dia e hora para a audiência de instrução e julgamento, da qual também tomarão ciência o Ministério Público, o ofendido, o responsável civil e seus advogados". Trata-se da aplicação dos princípios da oralidade, celeridade e economia processual.

14. ACUSADO AUSENTE NA AUDIÊNCIA

Se a denúncia for prolatada pela ausência do acusado em audiência de transação, ele deverá ser citado regularmente, cientificado da data da audiência de instrução e julgamento.

15. FORMA DE ARROLAR AS TESTEMUNHAS PELO AUTOR DOS FATOS

a) **Apresentá-las diretamente em audiência:** deve trazer suas testemunhas diretamente na data de audiência, mesmo sem arrolá-las previamente;

b) **Pedir intimação pelo juízo**: neste caso deverá formular requerimento para tanto, no mínimo cinco dias antes de sua realização.

16. AUSÊNCIA DO OFENDIDO OU RESPONSÁVEL CIVIL EM AUDIÊNCIA PRELIMINAR QUE GEROU DENÚNCIA

"Não estando presentes o ofendido e o responsável civil, serão intimados nos termos do art. 67 desta Lei para comparecerem à audiência de instrução e julgamento" (art. 78, § 2º da Lei 9.099/95).

17. TESTEMUNHAS ARROLADAS E INTIMAÇÃO

Serão intimadas na forma do art. 67 da Lei 9.099/95, já debatido aqui anteriormente.

18. NÚMERO DE TESTEMUNHAS A SEREM ARROLADOS NO PROCEDIMENTO SUMARÍSSIMO

Tem se alterado a doutrina e a jurisprudência que indicavam que o número máximo de testemunhas para o juizado criminal deveria ser prevalecente de acordo com o art. 34 da Lei 9.099/95 em analogia ao procedimento cível, ou seja, 3 testemunhas. Passou-se ao entendimento de que, de acordo com a aplicação subsidiária do Código de Processo Penal (art. 92 da Lei 9.099/95), deve ser aplicado o número de testemunhas do procedimento sumário (art. 532 CPP), ou seja, 5 testemunhas.

19. NOVA TENTATIVA DE CONCILIAÇÃO NA DATA DA AUDIÊNCIA DE INSTRUÇÃO (ART. 79 DA LEI 9.099/95)

Determina o art. 79 da lei que no início da audiência de instrução e julgamento, deva ser novamente buscada a composição civil e a transação penal aos envolvidos, independentemente de terem sido já tentadas anteriormente ou não tentadas diante da ausência de uma das partes.

20. PRECLUSÃO DA DISCUSSÃO SOBRE CABIMENTO DA TRANSAÇÃO PENAL

A preclusão da possibilidade de oferta da transação penal apenas ocorrerá com o recebimento da denúncia ou queixa por parte do magistrado, sendo antes possível.

FIQUE POR DENTRO:

Neste sentido os Tribunais Superiores: *"HABEAS CORPUS. DIFAMAÇÃO E INJÚRIA. AÇÃO PENAL ORIGINÁRIA DE COMPETÊNCIA DE TRIBUNAL REGIONAL. APLICAÇÃO DA LEI 9.099/95. AUDIÊNCIA PARA A PROPOSTA DA TRANSAÇÃO. PRECLUSÃO PELO RECEBIMENTO DA QUEIXA-CRIME. SUSPENSÃO CONDICIONAL DO PROCESSO. POSSIBILIDADE. ORDEM PARCIALMENTE CONCEDIDA. 1. Recebida a queixa-crime sem oportuna e específica oposição do magistrado ou do querelado quanto à matéria, resta preclusa a discussão acerca da aplicação da transação penal. Precedente do STF (HC 86.007/RJ, Rel. Min. SEPÚLVEDA PERTENCE, Primeira Turma, DJ 1/9/06)"* (STJ – 5ª Turma, HC 609933/DF – Relator: Ministro Arnaldo Esteves Lima, dj. 20.5.2008, dje 23.6.2008 – LEXSTJ 229/271).

21. ADIAMENTO DE ATO PROCESSUAL E NÃO COMPARECIMENTO

Nenhum ato será adiado, determinando o Juiz, quando imprescindível, a condução coercitiva de quem deva comparecer (art. 80 da Lei 9.099/95).

22. PRODUÇÃO DE PROVA POR PRECATÓRIA

Ainda que venha a gerar o adiamento de eventual ato processual (exemplo oitiva de testemunha de defesa pela necessidade prévia de oitiva da testemunha de acusação), é possível a produção de prova por carta precatória no Juizado Especial, garantindo-se o princípio da verdade real e da ampla defesa que mostram-se superiores aos princípios processuais, e portanto, instrumentais, do Juizado Especial Criminal.

> **FIQUE POR DENTRO:**
>
> **Posição STJ:** *"Mesmo nos procedimentos afetos aos Juizados Especiais Criminais, é possível a produção de provas mediante carta precatória, pois os princípios que os norteiam (simplicidade, oralidade, informalidade, celeridade e economia processual) não podem se sobrepor à garantia constitucional da ampla defesa"* (STJ – STJ – 6ª Turma – HC 112074 – Relatora Jane Silva, dj. 6.2.2009 e dje 2.3.2009).

23. SEQUÊNCIA DE ATOS PROCESSUAIS EM AUDIÊNCIA (ART. 81 DA LEI 9.099/95)

A sequência de atos processuais em audiência do Juizado Especial Criminal é a seguinte:

a) Apresentação resposta a acusação pelo defensor;

b) Recebimento ou rejeição da denúncia ou queixa;

c) Caso recebida, oitiva vítima, testemunhas de acusação e defesa, nesta ordem;

d) Interrogatório;

e) Debates orais;

f) Sentença.

24. MOMENTO DE PRODUÇÃO DAS PROVAS

Todas as provas deverão ser produzidas em audiência. Não se protela produção probatória.

25. POSSIBILIDADE DE INDEFERIMENTO DE PROVAS

O Juiz poderá limitar ou excluir as que considerar excessivas, impertinentes ou protelatórias (art. 81, § 1º da Lei 9.099/95). Trata-se de ato de discricionariedade do juízo.

> **FIQUE POR DENTRO:**
>
> **Posição STJ**: *"o deferimento de diligências é ato que se inclui na esfera de discricionariedade regrada do Magistrado processante, que poderá indeferi-las de forma fundamentada, quando as julgar protelatórias ou desnecessárias e sem pertinência com a instrução do processo (Precedentes do STF e do STJ). IV – Dessa forma, como bem ressaltado no v. acórdão proferido pela c. Turma Recursal, "quanto ao indeferimento da prova pericial requerida, melhor solução não poderia ter sido tomada pela douta magistrada, por entender já haver nos autos provas suficientes para o seu convencimento, visto que já havia sido realizado o exame de corpo de delito (ff. 25/26) e exame de corpo de delito complementar (f. 46), exames estes realizados em momento oportuno, ou seja, logo após o fato, por peritos oficiais do Instituto Médico Legal, imparciais, seguindo todas as formalidades processuais. Dessa forma, outra prova seria desnecessária ao esclarecimento do fato denunciado, devendo ser indeferida, de acordo com o art. 184 do Código de Processo Penal".* (STJ – 5ª Turma – HC 75901/MG – Relator Ministro Félix Fischer – dj 21.6.2007 e dje 20.8.2007, p. 300).

26. ATOS REDUZIDOS A TERMO

De todo o ocorrido na audiência será lavrado termo, assinado pelo Juiz e pelas partes, contendo breve resumo dos fatos relevantes ocorridos em audiência e a sentença (art. 81, § 1º da Lei 9.099/95).

27. CONTEÚDO SENTENÇA

A sentença deverá ser fundamentada nas provas dos autos, sendo dispensado o relatório (art. 81, § 2º da Lei 9.099/95).

28. RECURSO CABÍVEL DA REJEIÇÃO DE DENÚNCIA OU QUEIXA CRIME

O recurso cabível é a APELAÇÃO (art. 82, *caput* da Lei 9.099/95).

A **Recurso em sentido estrito:** A previsão da Lei 9.099/95, portanto diferencia o recurso cabível para a mesma situação nos procedimentos ordinário e sumário que é o recurso em sentido estrito (art. 581, I CPP).

B **Turma julgadora:** O recurso de apelação será julgado por uma Turma Julgadora composta por 3 juízes togados de 1ª instância, que se reunirá na sede da circunscrição onde atuam, respeitando assim o que determina o art. 98, I da Constituição Federal. É o chamado Colégio Recursal do Juizado Especial Criminal.

> Art. 98, I da Constituição Federal *"Juizados especiais, providos por juízes togados, ou togados e leigos, competentes para a conciliação, o julgamento e a execução de causas cíveis de menor complexidade e infrações penais de menor potencial ofensivo, mediante os procedimentos oral e sumaríssimo, permitidos, nas hipóteses previstas em lei, a transação e o julgamento de recursos por turmas de juízes de primeiro grau".*

C **Prazo de Interposição da Apelação:** 10 dias, contados da ciência da sentença pelo Ministério Público, pelo réu e seu defensor.

D **Apelação Escrita:** Embora seja previsto o princípio da oralidade para o Juizado Especial, a apelação deve ser escrita e conter pedido e fundamento.

E **Contrarrazões:** O prazo para o oferecimento de contrarrazões à apelação é o mesmo de 10 dias, contados da intimação.

F **Sessão de Julgamento:** Será determinada uma Sessão de Julgamento pelo Colégio Recursal, sendo que as partes serão intimadas de tal data. Sendo confirmada a sentença, a Súmula servirá como acórdão.

FIQUE POR DENTRO:

POSIÇÃO DE REPERCUSSÃO GERAL DO STF QUANTO À DECISÃO SUMULADA

"EMENTA Juizado especial. Parágrafo 5º do art. 82 da Lei nº 9.099/95. Ausência de fundamentação. Artigo 93, inciso IX, da Constituição Federal. Não ocorrência. Possibilidade de o colégio recursal fazer remissão aos fundamentos adotados na sentença. Jurisprudência pacificada na Corte. Matéria com repercussão geral. Reafirmação da jurisprudência do Supremo Tribunal Federal" (STF – RE 635729/SP – REPERCUSSÃO GERAL NO RECURSO EXTRAORDINÁRIO – Relator Ministro Dias Tófoli, dj. 30.6.2011).

G Caso em que a APELAÇÃO é cabível no Juizado Especial Criminal

- Decisão que homologa a transação penal (art. 76, § 5º);
- Decisão que rejeita denúncia ou queixa crime (art. 82, *caput*);
- Sentença (art. 82, *caput*).

? **QUESTÃO:** São cabíveis outros recursos no Juizado Especial Criminal?

➥ ***RESPOSTA:*** *Não existe previsão de outros recursos no rito, sendo apenas a APELAÇÃO prevista na forma colocada, mas a aplicação do CPP é subsidiária, conforme coloca o art. 92 do Código de Processo Penal. Para GRINOVER, o recurso em sentido estrito será cabível sempre que não confrontar com previsão diversa da Lei 9.099/95, como ocorre com o art. 581, I da Lei 9.099/95. (GRINOVER, 1996, p. 158)*

H Embargos Infringentes: GRINOVER entende que não são cabíveis visto que o art. 609 CPP prevê que deverão ser julgados pelos Tribunais de Justiça, câmaras ou turmas criminais, de acordo com a competência estabelecida nas leis de organização judiciária. (GRINOVER, 1996, p. 158) Em sentido contrário DELMANTO. (DELMANTO, et al. p. 364)

I Recurso Extraordinário

Súmula 640 do STF: *"É cabível recurso extraordinário contra decisão proferida por juiz de primeiro grau nas causas de alçada, ou por turma recursal de juizado especial cível e criminal"*.

J Recurso Especial

Súmula 203 do STJ: *"Não cabe recurso especial contra decisão proferida por órgão de segundo grau dos Juizados Especiais"*.

? **QUESTÃO:** Por que é cabível Recurso Extraordinário e não é cabível Recurso Especial das decisões das Turmas Recursais?

➥ ***RESPOSTA:*** *O fundamento desta resposta é simples e encontra-se na redação dos artigos que preveem os Recursos Especial e Extraordinário em sede constitucional. Determina o art. 102, III da Constituição Federal que "Compete ao Supremo Tribunal Federal, precipuamente, a guarda da Constituição, cabendo-lhe: III – julgar, mediante recurso extraordinário, as causas decididas **em única ou última instância**, quando a decisão recorrida: (...)". Já o art. 105 da mesma Constituição coloca que: "Compete ao Superior Tribunal de Justiça: III – julgar, em recurso especial, as causas decididas, **em única ou última instância, pelos Tribunais Regionais Federais ou pelos tribunais dos Estados, do Distrito Federal e Territórios –** NÃO HÁ MENÇÃO ÀS TURMAS RECURSAIS DO JECRIM -, quando a decisão recorrida".*

K Embargos de Declaração: São previstos expressamente no art. 83 da Lei 9.099/95 quando houver na sentença ou na decisão da Turma Recursal:

a) Obscuridade;

b) Contradição;

c) Omissão;

d) Dúvida.

- **Prazo dos Embargos Declaração:** 5 dias;
- **Forma de proposição:** oral ou escrita;

- **Efeito quando propostos contra sentença:** suspendem o prazo recursal de apelação.
- **Erros materiais:** poderão ser corrigidos de ofício, sendo desnecessária a propositura de embargos de declaração.

L ***Habeas corpus*** **interposto em face de decisão de Turma Recursal do JECRIM:** A competência é do Tribunal de Justiça afeto a Turma Recursal e não aos Tribunais Superiores.

M **Mandado de Segurança contra decisão de Turma Recursal do Juizado Especial:** A competência é do Tribunal de Justiça afeto a Turma Recursal e não aos Tribunais Superiores.

N **Mandado de segurança de decisão interlocutória:** O STJ entende ser possível no Juizado Especial Criminal a interposição de mandado de segurança contra decisão que não detém previsão recursal.

O **Competência para Julgamento de Mandado de Segurança em face de ato do Juizado Especial Criminal – Súmula 376 STJ:** *"Compete a turma recursal processar e julgar o mandado de segurança contra ato de juizado especial".*

P **Revisão Criminal de decisão do Juizado Especial Criminal:** A competência também será dos Tribunais Estaduais aos quais estarão afetos o magistrado que prolatou a sentença ou a Turma Recursal. Neste sentido a XII Conclusão da Comissão Nacional da Escola Superior da Magistratura: *"Os tribunais estaduais têm a competência originária para os Habeas corpus e mandados de segurança quando coator Juiz especial, bem como para a revisão criminal de decisões condenatórias do Juizado Especial Criminal."*

29. CONFLITO DE COMPETÊNCIA ENTRE TURMA RECURSAL DO JUIZADO E TRIBUNAL DE JUSTIÇA

Inexiste a possibilidade de suscitação de conflito de competência entre Turma Recursal do Juizado e Tribunal de Justiça, visto que a primeira não se qualifica como Tribunal.

EXECUÇÃO

1. EXECUÇÃO DA PENA DE MULTA

Aplicada exclusivamente pena de multa, seu cumprimento far-se-á mediante pagamento na Secretaria do Juizado (art. 84, *caput* da Lei 9.099/95).

2. MULTA RELATIVA A SENTENÇA CONDENATÓRIA

A multa a que se refere o art. 84, caput da Lei 9.099/95 é a fixada por sentença condenatória e não a fixada em transação penal.

3. EFEITO DO PAGAMENTO DA PENA DE MULTA ORIUNDA DA SENTENÇA CONDENATÓRIA

Efetuado o pagamento, o Juiz declarará extinta a punibilidade, determinando que a condenação não fique constando dos registros criminais, exceto para fins de requisição judicial (art. 84, parágrafo único da Lei 9.099/95).

4. CONDENAÇÃO POR PENA DE MULTA EXCLUSIVAMENTE NÃO GERA REINCIDÊNCIA

Sendo impossível a conversão da pena de multa em pena privativa de liberdade pela redação do art. 51 do Código Penal, tem-se que ela não induz reincidência.

5. CONVERSÃO DA PENA DE MULTA EM CASO DE DESCUMPRIMENTO

"Não efetuado o pagamento de multa, será feita a conversão em pena privativa da liberdade, ou restritiva de direitos, nos termos previstos em lei" (art. 85 da Lei 9.099/95). Entendemos que tal redação não é atualmente aplicável. A redação do art. 85 da Lei 9.099/95 é anterior à alteração do art. 51 do Código Penal realizada em 1996 pela Lei 9.268/96. Assim o sendo, como o art. 85 reporta *"à forma da lei"*, diante da revogação da anterior redação do Código Penal que detém aplicação subsidiária à Lei 9.099/95 (art. 92), tem-se como inaplicável a previsão da conversão da pena de multa em restritiva de direito ou privativa de liberdade, cabendo a transformação da multa em dívida de valor, e sua inscrição na dívida ativa da Fazenda Pública[5]. Neste sentido é a doutrina de MIRABETE. (MIRABETE, Julio Frabbrini, ob. cit. p. 139)

FIQUE POR DENTRO:

Posição STJ: *"No caso de descumprimento da pena de multa, conjuga-se o art. 85 da Lei nº 9.099/95 e o 51 do CP, com a redação dada pela Lei nº 9.286/96, com a inscrição da pena não paga em dívida ativa da União para ser executada"* (STJ – 5ª Turma – HC 176181/MG – Relator Ministro Gilson Dipp, dj. 4.8.2011 e dje 17.8.2011).

MUITA ATENÇÃO!

Decisões contrárias: existem decisões nos tribunais contrárias, vide RT 739/633, admitindo a conversão da pena de multa em restritiva de direitos, por entender que o juizado criou um sistema próprio de execução penal, por se tratar de lei especial. Ainda que assim o fosse, discordamos, pois inexiste previsão de lei que proporcione a conversão entre a multa e a pena restritiva de direito, conforme exige o art. 85 da Lei 9.099/95.

6. PENA PECUNIÁRIA DERIVADA DE SUBSTITUIÇÃO

Como bem salienta DELMANTO, o raciocínio acima não diz respeito a pena pecuniária oriunda da conversão feita de pena privativa de liberdade nos termos determinados pelo art. 44, § 2º do Código Penal (art. 43, I do Código Penal). Neste caso, o descumprimento da conversão em pena restritiva de direitos gera a conversão em pena privativa de liberdade de conformidade com o art. 44, § 4º do Código Penal. (DELMANTO, Roberto, *et al*, ob cit. p. 366)

---

5 Antiga redação do art. 51 do Código Penal: A multa converte-se em pena de detenção, quando o condenado solvente deixa de paga-lá ou frustra a sua execução. (REDAÇÃO REVOGADA PELA LEI 9268/96). A atual redação prevê *"Transitada em julgado a sentença condenatória, a multa será considerada dívida de valor, aplicando-se-lhes as normas da legislação relativa à dívida ativa da Fazenda Pública, inclusive no que concerne às causas interruptivas e suspensivas da prescrição"*.

7. EXECUÇÃO DA PENA PRIVATIVA DE LIBERDADE, RESTRITIVA DE DIREITO E MULTA CUMULATIVA

Prevê o art. 86 da Lei 9.099/95 que *"A execução das penas privativas de liberdade e restritivas de direitos, ou de multa cumulada com estas, será processada perante o órgão competente, nos termos da lei"*. A doutrina diverge sobre o local onde seria realizada a execução penal tratada. GRINOVER relata que *"será feita perante o juízo comum da execução penal, cuja competência é fixada segundo as normas de Execução Penal e as regras de organização judiciária"*. (GRINOVER, 1996, p. 173) Para MIRABETE, as penas restritivas de direito e privativas de liberdade poderiam ser executadas pelo Juizado Especial Criminal, desde que exista previsão em Lei de Organização Judiciária. (MIRABETE, ob. cit., pg. 140/141) NUCCI e DELMANTO entendem que a execução deve ser feita pelo Juizado Especial Criminal, de acordo com determinação legal. (NUCCI, 2006, p. 406) (DELMANTO, *et al,* ob. cit. p. 366)

DISPOSIÇÕES FINAIS

1. CONDIÇÃO DE PROCEDIBILIDADE PARA AS LESÕES CORPORAIS LEVES E CULPOSAS (ART. 88 DA LEI 9.099/95)

"Além das hipóteses do Código Penal e da legislação especial, dependerá de representação a ação penal relativa aos crimes de lesões corporais leves e lesões culposas". Até a previsão legal da Lei 9.099/95 as lesões corporais leves e culposas eram processadas por ação penal pública incondicionada.

2. SUSPENSÃO CONDICIONAL DO PROCESSO

"Nos crimes em que a pena mínima cominada for igual ou inferior a um ano, abrangidas ou não por esta Lei, o Ministério Público, ao oferecer a denúncia, poderá propor a suspensão do processo, por dois a quatro anos, desde que o acusado não esteja sendo processado ou não tenha sido condenado por outro crime, presentes os demais requisitos que autorizariam a suspensão condicional da pena (art. 77 do Código Penal)".

➥ **Ato bilateral:** A suspensão condicional do processo é ato bilateral, assim o sendo, depende da aceitação da proposta por parte do réu para que seja confirmada.

➥ **Divergência entre o réu e seu defensor para a aceitação:** Em caso de divergência entre a posição do réu e a de seu defensor técnico (advogado), entre a aceitação ou não da proposta de suspensão condicional do processo realizada pelo Ministério Público ou pelo querelante (ação penal privada), prevalecerá a vontade do réu. Neste sentido NUCCI. (NUCCI, 2006, p. 410)

➥ **Não aceitação pelo acusado:** *"Se o acusado não aceitar a proposta prevista neste artigo, o processo prosseguirá em seus ulteriores termos"* (art. 89, § 7º da Lei 9.099/95).

➥ **Necessidade prévia do recebimento da denúncia:** Para que exista a possibilidade de suspensão condicional do processo, existe a necessidade da denúncia ter sido recebida, passando assim, previamente, por uma análise judicial da presença seus requisitos legais. Apenas existindo a possibilidade da sequência processual é que se possibilitará a suspensão condicional. A rejeição da denúncia, por óbvio, impede o oferecimento do benefício.

➥ **Poder/Dever do Ministério Público no oferecimento da suspensão condicional do processo:** A suspensão condicional do processo não é um direito subjetivo do réu, e sim um poder/dever do Ministério Público que deverá analisar todos os requisitos previstos na lei, e caso estejam preenchidos, realizar o oferecimento do benefício. Caso contrário, deverá o Ministério Público, de forma fundamentada, recusar a oferta.

MUITA ATENÇÃO!

Tese do STJ: O STJ divulgou tese no seguinte sentido: *"A suspensão condicional do processo não é direito subjetivo do acusado, mas sim um poder-dever do Ministério Público, titular da ação penal, a quem cabe, com exclusividade, analisar a possibilidade de aplicação do referido instituto, desde que o faça de forma fundamentada".*

➥ **Casos de ações penais privadas:** Nos casos de ações penais privadas, a possibilidade de oferta da suspensão condicional do processo cabe ao querelante, dentro do princípio da disponibilidade e da oportunidade. Assim o sendo, dependerá da análise dos requisitos legalmente previstos. Caso o querelante não se manifeste, não há qualquer obstrução da ação penal privada, que deverá seguir seu curso, pois pautada nos princípios acima colocados, sendo, portanto, disponível ao querelante a qualquer momento cessar a ação.

FIQUE POR DENTRO:

Posição do STJ: *"A jurisprudência dos Tribunais Superiores admite a aplicação da transação penal às ações penais privadas. Nesse caso, a legitimidade para formular a proposta é do ofendido, e o silêncio do querelante não constitui óbice ao prosseguimento da ação penal. Isso porque, a transação penal, quando aplicada nas ações penais privadas, assenta-se nos princípios da disponibilidade e da oportunidade, o que significa que o seu implemento requer o mútuo consentimento das partes".* (STJ – CORTE ESPECIAL – Apn 634/RJ – Relator Felix Fischer, dj. 21.3.2012, dje 3.4.2012, RSTJ 226/19).

➥ **Discordância entre a posição do Ministério Público e do Judiciário sobre o oferecimento da Suspensão Condicional do processo:** A oferta do benefício do art. 89 da Lei 9.099/95 cabe ao Ministério Público que poderá recusar-se a fazê-la, desde que fundamentadamente. Discordando o juízo de tal posicionamento, não lhe cabe a reforma direta da decisão e sim o envio dos autos a Procuradoria Geral do Ministério Público para reanálise, de conformidade analógica com o art. 28 do Código de Processo Penal.

MUITA ATENÇÃO!

Posição do STF – Súmula 696: *"Reunidos os pressupostos legais permissivos da suspensão condicional do processo, mas se recusando o Promotor de Justiça a propô-la, o juiz, dissentindo, remeterá a questão ao Procurador Geral, aplicando-se por analogia o art. 28 do Código de Processo Penal".*

➥ **Possibilidade de Controle Judicial das condições estipuladas na suspensão condicional do processo:** Embora caiba ao Ministério Público e ao querelante a propositura das condições a serem cumpridas durante o período de suspensão condicional do processo, quando estas se mostrem desproporcionais e inconstitucionais poderão sofrer controle judicial. Isto porém, somente poderá ocorrer caso exista a desproporcionalidade e inconstitucionalidade latente das condições estipuladas. Sendo legais e obedecendo o princípio da razoabilidade, não caberá ao Judiciário a realização de interferência para alterar as condições.

FIQUE POR DENTRO:

Posição do STJ: *"1. As condições do sursis processual são passíveis de controle judicial e podem ser objeto de impugnação por meio de habeas corpus se, desproporcionais e inconstitucionais, acarretam constrangimento ilegal. 2. A imposição de renúncia a*

FIQUE POR DENTRO: *benefício previdenciário restabelecido – a determinar dispensa do due process of law, exigido como condição da cassação da prestação previdenciária –, é, por certo, além de desproporcional, por privar o beneficiário de seu meio de subsistência, inconstitucional, na medida em que viola o disposto no artigo 5º, inciso LV, da Constituição da República"* (STJ – 6ª Turma – HC 60447/RJ – Relator Ministro Hamilton Carvalhido, dj. 3.10.2006 e dje 5.2.2007, p. 401).

➥ Período de suspensão

O período de suspensão do processo se dará no prazo de 2 a 4 anos de acordo com a proposta feita pelo Ministério Público. Para a fixação da variação determinada, o Ministério Público ou o querelante deve se ater à gravidade do delito cometido e às demais circunstâncias judiciais que envolvam o delito cometido.

➥ Situações especiais

Como se verá abaixo, existem situações especiais de períodos de provas que poderão ser prorrogados por tempo bastante superior aos quatro anos acima indicados. São previsões em legislações especiais, caso específico dos crimes ambientais.

➥ Casos de tentativa e suspensão condicional do processo

O art. 89 da Lei 9.099/95 requer a fixação da pena privativa de liberdade mínima de 1 ano para possibilitar o oferecimento da suspensão condicional do processo. Assim o sendo, em casos de crime tentado, deve se tomar como base a mínima pena possível em abstrato para verificar-se a possibilidade de oferta da benesse. Posto isto, em todo o crime tentado, visando a análise do cabimento da suspensão condicional do processo aplica-se a diminuição de 2/3 (art. 14, II do Código Penal) sobre a pena mínima prevista no preceito secundário e tem-se o resultado a ser avaliado. Se desta diminuição resultar montante menor que 1 ano, será cabível a suspensão condicional do processo.

FIQUE POR DENTRO: **Posição STJ:** *"Para efeito da suspensão condicional do processo, é de ser considerada a causa de diminuição da pena prevista no art. 14, II do CPB (crime tentado), aplicando-se, neste caso, a redução máxima (2/3) a fim de averiguar a pena mínima em abstrato".* (STJ – 5ª Turma – HC 84608/SP – Relator Ministro Napoleão Nunes Maia Filho – dj 17.4.2008, dje 12.5.2008).

➥ Desclassificação do crime em sentença ou no curso do processo: Em caso de desclassificação do crime daquela imputada na denúncia, em que não era cabível a suspensão condicional do processo para um novo crime em que o benefício é passível de oferecimento pelo Ministério Público, deve este fazê-lo, inexistindo qualquer impedimento a tanto. Assim o sendo, aplicado o art. 384 do Código de Processo Penal, antes do juiz sentenciar, deve abrir vistas do processo ao Ministério Público para que se manifeste em face da possibilidade de suspensão condicional do processo, caso a nova classificação a admitir. Nesse sentido, Ada Pellegrini. (GRINOVER, 1996, p. 203)

➥ Procedência parcial da sentença punitiva: Também aqui é passível de abertura de vista ao Ministério público nos casos onde a inicial classificação do crime não admitia a oferta da suspensão condicional do processo e em sentença ocorre a desclassificação para crime que a permita. Deve o juiz facultar a possibilidade de oferta do benefício ao Ministério Público, que evidentemente, optará pelo recurso de apelação caso não haja concordância com a sentença, ou caso concorde com esta, deverá se pronunciar pela oferta ou não da suspensão condicional do processo.

MUITA ATENÇÃO!

Posição STJ – Súmula 337: *"É cabível a suspensão condicional do processo na desclassificação do crime e na procedência parcial da pretensão punitiva".*

➥ **Nova oferta da suspensão condicional do processo:** A lei brasileira, diferentemente dos casos de transação penal, não fixa prazo para que possa ser reiterada oferta da suspensão condicional do processo, após o período de prova cumprido e a extinção da punibilidade do autor dos fatos em primeiro recebimento do benefício. A doutrina sugere a aplicação analógica do art. 76, § 2º, II da Lei 9.099/95 que determina o prazo de cinco anos para uma nova oferta dos casos de transação penal. (GRINOVER, 1996, p. 204)

➥ **Requisitos para a proposta**

a) Possível para crimes que detenham pena privativa de liberdade mínima em abstrato cominada em no máximo 1 ano;

b) Réu não pode estar sendo processado ou já ter sido condenado por outro CRIME;

c) Estarem presentes os requisitos do art. 77 do Código Penal:

1º Requisito: Crimes com pena privativa de liberdade mínima de até 1 ano

- **Crime como requisito:** a lei fala em CRIME com pena mínima igual ou inferior a um ano. Assim o sendo, todas as contravenções penais, em tese, são passíveis de proposta de suspensão condicional do processo, independentemente da pena mínima cominada (dificilmente surgirá uma previsão legal de contravenção penal com pena mínima superior a um ano).

- **Crime que detenha previsão de multa ALTERNATIVA com pena mínima privativa de liberdade SUPERIOR a um ano**: a suspensão condicional do processo é fixada com base da pena privativa de liberdade MÍNIMA prevista no tipo penal. Assim o sendo, nos crimes que detenham pena ALTERNATIVA de multa e pena privativa de liberdade mínima superior a 2 anos (exemplo crimes do art. 7º da Lei 8.137/90 – crimes contra a relação de consumo) criou-se um impasse. Entenderam os tribunais superiores que nestes casos, É POSSÍVEL o oferecimento da suspensão condicional do processo visto que o legislador baseou-se na pena MÍNIMA para possibilitar o benefício, e nestes casos, a pena mínima é a pena de multa, bastante mais branda que qualquer pena privativa de liberdade.

FIQUE POR DENTRO:

Posição do STF: *"EMENTA: AÇÃO PENAL. Crime contra relações de consumo. Pena. Previsão alternativa de multa. Suspensão condicional do processo. Admissibilidade. Recusa de proposta pelo Ministério Público. Constrangimento ilegal caracterizado. HC concedido para que o MP examine os demais requisitos da medida. Interpretação do art. 89 da Lei nº 9.099/95. Quando para o crime seja prevista, alternativamente, pena de multa, que é menos gravosa do que qualquer pena privativa de liberdade ou restritiva de direito, tem-se por satisfeito um dos requisitos legais para a suspensão condicional do processo"* (STF – 2ª Turma – HC 83926/RJ – Relator Ministro Cézar Peluso – dj 7.8.2007 e dje 13.9.2007, p. 85 – RT 867/525 e REVJMG 181/553).

Posição do STJ: *"PROCESSO PENAL. HABEAS CORPUS. ART. 7°, INCISO IX, DA LEI 8.137/90. PENA PRIVATIVA DE LIBERDADE. MÍNIMO COMINADO SUPERIOR A UM ANO. PREVISÃO ALTERNATIVA DE PENA DE MULTA. SUSPENSÃO CONDICIONAL DO PROCESSO.*

FIQUE POR DENTRO:

POSSIBILIDADE. Quando para o crime seja prevista, alternativamente, pena de multa, que é menos gravosa do que qualquer pena privativa de liberdade ou restritiva de direito, é cabível a aplicação do art. 89 da Lei 9.099/95 (Precedente do STF). Ordem concedida". (STJ – HC 109980/SP – 5ª Turma – Relator Ministro Félix Fischer – dj. 4.12.2008 e dje 2.3.2009).

MUITA ATENÇÃO!

Tese do STJ: O STJ divulgou tese neste sentido: "É cabível a suspensão condicional do processo e a transação penal aos delitos que preveem a pena de multa alternativamente à privativa de liberdade, ainda que o preceito secundário da norma legal comine pena mínima superior a um ano".

- **Concurso de Crimes:** Nos casos de concurso de crimes devem ser aplicadas as regras do concurso (arts. 69, 70 e 71 do Código Penal) e após tal aplicação ser verificado o montante da pena mínima resultante do concurso de delitos. Caso a pena mínima privativa de liberdade a ser aplicada seja inferior ou igual a um ano, será possível a suspensão condicional do processo. Em caso contrário não o será.

MUITA ATENÇÃO!

Posição STJ: Súmula 243: *"O benefício da suspensão do processo não é aplicável em relação às infrações penais cometidas em concurso material, concurso formal ou continuidade delitiva, quando a pena mínima cominada, seja pelo somatório, seja pela incidência da majorante, ultrapassar o limite de um (01) ano".*

Posição do STF: Súmula 723: *"Não se admite a suspensão condicional do processo por crime continuado, se a soma da pena mínima da infração mais grave com o aumento mínimo de um sexto for superior a um ano".*

2º Requisito: Réu não pode estar sendo processado ou já ter sido condenado por outro CRIME

- **Réu respondendo por processo em andamento:** diferentemente da transação penal, a suspensão condicional do processo veda a possibilidade de oferta do benefício para os casos em que o réu encontra-se processado por outro crime, ainda que a pena mínima do primeiro crime, somada a pena mínima deste segundo delito não ultrapasse a um ano.

FIQUE POR DENTRO:

Posição STF: *"EMENTA: Suspensão condicional do processo: revogação. 1. Nos termos do art. 89 da Lei 9.099/95 – cuja constitucionalidade foi reconhecida pelo plenário, em 16.12.99, no RHC 79.460, Nelson Jobim, DJ 18.5.01 – não cabe a suspensão condicional do processo quando o acusado esteja sendo processado ou já tiver sido condenado por outro crime. 2. Não satisfeito o "pressuposto negativo" imposto pela própria lei, pode ser revogado o benefício por decisão proferida após o período de prova, embora haja de fundar-se em fatos ocorridos até o termo final dele: precedente" (HC 80.747, Pertence, DJ 19.10.2001)* (STF 1ª Turma – HC 85106/SP – Ministro Sepúlveda Pertence – dj. 14.12.2004, dju 4.3.2005 – LEXSTF 317/503 – RTJ 193/723).

Posição do STJ: *"É firme o entendimento desta Corte Superior quanto à inadmissibilidade da suspensão condicional do processo – nos termos do art. 89 da Lei 9.099/95 – se o paciente estava sendo processado pela prática de outro delito"* (STJ – 5ª Turma – HC 115815/RJ – Relator Ministro Napoleão Nunes Maia Filho – dj 12.4.2011 e dje 18.5.2011).

- **Existência de inquérito policial em andamento não gera a possibilidade de recusa de oferta da suspensão condicional do processo:** A lei é clara ao colocar que a oferta do benefício estará impossibilitada a partir da existência de condenações por crimes anteriores ou processos em curso. Nada refere-se a inquérito policiais em andamentos, que por si só não geram maus antecedentes a uma pessoa. Assim o sendo, o só fato e existirem inquéritos policiais em andamento, por se tratar de fase pré-processual, não pode servir de embasamento para a negativa de oferta da suspensão condicional do processo por parte do Ministério Público.

FIQUE POR DENTRO:

Posição STJ: *"A existência de inquéritos policiais em andamento – motivo da negativa de proposta de suspensão condicional do processual – não é razão idônea para a negativa do benefício. 5. Vale ressaltar que, conquanto os inquéritos em andamento não configurem obstáculo à proposta do sursis processual, a existência de ação penal, com ou sem condenação, é fator impeditivo do benefício, a teor da jurisprudência deste Superior Tribunal de Justiça, em consonância com a do Supremo Tribunal Federal. 6. Habeas corpus julgado parcialmente prejudicado. Ordem concedida, também em parte, tão-somente para determinar a abertura de vista ao Ministério Público a fim de que, afastado o óbice indicado, e se outro superveniente não houver, ofereça a suspensão condicional do processo ao acusado, nos termos do artigo 89, caput, da Lei 9.099/95"* (STJ – HC 36132/BA – Ministra Laurita Vaz – dj. 28.6.2005 e dje 29.8.2005, p. 374).

MUITA ATENÇÃO!

Tese do STJ: o STJ divulgou tese no sentido que *"A existência de inquérito policial em curso não é circunstância idônea a obstar o oferecimento de proposta de suspensão condicional do processo"*.

- **Reincidência e maus antecedentes:** O impedimento de já ter sido condenado por outro processo é válido tanto para os casos de reincidência quanto para a situação de maus antecedentes. Entende-se por maus antecedentes porém, processos com trânsito em julgado que não gerem ao réu reincidência e desde que este não tenha passado pela reabilitação. Processo em curso e inquérito policiais não são considerados maus antecedentes para este fim.

FIQUE POR DENTRO:

Posição do STJ: *"Inquéritos policiais e ações penais em andamento, e causas extintivas pelo cumprimento das condições do sursis processual não constituem maus antecedentes, má conduta social nem personalidade desajustada, porquanto ainda não se tem contra o réu um título executivo penal definitivo"* (STJ – 6ª Turma – HC 91135/PB – Relator Ministra Jane Silva, dj 25.2.2008 e dje 10.3.2008).

- **Réu condenado anteriormente por crime culposo ou condenado e beneficiado com a suspensão condicional da pena:** É mantido o impedimento previsto na lei. Nos dizeres de MIRABETE *"impede a proposta também a condenação anterior por crime, não fazendo distinção quanto a ser ele doloso, culposo ou preterdoloso, nem à qualidade ou quantidade da pena imposta ou o fato de ter sido o causado beneficiado com a suspensão condicional da pena". (*MIRABETE, ob. cit. p. 161)

- **Réu condenado anteriormente por pena de multa em crime:** Tem entendido a jurisprudência que a condenação anterior em pena meramente de multa, ainda que por crime, não poderia impedir a suspensão condicional do processo. Isto porque o art. 77, § 1º do Código Penal, quanto trata da suspensão condicional DA PENA prevê que *"A condenação anterior a pena de multa não impede a concessão do benefício"*. Entende-se, pois, que a aplicação deve ser tida de uma forma combinada entre o artigo do Código Penal e a Lei 9.099/95. Salientamos que esta não é nossa posição, embora a maioria da doutrina e também o Superior Tribunal de Justiça tenham entendido desta forma. Por nosso posicionamento, se a lei veda a oferta a réus que estão sendo processados (e portanto, possam ser absolvidos e sequer receber pena alguma) quanto mais a réus já condenados. Se veta a oferta ao menos (estar meramente sendo processado), certamente poderia veta-la ao mais (já ter sido processado e condenado pelo pagamento de pena de multa) e, portanto, não admitir a oferta a réus que já foram condenados a pena de multa. Mais uma vez colocamos que não é este o entendimento do STJ.

FIQUE POR DENTRO:

Posição do STJ: *"CRIMINAL. RESP. SUSPENSÃO CONDICIONAL DO PROCESSO. CONDENAÇÃO ANTERIOR À PENA DE MULTA. AUSÊNCIA DE ÓBICE AO BENEFÍCIO. RECURSO PROVIDO. I. A condenação anterior à pena de multa não obsta a concessão do sursis processual"* (STJ – 5ª Turma – REsp 558184/SP – Relator Ministro Gilson Dipp – dj. 17.8.2004 e dje 17.8.2004).

- **Réu condenado anteriormente por contravenção penal:** Em tese, a lei não obsta a oferta da suspensão condicional do processo nos casos do réu ter sido condenado anteriormente por contravenção penal, apenas para crimes. Porém a negativa de oferta do Ministério Público pode se embasar nas questões de ausência de outros requisitos, como condições judiciais favoráveis ou maus antecedentes. O STJ tem entendido que sendo a condenação anterior feita em pena exclusivamente de multa pela prática de contravenção penal, inexiste a possibilidade de recusa da oferta.

FIQUE POR DENTROO:

Posição STJ: *"RHC – SUSPENSÃO CONDICIONAL DO PROCESSO – NEGATIVA DE PROPOSTA PELO MP, À VISTA DO ACUSADO JÁ TER SIDO, ANTERIORMENTE, CONDENADO POR CONTRAVENÇÃO PENAL, À PENA DE MULTA – IRRELEVÂNCIA. 1. Não obsta a transação e a suspensão condicional do processo, na forma da Lei nº 9.099/95, a condenação anterior, por contravenção penal, de que resultou exclusivamente a pena de multa. 2. Recurso provido"* (STJ – 6ª Turma – RHC 7878/RJ, Relator Ministro Anselmo Santiago – dj. 29.10.1998 e dje 14.12.1998, p. 304).

- **Réu que tenha cumprido regularmente as condições de oferta de suspensão condicional do processo realizada anteriormente à prática do novo delito:** Posição trazida pelo STJ se dá no sentido de permissão da concessão de nova suspensão condicional do processo quando a anterior teve totalmente seu cumprimento e gerado a extinção da punibilidade do agente nos termos do art. 89, § 5º da Lei 9.099/95. Neste sentido.

MUITA ATENÇÃO!

Tese do STJ: O STJ divulgou tese no seguinte sentido: *"A extinção da punibilidade do agente pelo cumprimento das condições do sursis processual, operada em processo anterior, não pode ser valorada em seu desfavor como maus antecedentes, personalidade do agente e conduta social".*

3º Requisito: Estarem presentes os requisitos do art. 77 do Código Penal

- **Requisitos do art. 77 do Código Penal**

  a) **o condenado não seja reincidente em crime doloso**: para este caso o réu já não faria jus ao benefício visto que o segundo requisito da suspensão condicional do processo já lhe coibiria de tal possibilidade.

b) **a culpabilidade, os antecedentes, a conduta social e personalidade do agente, bem como os motivos e as circunstâncias autorizem a concessão do benefício**: neste caso os maus antecedentes já haviam sido previstos anteriormente no segundo requisito da suspensão condicional do processo, mas os demais requisitos não, e mostram-se extremamente importantes para a fundamentação do Ministério Público em caso de não aplicação do benefício, independentemente de existência de processos em curso ou maus antecedentes.

c) **Não seja indicada ou cabível a substituição prevista no art. 44 deste Código**: Este requisito **não deve ser levando em conta**, obviamente para a concessão da suspensão condicional do processo, uma vez que apenas está previsto para situações de **condenações**, que influenciem na suspensão condicional da pena. Se estamos falando de suspensão do processo, não há que falar em cumprimento de pena.

↳ **Ponto fundamental dos requisitos do art. 77 do CP para os requisitos do art. 89 da Lei 9.099/95:** O único requisito do art. 77 do Código Penal que realmente importa para a concessão da suspensão condicional do processo é o previsto na alínea "b" acima citada. É a análise das circunstâncias judiciais que envolvam o autor do fato e o crime que cometeu.

↳ **Condições para o período de prova (art. 89, § 1º da Lei 9.099/95):** São condições previstas legalmente que devem fazer parte do período de provas:

a) reparação do dano, salvo impossibilidade de fazê-lo;

b) proibição de freqüentar determinados lugares;

c) proibição de ausentar-se da comarca onde reside, sem autorização do Juiz;

d) comparecimento pessoal e obrigatório a juízo, mensalmente, para informar e justificar suas atividades.

↳ **Obrigatoriedade das condições previstas em lei:** As condições previstas em lei são obrigatórias e não podem ser suprimidas, sequer pelo juízo sob pena de nulidade.

↳ **Não fixação pelo juízo:** Segundo MIRABETE, caso o juiz não fixar as condições obrigatórias, são cabíveis Embargos de Declaração por parte do Ministério Público e caso for mantida a omissão a proposta de apelação. (MIRABETE, ob. cit. 175)

1ª condição: reparação do dano salvo impossibilidade de fazê-lo

- **Necessidade do autor comprovar a situação de penúria, sob pena de não oferecimento do benefício:** A reparação do dano é condição obrigatória a ser arcada pelo réu para fazer jus ao benefício da suspensão condicional do processo, salvo se demonstrar comprovadamente que não detém a condição de fazê-lo, não bastando mera alegação de situação de insolvência.

- **Possibilidade de abertura de oportunidade para o réu manifestar-se no curso do período de provas sobre o motivo pelo qual não reparou o dano:** É possível que no curso do período de provas o réu requeira a possibilidade de manifestar-se sobre sua impossibilidade de reparar o dano na forma como foi fixada nas condições. Caso assim o fizer, ainda que tal condição já tenha sido imposta, é possível que seja reconhecida sua impossibilidade de reparação e, por conseguinte, que não seja gerada a revogação do benefício.

- **Demonstração da impossibilidade de ressarcimento deve se dar no curso do período de provas:** Não comprovada a impossibilidade financeira pelo réu de realizar o ressarcimento no curso do período de provas fixado, o benefício será automaticamente revogado, sendo inadmissível a busca da comprovação após o referido período.
- **Possibilidade de prorrogação do período de provas para a comprovação de reparação do dano:** Não comprovado o ressarcimento do dano durante o período de provas, e não tendo este sido comprovado pelo réu, é possível a prorrogação do período de provas para que tal comprovação ocorra nos autos, desde que não tenha sido atingido o limite legalmente estabelecido de 4 anos.
- **Não comprovação da reparação do dano gera a revogação do benefício:** Ainda que sejam abertas todas as oportunidades ao réu de manifestação dentro do período de provas, caso este não comprove a reparação do dano ou a impossibilidade de fazê-lo, o benefício será revogado, mesmo que cumpridas todas as demais condições.

2ª condição: proibição de frequentar determinados lugares

A condição, como coloca MIRABETE, mostra-se inadequada. Embora sabido que em determinados lugares a prática de certos crimes sejam de maior ocorrência a condição não detém motivo de ser fixada quando o crime praticado não tivesse qualquer vinculação a tais locais. A fixação não poderá ser de forma genérica, sendo necessário que sejam especificadas os pontos onde a frequência não pode ocorre. (MIRABETE, ob. cit. p.174)

- **Condição reiterada na lei:** Nos dizeres de NUCCI, *"parece-nos verdadeiro fetiche do legislador a busca frenética por tal medida"*. A medida é prevista para a concessão da suspensão condicional da pena (art. 78, § 2º, alínea "a" do Código Penal); para o livramento condicional (art. 132, § 2º, alínea "c" da Lei de Execução Penal); liberação da medida de segurança (art. 178 da Lei de Execução Penal) e como pena restritiva de direitos (art. 47, IV do Código Penal). (NUCCI, 2006, p. 411)
- **Trata-se de medida legalmente confirmada pelos tribunais superiores**

FIQUE POR DENTRO:

"PENAL. PROCESSUAL. SUSPENSÃO CONDICIONAL DO PROCESSO. FUNDAMENTAÇÃO. PROIBIÇÃO DE FREQÜENTAR BARES. "HABEAS CORPUS". RECURSO. 1. A imposição de condições na suspensão do processo por prazo acima do mínimo legal de dois (02) anos tem que ser motivada e suficientemente fundamentada. (CF, art. 93, IX). 2. A proibição de freqüência a bares e similares, imposta ao acusado, tem apoio legal" (STJ – 5ª Turma – RHC 6212/SP – Ministro Edson Vidigal – dj. 6.5.1997 – dje 7.12.1998, p. 80 – LEXSTJ 117/244 – RSTJ 116/335).

3ª condição: proibição de ausentar-se da comarca onde reside, sem autorização do Juiz

Trata-se da possibilidade de maior controle do juízo com relação ao deslocamento do réu. Não pode ser confundida com a proibição de alteração de domicílio, tão menos a vedação de que deixe a comarca por si só. Apenas se condiciona a autorização prévia para que o réu deixe a comarca onde detém seu domicílio.

4ª condição: comparecimento pessoal e obrigatório a juízo, mensalmente, para informar e justificar suas atividades

A justificativa de atividades normalmente se relaciona à confirmação do local de moradia e a atividade laborativa desenvolvida pelo réu.

- **Fixação de condições alternativas às legais pelo juiz:** Determina o art. 89, § 2º da lei 9099/95 que o juiz poderá fixar outras condições além das condições legais para serem cumpridas durante o período de provas por parte do réu, desde que adequadas ao fato e à situação pessoal do acusado.
- **Requisitos para a fixação de condições alternativas:** a) adequação ao fato; b) adequação à situação pessoal do réu.
- **Princípios a serem respeitados para as condições facultativas:** a) Princípio da adequação: as condições devem ser adequadas ao fato e a situação pessoal do réu, como colocado pela lei, caso contrário não deverão ser aceitas e não poderão gerar a restrição no cumprimento do benefício pelo réu, que poderá requerer o afastamento de tais condições em recurso. b) Princípio da proporcionalidade: deve existir uma proporcionalidade entre a condição ofertada, a situação pessoal do réu e o crime praticado, analisadas sua forma de cometimento e demais condições judiciais.

? **QUESTÃO:** Embora a lei fale em oferecimento das condições facultativas pelo juízo, pode o Ministério Público oferecê-las?

↳ ***RESPOSTA:*** *Têm entendido os Tribunais Superiores que pode o Ministério Público oferecer também as condições facultativas, desde que estas passem pelo crivo do judiciário.*

FIQUE POR DENTRO:

Posição STJ: *"O Ministério Público pode oferecer condições facultativas, ou seja, não elencadas no § 1º do art. 89 da Lei nº 9.099/95, e desde que respeitados os princípios da adequação e da proporcionalidade, quando da propositura da suspensão condicional do processo"* (STJ – 5ª Turma – AgRg 1205151/RS – Relator Ministro Jorge Mussi – dj. 14.6.2011 e dje 27.6.2011).

- **Fixação de medida restritiva de direito ou pagamento pecuniário como condição:** A jurisprudência se posicionou no sentido de entender como lícita a fixação de medidas restritivas de direito, como a prestação de serviços à comunidade e a prestação pecuniária como condições da suspensão condicional do processo.
- **Causas de revogação obrigatórias da suspensão condicional do processo:** São duas as causas de revogação obrigatória: a) caso o beneficiário vier a ser processado por outro crime; b) caso o beneficiário não efetuar, sem motivo justificado, a reparação do dano.
- **Beneficiário venha a ser processado por novo crime:** Caso o beneficiário vier a ser processado por novo crime, deve ser revogado o benefício legal, mesmo que tenha se atestado a situação após findo o período de provas (discussão será feita abaixo), visto o impedimento legal de oferta do benefício para réus processados.

FIQUE POR DENTRO:

Posição STF: *"EMENTA: Suspensão condicional do processo: revogação. 1. Nos termos do art. 89 da L. 9.099/95 – cuja constitucionalidade foi reconhecida pelo plenário, em 16.12.99, no RHC 79.460, Nelson Jobim, DJ 18.5.01 – não cabe a suspensão condicional do processo quando o acusado esteja sendo processado ou já tiver sido condenado por outro crime. 2. Não satisfeito o "pressuposto negativo" imposto pela própria lei, pode ser revogado o benefício por decisão proferida após o período de prova, embora haja de fundar-se em fatos ocorridos até o termo final dele: precedente (HC 80.747, Pertence, DJ 19.10.2001).* (STF – 1ª Turma – HC 85106/SP – Relator Ministro Sepúlveda Pertence – dj. 14.12.2004 e dje 4.3.2005 – LEXSTF 317/503).

- **Casos de crimes culposos:** Entre a doutrina que como a lei não faz distinção, mesmo nos casos de crimes culposos praticados no curso do período de provas, ocorrerá a revogação obrigatória da suspensão condicional do processo. Neste sentido MIRABETE. (MIRABETE, ob. cit. p. 179)
- **Beneficiário não efetuar a reparação do dano, sem motivo justificado:** Vide notas acima sobre reparação do dano.
- **Causas de revogação facultativa (art. 89, § 4º da Lei 9.099/95):** Duas também são as causas de revogação facultativa: a) se o acusado vier a ser processado, no curso do prazo, por contravenção; b) se o acusado vier a descumprir qualquer outra condição imposta.
- **Prorrogação período provas:** Cabe ao juízo a revogação ou não do benefício de maneira fundamentada caso exista o descumprimento de condição facultativa, não bastando simples menção do descumprimento. Não é facultado ao juiz, em ocorrendo uma das causas facultativas de revogação, estender o período de provas, caso optar pela não revogação.
- **Extinção da punibilidade após o período de provas:** Diz a Lei 9.099/95 em seu art. 89, § 5º que "*Expirado o prazo sem revogação, o Juiz declarará extinta a punibilidade*". Tem se entendido que esta menção se dá no sentido de ter se expirado o prazo sem que existam motivos cometidos pelo réu no curso do período de provas que levem à revogação. Assim, ainda que expirado o prazo do período de provas, mas se comprove posteriormente, que o réu cometeu uma das causas de revogação, é possível a revogação do benefício da suspensão condicional do processo. Trata-se de posicionamento sedimentado nos Tribunais Superiores.

FIQUE POR DENTRO:

Posição STF: *"A jurisprudência desta Casa de Justiça é firme no sentido de que o benefício da suspensão condicional do processo pode ser revogado mesmo após o período de prova, desde que motivado por fatos ocorridos até o seu término. A melhor interpretação do art. 89, § 4º, da Lei 9.099/95 leva à conclusão de que não há óbice a que o juiz decida após o final do período de prova (cf. HC 84.593/SP, Primeira Turma, da minha relatoria, DJ 03/12/2004). Precedentes de ambas as Turmas. 3. Em se tratando de instrumento de política criminal despenalizadora, o instituto da suspensão condicional do processo exige mais do que a aplicação das condições objetivamente consideradas. Vai além: para efeito de revogação da suspensão do processo, confere ao julgador importante função de sopesar a gravidade de eventual falta no cumprimento das condições fixadas, diante da conduta do acusado frente ao benefício"* (STF – Tribunal Pleno – AP 512 Agr/BA – Relator Ministro Ayres Brito – dj 15.3.2012 dje 19.4.2012 – publ. 20.4.2012).

MUITA ATENÇÃO!

Tese do STJ: o STJ divulgou tese no sentido de: *"Se descumpridas as condições impostas durante o período de prova da suspensão condicional do processo, o benefício poderá ser revogado, mesmo se já ultrapassado o prazo legal, desde que referente a fato ocorrido durante sua vigência. (Tese julgada sob o rito do artigo 543-C do CPC/73)"*. Esta – tese é responsável pelo Recurso Repetitivo dos temas 920 e 930 do STJ.

- **Revogação é de caráter declaratório:** O entendimento acima vem fundado no caráter declaratório da decisão de revogação do benefício. Assim, entende-se que a revogação é automática no caso do descumprimento das condições e, por tal, caberia ao juízo, meramente declarara a revogação que já havia ocorrido.

FIQUE POR DENTRO:

Neste sentido STJ: *"CRIMINAL. RESP. SUSPENSÃO CONDICIONAL DO PROCESSO. EXTINÇÃO DA PUNIBILIDADE DECLARADA. CUMPRIMENTO DAS CONDIÇÕES. REPARAÇÃO DO DANO. AUSÊNCIA DE COMPROVAÇÃO. RECURSO PROVIDO. I – A suspensão condicional do processo é automaticamente revogada, se o réu vem a descumprir as condições impostas pelo Juízo. II – Sendo a decisão revogatória do sursis meramente declaratória, não importa que a mesma venha a ser proferida somente depois de expirado o prazo de prova". (STJ – 5ª Turma – REsp 838818/DF – Ministro Gilson Dipp – dj. 10.5.2007 e dje 29.6.2007, p. 699)*

- **Prescrição durante a suspensão condicional do processo:** NÃO correrá a prescrição durante o prazo de suspensão do processo (art. 89, § 6º da Lei 9.099/95).
- **Prazo de suspensão:** Não se trata de prazo de interrupção da prescrição e sim de SUSPENSÃO, ou seja, o prazo prescricional existente após a última interrupção (que deverá ser o recebimento da denúncia) é computado e fica suspenso.
- **Período de suspensão:** A suspensão ocorrerá entre a decisão do juiz que homologou a aceitação da suspensão condicional do processo e a decisão que revogou o benefício. Obviamente, se ocorrer o cumprimento regular das condições no curso do período de provas, sem revogação, não há que se falar em retomada do cômputo prescricional com a finalização do período de provas, pois o magistrado será obrigado a extinguir o processo nos termos do art. 89, § 5º da Lei 9.099/95.
- **Justiça Militar e não aplicação da lei 9099/95:** Diz o art. 90-A da Lei 9.099/95 que *"As disposições desta Lei não se aplicam no âmbito da Justiça Militar"*. Este artigo foi incluído pela Lei 9.839, de 27 de setembro de 1999, e embora tivesse sua constitucionalidade contestada junto ao STF, foi mantida a restrição pela corte suprema.
- **Suspensão Condicional do Processo em casos de Crimes Ambientais:** Determina o art. 28 da Lei 9.605/98 que *"as disposições do art. 89 da Lei nº 9.099, de 26 de setembro de 1995, aplicam-se aos crimes de menor potencial ofensivo definidos nesta Lei"* com algumas especificidades a seguir debatidas.
- **Erro na redação do art. 28 "caput" da Lei 9.605/98:** Como bem reporta NUCCI, a redação do "caput" do art. 28 da Lei 9.605/98 encontra-se equivocada quando condiciona a concessão do benefício da suspensão condicional do processo "aos crimes de menor potencial ofensivo". Crimes de menor potencial ofensivo, de conformidade com o art. 61 da Lei 9.099/95 são aqueles que detenham pena máxima em abstrato de até 2 anos, cumulados ou não com multa. Na realidade o art. 89 da Lei 9.099/95 beneficia todos os crimes que detenham pena mínima em abstrato de até 1 ano, independentemente de serem ou não de menor potencial ofensivo. Assim o art. 28 se equivoca com a expressão lançada e não causa restrição diferenciada para os crimes ambientais em relação aos crimes comuns. (NUCCI, 2006, p. 502)
- **Laudo de constatação:** Trata-se de figura crucial para a suspensão condicional do processo nos casos de crimes ambientais. Nos casos de crimes comuns, o art. 89, § 1º, I da Lei 9.099/95 estipula que a reparação do dano é causa obrigatória durante o período de provas para a concessão do benefício e consequente extinção da punibilidade do réu. Nos crimes ambientais, esta reparação do dano apenas será comprovada

através da emissão do laudo de constatação por órgão competente, indicando que o dano foi sanado, ou que foram tomadas as providências exigidas para tanto.

- **Impossibilidade de reparação do dano:** A única hipótese em que será aceita a não reparação do dano ambiental é a impossibilidade de fazê-lo por parte daquele que agrediu o meio ambiente;

- **Prorrogação do Período de Provas:** Determina o art. 28, II da Lei 9.605/98 que "*na hipótese de o laudo de constatação comprovar não ter sido completa a reparação, o prazo de suspensão do processo será prorrogado, até o período máximo* – o art. 89, "caput" da Lei 9.099/95 prevê o período de provas de 2 a 4 anos – *previsto no artigo referido no caput, acrescido de mais um ano, com suspensão do prazo da prescrição*". Assim, entende-se possível a primeira prorrogação até o prazo de 4 anos normais do art. 89 da Lei 9.099/95 somados de outros 5 anos, no máximo derivados da primeira prorrogação da Lei 9.605/98, atingindo pois, 9 anos.

- **Condições da suspensão condicional do processo na prorrogação:** Na prorrogação não se aplicam as condições estabelecidas nos incisos II a IV do art. 89 da Lei 9.099/95. As condições citadas são: proibição de frequentar determinados lugares; proibição de ausentar-se da comarca onde reside, sem autorização do juiz; e comparecimento pessoal e obrigatório para informar e justificar suas atividades.

- **Laudo de constatação após período de prorrogação:** Findo o prazo de prorrogação, proceder-se-á à lavratura de novo laudo de constatação de reparação do dano ambiental, podendo, conforme seu resultado, ser novamente prorrogado o período de suspensão, até o máximo previsto no inciso II do art. 28 da Lei 9.605/98 (ou seja, 4 anos, com a prorrogação de mais um ano). Com esta nova prorrogação, o período de 9 anos anteriormente fixado pode chegar a 14 anos de suspensão condicional do processo.

- **Esgotamento do prazo máximo de prorrogação da suspensão condicional do processo:** "*Esgotado o prazo máximo de prorrogação, a declaração de extinção de punibilidade dependerá de laudo de constatação que comprove ter o acusado tomado as providências necessárias à reparação integral do dano*" (art. 28, V da Lei 9.605/98).

? **QUESTÃO:** Caso esgotada a segunda prorrogação sem a reparação do dano o que ocorre?

↳ ***RESPOSTA:*** *Volta-se a regular instrução do processo penal, já que a prescrição mantém-se também suspensa.*

- **Possibilidade de fixação de condições que se assemelhem a penas:** O STJ considerou acórdão repetitivo aquele que entende ser possível a fixação de condições para o cumprimento do período de prova da suspensão condicional do processo que se assemelhem a penas, dentro de uma razoabilidade em suas fixações.

FIQUE POR DENTRO: Neste sentido: "*Não há óbice a que se estabeleçam, no prudente uso da faculdade judicial disposta no art. 89, § 2º, da Lei n. 9.099/1995, obrigações equivalentes, do ponto de vista prático, a sanções penais (tais como a prestação de serviços comunitários ou a prestação pecuniária), mas que, para os fins do sursis processual, se apresentam tão somente como condições para sua incidência*" (STJ – 3ª Seção – Relator Ministro Rogério Schietti Cruz – Resp 1498034 – DJ 25/11/2015 e DJE 2/12/2015).

SÚMULAS APLICÁVEIS	
STF	**STJ**
Súmula vinculante nº 35 – A homologação da transação penal prevista no artigo 76 da Lei 9.099/1995 não faz coisa julgada material e, descumpridas suas cláusulas, retoma-se a situação anterior, possibilitando-se ao Ministério Público a continuidade da persecução penal mediante oferecimento de denúncia ou requisição de inquérito policial.	**Súmula 536** – A suspensão condicional do processo e a transação penal não se aplicam na hipótese de delitos sujeitos ao rito da Lei Maria da Penha. **Súmula 337** – É cabível a suspensão condicional do processo na desclassificação do crime e na procedência parcial da pretensão punitiva. **Súmula 243** – O benefício da suspensão do processo não é aplicável em relação às infrações penais cometidas em concurso material, concurso formal ou continuidade delitiva, quando a pena mínima cominada, seja pelo somatório, seja pela incidência da majorante, ultrapassar o limite de um (01) ano. **Súmula 203** – Não cabe recurso especial contra decisão proferida por órgão de segundo grau dos Juizados Especiais.

CAPÍTULO X

LEI 12.850/2013 (ORGANIZAÇÃO CRIMINOSA)

1. REQUISITOS PARA A CONFIGURAÇÃO DE ORGANIZAÇÃO CRIMINOSA

a) associação de 4 (quatro) ou mais pessoas;

b) estrutura ordenada e caracterizada pela divisão de tarefas, ainda que informalmente;

c) objetivo de obter, direta ou indiretamente, vantagem de qualquer natureza, mediante a prática de infrações penais cujas penas máximas sejam superiores a 4 (quatro) anos, ou que sejam de caráter transnacional.

MUITA ATENÇÃO!

AGENTE INFILTRADO E NÚMERO MÍNIMO PARA CONFIGURAÇÃO DA ASSOCIAÇÃO CRIMINOSA

O agente infiltrado não conta para a configuração do número mínimo de 4 pessoas para a configuração delitiva de uma associação criminosa.

2. DIFERENÇA ENTRE CRIME DE ORGANIZAÇÃO CRIMINOSA E DE ASSOCIAÇÃO CRIMINOSA (ART. 288 CP)

a) **número mínimo de envolvidos que são** 4 para a organização criminosa e 3 para a associação criminosa;

b) estrutura ordenada que **é** característica apenas dos crimes de organização criminosa e não da associação criminosa, que requer apenas o intuito de permanência para a prática criminosa;

c) tipo de crime a ser cometido, devendo ser delito com pena máxima superior a 4 anos para os casos de organização criminosa ou de caráter transnacional e não se requer tal indicação para os casos de associação criminosa.

3. DELITO AUTÔNOMO

O crime de organização criminosa é delito autônomo e não depende da prática de outro, apenas que a associação vise a prática de infrações com pena maior de 4 anos ou de caráter transnacional.

4. RESULTADO DO CRIME PRATICADO PELA ORGANIZAÇÃO OCORRIDO NO EXTERIOR

A lei é aplicável às infrações penais previstas em tratado ou convenção internacional quando, iniciada a execução no Brasil, o resultado tenha ou devesse ter ocorrido no estrangeiro.

5. TERRORISMO

A lei de Organização Criminosa é aplicada para as organizações terroristas, assim definidas em lei (Lei 13.260/16).

6. TIPO PENAL

É considerado crime de Organização Criminosa "promover, constituir, financiar ou integrar, pessoalmente ou por interposta pessoa, organização criminosa".

7. CRIME FORMAL E AUTÔNOMO

Para o STF, o crime de organização criminosa é formal e autônomo. Assim, ainda que a organização criminosa não tenha praticado qualquer tipo de delito, ou que não tenha sido comprovada a prática de algum tipo de delito por tal organização, o crime da Lei 12.850/13 pode subsistir.

8. TENTATIVA

A tentativa mostra-se possível em algumas modalidades, como é o caso do ato de financiar a organização criminosa.

9. OBSTRUÇÃO DE INVESTIGAÇÃO SOBRE ORGANIZAÇÃO CRIMINOSA

Equipara-se ao crime de organização criminosa a prática de impedir ou, de qualquer forma, embaraçar a investigação de infração penal que envolva organização criminosa.

> **MUITA ATENÇÃO!**
>
> O STJ (HC 487962) entendeu que o crime de obstrução de Investigação sobre Organização Criminosa NÃO se restringe meramente à fase do inquérito policial, sendo possível que seja cometido também durante a ação penal pública. Segundo o Ministro Joel Paciornik, a persecução penal é contínua e não há razão para se falar em "estancamento das investigações" após o recebimento da denúncia por parte do juiz. As investigações assim, para o STJ, transcendem a fase de inquérito policial e atingem também a fase processual, podendo o crime ser praticado quando a obstrução ocorrer neste último período.

10. CAUSA DE AUMENTO DE PENA ESPECÍFICA DE 1/2

Utilização de arma de fogo na organização criminosa.

11. AGRAVANTE ESPECÍFICA

A pena é agravada para quem exerce o comando, individual ou coletivo, da organização criminosa, ainda que não pratique pessoalmente atos de execução.

12. CAUSAS DE AUMENTO DE PENA PARA O CRIME DE ORGANIZAÇÃO CRIMINOSA

a) se há participação de criança ou adolescente;

b) se há concurso de funcionário público, valendo-se a organização criminosa dessa condição para a prática de infração penal;

c) se o produto ou proveito da infração penal destinar-se, no todo ou em parte, ao exterior;

d) se a organização criminosa mantém conexão com outras organizações criminosas independentes;

e) se as circunstâncias do fato evidenciarem a transnacionalidade da organização.

13. CAUSA DE AUMENTO DE PENA DA TRANSNACIONALIDADE

Esta causa de aumento de pena é INAPLICÁVEL. Isto porque o legislador repete como causa de aumento de pena a menção que já faz no tipo penal. da definição trazida no art. 1º, § 1º da Lei 12.850/2013. Como vimos, a definição de organização criminosa coloca como requisitos: a) associação de 4 (quatro) ou mais pessoas; b) estrutura ordenada e caracterizada pela divisão de tarefas, ainda que informalmente; c) objetivo de obter, direta ou indiretamente, vantagem de qualquer natureza, mediante a prática de infrações penais cujas penas máximas sejam superiores a 4 (quatro) anos, **ou que sejam de caráter transnacional.**

? **QUESTÃO:** Se a organização criminosa cumprir os dois primeiros requisitos e no terceiro requisito detenha o objetivo de obter direta ou indiretamente, vantagem de qualquer natureza, mediante a prática de infrações penais cujas penas máximas sejam superiores a 4 (quatro) anos E TAMBÉM, tiver caráter transnacional, seria cabível a aplicação da causa de aumento de pena relativa do art. 2º, § 4º?

➥ ***RESPOSTA:*** *O que seria possível com a presença das duas elementares é um aumento na pena base, nos termos do art. 59 do Código Penal, mas não a aplicação da causa de aumento de pena, sob risco de "bis in idem". Não há dúvidas que houve erro legislativo neste ponto.*

14. LIDERANÇAS DAS ORGANIZAÇÕES CRIMINOSAS E INÍCIO DE CUMPRIMENTO DE PENA

As lideranças detectadas de organizações criminosas, desde que estas sejam armadas, ou que tenham armas à disposição, DEVERÃO iniciar o cumprimento de pena em estabelecimento de SEGURANÇA MÁXIMA.

15. ESTABELECIMENTOS DE SEGURANÇA MÁXIMA E REGULAMENTAÇÃO

A Lei 11.671/08, com as alterações oriundas do Pacote Anticrime (Lei 13.964/19), regulamenta a questão do Estabelecimento Penitenciário de Segurança Máxima e o sistema de cumprimento das medidas cautelares ou das penas daqueles que ali estejam inseridos. Trata-se de estabelecimentos penais federais, SEMPRE em regime fechado que terá as seguintes características:

a) recolhimento em cela individual;

b) visita do cônjuge, do companheiro, de parentes e de amigos somente em dias determinados, por meio virtual ou no parlatório, com o máximo de 2 (duas) pessoas por vez, além de eventuais crianças, separados por vidro e comunicação por meio de interfone, com filmagem e gravações;

c) banho de sol de até 2 (duas) horas diárias; e

d) monitoramento de todos os meios de comunicação, inclusive de correspondência escrita.

16. PROGRESSÃO REGIMENTAL DE MEMBRO DE ORGANIZAÇÃO CRIMINOSA

O condenado expressamente em sentença por integrar organização criminosa ou por crime praticado por meio de organização criminosa não poderá progredir de regime de cumprimento de pena ou obter livramento condicional ou outros benefícios prisionais se houver elementos probatórios que indiquem a manutenção do vínculo associativo.

17. FUNCIONÁRIO PÚBLICO

Existindo indícios da participação de funcionário público em organização criminosa é possível que judicialmente seja determinado seu afastamento cautelar do cargo, emprego ou função, sem prejuízo da remuneração, tanto em sede de investigação policial quanto nos casos de instrução processual.

18. EFEITOS DA CONDENAÇÃO PARA O FUNCIONÁRIO PÚBLICO QUE PARTICIPE

A perda do cargo, função, emprego ou mandato eletivo e a interdição para o exercício de função ou cargo público pelo prazo de 8 (oito) anos subsequentes ao cumprimento da pena.

19. MEIOS DE OBTENÇÃO DE PROVA ADMITIDOS EM QUALQUER FASE DA INVESTIGAÇÃO

I – colaboração premiada;

II – captação ambiental de sinais eletromagnéticos, ópticos ou acústicos;

III – ação controlada;

IV – acesso a registros de ligações telefônicas e telemáticas, a dados cadastrais constantes de bancos de dados públicos ou privados e a informações eleitorais ou comerciais;

V – interceptação de comunicações telefônicas e telemáticas, nos termos da legislação específica;

VI – afastamento dos sigilos financeiro, bancário e fiscal, nos termos da legislação específica;

VII – infiltração, por policiais, em atividade de investigação, na forma do art. 11;

VIII – cooperação entre instituições e órgãos federais, distritais, estaduais e municipais na busca de provas e informações de interesse da investigação ou da instrução criminal.

➥ **Colaboração Premiada:** Possibilidade de perdão judicial, diminuição de até 2/3 da pena ou substituição para pena restritiva de direitos para aquele que tenha colaborado EFETIVA e VOLUNTARIAMENTE com a investigação e o processo criminal e traga resultados previstos em lei.

➥ **Natureza jurídica do acordo de colaboração premiada:** O acordo de colaboração premiada é negócio jurídico processual e ao mesmo tempo, meio de prova. É pressuposto do Acordo de Colaboração Premiada sua utilidade e o interesse público.

➥ **Marco de confidencialidade do acordo de colaboração premiada:** Segundo o art. 3º-B da Lei 12.850/13, o recebimento da proposta para a formalização do Acordo de Colaboração Premiada é ato demarcatório do início das negociações, e ainda de confidencialidade. A quebra do sigilo ou da confiança com a divulgação de tais tratativas ou de documentos configura indicação de quebra de boa-fé e a possibilidade de levantamento do sigilo por via judicial.

➥ **Indeferimento da proposta de acordo de colaboração premiada: É passível de indeferimento sumário a proposta de Acordo de Colaboração Premiada, cabendo mera** cientificação do interessado. No entanto, se não houver o indeferimento no momento da apresentação, dá-se a preclusão consumativa, sendo impossível o indeferimento sem justa causa posterior.

➥ **Acordo de colaboração premiada e suspensão da investigação:** O simples recebimento de proposta de colaboração premiada, apesar de ser considerado o início das negociações, não resulta em suspensão das investigações por si só. É possível, porém, que seja realizada a formalização de um acordo para a não propositura de medidas processuais penais cautelares e assecuratórias e medidas processuais cíveis passíveis de utilização.

➥ **Acordo de colaboração premiada e instrução sobre o seu conteúdo:** É possível que antes da lavratura do Acordo de Colaboração Premiada, sejam determinadas instruções com o fim de identificação ou até de complementação do objeto do Acordo, dos fatos nele narrados, de sua definição jurídica, da relevância do tema, de sua utilidade ou ainda do interesse público nele envolvido. Assim, é possível que após a colheita destas provas a autoridade policial ou o Ministério Público não tenham interesse em prosseguir com o Acordo de Não Persecução proposto.

➥ **Aproveitamento das provas do acordo que não foi celebrado:** Quando a autoridade apta a celebrar o Acordo não se interessar pela celebração, mesmo tendo o conhecimento das provas que lhe foram apresentadas por parte do colaborador, não poderá as utilizar para nenhuma finalidade, ou seja, a vedação persiste mesmo que as provas não sejam utilizadas contra o colaborador e sim contra terceiros.

➥ **Necessidade da presença de defensor público ou advogado de defesa:** É obrigatória a presença de defensor público ou advogado no momento da celebração do Acordo de Colaboração Premiada.

➥ **Obrigação de narrativa de todos os fatos ilícitos no acordo:** A lei determina que o colaborador deverá narrar TODOS os fatos ilícitos que tenha concorrido e que tenha relação direta com os fatos investigados (art. 3-B, § 3º da Lei 12.850/13). A lei fala em concorrência, o que inclui ações e omissões em coautoria ou participação. A comprovação do mencionado caberá à defesa do colaborador, que deverá demonstrar as provas e elementos de convicção à autoridade celebrante.

➥ **Resultados exigidos para a configuração da colaboração premiada**

I – a identificação dos demais coautores e partícipes da organização criminosa e das infrações penais por eles praticadas;

II – a revelação da estrutura hierárquica e da divisão de tarefas da organização criminosa;

III – a prevenção de infrações penais decorrentes das atividades da organização criminosa;

IV – a recuperação total ou parcial do produto ou do proveito das infrações penais praticadas pela organização criminosa;

V – a localização de eventual vítima com a sua integridade física preservada.

? **QUESTÃO:** Quem poderá requisitar a colaboração premiada?

↳ ***RESPOSTA:*** *O Ministério Público a qualquer tempo e o Delegado de Polícia nos autos do inquérito policial, com a manifestação do Ministério Público.*

➥ **Não há direito líquido e certo em acordo de colaboração premiada:** Para a obtenção do benefício da colaboração premiada o acusado deve efetiva e voluntariamente corroborar com indicações que gerem descobertas concretas dentro da investigação e do processo criminal. Determina o art. 4º, § 1º da Lei 12.850/13 que "*Em qualquer caso, a concessão do benefício levará em conta a personalidade do colaborador, a natureza, as circunstâncias, a gravidade e a repercussão social do fato criminoso e a eficácia da colaboração*". Assim, a determinação legal indica a necessidade de análise por parte do Ministério Público e da autoridade judicial sobre a possibilidade ou não de concessão do benefício, ainda que o interessado tenha prestado confissão, e informações anteriormente. Não sendo estas eficazes para a investigação, inexiste a obrigação de celebração do instituto jurídico por parte das autoridades. O Ministério Público não é obrigado a formular o acordo quando entender que os elementos apresentados pelo colaborador não detenham eficácia nas investigações. Este é o entendimento do STF.

MUITA ATENÇÃO!

Ressalva: neste caso, as provas não podem ser utilizadas em desfavor do réu que pretendia a colaboração, sendo garantido seu direito de retratação, conforme expressa determinação do art. 4º, § 10º da Lei 12.850/13.

➥ **Perdão judicial e momento de requerimento na colaboração premiada:** O Ministério Público poderá, a qualquer momento no processo criminal, assim como a autoridade policial no inquérito policial, requisitar o perdão judicial ao colaborador, ainda que este benefício não tenha sido previsto na proposta inicial.

➥ **Oitiva do colaborador e perdão judicial:** mesmo que exista a concessão do perdão judicial ao colaborador (assim como nos casos de não oferecimento da denúncia pelo Ministério Público), ele poderá ser ouvido a qualquer tempo no curso do processo.

➥ **Negativa de oferecimento por parte do Ministério Público:** Caso o Ministério Público deixe de oferecer o perdão judicial e o juízo entenda de maneira diversa, caberá a aplicação do art. 28 do Código de Processo Penal, conforme determina o art. 4º, § 2º da Lei 12.850/13.

➥ **Suspensão do prazo para a oferta da denúncia e da prescrição:** Realizado o Acordo de Colaboração Premiada, é possível que o prazo para a oferta da denúncia, ou o próprio processo em si, nos casos em que o Acordo é celebrado após a denúncia, poderão ser suspensos por até 6 meses, prorrogáveis por prazo idêntico. Nestes casos, a prescrição também será suspensa.

➥ **Inexistência de oferta da denúncia por parte do Ministério Público**

O Ministério Público pode optar por não oferecer a denúncia em caso de colaboração premiada, desde que:

- a proposta de acordo de colaboração referir-se a infração de cuja existência não tenha prévio conhecimento. Este conhecimento prévio é considerado quando o Ministério Público ou a autoridade policial competente tenha instaurado inquérito ou procedimento investigatório para apuração dos fatos apresentados pelo colaborador.
- o colaborador não seja o líder da organização criminosa;
- o colaborador for o primeiro a prestar efetiva colaboração nos termos deste artigo.

➥ **Colaboração premiada pós sentença**

É possível que a colaboração premiada após a sentença condenatória do colaborador. Neste caso a colaboração resulta em:

- redução da pena até a metade, ou;
- progressão de regime ainda que ausentes os requisitos objetivos.

➥ **Participação do Judiciário:** O juiz não participará das negociações entre colaborador, autoridade policial e defensor, com a manifestação do Ministério Público ou ainda, das negociações entre Ministério Público, colaborador e defensor. O termo será remetido ao Judiciário para a homologação, DEVENDO (ATENÇÃO neste ponto, pois foi inserido pelo Projeto Anticrime. Anteriormente a redação era "PODENDO") o juiz, sigilosamente, ouvir o colaborador e seu defensor.

- **Aspectos que deverão ser analisados pelo Poder Judiciário**

  a) regularidade e legalidade;

  b) adequação dos benefícios pactuados às previsões legais, sendo nulas as cláusulas que violem o critério de definição do regime inicial de cumprimento de pena do art. 33 do Decreto-Lei nº 2.848, de 7 de dezembro de 1940 (Código Penal), as regras de cada um dos regimes previstos no Código Penal e na Lei 7.210, de 11 de julho de 1984 (Lei de Execução Penal) e os requisitos de progressão de regime que não sejam os abrangidos pelo 4º-A § 5º (redução até a metade ou admissão da progressão de regime ainda que ausentes os requisitos objetivos);

  c) adequação dos resultados da colaboração aos resultados mínimos exigidos pela legislação.

  d) voluntariedade da manifestação de vontade, especialmente nos casos em que o colaborador está ou esteve sob efeito de medidas cautelares.

➥ **Renúncia ao direito de impugnar a decisão homologatória:** Eventual cláusula do acordo que preveja a renúncia ao direito de impugnação da decisão homologatória será NULA.

➥ **Atitudes do juízo após a análise do acordo de colaboração premiada**

a) Não homologação, fundamentando nos aspectos legais que entendem não terem sido respeitados;

b) Não homologação e devolução para as partes para que providenciem as adequações necessárias ao Acordo.

➥ **Repetição de oitivas do colaborador:** O colaborador poderá ser ouvido pelo Ministério Público ou pela autoridade policial diversas vezes após a homologação do acordo, visando dar eficácia à sua colaboração.

➥ **Retratação:** É possível ao colaborador, como ainda ao Ministério Público ou a autoridade policial retratarem-se do acordo. Neste caso, as provas que incriminem o colaborador, não poderão ser utilizadas contra ele.

➥ **Direito de manifestação do réu após o colaborador que o delatou:** Após grande polêmica que gerou a nulidade de atos de processos judiciais de colaboração premiada pelo STF, a Lei 13.964/2019 determinou em seu art. 4º-A, § 10º-A que *"Em todas as fases do processo, deve-se garantir ao réu delatado a oportunidade de manifestar-se após o decurso do prazo concedido ao réu que o delatou"*.

➥ **Direito ao silêncio e colaboração premiada:** O colaborador não poderá alegar o direito ao silêncio após o acordo de colaboração premiada. Haverá renúncia a tal direito na presença de seu defensor.

➥ **Decisões judiciais impedidas de serem lavradas com base isoladamente na colaboração premiada**

a) medidas cautelares reais ou pessoais;

b) recebimento de denúncia ou queixa-crime;

c) sentença condenatória.

➥ **Situação que pode gerar a rescisão do acordo de colaboração premiada:** Omissão dolosa do colaborador sobre os fatos objeto da colaboração.

➥ **Situação que deve gerar a rescisão do acordo de colaboração premiada:** A não cessação do envolvimento do colaborador em conduta ilícita relacionada ao objeto da colaboração.

➥ **Direitos do colaborador:** São direitos do colaborador: a) usufruir das medidas de proteção previstas na legislação específica; b) ter nome, qualificação, imagem e demais informações pessoais preservados; c) ser conduzido, em juízo, separadamente dos demais coautores e partícipes; d) participar das audiências sem contato visual com os outros acusados; e) não ter sua identidade revelada pelos meios de comunicação, nem ser fotografado ou filmado, sem sua prévia autorização por escrito; f) cumprir pena ou prisão cautelar em estabelecimento penal diverso dos demais corréus ou condenados.

➥ **Sigilo do acordo de colaboração premiada:** O acordo de colaboração premiada remetido ao judiciário e os depoimentos do colaborador serão mantidos em sigilo até o recebimento da denúncia ou da queixa-crime, sendo vedado ao magistrado decidir por sua publicidade em qualquer hipótese.

➥ **Definição de ação controlada: É a operação que retarda a intervenção policial ou administrativa em face da organização criminosa ou a ela vinculada, desde que mantida** sob observação e acompanhamento para que a medida legal se concretize no momento mais eficaz à formação de provas e obtenção de informações, devendo ser previamente comunicada ao Juízo competente.

➥ **Limites da ação controlada:** O retardamento da intervenção policial ou administrativa deverá ser comunicado ao judiciário que estabelecerá seus limites.

➥ **Infiltração de agentes:** Deve ser requerida pelo Delegado de Polícia e autorizada pelo Juízo.

➥ **Situações de cabimento da infiltração de agentes**

a) indícios de crime de organização criminosa;

b) não houver outros meios de provas a serem adotados com eficácia.

↪ **Duração da infiltração de agentes:** A infiltração perdurará por 6 meses, com autorização judicial, com a possibilidade de renovação.

↪ **Infiltração virtual:** Modalidade de agentes infiltrados criada pelo Pacote Anticrime (Lei 13.964/13) em que se admite a ação de agentes policiais infiltrados virtuais, nas mesmas regras anteriores, com o fim de apuração de crimes da Lei de Organização Criminosas e a eles conexos, praticados por organizações criminosas, desde que demonstrada sua necessidade e indicados o alcance das tarefas dos policiais, os nomes ou apelidos das pessoas investigadas e, quando possível, os dados de conexão ou cadastrais que permitam a identificação dessas pessoas.

↪ **Definições para os casos de infiltração de agentes virtuais**

a) **dados de conexão**: informações referentes a hora, data, início, término, duração, endereço de Protocolo de Internet (IP) utilizado e terminal de origem da conexão;

b) **dados cadastrais:** informações referentes a nome e endereço de assinante ou de usuário registrado ou autenticado para a conexão a quem endereço de IP, identificação de usuário ou código de acesso tenha sido atribuído no momento da conexão.

↪ **Requisitos para o deferimento da infiltração de agentes virtuais**

a) Indícios de infração penal de crime de organização criminosa;

b) Não for possível a produção da prova por outros meios.

↪ **Prazo para a infiltração virtual:** Até 6 (seis) meses, podendo ser renovados, mediante ordem judicial fundamentada e desde que o total não exceda a 720 (setecentos e vinte) dias e seja comprovada sua necessidade.

↪ **Forma de armazenamento dos atos eletrônicos após o período de infiltração virtual:** Juntamente com um relatório circunstanciado, deverão ser registrados, gravados, armazenados e apresentados ao juiz competente, que imediatamente cientificará o Ministério Público.

↪ **Nulidade da prova:** A infiltração virtual sem a obediência dos ditames da lei é prova nula.

↪ **Acesso às informações da operação de infiltração virtual:** Antes da conclusão da operação, o acesso aos autos será reservado ao juiz, ao Ministério Público e ao delegado de polícia responsável pela operação, com o objetivo de garantir o sigilo das investigações.

↪ **Ocultação de identidade por policial em investigação de organização criminosa pela internet:** A lei cria uma excludente de antijuridicidade para o policial que oculta a sua identidade para, por meio da internet, colher indícios de autoria e materialidade dos crimes de organização criminosa.

↪ **Excesso na atuação do agente infiltrado:** O agente deve guardar proporcionalidade em sua atuação com o fim da investigação. Caso não o fizer, responderá pelos excessos.

↪ **Direitos do agente infiltrado:** São direitos do agente infiltrado: a) recusar ou fazer cessar a atuação infiltrada; b) ter sua identidade alterada, aplicando-se, no que couber, o disposto no art. 9º **da Lei nº 9.807, de 13 de julho de** 1999, **bem como usufruir das medidas de proteção a testemunhas; c) ter seu nome, sua qualificação, sua imagem, sua voz e demais informações pessoais preservadas durante a investigação e o processo criminal, salvo se houver decisão judicial em contrário; d) não ter sua identidade revelada, nem ser fotografado ou filmado pelos meios de comunicação, sem sua prévia autorização por escrito.**

➥ **Crimes que podem ocorrer decorrentes da investigação e da produção da prova:** Os crimes que podem decorrer das investigações e da produção da prova diretamente são: a) Art. 18. Revelar a identidade, fotografar ou filmar o colaborador, sem sua prévia autorização por escrito – Pena – reclusão, de 1 (um) a 3 (três) anos, e multa. b) Art. 19. Imputar falsamente, sob pretexto de colaboração com a Justiça, a prática de infração penal a pessoa que sabe ser inocente, ou revelar informações sobre a estrutura de organização criminosa que sabe inverídicas – Pena – reclusão, de 1 (um) a 4 (quatro) anos, e multa. c) Art. 20. Descumprir determinação de sigilo das investigações que envolvam a ação controlada e a infiltração de agentes – Pena – reclusão, de 1 (um) a 4 (quatro) anos, e multa. d) Art. 21. Recusar ou omitir dados cadastrais, registros, documentos e informações requisitadas pelo juiz, Ministério Público ou delegado de polícia, no curso de investigação ou do processo. – Pena – reclusão, de 6 (seis) meses a 2 (dois) anos, e multa. e) Art. 21. Parágrafo único. Na mesma pena incorre quem, de forma indevida, se apossa, propala, divulga ou faz uso dos dados cadastrais de que trata esta Lei.

CAPÍTULO XI

LEI 12.037/2009 (IDENTIFICAÇÃO CRIMINAL)

1. DISPOSIÇÃO CONSTITUCIONAL (ART. 5º, LVII CF/88)

O civilmente identificado não será submetido a identificação criminal, salvo nas hipóteses previstas em lei (trata-se da lei 12.037/09).

2. HIPÓTESES DE IDENTIFICAÇÃO CRIMINAL AINDA QUE EXISTA A APRESENTAÇÃO DO DOCUMENTO CIVIL

São hipóteses de identificação criminal, mesmo que exista a apresentação do documento civil: I – o documento apresentar rasura ou tiver indício de falsificação; II – o documento apresentado for insuficiente para identificar cabalmente o indiciado; III – o indiciado portar documentos de identidade distintos, com informações conflitantes entre si; IV – a identificação criminal for essencial às investigações policiais, segundo despacho da autoridade judiciária competente, que decidirá de ofício ou mediante representação da autoridade policial, do Ministério Público ou da defesa; V – constar de registros policiais o uso de outros nomes ou diferentes qualificações; VI – o estado de conservação ou a distância temporal ou da localidade da expedição do documento apresentado impossibilite a completa identificação dos caracteres essenciais.

3. EM QUE CONSISTE A IDENTIFICAÇÃO CRIMINAL

Identificação criminal incluirá o processo datiloscópico e o fotográfico, que serão juntados aos autos da comunicação da prisão em flagrante, ou do inquérito policial ou outra forma de investigação, podendo ainda conter a colheita de material biológico para a identificação genética.

4. ATESTADO DE ANTECEDENTES CRIMINAIS

Apenas após o trânsito em julgado da ação criminal é possível o lançamento da identificação criminal em atestados de antecedentes ou informações, exceto, aqueles ou aquelas enviadas ao juízo criminal.

5. IDENTIFICAÇÃO FOTOGRÁFICA E ARQUIVAMENTO OU REJEIÇÃO DA DENÚNCIA OU ABSOLVIÇÃO

Diz o art. 7º da Lei que no caso de não oferecimento da denúncia, ou sua rejeição, ou absolvição, é facultado ao indiciado ou ao réu, após o arquivamento definitivo do inquérito, ou trânsito em julgado da sentença, requerer a retirada da identificação fotográfica do inquérito ou processo, desde que apresente provas de sua identificação civil.

6. BANCO DE DADOS COM PERFIS GENÉTICOS

O Pacote Anticrime (Lei 13.964/2019) criou o banco de dados dos perfis genéticos de réus e investigados. Este banco detém caráter sigiloso e sua regulamentação é oriunda do Poder Executivo por Decreto.

7. BANCO NACIONAL MULTIBIOMÉTRICO E DE IMPRESSÕES DIGITAIS

A lei 13.964/2019 também criou o Banco Nacional Biométrico e de Impressões Digitais, junto ao Ministério da Justiça e da Segurança Pública. Este banco detém como objetivo armazenar dados de registros biométricos, de impressões digitais e, quando possível, de íris, face e voz, para subsidiar investigações criminais federais, estaduais ou distritais. Estes dados serão colhidos quando de investigações criminais ou identificações criminais.

8. REGISTROS BIOMÉTRICOS E PRESOS PROVISÓRIOS

Poderão ser colhidos os registros biométricos, de impressões digitais, de íris, face e voz dos presos provisórios ou definitivos quando não tiverem sido extraídos por ocasião da identificação criminal.

9. INTERAÇÃO ENTRE O BANCO NACIONAL MULTIBIOMÉTRICO E DE IMPRESSÕES DIGITAIS E BANCOS DE DADOS DE IDENTIFICAÇÃO DE NATUREZA CIVIL, ADMINISTRATIVA OU ELEITORAL

No caso de bancos de dados de identificação de natureza civil, administrativa ou eleitoral, a integração ou o compartilhamento dos registros do Banco Nacional Multibiométrico e de Impressões Digitais será limitado às impressões digitais e às informações necessárias para identificação do seu titular.

10. CARÁTER SIGILOSO

Os dados constantes do Banco Nacional Multibiométrico e de Impressões Digitais terão caráter sigiloso, cabendo a responsabilidade administrativa, civil e penal para que violar as regras, sendo vedada a comercialização dos dados.

11. REPASSE DE INFORMAÇÕES COINCIDENTES

As informações obtidas a partir da coincidência de registros biométricos relacionados a crimes deverão ser consignadas em laudo pericial firmado por perito oficial habilitado.

12. ACESSO À AUTORIDADE POLICIAL E AO MINISTÉRIO PÚBLICO

Para que a autoridade policial e/ou o membro do Ministério Público tenha acesso aos dados do Banco Nacional Multibiométrico e de Impressões Digitais será necessária a autorização judiciária do juiz competente.

13. SITUAÇÕES DE EXCLUSÃO DO PERFIL GENÉTICO

Dois serão os casos de exclusão dos perfis genéticos dos bancos de dados: a) no caso de absolvição do acusado; b) no caso de condenação do acusado, mediante requerimento, após decorridos 20 (vinte) anos do cumprimento da pena.

CAPÍTULO XII

DECRETO 1.655/95 E ART. 47 DO DECRETO 9.622/2019 (COMPETÊNCIA DA POLÍCIA RODOVIÁRIA FEDERAL)

1. COMPETÊNCIA CONSTITUCIONAL

O art. 144, § 2º da Constituição Federal prevê que a polícia rodoviária federal, órgão permanente, organizado e mantido pela União e estruturado em carreira, destina-se, na forma da lei, ao patrulhamento ostensivo das rodovias federais. A regulamentação desta atuação constitucionalmente prevista é feita através de normativos infraconstitucionais (Leis Federais e Decretos regulamentadores), como se verá abaixo.

2. NATUREZA JURÍDICA DA POLÍCIA RODOVIÁRIA FEDERAL

A Polícia Rodoviária Federal é órgão permanente, integrante da estrutura regimental do Ministério da Justiça, no âmbito das rodovias federais.

3. COMPETÊNCIA DA POLÍCIA FEDERAL PREVISTA NA LEI DE TRÂNSITO (LEI 9.503/97)

O Código Nacional de Trânsito prevê como competência da Polícia Rodoviária Federal: Art. 20. Compete à Polícia Rodoviária Federal, no âmbito das rodovias e estradas federais: I – cumprir e fazer cumprir a legislação e as normas de trânsito, no âmbito de suas atribuições; II – realizar o patrulhamento ostensivo, executando operações relacionadas com a segurança pública, com o objetivo de preservar a ordem, incolumidade das pessoas, o patrimônio da União e o de terceiros; III – aplicar e arrecadar as multas impostas por infrações de trânsito, as medidas administrativas decorrentes e os valores provenientes de estada e remoção de veículos, objetos, animais e escolta de veículos de cargas superdimensionadas ou perigosas; IV – efetuar levantamento dos locais de acidentes de trânsito e dos serviços de atendimento, socorro e salvamento de vítimas; V – credenciar os serviços de escolta, fiscalizar e adotar medidas de segurança relativas aos serviços de remoção de veículos, escolta e transporte de carga indivisível; VI – assegurar a livre circulação nas rodovias federais, podendo solicitar ao órgão rodoviário a adoção de medidas emergenciais, e zelar pelo cumprimento das normas legais relativas ao direito de vizinhança, promovendo a interdição de construções e instalações não autorizadas; VII – coletar dados estatísticos e elaborar estudos sobre acidentes de trânsito e suas causas, adotando ou indicando medidas operacionais preventivas e encaminhando-os ao órgão rodoviário federal; VIII – implementar as medidas da Política Nacional de Segurança e Educação de Trânsito; IX – promover e participar de projetos e programas de educação e segurança, de acordo com as diretrizes estabelecidas pelo CONTRAN; X – integrar-se a outros órgãos e entidades do Sistema Nacional de Trânsito para fins de arrecadação e compensação de multas impostas na área de sua competência, com vistas à unificação do licenciamento, à simplificação e à celeridade das transferências de veículos e de prontuários de condutores de uma para outra unidade da Federação; XI – fiscalizar o nível de emissão de poluentes **e ruído produzidos pelos veículos automotores ou pela sua carga, de acordo com o estabelecido no art. 66, além de dar apoio, quando solicitado, às ações específicas dos órgãos ambientais.**

4. COMPETÊNCIAS DA POLÍCIA RODOVIÁRIA FEDERAL PREVISTAS NO DECRETO 1.655/95

São competências da Polícia Rodoviária Federal: I – realizar o patrulhamento ostensivo, executando operações relacionadas com a segurança pública, com o objetivo de preservar a ordem, a incolumidade das pessoas, o patrimônio da União e o de terceiros; II – exercer os poderes de autoridade de polícia de trânsito, cumprindo e fazendo cumprir a legislação e demais normas pertinentes, inspecionar e fiscalizar o trânsito, assim como efetuar convênios específicos com outras organizações similares; III – aplicar e arrecadar as multas impostas por infrações de trânsito e os valores decorrentes da prestação de serviços de estadia e remoção de veículos, objetos, animais e escolta de veículos de cargas excepcionais; IV – executar serviços de prevenção, atendimento de acidentes e salvamento de vítimas nas rodovias federais; V – realizar perícias, levantamentos de locais boletins de ocorrências, investigações, testes de dosagem alcoólica e outros procedimentos estabelecidos em leis e regulamentos, imprescindíveis à elucidação dos acidentes de trânsito; VI – credenciar os serviços de escolta, fiscalizar e adotar medidas de segurança relativas aos serviços de remoção de veículos, escolta e transporte de cargas indivisíveis; VII – assegurar a livre circulação nas rodovias federais, podendo solicitar ao órgão rodoviário a adoção de medidas emergenciais, bem como zelar pelo cumprimento das normas legais relativas ao direito de vizinhança, promovendo a interdição de construções, obras e instalações não autorizadas; VIII – executar medidas de segurança, planejamento e escoltas nos deslocamentos do Presidente da República, Ministros de Estado, Chefes de Estados e diplomatas estrangeiros e outras autoridades, quando necessário, e sob a coordenação do órgão competente; IX – efetuar a fiscalização e o controle do tráfico de menores nas rodovias federais, adotando as providências cabíveis contidas na Lei nº 8.069 de 13 junho de 1990 (Estatuto da Criança e do Adolescente); X – colaborar e atuar na prevenção e repressão aos crimes contra a vida, os costumes, o patrimônio, a ecologia, o meio ambiente, os furtos e roubos de veículos e bens, o tráfico de entorpecentes e drogas afins, o contrabando, o descaminho e os demais crimes previstos em leis.

5. COMPETÊNCIAS DA POLÍCIA RODOVIÁRIA FEDERAL ACRESCIDAS PELO ART. 47 DO DECRETO 9.662/2019

O art. 47 do Decreto 9.662/2019, traz novas atribuições de competências da Polícia Rodoviária Federal além daquelas estabelecidas pelo art. 144, § 2º da Constituição Federal, no art. 20 da Lei 9.503/97 e pelo Decreto 1.655/95 e acrescenta outras hipóteses.

São elas: I – planejar, coordenar e executar o policiamento, a prevenção e a repressão de crimes nas rodovias federais e nas áreas de interesse da União; II – exercer os poderes de autoridade de trânsito nas rodovias e nas estradas federais; III – executar o policiamento, a fiscalização e a inspeção do trânsito e do transporte de pessoas, cargas e bens; IV – planejar, coordenar e executar os serviços de prevenção de acidentes e salvamento de vítimas nas rodovias e estradas federais (Redação dada pelo Decreto nº 10.073, de 2019); V – realizar levantamentos de locais, boletins de ocorrências, perícias de trânsito, testes de dosagem alcoólica e outros procedimentos, além de investigações imprescindíveis à elucidação dos acidentes de trânsito (Redação dada pelo Decreto nº 10.073, de 2019); VI – assegurar a livre circulação nas rodovias e estradas federais, especialmente em casos de acidentes de trânsito, manifestações sociais e calamidades públicas (Redação dada pelo Decreto nº 10.073, de 2019); VII – manter articulação com os órgãos de trânsito, transporte, segurança pública, inteligência e defesa civil, para promover o intercâmbio de informações; VIII – executar, promover e participar das atividades de orientação e educação para a segurança no trânsito, além de desenvolver trabalho contínuo e permanente de prevenção de acidentes de trânsito; IX – informar ao órgão de infraestrutura sobre as condições da via, da sinalização e do tráfego que possam comprometer a segurança do trânsito, além de solicitar e adotar medidas emergenciais à sua proteção; X – credenciar, contratar, conveniar, fiscalizar e adotar medidas de segurança relativas aos serviços de recolhimento, remoção e guarda de veículos e animais e escolta de transporte de produtos perigosos, cargas superdimensionadas e indivisíveis (Redação dada pelo Decreto nº 10.073, de 2019); XI – planejar e executar medidas de segurança para a escolta dos deslocamentos do Presidente da República, do Vice-Presidente da República, dos Ministros de Estado, dos Chefes de Estado, dos diplomatas estrangeiros e de outras autoridades, nas rodovias e nas estradas federais, e em outras áreas, quando solicitado pela autoridade competente (Redação dada pelo Decreto nº 10.073, de 2019); XII – lavrar o termo circunstanciado de que trata o art. 69 da Lei nº 9.099, de 26 de setembro de 1995 (veja anotação abaixo).

5.1. A atribuição de lavrar o termo circunstanciado de que trata o art. 69 da lei 9.099/95

O art. 6º do Decreto 10.073/2019 da Presidência da República, alterou a previsão do art. 47, XII do Decreto 9.662/2019, e explicitou a competência ao Policial Rodoviário Federal na lavratura de Termos Circunstanciados, fato que a doutrina já entendia como possível. Ocorre que a Associação Nacional dos Delegados de Polícia Judiciária ajuizou no Supremo Tribunal Federal (STF) Ação Direta de Inconstitucionalidade (ADI 6264) contra o citado dispositivo normativo.

Para a entidade, a Associação Nacional dos Delegados de Polícia Judiciária a medida viola dois dispositivos do artigo 144 da Constituição Federal, uma vez que o parágrafo 4º, que atribui às polícias civis as funções de polícia judiciária e a apuração de infrações penais, e os incisos I e IV do parágrafo 1º, no trecho que prevê a competência da polícia judiciária e da polícia federal para a apuração de infrações penais. Argumenta a ANDPJ que a competência da Polícia Rodoviária Federal diz respeito apenas ao serviço de patrulhamento ostensivo em ferrovias e rodovias federais.

O tema, aliás, já foi objeto da IX Conclusão da Comissão Nacional da Escola Superior da Magistratura deu-se no seguinte sentido: "*A expressão autoridade policial referida no art. 69 compreende todas as autoridades reconhecidas por lei, podendo a Secretaria do Juizado proceder à lavratura do termo de ocorrência e tomar as providências devidas no referido artigo*"[6]. Assim, tal entendimento indica que o art. 47, XII do Decreto 9.662/2019 é constitucional, mas não há decisão do Supremo Tribunal Federal sobre este tópico ainda.

6. PORTE DE ARMA PREVISTO EM NORMA FEDERAL

O policial rodoviário federal, a partir do momento em que ingressa na carreira e recebe o documento de identificação funcional automaticamente passa a deter porte de arma, ou seja,

6 GRINOVER, Ada Pellegrini, ob. cit, p. 97.

o mesmo documento de identificação funcional confere o porte de arma ao policial rodoviário federal, independente de outras regras previstas na Lei 10.826/03.

7. DIREITOS CONCEDIDOS PELO DOCUMENTO DE IDENTIDADE FUNCIONAL DOS SERVIDORES POLICIAIS DA POLÍCIA RODOVIÁRIA FEDERAL

O documento de identidade funcional dos Policiais Rodoviários Federais concede os seguintes direitos: a) porte de arma; b) franco acesso aos locais sob fiscalização do órgão, nos termos da legislação em vigor; c) quando em serviço, prioridade em todos os tipos de transporte e comunicação.

CAPÍTULO XIII

LEI 13.675/2018 (SISTEMA ÚNICO DE SEGURANÇA PÚBLICA E POLÍTICA NACIONAL DE SEGURANÇA PÚBLICA E DEFESA SOCIAL)

1. FINALIDADE DO SISTEMA ÚNICO DE SEGURANÇA PÚBLICA (SUSP) E DA POLÍTICA NACIONAL DE SEGURANÇA PÚBLICA E DEFESA SOCIAL (PNSPDS)

A finalidade do SUSP e da PNSPDS é a preservação da ordem pública e da incolumidade das pessoas e do patrimônio, por meio de atuação conjunta, coordenada, sistêmica e integrada dos órgãos de segurança pública e defesa social da União, dos Estados, do Distrito Federal e dos Municípios, em articulação com a sociedade.

2. COMPETÊNCIA PARA ESTABELECIMENTO DAS POLÍTICAS DE SEGURANÇA PÚBLICA E DEFESA SOCIAL

A competência para estabelecer a Política Nacional de Segurança Pública e Defesa Social (PNSPDS) é da União Federal. Aos Estados, ao Distrito Federal e aos Municípios compete estabelecer suas respectivas políticas, observadas as diretrizes da política nacional

3. PRINCÍPIOS DA POLÍTICA NACIONAL DE SEGURANÇA PÚBLICA E DEFESA SOCIAL

São Princípios da PNSPDS: I – respeito ao ordenamento jurídico e aos direitos e garantias individuais e coletivos; II – proteção, valorização e reconhecimento dos profissionais de segurança pública; III – proteção dos direitos humanos, respeito aos direitos fundamentais e promoção da cidadania e da dignidade da pessoa humana; IV – eficiência na prevenção e no controle das infrações penais; V – eficiência na repressão e na apuração das infrações penais; VI – eficiência na prevenção e na redução de riscos em situações de emergência e desastres que afetam a vida, o patrimônio e o meio ambiente; VII – participação e controle social; VIII – resolução pacífica de conflitos; IX – uso comedido e proporcional da força; X – proteção da vida, do patrimônio e do meio ambiente; XI – publicidade das informações não sigilosas; XII – promoção da produção de conhecimento sobre segurança pública; XIII – otimização dos recursos materiais, humanos e financeiros das instituições; XIV – simplicidade, informalidade, economia procedimental e celeridade no serviço prestado à sociedade; XV – relação harmônica e colaborativa entre os Poderes; XVI – transparência, responsabilização e prestação de contas.

4. DIRETRIZES DA PNSPDS

São diretrizes da PNSPDS: I – atendimento imediato ao cidadão; II – planejamento estratégico e sistêmico; III – fortalecimento das ações de prevenção e resolução pacífica de conflitos, priorizando políticas de redução da letalidade violenta, com ênfase para os grupos vulneráveis; IV – atuação integrada entre a União, os Estados, o Distrito Federal e os Municípios em ações de segurança pública e políticas transversais para a preservação da vida, do meio ambiente e da dignidade da pessoa humana; V – coordenação, cooperação e colaboração dos órgãos e instituições de segurança pública nas fases de planejamento, execução, monitoramento e avaliação das ações, respeitando-se as respectivas atribuições legais e promovendo-se a racionalização de meios com base nas melhores práticas; VI – formação e capacitação continuada e qualificada dos profissionais de segurança pública, em consonância com a matriz curricular nacional; VII – fortalecimento das instituições de segurança pública por meio de investimentos e do desenvolvimento de projetos estruturantes e de inovação tecnológica; VIII – sistematização e compartilhamento das informações de segurança pública, prisionais e sobre drogas, em âmbito nacional; IX – atuação com base em pesquisas, estudos e diagnósticos em áreas de interesse da segurança pública; X – atendimento prioritário, qualificado e humanizado às pessoas em situação de vulnerabilidade; XI – padronização de estruturas, de capacitação, de tecnologia e de equipamentos de interesse da segurança pública; XII – ênfase nas ações de policiamento de proximidade, com foco na resolução de problemas; XIII – modernização do sistema e da legislação de acordo com a evolução social; XIV – participação social nas questões de segurança pública; XV – integração entre os Poderes Legislativo, Executivo e Judiciário no aprimoramento e na aplicação da legislação penal; XVI – colaboração do Poder Judiciário, do Ministério Público e da Defensoria Pública na elaboração de estratégias e metas para alcançar os objetivos desta Política; XVII – fomento de políticas públicas voltadas à reinserção social dos egressos do sistema prisional; XVIII – (VETADO); XIX – incentivo ao desenvolvimento de programas e projetos com foco na promoção da cultura de paz, na segurança comunitária e na integração das políticas de segurança com as políticas sociais existentes em outros órgãos e entidades não pertencentes ao sistema de segurança pública; XX – distribuição do efetivo de acordo com critérios técnicos; XXI – deontologia policial e de bombeiro militar comuns, respeitados os regimes jurídicos e as peculiaridades de cada instituição; XXII – unidade de registro de ocorrência policial; XXIII – uso de sistema integrado de informações e dados eletrônicos; XXIV – (VETADO); XXV – incentivo à designação de servidores da carreira para os cargos de chefia, levando em consideração a graduação, a capacitação, o mérito e a experiência do servidor na atividade policial específica; XXVI – celebração de termo de parceria e protocolos com agências de vigilância privada, respeitada a lei de licitações.

5. OBJETIVOS DA PNSPDS

São objetivos da PNSPDS: I – fomentar a integração em ações estratégicas e operacionais, em atividades de inteligência de segurança pública e em gerenciamento de crises e incidentes; II – apoiar as ações de manutenção da ordem pública e da incolumidade das pessoas, do patrimônio, do meio ambiente e de bens e direitos; III – incentivar medidas para a modernização de equipamentos, da investigação e da perícia e para a padronização de tecnologia dos órgãos e das instituições de segurança pública; IV – estimular e apoiar a realização de ações de prevenção à violência e à criminalidade, com prioridade para aquelas relacionadas à letalidade da população jovem negra, das mulheres e de outros grupos vulneráveis; V – promover a participação social nos Conselhos de segurança pública; VI – estimular a produção e a publicação de estudos e diagnósticos para a formulação e a avaliação de políticas públicas; VII – promover a interoperabilidade dos sistemas de segurança pública; VIII – incentivar e ampliar as ações de prevenção, controle e fiscalização para a repressão aos crimes transfronteiriços; IX – estimular o intercâmbio de informações de inteligência de segurança pública com instituições estrangeiras congêneres; X – integrar e compartilhar as informações de segurança pública, prisionais e sobre drogas; XI – estimular a padronização da formação, da capacitação e da qualificação dos profissionais de segurança pública, respeitadas as especificidades e as diversidades regionais, em consonância com esta Política, nos âmbitos federal, estadual, distrital e municipal; XII – fomentar o aperfeiçoamento da aplicação e do cumprimento de medidas restritivas de direito e de penas alternativas à prisão; XIII – fomentar o aperfeiçoamento dos regimes de cumprimento de pena restritiva de liberdade em relação à gravidade dos crimes cometidos; XIV – (VETADO); XV – racionalizar e humanizar o sistema penitenciário e outros ambientes de encarceramento; XVI – fomentar estudos, pesquisas e publicações sobre a política de enfrentamento às drogas e de redução de danos relacionados aos seus usuários e aos grupos sociais com os quais convivem; XVII – fomentar ações permanentes para o combate ao crime organizado e à corrupção; XVIII – estabelecer mecanismos de monitoramento e de avaliação das ações implementadas; XIX – promover uma relação colaborativa entre os órgãos de segurança pública e os integrantes do sistema judiciário para a construção das estratégias e o desenvolvimento das ações necessárias ao alcance das metas estabelecidas; XX – estimular a concessão de medidas protetivas em favor de pessoas em situação de vulnerabilidade; XXI – estimular a criação de mecanismos de proteção dos agentes públicos que compõem o sistema nacional de segurança pública e de seus familiares; XXII – estimular e incentivar a elaboração, a execução e o monitoramento de ações nas áreas de valorização profissional, de saúde, de qualidade de vida e de segurança dos servidores que compõem o sistema nacional de segurança pública; XXIII – priorizar políticas de redução da letalidade violenta; XXIV – fortalecer os mecanismos de investigação de crimes hediondos e de homicídios; XXV – fortalecer as ações de fiscalização de armas de fogo e munições, com vistas à redução da violência armada; XXVI – fortalecer as ações de prevenção e repressão aos crimes cibernéticos.

6. CONSTITUIÇÃO DO SISTEMA ÚNICO DE SEGURANÇA PÚBLICA (SUSP)

O SUSP é constituído do Ministério Extraordinário da Segurança Pública como órgão central e é integrado pelos órgãos de que trata o art. 144 da Constituição Federal (polícia federal, polícia rodoviária federal, polícia ferroviária federal, polícia civil, polícias militares e corpos de bombeiros militares e polícias penais federal, estadual e distrital), pelos agentes penitenciários, pelas guardas municipais e pelos demais integrantes estratégicos e operacionais, que atuarão nos limites de suas competências, de forma cooperativa, sistêmica e harmônica.

7. INTEGRANTES DO SUSP

O SUSP prevê dois tipos de integrantes:

a) **Integrantes estratégicos:** São eles: a União, os Estados, o Distrito Federal e os Municípios, por intermédio dos respectivos Poderes Executivos; os Conselhos de Segurança Pública e Defesa Social dos três entes federados.

b) **Integrantes operacionais:** São eles: I – polícia federal; II – polícia rodoviária federal; III – polícias civis; IV – polícias militares; V – corpos de bombeiros militares; VI –

guardas municipais; VII – órgãos do sistema penitenciário; IX– institutos oficiais de criminalística, medicina legal e identificação; X – Secretaria Nacional de Segurança Pública (Senasp); XI – secretarias estaduais de segurança pública ou congêneres; XII – Secretaria Nacional de Proteção e Defesa Civil (Sedec); XIII – Secretaria Nacional de Política Sobre Drogas (Senad); XIV – agentes de trânsito; XV – guarda portuária.

8. METAS DE EXCELÊNCIA NA PREVENÇÃO E REPRESSÃO DAS INFRAÇÕES PENAIS E ADMINISTRATIVAS E A PREVISÃO DE DESASTRES

O Ministério Extraordinário da Segurança Pública fixará, anualmente, metas de excelência no âmbito das respectivas competências dos integrantes do SUSP, com objetivo de prevenção e à repressão das infrações penais e administrativas e à prevenção dos desastres, e utilizará indicadores públicos que demonstrem de forma objetiva os resultados pretendidos.

➥ **Parâmetros para que o MESP chegue até as metas tratadas**

Serão parâmetros de aferição para se chegar às citadas metas: I – as atividades de polícia judiciária e de apuração das infrações penais serão aferidas, entre outros fatores, pelos índices de elucidação dos delitos, a partir dos registros de ocorrências policiais, especialmente os de crimes dolosos com resultado em morte e de roubo, pela identificação, prisão dos autores e cumprimento de mandados de prisão de condenados a crimes com penas de reclusão, e pela recuperação do produto de crime em determinada circunscrição; II – as atividades periciais serão aferidas mediante critérios técnicos emitidos pelo órgão responsável pela coordenação das perícias oficiais, considerando os laudos periciais e o resultado na produção qualificada das provas relevantes à instrução criminal; III – as atividades de polícia ostensiva e de preservação da ordem pública serão aferidas, entre outros fatores, pela maior ou menor incidência de infrações penais e administrativas em determinada área, seguindo os parâmetros do Sinesp; IV – as atividades dos corpos de bombeiros militares serão aferidas, entre outros fatores, pelas ações de prevenção, preparação para emergências e desastres, índices de tempo de resposta aos desastres e de recuperação de locais atingidos, considerando-se áreas determinadas; V – a eficiência do sistema prisional será aferida com base nos seguintes fatores, entre outros: a) o número de vagas ofertadas no sistema; b) a relação existente entre o número de presos e a quantidade de vagas ofertadas; c) o índice de reiteração criminal dos egressos; d) a quantidade de presos condenados atendidos de acordo com os parâmetros estabelecidos pelos incisos do **caput** deste artigo, com observância de critérios objetivos e transparentes.

9. CONSELHOS DE SEGURANÇA PÚBLICA E DEFESA SOCIAL (CSPDS)

O SUSP terá sua estrutura formal através da composição de um Conselho que é PERMANENTE. Serão criados Conselhos de Segurança Pública e Defesa Social, no âmbito da União, dos Estados, do Distrito Federal e dos Municípios, mediante proposta dos chefes dos Poderes Executivos, encaminhadas aos respectivos Poderes Legislativos correspondente.

➥ **Participação no CSPDS Nacional**

O Conselho Nacional de Segurança Pública e Defesa Social, com atribuições, funcionamento e composição estabelecidos em regulamento, terá a participação de representantes da União, dos Estados, do Distrito Federal e dos Municípios.

➥ **Competência do CSPSD**

Os Conselhos de Segurança Pública e Defesa Social terão natureza de colegiado, com competência consultiva, sugestiva e de acompanhamento social das atividades de segurança pública e defesa social.

Os Conselhos de Segurança Pública e Defesa Social acompanharão as instituições que compõe o Sistema Único de Segurança Pública (SUSP) – VIDE ITEM 7 – e poderão recomendar providências legais às autoridades competentes.

➥ **Forma de acompanhamento das instituições que compõe o SUSP pelo CSPSD**

O referido acompanhamento poderá se dar das seguintes formas: I – as condições de trabalho, a valorização e o respeito pela integridade física e moral dos seus integrantes; II – o atingimento das metas previstas nesta Lei; III – o resultado célere na apuração das denúncias em tramitação nas respectivas corregedorias; IV – o grau de confiabilidade e aceitabilidade do órgão pela população por ele atendida.

➥ **Propositura de Políticas Públicas**

Caberá aos Conselhos propor diretrizes para as políticas públicas de segurança pública e defesa social, com vistas à prevenção e à repressão da violência e da criminalidade.

➥ **Representantes da Sociedade Civil e dos Trabalhadores**

A lei prevê que para os Conselhos ESTADUAIS, DISTRITAL E MUNICIPAL (ATENÇÃO: não para o Conselho Nacional) existam representantes da sociedade civil organizada e de representantes dos trabalhadores.

10. COMPOSIÇÃO DOS CONSELHOS

Todos os conselhos serão compostos por: I – representantes de cada órgão ou entidade integrante do Susp; II – representante do Poder Judiciário; III – representante do Ministério Público; IV – representante da Ordem dos Advogados do Brasil (OAB); V – representante da Defensoria Pública; VI – representantes de entidades e organizações da sociedade cuja finalidade esteja relacionada com políticas de segurança pública e defesa social; VII – representantes de entidades de profissionais de segurança pública.

➥ **Representantes de entidades e organizações da sociedade cuja finalidade esteja relacionada com políticas de segurança pública e defesa social e representantes de entidades de profissionais de segurança pública:** Tais representantes das entidades e organizações serão eleitos por meio de processo aberto a todas as entidades e organizações cuja finalidade seja relacionada com as políticas de segurança pública. Este mandado terá duração de 2 anos, sendo permitida uma recondução

11. PLANO NACIONAL DE SEGURANÇA PÚBLICA E DEFESA SOCIAL

O Plano Nacional de Segurança Pública e Defesa Social será instituído pela União Federal e terá como finalidade: I – promover a melhora da qualidade da gestão das políticas sobre segurança pública e defesa social; II – contribuir para a organização dos Conselhos de Segurança Pública e Defesa Social; III – assegurar a produção de conhecimento no tema, a definição de metas e a avaliação dos resultados das políticas de segurança pública e defesa social; IV – priorizar ações preventivas e fiscalizatórias de segurança interna nas divisas, fronteiras, portos e aeroportos.

➥ **Duração do Plano:** O Plano Nacional de Segurança Pública e Defesa Social terá duração de 10 anos a partir de sua publicação.

➥ **Elaboração do PNSPDS por parte dos Estados e Municípios:** Com base no Plano Nacional, os Estados e Municípios deverão elaborar e implantar seus planos correspondentes em até 2 anos a partir da publicação do Plano Nacional, sob pena de não poderem receber recursos da União para a execução de programas ou ações de segurança pública e defesa social.

➥ **Ações Prioritárias:** Deverão ser prioritárias no Plano Nacional de Segurança Pública e Defesa Social as ações de PREVENÇÃO à criminalidade.

12. POLÍTICAS PÚBLICAS DE SEGURANÇA E AFETAÇÃO DE ÁREAS DIVERSAS DOS MEMBROS DO SUSP

A Segurança Pública não afeta apenas órgãos públicos integrados ao SUSP, sendo um sistema a ser adotado entre os órgãos públicos do Estado como um todo. Neste sentido, as Políticas Públicas de segurança também não poderiam atingir meramente os membros do SUSP, e detém competência legal de afetação de órgãos, por exemplo ligados à educação, à saúde, ao lazer e à cultura.

13. DIRETRIZES GERAIS DE ELABORAÇÃO E EXECUÇÃO DOS PLANOS DE SEGURANÇA PÚBLICA E DEFESA SOCIAL NACIONAL, ESTADUAIS E MUNICIPAIS

Cabe aos gentes públicos observar as seguintes diretrizes na elaboração e na execução dos planos: I – adotar estratégias de articulação entre órgãos públicos, entidades privadas, corporações policiais e organismos internacionais, a fim de implantar parcerias para a execução de políticas de segurança pública e defesa social; II – realizar a integração de programas, ações, atividades e projetos dos órgãos e entidades públicas e privadas nas áreas de saúde, planejamento familiar, educação, trabalho, assistência social, previdência social, cultura, desporto e lazer, visando à prevenção da criminalidade e à prevenção de desastres; III – viabilizar ampla participação social na formulação, na implementação e na avaliação das políticas de segurança pública e defesa social; IV – desenvolver programas, ações, atividades e projetos articulados com os estabelecimentos de ensino, com a sociedade e com a família para a prevenção da criminalidade e a prevenção de desastres; V – incentivar a inclusão das disciplinas de prevenção da violência e de prevenção de desastres nos conteúdos curriculares dos diversos níveis de ensino; VI – ampliar as alternativas de inserção econômica e social dos egressos do sistema prisional, promovendo programas que priorizem a melhoria de sua escolarização e a qualificação profissional; VII – garantir a efetividade dos programas, ações, atividades e projetos das políticas de segurança pública e defesa social; VIII – promover o monitoramento e a avaliação das políticas de segurança pública e defesa social; IX – fomentar a criação de grupos de estudos formados por agentes públicos dos órgãos integrantes do Susp, professores e pesquisadores, para produção de conhecimento e reflexão sobre o fenômeno da criminalidade, com o apoio e a coordenação dos órgãos públicos de cada unidade da Federação; X – fomentar a harmonização e o trabalho conjunto dos integrantes do Susp; XI – garantir o planejamento e a execução de políticas de segurança pública e defesa social; XII – fomentar estudos de planejamento urbano para que medidas de prevenção da criminalidade façam parte do plano diretor das cidades, de forma a estimular, entre outras ações, o reforço na iluminação pública e a verificação de pessoas e de famílias em situação de risco social e criminal.

14. SISTEMA NACIONAL DE ACOMPANHAMENTO E AVALIAÇÃO DAS POLÍTICAS DE SEGURANÇA PÚBLICA E DEFESA SOCIAL (SINAPED)

O Sistema Nacional de Acompanhamento e Avaliação das Políticas de Segurança Pública e Defesa Social (Sinaped) é criado com os seguintes objetivos: I – contribuir para organização e integração dos membros do Susp, dos projetos das políticas de segurança pública e defesa social e dos respectivos diagnósticos, planos de ação, resultados e avaliações; II – assegurar o conhecimento sobre os programas, ações e atividades e promover a melhora da qualidade da gestão dos programas, ações, atividades e projetos de segurança pública e defesa social; III – garantir que as políticas de segurança pública e defesa social abranjam, no mínimo, o adequado diagnóstico, a gestão e os resultados das políticas e dos programas de prevenção e de controle da violência, com o objetivo de verificar: a) a compatibilidade da forma de processamento do planejamento orçamentário e de sua execução com as necessidades do respectivo sistema de segurança pública e defesa social; b) a eficácia da utilização dos recursos públicos; c) a manutenção do fluxo financeiro, consideradas as necessidades operacionais dos programas, as normas de referência e as condições previstas nos instrumentos jurídicos celebrados entre os entes federados, os órgãos gestores e os integrantes do Susp; d) a implementação dos demais compromissos assumidos por ocasião da celebração dos instrumentos jurídicos relativos à efetivação das políticas de segurança pública e defesa social; e) a articulação interinstitucional e intersetorial das políticas.

➥ **Direcionamento da Avaliação:** O relatório da avaliação deverá ser encaminhado aos respectivos Conselhos de Segurança Pública e Defesa Social.

➥ **Dever de colaboração as entidades do SUSP:** As autoridades, os gestores, as entidades e os órgãos envolvidos com a segurança pública e defesa social têm o dever de colaborar com o processo de avaliação, facilitando o acesso às suas instalações, à documentação e a todos os elementos necessários ao seu efetivo cumprimento.

➥ **Avaliação das Políticas públicas de segurança e defesa social:** O processo de avaliação das políticas de segurança pública e defesa social deverá contar com a participação de representantes dos Poderes Legislativo, Executivo e Judiciário, do Ministério Público, da Defensoria Pública e dos Conselhos de Segurança Pública e Defesa Social, observados os parâmetros estabelecidos nesta Lei. No tocante ao Conselho Nacional, caberá ao Poder Legislativo acompanhar as avaliações do respectivo ente federado.

15. ACOMPANHAMENTO PÚBLICO DA ATIVIDADE POLICIAL

A União, os Estados, o Distrito Federal e os Municípios deverão instituir órgãos de ouvidoria dotados de autonomia e independência no exercício de suas atribuições. À ouvidoria competirá o recebimento e tratamento de representações, elogios e sugestões de qualquer pessoa sobre as ações e atividades dos profissionais e membros integrantes do Susp, devendo encaminhá-los ao órgão com atribuição para as providências legais e a resposta ao requerente.

16. SISTEMA NACIONAL DE INFORMAÇÕES DE SEGURANÇA PÚBLICA, PRISIONAIS, DE RASTREABILIDADE DE ARMAS E MUNIÇÕES, DE MATERIAL GENÉTICO, DE DIGITAIS E DE DROGAS (SINESP)

➥ **Finalidade do SINESP:** O SINESP tem como finalidade armazenar, tratar e integrar dados e informações para auxiliar na formulação, implementação, execução, acompanhamento e avaliação das políticas relacionadas com: I – segurança pública e defesa social; II – sistema prisional e execução penal; III – rastreabilidade de armas e munições; IV – banco de dados de perfil genético e digitais; V – enfrentamento do tráfico de drogas ilícitas.

➥ **Objetivos do SINESP:** São objetivos do SINESP: I – proceder à coleta, análise, atualização, sistematização, integração e interpretação de dados e informações relativos às políticas de segurança pública e defesa social; II – disponibilizar estudos, estatísticas, indicadores e outras informações para auxiliar na formulação, implementação, execução, monitoramento e avaliação de políticas públicas; III – promover a integração das redes e sistemas de dados e informações de segurança pública e defesa social, criminais, do sistema prisional e sobre drogas; IV – garantir a interoperabilidade dos sistemas de dados e informações, conforme os padrões definidos pelo conselho gestor.

➥ **Integrantes do Sinesp:** Integram o SINESP todos os entes federados, por intermédio de órgãos criados ou designados para esse fim.

➥ **Atualização e fornecimento de dados pelos entes:** Os dados e as informações de que trata esta Lei deverão ser padronizados e categorizados e serão fornecidos e atualizados pelos integrantes do Sinesp. O integrante que deixar de fornecer ou atualizar seus dados e informações no Sinesp poderá ter como sanção o não recebimento de recursos, a vedação de celebração de parcerias com a União Federal para o financiamento de programas, projetos ou ações de segurança pública e defesa social e do sistema prisional, na forma do regulamento.

➥ **Compartilhamento de sistema de informação e integração de dados:** Cabe ao Ministério Extraordinário da Segurança Pública a celebrar convênios com órgãos do Poder Executivo que não integrem o Susp, com o Poder Judiciário e com o Ministério Público, para compatibilização de sistemas de informação e integração de dados, ressalvadas as vedações constitucionais de sigilo e desde que o objeto fundamental dos acordos seja a prevenção e a repressão da violência.

➥ **Omissão no fornecimento de dados:** A omissão no fornecimento das informações legais implica responsabilidade administrativa do agente público.

17. DO SISTEMA INTEGRADO DE EDUCAÇÃO E VALORIZAÇÃO PROFISSIONAL (SIEVAP)

➥ **Finalidade do SIEVAP:** O Sistema Integrado de Educação e Valorização Profissional (Sievap) tem como finalidade: I – planejar, pactuar, implementar, coordenar e supervisionar as atividades de educação gerencial, técnica e operacional, em cooperação com as unidades da Federação; II – identificar e propor novas metodologias e técnicas de educação voltadas ao aprimoramento de suas atividades; III – apoiar e promover educação qualificada, continuada e integrada; IV – identificar e propor mecanismos de valorização profissional.

➥ **Constituição do SIEVAP:** O SIEVAP é constituído, entre outros, pelos seguintes programas: I – matriz curricular nacional; II – Rede Nacional de Altos Estudos em Segurança Pública (Renaesp); III – Rede Nacional de Educação a Distância em Segurança Pública (Rede EaD-Senasp); IV – programa nacional de qualidade de vida para segurança pública e defesa social.

➥ **Matriz curricular do SIEVAP:** A matriz curricular nacional constitui-se em referencial teórico, metodológico e avaliativo para as ações de educação aos profissionais de segurança pública e defesa social e deverá ser observada nas atividades formativas de ingresso, aperfeiçoamento, atualização, capacitação e especialização na área de segurança pública e defesa social, nas modalidades presencial e a distância, respeitados o regime jurídico e as peculiaridades de cada instituição.

18. DO PROGRAMA NACIONAL DE QUALIDADE DE VIDA PARA PROFISSIONAIS DE SEGURANÇA PÚBLICA (PRÓ-VIDA)

O Programa Nacional de Qualidade de Vida para Profissionais de Segurança Pública (Pró-Vida) tem por objetivo elaborar, implementar, apoiar, monitorar e avaliar, entre outros, os projetos de programas de atenção psicossocial e de saúde no trabalho dos profissionais de segurança pública e defesa social, bem como a integração sistêmica das unidades de saúde dos órgãos que compõem o Susp.

DIREITOS HUMANOS

Lucas de Souza Lehfeld

CAPÍTULO I
DIREITOS HUMANOS

1. TEORIA GERAL DOS DIREITOS HUMANOS

Direitos humanos tem como origem, em primeiro plano, as normas de direito internacional produzidas por conferências realizadas por países, ou mesmo por organizações internacionais, como a Organização das Nações Unidas, a Organização Mundial do Comércio (OMC), Organização Internacional do Trabalho e outras. São declarações (como a Declaração Universal de Direitos Humanos da ONU, de 1948), acordos, convenções, tratados internacionais (como os Pactos Internacionais de Direitos Civis e Políticos; e Direitos Econômicos, Sociais e Culturais, de 1966) que determinam direitos civis, políticos, sociais, econômicos, culturais, ambientais relacionados à dignidade da pessoa humana, cuja tutela não se limita ao direito doméstico, mas sim possui resguardo supranacional. Ressalta-se por outro lado que os direitos humanos também nascem por meio de construções jurisprudenciais dos tribunais internacionais de direitos humanos, como o caso da Corte Interamericana de Direitos Humanos, órgão judicial autônomo responsável em aplicar a Convenção Americana de Direitos Humanos (Pacto de São José da Costa Rica), ou mesmo do Tribunal Penal Internacional (TPI), criado pelo Estatuto de Roma, competente para processar e julgar acusados de crimes de genocídio, contra a humanidade, de guerra, bem como de agressão. Cabe ressaltar que são órgãos judiciais supranacionais, sendo o Brasil submetido à sua jurisdicional, nos termos do art. 5º, §§2º e 4º, da Constituição Federal do Brasil. Assim, os direitos humanos constituem-se valores fundamentais à dignidade da pessoa humana prescritos na ordem jurídica internacional (declarações, convenções, acordos, tratados e outros) e também pela jurisprudência das Cortes e Tribunais Internacionais de Direitos Humanos.

1.1. Conceito

Direitos humanos são "faculdades que o Direito atribui a pessoas e aos grupos sociais, expressão de suas necessidades relativas à vida, liberdade, igualdade, participação política, ou social ou a qualquer outro aspecto fundamental que afete o desenvolvimento integral das pessoas em uma comunidade de homens livres, exigindo o respeito ou a atuação dos demais homens, dos grupos sociais e do Estado, e com garantia dos poderes públicos para restabelecer seu exercício em caso de violação ou para realizar sua prestação". (PECES-BARBA MARTÍNEZ, 1987, p. 14-15). Trata-se, portanto, de um conjunto mínimo de direitos imprescindíveis para assegurar uma vida digna do ser humano, por meio da tutela jurídico-normativa em nível nacional e internacional.

1.2. Terminologia

Há uma certa imprecisão terminológica quanto ao tema. Na doutrina e no direito positivo, internacional e internacional, há utilização de diversas expressões relativas aos direitos humanos, tais como "direitos fundamentais", "direitos humanos fundamentais", "direitos do homem", liberdades públicas", "direitos públicos subjetivos", e também "direitos humanos", propriamente dito. Exemplo disso é a nossa própria Constituição Federal de 1988, em que no seu art. 4º, inciso II, refere-se a direitos humanos como um dos princípios aplicáveis às relações internacionais da República Federativa do Brasil. Já em seu Título II, institui a expressão "Direitos e Garantias

Fundamentais", sendo que o art. 5º, inciso XLI, por ademais, menciona os "direitos e liberdades fundamentais". Isso também ocorre em nível internacional, como o caso da Declaração Universal de Direitos Humanos, da Organização das Nações Unidas, que estabelece em seu preâmbulo a necessidade de respeito aos "direitos do homem", e, *a posteriori*, "fé nos direitos fundamentais do homem" e o respeito "aos direitos e liberdades fundamentais do homem".

Não obstante a esse emaranhado de expressões relativas aos direitos humanos, ressalta-se que, pela doutrina majoritária, **direitos humanos** são aqueles relativos à dignidade da pessoa humana *tutelados pela ordem jurídica internacional* (tratados, acordos, convenções, declarações), enquanto **direitos fundamentais** (ou também direitos humanos fundamentais) possui guarida *na ordem constitucional do Estado.* **Direitos do homem** são os *naturais*, inerentes ao ser humano, como exemplos a vida e a liberdade (*jusnaturalismo*). Quanto ao termo "**liberdades públicas**", é de uso frequente pela doutrina francesa, mas criticado pois não englobaria, por exemplo, os direitos econômicos e sociais (MIRANDA, 1993, p. 50). Por outro lado, "**direitos públicos subjetivos**", expressão cunhada pelo Direito Público alemão do século XIX, apresenta caráter nítido de direitos contra o Estado (eficácia horizontal dos direitos), limitando a sua ação em benefício do indivíduo. Também termo criticado, uma vez que a aplicação dos direitos humanos também se dá nas relações entre particulares (eficácia horizontal). (VILLEY, 1962, p. 221)

MUITA ATENÇÃO!

CARACTERÍSTICAS DOS DIREITOS HUMANOS

- **Complementaridade:** os direitos humanos fundamentais não devem ser interpretados isoladamente, mas sim de forma conjunta, com a finalidade da sua plena realização.
- **Efetividade:** O estado deve agir na promoção e efetivação dos Direitos Humanos.
- **Historicidade:** Os Direitos Humanos foram conquistados ao longo da história, por meio de lutas.
- **Imprescritibilidade:** os direitos humanos não prescrevem, não perdem sua validade com o passar do tempo.
- **Inalienabilidade:** Não são transferíveis, não se pode negociar ou barganhar com os Direitos Humanos.
- **Indisponibilidade:** Não há como dispor dos Direitos Humanos.
- **Indivisibilidade:** Não há como dividir os Direitos Humanos, pois a violação dos Direitos Humanos de uma pessoa representa a violação do Direito Humano de toda humanidade.
- **Interdependência:** Os Direitos humanos são ligados uns nos outros, não podendo existir entre eles um divórcio.
- **Irrenunciabilidade:** Os direitos humanos fundamentais são irrenunciáveis, não pode o indivíduo abrir mão deles.
- **Universalidade:** Os Direitos Humanos aplicam-se a todos os indivíduos, todos têm dignidade.

1.3. Estrutura Normativa

Segundo Robert Alexy, a estrutura do ordenamento jurídico é dividida entre **regras** e **princípios**. As primeiras são **enunciados jurídicos tradicionais**, nos quais há um pressuposto de fato e uma consequência jurídica, além de se caracterizar pela sua concretude. Como exemplo, pode-se retratar uma **norma regra** a prevista no art. 5º, inciso XLVII, alínea "a", em que "*não haverá penas: a) de morte, salvo nos casos de guerra declarada, nos termos do art. 84, XIX*". Por outro lado, os **princípios** são *mandamentos de otimização* de um determinado **valor ou bem jurídico**, buscando a sua realização na maior medida possível. Exemplo de **norma princípio** é o art. 1º, incisos I a V, em que a República Federativa do Brasil, formada pela união indissolúvel dos Estados, Municípios e Distrito Federal, constitui-se em Estado Democrático de Direito e tem como fundamentos a *soberania* (inciso I), *cidadania* (inciso II), *dignidade da pessoa humana* (inciso III), *os valores sociais do trabalho e da livre iniciativa* (inciso IV), e o *pluralismo político* (Inciso V). (ALEXY, 1997). São normas, portanto, caracterizadas pela sua generalidade e abstração.

Além dessas diferenças, as normas constitucionais regras e principiológicas, quando prescrevem direitos e garantias fundamentais, também se distinguem quanto ao momento de sua aplicação. As "**regras** são aplicadas a partir da técnica da subsunção, que consiste em determinar se o caso concreto ajusta-se ou não ao pressuposto fático do enunciado jurídico. Caso a resposta seja positiva [...] aplica-se à consequência jurídica". (RAMOS, 2016. e-Book). Assim, como exemplo, o art. 5º, inciso XI, da Constituição Federal de 1988 estabelece que a casa é asilo inviolável do indivíduo, sendo que ninguém nela pode penetrar sem consentimento do morador, salvo nos casos excepcionais, como flagrante delito ou desastre, ou mesmo para prestar socorro, ou, durante o dia, por determinação judicial. Neste sentido, *somente poderá penetrar na casa (asilo inviolável) se ocorrer, na realidade fática, uma das hipóteses constitucionais excepcionais (subsunção). Aplica-se portanto a lógica do "tudo ou nada"*. Por outro lado, os "***princípios*** são aplicados mediante a técnica da *ponderação*, que não acata a lógica do 'tudo ou nada' das regras [...], mas sim responde à lógica do 'mais ou menos', que consiste na busca da maior otimização do valor ou vem jurídico nele contido, na medida das possibilidades do caso concreto. *As vaguezas e a indeterminabilidade dos enunciados contidos nos princípios também excluem a possibilidade de uso da técnica subsunção*". (RAMOS, 2016. e-Book) Exemplo de norma princípio que prescreve direitos fundamentais encontra-se no art. 5º, inciso LIV, da CF/88, em que "*ninguém será privado da liberdade ou de seus bens sem o devido processo legal*". Cabe ressaltar que o devido processo legal é *verdadeiro princípio constitucional do processo judicial ou administrativo*, em que *garante não apenas às partes o exercício da ampla defesa ou de se manifestar (contraditório), mas também da necessidade de se buscar o devido processo substancial* (tutela dos direitos fundamentais das partes, como celeridade processual e acesso à Justiça).

1.4. Fundamentação dos Direitos Humanos

Por fundamentação pode-se entender como as razões que levam ao reconhecimento dos direitos humanos. Nesse sentido, pode-se apresentar quatro vertentes doutrinárias a respeito:

A **Negacionistas:** para essa vertente doutrinaria, a fundamentação dos direitos humanos é impossível. Para Norberto Bobbio, a negativa quanto à fundamentação dos direitos humanos respalda-se em diversas razões. Em primeiro lugar, há divergência até na definição do que seria o conjunto de "direitos humanos", como já apresentado no item supra *Terminologia*. Em segundo, os direitos humanos constituem-se em classe de direitos variável, em razão de sua própria evolução. O rol de direitos humanos é mutável levando-se em consideração a evolução da humanidade e de suas demandas sociais. Assim, alguns direitos que sequer são defendidos hoje podem, por exemplo, amanhã ser considerados direitos humanos, ou vice-versa. Em terceiro, por fim, os direitos humanos são categoria heterogênea, contendo portanto pretensões muitas vezes conflitantes, o que demanda para a sua composição, no caso concreto, ponderação, o que dificulta a identificação de um único fundamento, absoluto, o que poderia inviabilizar, para Bobbio, a própria evolução do rol dos direitos humanos. (BOBBIO, 1992)

B **Jusnaturalista:** a fundamentação dos direitos humanos decorre da existência de normas anteriores e superiores ao direito estatal posto. Para São Tomás de Aquino, a *lex humana* deve obedecer à *lex naturalis*, fruto da razão divina, mas perceptível aos homens (RAMOS, 2016. e-Book). Neste sentido, o fundamento dos direitos humanos recai na existência de um conjunto de normas ideais, de uma lei imutável e eterna, relativos à natureza do homem. De acordo com Vieira de Andrade, nessa visão de direito natural, os direitos humanos são atemporais, inerentes à qualidade de homem de seus titulares (exemplo desse legado é a Declaração Universal de Direitos Humanos da ONU, de 1948, na qual os homens nascem livres e iguais em dignidade e direitos). O contraponto dessa teoria é a dificuldade de comprovação desses direitos inerentes à natureza do homem.

C Positivista: para essa teoria, a própria estruturação do Estado constitucional inseriu os direitos humanos em suas Constituições e leis, sendo considerados, portanto, direitos positivados. Essa escola, desenvolvida nos séculos XIX e XX, concebeu a ideia de um ordenamento jurídico produzido pelo homem, a partir de uma hierarquia das leis (pirâmide), sendo que em seu topo existiria a Constituição, pressuposto de validade de todas as demais normas positivadas. Os direitos humanos, portanto, estariam inseridos nesta Lei maior, dando-lhes esse *status* superior. Para os positivistas, portanto, o fundamento dos direitos humanos recai na existência da lei positiva, cujo pressuposto de validade encontra-se em sua edição conforme às regras estabelecidas na Constituição. Nesse sentido, os direitos humanos justificam-se graças a sua validade formal. Cabe ressaltar que a fragilidade dessa vertente doutrinária encontra-se, portanto, não reconhecimento de determinado direito ou categoria de direitos humanos caso as leis (dentre elas a Constituição) locais não os contemplem. "É justamente aí que se põe, de forma aguda, a questão do fundamento dos direitos humanos, pois a sua validade deve assentar-se em algo mais profundo e permanente que a ordenação estatal, ainda que esta se baseie numa Constituição. A importância dos direitos humanos é tanto maior quanto mais louco ou celerado for o Estado" (COMPARATO, 2000, p. 43).

D Moralista: o fundamento dos direitos humanos, para essa teoria, decorre dos valores morais, independentemente de regras postas previamente. Direitos humanos podem ser considerados, portanto, direitos morais, independentemente de sua positivação normativa. São sustentados diretamente em valores morais da coletividade humana. De acordo com Ronald Dworkin, a moralidade integra o ordenamento jurídico por meio de princípios, mesmo que não positivados. São eles exigências de justiça, de equidade ou de qualquer outra dimensão da moral (DWORKIN, 2000, p. 90).

2. AFIRMAÇÃO HISTÓRICA DOS DIREITOS HUMANOS

A As gerações de direitos humanos: A teoria das "gerações de direitos" foi desenvolvida, inicialmente, por ***Karel Vasak*** que, em conferência por ele proferida no Instituto Internacional de Direitos Humanos, em Estrasburgo, no ano de 1979, classificou em ***3 (três) gerações*** os direitos humanos, com características próprias para cada uma delas, levando-se em consideração o lema da Revolução Francesa de 1789, qual seja, *liberdade, igualdade e fraternidade*.

B Direitos de primeira geração: São os denominados direitos de liberdade, uma vez que demandam do Estado prestações negativas, garantindo a esfera de autonomia do indivíduo. São direitos de defesa para Canotilho, estabelecendo limites à atuação estatal. (CANOTILHO, 1995, p. 505). Nesta geração encontram-se os direitos civis e políticos (exemplos: direito à liberdade, igualdade perante a lei, propriedade, intimidade e segurança, participação política). Quanto ao seu marco histórico, foram postulados nos movimentos revolucionários dos séculos XVII, XVIII e XIX, como a Revolução Inglesa, Francesa e Norte-americana. Documentos importantes relativos aos direitos dessa geração: a) Magna Carta de 1215 (Inglaterra); b) Paz de Westfália

(1648); c) *Habeas Corpus Act* (1679); d) *Bill of Rights* (1688); e) Declarações americana (1776) e francesa (1789). Portanto, são direitos humanos baseados na *liberdade.*

C Direitos de segunda geração: São direitos humanos que demandam um papel ativo do Estado (não mais de abstenção), por meio de prestações positivas (serviços públicos, em regra). Por influência de doutrinas socialistas, constatou-se que a inserção formal de liberdade e igualdade em declaração de direitos não garantia a sua efetiva concretização, razão pela qual passou-se a exigir, por meio de movimentos sociais, um Estado mais intervencionista (do bem-estar social). Quanto ao momento histórico, são valores e interesses que decorrem da Revolução Industrial Europeia – século XIX. Em decorrência das péssimas condições de trabalho, eclodem movimentos como o cartista – Inglaterra e a Comuna de Paris (1848) – na busca de reivindicações trabalhistas e normas de assistência social. Também em razão da Primeira Grande Guerra (início do século XX), há a preocupação da fixação de direitos sociais por meio da atuação do Estado do bem-estar social. Isso fica evidenciado, por exemplo, na Constituição de Weimar, Alemanha (1919) e Tratado de Versalhes, 1919 (Organização Internacional do Trabalho - OIT). Os direitos humanos de segunda geração privilegiam os direitos sociais, culturais e econômicos, correspondendo aos direitos de *igualdade.*

D Direitos de terceira geração: marcadas pela alteração da sociedade, por profundas mudanças na comunidade internacional (sociedade de massa, crescente desenvolvimento tecnológico e científico), as relações econômico-sociais se alteram profundamente, e com rapidez. Novos problemas surgem, como a necessária noção de preservacionismo ambiental e as dificuldades para proteção dos consumidores. Direitos humanos dessa natureza não possuem titularidade individual, mas sim coletiva, difusa. Visam proteger o homem, não de forma isolada, mas inserido na comunidade (coletividades, grupos). São direitos baseados na *fraternidade*/solidariedade, como o direito ao meio ambiente ecologicamente equilibrado, ao patrimônio histórico e cultural, ao desenvolvimento, à paz.

E Outras gerações de direitos humanos. Paulo Bonavides, balizado em Karel Vasak, defende o surgimento de uma **quarta geração de direitos humanos**, decorrente da globalização. São direitos de participação democrática (democracia direta), informação e ao pluralismo. (BONAVIDES, Paulo. *Curso de direito constitucional.* 7 ed. São Paulo: Malheiros, 1997). O referido autor, em desenvolvimento de sua doutrina, já afirma que há **direitos de quinta geração**, em face principalmente do terrorismo ou mesmo guerras que ainda assolam, hodiernamente, as nações. Assim, seriam **direitos relacionados à paz** (inicialmente alojado na esfera de direitos de terceira dimensão).

GERAÇÕES OU DIMENSÕES DE DIREITOS HUMANOS

MUITA ATENÇÃO!

Ressalta-se que a doutrina contemporânea considera a expressão "geração" de direito não seria a mais adequada, uma vez que aparenta obsolescência de uma geração (a mais antiga) com relação à outra (a mais atual). Na realidade, não há a substituição de uma geração de direitos em relação à anterior, mas sim classes, categorias de direitos humanos, organizados em relação às demandas e interesses prioritários da humanidade, ao longo de sua evolução. Assim, em substituição da referida expressão "geração" ou "gerações", **vem sendo utilizado o termo "dimensão" ou "dimensões" de direitos**, no intuito de expurgar essa impressão de validade, ou mesmo importância de determinada categoria de direitos humanos em relação a outras. Cabe ressaltar que todos os direitos humanos possuem a mesma relevância, devendo ser observados concomitantemente.

3. DIREITOS HUMANOS E RESPONSABILIDADE DO ESTADO

A Soberania Nacional e Direitos Humanos: Por determinação constitucional, os direitos fundamentais devem ser tutelados pelo Estado, no exercício de suas funções legislativa, administrativa e jurisdicional. A Constituição Federal de 1988 exige, portanto, a observância obrigatória dos entes e agentes estatais quanto à aplicabilidade e eficácia dos direitos civis, políticos, sociais, econômicos e coletivos em sentido amplo (art. 5º, §1º, da CF/88). Ademais, nos termos do §2º do art. 5º, o texto constitucional também recepciona direitos e garantias fundamentais que decorrem de regime e dos princípios pela Constituição adotados, ou dos tratados internacionais em que a República Federativa do Brasil seja parte. Ressalta-se, neste caso, essas normas de direito internacional somente se tornaram obrigatórias, perante a sociedade brasileira, se internalizadas na ordem jurídica pátria, em razão da soberania nacional como princípio fundamental da República Federativa do Brasil (art. 1º, inciso I, da CF/88). A não observância ou mesmo violação, portanto, dos direitos humanos fundamentais, em sede doméstica, pelo Estado lhe traz a responsabilidade civil extracontratual objetiva pelos atos de seus agentes, independentemente de culpa em sentido amplo, nos termos do art. 37, §6º, da CF/88.

B Jurisdição internacional. Subsidiariedade. Perante a sociedade internacional, o Estado é considerado sujeito de direitos, a partir de sua soberania reconhecida pelos demais países. Portanto, tem legitimidade ativa para firmar acordos, convenções, tratados internacionais, em especial de direitos humanos. Consequentemente, também se submete à jurisdição internacional. Entretanto, o pais se submete às decisões de Cortes Internacionais de direitos humanos, quando da sua violação, baseia-se no princípio da subsidiariedade da jurisdição internacional, ou seja, no reconhecimento do "dever primário do Estado em prevenir violações de direitos protegidos, ou, ao mesmo, reparar os danos causados às vítimas, para, somente após seu fracasso, poder ser invocada a proteção internacional. Por isso, as vítimas de violações de direitos humanos devem, em geral, esgotar os meios ou recursos internos disponíveis para a concretização do direito protegido, para, após o insucesso da tentativa nacional, buscar remédio no plano internacional" (RAMOS, 2016. e-Book). Trata-se de verdadeira condição de admissibilidade, para que a jurisdição das Cortes Internacionais de Direitos Humanos seja acionada e o Estado submetido às suas decisões. Como exemplo, o art. 46.1 da Convenção Americana de Direitos Humanos, o qual dispõe que para uma petição ou comunicação venha a ser admitida pela Comissão Interamericana de Direitos Humanos, será imprescindível "que hajam sido interpostos e esgotados os recursos da jurisdição interna, de acordo com os princípios de Direito Internacional geralmente reconhecidos".

C Boa-fé processual no cumprimento de decisões de Cortes Internacionais de Direitos Humanos: Importante ressaltar que as decisões proferidas em órgãos judiciais internacionais de direitos humanos surtirão efeitos em território nacional se acatadas pelo Estado, em virtude de sua soberania. Cabe ressaltar que a jurisdição internacional tem como pressuposto a boa-fé processual no cumprimento, pelo Estado condenado, das medidas determinadas pelas Cortes Internacionais. É evidente que, ao se valer da soberania nacional como impeditivo de cumprimento, o Estado desidioso pode sofrer, internacionalmente, diante dos países signatários do tratado internacional desrespeitado, responsabilização e consequentemente penalizações aplicáveis em sede alienígena, como no caso, por exemplo, de rompimento das relações diplomáticas, ou mesmo embargos econômicos.

D Denúncia dos tratados. Responsabilização internacional do Estado. O processo de internalização de tratados, acordos ou convenções internacionais, no ordenamento jurídico brasileiro (vide item *A Constituição brasileira e os tratados internacionais de direitos humanos*, infra), decorre da participação dos Poderes Executivo e Legislativo, uma vez que há necessidade de aprovação e ratificação da norma internacional, para ser internalizada, pelo Congresso Nacional (art. 49, inciso I, da CF/88), não sendo suficiente a assinatura ou aceitação do tratado internacional (ou outra espécie convencional) pelo Presidente ou alguém por ele credenciado. Entretanto, esse processo misto não se dá no caso da denúncia dos tratados, cuja competência é exclusiva do Presidente da República (art. 84, inciso VIII, da CF/88). Neste sentido, entendendo que a norma de direito internacional viola dispositivo constitucional (dimensão jurídica) ou afronta à soberania do país (dimensão política), poderá o Chefe do Executivo Federal denunciá-la, em situações específicas (fundamento ou motivação de cunho jurídico-constitucional), deixando o Estado portanto de se obrigar pelas suas cláusulas.

? **QUESTÃO:** O Presidente da República poderá denunciar um tratado internacional que já tenha sido aprovado e ratificado pelo Congresso Nacional?

➥ ***RESPOSTA:*** *O Presidente da República poderá denunciar um tratado internacional caso entenda que a norma viole dispositivo constitucional ou afronte a soberania do país, no entanto cabe ressaltar que a denúncia como ato unilateral de desobrigação de tratados, acordos, convenções já aprovadas e ratificadas pelo Congresso Nacional deve ter fundamento ou motivação de cunho jurídico-constitucional, para reconhecimento de sua legitimidade pela sociedade internacional, em especial das partes integrantes da referida norma, sob pena de o Estado, ao denunciar por mera deliberação, ser responsabilizado internacionalmente.*

4. DIREITOS HUMANOS NA CONSTITUIÇÃO FEDERAL

4.1. Presença de direitos humanos fundamentais em toda a Constituição: Cabe ressaltar que os direitos humanos fundamentais, ou seja, positivados pelo ordenamento jurídico-constitucional brasileiro (CF/88) encontra-se em todo a sua extensão, e não apenas no seu Título II – Dos Direitos e Garantias Fundamentais, que compreende os direitos e deveres individuais e coletivos (Capítulo I, art. 5º e seus 78 incisos e quatro parágrafos); direitos sociais (Capítulo II, arts. 6º ao 11); da nacionalidade (Capítulo III, arts 12 ao 13), direitos políticos (Capítulo IV, arts. 14 ao 16); e partidos políticos (Capítulo V, art. 17). Encontram-se direitos humanos não menos importantes, por exemplo, em todo o Título VIII – Da Ordem Social, como o direito à saúde (arts. 196 a 200), educação (arts. 205 a 2014), cultura (arts. 215 a 216-A), ao meio ambiente ecologicamente equilibrado (art. 225), direitos inerentes à família, da criança, do adolescente, jovem e do idoso (arts. 226 a 230). Na ordem tributária e econômica (Títulos VI e VII da Constituição Federal) também encontram-se direitos e garantias fundamentais, como no caso do princípio da anterioridade tributária previsto no art. 150, inciso III, "b", da CF/88, já considerado pelo Supremo Tribunal Federal cláusula pétrea (ADI 939-7); ou mesmo a função social da propriedade privada e a defesa do meio ambiente como princípios da ordem econômica (art. 170, II, III e VI). Neste cenário, portanto, os direitos humanos fundamentais encontram-se distribuídos em todo o texto constitucional, devendo, portanto, verificar se a norma constitucional prescreve direitos e garantias inerentes à dignidade da pessoa humana.

4.2. Direitos humanos fundamentais como cláusulas pétreas: Conforme o art. 60, §4º, inciso IV, da Constituição Federal de 1988, os direitos e garantias fundamentais são consideradas cláusulas pétreas, ou seja, não passíveis de supressão do ordenamento normativo-constitucional por Emendas Constitucionais. Trata-se, juntamente com o pacto federativo (inciso I do §4º do art. 60), voto direto, secreto, universal e periódico (inciso II), e separação dos Poderes (inciso III), de *núcleo duro* da Constituição Federal, não podendo ser abolidos, expressa ou tacitamente, pelo processo de Reforma Constitucional (art. 60 da CF/88).

4.3. Aplicabilidade e eficácia dos direitos humanos fundamentais: Conforme consta do art. 5°, §1°, da Constituição Federal, as normas definidoras dos direitos e garantias fundamentais têm aplicação **imediata**, ou seja, desde a publicação do Lei maior. Ademais, quanto à produção de efeitos, os direitos humanos fundamentais, tradicionalmente, encontram-se prescritos na Constituição como elementos de limitação ao Poder do Estado em relação à preservação e reparação de violações aos direitos do cidadão (**eficácia vertical**). Exemplo clássico é o art. 5º, inciso LXI, da Constituição Federal, em que "ninguém será preso senão em flagrante delito ou por ordem escrita e fundamentada de autoridade judiciaria competente, salvo nos casos de transgressão militar ou crime propriamente militar, definidos em lei". Por outro lado, ressalta-se que as normas definidoras de direitos humanos na Constituição Federal também podem ser aplicadas às relações entre particulares (atos ou negócios sob à égide das normas de direito privado). Trata-se da chamada **eficácia horizontal**, em que se reconhece a necessidade de se tutelar direitos humanos fundamentais mesmo nas relações entre cidadãos baseadas no princípio da autonomia da vontade (liberdade). Por exemplo, quando houver tratamento discriminatório quando da contratação de trabalhador pela sociedade empresária (art. 5°, *caput*, e art. 7º, inciso XXX, da CF/88); realização pelo empregador de revista íntima de trabalhadoras em fábrica de roupas íntimas (Recurso Extraordinário n. 160.222-8); exclusão de associado de cooperativa sem direito à defesa (Recurso Extraordinário n. 158.215-4). Neste sentido, o Supremo Tribunal Federal reconhece a aplicação dos direitos fundamentais às relações privadas, sendo sua **eficácia direta ou imediata**, ou seja, *sem que haja necessidade de intermediação legislativa para a sua concretização (ou seja, eficácia indireta ou mediata).*

4.4. Eficácia "diagonal" dos direitos fundamentais: Mais estudada no Direito do Trabalho, essa teoria foi desenvolvida por Pamela Prado, em 2005, na Universidade do Chile. Outro autor que auxiliou na propagação da referida teoria foi Sérgio Gamonal Contreras, professor chileno. *"Na eficácia diagonal dos direitos fundamentais no contrato de trabalho a racionalidade acerca do objeto se vincula com o fim perseguido pelo contrato de trabalho enquanto prestação de serviço sob subordinação que, afinal, não pode alterar direitos fundamentais de uma das partes pelo único objetivo econômico do contrato ou da atividade empresarial"* (CONTRERAS, 2011, p. 33). Trata-se, na prática, da aplicação da teoria da eficácia horizontal nas relações trabalhistas, com a aplicação dos princípios da proporcionalidade e da igualdade quanto aos direitos fundamentais do trabalhador diante, especialmente, do poder disciplina e relação de subordinação com o empregador.

4.5. Eficácia "irradiante" dos direitos fundamentais: Em razão do seu conteúdo (direitos humanos), as suas normas constitucionais definidoras impõem ao legislador (no exercício de função legiferante), à Administração Pública (função administrativa) e ao Poder Judiciário (função jurisdicional) o respeito à sua eficácia, em especial quanto à dignidade humana, igualdade substantiva e justiça social. Trata-se do que Daniel Sarmento chamou de **eficácia irradiante.** (SARMENTO, 2014)

4.6. Rol exemplificativo dos direitos humanos na Constituição Federal de 1988: O **rol de direitos humanos** previstos no texto constitucional é **exemplificativo** e não taxativo, uma vez que o seu art. 5º, §2º, determina que *"os direitos e garantia expressos nesta Constituição não excluem outros decorrentes do regime e dos princípios por ela adotados, ou dos tratados internacionais em que a República Federativa do Brasil seja parte"*. Assim, a Constituição Federal **recepciona outros direitos e garantias decorrentes do regime democrático** (como exemplo, o direito de resistência previsto na Constituição Portuguesa, art. 21º) ou **dos tratados, acordos, conven-**

ções internacionais em que o país seja parte (a respeito dos tratados internacionais de direitos humanos e a Constituição Federal Brasileira, vide *item infra*).

5. POLÍTICA NACIONAL DE DIREITOS HUMANOS

5.1. Revogação da Lei n.º 10.683/2003: A Política Nacional de Direitos Humanos tinha previsão legal no art. 24 da Lei n.º 10.683/2003, ab-rogada (revogação total) pela Lei n.º 13.502/2017 (*Estabelece a organização básica dos órgãos da Presidência da República e dos Ministérios. Foi também revogada pela Lei n.º 13.844, de 18 de junho de 2019*). Tinha por objetivo implementar as diretrizes do Programa Nacional de Direitos Humanos (PNDH), este resultado dos compromissos internacionais assumidos pelo país quanto a tutela e promoção de direitos humanos. Não obstante à revogação expressa do art. 24, a implementação do Programa Nacional de Direitos Humanos impõe ao Estado brasileiro verdadeira política pública governamental consistente em ações programáticas para alcançar objetivos estratégicos definidos no PNDH e suas atualizações.

5.2. Programa Nacional de Direitos Humanos. Versões. O **primeiro Programa Nacional de Direitos Humanos (PNDH)** foi criado pelo Decreto n.º 1.904, de 13 de maio de 1996, levando-se em consideração os compromissos assumidos pelo Brasil na Conferência Mundial de Direitos Humanos, em Viena, 1993. O país foi um dos primeiros a dar status de política pública governamental a promoção e proteção dos direitos humanos. Entre as principais medidas legislativas resultantes da PNDH, pode-se ressaltar o reconhecimento e indenização pelo Estado às famílias de pessoas desaparecidas em razão de participação política (Lei n.º 9.140/95); a transferência da justiça militar para a comum dos crimes dolosos contra a vida praticados por policiais militares (Lei n.º 9.299/96); a tipificação do crime de tortura (Lei n.º 9.455/97). O referido programa também contribuiu para ampliar a participação do país nos sistemas global (ONU) e regional (Organização dos Estados Americanos – OEA) de proteção dos direitos humanos. A atualização do PNDH deu-se com o Decreto n.º 4.229, de 13 de maio de 2002 (com a revogação do Decreto n.º 1.904/96), trazendo em sua **segunda versão (PNDH-2)** a incorporação de ações específicas no campo do direito à educação, à saúde, à previdência e assistência social, ao trabalho, à moradia, a um meio ambiente ecologicamente sustentável, à alimentação, à cultura e ao lazer. Atualmente, encontra-se em vigência a terceira versão do referido programa, o PNDH-3.

5.3. Programa Nacional de Direitos Humanos – PNDH-3. Em sua terceira versão, nos termos do Decreto n.º 7.037, de 21 de dezembro de 2009, o Programa Nacional de Direitos Humanos tem sua implementação suportada por 6 (seis) Eixos Orientadores e suas diretrizes, nos termos do art. 2º do referido Decreto:

Eixo Orientador I. Interação democrática entre Estado e sociedade civil: a) Diretriz 1: Interação democrática entre Estado e sociedade civil como instrumento de fortalecimento da democracia participativa; b) Diretriz 2: Fortalecimento dos Direitos Humanos como instrumento transversal das políticas públicas e de interação democrática; e c) Diretriz 3: Integração e ampliação dos sistemas de informações em Direitos Humanos e construção de mecanismos de avaliação e monitoramento de sua efetivação.

Eixo Orientador II. Desenvolvimento e Direitos Humanos: a) Diretriz 4: Efetivação de modelo de desenvolvimento sustentável, com inclusão social e econômica, ambientalmente equilibrado e tecnologicamente responsável, cultural e regionalmente diverso, participativo e não discriminatório; b) Diretriz 5: Valorização da pessoa humana como sujeito central do processo de desenvolvimento; e c) Diretriz 6: Promover e proteger os direitos ambientais como Direitos Humanos, incluindo as gerações futuras como sujeitos de direitos.

Eixo Orientador III. Universalizar direitos em um contexto de desigualdades: a) Diretriz 7: Garantia dos Direitos Humanos de forma universal, indivisível e interdependente, assegurando a cidadania plena; b) Diretriz 8: Promoção dos direitos de crianças e adolescentes para o seu desenvolvimento integral, de forma não discriminatória, assegurando seu direito de opinião e participação; c) Diretriz 9: Combate às desigualdades estruturais; e d) Diretriz 10: Garantia da igualdade na diversidade.

Eixo Orientador IV. Segurança Pública, Acesso à Justiça e Combate à Violência: a) Diretriz 11: Democratização e modernização do sistema de segurança pública; b) Diretriz 12: Transparência e participação popular no sistema de segurança pública e justiça criminal; c) Diretriz 13: Prevenção da violência e da criminalidade e profissionalização da investigação de atos criminosos; d) Diretriz 14: Combate à violência institucional, com ênfase na erradicação da tortura e na redução da letalidade policial e carcerária; e) Diretriz 15: Garantia dos direitos das vítimas de crimes e de proteção das pessoas ameaçadas; f) Diretriz 16: Modernização da política de execução penal, priorizando a aplicação de penas e medidas alternativas à privação de liberdade e melhoria do sistema penitenciário; e g) Diretriz 17: Promoção de sistema de justiça mais acessível, ágil e efetivo, para o conhecimento, a garantia e a defesa de direitos.

Eixo Orientador V. Educação e Cultura em Direitos Humanos: a) Diretriz 18: Efetivação das diretrizes e dos princípios da política nacional de educação em Direitos Humanos para fortalecer uma cultura de direitos; b) Diretriz 19: Fortalecimento dos princípios da democracia e dos Direitos Humanos nos sistemas de educação básica, nas instituições de ensino superior e nas instituições formadoras; c) Diretriz 20: Reconhecimento da educação não formal como espaço de defesa e promoção dos Direitos Humanos; d) Diretriz 21: Promoção da Educação em Direitos Humanos no serviço público; e e) Diretriz 22: Garantia do direito à comunicação democrática e ao acesso à informação para consolidação de uma cultura em Direitos Humanos.

Eixo Orientador VI. Direito à Memória e à Verdade: a) Diretriz 23: Reconhecimento da memória e da verdade como Direito Humano da cidadania e dever do Estado; b) Diretriz 24: Preservação da memória histórica e construção pública da verdade; e c) Diretriz 25: Modernização da legislação relacionada com promoção do direito à memória e à verdade, fortalecendo a democracia.

5.4. Extinção do Comitê de Acompanhamento e Monitoramento do PNDH-3. Criado pelo Decreto n.º 7.037/2009, cujas finalidades eram promover a articulação entre os órgãos e entidades envolvidos na implementação das suas ações programáticas; elaborar os planos de ação dos direitos humanos bem como estabelecer seus indicadores de acompanhamento e avaliação, foi revogado pelo Decreto n.º 10.087, de 5 de novembro de 2019.

6. A CONSTITUIÇÃO BRASILEIRA E OS TRATADOS INTERNACIONAIS DE DIREITOS HUMANOS

6.1. Hierarquia dos tratados internacionais sobre direitos humanos: Matéria muito explorada em concursos públicos, a internalização dos tratados internacionais sobre direitos humanos no ordenamento jurídico pátrio e sua hierarquia normativa encontram-se pacificadas, tanto na doutrina, como na jurisprudência. Resumidamente, e de forma didática, abaixo apresentamos, portanto, as hipóteses de internalização e a consequente posição hierárquica dos tratados internacionais sobre direitos humanos:

A *Tratados internacionais sobre direitos humanos aprovados pelo Congresso Nacional, por maioria qualidade de 3/5 dos membros da Câmara dos Deputados e do Senado Federal, em dois turnos, em cada casa, nos termos do art. 5º, §3º, da CF/88 (dispositivo introduzido no art. 5º pela Emenda Constitucional n.º 45/2004)*: serão considerados **normas constitucionais** (*equivalentes às Emendas à Constituição*). Cabe ressaltar que esses tratados internacionais, uma vez internalizados pela aprovação nos termos do referido §3º, juntamente com a Constituição Federal, formam o chamado **bloco de constitucionalidade**, dando validade a todo o ordenamento jurídico infraconstitucional, bem como servindo de parâmetro para controle de constitucionalidade. Como exemplos de tratados internacionais sobre direitos humanos incorporados em nosso ordenamento jurídico como norma constitucional, pode-se mencionar a Convenção Internacional sobre os Direitos das Pessoas com Deficiência e seu Protocolo Facultativo, assinados em Nova York, em 30 de março de 2007 (Decreto n.º 6.949/2009); e o Tratado de Marraqueche para Facilitar o Acesso a Obras Publicadas às Pessoas Cegas, com Deficiência Visual ou com outras Dificuldades para Ter Acesso ao Texto Impresso, assinado em Marraqueche, em 27 de junho de 2013 (Decreto n.º 9.522/2018).

B *Tratados internacionais sobre direitos humanos aprovados pelo Congresso Nacional, por maioria simples (50% mais um voto dos congressistas presentes), em cada casa (Câmara de Deputados e Senado Federal):* neste caso, em razão da matéria (conteúdo) do tratado internacional, o Supremo Tribunal Federal o considera como **norma supralegal**, ou seja, abaixo da Constituição Federal (respeitando portanto a sua supremacia constitucional), mas em nível hierárquico superior às demais normas infraconstitucionais pátrias. Aplica-se no presente caso não o §3º do art. 5º da CF/88, mas sim o §2º. *Essa posição hierárquica foi adotada pelo Supremo Tribunal Federal em especial quando da análise do Pacto de San José da Costa Rica (Convenção Americana de Direitos Humanos – Decreto n.º 678/1992) e sua aplicação em relação à prisão do depositário infiel*, considerando-a inválida uma vez que afronta a referida Convenção que, em seu art. 7º, n. 7, somente autoriza a prisão civil ao devedor de prestação alimentícia. (RE 466.343-SP, em 03.12.2008; e HC 90.172-SP, em 05.06.2007). Embora a Constituição Federal de 1988, em seu art. 5º, LXVII, autorize a prisão civil ao depositário infiel, a legislação infraconstitucional que a regulamenta, antinômica à Convenção Americana (norma supralegal), não se aplica pelo critério hierárquico (revogação). Ademais, o STF sumulou a matéria, com efeito vinculante: "É ilícita a prisão civil de depositário infiel, qualquer que seja a modalidade de depósito." (**Súmula Vinculante 25**).

C *Tratados internacionais outros aprovados por maioria simples pelas Casas do Congresso Nacional:* uma vez internalizados pela sua aprovação por maioria simples, os tratados internacionais que não se referem a direitos humanos são equivalentes às **leis ordinárias federais**, ou seja, **norma infraconstitucional**.

? **QUESTÃO:** Os tratados internacionais sobre direitos humanos serão sempre considerados equivalentes à Emendas Constitucionais?

↳ ***RESPOSTA:*** *Não. Os tratados internacionais sobre direitos humanos somente serão considerados equivalentes à Emendas Constitucionais quando aprovados pelo Congresso Nacional, por maioria qualidade de 3/5 dos membros da Câmara dos Deputados e do Senado Federal, em dois turnos, em cada casa, nos termos do art. 5º, §3º, da Constituição Federal (dispositivo introduzido no art. 5º pela Emenda Constitucional n.º 45/2004).*

TRIPLA HIERARQUIA DOS TRATADOS INTERNACIONAIS

Os tratados internacionais incorporados no ordenamento jurídico pátrio, de acordo com o seu conteúdo e processo de aprovação pelo Congresso Nacional, acabam instituindo uma tripla hierarquia normativa conforme demonstrado abaixo:

MUITA ATENÇÃO!

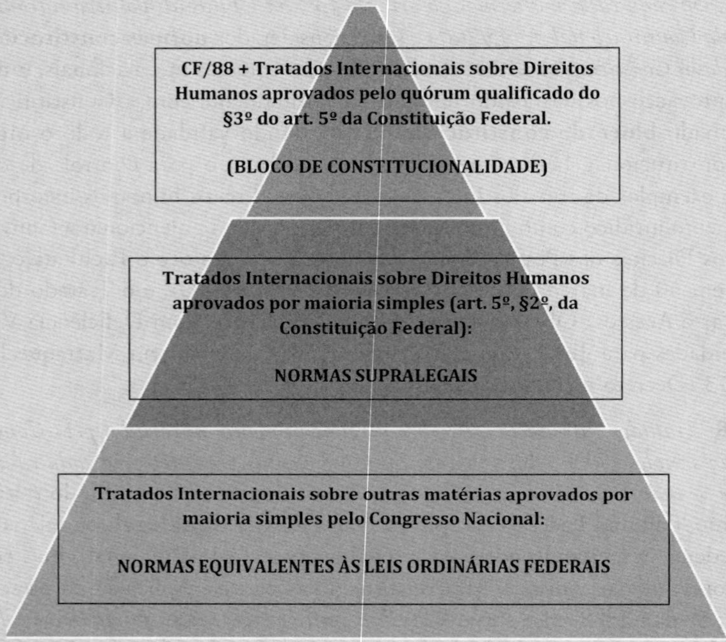

6.2. Quórum de aprovação dos tratados internacionais. Faculdade do Congresso Nacional. É de competência exclusiva do Congresso Nacional resolver definitivamente sobre tratados, acordos ou atos internacionais que acarretem encargos ou compromissos gravosos ao patrimônio nacional (art. 49, inciso I, da CF/88). Nesse sentido, não obstante à importância da matéria (direitos humanos), cabe ao Congresso Nacional escolher o quórum qualificado do §3º do art. 5º da CF/88, para aprovação dos tratados internacionais (*dando hierarquia, portanto, de norma constitucional*), ou, por mais insensato que possa parecer, o quórum de maioria simples, atribuindo, portanto, a eles a hierarquia de norma supralegal. Ou seja, trata-se de deliberação do Congresso e não de uma obrigatoriedade a aprovação dos tratados internacionais sobre direitos humanos por 3/5 dos membros das Casas Parlamentares (Câmara dos Deputados e Senado Federal), em dois turnos em cada uma delas.

6.3. Fases de incorporação dos tratados internacionais. São as fases, segundo o STF, da recepção dos tratados internacionais em geral, após a sua celebração pelo Presidente da República (art. 84, VIII, da CF/88): "(a) aprovação, pelo Congresso Nacional, mediante decreto legislativo, de tais convenções; (b) ratificação desses atos internacionais, pelo Chefe de Estado, mediante depósito do respectivo instrumento; (c) promulgação de tais acordos ou tratados, pelo Presidente da República, mediante decreto, em ordem a viabilizar a produção dos seguintes efeitos básicos, essenciais à sua vigência doméstica: (1) publicação oficial do texto do tratado e (2) executoriedade do ato de direito internacional público, que passa, então - e somente então - a vincular e a obrigar no plano do direito positivo interno. Precedentes. O sistema constitucional brasileiro não consagra o princípio do efeito direto e nem o postulado da aplicabilidade imediata dos tratados ou convenções internacionais." (STF, Agravo Regimental na Carta Rogatória n. 8279, Plenário, Rel. Min. Celso de Mello, j. 17.06.98, DJ 10.08.2000) (*Material do Revisaço da Carreira da Defensoria Pública. Salvador: Editora Juspodivm, 2018).*

7. DECLARAÇÃO UNIVERSAL DOS DIREITOS HUMANOS

A Declaração Universal dos Direitos Humanos foi proclamada em 1948, após o término da Segunda Guerra Mundial, com o espírito de colocar fim às atrocidades cometidas pelo regime nazista. Serviu de inspiração para as cartas Constitucionais pelo mundo afora, realçando o princípio da Dignidade da Pessoa Humana, sendo este o seu núcleo.

MUITA ATENÇÃO!

DECLARAÇÃO UNIVERSAL DOS DIREITOS HUMANOS - Artigos principais para memorizar:

Art. 1º Todas as pessoas nascem livres e iguais em dignidade e direitos. São dotadas de razão e consciência e devem agir em relação umas às outras com espírito de fraternidade.

Art. 2º

1.todo ser humano tem capacidade para gozar os direitos e as liberdades estabelecidos nesta Declaração, sem distinção de qualquer espécie, seja de raça, cor, sexo, língua, religião, opinião política ou de outra natureza, origem nacional ou social, riqueza, nascimento, ou qualquer outra condição.

Art. 3º Toda pessoa tem direito à vida, à liberdade e à segurança pessoal.

Art. 5º Ninguém será submetido à tortura, nem a tratamento ou castigo cruel, desumano ou degradante.

Art. 7º Todos são iguais perante a lei e têm direito, sem qualquer distinção, a igual proteção da lei. Todos têm direito a igual proteção contra qualquer discriminação que viole a presente Declaração e contra qualquer incitamento a tal discriminação.

Art. 9º Ninguém será arbitrariamente preso, detido ou exilado.

Nota-se, nesta breve demonstração dos artigos que integram a Declaração Universal dos Direitos Humanos, a menção à Liberdade, igualdade e fraternidade, além da presença da Dignidade, que, como dito anteriormente, é o núcleo da Declaração e das cartas constitucionais que foram por ela influenciadas.

A Declaração não é exaustiva, podendo ser estabelecidos outros direitos no âmbito de tratados internacionais e/ou na legislação interna de cada país; fundamenta-se no princípio de que todos nascem iguais em dignidade e direito; orienta-se pelos princípios da universalidade, igualdade e não-discriminação; e consagra direitos civis e políticos, bem como direitos sociais e econômicos.

A Declaração Universal dos Direitos Humanos (DUDH) foi proclamada pela Assembleia Geral das Nações Unidas em Paris, em 10 de dezembro de 1948, por meio da Resolução 217 (III) da Assembleia Geral da ONU. Por se tratar de uma Declaração, consiste em um documento não-vinculante (Resolução da ONU - recomendação). Essa escolha se deu pelos governos representados na Assembleia Geral à época, em razão do contexto histórico, qual seja, o início da Guerra Fria. A União Soviética, particularmente, em virtude de seu regime totalitário stalinista, insistia em que o respeito aos direitos humanos era matéria de exclusiva jurisdição doméstica dos Estados, não sujeito, portanto, ao controle ou mesmo monitoramento da Organização das

Nações Unidas. Assim, **a Declaração Universal dos Direitos Humanos é considerada, sob o ponto de vista formal, de uma *soft law*, não-vinculante, mas importante como documento basilar dos direitos humanos.** Foram, para dar-lhe força vinculante, editados tratados internacionais (normas jurídicas), como os Pactos Internacionais sobre Direitos Civis e Políticos e sobre Direitos Econômicos, Sociais e Culturais, em 1966, sendo aprovados e ratificados pelo Brasil (Decretos n. 592/92 e 591/92, respectivamente).

Cumpre ressaltar que existe também posicionamento, mais recente, no sentido de que os dispositivos consagrados na Declaração são juridicamente vinculantes, visto que os preceitos contidos em seu texto já foram positivados em tratados posteriores e no Direito interno de muitos Estados. Assim, suas normas são consideradas regras costumeiras, preceitos de *soft law*, princípios gerais do Direito ou princípios gerais do Direito Internacional. Com base nisso, a Corte Internacional de Justiça tem decidido pela sua força vinculante.

8. CONVENÇÃO AMERICANA SOBRE DIREITOS HUMANOS (DECRETO 678/1992)

O documento de maior importância do Sistema Interamericano de Direitos Humanos é o Pacto de San José da Costa Rica, também conhecido como Convenção Americana de Direitos Humanos, assinada em San José, Costa Rica, em 22 de novembro de 1969, entrando em vigor em 18 de julho de 1978. Somente os Estados membros da Organização dos Estados Americanos podem aderir à referida Convenção, que reconhece e assegura direitos civis e políticos, tais como o direito à personalidade jurídica, à vida, o direito à não ser submetido à escravidão, o direito à liberdade, o a um julgamento justo, dentre outros.

Os Estados que integram a aludida Convenção firmaram o compromisso de assegurar os direitos humanos fundamentais em sua integralidade, nos termos do artigo 1, a saber: *"Os Estados-Partes nesta Convenção comprometem-se a respeitar os direitos e liberdades nela reconhecidos e a garantir seu livre e pleno exercício a toda pessoa que esteja sujeita à sua jurisdição, sem discriminação alguma por motivo de raça, cor, sexo, idioma, religião, opiniões políticas ou de qualquer outra natureza, origem nacional ou social, posição econômica, nascimento ou qualquer outra condição social".*

MUITA ATENÇÃO!

DIREITOS TUTELADOS NA CONVENÇÃO AMERICANA DE DIREITOS HUMANOS

Artigo 3º - Direito ao reconhecimento da personalidade jurídica.

Artigo 4º - Direito à vida 2. Nos países que não houverem abolido a pena de morte, esta só poderá ser imposta pelos delitos mais graves, em cumprimento de sentença final de tribunal competente e em conformidade com a lei que estabeleça tal pena, promulgada antes de haver o delito sido cometido. Tampouco se estenderá sua aplicação a delitos aos quais não se aplique atualmente. 3. Não se pode restabelecer a pena de morte nos Estados que a hajam abolido.

Artigo 5º - Direito à integridade pessoal.

Artigo 6º - Proibição da escravidão e da servidão.

Artigo 7º - Direito à liberdade pessoal (*a Convenção proibiu a prisão por dívidas, com exceção da prisão administrativa decretada em razão de inadimplemento de obrigação alimentar).

Artigo 8º - Garantias judiciais.

Artigo 9º - Princípio da legalidade e da retroatividade.

Artigo 10 - Direito à indenização por erro judiciário.

MUITA ATENÇÃO!

Artigo 11 - Proteção da honra e da dignidade.
Artigo 12 - Liberdade de consciência e de religião.
Artigo 13 - Liberdade de pensamento e de expressão.
Artigo 14 - Direito de retificação ou resposta.
Artigo 15 - Direito de reunião.
Artigo 16 - Liberdade de associação.
Artigo 17 - Proteção da família.
Artigo 18 - Direito ao nome.
Artigo 19 - Direitos da criança.
Artigo 20 - Direito à nacionalidade.
Artigo 21 - Direito à propriedade privada.
Artigo 22 - Direito de circulação e de residência.
Artigo 23 - Direitos políticos.
Artigo 24 - Igualdade perante a lei.
Artigo 25 - Proteção judicial.

O Brasil passou a integrar a Convenção Americana sobre Direitos Humanos em 1992, a qual foi promulgada pelo Decreto n.º 678, de 6 de novembro do referido ano.

A Convenção Americana de Direitos Humanos possui 82 artigos, sendo que na primeira parte estabelece direitos civis e políticos tutelados (artigos 1º ao 32), enquanto na segunda estabelece os meios de proteção para tanto, mediante a criação dos órgãos competentes e suas respectivas funções (artigos 33 ao 73 da Convenção).

Neste sentido, a Convenção estabelece como meio de proteção dos direitos tutelados a Comissão Interamericana de Direitos Humanos e a Corte Interamericana de Direitos Humanos, sediada em São José na Costa Rica.

8.1. Comissão Interamericana de Direitos Humanos

A Comissão Interamericana de Direitos Humanos é composta de sete membros, os quais deverão ser pessoas de alta autoridade moral e reconhecido saber em matéria de direitos humanos, conforme preceitua o artigo 34 da Convenção.

Ela possui a função estabelecida no artigo 41, a saber: *"A Comissão tem a função principal de promover a observância e a defesa dos direitos humanos e, no exercício de seu mandato, tem as seguintes funções e atribuições: a) estimular a consciência dos direitos humanos nos povos da América; b) formular recomendações aos governos dos Estados-membros, quando considerar conveniente, no sentido de que adotem medidas progressivas em prol dos direitos humanos no âmbito de suas leis internas e seus preceitos constitucionais, bem como disposições apropriadas para promover o devido respeito a esses direitos; c) preparar estudos ou relatórios que considerar convenientes para o desempenho de suas funções; d) solicitar aos governos dos Estados-membros que lhe proporcionem informações sobre as medidas que adotarem em matéria de direitos humanos; e) atender às consultas que, por meio da Secretaria Geral da Organização dos Estados Americanos, lhe formularem os Estados-membros sobre questões relacionadas com os direitos humanos e, dentro de suas possibilidades, prestar-lhes o assessoramento que lhes solicitarem; f) atuar com respeito às petições e outras comunicações, no exercício de sua autoridade, de conformidade com o disposto nos artigos 44 a 51 desta Convenção; e g) apresentar um relatório anual à Assembleia Geral da Organização dos Estados Americanos".*

Assim, a Comissão é um órgão que detém a função de promover a garantia dos direitos tutelados, bem como monitorar e fiscalizar os Estados-membros. É responsável pela análise das petições que relatam eventuais violações aos direitos protegidos. Cumpre destacar que a legitimidade para **peticionar perante a aludida Comissão** para denunciar qualquer violação eventualmente praticada pelos integrantes se estende a *"qualquer pessoa ou grupo de pessoas, ou entidade não-governamental legalmente reconhecida em um ou mais Estados-membros da Organização"*, nos termos do artigo 41 da Convenção.

Ocorre que, para a admissão da petição mencionada, é necessário o preenchimento de alguns requisitos previstos pelo art. 46 da Convenção, conforme veremos a seguir.

8.2. Corte Interamericana de Direitos Humanos

A Corte Interamericana de Direitos Humanos é o órgão de atuação jurisdicional e está prevista nos artigos 52 a 69 da Convenção Americana de Direitos Humanos e é composta de sete juízes, cada um representando um Estado-membro.

Convenção Americana de Direitos Humanos e cumprimento de suas decisões pelo Brasil: nos termos do art. 68.1 da Convenção Americana, os Estados-Partes **se comprometem (espontaneamente)** a cumprir a decisão do referido Tribunal. Trata-se do da boa-fé e lealdade processual. O descumprimento da referida decisão, evidentemente, pode gerar a responsabilização do Estado, sendo a inadimplência submetida à Assembleia Geral da Organização dos Estados Americanos (OEA), nos termos do art. 65 da Convenção Americana.

A sentença da Corte Interamericana de Direitos Humanos é definitiva, possui força jurídica vinculante e é **inapelável, não cabendo, portanto, recurso** (art. 67 da Convenção).

A Corte possui também o poder de cautela, ou seja, em situações urgentes e extremas poderá tomar as medidas provisórias pertinentes no intuito de evitar o dano irreparável às vítimas (conforme o artigo 63 da Convenção).

O referido tribunal somente conhecerá de casos apresentados pela Comissão ou Estados-Partes quando esgotados todos os recursos da jurisdição interna (art. 46.1.a c/c art. 61.2, da Convenção Americana). Ou seja, não substitui os tribunais internos, mas trata-se de uma nova instância (jurisdição internacional quanto à tutela de direitos humanos) desde que respeitada a soberania do país quanto ao seu Poder Judiciário.

O esgotamento de todos os recursos na jurisdição interna constitui requisito para a admissão de petição ou de comunicação de violação de direitos humanos à Comissão Internacional de Direitos Humanos, nos termos do art. 46.1 da Convenção Americana.

Os demais requisitos estão previstos no artigo 46, *in verbis*: *"Para que uma petição ou comunicação apresentada de acordo com os artigos 44 ou 45 seja admitida pela Comissão, será necessário: a) que hajam sido interpostos e esgotados os recursos da jurisdição interna, de acordo com os princípios de Direito Internacional geralmente reconhecidos; b) que seja apresentada dentro do prazo de seis meses, a partir da data em que o presumido prejudicado em seus direitos tenha sido notificado da decisão definitiva; c) que a matéria da petição ou comunicação não esteja pendente de outro processo de solução internacional; e d) que, no caso do artigo 44, a petição contenha o nome, a nacionalidade, a profissão, o domicílio e a assinatura da pessoa ou pessoas ou do representante legal da entidade que submeter a petição"*.

Os Estados-membros poderão, ainda, consultar a Corte a respeito da interpretação do Pacto ou de outros tratados que se referem à proteção dos direitos humanos, bem como para a emissão de pareceres acerca da compatibilidade entre as leis internas dos membros e as demais estabelecidas nos tratados internacionais, conforme estabelece o artigo 64 da Convenção.

MUITA ATENÇÃO!

Embora o Brasil seja integrante da Convenção Americana desde 6 de novembro de 1992, cumpre destacar que somente reconheceu a competência jurisdicional da Corte Interamericana de Direitos Humanos em 1998, mediante o Decreto Legislativo nº 89 (de 4 de dezembro de 1998), que aprovou "a solicitação de reconhecimento da competência obrigatória da Corte Interamericana de Direitos Humanos em todos os casos relativos à interpretação ou aplicação da Convenção Americana de Direitos Humanos para fatos ocorridos a partir do reconhecimento, de acordo com o previsto no parágrafo primeiro do art. 62 daquele instrumento internacional" (art. 1º).

? QUESTÃO: Qualquer pessoa poderá submeter um caso de violação aos direitos humanos diretamente à apreciação da Corte Interamericana de Direitos Humanos?

➥ ***RESPOSTA:*** *Não. As pessoas não podem submeter um caso diretamente à apreciação da Corte Interamericana de Direitos Humanos, uma vez que, segundo os termos da Convenção, deverão peticionar para a Comissão Interamericana de Direitos Humanos, sendo esta a responsável pela análise da situação e, em caso de preenchimento dos requisitos previstos pelo Pacto, submeterá o caso à Corte. Os Estados-membros também poderão submeter casos à apreciação da Corte Interamericana de Direitos Humanos. Assim, somente a Comissão Interamericana e os Estados-membros poderão recorrer diretamente à Corte.*

EM RESUMO: Direitos Humanos	
Origem	• Normas de Direito Internacional produzidas entre países ou organizações internacionais (ex. ONU, OMC). Valores fundamentais à dignidade da pessoa humana prescritos na ordem jurídica internacional (declarações, convenções, acordos, tratados e outros); • Declaração Universal de Direitos Humanos da ONU (1948); • Pacto Internacional de Direitos Civis e Políticos (1966); • Pacto Internacional de Direitos Econômicos, Sociais e Culturais (1966).
Conceito	• Conjunto de direitos imprescindíveis para assegurar uma vida digna do ser humano, por meio da tutela jurídico-normativa em nível nacional e internacional. • Também chamados direitos fundamentais/direitos humanos fundamentais/liberdades públicas/ direitos do homem. • Regras: enunciados jurídicos tradicionais. Aplicada mediante subsunção *ao caso concreto.* • Princípios: generalidade e abstração. Aplicado mediante ponderação, na medida da possibilidade do caso concreto.
Fundamentação	• **Vertentes doutrinárias:** **a) Negacionista**. Fundamentação impossível por ser heterogêneo e variável. **b) Jusnaturalista**. Fundamentação em ideais, ordem superior, lei imutável e superior ao direito estatal posto. Direito natural. **c) Positivista**. Reconhecimento dos direitos humanos possível apenas se estiverem expressamente previstos na legislação. Validade formal posta pelo Estado. **d) Moralista.** Fundamentação decorre dos valores morais, independente de regras postas pelo Estado.

Afirmação Histórica	• **Direitos de Primeira Geração**. São os denominados direitos de liberdade (autonomia do indivíduo). • **Direitos de Segunda Geração.** Correspondem aos direitos de igualdade (direitos sociais, culturais e econômicos). • **Direitos de Terceira Geração.** São direitos baseados na fraternidade/solidariedade. Titularidade coletiva. • **Outras gerações – Paulo Bonavides - Quarta Geração** – direitos de participação democrática. **Quinta Geração** – direitos relacionados à paz. • **Termo "dimensão" ou "dimensões de direitos" também é utilizado como sinônimo de geração.**
Direitos Humanos e Responsabilidade do Estado	• Soberania nacional. Os direitos fundamentais devem ser tutelados pelo Estado. Responsabilidade objetiva pelos atos de seus agentes que violem os direitos humanos. • Jurisdição internacional. Subsidiariedade, caso o Estado não consiga prevenir ou reparar o dano. • Boa-fé processual no cumprimento de decisões de Cortes Internacionais de Direitos Humanos. • Necessidade de aprovação e ratificação da norma internacional pelo Congresso Nacional para ser internalizada. • Eventual denúncia em caso de violação de dispositivo constitucional ou afronta à soberania do país é de competência exclusiva do Presidente da República.
Direitos Humanos na Constituição Federal	• Os direitos humanos encontram-se distribuídos em todo o texto constitucional (direitos e garantias inerentes à dignidade da pessoa humana). • Os direitos e garantias fundamentais são consideradas **cláusulas pétreas**, ou seja, não passíveis de supressão do ordenamento normativo-constitucional por Emendas Constitucionais. • As normas definidoras dos direitos e garantias fundamentais tem **aplicação imediata**, ou seja, desde a publicação da Lei Maior. • **Eficácia horizontal:** entre particulares de forma igualitária/**eficácia vertical**: entre o Estado e o particular. • **Eficácia diagonal**: entre particulares quando há desigualdade marcante. • **Eficácia irradiante**: valores que norteiam os direitos humanos atingem todo o ordenamento jurídico. • O rol de direitos humanos previstos na Constituição Federal é **exemplificativo e não taxativo**, de forma que poderá recepcionar outros direitos e garantias decorrentes do regime democrático ou dos tratados, acordos e convenções internacionais.
Política Nacional de Direitos Humanos	• Programa Nacional de Direitos Humanos (PNDH) – ações programáticas para alcançar objetivos estratégicos definidos no PNDH visando a tutela dos direitos humanos. • Atualmente, encontra-se vigente o **PNDH-3**, implementado por seis eixos orientadores e suas diretrizes.

A Constituição Brasileira e os Tratados Internacionais de Direitos Humanos	• Tratados internacionais sobre direitos humanos aprovados pelo Congresso Nacional, por maioria qualidade de 3/5 dos membros da Câmara dos Deputados e do Senado Federal, em dois turnos, em cada casa, nos termos do art. 5º, §3º, da CF/88 (dispositivo introduzido no art. 5º pela Emenda Constitucional n.º 45/2004) - considerados **normas constitucionai**s (equivalentes às Emendas à Constituição). • Tratados internacionais sobre direitos humanos aprovados pelo Congresso Nacional, por maioria simples (50% mais um voto dos congressistas presentes), em cada casa (Câmara de Deputados e Senado Federal): neste caso, em razão da matéria (conteúdo) do tratado internacional, o Supremo Tribunal Federal o considera como **norma supralegal**, ou seja, abaixo da Constituição Federal.
Declaração Universal dos Direitos Humanos	• Declaração Universal de Direitos Humanos da ONU (1948) • Promulgada após o fim da 2ª Guerra Mundial visando garantir os direitos humanos. • Realçou o princípio da dignidade da pessoa humana. • Por se tratar de uma declaração, no sentido formal não possui efeito vinculante, razão pela qual foram aprovados em 1966 o Pacto Internacional de Direitos Civis e Políticos e o Pacto Internacional de Direitos Econômicos, Sociais e Culturais, visando criar uma força jurídica obrigatória a fim de garantir a proteção e exercício dos direitos constantes na aludida Declaração. • Existem decisões reconhecendo a força vinculante dos dispositivos da Declaração por serem considerados princípios gerais do direito internacional.
Convenção Americana sobre Direitos Humanos (Decreto 678/1992)	• Também denominada Pacto de San José da Costa Rica. • Tutela direitos civis e políticos, como por exemplo o direito à vida, à liberdade, e às garantias judiciais. • Criação da Comissão Interamericana de Direitos Humanos (CIDH): para fiscalizar e monitorar os Estados-membros, bem como para analisar as petições que denunciem violação aos direitos tutelados. Requisitos de admissibilidade da petição: esgotamento de jurisdição interna; prazo de 6 meses a partir da data em que a vítima tenha sido notificada da decisão definitiva; inexistência de litispendência internacional; dados de qualificação. • Criação da Corte Interamericana de Direitos Humanos: órgão jurisdicional composto de sete juízes representantes de cada Estado-membro; com poder de decisão definitiva e inapelável. • Corte Interamericana de Direitos Humanos possui poder de cautela; somente conhecerá de casos apresentados pela Comissão ou pelos Estados-membros. Poderá também emitir pareceres.

✍ QUESTÕES

(Cespe – Policial Rodoviário Federal – PRF/2019) *Acerca de aspectos da teoria geral dos direitos humanos, da sua afirmação histórica e da sua relação com a responsabilidade do Estado, julgue os próximos itens.*

As pessoas naturais que violam direitos humanos continuam a gozar da proteção prevista nas normas que dispõem sobre direitos humanos.

GABARITO	CERTO.
COMENTÁRIO	A assertiva está correta, tendo em vista que os Direitos Humanos são inerentes a todos os homens pela própria condição humana e sem qualquer discriminação (característica da universalidade), e, portanto, ainda que as pessoas violem os direitos humanos de outras, continuarão a gozar da proteção prevista nas normas. Cumpre ressaltar que eventuais infrações praticadas deverão ser punidas, observando-se, no entanto, o respeito ao devido processo legal, conforme a legislação pertinente ao caso.

Apenas por atos de seus agentes o Estado pode ser responsabilizado por violação de direitos humanos reconhecidos na Convenção Americana de Direitos Humanos.

GABARITO	ERRADO.
COMENTÁRIO	A assertiva está errada, tendo em vista que, nos termos da Convenção Americana de Direitos Humanos, o Estado poderá ser responsabilizado também por atos de terceiros e não apenas por atos de seus agentes, tendo em vista a responsabilidade na diligência a fim de se evitar qualquer violação aos Direitos Humanos ou mesmo garantir a efetiva punição em caso de violação destes.

Todos os direitos humanos foram afirmados em um único momento histórico.

GABARITO	ERRADO.
COMENTÁRIO	A assertiva está errada, tendo em vista que os Direitos Humanos foram conquistados de forma gradativa ao longo da evolução histórica, mediante movimentos sociais e lutas que viabilizaram o seu reconhecimento (característica da historicidade dos direitos humanos).

(Cespe – Policial Rodoviário Federal – PRF/2019) *A respeito do tratamento constitucional dos tratados internacionais de direitos humanos, julgue os itens que se seguem.*

Conforme a maneira como são internalizados, os tratados internacionais sobre direitos humanos podem receber status normativo-hierárquico constitucional ou legal.

GABARITO	ERRADO.
COMENTÁRIO	A assertiva está errada, tendo em vista que os tratados internacionais sobre direitos humanos poderão receber status normativo-hierárquico equivalente às emendas constitucionais (quando aprovados pelo rito especial previsto pelo art. 5º, § 3º, da Constituição Federal) ou a normas supralegais (quando aprovados pelo rito ordinário), que continuam acima das leis ordinárias, ou seja, em nenhuma hipótese receberão status legal conforme consta no enunciado da questão.

A hierarquia constitucional dos tratados internacionais de direitos humanos depende de sua aprovação por três quintos dos membros de cada casa do Congresso Nacional.

GABARITO	CERTO.
COMENTÁRIO	A assertiva está correta, tendo em vista que se coaduna com a previsão do artigo 5º, § 3º, da Constituição Federal, a saber: *"Os tratados e convenções internacionais sobre direitos humanos que forem aprovados, em cada Casa do Congresso Nacional, em dois turnos, por três quintos dos votos dos respectivos membros, serão equivalentes às emendas constitucionais"*.

(Cespe – Policial Rodoviário Federal – DPRF/2013) *Acerca dos direitos de cidadania e do pluralismo jurídico, julgue os itens que se seguem.*

No Brasil, o pluralismo jurídico configura-se, por exemplo, quando da aplicação de regras criadas por membros de organizações criminosas, distintas das regras jurídicas estabelecidas pelo Estado.

GABARITO	CERTO.
COMENTÁRIO	A assertiva está de acordo com o conceito da multiplicidade de sistemas jurídicos (pluralismo jurídico), que podem ser regras criadas mesmo que à margem do Estado, porém legítimas e respeitadas por grupos determinados. Segundo o conceito de Antônio Carlos Wolkmer: "multiplicidade de práticas jurídicas existentes num mesmo espaço sócio-político, interagidas por conflitos ou consensos, podendo ser oficiais ou não, e tendo sua razão de ser nas necessidades existenciais, materiais e culturais" (Pluralismo jurídico: fundamentos de uma nova cultura no direito, 4.ed., São Paulo: Saraiva, 2015, p. 257). Neste sentido, a banca reconheceu a possibilidade de citar como exemplo de pluralismo jurídico a aplicação de regras criadas por membros de organizações criminosas, que embora tenham sido criadas em total contrariedade ao Estado, são respeitadas pelos integrantes do grupo.

Os direitos de cidadania são, no Estado democrático de direito, todos aqueles relativos à dignidade do cidadão, como sujeito de prestações estatais, e à participação ativa na vida social, política e econômica do Estado.

GABARITO	CERTO.
COMENTÁRIO	A assertiva está correta, tendo em vista que se coaduna com o conceito contemporâneo de cidadania, que ampliou sua abrangência e engloba os direitos relativos à dignidade do cidadão como sujeito de prestações estatais, e à participação ativa na vida social, política e econômica do Estado.

(Cespe – Policial Rodoviário Federal – DPRF/2013) *Considerando o disposto na Constituição Federal de 1988 (CF), julgue os itens a seguir, relativos aos direitos humanos.*

A possibilidade de extensão aos estrangeiros que estejam no Brasil, mas que não residam no país, dos direitos individuais previstos na CF deve-se ao princípio da primazia dos direitos humanos nas relações internacionais do Brasil.

GABARITO	CERTO.
COMENTÁRIO	A assertiva está correta porque se coaduna com a previsão do artigo 4º, inciso II, da Constituição Federal, que prevê a prevalência dos direitos humanos nas relações internacionais do Brasil. Nesse passo, embora o art. 5º da CF preveja expressamente a igualdade entre brasileiros e estrangeiros residentes no país, o posicionamento jurisprudencial estendeu tais direitos aos estrangeiros não residentes. Neste sentido o informativo 502 do STF: "o fato de o paciente ostentar a condição jurídica de estrangeiro e de não possuir domicílio no Brasil não lhe inibe, só por si, o acesso aos instrumentos processuais de tutela da liberdade nem lhe subtrai, por tais razões, o direito de ver respeitadas, pelo Poder Público, as prerrogativas de ordem jurídica e as garantias de índole constitucional que o ordenamento positivo brasileiro confere e assegura a qualquer pessoa que sofra persecução penal instaurada pelo Estado" (STF, HC 94016 MC/SP, rel. Min. Celso de Mello, j. 7/4/2008).

Equivalem às normas constitucionais originárias os tratados internacionais sobre direitos humanos aprovados, em cada casa do Congresso Nacional, em dois turnos, por três quintos dos votos dos respectivos membros.

GABARITO	ERRADO.
COMENTÁRIO	A assertiva está incorreta, tendo em vista que os tratados internacionais sobre direitos humanos aprovados, em cada casa do Congresso Nacional, em dois turnos, por três quintos dos votos dos respectivos membros, **equivalem a emendas à Constituição (normas constitucionais derivadas e não originárias)**, nos termos do artigo 5º, § 3º, da Constituição Federal.

(Cespe – Policial Rodoviário Federal – DPRF/2013) *No que se refere à fundamentação dos direitos humanos e à sua afirmação histórica, julgue os itens subsecutivos.*

A expressão direitos humanos de primeira geração refere-se aos direitos sociais, culturais e econômicos.

GABARITO	ERRADO.
COMENTÁRIO	A assertiva está incorreta, tendo em vista que os direitos humanos de primeira geração são os denominados direitos de liberdade, uma vez que demandam do Estado prestações negativas, garantindo a esfera de autonomia do indivíduo. Nesta geração encontram-se os direitos civis e políticos (exemplos: direito à liberdade, igualdade perante a lei, propriedade, intimidade e segurança, participação política).

Conforme a teoria positivista, os direitos humanos fundamentam-se em uma ordem superior, universal, imutável e inderrogável.

GABARITO	ERRADO.
COMENTÁRIO	A assertiva está incorreta, tendo em vista que o conceito mencionado no enunciado da questão se refere à teoria jusnaturalista e não positivista. Conforme a teoria positivista, a própria estruturação do Estado constitucional inseriu os direitos humanos em suas Constituições e leis, sendo considerados, portanto, direitos positivados.

(Cespe – Policial Rodoviário Federal – DPRF/2013) *Julgue os próximos itens, relativos aos direitos humanos, à responsabilidade do Estado e à Política Nacional de Direitos Humanos.*

A aplicação das normas de direito internacional humanitário e de direito internacional dos refugiados impossibilita a aplicação das normas básicas do direito internacional dos direitos humanos.

GABARITO	ERRADO.
COMENTÁRIO	A assertiva está incorreta, tendo em vista que, ao contrário do que consta no enunciado da questão, as normas mencionadas, apesar de possuírem independência em suas respectivas aplicações e efetividade, se complementam, de forma que a aplicação das normas de direito internacional humanitário e de direito internacional dos refugiados não inviabiliza a aplicação das normas básicas do direito internacional dos direitos humanos.

A Política Nacional de Direitos Humanos contempla medidas voltadas à proteção dos direitos civis, tais como os projetos que tratam da parceria entre pessoas do mesmo sexo e da obrigatoriedade de atendimento do aborto legal pela rede pública de saúde.

GABARITO	CERTO.
COMENTÁRIO	A assertiva está correta, tendo em vista que a Política Nacional de Direitos Humanos instituiu o Programa Nacional de Direitos Humanos (PNDH) voltado à proteção dos direitos civis. Atualmente, encontra-se em vigência a terceira versão do referido programa, o PNDH-3, que é formado por seis eixos orientadores, sendo que o eixo orientador III visa "universalizar direitos em um contexto de desigualdades", trazendo diretrizes que dispõem sobre identidade de gênero, bem como garantia da igualdade na diversidade. Na sequência, o eixo orientador IV visa "Segurança Pública, Acesso à Justiça e Combate à Violência" e traz a diretriz 17, com o intuito de promoção de sistema de justiça mais acessível, ágil e efetivo, para o conhecimento, a garantia e a defesa de direitos (englobando a questão da saúde pública e efetividade no atendimento em caso de aborto legal).

Caso o Poder Judiciário, ao fundamentar decisão em lei ou norma constitucional interna, descumpra normas internacionais de direitos humanos, o Estado não poderá ser responsabilizado no plano internacional por essa decisão.

GABARITO	ERRADO.
COMENTÁRIO	A assertiva está incorreta, tendo em vista que o Estado poderá ser responsabilizado no plano internacional caso descumpra normas internacionais de direitos humanos ao fundamentar decisão em lei ou norma constitucional interna, já que passa a ter obrigações a partir do momento em que integra uma convenção internacional de direitos humanos. Neste sentido, pertinente a transcrição do art. 5º, § 2º, da CF: "Os direitos e garantias expressos nesta Constituição não excluem outros decorrentes do regime e dos princípios por ela adotados, ou dos tratados internacionais em que a República Federativa do Brasil seja parte".

O sistema global de proteção dos direitos humanos foi instaurado pela Carta Internacional dos Direitos Humanos.

GABARITO	CERTO.
COMENTÁRIO	A assertiva está correta, tendo em vista que o sistema global de proteção dos direitos humanos foi instaurado pela Carta Internacional dos Direitos Humanos, que é composta pela Declaração Universal de Direitos Humanos; Pacto Internacional de Direitos Civis e Políticos; e Pacto Internacional de Direitos Econômicos, Sociais e Culturais. A Declaração Universal dos Direitos Humanos, de 1948, foi considerada o marco inicial do Direito Internacional dos Direitos Humanos, no entanto em razão dos questionamentos no sentido de não possuir força de lei por ser uma resolução da Assembleia Geral da ONU, foram aprovados em 1966 o Pacto Internacional de Direitos Civis e Políticos e o Pacto Internacional de Direitos Econômicos, Sociais e Culturais, visando criar uma força jurídica obrigatória a fim de garantir a proteção e exercício dos direitos constantes na aludida Declaração.

EDITORA
*Jus*PODIVM
www.editorajuspodivm.com.br